項目資助

教育部人文社會科學重點研究基地重大項目（項目批准號：11JJD740007）
中韓古代小學類文獻聯合檢索系統

前　言

一

《說文解字》（以下簡稱《說文》）十五卷，東漢許慎著。慎字叔重，汝南召陵人。治學中和今古文群經，爲當時經學大師馬融推崇，時人譽之“五經無雙”。是書初步完成於和帝永元十二年（100），建光元年（121）定稿，由其子許沖獻書闕下，詔令通行。許慎去世後，《說文》影響甚大，應用頗廣。中唐時，李陽冰刊改《說文》。至五代，南唐徐鍇作《說文繫傳》以正陽冰之誤。宋平江南，鍇與兄徐鉉隨即入汴，徐鉉等人敕校《說文》，於太宗雍熙三年（986）十一月重刊，世稱“大徐本”。有清一朝，《說文》研究達到頂峰，以段玉裁《說文解字注》、桂馥《說文解字義證》、朱駿聲《說文通訓定聲》、王筠《說文解字句讀》《說文釋例》影響最重，可謂集往古《說文》研究之大成。

二

《說文》（大徐本）版本，現存有明崇禎年間毛氏汲古閣刊本、清嘉慶十二年長白藤花榭重印新安鮑氏藏宋小字本、嘉慶十四年孫星衍平津館叢書重刊北宋本、同治十二年陳昌治校刊平津館叢書本（附校字記一卷）、光緒七年丁少山重刻汲古閣本、1929年上海涵芬樓影印日本嚴崎氏靜嘉堂藏北宋刊本、1963年中華書局影印清代孫星衍覆刻陳昌治改刻宋本。我們此次整理《說文》，主要依據版本爲1963年中華書局影印本，小篆及重文字庫依據字形取自汲古閣藏北宋校本。

三

《說文》是中國現存第一部貯存小篆及其重文的字彙。是書以結構分析反映字形構造意圖，從而建立起漢字結構的關係類型，開創了字典編纂先河，堪稱中國文字學史與文化史上劃時代的巨著。歷代研習《說文》者不可勝計，成果浩如煙海。此次我們不揣譾陋，再次對《說文》進行整理。整理者於1998年開始將《說文》錄入電腦。2000年跟隨恩師李圃先生攻讀博士學位期間，運用ACCESS對《說文》進行了系

統整理，建成《說文》數據庫，完成博士學位論文《〈說文〉重文研究》（華東師範大學出版社，2008年）。後出版《〈說文解字〉全文檢索》（南方日報出版社，2004年），爲第一部《說文》電子書籍出版物。然因缺少紙本分類檢索，使用尚存不便。今《〈說文解字〉標點整理本》，不僅對《〈說文解字〉全文檢索》、《說文解字新訂》（中華書局，2002年）存在的失誤做了訂正，又對《說文》釋文中字形、字音等方面的信息進行了系統整理和分類，運用ACCESS聚合成類，製作出分類檢索，即《說文》"類檢"篇，便於讀者研究和使用。本版整理情況說明如下：

（一）標點

對《說文》文本加注新式標點。採取寬式標點，引用省略，一般不注。如果是文獻原句，則加注引號，反之則不加。例如：楷："木也。從木晉聲。書曰：竹箭如楷。"此處"竹箭如楷"並非出自《尚書》原句，"書"當泛指古文獻，故我們未對此處"書"標注書名號。如果《說文》所引書名完整則加注書名號，反之則不加。例如：公："韓非曰：背厶爲公。"韓非著書名爲《韓非子》，非"韓非"，故此處未加注書名號。對於部分尚未定論的句讀，則依據《漢語大字典》等識文斷句。例如：嚳："急告之甚也。"今人一般根據《原本玉篇殘卷》、《一切經音義》"急也，告之甚也"而在"急"後停頓。段玉裁即作一句讀，其于注中云："急告猶告急也……謂急而又急也。……按《白虎通》云：'謂之帝嚳者何也，嚳者極也，教令窮極也'，'窮極'即急告引申之義。"《漢語大字典》引段注："急告，猶告急也。告急之甚，謂急而又急也。"

（二）注音

《說文》字音的處理主要有以下幾種情況：

今音審定方面，標準即以徐鉉反切爲主要依據。若徐鉉反切與今通行讀音相距甚遠，則參照《漢語大字典》以《廣韻》、《集韻》反切標注今音。如此既可保證徐鉉注音在《說文》注音中的地位，又使《說文》注音不至完全偏離現在通行的注音事實。例如：柙："檻也。以藏虎兕。從木甲聲。"徐鉉注音"烏匣切"，據此標注今音似應爲yā。暫不論徐鉉注音的是非曲直，若直將"柙"字今讀審定爲yā，則顯然與今讀語音事實不合，也不是今天整理《說文》所應採取的模式。因此對該字的注音，作者採用《廣韻》"胡甲切"，注音爲xiá。

音義聯繫上，貫徹本音本義的原則，即根據《說文》釋義來選擇適當的讀音。漢字音義對應關係本就異常複雜，異讀現象頗爲常見，所以我們採取的方式即在確定字義的基礎上再選擇正確的反切。例如：徼："循也。從彳敫聲。"徐鉉注音"古堯切"，據此標注今音似當讀jiāo。《廣韻》雖同樣有"古堯切"一音，但釋義爲"求也"，意義與《說文》不同。而《廣韻》釋義"循也"的反切爲"古吊切"，同於《說文》"徼"字音義。故此該字注音舍徐鉉"古堯切"而取《廣韻》"古吊切"，標音爲jiào。若一字出現兩個及以上的反切，且屬於異讀現象，則依第一個反切音標注。如"頌"

字，徐鉉注音："余封切，又，似用切。"今取"余封切"，注音róng。

對於《説文》反切字訛誤者，以《廣韻》、《集韻》爲準。如"晉"字，徐鉉音"即刀切"，《廣韻》音"即刃切"，"刀"爲"刃"之形訛，故參照《廣韻》反切注音爲jìn。

（三）字形

字形處理有兩大難題：一是《説文》文本中存在大量歷史字形，單純依靠已有的信息技術無法直接又精確呈現；二是現有GBK字庫不能滿足録入的需要，即有些字形在GBK字庫中找不到與之完全對應的形體。前者，爲避免造字和排印的不便，我們直接採用了音義相同、GBK字庫支持的筆畫稍異的字形。例如"眞"字單用時，GBK字庫呈現爲"眞"形。按照構字原理，字庫中所有含"眞"構件的漢字，應該至少有統一的"眞"形（因歷史原因，構形不統一的情況，亦應貯存），但GBK字庫並没有做到統一。例如："槇"、"顚"、"愼"、"塡"、"鎭"與"禛"、"瑱"、"嗔"、"蹎"、"謓"、"瞋"、"腹"、"稹"、"寘"、"窴"、"瘨"、"滇"、"闐"、"轃"等字中"眞"構件的形體並不統一，或爲"眞"，或作"真"。類似情況還有"吕"字等。對於第二類情況，我們利用fantlab程序進行造字，以滿足文本處理的需要。如"膌"、"丘"等。對於因避諱造成的形體差異字，則按照通用字形處理。例如"丘"字以"丘"代替，"胤"字，以"胤"字代替。

（四）類檢

於《〈説文解字〉標點整理本》正文之後附録"類檢"篇是本書的突出特色。"類檢"篇把散見於《説文》異部各處的相關信息聚合成類，再按照《説文》部首順序排列，以便使用者快速掌握資料信息，使漢語言文字學專題研究更具可驗性。以"重文"爲例。《説文》重文散見於不同的部首中，通過ACCESS相關功能，窮盡所有含有"重文"的字例聚合到一起，製成"重文類檢"。此外還有"形聲"、"亦聲"、"省聲"、"讀若"、"讀與某同"、"一曰"、"引文獻"、"闕"、"徐鉉反切"、"徐鉉新附字"、"徐鉉注釋"、"徐鍇注釋"等分類檢索。依託"類檢"篇，使用者既可以對《説文》形音字義等信息有深入瞭解，又可以更精確地進行歷時和共時比較研究。

《説文》整理本衆多，但至今尚未有以類檢形式面世的版本。《〈説文解字〉標點整理本：附分類檢索》的出版，一方面爲研究者提供了極大便利，一方面也訂正了以往整理者所忽略的錯誤。《説文》所涉内容廣泛，層次複雜，整理難度頗大。由於時間倉促，加之整理者水平有限，錯訛之處在所難免。整理過程中，所吸收的衆家成果，也未悉數列出。在此一併抱憾，敬請各位讀者批評指正。

本書的出版，得到上海書店出版社許仲毅社長的熱情鼓勵與傾力支持，在此表示衷心的感謝。

總目錄

索引

目　錄

說文解字第一（1）

說文解字第二（26）

說文解字第三（53）

說文解字弟四（81）

說文解字弟五（112）

說文解字弟六（139）

說文解字弟七（167）

說文解字弟八（200）

說文解字弟九（226）

說文解字弟十（250）

說文解字弟十一（282）

說文解字弟十二（308）

說文解字弟十三（339）

說文解字第十四（367）

說文解字第十五（395）

說文解字弟一

十四部　六百七十二文　重八十一

凡萬六百三十九字

文三十一　新附

一　部

一 yī　惟初太始，道立於一，造分天地，化成萬物。凡一之屬皆从一。於悉切。弌，古文一。

元 yuán　始也。从一从兀。徐鍇曰：“元者，善之長也，故从一。”愚袁切。

天 tiān　顛也。至高無上，从一、大。他前切。

丕 pī　大也。从一不聲。敷悲切。

吏 lì　治人者也。从一从史，史亦聲。徐鍇曰：“吏之治人，心主於一，故从一。”力置切。

文五　重一

丄　部

丄 shàng　高也。此古文上，指事也。凡丄之屬皆从丄。時掌切。𠄞，篆文丄。

帝 dì　諦也。王天下之號也。从丄朿聲。都計切。𢂀，古文帝。古文諸丄字皆从一，篆文皆从二。二，古文上字。辛、示、辰、龍、童、音、章，皆从古文丄。

旁 páng　溥也。从二，闕；方聲。步光切。𠀠，古文㫄。𠵽，亦古文㫄。𩂣，籒文。

丅 xià　底也。指事。胡雅切。𠄟，篆文丅。

文四　重七

示部

示	shì	示	天垂象，見吉凶，所以示人也。从二。二，古文上字。三垂，日月星也。觀乎天文，以察時變。示，神事也。凡示之屬皆从示。神至切。𠀁，古文示。
祜	hù	祜	上諱。臣鉉等曰：此漢安帝名也。福也。當从示古聲。候古切。
禮	lǐ	禮	履也。所以事神致福也。从示从豊，豊亦聲。靈啓切。[illegible]，古文禮。
禧	xī	禧	禮吉也。从示喜聲。許其切。
禛	zhēn	禛	以眞受福也。从示眞聲。側鄰切。
祿	lù	祿	福也。从示彔聲。盧谷切。
禠	sī	禠	福也。从示虒聲。息移切。
禎	zhēn	禎	祥也。从示貞聲。陟盈切。
祥	xiáng	祥	福也。从示羊聲。一云善。似羊切。
祉	zhǐ	祉	福也。从示止聲。敕里切。
福	fú	福	祐也。从示畐聲。方六切。
祐	yòu	祐	助也。从示右聲。于救切。
祺	qí	祺	吉也。从示其聲。渠之切。禥，籒文从基。
祗	zhī	祗	敬也。从示氐聲。旨移切。
禔	zhī	禔	安福也。从示是聲。《易》曰：“禔既平。”市支切。
神	shén	神	天神，引出萬物者也。从示、申。食鄰切。
祇	qí	祇	地祇，提出萬物者也。从示氏聲。巨支切。
祕	mì	祕	神也。从示必聲。兵媚切。
齋	zhāi	齋	戒，潔也。从示，齊省聲。側皆切。[illegible]，籒文齋从𩆞省。𩆞音禱。
禋	yīn	禋	潔祀也。一曰精意以享爲禋。从示垔聲。於眞切。[illegible]，籒文从宀。
祭	jì	祭	祭祀也。从示，以手持肉。子例切。
祀	sì	祀	祭無已也。从示巳聲。詳里切。禩，祀或从異。
祡	chái	祡	燒祡焚燎以祭天神。从示此聲。《虞書》曰：“至于岱宗，祡。”仕皆切。[illegible]，古文祡从隋省。
禷	lèi	禷	以事類祭天神。从示類聲。力遂切。
祪	guǐ	祪	祔、祪，祖也。从示危聲。過委切。
祔	fù	祔	後死者合食於先祖。从示付聲。符遇切。
祖	zǔ	祖	始廟也。从示且聲。則古切。
鬃	bēng	鬃	門内祭，先祖所以徬徨。从示彭聲。《詩》曰：“祝祭于鬃。”補盲切。祊，鬃或从方。
祰	kǎo	祰	告祭也。从示从告聲。苦浩切。

祏 shí 宗廟主也。《周禮》有郊宗石室。一曰大夫以石爲主。从示从石，石亦聲。常隻切。

枇 bǐ 以豚祠司命。从示比聲。漢律曰：“祠祉司命。” 卑履切。

祠 cí 春祭曰祠。品物少，多文詞也。从示司聲。仲春之月，祠不用犧牲，用圭璧及皮幣。似兹切。

礿 yuè 夏祭也。从示勺聲。以灼切。

禘 dì 諦祭也。从示帝聲。《周禮》曰：“五歲一禘。” 特計切。

祫 xiá 大合祭先祖親疏遠近也。从示、合。《周禮》曰：“三歲一祫。” 侯夾切。

祼 guàn 灌祭也。从示果聲。古玩切。

𥜹 cuì 數祭也。从示毳聲。讀若春麥爲𥜹之𥜹。臣鉉等曰：春麥爲𥜹。今無此語，且非異文，所未詳也。此芮切。

祝 zhù 祭主贊詞者。从示从人、口。一曰从兑省。《易》曰：“兑爲口爲巫。” 之六切。

䄇 liù 祝䄇也。从示留聲。力救切。

祓 fú 除惡祭也。从示犮聲。敷勿切。

祈 qí 求福也。从示斤聲。渠稀切。

禱 dǎo 告事求福也。从示壽聲。都浩切。，禱或省。，籀文禱。

禜 yǒng 設緜蕝爲營，以禳風雨雪霜水旱癘疫於日月星辰山川也。从示，榮省聲。一曰禜，衛使灾不生。《禮記》曰：“雩禜祭水旱。” 爲命切。

禳 ráng 磔禳，祀除癘殃也。古者燧人禜子所造。从示襄聲。汝羊切。

禬 guì 會福祭也。从示从會，會亦聲。《周禮》曰：“禬之祝號。” 古外切。

禪 shàn 祭天也。从示單聲。時戰切。

禦 yù 祀也。从示御聲。魚舉切。

𥘵 huó 祀也。从示昏聲。古末切。

禖 méi 祭也。从示某聲。莫桮切。

禑 xǔ 祭具也。从示胥聲。私吕切。

祳 shèn 社肉，盛以蜃，故謂之祳。天子所以親遺同姓。从示辰聲。《春秋傳》曰：“石尚來歸祳。” 時忍切。

祴 gāi 宗廟奏祴樂。从示戒聲。古哀切。

禡 mà 師行所止，恐有慢其神，下而祀之曰禡。从示馬聲。《周禮》曰：“禡於所征之地。” 莫駕切。

禂 dǎo 禱牲馬祭也。从示周聲。《詩》曰：“既禡既禂。” 都皓切。，或从馬，壽省聲。

社 shè　地主也。从示、土。《春秋傳》曰："共工之子句龍爲社神。"《周禮》："二十五家爲社，各樹其土所宜之木。"常者切。𥘵，古文社。

禓 yáng　道上祭。从示昜聲。與章切。

祲 jìn　精氣感祥。从示，侵省聲。《春秋傳》曰："見赤黑之祲。"子林切。

禍 huò　害也，神不福也。从示咼聲。胡果切。

祟 suì　神禍也。从示从出。雖遂切。𥜫，籀文祟从䜌省。

祆 yāo　地反物爲祆也。从示芺聲。於喬切。

祘 suàn　明視以筭之。从二示。《逸周書》曰："士分民之祘。均分以祘之也。"讀若筭。蘇貫切。

禁 jìn　吉凶之忌也。从示林聲。居蔭切。

禫 dàn　除服祭也。从示覃聲。徒感切。

文六十（當作文六十三）　重十三

禰 nǐ　親廟也。从示爾聲。一本云古文禮也。泥米切。

祧 tiāo　遷廟也。从示兆聲。他彫切。

祅 xiān　胡神也。从示天聲。火千切。

祚 zuò　福也。从示乍聲。臣鉉等曰：凡祭必受胙，胙卽福也。此字後人所加。徂故切。

文四　新附

三部

三 sān　天地人之道也。从三數。凡三之屬皆从三。穌甘切。弎，古文三从弋。

文一　重一

王部

王 wáng　天下所歸往也。董仲舒曰："古之造文者，三畫而連其中謂之王。三者，天、地、人也，而參通之者王也。"孔子曰："一貫三爲王。"凡王之屬皆从王。李陽冰曰："中畫近上。王者，則天之義。"雨方切。𠙻，古文王。

閏 rùn　餘分之月，五歲再閏，告朔之禮，天子居宗廟，閏月居門中。从王在門中。《周禮》曰："閏月，王居門中，終月也。"如順切。

皇 huáng　大也。从自。自，始也。始皇者，三皇，大君也。自，讀若鼻，

今俗以始生子爲鼻子。胡光切。

文三　重一

玉部

玉 yù　石之美。有五德：潤澤以溫，仁之方也；䚡理自外，可以知中，義之方也；其聲舒揚，尃以遠聞，智之方也；不橈而折，勇之方也；銳廉而不技，絜之方也。象三玉之連。丨，其貫也。凡玉之屬皆从玉。陽冰曰：“三畫正均如貫玉也。”魚欲切。𤣪，古文玉。

璙 liáo　玉也。从玉尞聲。洛簫切。

瓘 guàn　玉也。从玉雚聲。《春秋傳》曰：“瓘斝。”工玩切。

璥 jǐng　玉也。从玉敬聲。居領切。

琠 tiǎn　玉也。从玉典聲。多殄切。

瓇 náo　玉也。从玉夒聲。讀若柔。耳由切。

𤪔 lì　玉也。从玉毄聲。讀若鬲。郎擊切。

璠 fán　璵璠。魯之寶玉。从玉番聲。孔子曰：“美哉璵璠。遠而望之，奐若也；近而視之，瑟若也。一則理勝，二則孚勝。”附袁切。

璵 yú　璵璠也。从玉與聲。以諸切。

瑾 jǐn　瑾瑜，美玉也。从玉堇聲。居隱切。

瑜 yú　瑾瑜，美玉也。从玉俞聲。羊朱切。

玒 hóng　玉也。从玉工聲。戶工切。

琜 lái　琜瓄，玉也。从玉來聲。落哀切。

瓊 qióng　赤玉也。从玉夐聲。渠營切。璚，瓊或从矞。瓗，瓊或从巂。琁，瓊或从旋省。臣鉉等曰：今與璿同。

珦 xiàng　玉也。从玉向聲。許亮切。

瓎 là　玉也。从玉剌聲。盧達切。

珣 xún　醫無閭珣玗琪，《周書》所謂夷玉也。从玉旬聲。一曰器。讀若宣。相倫切。

璐 lù　玉也。从玉路聲。洛故切。

瓚 zàn　三玉二石也。从玉贊聲。《禮》：“天子用全，純玉也；上公用駹，四玉一石；侯用瓚；伯用埒，玉石半相埒也。”徂贊切。

瑛 yīng　玉光也。从玉英聲。於京切。

璑 wú　三采玉也。从玉無聲。武扶切。

珛 xiù　朽玉也。从玉有聲。讀若畜牧之畜。許救切。

璿 xuán　美玉也。从玉睿聲。《春秋傳》曰：“璿弁玉纓。”似沿切。𤪌，

古文璿。叡，籒文璿。

球 qiú　玉聲也。从玉求聲。巨鳩切。璆，球或从翏。

琳 lín　美玉也。从玉林聲。力尋切。

璧 bì　瑞玉圜也。从玉辟聲。比激切。

瑗 yuàn　大孔璧。人君上除陛以相引。从玉爰聲。《爾雅》曰："好倍肉謂之瑗，肉倍好謂之璧。"王眷切。

環 huán　璧也。肉好若一謂之環。从玉瞏聲。戶關切。

璜 huáng　半璧也。从玉黃聲。戶光切。

琮 cóng　瑞玉。大八寸，似車釭。从玉宗聲。藏宗切。

琥 hǔ　發兵瑞玉，爲虎文。从玉从虎，虎亦聲。《春秋傳》曰："賜子家雙琥。"呼古切。

瓏 lóng　禱旱玉。龍文。从玉从龍，龍亦聲。力鍾切。

琬 wǎn　圭有琬者。从玉宛聲。於阮切。

璋 zhāng　剡上爲圭，半圭爲璋。从玉章聲。《禮》六幣：圭以馬，璋以皮，璧以帛，琮以錦，琥以繡，璜以黼。諸良切。

琰 yǎn　璧上起美色也。从玉炎聲。以冉切。

玠 jiè　大圭也。从玉介聲。《周書》曰："稱奉介圭。"古拜切。

瑒 chàng　圭。尺二寸，有瓚，以祠宗廟者也。从玉昜聲。丑亮切。

瓛 huán　桓圭。公所執。从玉獻聲。胡官切。

珽 tǐng　大圭。長三尺，抒上，終葵首。从玉廷聲。他鼎切。

瑁 mào　諸侯執圭朝天子，天子執玉以冒之，似犂冠。《周禮》曰："天子執瑁四寸。"从玉、冒，冒亦聲。莫報切。玥，古文省。

璬 jiǎo　玉佩。从玉敫聲。古了切。

珩 héng　佩上玉也。所以節行止也。从玉行聲。戶庚切。

玦 jué　玉佩也。从玉夬聲。古穴切。

瑞 ruì　以玉爲信也。从玉、耑。徐鍇曰："耑，諦也。會意。"是僞切。

珥 ěr　瑱也。从玉、耳，耳亦聲。仍吏切。

瑱 tiàn　以玉充耳也。从玉眞聲。《詩》曰："玉之瑱兮。"臣鉉等曰：今充耳字更从玉旁充，非是。他甸切。[illegible]，瑱或从耳。

琫 běng　佩刀上飾。天子以玉，諸侯以金。从玉奉聲。邊孔切。

珌 bì　佩刀下飾。天子以玉。从玉必聲。卑吉切。

璏 zhì　劍鼻玉也。从玉彘聲。直例切。

瑵 zhǎo　車蓋玉瑵。从玉蚤聲。側絞切。

瑑 zhuàn　圭璧上起兆瑑也。从玉，篆省聲。《周禮》曰："瑑圭璧。"直戀切。

珇 zǔ 珇 琮玉之瑑。从玉且聲。則古切。
璂 qí 璂 弁飾，往往冒玉也。从玉綦聲。渠之切。璂，璂或从基。
璪 zǎo 璪 玉飾。如水藻之文。从玉喿聲。《虞書》曰："璪火黺米。"子皓切。
瑬 liú 瑬 垂玉也。冕飾。从玉流聲。力求切。
璹 shú 璹 玉器也。从玉𠷎聲。讀若淑。殊六切。
瓃 léi 瓃 玉器也。从玉畾聲。臣鉉等案：靁字注象回轉之形，畾不成字，凡从畾者並當从靁省。魯回切。
瑳 cuō 瑳 玉色鮮白。从玉差聲。七何切。
玼 cǐ 玼 玉色鮮也。从玉此聲。《詩》曰："新臺有玼。"千禮切。
璱 sè 璱 玉英華相帶如瑟弦。从玉瑟聲。《詩》曰："璱彼玉瓚。"所櫛切。
瑮 lì 瑮 玉英華羅列秩秩。从玉㮚聲。《逸論語》曰："玉粲之璱兮。其瑮猛也。"力質切。
瑩 yíng 瑩 玉色。从玉，熒省聲。一曰石之次玉者。《逸論語》曰："如玉之瑩。"烏定切。
璊 mén 璊 玉䞓色也。从玉㒼聲。禾之赤苗謂之虋，言璊，玉色如之。莫奔切。玧，璊或从允。
瑕 xiá 瑕 玉小赤也。从玉叚聲。乎加切。
琢 zhuó 琢 治玉也。从玉豖聲。竹角切。
琱 diāo 琱 治玉也。一曰石似玉。从玉周聲。都寮切。
理 lǐ 理 治玉也。从玉里聲。良止切。
珍 zhēn 珍 寶也。从玉㐱聲。陟鄰切。
玩 wán 玩 弄也。从玉元聲。五換切。貦，玩或从貝。
玲 líng 玲 玉聲。从玉令聲。郎丁切。
瑲 qiāng 瑲 玉聲也。从玉倉聲。《詩》曰："鞗革有瑲。"七羊切。
玎 dīng 玎 玉聲也。从玉丁聲。齊太公子伋謚曰玎公。當經切。
琤 chēng 琤 玉聲也。从玉爭聲。楚耕切。
瑣 suǒ 瑣 玉聲也。从玉𧴪聲。蘇果切。
瑝 huáng 瑝 玉聲也。从玉皇聲。乎光切。
瑀 yǔ 瑀 石之似玉者。从玉禹聲。王矩切。
玤 bàng 玤 石之次玉者。以爲系璧。从玉丰聲。讀若《詩》曰"瓜瓞菶菶"。一曰若盦蚌。補蠓切。
玪 jiān 玪 玪塾，石之次玉者。从玉今聲。古函切。
塾 lè 塾 玪塾也。从玉勒聲。盧則切。
琚 jū 琚 瓊琚。从玉居聲。《詩》曰："報之以瓊琚。"九魚切。
璓 xiù 璓 石之次玉者。从玉莠聲。《詩》曰："充耳璓瑩。"息救切。

玖 jiǔ 石之次玉黑色者。从玉久聲。《詩》曰：“貽我佩玖。”讀若芑。或曰若人句脊之句。舉友切。

珚 yí 石之似玉者。从玉𦣞聲。讀若貽。與之切。

琨 yín 石之似玉者。从玉艮聲。語巾切。

玴 yì 石之似玉者。从玉曳聲。余制切。

璅 zǎo 石之似玉者。从玉巢聲。子浩切。

璡 jīn 石之似玉者。从玉進聲。讀若津。將鄰切。

璿 zēn 石之似玉者。从玉朁聲。側岑切。

璁 cōng 石之似玉者。从玉悤聲。讀若蔥。倉紅切。

琥 hào 石之似玉者。从玉號聲。讀若鎬。乎到切。

璶 xiá 石之似玉者。从玉㼌聲。讀若曷。胡捌切。

璧 wàn 石之似玉者。从玉㪯聲。烏貫切。

瓊 xiè 石之次玉者。从玉燮聲。穌叶切。

珣 gǒu 石之次玉者。从玉句聲。讀若苟。古厚切。

琂 yán 石之似玉者。从玉言聲。語軒切。

璶 jìn 石之似玉者。从玉盡聲。徐刃切。

琟 wéi 石之似玉者。从玉隹聲。讀若維。以追切。

瑦 wǔ 石之似玉者。从玉烏聲。安古切。

瑂 méi 石之似玉者。从玉眉聲。讀若眉。武悲切。

璒 dēng 石之似玉者。从玉登聲。都騰切。

玜 sī 石之似玉者。从玉厶聲。讀與私同。息夷切。

玗 yú 石之似玉者。从玉于聲。羽俱切。

玫 mò 玉屬。从玉叟聲。讀若没。莫悖切。

瑎 xié 黑石似玉者。从玉皆聲。讀若諧。戶皆切。

碧 bì 石之青美者。从玉、石，白聲。兵尺切。

琨 kūn 石之美者。从玉昆聲。《虞書》曰：“楊州貢瑤琨。”古渾切。瑻，琨或从貫。

珉 mín 石之美者。从玉民聲。武巾切。

瑤 yáo 玉之美者。从玉䍃聲。《詩》曰：“報之以瓊瑤。”余招切。

珠 zhū 蚌之陰精。从玉朱聲。《春秋國語》曰“珠以禦火灾”，是也。章俱切。

玓 dì 玓瓅，明珠色。从玉勺聲。都歷切。

瓅 lì 玓瓅。从玉樂聲。郎擊切。

玭 pín 珠也。从玉比聲。宋弘云：“淮水中出玭珠。”玭，珠之有聲。步因切。蠙，《夏書》玭从虫、賓。

瑮	lì	瑮	屢屬。从玉劦聲。《禮》："佩刀，士瑮琫而珧珌。" 臣鉉等曰：劦亦音麗，故以爲聲。郎計切。
珧	yáo	珧	蜃甲也。所以飾物也。从玉兆聲。《禮》云："佩刀，天子玉琫而珧珌。" 余昭切。
玟	méi	玟	火齊，玫瑰也。一曰石之美者。从玉文聲。莫桮切。
瑰	guī	瑰	玫瑰。从玉鬼聲。一曰圜好。公回切。
璣	jī	璣	珠不圜也。从玉幾聲。居衣切。
琅	láng	琅	琅玕，似珠者。从玉良聲。魯當切。
玕	gān	玕	琅玕也。从玉干聲。《禹貢》："雝州球琳琅玕。" 古寒切。 𤤂，古文玕。
珊	shān	珊	珊瑚，色赤，生於海，或生於山。从玉，删省聲。穌干切。
瑚	hú	瑚	珊瑚也。从玉胡聲。戶吳切。
珋	liú	珋	石之有光，璧珋也。出西胡中。从玉丣聲。力求切。
琀	hán	琀	送死口中玉也。从玉从含，含亦聲。胡紺切。
鎏	yǒu	鎏	遺玉也。从玉歖聲。以周切。
璗	dàng	璗	金之美者。與玉同色。从玉湯聲。《禮》："佩刀，諸矦璗琫而璆珌。" 徒朗切。
靈	líng	靈	靈巫。以玉事神。从玉霝聲。郎丁切。 靈，靈或从巫。

文一百二十六　重十七（當作重十六）

珈	jiā	珈	婦人首飾。从玉加聲。《詩》曰："副笄六珈。" 古牙切。
璩	qú	璩	環屬。从玉豦聲。見《山海經》。彊魚切。
琖	zhǎn	琖	玉爵也。夏曰琖，殷曰斝，周曰爵。从玉戔聲。或从皿。阻限切。
琛	chēn	琛	寶也。从玉，深省聲。丑林切。
璫	dāng	璫	華飾也。从玉當聲。都郎切。
琲	bèi	琲	珠五百枚也。从玉非聲。普乃切。
珂	kē	珂	玉也。从玉可聲。苦何切。
玘	qǐ	玘	玉也。从玉己聲。去里切。
珝	xǔ	珝	玉也。从玉羽聲。況主切。
璀	cuǐ	璀	璀璨，玉光也。从玉崔聲。七罪切。
璨	càn	璨	玉光也。从玉粲聲。倉案切。
琡	chù	琡	玉也。从玉叔聲。昌六切。
瑄	xuān	瑄	璧六寸也。从玉宣聲。須緣切。
珙	gǒng	珙	玉也。从玉共聲。拘竦切。

文十四　新附

珏　部

珏 jué 珏　二玉相合爲一珏。凡珏之屬皆从珏。古岳切。瑴，珏或从㱿。

班 bān 班　分瑞玉。从珏从刀。布還切。

𤨝 fú 𤨝　車笭閒皮篋。古者使奉玉以藏之。从車、珏。讀與服同。房六切。

文三　重一

气　部

气 qì 气　雲气也。象形。凡气之屬皆从气。去既切。

氛 fēn 氛　祥气也。从气分聲。符分切。雰，氛或从雨。

文二　重一

士　部

士 shì 士　事也。數始於一，終於十。从一从十。孔子曰：“推十合一爲士。”凡士之屬皆从士。鉏里切。

壻 xù 壻　夫也。从士胥聲。《詩》曰：“女也不爽，士貳其行。”士者，夫也。讀與細同。穌計切。婿，壻或从女。

壯 zhuàng 壯　大也。从士爿聲。側亮切。

壿 cūn 壿　舞也。从士尊聲。《詩》曰：“壿壿舞我。”慈損切。

文四　重一

丨　部

丨 gǔn 丨　上下通也。引而上行讀若囟，引而下行讀若逻。凡丨之屬皆从丨。古本切。

中 zhōng 中　内也。从口。丨，上下通。陟弓切。𠁩，古文中。𠁧，籀文中。

㫃 chǎn 㫃　旌旗杠皃。从丨从㫃，㫃亦聲。丑善切。

文三　重二

屮　部

屮 chè 屮　艸木初生也。象丨出形，有枝莖也。古文或以爲艸字。讀若徹。

凡屮之屬皆从屮。尹彤說。臣鉉等曰：丨，上下通也，象艸木萌芽，通徹地上也。丑列切。

屯 zhūn 難也。象艸木之初生。屯然而難。从屮貫一。一，地也。尾曲。《易》曰："屯，剛柔始交而難生。" 陟倫切。

每 měi 艸盛上出也。从屮母聲。臣鉉等案：《左傳》："原田每每。" 今別作莓。非是。武罪切。

毒 dú 厚也。害人之艸，往往而生。从屮从毒。徒沃切。，古文毒从刀、萏。

芬 fēn 艸初生，其香分布。从屮从分，分亦聲。撫文切。，芬或从艸。

𡵂 lù 菌𡵂，地蕈。叢生田中。从屮六聲。力竹切。，籀文𡵂从三𡵂。

熏 xūn 火煙上出也。从屮从黑。屮黑，熏黑也。許云切。

文七　重三

艸　部

艸 cǎo 百芔也。从二屮。凡艸之屬皆从艸。倉老切。

莊 zhuāng 上諱。臣鉉等曰：此漢明帝名也。从艸从壯，未詳。側羊切。，古文莊。

蓏 luǒ 在木曰果，在地曰蓏。从艸从㼌。郎果切。

芝 zhī 神艸也。从艸从之。止而切。

萐 shà 萐莆，瑞艸也。堯時生於庖廚，扇暑而涼。从艸疌聲。士洽切。

莆 fǔ 萐莆也。从艸甫聲。方矩切。

虋 mén 赤苗，嘉穀也。从艸釁聲。莫奔切。

荅 dá 小尗也。从艸合聲。都合切。

萁 qí 豆莖也。从艸其聲。渠之切。

藿 huò 尗之少也。从艸靃聲。虛郭切。

莥 niǔ 鹿藿之實名也。从艸狃聲。敕久切。

蓈 láng 禾粟之采，生而不成者，謂之董蓈。从艸郎聲。魯當切。，蓈或从禾。

莠 yǒu 禾粟下生莠。从艸秀聲。讀若酉。与久切。

萉 fèi 枲實也。从艸肥聲。房未切。，萉或从麻、賁。

芓 zì 麻母也。从艸子聲。一曰芓即枲也。疾吏切。

䔬 yì 芓也。从艸異聲。羊吏切。

蘇 sū 桂荏也。从艸穌聲。素孤切。

荏 rěn 桂荏，蘇。从艸任聲。如甚切。

芺 shǐ 菜也。从艸矢聲。失匕切。

萱	qǐ	菜之美者。雲夢之萱。从艸豈聲。驅喜切。
葵	kuí	菜也。从艸癸聲。彊惟切。
薑	jiāng	禦溼之菜也。从艸彊聲。居良切。
蓼	liǎo	辛菜，薔虞也。从艸翏聲。盧鳥切。
葙	zǔ	菜也。从艸祖聲。則古切。
蘧	qú	菜也。似蘇者。从艸豦聲。彊魚切。
薇	wēi	菜也。似藿。从艸微聲。無非切。𦳊，籀文薇省。
蓶	wéi	菜也。从艸唯聲。以水切。
菦	qín	菜，類蒿。从艸近聲。《周禮》有"菦菹"。巨巾切。
蘸	niàng	菜也。从艸釀聲。女亮切。
莧	xiàn	莧菜也。从艸見聲。侯澗切。
芋	yù	大葉實根，駭人，故謂之芌也。从艸亏聲。徐鍇曰："芌猶言吁。吁，驚辭，故曰駭人。"王遇切。
莒	jǔ	齊謂芌爲莒。从艸吕聲。居許切。
蘧	qú	蘧麥也。从艸遽聲。彊魚切。
菊	jú	大菊，蘧麥。从艸匊聲。居六切。
葷	hūn	臭菜也。从艸軍聲。許云切。
蘘	ráng	蘘荷也。一名葍葙。从艸襄聲。汝羊切。
菁	jīng	韭華也。从艸青聲。子盈切。
蘆	lú	蘆菔也。一曰薺根。从艸盧聲。落乎切。
菔	fú	蘆菔。似蕪菁，實如小尗者。从艸服聲。蒲北切。
苹	píng	蓱也。無根，浮水而生者。从艸平聲。符兵切。
茞	chén	艸也。从艸臣聲。稹鄰切。
蘋	pín	大蓱也。从艸賓聲。符眞切。
藍	lán	染青艸也。从艸監聲。魯甘切。
藼	xuān	令人忘憂艸也。从艸憲聲。《詩》曰："安得藼艸？"況袁切。蕿，或从煖。萱，或从宣。
营	qiōng	营藭，香艸也。从艸宮聲。去弓切。芎，司馬相如說：营或从弓。
藭	qióng	营藭也。从艸窮聲。渠弓切。
蘭	lán	香艸也。从艸闌聲。落干切。
葌	jiān	艸，出吳林山。从艸姦聲。古顔切。
葰	suī	薑屬。可以香口。从艸俊聲。息遺切。
芄	wán	芄蘭，莞也。从艸丸聲。《詩》曰："芄蘭之枝。"胡官切。
繭	xiāo	楚謂之蘺，晉謂之繭，齊謂之茝。从艸嚻聲。許嬌切。
蘺	lí	江蘺，蘼蕪。从艸離聲。呂之切。

茝	chǎi	虈也。从艸𦣝聲。 昌改切。
虋	méi	虋蕪也。从艸麋聲。 靡爲切。
薰	xūn	香艸也。从艸熏聲。 許云切。
薄	dú	水萹茿。从艸从水，毒聲。讀若督。 徒沃切。
萹	biān	萹茿也。从艸扁聲。 方沔切。
茿	zhú	萹茿也。从艸，筑省聲。 陟玉切。
藒	qiè	芞輿也。从艸楬聲。 去謁切。
芞	qì	芞輿也。从艸气聲。 去訖切。
苺	měi	馬苺也。从艸母聲。 武罪切。
茖	gé	艸也。从艸各聲。 古額切。
苷	gān	甘艸也。从艸从甘。 古三切。
芧	zhù	艸也。从艸予聲。可以爲繩。 直呂切。
藎	jìn	艸也。从艸盡聲。 徐刃切。
蒁	shù	艸也。从艸述聲。 食聿切。
荵	rěn	荵冬艸。从艸忍聲。 而軫切。
萇	cháng	萇楚，跳弋。一名羊桃。从艸長聲。 直良切。
薊	jì	芺也。从艸魝聲。 古詣切。
堇	lí	艸也。从艸里聲。讀若釐。 里之切。
藋	diào	釐艸也。一曰拜商藋。从艸翟聲。 徒弔切。
芨	jī	堇艸也。从艸及聲。讀若急。 居立切。
葥	jiàn	山苺也。从艸歬聲。 子賤切。
蔞	mòu	毒艸也。从艸婺聲。 莫候切。
蓩	mǎo	卷耳也。从艸務聲。 亡考切。
蔘	shēn	人蔘，藥艸，出上黨。从艸浸聲。 山林切。
虊	luán	鳧葵也。从艸攣聲。 洛官切。
莀	lì	艸也。可以染留黃。从艸戾聲。 郎計切。
荍	qiáo	蚍虾也。从艸收聲。 渠遙切。
蚍	pí	蒿也。从艸毗聲。 房脂切。
萬	yǔ	艸也。从艸禹聲。 王矩切。
荑	tí	艸也。从艸夷聲。 杜兮切。
薛	xuē	艸也。从艸辥聲。 私列切。
苦	kǔ	大苦，苓也。从艸古聲。 康杜切。
菩	bèi	艸也。从艸音聲。 步乃切。
蓄	yì	薏苢。从艸啻聲。一曰蓄英。 於力切。
茅	máo	菅也。从艸矛聲。 莫交切。

菅	jiān	茅也。从艸官聲。 古顏切。
蘄	qí	艸也。从艸斳聲。江夏有蘄春亭。 臣鉉等案：《說文》無斳字，他字書亦無。此篇下有𦺗字，注云：江夏平春亭名。疑相承誤，重出一字。渠支切。
莞	guān	艸也。可以作席。从艸完聲。 胡官切。
藺	lìn	莞屬。从艸閵聲。 良刃切。
蒢	chú	黃蒢，職也。从艸除聲。 直魚切。
蒲	pú	水艸也。可以作席。从艸浦聲。 薄胡切。
蒻	ruò	蒲子。可以爲平席。从艸弱聲。 而灼切。
蔉	shēn	蒲蒻之類也。从艸深聲。 式箴切。
蓷	tuī	萑也。从艸推聲。《詩》曰："中谷有蓷。" 他回切。
萑	zhuī	艸多皃。从艸隹聲。 職追切。
茥	guī	缺盆也。从艸圭聲。 苦圭切。
莙	jùn	井藻也。从艸君聲。讀若威。 渠殞切。
䓴	huán	夫蘺也。从艸皖聲。 胡官切。
蒚	lì	夫蘺上也。从艸鬲聲。 力的切。
苢	yǐ	芣苢。一名馬舄。其實如李，令人宜子。从艸㠯聲。《周書》所說。 羊止切。
蕁	tán	芜藩也。从艸尋聲。 徒含切。 薚，蕁或从爻。
蘻	jī	艸也。从艸毄聲。 古歷切。
蓲	qiū	艸也。从艸區聲。 去鳩切。
菌	gù	艸也。从艸固聲。 古慕切。
𧆑	gàn	艸也。从艸榦聲。 古案切。
藷	zhū	藷蔗也。从艸諸聲。 章魚切。
蔗	zhè	藷蔗也。从艸庶聲。 之夜切。
薴	níng	牂薴，可以作縻綆。从艸甯聲。 女庚切。
蕮	sì	艸也。从艸賜聲。 斯義切。
苹	zhōng	艸也。从艸中聲。陟宮切。
萯	fù	王萯也。从艸負聲。 房九切。
芺	ǎo	艸也。味苦，江南食以下气。从艸夭聲。 烏皓切。
茲	xián	艸也。从艸弦聲。 胡田切。
蘦	yòu	艸也。从艸䌛聲。䌛，籀文囿。 于救切。
莩	fú	艸也。从艸孚聲。 芳無切。
萛	yín	兔苽也。从艸寅聲。 翼真切。
荓	píng	馬帚也。从艸幷聲。 薄經切。
蕕	yóu	水邊艸也。从艸猶聲。 以周切。

荽 àn 艸也。从艸安聲。烏旰切。

藄 qí 綦月爾也。从艸綦聲。渠之切。

莃 xī 兎葵也。从艸，稀省聲。香衣切。

蘉 méng 灌渝。从艸夢聲。讀若萌。莫中切。

蕧 fù 盜庚也。从艸復聲。房六切。

苓 líng 卷耳也。从艸令聲。郎丁切。

贛 gòng 艸也。从艸贛聲。一曰薏苢。古送切。又，古禫切。

藑 qióng 茅，葍也。一名蕣。从艸夐聲。渠營切。

蕌 fù 葍也。从艸富聲。方布切。

葍 fú 蕌也。从艸畐聲。方六切。

蓨 tiáo 苗也。从艸脩聲。徒聊切。又，湯彫切。

苗 dí 蓨也。从艸由聲。徒歷切。又，他六切。

蘯 tāng 艸。枝枝相値，葉葉相當。从艸昜聲。楮羊切。

薁 yù 嬰薁也。从艸奧聲。於六切。

葴 zhēn 馬藍也。从艸咸聲。職深切。

蓾 lǔ 艸也。可以束。从艸魯聲。郎古切。，蓾或从鹵。

蔽 kuǎi 艸也。从艸叡聲。臣鉉等案：《説文》無叡字，當是蔽字之省，而聲不相近。未詳。苦怪切。

蔞 lóu 艸也。可以亨魚。从艸婁聲。力朱切。

藟 lěi 艸也。从艸畾聲。《詩》曰："莫莫葛藟。"一曰秬鬯也。力軌切。

蒬 yuān 棘蒬也。从艸冤聲。於元切。

茈 zǐ 茈艸也。从艸此聲。將此切。

藐 mò 茈艸也。从艸貇聲。莫覺切。

萴 cè 烏喙也。从艸則聲。阻力切。

蒐 sōu 茅蒐，茹藘。人血所生，可以染絳。从艸从鬼。所鳩切。

茜 qiàn 茅蒐也。从艸西聲。倉見切。

薵 sì 赤薵也。从艸、肆。息利切。

薜 bì 牡贊也。从艸辟聲。蒲計切。

莣 wáng 杜榮也。从艸忘聲。武方切。

苞 bāo 艸也。南陽以爲麤履。从艸包聲。布交切。

艾 ài 冰臺也。从艸乂聲。五蓋切。

蘠 zhāng 艸也。从艸章聲。諸良切。

芹 qín 楚葵也。从艸斤聲。巨巾切。

藪 zhēn 豕首也。从艸甄聲。側鄰切。

蔦 niǎo 寄生也。从艸鳥聲。《詩》曰："蔦與女蘿。"都了切。，蔦或

		从木。
芸	yún	艸也。似目宿。从艸云聲。《淮南子》說："芸艸可以死復生。" 王分切。
蔽	cè	艸也。从艸斅聲。 麤最切。
葎	lǜ	艸也。从艸律聲。 呂戌切。
莿	cì	莿也。从艸朿聲。 楚革切。
苦	guā	苦蔞，果蓏也。从艸昏聲。 古活切。
葑	fēng	須從也。从艸封聲。 府容切。
薺	cí	蒺棃也。从艸齊聲。《詩》曰："牆有薺。" 疾咨切。又，徂礼切。
莿	cì	朿也。从艸刺聲。 七賜切。
董	dǒng	鼎董也。从艸童聲。杜林曰：藕根。 多動切。
蘻	jì	狗毒也。从艸繫聲。 古詣切。
蓃	sǎo	艸也。从艸嫂聲。 蘇老切。
苄	hù	地黄也。从艸下聲。《禮記》："鈃毛：牛、藿；羊、苄；豕、薇。"是。 侯古切。
蘞	liǎn	白蘞也。从艸僉聲。 良冉切。 ，蘞或从斂。
菳	qín	黄菳也。从艸金聲。 具今切。
芩	qín	艸也。从艸今聲。《詩》曰："食野之芩。" 巨今切。
藨	biāo	鹿藿也。从艸麃聲。讀若剽。一曰蔽屬。 平表切。
虉	yì	綬也。从艸鷊聲。《詩》曰："邛有旨虉。"是。 五狄切。
蔆	líng	芰也。从艸淩聲。楚謂之芰，秦謂之薢茩。 力膺切。 ，司馬相如說：蔆从遴。
芰	jì	蔆也。从艸支聲。 奇記切。 ，杜林說：芰从多。
薢	xiè	薢茩也。从艸解聲。 胡買切。
茩	gòu	薢茩也。从艸后聲。 胡口切。
芡	qiàn	雞頭也。从艸欠聲。 巨險切。
蘜	jú	日精也。以秋華。从艸，鞠省聲。 居六切。 ，蘜或省。
蘥	yuè	爵麥也。从艸龠聲。 以勺切。
藗	sù	牡茅也。从艸遬聲。遬，籒文速。 桑谷切。
菘	sī	茅秀也。从艸私聲。 息夷切。
蒹	jiān	雚之未秀者。从艸兼聲。 古恬切。
薍	wàn	䓕也。从艸亂聲。八月薍爲葦也。 五患切。
䓕	tǎn	雚之初生。一曰薍。一曰騅。从艸剡聲。 土敢切。 ，䓕或从炎。
薕	lián	蒹也。从艸廉聲。 力鹽切。

薠	fán	薠	青薠，似莎者。从艸煩聲。 附袁切。
茚	áng	茚	昌蒲也。从艸印聲。益州云。 五剛切。
蒘	yé	蒘	茚蒘也。从艸邪聲。 以遮切。
芀	tiáo	芀	葦華也。从艸刀聲。 徒聊切。
茢	liè	茢	芀也。从艸劦聲。 良辪切。
菡	hàn	菡	菡藺也。从艸圅聲。 胡感切。
藺	dàn	藺	菡藺。芙蓉華未發爲菡藺，已發爲芙蓉。从艸閻聲。 徒感切。
蓮	lián	蓮	芙蕖之實也。从艸連聲。 洛賢切。
茄	jiā	茄	芙蕖莖。从艸加聲。 古牙切。
荷	hé	荷	芙蕖葉。从艸何聲。 胡哥切。
蔤	mì	蔤	芙蕖本。从艸密聲。 美必切。
蕅	ǒu	蕅	芙蕖根。从艸、水，禺聲。 五厚切。
蘢	lóng	蘢	天蘥也。从艸龍聲。 盧紅切。
蓍	shī	蓍	蒿屬。生十歲，百莖。《易》以爲數。天子蓍九尺，諸侯七尺，大夫五尺，士三尺。从艸耆聲。 式脂切。
菣	qìn	菣	香蒿也。从艸臤聲。 去刃切。 [艹堅]，菣或从堅。
莪	é	莪	蘿莪，蒿屬。从艸我聲。 五何切。
蘿	luó	蘿	莪也。从艸羅聲。 魯何切。
菻	lǐn	菻	蒿屬。从艸林聲。 力稔切。
蔚	wèi	蔚	牡蒿也。从艸尉聲。 於胃切。
蕭	xiāo	蕭	艾蒿也。从艸肅聲。 蘇彫切。
萩	qiū	萩	蕭也。从艸秋聲。 七由切。
芍	xiào	芍	鳧茈也。从艸勺聲。 胡了切。
藩	jiǎn	藩	王彗也。从艸湔聲。 昨先切。
蔿	wěi	蔿	艸也。从艸爲聲。 于鬼切。
芜	chén	芜	艸也。从艸冘聲。 直深切。
蘜	jú	蘜	治蘠也。从艸鞠聲。 居六切。
蘠	qiáng	蘠	蘠靡，虋冬也。从艸牆聲。 賤羊切。
芪	qí	芪	芪母也。从艸氏聲。 常之切。
菀	wǎn	菀	茈菀，出漢中房陵。从艸宛聲。 於阮切。
莔	méng	莔	貝母也。从艸，明省聲。 武庚切。
荒	zhú	荒	山薊也。从艸术聲。 直律切。
蓂	mì	蓂	析蓂，大薺也。从艸冥聲。 莫歷切。
菋	wèi	菋	荎藸也。从艸味聲。 无沸切。
荎	chí	荎	荎藸，艸也。从艸至聲。 直尼切。

藸 chú 茥藸也。从艸豬聲。直魚切。

葛 gé 絺綌艸也。从艸曷聲。古達切。

蔓 màn 葛屬。从艸曼聲。無販切。

䓘 gāo 葛屬。白華。从艸皋聲。古勞切。

莕 xìng 莕餘也。从艸杏聲。何梗切。荇，莕或从行，同。

菨 jiē 菨餘也。从艸妾聲。子葉切。

䕲 kūn 艸也。从艸罤聲。古渾切。

芫 yuán 魚毒也。从艸元聲。愚袁切。

蘦 líng 大苦也。从艸霝聲。郎丁切。

蕛 tí 蕛苵也。从艸稊聲。大兮切。

苵 dié 蕛苵也。从艸失聲。徒結切。

艼 tīng 艼熒，朐也。从艸丁聲。天經切。

蔣 jiāng 苽蔣也。从艸將聲。子良切。又，卽兩切。

苽 gū 雕苽。一名蔣。从艸瓜聲。古胡切。

䓿 yù 艸也。从艸育聲。余六切。

䕯 bēi 艸也。从艸罷聲。符羈切。

䕼 rán 艸也。从艸難聲。如延切。

莨 láng 艸也。从艸良聲。魯當切。

葽 yāo 艸也。从艸要聲。《詩》曰："四月秀葽。"劉向說：此味苦，苦葽也。於消切。

薖 kē 艸也。从艸過聲。苦禾切。

菌 jùn 地蕈也。从艸囷聲。渠殞切。

蕈 xùn 桑䓴。从艸覃聲。慈衽切。

䓴 ruǎn 木耳也。从艸耎聲。一曰萮茈。而兗切。

葚 shèn 桑實也。从艸甚聲。常衽切。

蒟 jǔ 果也。从艸竘聲。俱羽切。

芘 pí 艸也。一曰芘茮木。从艸比聲。房脂切。

蕣 shùn 木堇，朝華暮落者。从艸舜聲。《詩》曰："顏如蕣華。"舒閏切。

萸 yú 茱萸也。从艸臾聲。羊朱切。

茱 zhū 茱萸，茮屬。从艸朱聲。市朱切。

茮 jiāo 茮莍。从艸尗聲。子寮切。

莍 qiú 茮樧實裹如表者。从艸求聲。巨鳩切。

荆 jīng 楚木也。从艸刑聲。舉卿切。[illegible]，古文荆。

菭 tái 水衣。从艸治聲。徒哀切。

芽 yá 萌芽也。从艸牙聲。五加切。

萌	méng	萌	艸芽也。从艸明聲。 武庚切。
茁	zhuó	茁	艸初生出地皃。从艸出聲。《詩》曰：“彼茁者葭。” 鄒滑切。
莖	jīng	莖	枝柱也。从艸巠聲。戶耕切。
莛	tíng	莛	莖也。从艸廷聲。 特丁切。
葉	yè	葉	艸木之葉也。从艸枼聲。 与涉切。
蘮	jì	蘮	艸之小者。从艸㓹聲。㓹，古文銳字。讀若芮。 居例切。
芣	fú	芣	華盛。从艸不聲。一曰芣苢。 縛牟切。
葩	pā	葩	華也。从艸吧聲。 普巴切。
芛	wěi	芛	艸之葟榮也。从艸尹聲。 羊捶切。
蘳	huà	蘳	黃華。从艸黊聲。讀若壞。 乎瓦切。
蔈	biāo	蔈	苕之黃華也。从艸㶾聲。一曰末也。 方小切。
英	yīng	英	艸榮而不實者。一曰黃英。从艸央聲。 於京切。
薾	ěr	薾	華盛。从艸爾聲。《詩》曰：“彼薾惟何？” 兒氏切。
萋	qī	萋	艸盛。从艸妻聲。《詩》曰：“菶菶萋萋。” 七稽切。
菶	běng	菶	艸盛。从艸奉聲。 補蠓切。
薿	nǐ	薿	茂也。从艸疑聲。《詩》曰：“黍稷薿薿。” 魚己切。
蕤	ruí	蕤	艸木華垂皃。从艸甤聲。 儒隹切。
葼	zōng	葼	青齊沇冀謂木細枝曰葼。从艸㚇聲。 子紅切。
䔟	yí	䔟	艸萎䔟。从艸移聲。 弋支切。
蒝	yuán	蒝	艸木形。从艸原聲。 愚袁切。
莢	jiá	莢	艸實。从艸夾聲。 古叶切。
芒	máng	芒	艸耑。从艸亾聲。 武方切。
䕑	wéi	䕑	藍蓼秀。从艸，隨省聲。 羊捶切。
蔕	dì	蔕	瓜當也。从艸帶聲。 都計切。
荄	gāi	荄	艸根也。从艸亥聲。 古哀切。又，古諧切。
荺	yǔn	荺	茇也。茅根也。从艸均聲。 于敏切。
茇	bá	茇	艸根也。从艸犮聲。春艸根枯，引之而發土爲撥，故謂之茇。一曰艸之白華爲茇。 北末切。
芃	péng	芃	艸盛也。从艸凡聲。《詩》曰：“芃芃黍苗。” 房戎切。
蒪	fū	蒪	華葉布。从艸傅聲。讀若傅。 方遇切。
蓻	zí	蓻	艸木不生也。一曰茅芽。从艸執聲。 姊入切。
䓀	yín	䓀	艸多皃。从艸𤝔聲。江夏平春有䓀亭。 語斤切。
茂	mào	茂	艸豐盛。从艸戊聲。 莫候切。
𦽽	chàng	𦽽	艸茂也。从艸暘聲。 丑亮切。
蔭	yìn	蔭	艸陰地。从艸陰聲。 於禁切。

⿱艹造 chòu 艸皃。从艸造聲。初救切。

茲 zī 艸木多益。从艸，兹省聲。子之切。

蔋 dí 艸旱盡也。从艸俶聲。《詩》曰：“蔋蔋山川。”徒歷切。

⿱艹歊 xiāo 艸皃。从艸歊聲。《周禮》曰：“轂獘不⿱艹歊。”許嬌切。

蔇 jì 艸多皃。从艸既聲。居味切。

薋 cí 艸多皃。从艸資聲。疾兹切。

蓁 zhēn 艸盛皃。从艸秦聲。側詵切。

莦 shāo 惡艸皃。从艸肖聲。所交切。

芮 ruì 芮芮，艸生皃。从艸内聲。讀若汭。而銳切。

茬 chí 艸皃。从艸在聲。濟北有茬平縣。仕甾切。

薈 huì 艸多皃。从艸會聲。《詩》曰：“薈兮蔚兮。”烏外切。

⿱艹敄 mào 細草叢生也。从艸敄聲。莫候切。

芼 mào 艸覆蔓。从艸毛聲。《詩》曰：“左右芼之。”莫抱切。

蒼 cāng 艸色也。从艸倉聲。七岡切。

葻 lán 艸得風皃。从艸、風。讀若婪。盧含切。

萃 cuì 艸皃。从艸卒聲。讀若瘁。秦醉切。

蒔 shì 更別穜。从艸時聲。時吏切。

苗 miáo 艸生於田者。从艸从田。武鑣切。

苛 kē 小艸也。从艸可聲。乎哥切。

蕪 wú 薉也。从艸無聲。武扶切。

薉 huì 蕪也。从艸歲聲。於廢切。

荒 huāng 蕪也。从艸巟聲。一曰艸淹地也。呼光切。

⿱艹寍 níng 艸亂也。从艸寍聲。杜林說：艸⿱艹爭⿱艹寍皃。女庚切。

⿱艹爭 zhēng ⿱艹爭⿱艹寍皃。从艸爭聲。側莖切。

落 luò 凡艸曰零，木曰落。从艸洛聲。盧各切。

蔽 bì 蔽蔽，小艸也。从艸敝聲。必袂切。

蘀 tuò 艸木凡皮葉落陊地爲蘀。从艸擇聲。《詩》曰：“十月隕蘀。”它各切。

蕰 yùn 積也。从艸温聲。《春秋傳》曰：“蕰利生孽。”於粉切。

蔫 yān 菸也。从艸焉聲。於乾切。

菸 yū 鬱也。从艸於聲。一曰矮也。央居切。

⿱艹榮 yíng 艸旋皃也。从艸榮聲。《詩》曰：“葛纍⿱艹榮之。”於營切。

蔡 cài 艸也。从艸祭聲。蒼大切。

茷 fá 艸葉多。从艸伐聲。《春秋傳》曰：“晉糴茷。”符發切。

菜 cài 艸之可食者。从艸采聲。蒼代切。

荋 ér 艸多葉皃。从艸而聲。沛城父有楊荋亭。如之切。

⿱艹乏 fàn 艸浮水中皃。从艸乏聲。匹凡切。

薄 bó 林薄也。一曰蠶薄。从艸溥聲。旁各切。

苑 yuàn 所以養禽獸也。从艸夗聲。於阮切。

藪 sǒu 大澤也。从艸數聲。九州之藪：楊州具區，荆州雲夢，豫州甫田，青州孟諸，沇州大野，雝州弦圃，幽州奚養，冀州楊紆，并州昭餘祁是也。蘇后切。

菑 zī 不耕田也。从艸、甾。《易》曰："不菑畬。" 徐鍇曰："當言从艸从巛从田，田不耕則艸塞之，故从巛，巛音災。若从甾，則下有甾缶字相亂。側詞切。甾，菑或省艸。

蘨 yáo 艸盛皃。从艸繇聲。《夏書》曰："厥艸惟蘨。" 余招切。

薙 tì 除艸也。《明堂月令》曰："季夏燒薙。" 从艸雉聲。他計切。

⿱艹耒 lèi 耕多艸。从艸、耒，耒亦聲。盧對切。

⿱艹致 zhì 艸大也。从艸致聲。陟利切。

蔪 jiàn 艸相蔪苞也。从艸斬聲。《書》曰："艸木蔪苞。" 慈冉切。⿱艹槧，蔪或从槧。

茀 fú 道多艸，不可行。从艸弗聲。分勿切。

苾 bì 馨香也。从艸必聲。毗必切。

蔎 shè 香艸也。从艸設聲。識列切。

芳 fāng 香艸也。从艸方聲。敷方切。

蕡 fén 雜香艸。从艸賁聲。浮分切。

藥 yào 治病艸。从艸樂聲。以勺切。

⿱艹麗 lí 艸木相附⿱艹麗土而生。从艸麗聲。《易》曰："百穀艸木⿱艹麗於地。" 呂支切。

蓆 xí 廣多也。从艸席聲。祥易切。

芟 shān 刈艸也。从艸从殳。所銜切。

荐 jiàn 薦蓆也。从艸存聲。在甸切。

藉 jiè 祭藉也。一曰艸不編，狼藉。从艸耤聲。慈夜切。又，秦昔切。

蒩 zū 茅藉也。从艸租聲。《禮》曰："封諸侯以土，蒩以白茅。" 子余切。

蕝 jué 朝會束茅表位曰蕝。从艸絕聲。《春秋國語》曰："致茅蕝，表坐。" 子說切。

茨 cí 以茅葦蓋屋。从艸次聲。疾茲切。

葺 qì 茨也。从艸咠聲。七入切。

蓋 gài 苫也。从艸盇聲。古太切。

苫 shān 蓋也。从艸占聲。失廉切。
藹 ài 蓋也。从艸渴聲。於蓋切。
蓾 qū 刷也。从艸屈聲。區勿切。
藩 fān 屏也。从艸潘聲。甫煩切。
菹 zū 酢菜也。从艸沮聲。側魚切。䔾，或从皿。䕸，或从缶。
荃 quán 芥脃也。从艸全聲。此緣切。
蔤 kù 韭鬱也。从艸酤聲。苦步切。
藍 lán 瓜菹也。从艸監聲。魯甘切。
菭 zhī 菹也。从艸泜聲。直宜切。𧄳，菭或从皿。皿，器也。
蘨 lǎo 乾梅之屬。从艸橑聲。《周禮》曰："饋食之籩，其實乾蘨。"後漢長沙王始煑艸爲蘨。盧皓切。𧃞，蘨或从潦。
藙 yì 煎茱萸。从艸顡聲。漢律：會稽獻藙一斗。魚既切。
䔂 zǐ 羹菜也。从艸宰聲。阻史切。
若 ruò 擇菜也。从艸、右。右，手也。一曰杜若，香艸。而灼切。
蓴 tuán 蒲叢也。从艸專聲。常倫切。
茵 zhì 以艸補缺。从艸西聲。讀若陸。或以爲綴。一曰約空也。直例切。
蕁 zǔn 叢艸也。从艸尊聲。慈損切。
莜 diào 艸田器。从艸，條省聲。《論語》曰："以杖荷莜。"今作蓧。徒弔切。
萆 pì 雨衣。一曰衰衣。从艸卑聲。一曰萆藨，似烏韭。扶歷切。
䔯 chí 艸也。从艸是聲。是支切。
苴 jū 履中艸。从艸且聲。子余切。
蘊 cū 艸履也。从艸麤聲。倉胡切。
蕢 kuì 艸器也。从艸貴聲。求位切。臾，古文蕢，象形。《論語》曰："有荷臾而過孔氏之門。"
蔓 qǐn 覆也。从艸，侵省聲。七朕切。
茵 yīn 車重席。从艸因聲。於眞切。鞇，司馬相如說：茵从革。
芻 chú 刈艸也。象包束艸之形。叉愚切。
茭 jiāo 乾芻。从艸交聲。一曰牛蘄艸。古肴切。
荹 bù 亂艸。从艸步聲。薄故切。
茹 rú 飤馬也。从艸如聲。人庶切。
莝 cuò 斬芻。从艸坐聲。麤臥切。
萎 wèi 食牛也。从艸委聲。於僞切。
蔌 cè 以穀萎馬，置莝中。从艸敕聲。楚革切。
苗 qū 蠶薄也。从艸曲聲。丘玉切。
蔟 cù 行蠶蓐。从艸族聲。千木切。

苣	jù	束葦燒。从艸巨聲。 臣鉉等曰：今俗別作炬，非是。其呂切。
蕘	ráo	薪也。从艸堯聲。 如昭切。
薪	xīn	蕘也。从艸新聲。 息鄰切。
蒸	zhēng	折麻中榦也。从艸烝聲。 煑仍切。 ，蒸或省火。
蕉	jiāo	生枲也。从艸焦聲。 即消切。
菡	shǐ	糞也。从艸，胃省。 式視切。
薶	mái	瘞也。从艸貍聲。 莫皆切。
蕿	shān	喪藉也。从艸侵聲。 失廉切。
斮	shé	斷也。从斤斷艸。譚長說。 食列切。 ，籒文折从艸在仌中，仌寒故折。 ，篆文折从手。
卉	huì	艸之總名也。从艸、屮。 許偉切。
艽	qiú	遠荒也。从艸九聲。《詩》曰："至于艽野。" 巨鳩切。
蒜	suàn	葷菜。从艸祘聲。 蘇貫切。
芥	jiè	菜也。从艸介聲。 古拜切。
蔥	cōng	菜也。从艸悤聲。 倉紅切。
藿	yù	艸也。从艸隺聲。《詩》曰："食鬱及藿。" 余六切。
蕇	diǎn	亭歷也。从艸單聲。 多殄切。
苟	gǒu	艸也。从艸句聲。 古厚切。
蕨	jué	鼈也。从艸厥聲。 居月切。
莎	suō	鎬侯也。从艸沙聲。 蘇禾切。
蓱	píng	苹也。从艸洴聲。 薄經切。
堇	jǐn	艸也。根如薺，葉如細柳，蒸食之，甘。从艸堇聲。 居隱切。
菲	fěi	芴也。从艸非聲。 芳尾切。
芴	wù	菲也。从艸勿聲。 文弗切。
䕱	hàn	艸也。从艸鶾聲。 呼旰切。
雈	huán	薍也。从艸萑聲。 胡官切。
葦	wěi	大葭也。从艸韋聲。 于鬼切。
葭	jiā	葦之未秀者。从艸叚聲。 古牙切。
萊	lái	蔓華也。从艸來聲。 洛哀切。
荔	lì	艸也。似蒲而小，根可作㕞。从艸劦聲。 郎計切。
蒙	méng	王女也。从艸冡聲。 莫紅切。
藻	zǎo	水艸也。从艸从水，巢聲。《詩》曰："于以采藻？" 子皓切。 ，藻或从澡。
菉	lù	王芻也。从艸录聲。《詩》曰："菉竹猗猗。" 力玉切。
曹	cáo	艸也。从艸曹聲。 昨牢切。

蓾 yóu 艸也。从艸卣聲。以周切。

菬 qiáo 艸也。从艸沼聲。昨焦切。

䓊 wú 艸也。从艸吾聲。《楚詞》有䓊蕭艸。吾乎切。

范 fàn 艸也。从艸氾聲。房㲱切。

艿 réng 艸也。从艸乃聲。如乘切。

⿱艸血 xuè 艸也。从艸血聲。呼決切。

萄 táo 艸也。从艸匋聲。徒刀切。

芑 qǐ 白苗嘉穀。从艸己聲。驅里切。

藚 xù 水舄也。从艸賣聲。《詩》曰："言采其藚。"似足切。

苳 dōng 艸也。从艸冬聲。都宗切。

薔 sè 薔虞，蓼。从艸嗇聲。所力切。

苕 tiáo 艸也。从艸召聲。徒聊切。

⿱艸楙 mào 艸也。从艸楙聲。莫厚切。

萺 mào 艸也。从艸冒聲。莫報切。

茆 mǎo 鳧葵也。从艸丣聲。《詩》曰："言采其茆。"力久切。

荼 tú 苦荼也。从艸余聲。同都切。臣鉉等曰：此即今之茶字。

蘩 fán 白蒿也。从艸繁聲。附袁切。

蒿 hāo 菣也。从艸高聲。呼毛切。

蓬 péng 蒿也。从艸逢聲。薄紅切。䔒，籀文蓬省。

藜 lí 艸也。从艸黎聲。郎奚切。

蘬 kuī 薺實也。从艸歸聲。驅歸切。

葆 bǎo 艸盛皃。从艸保聲。博褒切。

蕃 fán 艸茂也。从艸番聲。甫煩切。

茸 róng 艸茸茸皃。从艸，聰省聲。而容切。

⿱艸津 jiān 艸皃。从艸津聲。子僊切。

藂 cóng 艸叢生皃。从艸叢聲。徂紅切。

草 zào 草斗，櫟實也。一曰象斗子。从艸早聲。自保切。臣鉉等曰：今俗以此爲艸木之艸，別作皁字，爲黑色之皁。案：櫟實可以染帛，爲黑色，故曰草。通用爲草棧字。今俗書皁或从白从十，或从白从七，皆無意義，無以下筆。

菆 zōu 麻蒸也。从艸取聲。一曰蓐也。側鳩切。

蓄 xù 積也。从艸畜聲。丑六切。

萅 chūn 推也。从艸从日，艸春時生也；屯聲。昌純切。

⿱艸狐 gū 艸多皃。从艸狐聲。江夏平春有⿱艸狐亭。古狐切。

菿 dào 艸木倒。从艸到聲。都盜切。

文四百四十五　重三十一（當作重三十二）

芙 fú 芙蓉也。从艸夫聲。方無切。
蓉 róng 芙蓉也。从艸容聲。余封切。
蘶 wěi 艸也。《左氏傳》："楚大夫蘶子馮。" 从艸遠聲。韋委切。
荀 xún 艸也。从艸旬聲。臣鉉等案：今人姓荀氏，本郇侯之後，宜用郇字。相倫切。
莋 zuó 越巂縣名，見《史記》。从艸作聲。在各切。
蓀 sūn 香艸也。从艸孫聲。思渾切。
蔬 shū 菜也。从艸疏聲。所菹切。
芊 qiān 艸盛也。从艸千聲。倉先切。
茗 míng 茶芽也。从艸名聲。莫迥切。
薌 xiāng 穀气也。从艸鄉聲。許良切。
藏 cáng 匿也。臣鉉等案：《漢書》通用臧字。从艸，後人所加。昨郎切。
蒇 chǎn 《左氏傳》："以蒇陳事。" 杜預注云：蒇，敕也。从艸未详。丑善切。
蘸 zhàn 以物没水也。此蓋俗語。从艸未详。斬陷切。

文十三 新附

蓐部

蓐 rù 陳艸復生也。从艸辱聲。一曰蔟也。凡蓐之屬皆从蓐。而蜀切。，籀文蓐从茻。
薅 hāo 拔去田艸也。从蓐，好省聲。呼毛切。，籀文薅省。，薅或从休。《詩》曰："既茠荼蓼。"

文二 重三

茻部

茻 mǎng 眾艸也。从四屮。凡茻之屬皆从茻。讀與冈同。模朗切。
莫 mù 日且冥也。从日在茻中。莫故切。又，慕各切。
莽 mǎng 南昌謂犬善逐菟艸中爲莽。从犬从茻，茻亦聲。謀朗切。
葬 zàng 藏也。从死在茻中；一其中，所以薦之。《易》曰："古之葬者，厚衣之以薪。" 則浪切。

文四

說文解字弟二

三十部　六百九十三文　重八十八
凡八千四百九十八字
文三十四　新附

小　部

小	xiǎo	小	物之微也。从八、丨。見而分之。凡小之屬皆从小。 私兆切。
少	shǎo	少	不多也。从小丿聲。 書沼切。
尐	jié	尐	少也。从小乀聲。讀若輟。 子結切。
			文三

八　部

八	bā	八	別也。象分別相背之形。凡八之屬皆从八。 博拔切。
分	fēn	分	別也。从八从刀，刀以分別物也。 甫文切。
尒	ěr	尒	詞之必然也。从入、丨、八。八，象气之分散。 兒氏切。
曾	zēng	曾	詞之舒也。从八从曰，𡆧聲。 昨稜切。
尚	shàng	尚	曾也。庶幾也。从八向聲。 時亮切。
㒸	suì	㒸	从意也。从八豕聲。 徐醉切。
詹	zhān	詹	多言也。从言从八从厃。 臣鉉等曰：厃，高也；八，分也，多故可分也。職廉切。
介	jiè	介	畫也。从八从人。人各有介。 古拜切。
八	bié	八	分也。从重八。八，別也。亦聲。《孝經說》曰：“故上下有別。” 兵列切。
公	gōng	公	平分也。从八从厶。 音司。 八猶背也。韓非曰：背厶爲公。 古紅切。
必	bì	必	分極也。从八、弋，弋亦聲。 卑吉切。
余	yú	余	語之舒也。从八，舍省聲。 以諸切。 𠎀，二余也。讀與余同。

文十二　重一

釆部

釆 biàn　辨別也。象獸指爪分別也。凡釆之屬皆从釆。讀若辨。蒲莧切。，古文釆。

番 fán　獸足謂之番。从釆；田，象其掌。附袁切。，番或从足从煩。，古文番。

宷 shěn　悉也。知宷諦也。从宀从釆。徐鍇曰："宀，覆也。釆，別也。包覆而深別之。宷，悉也。"式荏切。，篆文宷从番。

悉 xī　詳盡也。从心从釆。息七切。，古文悉。

釋 shì　解也。从釆；釆，取其分別物也。从睪聲。賞職切。

文五　重五

半部

半 bàn　物中分也。从八从牛。牛爲物大，可以分也。凡半之屬皆从半。博幔切。

胖 pàn　半體肉也。一曰廣肉。从半从肉，半亦聲。普半切。

叛 pàn　半也。从半反聲。薄半切。

文三

牛部

牛 niú　大牲也。牛件也；件，事理也。象角頭三、封尾之形。凡牛之屬皆从牛。徐鍇曰："件，若言物一件、二件也。封，高起也。"語求切。

牡 mǔ　畜父也。从牛土聲。莫厚切。

犅 gāng　特牛也。从牛岡聲。古郎切。

特 tè　朴特，牛父也。从牛寺聲。徒得切。

牝 pìn　畜母也。从牛匕聲。《易》曰："畜牝牛，吉。"毗忍切。

犢 dú　牛子也。从牛，瀆省聲。徒谷切。

𤘽 bèi　二歲牛。从牛市聲。博蓋切。

犙 sān　三歲牛。从牛参聲。穌含切。

牭 sì　四歲牛。从牛从四，四亦聲。息利切。，籒文牭从貳。

犗 jiè　騬牛也。从牛害聲。古拜切。

牻 máng 牻 白黑雜毛牛。从牛尨聲。莫江切。

椋 liáng 椋 牻牛也。从牛京聲。《春秋傳》曰：“牻椋。”呂張切。

犡 lì 犡 牛白脊也。从牛厲聲。洛帶切。

㹳 tú 㹳 黄牛虎文。从牛余聲。讀若塗。同都切。

犖 luò 犖 駁牛也。从牛，勞省聲。呂角切。

埒 liè 埒 牛白脊也。从牛寽聲。力輟切。

抨 pēng 抨 牛駁如星。从牛平聲。普耕切。

犥 piāo 犥 牛黄白色。从牛麃聲。補嬌切。

犉 rún 犉 黄牛黑脣也。从牛𦎫聲。《詩》曰：“九十其犉。”如均切。

㮶 yuè 㮶 白牛也。从牛隺聲。五角切。

㹔 jiāng 㹔 牛長脊也。从牛畺聲。居良切。

牧 tāo 牧 牛徐行也。从牛攴聲。讀若滔。土刀切。

犨 chōu 犨 牛息聲。从牛雔聲。一曰牛名。赤周切。

牟 móu 牟 牛鳴也。从牛，象其聲气从口出。莫浮切。

㹌 chǎn 㹌 畜牷也。从牛産聲。所簡切。

牲 shēng 牲 牛完全。从牛生聲。所庚切。

牷 quán 牷 牛純色。从牛全聲。疾緣切。

牽 qiān 牽 引前也。从牛，象引牛之縻也。玄聲。苦堅切。

牿 gù 牿 牛馬牢也。从牛告聲。《周書》曰：“今惟牿牛馬。”古屋切。

牢 láo 牢 閑，養牛馬圈也。从牛，冬省，取其四周帀也。魯刀切。

犓 chú 犓 以芻莖養牛也。从牛、芻，芻亦聲。《春秋國語》曰：“犓豢幾何？”測愚切。

犪 rǎo 犪 牛柔謹也。从牛夒聲。而沼切。

犕 bèi 犕 《易》曰：“犕牛乘馬。”从牛𤰈聲。平祕切。

犂 lí 犂 耕也。从牛黎聲。郎奚切。

辈 fèi 辈 兩壁耕也。从牛非聲。一曰覆耕穜也。讀若匪。非尾切。

犗 tāo 犗 牛羊無子也。从牛𠷎聲。讀若糗糧之糗。徒刀切。

牴 dǐ 牴 觸也。从牛氐聲。都禮切。

衛 wèi 衛 牛踶衛也。从牛衛聲。于歲切。

堅 qiǎn 堅 牛很不從引也。从牛从臤，臤亦聲。一曰大皃。讀若賢。喫善切。

牼 kēng 牼 牛厀下骨也。从牛坙聲。《春秋傳》曰：“宋司馬牼字牛。”口莖切。

牞 jìn 牞 牛舌病也。从牛今聲。巨禁切。

犀 xī 犀 南徼外牛。一角在鼻，一角在頂，似豕。从牛尾聲。先稽切。

牣 rèn 牣 牣，滿也。从牛刃聲。《詩》曰：“於牣魚躍。”而震切。

物 wù 物 萬物也。牛爲大物；天地之數，起於牽牛，故从牛。勿聲。文弗切。

犧 xī 宗廟之牲也。从牛羲聲。賈侍中說：此非古字。許羈切。

文四十五　重一

犍 jiān 犗牛也。从牛建聲。亦郡名。居言切。

犝 tóng 無角牛也。从牛童聲。古通用僮。徒紅切。

文二　新附

犛　部

犛 lí 西南夷長髦牛也。从牛𠩺聲。凡犛之屬皆从犛。莫交切。

氂 máo 犛牛尾也。从犛省，从毛。里之切。

斄 lái 彊曲毛，可以箸起衣。从犛省，來聲。洛哀切。𠩺，古文斄省。

文三　重一

告　部

告 gào 牛觸人，角箸橫木，所以告人也。从口从牛。《易》曰："僮牛之告。"凡告之屬皆从告。古奧切。

嚳 kù 急告之甚也。从告，學省聲。苦沃切。

文二

口　部

口 kǒu 人所以言食也。象形。凡口之屬皆从口。苦后切。

噭 jiào 吼也。从口敫聲。一曰噭，呼也。古弔切。

噣 zhòu 喙也。从口蜀聲。陟救切。

喙 huì 口也。从口彖聲。許穢切。

吻 wěn 口邊也。从口勿聲。武粉切。脗，吻或从肉从昏。

嚨 lóng 喉也。从口龍聲。盧紅切。

喉 hóu 咽也。从口侯聲。乎鉤切。

噲 kuài 咽也。从口會聲。讀若快。一曰嚵，噲也。苦夬切。

吞 tūn 咽也。从口天聲。土根切。

咽 yān 嗌也。从口因聲。烏前切。

嗌 yì 咽也。从口益聲。伊昔切。𦤺，籒文嗌上象口，下象頸脈理也。

喗 yǔn 大口也。从口軍聲。牛殞切。

哆	chǐ	張口也。从口多聲。丁可切。
呱	gū	小兒嗁聲。从口瓜聲。《詩》曰：“后稷呱矣。”古乎切。
啾	jiū	小兒聲也。从口秋聲。即由切。
喤	huáng	小兒聲。从口皇聲。《詩》曰：“其泣喤喤。”乎光切。
咺	xuǎn	朝鮮謂兒泣不止曰咺。从口，宣省聲。况晚切。
咣	qiàng	秦晉謂兒泣不止曰咣。从口羌聲。丘尚切。
咷	táo	楚謂兒泣不止曰噭咷。从口兆聲。徒刀切。
喑	yīn	宋齊謂兒泣不止曰喑。从口音聲。於今切。
嶷	yì	小兒有知也。从口疑聲。《詩》曰：“克岐克嶷。”魚力切。
咳	hái	小兒笑也。从口亥聲。戶來切。孩，古文咳从子。
嗛	xián	口有所銜也。从口兼聲。戶監切。
咀	jǔ	含味也。从口且聲。慈呂切。
啜	chuò	嘗也。从口叕聲。一曰喙也。昌說切。
㗱	jí	噍也。从口集聲。讀若集。子入切。
嚌	jì	嘗也。从口齊聲。《周書》曰：“大保受同祭嚌。”在詣切。
噍	jiào	齧也。从口焦聲。才肖切。嚼，噍或从爵。又，才爵切。
吮	shǔn	欶也。从口允聲。徂沇切。
啐	shuì	小歠也。从口率聲。讀若㕞。所劣切。
嚵	chán	小啐也。从口毚聲。一曰喙也。士咸切。
噬	shì	啗也。喙也。从口筮聲。時制切。
啗	dàn	食也。从口臽聲。讀與含同。徒濫切。
嘰	jī	小食也。从口幾聲。居衣切。
噂	bó	噍皃。从口尃聲。補各切。
含	hán	嗛也。从口今聲。胡男切。
哺	bǔ	哺咀也。从口甫聲。薄故切。
味	wèi	滋味也。从口未聲。無沸切。
嚛	hù	食辛嚛也。从口樂聲。火沃切。
竅	zhuó	口滿食。从口竅聲。丁滑切。
噫	ǎi	飽食息也。从口意聲。於介切。
嘽	tān	喘息也。一曰喜也。从口單聲。《詩》曰：“嘽嘽駱馬。”他干切。
唾	tuò	口液也。从口垂聲。湯臥切。涶，唾或从水。
咦	yí	南陽謂大呼曰咦。从口夷聲。以之切。
呬	xì	東夷謂息爲呬。从口四聲。《詩》曰：“犬夷呬矣。”虛器切。
喘	chuǎn	疾息也。从口耑聲。昌沇切。
呼	hū	外息也。从口乎聲。荒烏切。

吸	xī	内息也。从口及聲。許及切。
嘘	xū	吹也。从口虚聲。朽居切。
吹	chuī	嘘也。从口从欠。昌垂切。
喟	kuì	大息也。从口胃聲。丘貴切。嘳，喟或从貴。
啍	tūn	口气也。从口𦎫聲。《詩》曰："大車啍啍。"他昆切。
嚏	tì	悟解气也。从口疐聲。《詩》曰："願言則嚏。"都計切。
噴	zhì	野人言之。从口質聲。之日切。
唫	jìn	口急也。从口金聲。巨錦切。又，牛音切。
噤	jìn	口閉也。从口禁聲。巨禁切。
名	míng	自命也。从口从夕。夕者，冥也。冥不相見，故以口自名。武并切。
吾	wú	我，自稱也。从口五聲。五乎切。
哲	zhé	知也。从口折聲。陟列切。悊，哲或从心。嚞，古文哲从三吉。
君	jūn	尊也。从尹。發號，故从口。舉云切。𠱓，古文象君坐形。
命	mìng	使也。从口从令。眉病切。
咨	zī	謀事曰咨。从口次聲。即夷切。
召	zhào	評也。从口刀聲。直少切。
問	wèn	訊也。从口門聲。亡運切。
唯	wěi	諾也。从口隹聲。以水切。
唱	chàng	導也。从口昌聲。尺亮切。
和	hè	相譍也。从口禾聲。戶戈切。
咥	xì	大笑也。从口至聲。《詩》曰："咥其笑矣。"許旣切。又，直結切。
啞	è	笑也。从口亞聲。《易》曰："笑言啞啞。"於革切。
噱	jué	大笑也。从口豦聲。其虐切。
唏	xī	笑也。从口，稀省聲。一曰哀痛不泣曰唏。虚豈切。
听	yǐn	笑皃。从口斤聲。宜引切。
呭	yì	多言也。从口世聲。《詩》曰："無然呭呭。"余制切。
嘄	jiāo	聲嘄嘄也。从口梟聲。古堯切。
咄	duō	相謂也。从口出聲。當沒切。
唉	āi	譍也。从口矣聲。讀若埃。烏開切。
哉	zāi	言之閒也。从口𢦏聲。祖才切。
噂	zǔn	聚語也。从口尊聲。《詩》曰："噂沓背憎。"子損切。
咠	qì	聶語也。从口从耳。《詩》曰："咠咠幡幡。"七入切。
呷	xiā	吸呷也。从口甲聲。呼甲切。
嘒	huì	小聲也。从口彗聲。《詩》曰："嘒彼小星。"呼惠切。嚖，或从慧。
嘫	rán	語聲也。从口然聲。如延切。

唪 běng 大笑也。从口奉聲。讀若《詩》曰“瓜瓞菶菶”。方蠓切。

嗔 tián 盛气也。从口真聲。《詩》曰：“振旅嗔嗔。”待年切。

嘌 piāo 疾也。从口㶾聲。《詩》曰：“匪車嘌兮。”撫招切。

嘑 hū 唬也。从口虖聲。荒烏切。

喅 yù 音聲喅喅然。从口昱聲。余六切。

嘯 xiào 吹聲也。从口肅聲。穌弔切。歗，籒文嘯从欠。

台 yí 說也。从口㠯聲。與之切。

嗂 yáo 喜也。从口䍃聲。余招切。

启 qǐ 開也。从戶从口。康禮切。

嗿 tǎn 聲也。从口貪聲。《詩》曰：“有嗿其饁。”他感切。

咸 xián 皆也。悉也。从口从戌。戌，悉也。胡監切。

呈 chéng 平也。从口壬聲。直貞切。

右 yòu 助也。从口从又。徐鍇曰：“言不足以左，復手助之。”于救切。

啻 chì 語時不啻也。从口帝聲。一曰啻，諟也。讀若鞮。施智切。

吉 jí 善也。从士、口。居質切。

周 zhōu 密也。从用、口。職畱切。𠕀，古文周字从古文及。

唐 táng 大言也。从口庚聲。徒郎切。啺，古文唐从口、昜。

𠷎 chóu 誰也。从口、𠃬，又聲。𠃬，古文疇。直由切。

嘾 dàn 含深也。从口覃聲。徒感切。

噎 yē 飯窒也。从口壹聲。烏結切。

嗢 wà 咽也。从口𥁑聲。烏沒切。

哯 xiàn 不歐而吐也。从口見聲。胡典切。

吐 tǔ 寫也。从口土聲。他魯切。

噦 yuē 气啎也。从口歲聲。於月切。

咈 fú 違也。从口弗聲。《周書》曰：“咈其耇長。”符弗切。

嚘 yōu 語未定皃。从口憂聲。於求切。

吃 jī 言蹇難也。从口气聲。居乙切。

嗜 shì 嗜欲，喜之也。从口耆聲。常利切。

啖 dàn 噍啖也。从口炎聲。一曰噉。徒敢切。

哽 gěng 語爲舌所介也。从口更聲。讀若井級綆。古杏切。

嘐 xiāo 誇語也。从口翏聲。古肴切。

啁 zhāo 啁，嘐也。从口周聲。陟交切。

哇 wā 諂聲也。从口圭聲。讀若醫。於佳切。

𠯑 è 語相訶歫也。从口歫辛。辛，惡聲也。讀若櫱。五葛切。

吺 dōu 讘吺，多言也。从口，投省聲。當矦切。

呧 dǐ 苛也。从口氐聲。都禮切。
呰 zǐ 苛也。从口此聲。將此切。
嗻 zhè 遮也。从口庶聲。之夜切。
唊 jiá 妄語也。从口夾聲。讀若莢。古叶切。
嗑 kè 多言也。从口盍聲。讀若甲。候榼切。
嗙 bēng 謌聲。嗙喻也。从口旁聲。司馬相如說：淮南宋蔡舞嗙喻也。補盲切。
噧 xiè 高气多言也。从口，蠆省聲。《春秋傳》曰：“噧言。”訶介切。
叴 qiú 高气也。从口九聲。臨淮有叴猶縣。巨鳩切。
嘮 chāo 嘮呶，讙也。从口勞聲。敕交切。
呶 náo 讙聲也。从口奴聲。《詩》曰：“載號載呶。”女交切。
叱 chì 訶也。从口七聲。昌栗切。
噴 pēn 吒也。从口賁聲。一曰鼓鼻。普魂切。
吒 zhà 噴也。叱怒也。从口乇聲。陟駕切。
噊 yù 危也。从口矞聲。余律切。
啐 cuì 驚也。从口卒聲。七外切。
唇 zhēn 驚也。从口辰聲。側鄰切。
吁 xū 驚也。从口于聲。況于切。
嘵 xiāo 懼也。从口堯聲。《詩》曰：“唯予音之嘵嘵。”許么切。
嘖 zé 大呼也。从口責聲。士革切。謮，嘖或从言。
嗷 áo 眾口愁也。从口敖聲。《詩》曰：“哀鳴嗷嗷。”五牢切。
唸 diàn 吚也。从口念聲。《詩》曰：“民之方唸吚。”都見切。
吚 xī 唸吚，呻也。从口尸聲。馨伊切。
嚴 yán 呻也。从口嚴聲。五銜切。
呻 shēn 吟也。从口申聲。失人切。
吟 yín 呻也。从口今聲。魚音切。訡，吟或从音。訡，或从言。
嗞 zī 嗟也。从口茲聲。子之切。
哤 máng 哤異之言。从口尨聲。一曰雜語。讀若尨。莫江切。
叫 jiào 嘑也。从口丩聲。古弔切。
嘅 kài 嘆也。从口既聲。《詩》曰：“嘅其嘆矣。”苦蓋切。
唌 xián 語唌嘆也。从口延聲。夕連切。
嘆 tàn 吞歎也。从口，歎省聲。一曰太息也。他案切。
喝 yè 㵣也。从口曷聲。於介切。
哨 shào 不容也。从口肖聲。才肖切。
吪 é 動也。从口化聲。《詩》曰：“尚寐無吪。”五禾切。

噆 cǎn　嗛也。从口朁聲。子荅切。

吝 lìn　恨惜也。从口文聲。《易》曰：“以往吝。”臣鉉等曰：今俗別作悋，非是。良刃切。，古文吝从彣。

各 gè　異辭也。从口、夂。夂者，有行而止之，不相聽也。古洛切。

否 fǒu　不也。从口从不。方九切。

唁 yàn　弔生也。从口言聲。《詩》曰：“歸唁衛侯。”魚變切。

哀 āi　閔也。从口衣聲。烏開切。

嗁 tí　號也。从口虒聲。杜兮切。

嗀 hù　歐皃。从口㱿聲。《春秋傳》曰：“君將嗀之。”許角切。

咼 kuā　口戾不正也。从口冎聲。苦媧切。

⿰口叔 jì　嗼也。从口叔聲。前歷切。

嗼 mò　⿰口叔嗼也。从口莫聲。莫各切。

𠯑 guā　塞口也。从口，氒省聲。氒，音厥。古活切。，古文从甘。

嗾 sǒu　使犬聲。从口族聲。《春秋傳》曰：“公嗾夫獒。”穌奏切。

吠 fèi　犬鳴也。从犬、口。符廢切。

咆 páo　嗥也。从口包聲。薄交切。

嗥 háo　咆也。从口皋聲。乎刀切。，譚長說：嗥从犬。

喈 jiē　鳥鳴聲。从口皆聲。一曰鳳皇鳴聲喈喈。古諧切。

哮 xiāo　豕驚聲也。从口孝聲。許交切。

喔 wō　雞聲也。从口屋聲。於角切。

呝 è　喔也。从口戹聲。烏格切。

咮 zhòu　鳥口也。从口朱聲。章俱切。

嚶 yīng　鳥鳴也。从口嬰聲。烏莖切。

啄 zhuó　鳥食也。从口豖聲。竹角切。

唬 xiāo　嗁聲也。一曰虎聲。从口从虎。讀若暠。呼訏切。

呦 yōu　鹿鳴聲也。从口幼聲。伊虯切。，呦或从欠。

噳 yǔ　麌鹿羣口相聚皃。从口虞聲。《詩》曰：“麀鹿噳噳。”魚矩切。

喁 yóng　魚口上見。从口禺聲。魚容切。

局 jú　促也。从口在尺下，復局之。一曰博，所以行棊。象形。徐鍇曰：“人之無涯者唯口，故口在尺下則爲局。博局外有垠堮周限也。”渠綠切。

㕣 yǎn　山閒陷泥地。从口，从水敗皃。讀若沇州之沇。九州之渥地也，故以沇名焉。以轉切。，古文㕣。

文一百八十　重二十一

哦 é 吟也。从口我聲。五何切。

嗃 hè 嗃嗃，嚴酷皃。从口高聲。呼各切。

售 shòu 賣去手也。从口，雔省聲。《詩》曰：“賈用不售。”承臭切。

噞 yǎn 噞喁，魚口上見也。从口僉聲。魚檢切。

唳 lì 鶴鳴也。从口戾聲。郎計切。

喫 chī 食也。从口契聲。苦擊切。

喚 huàn 評也。从口奐聲。古通用奐。呼貫切。

咍 hāi 蚩笑也。从口从台。呼來切。

嘲 cháo 謔也。从口朝聲。《漢書》通用啁。陟交切。

呀 xiā 張口皃。从口牙聲。許加切。

文十　新附

凵部

凵 kǎn 張口也。象形。凡凵之屬皆从凵。口犯切。

文一

吅部

吅 xuān 驚嘑也。从二口。凡吅之屬皆从吅。讀若讙。臣鉉等曰：或通用讙。今俗別作喧，非是。況袁切。

㗊 níng 亂也。从爻、工、交、吅。一曰窒㗊。讀若禳。徐鍇曰：“二口噂沓也。爻，物相交質也。工，人所作也。己，象交構形。”女庚切。㗊，籀文㗊。

嚴 yán 教命急也。从吅厰聲。語杴切。嚴，古文。

咢 è 譁訟也。从吅屰聲。五各切。

單 dān 大也。从吅、甲，吅亦聲。闕。都寒切。

喌 zhōu 呼雞重言之。从吅州聲。讀若祝。之六切。

文六　重二

哭部

哭 kū 哀聲也。从吅，獄省聲。凡哭之屬皆从哭。苦屋切。

喪 sàng 亾也。从哭从亾。會意。亾亦聲。息郎切。

文二

走部

走 zǒu 趨也。从夭、止。夭止者，屈也。凡走之屬皆从走。徐鍇曰："走則足屈，故从夭。"子苟切。

趨 qū 走也。从走芻聲。七逾切。

赴 fù 趨也。从走，仆省聲。臣鉉等曰：《春秋傳》赴告用此字。今俗作訃，非是。芳遇切。

趣 qù 疾也。从走取聲。七句切。

超 chāo 跳也。从走召聲。敕宵切。

趫 qiāo 善緣木走之才。从走喬聲。讀若王子蹻。去嚻切。

赳 jiū 輕勁有才力也。从走丩聲。讀若鐈。居黝切。

跂 qí 緣大木也。一曰行皃。从走支聲。巨之切。

趮 zào 疾也。从走喿聲。臣鉉等曰：今俗別作躁，非是。則到切。

趯 yuè 踊也。从走翟聲。以灼切。

蹶 jué 蹠也。从走厥聲。居月切。

越 yuè 度也。从走戉聲。王伐切。

趁 chèn 邅也。从走㐱聲。讀若塵。丑刃切。

邅 zhān 趁也。从走亶聲。張連切。

趞 què 趞趞也。一曰行皃。从走昔聲。七雀切。

趬 qiāo 行輕皃。一曰趬，舉足也。从走堯聲。牽遙切。

趚 xián 急走也。从走弦聲。胡田切。

趀 cī 蒼卒也。从走朿聲。讀若資。取私切。

趮 piāo 輕行也。从走票聲。撫招切。

趛 qǐn 行皃。从走臤聲。讀若菣。弃忍切。

趥 qiū 行皃。从走酋聲。千牛切。

趨 zhú 行皃。从走蜀聲。讀若燭。之欲切。

趟 jiàng 行皃。从走匠聲。讀若匠。疾亮切。

趨 xún 走皃。从走叡聲。讀若紃。臣鉉等以爲叡聲遠。疑从睿。祥遵切。

趚 jié 走意。从走薊聲。讀若髽結之結。古屑切。

趣 yǔn 走意。从走困聲。丘忿切。

趖 suō 走意。从走坐聲。蘇和切。

趨 xiàn 走意。从走憲聲。許建切。

趨 biān 走意。从走臱聲。布賢切。

趨 zhí 走也。从走戴聲。讀若《詩》"威儀秩秩"。直質切。

趙 yòu 走也。从走有聲。讀若又。于救切。

䞁	wǔ	走輕也。从走烏聲。讀若鄔。安古切。
𧾣	qú	走顧皃。从走瞿聲。讀若劬。其俱切。
𧼯	qiān	走皃。从走，寋省聲。九輦切。
𧺆	cāi	疑之，等𧺆而去也。从走才聲。倉才切。
𧺼	cǐ	淺渡也。从走此聲。雌氏切。
赹	qióng	獨行也。从走勻聲。讀若煢。渠營切。
𧽾	yú	安行也。从走與聲。余呂切。
起	qǐ	能立也。从走巳聲。墟里切。，古文起从辵。
𧻚	hái	畱意也。从走里聲。讀若小兒孩。戶來切。
𧼋	xiòng	行也。从走臭聲。香仲切。
𧼨	yǐn	低頭疾行也。从走金聲。牛錦切。
趌	jí	趌𧼮，怒走也。从走吉聲。去吉切。
𧼮	jié	趌𧼮也。从走曷聲。居謁切。
𧾟	xuān	疾也。从走瞏聲。讀若讙。況袁切。
𧺷	jí	直行也。从走气聲。魚訖切。
𧾨	yì	趨進𧾨如也。从走翼聲。與職切。
赽	jué	踶也。从走，決省聲。古穴切。
趩	chì	行聲也。一曰不行皃。从走異聲。讀若敕。丑亦切。
趆	dī	趨也。从走氐聲。都禮切。
趍	chí	趨趙，久也。从走多聲。直离切。
趙	zhào	趨趙也。从走肖聲。治小切。
赾	qǐn	行難也。从走斤聲。讀若堇。丘堇切。
𧾛	jú	走意也。从走夐聲。讀若繘。居聿切。
趠	chuò	遠也。从走卓聲。敕角切。
𧾧	yuè	趠𧾧也。从走龠聲。以灼切。
𧾩	jué	大步也。从走矍聲。丘縛切。
𧽊	chì	超特也。从走契聲。丑例切。
𧿀	jī	走也。从走幾聲。居衣切。
𧽤	fú	走也。从走弗聲。敷勿切。
𧾉	jú	狂走也。从走矞聲。余律切。
𧾒	mán	行遲也。从走曼聲。莫還切。
趉	jué	走也。从走出聲。讀若無尾之屈。瞿勿切。
趜	jú	窮也。从走匊聲。居六切。
趑	cī	趑趄，行不進也。从走次聲。取私切。
趄	jū	趑趄也。从走且聲。七余切。

䞴 qiān 蹇行䞴䞴也。从走虔聲。讀若愆。去虔切。
𧾩 quán 行𧾩趢也。一曰行曲脊皃。从走雚聲。巨員切。
趢 lù 𧾩趢也。从走录聲。力玉切。
䞭 qūn 行趚䞭也。从走夋聲。七倫切。
趚 qì 側行也。从走朿聲。《詩》曰："謂地蓋厚，不敢不趚。" 資昔切。
𧻓 kuǐ 半步也。从走圭聲。讀若跬同。丘弭切。
𧽯 chí 𧽯鷈，輕薄也。从走虒聲。讀若池。直离切。
𧼮 bó 僵也。从走咅聲。讀若匐。朋北切。
𧺹 chě 距也。从走，厈省聲。《漢令》曰："𧺹張百人。" 車者切。
䟏 lì 動也。从走樂聲。讀若《春秋傳》曰"輔䟏"。郎擊切。
趡 cuǐ 動也。从走隹聲。《春秋傳》曰："盟于趡。"趡，地名。千水切。
𧻚 yuán 𧻚田，易居也。从走亘聲。羽元切。
䟜 diān 走頓也。从走眞聲。讀若顛。都年切。
𧼳 yǒng 喪辟𧼳。从走甬聲。余隴切。
𧾐 bì 止行也。一曰竈上祭名。从走畢聲。卑吉切。
𧾏 jiàn 進也。从走斬聲。藏監切。
趧 tí 趧婁，四夷之舞，各自有曲。从走是聲。都兮切。
趒 tiáo 雀行也。从走兆聲。徒遼切。
赶 qián 舉尾走也。从走干聲。巨言切。

文八十五　重一

止　部

止 zhǐ 下基也。象艸木出有址，故以止爲足。凡止之屬皆从止。諸市切。
歱 zhǒng 跟也。从止重聲。之隴切。
𣥺 chēng 歫也。从止尚聲。丑庚切。
歭 chí 䠢也。从止寺聲。直离切。
歫 jù 止也。从止巨聲。一曰搶也。一曰超歫。其吕切。
前 qián 不行而進謂之歬。从止在舟上。昨先切。
歷 lì 過也。从止厤聲。郎擊切。
𣦟 chù 至也。从止叔聲。昌六切。
𣦢 bì 人不能行也。从止辟聲。必益切。
歸 guī 女嫁也。从止从婦省，𠂤聲。舉韋切。㚃，籀文省。
疌 jié 疾也。从止从又。又，手也。屮聲。疾葉切。
𡳾 niè 機下足所履者。从止从又，入聲。尼輒切。

少 tà 蹈也。从反止。讀若撻。他達切。

歰 sè 不滑也。从四止。色立切。

文十四　重一

癶　部

癶 bō 足刺癶也。从止、少。凡癶之屬皆从癶。讀若撥。北末切。

登 dēng 上車也。从癶、豆。象登車形。都滕切。𤼷，籀文登从𠬞。

癹 bá 以足蹋夷艸。从癶从殳。《春秋傳》曰："癹夷蘊崇之。"普活切。

文三　重一

步　部

步 bù 行也。从止少相背。凡步之屬皆从步。薄故切。

歲 suì 木星也。越歷二十八宿，宣徧陰陽，十二月一次。从步戌聲。律歷書名五星爲五步。相鋭切。

文二

此　部

此 cǐ 止也。从止从匕。匕，相比次也。凡此之屬皆从此。雌氏切。

啙 zǐ 窳也。闕。將此切。

𣦵 zuǐ 識也。从此朿聲。一曰藏也。遵誄切。

文三

些 suò 語辭也。見《楚辭》。从此从二。其義未詳。蘇箇切。

文一　新附

正　部

正 zhèng 是也。从止，一以止。凡正之屬皆从正。徐鍇曰："守一以止也。"之盛切。𤴓，古文正从二。二，古上字。𤴕，古文正从一、足。足者亦止也。

乏 fá 《春秋傳》曰："反正爲乏。"房法切。

文二　重二

是部

是 shì 直也。从日、正。凡是之屬皆从是。承旨切。，籒文是从古文正。

韙 wěi 是也。从是韋聲。《春秋傳》曰：“犯五不韙。”于鬼切。，籒文韙从心。

尟 xiǎn 是少也。尟俱存也。从是、少。賈侍中說。酥典切。

文三　重二

辵部

辵 chuò 乍行乍止也。从彳从止。凡辵之屬皆从辵。讀若《春秋公羊傳》曰“辵階而走”。丑略切。

迹 jī 步處也。从辵亦聲。資昔切。，或从足、責。，籒文迹从朿。

䢔 huì 無違也。从辵舝聲。讀若害。胡蓋切。

䢦 shuài 先道也。从辵率聲。疏密切。

邁 mài 遠行也。从辵，蠆省聲。莫話切。，邁或不省。

巡 xún 延行皃。从辵川聲。詳遵切。

遚 jiù 恭謹行也。从辵𣪘聲。讀若九。居又切。

辻 tú 步行也。从辵土聲。同都切。

𨘋 yóu 行𨘋徑也。从辵䌛聲。以周切。

𨑓 zhēng 正行也。从辵正聲。諸盈切。，𨑓或从彳。

隨 suí 从也。从辵，墮省聲。旬爲切。

迊 bó 行皃。从辵巿聲。蒲撥切。

迋 wàng 往也。从辵王聲。《春秋傳》曰：“子無我迋。”于放切。

逝 shì 往也。从辵折聲。讀若誓。時制切。

𨑥 cú 往也。从辵且聲。𨑥，齊語。全徒切。，𨑥或从彳。，籒文从虘。

述 shù 循也。从辵术聲。食聿切。，籒文从秫。

遵 zūn 循也。从辵尊聲。將倫切。

適 shì 之也。从辵啻聲。適，宋魯語。施隻切。

過 guò 度也。从辵咼聲。古禾切。

遦 guàn 習也。从辵貫聲。工患切。

䢱 dú 媟䢱也。从辵賣聲。徒谷切。

進 jìn 登也。从辵，閵省聲。即刃切。

造	zào	造	就也。从辵告聲。譚長說：造，上士也。七到切。艁，古文造从舟。
逾	yú	逾	逃進也。从辵俞聲。《周書》曰："無敢昬逾。"羊朱切。
遝	tà	遝	迨也。从辵眔聲。徒合切。
迨	hé	迨	遝也。从辵合聲。侯閤切。
迮	zé	迮	迮迮，起也。从辵，作省聲。阻革切。
逪	cuò	逪	迹逪也。从辵昔聲。倉各切。
遄	chuán	遄	往來數也。从辵耑聲。《易》曰："巳事遄往。"市緣切。
速	sù	速	疾也。从辵束聲。桑谷切。遬，籀文从欶。𧩢，古文从欶从言。
迅	xùn	迅	疾也。从辵卂聲。息進切。
适	kuò	适	疾也。从辵𠯑聲。讀與括同。古活切。
逆	nì	逆	迎也。从辵屰聲。關東曰逆，關西曰迎。宜戟切。
迎	yíng	迎	逢也。从辵卬聲。語京切。
迩	jiāo	迩	會也。从辵交聲。古肴切。
遇	yù	遇	逢也。从辵禺聲。牛具切。
遭	zāo	遭	遇也。从辵曹聲。一曰邐行。作曹切。
遘	gòu	遘	遇也。从辵冓聲。古候切。
逢	féng	逢	遇也。从辵，峯省聲。符容切。
遻	è	遻	相遇驚也。从辵从㖾，㖾亦聲。五各切。
迪	dí	迪	道也。从辵由聲。徒歷切。
遞	dì	遞	更易也。从辵虒聲。特計切。
通	tōng	通	達也。从辵甬聲。他紅切。
辿	xǐ	辿	迻也。从辵止聲。斯氏切。𢓊，徙或从彳。𡲬，古文徙。
迻	yí	迻	遷徙也。从辵多聲。弋支切。
遷	qiān	遷	登也。从辵䙴聲。七然切。拪，古文遷从手、西。
運	yùn	運	迻徙也。从辵軍聲。王問切。
遁	dùn	遁	遷也。一曰逃也。从辵盾聲。徒困切。
遜	xùn	遜	遁也。从辵孫聲。蘇困切。
返	fǎn	返	還也。从辵从反，反亦聲。《商書》曰："祖甲返。"扶版切。𢔀，《春秋傳》返从彳。
還	huán	還	復也。从辵瞏聲。戶關切。
選	xuǎn	選	遣也。从辵、巽，巽遣之；巽亦聲。一曰選，擇也。思沇切。
送	sòng	送	遣也。从辵，倂省。蘇弄切。𨔼，籀文不省。
遣	qiǎn	遣	縱也。从辵䙴聲。去衍切。
邐	lǐ	邐	行邐邐也。从辵麗聲。力紙切。
逮	dài	逮	唐逮，及也。从辵隶聲。臣鉉等曰：或作迨。徒耐切。

遲 chí 徐行也。从辵犀聲。《詩》曰："行道遲遲。" 直尼切。，遲或从𡰥。，籀文遲从屖。

邌 lí 徐也。从辵黎聲。 郎奚切。

遰 dì 去也。从辵帶聲。 特計切。

𨒨 yuān 行皃。从辵肙聲。 烏玄切。

𨕥 zhù 不行也。从辵䮻聲。讀若住。 中句切。

逗 dòu 止也。从辵豆聲。 田候切。

迟 qì 曲行也。从辵只聲。 綺戟切。

逶 wēi 逶迆，衺去之皃。从辵委聲。 於爲切。，或从虫、爲。

迆 yǐ 衺行也。从辵也聲。《夏書》曰："東迆北，會于匯。" 移尔切。

遹 yù 回避也。从辵矞聲。 余律切。

避 bì 回也。从辵辟聲。 毗義切。

違 wéi 離也。从辵韋聲。 羽非切。

遴 lìn 行難也。从辵粦聲。《易》曰："以往遴。" 良刃切。，或从人。

逡 qūn 復也。从辵夋聲。 七倫切。

坻 dǐ 怒不進也。从辵氐聲。 都禮切。

達 dá 行不相遇也。从辵羍聲。《詩》曰："挑兮達兮。" 徒葛切。，達或从大。或曰迭。

逯 lù 行謹逯逯也。从辵录聲。 盧谷切。

迵 dòng 迵，迭也。从辵同聲。 徒弄切。

迭 dié 更迭也。从辵失聲。一曰达。 徒結切。

迷 mí 或也。从辵米聲。 莫兮切。

連 lián 員連也。从辵从車。 力延切。

逑 qiú 斂聚也。从辵求聲。《虞書》曰："旁逑孱功。"又曰："怨匹曰逑。" 巨鳩切。

退 bài 敗也。从辵貝聲。《周書》曰："我興受其退。" 薄邁切。

逭 huàn 逃也。从辵官聲。 胡玩切。，逭或从雚从兆。

遯 dùn 逃也。从辵从豚。 徒困切。

逋 bū 亾也。从辵甫聲。 博孤切。，籀文逋从捕。

遺 yí 亾也。从辵貴聲。 以追切。

遂 suì 亾也。从辵㒸聲。 徐醉切。，古文遂。

逃 táo 亾也。从辵兆聲。 徒刀切。

追 zhuī 逐也。从辵𠂤聲。 陟隹切。

逐 zhú 追也。从辵从豚省。 徐鍇曰："豚走而豕追之。會意。"直六切。

遒 qiú 迫也。从辵酉聲。 字秋切。，遒或从酋。

近 jìn 附也。从辵斤聲。渠遴切。，古文近。

邋 liè 搚也。从辵巤聲。良涉切。

迫 pò 近也。从辵白聲。博陌切。

遷 rì 近也。从辵臸聲。人質切。

邇 ěr 近也。从辵爾聲。兒氏切。，古文邇。

遏 è 微止也。从辵曷聲。讀若桑蟲之蝎。烏割切。

遮 zhē 遏也。从辵庶聲。止車切。

遂 yàn 遮遂也。从辵羨聲。于線切。

迣 zhì 迾也。晉趙曰迣。从辵世聲。讀若寘。征例切。

迾 liè 遮也。从辵𠢽聲。良辥切。

迀 gān 進也。从辵干聲。讀若干。古寒切。

遣 qiān 過也。从辵侃聲。去虔切。

遱 lóu 連遱也。从辵婁聲。洛侯切。

迊 zhì 前頡也。从辵市聲。賈侍中說：一讀若恰，又若郅。北末切。

迦 jiā 迦互，令不得行也。从辵枷聲。徐鍇曰："迦互，猶犬牙左右相制也。"古牙切。

越 yuè 踰也。从辵戉聲。《易》曰："雜而不越。"王伐切。

逞 chěng 通也。从辵呈聲。楚謂疾行爲逞。《春秋傳》曰："何所不逞欲。"丑郢切。

遼 liáo 遠也。从辵尞聲。洛蕭切。

遠 yuǎn 遼也。从辵袁聲。雲阮切。，古文遠。

逖 tì 遠也。从辵狄聲。他歷切。，古文逖。

迥 jiǒng 遠也。从辵同聲。戶穎切。

逴 chuò 遠也。从辵卓聲。一曰蹇也。讀若棹苕之棹。臣鉉等案：棹苕，今無此語，未詳。敕角切。

迂 yū 避也。从辵于聲。憶俱切。

逮 jiān 目進極也。从辵𦘒聲。子僊切。

邍 yuán 高平之野，人所登。从辵、备、录。闕。愚袁切。

道 dào 所行道也。从辵从𩠐。一達謂之道。徒皓切。，古文道从𩠐、寸。

遽 jù 傳也。一曰窘也。从辵豦聲。其倨切。

远 háng 獸迹也。从辵亢聲。胡郎切。，远或从足从更。

逓 dì 至也。从辵弔聲。都歷切。

邊 biān 行垂崖也。从辵臱聲。布賢切。

文一百一十八　重三十一（當作三十）

邂 xiè 邂逅，不期而遇也。从辵解聲。胡懈切。

逅	hòu	逅	邂逅也。从辵后聲。胡遘切。
遑	huáng	遑	急也。从辵皇聲。或从彳。胡光切。
逼	bī	逼	近也。从辵畐聲。彼力切。
邈	miǎo	邈	遠也。从辵貇聲。莫角切。
遐	xiá	遐	遠也。从辵叚聲。臣鉉等曰：或通用假字。胡加切。
迄	qì	迄	至也。从辵气聲。許訖切。
迸	bèng	迸	散走也。从辵并聲。北諍切。
透	tòu	透	跳也，過也。从辵秀聲。他候切。
邏	luó	邏	巡也。从辵羅聲。郎左切。
迢	tiáo	迢	迢遰也。从辵召聲。徒聊切。
逍	xiāo	逍	逍遥，猶翱翔也。从辵肖聲。臣鉉等案：《詩》只用消摇。此二字《字林》所加。相邀切。
遥	yáo	遥	逍遥也。又遠也。从辵䍃聲。余招切。

文十三　新附

彳部

彳	chì	彳	小步也。象人脛三屬相連也。凡彳之屬皆从彳。丑亦切。
德	dé	德	升也。从彳㥁聲。多則切。
徑	jìng	徑	步道也。从彳巠聲。徐鍇曰："道不容車，故曰步道。"居正切。
復	fù	復	往來也。从彳复聲。房六切。
猱	rǒu	猱	復也。从彳从柔，柔亦聲。人九切。
徎	chěng	徎	徑行也。从彳呈聲。丑郢切。
往	wǎng	往	之也。从彳㞷聲。于兩切。𨓏，古文从辵。
忂	qú	忂	行皃。从彳瞿聲。其俱切。
彼	bǐ	彼	往，有所加也。从彳皮聲。補委切。
徼	jiào	徼	循也。从彳敫聲。古堯切。
循	xún	循	行順也。从彳盾聲。詳遵切。
彶	jí	彶	急行也。从彳及聲。居立切。
𢔇	sà	𢔇	行皃。从彳歰聲。一曰此與馺同。穌合切。
微	wēi	微	隱行也。从彳溦聲。《春秋傳》曰："白公其徒微之。"無非切。
徥	shì	徥	徥徥，行皃。从彳是聲。《爾雅》曰："徥，則也。"是支切。
徐	xú	徐	安行也。从彳余聲。似魚切。
㣇	yí	㣇	行平易也。从彳夷聲。以脂切。
德	pīng	德	使也。从彳甹聲。普丁切。

徸 fēng 使也。从彳夆聲。讀若螽。敷容切。

𢓜 jiàn 迹也。从彳戔聲。慈衍切。

徬 bàng 附行也。从彳旁聲。蒲浪切。

徯 xī 待也。从彳奚聲。胡計切。蹊，徯或从足。

待 dài 竢也。从彳寺聲。徒在切。

油 dí 行油油也。从彳由聲。徒歷切。

徧 biàn 帀也。从彳扁聲。比薦切。

徦 jiǎ 至也。从彳叚聲。古雅切。

復 tuì 卻也。一曰行遲也。从彳从日从夊。他内切。衲，復或从内。𨓆，古文从辵。

後 hòu 遲也。从彳、幺、夊者，後也。徐鍇曰：“幺，猶纚躓之也。”胡口切。𨑒，古文後从辵。

徲 tí 久也。从彳犀聲。讀若遲。杜兮切。

很 hěn 不聽从也。一曰行難也。一曰盭也。从彳皀聲。胡懇切。

𤔒 zhǒng 相迹也。从彳重聲。之隴切。

得 dé 行有所得也。从彳㝵聲。多則切。㝵，古文省彳。

徛 jì 舉脛有渡也。从彳奇聲。去奇切。

㣄 xùn 行示也。从彳勻聲。《司馬法》：“斬以㣄。”詞閏切。

律 lǜ 均布也。从彳聿聲。呂戌切。

御 yù 使馬也。从彳从卸。徐鍇曰：“卸，解車馬也。或彳或卸皆御者之職。”牛據切。馭，古文御从又从馬。

亍 chù 步止也。从反彳。讀若畜。丑玉切。

文三十七 重七

廴部

廴 yǐn 長行也。从彳引之。凡廴之屬皆从廴。余忍切。

廷 tíng 朝中也。从廴壬聲。特丁切。

延 zhēng 行也。从廴正聲。諸盈切。

建 jiàn 立朝律也。从聿从廴。臣鉉等曰：聿，律省也。居萬切。

文四

㢟部

㢟 chān 安步㢟㢟也。从廴从止。凡㢟之屬皆从㢟。丑連切。

延 yán 長行也。从延丿聲。以然切。

文二

行部

行 xíng 人之步趨也。从彳从亍。凡行之屬皆从行。戶庚切。

術 shù 邑中道也。从行术聲。食聿切。

街 jiē 四通道也。从行圭聲。古膎切。

衢 qú 四達謂之衢。从行瞿聲。其俱切。

衝 chōng 通道也。从行童聲。《春秋傳》曰：“及衝，以戈擊之。”昌容切。

衕 tóng 通街也。从行同聲。徒弄切。

衡 jiàn 迹也。从行戔聲。才綫切。

衙 yú 行皃。从行吾聲。魚舉切。又音牙。

衎 kàn 行喜皃。从行干聲。空旱切。

衒 xuàn 行且賣也。从行从言。黃絢切。，衒或从玄。

衛 shuài 將衛也。从行率聲。所律切。

衛 wèi 宿衛也。从韋、帀，从行。行，列衛也。于歲切。

文十二　重一

齒部

齒 chǐ 口齗骨也。象口齒之形，止聲。凡齒之屬皆从齒。昌里切。，古文齒字。

齗 yín 齒本也。从齒斤聲。語斤切。

齔 chèn 毀齒也。男八月生齒，八歲而齔。女七月生齒，七歲而齔。从齒从七。初堇切。

齰 zé 齒相值也。一曰齧也。从齒責聲。《春秋傳》曰：“晳齰。”士革切。

齜 chái 齒相齗也。一曰開口見齒之皃。从齒，柴省聲。讀若柴。仕街切。

齘 xiè 齒相切也。从齒介聲。胡介切。

齞 yǎn 口張齒見。从齒只聲。研繭切。

齸 yàn 齒差也。从齒兼聲。五銜切。

齺 zōu 齒搚也。一曰齰也。一曰馬口中糜也。从齒芻聲。側鳩切。

齵 óu 齒不正也。从齒禺聲。五婁切。

齇 zhā 齬齒也。从齒虘聲。側加切。

齱 zōu 齵也。从齒取聲。 側鳩切。

齹 cī 齒参差。从齒差聲。 楚宜切。

𪘲 cuó 齒差跌皃。从齒佐聲。《春秋傳》曰："鄭有子𪘲。" 臣鉉等曰：《說文》無佐字。此字當从㸧，傳寫之誤。昨何切。

齤 quán 缺齒也。一曰曲齒。从齒𢍏聲。讀若權。 巨員切。

齳 yǔn 無齒也。从齒軍聲。 魚吻切。

齾 yà 缺齒也。从齒獻聲。 五鎋切。

𪗱 jù 齗腫也。从齒巨聲。 區主切。

齯 ní 老人齒。从齒兒聲。 五雞切。

齮 yǐ 齧也。从齒奇聲。 魚綺切。

齣 zhí 齰齒也。从齒出聲。 仕乙切。

齰 zé 齧也。从齒昔聲。 側革切。 齚，齰或从乍。

𪘀 jiān 齧也。从齒咸聲。 工咸切。

齦 kěn 齧也。从齒皀聲。 康很切。

𪗉 yǎn 齒見皃。从齒干聲。 五版切。

𪘬 zú 𪘬，齰也。从齒卒聲。 昨沒切。

𪙊 là 齒分骨聲。从齒剌聲。讀若剌。 盧達切。

齩 yǎo 齧骨也。从齒交聲。 五巧切。

𪙇 qiè 齒差也。从齒屑聲。讀若切。 千結切。

𪘏 xiá 齒堅聲。从齒吉聲。 赫鎋切。

𪘏 ái 𪙇牙也。从齒豈聲。 五來切。

齝 chī 吐而噍也。从齒台聲。《爾雅》曰："牛曰齝。" 丑之切。

齕 hé 齧也。从齒气聲。 戶骨切。

𪙚 lián 齒見皃。从齒聯聲。 力延切。

齧 niè 噬也。从齒㓞聲。 五結切。

齭 chǔ 齒傷酢也。从齒所聲。讀若楚。 創舉切。

齨 jiù 老人齒如臼也。一曰馬八歲齒臼也。从齒从臼，臼亦聲。 其久切。

齬 yǔ 齒不相值也。从齒吾聲。 魚舉切。

齛 xiè 羊粻也。从齒世聲。 私列切。

齸 yì 鹿麋粻。从齒益聲。 伊昔切。

𪘝 zhì 齒堅也。从齒至聲。 陟栗切。

𪙖 huá 齧骨聲。从齒从骨，骨亦聲。 戶八切。

𪘨 kuò 噍聲。从齒昏聲。 古活切。

𪙆 bó 噍堅也。从齒，博省聲。 補莫切。

文四十四　重二

齡 líng 年也。从齒令聲。臣鉉等案：《禮記》："夢帝與我九齡。"疑通用靈。武王初聞九齡之語，不達其義，乃云西方有九國。若當時有此齡字，則武王豈不達也？蓋後人所加。郎丁切。

文一　新附

牙　部

牙 yá 牡齒也。象上下相錯之形。凡牙之屬皆从牙。五加切。𠀐，古文牙。

𤘅 qī 武牙也。从牙从奇，奇亦聲。去奇切。

𤘍 qǔ 齒蠹也。从牙禹聲。區禹切。齲，𤘍或从齒。

文三　重二

足　部

足 zú 人之足也。在下。从止、口。凡足之屬皆从足。徐鍇曰："口象股脛之形。"即玉切。

蹏 tí 足也。从足虒聲。杜兮切。

跟 gēn 足踵也。从足皀聲。古痕切。𧿹，跟或从止。

踝 huái 足踝也。从足果聲。胡瓦切。

跖 zhí 足下也。从足石聲。之石切。

踦 qī 一足也。从足奇聲。去奇切。

跪 guì 拜也。从足危聲。去委切。

跽 jì 長跪也。从足忌聲。渠几切。

踧 dí 行平易也。从足叔聲。《詩》曰："踧踧周道。"子六切。

躣 qú 行皃。从足瞿聲。其俱切。

踖 jí 長脛行也。从足昔聲。一曰踧踖。資昔切。

踽 jǔ 疏行皃。从足禹聲。《詩》曰："獨行踽踽。"區主切。

蹡 qiāng 行皃。从足將聲。《詩》曰："管磬蹡蹡。"七羊切。

躖 duàn 踐處也。从足，斷省聲。徒管切。

𧿒 fù 趣越皃。从足卜聲。芳遇切。

踰 yú 越也。从足俞聲。羊朱切。

䟕 yuè 輕也。从足戉聲。王伐切。

蹻 qiāo 舉足行高也。从足喬聲。《詩》曰："小子蹻蹻。"居勺切。

跾 shū 疾也。長也。从足攸聲。式竹切。

蹌	qiāng	動也。从足倉聲。 七羊切。
踊	yǒng	跳也。从足甬聲。 余隴切。
躋	jī	登也。从足齊聲。《商書》曰：“予顛躋。” 祖雞切。
躍	yuè	迅也。从足翟聲。 以灼切。
跧	zhuān	蹴也。一曰卑也，絭也。从足全聲。 莊緣切。
蹴	cù	躡也。从足就聲。 七宿切。
躡	niè	蹈也。从足聶聲。 尼輒切。
跨	kuà	渡也。从足夸聲。 苦化切。
蹋	tà	踐也。从足𦐇聲。 徒盍切。
踄	bó	蹈也。从足步聲。 旁各切。又音步。
蹈	dǎo	踐也。从足舀聲。 徒到切。
躔	chán	踐也。从足廛聲。 直連切。
踐	jiàn	履也。从足戔聲。 慈衍切。
踵	zhǒng	追也。从足重聲。一曰往來皃。 之隴切。
踔	zhào	踶也。从足卓聲。 知教切。
蹛	dài	踶也。从足帶聲。 當蓋切。
蹩	bié	踶也。从足敝聲。一曰跛也。 蒲結切。
踶	dì	躗也。从足是聲。 特計切。
躗	wèi	衛也。从足衛聲。 于歲切。
⿱執足	dié	⿱執足足也。从足執聲。 徒叶切。
⿰足氏	shì	尌也。从足氏聲。 承旨切。
蹢	zhí	住足也。从足，適省聲。或曰蹢躅。賈侍中說：足垢也。 直隻切。
躅	zhú	蹢躅也。从足蜀聲。 直録切。
踤	zú	觸也。从足卒聲。一曰駭也。一曰蒼踤。 昨沒切。
蹶	jué	僵也。从足厥聲。一曰跳也。亦讀若橜。 居月切。 ⿰足闕，蹶或从闕。
跳	tiào	蹶也。从足兆聲。一曰躍也。 徒遼切。
⿰足辰	zhèn	動也。从足辰聲。 側鄰切。
⿰足屠	chú	峙⿰足屠，不前也。从足屠聲。 直魚切。
⿰足弗	fú	跳也。从足弗聲。 敷勿切。
蹠	zhí	楚人謂跳躍曰蹠。从足庶聲。 之石切。
⿰足荅	tà	⿰足及也。从足荅聲。 他合切。
⿰足䍃	yáo	跳也。从足䍃聲。 余招切。
⿰足及	sà	進足有所擷取也。从足及聲。《爾雅》曰：“⿰足及謂之擷。” 穌合切。
⿰足貝	bèi	步行獵跋也。从足貝聲。 博蓋切。
躓	zhì	跲也。从足質聲。《詩》曰：“載躓其尾。” 陟利切。

跲 jiá 躓也。从足合聲。居怯切。
跇 yì 述也。从足丗聲。丑例切。
蹎 diān 跋也。从足眞聲。都年切。
跋 bá 蹎跋也。从足犮聲。北末切。
蹐 jí 小步也。从足脊聲。《詩》曰："不敢不蹐。"資昔切。
跌 diē 踼也。从足失聲。一曰越也。徒結切。
踼 táng 跌踼也。从足易聲。一曰搶也。徒郎切。
蹲 dūn 踞也。从足尊聲。徂尊切。
踞 jù 蹲也。从足居聲。居御切。
跨 kuà 踞也。从足夸聲。苦化切。
躩 jué 足躩如也。从足矍聲。丘縛切。
踣 bó 僵也。从足咅聲。《春秋傳》曰："晉人踣之。"蒲北切。
跛 bǒ 行不正也。从足皮聲。一曰足排之。讀若彼。布火切。
蹇 jiǎn 跛也。从足，寒省聲。臣鉉等案：《易》："王臣蹇蹇。"今俗作謇，非。九輦切。
蹁 pián 足不正也。从足扁聲。一曰拖後足馬。讀若苹。或曰徧。部田切。
𨄅 kuí 脛肉也。一曰曲脛也。从足𢍰聲。讀若逵。渠追切。
踒 wō 足跌也。从足委聲。烏過切。
跣 xiǎn 足親地也。从足先聲。穌典切。
跔 jū 天寒足跔也。从足句聲。其俱切。
䠞 kǔn 瘃足也。从足困聲。苦本切。
距 jù 雞距也。从足巨聲。其呂切。
躧 xǐ 舞履也。从足麗聲。所綺切。𩌾，或从革。
𨃱 xiā 足所履也。从足叚聲。乎加切。
𨁈 fèi 跀也。从足非聲。讀若匪。扶味切。
跀 yuè 斷足也。从足月聲。魚厥切。𧿹，跀或从兀。
趽 fàng 曲脛馬也。从足方聲。讀與彭同。薄庚切。
趹 jué 馬行皃。从足，決省聲。古穴切。
趼 yàn 獸足企也。从足幵聲。五甸切。
路 lù 道也。从足从各。臣鉉等曰：言道路人各有適也。洛故切。
蹸 lìn 轢也。从足粦聲。良忍切。
跂 qí 足多指也。从足支聲。巨支切。

文八十五　重四

蹮 xiān 蹁蹮，旋行。从足䙴聲。穌前切。

蹭 cèng　蹭蹬，失道也。从足曾聲。七鄧切。

蹬 dèng　蹭蹬也。从足登聲。徒亘切。

蹉 cuō　蹉跎，失時也。从足差聲。臣鉉等案：經史通用差池，此亦後人所加。七何切。

跎 tuó　蹉跎也。从足它聲。徒何切。

蹙 cù　迫也。从足戚聲。臣鉉等案：李善《文選注》通蹴字。子六切。

踸 chěn　踸踔，行無常皃。从足甚聲。丑甚切。

文七　新附

疋　部

疋 shū　足也。上象腓腸，下从止。《弟子職》曰："問疋何止。"古文以爲《詩·大疋》字。亦以爲足字。或曰胥字。一曰疋，記也。凡疋之屬皆从疋。所菹切。

𤴔 shū　門戶疏窻也。从疋，疋亦聲。囱象𤴔形。讀若疏。所菹切。

㽰 shū　通也。从爻从疋，疋亦聲。所菹切。

文三

品　部

品 pǐn　眾庶也。从三口。凡品之屬皆从品。丕飮切。

喦 niè　多言也。从品相連。《春秋傳》曰："次于喦北。"讀與聶同。尼輒切。

喿 zào　鳥羣鳴也。从品在木上。穌到切。

文三

龠　部

龠 yuè　樂之竹管，三孔，以和眾聲也。从品、侖。侖，理也。凡龠之屬皆从龠。以灼切。

龡 chuī　龡，音律管壎之樂也。从龠炊聲。昌垂切。

龥 chí　管樂也。从龠虒聲。直离切。篪，龥或从竹。

龢 hé　調也。从龠禾聲。讀與和同。戶戈切。

龤 xié　樂和龤也。从龠皆聲。《虞書》曰："八音克龤。"戶皆切。

文五　重一

冊 部

冊 cè 冊 符命也。諸矦進受於王也。象其札一長一短，中有二編之形。凡冊之屬皆从冊。楚革切。笧，古文冊从竹。

嗣 sì 嗣 諸侯嗣國也。从冊从口，司聲。徐鍇曰：“冊必於廟。史讀其冊，故从口。”祥吏切。孠，古文嗣从子。

扁 biǎn 扁 署也。从戶、冊。戶冊者，署門戶之文也。方沔切。

文三　重二

說文解字第三

五十三部　六百三十文　重百四十五

凡八千六百八十四字

文十六　新附

㗊　部

㗊 jí　眾口也。从四口。凡㗊之屬皆从㗊。讀若戢。阻立切。又讀若呶。

嚚 yín　語聲也。从㗊臣聲。語巾切。，古文嚚。

囂 xiāo　聲也。气出頭上。从㗊从頁。頁，首也。許嬌切。，囂或省。

嘂 jiào　高聲也。一曰大呼也。从㗊丩聲。《春秋公羊傳》曰：“魯昭公叫然而哭。”古弔切。

𡅅 huàn　呼也。从㗊莧聲。讀若讙。呼官切。

器 qì　皿也。象器之口，犬所以守之。去冀切。

文六　重二

舌　部

舌 shé　在口，所以言也、別味也。从干从口，干亦聲。凡舌之屬皆从舌。徐鍇曰：“凡物入口必干於舌，故从干。”食列切。

𦧇 tà　歠也。从舌沓聲。他合切。

䑙 shì　以舌取食也。从舌易聲。神旨切。，䑙或从也。

文三　重一

干　部

干 gān　犯也。从反入，从一。凡干之屬皆从干。古寒切。

𢆉 rěn　撖也。从干。入一爲干，入二爲𢆉。讀若能。言稍甚也。如審切。

屰 nì　不順也。从干下屮。屰之也。魚戟切。

文三

㕯部

㕯 jué 㕯 口上阿也。从口，上象其理。凡㕯之屬皆从㕯。其虐切。𧮫，㕯或如此。臄，或从肉从豦。

㐁 tiàn 㐁 舌皃。从㕯省。象形。他念切。𠀕，古文㐁。讀若三年導服之導。一曰竹上皮。讀若沾。一曰讀若誓。弼字从此。

文二　重三

只部

只 zhǐ 只 語巳詞也。从口，象气下引之形。凡只之屬皆从只。諸氏切。

𠷔 xīng 𠷔 聲也。从只甹聲。讀若聲。呼形切。

文二

㕯部

㕯 nè 㕯 言之訥也。从口从内。凡㕯之屬皆从㕯。女滑切。

矞 yù 矞 以錐有所穿也。从矛从㕯。一曰滿有所出也。余律切。

商 shāng 商 从外知内也。从㕯，章省聲。式陽切。𠅩，古文商。𠓜，亦古文商。𡆶，籀文商。

文三　重三

句部

句 gōu 句 曲也。从口丩聲。凡句之屬皆从句。古侯切。又，九遇切。

拘 jū 拘 止也。从句从手，句亦聲。舉朱切。

笱 gǒu 笱 曲竹捕魚笱也。从竹从句，句亦聲。古厚切。

鉤 gōu 鉤 曲也。从金从句，句亦聲。古侯切。

文四

丩部

丩 jiū 丩 相糾繚也。一曰瓜瓠結丩起。象形。凡丩之屬皆从丩。居虯切。

𦬉 jiū 艸之相丩者。从茻从丩，丩亦聲。 居蚪切。

糾 jiū 繩三合也。从糸、丩。 居黝切。

文三

古部

古 gǔ 故也。从十、口。識前言者也。凡古之屬皆从古。 臣鉉等曰：十口所傳是前言也。公戶切。 [illegible]，古文古。

嘏 jiǎ 大遠也。从古叚聲。 古雅切。

文二　重一

十部

十 shí 數之具也。一爲東西，丨爲南北，則四方中央備矣。凡十之屬皆从十。 是執切。

丈 zhàng 十尺也。从又持十。 直兩切。

千 qiān 十百也。从十从人。 此先切。

肸 xì 響，布也。从十从𦚏。 臣鉉等曰：𦚏，振𦚏也。羲乙切。

卙 jí 卙卙，盛也。从十从甚。汝南名蠶盛曰卙。 子入切。

博 bó 大通也。从十从尃。尃，布也。 補各切。

劦 lè 材十人也。从十力聲。 盧則切。

廿 niàn 二十并也。古文省。 人汁切。

卙 jí 詞之卙矣。从十咠聲。 秦入切。

文九

卅部

卅 sà 三十并也。古文省。凡卅之屬皆从卅。 蘇沓切。

世 shì 三十年爲一世。从卅而曳長之。亦取其聲也。 舒制切。

文二

言部

言 yán 直言曰言，論難曰語。从口辛聲。凡言之屬皆从言。 語軒切。

譻 yīng 聲也。从言賏聲。 烏莖切。

謦 qǐng 欬也。从言殸聲。殸，籒文磬字。去挺切。
語 yǔ 論也。从言吾聲。魚舉切。
談 tán 語也。从言炎聲。徒甘切。
謂 wèi 報也。从言胃聲。于貴切。
諒 liàng 信也。从言京聲。力讓切。
詵 shēn 致言也。从言从先，先亦聲。《詩》曰：“螽斯羽詵詵兮。”所臻切。
請 qǐng 謁也。从言青聲。七井切。
謁 yè 白也。从言曷聲。於歇切。
許 xǔ 聽也。从言午聲。虛呂切。
諾 nuò 譍也。从言若聲。奴各切。
譍 yìng 以言對也。从言雁聲。於證切。
讎 chóu 猶譍也。从言雔聲。市流切。
諸 zhū 辯也。从言者聲。章魚切。
詩 shī 志也。从言寺聲。書之切。，古文詩省。
讖 chèn 驗也。从言韱聲。楚蔭切。
諷 fěng 誦也。从言風聲。芳奉切。
誦 sòng 諷也。从言甬聲。似用切。
讀 dú 誦書也。从言賣聲。徒谷切。
啻 yì 快也。从言从中。於力切。
訓 xùn 說教也。从言川聲。許運切。
誨 huì 曉教也。从言每聲。荒内切。
譔 zhuàn 專教也。从言巽聲。此緣切。
譬 pì 諭也。从言辟聲。匹至切。
謜 yuán 徐語也。从言原聲。《孟子》曰：“故謜謜而來。”魚怨切。
詇 yàng 早知也。从言央聲。於亮切。
諭 yù 告也。从言俞聲。羊戍切。
詖 bì 辯論也。古文以爲頗字。从言皮聲。彼義切。
諄 zhūn 告曉之孰也。从言𦎧聲。讀若庉。章倫切。
䛐 chí 語諄䛐也。从言屖聲。直离切。
詻 è 論訟也。《傳》曰：“詻詻孔子容。”从言各聲。五陌切。
誾 yín 和說而諍也。从言門聲。語巾切。
謀 móu 慮難曰謀。从言某聲。莫浮切。，古文謀。，亦古文。
謨 mó 議謀也。从言莫聲。《虞書》曰：“咎繇謨。”莫胡切。，古文謨从口。
訪 fǎng 汎謀曰訪。从言方聲。敷亮切。

諏 jū 聚謀也。从言取聲。子于切。

論 lún 議也。从言侖聲。盧昆切。

議 yì 語也。从言義聲。宜寄切。

訂 dìng 平議也。从言丁聲。他頂切。

詳 xiáng 審議也。从言羊聲。似羊切。

諟 shì 理也。从言是聲。承旨切。

諦 dì 審也。从言帝聲。都計切。

識 shí 常也。一曰知也。从言戠聲。賞職切。

訊 xùn 問也。从言卂聲。思晉切。，古文訊从鹵。

詧 chá 言微親詧也。从言，察省聲。楚八切。

謹 jǐn 慎也。从言堇聲。居隱切。

訒 réng 厚也。从言乃聲。如乘切。

諶 chén 誠諦也。从言甚聲。《詩》曰：“天難諶斯。”是吟切。

信 xìn 誠也。从人从言。會意。息晉切。，古文从言省。，古文信。

訦 chén 燕、代、東齊謂信訦。从言冘聲。是吟切。

誠 chéng 信也。从言成聲。氏征切。

誡 jiè 敕也。从言戒聲。古拜切。

諅 jì 誡也。从言忌聲。渠記切。

諱 huì 諅也。从言韋聲。許貴切。

誥 gào 告也。从言告聲。古到切。，古文誥。

詔 zhào 告也。从言从召，召亦聲。之紹切。

誓 shì 約束也。从言折聲。時制切。

譣 xiǎn 問也。从言僉聲。《周書》曰：“勿以譣人。”息廉切。

詁 gǔ 訓故言也。从言古聲。《詩》曰：詁訓。公戶切。

藹 ǎi 臣盡力之美。从言葛聲。《詩》曰：“藹藹王多吉士。”於害切。

誎 sù 餔旋促也。从言束聲。桑谷切。

諝 xū 知也。从言胥聲。私呂切。

証 zhèng 諫也。从言正聲。之盛切。

諫 jiàn 証也。从言柬聲。古晏切。

諗 shěn 深諫也。从言念聲。《春秋傳》曰：“辛伯諗周桓公。”式荏切。

課 kè 試也。从言果聲。苦臥切。

試 shì 用也。从言式聲。《虞書》曰：“明試以功。”式吏切。

諴 xián 和也。从言咸聲。《周書》曰：“不能諴于小民。”胡毚切。

䚻 yáo 徒歌。从言、肉。余招切。

詮 quán 具也。从言全聲。此緣切。

訢	xīn		喜也。从言斤聲。許斤切。
說	shuō		說釋也。从言、兑。一曰談說。失爇切。又，弋雪切。
計	jì		會也。筭也。从言从十。古詣切。
諧	xié		詥也。从言皆聲。戶皆切。
詥	hé		諧也。从言合聲。候閤切。
調	tiáo		和也。从言周聲。徒遼切。
話	huà		合會善言也。从言𠯑聲。《傳》曰："告之話言。"胡快切。譮，籒文話从會。
諈	zhuì		諈諉，纍也。从言垂聲。竹寘切。
諉	wěi		纍也。从言委聲。女恚切。
警	jǐng		戒也。从言从敬，敬亦聲。居影切。
謐	mì		靜語也。从言盜聲。一曰無聲也。彌必切。
謙	qiān		敬也。从言兼聲。苦兼切。
誼	yì		人所宜也。从言从宜，宜亦聲。儀寄切。
詡	xǔ		大言也。从言羽聲。況羽切。
諓	jiàn		善言也。从言戔聲。一曰謔也。慈衍切。
誐	é		嘉善也。从言我聲。《詩》曰："誐以溢我。"五何切。
詷	tóng		共也。一曰譀也。从言同聲。《周書》曰："在夏后之詷。"徒紅切。
設	shè		施陳也。从言从殳。殳，使人也。識列切。
護	hù		救視也。从言蒦聲。胡故切。
譞	xuān		譞，慧也。从言，圜省聲。許緣切。
誧	bū		大也。一曰人相助也。从言甫聲。讀若逋。博孤切。
諰	xǐ		思之意。从言从思。胥里切。
託	tuō		寄也。从言乇聲。他各切。
記	jì		疏也。从言己聲。居吏切。
譽	yù		稱也。从言與聲。羊茹切。
譒	bò		敷也。从言番聲。《商書》曰："王譒告之。"補過切。
謝	xiè		辤去也。从言䠶聲。辤夜切。
謳	ōu		齊歌也。从言區聲。烏侯切。
詠	yǒng		歌也。从言永聲。爲命切。咏，詠或从口。
諍	zhèng		止也。从言爭聲。側迸切。
評	hū		召也。从言乎聲。荒烏切。
謼	hū		評謼也。从言虖聲。荒故切。
訖	qì		止也。从言气聲。居迄切。
諺	yàn		傳言也。从言彥聲。魚變切。

訝	yà	訝	相迎也。从言牙聲。《周禮》曰："諸侯有卿訝發。"吾駕切。迓，訝或从辵。
詣	yì	詣	候至也。从言旨聲。五計切。
講	jiǎng	講	和解也。从言冓聲。古項切。
謄	téng	謄	迻書也。从言朕聲。徒登切。
訒	rèn	訒	頓也。从言刃聲。《論語》曰："其言也訒。"而振切。
訥	nè	訥	言難也。从言从内。内骨切。
謯	jiē	謯	謯娽也。从言虘聲。側加切。
⿱伿言	xì	⿱伿言	待也。从言伿聲。讀若⿱殹食。胡禮切。
警	jiào	警	痛呼也。从言敫聲。古弔切。
譊	náo	譊	恚呼也。从言堯聲。女交切。
謍	yíng	謍	小聲也。从言，熒省聲。《詩》曰："謍謍青蠅。"余傾切。
諎	zé	諎	大聲也。从言昔聲。讀若笮。壯革切。唶，諎或从口。
諛	yú	諛	諂也。从言臾聲。羊朱切。
讇	chǎn	讇	諛也。从言閻聲。丑琰切。諂，讇或省。
諼	xuān	諼	詐也。从言爰聲。況袁切。
謷	áo	謷	不肖人也。从言敖聲。一曰哭不止，悲聲謷謷。五牢切。
訹	xù	訹	誘也。从言朮聲。思律切。
詑	tuó	詑	沇州謂欺曰詑。从言它聲。託何切。
謾	mán	謾	欺也。从言曼聲。母官切。
譇	zhā	譇	譇拏，羞窮也。从言奢聲。陟加切。
䛩	zhà	䛩	慙語也。从言作聲。鉏駕切。
⿱執言	zhé	⿱執言	⿱執言讘也。从言執聲。之涉切。
謰	lián	謰	謰謱也。从言連聲。力延切。
謱	lóu	謱	謰謱也。从言婁聲。洛侯切。
詒	yí	詒	相欺詒也。一曰遺也。从言台聲。與之切。
謲	càn	謲	相怒使也。从言參聲。倉南切。
誑	kuáng	誑	欺也。从言狂聲。居況切。
譺	ài	譺	騃也。从言疑聲。五介切。
⿰言狊	guà	⿰言狊	相誤也。从言狊聲。古罵切。
訕	shàn	訕	謗也。从言山聲。所晏切。
譏	jī	譏	誹也。从言幾聲。居衣切。
誣	wū	誣	加也。从言巫聲。武扶切。
誹	fěi	誹	謗也。从言非聲。敷尾切。
謗	bàng	謗	毀也。从言旁聲。補浪切。

譸	zhōu	譸	訓也。从言壽聲。讀若醻。《周書》曰："無或譸張爲幻。" 張流切。
訓	chóu	訓	譸也。从言州聲。市流切。
詛	zǔ	詛	訓也。从言且聲。莊助切。
油	zhòu	油	訓也。从言由聲。直又切。
誃	chǐ	誃	離別也。从言多聲。讀若《論語》"跢予之足"。周景王作洛陽誃臺。尺氏切。
誖	bèi	誖	亂也。从言孛聲。蒲沒切。悖，誖或从心。[illegible]，籀文誖从二或。
䜌	luán	䜌	亂也。一曰治也。一曰不絶也。从言、絲。呂員切。[illegible]，古文䜌。
誤	wù	誤	謬也。从言吳聲。五故切。
詿	guà	詿	誤也。从言圭聲。古賣切。
誒	xī	誒	可惡之辭。从言矣聲。一曰誒然。《春秋傳》曰："誒誒出出。" 許其切。
譆	xī	譆	痛也。从言喜聲。火衣切。
詯	huì	詯	膽气滿，聲在人上。从言自聲。讀若反目相睞。荒内切。
謧	lí	謧	謧詍，多言也。从言离聲。呂之切。
詍	yì	詍	多言也。从言世聲。《詩》曰："無然詍詍。" 余制切。
訾	zǐ	訾	不思稱意也。从言此聲。《詩》曰："翕翕訿訿。" 將此切。
訽	táo	訽	往來言也。一曰小兒未能正言也。一曰祝也。从言匋聲。大牢切。詢，訽或从包。
詽	nán	詽	詽詽，多語也。从言冄聲。樂浪有詽邯縣。汝閻切。
誻	tà	誻	語相反誻也。从言遝聲。他合切。
譶	tà	譶	誻譶也。从言沓聲。徒合切。
訮	yán	訮	諍語訮訮也。从言幵聲。呼堅切。
讗	xié	讗	言壯皃。一曰數相怒也。从言巂聲。讀若畫。呼麥切。
訇	hōng	訇	騃言聲。从言，匀省聲。漢中西城有訇鄉。又讀若玄。虎横切。[illegible]，籀文不省。
諞	piǎn	諞	便巧言也。从言扁聲。《周書》曰："戔戔善諞言。"《論語》曰："友諞佞。" 部田切。
䜘	pín	䜘	匹也。从言頻聲。符眞切。
訽	kòu	訽	扣也。如求婦先訽叕之。从言从口，口亦聲。苦后切。
詉	nì	詉	言相詉司也。从言兒聲。女家切。
誂	tiǎo	誂	相呼誘也。从言兆聲。徒了切。
譄	zēng	譄	加也。从言，从曾聲。作滕切。
詄	dié	詄	忘也。从言失聲。徒結切。

諅 jì 忌也。从言其聲。《周書》曰：“上不諅于凶德。” 渠記切。

譀 hàn 誕也。从言敢聲。下闞切。，俗譀从忘。

誇 kuā 譀也。从言夸聲。苦瓜切。

誕 dàn 詞誕也。从言延聲。徒旱切。，籒文誕省正。

𧬊 mài 譀也。从言萬聲。莫話切。

謔 xuè 戲也。从言虐聲。《詩》曰：“善戲謔兮。” 虚約切。

詪 hěn 眼戾也。从言艮聲。乎懇切。

訌 hòng 讃也。从言工聲。《詩》曰：“蟊賊内訌。” 戸工切。

讃 huì 中止也。从言貴聲。《司馬法》曰：“師多則人讃。”讃，止也。胡對切。

譿 huì 聲也。从言歲聲。《詩》曰：“有譿其聲。” 呼會切。

諣 huà 疾言也。从言咼聲。呼卦切。

𧮢 tuí 譟也。从言魋聲。杜回切。

譟 zào 擾也。从言喿聲。蘇到切。

訆 jiào 大呼也。从言丩聲。《春秋傳》曰：“或訆于宋大廟。” 古弔切。

諕 háo 號也。从言从虎。乎刀切。

讙 huān 譁也。从言雚聲。呼官切。

譁 huā 讙也。从言華聲。呼瓜切。

謣 yú 妄言也。从言雩聲。羽俱切。，謣或从荂。

譌 é 譌言也。从言爲聲。《詩》曰：“民之譌言。” 五禾切。

詿 guà 誤也。从言，佳省聲。古賣切。

誤 wù 謬也。从言吳聲。五故切。

謬 miù 狂者之妄言也。从言翏聲。靡幼切。

詤 huǎng 夢言也。从言巟聲。呼光切。

謈 bó 大呼自勉也。从言，暴省聲。蒲角切。

訬 chāo 訬，擾也。一曰訬獪。从言少聲。讀若毚。楚交切。

諆 qī 欺也。从言其聲。去其切。

譎 jué 權詐也。益、梁曰謬欺，天下曰譎。从言矞聲。古穴切。

詐 zhà 欺也。从言乍聲。側駕切。

訏 xū 詭譌也。从言于聲。一曰訏，䜃。齊、楚謂信曰訏。況于切。

䜃 jiē 咨也。一曰痛惜也。从言差聲。子邪切。

讋 zhé 失气言。一曰不止也。从言，龖省聲。傅毅讀若慴。之涉切。，籒文讋不省。

謵 xí 言謵讋也。从言習聲。秦入切。

䛩 wù 相毀也。从言亞聲。一曰畏亞。宛古切。

譼 huī 相毁也。从言，隨省聲。雖遂切。
譶 tà 噎也。从言闒聲。徒盍切。
詾 xiōng 說也。从言匈聲。許容切。訩，或省。㕧，詾或从兇。
訟 sòng 爭也。从言公聲。曰：謌訟。似用切。䛦，古文訟。
謓 chēn 恚也。从言眞聲。賈侍中說：謓，笑。一曰讀若振。昌眞切。
讘 niè 多言也。从言聶聲。河東有狐讘縣。之涉切。
訶 hē 大言而怒也。从言可聲。虎何切。
䛈 zhǐ 訐也。从言臣聲。讀若指。職雉切。
訐 jié 面相厈罪，相告訐也。从言干聲。居謁切。
訴 sù 告也。从言，厈省聲。《論語》曰："訴子路於季孫。" 臣鉉等曰：厈非聲。蓋古之字音多與今異。如皀亦音香、釁亦音門、乃亦音仍，他皆放此。古今失傳，不可詳究。桑故切。𧦝，訴或从言、朔。愬，訴或从朔、心。
譖 zèn 愬也。从言朁聲。莊蔭切。
讒 chán 譖也。从言毚聲。士咸切。
譴 qiǎn 謫問也。从言遣聲。去戰切。
謫 zhé 罰也。从言啻聲。陟革切。
諯 zhuān 數也。一曰相讓也。从言耑聲。讀若專。尺絹切。
讓 ràng 相責讓。从言襄聲。人漾切。
譙 qiào 嬈譊也。从言焦聲。讀若嚼。才肖切。誚，古文譙从肖。《周書》曰："亦未敢誚公。"
諫 cì 數諫也。从言朿聲。七賜切。
誶 suì 讓也。从言卒聲。《國語》曰："誶申胥。" 雖遂切。
詰 jié 問也。从言吉聲。去吉切。
謹 wàng 責望也。从言望聲。巫放切。
詭 guǐ 責也。从言危聲。過委切。
證 zhèng 告也。从言登聲。諸應切。
詘 qū 詰詘也。一曰屈襞。从言出聲。區勿切。誳，詘或从屈。
䛄 yuǎn 尉也。从言夗聲。於願切。
詗 xiòng 知處告言之。从言冋聲。朽正切。
讂 juàn 流言也。从言夐聲。火縣切。
詆 dǐ 苛也。一曰訶也。从言氐聲。都禮切。
誰 shuí 何也。从言隹聲。示隹切。
諽 gé 飾也。一曰更也。从言革聲。讀若戒。古覈切。
讕 lán 怟讕也。从言闌聲。洛干切。譋，讕或从閒。

診 zhěn 視也。从言㐱聲。直刃切。又，之忍切。
誓 xī 悲聲也。从言，斯省聲。先稽切。
訧 yóu 罪也。从言尤聲。《周書》曰：“報以庶訧。”羽求切。
誅 zhū 討也。从言朱聲。陟輸切。
討 tǎo 治也。从言从寸。他皓切。
諳 ān 悉也。从言音聲。烏含切。
讄 lěi 禱也。累功德以求福。《論語》云：“讄曰：‘禱尔于上下神祇。’”从言，纍省聲。力軌切。〓，或不省。
謚 shì 行之迹也。从言、兮、皿。闕。徐鍇曰：“兮，聲也。”神至切。
誄 lěi 謚也。从言耒聲。力軌切。
謑 xǐ 恥也。从言奚聲。胡禮切。䜁，謑或从奊。
詬 gòu 謑詬，恥也。从言后聲。呼寇切。訽，詬或从句。
諜 dié 軍中反閒也。从言枼聲。徒叶切。
該 gāi 軍中約也。从言亥聲。讀若心中滿該。古哀切。
譯 yì 傳譯四夷之言者。从言睪聲。羊昔切。
訄 qiú 迫也。从言九聲。讀若求。巨鳩切。
謚 yì 笑皃。从言益聲。伊昔切。又，呼狄切。
譶 tà 疾言也。从三言。讀若沓。徒合切。

文二百四十五（當作文二百四十九）　重三十三

詢 xún 謀也。从言旬聲。相倫切。
讜 dǎng 直言也。从言黨聲。多朗切。
譜 pǔ 籍録也。从言普聲。《史記》从並。博古切。
詎 jù 詎猶豈也。从言巨聲。其吕切。
謏 xiǎo 小也，誘也。从言叜聲。《禮記》曰：“足以謏聞。”先鳥切。
謎 mí 隱語也。从言、迷，迷亦聲。莫計切。
誌 zhì 記誌也。从言志聲。職吏切。
訣 jué 訣别也。一曰法也。从言，决省聲。古穴切。

文八　新附

誩　部

誩 jìng 競言也。从二言。凡誩之屬皆从誩。讀若競。渠慶切。
譱 shàn 吉也。从誩从羊。此與義美同意。常衍切。善，篆文善从言。
競 jìng 彊語也。一曰逐也。从誩从二人。渠慶切。

讟 dú　痛怨也。从誩賣聲。《春秋傳》曰：“民無怨讟。” 徒谷切。

文四　重一

音　部

音 yīn　聲也。生於心，有節於外，謂之音。宮商角徵羽，聲；絲竹金石匏土革木，音也。从言含一。凡音之屬皆从音。於今切。

響 xiǎng　聲也。从音鄉聲。許兩切。

韽 ān　下徹聲。从音酓聲。恩甘切。

韶 sháo　虞舜樂也。《書》曰：“《簫韶》九成，鳳皇來儀。”从音召聲。市招切。

章 zhāng　樂竟爲一章。从音从十。十，數之終也。諸良切。

竟 jìng　樂曲盡爲竟。从音从人。居慶切。

文六

韻 yùn　和也。从音員聲。裴光遠云：古與均同。未知其審。王問切。

文一　新附

䇂　部

䇂 qiān　辠也。从干、二。二，古文上字。凡䇂之屬皆从䇂。讀若愆。張林說。去虔切。

童 tóng　男有辠曰奴，奴曰童，女曰妾。从䇂，重省聲。徒紅切。，籀文童，中與竊中同从廿。廿，以爲古文疾字。

妾 qiè　有辠女子，給事之得接於君者。从䇂从女。《春秋》云：“女爲人妾。”妾，不娉也。七接切。

文三　重一

丵　部

丵 zhuó　叢生艸也。象丵嶽相竝出也。凡丵之屬皆从丵。讀若浞。士角切。

業 yè　大版也。所以飾縣鍾鼓。捷業如鋸齒，以白畫之。象其鉏鋙相承也。从丵从巾。巾象版。《詩》曰：“巨業維樅。” 魚怯切。，古文業。

叢 cóng　聚也。从丵取聲。徂紅切。

對 duì　譍無方也。从丵从口从寸。都隊切。，對或从士。漢文帝以爲責對而爲言，多非誠對，故去其口以从士也。

文四　重二

業部

業 pú　瀆業也。从丵从廾，廾亦聲。凡業之屬皆从業。臣鉉等曰：瀆，讀爲煩瀆之瀆。一本注云：丵，眾多也。兩手奉之，是煩瀆也。蒲沃切。

僕 pú　給事者。从人从業，業亦聲。蒲沃切。，古文从臣。

𦊶 bān　賦事也。从業从八。八，分之也。八亦聲。讀若頒。一曰讀若非。布還切。

文三　重一

廾部

廾 gǒng　竦手也。从𠂇从又。凡廾之屬皆从廾。居竦切。今變隸作廾。，楊雄說：廾从兩手。

奉 fèng　承也。从手从廾，丰聲。扶隴切。

丞 chéng　翊也。从廾从卩从山。山高，奉承之義。署陵切。

奐 huàn　取奐也。一曰大也。从廾，夐省。臣鉉等曰：夐，營求也。取之義也。呼貫切。

弇 yǎn　蓋也。从廾从合。古南切。又，一儉切。，古文弇。

畁 yì　引給也。从廾睪聲。羊益切。

畀 qí　舉也。从廾由聲。《春秋傳》曰：“晉人或以廣墜，楚人畀之。”黃顥說：廣車陷，楚人爲舉之。杜林以爲騏驎字。渠記切。

异 yì　舉也。从廾㠯聲。《虞書》曰：“岳曰：异哉！”羊吏切。

弄 lòng　玩也。从廾持玉。盧貢切。

𢍁 yù　兩手盛也。从廾𡭴聲。余六切。

𢍎 juàn　摶飯也。从廾釆聲。釆，古文辨字。讀若書卷。居券切。

𢍏 kuí　持弩拊。从廾、肉。讀若逵。臣鉉等曰：从肉未詳。渠追切。

戒 jiè　警也。从廾持戈，以戒不虞。居拜切。

兵 bīng　械也。从廾持斤，并力之皃。補明切。，古文兵，从人、廾、干。，籀文。

龔 gōng　慤也。从廾龍聲。紀庸切。

弈 yì　圍棊也。从廾亦聲。《論語》曰：“不有博弈者乎！”羊益切。

具 jù 共置也。从廾从貝省。古以貝爲貨。 其遇切。

文十七　重四

𠬜　部

𠬜 pān 引也。从反廾。凡𠬜之屬皆从𠬜。 普班切。今變隸作大。 攀，𠬜或从手从樊。

樊 fán 鷙不行也。从𠬜从棥，棥亦聲。 附袁切。

䜌 luán 樊也。从𠬜䜌聲。 呂員切。

文三　重一

共　部

共 gòng 同也。从廿、廾。凡共之屬皆从共。 渠用切。 ，古文共。

龔 gōng 給也。从共龍聲。 俱容切。

文二　重一

異　部

異 yì 分也。从廾从畀。畀，予也。凡異之屬皆从異。 徐鍇曰：“將欲與物，先分異之也。《禮》曰：‘賜君子小人不同日。’” 羊吏切。

戴 dài 分物得增益曰戴。从異𢦔聲。 都代切。 ，籒文戴。

文二　重一

舁　部

舁 yú 共舉也。从𦥑从廾。凡舁之屬皆从舁。讀若余。 以諸切。

䙴 qiān 升高也。从舁囟聲。 七然切。 ，䙴或从卩。 ，古文䙴。

與 yǔ 黨與也。从舁从与。 余呂切。 ，古文與。

興 xīng 起也。从舁从同。同力也。 虛陵切。

文四　重三

𦥑　部

𦥑 jū 叉手也。从𠂎、彐。凡𦥑之屬皆从𦥑。 居玉切。

要 yāo 身中也。象人要自臼之形。从臼，交省聲。於消切。又，於笑切。，古文要。

文二 重一

晨 部

晨 chén 早昧爽也。从臼从辰。辰，時也。辰亦聲。丮夕爲夙，臼辰爲晨，皆同意。凡晨之屬皆从晨。食鄰切。

農 nóng 耕也。从晨囟聲。徐鍇曰："當从凶乃得聲。"奴冬切。，籒文農从林。，古文農。，亦古文農。

文二 重三

爨 部

爨 cuàn 齊謂之炊爨。臼象持甑，冂爲竈口，廾推林内火。凡爨之屬皆从爨。七亂切。，籒文爨省。

鬨 qióng 所以枝鬲者。从爨省，鬲省。渠容切。

釁 xìn 血祭也。象祭竈也。从爨省，从酉。酉，所以祭也。从分，分亦聲。臣鉉等曰：分，布也。虚振切。

文三 重一

革 部

革 gé 獸皮治去其毛，革更之。象古文革之形。凡革之屬皆从革。古覈切。，古文革从三十。三十年爲一丗，而道更也。臼聲。

鞹 kuò 去毛皮也。《論語》曰："虎豹之鞹。"从革郭聲。苦郭切。

靬 jiān 靬，乾革也。武威有麗靬縣。从革干聲。苦旰切。

鞜 luò 生革可以爲縷束也。从革各聲。盧各切。

鞄 páo 柔革工也。从革包聲。讀若朴。《周禮》曰："柔皮之工鮑氏。"鞄卽鮑也。蒲角切。

鞸 yùn 攻皮治鼓工也。从革軍聲。讀若運。王問切。，鞸或从韋。

鞣 róu 耎也。从革从柔，柔亦聲。耳由切。

靼 dá 柔革也。从革从旦聲。旨熱切。，古文靼从亶。

鞼 guì 韋繡也。从革貴聲。求位切。

鞶 pán 大帶也。《易》曰："或錫之鞶帶。"男子帶鞶，婦人帶絲。从革

般聲。蒲官切。

鞏 gǒng 以韋束也。《易》曰："鞏用黃牛之革。"从革巩聲。居竦切。

鞔 mán 履空也。从革免聲。徐鍇曰："履空，猶言履殻也。"母官切。

靸 sǎ 小兒履也。从革及聲。讀若沓。穌合切。

䩕 áng 䩕角，鞮屬。从革卬聲。五岡切。

鞮 dī 革履也。从革是聲。都兮切。

𩋙 jiá 鞮𩋙沙也。从革从夾，夾亦聲。古洽切。

𩌏 xǐ 鞮屬。从革徙聲。所綺切。

鞵 xié 革生鞮也。从革奚聲。戶佳切。

靪 dīng 補履下也。从革丁聲。當經切。

鞠 jū 蹋鞠也。从革匊聲。居六切。[illegible]，鞠或从簕。

鞀 táo 鞀遼也。从革召聲。徒刀切。鞉，鞀或从兆。鼗，鞀或从鼓从兆。[illegible]，籀文鞀从殸、召。

𩏈 yuān 量物之𩏈。一曰抒井𩏈。古以革。从革冤聲。於袁切。[illegible]，𩏈或从宛。

鞞 bǐng 刀室也。从革卑聲。并頂切。

䩚 hén 車革前曰䩚。从革艮聲。戶恩切。

鞃 hóng 車軾也。从革弘聲。《詩》曰："鞹鞃淺幭。"讀若穹。丘弘切。

鞪 mù 車軸束也。从革敄聲。莫卜切。

䩛 bì 車束也。从革必聲。毗必切。

𩏄 zuān 車衡三束也。曲轅𩏂縛，直轅𨏓縛。从革𤅊聲。讀若《論語》"鑽燧"之"鑽"。借官切。[illegible]，𩏄或从革、贊。

䩦 zhì 蓋杠絲也。从革旨聲。徐鍇曰："絲，其繫系也。"脂利切。

鞁 bèi 車駕具也。从革皮聲。平祕切。

鞥 ēng 轡鞥。从革弇聲。讀若膺。一曰龍頭繞者。烏合切。

靶 bà 轡革也。从革巴聲。必駕切。

韅 xiǎn 著掖鞥也。从革顯聲。呼典切。

靳 jìn 當膺也。从革斤聲。居近切。

𩋿 chěng 驂具也。从革蚩聲。讀若騁蜃。丑郢切。

靷 yǐn 引軸也。从革引聲。余忍切。[illegible]，籀文靷。

䩪 guǎn 車鞁具也。从革官聲。古滿切。

䩜 dòu 車鞁具也。从革豆聲。田候切。

䩒 yú 輨內環靼也。从革于聲。羽俱切。

𩋆 bó 車下索也。从革尃聲。補各切。

䩍 è 車具也。从革奄聲。烏合切。

𩌏 zhuó 車具也。从革叕聲。 陟劣切。
鞌 ān 馬鞁具也。从革从安。 烏寒切。
𩋟 róng 鞌毳飾也。从革茸聲。 而隴切。
鞊 tié 鞌飾。从革占聲。 他叶切。
鞈 gé 防汗也。从革合聲。 古洽切。
勒 lè 馬頭絡銜也。从革力聲。 盧則切。
鞙 xuàn 大車縛軛靼。从革肙聲。 狂沇切。
䩛 miǎn 勒靼也。从革面聲。 弥沇切。
靲 qín 鞮也。从革今聲。 巨今切。
鞬 jiān 所以戢弓矢。从革建聲。 居言切。
韇 dú 弓矢韇也。从革賣聲。 徒谷切。
䪎 suī 緌也。从革巂聲。 山垂切。
𩋙 jí 急也。从革亟聲。 紀力切。
鞭 biān 驅也。从革便聲。 卑連切。 □，古文鞭。
鞅 yǎng 頸靼也。从革央聲。 於兩切。
韄 hù 佩刀絲也。从革蒦聲。 乙白切。
𩊱 tuó 馬尾駝也。从革它聲。今之般緧。 徒何切。
䩡 xié 繫牛脛也。从革見聲。 已彳切。

文五十七（當作文五十九） 重十一

鞘 qiào 刀室也。从革肖聲。私妙切。
韀 jiān 馬鞁具也。从革薦聲。則前切。
鞾 xuē 鞮屬。从革華聲。許𦗟切。
靮 dí 馬羈也。从革勺聲。都歷切。

文四 新附

鬲 部

鬲 lì 鼎屬。實五觳。斗二升曰觳。象腹交文，三足。凡鬲之屬皆从鬲。 郎激切。 □，鬲或从瓦。□，《漢令》鬲从瓦厤聲。
䰙 yǐ 三足鍑也。一曰滫米器也。从鬲支聲。 魚綺切。
鬹 guī 三足釜也。有柄喙。讀若嬀。从鬲規聲。 居隨切。
鬷 zōng 釜屬。从鬲㚇聲。 子紅切。
䰛 guō 秦名土釜曰䰛。从鬲牛聲。讀若過。 古禾切。
鬵 qín 大釜也。一曰鼎大上小下若甑曰鬵。从鬲兓聲。讀若岑。 才林

切。，籀文鬵。

䰝 zèng 鬵屬。从鬲曾聲。子孕切。

鬴 fǔ 鍑屬。从鬲甫聲。扶雨切。釜，鬴或从金父聲。

鬳 yàn 鬲屬。从鬲虍聲。牛建切。

融 róng 炊气上出也。从鬲，蟲省聲。以戎切。，籀文融不省。

𩱃 xiāo 炊气皃。从鬲嚻聲。許嬌切。

鬺 shāng 煑也。从鬲羊聲。式羊切。

𩱋 fèi 涫也。从鬲沸聲。芳未切。

文十三　重五

䰜部

䰜 lì 歷也。古文亦鬲字。象孰飪五味气上出也。凡䰜之屬皆从䰜。郎激切。

𩱛 zhān 鬻也。从䰜侃聲。諸延切。，𩱛或从食衍聲。，或从干聲。，或从建聲。

鬻 zhōu 健也。从䰜米聲。武悲切。臣鉉等曰：今俗俗粥作粥，音之六切。

𩱙 hú 健也。从䰜古聲。戶吳切。

𩱧 gēng 五味盉羹也。从䰜从羔。《詩》曰："亦有和𩱧。"古行切。，𩱧或省。，或从美，䰜省。，小篆从羔从美。

𩱩 sù 鼎實。惟葦及蒲。陳留謂健爲𩱩。从䰜速聲。桑谷切。，𩱩或从食束聲。

𩱦 yù 鬻也。从䰜毓聲。余六切。，𩱦或省从米。

𩱵 miè 涼州謂鬻爲𩱵。从䰜蔑聲。莫結切。，𩱵或省从末。

𩱱 ěr 粉餅也。从䰜耳聲。仍吏切。，𩱱或从食耳聲。

𩱴 chǎo 熬也。从䰜芻聲。臣鉉等曰：今俗作煼，別作炒。非是。尺沼切。

𩱶 yuè 内肉及菜湯中薄出之。从䰜翟聲。以勺切。

𩱷 zhǔ 孚也。从䰜者聲。章與切。，𩱷或从火。，𩱷或从水在其中。

𩱸 bó 吹聲沸也。从䰜孛聲。蒲没切。

文十三　重十二

爪部

爪 zhǎo 丮也。覆手曰爪。象形。凡爪之屬皆从爪。側狡切。

孚 fú 卵孚也。从爪从子。一曰信也。徐鍇曰："鳥之孚卵皆如其期，不失信也。

鳥褢恆以爪反覆其卵也。" 芳無切。，古文孚从禾，禾，古文保。

爲 wéi　母猴也。其爲禽好爪。爪，母猴象也。下腹爲母猴形。王育曰："爪，象形也。" 薳支切。，古文爲象兩母猴相對形。

爫 zhǎng　亦丮也。从反爪。闕。 諸兩切。

文四　重二

丮部

丮 jí　持也。象手有所丮據也。凡丮之屬皆从丮。讀若戟。 几劇切。

埶 yì　種也。从坴、丮。持亟種之。《書》曰："我埶黍稷。" 徐鍇曰："坴，土也。"魚祭切。

孰 shú　食飪也。从丮䯧聲。《易》曰："孰飪。" 殊六切。

𩞁 zài　設飪也。从丮从食，才聲。讀若載。 作代切。

巩 gǒng　褢也。从丮工聲。 居悚切。，巩或加手。

𠁭 jué　相踦之也。从丮谷聲。 其虐切。

𢧵 huà　擊踝也。从丮从戈。讀若踝。 胡瓦切。

𠬪 jú　拖持也。从反丮。闕。 居玉切。

文八　重一

鬥部

鬥 dòu　兩士相對，兵杖在後，象鬥之形。凡鬥之屬皆从鬥。 都豆切。

鬭 dòu　遇也。从鬥斲聲。 都豆切。

鬨 hòng　鬭也。从鬥共聲。《孟子》曰："鄒與魯鬨。" 下降切。

鬸 liú　經繆殺也。从鬥翏聲。 力求切。

鬮 jiū　鬭取也。从鬥龜聲。讀若三合繩糾。 古矦切。

𩰖 nǐ　智少力劣也。从鬥爾聲。 奴礼切。

𩰗 fēn　鬭連結繽紛相牽也。从鬥燹聲。 臣鉉等案：燹，今先典切。从豩聲。豩，呼還切。蓋燹亦有豩音，故得爲聲。一本从㸒。《說文》無㸒字。撫文切。

𩰘 pīn　鬭也。从鬥，賓省聲。讀若賓。 匹賓切。

鬩 xì　恆訟也。《詩》云："兄弟鬩于牆。" 从鬥从兒。兒，善訟者也。 許激切。

鬳 xuàn　試力士錘也。从鬥从戈，或从戰省。讀若縣。 胡畎切。

文十

閙 nào 不静也。从市、鬥。奴教切。

文一 新附

又部

又 yòu 手也。象形。三指者，手之𠔏多略不過三也。凡又之屬皆从又。于救切。

右 yòu 手口相助也。从又从口。臣鉉等曰：今俗别作佑。于救切。

厷 gōng 臂上也。从又，从古文。古薨切。𠃋，古文厷，象形。肱，厷或从肉。

叉 chā 手指相錯也。从又，象叉之形。初牙切。

叉 zhǎo 手足甲也。从又，象叉形。側狡切。

父 fù 矩也。家長率教者。从又舉杖。扶雨切。

叜 sǒu 老也。从又从灾。闕。穌后切。𡨋，籒文从寸。傁，叜或从人。

燮 xiè 和也。从言从又、炎。籒文燮从羊。羊，音飪。讀若溼。臣鉉等案：燮字義大孰也。从炎从又。即孰物可持也。此燮蓋从燮省。言語以和之也。二字義相出入故也。穌叶切。

曼 màn 引也。从又冒聲。無販切。

𠭴 shēn 引也。从又昌聲。昌，古文申。失人切。

夬 guài 分決也。从又，𠀆象決形。徐鍇曰："コ，物也。丨，所以決之。"古賣切。

尹 yǐn 治也。从又、丿，握事者也。余準切。𠕌，古文尹。

𠭥 zhā 又卑也。从又虘聲。側加切。

𠭩 lí 引也。从又𣀔聲。里之切。

㕞 shuā 拭也。从又持巾在尸下。所劣切。

及 jí 逮也。从又从人。徐鍇曰："及前人也。"巨立切。乁，古文及。秦刻石及如此。𠬶，亦古文及。𢓊，亦古文及。

秉 bǐng 禾束也。从又持禾。兵永切。

反 fǎn 覆也。从又，厂反形。府遠切。𠬡，古文。

𠬝 fú 治也。从又从卩。卩，事之節也。房六切。

叟 tāo 滑也。《詩》云："叟兮達兮。"从又、屮。一曰取也。土刀切。

叕 zhuì 楚人謂卜問吉凶曰叕。从又持祟，祟亦聲。讀若贅。之芮切。

叔 shū 拾也。从又尗聲。汝南名收芌爲叔。式竹切。𡬶，叔或从寸。

叟 mò 入水有所取也。从又在回下。回，古文回。回，淵水也。讀若沫。莫勃切。

取 qǔ 捕取也。从又从耳。《周禮》："獲者取左耳。"《司馬法》

曰：“載獻聝。”聝者，耳也。七庾切。

彗 huì 掃竹也。从又持甡。祥歲切。，彗或从竹。，古文彗从竹从習。

叚 jiǎ 借也。闕。古雅切。，古文叚。，譚長說：叚如此。

友 yǒu 同志爲友。从二又。相交友也。云久切。，古文友。，亦古文友。

度 dù 法制也。从又，庶省聲。徒故切。

文二十八　重十六

𠂇部

𠂇 zuǒ 𠂇手也。象形。凡𠂇之屬皆从𠂇。臧可切。

卑 bēi 賤也。執事也。从𠂇、甲。徐鍇曰：“右重而左卑，故在甲下。”補移切。

文二

史部

史 shǐ 記事者也。从又持中。中，正也。凡史之屬皆从史。疏士切。

事 shì 職也。从史，之省聲。鉏史切。，古文事。

文二　重一

支部

支 zhī 去竹之枝也。从手持半竹。凡支之屬皆从支。章移切。，古文支。

攲 jī 持去也。从支奇聲。去奇切。

文二　重一

聿部

聿 niè 手之疌巧也。从又持巾。凡聿之屬皆从聿。尼輒切。

隶 yì 習也。从聿希聲。羊至切。，籀文隶。，篆文隶。

肅 sù 持事振敬也。从聿在𣶒上，戰戰兢兢也。息逐切。，古文肅从心从卪。

文三　重三

聿 部

聿 yù 所以書也。楚謂之聿，吳謂之不律，燕謂之弗。从聿一聲。凡聿之屬皆从聿。 余律切。

筆 bǐ 秦謂之筆。从聿从竹。 徐鍇曰：“筆尚便疌，故从聿。” 鄙密切。

𦘕 jīn 聿飾也。从聿从彡。俗語以書好爲𦘕。讀若津。 將鄰切。

書 shū 箸也。从聿者聲。 商魚切。

文四

畫 部

畫 huà 界也。象田四界。聿，所以畫之。凡畫之屬皆从畫。 胡麥切。 ，古文畫省。，亦古文畫。

晝 zhòu 日之出入，與夜爲界。从畫省，从日。 陟救切。 ，籀文晝。

文二　重三

隶 部

隶 dài 及也。从又从尾省。又，持尾者，从後及之也。凡隶之屬皆从隶。 徒耐切。

隸 dài 及也。从隶枲聲。《詩》曰：“隸天之未陰雨。” 臣鉉等曰：枲非聲。未詳。徒耐切。

隸 lì 附箸也。从隶柰聲。 郎計切。 ，篆文隸从古文之體。 臣鉉等未詳古文所出。

文三　重一

臤 部

臤 qiān 堅也。从又臣聲。凡臤之屬皆从臤。讀若鏗鏘之鏗。古文以爲賢字。 苦閑切。

緊 jǐn 纏絲急也。从臤，从絲省。 糾忍切。

堅 jiān 剛也。从臤从土。 古賢切。

豎 shù 豎立也。从臤豆聲。 臣庾切。 ，籀文豎从殳。

文四　重一

臣部

臣 chén　牽也。事君也。象屈服之形。凡臣之屬皆从臣。植鄰切。

𦣞 guàng　乖也。从二臣相違。讀若誑。居況切。

臧 zāng　善也。从臣戕聲。則郎切。𢧜，籀文。

文三　重一

殳部

殳 shū　以杸殊人也。《禮》:“殳以積竹，八觚，長丈二尺，建於兵車，車旅賁以先驅。”从又几聲。凡殳之屬皆从殳。市朱切。

祋 duì　殳也。从殳示聲。或說城郭市里，高縣羊皮，有不當入而欲入者，暫下以驚牛馬曰祋。故从示、殳。《詩》曰:“何戈與祋。”丁外切。

杸 shū　軍中士所持殳也。从木从殳。《司馬法》曰:“執羽从杸。”市朱切。

毄 jī　相擊中也。如車相擊。故从殳从軎。古歷切。

殸 què　从上擊下也。一曰素也。从殳青聲。苦角切。青，苦江切。

㲾 zhěn　下擊上也。从殳冘聲。知朕切。

豉 tóu　繇擊也。从殳豆聲。古文祋如此。度侯切。

殳 chóu　縣物殳擊。从殳𠁁聲。市流切。

㱚 dú　椎毄物也。从殳豖聲。冬毒切。

毆 ōu　捶毄物也。从殳區聲。烏后切。

毃 qiāo　擊頭也。从殳高聲。口卓切。

殿 diàn　擊聲也。从殳屍聲。堂練切。

殹 yì　擊中聲也。从殳医聲。於計切。

段 duàn　椎物也。从殳，耑省聲。徒玩切。

𣪘 tóng　擊空聲也。从殳宮聲。徒冬切。又，火宮切。

殽 xiáo　相雜錯也。从殳肴聲。胡茅切。

毅 yì　妄怒也。一曰有決也。从殳豙聲。魚既切。

㲃 jiù　揉屈也。从殳从皀。皀，古文叀字。廄字从此。臣鉉等曰：叀，小謹也。亦屈服之意。居又切。

役 yì　戍邊也。从殳从彳。臣鉉等曰：彳，步也。彳亦聲。營隻切。伇，古文役从人。

毅 gāi　毅改，大剛卯也。以逐精鬼。从殳亥聲。古哀切。

文二十　重一

殺部

殺 shā 戮也。从殳杀聲。凡殺之屬皆从殺。 臣鉉等曰：《說文》無杀字。相傳云音察。未知所出。所八切。 ，古文殺。，古文殺。，古文殺。

弒 shì 臣殺君也。《易》曰：“臣弒其君。”从殺省，式聲。 式吏切。

文二 重四（當作重三）

几部

几 shū 鳥之短羽飛几几也。象形。凡几之屬皆从几。讀若殊。 市朱切。

㐱 zhěn 新生羽而飛也。从几从彡。 之忍切。

鳧 fú 舒鳧，鶩也。从鳥几聲。 房無切。

文三

寸部

寸 cùn 十分也。人手卻一寸，動衇，謂之寸口。从又从一。凡寸之屬皆从寸。 倉困切。

寺 sì 廷也。有法度者也。从寸之聲。 祥吏切。

將 jiàng 帥也。从寸，牆省聲。 即諒切。

㝷 xún 繹理也。从工从口从又从寸。工、口，亂也。又、寸，分理之。彡聲。此與䙴同意。度，人之兩臂爲㝷，八尺也。 徐林切。

專 zhuān 六寸簿也。从寸叀聲。一曰專，紡專。 職緣切。

尃 fū 布也。从寸甫聲。 芳無切。

導 dǎo 導，引也。从寸道聲。 徒皓切。

文七

皮部

皮 pí 剝取獸革者謂之皮。从又，爲省聲。凡皮之屬皆从皮。 符羈切。 ，古文皮。，籀文皮。

皰 pào 面生气也。从皮包聲。 匹教切。

皯 gǎn 面黑气也。从皮干聲。 古旱切。

文二（當作文三） 重二

皸 jūn 足坼也。从皮軍聲。矩云切。

皴 cūn 皮細起也。从皮夋聲。七倫切。

文二 新附

𤿬 部

𤿬 ruǎn 柔韋也。从北，从皮省，从夐省。凡𤿬之屬皆从𤿬。讀若耎。一曰若儁。 臣鉉等曰：北者，反覆柔治之也。夐，營也。而兖切。 ，古文𤿬。 ，籀文𤿬从夐省。

𤿬弁 jùn 羽獵韋絝。从𤿬灷聲。 而隴切。 ，或从衣从朕。《虞書》曰："鳥獸𧝒毛。"

文三 重二（當作文二 重三）

攴 部

攴 pū 小擊也。从又卜聲。凡攴之屬皆从攴。 普木切。

啟 qǐ 教也。从攴启聲。《論語》曰："不憤不啓。" 康礼切。

徹 chè 通也。从彳从攴从育。 丑列切。 ，古文徹。

肇 zhào 擊也。从攴，肇省聲。 治小切。

敏 mǐn 疾也。从攴每聲。 眉殞切。

敃 mǐn 彊也。从攴民聲。 眉殞切。

敄 wù 彊也。从攴矛聲。 亾遇切。

敀 pò 迮也。从攴白聲。《周書》曰："常敀常任。" 博陌切。

整 zhěng 齊也。从攴从束从正，正亦聲。 之郢切。

效 xiào 象也。从攴交聲。 胡教切。

故 gù 使爲之也。从攴古聲。 古慕切。

政 zhèng 正也。从攴从正，正亦聲。 之盛切。

𢻫 shī 敷也。从攴也聲。讀與施同。 式支切。

敷 fū 𢻫也。从攴尃聲。《周書》曰："用敷遺後人。" 芳无切。

敟 diǎn 主也。从攴典聲。 多殄切。

𣀓 lǐ 數也。从攴麗聲。 力米切。

數 shǔ 計也。从攴婁聲。 所矩切。

漱 liàn 辟漱鐵也。从攴从涑。 郎電切。

孜 zī 汲汲也。从攴子聲。《周書》曰："孜孜無怠。" 子之切。

攽 bān 分也。从攴分聲。《周書》曰："乃惟孺子攽。"亦讀與彬同。 布

還切。

敤 hàn 止也。从攴旱聲。《周書》曰："敤我于艱。" 矦旰切。

敱 ái 有所治也。从攴豈聲。讀若豤。五來切。

敞 chǎng 平治高土，可以遠望也。从攴尚聲。昌兩切。

敒 shēn 理也。从攴伸聲。直刃切。

改 gǎi 更也。从攴、己。李陽冰曰："己有過，攴之即改。" 古亥切。

變 biàn 更也。从攴䜌聲。祕戀切。

更 gēng 改也。从攴丙聲。古孟切。又，古行切。

敕 chì 誡也。臿地曰敕。从攴束聲。恥力切。

敢 xiè 使也。从攴，耴省聲。而涉切。

斂 liǎn 收也。从攴僉聲。良冉切。

敹 liáo 擇也。从攴寮聲。《周書》曰："敹乃甲胄。" 洛簫切。

敿 jiǎo 繫連也。从攴喬聲。《周書》曰："敿乃干。" 讀若矯。居夭切。

敆 hé 合會也。从攴从合，合亦聲。古沓切。

敶 chén 列也。从攴陳聲。直刃切。

敵 dí 仇也。从攴啻聲。徒歷切。

救 jiù 止也。从攴求聲。居又切。

敓 duó 彊取也。《周書》曰："敓攘矯虔。" 从攴兌聲。徒活切。

斁 yì 解也。从攴睪聲。《詩》云："服之無斁。" 斁，猒也。一曰終也。羊益切。

赦 shè 置也。从攴赤聲。始夜切。，赦或从亦。

攸 yōu 行水也。从攴从人，水省。徐鍇曰："攴，入水所杖也。" 以周切。，秦刻石繹山文攸字如此。

敄 fǔ 撫也。从攴亾聲。讀與撫同。芳武切。

敉 mǐ 撫也。从攴米聲。《周書》曰："亦未克敉公功。" 讀若弭。緜婢切。，敉或从人。

敭 yì 侮也。从攴从易，易亦聲。以豉切。

韍 wéi 戾也。从攴韋聲。羽非切。

敦 dūn 怒也，詆也。一曰誰何也。从攴享聲。都昆切。又，丁回切。

羣攴 qún 朋侵也。从攴从羣，羣亦聲。渠云切。

敗 bài 毀也。从攴、貝。敗、賊皆从貝。會意。薄邁切。，籒文敗从賏。

敽 luàn 煩也。从攴从𤔔，𤔔亦聲。郎段切。

寇 kòu 暴也。从攴从完。徐鍇曰："當其完聚而欲寇之。" 苦候切。

𢾅 zhǐ 刺也。从攴蚩聲。豬几切。

敷 dù 閉也。从攴度聲。讀若杜。徒古切。，敷或从刀。

敜 niè　塞也。从攴念聲。《周書》曰："敜乃穽。" 奴叶切。

斁 bì　斁盡也。从攴畢聲。 卑吉切。

收 shōu　捕也。从攴丩聲。 式州切。

鼓 gǔ　擊鼓也。从攴从壴，壴亦聲。 公戶切。

攷 kǎo　敂也。从攴丂聲。 苦浩切。

敂 kòu　擊也。从攴句聲。讀若扣。 苦候切。

攻 gōng　擊也。从攴工聲。 古洪切。

敲 qiāo　横擿也。从攴高聲。 口交切。

豛 zhuó　擊也。从攴豖聲。 竹角切。

敱 wǎng　放也。从攴㞷聲。 迂往切。

𢻻 xī　坼也。从攴从厂。厂之性坼，果孰有味亦坼。故謂之𢻻，从未聲。 徐鍇曰："厂，厓也。"許其切。

斀 zhuó　去陰之刑也。从攴蜀聲。《周書》曰："刖劓斀黥。" 竹角切。

敯 mǐn　冒也。从攴昏聲。《周書》曰："敯不畏死。" 眉殞切。

敔 yǔ　禁也。一曰樂器，椌楬也，形如木虎。从攴吾聲。 魚舉切。

敤 kě　研治也。从攴果聲。舜女弟名敤首。 苦果切。

鈙 qín　持也。从攴金聲。讀若琴。 巨今切。

𢿱 chóu　棄也。从攴𠷎聲。《周書》以爲討。《詩》云："無我𢿱兮。" 市流切。

畋 tián　平田也。从攴、田。《周書》曰："畋尒田。" 待年切。

改 gǎi　毅改，大剛卯，以逐鬼彪也。从攴巳聲。讀若巳。 古亥切。

敘 xù　次弟也。从攴余聲。 徐吕切。

敝 bǐ　毁也。从攴卑聲。 辟米切。

敓 ní　敹也。从攴兒聲。 五計切。

牧 mù　養牛人也。从攴从牛。《詩》曰："牧人乃夢。" 莫卜切。

敇 cè　擊馬也。从攴朿聲。 楚革切。

𣀔 chuàn　小舂也。从攴算聲。 初絭切。

𣀣 qiāo　墽田也。从攴堯聲。 牽遙切。

文七十七　重六

教部

教 jiào　上所施下所效也。从攴从孝。凡教之屬皆从教。 古孝切。𢽾，古文教。𤕝，亦古文教。

斆 xué　覺悟也。从教从冂。冂，尚矇也。臼聲。 胡覺切。學，篆文斆省。

文二　重二（當作重三）

卜部

卜 bǔ 卜 灼剥龜也，象灸龜之形。一曰象龜兆之從橫也。凡卜之屬皆从卜。博木切。卜，古文卜。

卦 guà 卦 筮也。从卜圭聲。臣鉉等曰：圭字聲不相近。當从挂省聲。古壞切。

卟 jī 卟 卜以問疑也。从口、卜。讀與稽同。《書》云“卟疑”。古兮切。

貞 zhēn 貞 卜問也。从卜，貝以爲贄。一曰鼎省聲。京房所説。陟盈切。

𠧩 huì 𠧩 《易》卦之上體也。《商書》曰：“貞曰𠧩。”从卜每聲。荒内切。

占 zhān 占 視兆問也。从卜从口。職廉切。

𠨘 shào 𠨘 卜問也。从卜召聲。市沼切。

𠧞 zhào 𠧞 灼龜坼也。从卜；兆，象形。治小切。兆，古文兆省。

文八　重二

用部

用 yòng 用 可施行也。从卜从中。衞宏説。凡用之屬皆从用。臣鉉等曰：卜中乃可用也。余訟切。用，古文用。

甫 fǔ 甫 男子美稱也。从用、父，父亦聲。方矩切。

庸 yōng 庸 用也。从用从庚。庚，更事也。《易》曰：“先庚三日。”余封切。

葡 bèi 葡 具也。从用，苟省。臣鉉等曰：苟，急敕也。會意。平祕切。

甯 nìng 甯 所願也。从用，寧省聲。乃定切。

文五　重一

爻部

爻 yáo 爻 交也。象《易》六爻頭交也。凡爻之屬皆从爻。胡茅切。

棥 fán 棥 藩也。从爻从林。《詩》曰：“營營青蠅，止于棥。”附袁切。

文二

㸚部

㸚 lǐ 㸚 二爻也。凡㸚之屬皆从㸚。力几切。

爾 ěr 爾 麗爾，猶靡麗也。从冂从㸚，其孔㸚，尒聲。此與爽同意。兒氏切。

爽 shuǎng 爽 明也。从㸚从大。徐鍇曰：“大，其中隙縫光也。”疏兩切。𡙁，篆文爽。

文三　重一

說文解字第四

四十五部　七百四十八文　重百一十二

凡七千六百三十八字

文二十四　新附

夏　部

夏 xuè　舉目使人也。从攴从目。凡夏之屬皆从夏。讀若颰。火劣切。

夐 xuàn　營求也。从夏，从人在穴上。《商書》曰："高宗夢得說，使百工夐求，得之傅巖。"巖，穴也。徐鍇曰："人與目隔穴經營而見之，然後指使以求之。支，所指畫也。"朽正切。

闅 wén　低目視也。从夏門聲。弘農湖縣有闅鄉，汝南西平有闅亭。無分切。

𡘋 quán　大視也。从大、夏。讀若齤。況晚切。

文四

目　部

目 mù　人眼。象形。重童子也。凡目之屬皆从目。莫六切。目，古文目。

眼 yǎn　目也。从目皀聲。五限切。

𥌃 biǎn　兒初生瞥者。从目瞏聲。邦免切。

眩 xuàn　目無常主也。从目玄聲。黃絢切。

眥 zì　目匡也。从目此聲。在詣切。

䀹 jié　目旁毛也。从目夾聲。子葉切。

𥌭 xuàn　盧童子也。从目縣聲。胡畎切。

瞦 xī　目童子精也。从目喜聲。讀若禧。許其切。

矏 mián　目旁薄緻宀宀也。从目臱聲。武延切。

䀰 fēi　大目也。从目非聲。芳微切。

𥈋 xiàn　大目也。从目臤聲。矦簡切。

睅 hàn　大目也。从目旱聲。戶版切。睆，睅或从完。

䁔 xuān 大目也。从目爰聲。况晚切。

瞞 mán 平目也。从目㒼聲。母官切。

睴 gùn 大目出也。从目軍聲。古鈍切。

矕 mǎn 目矕矕也。从目䜌聲。武版切。

睔 gùn 目大也。从日、侖。《春秋傳》有鄭伯睔。古本切。

盼 pàn 《詩》曰："美目盼兮。"从目分聲。匹莧切。

盰 gàn 目多白也。一曰張目也。从目干聲。古旱切。

眅 pān 多白眼也。从目反聲。《春秋傳》曰："鄭游眅，字子明。"普班切。

睍 xiàn 出目也。从目見聲。胡典切。

矔 guàn 目多精也。从目雚聲。益州謂瞋目曰矔。古玩切。

瞵 lín 目精也。从目粦聲。力珍切。

窅 yǎo 深目也。从穴中目。烏皎切。

眊 mào 目少精也。从目毛聲。《虞書》耄字从此。亡報切。

矘 tǎng 目無精直視也。从目黨聲。他朗切。

睒 shǎn 暫視皃。从目炎聲。讀若白蓋謂之苫相似。失冉切。

眮 dòng 吴楚謂瞋目顧視曰眮。从目同聲。徒弄切。

䀣 bì 直視也。从目必聲。讀若《詩》云"泌彼泉水"。兵媚切。

瞴 móu 瞴婁，微視也。从目無聲。莫浮切。

䀍 xié 蔽人視也。从目幵聲。讀若攜手。一曰直視也。又，苦兮切。𥄗，䀍目或在下。

睌 mǎn 睌睯，目視皃。从目免聲。武限切。

眂 shì 眂皃。从目氏聲。承旨切。

睨 nì 衺視也。从目兒聲。研計切。

䁅 mào 低目視也。从目冒聲。《周書》曰："武王惟䁅。"亡保切。

眓 huò 視高皃。从目戉聲。讀若《詩》曰"施罛濊濊"。呼哲切。

眈 dān 視近而志遠。从目冘聲。《易》曰："虎視眈眈。"丁含切。

䀐 yàn 相顧視而行也。从目从延，延亦聲。于線切。

盱 xū 張目也。从目于聲。一曰朝鮮謂盧童子曰盱。況于切。

睘 qióng 目驚視也。从目袁聲。《詩》曰："獨行睘睘。"渠營切。

䁴 zhǎn 視而止也。从目亶聲。旨善切。

𥄕 mèi 目冥遠視也。从目勿聲。一曰久也。一曰旦明也。莫佩切。

眕 zhěn 目有所恨而止也。从目㐱聲。之忍切。

瞟 piǎo 䁘也。从目㶾聲。敷沼切。

䁘 qì 察也。从目祭聲。戚細切。

睹 dǔ 見也。从目者聲。當古切。覩，古文从見。

眔	dà	眔	目相及也。从目，从隶省。 徒合切。
睽	kuí	睽	目不相聽也。从目癸聲。 苦圭切。
眛	mò	眛	目不明也。从目末聲。 莫撥切。
瞥	pán	瞥	轉目視也。从目般聲。 薄官切。
辦	pàn	辦	小兒白眼也。从目辡聲。 蒲莧切。
脈	mò	脈	目財視也。从目𠂢聲。 莫獲切。
睇	tì	睇	失意視也。从目脩聲。 他歷切。
睶	zhùn	睶	謹鈍目也。从目𦎧聲。 之閏切。
瞤	rún	瞤	目動也。从目閏聲。 如勻切。
矉	pín	矉	恨張目也。从目賓聲。《詩》曰："國步斯矉。" 符真切。
眢	yuān	眢	目無明也。从目夗聲。 一丸切。
睢	huī	睢	仰目也。从目隹聲。 許惟切。
旬	xuàn	旬	目搖也。从目，勻省聲。 黄絢切。 眴，旬或从旬。
矆	huò	矆	大視也。从目蒦聲。 許縛切。
睦	mù	睦	目順也。从目坴聲。一曰敬和也。 莫卜切。 [illegible]，古文睦。
瞻	zhān	瞻	臨視也。从目詹聲。 職廉切。
瞀	mào	瞀	氐目謹視也。从目敄聲。 莫候切。
䁲	mái	䁲	小視也。从目買聲。 莫佳切。
矙	jiān	矙	視也。从目監聲。 古銜切。
督	qì	督	省視也。从目，啓省聲。 苦系切。
相	xiāng	相	省視也。从目从木。《易》曰："地可觀者，莫可觀於木。"《詩》曰："相鼠有皮。" 息良切。
瞋	chēn	瞋	張目也。从目眞聲。 昌眞切。 䀼，《祕書》瞋从戌。
䀷	diāo	䀷	目孰視也。从目鳥聲。讀若雕。 都僚切。
睗	shì	睗	目疾視也。从目易聲。 施隻切。
睊	juàn	睊	視皃。从目肙聲。 於絢切。
䀹	yuè	䀹	目深皃。从目、窅。讀若《易》曰"勿衃"之"衃"。 於悅切。
睼	tiàn	睼	迎視也。从目是聲。讀若珥瑱之瑱。 他計切。
睗	yǎn	睗	目相戲也。从目晏聲。《詩》曰："睗婉之求。" 於殄切。
䁓	wò	䁓	短深目皃。从目叞聲。 烏括切。
眷	juàn	眷	顧也。从目𢍏聲。《詩》曰："乃眷西顧。" 居倦切。
督	dū	督	察也。一曰目痛也。从目叔聲。 冬毒切。
睎	xī	睎	望也。从目，稀省聲。海岱之閒謂眄曰睎。 香衣切。
看	kān	看	睎也。从手下目。 苦寒切。 [illegible]，看或从倝。
瞫	shěn	瞫	深視也。一曰下視也。又竊見也。从目覃聲。 式荏切。

睡 shuì 坐寐也。从目、垂。是僞切。

瞑 míng 翕目也。从目、冥，冥亦聲。臣鉉等曰：今俗別作眠，非是。武延切。

眚 shěng 目病生翳也。从目生聲。所景切。

瞥 piē 過目也。又目翳也。从目敝聲。一曰財見也。普滅切。

眵 chī 目傷眥也。从目多聲。一曰瞢兜。叱支切。

瞢 miè 目眵也。从目，蔑省聲。莫結切。

眏 jué 涓目也。从目夬聲。臣鉉等曰：當从決省。古穴切。

眼 liàng 目病也。从目良聲。力讓切。

眛 mèi 目不明也。从目未聲。莫佩切。

瞯 xián 戴目也。从目閒聲。江淮之間謂眄曰瞯。戶閒切。

眯 mǐ 艸入目中也。从目米聲。莫禮切。

眺 tiào 目不正也。从目兆聲。他弔切。

睞 lài 目童子不正也。从目來聲。洛代切。

睩 lù 目睞謹也。从目彔聲。讀若鹿。盧谷切。

脩 chōu 眣也。从目攸聲。敕鳩切。𥄳，脩或从丩。

眣 dié 目不正也。从目失聲。丑栗切。

矇 méng 童矇也。一曰不明也。从目蒙聲。莫中切。

眇 miǎo 一目小也。从目从少，少亦聲。亡沼切。

眄 miǎn 目偏合也。一曰衺視也。秦語。从目丏聲。莫甸切。

略 luò 眄也。从目各聲。盧各切。

盲 máng 目無牟子。从目亡聲。武庚切。

瞎 qià 目陷也。从目咸聲。苦夾切。

瞽 gǔ 目但有眣也。从目鼓聲。公戶切。

瞍 sǒu 無目也。从目叜聲。穌后切。

瞀 yíng 惑也。从目，榮省聲。戶扃切。

睉 cuó 目小也。从目坐聲。臣鉉等曰：案《尚書》："元首叢睉哉！" 叢睉，猶細碎也。今从肉，非是。昨禾切。

𥇍 wò 捾目也。从目、叉。烏括切。

睇 dì 目小視也。从目弟聲。南楚謂眄曰睇。特計切。

瞚 shùn 開闔目數搖也。从目寅聲。臣鉉等曰：今俗別作瞬，非是。舒問切。

眙 chì 直視也。从目台聲。丑吏切。

貯 zhù 長眙也。一曰張目也。从目宁聲。陟呂切。

盻 xì 恨視也。从目兮聲。胡計切。

費 fèi 目不明也。从目弗聲。普未切。

文百十三　重八（當作重九）

瞼 jiǎn 目上下瞼也。从目僉聲。居奄切。
眨 zhǎ 動目也。从目乏聲。側洽切。
眭 huī 深目也。亦人姓。从目圭聲。許規切。
眹 zhèn 目精也。从目灷聲。案：勝字朕，皆从朕聲。疑古以朕爲眹。直引切。
眸 móu 目童子也。从目牟聲。《說文》直作牟。莫浮切。
睚 yá 目際也。从目、厓。五隘切。

文六 新附

䀠 部

䀠 jù 左右視也。从二目。凡䀠之屬皆从䀠。讀若拘。又若良士瞿瞿。 九遇切。
𥄎 juàn 目圍也。从䀠、𠂆。讀若書卷之卷。古文以爲醜字。 居倦切。
𡘋 jū 目衺也。从䀠从大。大，人也。 舉朱切。

文三

眉 部

眉 méi 目上毛也。从目，象眉之形，上象頟理也。凡眉之屬皆从眉。 武悲切。
省 xǐng 視也。从眉省，从中。 臣鉉等曰：中，通識也。所景切。 ⿱少囧，古文从少从囧。

文二 重一

盾 部

盾 dùn 瞂也。所以扞身蔽目。象形。凡盾之屬皆从盾。 食問切。
瞂 fá 盾也。从盾犮聲。 扶發切。
䲣 kuī 盾握也。从盾圭聲。 苦圭切。

文三

自 部

自 zì 鼻也。象鼻形。凡自之屬皆从自。 疾二切。 𦣹，古文自。

𦣹 mián 𦣹 宮不見也。闕。武延切。

文二　重一

白　部

白 zì 白 此亦自字也。省自者，詞言之气，从鼻出，與口相助也。凡白之屬皆从白。疾二切。

皆 jiē 皆 俱詞也。从比从白。古諧切。

魯 lǔ 魯 鈍詞也。从白，羨省聲。《論語》曰：“參也魯。”郎古切。

者 zhě 者 别事詞也。从白𣥠聲。𣥠，古文旅字。之也切。

𤾊 chóu 𤾊 詞也。从白𠷎聲。𠷎與疇同。《虞書》：“帝曰：𠷎咨。”直由切。

𥏼 zhì 𥏼 識詞也。从白从亏从知。知義切。𥏾，古文𥏼。

百 bǎi 百 十十也。从一、白。數，十百爲一貫。相章也。博陌切。𦣻，古文百从自。

文七　重二

鼻　部

鼻 bí 鼻 引气自畀也。从自、畀。凡鼻之屬皆从鼻。父二切。

齅 xiù 齅 以鼻就臭也。从鼻从臭，臭亦聲。讀若畜牲之畜。許救切。

鼾 hān 鼾 臥息也。从鼻干聲。讀若汗。矦幹切。

鼽 qiú 鼽 病寒鼻窒也。从鼻九聲。巨鳩切。

𪖙 xiè 𪖙 臥息也。从鼻隶聲。讀若虺。許介切。

文五

皕　部

皕 bì 皕 二百也。凡皕之屬皆从皕。讀若祕。彼力切。

奭 shì 奭 盛也。从大从皕，皕亦聲。此燕召公名。讀若郝。《史篇》名醜。徐鍇曰：“《史篇》謂所作《倉頡》十五篇也。”詩亦切。𡙁，古文奭。

文二　重一

習　部

習 xí 習 數飛也。从羽从白。凡習之屬皆从習。似入切。

翫 wàn 翫 習猒也。从習元聲。《春秋傳》曰：“翫歲而愒日。” 五換切。

文二

羽 部

羽 yǔ 羽 烏長毛也。象形。凡羽之屬皆从羽。 王矩切。

翨 chì 翨 鳥之彊羽猛者。从羽是聲。 俱豉切。

翰 hàn 翰 天雞赤羽也。从羽倝聲。《逸周書》曰：“大翰，若翬雉，一名鷐風。周成王時蜀人獻之。” 矦幹切。

翟 dí 翟 山雉尾長者。从羽从隹。 徒歷切。

翡 fěi 翡 赤羽雀也。出鬱林。从羽非聲。 房味切。

翠 cuì 翠 青羽雀也。出鬱林。从羽卒聲。 七醉切。

翦 jiǎn 翦 羽生也。一曰矢羽。从羽前聲。 即淺切。

翁 wēng 翁 頸毛也。从羽公聲。 烏紅切。

翄 chì 翄 翼也。从羽支聲。 施智切。 𦐚，翄或从氏。

翮 gé 翮 翅也。从羽革聲。 古翮切。

翹 qiáo 翹 尾長毛也。从羽堯聲。 渠遙切。

翭 hóu 翭 羽本也。一曰羽初生皃。从羽矦聲。 乎溝切。

翮 hé 翮 羽莖也。从羽鬲聲。 下革切。

翑 qú 翑 羽曲也。从羽句聲。 其俱切。

羿 yì 羿 羽之羿風。亦古諸侯也。一曰射師。从羽幵聲。 五計切。

翥 zhù 翥 飛舉也。从羽者聲。 章庶切。

翕 xī 翕 起也。从羽合聲。 許及切。

翾 xuān 翾 小飛也。从羽睘聲。 許緣切。

翬 huī 翬 大飛也。从羽軍聲。一曰伊、雒而南，雉五采皆備曰翬。《詩》曰：“如翬斯飛。” 臣鉉等曰：當从揮省。許歸切。

翏 liù 翏 高飛也。从羽从㐱。 力救切。

翩 piān 翩 疾飛也。从羽扁聲。 芳連切。

翜 shà 翜 捷也。飛之疾也。从羽夾聲。讀若濇。一曰俠也。 山洽切。

翊 yì 翊 飛皃。从羽立聲。 與職切。

㬥 tà 㬥 飛盛皃。从羽从冃。 臣鉉等曰：犯冒而飛，是盛也。土盍切。

翨 chī 翨 飛盛皃。从羽之聲。 侍之切。

翱 áo 翱 翱翔也。从羽皋聲。 五牢切。

翔 xiáng 翔 回飛也。从羽羊聲。 似羊切。

翽 huì 翽 飛聲也。从羽歲聲。《詩》曰：“鳳皇于飛，翽翽其羽。” 呼會切。

翯 xué 鳥白肥澤皃。从羽高聲。《詩》云：“白鳥翯翯。” 胡角切。

翌 huáng 樂舞。以羽翿自翳其首，以祀星辰也。从羽王聲。讀若皇。 胡光切。

翇 fú 樂舞。執全羽以祀社稷也。从羽犮聲。讀若紱。 分勿切。

翿 dào 翳也，所以舞也。从羽𣪠聲。《詩》曰：“左執翿。” 徒到切。

翳 yì 華蓋也。从羽殹聲。 於計切。

翣 shà 棺羽飾也。天子八，諸侯六，大夫四，士二。下垂。从羽妾聲。 山洽切。

文三十四　重一

翻 fān 飛也。从羽番聲。或从飛。孚袁切。

翎 líng 羽也。从羽令聲。郎丁切。

翃 hóng 飛聲。从羽工聲。戶公切。

文三　新附

隹　部

隹 zhuī 鳥之短尾總名也。象形。凡隹之屬皆从隹。 職追切。

雅 yǎ 楚烏也。一名鸒，一名卑居。秦謂之雅。从隹牙聲。 臣鉉等曰：今俗別作鴉，非是。五下切。又，烏加切。

隻 zhī 鳥一枚也。从又持隹。持一隹曰隻，二隹曰雙。 之石切。

雒 luò 鵋鶀也。从隹各聲。 盧各切。

藺 lìn 今藺。似雊鵒而黃。从隹，㒼省聲。 良刃切。，籀文不省。

巂 guī 周燕也。从隹，屮象其冠也。冏聲。一曰蜀王望帝，婬其相妻，慙亡去，爲子巂鳥。故蜀人聞子巂鳴，皆起云“望帝”。 戶圭切。

雃 fāng 鳥也。从隹方聲。讀若方。 府良切。

雀 què 依人小鳥也。从小、隹。讀與爵同。 卽略切。

犨 yá 鳥也。从隹犬聲。睢陽有犨水。 五加切。

雗 hàn 雗鷽也。从隹倝聲。 侯榦切。

雉 zhì 有十四種：盧諸雉，喬雉，鳪雉，鷩雉，秩秩海雉，翟山雉，翰雉，卓雉，伊洛而南曰翬，江淮而南曰搖，南方曰𩀢，東方曰甾，北方曰稀，西方曰蹲。从隹矢聲。 直几切。，古文雉从弟。

雊 gòu 雄雌鳴也。雷始動，雉鳴而雊其頸。从隹从句，句亦聲。 古候切。

雞 jī 知時畜也。从隹奚聲。 古兮切。，籀文雞从鳥。

雛 chú 雞子也。从隹芻聲。 士于切。，籀文雛从鳥。

雡 liù 鳥大雛也。从隹翏聲。一曰雉之莫子爲雡。 力救切。

離 lí 黃倉庚也。鳴則蠶生。从隹离聲。呂支切。

雕 diāo 鷻也。从隹周聲。都僚切。鵰，籀文雕从鳥。

䧹 yīng 鳥也。从隹，瘖省聲。或从人，人亦聲。徐鍇曰："鷹隨人所指蹤，故从人。"於凌切。鷹，籀文䧹从鳥。

⿰氏隹 chī ⿰垂隹也。从隹氏聲。處脂切。鴟，籀文⿰氏隹从鳥。

⿰垂隹 shuì ⿰氏隹也。从隹垂聲。是僞切。

雃 qiān 石鳥。一名雝⿰渠鳥。一曰精𠛱。从隹幵聲。《春秋傳》："秦有士雃。"苦堅切。

雝 yōng 雝⿰渠鳥也。从隹邕聲。於容切。

雂 qián 鳥也。从隹今聲。《春秋傳》有公子苦雂。巨淹切。

雁 yàn 鳥也。从隹从人，厂聲。讀若鴈。臣鉉等曰：雁，知時鳥。大夫以爲摯，昏禮用之。故从人。五晏切。

⿰黎隹 lí ⿰黎隹黃也。从隹黎聲。一曰楚雀也。其色黎黑而黃。郎兮切。

雐 hū 鳥也。从隹虍聲。荒烏切。

雓 rú 牟母也。从隹奴聲。人諸切。鴽，雓或从鳥。

雇 hù 九雇。農桑候鳥，扈民不婬者也。从隹戶聲。春雇，鳻盾；夏雇，竊玄；秋雇，竊藍；冬雇，竊黃；棘雇，竊丹；行雇，唶唶；宵雇，嘖嘖；桑雇，竊脂；老雇，鷃也。侯古切。⿰雩隹，雇或从雩。鳸，籀文雇从鳥。

⿰𦎫隹 chún ⿰酓隹屬。从隹𦎫聲。常倫切。

⿰酓隹 ān ⿰𦎫隹屬。从隹酓聲。恩含切。⿰酓鳥，籀文⿰酓隹从鳥。

⿰支隹 zhī 鳥也。从隹支聲。一曰⿰支隹度。章移切。

⿰工隹 hóng 鳥肥大⿰工隹⿰工隹也。从隹工聲。戶工切。鳿，⿰工隹或从鳥。

⿰㪔隹 sàn 繳⿰㪔隹也。从隹㪔聲。一曰飛⿰㪔隹也。臣鉉等曰：繳，之若切。矰繳以取鳥也。穌旰切。

隿 yì 繳射飛鳥也。从隹弋聲。與職切。

雄 xióng 鳥父也。从隹厷聲。羽弓切。

雌 cī 鳥母也。从隹此聲。此移切。

⿱罒隹 zhào 覆鳥令不飛走也。从网、隹。讀若到。都校切。

雋 juàn 肥肉也。从弓，所以射隹。長沙有下雋縣。徂沇切。

⿰陸隹 wéi 飛也。从隹陸聲。山垂切。

文三十九　重十二

奞　部

奞 suī 鳥張毛羽自奮也。从大从隹。凡奞之屬皆从奞。讀若睢。息遺切。

奪 duó 手持隹失之也。从又从奞。徒活切。

奮 fèn 翬也。从奞在田上。《詩》曰：“不能奮飛。”方問切。

文三

萑 部

萑 huán 鴟屬。从隹从𦫳，有毛角。所鳴，其民有旤。凡萑之屬皆从萑。讀若和。胡官切。

蒦 huò 規蒦，商也。从又持萑。一曰視遽皃。一曰蒦，度也。徐鍇曰：“商，度也。萑，善度人禍福也。”乙虢切。彠，蒦或从尋。尋亦度也。《楚詞》曰：“求矩彠之所同。”

雚 guàn 小爵也。从萑吅聲。《詩》曰：“雚鳴于垤。”工奐切。

舊 jiù 雎舊，舊畱也。从萑臼聲。巨救切。鵂，舊或从鳥休聲。

文四　重二

𦫳 部

𦫳 guǎ 羊角也。象形。凡𦫳之屬皆从𦫳。讀若菲。工瓦切。

菲 guāi 戾也。从𦫳而兆。兆，古文別。臣鉉等曰：兆，兵列切。篆文分別字也。古懷切。

芇 mián 相當也。闕。讀若宀。母官切。

文三

苜 部

苜 mò 目不正也。从𦫳从目。凡苜之屬皆从苜。莧从此。讀若末。徐鍇曰：“𦫳，角戾也。”徒結切。

瞢 méng 目不明也。从苜从旬。旬，目數搖也。木空切。

莧 miè 火不明也。从苜从火，苜亦聲。《周書》曰：“布重莧席。”織蒻席也。讀與蔑同。莫結切。

蔑 miè 勞目無精也。从苜，人勞則蔑然；从戍。莫結切。

文四

羊 部

羊 yáng 祥也。从𦫳，象頭角足尾之形。孔子曰：“牛羊之字以形舉也。”

凡羊之屬皆从羊。與章切。

芈 mǐ 羊鳴也。从羊，象聲气上出。與牟同意。緜婢切。

羔 gāo 羊子也。从羊，照省聲。古牢切。

羜 zhù 五月生羔也。从羊宁聲。讀若煑。直吕切。

䍪 yù 六月生羔也。从羊敄聲。讀若霧。已遇切。又，亡遇切。

羍 dá 小羊也。从羊大聲。讀若達。他末切。，羍或省。

䍜 zhào 羊未卒歲也。从羊兆聲。或曰：夷羊百斤左右爲䍜。讀若《春秋》"盟于洮"。治小切。

羝 dī 牡羊也。从羊氐聲。都兮切。

羒 fén 牂羊也。从羊分聲。符分切。

牂 zāng 牡羊也。从羊爿聲。則郎切。

羭 yú 夏羊牡曰羭。从羊俞聲。羊朱切。

羖 gǔ 夏羊牡曰羖。从羊殳聲。公戶切。

羯 jié 羊羖犗也。从羊曷聲。居謁切。

羠 yí 騬羊也。从羊夷聲。徐姊切。

羳 fán 黃腹羊。从羊番聲。附袁切。

羥 qiān 羊名。从羊巠聲。口莖切。

𦏁 jìn 羊名。从羊執聲。汝南平輿有𦏁亭。讀若晉。臣鉉曰：執非聲，未詳。即刃切。

羸 léi 瘦也。从羊䯁聲。臣鉉等曰：羊主給膳，以瘦爲病，故从羊。力爲切。

䍴 wèi 羊相𦏃也。从羊委聲。於僞切。

𦏃 zì 䍴𦏃也。从羊責聲。子賜切。

羣 qún 輩也。从羊君聲。臣鉉等曰：羊性好羣，故从羊。渠云切。

䍧 yān 羣羊相𦏃也。一曰黑羊。从羊垔聲。烏閑切。

𦍧 cī 羊名。蹏皮，可以割桼。从羊此聲。此思切。

美 měi 甘也。从羊从大。羊在六畜主給膳也。美與善同意。臣鉉等曰：羊大則美，故从大。無鄙切。

羌 qiāng 西戎牧羊人也。从人从羊，羊亦聲。南方蠻閩从虫，北方狄从犬，東方貉从豸，西方羌从羊：此六種也。西南僰人、僬僥，从人；蓋在坤地，頗有順理之性。唯東夷从大。大，人也。夷俗仁，仁者壽，有君子不死之國。孔子曰："道不行，欲之九夷，乘桴浮於海。"有以也。去羊切。，古文羌如此。

羑 yǒu 進善也。从羊久聲。文王拘羑里，在湯陰。與久切。

文二十六　重二

羴部

羴 shān 羴 羊臭也。从三羊。凡羴之屬皆从羴。式連切。羶，羴或从亶。

羼 chàn 羼 羊相厠也。从羴在尸下。尸，屋也。一曰相出前也。初限切。

文二　重一

瞿部

瞿 jù 瞿 鷹隼之視也。从隹从䀠，䀠亦聲。凡瞿之屬皆从瞿。讀若章句之句。九遇切。又音衢。

矍 jué 矍 隹欲逸走也。从又持之，矍矍也。讀若《詩》云"穬彼淮夷"之"穬"。一曰視遽皃。九縛切。

文二

雔部

雔 chóu 雔 雙鳥也。从二隹。凡雔之屬皆从雔。讀若醻。市流切。

靃 huò 靃 飛聲也。雨而雙飛者，其聲靃然。呼郭切。

雙 shuāng 雙 隹二枚也。从雔，又持之。所江切。

文三

雥部

雥 zá 雥 羣鳥也。从三隹。凡雥之屬皆从雥。徂合切。

雧 yuān 雧 鳥羣也。从雥㝵聲。烏玄切。

雧 jí 雧 羣鳥在木上也。从雥从木。秦入切。集，雧或省。

文三　重一

鳥部

鳥 niǎo 鳥 長尾禽總名也。象形。鳥之足似匕，从匕。凡鳥之屬皆从鳥。都了切。

鳳 fèng 鳳 神鳥也。天老曰：鳳之象也，鴻前麐後，蛇頸魚尾，鸛顙鴛思，龍文虎背，燕頷雞喙，五色備舉。出於東方君子之國，翱翔四海之外，過崐崘，飲砥柱，濯羽弱水，莫宿風穴。見則天下大安寧。

从鳥凡聲。馮貢切。，古文鳳，象形。鳳飛，羣鳥從以萬數，故以爲朋黨字。，亦古文鳳。

鸞 luán 亦神靈之精也。赤色，五采，雞形。鳴中五音，頌聲作則至。从鳥䜌聲。周成王時氐羌獻鸞鳥。洛官切。

鸑 yuè 鸑鷟，鳳屬，神鳥也。从鳥獄聲。《春秋國語》曰：“周之興也，鸑鷟鳴於岐山。”江中有鸑鷟，似鳧而大，赤目。五角切。

鷟 zhuó 鸑鷟也。从鳥族聲。士角切。

鷫 sù 鷫鷞也。五方神鳥也。東方發明，南方焦明，西方鷫鷞，北方幽昌，中央鳳皇。从鳥肅聲。息逐切。，司馬相如說：从叜聲。

鷞 shuāng 鷫鷞也。从鳥爽聲。所莊切。

鳩 jiū 鶻鵃也。从鳥九聲。居求切。

鶌 jué 鶌鳩也。从鳥屈聲。九勿切。

鵻 zhuī 祝鳩也。从鳥隹聲。思允切。，鵻或从隹、一。一曰鶉字。

鶻 gǔ 鶻鵃也。从鳥骨聲。古忽切。

鵃 zhōu 鶻鵃也。从鳥舟聲。張流切。

鶌 jú 秸鵴，尸鳩。从鳥𥷚聲。臣鉉等曰：𥷚，居六切。與籟同。居六切。

鴿 gē 鳩屬。从鳥合聲。古沓切。

鴠 dàn 渴鴠也。从鳥旦聲。得案切。

鶪 jú 伯勞也。从鳥狊聲。古闃切。，鶪或从隹。

鷚 liù 天龠也。从鳥翏聲。力救切。

鷽 yù 卑居也。从鳥與聲。羊茹切。

鷽 xué 雗鷽，山鵲，知來事鳥也。从鳥，學省聲。胡角切。，鷽或从隹。

鷲 jiù 鳥黑色多子。師曠曰：“南方有鳥，名曰羌鷲，黃頭赤目，五色皆備。”从鳥就聲。疾僦切。

鴞 xiāo 鴟鴞，寧鴂也。从鳥号聲。于嬌切。

鴂 jué 寧鴂也。从鳥夬聲。古穴切。

鷸 xù 鳥也。从鳥崇聲。辛聿切。

鴋 fǎng 澤虞也。从鳥方聲。分兩切。

鷭 jié 鳥也。从鳥截聲。子結切。

鶔 qī 鳥也。从鳥桼聲。親吉切。

鴩 dié 鋪豉也。从鳥失聲。臣鉉等曰：鋪豉，鳥名。徒結切。

鶤 kūn 鶤雞也。从鳥軍聲。讀若運。古渾切。

䳸 ǎo 鳥也。从鳥芺聲。烏浩切。

鵙 jú 鳥也。从鳥臼聲。居玉切。

鷦 jiāo 鷦䳂，桃蟲也。从鳥焦聲。即消切。

䳂 miǎo 鷦䳂也。从鳥眇聲。亡沼切。

鶹 liú 鳥少美長醜爲鶹離。从鳥畱聲。力求切。

鷨 nán 鳥也。从鳥堇聲。那干切。難，鷨或从隹。𪆧，古文鷨。𪇄，古文鷨。䧔，古文鷨。

鶨 chuàn 欺老也。从鳥彖聲。丑絹切。

䲊 yuè 鳥也。从鳥，說省聲。弋雪切。

鴸 tǒu 鳥也。从鳥主聲。天口切。

鴖 mín 鳥也。从鳥昏聲。武巾切。

鷯 liáo 刀鷯。剖葦，食其中蟲。从鳥尞聲。洛簫切。

鶠 yǎn 鳥也。其雌皇。从鳥匽聲。一曰鳳皇也。於幰切。

鴲 zhī 瞑鴲也。从鳥旨聲。旨夷切。

鵅 luò 烏鸔也。从鳥各聲。盧各切。

鸔 bǔ 烏鸔也。从鳥暴聲。蒲木切。

鶴 hè 鳴九皋，聲聞于天。从鳥隺聲。下各切。

鷺 lù 白鷺也。从鳥路聲。洛故切。

鵠 hú 鴻鵠也。从鳥告聲。胡沃切。

鴻 hóng 鴻鵠也。从鳥江聲。戶工切。

鵚 qiū 秃鵚也。从鳥尗聲。臣鉉等曰：尗非聲，未詳。七由切。鶖，鵚或从秋。

鴛 yuān 鴛鴦也。从鳥夗聲。於袁切。

鴦 yāng 鴛鴦也。从鳥央聲。於良切。

鵽 duò 鵽鳩也。从鳥叕聲。丁刮切。

鵱 lù 蔞鵝也。从鳥坴聲。力竹切。

鴚 gē 鴚鵝也。从鳥可聲。古俄切。

鵝 é 鴚鵝也。从鳥我聲。五何切。

鴈 yàn 鵝也。从鳥、人，厂聲。臣鉉等曰：从人从厂，義無所取。當从雁省聲。五晏切。

鶩 wù 舒鳧也。从鳥敄聲。莫卜切。

鷖 yī 鳧屬。从鳥殹聲。《詩》曰："鳧鷖在梁。" 烏雞切。

𪃠 jié 𪃠鸈，鳧屬。从鳥契聲。古節切。

鸈 jiá 𪃠鸈也。从鳥辥聲。魚列切。

鸏 méng 水鳥也。从鳥蒙聲。莫紅切。

鷸 yù 知天將雨鳥也。从鳥矞聲。《禮記》曰："知天文者冠鷸。" 余律切。𪇗，鷸或从遹。

鷿 pì 鷿鷉也。从鳥辟聲。普擊切。

鷉 tī 鸊鷉也。从鳥虒聲。土雞切。

鸕 lú 鸕鷀也。从鳥盧聲。洛乎切。

鷀 cí 鸕鷀也。从鳥兹聲。疾之切。

鷧 yì 鷀也。从鳥壹聲。乙冀切。

鴔 fú 鴔鵖也。从鳥乏聲。平立切。

鵖 bí 鴔鵖也。从鳥皀聲。彼及切。

鴇 bǎo 鳥也。肉出尺胾。从鳥𠤏聲。博好切。，鴇或从包。

鸈 qú 鶌鸈也。从鳥渠聲。强魚切。

鷗 ōu 水鴞也。从鳥區聲。烏侯切。

䳁 bó 鳥也。从鳥犮聲。讀若撥。蒲達切。

鷛 yóng 鳥也。从鳥庸聲。余封切。

鶂 yì 鳥也。从鳥兒聲。《春秋傳》曰："六鶂退飛。"五歷切。，鶂或从鬲。，司馬相如說：鶂从赤。

鴺 tí 鴺胡，污澤也。从鳥夷聲。杜兮切。，鴺或从弟。

鴗 lì 天狗也。从鳥立聲。力入切。

鶬 cāng 麋鴰也。从鳥倉聲。七岡切。，鶬或从隹。

鴰 guā 麋鴰也。从鳥昏聲。古活切。

鵁 jiāo 鵁鶄也。从鳥交聲。一曰鵁鸕也。古肴切。

鶄 jīng 鵁鶄也。从鳥青聲。子盈切。

鳽 jiān 鵁鶄也。从鳥幵聲。古賢切。

䳂 zhēn 䳂鴜也。从鳥箴聲。職深切。

鴜 cí 䳂鴜也。从鳥此聲。即夷切。

鷻 tuán 雕也。从鳥敦聲。《詩》曰："匪鷻匪鳶。"度官切。

鳶 yuān 鷙鳥也。从鳥屰聲。臣鉉等曰：屰非聲。一本从丫，疑从雈省。今俗別作鳶，非是。與專切。

鷳 xián 鴟也。从鳥閒聲。戶間切。

鷂 yào 鷙鳥也。从鳥䍃聲。弋笑切。

鷢 jué 白鷢，王鴡也。从鳥厥聲。居月切。

鴡 jū 王鴡也。从鳥且聲。七余切。

鸛 huān 鸛專、畐蹂。如誰，短尾。射之，銜矢射人。从鳥雚聲。呼官切。

鸇 zhān 鷐風也。从鳥亶聲。諸延切。，籒文鸇从廛。

鷐 chén 鷐風也。从鳥晨聲。植鄰切。

鷙 zhì 擊殺鳥也。从鳥執聲。脂利切。

鴥 yù 鸇飛皃。从鳥穴聲。《詩》曰："鴥彼晨風。"余律切。

鶯 yīng 鳥也。从鳥，榮省聲。《詩》曰："有鶯其羽。"烏莖切。

鴝 qú 鴝鵒也。从鳥句聲。其俱切。

鵒 yù 鴝鵒也。从鳥谷聲。古者鴝鵒不踰泲。余蜀切。，鵒或从隹从臾。

鷩 biē 赤雉也。从鳥敝聲。《周禮》曰:“孤服鷩冕。”并列切。

鵔 jùn 鵔鸃，鷩也。从鳥夋聲。私閏切。

鸃 yí 鵔鸃也。从鳥義聲。秦漢之初，侍中冠鵔鸃冠。魚羈切。

鸐 dí 雉屬，戇鳥也。从鳥，適省聲。都歷切。

鶡 hé 似雉，出上黨。从鳥曷聲。胡割切。

鴧 jiè 鳥，似鶡而青，出羌中。从鳥介聲。古拜切。

鸚 yīng 鸚䳇，能言鳥也。从鳥嬰聲。烏莖切。

䳇 wǔ 鸚䳇也。从鳥母聲。文甫切。

鷮 jiāo 走鳴長尾雉也。乘輿以爲防釳，著馬頭上。从鳥喬聲。巨嬌切。

鷕 yǎo 雌雉鳴也。从鳥唯聲。《詩》曰:“有鷕雉鳴。”以沼切。

鸓 lěi 鼠形。飛走且乳之鳥也。从鳥畾聲。力軌切。，籒文鸓。

鶾 hàn 雉肥鶾音者也。从鳥倝聲。魯郊以丹雞祝曰:以斯鶾音赤羽，去魯侯之咎。矦幹切。

鴳 yàn 雇也。从鳥安聲。烏諫切。

鴆 zhèn 毒鳥也。从鳥冘聲。一名運日。直禁切。

鷇 kòu 鳥子生哺者。从鳥㱿聲。口豆切。

鳴 míng 鳥聲也。从鳥从口。武兵切。

騫 xiān 飛皃。从鳥，寒省聲。虛言切。

鳻 fēn 鳥聚皃。一曰飛皃。从鳥分聲。府文切。

文百十六（當作文百十五） 重十九

鷓 zhè 鷓鴣，鳥名。从鳥庶聲。之夜切。

鴣 gū 鷓鴣也。从鳥古聲。古乎切。

鴨 yā 鶩也。俗謂之鴨。从鳥甲聲。烏狎切。

鵡 shì 谿鵡，水鳥。从鳥式聲。恥力切。

文四 新附

烏部

烏 wū 孝鳥也。象形。孔子曰:烏，盱呼也。取其助气，故以爲烏呼。凡烏之屬皆从烏。哀都切。臣鉉等曰:今俗作嗚，非是。，古文烏象形。，象古文烏省。

舄 què 雛也。象形。七雀切。䧿，篆文舄，从隹、昝。

焉 yān 焉鳥，黃色，出於江淮。象形。凡字：朋者，羽蟲之屬；烏者，日中之禽；舄者，知太歲之所在；燕者，請子之候，作巢避戊己。所貴者故皆象形。焉亦是也。有乾切。

文三　重三

華部

華 bān 箕屬。所以推棄之器也。象形。凡華之屬皆从華。官溥說。北潘切。

畢 bì 田罔也。从華，象畢形微也。或曰：由聲。臣鉉等曰：由，音弗。卑吉切。

糞 fèn 棄除也。从廾推華，棄釆也。官溥說：似米而非米者，矢字。方問切。

棄 qì 捐也。从廾推華棄之，从𠫓。𠫓，逆子也。臣鉉等曰：𠫓，他忽切。詰利切。弃，古文棄。[illegible]，籀文棄。

文四　重二

冓部

冓 gòu 交積材也。象對交之形。凡冓之屬皆从冓。古候切。

再 zài 一舉而二也。从冓省。作代切。

爯 chēng 并舉也。从爪，冓省。處陵切。

文三

幺部

幺 yāo 小也。象子初生之形。凡幺之屬皆从幺。於堯切。

幼 yòu 少也。从幺从力。伊謬切。

文二

麽 mǒ 細也。从幺麻聲。亡果切。

文一　新附

𢆶部

𢆶 yōu 微也。从二幺。凡𢆶之屬皆从𢆶。於虯切。

幽 yōu 隱也。从山中𢆶，𢆶亦聲。於虯切。

幾 jī　微也。殆也。从丝从戍。戍，兵守也。丝而兵守者，危也。居衣切。

文三

叀部

叀 zhuān　專小謹也。从幺省；屮，財見也；屮亦聲。凡叀之屬皆从叀。職緣切。，古文叀。，亦古文叀。

惠 huì　仁也。从心从叀。徐鍇曰："爲惠者，心專也。" 胡桂切。，古文惠从芔。

疐 zhì　礙不行也。从叀，引而止之也。叀者，如叀馬之鼻。从此與牽同意。陟利切。

文三　重三

玄部

玄 xuán　幽遠也。黑而有赤色者爲玄。象幽而入覆之也。凡玄之屬皆从玄。胡涓切。，古文玄。

兹 zī　黑也。从二玄。《春秋傳》曰："何故使吾水兹？" 子之切。

文二　重一

玈 lú　黑色也。从玄，旅省聲。義當用黸。洛乎切。

文一　新附

予部

予 yǔ　推予也。象相予之形。凡予之屬皆从予。余呂切。

舒 shū　伸也。从舍从予，予亦聲。一曰舒，緩也。傷魚切。

幻 huàn　相詐惑也。从反予。《周書》曰："無或譸張爲幻。" 胡辦切。

文三

放部

放 fàng　逐也。从攴方聲。凡放之屬皆从放。甫妄切。

敖 áo　出游也。从出从放。五牢切。

敫 yuè　光景流也。从白从放。讀若龠。以灼切。

文三

𠬪部

𠬪 biào 物落；上下相付也。从爪从又。凡𠬪之屬皆从𠬪。讀若《詩》“摽有梅”。平小切。

爰 yuán 引也。从𠬪从于。籒文以爲車轅字。羽元切。

𤔔 luàn 治也。幺子相亂，𠬪治之也。讀若亂同。一曰理也。徐鍇曰：“冂，坰也，界也。”郎段切。，古文𤔔。

受 shòu 相付也。从𠬪，舟省聲。殖酉切。

𡕒 liè 撮也。从𠬪从己。臣鉉等曰：己者，物也；又爪掫取之。指事。力輟切。

爭 zhēng 引也。从𠬪、𠂆。臣鉉等曰：𠂆，音曳。𠬪，二手也。而曳之，爭之道也。側莖切。

㥯 yǐn 所依據也。从𠬪、工。讀與隱同。於謹切。

寽 lǜ 五指持也。从𠬪一聲。讀若律。呂戌切。

𠭥 gǎn 進取也。从𠬪古聲。古覽切。，籒文𠭥。，古文𠭥。

文九　重三

𣦼部

𣦼 cán 殘穿也。从又从歺。凡𣦼之屬皆从𣦼。讀若殘。昨干切。

叡 hè 溝也。从𣦼从谷。讀若郝。呼各切。，叡或从土。

䝉 gài 𣦼探堅意也。从𣦼从貝。貝，堅寶也。讀若概。古代切。

𣦼井 jǐng 坑也。从𣦼从井，井亦聲。疾正切。

叡 ruì 深明也。通也。从𣦼从目，从谷省。以芮切。，古文叡。，籒文叡从土。

文五　重三

歺部

歺 è 列骨之殘也。从半冎。凡歺之屬皆从歺。讀若櫱岸之櫱。徐鍇曰：“冎，剔肉置骨也。歺，殘骨也。故从半冎。”臣鉉等曰：義不應有中一。秦刻石文有之。五割切。，古文歺。

㱬 wěi 病也。从歺委聲。於爲切。

殙 hūn 瞀也。从歺昏聲。呼昆切。

殰 dú 胎敗也。从歺賣聲。徒谷切。

殁 mò 終也。从歺勿聲。莫勃切。𣨑，殁或从叟。

殚 zú 大夫死曰殚。从歺卒聲。子聿切。

殊 shū 死也。从歺朱聲。《漢令》曰：“蠻夷長有罪，當殊之。”市朱切。

殟 wēn 胎敗也。从歺𥁕聲。烏沒切。

殤 shāng 不成人也。人年十九至十六死，爲長殤；十五至十二死，爲中殤；十一至八歲死，爲下殤。从歺，傷省聲。式陽切。

殂 cú 往、死也。从歺且聲。《虞書》曰：“勛乃殂。”昨胡切。𣦸，古文殂从歺从作。

殛 jí 殊也。从歺亟聲。《虞書》曰：“殛鯀于羽山。”已力切。

殪 yì 死也。从歺壹聲。於計切。𣧑，古文殪从死。

𣨼 mò 死宋𣨼也。从歺莫聲。莫各切。

殯 bìn 死在棺，將遷葬柩，賓遇之。从歺从賓，賓亦聲。夏后殯於阼階，殷人殯於兩楹之閒，周人殯於賓階。必刃切。

殔 yì 瘞也。从歺隶聲。羊至切。

殣 jìn 道中死人，人所覆也。从歺堇聲。《詩》曰：“行有死人，尚或殣之。”渠吝切。

殠 chòu 腐气也。从歺臭聲。尺救切。

殨 kuì 爛也。从歺貴聲。胡對切。

歹丂 xiǔ 腐也。从歺丂聲。許久切。朽，歹丂或从木。

殆 dài 危也。从歺台聲。徒亥切。

殃 yāng 咎也。从歺央聲。於良切。

殘 cán 賊也。从歺戔聲。昨干切。

殄 tiǎn 盡也。从歺㐱聲。徒典切。𠄼，古文殄如此。

殲 jiān 微盡也。从歺韱聲。《春秋傳》曰：“齊人殲于遂。”子廉切。

殫 dān 殛盡也。从歺單聲。都寒切。

殬 dù 敗也。从歺睪聲。《商書》曰：“彝倫攸殬。”當故切。

𣩂 luò 畜産疫病也。从歺从羸。郎果切。

殪 ái 殺羊出其胎也。从歺豈聲。五來切。

𣦼 cán 禽獸所食餘也。从歺从肉。昨干切。

殖 zhí 脂膏久殖也。从歺直聲。常職切。

殆 kū 枯也。从歺古聲。苦孤切。

猗 qī 棄也。从歺奇聲。俗語謂死曰大猗。去其切。

文三十二　重六

死部

死 sǐ 澌也。人所離也。从歺从人。凡死之屬皆从死。息姊切。，古文死如此。

薨 hōng 公矦猝也。从死，瞢省聲。呼肱切。

薧 hāo 死人里也。从死，蒿省聲。呼毛切。

𣩵 zì 戰見血曰傷；亂或爲惛；死而復生爲𣩵。从死次聲。咨四切。

文四　重一

冎部

冎 guǎ 剔人肉置其骨也。象形。頭隆骨也。凡冎之屬皆从冎。古瓦切。

𠛯 bié 分解也。从冎从刀。憑列切。

𦟝 bēi 別也。从冎卑聲。讀若罷。府移切。

文三

骨部

骨 gǔ 肉之覈也。从冎有肉。凡骨之屬皆从骨。古忽切。

髑 dú 髑髏，頂也。从骨蜀聲。徒谷切。

髏 lóu 髑髏也。从骨婁聲。洛矦切。

髆 bó 肩甲也。从骨尃聲。補各切。

髃 ǒu 肩前也。从骨禺聲。午口切。

骿 pián 并脅也。从骨并聲。晉文公骿脅。臣鉉等曰：骿胝字同。今別作胼，非。部田切。

髀 bǐ 股也。从骨卑聲。并弭切。，古文髀。

髁 kē 髀骨也。从骨果聲。苦臥切。

𩩲 jué 臀骨也。从骨厥聲。居月切。

髖 kuān 髀上也。从骨寬聲。苦官切。

髕 bìn 厀耑也。从骨賓聲。毗忍切。

髺 guā 骨耑也。从骨昏聲。古活切。

𩪘 kuì 厀脛間骨也。从骨貴聲。丘媿切。

骹 qiāo 脛也。从骨交聲。口交切。

骭 gàn 骹也。从骨干聲。古案切。

骸 hái 脛骨也。从骨亥聲。戶皆切。

髓 suǐ　骨中脂也。从骨隓聲。息委切。

䯜 tì　骨間黄汁也。从骨易聲。讀若《易》曰"夕惕若厲"。他歷切。

體 tǐ　總十二屬也。从骨豊聲。他禮切。

䯢 mó　痲病也。从骨麻聲。莫鄱切。

骾 gěng　食骨留咽中也。从骨㪅聲。古杏切。

骼 gé　禽獸之骨曰骼。从骨各聲。古覈切。

骴 cī　鳥獸殘骨曰骴。骴，可惡也。从骨此聲。《明堂月令》曰："掩骼薶骴。"骴或从肉。資四切。

骫 wěi　骨耑骫奊也。从骨丸聲。於詭切。

𩪹 kuài　骨擿之可會髮者。从骨會聲。《詩》曰："𩪹弁如星。"古外切。

文二十五　重一

肉　部

肉 ròu　胾肉。象形。凡肉之屬皆从肉。如六切。

腜 méi　婦始孕腜兆也。从肉某聲。莫桮切。

肧 pēi　婦孕一月也。从肉不聲。匹桮切。

胎 tāi　婦孕三月也。从肉台聲。土來切。

肌 jī　肉也。从肉几聲。居夷切。

臚 lú　皮也。从肉盧聲。力居切。膚，籒文臚。

肫 zhūn　面頯也。从肉屯聲。章倫切。

𦡜 jī　頰肉也。从肉幾聲。讀若畿。居衣切。

脣 chún　口耑也。从肉辰聲。食倫切。，古文脣从頁。

脰 dòu　項也。从肉豆聲。徒候切。

肓 huāng　心上鬲下也。从肉亡聲。《春秋傳》曰："病在肓之下。"呼光切。

腎 shèn　水藏也。从肉臤聲。時忍切。

肺 fèi　金藏也。从肉巿聲。芳吠切。

脾 pí　土藏也。从肉卑聲。符支切。

肝 gān　木藏也。从肉干聲。古寒切。

膽 dǎn　連肝之府。从肉詹聲。都敢切。

胃 wèi　穀府也。从肉；图，象形。云貴切。

脬 pāo　膀光也。从肉孚聲。匹交切。

腸 cháng　大小腸也。从肉昜聲。直良切。

膏 gāo　肥也。从肉高聲。古勞切。

肪 fáng　肥也。从肉方聲。甫良切。

膺 yīng 胷也。从肉㾜聲。於陵切。

肊 yì 胷骨也。从肉乙聲。於力切。，肊或从意。

背 bèi 脊也。从肉北聲。補妹切。

脅 xié 兩膀也。从肉劦聲。虛業切。

膀 páng 脅也。从肉旁聲。步光切。，膀或从骨。

脟 liè 脅肉也。从肉寽聲。一曰脟，腸間肥也。一曰膫也。力輟切。

肋 lèi 脅骨也。从肉力聲。盧則切。

胂 shēn 夾脊肉也。从肉申聲。矢人切。

脢 méi 背肉也。从肉每聲。《易》曰："咸其脢。"莫桮切。

肩 jiān 髆也。从肉，象形。古賢切。，俗肩从戶。

胳 gē 亦下也。从肉各聲。古洛切。

胠 qū 亦下也。从肉去聲。去劫切。

臂 bì 手上也。从肉辟聲。卑義切。

臑 nào 臂羊矢也。从肉需聲。讀若襦。那到切。

肘 zhǒu 臂節也。从肉从寸。寸，手寸口也。陟柳切。

臍 qí 朏臍也。从肉齊聲。徂兮切。

腹 fù 厚也。从肉复聲。方六切。

腴 yú 腹下肥也。从肉臾聲。羊朱切。

脽 shuí 尻也。从肉隹聲。示隹切。

肤 jué 孔也。从肉，決省聲。讀若決水之決。古穴切。

胯 kuà 股也。从肉夸聲。苦故切。

股 gǔ 髀也。从肉殳聲。公戶切。

腳 jiǎo 脛也。从肉卻聲。居勺切。

脛 jìng 胻也。从肉巠聲。胡定切。

胻 héng 脛耑也。从肉行聲。戶更切。

腓 féi 脛腨也。从肉非聲。符飛切。

腨 shuàn 腓腸也。从肉耑聲。市沇切。

胑 zhī 體四胑也。从肉只聲。章移切。，胑或从支。

胲 gāi 足大指毛也。从肉亥聲。古哀切。

肖 xiào 骨肉相似也。从肉小聲。不似其先，故曰"不肖"也。私妙切。

胤 yìn 子孫相承續也。从肉；从八，象其長也；从幺，象重累也。羊晉切。，古文胤。

胄 zhòu 胤也。从肉由聲。直又切。

肸 qì 振肸也。从肉八聲。許訖切。

膻 dàn 肉膻也。从肉亶聲。《詩》曰："膻裼暴虎。"徒旱切。

𦢊 rǎng 益州鄙言人盛，諱其肥，謂之𦢊。从肉襄聲。如兩切。

䐊 jiē 臞也。从肉皆聲。古諧切。

臞 qú 少肉也。从肉瞿聲。其俱切。

脫 tuō 消肉臞也。从肉兌聲。徒活切。

脙 qiú 齊人謂臞脙也。从肉求聲。讀若休止。巨鳩切。

臠 luán 臞也。从肉䜌聲。一曰切肉，臠也。《詩》曰："棘人臠臠兮。"力沇切。

膌 jí 瘦也。从肉脊聲。資昔切。𤺺，古文膌从疒从朿，朿亦聲。

脀 chéng 騃也。从肉丞聲。讀若丞。署陵切。

胗 zhěn 脣瘍也。从肉㐱聲。之忍切。疹，籀文胗从疒。

腄 zhuī 瘢胝也。从肉垂聲。竹垂切。

胝 zhī 腄也。从肉氐聲。竹尼切。

肬 yóu 贅也。从肉尤聲。羽求切。黕，籀文肬从黑。

肒 huàn 搔生創也。从肉丸聲。胡岸切。

腫 zhǒng 癰也。从肉重聲。之隴切。

胅 dié 骨差也。从肉失聲。讀與跌同。徒結切。

脪 xìn 創肉反出也。从肉希聲。香近切。

𦙍 zhèn 瘢也。从肉引聲。一曰遽也。羊晉切。

臘 là 冬至後三戌，臘祭百神。从肉巤聲。盧盍切。

膢 lǘ 楚俗以二月祭飲食也。从肉婁聲。一曰祈穀食新曰離膢。力俱切。

朓 tiǎo 祭也。从肉兆聲。土了切。

胙 zuò 祭福肉也。从肉乍聲。臣鉉等曰：今俗別作祚，非是。昨誤切。

隋 duò 裂肉也。从肉，从隓省。徒果切。

膳 shàn 具食也。从肉善聲。常衍切。

䐓 róu 嘉善肉也。从肉柔聲。耳由切。

肴 yáo 啖也。从肉爻聲。徐鍇曰："謂已修庖之可食也。"胡茅切。

腆 tiǎn 設膳腆腆多也。从肉典聲。他典切。，古文腆。

腯 tú 牛羊曰肥，豕曰腯。从肉盾聲。他骨切。

䏟 bié 肥肉也。从肉必聲。蒲結切。

胡 hú 牛顫垂也。从肉古聲。戶孤切。

胘 xián 牛百葉也。从肉，弦省聲。胡田切。

膍 pí 牛百葉也。从肉毘聲。一曰鳥膍胵。房脂切。肶，膍或从比。

胵 chī 鳥胃也。从肉至聲。一曰胵，五藏總名也。處脂切。

膘 piǎo 牛脅後髀前合革肉也。从肉㶾聲。讀若繇。敷紹切。

𦞠 lǜ 血祭肉也。从肉帥聲。呂戌切。膟，𦞠或从率。

膫 liáo 牛腸脂也。从肉尞聲。《詩》曰：“取其血膫。” 洛蕭切。 ，膫或从勞省聲。

脯 fǔ 乾肉也。从肉甫聲。 方武切。

脩 xiū 脯也。从肉攸聲。 息流切。

膎 xié 脯也。从肉奚聲。 戶皆切。

脼 liǎng 膎肉也。从肉兩聲。 良獎切。

膊 pò 薄脯，膊之屋上。从肉尃聲。 匹各切。

脘 wǎn 胃府也。从肉完聲。讀若患。舊云脯。 古卵切。

朐 qú 脯脡也。从肉句聲。 其俱切。

膴 hū 無骨腊也。楊雄說：鳥腊也。从肉無聲。《周禮》有膴判。讀若謨。 荒烏切。

胥 xū 蟹醢也。从肉疋聲。 相居切。

腒 jū 北方謂鳥腊曰腒。从肉居聲。傳曰：堯如腊，舜如腒。 九魚切。

肍 qiú 孰肉醬也。从肉九聲。讀若舊。 巨鳩切。

膷 sōu 乾魚尾膷膷也。从肉肅聲。《周禮》有“腒膷”。 所鳩切。

腝 ní 有骨醢也。从肉耎聲。 人移切。 ，腝或从難。

脠 shān 生肉醬也。从肉延聲。 丑連切。

䑀 bù 豕肉醬也。从肉否聲。 薄口切。

胹 ér 爛也。从肉而聲。 如之切。

膶 sǔn 切孰肉，内於血中和也。从肉員聲。讀若遜。 穌本切。

胜 xīng 犬膏臭也。从肉生聲。一曰不孰也。 桑經切。

臊 sāo 豕膏臭也。从肉喿聲。 穌遭切。

膮 xiāo 豕肉羹也。从肉堯聲。 許幺切。

腥 xìng 星見食豕，令肉中生小息肉也。从肉从星，星亦聲。 穌佞切。

脂 zhī 戴角者脂，無角者膏。从肉旨聲。 旨夷切。

䐹 suò 𦢊也。从肉貨聲。 穌果切。

膩 nì 上肥也。从肉貳聲。 女利切。

膜 mó 肉間胲膜也。从肉莫聲。 慕各切。

䐞 ruò 肉表革裏也。从肉弱聲。 而勺切。

脽 hè 肉羹也。从肉隺聲。 呼各切。

膹 fèn 脽也。从肉賁聲。 房吻切。

臇 juǎn 脽也。从肉雋聲。讀若纂。 子沇切。 ，臇或从火、巽。

胾 zì 大臠也。从肉𢦔聲。 側吏切。

牒 zhé 薄切肉也。从肉枼聲。 直葉切。

膾 kuài 細切肉也。从肉會聲。 古外切。

腌 yān 漬肉也。从肉奄聲。於業切。

脃 cuì 小耎易斷也。从肉，从絕省。此芮切。

膬 cuì 耎易破也。从肉毳聲。七絕切。

散 sàn 雜肉也。从肉㪔聲。穌旰切。

膞 zhuǎn 切肉也。从肉專聲。市沇切。

腏 chuò 挑取骨閒肉也。从肉叕聲。讀若《詩》曰“啜其泣矣”。陟劣切。

胾 zǐ 食所遺也。从肉仕聲。《易》曰：“噬乾胾。”阻史切。𦞜，楊雄說：胾从𠂤。

脂 xiàn 食肉不猒也。从肉臽聲。讀若陷。戶猪切。

肰 rán 犬肉也。从犬、肉。讀若然。如延切。𦙍，古文肰。𤙴，亦古文肰。

䐜 chēn 起也。从肉眞聲。昌眞切。

肬 tǎn 肉汁滓也。从肉冘聲。他感切。

膠 jiāo 昵也。作之以皮。从肉翏聲。古肴切。

羸 luó 或曰嘼名。象形。闕。郎果切。

胆 qū 蠅乳肉中也。从肉且聲。七余切。

肙 yuàn 小蟲也。从肉口聲。一曰空也。烏玄切。臣鉉等曰：口，音韋。

腐 fǔ 爛也。从肉府聲。扶雨切。

肎 kěn 骨閒肉肎肎箸也。从肉，从冎省。一曰骨無肉也。苦等切。𠕈，古文肎。

肥 féi 多肉也。从肉从卪。臣鉉等曰：肉不可過多，故从卪。符非切。

文一百四十 重二十

䏿 qǐ 肥腸也。从肉，啓省聲。康禮切。

朘 zuī 赤子陰也。从肉夋聲。或从血。子回切。

腔 qiāng 内空也。从肉从空，空亦聲。苦江切。

朐 rùn 朐䏰，蟲名。漢中有朐䏰縣，地下多此蟲，因以爲名。从肉旬聲。考其義，當作潤蠢。如順切。

䏰 chǔn 朐䏰也。从肉忍聲。尺尹切。

文五 新附

筋部

筋 jīn 肉之力也。从力从肉从竹。竹，物之多筋者。凡筋之屬皆从筋。居銀切。

𥮴 jiàn 筋之本也。从筋，从夗省聲。渠建切。，𥮴或从肉、建。

䈑 bó 手足指節鳴也。从筋省，勺聲。北角切。，䈑或省竹。

文三　重三（當作重二）

刀　部

刀 dāo 兵也。象形。凡刀之屬皆从刀。都牢切。

釗 fǒu 刀握也。从刀缶聲。方九切。

㓵 è 刀劍刃也。从刀㖾聲。臣鉉等曰：今俗作鍔，非是。五各切。，籀文㓵从㓞从各。

削 xuē 鞞也。一曰析也。从刀肖聲。息約切。

㓡 gōu 鎌也。从刀句聲。古矦切。

剴 gāi 大鎌也。一曰摩也。从刀豈聲。五來切。

剞 jī 剞剧，曲刀也。从刀奇聲。居綺切。

剧 jué 剞剧也。从刀屈聲。九勿切。

利 lì 銛也。从刀。和然後利，从和省。《易》曰："利者，義之和也。"力至切。，古文利。

剡 yǎn 銳利也。从刀炎聲。以冉切。

初 chū 始也。从刀从衣。裁衣之始也。楚居切。

𠝣 jiǎn 齊斷也。从刀歬聲。子善切。

則 zé 等畫物也。从刀从貝。貝，古之物貨也。子德切。，古文則。，亦古文則。，籀文則从鼎。

剛 gāng 彊斷也。从刀岡聲。古郎切。，古文剛如此。

剬 duān 斷齊也。从刀耑聲。旨兖切。

劊 guì 斷也。从刀會聲。古外切。

切 qiē 刌也。从刀七聲。千結切。

刌 cǔn 切也。从刀寸聲。倉本切。

𠞰 xiè 斷也。从刀辥聲。私列切。

钊 jī 劃傷也。从刀气聲。一曰斷也。又讀若殪。一曰刀不利，於瓦石上钊之。古外切。

劌 guì 利傷也。从刀歲聲。居衛切。

刻 kè 鏤也。从刀亥聲。苦得切。

副 pì 判也。从刀畐聲。《周禮》曰："副辜祭。"芳逼切。，籀文副。

剖 pōu 判也。从刀咅聲。浦后切。

辧 biàn 𠛰 判也。从刀辡聲。蒲莧切。

判 pàn 判 分也。从刀半聲。普半切。

剫 duó 剫 判也。从刀度聲。徒洛切。

刳 kū 刳 判也。从刀夸聲。苦孤切。

列 liè 列 分解也。从刀𡿪聲。良薛切。

刊 kān 刊 剟也。从刀干聲。苦寒切。

剟 zhuō 剟 刊也。从刀叕聲。陟劣切。

删 shān 删 剟也。从刀、冊。冊，書也。所姦切。

劈 pì 劈 破也。从刀辟聲。普擊切。

剝 bō 剝 裂也。从刀从录。录，刻割也。录亦聲。北角切。𠝣，剝或从卜。

割 gē 割 剝也。从刀害聲。古達切。

剺 lí 剺 剝也。劃也。从刀𠩺聲。里之切。

劃 huá 劃 錐刀曰劃。从刀从畫，畫亦聲。呼麥切。

剈 yuān 剈 挑取也。从刀肙聲。一曰窐也。烏玄切。

劀 guā 劀 刮去惡創肉也。从刀矞聲。《周禮》曰："劀殺之齊。"古鎋切。

劑 jì 劑 齊也。从刀从齊，齊亦聲。在詣切。

刷 shuā 刷 刮也。从刀，㕞省聲。《禮》："布刷巾。"所劣切。

刮 guā 刮 掊把也。从刀𠯑聲。古八切。

剽 piào 剽 砭刺也。从刀𤐫聲。一曰剽，劫人也。匹妙切。

刲 kuī 刲 刺也。从刀圭聲。《易》曰："士刲羊。"苦圭切。

剉 cuò 剉 折傷也。从刀坐聲。麤臥切。

剿 jiǎo 剿 絕也。从刀喿聲。《周書》曰："天用剿絕其命。"子小切。

刖 yuè 刖 絕也。从刀月聲。魚厥切。

刜 fú 刜 擊也。从刀弗聲。分勿切。

剌 chì 剌 傷也。从刀桼聲。親結切。

劖 chán 劖 斷也。从刀毚聲。一曰剽也，釗也。鉏銜切。

刓 wán 刓 剸也。从刀元聲。一曰齊也。五丸切。

釗 zhāo 釗 刓也。从刀从金。周康王名。止遙切。

制 zhì 制 裁也。从刀从未。未，物成有滋味，可裁斷。一曰止也。征例切。𠛎，古文制如此。

㓠 diàn 㓠 缺也。从刀占聲。《詩》曰："白圭之㓠。"丁念切。

罰 fá 罰 辠之小者。从刀从詈。未以刀有所賊，但持刀罵詈，則應罰。房越切。

刵 èr 刵 斷耳也。从刀从耳。仍吏切。

㓷 yì 㓷 刑鼻也。从刀臬聲。《易》曰："天且㓷。"魚器切。劓，臬或从鼻。

刑 xíng 剄也。从刀幵聲。戶經切。

剄 jǐng 刑也。从刀巠聲。古零切。

𠟃 zǔn 減也。从刀尊聲。茲損切。

𠟉 jié 楚人謂治魚也。从刀从魚。讀若鍥。古屑切。

券 quàn 契也。从刀𢍏聲。券別之書，以刀判契其旁，故曰契券。去願切。

刺 cì 君殺大夫曰刺。刺，直傷也。从刀从朿，朿亦聲。七賜切。

剔 tī 解骨也。从刀易聲。他歷切。

文六十二　重九（當作文六十四　重十）

刎 wěn 剄也。从刀勿聲。武粉切。

剜 wān 削也。从刀宛聲。一丸切。

劇 jí 尤甚也。从刀。未詳。豦聲。渠力切。

剎 chà 柱也。从刀。未詳。殺省聲。初轄切。

文四　新附

刃 部

刃 rèn 刀堅也。象刀有刃之形。凡刃之屬皆从刃。而振切。

刅 chuāng 傷也。从刃从一。楚良切。創，或从刀倉聲。臣鉉等曰：今俗別作瘡，非是也。

劍 jiàn 人所帶兵也。从刃僉聲。居欠切。劒，籒文劍从刀。

文三　重二

㓞 部

㓞 qià 巧㓞也。从刀丯聲。凡㓞之屬皆从㓞。恪入（當爲八）切。

契 jiá 齘契，刮也。从㓞夬聲。一曰契，畫堅也。古黠切。

栔 qì 刻也。从㓞从木。苦計切。

文三

丯 部

丯 jiè 艸蔡也。象艸生之散亂也。凡丯之屬皆从丯。讀若介。古拜切。

挌 gé 枝挌也。从丯各聲。古百切。

文二

耒部

耒 lěi 手耕曲木也。从木推丯。古者垂作耒相以振民也。凡耒之屬皆从耒。盧對切。

耕 gēng 犂也。从耒井聲。一曰古者井田。古莖切。

耦 ǒu 耒廣五寸爲伐，二伐爲耦。从耒禺聲。五口切。

耤 jí 帝耤千畝也。古者使民如借，故謂之耤。从耒昔聲。秦昔切。

䂓 guī 冊又，可以劃麥，河内用之。从耒圭聲。古攜切。

䒳 yún 除苗閒穢也。从耒員聲。羽文切。耘，䒳或从芸。

耡 chú 商人七十而耡。耡，耤稅也。从耒助聲。《周禮》曰：“以興耡利萌。”牀倨切。

文七　重一

角部

角 jiǎo 獸角也。象形，角與刀、魚相似。凡角之屬皆从角。古岳切。

䚡 xuān 揮角皃。从角雚聲。梁隱縣有䚡亭，又讀若繏。況袁切。

觻 lù 角也。从角樂聲。張掖有觻得縣。盧谷切。

䚡 sāi 角中骨也。从角思聲。穌來切。

䚭 quán 曲角也。从角类聲。巨員切。

觬 ní 角觬曲也。从角兒聲。西河有觬氏縣。研啓切。

觢 shì 一角仰也。从角㓞聲。《易》曰：“其牛觢。”臣鉉等曰：當从契省乃得聲。尺制切。

觽 zhì 角傾也。从角虒聲。敕豕切。

觭 qī 角一俛一仰也。从角奇聲。去奇切。

觓 qiú 角皃。从角丩聲。《詩》曰：“兕觵其觓。”渠幽切。

䚍 wēi 角曲中也。从角畏聲。烏賄切。

𧣾 zhuó 角長皃。从角爿聲。士角切。

觼 jué 角有所觸發也。从角厥聲。居月切。

觸 chù 抵也。从角蜀聲。尺玉切。

觲 xīng 用角低仰便也。从羊、牛、角。《詩》曰：“觲觲角弓。”息營切。

䚗 gāng 舉角也。从角公聲。古雙切。

觷 xué 治角也。从角，學省聲。胡角切。

衡 héng 牛觸，橫大木其角。从角从大，行聲。《詩》曰：“設其楅衡。”戶庚切。[illegible]，古文衡如此。

䚙 duān 角䚙，獸也。狀似豕，角善爲弓，出胡休多國。从角耑聲。多官切。

觰 zhā 觰拏，獸也。从角者聲。一曰下大者也。陟加切。

觤 guǐ 羊角不齊也。从角危聲。過委切。

觟 huà 牝牂羊生角者也。从角圭聲。下瓦切。

觡 gé 骨角之名也。从角各聲。古百切。

觜 zuǐ 鴟舊頭上角觜也。一曰觜觿也。从角此聲。遵爲切。

解 jiě 判也。从刀判牛角。一曰解廌，獸也。佳買切。又，戶賣切。

觿 xī 佩角，銳耑可以解結。从角巂聲。《詩》曰：“童子佩觿。”戶圭切。

觵 gōng 兕牛角可以飲者也。从角黃聲。其狀觵觵，故謂之觵。古橫切。觥，俗觵从光。

觶 zhì 鄉飲酒角也。《禮》曰：“一人洗，舉觶。”觶受四升。从角單聲。臣鉉等曰：當从戰省乃得聲。之義切。䚳，觶或从辰。觗，《禮經》觶。

觛 dàn 小觶也。从角旦聲。徒旱切。

觴 shāng 觶實曰觴，虛曰觶。从角，𥏫省聲。式陽切。𧢢，籒文觴从爵省。

觚 gū 鄉飲酒之爵也。一曰觴受三升者謂之觚。从角瓜聲。古乎切。

䚗 xuān 角匕也。从角亘聲。讀若讙。臣鉉等曰：亘，音宣。俗作古鄧切。篆文有異。況袁切。

觷 xí 杖耑角也。从角敫聲。胡狄切。

觼 jué 環之有舌者。从角夐聲。古穴切。鐍，觼或从金、矞。

䚥 nuò 調弓也。从角，弱省聲。於角切。

䚨 fèi 隿射收繁具也。从角發聲。方肺切。

𧤼 qiú 隿射收繳具。从角酋聲。讀若鰌。字秋切。

觳 hú 盛觵卮也。一曰射具。从角㱿聲。讀若斛。胡谷切。

觱 bì 羌人所吹角屠觱，以驚馬也。从角𤞞聲。𤞞，古文誖字。卑吉切。

文三十九　重六

說文解字弟五

六十三部　五百二十七文　重百二十二

凡七千二百七十三字

文十五　新附

竹　部

竹	zhú	竹	冬生艸也。象形。下垂者，箁箬也。凡竹之屬皆从竹。陟玉切。
箭	jiàn	箭	矢也。从竹前聲。子賤切。
箘	jùn	箘	箘簬也。从竹囷聲。一曰博棊也。渠隕切。
簬	lù	簬	箘簬也。从竹路聲。《夏書》曰："惟箘簬楛。"洛故切。簵，古文簬从輅。
筱	xiǎo	筱	箭屬。小竹也。从竹攸聲。先杳切。
簜	dàng	簜	大竹也。从竹湯聲。《夏書》曰："瑤琨筱簜。"簜可爲幹，筱可爲矢。徒朗切。
𥳒	wéi	𥳒	竹也。从竹微聲。無非切。篃，籀文从微省。
筍	sǔn	筍	竹胎也。从竹旬聲。思允切。
箈	tái	箈	竹萌也。从竹怠聲。徒哀切。
箁	póu	箁	竹箬也。从竹音聲。薄侯切。
箬	ruò	箬	楚謂竹皮曰箬。从竹若聲。而勺切。
節	jié	節	竹約也。从竹即聲。子結切。
筡	tú	筡	折竹笢也。从竹余聲。讀若絮。同都切。
䉪	mí	䉪	筡也。从竹𠷎聲。武移切。
笢	mǐn	笢	竹膚也。从竹民聲。武盡切。
笨	bèn	笨	竹裏也。从竹本聲。布忖切。
䈵	wēng	䈵	竹皃。从竹翁聲。烏紅切。
篸	chēn	篸	差也。从竹參聲。所今切。
篆	zhuàn	篆	引書也。从竹彖聲。持兖切。
籀	zhòu	籀	讀書也。从竹擂聲。《春秋傳》曰"卜籀"云。直又切。

篇 piān 篇 書也。一曰關西謂榜曰篇。从竹扁聲。芳連切。

籍 jí 籍 簿書也。从竹耤聲。秦昔切。

篁 huáng 篁 竹田也。从竹皇聲。戶光切。

䉃 jiǎng 䉃 剖竹未去節謂之䉃。从竹將聲。即兩切。

䈎 yè 䈎 籥也。从竹枼聲。與接切。

籥 yuè 籥 書僮竹笘也。从竹龠聲。以灼切。

䉧 liú 䉧 竹聲也。从竹劉聲。力求切。

簡 jiǎn 簡 牒也。从竹閒聲。古限切。

笐 gāng 笐 竹列也。从竹亢聲。古郎切。

篰 bù 篰 滿爰也。从竹部聲。薄口切。

等 děng 等 齊簡也。从竹从寺。寺，官曹之等平也。多肯切。

笵 fàn 笵 法也。从竹，竹，簡書也；氾聲。古法有竹刑。防𡚁切。

箋 jiān 箋 表識書也。从竹戔聲。則前切。

符 fú 符 信也。漢制以竹，長六寸，分而相合。从竹付聲。防無切。

筮 shì 筮 《易》卦用蓍也。从竹从𢍰。𢍰，古文巫字。時制切。

笄 jī 笄 簪也。从竹幵聲。古兮切。

𥬯 jī 𥬯 取蟣比也。从竹𦣞聲。居之切。

籆 yuè 籆 收絲者也。从竹蒦聲。王縛切。𧣈，籆（當作籆）或从角从閒。

筳 tíng 筳 繀絲筦也。从竹廷聲。特丁切。

筦 guǎn 筦 筟也。从竹完聲。古滿切。

筟 fū 筟 筳也。从竹孚聲。讀若《春秋》魯公子彄。芳無切。

笮 zé 笮 迫也。在瓦之下，棼上。从竹乍聲。阻厄切。

簾 lián 簾 堂簾也。从竹廉聲。力鹽切。

簀 zé 簀 牀棧也。从竹責聲。阻厄切。

笫 zǐ 笫 牀簀也。从竹𠂔聲。阻史切。

筵 yán 筵 竹席也。从竹延聲。《周禮》曰：“度堂以筵。”筵一丈。以然切。

簟 diàn 簟 竹席也。从竹覃聲。徒念切。

籧 qú 籧 籧篨，粗竹席也。从竹遽聲。彊魚切。

篨 chú 篨 籧篨也。从竹除聲。直魚切。

籭 shāi 籭 竹器也。可以取粗去細。从竹麗聲。所宜切。

籓 fān 籓 大箕也。从竹潘聲。一曰蔽也。甫煩切。

䉛 yù 䉛 漉米籔也。从竹奧聲。於六切。

籔 sǒu 籔 炊䉛也。从竹數聲。蘇后切。

箅 bì 箅 蔽也，所以蔽甑底。从竹畀聲。必至切。

䈾 shāo 䈾 飯筥也。受五升。从竹稍聲。秦謂筥曰䈾。山樞切。

箾 shāo 陳留謂飯帚曰箾。从竹捎聲。一曰飯器，容五升。一曰宋魏謂箸筩爲箾。所交切。

筥 jǔ 箾也。从竹吕聲。居許切。

笥 sì 飯及衣之器也。从竹司聲。相吏切。

箪 dān 笥也。从竹單聲。漢津令：箪，小筐也。《傳》曰："箪食壺漿。"都寒切。

簁 shāi 簁箄，竹器也。从竹徙聲。所綺切。

箄 bǐ 簁箄也。从竹卑聲。并弭切。

篿 tuán 圜竹器也。从竹專聲。度官切。

箸 zhù 飯攲也。从竹者聲。陟慮切。又，遲倨切。

簍 lǒu 竹籠也。从竹婁聲。洛侯切。

筤 láng 籃也。从竹良聲。盧黨切。

籃 lán 大篝也。从竹監聲。魯甘切。𥫞，古文籃如此。

篝 gōu 笿也。可熏衣。从竹冓聲。宋楚謂竹篝牆以居也。古侯切。

笿 luò 桮笿也。从竹各聲。盧各切。

夆 gòng 桮笿也。从竹夅聲。或曰盛箸籠。古送切。

籢 lián 鏡籢也。从竹斂聲。力鹽切。

纂 zuǎn 竹器也。从竹贊聲。讀若纂。一曰叢。作管切。

籯 yíng 笭也。从竹贏聲。以成切。

箾 sān 竹器也。从竹删聲。蘇旰切。

簋 guǐ 黍稷方器也。从竹从皿从皀。居洧切。𠥍，古文簋从匚、飢。匭，古文簋或从軌。朹，亦古文簋。

簠 fǔ 黍稷圜器也。从竹从皿，甫聲。方矩切。𠤱，古文簠从匚从夫。

籩 biān 竹豆也。从竹邊聲。布玄切。𠥥，籀文籩。

笹 dùn 篅也。从竹屯聲。徒損切。

篅 chuán 以判竹圜以盛穀也。从竹耑聲。市緣切。

簏 lù 竹高篋也。从竹鹿聲。盧谷切。箓，簏或从录。

簜 dàng 大竹筩也。从竹昜聲。徒朗切。

筩 tóng 斷竹也。从竹甬聲。徒紅切。

箯 biān 竹輿也。从竹便聲。旁連切。

笯 nú 鳥籠也。从竹奴聲。乃故切。

竿 gān 竹梃也。从竹干聲。古寒切。

籗 zhuó 罩魚者也。从竹靃聲。竹角切。篧，籗或省。

箇 gè 竹枚也。从竹固聲。古賀切。

筊 jiǎo 竹索也。从竹交聲。胡茅切。

筰 zuó 筊也。从竹作聲。在各切。

⿱竹沾 qián 蔽絮簀也。从竹沾聲。讀若錢。昨鹽切。

箑 shà 扇也。从竹疌聲。山洽切。⿱竹妾，箑或从妾。

籠 lóng 舉土器也。一曰笭也。从竹龍聲。盧紅切。

⿱竹襄 ráng 袌也。从竹襄聲。如兩切。

⿱竹互 hù 可以收繩也。从竹，象形，中象人手所推握也。胡誤切。互，⿱竹互或省。

簝 liáo 宗廟盛肉竹器也。从竹尞聲。《周禮》："供盆簝以待事。"洛蕭切。

⿱竹豦 jǔ 飲牛筐也。从竹豦聲。方曰筐，圜曰⿱竹豦。居許切。

篼 dōu 飲馬器也。从竹兜聲。當侯切。

籚 lú 積竹矛戟矜也。从竹盧聲。《春秋國語》曰："朱儒扶籚。"洛乎切。

箝 qián 籋也。从竹拑聲。巨淹切。

籋 niè 箝也。从竹爾聲。臣鉉等曰：爾非聲，未詳。尼輒切。

簦 dēng 笠蓋也。从竹登聲。都滕切。

笠 lì 簦無柄也。从竹立聲。力入切。

箱 xiāng 大車牝服也。从竹相聲。息良切。

篚 fěi 車笭也。从竹匪聲。敷尾切。

笭 líng 車笭也。从竹令聲。一曰笭，籯也。郎丁切。

⿱竹剡 tán 搔馬也。从竹剡聲。丑廉切。

策 cè 馬箠也。从竹朿聲。楚革切。

箠 chuí 擊馬也。从竹垂聲。之壘切。

⿱竹朵 zhuā 箠也。从竹朵聲。陟瓜切。

笍 zhuì 羊車騶箠也。箸箴其耑，長半分。从竹内聲。陟衛切。

籣 lán 所以盛弩矢，人所負也。从竹闌聲。洛干切。

箙 fú 弩矢箙也。从竹服聲。《周禮》："仲秋獻矢箙。"房六切。

⿱竹朱 zhū 棰雙也。从竹朱聲。陟輸切。

笘 shān 折竹箠也。从竹占聲。潁川人名小兒所書寫爲笘。失廉切。

笪 dá 笞也。从竹旦聲。當割切。

笞 chī 擊也。从竹台聲。丑之切。

籤 qiān 驗也。一曰鋭也，貫也。从竹韱聲。七廉切。

⿱竹殿 tún 椯也。从竹殿聲。臣鉉等曰：當从臀省聲。徒魂切。

箴 zhēn 綴衣箴也。从竹咸聲。職深切。

箾 shuò 以竿擊人也。从竹削聲。虞舜樂曰箾韶。所角切。又音簫。

竽 yú 管三十六簧也。从竹亏聲。羽俱切。

笙 shēng 十三簧。象鳳之身也。笙，正月之音。物生，故謂之笙。大者謂之巢，小者謂之和。从竹生聲。古者隨作笙。所庚切。

簧 huáng 笙中簧也。从竹黃聲。古者女媧作簧。戶光切。

箟 shí 簧屬。从竹是聲。是支切。

簫 xiāo 參差管樂。象鳳之翼。从竹肅聲。穌彫切。

筒 dòng 通簫也。从竹同聲。徒弄切。

籟 lài 三孔龠也。大者謂之笙，其中謂之籟，小者謂之箹。从竹賴聲。洛帶切。

箹 yuè 小籟也。从竹約聲。於角切。

管 guǎn 如篪，六孔。十二月之音。物開地牙，故謂之管。从竹官聲。古滿切。琯，古者玉琯以玉。舜之時，西王母來獻其白琯。前零陵文學姓奚，於伶道舜祠下得笙玉琯。夫以玉作音，故神人以和，鳳皇來儀也。从玉官聲。

篎 miǎo 小管謂之篎。从竹眇聲。亡沼切。

笛 dí 七孔筩也。从竹由聲。羌笛三孔。徐鍇曰："當从胄省乃得聲。"徒歷切。

筑 zhú 以竹曲五弦之樂也。从竹从巩。巩，持之也。竹亦聲。張六切。

箏 zhēng 鼓弦竹身樂也。从竹爭聲。側莖切。

箛 gū 吹鞭也。从竹孤聲。古乎切。

篍 qiū 吹筩也。从竹秋聲。七肖切。

籌 chóu 壺矢也。从竹壽聲。直由切。

簺 sài 行棊相塞謂之簺。从竹从塞，塞亦聲。先代切。

簙 bó 局戲也。六箸十二棊也。从竹博聲。古者烏胄作簙。補各切。

篳 bì 藩落也。从竹畢聲。《春秋傳》曰："篳門圭窬。"卑吉切。

箋 ài 蔽不見也。从竹愛聲。烏代切。

籢 yán 惟射所蔽者也。从竹嚴聲。語杴切。

篽 yǔ 禁苑也。从竹御聲。《春秋傳》曰："澤之目篽。"魚舉切。魰，篽或从又魚聲。

筭 suàn 長六寸。計歷數者。从竹从弄。言常弄乃不誤也。蘇貫切。

算 suàn 數也。从竹从具。讀若筭。蘇管切。

笑 xiào 此字本闕。臣鉉等案：孫愐《唐韻》引《說文》云："喜也。从竹从犬。"而不述其義。今俗皆从犬。又案：李陽冰刊定《說文》从竹从夭，義云：竹得風，其體夭屈如人之笑。未知其審。私妙切。

文百四十四　重十五

簃 yí 閣邊小屋也。从竹移聲。《說文》通用誃。弋支切。

筠 yún 竹皮也。从竹均聲。王春切。

笏 hù 公及士所搢也。从竹勿聲。案：籒文作回，象形。義云：佩也。古笏佩之。此字後人所加。呼骨切。

篦 bì 導也。今俗謂之篦。从竹毘聲。邊兮切。

篙 gāo 所以進船也。从竹高聲。古牢切。

文五　新附

箕　部

箕 jī 簸也。从竹；𠀠，象形；下其丌也。凡箕之屬皆从箕。居之切。𠀠，古文箕省。𠑹，亦古文箕。𠔁，亦古文箕。𠁰，籒文箕。匴，籒文箕。

簸 bǒ 揚米去糠也。从箕皮聲。布火切。

文二　重五

丌　部

丌 jī 下基也。薦物之丌。象形。凡丌之屬皆从丌。讀若箕同。居之切。

近 jì 古之遒人，以木鐸記詩言。从辵从丌，丌亦聲。讀與記同。徐鍇曰："遒人行而求之，故从辵。丌，薦而進之於上也。"居吏切。

典 diǎn 五帝之書也。从冊在丌上，尊閣之也。莊都說，典，大冊也。多殄切。𥫗典，古文典从竹。

顨 xùn 巽也。从丌从頭。此《易》顨卦"爲長女，爲風"者。臣鉉等曰：頭之義亦選具也。蘇困切。

畀 bì 相付與之。約在閣上也。从丌由聲。必至切。

巽 xùn 具也。从丌𠚏聲。臣鉉等曰：庶物皆具丌以薦之。蘇困切。巺，古文巽。巽，篆文巽。

奠 diàn 置祭也。从酋。酋，酒也。下其丌也。《禮》有奠祭者。堂練切。

文七　重三

左　部

左 zuǒ 手相左助也。从𠂇、工。凡左之屬皆从左。則箇切。臣鉉等曰：今俗別

作佐。

差 chā 差 貳也。差不相值也。从左从𠂹。徐鍇曰："左於事，是不當值也。"初牙切。又，楚佳切。𢀩，籀文𢀩从二。

文二　重一

工部

工 gōng 工 巧飾也。象人有規榘也。與巫同意。凡工之屬皆从工。徐鍇曰："爲巧必遵規矩、法度，然後爲工。否則，目巧也。巫事無形，失在於詭，亦當遵規榘。故曰與巫同意。"古紅切。𢒄，古文工从彡。

式 shì 式 法也。从工弋聲。賞職切。

巧 qiǎo 巧 技也。从工丂聲。苦絞切。

巨 jù 巨 規巨也。从工，象手持之。其呂切。榘，巨或从木、矢。矢者，其中正也。𢀚，古文巨。

文四　重三

㠭部

㠭 zhǎn 㠭 極巧視之也。从四工。凡㠭之屬皆从㠭。知衍切。

𡫳 sè 𡫳 窒也。从㠭从廾，窒宀中。㠭猶齊也。穌則切。

文二

巫部

巫 wū 巫 祝也。女能事無形，以舞降神者也。象人兩褎舞形。與工同意。古者巫咸初作巫。凡巫之屬皆从巫。武扶切。𢍉，古文巫。

覡 xí 覡 能齋肅事神明也。在男曰覡，在女曰巫。从巫从見。徐鍇曰："能見神也。"胡狄切。

文二　重一

甘部

甘 gān 甘 美也。从口含一。一，道也。凡甘之屬皆从甘。古三切。

甛 tián 甛 美也。从甘从舌。舌，知甘者。徒兼切。

㽸 gān 㽸 和也。从甘从麻。麻，調也。甘亦聲。讀若函。古三切。

猒 yān 饱也。从甘从肰。於鹽切。猒，猒或从目。

甚 shèn 尤安樂也。从甘，从匹耦也。常枕切。甚，古文甚。

文五　重二

曰 部

曰 yuè 詞也。从口乙聲。亦象口气出也。凡曰之屬皆从曰。王伐切。

𣍘 cè 告也。从曰从冊，冊亦聲。楚革切。

曷 hé 何也。从曰匃聲。胡葛切。

曶 hū 出气詞也。从曰，象气出形。《春秋傳》曰："鄭太子曶。" 呼骨切。曶，籒文曶。一曰佩也。象形。

朁 cǎn 曾也。从曰兓聲。《詩》曰："朁不畏明。" 臣鉉等曰：今俗有昝字，蓋朁之譌。七感切。

沓 tà 語多沓沓也。从水从曰。遼東有沓縣。臣鉉等曰：語多沓沓，若水之流。故从水會意。徒合切。

曹 cáo 獄之兩曹也。在廷東。从棘，治事者；从曰。徐鍇曰："以言詞治獄也。故从曰。" 昨牢切。

文七　重一

乃 部

乃 nǎi 曳詞之難也。象气之出難。凡乃之屬皆从乃。奴亥切。臣鉉等曰：今隸書作乃。乃，古文乃。乃，籒文乃。

𠧟 réng 驚聲也。从乃省，西聲。籒文𠧟不省。或曰：𠧟，往也。讀若仍。臣鉉等曰：西非聲。未詳。如乘切。𠧟，古文𠧟。

㔶 yóu 气行皃。从乃卤聲。讀若攸。以周切。

文三　重三

丂 部

丂 kǎo 气欲舒出。勹上礙於一也。丂，古文以爲亏字，又以爲巧字。凡丂之屬皆从丂。苦浩切。

甹 pīng 亟詞也。从丂从由。或曰：甹，俠也。三輔謂輕財者爲甹。臣鉉等曰：由，用也。任俠用气也。普丁切。

寧 níng 願詞也。从丂寍聲。奴丁切。

丂 hē 反丂也。讀若呵。虎何切。

文四

可部

可 kě 肎也。从口、丂，丂亦聲。凡可之屬皆从可。肯我切。

奇 qí 異也。一曰不耦。从大从可。渠羈切。

哿 gě 可也。从可加聲。《詩》曰：“哿矣富人。”古我切。

哥 gē 聲也。从二可。古文以爲謌字。古俄切。

文四

叵 pǒ 不可也。从反可。普火切。

文一 新附

兮部

兮 xī 語所稽也。从丂，八象气越亏也。凡兮之屬皆从兮。胡雞切。

㥂 sǔn 驚辭也。从兮旬聲。思允切。，㥂或从心。

羲 xī 气也。从兮義聲。許羈切。

乎 hū 語之餘也。从兮，象聲上越揚之形也。戶吳切。

文四 重一

号部

号 háo 痛聲也。从口在丂上。凡号之屬皆从号。胡到切。

號 háo 呼也。从号从虎。乎刀切。

文二

亏部

亏 yú 於也。象气之舒亏。从丂从一。一者，其气平之也。凡亏之屬皆从亏。羽俱切。今變隸作于。

虧 kuī 气損也。从亏雐聲。去爲切。，虧或从兮。

粵 yuè 亏也。審慎之詞者。从亏从宷。《周書》曰：粵三日丁亥。王伐切。

吁 xū 驚語也。从口从亏，亏亦聲。臣鉉等案：口部有吁，此重出。況于切。

平 píng 語平舒也。从亏从八。八，分也。爰禮說。符兵切。𠀒，古文平如此。

文五　重二

旨部

旨 zhǐ 美也。从甘匕聲。凡旨之屬皆从旨。職雉切。𣅀，古文旨。

嘗 cháng 口味之也。从旨尚聲。市羊切。

文二　重一

喜部

喜 xǐ 樂也。从壴从口。凡喜之屬皆从喜。虛里切。歖，古文喜从欠，與歡同。

憙 xǐ 說也。从心从喜，喜亦聲。許記切。

嚭 pǐ 大也。从喜否聲。《春秋傳》："吳有太宰嚭。" 匹鄙切。

文三　重一

壴部

壴 zhù 陳樂立而上見也。从屮从豆。凡壴之屬皆从壴。中句切。

尌 shù 立也。从壴从寸，持之也。讀若駐。常句切。

鼜 qì 夜戒守鼓也。从壴蚤聲。《禮》：昏鼓四通爲大鼓，夜半三通爲戒晨，旦明五通爲發明。讀若戚。倉歷切。

彭 péng 鼓聲也。从壴彡聲。臣鉉等曰：當从形省乃得聲。薄庚切。

嘉 jiā 美也。从壴加聲。古牙切。

文五

鼓部

鼓 gǔ 郭也。春分之音，萬物郭皮甲而出，故謂之鼓。从壴，支象其手擊之也。《周禮》六鼓：靁鼓八面，靈鼓六面，路鼓四面，鼖鼓、臯鼓、晉鼓皆兩面。凡鼓之屬皆从鼓。徐鍇曰："郭者，覆冒之意。"工戶切。𡔷，籀文鼓从古聲。

鼛 gāo 大鼓也。从鼓咎聲。《詩》曰："鼛鼓不勝。" 古勞切。

鼖 fén 大鼓謂之鼖。鼖八尺而兩面，以鼓軍事。从鼓，賁省聲。符分切。鞼，鼖或从革，賁不省。

鼙 pí 騎鼓也。从鼓卑聲。部迷切。

鼕 lóng 鼓聲也。从鼓隆聲。徒冬切。

鼘 yuān 鼓聲也。从鼓𣶒聲。《詩》曰："鼗鼓鼘鼘。" 烏玄切。

鼞 tāng 鼓聲也。从鼓堂聲。《詩》曰："擊鼓其鼞。" 土郎切。

鼛 tà 鼓聲也。从鼓合聲。徒合切。鞈，古文鼛从革。

鼜 qì 鼓無聲也。从鼓咠聲。他叶切。

鼕 tà 鼓鼙聲。从鼓缶聲。土盍切。

文十　重三

豈　部

豈 qǐ 還師振旅樂也。一曰欲也，登也。从豆，微省聲。凡豈之屬皆从豈。墟喜切。

愷 kǎi 康也。从心、豈，豈亦聲。苦亥切。

饑 qí 𤼹也。訖事之樂也。从豈幾聲。臣鉉等曰：《說文》無𤼹字，从幾从气，義無所取。當是訖字之誤尔。渠稀切。

文三

豆　部

豆 dòu 古食肉器也。从口，象形。凡豆之屬皆从豆。徒候切。𣅋，古文豆。

梪 dòu 木豆謂之梪。从木、豆。徒候切。

𧯛 jǐn 蠡也。从豆，蒸省聲。居隱切。

豢 juàn 豆屬。从豆𢍏聲。居倦切。

登 wān 豆飴也。从豆夗聲。一丸切。

𤼷 dēng 禮器也。从廾持肉在豆上。讀若鐙同。都滕切。

文六　重一

豊　部

豊 lǐ 行禮之器也。从豆，象形。凡豊之屬皆从豊。讀與禮同。盧啓切。

𧯛 zhì　爵之次弟也。从豊从弟。《虞書》曰：“平𧯛東作。” 直質切。

文二

豐部

豐 fēng　豆之豐滿者也。从豆，象形。一曰《鄉飲酒》有豐侯者。凡豐之屬皆从豐。敷戎切。，古文豐。

豔 yàn　好而長也。从豐。豐，大也。盇聲。《春秋傳》曰：“美而豔。” 以贍切。

文二　重一

䖒部

䖒 xī　古陶器也。从豆虍聲。凡䖒之屬皆从䖒。許羈切。

號 hào　土鍪也。从䖒号聲。讀若鎬。胡到切。

䖓 zhù　器也。从䖒、宔，宔亦聲。闕。直呂切。

文三

虍部

虍 hū　虎文也。象形。凡虍之屬皆从虍。徐鍇曰：象其文章屈曲也。荒烏切。

虞 yú　騶虞也。白虎黑文，尾長於身。仁獸，食自死之肉。从虍吳聲。《詩》曰：“于嗟乎騶虞。” 五俱切。

虙 fú　虎皃。从虍必聲。房六切。

虔 qián　虎行皃。从虍文聲。讀若矜。臣鉉等曰：文非聲。未詳。渠焉切。

虘 cuó　虎不柔不信也。从虍且聲。讀若鄌縣。昨何切。

虖 hū　哮虖也。从虍兮聲。荒烏切。

虐 nüè　殘也。从虍，虎足反爪人也。魚約切。，古文虐如此。

彪 bīn　虎文，彪也。从虍彬聲。布還切。

虡 jù　鐘鼓之柎也。飾爲猛獸，从虍、異，象其下足。其呂切。，虡或从金豦聲。，篆文虡省。

文九　重三

虎部

虎 hǔ　山獸之君。从虍，虎足象人足。象形。凡虎之屬皆从虎。呼古

切。𠩫，古文虎。𧆞，亦古文虎。

⿰殼虎 gé 虎聲也。从虎殼聲。讀若隔。古覈切。

⿺虎日 mì 白虎也。从虎，昔省聲。讀若鼏。莫狄切。

䖔 kǎn 虦屬。从虎去聲。臣鉉等曰：去非聲。未詳。呼濫切。

虪 shù 黑虎也。从虎儵聲。式竹切。

虥 zhàn 虎竊毛謂之虥苗。从虎戔聲。竊，淺也。昨閑切。

彪 biāo 虎文也。从虎，彡象其文也。甫州切。

⿰乂虎 yì 虎皃。从虎乂聲。魚廢切。

⿰气虎 yì 虎皃。从虎气聲。魚迄切。

虓 xiāo 虎鳴也。一曰師子。从虎九聲。許交切。

⿰斤虎 yín 虎聲也。从虎斤聲。語斤切。

虩 xì 《易》："履虎尾虩虩。"恐懼。一曰蠅虎也。从虎㝮聲。許隙切。

虢 guó 虎所攫畫明文也。从虎寽聲。古伯切。

虒 sī 委虒，虎之有角者也。从虎厂聲。息移切。

⿰騰虎 téng 黑虎也。从虎騰聲。徒登切。

文十五 重二

虣 bào 虐也，急也。从虎从武。見《周禮》。薄報切。

䖘 tú 楚人謂虎爲烏䖘。从虎兔聲。同都切。

文二 新附

虤部

虤 yán 虎怒也。从二虎。凡虤之屬皆从虤。五閑切。

⿱虤曰 yín 兩虎爭聲。从虤从曰。讀若憖。臣鉉等曰：曰，口气出也。語巾切。

贙 xuàn 分别也。从虤對爭貝。讀若迴。胡畎切。

文三

皿部

皿 mǐn 飯食之用器也。象形。與豆同意。凡皿之屬皆从皿。讀若猛。武永切。

盂 yú 飯器也。从皿亏聲。羽俱切。

盌 wǎn 小盂也。从皿夗聲。烏管切。

盛 chéng 黍稷在器中以祀者也。从皿成聲。氏征切。

齍 zī 黍稷在器以祀者。从皿齊聲。即夷切。

盍 yòu 小甌也。从皿有聲。讀若灰。一曰若賄。于救切。，盍或从右。

盧 lú 飯器也。从皿𥂝聲。洛乎切。，籀文盧。

盬 gǔ 器也。从皿从缶，古聲。公戶切。

盄 zhāo 器也。从皿弔聲。止遙切。

盎 àng 盆也。从皿央聲。烏浪切。，盎或从瓦。

盆 pén 盎也。从皿分聲。步奔切。

㿿 zhù 器也。从皿宁聲。直呂切。

盨 xǔ 橨盨，負戴器也。从皿須聲。相庾切。

𥂦 jiǎo 器也。从皿漻聲。古巧切。

監 mì 械器也。从皿必聲。彌畢切。

醯 xī 酸也。作醯以䰜以酒。从䰜、酒並省，从皿。皿，器也。呼雞切。

盉 hé 調味也。从皿禾聲。戶戈切。

益 yì 饒也。从水、皿。皿，益之意也。伊昔切。

盈 yíng 滿器也。从皿、夃。臣鉉等曰：夃，古乎切。益多之義也。古者以買物多得爲夃。故从夃。以成切。

盡 jìn 器中空也。从皿𦘒聲。慈刃切。

盅 chōng 器虛也。从皿中聲。《老子》曰："道盅而用之。" 直弓切。

盦 ān 覆蓋也。从皿酓聲。臣鉉等曰：今俗別作罯，非是。烏合切。

𥁕 wēn 仁也。从皿，以食囚也。官溥說。烏渾切。

盥 guàn 澡手也。从臼水臨皿。《春秋傳》曰："奉匜沃盥。" 古玩切。

盪 dàng 滌器也。从皿湯聲。徒朗切。

文二十五　重三

盋 bō 盋器。盂屬。从皿犮聲。或从金从本。北末切。

文一　新附

凵部

凵 qū 凵盧，飯器，以柳爲之。象形。凡凵之屬皆从凵。去魚切。，凵或从竹去聲。

文一　重一

去部

去 qù 人相違也。从大凵聲。凡去之屬皆从去。丘據切。

朅 qiè 去也。从去曷聲。丘竭切。

𣥄 líng 去也。从去夌聲。讀若陵。力膺切。

文三

血 部

血 xuè 祭所薦牲血也。从皿，一象血形。凡血之屬皆从血。呼決切。

衁 huāng 血也。从血亡聲。《春秋傳》曰："士刲羊，亦無衁也。"呼光切。

衃 pēi 凝血也。从血不聲。芳桮切。

𧖧 jīn 气液也。从血𦘒聲。將鄰切。

𧖤 tíng 定息也。从血，甹省聲。讀若亭。特丁切。

衄 nǜ 鼻出血也。从血丑聲。女六切。

𧗃 nóng 腫血也。从血，農省聲。奴冬切。膿，俗𧗃从肉農聲。

䀋 tǎn 血醢也。从血肬聲。《禮記》有䀋醢，以牛乾脯、粱、𥶒、鹽、酒也。臣鉉等曰：肬，肉汁滓也。故从肬，肬亦聲。他感切。

𧘂 zú 醢也。从血菹聲。側余切。𦈢，𧘂或从缶。

𧗿 jī 以血有所刏涂祭也。从血幾聲。渠稀切。

卹 xù 憂也。从血卩聲。一曰鮮少也。徐鍇曰："皿者，言憂之切至也。"辛聿切。

衋 xì 傷痛也。从血、聿，皕聲。《周書》曰："民罔不衋傷心。"許力切。

𧖴 kàn 羊凝血也。从血臽聲。苦紺切。𧗽，𧖴或从贛。

盇 hé 覆也。从血、大。臣鉉等曰：大，象蓋覆之形。胡臘切。

衊 miè 污血也。从血蔑聲。莫結切。

文十五　重三

丶 部

丶 zhǔ 有所絕止，丶而識之也。凡丶之屬皆从丶。知庾切。

主 zhǔ 鐙中火主也。从𡈼，象形。从丶，丶亦聲。臣鉉等曰：今俗別作炷，非是。之庾切。

咅 pǒu 相與語，唾而不受也。从丶从否，否亦聲。天口切。𣢾，咅或从豆从欠。

文三　重一

丹部

丹 dān 巴越之赤石也。象采丹井，一象丹形。凡丹之屬皆从丹。都寒切。，古文丹。，亦古文丹。

雘 wò 善丹也。从丹蒦聲。《周書》曰：“惟其敷丹雘。”讀若隺。烏郭切。

彤 tóng 丹飾也。从丹从彡。彡，其畫也。徒冬切。

文三　重二

青部

青 qīng 東方色也。木生火，从生、丹。丹青之信言象然。凡青之屬皆从青。倉經切。，古文青。

靜 jìng 審也。从青爭聲。徐鍇曰：“丹青，明審也。”疾郢切。

文二　重一

井部

井 jǐng 八家一井，象構韓形。•，罋之象也。古者伯益初作井。凡井之屬皆从井。子郢切。

𠛅 yǐng 深池也。从井，瑩省聲。烏迥切。

阱 jǐng 陷也。从𨸏从井，井亦聲。疾正切。，阱或从穴。，古文阱从水。

刑 xíng 罰辠也。从井从刀。《易》曰：“井，法也。”井亦聲。戶經切。

刱 chuàng 造法刱業也。从井刅聲。讀若創。初亮切。

文五　重二

皀部

皀 bī 穀之馨香也。象嘉穀在裹中之形。匕，所以扱之。或說皀，一粒也。凡皀之屬皆从皀。又讀若香。皮及切。

即 jí 即食也。从皀卪聲。徐鍇曰：“即，就也。”子力切。

既 jì 小食也。从皀旡聲。《論語》曰：“不使勝食既。”居未切。

冟 shì 飯剛柔不調相著。从皀冂聲。讀若適。施隻切。

文四

鬯部

鬯 chàng 以秬釀鬱艸，芬芳攸服，以降神也。从凵，凵，器也；中象米；匕，所以扱之。《易》曰："不喪匕鬯。"凡鬯之屬皆从鬯。丑諒切。

鬱 yù 芳艸也。十葉爲貫，百廿貫築以煮之爲鬱。从臼、冂、缶、鬯；彡，其飾也。一曰鬱鬯，百艸之華，遠方鬱人所貢芳艸，合釀之以降神。鬱，今鬱林郡也。迂勿切。

爵 jué 禮器也。象爵之形，中有鬯酒，又持之也。所以飲。器象爵者，取其鳴節節足足也。即畧切。，古文爵，象形。

䰞 jù 黑黍也。一稃二米，以釀也。从鬯矩聲。其呂切。，䰞或从禾。

𩰪 shǐ 列也。从鬯吏聲。讀若迅。疏吏切。

文五　重二

食部

食 shí 一米也。从皀亼聲。或說亼皀也。凡食之屬皆从食。乘力切。

饙 fēn 滫飯也。从食𠦪聲。臣鉉等曰：𠦪音忽，非聲。疑奔字之誤。府文切。，饙或从賁。，饙或从奔。

餾 liù 飯气蒸也。从食留聲。力救切。

飪 rèn 大孰也。从食壬聲。如甚切。，古文飪。，亦古文飪。

饔 yōng 孰食也。从食雝聲。於容切。

飴 yí 米櫱煎也。从食台聲。與之切。，籀文飴从異省。

餳 xíng 飴和饊者也。从食昜聲。徐盈切。

饊 sǎn 熬稻粻程也。从食散聲。穌旱切。

餅 bǐng 麪餈也。从食并聲。必郢切。

餈 cí 稻餅也。从食次聲。疾資切。，餈或从齊。，餈或从米。

饘 zhān 糜也。从食亶聲。周謂之饘，宋謂之餬。諸延切。

餱 hóu 乾食也。从食矦聲。《周書》曰："峙乃餱粻。"乎溝切。

餥 fěi 餱也。从食非聲。陳楚之閒相謁食麥飯曰餥。非尾切。

饎 chì 酒食也。从食喜聲。《詩》曰："可以饙饎。"昌志切。，饎或从巸。，饎或从米。

籑 zhuàn 具食也。从食算聲。士戀切。，籑或从巽。

養 yǎng 供養也。从食羊聲。余兩切。，古文養。

飯 fàn 食也。从食反聲。符萬切。

䭆 niù 雜飯也。从食丑聲。女久切。

飤 sì 糧也。从人、食。祥吏切。

饡 zàn 以羹澆飯也。从食贊聲。則榦切。

饟 shǎng 晝食也。从食象聲。書兩切。，饟或从傷省聲。

飧 sūn 餔也。从夕、食。思魂切。

餔 bū 日加申時食也。从食甫聲。博狐切。，籀文餔从皿浦聲。

餐 cān 吞也。从食𣦼聲。七安切。，餐或从水。

鎌 lián 嘰也。从食兼聲。讀若風溓溓。一曰廉潔也。力鹽切。

饁 yè 餉田也。从食盍聲。《詩》曰："饁彼南畝。" 筠輒切。

饟 xiǎng 周人謂餉曰饟。从食襄聲。人漾切。

餉 xiǎng 饟也。从食向聲。式亮切。

饋 kuì 餉也。从食貴聲。求位切。

饗 xiǎng 鄉人飲酒也。从食从鄉，鄉亦聲。許兩切。

饛 méng 盛器滿皃。从食蒙聲。《詩》曰："有饛簋飧。" 莫紅切。

飵 zuò 楚人相謁食麥曰飵。从食乍聲。在各切。

鲇 nián 相謁食麥也。从食占聲。奴兼切。

饂 wèn 秦人謂相謁而食麥曰饂饐。从食㥏聲。烏困切。

饐 wèn 饂饐也。从食豈聲。五困切。

餬 hú 寄食也。从食胡聲。戶吳切。

飶 bì 食之香也。从食必聲。《詩》曰："有飶其香。" 毗必切。

饫 yù 燕食也。从食芺聲。《詩》曰："飲酒之饫。" 依據切。

飽 bǎo 猒也。从食包聲。博巧切。，古文飽，从采。，亦古文飽，从卯聲。

餇 yuàn 猒也。从食肙聲。烏玄切。

饒 ráo 飽也。从食堯聲。如昭切。

餘 yú 饒也。从食余聲。以諸切。

餀 hài 食臭也。从食艾聲。《爾雅》曰："餀謂之喙。" 呼艾切。

餞 jiàn 送去也。从食戔聲。《詩》曰："顯父餞之。" 才線切。

餫 yùn 野饋曰餫。从食軍聲。王問切。

館 guǎn 客舍也。从食官聲。《周禮》：五十里有市，市有館，館有積，以待朝聘之客。古玩切。

饕 tāo 貪也。从食號聲。土刀切。，饕或从口刀聲。，籀文饕从號省。

餮 tiè 貪也。从食，殄省聲。《春秋傳》曰："謂之饕餮。" 他結切。

饖 wèi 飯傷熱也。从食歲聲。於廢切。

饐 yì 飯傷溼也。从食壹聲。乙冀切。

餲 ài　飯餲也。从食曷聲。《論語》曰："食饐而餲。" 乙例切。又，烏介切。

饑 jī　穀不孰爲饑。从食幾聲。 居衣切。

饉 jǐn　蔬不孰爲饉。从食堇聲。 渠吝切。

餧 è　飢也。从食戹聲。讀若楚人言恚人。 於革切。

餧 něi　飢也。从食委聲。一曰魚敗曰餧。 奴罪切。

飢 jī　餓也。从食几聲。 居夷切。

餓 è　飢也。从食我聲。 五箇切。

餽 guì　吳人謂祭曰餽。从食从鬼，鬼亦聲。 俱位切。又音饋。

餟 zhuì　祭酹也。从食叕聲。 陟衛切。

餯 shuì　小餟也。从食兌聲。 輸芮切。

餕 líng　馬食穀多，气流四下也。从食夌聲。 里甑切。

餘 mò　食馬穀也。从食末聲。 莫撥切。

文六十二　重十八

餕 jùn　食之餘也。从食夋聲。子陖切。

餻 gāo　餌屬。从食羔聲。古牢切。

文二　新附

亼 部

亼 jí　三合也。从入、一，象三合之形。凡亼之屬皆从亼。讀若集。 秦入切。臣鉉等曰：此疑只象形，非从入、一也。

合 hé　合口也。从亼从口。 候閤切。

僉 qiān　皆也。从亼从吅从从。《虞書》曰："僉曰伯夷。" 七廉切。

侖 lún　思也。从亼从冊。 力屯切。 ，籀文侖。

今 jīn　是時也。从亼从㇇。 ㇇，古文及。 居音切。

舍 shè　市居曰舍。从亼、屮，象屋也。囗象築也。 始夜切。

文六　重一

會 部

會 huì　合也。从亼，从曾省。曾，益也。凡會之屬皆从會。 黃外切。 ，古文會如此。

朇 pí　益也。从會卑聲。 符支切。

䢅	chén	䢅	日月合宿从辰。从會从辰，辰亦聲。植鄰切。
			文三　重一

倉　部

倉	cāng	倉	穀藏也。倉黄取而藏之，故謂之倉。从食省，口象倉形。凡倉之屬皆从倉。七岡切。仺，奇字倉。
牄	qiāng	牄	鳥獸來食聲也。从倉爿聲。《虞書》曰："鳥獸牄牄。"七羊切。
			文二　重一

入　部

入	rù	入	内也。象从上俱下也。凡入之屬皆从入。人汁切。
内	nèi	内	入也。从口，自外而入也。奴對切。
㒴	cén	㒴	入山之深也。从山从入。闕。鉏箴切。
糴	dí	糴	市穀也。从入从糶。徒歷切。
仝	quán	仝	完也。从入从工。疾緣切。全，篆文仝从玉，純玉曰全。𠓝，古文仝。
㒳	liǎng	㒳	二入也。兩从此。闕。良獎切。
			文六　重二

缶　部

缶	fǒu	缶	瓦器。所以盛酒漿。秦人鼓之以節謌。象形。凡缶之屬皆从缶。方九切。
𣪊	kòu	𣪊	未燒瓦器也。从缶㱿聲。讀若筩莩。又，苦候切。
匋	táo	匋	瓦器也。从缶，包省聲。古者昆吾作匋。案：《史篇》讀與缶同。徒刀切。
罌	yīng	罌	缶也。从缶賏聲。烏莖切。
䍋	chuí	䍋	小口罌也。从缶𠂹聲。池僞切。
䍌	bù	䍌	小缶也。从缶咅聲。蒲候切。
缾	píng	缾	罋也。从缶并聲。薄經切。瓶，缾或从瓦。
罋	wèng	罋	汲缾也。从缶雝聲。烏貢切。
𦈉	tà	𦈉	下平缶也。从缶乏聲。讀若𣅊。土盍切。
罃	yīng	罃	備火，長頸缾也。从缶，熒省聲。烏莖切。

缸 gāng 瓦也。从缶工聲。下江切。

䍇 yù 瓦器也。从缶或聲。于逼切。

𦉜 cùn 瓦器也。从缶薦聲。作甸切。

䍃 yóu 瓦器也。从缶肉聲。臣鉉等曰：當从䍃省乃得聲。以周切。

䍅 líng 瓦器也。从缶霝聲。郎丁切。

䍄 diǎn 缺也。从缶占聲。都念切。

缺 quē 器破也。从缶，決省聲。傾雪切。

罅 xià 裂也。从缶虖聲。缶燒善裂也。呼迓切。

罄 qìng 器中空也。从缶殸聲。殸，古文磬字。《詩》云："缾之罄矣。"苦定切。

罊 qì 器中盡也。从缶毄聲。苦計切。

缿 xiàng 受錢器也。从缶后聲。古以瓦，今以竹。大口切。又，胡講切。

文二十一　重一

罐 guàn 器也。从缶雚聲。古玩切。

文一　新附

矢　部

矢 shǐ 弓弩矢也。从入，象鏑栝羽之形。古者夷牟初作矢。凡矢之屬皆从矢。式視切。

䠶 shè 弓弩發於身而中於遠也。从矢从身。食夜切。射，篆文䠶从寸。寸，法度也，亦手也。

矯 jiǎo 揉箭箝也。从矢喬聲。居夭切。

矰 zēng 隿䠶矢也。从矢曾聲。作滕切。

矦 hóu 春饗所䠶矦也。从人，从厂，象張布，矢在其下。天子䠶熊虎豹，服猛也；諸矦䠶熊豕虎；大夫射麋，麋，惑也；士射鹿豕，爲田除害也。其祝曰："毋若不寧矦，不朝于王所，故伉而䠶汝也。"乎溝切。𥎦，古文矦。

𥏌 shāng 傷也。从矢昜聲。式陽切。

短 duǎn 有所長短，以矢爲正。从矢豆聲。都管切。

矤 shěn 況也，詞也。从矢，引省聲。从矢，取詞之所之如矢也。式忍切。

知 zhī 詞也。从口从矢。陟离切。

矣 yǐ 語已詞也。从矢以聲。于已切。

文十　重二

矮 ǎi 短人也。从矢委聲。烏蟹切。

文一 新附

高部

高 gāo 崇也。象臺觀高之形。从冂、口。與倉、舍同意。凡高之屬皆从高。古牢切。

高 qǐng 小堂也。从高省，冋聲。去潁切。廎，高或从广頃聲。

亭 tíng 民所安定也。亭有樓，从高省，丁聲。特丁切。

亳 bó 京兆杜陵亭也。从高省，乇聲。旁各切。

文四 重一

冂部

冂 jiōng 邑外謂之郊，郊外謂之野，野外謂之林，林外謂之冂。象遠界也。凡冂之屬皆从冂。古熒切。冋，古文冂从口，象國邑。坰，冋或从士（當作土）。

市 shì 買賣所之也。市有垣，从冂从㇇。㇇，古文及，象物相及也。之省聲。時止切。

冘 yín 淫淫，行皃。从人出冂。余箴切。

央 yāng 中央也。从大在冂之内。大，人也。央旁同意。一曰久也。於良切。

隺 hú 高至也。从隹上欲出冂。《易》曰："夫乾隺然。" 胡沃切。

文五 重二

𩫏部

𩫏 guō 度也，民所度居也。从回，象城𩫏之重，兩亭相對也。或但从囗。音韋。凡𩫏之屬皆从𩫏。古博切。

缺 quē 缺也。古者城闕其南方謂之缺。从𩫏，缺省。讀若拔物爲決引也。傾雪切。

文二

京部

京 jīng 人所爲絕高丘也。从高省，丨象高形。凡京之屬皆从京。舉卿切。

就 jiù 就　就，高也。从京从尤。尤，異於凡也。疾僦切。就，籀文就。

文二　重一

亯　部

亯 xiǎng 亯　獻也。从高省，曰象進孰物形。《孝經》曰：“祭則鬼亯之。”凡亯之屬皆从亯。許兩切。又，普庚切。又，許庚切。亯，篆文亯。

𦎧 chún 𦎧　孰也。从亯从羊。讀若純。一曰鬻也。常倫切。𦎧，篆文𦎧。

䈞 dǔ 䈞　厚也。从亯竹聲。讀若篤。冬毒切。

𩫖 yōng 𩫖　用也。从亯从自。自知臭香所食也。讀若庸。余封切。

文四　重二

㫗　部

㫗 hòu 㫗　厚也。从反亯。凡㫗之屬皆从㫗。徐鍇曰：“亯者，進上也。以進上之具反之於下則厚也。”胡口切。

覃 tán 覃　長味也。从㫗，鹹省聲。《詩》曰：“實覃實吁。”徒含切。覃，古文覃。覃，篆文覃省。

厚 hòu 厚　山陵之厚也。从㫗从厂。胡口切。垕，古文厚从后、土。

文三　重三

畐　部

畐 fú 畐　滿也。从高省，象高厚之形。凡畐之屬皆从畐。讀若伏。芳逼切。

良 liáng 良　善也。从畐省，亡聲。徐鍇曰：“良，甚也。故从畐。”呂張切。良，古文良。良，亦古文良。良，亦古文良。

文二　重三

㐭　部

㐭 lǐn 㐭　穀所振入。宗廟粢盛，倉黄㐭而取之，故謂之㐭。从入，回象屋形，中有戶牖。凡㐭之屬皆从㐭。力甚切。廩，㐭或从广从禾。

稟 bǐng 稟　賜穀也。从㐭从禾。筆錦切。

亶 dǎn 亶　多穀也。从㐭旦聲。多旱切。

啚 bǐ 啚　嗇也。从口、㐭。㐭，受也。方美切。啚，古文啚如此。

文四　重二

嗇　部

嗇 sè　愛濇也。从來从㐭。來者，㐭而藏之。故田夫謂之嗇夫。凡嗇之屬皆从嗇。所力切。，古文嗇从田。

牆 qiáng　垣蔽也。从嗇爿聲。才良切。，籀文从二禾。，籀文亦从二來。

文二　重三

來　部

來 lái　周所受瑞麥來麰。一來二縫，象芒朿之形。天所來也，故爲行來之來。《詩》曰："詒我來麰。"凡來之屬皆从來。洛哀切。

𥎦 sì　《詩》曰："不𥎦不來。"从來矣聲。牀史切。，𥎦或从彳。

文二　重一

麥　部

麥 mài　芒穀，秋穜厚薶，故謂之麥。麥，金也。金王而生，火王而死。从來，有穗者；从夊。凡麥之屬皆从麥。臣鉉等曰：夊，足也。周受瑞麥來麰，如行來。故从夊。莫獲切。

麰 móu　來麰，麥也。从麥牟聲。莫浮切。，麰或从艸。

麧 hé　堅麥也。从麥气聲。乎沒切。

麥肖 suǒ　小麥屑之覈。从麥肖聲。穌果切。

𪍿 cuó　䃺麥也。从麥差聲。一曰擣也。昨何切。

麩 fū　小麥屑皮也。从麥夫聲。甫無切。，麩或从甫。

麪 miàn　麥末也。从麥丏聲。弥箭切。

麷 zhí　麥覈屑也。十斤爲三斗。从麥啻聲。直隻切。

麷 fēng　煑麥也。从麥豐聲。讀若馮。敷戎切。

麮 qù　麥甘鬻也。从麥去聲。丘據切。

𪌭 kū　餅籟也。从麥㱿聲。讀若庫。空谷切。

麥穴 huá　餅籟也。从麥穴聲。戶八切。

麥才 cái　餅籟也。从麥才聲。昨哉切。

文十三　重二

夊部

夊 suī 行遲曳夊夊，象人兩脛有所躧也。凡夊之屬皆从夊。楚危切。

夋 qūn 行夋夋也。一曰倨也。从夊允聲。七倫切。

复 fú 行故道也。从夊，富省聲。房六切。

夌 líng 越也。从夊从兴。兴，高也。一曰夌徲也。力膺切。

致 zhì 送詣也。从夊从至。陟利切。

憂 yōu 和之行也。从夊𢚧聲。《詩》曰：“布政憂憂。”於求切。

愛 ài 行皃。从夊㤅聲。烏代切。

夎 pú 行夎夎也。从夊，闕。讀若僕。又（當爲父）卜切。

竷 kǎn 繇也舞也。樂有章。从章从夅从夊。《詩》曰：“竷竷舞我。”苦感切。

夒 wǎn 瑙蓋也。象皮包覆瑙，下有兩臂，而夊在下。讀若范。亡范切。

夏 xià 中國之人也。从夊从頁从臼。臼，兩手；夊，兩足也。胡雅切。𡕘，古文夏。

畟 cè 治稼畟畟進也。从田、人，从夊。《詩》曰：“畟畟良耜。”初力切。

夎 zōng 斂足也。鵲鵙醜，其飛也夎。从夊兇聲。子紅切。

夒 náo 貪獸也。一曰母猴，似人。从頁，巳、止、夊，其手足。臣鉉等曰：巳、止，皆象形也。奴刀切。

夔 kuí 神魖也。如龍，一足。从夊；象有角、手、人面之形。渠追切。

文十五　重一

夎 cuò 拜失容也。从夊坐聲。則臥切。

文一　新附

舛部

舛 chuǎn 對卧也。从夊㐄相背。凡舛之屬皆从舛。昌兖切。踳，楊雄說：舛从足、春。

舞 wǔ 樂也。用足相背。从舛無聲。文撫切。𦏶，古文舞从羽、亡。

舝 xiá 車軸耑鍵也。兩穿相背。从舛，𡕥省聲。𡕥，古文偰字。胡戛切。

文三　重二

舜部

舜 shùn 艸也。楚謂之葍，秦謂之藑。蔓地連華。象形。从舛，舛亦聲。凡𦘔之屬皆从𦘔。舒閏切。今隸變作舜。，古文𦘔。

䑞 huáng 華榮也。从舜生聲。讀若皇。《爾雅》曰：“䑞，華也。”戶光切。，䑞或从艸、皇。

文二 重二

韋部

韋 wéi 相背也。从舛囗聲。獸皮之韋，可以束枉戾相韋背，故借以爲皮韋。凡韋之屬皆从韋。宇非切。，古文韋。

韠 bì 韍也。所以蔽前，以韋。下廣二尺，上廣一尺，其頸五寸。一命縕韠，再命赤韠。从韋畢聲。卑吉切。

韎 mèi 茅蒐染韋也。一入曰韎。从韋末聲。莫佩切。

韢 suì 櫜紐也。从韋惠聲。一曰盛虜頭櫜也。徐鍇曰：“謂戰伐以盛首級。”胡計切。

韜 tāo 劒衣也。从韋舀聲。土刀切。

韝 gōu 射臂決也。从韋冓聲。古矦切。

韘 shè 射決也。所以拘弦，以象骨，韋系，著右巨指。从韋枼聲。《詩》曰：“童子佩韘。”失涉切。，韘或从弓。

韣 zhú 弓衣也。从韋蜀聲。之欲切。

韔 chàng 弓衣也。从韋長聲。《詩》曰：“交韔二弓。”丑亮切。

韓 xiá 履也。从韋叚聲。乎加切。

韈 duàn 履後帖也。从韋段聲。徒玩切。，韈或从糸。

韤 wà 足衣也。从韋蔑聲。臣鉉等曰：今俗作韈，非是。望發切。

韝 pò 軶裹也。从韋尃聲。匹各切。

韏 quàn 革中辨謂之韏。从韋𢍏聲。九萬切。

韢 jiū 收束也。从韋樵聲。讀若酋。臣鉉等曰：樵，側角切。聲不相近。未詳。即由切。，韢或从要。，韢或从秋、手。

韓 hán 井垣也。从韋，取其帀也；倝聲。胡安切。

文十六 重五

韌 rèn 柔而固也。从韋刃聲。而進切。

文一 新附

弟部

弟 dì 韋束之次弟也。从古字之象。凡弟之屬皆从弟。特計切。𢎨，古文弟从古文韋省，丿聲。

𥀈 kūn 周人謂兄曰𥀈。从弟从眔。臣鉉等曰：眔，目相及也。兄弟親比之義。古魂切。

文二　重一

夂部

夂 zhǐ 从後至也。象人兩脛後有致之者。凡夂之屬皆从夂。讀若黹。陟侈切。

𡕒 hài 相遮要害也。从夂丰聲。南陽新野有𡕒亭。乎蓋切。

夆 fēng 啎也。从夂丯聲。讀若縫。敷容切。

夅 xiáng 服也。从夂、午，相承不敢竝也。下江切。

夃 gǔ 秦以市買多得爲夃。从乛从夂，益至也。从乃。《詩》曰："我夃酌彼金罍。"臣鉉等曰：乃，難意也。古乎切。

㐄 kuǎ 跨步也。从反夂。䶸从此。苦瓦切。

文六

久部

久 jiǔ 以後灸之，象人兩脛後有距也。《周禮》曰："久諸牆以觀其橈。"凡久之屬皆从久。舉友切。

文一

桀部

桀 jié 磔也。从舛在木上也。凡桀之屬皆从桀。渠列切。

磔 zhé 辜也。从桀石聲。陟格切。

椉 chéng 覆也。从入、桀。桀，黠也。軍法曰乘。食陵切。𠅞，古文乘从几。

文三　重一

說文解字弟六

二十五部　七百五十三文　重六十一
凡九千四百四十三字
文二十　新附

木　部

木 mù　冒也。冒地而生。東方之行。从屮，下象其根。凡木之屬皆从木。徐鍇曰：“屮者，木始甲拆，萬物皆始於微。故木从屮。”莫卜切。

橘 jú　果。出江南。从木矞聲。居聿切。

橙 chéng　橘屬。从木登聲。丈庚切。

柚 yòu　條也。似橙而酢。从木由聲。《夏書》曰：“厥包橘柚。”余救切。

樝 zhā　果似棃而酢。从木虘聲。側加切。

棃 lí　果名。从木㓞聲。㓞，古文利。力脂切。

梬 yǐng　棗也，似杮。从木㽞聲。以整切。

杮 shì　赤實果。从木𠂔聲。鉏里切。

枏 nán　梅也。从木冄聲。汝閻切。

梅 méi　枏也。可食。从木每聲。莫桮切。楳，或从某。

杏 xìng　果也。从木，可省聲。何梗切。

柰 nài　果也。从木示聲。奴帶切。

李 lǐ　果也。从木子聲。良止切。杍，古文。

桃 táo　果也。从木兆聲。徒刀切。

楙 mào　冬桃。从木敄聲。讀若髦。莫候切。

亲 zhēn　果，實如小栗。从木辛聲。《春秋傳》曰：“女摯不過亲栗。”側詵切。

楷 jiē　木也。孔子冢蓋樹之者。从木皆聲。苦駭切。

梫 qǐn　桂也。从木，侵省聲。七荏切。

桂 guì　江南木，百藥之長。从木圭聲。古惠切。

棠 táng 牡曰棠，牝曰杜。从木尚聲。 徒郎切。

杜 dù 甘棠也。从木土聲。 徒古切。

槢 xí 木也。从木習聲。 似入切。

樿 zhǎn 木也。可以爲櫛。从木單聲。 旨善切。

椲 wěi 木也。可屈爲杅者。从木韋聲。 于鬼切。

楢 yóu 柔木也。工官以爲耎輪。从木酋聲。讀若糗。 以周切。

桏 qióng 椐木也。从木邛聲。 渠容切。

棆 lún 毋杶也。从木侖聲。讀若《易》卦屯。 陟倫切。

楈 xū 木也。从木胥聲。讀若芟刈之芟。 私閭切。

柍 yǎng 梅也。从木央聲。一曰江南橦材，其實謂之柍。 於京切。

楑 kuí 木也。从木癸聲。又，度也。 求癸切。

椐 gǎo 木也。从木咎聲。讀若皓。 古老切。

椆 chóu 木也。从木周聲。讀若丩。 職留切。

樕 sù 樸樕，木。从木敕聲。 桑谷切。

欙 yí 木也。从木彝聲。 羊皮切。

梣 cén 青皮木。从木岑聲。 子林切。 𣚍，或从寖省。寖，籒文寑。

椒 zhuō 木也。从木叕聲。益州有椒縣。 職説切。

號 háo 木也。从木，號省聲。 乎刀切。

棪 yǎn 遬其也。从木炎聲。讀若三年導服之導。 以冉切。

椯 chuán 木也。从木遄聲。 市緣切。

椋 liáng 即來也。从木京聲。 呂張切。

檍 yì 杶也。从木意聲。 於力切。

樻 fèi 木也。从木費聲。 房未切。

樗 chū 木也。从木虖聲。 丑居切。

楀 yǔ 木也。从木禹聲。 王矩切。

蘽 lěi 木也。从木藟聲。 力軌切。[illegible]，籒文。

桋 yí 赤栜也。从木夷聲。《詩》曰："隰有杞桋。" 以脂切。

栟 bīng 栟櫚也。从木并聲。 府盈切。

椶 zōng 栟櫚也。可作萆。从木嵏聲。 子紅切。

檟 jiǎ 楸也。从木賈聲。《春秋傳》曰："樹六檟於蒲圃。" 古雅切。

椅 yī 梓也。从木奇聲。 於离切。

梓 zǐ 楸也。从木，宰省聲。 即里切。 榟，或不省。

楸 qiū 梓也。从木秋聲。 七由切。

檍 yì 梓屬。大者可爲棺椁，小者可爲弓材。从木啻聲。 於力切。

柀 bǐ 檆也。从木皮聲。一曰折也。 甫委切。

檆	shān	檆	木也。从木煔聲。臣鉉等曰：今俗作杉，非是。所銜切。
樼	zhēn	樼	木也。从木秦聲。一曰菆也。側詵切。
⿰木尻	kǎo	⿰木尻	山樗也。从木尻聲。苦浩切。
杶	chūn	杶	木也。从木屯聲。《夏書》曰："杶榦栝柏。"敕倫切。櫄，或从熏。杻，古文杶。
⿰木筍	chūn	⿰木筍	杶也。从木筍聲。相倫切。
桵	ruí	桵	白桵，棫。从木妥聲。臣鉉等曰：當从緌省。儒隹切。
棫	yù	棫	白桵也。从木或聲。于逼切。
⿰木息	xī	⿰木息	木也。从木息聲。相卽切。
椐	jū	椐	樻也。从木居聲。九魚切。
樻	kuì	樻	椐也。从木貴聲。求位切。
栩	xǔ	栩	柔也。从木羽聲。其皁，一曰樣。況羽切。
⿱予木	zhù	⿱予木	栩也。从木予聲。讀若杼。直吕切。
樣	xiàng	樣	栩實。从木羕聲。徐兩切。
杙	yì	杙	劉，劉杙。从木弋聲。与職切。
枇	pí	枇	枇杷，木也。从木比聲。房脂切。
桔	jié	桔	桔梗，藥名。从木吉聲。一曰直木。古屑切。
柞	zuò	柞	木也。从木乍聲。在各切。
⿰木乎	lú	⿰木乎	木。出橐山。从木乎聲。他乎切。
榗	jiàn	榗	木也。从木晉聲。《書》曰：竹箭如榗。子善切。
檖	suì	檖	羅也。从木㒸聲。《詩》曰："隰有樹檖。"徐醉切。
椵	jiǎ	椵	木。可作牀几。从木叚聲。讀若賈。古雅切。
橞	huì	橞	木也。从木惠聲。胡計切。
楛	hù	楛	木也。从木苦聲。《詩》曰："榛楛濟濟。"侯古切。
櫅	jī	櫅	木也。可以爲大車軸。从木齊聲。祖雞切。
⿰木乃	réng	⿰木乃	木也。从木乃聲。讀若仍。如乘切。
櫇	pín	櫇	木也。从木頻聲。符眞切。
樲	èr	樲	酸棗也。从木貳聲。而至切。
⿰木僕	pú	⿰木僕	棗也。从木僕聲。博木切。
橪	rǎn	橪	酸小棗。从木然聲。一曰染也。人善切。
柅	nǐ	柅	木也。實如梨。从木尼聲。女履切。
梢	shāo	梢	木也。从木肖聲。所交切。
⿰木隸	lì	⿰木隸	木也。从木隸聲。郎計切。
⿰木寽	liè	⿰木寽	木也。从木寽聲。力輟切。
梭	xùn	梭	木也。从木夋聲。臣鉉等曰：今人別音穌禾切，以爲機杼之屬。私閏切。

樨	bì	木也。从木畢聲。 卑吉切。
㮟	là	木也。从木剌聲。 盧達切。
枸	jǔ	木也。可爲醬。出蜀。从木句聲。 俱羽切。
樜	zhè	木。出發鳩山。从木庶聲。 之夜切。
枋	fāng	木。可作車。从木方聲。 府良切。
橿	jiāng	枋也。从木畺聲。一曰鉏柄名。 居良切。
樗	huà	木也。以其皮裹松脂。从木雩聲。讀若華。 乎化切。 檴，或从蒦。
檗	bò	黄木也。从木辟聲。 博戹切。
梤	fēn	香木也。从木芬聲。 撫文切。
榝	shā	似茱萸。出淮南。从木殺聲。 所八切。
槭	zú	木。可作大車輮。从木戚聲。 子六切。
楊	yáng	木也。从木昜聲。 与章切。
檉	chēng	河柳也。从木聖聲。 敕貞切。
桺	liǔ	小楊也。从木丣聲。丣，古文酉。 力九切。
槫	xún	大木。可爲鉏柄。从木㝷聲。 詳遵切。
欒	luán	木。似欄。从木䜌聲。《禮》：天子樹松，諸侯柏，大夫欒，士楊。 洛官切。
栘	yí	棠棣也。从木多聲。 弋支切。
棣	dì	白棣也。从木隶聲。 特計切。
枳	zhǐ	木。似橘。从木只聲。 諸氏切。
楓	fēng	木也。厚葉弱枝，善搖。一名㯥。从木風聲。 方戎切。
權	quán	黄華木。从木雚聲。一曰反常。 巨員切。
柜	jǔ	木也。从木巨聲。 其呂切。
槐	huái	木也。从木鬼聲。 戶恢切。
穀	gǔ	楮也。从木㱿聲。 古祿切。
楮	chǔ	穀也。从木者聲。 丑呂切。柠，楮或从宁。
檵	jì	枸杞也。从木，繼省聲。一曰監木也。 古詣切。
杞	qǐ	枸杞也。从木己聲。 墟里切。
枒	yá	木也。从木牙聲。一曰車輞會也。 五加切。
檀	tán	木也。从木亶聲。 徒乾切。
櫟	lì	木也。从木樂聲。 郎擊切。
梂	qiú	櫟實。一曰鑿首。从木求聲。 巨鳩切。
楝	liàn	木也。从木柬聲。 郎電切。
檿	yǎn	山桑也。从木厭聲。《詩》曰：“其檿其柘。” 於琰切。
柘	zhè	桑也。从木石聲。 之夜切。

⿰木厀 qī 木，可爲杖。从木厀聲。 親吉切。

⿰木還 xuán ⿰木還味，稔棗。从木還聲。 似沿切。

梧 wú 梧桐木。从木吾聲。一名櫬。 五胡切。

榮 róng 桐木也。从木，熒省聲。一曰屋梠之兩頭起者爲榮。 永兵切。

桐 tóng 榮也。从木同聲。 徒紅切。

橎 fán 木也。从木番聲。讀若樊。 附轅切。

榆 yú 榆，白枌。从木俞聲。 羊朱切。

枌 fén 榆也。从木分聲。 扶分切。

梗 gěng 山枌榆。有朿，莢可爲蕪夷者。从木更聲。 古杏切。

樵 qiáo 散也。从木焦聲。 昨焦切。

松 sōng 木也。从木公聲。 祥容切。 [篆]，松或从容。

樠 mán 松心木。从木㒼聲。 莫奔切。

檜 guì 柏葉松身。从木會聲。 古外切。

樅 cōng 松葉柏身。从木從聲。 七恭切。

柏 bǎi 鞠也。从木白聲。 博陌切。

机 jī 木也。从木几聲。 居履切。

枮 xiān 木也。从木占聲。 息廉切。

梇 lòng 木也。从木弄聲。益州有梇棟縣。 盧貢切。

楰 yú 鼠梓木。从木臾聲。《詩》曰："北山有楰。" 羊朱切。

桅 guǐ 黃木，可染者。从木危聲。 過委切。

杒 rèn 桎杒也。从木刃聲。 而震切。

⿰木遝 tà 榙⿰木遝，木也。从木遝聲。 徒合切。

榙 tā 榙⿰木遝。果似李。从木荅聲。讀若嚃。 土合切。

某 méi 酸果也。从木从甘。闕。 莫厚切。 [篆]，古文某从口。

櫾 yóu 崐崘河隅之長木也。从木䌛聲。 以周切。

樹 shù 生植之總名。从木尌聲。 常句切。 [篆]，籒文。

本 běn 木下曰本。从木，一在其下。 徐鍇曰："一，記其處也。本末朱皆同義。" 布忖切。 [篆]，古文。

柢 dǐ 木根也。从木氐聲。 都禮切。

朱 zhū 赤心木。松柏屬。从木，一在其中。 章俱切。

根 gēn 木株也。从木艮聲。 古痕切。

株 zhū 木根也。从木朱聲。 陟輸切。

末 mò 木上曰末。从木，一在其上。 莫撥切。

樴 jì 細理木也。从木畟聲。 子力切。

果 guǒ 木實也。从木，象果形在木之上。 古火切。

欙 léi 木實也。从木絫聲。力追切。

杈 chā 枝也。从木叉聲。初牙切。

枝 zhī 木別生條也。从木支聲。章移切。

朴 pò 木皮也。从木卜聲。匹角切。

條 tiáo 小枝也。从木攸聲。徒遼切。

枚 méi 榦也。可爲杖。从木从攴。《詩》曰："施于條枚。"莫桮切。

栞 kān 槎識也。从木、㸚。闕。《夏書》曰："隨山栞木。"讀若刊。苦寒切。𣏃，篆文从幵。

欇 zhé 木葉榣白也。从木聶聲。之涉切。

栠 rěn 弱皃。从木任聲。如甚切。

枖 yāo 木少盛皃。从木夭聲。《詩》曰："桃之枖枖。"於喬切。

槇 diān 木頂也。从木眞聲。一曰仆木也。都季切。

梃 tǐng 一枚也。从木廷聲。徒頂切。

欐 shēn 眾盛也。从木驫聲。《逸周書》曰："疑沮事。"闕。所臻切。

標 biāo 木杪末也。从木票聲。敷沼切。

杪 miǎo 木標末也。从木少聲。亡沼切。

朶 duǒ 樹木垂朶朶也。从木，象形。此與采同意。丁果切。

桹 láng 高木也。从木良聲。魯當切。

橌 jiàn 大木皃。从木閒聲。古限切。

枵 xiāo 木根也。从木号聲。《春秋傳》曰："歲在玄枵。"玄枵，虛也。許嬌切。

柖 sháo 樹搖皃。从木召聲。止搖切。

榣 yáo 樹動也。从木䍃聲。余昭切。

樛 jiū 下句曰樛。从木翏聲。吉虯切。

朻 jiū 高木也。从木丩聲。吉虯切。

枉 wǎng 衺曲也。从木㞷聲。迂往切。

橈 nào 曲木。从木堯聲。女教切。

扶 fú 扶疏，四布也。从木夫聲。防無切。

檹 yī 木檹施。从木旖聲。賈侍中說：檹卽椅木，可作琴。於离切。

朴 jiǎo 相高也。从木小聲。私兆切。

榴 hū 高皃。从木曶聲。呼骨切。

槮 shēn 木長皃。从木參聲。《詩》曰："槮差荇菜。"所今切。

梴 chān 長木也。从木延聲。《詩》曰："松桷有梴。"丑連切。

橚 sù 長木皃。从木肅聲。山巧切。

杕 dì 樹皃。从木大聲。《詩》曰："有杕之杜。"特計切。

㯐 tuò 木葉陊也。从木㲋聲。讀若薄。他各切。

格 gé 木長皃。从木各聲。古百切。

槸 yì 木相摩也。从木埶聲。魚祭切。𣠔，槸或从艸。

枯 kū 槀也。从木古聲。《夏書》曰：“唯箘輅枯。”木名也。苦孤切。

槀 gǎo 木枯也。从木高聲。苦浩切。

樸 pǔ 木素也。从木菐聲。匹角切。

楨 zhēn 剛木也。从木貞聲。上郡有楨林縣。陟盈切。

柔 róu 木曲直也。从木矛聲。耳由切。

㭞 tuò 判也。从木㡀聲。《易》曰：“重門擊㭞。”他各切。

朸 lè 木之理也。从木力聲。平原有朸縣。盧則切。

材 cái 木梃也。从木才聲。昨哉切。

柴 chái 小木散材。从木此聲。臣鉉等曰：師行野次，豎散木爲區落，名曰柴籬。後人語譌，轉入去聲。又別作寨字，非是。士佳切。

榑 fú 榑桑，神木，日所出也。从木尃聲。防無切。

杲 gǎo 明也。从日在木上。古老切。

杳 yǎo 冥也。从日在木下。烏皎切。

𣐋 hé 角械也。从木卻聲。一曰木下白也。其逆切。

栽 zài 築牆長版也。从木𢦏聲。《春秋傳》曰：“楚圍蔡，里而栽。”昨代切。

築 zhù 擣也。从木筑聲。陟玉切。𥳇，古文。

榦 gàn 築牆耑木也。从木倝聲。臣鉉等曰：今別作幹，非是。矢榦亦同。古案切。

檥 yí 榦也。从木義聲。魚羈切。

構 gòu 蓋也。从木冓聲。杜林以爲椽桷字。古后切。

模 mú 法也。从木莫聲。讀若嫫母之嫫。莫胡切。

桴 fú 棟名。从木孚聲。附柔切。

棟 dòng 極也。从木東聲。多貢切。

極 jí 棟也。从木亟聲。渠力切。

柱 zhù 楹也。从木主聲。直主切。

楹 yíng 柱也。从木盈聲。《春秋傳》曰：“丹桓宮楹。”以成切。

樘 chēng 衺柱也。从木堂聲。臣鉉等曰：今俗別作橕，非是。丑庚切。

榰 zhī 柱砥。古用木，今以石。从木耆聲。《易》：“榰恆凶。”章移切。

楶 jié 欂櫨也。从木咨聲。子結切。

欂 bì 壁柱。从木，薄省聲。弼戟切。

櫨 lú 柱上柎也。从木盧聲。伊尹曰：“果之美者，箕山之東，青鳧之所，有櫨橘焉。夏孰也。”一曰宅櫨木，出弘農山也。落胡切。

枅 jī 屋櫨也。从木幵聲。古兮切。

栵 liè 栭也。从木㓩聲。《詩》曰：“其灌其栵。”良辥切。

栭 ér 屋枅上標。从木而聲。《爾雅》曰：“栭謂之格。”如之切。

櫽 yìn 棼也。从木㥯聲。於靳切。

橑 lǎo 椽也。从木尞聲。盧浩切。

桷 jué 榱也。椽方曰桷。从木角聲。《春秋傳》曰：“刻桓宫之桷。”古岳切。

椽 chuán 榱也。从木彖聲。直專切。

榱 cuī 秦名爲屋椽，周謂之榱，齊魯謂之桷。从木衰聲。所追切。

楣 méi 秦名屋櫋聯也。齊謂之檐，楚謂之梠。从木眉聲。武悲切。

梠 lǚ 楣也。从木呂聲。力舉切。

梍 pí 梠也。从木㽞聲。讀若枇杷之枇。房脂切。

櫋 mián 屋櫋聯也。从木，邊省聲。武延切。

檐 yán 梍也。从木詹聲。臣鉉等曰：今俗作簷，非是。余廉切。

橝 tán 屋梠前也。从木覃聲。一曰蠶槌。徒含切。

樀 dí 戶樀也。从木啻聲。《爾雅》曰：“檐謂之樀。”讀若滴。都歷切。

植 zhí 戶植也。从木直聲。常職切。⿰木置，或从置。

樞 shū 戶樞也。从木區聲。昌朱切。

槏 qiǎn 戶也。从木兼聲。苦減切。

樓 lóu 重屋也。从木婁聲。洛侯切。

櫳 lóng 房室之疏也。从木龍聲。盧紅切。

楯 shǔn 闌楯也。从木盾聲。食允切。

櫺 líng 楯間子也。从木霝聲。郎丁切。

杗 máng 棟也。从木亡聲。《爾雅》曰：“杗廇謂之梁。”武方切。

棟 cù 短椽也。从木束聲。丑録切。

杇 wū 所以涂也。秦謂之杇，關東謂之槾。从木亏聲。哀都切。

槾 màn 杇也。从木曼聲。母官切。

椳 wēi 門樞謂之椳。从木畏聲。烏恢切。

楣 mào 門樞之横梁。从木冒聲。莫報切。

梱 kǔn 門橛也。从木困聲。苦本切。

榍 xiè 限也。从木屑聲。先結切。

柤 zhā 木閑。从木且聲。側加切。

槍 qiāng 歫也。从木倉聲。一曰槍，欀也。七羊切。

楗 jiàn 限門也。从木建聲。其獻切。

櫼 jiān 楔也。从木韱聲。子廉切。

楔 xiè 楔 櫼也。从木契聲。先結切。

柵 zhà 柵 編樹木也。从木从冊，冊亦聲。楚革切。

杝 lí 杝 落也。从木也聲。讀若他。池尒切。

欜 tuò 欜 夜行所擊者。从木橐聲。《易》曰：“重門擊欜。”他各切。

桓 huán 桓 亭郵表也。从木亘聲。胡官切。

楃 wò 楃 木帳也。从木屋聲。於角切。

橦 chuáng 橦 帳極也。从木童聲。宅江切。

杠 gāng 杠 牀前橫木也。从木工聲。古雙切。

桯 tīng 桯 牀前几。从木呈聲。他丁切。

桱 jīng 桱 桱桯也，東方謂之簜。从木巠聲。古零切。

牀 chuáng 牀 安身之坐者。从木爿聲。徐鍇曰：“《左傳》薳子馮詐病，掘地下冰而牀焉。至於恭坐則席也。故从爿，爿則丬之省。象人衺身有所倚箸。至於牆、壯、戕、狀之屬，竝當从牀省聲。”李陽冰言：“木右爲片，左爲爿，音牆。且《說文》無爿字，其書亦異，故知其妄。”仕莊切。

枕 zhěn 枕 臥所薦首者。从木冘聲。章衽切。

楲 wēi 楲 楲窬，褻器也。从木威聲。於非切。

櫝 dú 櫝 匱也。从木賣聲。一曰木名。又曰：大梡也。徒谷切。

櫛 zhì 櫛 梳比之總名也。从木節聲。阻瑟切。

梳 shū 梳 理髮也。从木，疏省聲。所菹切。

㭘 gé 㭘 劒柙也。从木合聲。胡甲切。

槈 nòu 槈 薅器也。从木辱聲。奴豆切。鎒，或从金。

[illegible] xū [illegible] 茉，臿也。从木；入，象形；目聲。舉朱切。

茉 huá 茉 兩刃臿也。从木；丫，象形。宋魏曰茉也。互瓜切。釫，或从金从于。

相 sì 相 臿也。从木㠯聲。一曰徙土輂，齊人語也。臣鉉等曰：今俗作耜。詳里切。梩，或从里。

枱 yí 枱 耒耑也。从木台聲。弋之切。鈶，或从金。辝，籒文从辝。

楎 hún 楎 六叉犂。一曰犂上曲木，犂轅。从木軍聲。讀若渾天之渾。戶昆切。

櫌 yōu 櫌 摩田器。从木憂聲。《論語》曰：“櫌而不輟。”於求切。

欘 zhú 欘 斫也，齊謂之鎡錤。一曰斤柄，性自曲者。从木屬聲。陟玉切。

櫡 zhuó 櫡 斫謂之櫡。从木箸聲。張略切。

杷 pá 杷 收麥器。从木巴聲。蒲巴切。

杸 yì 杸 穜樓也。一曰燒麥柃杸。从木役聲。与辟切。

柃 líng 柃 木也。从木令聲。郎丁切。

梻 fú 擊禾連枷也。从木弗聲。 敷勿切。

枷 jiā 梻也。从木加聲。淮南謂之柍。 古牙切。

杵 chǔ 舂杵也。从木午聲。 昌與切。

槩 gài 杚斗斛。从木既聲。 工代切。

杚 gài 平也。从木气聲。 古没切。

楷 shěng 木參交以枝炊籅者也。从木省聲。讀若驪駕。 臣鉉等曰：驪駕未詳。所綆切。

柶 sì 《禮》有柶。柶，匕也。从木四聲。 息利切。

桮 bēi 𠤳也。从木否聲。 布回切。 𠥦，籀文桮。

槃 pán 承槃也。从木般聲。 薄官切。 鎜，古文从金。盤，籀文从皿。

榹 sī 槃也。从木虒聲。 息移切。

案 àn 几屬。从木安聲。 烏旰切。

檈 xuán 圜案也。从木瞏聲。 似沿切。

椷 jiān 匧也。从木咸聲。 古咸切。

枓 zhǔ 勺也。从木从斗。 之庾切。

杓 biāo 枓柄也。从木从勺。 臣鉉等曰：今俗作市若切，以爲桮杓之杓。 甫搖切。

櫑 léi 龜目酒尊，刻木作雲雷象。象施不窮也。从木畾聲。 魯回切。 罍，櫑或从缶。𥁐，櫑或从皿。𣠠，籀文櫑。

椑 pí 圜榼也。从木卑聲。 部迷切。

榼 kē 酒器也。从木盍聲。 枯蹋切。

橢 tuǒ 車笭中橢橢器也。从木隋聲。 徒果切。

槌 zhuì 關東謂之槌，關西謂之持。从木追聲。 直類切。

持 zhé 槌也。从木，特省聲。 陟革切。

栚 zhèn 槌之横者也。關西謂之㯓。从木灷聲。 臣鉉等曰：當从朕省。直衽切。

槤 liǎn 瑚槤也。从木連聲。 臣鉉等曰：今俗作璉，非是。里典切。

櫎 huǎng 所以几器。从木廣聲。一曰帷屏風之屬。 臣鉉等曰：今別作幌，非是。胡廣切。

檋 jú 舉食者。从木具聲。 俱燭切。

檕 jì 繘耑木也。从木毄聲。 古詣切。

檷 nǐ 絡絲檷。从木爾聲。讀若柅。 奴礼切。

機 jī 主發謂之機。从木幾聲。 居衣切。

縢 shèng 機持經者。从木朕聲。 詩證切。

杼 zhù 機之持緯者。从木予聲。 直呂切。

椱 fù 機持繒者。从木复聲。 扶富切。

楥 xuàn 履法也。从木爰聲。讀若指撝。 吁券切。

核 gāi 蠻夷以木皮爲篋，狀如籢尊。从木亥聲。古哀切。

棚 péng 棧也。从木朋聲。薄衡切。

棧 zhàn 棚也。竹木之車曰棧。从木戔聲。士限切。

栫 jiàn 以柴木壅也。从木存聲。徂悶切。

槶 guì 筐當也。从木國聲。古悔切。

梯 tī 木階也。从木弟聲。土雞切。

棖 chéng 杖也。从木長聲。一曰法也。宅耕切。

桊 juàn 牛鼻中環也。从木𢍏聲。居倦切。

椯 duǒ 箠也。从木耑聲。一曰椯度也。一曰剟也。兜果切。

橜 jué 弋也。从木厥聲。一曰門梱也。瞿月切。

樴 zhí 弋也。从木戠聲。之弋切。

杖 zhàng 持也。从木丈聲。臣鉉等曰：今俗別作仗，非是。直兩切。

柭 bā 棓也。从木犮聲。北末切。

棓 bàng 棁也。从木咅聲。步項切。

椎 chuí 擊也。齊謂之終葵。从木隹聲。直追切。

柯 kē 斧柄也。从木可聲。古俄切。

棁 tuō 木杖也。从木兑聲。他活切。又，之說切。

柄 bǐng 柯也。从木丙聲。陂病切。棅，或从秉。

柲 bì 欑也。从木必聲。兵媚切。

欑 cuán 積竹杖也。从木贊聲。一曰穿也。一曰叢木。在丸切。

杘 chì 籆柄也。从木尸聲。女履切。柅，杘或从木尼聲。臣鉉等曰：柅，女氏切。木若梨。此重出。

榜 bēng 所以輔弓弩。从木旁聲。補盲切。臣鉉等案：李舟《切韻》一音北孟切，進船也。又音北朗切，木片也。今俗作牓，非。

檠 qíng 榜也。从木敬聲。巨京切。

檃 yǐn 桰也。从木，隱省聲。於謹切。

桰 kuò 檃也。从木昏聲。一曰矢桰，築弦處。古活切。

棊 qí 博棊。从木其聲。渠之切。

椄 jiē 續木也。从木妾聲。子葉切。

栙 xiáng 栙雙也。从木夅聲。讀若鴻。下江切。

栝 tiǎn 炊竈木。从木舌聲。臣鉉等曰：當从甛省乃得聲。他念切。

槽 cáo 畜獸之食器。从木曹聲。昨牢切。

臬 niè 射準的也。从木从自。李陽冰曰："自非聲，从劓省。"五結切。

桶 tǒng 木方，受六升。从木甬聲。他奉切。

櫓 lǔ 大盾也。从木魯聲。郎古切。樐，或从鹵。

樂 yuè 五聲八音總名。象鼓鞞。木，虡也。玉角切。

柎 fū 闌足也。从木付聲。甫無切。

枹 fú 擊鼓杖也。从木包聲。甫無切。

椌 qiāng 柷樂也。从木空聲。苦江切。

柷 zhù 樂，木空也。所以止音爲節。从木，祝省聲。昌六切。

槧 qiàn 牘樸也。从木斬聲。自琰切。

札 zhá 牒也。从木乙聲。側八切。

檢 jiǎn 書署也。从木僉聲。居奄切。

檄 xí 二尺書。从木敫聲。胡狄切。

棨 qǐ 傳信也。从木，啟省聲。康礼切。

楘 mù 車歷録束文也。从木敄聲。《詩》曰："五楘梁輈。" 莫卜切。

枑 hù 行馬也。从木互聲。《周禮》曰："設梐枑再重。" 胡誤切。

梐 bì 梐枑也。从木，陛省聲。邊兮切。

极 jí 驢上負也。从木及聲。或讀若急。其輒切。

𣏂 qū 极也。从木去聲。去魚切。

槅 gé 大車枙。从木鬲聲。古覈切。

橾 shū 車轂中空也。从木喿聲。讀若藪。山樞切。

楇 huò 盛膏器。从木咼聲。讀若過。乎臥切。

枊 àng 馬柱。从木卬聲。一曰堅也。吾浪切。

棝 gù 棝斗，可射鼠。从木固聲。古慕切。

欙 léi 山行所乘者。从木纍聲。《虞書》曰："予乘四載。"水行乘舟，陸行乘車，山行乘欙，澤行乘䡅。力追切。

榷 què 水上橫木，所以渡者也。从木隺聲。江岳切。

橋 qiáo 水梁也。从木喬聲。巨驕切。

梁 liáng 水橋也。从木从水，刅聲。呂張切。𣚍，古文。

㮴 sōu 船總名。从木叜聲。臣鉉等曰：今俗別作艘，非是。穌遭切。

橃 fá 海中大船。从木發聲。臣鉉等曰：今俗別作筏，非是。房越切。

楫 jí 舟櫂也。从木咠聲。子葉切。

欚 lǐ 江中大船名。从木蠡聲。盧啓切。

校 jiào 木囚也。从木交聲。古孝切。

樔 cháo 澤中守艸樓。从木巢聲。鉏交切。

采 cǎi 捋取也。从木从爪。倉宰切。

柿 fèi 削木札樸也。从木巿聲。陳楚謂櫝爲柿。芳吠切。

橫 héng 闌木也。从木黃聲。戶盲切。

梜 jiā 檢柙也。从木夾聲。古洽切。

桄 guàng　充也。从木光聲。古曠切。

檇 zuì　以木有所擣也。从木雋聲。《春秋傳》曰："越敗吳於檇李。"遵爲切。

椓 zhuó　擊也。从木豖聲。竹角切。

朾 chéng　橦也。从木丁聲。宅耕切。

柧 gū　棱也。从木瓜聲。又，柧棱，殿堂上最高之處也。古胡切。

棱 léng　柧也。从木夌聲。魯登切。

㯻 niè　伐木餘也。从木獻聲。《商書》曰："若顛木之有甹㯻。"五葛切。櫱，㯻或从木辥聲。𣎵，古文㯻从木，無頭。枿，亦古文㯻。

枰 píng　平也。从木从平，平亦聲。蒲兵切。

柆 lā　折木也。从木立聲。盧合切。

槎 chá　衺斫也。从木差聲。《春秋傳》曰："山不槎。"側下切。

柮 duò　斷也。从木出聲。讀若《爾雅》"貀無前足"之"貀"。女滑切。

檮 táo　斷木也。从木𠷎聲。《春秋傳》曰："檮柮。"徒刀切。

析 xī　破木也。一曰折也。从木从斤。先激切。

棷 zōu　木薪也。从木取聲。側鳩切。

梡 hùn　㮯，木薪也。从木完聲。胡本切。

㮯 hún　梡木未析也。从木圂聲。胡昆切。

楄 pián　楄部，方木也。从木扁聲。《春秋傳》曰："楄部薦榦。"部田切。

楅 bī　以木有所逼束也。从木畐聲。《詩》曰："夏而楅衡。"彼即切。

枼 yè　楄也。枼，薄也。从木世聲。臣鉉等曰：當从冊乃得聲。冊，穌合切。与涉切。

槱 yǒu　積火燎之也。从木从火，酉聲。《詩》曰："薪之槱之。"《周禮》："以槱燎祠司中、司命。"余救切。𥙖，柴祭天神或从示。

休 xiū　息止也。从人依木。許尤切。庥，休或从广。

㮓 gèn　竟也。从木恆聲。古鄧切。亙，古文㮓。

械 xiè　桎梏也。从木戒聲。一曰器之總名。一曰持也。一曰有盛爲械，無盛爲器。胡戒切。

杽 chǒu　械也。从木从手，手亦聲。敕九切。

桎 zhì　足械也。从木至聲。之日切。

梏 gù　手械也。从木告聲。古沃切。

櫪 lì　櫪㯕，椑指也。从木歷聲。郎擊切。

㯕 xī　櫪㯕也。从木斯聲。先稽切。

檻 jiàn　櫳也。从木監聲。一曰圈。胡黯切。

櫳 lóng 檻也。从木龍聲。盧紅切。

柙 xiá 檻也。以藏虎兕。从木甲聲。烏匣切。，古文柙。

棺 guān 關也。所以掩尸。从木官聲。古丸切。

櫬 chèn 棺也。从木親聲。《春秋傳》曰：“士輿櫬。”初僅切。

槥 huì 棺櫝也。从木彗聲。祥歲切。

槨 guǒ 葬有木𩫏也。从木𩫏聲。古博切。

楬 jié 楬桀也。从木曷聲。《春秋傳》曰：“楬而書之。”其謁切。

梟 xiāo 不孝鳥也。日至，捕梟磔之。从鳥頭在木上。古堯切。

棐 fěi 輔也。从木非聲。敷尾切。

文四百二十一　重三十九

梔 zhī 木，實可染。从木卮聲。章移切。

榭 xiè 臺有屋也。从木䠶聲。詞夜切。

槊 shuò 矛也。从木朔聲。所角切。

椸 yí 衣架也。从木施聲。以支切。

榻 tà 牀也。从木㒳聲。土盍切。

櫍 zhì 柎也。从木質聲。之日切。

櫂 zhào 所以進舩也。从木翟聲。或从卓。《史記》通用濯。直教切。

槔 gāo 桔槔，汲水器也。从木皋聲。古牢切。

椿 zhuāng 橛杙也。从木舂聲。啄江切。

櫻 yīng 果也。从木嬰聲。烏莖切。

㯊 sè 梜也。从木，策省聲。所厄切。

文十二（當作文十一新附）

東部

東 dōng 動也。从木。官溥說：从日在木中。凡東之屬皆从東。得紅切。

𣗥 cáo 二東。曹从此。闕。

文二

林部

林 lín 平土有叢木曰林。从二木。凡林之屬皆从林。力尋切。

霖 wú 豐也。从林、奭。或說規模字。从大；卌，數之積也；林者，木之多也。卌與庶同意。《商書》曰：“庶草繁無。”徐鍇曰：“或說

大冊爲規模之模，諸部無者，不審信也。”文甫切。

鬱 yù　木叢生者。从林，鬱省聲。迂弗切。

楚 chǔ　叢木。一名荊也。从林疋聲。創舉切。

棽 chēn　木枝條棽儷皃。从林今聲。丑林切。

楙 mào　木盛也。从林矛聲。莫候切。

麓 lù　守山林吏也。从林鹿聲。一曰林屬於山爲麓。《春秋傳》曰：“沙麓崩。”盧谷切。，古文从录。

棼 fén　複屋棟也。从林分聲。符分切。

森 sēn　木多皃。从林从木。讀若曾參之參。所今切。

文九　重一

梵 fàn　出自西域釋書，未詳意義。扶泛切。

文一　新附

才 部

才 cái　艸木之初也。从丨上貫一，將生枝葉。一，地也。凡才之屬皆从才。徐鍇曰：“上一，初生歧枝也。下一，地也。”昨哉切。

文一

叒 部

叒 ruò　日初出東方湯谷，所登榑桑，叒木也。象形。凡叒之屬皆从叒。而灼切。，籒文。

桑 sāng　蠶所食葉木。从叒、木。息郎切。

文二　重一

之 部

之 zhī　出也。象艸過屮，枝莖益大，有所之。一者，地也。凡之之屬皆从之。止而切。

㞷 huáng　艸木妄生也。从之在土上。讀若皇。徐鍇曰：“妄生謂非所宜生。《傳》曰：‘門上生莠。’从之，在土上。土上益高，非所宜也。”戶光切。

文二　重一（大徐本無重文）

帀部

帀 zā　周也。从反之而帀也。凡帀之屬皆从帀。周盛說。子荅切。

師 shī　二千五百人爲師。从帀从𠂤。𠂤，四帀，眾意也。疎夷切。𢀳，古文師。

文二　重一

出部

出 chū　進也。象艸木益滋，上出達也。凡出之屬皆从出。尺律切。

敖 áo　游也。从出从放。五牢切。

賣 mài　出物貨也。从出从買。莫邂切。

糶 tiào　出穀也。从出从糴，糴亦聲。他弔切。

𥦤 niè　槷𥦤，不安也。从出臬聲。《易》曰："槷𥦤。"徐鍇曰："物不安則出不在也。"五結切。

文五

𣎳部

𣎳 pò　艸木盛𣎳𣎳然。象形，八聲。凡𣎳之屬皆从𣎳。讀若輩。普活切。

𣑻 wèi　艸木𣑻孛之皃。从𣎳畀聲。于貴切。

索 suǒ　艸有莖葉，可作繩索。从𣎳、糸。杜林說：𣎳亦朱木字。蘇各切。

孛 bèi　𣑻也，从𣎳；人色也，从子。《論語》曰："色孛如也。"蒲妹切。

𣎵 zǐ　止也。从𣎳盛而一橫止之也。即里切。

南 nán　艸木至南方，有枝任也。从𣎳羊聲。那含切。𡴭，古文。

文六　重一

生部

生 shēng　進也。象艸木生出土上。凡生之屬皆从生。所庚切。

丰 fēng　艸盛丰丰也。从生，上下達也。敷容切。

産 chǎn　生也。从生，彥省聲。所簡切。

隆 lóng　豐大也。从生降聲。徐鍇曰："生而不已，益高大也。"力中切。

甤 ruí　草木實甤甤也。从生，豨省聲。讀若綏。儒隹切。

甡 shēn 眾生並立之皃。从二生。《詩》曰：“甡甡其鹿。” 所臻切。

文六

乇部

乇 zhé 艸葉也。从垂穗，上貫一，下有根。象形。凡乇之屬皆从乇。陟格切。

文一

𠂹部

𠂹 chuí 艸木華葉𠂹。象形。凡𠂹之屬皆从𠂹。是爲切。[illegible]，古文。

文一　重一

𠌶部

𠌶 huā 艸木華也。从𠂹亏聲。凡𠌶之屬皆从𠌶。況于切。荂，𠌶或从艸从夸。

𩏩 wěi 盛也。从𠌶韋聲。《詩》曰：“萼不𩏩𩏩。” 于鬼切。

文二　重一

華部

華 huā 榮也。从艸从𠌶。凡華之屬皆从華。戶瓜切。

皣 yè 艸木白華也。从華从白。筠輒切。

文二

禾部

禾 jī 木之曲頭止不能上也。凡禾之屬皆从禾。古兮切。

稽 zhǐ 多小意而止也。从禾从支，只聲。一曰木也。職雉切。

稛 jǔ 稽稛也。从禾从又，句聲。又者，从丑省。一曰木名。徐鍇曰：“丑者，束縛也。稽稛，不伸之意。”俱羽切。

文三

稽部

稽 jī 𥡴 畱止也。从禾从尤，旨聲。凡稽之屬皆从稽。 古兮切。
䅵 zhuó 䅵 特止也。从稽省，卓聲。 徐鍇曰："特止，卓立也。" 竹角切。
𥠖 gǎo 𥠖 𥠖䅵而止也。从稽省，咎聲。讀若皓。賈侍中說：稽、䅵、𥠖三字皆木名。 古老切。
文三

巢部

巢 cháo 巢 鳥在木上曰巢，在穴曰窠。从木，象形。凡巢之屬皆从巢。 鉏交切。
㽞 biǎn 㽞 傾覆也。从寸，臼覆之。寸，人手也。从巢省。杜林說：以爲貶損之貶。 方斂切。
文二

桼部

桼 qī 桼 木汁。可以髤物。象形。桼如水滴而下。凡桼之屬皆从桼。 親吉切。
髤 xiū 髤 桼也。从桼髟聲。 許由切。
䰍 pào 䰍 桼垸已，復桼之。从桼包聲。 匹皃切。
文三

束部

束 shù 束 縛也。从囗、木。凡束之屬皆从束。 書玉切。
柬 jiǎn 柬 分別簡之也。从束从八。八，分別也。 古限切。
𣏟 jiǎn 𣏟 小束也。从束幵聲。讀若繭。 古典切。
剌 là 剌 戾也。从束从刀。刀者，剌之也。 徐鍇曰："剌，乖違也。束而乖違者，莫若刀也。" 盧達切。
文四

㯻部

㯻 gǔn 㯻 橐也。从束圂聲。凡㯻之屬皆从㯻。 胡本切。

橐 tuó 囊也。从㯻省，石聲。 他各切。

囊 náng 橐也。从㯻省，襄省聲。 奴當切。

櫜 gāo 車上大橐。从㯻省，咎聲。《詩》曰：“載櫜弓矢。” 古勞切。

橐 pāo 囊張大皃。从㯻省，匋省聲。 符宵切。

文五

囗　部

囗 wéi 回也。象回帀之形。凡囗之屬皆从囗。 羽非切。

圜 yuán 天體也。从囗睘聲。 王權切。

團 tuán 圜也。从囗專聲。 度官切。

圓 xuán 規也。从囗肙聲。 似沿切。

沄 yún 回也。从囗云聲。 羽巾切。

圓 yuán 圜全也。从囗員聲。讀若員。 王問切。

回 huí 轉也。从囗，中象回轉形。 戶恢切。，古文。

圖 tú 畫計難也。从囗从啚。啚，難意也。 徐鍇曰：“規畫之也。故从囗。”同都切。

圛 yì 回行也。从囗睪聲。《尚書》曰圛。 圛，升雲半有半無。讀若驛。 羊益切。

國 guó 邦也。从囗从或。 古惑切。

壼 kǔn 宮中道。从囗，象宮垣、道上之形。《詩》曰：“室家之壼。” 苦本切。

囷 qūn 廩之圜者。从禾在囗中。圜謂之囷，方謂之京。 去倫切。

圈 juàn 養畜之閑也。从囗卷聲。 渠篆切。

囿 yòu 苑有垣也。从囗有聲。一曰禽獸曰囿。 于救切。，籀文囿。

園 yuán 所以樹果也。从囗袁聲。 羽元切。

圃 pǔ 種菜曰圃。从囗甫聲。 博古切。

因 yīn 就也。从囗、大。 徐鍇曰：“《左傳》曰：植有禮，因重固。能大者，眾圍就之。”於眞切。

㘨 nà 下取物縮藏之。从囗从又。讀若聶。 女洽切。

囹 líng 獄也。从囗令聲。 郎丁切。

圄 yǔ 守之也。从囗吾聲。 魚舉切。

囚 qiú 繫也。从人在囗中。 似由切。

固 gù 四塞也。从囗古聲。 古慕切。

圍 wéi 守也。从囗韋聲。 羽非切。

困 kùn 故廬也。从木在囗中。苦悶切。[illegible]，古文困。

圂 hùn 廁也。从囗，象豕在囗中也。會意。胡困切。

囮 é 譯也。从囗、化。率鳥者繫生鳥以來之，名曰囮。讀若譌。五禾切。[illegible]，囮或从繇。又音由。

文二十六　重四

員部

員 yuán 物數也。从貝囗聲。凡員之屬皆从員。徐鍇曰："古以貝爲貨，故數之。"王權切。[illegible]，籀文从鼎。

䞕 yún 物數紛䞕亂也。从員云聲。讀若《春秋傳》曰"宋皇鄖"。羽文切。

文二　重一

貝部

貝 bèi 海介蟲也。居陸名猋，在水名蜬。象形。古者貨貝而寶龜，周而有泉，至秦廢貝行錢。凡貝之屬皆从貝。博蓋切。

貨 suǒ 貝聲也。从小、貝。酥果切。

賄 huì 財也。从貝有聲。呼罪切。

財 cái 人所寶也。从貝才聲。昨哉切。

貨 huò 財也。从貝化聲。呼臥切。

䝿 guì 資也。从貝爲聲。或曰：此古貨字。讀若貴。詭僞切。

資 zī 貨也。从貝次聲。即夷切。

贎 wàn 貨也。从貝萬聲。無販切。

賑 zhèn 富也。从貝辰聲。之忍切。

賢 xián 多才也。从貝臤聲。胡田切。

賁 bì 飾也。从貝卉聲。彼義切。

賀 hè 以禮相奉慶也。从貝加聲。胡箇切。

貢 gòng 獻功也。从貝工聲。古送切。

贊 zàn 見也。从貝从兟。臣鉉等曰：兟，音詵。進也。執贄而進，有司贊相之。則旰切。

賮 jìn 會禮也。从貝𦘔聲。徐刃切。

齎 jī 持遺也。从貝齊聲。祖雞切。

貸 dài 施也。从貝代聲。他代切。

貣 tè 从人求物也。从貝弋聲。他得切。

賂 lù 遺也。从貝各聲。臣鉉等曰：當从路省乃得聲。洛故切。

賸	shèng	物相增加也。从貝朕聲。一曰送也，副也。以證切。
贈	zèng	玩好相送也。从貝曾聲。昨鄧切。
貱	bì	迻予也。从貝皮聲。彼義切。
贛	gòng	賜也。从貝，竷省聲。臣鉉等曰：竷非聲，未詳。古送切。𧹖，籀文贛。
賚	lài	賜也。从貝來聲。《周書》曰："賚尒秬鬯。"洛帶切。
賞	shǎng	賜有功也。从貝尚聲。書兩切。
賜	cì	予也。从貝易聲。斯義切。
貤	yì	重次弟物也。从貝也聲。以豉切。
贏	yíng	有餘、賈利也。从貝𦝫聲。臣鉉等曰：當从嬴省乃得聲。以成切。
賴	lài	贏也。从貝剌聲。洛帶切。
負	fù	恃也。从人守貝，有所恃也。一曰受貸不償。房九切。
貯	zhù	積也。从貝宁聲。直呂切。
貳	èr	副、益也。从貝弍聲。弍，古文二。而至切。
賓	bīn	所敬也。从貝㝉聲。必鄰切。𡧱，古文。
賒	shē	貰買也。从貝余聲。式車切。
貰	shì	貸也。从貝世聲。神夜切。
贅	zhuì	以物質錢。从敖、貝。敖者，猶放；貝，當復取之也。之芮切。
質	zhì	以物相贅。从貝从所。闕。之日切。
貿	mào	易財也。从貝丣聲。莫候切。
贖	shú	貿也。从貝賣聲。殊六切。
費	fèi	散財用也。从貝弗聲。房未切。
責	zé	求也。从貝朿聲。側革切。
賈	gǔ	賈市也。从貝襾聲。一曰坐賣售也。公戶切。
賫	shāng	行賈也。从貝，商省聲。式陽切。
販	fàn	買賤賣貴者。从貝反聲。方願切。
買	mǎi	市也。从网、貝。《孟子》曰："登壟斷而网市利。"莫蟹切。
賤	jiàn	賈少也。从貝戔聲。才線切。
賦	fù	斂也。从貝武聲。方遇切。
貪	tān	欲物也。从貝今聲。他含切。
貶	biǎn	損也。从貝从乏。方斂切。
貧	pín	財分少也。从貝从分，分亦聲。符巾切。𡧊，古文从宀、分。
賃	lìn	庸也。从貝任聲。尼禁切。
賕	qiú	以財物枉法相謝也。从貝求聲。一曰戴質也。巨留切。
購	gòu	以財有所求也。从貝冓聲。古候切。
貾	shǔ	齎財卜問爲貾。从貝疋聲。讀若所。疏舉切。

貲 zī 小罰以財自贖也。从貝此聲。漢律：民不繇，貲錢二十二。卽夷切。

賨 cóng 南蠻賦也。从貝宗聲。徂紅切。

賣 yù 衙也。从貝𡏳聲。𡏳，古文睦。讀若育。余六切。

貴 guì 物不賤也。从貝臾聲。臾，古文蕢。居胃切。

賏 yīng 頸飾也。从二貝。烏莖切。

文五十九　重三

貺 kuàng 賜也。从貝兄聲。許訪切。

賵 fèng 贈死者。从貝从冒。冒者，衣衾覆冒之意。撫鳳切。

賭 dǔ 博簺也。从貝者聲。當古切。

貼 tiē 以物爲質也。从貝占聲。他叶切。

貽 yí 贈遺也。从貝台聲。經典通用詒。與之切。

賺 zhuàn 重買也，錯也。从貝廉聲。佇陷切。

賽 sài 報也。从貝，塞省聲。先代切。

賻 fù 助也。从貝尃聲。符遇切。

贍 shàn 給也。从貝詹聲。時豔切。

文九　新附

邑　部

邑 yì 國也。从囗；先王之制，尊卑有大小，从卪。凡邑之屬皆从邑。於汲切。

邦 bāng 國也。从邑丰聲。博江切。[illegible]，古文。

郡 jùn 周制：天子地方千里，分爲百縣，縣有四郡。故《春秋傳》曰“上大夫受郡”是也。至秦初置三十六郡，以監其縣。从邑君聲。渠運切。

都 dū 有先君之舊宗廟曰都。从邑者聲。周禮：距國五百里爲都。當孤切。

鄰 lín 五家爲鄰。从邑粦聲。力珍切。

酇 zuǎn 百家爲酇。酇，聚也。从邑贊聲。南陽有酇縣。作管切。又，作旦切。

鄙 bǐ 五酇爲鄙。从邑啚聲。兵美切。

郊 jiāo 距國百里爲郊。从邑交聲。古肴切。

邸 dǐ 屬國舍。从邑氐聲。都禮切。

郛 fú 郭也。从邑孚聲。甫無切。

郵 yóu 境上行書舍。从邑、垂。垂，邊也。羽求切。

郩 shào 國甸，大夫稍。稍，所食邑。从邑肖聲。《周禮》曰："任郩地。"在天子三百里之内。所教切。

鄯 shàn 鄯善，西胡國也。从邑从善，善亦聲。時戰切。

竆 qióng 夏后時諸侯夷羿國也。从邑，窮省聲。渠弓切。

鄈 jì 周封黃帝之後於鄈也。从邑契聲。讀若薊。上谷有鄈縣。古詣切。

邰 tái 炎帝之後，姜姓所封，周棄外家國。从邑台聲。右扶風斄縣是也。《詩》曰："有邰家室。"土來切。

郂 qí 周文王所封。在右扶風美陽中水鄉。从邑支聲。巨支切。岐，郂或从山支聲。因岐山以名之也。𡸖，古文郂从枝从山。

邠 bīn 周太王國。在右扶風美陽。从邑分聲。補巾切。豳，美陽亭，即豳也。民俗以夜市，有豳山。从山从豩。闕。

郿 méi 右扶風縣。从邑眉聲。武悲切。

郁 yù 右扶風郁夷也。从邑有聲。於六切。

鄠 hù 右扶風縣名。从邑雩聲。胡古切。

扈 hù 夏后同姓所封，戰於甘者。在鄠，有扈谷、甘亭。从邑戶聲。胡古切。𡵨，古文扈从山、弓。

𨞺 péi 右扶風鄠鄉。从邑崩聲。沛城父有𨞺鄉。讀若陪。薄回切。

䢸 jū 右扶風鄠鄉。从邑且聲。子余切。

郝 hǎo 右扶風鄠、盩厔鄉。从邑赤聲。呼各切。

酆 fēng 周文王所都。在京兆杜陵西南。从邑豐聲。敷戎切。

鄭 zhèng 京兆縣。周厲王子友所封。从邑奠聲。宗周之滅，鄭徙潧洧之上，今新鄭是也。直正切。

郃 hé 左馮翊郃陽縣。从邑合聲。《詩》曰："在郃之陽。"候閤切。

叩 kǒu 京兆藍田鄉。从邑口聲。苦后切。

䣀 fán 京兆杜陵鄉。从邑樊聲。附袁切。

鄜 fū 左馮翊縣。从邑麃聲。甫無切。

𨜓 tú 左馮翊𨜓陽亭。从邑屠聲。同都切。

邮 yóu 左馮翊高陵。从邑由聲。徒歷切。

𨛦 nián 左馮翊谷口鄉。从邑季聲。讀若寧。奴顛切。

邽 guī 隴西上邽也。从邑圭聲。古畦切。

部 bù 天水狄部。从邑咅聲。蒲口切。

郖 dòu 弘農縣庾地。从邑豆聲。當侯切。

鄏 rǔ 河南縣直城門官陌地也。从邑辱聲。《春秋傳》曰："成王定鼎于郟鄏。"而蜀切。

鄻 liǎn 周邑也。从邑輦聲。力展切。

鄒 zhài 周邑也。从邑祭聲。側介切。

邙 máng 河南洛陽北亡山上邑。从邑亡聲。莫郎切。

鄩 xún 周邑也。从邑尋聲。徐林切。

郗 chī 周邑也。在河内。从邑希聲。丑脂切。

鄆 yùn 河内沁水鄉。从邑軍聲。魯有鄆地。王問切。

邶 bèi 故商邑。自河内朝歌以北是也。从邑北聲。補妹切。

邘 yú 周武王子所封，在河内野王是也。从邑于聲。又讀若區。況于切。

鄯 lí 殷諸侯國。在上黨東北。从邑㓞聲。㓞，古文利。《商書》："西伯戡鄯。" 郎奚切。

邵 shào 晉邑也。从邑召聲。寔照切。

鄍 míng 晉邑也。从邑冥聲。《春秋傳》曰："伐鄍三門。" 莫經切。

鄐 chù 晉邢矦邑。从邑畜聲。丑六切。

鄇 hòu 晉之溫地。从邑侯聲。《春秋傳》曰："爭鄇田。" 胡遘切。

邲 bì 晉邑也。从邑必聲。《春秋傳》曰："晉楚戰于邲。" 毗必切。

郤 xì 晉大夫叔虎邑也。从邑谷聲。綺戟切。

郿 péi 河東聞喜縣。从邑非聲。薄回切。

鄈 qián 河東聞喜聚。从邑虔聲。渠焉切。

邼 kuāng 河東聞喜鄉。从邑匡聲。去王切。

鄈 kuí 河東臨汾地，即漢之所祭后土處。从邑癸聲。揆唯切。

邢 xíng 周公子所封，地近河内懷。从邑幵聲。戶經切。

鄔 wū 太原縣。从邑烏聲。安古切。

祁 qí 太原縣。从邑示聲。巨支切。

鄴 yè 魏郡縣。从邑業聲。魚怯切。

邢 jǐng 鄭地邢亭。从邑井聲。戶經切。

邯 hán 趙邯鄲縣。从邑甘聲。胡安切。

鄲 dān 邯鄲縣。从邑單聲。都寒切。

郇 xún 周武王子所封國，在晉地。从邑旬聲。讀若泓。相倫切。

鄃 shū 清河縣。从邑俞聲。式朱切。

鄗 hào 常山縣。世祖所卽位，今爲高邑。从邑高聲。呼各切。

鄡 qiāo 鉅鹿縣。从邑梟聲。牽遙切。

鄚 mò 涿郡縣。从邑莫聲。慕各切。

郅 zhì 北地郁郅縣。从邑至聲。之日切。

郯 sōu 北方長狄國也。在夏爲防風氏，在殷爲汪茫氏。从邑叜聲。《春秋傳》曰："郯瞞侵齊。" 所鳩切。

鄦 xǔ 炎帝太嶽之胤，甫侯所封，在潁川。从邑無聲。讀若許。虚呂切。

邟 kàng 潁川縣。从邑亢聲。苦浪切。

郾 yǎn 潁川縣。从邑匽聲。於建切。

郟 jiá 潁川縣。从邑夾聲。工洽切。

郪 qī 新郪，汝南縣。从邑妻聲。七稽切。

鄎 xī 姬姓之國，在淮北。从邑息聲。今汝南新鄎。相即切。

郋 xí 汝南邵陵里。从邑自聲。讀若奚。胡雞切。

䣊 páng 汝南鮦陽亭。从邑㫄聲。步光切。

郹 jú 蔡邑也。从邑狊聲。《春秋傳》曰："郹陽封人之女奔之。"古闃切。

鄧 dèng 曼姓之國。今屬南陽。从邑登聲。徒亙切。

鄾 yōu 鄧國地也。从邑憂聲。《春秋傳》曰："鄧南鄙鄾人攻之。"於求切。

郒 háo 南陽淯陽鄉。从邑号聲。乎刀切。

鄛 cháo 南陽棗陽鄉。从邑巢聲。鉏交切。

𨟚 ráng 今南陽穰縣是。从邑襄聲。汝羊切。

𨞃 lú 南陽穰鄉。从邑婁聲。力朱切。

郢 lǐ 南陽西鄂亭。从邑里聲。良止切。

䢺 yǔ 南陽舞陰亭。从邑羽聲。王榘切。

郢 yǐng 故楚都。在南郡江陵北十里。从邑呈聲。以整切。，郢或省。

鄢 yān 南郡縣。孝惠三年改名宜城。从邑焉聲。於乾切。

鄳 méng 江夏縣。从邑黽聲。莫杏切。

𨞛 gé 南陽陰鄉。从邑葛聲。古達切。

鄂 è 江夏縣。从邑咢聲。五各切。

邔 qǐ 南陽縣。从邑已聲。居擬切。

邾 zhū 江夏縣。从邑朱聲。陟輸切。

鄖 yún 漢南之國。从邑員聲。漢中有鄖關。羽文切。

鄘 yōng 南夷國。从邑庸聲。余封切。

郫 pí 蜀縣也。从邑卑聲。符支切。

𨟅 chóu 蜀江原地。从邑壽聲。市流切。

𨟐 jí 蜀地也。从邑耤聲。秦昔切。

鄤 wàn 蜀廣漢鄉也。从邑蔓聲。讀若蔓。無販切。

邡 fāng 什邡，廣漢縣。从邑方聲。府良切。

䣕 mà 存䣕，犍爲縣。从邑馬聲。莫駕切。

鄨 bì 牂牱縣。从邑敝聲。讀若鷩雉之鷩。必袂切。

郇 bāo 地名。从邑包聲。布交切。

𨙻 nuó 西夷國。从邑冄聲。安定有朝𨙻縣。諾何切。

鄱 pó 鄱陽，豫章縣。从邑番聲。薄波切。

酃 líng 長沙縣。从邑霝聲。郎丁切。

郴 chēn 桂陽縣。从邑林聲。丑林切。

耒阝 lèi 今桂陽耒阝陽縣。从邑耒聲。盧對切。

鄮 mào 會稽縣。从邑貿聲。莫候切。

鄞 yín 會稽縣。从邑堇聲。語斤切。

市阝 pèi 沛郡。从邑市聲。博蓋切。

邴 bǐng 宋下邑。从邑丙聲。兵永切。

虘阝 cuó 沛國縣。从邑虘聲。昨何切。

少阝 shǎo 地名。从邑少聲。書沼切。

臣阝 chén 地名。从邑臣聲。植鄰切。

毚阝 chán 宋地也。从邑毚聲。讀若讒。士咸切。

鄑 zī 宋魯閒地。从邑晉聲。即移切。

郜 gào 周文王子所封國。从邑告聲。古到切。

鄄 juàn 衛地。今濟陰鄄城。从邑垔聲。吉掾切。

邛 qióng 邛地。在濟陰縣。从邑工聲。渠容切。

鄶 kuài 祝融之後，妘姓所封。潧洧之間。鄭滅之。从邑會聲。古外切。

邧 yuán 鄭邑也。从邑元聲。虞遠切。

郔 yán 鄭地。从邑延聲。以然切。

郠 gěng 琅邪莒邑。从邑更聲。《春秋傳》曰：“取郠。”古杏切。

鄅 yǔ 妘姓之國。从邑禹聲。《春秋傳》曰：“鄅人籍稻。”讀若規榘之榘。王榘切。

鄒 zōu 魯縣，古邾國，帝顓頊之後所封。从邑芻聲。側鳩切。

郐 tú 邾下邑地。从邑余聲。魯東有郐城。讀若塗。同都切。

邿 shī 附庸國。在東平亢父邿亭。从邑寺聲。《春秋傳》曰：“取邿。”書之切。

郰 zōu 魯下邑。孔子之鄉。从邑取聲。側鳩切。

郕 chéng 魯孟氏邑。从邑成聲。氏征切。

奄阝 yǎn 周公所誅奄阝國，在魯。从邑奄聲。依檢切。

酄 huān 魯下邑。从邑雚聲。《春秋傳》曰：“齊人來歸酄。”呼官切。

郎 láng 魯亭也。从邑良聲。魯當切。

邳 pī 奚仲之後湯左相仲虺所封國，在魯辥縣。从邑丕聲。敷悲切。

鄣 zhāng 紀邑也。从邑章聲。諸良切。

邗 hán 國也，今屬臨淮。从邑干聲。一曰邗本屬吳。胡安切。

郳 yí 臨淮徐地。从邑義聲。《春秋傳》曰："徐郳楚。"魚羈切。

郈 hòu 東平無鹽鄉。从邑后聲。胡口切。

郯 tán 東海縣。帝少昊之後所封。从邑炎聲。徒甘切。

郚 wú 東海縣。故紀侯之邑也。从邑吾聲。五乎切。

酅 xī 東海之邑。从邑巂聲。戶圭切。

鄫 céng 姒姓國。在東海。从邑曾聲。疾陵切。

邪 yé 琅邪郡。从邑牙聲。以遮切。

䢵 fū 琅邪縣。一名純德。从邑夫聲。甫無切。

郪 qī 齊地也。从邑桼聲。親吉切。

郭 guō 齊之郭氏虛。善善不能進，惡惡不能退，是以亡國也。从邑䈞聲。古博切。

郳 ní 齊地。从邑兒聲。《春秋傳》曰："齊高厚定郳田。"五雞切。

郣 bó 郣海地。从邑孛聲。一曰地之起者曰郣。臣鉉等曰：今俗作渤，非是。蒲没切。

鄿 tán 國也。齊桓公之所滅。从邑覃聲。臣鉉等曰：今作譚，非是。《說文注義》有譚長疑後人傳寫之誤。徒含切。

郇 qú 地名。从邑句聲。其俱切。

郂 gāi 陳留鄉。从邑亥聲。古哀切。

䢰 zài 故國。在陳留。从邑𢦏聲。作代切。

郾 yān 地名。从邑燕聲。烏前切。

邱 qiū 地名。从邑丘聲。去鳩切。

郍 rú 地名。从邑如聲。人諸切。

郉 niǔ 地名。从邑丑聲。女九切。

邔 jǐ 地名。从邑几聲。居履切。

郤 xì 地名。从邑翕聲。希立切。

郝 qiú 地名。从邑求聲。巨鳩切。

鄍 yīng 地名。从邑嬰聲。於郢切。

鄭 dǎng 地名。从邑尚聲。多朗切。

郱 píng 地名。从邑并聲。薄經切。

鄔 hǔ 地名。从邑虖聲。呼古切。

邩 huǒ 地名。从邑火聲。呼果切。

鄝 liǎo 地名。从邑翏聲。盧鳥切。

鄬 guī 地名。从邑爲聲。居爲切。

邨 cūn 地名。从邑屯聲。臣鉉等曰：今俗作村，非是。此尊切。

䣄 shū 地名。从邑舍聲。式車切。

𨝉 hé 地名。从邑盍聲。胡蠟切。

𨞩 gān 地名。从邑乾聲。古寒切。

𨞷 yín 地名。从邑畬聲。讀若淫。力荏切。

邖 shān 地名。从邑山聲。所間切。

𨟖 táng 地名。从邑臺聲。臺，古堂字。徒郎切。

𨞼 féng 姬姓之國。从邑馮聲。房戎切。

𨜐 kuài 汝南安陽鄉。从邑，蔽省聲。苦怪切。

郙 fǔ 汝南上蔡亭。从邑甫聲。方矩切。

酈 lì 南陽縣。从邑麗聲。郎擊切。

𨟻 qiān 地名。从邑䙴聲。七然切。

𨚕 yì 从反邑。𨛜字从此。闕。

文一百八十四　重六（當作文一百八十一）

𨛜 部

𨛜 xiàng 鄰道也。从邑从𨚕。凡𨛜之屬皆从𨛜。闕。胡絳切。今隸變作郶。

鄉 xiāng 國離邑，民所封鄉也。嗇夫別治。封圻之内六鄉，六鄉治之。从𨛜皀聲。許良切。

𨞑 xiàng 里中道。从𨛜从共。皆在邑中所共也。胡絳切。巷，篆文从𨛜省。

文三　重一

說文解字弟七

五十六部　七百一十四文　重百一十五
凡八千六百四十七字
文四十二　新附

日部

日 rì　實也。太陽之精不虧。从囗一。象形。凡日之屬皆从日。人質切。，古文，象形。

旻 mín　秋天也。从日文聲。《虞書》曰："仁閔覆下，則稱旻天。" 武巾切。

時 shí　四時也。从日寺聲。市之切。，古文時从之、日。

早 zǎo　晨也。从日在甲上。子浩切。

昒 hū　尚冥也。从日勿聲。呼骨切。

昧 mèi　爽，旦明也。从日未聲。一曰闇也。莫佩切。

睹 dǔ　旦明也。从日者聲。當古切。

晢 zhé　昭晢，明也。从日折聲。《禮》曰："晢明行事。" 旨熱切。

昭 zhāo　日明也。从日召聲。止遙切。

晤 wù　明也。从日吾聲。《詩》曰："晤辟有摽。" 五故切。

旳 dì　明也。从日勺聲。《易》曰："爲旳顙。" 都歷切。

晄 huǎng　明也。从日光聲。胡廣切。

曠 kuàng　明也。从日廣聲。苦謗切。

旭 xù　日旦出皃。从日九聲。若勖。一曰明也。臣鉉等曰：九非聲。未詳。許玉切。

晉 jìn　進也。日出萬物進。从日从臸。《易》曰："明出地上，晉。" 臣鉉等案：臸，到也。會意。即刃切。

暘 yáng　日出也。从日昜聲。《虞書》曰："暘谷。" 與章切。

晵 qǐ　雨而晝姓也。从日，啓省聲。康禮切。

晹 yì　日覆雲暫見也。从日易聲。羊益切。

昫	xū	日出溫也。从日句聲。北地有昫衍縣。火于切。又，火句切。
晛	xiàn	日見也。从日从見，見亦聲。《詩》曰：“見晛曰消。”胡甸切。
晏	yàn	天清也。从日安聲。烏諫切。
曣	yàn	星無雲也。从日燕聲。於甸切。
景	jǐng	光也。从日京聲。居影切。
晧	hào	日出皃。从日告聲。胡老切。
暤	hào	晧旰也。从日皋聲。胡老切。
曄	yè	光也。从日从𠌶。筠輒切。
暉	huī	光也。从日軍聲。許歸切。
旰	gàn	晚也。从日干聲。《春秋傳》曰：“日旰君勞。”古案切。
暆	yí	日行暆暆也。从日施聲。樂浪有東暆縣。讀若酏。弋支切。
晷	guǐ	日景也。从日咎聲。居洧切。
昃	zè	日在西方時。側也。从日仄聲。《易》曰：“日厢之離。”臣鉉等曰：今俗別作昊，非是。阻力切。
晚	wǎn	莫也。从日免聲。無遠切。
昏	hūn	日冥也。从日氐省。氐者，下也。一曰民聲。呼昆切。
䜌	luán	日旦昏時。从日䜌聲。讀若新城䜌中。洛官切。
晻	àn	不明也。从日奄聲。烏感切。
暗	àn	日無光也。从日音聲。烏紺切。
晦	huì	月盡也。从日每聲。荒内切。
𣈶	nài	埃𣈶，日無光也。从日能聲。奴代切。
曀	yì	陰而風也。从日壹聲。《詩》曰：“終風且曀。”於計切。
旱	hàn	不雨也。从日干聲。乎旰切。
𣅀	yǎo	望遠合也。从日、匕。匕，合也。讀若窈窕之窈。徐鍇曰：“比，相近也。故曰合也。”烏皎切。
昴	mǎo	白虎宿星。从日卯聲。莫飽切。
曏	xiàng	不久也。从日鄉聲。《春秋傳》曰：“曏役之三月。”許兩切。
曩	nǎng	曏也。从日襄聲。奴朗切。
昨	zuó	壘日也。从日乍聲。在各切。
暇	xiá	閑也。从日叚聲。胡嫁切。
暫	zàn	不久也。从日斬聲。藏濫切。
昪	biàn	喜樂皃。从日弁聲。皮變切。
昌	chāng	美言也。从日从曰。一曰日光也。《詩》曰：“東方昌矣。”臣鉉等曰：曰，亦言也。尺良切。，籀文昌。
暀	wàng	光美也。从日往聲。于放切。

昄 bǎn 大也。从日反聲。補綰切。

昱 yù 明日也。从日立聲。余六切。

㬉 nǎn 溫溼也。从日，赧省聲。讀與赧同。女版切。

暍 yē 傷暑也。从日曷聲。於歇切。

暑 shǔ 熱也。从日者聲。舒吕切。

䊵 nàn 安䊵，溫也。从日難聲。奴案切。

㬎 xiǎn 衆微杪也。从日中視絲。古文以爲顯字。或曰衆口皃。讀若唫唫。或以爲繭。繭者，絮中往往有小繭也。五合切。

暴 pù 晞也。从日从出，从廾从米。薄報切。，古文暴，从日麃聲。

曬 shài 暴也。从日麗聲。所智切。

暵 hàn 乾也。耕暴田曰暵。从日堇聲。《易》曰："燥萬物者莫暵于離。"臣鉉等曰：當从漢省乃得聲。呼旰切。

晞 xī 乾也。从日希聲。香衣切。

昔 xī 乾肉也。从殘肉，日以晞之。與俎同意。思積切。，籀文从肉。

暱 nì 日近也。从日匿聲。《春秋傳》曰："私降暱燕。"尼質切。，暱或从尼。

暬 xiè 日狎習相慢也。从日執聲。私列切。

㫚 mì 不見也。从日，否省聲。美畢切。

昆 kūn 同也。从日从比。徐鍇曰："日日比之，是同也。"古渾切。

晐 gāi 兼晐也。从日亥聲。古哀切。

普 pǔ 日無色也。从日从並。徐鍇曰："日無光則遠近皆同，故从並。"滂古切。

曉 xiǎo 明也。从日堯聲。呼鳥切。

昕 xīn 旦明，日將出也。从日斤聲。讀若希。許斤切。

文七十 重六

曈 tóng 曈曨，日欲明也。从日童聲。徒紅切。

曨 lóng 曈曨也。从日龍聲。盧紅切。

昈 hù 明也。从日戶聲。矦古切。

昉 fǎng 明也。从日方聲。分兩切。

晙 jùn 明也。从日夋聲。子峻切。

晟 shèng 明也。从日成聲。承正切。

昶 chǎng 日長也。从日、永。會意。丑兩切。

暈 yùn 日月气也。从日軍聲。王問切。

晬 zuì 周年也。从日、卒，卒亦聲。子內切。

映 yìng 明也。隱也。从日央聲。於敬切。

曙 shǔ 曉也。从日署聲。常恕切。

昳 dié 日昃也。从日失聲。徒結切。

曇 tán 雲布也。从日、雲。會意。徒含切。

曆 lì 厤象也。从日厤聲。《史記》通用歷。郎擊切。

昂 áng 舉也。从日卬聲。五岡切。

昇 sheng 日上也。从日升聲。古只用升。識蒸切。

文十六 新附

旦部

旦 dàn 明也。从日見一上。一，地也。凡旦之屬皆从旦。得案切。

暨 jì 日頗見也。从旦既聲。其異切。

文二

倝部

倝 gàn 日始出，光倝倝也。从旦㫃聲。凡倝之屬皆从倝。古案切。

𠦝 gàn 闕。

𦩶 zhāo 旦也。从倝舟聲。陟遙切。

文三

㫃部

㫃 yǎn 旌旗之游，㫃蹇之皃。从屮曲而下，垂㫃，相出入也。讀若偃。古人名㫃，字子游。凡㫃之屬皆从㫃。於幰切。[illegible]，古文㫃字。象形。及象旌旗之游。

旐 zhào 龜蛇四游，以象營室，游游而長。从㫃兆聲。《周禮》曰："縣鄙建旐。"治小切。

旗 qí 熊旗五游，以象罰星，士卒以爲期。从㫃其聲。《周禮》曰："率都建旗。"渠之切。

旆 pèi 繼旐之旗也，沛然而垂。从㫃宋聲。蒲蓋切。

旌 jīng 游車載旌，析羽注旄首，所以精進士卒。从㫃生聲。子盈切。

旟 yú 錯革畫鳥其上，所以進士眾。旟旟，眾也。从㫃與聲。《周禮》曰："州里建旟。"以諸切。

旂 qí 旗有眾鈴，以令眾也。从㫃斤聲。渠希切。

旞 suì 導車所以載。全羽以爲允。允，進也。从㫃遂聲。徐醉切。，旞或从遺。

旝 kuài 建大木，置石其上，發以機，以追敵也。从㫃會聲。《春秋傳》曰："旝動而鼓。"《詩》曰："其旝如林。"古外切。

旃 zhān 旗曲柄也。所以旃表士眾。从㫃丹聲。《周禮》曰："通帛爲旃。"諸延切。，旃或从亶。

旅 yóu 旌旗之流也。从㫃攸聲。以周切。

旟 yǎo 旗屬。从㫃要聲。烏皎切。

施 shī 旗皃。从㫃也聲。亝欒施字子旗，知施者旗也。式支切。

旖 yǐ 旗旖施也。从㫃奇聲。於离切。

旚 piāo 旌旗旚繇也。从㫃㶾聲。匹招切。

旞 biāo 旌旗飛揚皃。从㫃猋聲。甫遙切。

游 yóu 旌旗之流也。从㫃汓聲。以周切。，古文游。

旇 pī 旌旗披靡也。从㫃皮聲。敷羈切。

旋 xuán 周旋，旌旗之指麾也。从㫃从疋。疋，足也。徐鍇曰："人足隨旌旗以周旋也。"似沿切。

旄 máo 幢也。从㫃从毛，毛亦聲。莫袍切。

旛 fān 幅胡也。从㫃番聲。臣鉉等曰：胡幅之下垂者也。孚袁切。

旅 lǚ 軍之五百人爲旅。从㫃从从。从，俱也。力舉切。，古文旅。古文以爲魯衞之魯。

族 zú 矢鋒也。束之族族也。从㫃从矢。昨木切。

文二十三　重五

冥 部

冥 míng 幽也。从日从六，冖聲。日數十。十六日而月始虧幽也。凡冥之屬皆从冥。莫經切。

鼆 méng 冥也。从冥黽聲。讀若黽蛙之黽。武庚切。

文二

晶 部

晶 jīng 精光也。从三日。凡晶之屬皆从晶。子盈切。

曐 xīng 萬物之精，上爲列星。从晶生聲。一曰象形。从口，古口復注中，故與日同。桑經切。，古文星。，曐或省。

曑 shēn 商星也。从晶㐱聲。臣鉉等曰：㐱非聲，未詳。所今切。，曑或省。
晨 chén 房星；爲民田時者。从晶辰聲。植鄰切。，晨或省。
曡 dié 楊雄說：以爲古理官決罪，三日得其宜乃行之。从晶从宜。亡新以爲曡从三日太盛，改爲三田。徒叶切。

文五　重四

月　部

月 yuè 闕也。大陰之精。象形。凡月之屬皆从月。魚厥切。
朔 shuò 月一日始蘇也。从月屰聲。所角切。
朏 pěi 月未盛之明。从月、出。《周書》曰："丙午朏。"普乃切。又，芳尾切。
霸 pò 月始生，霸然也。承大月，二日；承小月，三日。从月䨣聲。《周書》曰："哉生霸。"普伯切。臣鉉等曰：今俗作必駕切。以爲霸王字。，古文霸。
朗 lǎng 明也。从月良聲。盧黨切。
朓 tiǎo 晦而月見西方謂之朓。从月兆聲。土了切。
肭 nǜ 朔而月見東方謂之縮肭。从月内聲。女六切。
期 qī 會也。从月其聲。渠之切。，古文期从日、丌。

文八　重二

朦 méng 月朦朧也。从月蒙聲。莫工切。
朧 lóng 朦朧也。从月龍聲。盧紅切。

文二　新附

有　部

有 yǒu 不宜有也。《春秋傳》曰："日月有食之。"从月又聲。凡有之屬皆从有。云九切。
䶠 yù 有文章也。从有惑聲。於六切。
𧰼 lóng 兼有也。从有龍聲。讀若聾。盧紅切。

文三

朙　部

朙 míng 照也。从月从囧。凡朙之屬皆从朙。武兵切。，古文朙从日。

朚 huāng　翌也。从明亡聲。呼光切。

文二　重一

囧部

囧 jiǒng　窻牖麗廔闓明。象形。凡囧之屬皆从囧。讀若獷。賈侍中說：讀與明同。俱永切。

𥂁 méng　《周禮》曰："國有疑則盟。"諸侯再相與會，十二歲一𥂁。北面詔天之司慎司命。𥂁，殺牲歃血，朱盤玉敦，以立牛耳。从囧从血。武兵切。，篆文从朙。，古文从明。

文二　重二

夕部

夕 xī　莫也。从月半見。凡夕之屬皆从夕。祥易切。

夜 yè　舍也。天下休舍也。从夕，亦省聲。羊謝切。

夢 méng　不明也。从夕，瞢省聲。莫忠切。又，亡貢切。

夗 yuàn　轉臥也。从夕从卪。臥有卪也。於阮切。

夤 yín　敬惕也。从夕寅聲。《易》曰："夕惕若夤。"翼真切。，籒文夤。

𡖄 qíng　雨而夜除星見也。从夕生聲。臣鉉等曰：今俗别作晴，非是。疾盈切。

外 wài　遠也。卜尚平旦，今夕卜，於事外矣。五會切。𠂈，古文外。

夙 sù　早敬也。从丮，持事；雖夕不休：早敬者也。臣鉉等曰：今俗書作夙，譌。息逐切。㑉，古文夙从人、㐁。㝛，亦古文夙，从人、西。宿从此。

𡖐 mò　宗也。从夕莫聲。莫白切。

文九　重四

多部

多 duō　重也。从重夕。夕者，相繹也，故爲多。重夕爲多，重日爲曡。凡多之屬皆从多。得何切。𣎵，古文多。

夥 huǒ　齊謂多爲夥。从多果聲。乎果切。

𡖼 guài　大也。从多圣聲。苦回切。

𡖿 zhā　厚脣皃。从多从尚。徐鍇曰："多卽厚也。"陟加切。

文四　重一

毌部

毌 guàn 穿物持之也。从一横貫，象寶貨之形。凡毌之屬皆从毌。讀若冠。古丸切。

貫 guàn 錢貝之貫。从毌、貝。古玩切。

虜 lǔ 獲也。从毌从力，虍聲。郎古切。

文三

马部

马 hàn 嘾也。艸木之華未發圅然。象形。凡马之屬皆从马。讀若含。乎感切。

圅 hán 舌也。象形。舌體马马。从马，马亦聲。胡男切。，俗圅从肉、今。

甹 yóu 木生條也。从马由聲。《商書》曰："若顛木之有 甹、枿。"古文言由枿。徐鍇曰："《說文》無由字，今《尚書》只作由枿，蓋古文省马，而後人因省之。通用爲因、由等字。从马，上象枝條華圅之形。"臣鉉等案：孔安國注《尚書》直訓由作用也。用枿之語不通。以州切。

甬 yǒng 艸木華甬甬然也。从马用聲。余隴切。

㔾 xián 艸木马盛也。从二马。胡先切。

文五　重一

東部

東 hàn 木垂華實。从木、马，马亦聲。凡東之屬皆从東。胡感切。

韢 wéi 束也。从東韋聲。徐鍇曰："言束之象木華實之相累也。"于非切。

文二

鹵部

鹵 tiáo 艸木實垂鹵鹵然。象形。凡鹵之屬皆从鹵。讀若調。徒遼切。，籀文三鹵爲鹵。

㮚 lì 木也。从木，其實下垂，故从鹵。力質切。，古文㮚从西从二鹵。徐巡說：木至西方戰㮚。

㮚 sù 嘉穀實也。从鹵从米。孔子曰："㮚之爲言續也。"相玉切。，籀文㮚。

文三　重三

亝部

齊 qí 禾麥吐穗上平也。象形。凡亝之屬皆从亝。徐鍇曰："生而齊者莫若禾麥。二，地也。兩傍在低處也。"徂兮切。

齎 qí 等也。从亝妻聲。徂兮切。

文二

朿部

朿 cì 木芒也。象形。凡朿之屬皆从朿。讀若刺。七賜切。

棗 zǎo 羊棗也。从重朿。子皓切。

棘 jí 小棗叢生者。从並朿。己力切。

文三

片部

片 piàn 判木也。从半木。凡片之屬皆从片。匹見切。

版 bǎn 判也。从片反聲。布綰切。

畐 bì 判也。从片畐聲。芳逼切。

牘 dú 書版也。从片賣聲。徒谷切。

牒 dié 札也。从片枼聲。徒叶切。

牑 biān 牀版也。从片扁聲。讀若邊。方田切。

牖 yǒu 穿壁以木爲交窻也。从片、戶、甫。譚長以爲：甫上日也，非戶也。牖，所以見日。與久切。

牏 tóu 築牆短版也。从片俞聲。讀若俞。一曰若紐。度矦切。

文八

鼎部

鼎 dǐng 三足兩耳，和五味之寶器也。昔禹收九牧之金，鑄鼎荆山之下，入山林川澤，螭魅蝄蜽，莫能逢之，以協承天休。《易》卦：巽木於下者爲鼎，象析木以炊也。籀文以鼎爲貞字。凡鼎之屬皆从鼎。都挺切。

鼒 zī 鼎之圜掩上者。从鼎才聲。《詩》曰："鼐鼎及鼒。"子之切。鎡，俗鼒从金从兹。

鼐 nài 鼎之絕大者。从鼎乃聲。《魯詩》説：鼐，小鼎。奴代切。

鼏 mì 以木横貫鼎耳而舉之。从鼎冂聲。《周禮》："廟門容大鼏七箇。" 即《易》"玉鉉大吉"也。莫狄切。

文四　重一

克　部

克 kè 肩也。象屋下刻木之形。凡克之屬皆从克。徐鍇曰："肩，任也。負何之名也。與人肩膊之義通，能勝此物謂之克。"苦得切。，古文克。，亦古文克。

文一　重二

录　部

录 lù 刻木录录也。象形。凡录之屬皆从录。盧谷切。

文一

禾　部

禾 hé 嘉穀也。二月始生，八月而孰，得時之中，故謂之禾。禾，木也。木王而生，金王而死。从木，从𠂹省。𠂹象其穗。凡禾之屬皆从禾。戶戈切。

秀 xiù 上諱。漢光武帝名也。徐鍇曰："禾，實也。有實之象，下垂也。"息救切。

稼 jià 禾之秀實爲稼，莖節爲禾。从禾家聲。一曰稼，家事也。一曰在野曰稼。古訝切。

穡 sè 穀可收曰穡。从禾嗇聲。所力切。

穜 zhòng 埶也。从禾童聲。之用切。

稙 zhí 早穜也。从禾直聲。《詩》曰："稙稚尗麥。" 常職切。

種 chóng 先穜後孰也。从禾重聲。直容切。

稑 lù 疾孰也。从禾坴聲。《詩》曰："黍稷種稑。" 力竹切。，稑或从翏。

稺 zhì 幼禾也。从禾屖聲。直利切。

稹 zhěn 穜概也。从禾眞聲。《周禮》曰："稹理而堅。" 之忍切。

稠 chóu 多也。从禾周聲。直由切。

概 jì 稠也。从禾既聲。几利切。

稀 xī 疏也。从禾希聲。徐鍇曰："當言从爻从巾，無聲字。爻者，稀疏之義，與爽同意。巾，象禾之根莖。至於蓆、晞，皆當从稀省。何以知之？《説文》無希字故也。"香依切。

𥣬 miè 禾也。从禾蔑聲。莫結切。

穆 mù 禾也。从禾㣎聲。莫卜切。

私 sī 禾也。从禾厶聲。北道名禾主人曰私主人。息夷切。

䆏 fèi 稻紫莖不黏也。从禾糞聲。讀若靡。扶沸切。

稷 jì 齋也。五穀之長。从禾畟聲。子力切。，古文稷省。

齋 zī 稷也。从禾𠫓聲。即夷切。，齋或从次。

秫 shú 稷之黏者。从禾；术，象形。食聿切。，秫或省禾。

穄 jì 穈也。从禾祭聲。子例切。

稻 dào 稌也。从禾舀聲。徒晧切。

稌 tú 稻也。从禾余聲。《周禮》曰："牛宜稌。"徒古切。

稬 nuò 沛國謂稻曰稬。从禾耎聲。奴亂切。

稴 xián 稻不黏者。从禾兼聲。讀若風廉之廉。力兼切。

秔 jīng 稻屬。从禾亢聲。古行切。，秔或从更聲。

秏 hào 稻屬。从禾毛聲。伊尹曰："飯之美者，玄山之禾，南海之秏。"呼到切。

穬 kuàng 芒粟也。从禾廣聲。百（當爲古）猛切。

秜 lí 稻今季落，來季自生，謂之秜。从禾尼聲。里之切。

稗 bài 禾别也。从禾卑聲。琅邪有稗縣。旁卦切。

移 yí 禾相倚移也。从禾多聲。一曰禾名。臣鉉等曰：多與移聲不相近，蓋古有此音。弋支切。

穎 yǐng 禾末也。从禾頃聲。《詩》曰："禾穎穟穟。"余頃切。

𥝰 lái 齊謂麥𥝰也。从禾來聲。洛哀切。

采 suì 禾成秀也，人所以收。从爪、禾。徐醉切。，采或从禾惠聲。

𥝩 diǎo 禾危穗也。从禾勺聲。都了切。

穟 suì 禾采之皃。从禾遂聲。《詩》曰："禾穎穟穟。"徐醉切。，穟或从艸。

𥟖 duān 禾垂皃。从禾耑聲。讀若端。丁果切。

𥢑 jié 禾舉出苗也。从禾曷聲。居謁切。

秒 miǎo 禾芒也。从禾少聲。亡沼切。

穖 jǐ 禾穖也。从禾幾聲。居狶切。

秠 pī 一稃二米。从禾丕聲。《詩》曰："誕降嘉穀，惟秬惟秠。"天賜后稷之嘉穀也。敷悲切。

秨 zuó 禾搖皃。从禾乍聲。讀若昨。在各切。

穮 biāo 耕禾閒也。从禾麃聲。《春秋傳》曰："是穮是衮。"甫嬌切。

案 àn 轢禾也。从禾安聲。烏旰切。

秄 zǐ 壅禾本。从禾子聲。即里切。

穧 jì 穫刈也。一曰撮也。从禾齊聲。在詣切。

穫 huò 刈穀也。从禾蒦聲。胡郭切。

穦 zī 積禾也。从禾資聲。《詩》曰："穦之秩秩。"即夷切。

積 jī 聚也。从禾責聲。則歷切。

秩 zhì 積也。从禾失聲。《詩》曰："穦之秩秩。"直質切。

稛 kǔn 豢束也。从禾囷聲。苦本切。

稞 huà 穀之善者。从禾果聲。一曰無皮穀。胡瓦切。

秳 huó 舂粟不漬也。从禾昏聲。戶括切。

籺 hé 䅵也。从禾气聲。居气切。

稃 fū 穭也。从禾孚聲。芳無切。粰，稃或从米付聲。

穭 kuài 穅也。从禾會聲。苦會切。

穅 kāng 穀皮也。从禾从米，庚聲。苦岡切。康，穅或省。

䅖 zhuó 禾皮也。从禾羔聲。臣鉉等曰：羔聲不相近，未詳。之若切。

稭 jiá 禾稾去其皮，祭天以爲席。从禾皆聲。古黠切。

稈 gǎn 禾莖也。从禾旱聲。《春秋傳》曰："或投一秉稈。"古旱切。秆，稈或从干。

稾 gǎo 稈也。从禾高聲。古老切。

秕 bǐ 不成粟也。从禾比聲。卑履切。

稍 juān 麥莖也。从禾肙聲。古玄切。

䅲 liè 黍穰也。从禾刿聲。良薛切。

穰 ráng 黍䅲已治者。从禾襄聲。汝羊切。

秧 yāng 禾若秧穰也。从禾央聲。於良切。

䅊 páng 䅊程，穀名。从禾㫄聲。蒲庚切。

程 huáng 䅊程也。从禾皇聲。戶光切。

秊 nián 穀孰也。从禾千聲。《春秋傳》曰："大有秊。"奴顛切。

穀 gǔ 續也。百穀之總名。从禾㱿聲。古禄切。

稔 rěn 穀孰也。从禾念聲。《春秋傳》曰："鮮不五稔。"而甚切。

租 zū 田賦也。从禾且聲。則吾切。

稅 shuì 租也。从禾兌聲。輸芮切。

䆃 dào 禾也。从禾道聲。司馬相如曰："䆃，一莖六穗。"徒到切。

穅 huāng 虛無食也。从禾荒聲。呼光切。

穌 sū 把取禾若也。从禾魚聲。素孤切。

稍 shāo 出物有漸也。从禾肖聲。所教切。

秋 qiū 禾穀孰也。从禾，𪏮省聲。七由切。，籒文不省。

秦 qín 伯益之後所封國，地宜禾。从禾，舂省。一曰秦，禾名。匠鄰切。，籒文秦从秝。

稱 chēng 銓也。从禾爯聲。春分而禾生。日夏至，晷景可度。禾有秒，秋分而秒定。律數：十二秒而當一分，十分而寸。其以爲重：十二粟爲一分，十二分爲一銖。故諸程品皆从禾。處陵切。

科 kē 程也。从禾从斗。斗者，量也。苦禾切。

程 chéng 品也。十髮爲程，十程爲分，十分爲寸。从禾呈聲。直貞切。

稯 zōng 布之八十縷爲稯。从禾嵏聲。子紅切。，籒文稯省。

秭 zǐ 五稯爲秭。从禾𠂔聲。一曰數億至萬曰秭。將几切。

秅 chá 二秭爲秅。从禾乇聲。《周禮》曰："二百四十斤爲秉。四秉曰筥，十筥曰稯，十稯曰秅，四百秉爲一秅。"宅加切。

柘 shí 百二十斤也。稻一柘爲粟二十升，禾黍一柘爲粟十六升大半升。从禾石聲。常隻切。

稘 jī 復其時也。从禾其聲。《虞書》曰："稘三百有六旬。"居之切。

文八十七　重十三

穩 wěn 蹂穀聚也。一曰安也。从禾，隱省。古通用安隱。烏本切。

稕 zhùn 束稈也。从禾章聲。之閏切。

文二　新附

秝部

秝 lì 稀疏適也。从二禾。凡秝之屬皆从秝。讀若歷。郎擊切。

兼 jiān 并也。从又持秝。兼持二禾，秉持一禾。古甜切。

文二

黍部

黍 shǔ 禾屬而黏者也。以大暑而穜，故謂之黍。从禾，雨省聲。孔子曰："黍可爲酒，禾入水也。"凡黍之屬皆从黍。舒呂切。

穈 méi 穄也。从黍麻聲。靡爲切。

䵗 bǐ 黍屬。从黍卑聲。并弭切。

黏 nián 黏 相箸也。从黍占聲。女廉切。

䵒 hú 䵒 黏也。从黍古聲。戶吳切。粘，䵒或从米。

䵑 nì 䵑 黏也。从黍日聲。《春秋傳》曰：“不義不䵑。”尼質切。𪏰，䵑或从刃。

黎 lí 黎 履黏也。从黍，㓞省聲。㓞，古文利。作履黏以黍米。郎奚切。

䵗 bó 䵗 治黍、禾、豆下潰葉。从黍畐聲。蒲北切。

文八 重二

香部

香 xiāng 香 芳也。从黍从甘。《春秋傳》曰：“黍稷馨香。”凡香之屬皆从香。許良切。

馨 xīn 馨 香之遠聞者。从香殸聲。殸，籒文磬。呼形切。

文二

馥 fù 馥 香气芬馥也。从香复聲。房六切。

文一 新附

米部

米 mǐ 米 粟實也。象禾實之形。凡米之屬皆从米。莫禮切。

粱 liáng 粱 米名也。从米，梁省聲。呂張切。

糕 zhuō 糕 早取穀也。从米焦聲。一曰小。側角切。

粲 càn 粲 稻重一秙，爲粟二十斗，爲米十斗，曰毇；爲米六斗太半斗，曰粲。从米奴聲。倉案切。

糲 lì 糲 粟重一秙，爲十六斗太半斗，舂爲米一斛曰糲。从米萬聲。洛帶切。

精 jīng 精 擇也。从米青聲。子盈切。

粺 bài 粺 毇也。从米卑聲。旁卦切。

粗 cū 粗 疏也。从米且聲。徂古切。

粊 bì 粊 惡米也。从米北聲。《周書》有《粊誓》。兵媚切。

糱 niè 糱 牙米也。从米辥聲。魚列切。

粒 lì 粒 糂也。从米立聲。力入切。䭲，古文粒。

釋 shì 釋 漬米也。从米睪聲。施隻切。

糂 sǎn 糂 以米和羹也。一曰粒也。从米甚聲。桑感切。糣，籒文糂从朁。糝，古文糂从參。

糪 bò 炊米者謂之糪。从米辟聲。博戹切。

縻 mí 糝也。从米麻聲。靡爲切。

糟 tán 糜和也。从米覃聲。讀若鄲。徒感切。

𥻗 mí 潰米也。从米尼聲。交阯有𥻗泠縣。武夷切。

𥻆 qū 酒母也。从米，𥻆省聲。驅六切。麴，𥻆(當作𥻆)或从麥，鞠省聲。

糟 zāo 酒滓也。从米曹聲。作曹切。醩，籒文从酉。

糒 bèi 乾也。从米葡聲。平祕切。

糗 qiǔ 熬米麥也。从米臭聲。去九切。

臼 jiù 舂糗也。从臼、米。其九切。

糈 xǔ 糧也。从米胥聲。私呂切。

糧 liáng 穀也。从米量聲。呂張切。

粈 róu 雜飯也。从米丑聲。女久切。

糴 dí 穀也。从米翟聲。他弔切。

䊳 mò 麩也。从米蔑聲。莫撥切。

粹 cuì 不雜也。从米卒聲。雖遂切。

氣 xì 饋客芻米也。从米气聲。《春秋傳》曰：“齊人來氣諸侯。”許既切。𥼺，氣或从既。餼，氣或从食。

粠 hóng 陳臭米也。从米工聲。戶工切。

粉 fěn 傅面者也。从米分聲。方吻切。

粻 quǎn 粉也。从米卷聲。去阮切。

𥽇 xiè 𥽇也。从米悉聲。私㓭切。

𥽇 sà 𥽇𥽇，散之也。从米殺聲。桑割切。

糜 mí 碎也。从米靡聲。摸臥切。

竊 qiè 盜自中出曰竊。从穴从米，禼、廿皆聲。廿，古文疾。禼，古文偰。千結切。

文三十六　重七

粻 zhāng 食米也。从米長聲。陟良切。

粕 pò 糟粕，酒滓也。从米白聲。匹各切。

粔 jù 粔籹，膏環也。从米巨聲。其呂切。

籹 nǚ 粔籹也。从米女聲。人渚切。

糉 zòng 蘆葉裹米也。从米嵏聲。作弄切。

糖 táng 飴也。从米唐聲。徒郎切。

文六　新附

毇部

毇 huǐ 米一斛舂爲八斗也。从臱从殳。凡毇之屬皆从毇。許委切。

糳 zuò 糲米一斛舂爲九斗曰糳。从毇丵聲。則各切。

文二

臼部

臼 jiù 舂也。古者掘地爲臼，其後穿木石。象形。中，米也。凡臼之屬皆从臼。其九切。

舂 chōng 擣粟也。从廾持杵臨臼上。午，杵省也。古者雝父初作舂。書容切。

舀 pò 齊謂舂曰舀。从臼屰聲。讀若膊。匹各切。

臿 chā 舂去麥皮也。从臼，干所以臿之。楚洽切。

舀 yǎo 抒臼也。从爪、臼。《詩》曰："或簸或舀。"以沼切。，舀或从手从宂。，舀或从臼、宂。

臽 xiàn 小阱也。从人在臼上。戶猪切。

文六　重二

凶部

凶 xiōng 惡也。象地穿交陷其中也。凡凶之屬皆从凶。許容切。

兇 xiōng 擾恐也。从人在凶下。《春秋傳》曰："曹人兇懼。"許拱切。

文二

朩部

朩 pìn 分枲莖皮也。从屮，八象枲之皮莖也。凡朩之屬皆从朩。匹刃切。讀若髕。

枲 xǐ 麻也。从朩台聲。胥里切。，籀文枲从林从辝。

文二　重一

林部

林 pài 葩之總名也。林之爲言微也，微纖爲功。象形。凡林之屬皆从

𣏟。 匹卦切。

檾 qǐng 枲屬。从𣏟，熒省。《詩》曰：“衣錦檾衣。” 去穎切。

𣏟攴 sàn 分離也。从攴从𣏟。𣏟，分㪔之意也。 穌旰切。

文三

麻部

麻 má 與𣏟同。人所治，在屋下。从广从𣏟。凡麻之屬皆从麻。 莫遐切。

䵃 kù 未練治纑也。从麻後聲。 臣鉉等曰：後非聲，疑復字譌，當从復省乃得聲。空谷切。

䵇 zōu 麻藍也。从麻取聲。 側鳩切。

䵉 tóu 檾屬。从麻俞聲。 度矦切。

文四

尗部

尗 shú 豆也。象尗豆生之形也。凡尗之屬皆从尗。 式竹切。

枝 chǐ 配鹽幽尗也。从尗支聲。 是義切。 豉，俗枝从豆。

文二　重一

耑部

耑 duān 物初生之題也。上象生形，下象其根也。凡耑之屬皆从耑。 臣鉉等曰：中一，地也。多官切。

文一

韭部

韭 jiǔ 菜名。一穜而久者，故謂之韭。象形。在一之上。一，地也。此與耑同意。凡韭之屬皆从韭。 舉友切。

䪢 duì 齏也。从韭隊聲。 徒對切。

韲 jī 墜也。从韭，次、𠂔皆聲。 祖雞切。 齏，韲或从齊。

韰 xiè 菜也。葉似韭。从韭㪅聲。 胡戒切。

韱 xiān 山韭也。从韭𢦏聲。 息廉切。

䪤 fán 䪤 小蒜也。从韭番聲。附袁切。

文六　重一

瓜部

瓜 guā 瓜 㼌也。象形。凡瓜之屬皆从瓜。古華切。

瓝 bó 瓝 小瓜也。从瓜交聲。臣鉉等曰：交非聲。未詳。蒲角切。

瓞 dié 瓞 瓝也。从瓜失聲。《詩》曰：“𤬪𤬪瓜瓞。”徒結切。𤓰，瓞或从弗。

𤓽 xíng 𤓽 小瓜也。从瓜，熒省聲。戶扃切。

𤬪 yáo 𤬪 瓜也。从瓜，䌛省聲。余昭切。

瓣 bàn 瓣 瓜中實。从瓜辡聲。蒲莧切。

㼌 yǔ 㼌 本不勝末，微弱也。从二瓜。讀若庾。以主切。

文七　重一

瓠部

瓠 hù 瓠 匏也。从瓜夸聲。凡瓠之屬皆从瓠。胡誤切。

瓢 piáo 瓢 蠡也。从瓠省，票聲。符宵切。

文二

宀部

宀 mián 宀 交覆深屋也。象形。凡宀之屬皆从宀。武延切。

家 jiā 家 居也。从宀，豭省聲。古牙切。[illegible]，古文家。

宅 zhái 宅 所託也。从宀乇聲。場伯切。[illegible]，古文宅。[illegible]，亦古文宅。

室 shì 室 實也。从宀从至。至，所止也。式質切。

宣 xuān 宣 天子宣室也。从宀亘聲。須緣切。

向 xiàng 向 北出牖也。从宀从口。《詩》曰：“塞向墐戶。”徐鍇曰：“牖所以通人气，故从口。”許諒切。

宧 yí 宧 養也。室之東北隅，食所居。从宀𦣝聲。與之切。

宎 yǎo 宎 戶樞聲也。室之東南隅。从宀皀聲。烏皎切。

奧 ào 奧 宛也。室之西南隅。从宀𢍏聲。臣鉉等曰：𢍏非聲，未詳。烏到切。

宛 wǎn 宛 屈草自覆也。从宀夗聲。於阮切。惌，宛或从心。

宸 chén 宸 屋宇也。从宀辰聲。植鄰切。

宇 yǔ 屋邊也。从宀于聲。《易》曰：“上棟下宇。”王榘切。，籀文宇从禹。

寷 fēng 大屋也。从宀豐聲。《易》曰：“寷其屋。”敷戎切。

寏 huán 周垣也。从宀奐聲。胡官切。，寏或从自。又，爰眷切。

宏 hóng 屋深響也。从宀厷聲。戶萌切。

宖 hóng 屋響也。从宀弘聲。戶萌切。

寪 wěi 屋皃。从宀爲聲。韋委切。

康 kāng 屋康㝗也。从宀康聲。苦岡切。

㝗 láng 康也。从宀良聲。音良。又，力康切。

宬 chéng 屋所容受也。从宀成聲。氏征切。

寍 níng 安也。从宀，心在皿上。人之飲食器，所以安人。奴丁切。

定 dìng 安也。从宀从正。徒徑切。

寔 shí 止也。从宀是聲。常隻切。

安 ān 靜也。从女在宀下。烏寒切。

宓 mì 安也。从宀必聲。美畢切。

契 yì 靜也。从宀契聲。於計切。

宴 yàn 安也。从宀妟聲。於甸切。

宗 jì 無人聲。从宀尗聲。前歷切。，寂或从言。

察 chá 覆也。从宀、祭。臣鉉等曰：祭祀必天質明。明，察也。故从祭。初八切。

親 qīn 至也。从宀親聲。初僅切。

完 wán 全也。从宀元聲。古文以爲寬字。胡官切。

富 fù 備也。一曰厚也。从宀畐聲。方副切。

實 shí 富也。从宀从貫。貫，貨貝也。神質切。

宲 bǎo 藏也。从宀㼌聲。㼌，古文保。《周書》曰：“陳宲赤刀。”博褎切。

容 róng 盛也。从宀、谷。臣鉉等曰：屋與谷皆所以盛受也。余封切。，古文容从公。

宂 rǒng 椒也。从宀，人在屋下，無田事。《周書》曰：“宮中之宂食。”而隴切。

寡 mián 寡寡，不見也。一曰寡寡，不見省人。从宀寡聲。武延切。

寶 bǎo 珍也。从宀从王从貝，缶聲。博皓切。，古文寶省貝。

宭 qún 羣居也。从宀君聲。渠云切。

宦 huàn 仕也。从宀从臣。胡慣切。

宰 zǎi 辠人在屋下執事者。从宀从辛。辛，辠也。作亥切。

守 shǒu 守官也。从宀从寸。寺府之事者。从寸。寸，法度也。書九切。

寵 chǒng 尊居也。从宀龍聲。丑壟切。

宥 yòu 寬也。从宀有聲。于救切。

宜 yí 所安也。从宀之下，一之上，多省聲。魚羈切。，古文宜。，亦古文宜。

寫 xiě 置物也。从宀舄聲。悉也切。

宵 xiāo 夜也。从宀，宀下冥也；肖聲。相邀切。

宿 sù 止也。从宀㐁聲。㐁，古文夙。息逐切。

寑 qǐn 臥也。从宀𠬶聲。七荏切。，籒文寑省。

寅 miàn 冥合也。从宀丏聲。讀若《周書》“若藥不眄眩”。莫甸切。

寬 kuān 屋寬大也。从宀萈聲。苦官切。

寤 wù 寤也。从宀吾聲。五故切。

寁 zǎn 居之速也。从宀疌聲。子感切。

寡 guǎ 少也。从宀从頒。頒，分賦也，故爲少。古瓦切。

客 kè 寄也。从宀各聲。苦格切。

寄 jì 託也。从宀奇聲。居義切。

寓 yù 寄也。从宀禺聲。牛具切。，寓或从广。

窶 jù 無禮居也。从宀婁聲。其榘切。

疚 jiù 貧病也。从宀久聲。《詩》曰：“煢煢在疚。”居又切。

寒 hán 凍也。从人在宀下，以茻薦覆之，下有仌。胡安切。

害 hài 傷也。从宀从口。宀、口，言从家起也。丯聲。胡蓋切。

索 suǒ 入家搜也。从宀索聲。所責切。

𡨥 jū 窮也。从宀𥷚聲。𥷚與鞠同。居六切。，𡨥或从穴。

宄 guǐ 姦也。外爲盜，内爲宄。从宀九聲。讀若軌。居洧切。，古文宄。，亦古文宄。

㝡 cuì 塞也。从宀㪔聲。讀若《虞書》曰“㝡三苗”之“㝡”。麤最切。

宕 dàng 過也。一曰洞屋。从宀，碭省聲。汝南項有宕鄉。徒浪切。

宋 sòng 居也。从宀从木。讀若送。臣鉉等曰：木者所以成室以居人也。蘇統切。

𡪢 diàn 屋傾下也。从宀執聲。都念切。

宗 zōng 尊祖廟也。从宀从示。作冬切。

宔 zhǔ 宗廟宔祏。从宀主聲。之庾切。

宙 zhòu 舟輿所極覆也。从宀由聲。直又切。

文七十一　重十六

寘 zhì 置也。从宀眞聲。支義切。

寰 huán　王者封畿内縣也。从宀睘聲。戶關切。

寀 cǎi　同地爲寀。从宀采聲。倉宰切。

文三　新附

宮部

宮 gōng　室也。从宀，躳省聲。凡宮之屬皆从宮。居戎切。

營 yíng　市居也。从宮，熒省聲。余傾切。

文二

吕部

吕 lǚ　脊骨也。象形。昔太嶽爲禹心吕之臣，故封吕矦。凡吕之屬皆从吕。力舉切。，篆文吕从肉从旅。

躳 gōng　身也。从身从吕。居戎切。，躳或从弓。

文二　重二

穴部

穴 xué　土室也。从宀八聲。凡穴之屬皆从穴。胡決切。

窒 mǐng　北方謂地空，因以爲土穴，爲窒戶。从穴皿聲。讀若猛。武永切。

窨 yìn　地室也。从穴音聲。於禁切。

窯 yáo　燒瓦竈也。从穴羔聲。余招切。

寝 fù　地室也。从穴復聲。《詩》曰：“陶寝陶穴。”芳福切。

竈 zào　炊竈也。从穴，鼀省聲。則到切。，竈或不省。

窐 wā　甑空也。从穴圭聲。烏瓜切。

突 shēn　深也。一曰竈突。从穴从火，从求省。式鍼切。

穿 chuān　通也。从牙在穴中。昌緣切。

寮 liáo　穿也。从穴尞聲。《論語》有公伯寮。洛蕭切。

突 yuè　穿也。从穴，決省聲。於決切。

窫 yuè　深抉也。从穴从抉。於決切。

竇 dòu　空也。从穴，瀆省聲。徒奏切。

窩 xuè　空皃。从穴矞聲。呼決切。

窠 kē　空也。穴中曰窠，樹上曰巢。从穴果聲。苦禾切。

窻 chuāng　通孔也。从穴悤聲。楚江切。

窊 wā 污衺，下也。从穴瓜聲。烏瓜切。

竅 qiào 空也。从穴敫聲。牽料切。

空 kōng 竅也。从穴工聲。苦紅切。

窒 qìng 空也。从穴巠聲。《詩》曰：“瓶之窒矣。”去徑切。

窫 yà 空大也。从穴乙聲。烏黠切。

窳 yǔ 污窬也。从穴胍聲。朔方有窳渾縣。以主切。

窞 dàn 坎中小坎也。从穴从臽，臽亦聲。《易》曰：“入于坎窞。”一曰旁入也。徒感切。

窌 jiào 窖也。从穴卯聲。匹皃切。

窖 jiào 地藏也。从穴告聲。古孝切。

窬 yú 穿木戶也。从穴俞聲。一曰空中也。羊朱切。

窵 diào 窵窅，深也。从穴鳥聲。多嘯切。

窺 kuī 小視也。从穴規聲。去隓切。

窴 chēng 正視也。从穴中正見也，正亦聲。敕貞切。

窡 zhuó 穴中見也。从穴叕聲。丁滑切。

窋 zhuó 物在穴中皃。从穴中出。丁滑切。

窴 tián 塞也。从穴眞聲。待季切。

窒 zhì 塞也。从穴至聲。陟栗切。

突 tū 犬从穴中暫出也。从犬在穴中。一曰滑也。徒骨切。

竄 cuàn 墜也。从鼠在穴中。七亂切。

窣 sū 从穴中卒出。从穴卒聲。蘇骨切。

窘 jiǒng 迫也。从穴君聲。渠隕切。

窕 tiǎo 深肆極也。从穴兆聲。讀若挑。徒了切。

穹 qióng 窮也。从穴弓聲。去弓切。

究 jiù 窮也。从穴九聲。居又切。

竆 qióng 極也。从穴躳聲。渠弓切。

窅 yǎo 冥也。从穴目聲。烏皎切。

窔 yào 窅窔，深也。从穴交聲。烏叫切。

邃 suì 深遠也。从穴遂聲。雖遂切。

窈 yǎo 深遠也。从穴幼聲。烏皎切。

窱 tiǎo 杳窱也。从穴條聲。徒弔切。

竁 cuì 穿地也。从穴毳聲。一曰小鼠。《周禮》曰：“大喪甫竁。”充芮切。

窆 biǎn 葬下棺也。从穴乏聲。《周禮》曰：“及窆執斧。”方驗切。

窀 zhūn 葬之厚夕。从穴屯聲。《春秋傳》曰：“窀穸从先君於地下。”陟

倫切。

穸 xī 窀穸也。从穴夕聲。詞亦切。

窜 yā 入衇刺穴謂之窜。从穴甲聲。烏狎切。

文五十一　重一

㝱　部

㝱 mèng 寐而有覺也。从宀从疒，夢聲。《周禮》："以日月星辰占六㝱之吉凶：一曰正㝱，二曰罬㝱，三曰思㝱，四曰悟㝱，五曰喜㝱，六曰懼㝱。"凡㝱之屬皆从㝱。莫鳳切。

寑 qǐn 病臥也。从㝱省，寑省聲。七荏切。

寐 mèi 臥也。从㝱省，未聲。蜜二切。

寤 wù 寐覺而有信曰寤。从㝱省，吾聲。一曰晝見而夜㝱也。五故切。□，籀文寤。

𡪢 rǔ 楚人謂寐曰𡪢。从㝱省，女聲。依倨切。

寐 mǐ 寐而未厭。从㝱省，米聲。莫禮切。

𥧌 jì 孰寐也。从㝱省，水聲。讀若悸。求癸切。

㾓 bìng 臥驚病也。从㝱省，丙聲。皮命切。

寱 yì 瞑言也。从㝱省，臬聲。牛例切。

𥨍 hū 臥驚也。一曰小兒號𥨍𥨍。一曰河內相評也。从㝱省，从言。火滑切。

文十　重一

疒　部

疒 nè 倚也。人有疾病，象倚箸之形。凡疒之屬皆从疒。女戹切。

疾 jí 病也。从疒矢聲。秦悉切。□，古文疾。□，籀文疾。

痛 tòng 病也。从疒甬聲。他貢切。

病 bìng 疾加也。从疒丙聲。皮命切。

瘣 huì 病也。从疒鬼聲。《詩》曰："譬彼瘣木。"一曰腫旁出也。胡罪切。

疴 kē 病也。从疒可聲。《五行傳》曰："時即有口疴。"烏何切。

痡 pū 病也。从疒甫聲。《詩》曰："我僕痡矣。"普胡切。

瘽 qín 病也。从疒堇聲。巨斤切。

瘵 zhài 病也。从疒祭聲。側介切。

瘨 diān 瘨 病也。从疒眞聲。一曰腹張。都秊切。

瘼 mò 瘼 病也。从疒莫聲。慕各切。

疝 jiǎo 疝 腹中急也。从疒丩聲。古巧切。

瘨 yùn 瘨 病也。从疒員聲。王問切。

癇 xián 癇 病也。从疒閒聲。戶閒切。

疷 wù 疷 病也。从疒出聲。五忽切。

疵 cī 疵 病也。从疒此聲。疾咨切。

癈 fèi 癈 固病也。从疒發聲。方肺切。

瘏 tú 瘏 病也。从疒者聲。《詩》曰：“我馬瘏矣。”同都切。

瘲 zòng 瘲 病也。从疒從聲。即容切。

瘁 shěn 瘁 寒病也。从疒辛聲。所臻切。

瘀 xù 瘀 頭痛也。从疒或聲。讀若溝洫之洫。吁逼切。

痟 xiāo 痟 酸痟，頭痛。从疒肖聲。《周禮》曰：“春時有痟首疾。”相邀切。

疕 bǐ 疕 頭瘍也。从疒匕聲。卑履切。

瘍 yáng 瘍 頭創也。从疒昜聲。與章切。

痒 yáng 痒 瘍也。从疒羊聲。似陽切。

瘍 mà 瘍 目病。一曰惡气箸身也。一曰蝕創。从疒馬聲。莫駕切。

㾷 xī 㾷 散聲。从疒斯聲。先稽切。

瘍 wěi 瘍 口咼也。从疒爲聲。韋委切。

疦 jué 疦 瘍也。从疒，決省聲。古穴切。

瘖 yīn 瘖 不能言也。从疒音聲。於今切。

癭 yǐng 癭 頸瘤也。从疒嬰聲。於郢切。

瘻 lòu 瘻 頸腫也。从疒婁聲。力豆切。

疚 yòu 疚 顫也。从疒又聲。于救切。

瘀 yū 瘀 積血也。从疒於聲。依倨切。

疝 shàn 疝 腹痛也。从疒山聲。所晏切。

疛 zhǒu 疛 小腹病。从疒，肘省聲。陟柳切。

㿗 pì 㿗 滿也。从疒㬥聲。平祕切。

府 fù 府 俛病也。从疒付聲。方榘切。

痀 jū 痀 曲脊也。从疒句聲。其俱切。

瘚 jué 瘚 屰气也。从疒从屰从欠。居月切。欮，瘚或省疒。

痵 jì 痵 气不定也。从疒季聲。其季切。

痱 féi 痱 風病也。从疒非聲。蒲罪切。

瘤 liú 瘤 腫也。从疒畱聲。力求切。

痤 cuó 痤 小腫也。从疒坐聲。一曰族絫。臣鉉等曰：今別作瘯蠡，非是。昨禾切。

疽 jū 癰也。从疒且聲。七余切。

癧 lì 癰也。从疒麗聲。一曰瘦黑。讀若隸。郎計切。

癰 yōng 腫也。从疒雝聲。於容切。

瘜 xī 寄肉也。从疒息聲。相卽切。

癬 xuǎn 乾瘍也。从疒鲜聲。息淺切。

疥 jiè 搔也。从疒介聲。古拜切。

痂 jiā 疥也。从疒加聲。古牙切。

瘕 xiá 女病也。从疒叚聲。乎加切。

癘 lì 惡疾也。从疒，蠆省聲。洛帶切。

瘧 nüè 熱寒休作。从疒从虐，虐亦聲。魚約切。

痁 shān 有熱瘧。从疒占聲。《春秋傳》曰：“齊侯疥，遂痁。”失廉切。

痎 jiē 二日一發瘧。从疒亥聲。古諧切。

痳 lín 疝病。从疒林聲。力尋切。

痔 zhì 後病也。从疒寺聲。直里切。

痿 wěi 痹也。从疒委聲。儒隹切。

痹 bì 溼病也。从疒畀聲。必至切。

瘴 bì 足气不至也。从疒畢聲。毗至切。

瘃 zhú 中寒腫覈。从疒豖聲。陟玉切。

痛 piān 半枯也。从疒扁聲。匹連切。

瘇 zhǒng 脛气足腫。从疒童聲。《詩》曰：“既微且瘇。”時重切。，籀文从尣。

𤻮 è 跛病也。从疒盍聲。讀若脅，又讀若掩。烏盍切。

疻 zhǐ 毆傷也。从疒只聲。諸氏切。

痏 wěi 疻痏也。从疒有聲。榮美切。

𤸷 wěi 創裂也。一曰疾𤸷。从疒巂聲。以水切。

痄 chān 皮剥也。从疒冄聲。赤占切。，籀文从艮。

癑 nòng 痛也。从疒農聲。奴動切。

痍 yí 傷也。从疒夷聲。以脂切。

瘢 bān 痍也。从疒般聲。薄官切。

痕 hén 胝瘢也。从疒艮聲。戶恩切。

痙 jìng 彊急也。从疒巠聲。其頸切。

痋 tóng 動病也。从疒，蟲省聲。徒冬切。

瘦 shòu 臞也。从疒叜聲。所又切。

疢 chèn 熱病也。从疒从火。臣鉉等曰：今俗別作疹，非是。丑刃切。

癉 dàn 勞病也。从疒單聲。丁幹、丁賀二切。

疸 dǎn 黃病也。从疒旦聲。丁幹切。

㾜 qiè 病息也。从疒夾聲。苦叶切。

痞 pǐ 痛也。从疒否聲。符鄙切。

瘍 yì 脈瘍也。从疒易聲。羊益切。

㾖 shù 狂走也。从疒术聲。讀若欻。食聿切。

疲 pí 勞也。从疒皮聲。符羈切。

疵 zǐ 瑕也。从疒𠂔聲。側史切。

疷 qí 病也。从疒氐聲。渠支切。

㽾 jí 病劣也。从疒及聲。呼合切。

瘱 ài 劇聲也。从疒殹聲。於賣切。

癃 lóng 罷病也。从疒隆聲。力中切。，籀文癃省。

疫 yì 民皆疾也。从疒，役省聲。營隻切。

瘛 chì 小兒瘛瘲病也。从疒恝聲。臣鉉等曰：《說文》無恝字，疑从疒从心，契省聲。尺制切。

痑 duò 馬病也。从疒多聲。《詩》曰："痑痑駱馬。" 丁可切。

㾡 duó 馬脛瘍也。从疒兑聲。一曰將傷。徒活切。

𤻲 liáo 治也。从疒樂聲。力照切。，或从尞。

痼 gù 久病也。从疒古聲。古慕切。

瘌 là 楚人謂藥毒曰痛瘌。从疒剌聲。盧達切。

癆 lào 朝鮮謂藥毒曰癆。从疒勞聲。郎到切。

瘥 chài 瘉也。从疒差聲。楚懈切。又，才他切。

㿗 shuāi 減也。从疒衰聲。一曰耗也。楚追切。

瘉 yù 病瘳也。从疒俞聲。臣鉉等曰：今別作愈。非是。以主切。

瘳 chōu 疾瘉也。从疒翏聲。敕鳩切。

癡 chī 不慧也。从疒疑聲。丑之切。

文一百二　重七

冖部

冖 mì 覆也。从一下垂也。凡冖之屬皆从冖。臣鉉等曰：今俗作冪，同。莫狄切。

冠 guān 絭也。所以絭髮，弁冕之總名也。从冖从元，元亦聲。冠有法制，从寸。徐鍇曰："取其在首，故从元。" 古丸切。

冣 jù 積也。从冖从取，取亦聲。才句切。

託 dù 奠爵酒也。从冖託聲。《周書》曰："王三宿三祭三託。" 當故切。

文四

冃部

冃 mǎo 重覆也。从冂、一。凡冃之屬皆从冃。莫保切。讀若艸苺苺。

同 tóng 合會也。从冃从口。臣鉉等曰：同，爵名也。《周書》曰："太保受同嚌，故从口。"史籀亦从口。李陽冰云："从口。"非是。徒紅切。

青 què 幬帳之象。从冃；㞢，其飾也。苦江切。

冡 méng 覆也。从冃、豕。莫紅切。

文四

冃部

冃 mào 小兒蠻夷頭衣也。从冂；二，其飾也。凡冃之屬皆从冃。莫報切。

冕 miǎn 大夫以上冠也。邃延、垂瑬、紞纊。从冃免聲。古者黄帝初作冕。亡辡切。絻，冕或从糸。

胄 zhòu 兜鍪也。从冃由聲。直又切。䩜，《司馬法》胄从革。

冒 mào 冡而前也。从冃从目。莫報切。𡇒，古文冒。

最 zuì 犯而取也。从冃从取。祖外切。

文五　重三

㒳部

㒳 liǎng 再也。从冂，闕。《易》曰："參天㒳地。"凡㒳之屬皆从㒳。良獎切。

兩 liǎng 二十四銖爲一兩。从一；㒳，平分，亦聲。良獎切。

㒼 mán 平也。从廿，五行之數，二十分爲一辰。㒳，㒼平也。讀若蠻。母官切。

文三

网部

网 wǎng 庖犧所結繩以漁。从冂，下象网交文。凡网之屬皆从网。今經典變隸作罒。文紡切。罔，网或从亡。䍏，网或从糸。𦉪，古文网。𦉫，籀文网。

罨 yǎn 罕也。从网奄聲。於業切。

罕 hǎn 网也。从网干聲。呼旱切。

䍤 juàn 网也。从网、繯，繯亦聲。一曰綰也。古眩切。

䍙 méi 网也。从网每聲。莫桮切。

䍐 xuǎn 网也。从网巽聲。思沇切。[illegible]，《逸周書》曰：“不卵不䍐，以成鳥獸。”䍐者，䍤獸足也。故或从足。

䍘 mí 周行也。从网米聲。《詩》曰：“䍘入其阻。”武移切。[illegible]，䍘或从㐱。

罩 zhào 捕魚器也。从网卓聲。都教切。

罾 zēng 魚网也。从网曾聲。作騰切。

罪 zuì 捕魚竹网。从网、非。秦以罪爲辠字。徂賄切。

罽 jì 魚网也。从网㓹聲。㓹，籀文銳。居例切。

罛 gū 魚罟也。从网瓜聲。《詩》曰：“施罛濊濊。”古胡切。

罟 gǔ 网也。从网古聲。公戶切。

罶 liǔ 曲梁寡婦之笱。魚所畱也。从网、畱，畱亦聲。力九切。[illegible]，罶或从婁。《春秋國語》曰：“溝罛𦌾。”

罜 zhǔ 罜麗，魚罟也。从网主聲。之庾切。

䍡 lù 罜麗也。从网鹿聲。盧谷切。

罧 shèn 積柴水中以聚魚也。从网林聲。所今切。

罠 mín 釣也。从网民聲。武巾切。

羅 luó 以絲罟鳥也。从网从維。古者芒氏初作羅。魯何切。

罬 zhuó 捕鳥覆車也。从网叕聲。陟劣切。輟，罬或从車。

罿 chōng 罬也。从网童聲。尺容切。

䍖 fú 覆車也。从网包聲。《詩》曰：“雉離于䍖。”縛牟切。[illegible]，䍖或从孚。

罻 wèi 捕鳥网也。从网尉聲。於位切。

𦉾 fú 兔罟也。从网否聲。臣鉉等曰：隸書作罘。縛牟切。

䍇 hù 罟也。从网互聲。胡誤切。

罝 jiē 兔网也。从网且聲。子邪切。[illegible]，罝或从糸。[illegible]，籀文从虘。

䍢 wǔ 牖中网也。从网舞聲。文甫切。

署 shǔ 部署，有所网屬。从网者聲。徐鍇曰：“署置之，言羅絡之，若罘网也。”常恕切。

罷 bà 遣有辠也。从网、能。言有賢能而入网，而貫遣之。《周禮》曰：“議能之辟。”薄蟹切。

置 zhì 赦也。从网、直。徐鍇曰：“从直，與罷同意。”陟吏切。

罯 ǎn 覆也。从网音聲。烏感切。

詈 lì 罵也。从网从言。网辠人。力智切。

罵 mà 罟也。从网馬聲。莫駕切。

羈 jī 馬絡頭也。从网从馽。馽，馬絆也。居宜切。[illegible]，羈或从革。

文三十四　重十二

罭 yù 魚網也。从网、或，或聲。于逼切。

罳 sī 罘罳，屏也。从网思聲。息兹切。

罹 lí 心憂也。从网，未詳。古多通用離。呂支切。

文三　新附

襾部

襾 yà 覆也。从冂，上下覆之。凡襾之屬皆从襾。呼訝切。讀若晋。

覂 fěng 反覆也。从襾乏聲。方勇切。

覈 hé 實也。考事，襾笮邀遮，其辤得實曰覈。从襾敫聲。下革切。[illegible]，覈或从雨。

覆 fù 覂也。一曰蓋也。从襾復聲。敷救切。

文四　重一

巾部

巾 jīn 佩巾也。从冂，丨象糸也。凡巾之屬皆从巾。居銀切。

帉 fēn 楚謂大巾曰帉。从巾分聲。撫文切。

帥 shuài 佩巾也。从巾、𠂤。所律切。帨，帥或从兑。又音税。

𢂀 shuì 禮巾也。从巾从埶。輸芮切。

帗 bō 一幅巾也。从巾犮聲。讀若撥。北末切。

㠴 rèn 枕巾也。从巾刃聲。而振切。

幋 pán 覆衣大巾。从巾般聲。或以爲首鞶。薄官切。

帤 rú 巾帤也。从巾如聲。一曰幣巾。女余切。

幣 bì 帛也。从巾敝聲。毗祭切。

幅 fú 布帛廣也。从巾畐聲。方六切。

㡃 huāng 設色之工，治絲練者。从巾巟聲。一曰㡃，隔。讀若荒。呼光切。

帶 dài 紳也。男子鞶帶，婦人帶絲。象繫佩之形。佩必有巾，从巾。當蓋切。

幘 zé 髮有巾曰幘。从巾責聲。側革切。

帕 xún 領耑也。从巾旬聲。相倫切。

帔	pèi	弘農謂帬帔也。从巾皮聲。披義切。
常	cháng	下帬也。从巾尚聲。市羊切。，常或从衣。
帬	qún	下裳也。从巾君聲。渠云切。，帬或从衣。
帴	sàn	帬也。一曰帗也。一曰婦人脅衣。从巾戔聲。讀若末殺之殺。所八切。
幝	kūn	幒也。从巾軍聲。古渾切。，幝或从衣。
幒	zhōng	幝也。从巾悤聲。一曰帙。職茸切。，幒或从松。
㡖	lán	楚謂無緣衣也。从巾監聲。魯甘切。
幎	mì	幔也。从巾冥聲。《周禮》有“幎人”。莫狄切。
幔	màn	幕也。从巾曼聲。莫半切。
幬	chóu	禪帳也。从巾𠷎聲。直由切。
㡘	lián	帷也。从巾兼聲。力鹽切。
帷	wéi	在旁曰帷。从巾隹聲。洧悲切。，古文帷。
帳	zhàng	張也。从巾長聲。知諒切。
幕	mù	帷在上曰幕，覆食案亦曰幕。从巾莫聲。慕各切。
𢁒	bǐ	㡜裂也。从巾匕聲。卑履切。
㡜	xiè	殘帛也。从巾祭聲。先列切。又，所例切。
㡏	shū	正耑裂也。从巾俞聲。山樞切。
帖	tiè	帛書署也。从巾占聲。他叶切。
帙	zhí	書衣也。从巾失聲。直質切。，帙或从衣。
㡒	jiān	幡幟也。从巾前聲。則前切。
徽	huī	幟也，以絳徽帛，箸於背。从巾，微省聲。《春秋傳》曰：“揚徽者公徒。”許歸切。
幖	biāo	幟也。从巾㶾聲。方招切。
帵	yuān	幡也。从巾夗聲。於袁切。
幡	fān	書兒拭觚布也。从巾番聲。甫煩切。
㡊	là	𠜾也。从巾剌聲。盧達切。
㡨	jiān	拭也。从巾韱聲。精廉切。
幝	chǎn	車弊皃。从巾單聲。《詩》曰：“檀車幝幝。”昌善切。
幏	méng	蓋衣也。从巾冡聲。莫紅切。
幭	miè	蓋幭也。从巾蔑聲。一曰禪被。莫結切。
幠	hū	覆也。从巾無聲。荒烏切。
飾	shì	㕞也。从巾从人，食聲。讀若式。一曰襐飾。賞隻切。
幃	wéi	囊也。从巾韋聲。許歸切。
帣	juàn	囊也。今鹽官三斛爲一帣。从巾𢍏聲。居倦切。

帚 zhǒu 糞也。从又持巾埽冂內。古者少康初作箕、帚、秫酒。少康，杜康也，葬長垣。支手切。

席 xí 籍也。《禮》：天子、諸侯席，有黼繡純飾。从巾，庶省。臣鉉等曰：席以待賓客之禮，賓客非一人，故从庶。祥易切。𠩄，古文席从石省。

幐 téng 囊也。从巾朕聲。徒登切。

⿰巾奮 fèn 以囊盛穀，大滿而裂也。从巾奮聲。方吻切。

⿰巾盾 zhūn 載米齡也。从巾盾聲。讀若《易》屯卦之屯。陟倫切。

⿰巾及 gé 蒲席齡也。从巾及聲。讀若蛤。古沓切。

幩 fén 馬纏鑣扇汗也。从巾賁聲。《詩》曰："朱幩鑣鑣。"符分切。

⿰巾夒 néi 墀地，以巾撋之。从巾夒聲。讀若水溫䨓也。一曰箸也。乃昆切。

帑 tǎng 金幣所藏也。从巾奴聲。乃都切。

布 bù 枲織也。从巾父聲。博故切。

幏 jià 南郡蠻夷賨布。从巾家聲。古訝切。

⿰巾弦 xián 布，出東萊。从巾弦聲。胡田切。

㡌 mù 髤布也。一曰車上衡衣。从巾敄聲。讀若項。莫卜切。

幦 mì 髤布也。从巾辟聲。《周禮》曰："駹車大幦。"莫狄切。

㡇 zhé 領耑也。从巾耴聲。陟葉切。

文六十二　重八

幢 chuáng 旌旗之屬。从巾童聲。宅江切。

幟 zhì 旌旗之屬。从巾戠聲。昌志切。

帟 yì 在上曰帟。从巾亦聲。羊益切。

幗 guó 婦人首飾。从巾國聲。古對切。

幧 qiāo 斂髮也。从巾喿聲。七搖切。

帒 dài 囊也。从巾代聲。或从衣。徒耐切。

帊 pà 帛三幅曰帊。从巾巴聲。普駕切。

幞 fú 帊也。从巾菐聲。房玉切。

幰 xiǎn 車幔也。从巾憲聲。虛偃切。

文九　新附

市部

市 fú 韠也。上古衣蔽前而已，市以象之。天子朱市，諸矦赤市，大夫葱衡。从巾，象連帶之形。凡市之屬皆从市。分勿切。韍，篆文市从韋从犮。臣鉉等曰：今俗作紱，非是。

𢂍 jiá 𢂍 士無市有𢂍。制如榼，缺四角。爵弁服，其色韎。賤不得與裳同。司農曰：裳，纁色。从市合聲。古洽切。韐，𢂍或从韋。

文二　重二

帛部

帛 bó 帛 繒也。从巾白聲。凡帛之屬皆从帛。菊陌切。

錦 jǐn 錦 襄邑織文。从帛金聲。居飲切。

文二

白部

白 bái 白 西方色也。陰用事，物色白。从入合二。二，陰數。凡白之屬皆从白。菊陌切。𠣬，古文白。

皎 jiǎo 皎 月之白也。从白交聲。《詩》曰："月出皎兮。"古了切。

皢 xiǎo 皢 日之白也。从白堯聲。呼鳥切。

皙 xī 皙 人色白也。从白析聲。先擊切。

皤 pó 皤 老人白也。从白番聲。《易》曰："賁如皤如。"薄波切。𩑶，皤或从頁。

皠 hé 皠 鳥之白也。从白隺聲。胡沃切。

皚 ái 皚 霜雪之白也。从白豈聲。五來切。

皅 pā 皅 艸華之白也。从白巴聲。普巴切。

皦 jiǎo 皦 玉石之白也。从白敫聲。古了切。

𤽔 xì 𤽔 際見之白也。从白，上下小見。起戟切。

皛 xiào 皛 顯也。从三白。讀若皎。烏皎切。

文十一　重二

㡀部

㡀 bì 㡀 敗衣也。从巾，象衣敗之形。凡㡀之屬皆从㡀。毗祭切。

敝 bì 敝 帗也。一曰敗衣。从攴从㡀，㡀亦聲。毗祭切。

文二

黹部

黹 zhǐ 黹 箴縷所紩衣。从㡀，丵省。凡黹之屬皆从黹。臣鉉等曰：丵，眾多也，言箴縷之工不一也。陟几切。

黼 chǔ 黼 合五采鮮色。从黹虘聲。《詩》曰："衣裳黼黼。" 創舉切。

黼 fǔ 黼 白與黑相次文。从黹甫聲。方榘切。

黻 fú 黻 黑與青相次文。从黹犮聲。分勿切。

粹 zuì 粹 會五采繒色。从黹，綷省聲。子對切。

黺 fěn 黺 衮衣山龍華蟲。黺，畫粉也。从黹，从粉省。衛宏說。方吻切。

文六

說文解字弟八

三十七部　六百一十一文　重六十三

凡八千五百三十九字

文三十五　新附

人　部

人 rén　天地之性最貴者也。此籀文。象臂脛之形。凡人之屬皆从人。如鄰切。

僮 tóng　未冠也。从人童聲。徒紅切。

保 bǎo　養也。从人，从𤓽省。𤓽，古文孚。博褒切。呆，古文保。㑟，古文保不省。

仁 rén　親也。从人从二。臣鉉等曰：仁者兼愛，故从二。如鄰切。忎，古文仁从千、心。𡰥，古文仁或从尸。

企 qì　舉踵也。从人止聲。去智切。𠆦，古文企从足。

仞 rèn　伸臂一尋，八尺。从人刃聲。而震切。

仕 shì　學也。从人从士。鉏里切。

佼 jiāo　交也。从人从交。下巧切。

僎 zhuàn　具也。从人巽聲。士勉切。

俅 qiú　冠飾皃。从人求聲。《詩》曰："弁服俅俅。"巨鳩切。

佩 pèi　大帶佩也。从人从凡从巾。佩必有巾，巾謂之飾。臣鉉等曰：今俗別作珮，非是。蒲妹切。

儒 rú　柔也。術士之偁。从人需聲。人朱切。

俊 jùn　材千人也。从人夋聲。子峻切。

傑 jié　傲也。从人桀聲。渠列切。

倱 wén　人姓。从人軍聲。吾昆切。

伋 jí　人名。从人及聲。居立切。

伉 kàng　人名。从人亢聲。《論語》有陳伉。苦浪切。

伯 bó　長也。从人白聲。博陌切。

仲 zhòng 中也。从人从中，中亦聲。直眾切。

伊 yī 殷聖人阿衡，尹治天下者。从人从尹。於脂切。，古文伊从古文死。

偰 xiè 高辛氏之子，堯司徒，殷之先。从人契聲。私列切。

倩 qiàn 人字。从人青聲。東齊壻謂之倩。倉見切。

伃 yú 婦官也。从人予聲。以諸切。

伀 zhōng 志及眾也。从人公聲。職茸切。

儇 xuān 慧也。从人睘聲。許緣切。

倓 tán 安也。从人炎聲。讀若談。徒甘切。，倓或从剡。

侚 xùn 疾也。从人旬聲。辝閏切。

傛 yǒng 不安也。从人容聲。一曰華。余隴切。

僷 yè 宋衞之間謂華僷僷。从人葉聲。與涉切。

佳 jiā 善也。从人圭聲。古膎切。

侅 gāi 奇侅，非常也。从人亥聲。古哀切。

傀 guī 偉也。从人鬼聲。《周禮》曰："大傀異。"公回切。，傀或从玉褱聲。

偉 wěi 奇也。从人韋聲。于鬼切。

份 bīn 文質僣也。从人分聲。《論語》曰："文質份份。"府巾切。，古文份从彡、林。林者，从焚省聲。臣鉉等曰：今俗作斌，非是。

僚 liǎo 好皃。从人尞聲。力小切。

佖 bì 威儀也。从人必聲。《詩》曰："威儀佖佖。"毗必切。

僎 zhuàn 具也。从人叀聲。讀若汝南涛水。《虞書》曰："旁救僎功。"士戀切。

儠 liè 長壯儠鬣也。从人巤聲。《春秋傳》曰："長儠者相之。"良涉切。

儦 biāo 行皃。从人麃聲。《詩》曰："行人儦儦。"甫嬌切。

儺 nuó 行人節也。从人難聲。《詩》曰："佩玉之儺。"諾何切。

倭 wēi 順皃。从人委聲。《詩》曰："周道倭遲。"於爲切。

僓 tuǐ 嫺也。从人貴聲。一曰長皃。吐猥切。又，魚罪切。

僑 qiáo 高也。从人喬聲。巨嬌切。

俟 sì 大也。从人矣聲。《詩》曰："伾伾俟俟。"牀史切。

侗 tōng 大皃。从人同聲。《詩》曰："神罔時侗。"他紅切。

佶 jí 正也。从人吉聲。《詩》曰："既佶且閑。"巨乙切。

俁 yǔ 大也。从人吳聲。《詩》曰："碩人俁俁。"魚禹切。

仜 hóng 大腹也。从人工聲。讀若紅。戶工切。

僤 dàn 疾也。从人單聲。《周禮》曰："句兵欲無僤。"徒案切。

健 jiàn 伉也。从人建聲。渠建切。
倞 jìng 彊也。从人京聲。渠竟切。
傲 ào 倨也。从人敖聲。五到切。
仡 yì 勇壯也。从人气聲。《周書》曰：“仡仡勇夫。”魚訖切。
倨 jù 不遜也。从人居聲。居御切。
儼 yǎn 昂頭也。从人嚴聲。一曰好皃。魚儉切。
傪 cān 好皃。从人参聲。倉含切。
俚 lǐ 聊也。从人里聲。良止切。
伴 bàn 大皃。从人半聲。薄滿切。
俺 yàn 大也。从人奄聲。於業切。
僩 xiàn 武皃。从人閒聲。《詩》曰：“瑟兮僩兮。”下簡切。
伾 pī 有力也。从人丕聲。《詩》曰：“以車伾伾。”敷悲切。
偲 cāi 彊力也。从人思聲。《詩》曰：“其人美且偲。”倉才切。
倬 zhuō 箸大也。从人卓聲。《詩》曰：“倬彼雲漢。”竹角切。
侹 tǐng 長皃。一曰箸地。一曰代也。从人廷聲。他鼎切。
倗 péng 輔也。从人朋聲。讀若陪位。步崩切。
傓 shàn 熾盛也。从人扇聲。《詩》曰：“豔妻傓方處。”式戰切。
儆 jǐng 戒也。从人敬聲。《春秋傳》曰：“儆宫。”居影切。
俶 chù 善也。从人叔聲。《詩》曰：“令終有俶。”一曰始也。昌六切。
傭 chōng 均直也。从人庸聲。余封切。
僾 ài 仿佛也。从人愛聲。《詩》曰：“僾而不見。”烏代切。
仿 fǎng 相似也。从人方聲。妃罔切。𠈒，籀文仿从丙。
佛 fú 見不審也。从人弗聲。敷勿切。
僁 xiè 聲也。从人悉聲。讀若屑。私列切。
僟 jī 精謹也。从人幾聲。《明堂月令》：“數將僟終。”巨衣切。
佗 tuó 負何也。从人它聲。臣鉉等案：《史記》：“匈奴奇畜有橐佗。”今俗譌誤謂之駱駝，非是。徒何切。
何 hè 儋也。从人可聲。臣鉉等曰：儋何，即負何也。借爲誰何之何。今俗別作擔荷，非是。胡歌切。
儋 dān 何也。从人詹聲。都甘切。
供 gòng 設也。从人共聲。一曰供給。俱容切。
偫 zhì 待也。从人从待。直里切。
儲 chǔ 偫也。从人諸聲。直魚切。
備 bèi 慎也。从人葡聲。平祕切。𠈈，古文備。
位 wèi 列中庭之左右謂之位。从人、立。于備切。

儐 bìn 導也。从人賓聲。必刃切。擯，儐或从手。

偓 wò 佺也。从人屋聲。於角切。

佺 quán 偓佺，仙人也。从人全聲。此緣切。

儑 chè 心服也。从人聶聲。齒涉切。

仢 dí 約也。从人勺聲。徒歷切。

儕 chái 等輩也。从人齊聲。《春秋傳》曰："吾儕小人。" 仕皆切。

倫 lún 輩也。从人侖聲。一曰道也。田屯切。

侔 móu 齊等也。从人牟聲。莫浮切。

偕 xié 彊也。从人皆聲。《詩》曰："偕偕士子。" 一曰俱也。古諧切。

俱 jū 偕也。从人具聲。舉朱切。

儹 zǎn 最也。从人贊聲。作管切。

併 bìng 並也。从人并聲。卑正切。

傅 fù 相也。从人尃聲。方遇切。

侙 chì 惕也。从人式聲。《春秋國語》曰："於其心侙然。" 恥力切。

俌 fǔ 輔也。从人甫聲。讀若撫。芳武切。

倚 yǐ 依也。从人奇聲。於綺切。

依 yī 倚也。从人衣聲。於稀切。

仍 réng 因也。从人乃聲。如乘切。

佽 cì 便利也。从人次聲。《詩》曰："決拾既佽。" 一曰遞也。七四切。

佴 èr 佽也。从人耳聲。仍吏切。

倢 jié 佽也。从人疌聲。子葉切。

侍 shì 承也。从人寺聲。時吏切。

傾 qīng 仄也。从人从頃，頃亦聲。去營切。

側 cè 旁也。从人則聲。阻力切。

侒 ān 宴也。从人安聲。烏寒切。

侐 xù 靜也。从人血聲。《詩》曰："閟宮有侐。" 況逼切。

付 fù 與也。从寸持物對人。臣鉉等曰：寸，手也。方遇切。

甹 pīng 使也。从人甹聲。普丁切。

俠 xiá 甹也。从人夾聲。胡頰切。

儃 chán 儃何也。从人亶聲。徒干切。

侁 shēn 行皃。从人先聲。所臻切。

仰 yǎng 舉也。从人从卬。魚兩切。

侸 shù 立也。从人豆聲。讀若樹。常句切。

儽 lěi 垂皃。从人纍聲。一曰嬾解。落猥切。

侳 zuò 安也。从人坐聲。則臥切。

偁 chēng 揚也。从人爯聲。處陵切。

伍 wǔ 相參伍也。从人从五。疑古切。

什 shí 相什保也。从人、十。是執切。

佰 bǎi 相什伯也。从人、百。博陌切。

佸 huó 會也。从人昏聲。《詩》曰：“曷其有佸？”一曰佸佸，力皃。古活切。

佮 gé 合也。从人合聲。古沓切。

敚 wéi 妙也。从人从攴，豈省聲。臣鉉等案：豈字从敚省。敚不應从豈省。蓋傳寫之誤，疑从耑省。耑，物初生之題尚敚也。無非切。

傆 yuàn 黠也。从人原聲。魚怨切。

作 zuò 起也。从人从乍。則洛切。

假 jiǎ 非眞也。从人叚聲。古疋切。一曰至也。《虞書》曰：“假于上下。”古頟切。

借 jiè 假也。从人昔聲。資昔切。

侵 qīn 漸進也。从人、又持帚，若埽之進。又，手也。七林切。

儥 yù 賣也。从人𧶠聲。余六切。

候 hòu 伺望也。从人侯聲。胡遘切。

償 cháng 還也。从人賞聲。食章切。

僅 jǐn 材能也。从人堇聲。渠吝切。

代 dài 更也。从人弋聲。臣鉉等曰：弋非聲。《說文》忒字與此義訓同，疑兼有忒音。徒耐切。

儀 yí 度也。从人義聲。魚羈切。

傍 bàng 近也。从人旁聲。步光切。

佀 sì 象也。从人㠯聲。詳里切。

便 pián 安也。人有不便，更之。从人、更。房連切。

任 rén 符也。从人壬聲。如林切。

俔 qiàn 譬諭也。一曰間見。从人从見。《詩》曰：“俔天之妹。”苦甸切。

優 yōu 饒也。从人憂聲。一曰倡也。於求切。

僖 xī 樂也。从人喜聲。許其切。

偆 chǔn 富也。从人春聲。尺允切。

俒 hùn 完也。《逸周書》曰：“朕實不明，以俒伯父。”从人从完。胡困切。

儉 jiǎn 約也。从人僉聲。巨險切。

偭 miǎn 鄉也。从人面聲。《少儀》曰：“尊壺者偭其鼻。”彌箭切。

俗 sú 習也。从人谷聲。似足切。

俾 bǐ 益也。从人卑聲。一曰俾，門侍人。并弭切。

倪 ní 俾也。从人兒聲。五雞切。

億 yì 安也。从人意聲。於力切。

使 shǐ 伶也。从人吏聲。疏士切。

𠊾 kuí 𠊾，左右兩視。从人癸聲。其季切。

伶 líng 弄也。从人令聲。益州有建伶縣。郎丁切。

儷 lí 棽儷也。从人麗聲。呂支切。

傳 zhuàn 遽也。从人專聲。直戀切。

倌 guān 小臣也。从人从官。《詩》曰：“命彼倌人。” 古患切。

价 jiè 善也。从人介聲。《詩》曰：“价人惟藩。” 古拜切。

仔 zī 克也。从人子聲。子之切。

倂 yìng 送也。从人关聲。呂不韋曰：有侁氏以伊尹倂女。古文以爲訓字。臣鉉等曰：关不成字，當从朕省。案：勝字从朕聲，疑古者朕或音倂。以證切。

徐 xú 緩也。从人余聲。似魚切。

偋 bìng 僻寠也。从人屏聲。防正切。

伸 shēn 屈伸。从人申聲。失人切。

伹 qū 拙也。从人且聲。似魚切。

儺 rǎn 意膬也。从人然聲。臣鉉等曰：膬耎，易破也。人善切。

偄 ruǎn 弱也。从人从耎。奴亂切。

倍 bèi 反也。从人咅聲。薄亥切。

傿 yàn 引爲賈也。从人焉聲。於建切。

僭 jiàn 假也。从人朁聲。子念切。

儗 nǐ 僭也。一曰相疑。从人从疑。魚已切。

偏 piān 頗也。从人扁聲。芳連切。

倀 chāng 狂也。从人長聲。一曰什也。褚羊切。

𠐋 hōng 惽也。从人薨聲。呼肱切。

儔 dào 翳也。从人壽聲。直由切。

侜 zhōu 有廱蔽也。从人舟聲。《詩》曰：“誰侜予美？” 張流切。

俴 jiàn 淺也。从人戔聲。慈衍切。

佃 diàn 中也。从人田聲。《春秋傳》曰：“乘中佃。”一轅車。堂練切。

㑓 cǐ 小皃。从人囟聲。《詩》曰：“㑓㑓彼有屋。” 斯氏切。

侊 guāng 小皃。从人光聲。《春秋國語》曰：“侊飯不及一食。” 古横切。

佻 tiāo 愉也。从人兆聲。《詩》曰：“視民不佻。” 土彫切。

僻 pì 避也。从人辟聲。《詩》曰：“宛如左僻。”一曰从旁牽也。普

擊切。

伭 xián 很也。从人，弦省聲。胡田切。

伎 jì 與也。从人支聲。《詩》曰："鞫人伎忒。"渠綺切。

侈 chǐ 掩脅也。从人多聲。一曰奢也。尺氏切。

佁 ǎi 癡皃。从人台聲。讀若騃。夷在切。

傮 sāo 傮，驕也。从人蚤聲。鮮遭切。

僞 wěi 詐也。从人爲聲。危睡切。

伿 yì 隋也。从人只聲。以豉切。

佝 kòu 務也。从人句聲。苦候切。

僄 piào 輕也。从人𤐫聲。匹妙切。

倡 chāng 樂也。从人昌聲。尺亮切。

俳 pái 戲也。从人非聲。步皆切。

僐 shàn 作姿也。从人善聲。堂（當爲常）演切。

儳 chán 儳互，不齊也。从人毚聲。士咸切。

佚 yì 佚民也。从人失聲。一曰佚，忽也。夷質切。

俄 é 行頃也。从人我聲。《詩》曰："仄弁之俄。"五何切。

傜 yáo 喜也。从人䍃聲。自關以西，物大小不同謂之傜。余招切。

御 jué 徼御，受屈也。从人卻聲。其虐切。

傞 suō 醉舞皃。从人差聲。《詩》曰："屢舞傞傞。"素何切。

僛 qī 醉舞皃。从人欺聲。《詩》曰："屢舞僛僛。"去其切。

侮 wǔ 傷也。从人每聲。文甫切。，古文从母。

㑵 jí 妎也。从人疾聲。一曰毒也。秦悉切。，㑵或从女。

傷 yì 輕也。从人易聲。一曰交傷。以豉切。

俙 xī 訟面相是。从人希聲。喜皆切。

僨 fèn 僵也。从人賁聲。匹問切。

僵 jiāng 僨也。从人畺聲。居良切。

仆 pū 頓也。从人卜聲。芳遇切。

偃 yǎn 僵也。从人匽聲。於幰切。

傷 shāng 創也。从人，煬省聲。少羊切。

侑 yáo 刺也。从人肴聲。一曰痛聲。胡茅切。

侉 kuā 憜詞。从人夸聲。苦瓜切。

催 cuī 相儔也。从人崔聲。《詩》曰："室人交徧催我。"倉回切。

俑 yǒng 痛也。从人甬聲。他紅切。又，余隴切。

伏 fú 司也。从人从犬。臣鉉等曰：司，今人作伺。房六切。

促 cù 迫也。从人足聲。七玉切。

例 lì 比也。从人㓷聲。力制切。

係 xì 絜束也。从人从系，系亦聲。胡計切。

伐 fá 擊也。从人持戈。一曰敗也。房越切。

俘 fū 軍所獲也。从人孚聲。《春秋傳》曰：“以爲俘聝。”芳無切。

但 dàn 裼也。从人旦聲。徒旱切。

傴 yǔ 僂也。从人區聲。於武切。

僂 lóu 尪也。从人婁聲。周公韤僂，或言背僂。力主切。

僇 lù 癡行僇僇也。从人翏聲。讀若雡。一曰且也。力救切。

仇 qiú 讎也。从人九聲。巨鳩切。

儡 léi 相敗也。从人畾聲。讀若雷。魯回切。

咎 jiù 災也。从人从各。各者，相違也。其久切。

仳 pǐ 別也。从人比聲。《詩》曰：“有女仳離。”芳比切。

倃 jiù 毀也。从人咎聲。其久切。

倠 suī 仳倠，醜面。从人隹聲。許惟切。

値 zhí 措也。从人直聲。直吏切。

侂 tuō 寄也。从人㡯聲。㡯，古文宅。他各切。

僔 zǔn 聚也。从人尊聲。《詩》曰：“僔沓背憎。”慈損切。

像 xiàng 象也。从人从象，象亦聲。讀若養。徐兩切。

倦 juàn 罷也。从人卷聲。渠眷切。

傮 zāo 終也。从人曹聲。作曹切。

偶 ǒu 桐人也。从人禺聲。五口切。

弔 diào 問終也。古之葬者，厚衣之以薪。从人持弓，會敺禽。多嘯切。

佋 zhāo 廟佋穆。父爲佋，南面。子爲穆，北面。从人召聲。市招切。

㑗 shēn 神也。从人身聲。失人切。

僊 xiān 長生僊去。从人从䙴，䙴亦聲。相然切。

僰 bó 犍爲蠻夷。从人棘聲。蒲北切。

仚 xiān 人在山上。从人从山。呼堅切。

僥 yáo 南方有焦僥。人長三尺，短之極。从人堯聲。五聊切。

儓 duì 市也。从人對聲。都隊切。

俇 guàng 遠行也。从人狂聲。居況切。

件 jiàn 分也。从人从牛。牛大物，故可分。其輦切。

文二百四十五　重十四

侶 lǚ 徒侶也。从人呂聲。力舉切。

侲 zhèn 僮子也。从人辰聲。章刃切。

倅 cuì 副也。从人卒聲。七内切。

傔 qiàn 從也。从人兼聲。苦念切。

倜 tì 倜儻，不羈也。从人从周。未詳。他歷切。

儻 tǎng 倜儻也。从人黨聲。他朗切。

佾 yì 舞行列也。从人㑥聲。夷質切。

倒 dǎo 仆也。从人到聲。當老切。

儈 guì 合市也。从人、會，會亦聲。古外切。

低 dī 下也。从人、氐，氐亦聲。都兮切。

債 zhài 債負也。从人、責，責亦聲。側賣切。

價 jià 物直也。从人、賈，賈亦聲。古訝切。

停 tíng 止也。从人亭聲。特丁切。

僦 jiù 賃也。从人、就，就亦聲。即就切。

伺 sì 候望也。从人司聲。相吏切。自低已下六字，从人，皆後人所加。

僧 sēng 浮屠道人也。从人曾聲。穌曾切。

佇 zhù 久立也。从人从宁。直呂切。

偵 zhēn 問也。从人貞聲。丑鄭切。

文十八 新附

匕部

匕 huà 變也。从到人。凡匕之屬皆从匕。呼跨切。

𠤕 yí 未定也。从匕吴聲。吴，古文矢字。語期切。

眞 zhēn 僊人變形而登天也。从匕从目从乚；音隱。八，所乘載也。側鄰切。[illegible]，古文眞。

化 huà 教行也。从匕从人，匕亦聲。呼跨切。

文四 重一

匕部

匕 bǐ 相與比敘也。从反人。匕，亦所以用比取飯，一名柶。凡匕之屬皆从匕。卑履切。

匙 chí 匕也。从匕是聲。是支切。

𠦒 bǎo 相次也。从匕从十。鴇从此。博抱切。

𠤢 qì 頃也。从匕支聲。匕，頭頃也。《詩》曰："𠤢彼織女。"去智切。

頃 qīng 頭不正也。从匕从頁。臣鉉等曰：匕者，有所比附，不正也。去營切。

匘 nǎo 頭髗也。从匕；匕，相匕著也。巛象髮，囟象匘形。奴皓切。

㔿 yǎng 望欲有所庶及也。从匕从卪。《詩》曰：“高山㔿止。”伍岡切。

卓 zhuō 高也。早匕爲𠦝，匕卪爲㔿，皆同義。竹角切。𠦝，古文𠦝。

艮 gèn 很也。从匕、目。匕目，猶目相匕，不相下也。《易》曰：“皀其限，匕目爲皀，七目爲眞也。”古恨切。

文九　重一

从　部

从 cóng 相聽也。从二人。凡从之屬皆从从。疾容切。

從 cóng 隨行也。从辵、从，从亦聲。慈用切。

幷 bìng 相從也。从从幵聲。一曰从持二爲幷。府盈切。

文三

比　部

比 bǐ 密也。二人爲从，反从爲比。凡比之屬皆从比。毗至切。𣬶，古文比。

毖 bì 慎也。从比必聲。《周書》曰：“無毖于卹。”兵媚切。

文二　重一

北　部

北 bèi 菲也。从二人相背。凡北之屬皆从北。博墨切。

冀 jì 北方州也。从北異聲。几利切。

文二

丘　部

丘 qiū 土之高也，非人所爲也。从北从一。一，地也。人居在丠南，故从北。中邦之居，在崐崘東南。一曰四方高，中央下爲丠。象形。凡丠之屬皆从丠。去鳩切。今隸變作丘。𡊤，古文从土。

虚 xū 大丘也。崐崘丘謂之崐崘虚。古者九夫爲井，四井爲邑，四邑爲丘。丘謂之虚。从丘虍聲。臣鉉等曰：今俗別作墟，非是。丘如切。又，朽居切。

𡵖 ní 反頂受水丘。从丘，泥省聲。奴低切。

文三　重一

乑部

㐺 yín 眾立也。从三人。凡乑之屬皆从乑。讀若欽崟。魚音切。

眾 zhòng 多也。从乑、目，眾意。之仲切。

聚 jù 會也。从乑取聲。邑落云聚。才句切。

息 jì 眾詞與也。从乑自聲。《虞書》曰："息咎繇。"其冀切。，古文息。

文四　重一

𡈼部

𡈼 tǐng 善也。从人、士。士，事也。一曰象物出地挺生也。凡𡈼之屬皆从𡈼。臣鉉等曰：人在土上，𡈼然而立也。他鼎切。

徵 zhēng 召也。从微省，𡈼爲徵。行於微而文達者，即徵之。陟陵切。，古文徵。

朢 wàng 月滿與日相朢，以朝君也。从月从臣从𡈼。𡈼，朝廷也。無放切。，古文朢省。

㸒 yín 近求也。从爪、𡈼。𡈼，徼幸也。余箴切。

文四　重二

重部

重 zhòng 厚也。从𡈼東聲。凡重之屬皆从重。徐鍇曰："𡈼者，人在土上，故爲厚也。"柱用切。

量 liáng 稱輕重也。从重省，曏省聲。呂張切。，古文量。

文二　重一

臥部

臥 wò 休也。从人、臣，取其伏也。凡臥之屬皆从臥。吾貨切。

監 jiān 臨下也。从臥，䘓省聲。古銜切。，古文監从言。

臨 lín 監臨也。从臥品聲。力尋切。

餐 nè 楚謂小兒嬾餐。从臥、食。 尼見（當爲厄）切。

文四　重一

身　部

身 shēn 躳也。象人之身。从人厂聲。凡身之屬皆从身。 失人切。

軀 qū 體也。从身區聲。 豈俱切。

文二

㐆　部

㐆 yī 歸也。从反身。凡㐆之屬皆从㐆。 徐鍇曰：“古人所謂反身修道，故曰歸也。”於機切。

殷 yīn 作樂之盛稱殷。从㐆从殳。《易》曰：“殷薦之上帝。” 於身切。

文二

衣　部

衣 yī 依也。上曰衣，下曰裳。象覆二人之形。凡衣之屬皆从衣。 於稀切。

裁 cái 制衣也。从衣𢦏聲。 昨哉切。

衮 gǔn 天子享先王，卷龍繡於下幅，一龍蟠阿上鄉。从衣公聲。 古本切。

襢 zhàn 丹縠衣。从衣㞡聲。 知扇切。

褕 yú 翟，羽飾衣。从衣俞聲。一曰直裾謂之襜褕。 羊朱切。

袗 zhěn 玄服。从衣㐱聲。 之忍切。 ，袗或从辰。

表 biǎo 上衣也。从衣从毛。古者衣裘，以毛爲表。 陂矯切。 ，古文表从麃。

裏 lǐ 衣内也。从衣里聲。 良止切。

襁 qiǎng 負兒衣。从衣强聲。 居兩切。

𧝏 jí 衣領也。从衣棘聲。《詩》曰：“要之𧝏之。” 己力切。

襮 bó 黼領也。从衣暴聲。《詩》曰：“素衣朱襮。” 蒲沃切。

衽 rèn 衣裣也。从衣壬聲。 如甚切。

褸 lǚ 衽也。从衣婁聲。 力主切。

褽 wèi 衽也。从衣尉聲。 於胃切。

𧜟 qì 裣緣也。从衣疌聲。 七入切。

裣 jīn 交衽也。从衣金聲。居音切。

褘 huī 蔽厀也。从衣韋聲。《周禮》曰："王后之服褘衣。"謂畫袍。許歸切。

衭 fū 襲衭也。从衣夫聲。甫無切。

襲 xí 左衽袍。从衣，龖省聲。似入切。，籀文襲不省。

袍 páo 襺也。从衣包聲。《論語》曰："衣弊緼袍。"薄褎切。

襺 jiǎn 袍衣也。从衣繭聲。以絮曰襺，以緼曰袍。《春秋傳》曰："盛夏重襺。"古典切。

褋 dié 南楚謂禪衣曰褋。从衣枼聲。徒叶切。

袤 mào 衣帶以上。从衣矛聲。一曰南北曰袤，東西曰廣。莫候切。，籀文袤从楙。

襘 guì 帶所結也。从衣會聲。《春秋傳》曰："衣有襘。"古外切。

褧 jiǒng 檾也。《詩》曰："衣錦褧衣。"示反古。从衣耿聲。去穎切。

袛 dī 袛裯，短衣。从衣氐聲。都兮切。

裯 dāo 衣袂，袛裯。从衣周聲。都牢切。

襤 lán 裯謂之襤褸。襤，無緣也。从衣監聲。魯甘切。

𧜏 duò 無袂衣謂之𧜏。从衣，惰省聲。徒臥切。

𧜓 dú 衣躬縫。从衣毒聲。讀若督。冬毒切。

袪 qū 衣袂也。从衣去聲。一曰袪，褎也。褎者，褢也。袪，尺二寸。《春秋傳》曰："披斬其袪。"去魚切。

褎 xiù 袂也。从衣采聲。似又切。，俗褎从由。

袂 mèi 袖也。从衣夬聲。彌獘切。

褢 huái 袖也。一曰藏也。从衣鬼聲。戶乖切。

褱 huái 俠也。从衣眔聲。一曰橐。臣鉉等曰：眔非聲，未詳。戶乖切。

袌 bào 褱也。从衣包聲。臣鉉等曰：今俗作抱，非是。抱與捊同。薄保切。

襜 chān 衣蔽前。从衣詹聲。處占切。

袥 tuō 衣衸。从衣石聲。他各切。

衸 xiè 袥也。从衣介聲。胡介切。

襗 duó 絝也。从衣睪聲。徒各切。

袉 tuó 裾也。从衣它聲。《論語》曰："朝服袉紳。"唐左切。

裾 jū 衣袍也。从衣居聲。讀與居同。九魚切。

衧 yú 諸衧也。从衣于聲。羽俱切。

褰 qiān 絝也。从衣，寒省聲。《春秋傳》曰："徵褰與襦。"去虔切。

襱 lóng 絝踦也。从衣龍聲。丈冢切。，襱或从賣。

袑 shào 絝上也。从衣召聲。市沼切。

襑 tǎn　衣博大。从衣尋聲。他感切。

裦 bāo　衣博裾。从衣，保省聲。保，古文保。博毛切。

褅 tì　緥也。从衣啻聲。《詩》曰："載衣之褅。" 臣鉉等曰：緥即襁緥也。今俗別作褓，非是。他計切。

褍 duān　衣正幅。从衣耑聲。多官切。

䙟 wéi　重衣皃。从衣圍聲。《爾雅》曰："䙟䙟潰潰。" 臣鉉等曰：《說文》無潰字。《爾雅》亦無此語，疑後人所加。羽非切。

複 fù　重衣皃。从衣复聲。一曰褚衣。方六切。

褆 tí　衣厚褆褆。从衣是聲。杜兮切。

襛 nóng　衣厚皃。从衣農聲。《詩》曰："何彼襛矣。" 汝容切。

裻 dú　新衣聲。一曰背縫。从衣叔聲。冬毒切。

袳 chǐ　衣張也。从衣多聲。《春秋傳》曰："公會齊侯于袳。" 尺氏切。

裔 yì　衣裾也。从衣冏聲。臣鉉等曰：冏非聲，疑象衣裾之形。余制切。，古文裔。

衯 fēn　長衣皃。从衣分聲。撫文切。

袁 yuán　長衣皃。从衣，叀省聲。羽元切。

𧝓 diāo　短衣也。从衣鳥聲。《春秋傳》曰："有空𧝓。" 都僚切。

褺 dié　重衣也。从衣執聲。巴郡有褺虹縣。徒叶切。

裴 péi　長衣皃。从衣非聲。臣鉉等案：《漢書》"裴回"用此。今俗作徘徊，非是。薄回切。

襡 shǔ　短衣也。从衣蜀聲。讀若蜀。市玉切。

𧟌 zhuó　衣至地也。从衣斲聲。竹角切。

襦 rú　短衣也。从衣需聲。一曰𩏂衣。人朱切。

褊 biǎn　衣小也。从衣扁聲。方沔切。

袷 jiā　衣無絮。从衣合聲。古洽切。

襌 dān　衣不重。从衣單聲。都寒切。

襄 xiāng　《漢令》：解衣耕謂之襄。从衣𤕦聲。息良切。，古文襄。

被 bèi　寑衣，長一身有半。从衣皮聲。平義切。

衾 qīn　大被。从衣今聲。去音切。

襐 xiàng　飾也。从衣象聲。徐兩切。

衵 yì　日日所常衣。从衣从日，日亦聲。人質切。

褻 xiè　私服。从衣埶聲。《詩》曰："是褻袢也。" 臣鉉等曰：从熱省乃得聲。私列切。

衷 zhōng　裏褻衣。从衣中聲。《春秋傳》曰："皆衷其衵服。" 陟弓切。

袾 zhū　好佳也。从衣朱聲。《詩》曰："靜女其袾。" 昌朱切。

袓 jù 事好也。从衣且聲。才與切。

裨 bì 接益也。从衣卑聲。府移切。

袢 fán 無色也。从衣半聲。一曰《詩》曰："是紲袢也。"讀若普。博幔切。

雜 zá 五彩相會。从衣集聲。徂合切。

裕 yù 衣物饒也。从衣谷聲。《易》曰："有孚，裕無咎。"羊孺切。

襞 bì 韏衣也。从衣辟聲。臣鉉等曰：韏，革中辨也。衣襞積如辨也。必益切。

衦 gǎn 摩展衣。从衣干聲。古案切。

裂 liè 繒餘也。从衣𠛱聲。良辥切。

袽 ná 弊衣。从衣奴聲。女加切。

袒 zhàn 衣縫解也。从衣旦聲。丈莧切。

補 bǔ 完衣也。从衣甫聲。博古切。

⿰衤黹 zhǐ 紩衣也。从衣、黹，黹亦聲。豬几切。

褫 chǐ 奪衣也。从衣虒聲。讀若池。直离切。

臝 luǒ 袒也。从衣𣎆聲。郎果切。裸，臝或从果。

裎 chéng 袒也。从衣呈聲。丑郢切。

裼 xī 袒也。从衣易聲。先擊切。

衺 xié 𧞣也。从衣牙聲。似嗟切。

襭 xié 以衣衽扱物謂之襭。从衣頡聲。胡結切。擷，襭或从手。

袺 jié 執衽謂之袺。从衣吉聲。格八切。

褿 cáo 帴也。从衣曹聲。昨牢切。又，七刀切。

裝 zhuāng 裹也。从衣壯聲。側羊切。

裹 guǒ 纏也。从衣果聲。古火切。

裛 yè 書囊也。从衣邑聲。於業切。

⿱齊衣 zī 緶也。从衣齊聲。即夷切。

裋 shù 豎使布長襦。从衣豆聲。常句切。

⿰衤區 yǔ 編枲衣。从衣區聲。一曰頭⿰衤區。一曰次裹衣。於武切。又，於侯切。

褐 hè 編枲韤。一曰粗衣。从衣曷聲。胡葛切。

褗 yǎn ⿰衤區領也。从衣匽聲。於幰切。

裺 yǎn 褗謂之裺。从衣奄聲。依檢切。

衰 suō 艸雨衣。秦謂之萆。从衣。象形。穌禾切。，古文衰。

卒 zú 隸人給事者衣爲卒。卒，衣有題識者。臧沒切。

褚 chǔ 卒也。从衣者聲。一曰製衣。丑呂切。

製 zhì 裁也。从衣从制。征例切。

䘳 bō 蠻夷衣。从衣犮聲。一曰蔽厀。北末切。

襚 suì 衣死人也。从衣遂聲。《春秋傳》曰：“楚使公親襚。” 徐醉切。

袇 diāo 棺中縑裏。从衣、弔。讀若雕。 都僚切。

祱 shuì 贈終者衣被曰祱。从衣兌聲。 輸芮切。

褮 yíng 鬼衣。从衣，熒省聲。讀若《詩》曰“葛藟縈之”。一曰若“靜女其袾”之“袾”。 於營切。

裻 shān 車溫也。从衣延聲。 式連切。

褭 niǎo 以組帶馬也。从衣从馬。 奴鳥切。

文一百一十六 重十一

袨 xuàn 盛服也。从衣玄聲。黃絢切。

衫 shān 衣也。从衣彡聲。所銜切。

襖 ǎo 裘屬。从衣奧聲。烏皓切。

文三 新附

裘 部

裘 qiú 皮衣也。从衣求聲。一曰象形，與衰同意。凡裘之屬皆从裘。 巨鳩切。 求，古文省衣。

鬷 kè 裘裏也。从裘鬲聲。讀若擊。 楷革切。

文二 重一

老 部

老 lǎo 考也。七十曰老。从人、毛、匕。言須髮變白也。凡老之屬皆从老。 盧皓切。

耋 dié 年八十曰耋。从老省，从至。 徒結切。

薹 mào 年九十曰薹。从老，从蒿省。 莫報切。

耆 qí 老也。从老省，旨聲。 渠脂切。

耇 gǒu 老人面凍黎若垢。从老省，句聲。 古厚切。

耆 diàn 老人面如點也。从老省，占聲。讀若耿介之耿。 丁念切。

𦒷 shù 老人行才相逮。从老省，易省，行象。讀若樹。 常句切。

壽 shòu 久也。从老省，𠃧聲。 殖酉切。

考 kǎo 老也。从老省，丂聲。 苦浩切。

孝 xiào 善事父母者。从老省，从子。子承老也。 呼教切。

文十

毛部

毛 máo 眉髮之屬及獸毛也。象形。凡毛之屬皆从毛。莫袍切。

㲜 rǔn 毛盛也。从毛隼聲。《虞書》曰："鳥獸㲜髦。"而尹切。又，人勇切。

𣭵 hàn 獸豪也。从毛倝聲。侯幹切。

毨 xiǎn 仲秋，鳥獸毛盛，可選取以爲器用。从毛先聲。讀若選。穌典切。

𣯀 mén 以毳爲瀱，色如虋，故謂之𣯀。虋，禾之赤苗也。从毛㒼聲。《詩》曰："毳衣如𣯀。"莫奔切。

氈 zhān 撚毛也。从毛亶聲。諸延切。

文六

毦 ěr 羽毛飾也。从毛耳聲。仍吏切。

氍 qú 氍毹、毾㲪皆氊緂之屬。蓋方言也。从毛瞿聲。其俱切。

毹 yú 氍毹也。从毛俞聲。羊朱切。

毾 tà 毾㲪也。从毛㒓聲。土盍切。

㲪 dēng 毾㲪也。从毛登聲。都滕切。

毬 qiú 鞠丸也。从毛求聲。巨鳩切。

氅 chǎng 析鳥羽爲旗纛之屬。从毛敞聲。昌兩切。

文七 新附

毳部

毳 cuì 獸細毛也。从三毛。凡毳之屬皆从毳。此芮切。

𣰎 fēi 毛紛紛也。从毳非聲。甫微切。

文二

尸部

尸 shī 陳也。象臥之形。凡尸之屬皆从尸。式脂切。

屍 diàn 偫也。从尸奠聲。堂練切。

居 jū 蹲也。从尸古者，居从古。臣鉉等曰：居从古者，言法古也。九魚切。踞，俗居从足。

屓 xiè 臥息也。从尸、自。臣鉉等曰：自，古者以爲鼻字，故从自。許介切。

屑 xiè 動作切切也。从尸㕦聲。私列切。

展 zhǎn 轉也。从尸，襄省聲。知衍切。

屆 jiè 行不便也。一曰極也。从尸凷聲。古拜切。

尻 kāo 脾也。从尸九聲。苦刀切。

屍 tún 髀也。从尸下丌居几。臣鉉等曰：丌、几皆所以凥止也。徒冤切。，屍或从肉、隼。，屍或从骨殿聲。

𡲬 qì 尻也。从尸旨聲。詰利切。

尼 ní 從後近之。从尸匕聲。女夷切。

𡳐 qì 從後相臿也。从尸从臿。楚洽切。

𡰪 zhé 𡳐𡰪也。从尸乏聲。直立切。

𡰥 niǎn 柔皮也。从申尸之後。尸或从又。臣鉉等曰：注似闕脫，未詳。人善切。

㞫 zhěn 伏皃。从尸辰聲。一曰屋宇。珍忍切。

屖 xī 屖遟也。从尸辛聲。先稽切。

屝 fèi 履也。从尸非聲。扶沸切。

屍 shī 終主。从尸从死。式脂切。

屠 tú 刳也。从尸者聲。同都切。

屟 xiè 履中薦也。从尸枼聲。穌叶切。

屋 wū 居也。从尸。尸，所主也。一曰尸，象屋形。从至。至，所至止。室、屋皆从至。烏谷切。，籒文屋从厂。，古文屋。

屏 píng 屏蔽也。从尸并聲。必郢切。

層 céng 重屋也。从尸曾聲。昨稜切。

文二十三　重五

屢 lǚ 數也。案：今之婁字本是屢空字，此字後人所加。从尸，未詳。丘（當爲立）羽切。

文一　新附

尺部

尺 chǐ 十寸也。人手卻十分動脈爲寸口。十寸爲尺。尺，所以指尺規榘事也。从尸从乙。乙，所識也。周制：寸、尺、咫、尋、常、仞諸度量，皆以人之體爲法。凡尺之屬皆从尺。昌石切。

咫 zhǐ 中婦人手長八寸，謂之咫。周尺也。从尺只聲。諸氏切。

文二

尾部

尾 wěi 微也。从到毛在尸後。古人或飾系尾，西南夷亦然。凡尾之屬皆

从尾。無斐切。今隸變作尾。

屬 zhǔ 連也。从尾蜀聲。之欲切。

屈 qū 無尾也。从尾出聲。九勿切。

尿 niào 人小便也。从尾从水。奴弔切。

文四

履部

履 lǚ 足所依也。从尸从彳从夂，舟象履形。一曰尸聲。凡履之屬皆从履。良止切。䫉，古文履从頁从足。

屨 jù 履也。从履省，婁聲。一曰鞮也。九遇切。

歷 lì 履下也。从履省，歷聲。郎擊切。

孱 xù 履屬。从履省，予聲。徐吕切。

屩 juē 屐也。从履省，喬聲。居勺切。

屐 jī 屩也。从履省，支聲。奇逆切。

文六　重一

舟部

舟 zhōu 船也。古者，共鼓、貨狄，刳木爲舟，剡木爲楫，以濟不通。象形。凡舟之屬皆从舟。職流切。

俞 yú 空中木爲舟也。从亼从舟从巜。巜，水也。羊朱切。

船 chuán 舟也。从舟，鉛省聲。食川切。

彤 chēn 船行也。从舟彡聲。丑林切。

舳 zhú 艫也。从舟由聲。漢律名船方長爲舳艫。一曰舟尾。臣鉉等曰：當从胄省乃得聲。直六切。

艫 lú 舳艫也。一曰船頭。从舟盧聲。洛乎切。

舠 wù 船行不安也。从舟，从刖省。讀若兀。五忽切。

艐 zōng 船著不行也。从舟㚇聲。讀若莘。子紅切。

朕 zhèn 我也。闕。直禁切。

舫 fǎng 船師也。《明堂月令》曰“舫人”。習水者。从舟方聲。甫妄切。

般 pán 辟也。象舟之旋，从舟。从殳，殳，所以旋也。北潘切。㕸，古文般从支。

服 fú 用也。一曰車右騑，所以舟旋。从舟𠬝聲。房六切。𦨈，古文服从人。

文十二　重二

舸 gě　舟也。从舟可聲。古我切。

艇 tǐng　小舟也。从舟廷聲。徒鼎切。

艅 yú　艅艎，舟名。从舟余聲。經典通用餘皇。以諸切。

艎 huáng　艅艎也。从舟皇聲。胡光切。

文四　新附

方部

方 fāng　併船也。象兩舟省、緫頭形。凡方之屬皆从方。府良切。汸，方或从水。

斻 háng　方舟也。从方亢聲。《禮》：天子造舟，諸侯維舟，大夫方舟，士特舟。臣鉉等曰：今俗别作航，非是。胡郎切。

文二　重一

儿部

儿 rén　仁人也。古文奇字人也。象形。孔子曰："在人下，故詰屈。"凡儿之屬皆从儿。如鄰切。

兀 wù　高而上平也。从一在人上。讀若夐。茂陵有兀桑里。五忽切。

兒 ér　孺子也。从儿，象小兒頭囟未合。汝移切。

允 yǔn　信也。从儿㠯聲。余準切。

兌 duì　說也。从儿㕣聲。臣鉉等曰：㕣，古文兖字，非聲。當从口从八，象气之分散。《易》曰："兑，爲巫爲口。"大外切。

充 chōng　長也。高也。从儿，育省聲。昌終切。

文六

兄部

兄 xiōng　長也。从儿从口。凡兄之屬皆从兄。許榮切。

兢 jīng　競也。从二兄。二兄，競意。从丰聲。讀若矜。一曰兢，敬也。居陵切。

文二

先部

先 zēn 首笄也。从人，匕象簪形。凡先之屬皆从先。側岑切。，俗先从竹从朁。

兓 jīn 朁朁，鋭意也。从二先。子林切。

文二　重一

皃部

皃 mào 頌儀也。从人，白象人面形。凡皃之屬皆从皃。莫教切。，皃或从頁，豹省聲。，籀文皃从豹省。

覍 biàn 冕也。周曰覍，殷曰吁，夏曰收。从皃，象形。皮變切。，籀文覍从廾，上象形。，或覍字。

文二　重四

兜部

兜 gǔ 廱蔽也。从人，象左右皆蔽形。凡兜之屬皆从兜。讀若瞽。公戶切。

兜 dōu 兜鍪，首鎧也。从兜，从皃省。皃象人頭也。當侯切。

文二

先部

先 xiān 前進也。从儿从之。凡先之屬皆从先。臣鉉等曰：之人上，是先也。穌前切。

兟 shēn 進也。从二先。贊从此。闕。所臻切。

文二

秃部

秃 tū 無髮也。从人，上象禾粟之形，取其聲。凡秃之屬皆从秃。王育說：蒼頡出見秃人伏禾中，因以制字。未知其審。他谷切。

穨 tuí 秃皃。从秃貴聲。杜回切。

文二

見部

見 jiàn 視也。从儿从目。凡見之屬皆从見。古甸切。

視 shì 瞻也。从見、示。神至切。，古文視。，亦古文視。

䚕 lì 求也。从見麗聲。讀若池。郎計切。

覣 wēi 好視也。从見委聲。於爲切。

䚊 nì 旁視也。从見兒聲。五計切。

覶 luó 好視也。从見𤔔聲。洛戈切。

䙮 lù 笑視也。从見录聲。力玉切。

䙺 xuǎn 大視也。从見爰聲。況晚切。

覝 lián 察視也。从見㶣聲。讀若鎌。力鹽切。

䙵 yùn 外博眾多視也。从見員聲。讀若運。王問切。

觀 guān 諦視也。从見雚聲。古玩切。，古文觀从囧。

尋 dé 取也。从見从寸。寸，度之，亦手也。臣鉉等案：彳部作古文得字，此重出。多則切。

覽 lǎn 觀也。从見、監，監亦聲。盧敢切。

䚅 lài 内視也。从見來聲。洛代切。

䚣 tí 顯也。从見是聲。杜兮切。

䚗 piǎo 目有察省見也。从見票聲。方小切。

䚦 cī 䚦覰，闚觀也。从見朿聲。七四切。

覰 qù 拘覰，未致密也。从見虘聲。七句切。

覭 míng 小見也。从見冥聲。《爾雅》曰："覭髳，弗離。"莫經切。

䚷 dān 内視也。从見甚聲。丁含切。

覯 gòu 遇見也。从見冓聲。古后切。

䙼 kuī 注目視也。从見歸聲。渠追切。

覘 chān 窺也。从見占聲。《春秋傳》曰："公使覘之，信。"敕豔切。

𧢄 wéi 司也。从見微聲。無非切。

覢 shǎn 暫見也。从見炎聲。《春秋公羊傳》曰："覢然公子陽生。"失冉切。

䙾 bìn 暫見也。从見賓聲。必刃切。

䙽 fán 䙾䙽也。从見樊聲。讀若幡。附袁切。

覗 mí 病人視也。从見氏聲。讀若迷。莫兮切。

𧡼 yóu 下視深也。从見鹵聲。讀若攸。以周切。

覙 chēn 私出頭視也。从見㐱聲。讀若郴。丑林切。

䙳 mào 突前也。从見、冃。臣鉉等曰：冃，重覆也。犯冃而見，是突前也。莫紅、亡

茯二切。

覬 jì 覬 欽㚔也。从見豈聲。 几利切。
覦 yú 覦 欲也。从見俞聲。 羊朱切。
䚐 chuāng 䚐 視不明也。一曰直視。从見舂聲。 丑龙切。
𧢈 yào 𧢈 視誤也。从見龠聲。 弋笑切。
覺 jué 覺 寤也。从見，學省聲。一曰發也。 古岳切。
𧢊 jí 𧢊 目赤也。从見，𧷸省聲。 臣鉉等曰：𧷸非聲，未詳。才的切。
靚 jìng 靚 召也。从見青聲。 疾正切。
親 qīn 親 至也。从見亲聲。 七人切。
覲 jìn 覲 諸矦秋朝曰覲，勞王事。从見堇聲。 渠吝切。
覜 tiào 覜 諸矦三年大相聘曰頫。頫，視也。从見兆聲。 他弔切。
覒 máo 覒 擇也。从見毛聲。讀若苗。 莫袍切。
覕 miè 覕 蔽不相見也。从見必聲。 莫結切。
𧠟 shī 𧠟 司人也。从見它聲。讀若馳。 式支切。
𧡧 dōu 𧡧 目蔽垢也。从見𠁁聲。讀若兜。 當矦切。

文四十五 重三

覿 dí 覿 見也。从見𧷏聲。徒歷切。

文一 新附

覞 部

覞 yào 覞 竝視也。从二見。凡覞之屬皆从覞。 弋笑切。
𧢱 qiān 𧢱 很視也。从覞肩聲。齊景公之勇臣有成𧢱者。 苦閑切。
𧢴 xì 𧢴 見雨而比息。从覞从雨。讀若欷。 虛器切。

文三

欠 部

欠 qiàn 欠 張口气悟也。象气从人上出之形。凡欠之屬皆从欠。 去劍切。
欽 qīn 欽 欠皃。从欠金聲。 去音切。
𣤶 luán 𣤶 欠皃。从欠䜌聲。 洛官切。
欯 xì 欯 喜也。从欠吉聲。 許吉切。
吹 chuī 吹 出气也。从欠从口。 臣鉉等案：口部已有吹、嘘，此重出。昌垂切。
欨 xū 欨 吹也。一曰笑意。从欠句聲。 况于切。

歑 hū 溫吹也。从欠虖聲。虎烏切。

𣢾 yù 吹气也。从欠或聲。於六切。

歟 yú 安气也。从欠與聲。以諸切。

𣤉 xié 翕气也。从欠脅聲。虚業切。

歕 pēn 吹气也。从欠賁聲。普魂切。

歇 xiē 息也。一曰气越泄。从欠曷聲。許謁切。

歡 huān 喜樂也。从欠雚聲。呼官切。

欣 xīn 笑喜也。从欠斤聲。許斤切。

弞 shěn 笑不壞顔曰弞。从欠，引省聲。式忍切。

款 kuǎn 意有所欲也。从欠，窾省。臣鉉等曰：窾，塞也。意有所欲而猶塞，款款然也。苦管切。，歀或从柰。

𣢐 jì 㒫也。从欠气聲。一曰口不便言。居气切。

欲 yù 貪欲也。从欠谷聲。余蜀切。

歌 gē 詠也。从欠哥聲。古俄切。，謌或从言。

歂 chuǎn 口气引也。从欠耑聲。讀若車輇。市緣切。

歍 wū 心有所惡，若吐也。从欠烏聲。一曰口相就。哀都切。

𣤇 zú 歍𣤇也。从欠鼀聲。才六切。，俗𣤇从口从就。

𣢕 zú 怒然也。从欠赤聲。《孟子》曰：“曾西𣢕然。”才六切。

欦 qiān 含笑也。从欠今聲。丘嚴切。

歋 yí 人相笑相歋瘉。从欠虒聲。以支切。

歊 xiāo 歊歊，气出皃。从欠、高，高亦聲。許嬌切。

欻 xū 有所吹起。从欠炎聲。讀若忽。許物切。

𣢂 xī 𣢂𣢂，戲笑皃。从欠之聲。許其切。

𣤏 yáo 𣤏𣤏，气出皃。从欠䍃聲。余招切。

歗 xiào 吟也。从欠肅聲。《詩》曰：“其歗也謌。”臣鉉等案：口部，此籀文嘯字，此重出。穌弔切。

歎 tàn 吟也。从欠，鷬省聲。池（當爲他）案切。，籀文歎不省。

歖 xī 卒喜也。从欠从喜。許其切。

欸 xiè 訾也。从欠矣聲。凶戒切。又，烏開切。

𣣔 zì 歐也。从欠此聲。前智切。

歐 ǒu 吐也。从欠區聲。烏后切。

歔 xū 欷也。从欠虚聲。一曰出气也。朽居切。

欷 xī 歔也。从欠，稀省聲。香衣切。

歜 chù 盛气怒也。从欠蜀聲。尺玉切。

𣢼 yǒu 言意也。从欠从卤，卤亦聲。讀若酉。與久切。

⿰渴欠　kě　欲歠歠。从欠渴聲。苦葛切。

⿰敫欠　jiào　所謌也。从欠，噭省聲。讀若叫呼之叫。古弔切。

⿰嗇欠　xì　悲意。从欠嗇聲。火力切。

⿰⿰米焦欠　jiào　盡酒也。从欠⿰米焦聲。子肖切。

⿰緘欠　jiān　監持意。口閉也。从欠緘聲。古咸切。

⿰辰欠　shèn　指而笑也。从欠辰聲。讀若蜃。時忍切。

⿰鰥欠　kūn　昆干，不可知也。从欠鰥聲。古渾切。

歃　shà　歠也。从欠臿聲。《春秋傳》曰："歃而忘。"山洽切。

欶　shuò　吮也。从欠束聲。所角切。

歁　kǎn　食不滿也。从欠甚聲。讀若坎。苦感切。

欿　kǎn　欲得也。从欠臽聲。讀若貪。他含切。

欱　hē　歠也。从欠合聲。呼合切。

歉　qiàn　歉食不滿。从欠兼聲。苦簟切。

⿰骨欠　wā　咽中息不利也。从欠骨聲。烏八切。

欭　yì　嚘也。从欠因聲。乙冀切。

欬　kài　屰气也。从欠亥聲。苦蓋切。

⿰毄欠　xì　且唾聲。一曰小笑。从欠毄聲。許壁切。

歙　xī　縮鼻也。从欠翕聲。丹陽有歙縣。許及切。

⿰咎欠　yǒu　蹴鼻也。从欠咎聲。讀若《爾雅》曰"麐豭短脰"。於糾切。

⿰幼欠　yǒu　愁皃。从欠幼聲。臣鉉等案：口部，呦字或作⿰幼欠，此重出。於虯切。

欪　chù　咄欪，無慙。一曰無腸意。从欠出聲。讀若卉。丑律切。

欥　yù　詮詞也。从欠从曰，曰亦聲。《詩》曰："欥求厥寧。"余律切。

次　cì　不前，不精也。从欠二聲。七四切。，古文次。

⿰康欠　kāng　飢虚也。从欠康聲。苦岡切。

欺　qī　詐欺也。从欠其聲。去其切。

歆　xīn　神食气也。从欠音聲。許今切。

文六十五　重五

歈　yú　歌也。从欠俞聲。《切韻》云："巴歈，歌也。"案：《史記》：渝水之人善歌舞，漢高祖采其聲。後人因加此字。羊朱切。

文一　新附

㱃部

㱃　yǐn　歠也。从欠酓聲。凡㱃之屬皆从㱃。於錦切。，古文㱃从今、

水。，古文歙从今、食。

歠 chuò 歠也。从歙省，叕聲。昌說切。，歠或从口从夬。

文二　重三

次　部

次 xián 慕欲口液也。从欠从水。凡次之屬皆从次。叙連切。，次或从侃。，籀文次。

羡 xiàn 貪欲也。从次，从羑省。羑呼之羑，文王所拘羑里。似面切。

㳄 yí 歠也。从次厂聲。讀若移。以支切。

盜 dào 私利物也。从次，次欲皿者。徒到切。

文四　重二

旡　部

旡 jì 歙食气屰不得息曰旡。从反欠。凡旡之屬皆从旡。居未切。今變隸作无。，古文旡。

㢿 huò 屰惡驚詞也。从旡咼聲。讀若楚人名多夥。乎果切。

琼 liàng 事有不善，言琼也。《爾雅》："琼，薄也。"从旡京聲。臣鉉等曰：今俗隸書作亮。力讓切。

文三　重一

說文解字弟九

四十六部　四百九十六文　重六十三

凡七千二百四十七字

文三十八　新附

頁　部

頁	xié	頭也。从百从儿。古文䭫首如此。凡頁之屬皆从頁。百者，䭫首字也。胡結切。
頭	tóu	首也。从頁豆聲。度矦切。
顏	yán	眉目之閒也。从頁彥聲。五姦切。，籀文。
頌	róng	皃也。从頁公聲。余封切。又，似用切。，籀文。
頊	duó	顱也。从頁乇聲。徒谷切。
顱	lú	頊顱，首骨也。从頁盧聲。洛乎切。
顛	yuàn	顚頂也。从頁㒵聲。魚怨切。
顚	diān	頂也。从頁眞聲。都季切。
頂	dǐng	顚也。从頁丁聲。都挺切。，或从貲作。，籀文从鼎。
顙	sǎng	頟也。从頁桑聲。蘇朗切。
題	tí	頟也。从頁是聲。杜兮切。
頟	é	顙也。从頁各聲。臣鉉等曰：今俗作額。五陌切。
頞	è	鼻莖也。从頁安聲。烏割切。，或从鼻、曷。
頯	kuí	權也。从頁𢍏聲。渠追切。
頰	jiá	面旁也。从頁夾聲。古叶切。，籀文頰。
𩑓	gěn	頰後也。从頁㫐聲。古恨切。
頜	hàn	顄也。从頁合聲。胡感切。
顄	hán	頤也。从頁函聲。胡男切。
頸	jǐng	頭莖也。从頁巠聲。居郢切。
領	lǐng	項也。从頁令聲。良郢切。
項	xiàng	頭後也。从頁工聲。胡講切。

䪴 zhěn 項枕也。从頁冘聲。章衽切。

顀 chuí 出額也。从頁隹聲。直追切。

䫌 péi 曲頤也。从頁不聲。薄回切。

顩 yǎn 𪙛兒。从頁僉聲。魚檢切。

䫃 yǔn 面目不正兒。从頁尹聲。余準切。

頵 yūn 頭頵頵大也。从頁君聲。於倫切。

䫀 hùn 面色顚䫀兒。从頁員聲。讀若隕。于閔切。

𩕂 yán 頭𩕂長也。从頁兼聲。五咸切。

碩 shuò 頭大也。从頁石聲。常隻切。

頒 bān 大頭也。从頁分聲。一曰鬢也。《詩》曰：“有頒其首。” 布還切。

顒 yóng 大頭也。从頁禺聲。《詩》曰：“其大有顒。” 魚容切。

䫜 qiāo 大頭也。从頁羔聲。口幺切。

䯇 kuī 大頭也。从頁骨聲。讀若魋。苦骨切。

願 yuàn 大頭也。从頁原聲。魚怨切。

顤 yáo 高長頭。从頁堯聲。五弔切。

䫨 ào 䫨顤，高也。从頁敖聲。五到切。

𩒨 yuè 面前岳岳也。从頁岳聲。五角切。

𩔞 mèi 昧前也。从頁𣅀聲。讀若昧。莫佩切。

𩕬 líng 面瘦淺𩕬𩕬也。从頁霝聲。郎丁切。

顡 wài 頭蔽顡也。从頁豙聲。五怪切。

頑 wán 棞頭也。从頁元聲。五還切。

𩓡 guī 小頭𩓡𩓡也。从頁枝聲。讀若規。又，已恚切。

顆 kě 小頭也。从頁果聲。苦惰切。

頢 kuò 短面也。从頁昏聲。五活切。又，下括切。

頲 tǐng 狹頭頲也。从頁廷聲。他挺切。

頠 wěi 頭閑習也。从頁危聲。語委切。

頷 hàn 面黃也。从頁含聲。胡感切。

䫇 yuǎn 面不正也。从頁爰聲。于反切。

頍 kuǐ 舉頭也。从頁支聲。《詩》曰：“有頍者弁。” 丘弭切。

𩔽 mò 内頭水中也。从頁、𠬛，𠬛亦聲。烏没切。

顧 gù 還視也。从頁雇聲。古慕切。

順 shùn 理也。从頁从巛。食閏切。

𩑺 zhěn 顔色𩑺𩕲，慎事也。从頁㐱聲。之忍切。

𩕲 lǐn 𩑺𩕲也。从頁粦聲。一曰頭少髮。良忍切。

顓 zhuān 頭顓顓謹兒。从頁耑聲。職緣切。

頊 xū 頭頊頊謹皃。从頁玉聲。許玉切。

顉 ǎn 低頭也。从頁金聲。《春秋傳》曰：“迎于門，顉之而已。”五感切。

頓 dùn 下首也。从頁屯聲。都困切。

頫 fǔ 低頭也。从頁，逃省。太史卜書，頫仰字如此。楊雄曰：人面頫。臣鉉等曰：頫首者，逃亡之皃，故从逃省。今俗作俯，非是。方矩切。俛，頫或从人、免。

䫖 shěn 舉目視人皃。从頁臣聲。式忍切。

顫 zhǎn 倨視人也。从頁善聲。旨善切。

頡 xié 直項也。从頁吉聲。胡結切。

頔 zhuō 頭頡頔也。从頁出聲。讀又若骨。之出切。

顥 hào 白皃。从頁从景。《楚詞》曰：“天白顥顥。”南山四顥，白首人也。臣鉉等曰：景，日月之光明，白也。胡老切。

䪥 fán 大醜皃。从頁樊聲。附袁切。

䫀 jìng 好皃。从頁爭聲。《詩》所謂“䫀首”。疾正切。

䫻 yǔ 頭妍也。从頁，翩省聲。讀若翩。臣鉉等曰：从翩聲，又讀若翩，則是古今異音也。王矩切。

顗 yǐ 謹莊皃。从頁豈聲。魚豈切。

顅 qiān 頭鬢少髮也。从頁肩聲。《周禮》：“數目顅脰。”苦閑切。

䫤 kūn 無髮也。一曰耳門也。从頁困聲。苦昆切。

頎 kū 禿也。从頁气聲。苦骨切。

頛 lèi 頭不正也。从頁从耒。耒，頭傾也。讀又若《春秋》陳夏齧之齧。盧對切。

頼 pǐ 傾首也。从頁卑聲。匹米切。

頧 qì 司人也。一曰恐也。从頁契聲。讀若褉。胡計切。

䫥 kuǐ 頭不正也。从頁鬼聲。口猥切。

頗 pō 頭偏也。从頁皮聲。滂禾切。

頄 yòu 顫也。从頁尤聲。于救切。疣，頄或从疒。

顫 chàn 頭不正也。从頁亶聲。之繕切。

顑 kǎn 飯不飽，面黃起行也。从頁咸聲。讀若戇。下感、下坎二切。

顲 lǎn 面顑顲皃。从頁㐭聲。盧感切。

煩 fán 熱頭痛也。从頁从火。一曰焚省聲。附袁切。

顡 wài 癡，不聰明也。从頁豙聲。五怪切。

頪 lèi 難曉也。从頁、米。一曰鮮白皃。从粉省。臣鉉等曰：難曉，亦不聰之義。盧對切。

顦 qiáo 顦顇也。从頁焦聲。昨焦切。
顇 cuì 顦顇也。从頁卒聲。秦醉切。
顐 mén 繫頭殟也。从頁昏聲。莫奔切。
頦 hái 醜也。从頁亥聲。戶來切。
頬 qī 醜也。从頁其聲。今逐疫有頬頭。去其切。
顲 yù 呼也。从頁籥聲。讀與籥同。《商書》曰：“率顲眾戚。”羊戍切。
顯 xiǎn 頭明飾也。从頁㬎聲。臣鉉等曰：㬎，古以爲顯字，故从㬎聲。呼典切。
䪾 zhuàn 選具也。从二頁。士戀切。
文九十三（當作文九十二） 重八

預 yù 安也。案：經典通用豫。从頁，未詳。羊洳切。
文一 新附

百 部

百 shǒu 頭也。象形。凡百之屬皆从百。書九切。
脜 róu 面和也。从百从肉。讀若柔。耳由切。
文二

面 部

面 miàn 顏前也。从百，象人面形。凡面之屬皆从面。彌箭切。
靦 tiǎn 面見也。从面、見，見亦聲。《詩》曰：“有靦面目。”他典切。䩄，或从旦。
酺 fǔ 頰也。从面甫聲。符遇切。
醮 jiāo 面焦枯小也。从面、焦。即消切。
文四 重一

靨 yè 姿也。从面厭聲。於叶切。
文一 新附

丏 部

丏 miǎn 不見也。象壅蔽之形。凡丏之屬皆从丏。彌兗切。
文一

𦣻 部

首 shǒu 百同。古文百也。巛象髮，謂之鬊，鬊卽巛也。凡𦣻之屬皆从𦣻。書九切。

䭫 qǐ 下首也。从𦣻旨聲。康禮切。

⿰𦣻斷 tuán 截也。从𦣻从斷。大丸、旨沇二切。剸，或从刀專聲。

文三 重一

県 部

県 jiāo 到首也。賈侍中說：此斷首到縣県字。凡県之屬皆从県。古堯切。

縣 xuán 繫也。从系持県。臣鉉等曰：此本是縣挂之縣，借爲州縣之縣。今俗加心，別作懸，義無所取。胡涓切。

文二

須 部

須 xū 面毛也。从頁从彡。凡須之屬皆从須。臣鉉等曰：此本須鬢之須。頁，首也。彡，毛飾也。借爲所須之須。俗書从水，非是。相俞切。

頾 zī 口上須也。从須此聲。臣鉉等曰：今俗別作髭，非是。即移切。

䫇 rán 頰須也。从須从冄，冄亦聲。臣鉉等曰：今俗別作髯，非是。汝鹽切。

⿰卑須 bēi 須髮半白也。从須卑聲。府移切。

⿰否須 pī 短須髮皃。从須否聲。敷悲切。

文五

彡 部

彡 shān 毛飾畫文也。象形。凡彡之屬皆从彡。所銜切。

形 xíng 象形也。从彡幵聲。戸經切。

㐱 zhěn 稠髮也。从彡从人。《詩》曰："㐱髮如雲。"之忍切。鬒，㐱或从髟眞聲。

修 xiū 飾也。从彡攸聲。息流切。

彰 zhāng 文彰也。从彡从章，章亦聲。諸良切。

彫 diāo 琢文也。从彡周聲。都僚切。

⿰青彡 jìng 清飾也。从彡青聲。疾郢切。

㣎 mù 細文也。从彡，𡭴省聲。莫卜切。

弱 ruò 橈也。上象橈曲，彡象毛氂橈弱也。弱物并，故从二𢎗。而勺切。

文九　重一

彩 cǎi 文章也。从彡采聲。倉宰切。

文一　新附

彣　部

彣 wén 䵗也。从彡从文。凡彣之屬皆从彣。無分切。

彥 yàn 美士有文，人所言也。从彣厂聲。魚變切。

文二

文　部

文 wén 錯畫也。象交文。凡文之屬皆从文。無分切。

斐 fěi 分別文也。从文非聲。《易》曰：“君子豹變，其文斐也。”敷尾切。

辬 bān 駁文也。从文辡聲。布還切。

𢽳 lí 微畫也。从文𠩺聲。里之切。

文四

髟　部

髟 biāo 長髮猋猋也。从長从彡。凡髟之屬皆从髟。必凋切。又，所銜切。

髮 fà 根也。从髟犮聲。方伐切。𩠐，髮或从首。𡕛，古文。

鬢 bìn 頰髮也。从髟賓聲。必刃切。

鬗 mán 髮長也。从髟㒼聲。讀若蔓。母官切。

𩮀 lán 髮長也。从髟監聲。讀若《春秋》“黑肱以濫來奔”。魯甘切。

鬌 cuǒ 髮好也。从髟、差。千可切。

鬈 quán 髮好也。从髟卷聲。《詩》曰：“其人美且鬈。”衢員切。

髦 máo 髮也。从髟从毛。莫袍切。

䰓 mián 髮皃。从髟臱聲。讀若宀。莫賢切。

𩭧 tiáo 髮多也。从髟周聲。直由切。

𩯁 nǐ 髮皃。从髟爾聲。讀若江南謂酢母為𩯁。奴礼切。

髻 póu 髮皃。从髟音聲。步矛切。

髳 máo 髮至眉也。从髟敄聲。《詩》曰："紞彼兩髳。"亡牢切。，髳或省。《漢令》有髳長。

鬋 jiǎn 女鬢垂皃。从髟前聲。作踐切。

鬑 lián 鬋也。一曰長皃。从髟兼聲。讀若慊。力鹽切。

𩯀 jié 束髮少也。从髟截聲。子結切。

鬄 xī 髲也。从髟易聲。先彳切。又，大計切。，鬄或从也聲。

髲 bì 鬄也。从髟皮聲。平義切。

髮 cì 用梳比也。从髟次聲。七四切。

髺 kuò 潔髮也。从髟昏聲。古浯切。

鬆 pán 臥結也。从髟般聲。讀若槃。薄官切。

髯 fù 結也。从髟付聲。方遇切。

鬕 mà 帶結飾也。从髟莫聲。莫駕切。

鬢 kuì 屈髮也。从髟貴聲。丘媿切。

髤 jiè 簪結也。从髟介聲。古拜切。

鬣 liè 髮鬣鬣也。从髟巤聲。良涉切。，鬣或从毛。，或从豕。

鬛 lú 鬣也。从髟盧聲。洛乎切。

髴 fú 髴，若似也。从髟弗聲。敷勿切。

髶 róng 亂髮也。从髟，茸省聲。而容切。

鬌 chuí 髮隋也。从髟，隋省。直追切。

鬊 shùn 鬒髮也。从髟春聲。舒閏切。

鬝 qiān 鬒禿也。从髟閒聲。苦閑切。

鬄 tì 鬀髮也。从髟从刀，易聲。他歷切。

髡 kūn 鬄髮也。从髟兀聲。苦昆切。，或从元。

鬀 tì 鬄髮也。从髟弟聲。大人曰髡，小人曰鬀，盡及身毛曰鬄。臣鉉等曰：今俗別作剃，非是。他計切。

髭 bàng 鬃也。从髟竝聲。蒲浪切。

鬃 fèi 髭也。忽見也。从髟录聲。录，籀文魅，亦忽見意。芳未切。

髽 zhuā 喪結。《禮》：女子髽衰，弔則不髽。魯臧武仲與齊戰于狐鮐，魯人迎喪者，始髽。从髟坐聲。莊華切。

文三十八　重六（當作重七）

鬐 qí 馬鬣也。从髟耆聲。渠脂切。

髫 tiáo 小兒垂結也。从髟召聲。徒聊切。

髻 jì 總髮也。从髟吉聲。古通用結。古詣切。

鬟 huán 緫髮也。从髟睘聲。案：古婦人首飾，琢玉爲兩環。此二字皆後人所加。戶關切。

文四 新附

后部

后 hòu 繼體君也。象人之形。施令以告四方，故厂之。从一、口。發號者，君后也。凡后之屬皆从后。 胡口切。

垢 hǒu 厚怒聲。从口、后，后亦聲。 呼后切。

文二

司部

司 sī 臣司事於外者。从反后。凡司之屬皆从司。 息兹切。

詞 cí 意内而言外也。从司从言。 似兹切。

文二

卮部

卮 zhī 圜器也。一名觛。所以節飲食。象人，卩在其下也。《易》曰：“君子節飲食。”凡卮之屬皆从卮。 章移切。

䏝 shuàn 小卮有耳蓋者。从卮專聲。 市沇切。

𦓐 zhuǎn 小卮也。从卮耑聲。讀若捶擊之捶。 旨沇切。

文三

卩部

卩 jié 瑞信也。守國者用玉卩，守都鄙者用角卩，使山邦者用虎卩，士邦者用人卩，澤邦者用龍卩，門關者用符卩，貨賄用璽卩，道路用旌卩。象相合之形。凡卩之屬皆从卩。 子結切。

令 lìng 發號也。从亼、卩。 徐鍇曰：“號令者，集而爲之。卩，制也。”力正切。

𠨘 bì 輔信也。从卩比聲。《虞書》曰：“𠨘成五服。” 毗必切。

卶 chǐ 有大度也。从卩多聲。讀若侈。 充豉切。

𠨷 bì 宰之也。从卩必聲。 兵媚切。

卲 shào 高也。从卩召聲。 寔照切。

厄 è 科厄，木節也。从卩厂聲。賈侍中說以爲厄，裹也。一曰厄，蓋

也。臣鉉等曰：厂非聲，未詳。五果切。

厀 xī 脛頭卪也。从卪桼聲。臣鉉等曰：今俗作膝，非是。息七切。

卷 juǎn 厀曲也。从卪𠔉聲。居轉切。

卻 què 節欲也。从卪谷聲。去約切。

卸 xiè 舍車解馬也。从卪、止、午。讀若汝南人寫書之寫。臣鉉等曰：午，馬也。故从午。司夜切。

㔾 zhuàn 二卪也。巽从此。闕。士戀切。

𠨍 zòu 卪也。闕。則候切。

文十三

印部

印 yìn 執政所持信也。从爪从卪。凡印之屬皆从印。於刃切。

归 yì 按也。从反印。於棘切。抑，俗从手。

文二　重一

色部

色 sè 顔气也。从人从卪。凡色之屬皆从色。所力切。[illegible]，古文。

艴 bó 色艴如也。从色弗聲。《論語》曰："色艴如也。"蒲没切。

艵 pīng 縹色也。从色并聲。普丁切。

文三　重一

卯部

卯 qīng 事之制也。从卪、𠂎。凡卯之屬皆从卯。闕。去京切。

卿 qīng 章也。六卿：天官冢宰、地官司徒、春官宗伯、夏官司馬、秋官司寇、冬官司空。从卯皀聲。去京切。

文二

辟部

辟 bì 法也。从卪从辛，節制其辠也；从口，用法者也。凡辟之屬皆从辟。必益切。

擘 bì 治也。从辟从井。《周書》曰："我之不擘。"必益切。

辥 yì 治也。从辟乂聲。《虞書》曰：“有能俾辥。” 魚廢切。

文三

勹 部

勹 bāo 裹也。象人曲形，有所包裹。凡勹之屬皆从勹。 布交切。

匊 jū 曲脊也。从勹，籟省聲。 巨六切。

匍 pú 手行也。从勹甫聲。 簿乎切。

匐 fú 伏地也。从勹畐聲。 蒲北切。

匊 jū 在手曰匊。从勹、米。 臣鉉等曰：今俗作掬，非是。居六切。

勻 yún 少也。从勹、二。 羊倫切。

勼 jiū 聚也。从勹九聲。讀若鳩。 居求切。

旬 xún 徧也。十日爲旬。从勹、日。 詳遵切。，古文。

勽 bào 覆也。从勹覆人。 薄皓切。

匈 xiōng 聲也。从勹凶聲。 許容切。，匈或从肉。

匊 zhōu 帀徧也。从勹舟聲。 職流切。

匌 gé 帀也。从勹从合，合亦聲。 矦閤切。

匓 jiù 飽也。从勹𣪘聲。民祭，祝曰：“厭匓。” 巳又切。又，乙庾切。

匔 fù 重也。从勹復聲。 扶富切。，或省彳。

冢 zhǒng 高墳也。从勹豖聲。 知隴切。

文十五 重三

包 部

包 bāo 象人裹妊，巳在中，象子未成形也。元气起於子。子，人所生也。男左行三十，女右行二十，俱立於巳，爲夫婦。裹妊於巳，巳爲子，十月而生。男起巳至寅，女起巳至申。故男秊始寅，女秊始申也。凡包之屬皆从包。 布交切。

胞 bāo 兒生裹也。从肉从包。 匹交切。

匏 páo 瓠也。从包，从夸聲。包，取其可包藏物也。 薄交切。

文三

茍 部

茍 jì 自急敕也。从羊省，从包省。从口，口猶慎言也。从羊，羊與

義、善、美同意。凡茍之屬皆从茍。己力切。，古文羊不省。

敬 jìng 肅也。从攴、茍。居慶切。

文二　重一

鬼部

鬼 guǐ 人所歸爲鬼。从人，象鬼頭。鬼陰气賊害，从厶。凡鬼之屬皆从鬼。居偉切。，古文从示。

魖 shén 神也。从鬼申聲。食鄰切。

魂 hún 陽气也。从鬼云聲。戶昆切。

魄 pò 陰神也。从鬼白聲。普百切。

魅 chì 厲鬼也。从鬼失聲。丑利切。

魖 xū 秏神也。从鬼虛聲。朽居切。

魃 bá 旱鬼也。从鬼犮聲。《周禮》有赤魃氏，除牆屋之物也。《詩》曰："旱魃爲虐。"蒲撥切。

鬽 mèi 老精物也。从鬼、彡。彡，鬼毛。密祕切。，或从未聲。，古文。，籒文从彖首，从尾省聲。

魌 jì 鬼服也。一曰小兒鬼。从鬼支聲。《韓詩傳》曰："鄭交甫逢二女，魌服。"奇寄切。

虩 hū 鬼皃。从鬼虎聲。虎烏切。

鬿 qí 鬼俗也。从鬼幾聲。《淮南傳》曰："吳人鬼，越人鬿。"居衣切。

魗 rú 鬼魅聲，魗魗不止也。从鬼需聲。奴豆切。

傀 huà 鬼變也。从鬼化聲。呼駕切。

魌 nuó 見鬼驚詞。从鬼，難省聲。讀若《詩》"受福不儺"。諾何切。

魏 pín 鬼皃。从鬼賓聲。符眞切。

醜 chǒu 可惡也。从鬼酉聲。昌九切。

魋 tuí 神獸也。从鬼隹聲。杜回切。

文十七　重四

魑 chī 鬼屬。从鬼从离，离亦聲。丑知切。

魔 mó 鬼也。从鬼麻聲。莫波切。

魘 yǎn 寱驚也。从鬼厭聲。於琰切。

文三　新附

由部

由 fú 鬼頭也。象形。凡由之屬皆从由。 敷勿切。

畏 wèi 惡也。从由，虎省。鬼頭而虎爪，可畏也。 於胃切。，古文省。

禺 yù 母猴屬。頭似鬼。从由从内。 牛具切。

文三　重一

厶部

厶 sī 姦衺也。韓非曰："蒼頡作字，自營爲厶。"凡厶之屬皆从厶。 息夷切。

篡 cuàn 屰而奪取曰篡。从厶算聲。 初官切。

羑 yòu 相訹呼也。从厶从羑。 與久切。，或从言、秀。，或如此。，古文。 臣鉉等案：羊部有羑。羑，進善也。此古文重出。

文三　重三

嵬部

嵬 wéi 高不平也。从山鬼聲。凡嵬之屬皆从嵬。 五灰切。

巍 wēi 高也。从嵬委聲。 牛威切。臣鉉等曰：今人省山从爲魏國之魏。語韋切。

文二

山部

山 shān 宣也。宣气散，生萬物，有石而高。象形。凡山之屬皆从山。 所閒切。

嶽 yuè 東，岱；南，靃；西，華；北，恆；中，泰室。王者之所以巡狩所至。从山獄聲。 五角切。，古文象高形。

岱 dài 太山也。从山代聲。 徒耐切。

島 dǎo 海中往往有山可依止，曰島。从山鳥聲。讀若《詩》曰"蔦與女蘿"。 都皓切。

峱 náo 山，在齊地。从山狃聲。《詩》曰："遭我于峱之閒兮。" 奴刀切。

嶧 yì 葛嶧山，在東海下邳。从山睪聲。《夏書》曰："嶧陽孤桐。" 羊益切。

嵎 yú 封嵎之山，在吳楚之閒，汪芒之國。从山禺聲。 噳俱切。

嶷 yí 九嶷山，舜所葬，在零陵營道。从山疑聲。語其切。

𡸖 mín 山，在蜀湔氐西徼外。从山敃聲。武巾切。

屼 jǐ 山也。或曰弱水之所出。从山几聲。居履切。

巀 jié 巀嶭山，在馮翊池陽。从山截聲。才葛切。

嶭 niè 巀嶭山也。从山辥聲。五葛切。

崋 huà 山，在弘農華陰。从山，華省聲。胡化切。

𡶬 guō 山，在鴈門。从山𩫏聲。古博切。

崵 yáng 崵山，在遼西。从山昜聲。一曰嵎鐵崵谷也。與章切。

岵 hù 山有草木也。从山古聲。《詩》曰：“陟彼岵兮。”侯古切。

屺 qǐ 山無草木也。从山己聲。《詩》曰：“陟彼屺兮。”墟里切。

嶨 xué 山多大石也。从山，學省聲。胡角切。

嶅 áo 山多小石也。从山敖聲。五交切。

岨 qū 石戴土也。从山且聲。《詩》曰：“陟彼岨矣。”七余切。

岡 gāng 山骨也。从山网聲。古郎切。

岑 cén 山小而高。从山今聲。鉏箴切。

崟 yín 山之岑崟也。从山金聲。魚音切。

崒 zú 崒，危高也。从山卒聲。醉綏切。

巒 luán 山小而鋭。从山䜌聲。洛官切。

密 mì 山如堂者。从山宓聲。美畢切。

岫 xiù 山穴也。从山由聲。似又切。，籀文从穴。

陖 jùn 高也。从山陖聲。私閏切。，陖或省。

𡾟 duò 山之墮墮者。从山，从憜省聲。讀若相推落之憜。徒果切。

㟞 zhàn 尤高也。从山棧聲。士限切。

崛 jué 山短高也。从山屈聲。衢勿切。

𡾰 lì 巍高也。从山蠆聲。讀若厲。力制切。

峯 fēng 山耑也。从山夆聲。敷容切。

巖 yán 岸也。从山嚴聲。五緘切。

嵒 yán 山巖也。从山、品。讀若吟。臣鉉等曰：从品，象巖厓連屬之形。五咸切。

𡹣 lěi 䧿也。从山絫聲。落猥切。

䧿 zuì 山皃。从山辠聲。徂賄切。

峼 gào 山皃。一曰山名。从山告聲。古到切。

𡼖 duò 山皃。从山陊聲。徒果切。臣鉉等案：陊與嶞同，嶞今亦音徒果切，則是陊兼有此音。

嵯 cuó 山皃。从山𢀩聲。昨何切。

峨 é 嵯峨也。从山我聲。五何切。

崝	zhēng	嵥也。从山青聲。 臣鉉等曰：今俗別作崢，非是。七（當爲士）耕切。
嵥	róng	崝嵥也。从山榮聲。 戶萌切。
陘	kēng	谷也。从山巠聲。 戶經切。
崩	bēng	山壞也。从山朋聲。 北滕切。 [illegible]，古文从𨸏。
岪	fú	山脅道也。从山弗聲。 敷勿切。
嵍	wù	山名。从山敄聲。 亡遇切。
嶢	yáo	焦嶢，山高皃。从山堯聲。 古僚切。
㟅	qiáng	山陵也。从山戕聲。 慈良切。
嵏	zōng	九嵏山，在馮翊谷口。从山㚇聲。 子紅切。
岊	jié	陬隅，高山之節。从山从卪。 子結切。
崇	chóng	嵬高也。从山宗聲。 鉏弓切。
崔	cuī	大高也。从山隹聲。 胙回切。
		文五十三　重四

嶙	lín	嶙峋，深崖皃。从山粦聲。力珍切。
峋	xún	嶙峋也。从山旬聲。相倫切。
岌	jí	山高皃。从山及聲。魚汲切。
嶠	jiào	山銳而高也。从山喬聲。古通用喬。渠廟切。
嵌	qiān	山深皃。从山，歁省聲。口銜切。
嶼	yǔ	島也。从山與聲。徐呂切。
嶺	lǐng	山道也。从山領聲。良郢切。
嵐	lán	山名。从山，葻省聲。盧含切。
嵩	sōng	中岳，嵩高山也。从山从高，亦从松。韋昭《國語》注云："古通用崇字。"息弓切。
崑	kūn	崑崙，山名。从山昆聲。《漢書》楊雄文通用昆侖。古渾切。
崙	lún	崑崙也。从山侖聲。盧昆切。
嵇	xí	山名。从山，稽省聲。奚氏避難，特造此字，非古。胡雞切。
		文十二　新附

屾部

屾	shēn	二山也。凡屾之屬皆从屾。 所臻切。
嵞	tú	會稽山。一曰九江當嵞也。民以辛壬癸甲之日嫁娶。从屾余聲。《虞書》曰："予娶嵞山。" 同都切。
		文二

屵部

屵 è 岸高也。从山、厂，厂亦聲。凡屵之屬皆从屵。五葛切。
岸 àn 水厓而高者。从屵干聲。五旰切。
崖 yá 高邊也。从屵圭聲。五佳切。
㕎 duī 高也。从屵隹聲。都回切。
𡺷 pǐ 崩也。从屵肥聲。符鄙切。
𡼏 pèi 崩聲。从屵配聲。讀若費。蒲没切。

文六

广部

广 yǎn 因广爲屋，象對刺高屋之形。凡广之屬皆从广。讀若儼然之儼。魚儉切。
府 fǔ 文書藏也。从广付聲。臣鉉等曰：今藏腑字俗書从肉，非是。方矩切。
廱 yōng 天子饗飲辟廱。从广雝聲。於容切。
庠 xiáng 禮官養老。夏曰校，殷曰庠，周曰序。从广羊聲。似陽切。
廬 lú 寄也。秋冬去，春夏居。从广盧聲。力居切。
庭 tíng 宮中也。从广廷聲。特丁切。
廇 liù 中庭也。从广畱聲。力救切。
庉 dùn 樓牆也。从广屯聲。徒損切。
庌 yǎ 廡也。从广牙聲。《周禮》曰："夏庌馬。" 五下切。
廡 wǔ 堂下周屋。从广無聲。文甫切。，籀文从舞。
廬 lǔ 廡也。从广虜聲。讀若鹵。郎古切。
庖 páo 廚也。从广包聲。薄交切。
廚 chú 庖屋也。从广尌聲。直株切。
庫 kù 兵車藏也。从車在广下。苦故切。
廄 jiù 馬舍也。从广𣪘聲。《周禮》曰："馬有二百十四匹爲廄，廄有僕夫。" 居又切。㡱，古文从九。
序 xù 東西牆也。从广予聲。徐吕切。
廦 bì 牆也。从广辟聲。比激切。
廣 guǎng 殿之大屋也。从广黃聲。古晃切。
廥 kuài 芻藁之藏。从广會聲。古外切。
庾 yǔ 水槽倉也。从广臾聲。一曰倉無屋者。以主切。
屏 bìng 蔽也。从广并聲。必郢切。

廁 cì 清也。从广則聲。初吏切。

廛 chán 一畝半，一家之居。从广、里、八、土。直連切。

𢇛 huán 屋牝瓦下。一曰維綱也。从广，閔省聲。讀若環。戶關切。

廖 cōng 屋階中會也。从广悤聲。倉紅切。

㢋 chǐ 廣也。从广侈聲。《春秋國語》曰："俠溝而㢋我。"尺氏切。

廉 lián 仄也。从广兼聲。力兼切。

𢈛 chá 開張屋也。从广秅聲。濟陰有𢈛縣。宅加切。

龐 páng 高屋也。从广龍聲。薄江切。

底 dǐ 山居也。一曰下也。从广氐聲。都礼切。

庢 zhì 礙止也。从广至聲。陟栗切。

廮 yǐng 安止也。从广嬰聲。鉅鹿有廮陶縣。於郢切。

废 bá 舍也。从广犮聲。《詩》曰："召伯所废。"蒲撥切。

庳 bì 中伏舍。从广卑聲。一曰屋庳。或讀若逋。便俾切。

庇 bì 蔭也。从广比聲。必至切。

庶 shù 屋下眾也。从广、炗。炗，古文光字。臣鉉等曰：光亦眾盛也。商署切。

庤 zhì 儲置屋下也。从广寺聲。直里切。

廙 yì 行屋也。从广異聲。與職切。

廔 lóu 屋麗廔也。从广婁聲。一曰穜也。洛侯切。

㢈 tuí 屋从上傾下也。从广隹聲。都回切。

廢 fèi 屋頓也。从广發聲。方肺切。

庮 yǒu 久屋朽木。从广酉聲。《周禮》曰："牛夜鳴則庮。"臭如朽木。與久切。

廑 jǐn 少劣之居。从广堇聲。巨斤切。

廟 miào 尊先祖皃也。从广朝聲。眉召切。庿，古文。

𢈁 jū 人相依𢈁也。从广且聲。子余切。

𢉴 yè 屋迫也。从广曷聲。於歇切。

㡿 chì 郤屋也。从广屰聲。昌石切。

廞 xīn 陳輿服於庭也。从广欽聲。讀若歆。許今切。

廖 liáo 空虛也。从广膠聲。臣鉉等曰：今別作寥，非是。洛蕭切。

文四十九　重三

廈 xià 屋也。从广夏聲。胡雅切。

廊 láng 東西序也。从广郎聲。《漢書》通用郎。魯當切。

廂 xiāng 廊也。从广相聲。息良切。

庪 guǐ 祭山曰庪縣。从广技聲。過委切。

庱	chěng	庱	地名。从广，未詳。丑拼切。
廖	liào	廖	人姓。从广，未詳。當是省廫字尔。力救切。
			文六 新附

厂部

厂	hǎn	厂	山石之厓巖，人可居。象形。凡厂之屬皆从厂。呼旱切。𠆞，籀文从干。
厓	yá	厓	山邊也。从厂圭聲。五佳切。
厜	zuī	厜	厜㕒，山顛也。从厂垂聲。姊宜切。
㕒	wēi	㕒	厜㕒也。从厂義聲。魚爲切。
厰	yín	厰	崟也。一曰地名。从厂敢聲。魚音切。
厬	guǐ	厬	仄出泉也。从厂晷聲。讀若軌。居洧切。
厎	dǐ	厎	柔石也。从厂氐聲。職雉切。砥，厎或从石。
厥	jué	厥	發石也。从厂欮聲。俱月切。
厲	lì	厲	旱石也。从厂，蠆省聲。力制切。𠪲，或不省。
厱	lán	厱	厱諸，治玉石也。从厂僉聲。讀若藍。魯甘切。
厤	lì	厤	治也。从厂秝聲。郎擊切。
𠪱	xǐ	𠪱	石利也。从厂異聲。讀若枲。胥里切。
𠩵	hù	𠩵	美石也。从厂古聲。矦古切。
厗	tí	厗	唐厗，石也。从厂，犀省聲。杜兮切。
㕇	lā	㕇	石聲也。从厂立聲。盧荅切。
𠩷	yì	𠩷	石地惡也。从厂兒聲。五歷切。
𠪃	qín	𠪃	石地也。从厂金聲。讀若紟。巨今切。
𠪍	fū	𠪍	石閒見。从厂甫聲。讀若敷。芳無切。
厝	cuò	厝	厲石也。从厂昔聲。《詩》曰：“他山之石，可以爲厝。”倉各切。又，七互切。
厖	máng	厖	石大也。从厂尨聲。莫江切。
屵	yuè	屵	岸上見也。从厂，从之省。讀若躍。以灼切。
𠩸	xiá	𠩸	辟也。从厂夾聲。胡甲切。
仄	zè	仄	側傾也。从人在厂下。阻力切。𡗕，籀文从夨，夨亦聲。
㕏	pì	㕏	仄也。从厂辟聲。普擊切。
厞	fèi	厞	隱也。从厂非聲。扶沸切。
厭	yā	厭	笮也。从厂猒聲。一曰合也。於輒切。又，一琰切。
厃	wěi	厃	仰也。从人在厂上。一曰屋梠也，秦謂之桷，齊謂之厃。魚

毀切。

文二十七　重四

丸部

丸 wán 圜，傾側而轉者。从反仄。凡丸之屬皆从丸。胡官切。

𡰥 wěi 鷙鳥食已，吐其皮毛如丸。从丸咼聲。讀若骫。於跪切。

䎡 nuó 丸之孰也。从丸而聲。奴禾切。

𡰪 fàn 闕。芳萬切。

文四

危部

危 wēi 在高而懼也。从厃，自卪止之。凡危之屬皆从危。魚爲切。

𢻐 qī 𢻐嶇也。从危支聲。去其切。

文二

石部

石 shí 山石也。在厂之下；口，象形。凡石之屬皆从石。常隻切。

磺 kuàng 銅鐵樸石也。从石黃聲。讀若穬。古猛切。卝，古文礦。《周禮》有卝人。

碭 dàng 文石也。从石昜聲。徒浪切。

碝 ruǎn 石次玉者。从石耎聲。而沇切。

砮 nú 石，可以爲矢鏃。从石奴聲。《夏書》曰：“梁州貢砮丹。”《春秋國語》曰：“肅慎氏貢楛矢石砮。”乃都切。

礜 yù 毒石也。出漢中。从石與聲。羊茹切。

碣 jié 特立之石。東海有碣石山。从石曷聲。渠列切。，古文。

磏 lián 厲石也。一曰赤色。从石兼聲。讀若鎌。力鹽切。

碬 xiá 厲石也。从石叚聲。《春秋傳》曰：“鄭公孫碬字子石。”乎加切。

礫 lì 小石也。从石樂聲。郎擊切。

𥓌 gǒng 水邊石。从石巩聲。《春秋傳》曰：“闕𥓌之甲。”居竦切。

磧 qì 水陼有石者。从石責聲。七迹切。

碑 bēi 豎石也。从石卑聲。府眉切。

䃍 zhuì 陊也。从石㒸聲。徒對切。

磒 yǔn 落也。从石員聲。《春秋傳》曰：“磒石于宋五。” 于敏切。

硻 suǒ 碎石磒聲。从石炙聲。 所責切。

硞 què 石聲。从石告聲。 苦角切。

硠 láng 石聲。从石良聲。 魯當切。

礐 què 石聲。从石，學省聲。 胡角切。

硈 qià 石堅也。从石吉聲。一曰突也。 格八切。

磕 kài 石聲。从石盍聲。 口太切。又，苦盍切。

硻 kēng 餘堅者。从石，堅省。 口莖切。

磿 lì 石聲也。从石厤聲。 郎擊切。

磛 chán 礹，石也。从石斬聲。 鉅（當爲鉏）銜切。

礹 yán 石山也。从石嚴聲。 五銜切。

礊 kè 堅也。从石毄聲。 楷革切。

确 què 礊石也。从石角聲。 臣鉉等曰：今俗作確，非是。胡角切。 㱿，确或从殼。

磽 qiāo 礊石也。从石堯聲。 口交切。

硪 é 石巖也。从石我聲。 五何切。

碞 yán 磛喦也。从石、品。《周書》曰：“畏于民碞。”讀與巖同。 臣鉉等曰：从品，與喦同意。五銜切。

磬 qìng 樂石也。从石、殸。象縣虡之形。殳，擊之也。古者母句氏作磬。 苦定切。 殸，籀文省。硜，古文从巠。

礙 ài 止也。从石疑聲。 五漑切。

硩 chè 上摘巖空青、珊瑚墮之。从石折聲。《周禮》有硩蔟氏。 五列切。

硟 chàn 以石扞繒也。从石延聲。 尺戰切。

碎 suì 䃺也。从石卒聲。 蘇對切。

破 pò 石碎也。从石皮聲。 普過切。

礱 lóng 䃺也。从石龍聲。天子之桷，椓而礱之。 盧紅切。

研 yán 䃺也。从石幵聲。 五堅切。

䃺 mò 石磑也。从石靡聲。 模臥切。

磑 wèi 䃺也。从石豈聲。古者公輸班作磑。 五對切。

碓 duì 舂也。从石隹聲。 都隊切。

䂿 tà 舂已，復擣之曰䂿。从石沓聲。 徒合切。

磻 bō 以石箸惟繳也。从石番聲。 博禾切。

䃽 zhuó 斫也。从石箸聲。 張略切。

硯 yàn 石滑也。从石見聲。 五甸切。

砭 biān 以石刺病也。从石乏聲。方彩切。又，方驗切。
䃒 hé 石也。惡也。从石鬲聲。下革切。
砢 luǒ 磊砢也。从石可聲。來可切。
磊 lěi 眾石也。从三石。落猥切。

文四十九　重五

礪 lì 礳也。从石厲聲。經典通用厲。力制切。
碏 què 《左氏傳》："衛大夫石碏。"《唐韻》云：敬也。从石，未詳。昔聲。七削切。
磯 jī 大石激水也。从石幾聲。居衣切。
碌 lù 石皃。从石彔聲。盧谷切。
砧 zhēn 石柎也。从石占聲。知林切。
砌 qì 階甃也。从石切聲。千計切。
礩 zhì 柱下石也。从石質聲。之日切。
礎 chǔ 礩也。从石楚聲。創舉切。
硾 zhuì 擣也。从石垂聲。直類切。

文九　新附

長部

長 cháng 久遠也。从兀从匕。兀者，高遠意也。久則變化。亾聲。𠩺者，倒亾也。凡長之屬皆从長。臣鉉等曰：倒亡，不亡也。長久之義也。直良切。[illegible]，古文長。[illegible]，亦古文長。
肆 sì 極、陳也。从長隶聲。息利切。[illegible]，或从髟。
镾 mí 久長也。从長爾聲。武夷切。
镻 dié 蛇惡毒長也。从長失聲。徒結切。

文四　重三

勿部

勿 wù 州里所建旗。象其柄，有三游。雜帛，幅半異。所以趣民，故遽，稱勿勿。凡勿之屬皆从勿。文弗切。[illegible]，勿或从㫃。
昜 yáng 開也。从日、一、勿。一曰飛揚。一曰長也。一曰彊者眾皃。與章切。

文二　重一

冄部

冄 rǎn 冄 毛冄冄也。象形。凡冄之屬皆从冄。而琰切。

文一

而部

而 ér 而 頰毛也。象毛之形。《周禮》曰："作其鱗之而。"凡而之屬皆从而。臣鉉等曰：今俗别作髵，非是。如之切。

耏 nài 耏 罪不至髡也。从而从彡。奴代切。耐，或从寸。諸法度字从寸。

文二　重一

豕部

豕 shǐ 豕 彘也。竭其尾，故謂之豕。象毛足而後有尾。讀與豨同。桉：今世字，誤以豕爲彘，以彘爲豕。何以明之？爲啄琢从豕，蠡从彘。皆取其聲，以是明之。臣鉉等曰：此語未詳，或後人所加。凡豕之屬皆从豕。式視切。豕，古文。

豬 zhū 豬 豕而三毛叢居者。从豕者聲。陟魚切。

豰 bó 豰 小豚也。从豕㱿聲。步角切。

豯 xī 豯 生三月豚，腹豯豯皃也。从豕奚聲。胡雞切。

豵 zōng 豵 生六月豚。从豕從聲。一曰一歲豵，尚叢聚也。子紅切。

豝 bā 豝 牝豕也。从豕巴聲。一曰一歲能相把拏也。《詩》曰："一發五豝。"伯加切。

豣 jiān 豣 三歲豕，肩相及者。从豕幵聲。《詩》曰："並驅从兩豣兮。"古賢切。

豶 fén 豶 羠豕也。从豕賁聲。符分切。

豭 jiā 豭 牡豕也。从豕叚聲。古牙切。

豛 yì 豛 上谷名豬豭。从豕，役省聲。營隻切。

䝐 wéi 䝐 豶也。从豕隋聲。臣鉉等曰：當从隨省。以水切。

豤 kěn 豤 齧也。从豕皀聲。康很切。

豷 yì 豷 豕息也。从豕壹聲。《春秋傳》曰："生敖及豷。"許利切。

豧 fū 豧 豕息也。从豕甫聲。芳無切。

豢 huàn 豢 以穀圈養豕也。从豕𢍏聲。胡慣切。

豠 chú 豠 豕屬。从豕且聲。疾余切。

豲 huán 逸也。从豕原聲。《周書》曰："豲有爪而不敢以撅。"讀若桓。胡官切。

豨 xī 豕走豨豨。从豕希聲。古有封豨脩虵之害。虛豈切。

豖 chù 豕絆足行豖豖。从豕繫二足。丑六切。

豦 qú 鬭相丮不解也。从豕、虍。豕、虍之鬭，不解也。讀若蘮蒘草之蘮。司馬相如說：豦，封豕之屬。一曰虎兩足舉。强魚切。

豪 yì 豕怒毛豎。一曰殘艾也。从豕、辛。臣鉉等曰：从辛，未詳。魚既切。

豩 huān 二豕也。豳从此。闕。伯貧切。又，呼關切。

文二十二　重一

㣇部

㣇 yì 脩豪獸。一曰河内名豕也。从彑，下象毛足。凡㣇之屬皆从㣇。讀若弟。羊至切。𢑏，籒文。𢑚，古文。

𢑚 hū 豕屬。从㣇昷聲。呼骨切。

𧰽 háo 豕鬣如筆管者。出南郡。从㣇高聲。乎刀切。豪，籒文从豕。臣鉉等曰：今俗別作毫，非是。

彙 wèi 蟲似豪豬者。从㣇，胃省聲。于貴切。蝟，或从虫。

𧰲 sì 㣇屬。从二㣇。息利切。𢑏，古文𧰲。《虞書》曰："𧰲類于上帝。"

文五　重五

彑部

彑 jì 豕之頭。象其鋭，而上見也。凡彑之屬皆从彑。讀若罽。居例切。

彘 zhì 豕也。後蹏發謂之彘。从彑矢聲；从二匕，彘足與鹿足同。直例切。

彖 chǐ 豕也。从彑从豕。讀若弛。式視切。

㣈 xiá 豕也。从彑，下象其足。讀若瑕。乎加切。

彖 tuàn 豕走也。从彑，从豕省。通貫切。

文五

豚部

豚 tún 小豕也。从彖省。象形。从又持肉，以給祠祀。凡豚之屬皆从

豚。徒魂切。𦝫，篆文从肉、豕。

𧱏 wèi 豚屬。从豚衛聲。讀若罽。于歲切。

文二　重一

豸部

豸 zhì 獸長脊，行豸豸然，欲有所司殺形。凡豸之屬皆从豸。池爾切。司殺讀若伺候之伺。

豹 bào 似虎，圜文。从豸勺聲。北教切。

貙 chū 貙獌，似貍者。从豸區聲。敕俱切。

貚 tán 貙屬也。从豸單聲。徒干切。

貔 pí 豹屬，出貉國。从豸㮰聲。《詩》曰：“獻其貔皮。”《周書》曰：“如虎如貔。”貔，猛獸。房脂切。豼，或从比。

豺 chái 狼屬，狗聲。从豸才聲。士皆切。

貐 yǔ 猰貐，似貙，虎爪，食人，迅走。从豸俞聲。以主切。

貘 mò 似熊而黃黑色，出蜀中。从豸莫聲。莫白切。

鏞 yōng 猛獸也。从豸庸聲。余封切。

貜 jué 𤛎貜也。从豸矍聲。王縛切。

貀 nà 獸，無前足。从豸出聲。《漢律》：“能捕豺貀，購百錢。”女滑切。

貈 hé 似狐，善睡獸。从豸舟聲。《論語》曰：“狐貈之厚以居。”臣鉉等曰：舟非聲，未詳。下各切。

豻 àn 胡地野狗。从豸干聲。五旰切。犴，豻或从犬。《詩》曰：“宜犴宜獄。”

貂 diāo 鼠屬。大而黃黑，出胡丁零國。从豸召聲。都僚切。

貉 mò 北方豸穜。从豸各聲。孔子曰：“貉之爲言惡也。”莫白切。

貆 huán 貉之類。从豸亘聲。胡官切。

貍 lí 伏獸，似貙。从豸里聲。里之切。

貒 tuān 獸也。从豸耑聲。讀若湍。他耑切。

貛 huān 野豕也。从豸雚聲。呼官切。

貁 yòu 鼠屬。善旋。从豸穴聲。余救切。

文二十　重二

貓 māo 貍屬。从豸苗聲。莫交切。

文一　新附

𤉢部

𤉢 sì 如野牛而青。象形。與禽、离頭同。凡𤉢之屬皆从𤉢。徐姊切。兕，古文从几。

文一　重一

易部

易 yì 蜥易，蝘蜓，守宫也。象形。《祕書》說：日月爲易，象陰陽也。一曰从勿。凡易之屬皆从易。羊益切。

文一

象部

象 xiàng 長鼻牙，南越大獸，三季一乳，象耳牙四足之形。凡象之屬皆从象。徐兩切。

豫 yù 象之大者。賈侍中說：不害於物。从象予聲。羊茹切。，古文。

文二　重一

說文解字第十

四十部　八百一十文　重八十七

凡萬四字

文三十一　新附

馬　部

馬 mǎ　怒也。武也。象馬頭髦尾四足之形。凡馬之屬皆从馬。莫下切。，古文。，籒文馬與影同，有髦。

騭 zhì　牡馬也。从馬陟聲。讀若郅。之日切。

馬 huán　馬一歲也。从馬；一，絆其足。讀若弦。一曰若環。戶關切。

駒 jū　馬二歲曰駒，三歲曰駣。从馬句聲。舉朱切。

馴 bā　馬八歲也。从馬从八。博拔切。

驄 xián　馬一目白曰驄，二目白曰魚。从馬閒聲。戶閒切。

騏 qí　馬青驪，文如博棊也。从馬其聲。渠之切。

驪 lí　馬深黑色。从馬麗聲。呂支切。

駽 xuān　青驪馬。从馬肙聲。《詩》曰："駜彼乘駽。"火玄切。

騩 guī　馬淺黑色。从馬鬼聲。俱位切。

騮 liú　赤馬黑毛尾也。从馬畱聲。力求切。

騢 xiá　馬赤白雜毛。从馬叚聲。謂色似鰕魚也。乎加切。

騅 zhuī　馬蒼黑雜毛。从馬隹聲。職追切。

駱 luò　馬白色黑鬣尾也。从馬各聲。盧各切。

駰 yīn　馬陰白雜毛。黑。从馬因聲。《詩》曰："有駰有騢。"於眞切。

驄 cōng　馬青白雜毛也。从馬悤聲。倉紅切。

驈 yù　驪馬白胯也。从馬矞聲。《詩》曰："有驈有騜。"食聿切。

駹 máng　馬面顙皆白也。从馬尨聲。莫江切。

騧 guā　黃馬，黑喙。从馬咼聲。古華切。，籒文騧。

驃 piào　黃馬發白色。一曰白髦尾也。从馬㶡聲。毗召切。

駓 pī　黃馬白毛也。从馬丕聲。敷悲切。

驖 tiě 驖 馬赤黑色。从馬戴聲。《詩》曰："四驖孔阜。" 他結切。

䮗 àn 䮗 馬頭有發赤色者。从馬岸聲。 五肝切。

馰 dí 馰 馬白額也。从馬，的省聲。一曰駿也。《易》曰："爲的顙。" 都歷切。

駁 bó 駁 馬色不純。从馬爻聲。 臣鉉等曰：爻非聲，疑象駁文。北角切。

馵 zhù 馵 馬後左足白也。从馬，二其足。讀若注。 之戍切。

驔 diàn 驔 驪馬黃脊。从馬覃聲。讀若簟。 徒玷切。

驠 yàn 驠 馬白州也。从馬燕聲。 於甸切。

騽 xí 騽 馬豪骭也。从馬習聲。 似入切。

䮧 hàn 䮧 馬毛長也。从馬倝聲。 矦旰切。

騛 fēi 騛 馬逸足也。从馬从飛。《司馬法》曰："飛衛斯輿。" 甫微切。

驁 ào 驁 駿馬。以壬申日死，乘馬忌之。从馬敖聲。 五到切。

驥 jì 驥 千里馬也，孫陽所相者。从馬冀聲。天水有驥縣。 几利切。

駿 jùn 駿 馬之良材者。从馬夋聲。 子峻切。

驍 xiāo 驍 良馬也。从馬堯聲。 古堯切。

䮔 zuī 䮔 馬小皃。从馬垂聲。讀若箠。 之壘切。 䮔，籒文从𠂹。

驕 jiāo 驕 馬高六尺爲驕。从馬喬聲。《詩》曰："我馬唯驕。"一曰野馬。 舉喬切。

騋 lái 騋 馬七尺爲騋，八尺爲龍。从馬來聲。《詩》曰："騋牝驪牡。" 洛哀切。

驩 huān 驩 馬名。从馬雚聲。 呼官切。

驗 yàn 驗 馬名。从馬僉聲。 魚窆切。

䮞 cǐ 䮞 馬名。从馬此聲。 雌氏切。

䮌 xiū 䮌 馬名。从馬休聲。 許尤切。

馼 wén 馼 馬赤鬣縞身，目若黃金，名曰媽。吉皇之乘，周文王時，犬戎獻之。从馬从文，文亦聲。《春秋傳》曰："媽馬百駟。"畫馬也。西伯獻紂，以全其身。 無分切。

馶 zhī 馶 馬彊也。从馬支聲。 章移切。

駜 bì 駜 馬飽也。从馬必聲。《詩》云："有駜有駜。" 毗必切。

駫 jiōng 駫 馬盛肥也。从馬光聲。《詩》曰："四牡駫駫。" 古熒切。

騯 péng 騯 馬盛也。从馬旁聲。《詩》曰："四牡騯騯。" 薄庚切。

䭴 àng 䭴 䭴䭴，馬怒皃。从馬卬聲。 吾浪切。

驤 xiāng 驤 馬之低仰也。从馬襄聲。 息良切。

驀 mò 驀 上馬也。从馬莫聲。 莫白切。

騎 qí 騎 跨馬也。从馬奇聲。 渠羈切。

駕 jià 馬在軛中。从馬加聲。古訝切。⿰牜各，籒文駕。

騑 fēi 驂，㫄馬。从馬非聲。甫微切。

駢 pián 駕二馬也。从馬并聲。部田切。

驂 cān 駕三馬也。从馬參聲。倉含切。

駟 sì 一乘也。从馬四聲。息利切。

駙 fù 副馬也。从馬付聲。一曰近也。一曰疾也。符遇切。

⿰馬皆 xié 馬和也。从馬皆聲。戶皆切。

騀 ě 馬搖頭也。从馬我聲。五可切。

駊 pǒ 駊騀也。从馬皮聲。普火切。

⿰馬舀 tāo 馬行皃。从馬舀聲。土刀切。

篤 dǔ 馬行頓遲。从馬竹聲。冬毒切。

騤 kuí 馬行威儀也。从馬癸聲。《詩》曰：“四牡騤騤。” 渠追切。

䮶 wò 馬行徐而疾也。从馬，學省聲。於角切。

駸 qīn 馬行疾也。从馬，侵省聲。《詩》曰：“載驟駸駸。” 子林切。

馺 sà 馬行相及也。从馬从及。讀若《爾雅》“小山馺，大山峘”。 蘇荅切。

馮 píng 馬行疾也。从馬冫聲。臣鉉等曰：本音皮冰切。經典通用爲依馮之馮。今別作凴，非是。房戎切。

⿰馬耴 niè 馬步疾也。从馬耴聲。尼輒切。

騃 sì 馬行仡仡也。从馬矣聲。五駭切。

驟 zhòu 馬疾步也。从馬聚聲。鉏又切。

⿰馬匃 gě 馬疾走也。从馬匃聲。古達切。

颿 fān 馬疾步也。从馬風聲。臣鉉等曰：舟船之颿，本用此字。今別作帆，非是。符嚴切。

驅 qū 馬馳也。从馬區聲。豈俱切。敺，古文驅从攴。

馳 chí 大驅也。从馬也聲。直离切。

騖 wù 亂馳也。从馬敄聲。亡遇切。

⿱𠛱馬 liè 次弟馳也。从馬𠛱聲。力制切。

騁 chěng 直馳也。从馬甹聲。丑郢切。

駾 tuì 馬行疾來皃。从馬兑聲。《詩》曰：“昆夷駾矣。” 他外切。

⿰馬失 yì 馬有疾足。从馬失聲。大結切。

駻 hàn 馬突也。从馬旱聲。矦旰切。

駧 dòng 馳馬洞去也。从馬同聲。徒弄切。

驚 jīng 馬駭也。从馬敬聲。舉卿切。

駭 hài 驚也。从馬亥聲。矦楷切。

䮾 huāng 馬奔也。从馬巟聲。呼光切。

騫 qiān 馬腹縶也。从馬，寒省聲。去虔切。

駐 zhù 馬立也。从馬主聲。中句切。

馴 xún 馬順也。从馬川聲。詳遵切。

駗 zhēn 馬載重難也。从馬㐱聲。張人切。

驙 zhān 駗驙也。从馬亶聲。《易》曰："乘馬驙如。" 張連切。

驇 zhì 馬重皃。从馬埶聲。陟利切。

驧 jú 馬曲脊也。从馬鞠聲。巨六切。

騬 chéng 犗馬也。从馬乘聲。食陵切。

𩢄 jiè 系馬尾也。从馬介聲。古拜切。

騷 sāo 擾也。一曰摩馬。从馬蚤聲。穌遭切。

馽 zhí 絆馬也。从馬，囗其足。《春秋傳》曰："韓厥執馽前。" 讀若輒。陟立切。䮹，馽或从糸執聲。

駘 tái 馬銜脫也。从馬台聲。徒哀切。

駔 zǎng 牡馬也。从馬且聲。一曰馬蹲駔也。子朗切。

騶 zōu 廄御也。从馬芻聲。側鳩切。

驛 yì 置騎也。从馬睪聲。羊益切。

馹 rì 驛傳也。从馬日聲。人質切。

騰 téng 傳也。从馬朕聲。一曰騰，犗馬也。徒登切。

䮤 hé 苑名。一曰馬白頟。从馬隺聲。下各切。

駉 jiōng 牧馬苑也。从馬冋聲。《詩》曰："在駉之野。" 古熒切。

駪 shēn 馬衆多皃。从馬先聲。所臻切。

駮 bó 獸，如馬，倨牙，食虎豹。从馬交聲。北角切。

駃 jué 駃騠，馬父贏子也。从馬夬聲。臣鉉等曰：今俗與快同用。古穴切。

騠 tí 駃騠也。从馬是聲。杜兮切。

驘 luó 驢父馬母。从馬𦝠聲。洛戈切。騾，或从羸。

驢 lǘ 似馬，長耳。从馬盧聲。力居切。

䮺 méng 驢子也。从馬冡聲。莫紅切。

驒 tuó 驒騱，野馬也。从馬單聲。一曰青驪白鱗，文如鼉魚。代何切。

騱 xī 驒騱，馬也。从馬奚聲。胡雞切。

騊 táo 騊駼，北野之良馬。从馬匋聲。徒刀切。

駼 tú 騊駼也。从馬余聲。同都切。

驫 biāo 衆馬也。从三馬。甫虯切。

文一百一十五　重八

駛 shì 疾也。从馬吏聲。疏吏切。

駥 róng 馬高八尺。从馬戎聲。如融切。

騣 zōng 馬鬣也。从馬嵏聲。子紅切。

馱 duò 負物也。从馬大聲。此俗語也。唐佐切。

騂 xīng 馬赤色也。从馬，觲省聲。息營切。

文五　新附

廌部

廌 zhì 解廌，獸也，似山牛，一角。古者決訟，令觸不直。象形。从豸省。凡廌之屬皆从廌。宅買切。

𢊁 xiào 解廌屬。从廌孝聲。闕。古孝切。

薦 jiàn 獸之所食艸。从廌从艸。古者神人以廌遺黃帝。帝曰："何食？何處？"曰："食薦；夏處水澤，冬處松柏。"作甸切。

灋 fǎ 刑也。平之如水，从水；廌，所以觸不直者；去之，从去。方乏切。法，今文省。佱，古文。

文四　重二

鹿部

鹿 lù 獸也。象頭角四足之形。鳥鹿足相似，从匕。凡鹿之屬皆从鹿。盧谷切。

麚 jiā 牡鹿。从鹿叚聲。以夏至解角。古牙切。

麟 lín 大牝鹿也。从鹿粦聲。力珍切。

䴡 nuàn 鹿麛也。从鹿耎聲。讀若偄弱之偄。奴亂切。

𪋝 sù 鹿迹也。从鹿速聲。桑谷切。

麛 mí 鹿子也。从鹿弭聲。莫兮切。

麉 jiān 鹿之絕有力者。从鹿幵聲。古賢切。

麒 qí 仁獸也。麇身牛尾，一角。从鹿其聲。渠之切。

麐 lín 牝麒也。从鹿吝聲。力珍切。

麋 mí 鹿屬。从鹿米聲。麋冬至解其角。武悲切。

麎 chén 牝麋也。从鹿辰聲。植鄰切。

𪊑 jǐ 大麋也。狗足。从鹿旨聲。居履切。麂，或从几。

麇 jūn 麞也。从鹿，囷省聲。居筠切。麕，籒文不省。

麞 zhāng 麇屬。从鹿章聲。諸良切。

麔 jiù 麔牝者。从鹿咎聲。其久切。

麠 jīng 大鹿也。牛尾一角。从鹿畺聲。舉卿切。，或从京。

麃 páo 麠屬。从鹿，𤰇省聲。薄交切。

麈 zhǔ 麋屬。从鹿主聲。之庾切。

麑 ní 狻麑，獸也。从鹿兒聲。五雞切。

麙 xián 山羊而大者，細角。从鹿咸聲。胡毚切。

麢 líng 大羊而細角。从鹿霝聲。郎丁切。

麈 guī 鹿屬。从鹿圭聲。古攜切。

麝 shè 如小麋，臍有香。从鹿䠶聲。神夜切。

麌 yù 似鹿而大也。从鹿與聲。羊茹切。

麗 lì 旅行也。鹿之性，見食急則必旅行。从鹿丽聲。《禮》：麗皮納聘。蓋鹿皮也。郎計切。，古文。，篆文麗字。

麀 yōu 牝鹿也。从鹿，从牝省。於虯切。，或从幽聲。

文二十六　重六

麤　部

麤 cū 行超遠也。从三鹿。凡麤之屬皆从麤。倉胡切。

䴢 chén 鹿行揚土也。从麤从土。直珍切。，籀文。

文二　重一

㲋　部

㲋 chuò 獸也。似兔，青色而大。象形。頭與兔同，足與鹿同。凡㲋之屬皆从㲋。丑略切。，篆文。

毚 chán 狡兔也，兔之駿者。从㲋、兔。士咸切。

䨼 xiě 獸名。从㲋吾聲。讀若寫。司夜切。

𢍤 jué 獸也。似牲牲。从㲋夬聲。古穴切。

文四　重一

兔　部

兔 tù 獸名。象踞，後其尾形。兔頭與㲋頭同。凡兔之屬皆从兔。湯故切。

逸 yì 失也。从辵、兔。兔謾訑善逃也。夷質切。

冤 yuān 屈也。从兔从冂。兔在冂下，不得走，益屈折也。於袁切。

娩 fàn 兔子也。娩，疾也。从女、兔。芳萬切。

䨲 fù 疾也。从三兔。闕。芳遇切。

文五

䨲 jùn 狡兔也。从兔夋聲。七旬切。

文一 新附

萈部

萈 huán 山羊細角者。从兔足，苜聲。凡萈之屬皆从萈。讀若丸。寬字从此。臣鉉等曰：苜，徒結切，非聲。疑象形。胡官切。

文一

犬部

犬 quǎn 狗之有縣蹏者也。象形。孔子曰："視犬之字如畫狗也。"凡犬之屬皆从犬。苦泫切。

狗 gǒu 孔子曰："狗，叩也。叩气吠以守。"从犬句聲。古厚切。

獀 sōu 南趙名犬獿獀。从犬叜聲。所鳩切。

尨 máng 犬之多毛者。从犬从彡。《詩》曰："無使尨也吠。"莫江切。

狡 jiǎo 少狗也。从犬交聲。匈奴地有狡犬，巨口而黑身。古巧切。

獪 kuài 狡獪也。从犬會聲。古外切。

獳 nóng 犬惡毛也。从犬農聲。奴刀切。

猲 xiē 短喙犬也。从犬曷聲。《詩》曰："載獫猲獢。"《爾雅》曰："短喙犬謂之猲獢。"許謁切。

獢 xiāo 猲獢也。从犬喬聲。許喬切。

獫 xiǎn 長喙犬。一曰黑犬黄頭。从犬僉聲。虚檢切。

狂 zhù 黄犬黑頭。从犬主聲。讀若注。之戍切。

猈 bài 短脛狗。从犬卑聲。薄蟹切。

猗 yī 犗犬也。从犬奇聲。於离切。

狊 jú 犬視皃。从犬、目。古闃切。

猚 yān 竇中犬聲。从犬从音，音亦聲。乙咸切。

默 mò 犬暫逐人也。从犬黑聲。讀若墨。莫北切。

猝 cù 犬从艸暴出逐人也。从犬卒聲。麤没切。

猩 xīng 猩猩，犬吠聲。从犬星聲。桑經切。

㺌 xiàn 犬吠不止也。从犬兼聲。讀若檻。一曰兩犬爭也。胡黯切。

㺖 hǎn 小犬吠。从犬敢聲。南陽新亭有㺖鄉。荒檻切。

猥 wěi 犬吠聲。从犬畏聲。烏賄切。

獿 nǎo 獿㺒也。从犬、夒。女交切。

㺒 xiāo 犬獿獿咳吠也。从犬翏聲。火包切。

㺑 shǎn 犬容頭進也。从犬參聲。一曰賊疾也。山檻切。

獎 jiǎng 嗾犬厲之也。从犬，將省聲。即兩切。

㹽 chǎn 齧也。从犬戔聲。初版切。

𤜵 shàn 惡健犬也。从犬，刪省聲。所晏切。

狠 yán 吠鬭聲。从犬艮聲。五還切。

𤢿 fán 犬鬭聲。从犬番聲。附袁切。

狋 yí 犬怒皃。从犬示聲。一曰犬難得。代郡有狋氏縣。讀又若銀。語其切。

㹞 yín 犬吠聲。从犬斤聲。語斤切。

獡 shuò 犬獡獡不附人也。从犬舄聲。南楚謂相驚曰獡。讀若愬。式略切。

獷 guǎng 犬獷獷不可附也。从犬廣聲。漁陽有獷平縣。古猛切。

狀 zhuàng 犬形也。从犬爿聲。盈亮切。

奘 zàng 妄彊犬也。从犬从壯，壯亦聲。徂朗切。

獒 áo 犬如人心可使者。从犬敖聲。《春秋傳》曰：“公嗾夫獒。”五牢切。

獳 nóu 怒犬皃。从犬需聲。讀若槈。奴豆切。又，乃侯切。

狧 tà 犬食也。从犬从舌。讀若比目魚鰈之鰈。他合切。

狎 xiá 犬可習也。从犬甲聲。胡甲切。

狃 niǔ 犬性驕也。从犬丑聲。女久切。

犯 fàn 侵也。从犬巳聲。防險切。

猜 cāi 恨賊也。从犬青聲。倉才切。

猛 měng 健犬也。从犬孟聲。莫杏切。

犺 kàng 健犬也。从犬亢聲。苦浪切。

㹤 qiè 多畏也。从犬去聲。去劫切。，杜林說：㹤从心。

獜 lín 健也。从犬粦聲。《詩》曰：“盧獜獜。”力珍切。

獧 juàn 疾跳也。一曰急也。从犬瞏聲。古縣切。

倏 shū 走也。从犬攸聲。讀若叔。式竹切。

狟 huán 犬行也。从犬亘聲。《周書》曰：“尚狟狟。”胡官切。

犻 bó 過弗取也。从犬市聲。讀若孛。蒲没切。

猲 zhé 犬張耳皃。从犬易聲。陟革切。

猌 yìn 犬張齗怒也。从犬來聲。讀又若銀。魚僅切。

犮 bá 走犬皃。从犬而丿之。曳其足，則剌犮也。蒲撥切。

戾 lì 曲也。从犬出戶下。戾者，身曲戾也。郎計切。

獨 dú 犬相得而鬭也。从犬蜀聲。羊爲羣，犬爲獨也。一曰北嚻山有獨𤞞獸，如虎，白身，豕鬣，尾如馬。徒谷切。

𤞞 yù 獨𤞞，獸也。从犬谷聲。余蜀切。

獮 xiǎn 秋田也。从犬璽聲。息淺切。禰，獮或从豕。宗廟之田也，故从豕、示。

獵 liè 放獵逐禽也。从犬巤聲。良涉切。

獠 liáo 獵也。从犬尞聲。力昭切。

狩 shòu 犬田也。从犬守聲。《易》曰："明夷于南狩。"書究切。

臭 xiù 禽走，臭而知其迹者，犬也。从犬从自。臣鉉等曰：自，古鼻字。犬走以鼻知臭，故从自。尺救切。

獲 huò 獵所獲也。从犬蒦聲。胡伯切。

獘 bì 頓仆也。从犬敝聲。《春秋傳》曰："與犬，犬獘。"毗祭切。斃，獘或从死。

獻 xiàn 宗廟犬名羹獻。犬肥者以獻之。从犬鬳聲。許建切。

豻 yàn 獟犬也。从犬开聲。一曰逐虎犬也。五甸切。

獟 yào 豻犬也。从犬堯聲。五弔切。

狾 zhì 狂犬也。从犬折聲。《春秋傳》曰："狾犬入華臣氏之門。"征例切。

狂 kuáng 狾犬也。从犬㞷聲。巨王切。𢗰，古文从心。

類 lèi 種類相似，唯犬爲甚。从犬頪聲。力遂切。

狄 dí 赤狄，本犬種。狄之爲言淫辟也。从犬，亦省聲。徒歷切。

狻 suān 狻麑，如虦貓，食虎豹者。从犬夋聲。見《爾雅》。素官切。

玃 jué 母猴也。从犬矍聲。《爾雅》云："玃父善顧。"攫持人也。俱縛切。

猶 yóu 玃屬。从犬酋聲。一曰隴西謂犬子爲猷。以周切。

狙 jū 玃屬。从犬且聲。一曰狙，犬也，暫齧人者。一曰犬不齧人也。親去切。

猴 hóu 夒也。从犬矦聲。乎溝切。

㺉 hù 犬屬。胷已上黃，胷已下黑，食母猴。从犬㱿聲。讀若構。或曰㺉似牂羊，出蜀北嚻山中，犬首而馬尾。火屋切。

狼 láng 似犬，銳頭，白頰，高前，廣後。从犬良聲。魯當切。

狛 bó 如狼，善驅羊。从犬白聲。讀若蘗。甯嚴讀之若淺泊。匹各切。

獌 màn 狼屬。从犬曼聲。《爾雅》曰：“貙獌，似貍。”舞販切。

狐 hú 祆獸也。鬼所乘之。有三德：其色中和，小前大後，死則丘首。从犬瓜聲。戶吳切。

獺 tǎ 如小狗也。水居食魚。从犬賴聲。他達切。

猵 biān 獺屬。从犬扁聲。布茲切。獱，或从賓。

猋 biāo 犬走皃。从三犬。甫遙切。

文八十三　重五

狘 xuè 獸走皃。从犬戉聲。許月切。

獋 huī 獸名。从犬軍聲。許韋切。

狷 juàn 褊急也。从犬肙聲。古縣切。

猰 yà 猰貐，獸名。从犬契聲。烏黠切。

文四　新附

犾部

犾 yín 兩犬相齧也。从二犬。凡犾之屬皆从犾。語斤切。

獄 sī 司空也。从犾𦣞聲。復說獄司空。息茲切。

獄 yù 确也。从犾从言。二犬，所以守也。魚欲切。

文三

鼠部

鼠 shǔ 穴蟲之總名也。象形。凡鼠之屬皆从鼠。書呂切。

鼶 fán 鼠也。从鼠番聲。讀若樊。或曰鼠婦。附袁切。

鼢 hé 鼠，出胡地，皮可作裘。从鼠各聲。下各切。

鼢 fén 地行鼠，伯勞所作也。一曰偃鼠。从鼠分聲。芳吻切。蚡，或从虫、分。

鼮 píng 鼮令鼠。从鼠平聲。薄經切。

鼶 sī 鼠也。从鼠虒聲。息移切。

鼺 liú 竹鼠也。如犬。从鼠，畱省聲。力求切。

鼫 shí 五技鼠也。能飛，不能過屋；能緣，不能窮木；能游，不能渡谷；能穴，不能掩身；能走，不能先人。从鼠石聲。常隻切。

鼨 zhōng 豹文鼠也。从鼠冬聲。職戎切。䶱，籀文省。

⿰鼠益 è 鼠屬。从鼠益聲。於革切。貖，或从豸。

鼷 xī 小鼠也。从鼠奚聲。胡雞切。

鼩 qú 精鼩鼠也。从鼠句聲。其俱切。

鼸 xiàn 鼸也。从鼠兼聲。丘檢切。

⿰鼠今 hán 鼠屬。从鼠今聲。讀若含。胡男切。

鼬 yòu 如鼠，赤黃而大，食鼠者。从鼠由聲。余救切。

⿰鼠勺 zhuó 胡地風鼠。从鼠勺聲。之若切。

⿰鼠穴 rǒng 鼠屬。从鼠穴聲。而隴切。

⿱此鼠 zī 鼠，似雞，鼠尾。从鼠此聲。即移切。

鼲 hún 鼠。出丁零胡，皮可作裘。从鼠軍聲。乎昆切。

⿰鼠胡 hú 斬⿰鼠胡鼠。黑身，白腰若帶；手有長白毛，似握版之狀；類蝯蜼之屬。从鼠胡聲。戶吳切。

文二十　重三

能　部

能 néng 熊屬。足似鹿。从肉㠯聲。能獸堅中，故稱賢能；而彊壯，稱能傑也。凡能之屬皆从能。臣鉉等曰：㠯非聲。疑皆象形。奴登切。

文一

熊　部

熊 xióng 獸，似豕，山居，冬蟄。从能，炎省聲。凡熊之屬皆从熊。羽弓切。

羆 pí 如熊，黃白文。从熊，罷省聲。彼爲切。[illegible]，古文从皮。

文二　重一

火　部

火 huǒ 燬也。南方之行，炎而上。象形。凡火之屬皆从火。呼果切。

炟 dá 上諱。臣鉉等曰：漢章帝名也。《唐韻》曰："火起也。从火旦聲"當割切。

⿰火尾 huǐ 火也。从火尾聲。《詩》曰："王室如⿰火尾。" 許偉切。

燬 huǐ 火也。从火毀聲。《春秋傳》曰："衛矦燬。" 許偉切。

燹 xiǎn 火也。从火豩聲。穌典切。

焌 jùn 然火也。从火夋聲。《周禮》曰："遂籥其焌。"焌火在前，以焞

焯龜。子寸切。又，倉聿切。

尞 liào 柴祭天也。从火从昚。昚，古文慎字。祭天所以慎也。力照切。

然 rán 燒也。从火肰聲。臣鉉等曰：今俗別作燃，蓋後人增加。如延切。𦾪，或从艸、難。臣鉉等案：艸部有𦾪，注云艸也。此重出。

爇 ruò 燒也。从火蓺聲。《春秋傳》曰：“爇僖負羈。”臣鉉等曰：《說文》無蓺字，當从火从艸，熱省聲。如劣切。

燔 fán 爇也。从火番聲。附袁切。

燒 shāo 爇也。从火堯聲。式昭切。

烈 liè 火猛也。从火𠛱聲。良辪切。

炪 zhuō 火光也。从火出聲。《商書》曰：“予亦炪謀。”讀若巧拙之拙。職悅切。

熚 bì 熚㶿，火皃。从火畢聲。卑吉切。

㶿 fú 熚㶿也。从火䰯聲。䰯，籒文悖字。敷勿切。

烝 zhēng 火气上行也。从火丞聲。煑仍切。

烰 fú 烝也。从火孚聲。《詩》曰：“烝之烰烰。”縛牟切。

煦 xù 烝也。一曰赤皃。一曰溫潤也。从火昫聲。香句切。

熯 hàn 乾皃。从火，漢省聲。《詩》曰：“我孔熯矣。”人善切。

炥 fú 火皃。从火弗聲。普活切。

熮 liáo 火皃。从火翏聲。《逸周書》曰：“味辛而不熮。”洛蕭切。

焛 lìn 火皃。从火，𠕻省聲。讀若粦。良刃切。

𤑔 yàn 火色也。从火雁聲。讀若鴈。五晏切。

熲 jiǒng 火光也。从火頃聲。古迥切。

爚 yuè 火飛也。从火龠聲。一曰爇也。以灼切。

熛 biāo 火飛也。从火䙴聲。讀若摽。甫遙切。

熇 hè 火熱也。从火高聲。《詩》曰：“多將熇熇。”臣鉉等曰：高非聲，當从嗃省。火屋切。

烄 jiǎo 交木然也。从火交聲。古巧切。

𤆍 chán 小熱也。从火干聲。《詩》曰：“憂心𤆍𤆍。”臣鉉等曰：干非聲，未詳。直廉切。

燋 jiāo 所以然持火也。从火焦聲。《周禮》曰：“以明火爇燋也。”即消切。

炭 tàn 燒木餘也。从火，岸省聲。他案切。

𤎺 zhǎ 束炭也。从火，差省聲。讀若䶪。楚宜切。

𤏶 jiǎo 交灼木也。从火，教省聲。讀若狡。古巧切。

炦 bá 火气也。从火犮聲。蒲撥切。

灰 huī 死火餘㶳也。从火从又。又，手也。火既滅，可以執持。呼恢切。

炱 tái 灰，炱煤也。从火台聲。徒哀切。

煨 wēi 盆中火。从火畏聲。烏灰切。

熄 xī 畜火也。从火息聲。亦曰滅火。相即切。

烓 wēi 行竈也。从火圭聲。讀若冋。口迥切。

煁 chén 烓也。从火甚聲。氏任切。

燀 chǎn 炊也。从火單聲。《春秋傳》曰：“燀之以薪。”充善切。

炊 chuī 爨也。从火，吹省聲。昌垂切。

烘 hōng 尞也。从火共聲。《詩》曰：“卬烘于煁。”呼東切。

齌 jì 炊餔疾也。从火齊聲。在詣切。

熹 xī 炙也。从火喜聲。許其切。

煎 jiān 熬也。从火前聲。子仙切。

熬 áo 乾煎也。从火敖聲。五牢切。䵅，熬或从麥。

炮 páo 毛炙肉也。从火包聲。薄交切。

㶾 ēn 炮肉，以微火溫肉也。从火衣聲。烏痕切。

𤎩 zēng 置魚筩中炙也。从火曾聲。作滕切。

㷟 bì 以火乾肉。从火稫聲。臣鉉等案：《說文》無稫字，當从䨽省，疑傳寫之誤。符逼切。，籀文不省。

爆 bào 灼也。从火暴聲。蒲木切。臣鉉等曰：今俗音豹，火裂也。

煬 yàng 炙燥也。从火昜聲。余亮切。

㸅 hú 灼也。从火隺聲。胡沃切。

爤 làn 孰也。从火蘭聲。郎旰切。燗，或从閒。

爢 mí 爛也。从火靡聲。靡爲切。

尉 wèi 从上案下也。从𡰣；又持火，以尉申繒也。臣鉉等曰：今俗別作熨，非是。於胃切。

𪚺 jiāo 灼龜不兆也。从火从龜。《春秋傳》曰：“龜𪚺不兆。”讀若焦。即消切。

灸 jiǔ 灼也。从火久聲。舉友切。

灼 zhuó 炙也。从火勺聲。之若切。

煉 liàn 鑠治金也。从火柬聲。郎電切。

燭 zhú 庭燎，火燭也。从火蜀聲。之欲切。

熜 zǒng 然麻蒸也。从火悤聲。作孔切。

灺 xiè 燭㶳也。从火也聲。徐野切。

㶳 jìn 火餘也。从火聿聲。一曰薪也。臣鉉等曰：聿非聲，疑从𦘒省。今俗別作燼，非是。徐刃切。

焠	cuì	堅刀刃也。从火卒聲。七内切。
煣	rǒu	屈申木也。从火、柔，柔亦聲。人久切。
燓	fán	燒田也。从火、棥，棥亦聲。附袁切。
熑	lián	火煣車網絕也。从火兼聲。《周禮》曰：“煣牙，外不熑。”力鹽切。
燎	liǎo	放火也。从火尞聲。力小切。
㶾	biāo	火飛也。从火，𡿺與䙴同意。方昭切。
熷	zāo	焦也。从火曹聲。作曹切。
𤎅	jiāo	火所傷也。从火雥聲。即消切。，或省。
烖	zāi	天火曰烖。从火𢦏聲。祖才切。，或从宀、火。，古文从才。，籒文从𢀚。
煙	yān	火气也。从火垔聲。烏前切。，或从因。，古文。，籒文从宀。
焆	yè	焆焆，煙皃。从火肙聲。因悅切。
熅	yūn	鬱煙也。从火𥁕聲。於云切。
焬	dí	望火皃。从火皀聲。讀若馰顙之馰。都歷切。
燂	tán	火熱也。从火覃聲。火（當爲大）甘切。又，徐鹽切。
焞	tūn	明也。从火𦎫聲。《春秋傳》曰：“焞燿天地。”他昆切。
炳	bǐng	明也。从火丙聲。兵永切。
焯	zhuó	明也。从火卓聲。《周書》曰：“焯見三有俊心。”之若切。
照	zhào	明也。从火昭聲。之少切。
煒	wěi	盛赤也。从火韋聲。《詩》曰：“彤管有煒。”于鬼切。
烙	chǐ	盛火也。从火从多。昌氏切。
熠	yì	盛光也。从火習聲。《詩》曰：“熠熠宵行。”羊入切。
煜	yù	熠也。从火昱聲。余六切。
燿	yào	照也。从火翟聲。弋笑切。
煇	huī	光也。从火軍聲。況韋切。
煌	huáng	煌，煇也。从火皇聲。胡光切。
焜	kūn	煌也。从火昆聲。孤本切。
炯	jiǒng	光也。从火同聲。古迥切。
爗	yè	盛也。从火曅聲。《詩》曰：“爗爗震電。”筠輒切。
爓	yàn	火門也。从火閻聲。余廉切。
炫	xuàn	燿燿也。从火玄聲。胡畎切。
光	guāng	明也。从火在人上，光明意也。古皇切。，古文。，古文。
熱	rè	溫也。从火埶聲。如列切。

熾 chì 盛也。从火戠聲。昌志切。𤌽，古文熾。
燠 ào 熱在中也。从火奥聲。烏到切。
煖 xuān 温也。从火爰聲。況袁切。
煗 nuǎn 温也。从火耎聲。乃管切。
炅 jiǒng 見也。从火、日。古迥切。
炕 kàng 乾也。从火亢聲。苦浪切。
燥 zào 乾也。从火喿聲。穌到切。
烕 miè 滅也。从火、戌。火死於戌，陽氣至戌而盡。《詩》曰："赫赫宗周，褒似烕之。" 許劣切。
焅 kù 旱气也。从火告聲。苦沃切。
燽 dào 溥覆照也。从火壽聲。徒到切。
爟 guàn 取火於日。官名。舉火曰爟。《周禮》曰："司爟掌行火之政令。" 从火雚聲。古玩切。烜，或从亘。
㷭 fēng 燧，候表也。邊有警則舉火。从火逢聲。敷容切。
爝 jiào 苣火，祓也。从火爵聲。吕不韋曰：湯得伊尹，爝以爟火，釁以犧豭。子肖切。
熭 wèi 暴乾火也。从火彗聲。于歲切。
熙 xī 燥也。从火巸聲。許其切。

文一百一十二 重十五

爞 chóng 旱气也。从火蟲聲。直弓切。
煽 shàn 熾盛也。从火扇聲。式戰切。
烙 luò 灼也。从火各聲。盧各切。
爍 shuò 灼爍，光也。从火樂聲。書藥切。
燦 càn 燦爤，明瀞皃。从火粲聲。倉案切。
煥 huàn 火光也。从火奐聲。呼貫切。

文六 新附

炎 部

炎 yán 火光上也。从重火。凡炎之屬皆从炎。于廉切。
燄 yàn 火行微燄燄也。从炎臽聲。以冉切。
⿰炎舌 yǎn 火光也。从炎舌聲。臣鉉等曰：舌非聲，當从甛省。以冉切。
㷠 lǐn 侵火也。从炎亩聲。讀若桑葚之葚。力荏切。
⿰炎占 shǎn 火行也。从炎占聲。舒贍切。
燅 xián 於湯中爚肉。从炎，从熱省。徐鹽切。𤏙，或从炙。

燮 xiè 大熟也。从又持炎、辛。辛者，物熟味也。蘇俠切。

粦 lín 兵死及牛馬之血爲粦。粦，鬼火也。从炎、舛。良刃切。徐鍇曰：“案：《博物志》戰鬬死亡之處，有人馬血，積中爲粦，著地入艸木，如霜露不可見。有觸者，著人體後有光，拂拭即散無數，又有吒聲如鬻豆。舛者，人足也。言光行著人。”

文八　重一

黑　部

黑 hēi 火所熏之色也。从炎，上出囧。囧，古窻字。凡黑之屬皆从黑。呼北切。

黸 lú 齊謂黑爲黸。从黑盧聲。洛乎切。

䵳 wèi 沃黑色。从黑會聲。惡外切。

黯 àn 深黑也。从黑音聲。乙減切。

黶 yǎn 申黑也。从黑厭聲。於琰切。

黳 yī 小黑子。从黑殹聲。烏雞切。

䵣 dá 白而有黑也。从黑旦聲。五原有莫䵣縣。當割切。

黬 jiān 雖晳而黑也。从黑韱聲。古人名黬字晳。古咸切。

䵮 yàng 赤黑也。从黑昜聲。讀若煬。餘亮切。

黲 cǎn 淺青黑也。从黑参聲。七感切。

黤 yǎn 青黑也。从黑奄聲。於檻切。

黝 yǒu 微青黑色。从黑幼聲。《爾雅》曰：“地謂之黝。”於糾切。

黗 tūn 黃濁黑。从黑屯聲。他衮切。

點 diǎn 小黑也。从黑占聲。多忝切。

黚 qián 淺黃黑也。从黑甘聲。讀若染繒中束緅黚。巨淹切。

黅 jiān 黃黑也。从黑金聲。古咸切。

黦 yuè 黑有文也。从黑冤聲。讀若飴盌字。於月切。

䵵 chuā 黃黑而白也。从黑算聲。一曰短黑。讀若以芥爲齏，名曰芥荃也。初刮切。

䵡 jiǎn 黑皴也。从黑幵聲。古典切。

黠 xiá 堅黑也。从黑吉聲。胡八切。

黔 qián 黎也。从黑今聲。秦謂民爲黔首，謂黑色也。周謂之黎民。《易》曰：“爲黔喙。”巨淹切。

黕 dǎn 滓垢也。从黑冘聲。都感切。

黨 dǎng 不鮮也。从黑尚聲。多朗切。

黷 dú 握持垢也。从黑賣聲。《易》曰：“再三黷。” 徒谷切。
黵 dǎn 大污也。从黑詹聲。當敢切。
黴 méi 中久雨青黑。从黑，微省聲。武悲切。
黜 chù 貶下也。从黑出聲。丑律切。
䰉 pán 䰉姍，下哂。从黑般聲。薄官切。
黱 dài 畫眉也。从黑朕聲。徒耐切。
儵 shū 青黑繒縫白色也。从黑攸聲。式竹切。
䵝 yù 羔裘之縫。从黑或聲。于逼切。
黰 diàn 黰謂之垽。垽，滓也。从黑，殿省聲。堂練切。
黮 dǎn 桑葚之黑也。从黑甚聲。他感切。
黭 yǎn 果實黭黯黑也。从黑弇聲。烏感切。
黥 qíng 墨刑在面也。从黑京聲。渠京切。，黥或从刀。
䵛 yǎn 䵛者忘而息也。从黑敢聲。於檻切。
黟 yī 黑木也。从黑多聲。丹陽有黟縣。烏雞切。
文三十七　重一

囪 部

囪 chuāng 在牆曰牖，在屋曰囪。象形。凡囪之屬皆从囪。楚江切。，或从
穴。，古文。
悤 cōng 多遽悤悤也。从心、囪，囪亦聲。倉紅切。
文二　重二

焱 部

焱 yàn 火華也。从三火。凡焱之屬皆从焱。以冄切。
熒 yíng 屋下鐙燭之光。从焱、冂。戶扃切。
燊 shēn 盛皃。从焱在木上。讀若《詩》“莘莘征夫”。一曰役也。所
臻切。
文三

炙 部

炙 zhì 炮肉也。从肉在火上。凡炙之屬皆从炙。之石切。，籀文。
𤎅 fán 宗廟火孰肉。从炙番聲。《春秋傳》曰：“天子有事𤎅焉，以饋同

姓諸矦。” 附袁切。

爒 liǎo 炙也。从炙尞聲。讀若䵮燎。 力照切。

文三 重一

赤 部

赤 chì 南方色也。从大从火。凡赤之屬皆从赤。 昌石切。 烾，古文从炎、土。

赨 tóng 赤色也。从赤，蟲省聲。 徒冬切。

赫 hù 日出之赤。从赤，穀省聲。 火沃切。

赧 nǎn 面慙赤也。从赤𠬝聲。周失天下於赧王。 女版切。

赬 chēng 赤色也。从赤巠聲。《詩》曰：“魴魚赬尾。” 敕貞切。 赪，赬或从貞。 䞓，或从丁。

浾 chēng 䞓，棠棗之汁，或从水。 泟，浾或从正。

赭 zhě 赤土也。从赤者聲。 之也切。

䞘 gàn 赤色也。从赤倝聲。讀若浣。 胡玩切。

赫 hè 火赤皃。从二赤。 呼格切。

文八（當作文九） 重五

赩 xì 大赤也。从赤、色，色亦聲。許力切。

赮 xiá 赤色也。从赤叚聲。乎加切。

文二 新附

大 部

大 dà 天大，地大，人亦大。故大象人形。古文大 他達切 也。凡大之屬皆从大。 徒蓋切。

奎 kuí 兩髀之閒。从大圭聲。 苦圭切。

夾 jiā 持也。从大俠二人。 古狎切。

奄 yǎn 覆也。大有餘也。又，欠也。从大从申。申，展也。 依檢切。

夸 kuā 奢也。从大于聲。 苦瓜切。

査 huán 奢査也。从大亘聲。 胡官切。

㚢 gū 㚢，大也。从大瓜聲。 烏瓜切。

奯 huò 空大也。从大歲聲。讀若《詩》“施罛濊濊”。 呼括切。

戴 zhì 大也。从大𢦏聲。讀若《詩》“戴戴大猷”。 直質切。

奅 pào 大也。从大卯聲。 匹皃切。

奫 yǔn　大也。从大云聲。魚吻切。

奃 dī　大也。从大氐聲。讀若氐。都兮切。

夰 jiè　大也。从大介聲。讀若蓋。古拜切。

奊 xiè　瞋大也。从大此聲。火戒切。

奰 bì　大也。从大弗聲。讀若"予違汝弼"。房密切。

奄 chún　大也。从大屯聲。讀若鶉。常倫切。

契 qì　大約也。从大从㓞。《易》曰："後代聖人易之以書契。"苦計切。

夷 yí　平也。从大从弓。東方之人也。以脂切。

文十八

亦部

亦 yì　人之臂亦也。从大，象兩亦之形。凡亦之屬皆从亦。臣鉉等曰：今別作腋，非是。羊益切。

夾 shǎn　盜竊褱物也。从亦，有所持。俗謂蔽人俾夾是也。弘農陝字从此。失冄切。

文二

夨部

夨 zè　傾頭也。从大，象形。凡夨之屬皆从夨。阻力切。

奊 jié　頭傾也。从夨吉聲。讀若孑。古屑切。

奊 xié　頭衺、骫奊態也。从夨圭聲。胡結切。

吳 wú　姓也。亦郡也。一曰吳，大言也。从夨、口。五乎切。徐鍇曰："大言，故夨口以出聲。《詩》曰：不吳不揚。今寫《詩》者改吳作吴，又音乎化切。其謬甚矣。"，古文如此。

文四　重一

夭部

夭 yāo　屈也。从大，象形。凡夭之屬皆从夭。於兆切。

喬 qiáo　高而曲也。从夭，从高省。《詩》曰："南有喬木。"巨嬌切。

幸 xìng　吉而免凶也。从屰从夭。夭，死之事。故死謂之不幸。胡耿切。

奔 bēn　走也。从夭，賁省聲。與走同意，俱从夭。博昆切。

文四

交部

交 jiāo 交脛也。从大，象交形。凡交之屬皆从交。古爻切。

㚃 wéi 衺也。从交韋聲。羽非切。

絞 jiǎo 縊也。从交从糸。古巧切。

文三

尣部

尣 wāng 尬，曲脛也。从大，象偏曲之形。凡尣之屬皆从尣。烏光切。𡯂，古文从𡈼。

尳 hú 厀病也。从尣从骨，骨亦聲。戶骨切。

尬 bǒ 蹇也。从尣皮聲。布火切。

尮 zuǒ 尮尮，行不正。从尣左聲。則箇切。

尥 yào 行不正也。从尣艮聲。讀若燿。弋笑切。

尲 gān 不正也。从尣兼聲。古咸切。

尬 jiè 尲尬也。从尣介聲。公八切。又，古拜切。

尥 liào 行脛相交也。从尣勺聲。牛行腳相交爲尥。力弔切。

尟 dī 尬不能行，爲人所引，曰尟㝫。从尣从爪，是聲。都兮切。

㝫 xié 尟㝫也。从尣从爪，巂聲。戶圭切。

尪 yū 股尪也。从尣于聲。乙于切。

尰 léi 厀中病也。从尣从羸。郎果切。

文十二　重一

壺部

壺 hú 昆吾圜器也。象形。从大，象其蓋也。凡壺之屬皆从壺。戶吳切。

壼 yūn 壹壼也。从凶从壺。不得泄凶也。《易》曰：“天地壹壼。”於云切。

文二

壹部

壹 yī 嫥壹也。从壺吉聲。凡壹之屬皆从壹。於悉切。

懿 yì 嫥久而美也。从壹，从恣省聲。乙冀切。

文二

幸部

幸 niè 幸 所以驚人也。从大从羊。一曰大聲也。凡幸之屬皆从幸。一曰讀若瓠。一曰俗語以盜不止爲幸，幸讀若籋。尼輒切。

睪 yì 睪 目視也。从横目，从幸。令吏將目捕罪人也。羊益切。

執 zhí 執 捕罪人也。从丮从幸，幸亦聲。之入切。

圉 yǔ 圉 囹圄，所以拘罪人。从幸从囗。一曰圉，垂也。一曰圉人，掌馬者。魚舉切。

盩 zhōu 盩 引擊也。从幸、攴，見血也。扶風有盩厔縣。張流切。

報 bào 報 當罪人也。从幸从𠬝。𠬝，服罪也。博号切。

𥷜 jū 𥷜 窮理罪人也。从幸从人从言，竹聲。居六切。𥵎，或省言。

文七　重一

奢部

奢 shē 奢 張也。从大者聲。凡奢之屬皆从奢。式車切。奓，籀文。臣鉉等曰：今俗作陟加切。以爲奓厚之奓，非是。

奲 duǒ 奲 富奲奲皃。从奢單聲。丁可切。

文二　重一

亢部

亢 gāng 亢 人頸也。从大省，象頸脈形。凡亢之屬皆从亢。古郎切。頏，亢或从頁。

𠐩 gǎng 𠐩 直項莽𠐩皃。从亢从夋。夋，倨也。亢亦聲。岡朗切。又，胡朗切。

文二　重一

夲部

夲 tāo 夲 進趣也。从大从十。大十，猶兼十人也。凡夲之屬皆从夲。讀若滔。土刀切。

㚖 hū 㚖 疾也。从夲卉聲。拜从此。呼骨切。

暴 bào 暴 疾有所趣也。从日出夲廾之。薄報切。

𡕩 yǔn 𡕩 進也。从夲从中，允聲。《易》曰："𡕩升大吉。" 余準切。

奏 zòu 奏 奏進也。从夲从廾从中。中，上進之義。則候切。𡙸，古文。𡴕，亦

古文。

皋 gāo 皋 气皋白之進也。从夲从白。《禮》：祝曰皋，登謌曰奏。故皋奏皆从夲。《周禮》曰："詔來鼓皋舞。"皋，告之也。古勞切。

文六　重二

夰 部

夰 gǎo 夰 放也。从大而八分也。凡夰之屬皆从夰。古老切。

臩 jù 臩 舉目驚臩然也。从夰从眀，眀亦聲。九遇切。

奡 ào 奡 嫚也。从百从夰，夰亦聲。《虞書》曰："若丹朱奡。"讀若傲。《論語》："奡湯舟。"五到切。

昦 hào 昦 春爲昦天，元气昦昦。从日、夰，夰亦聲。胡老切。

臦 guǎng 臦 驚走也。一曰往來也。从夰、臦。《周書》曰："伯臦。"古文臦，古文囧字。臣鉉等曰：臦，居況切。臦猶乖也，臦亦聲。言古囧字，未詳。具往切。

文五

亣 部

亣 dà 亣 籒文大，改古文。亦象人形。凡大之屬皆从大。他達切。

奕 yì 奕 大也。从大亦聲。《詩》曰："奕奕梁山。"羊益切。

奘 zàng 奘 駔大也。从大从壯，壯亦聲。徂朗切。

臭 gǎo 臭 大白、澤也。从大从白。古文以爲澤字。古老切。

奚 xī 奚 大腹也。从大，𦄼省聲。𦄼，籒文系字。胡雞切。

耎 ruǎn 耎 稍前大也。从大而聲。讀若畏偄。而沇切。

奰 yàn 奰 大皃。从大𦣻聲。或曰拳勇字。一曰讀若傿。乙獻切。

奰 bì 奰 壯大也。从三大三目。二目爲𦣻，三目爲奰，益大也。一曰迫也。讀若《易》虙羲氏。《詩》曰："不醉而怒謂之奰。"平祕切。

文八

夫 部

夫 fū 夫 丈夫也。从大，一以象簪也。周制以八寸爲尺，十尺爲丈。人長八尺，故曰丈夫。凡夫之屬皆从夫。甫無切。

規 guī 規 有法度也。从夫从見。居隨切。

扶 bàn　竝行也。从二夫。輦字从此。讀若伴侶之伴。 薄旱切。

文三

立 部

立 lì　住也。从大立一之上。 臣鉉等曰：大，人也。一，地也。會意。 凡立之屬皆从立。 力入切。

竦 lì　臨也。从立从隶。 力至切。

𥩳 duì　磊𥩳，重聚也。从立𦎧聲。 丁罪切。

端 duān　直也。从立耑聲。 多官切。

竱 zhuǎn　等也。从立專聲。《春秋國語》曰：“竱本肇末。” 旨兖切。

竦 sǒng　敬也。从立从束。束，自申束也。 息拱切。

竫 jìng　亭安也。从立爭聲。 疾郢切。

靖 jìng　立竫也。从立青聲。一曰細皃。 疾郢切。

竢 sì　待也。从立矣聲。 牀史切。 ，或从巳。

竘 qǔ　健也。一曰匠也。从立句聲。讀若齲。《逸周書》有竘匠。 丘羽切。

𥪕 huā　不正也。从立𦐓聲。 火鼃切。

竭 jié　負舉也。从立曷聲。 渠列切。

嬃 xū　待也。从立須聲。 相俞切。 ，或从芻聲。

𥩰 luò　痿也。从立㒳聲。 力臥切。

竣 jùn　偓竣也。从立夋聲。《國語》曰：“有司已事而竣。” 七倫切。

𥪂 fú　見鬼彪皃。从立从录。录，籒文彪字。讀若虙羲氏之虙。 房六切。

䇎 què　驚皃。从立昔聲。 七雀切。

𥪐 bà　短人立𥪐𥪐皃。从立卑聲。 傍下切。

竲 céng　北地高樓無屋者。从立曾聲。 七耕切。

文十九　重二

竝 部

竝 bìng　併也。从二立。凡竝之屬皆从竝。 蒲迥切。

𦤎 tì　廢，一偏下也。从竝白聲。 他計切。 ，或从曰。 ，或从兟从曰。 臣鉉等曰：今俗作替，非是。

文二　重二

囟部

囟 xìn 頭會，𡿺蓋也。象形。凡囟之屬皆从囟。息進切。，或从肉、宰。，古文囟字。

巤 liè 毛巤也。象髮在囟上及毛髮巤巤之形。此與籀文子字同。良涉切。

毗 pí 人臍也。从囟，囟，取气通也；从比聲。房脂切。

文三　重二

思部

思 sī 容也。从心囟聲。凡思之屬皆从思。息兹切。

慮 lǜ 謀思也。从思虍聲。良據切。

文二

心部

心 xīn 人心，土藏，在身之中。象形。博士説以爲火藏。凡心之屬皆从心。息林切。

息 xī 喘也。从心从自，自亦聲。相即切。

情 qíng 人之陰气有欲者。从心青聲。疾盈切。

性 xìng 人之陽气性善者也。从心生聲。息正切。

志 zhì 意也。从心之聲。職吏切。

意 yì 志也。从心察言而知意也。从心从音。於記切。

恉 zhǐ 意也。从心旨聲。職雉切。

悳 dé 外得於人，内得於己也。从直从心。多則切。，古文。

應 yīng 當也。从心雁聲。於陵切。

慎 shèn 謹也。从心眞聲。時刃切。，古文。

忠 zhōng 敬也。从心中聲。陟弓切。

愨 què 謹也。从心𣪊聲。苦角切。

𢡃 miǎo 美也。从心貇聲。莫角切。

快 kuài 喜也。从心夬聲。苦夬切。

愷 kǎi 樂也。从心豈聲。臣鉉等曰：豈部已有，此重出。苦亥切。

㥦 qiè 快心。从心匧聲。苦叶切。

念 niàn 常思也。从心今聲。奴店切。

忎 fū 思也。从心付聲。甫無切。

憲 xiàn 敏也。从心从目，害省聲。許建切。

憕 chéng 平也。从心登聲。直陵切。

戁 nǎn 敬也。从心難聲。女版切。

忻 xīn 闓也。从心斤聲。《司馬法》曰：“善者，忻民之善，閉民之惡。”許斤切。

𢝉 zhòng 遲也。从心重聲。直隴切。

惲 yùn 重厚也。从心軍聲。於粉切。

惇 dūn 厚也。从心𦎫聲。都昆切。

忼 kàng 慨也。从心亢聲。一曰《易》“忼龍有悔”。臣鉉等曰：今俗別作慷，非是。苦浪切。又，口朗切。

慨 kǎi 忼慨，壯士不得志也。从心既聲。古溉切。

悃 kǔn 愊也。从心困聲。苦本切。

愊 bì 誠志也。从心畐聲。芳逼切。

愿 yuàn 謹也。从心原聲。魚怨切。

慧 huì 儇也。从心彗聲。胡桂切。

憭 liǎo 慧也。从心尞聲。力小切。

恔 xiáo 憭也。从心交聲。下交切。又，古了切。

瘱 yì 靜也。从心疾聲。臣鉉等曰：疾，非聲。未詳。於計切。

悊 zhé 敬也。从心折聲。陟列切。

悰 cóng 樂也。从心宗聲。藏宗切。

恬 tián 安也。从心，甛省聲。徒兼切。

恢 huī 大也。从心灰聲。苦回切。

恭 gōng 肅也。从心共聲。俱容切。

憼 jǐng 敬也。从心从敬，敬亦聲。居影切。

恕 shù 仁也。从心如聲。商署切。𢖳，古文省。

怡 yí 和也。从心台聲。與之切。

慈 cí 愛也。从心茲聲。疾之切。

忯 qí 愛也。从心氏聲。巨支切。

㥶 yǐ 忯㥶，不憂事也。从心虒聲。讀若移。移尔切。

恮 quān 謹也。从心全聲。此緣切。

恩 ēn 惠也。从心因聲。烏痕切。

𢡗 dì 高也。一曰極也。一曰困劣也。从心帶聲。特計切。

憖 yìn 問也。謹敬也。从心猌聲。一曰說也。一曰甘也。《春秋傳》曰：“昊天不憖。”又曰：“兩君之士皆未憖。”魚覲切。

懬 kuàng 闊也。一曰廣也，大也。一曰寬也。从心从廣，廣亦聲。苦謗切。

悈 jiè 飾也。从心戒聲。《司馬法》曰：“有虞氏悈於中國。” 古拜切。

㥯 yǐn 謹也。从心𤔌聲。 於靳切。

慶 qìng 行賀人也。从心从夊。吉禮以鹿皮爲贄，故从鹿省。 丘竟切。

愃 xuǎn 寬嫺心腹皃。从心宣聲。《詩》曰：“赫兮愃兮。” 況晚切。

愻 xùn 順也。从心孫聲。《唐書》曰：“五品不愻。” 蘇困切。

𡫳 sè 實也。从心，塞省聲。《虞書》曰：“剛而𡫳。” 先則切。

恂 xún 信心也。从心旬聲。 相倫切。

忱 chén 誠也。从心冘聲。《詩》曰：“天命匪忱。” 氏任切。

惟 wéi 凡思也。从心隹聲。 以追切。

懷 huái 念思也。从心褱聲。 戶乖切。

惀 lún 欲知之皃。从心侖聲。 盧昆切。

想 xiǎng 冀思也。从心相聲。 息兩切。

𢞈 suì 深也。从心㒸聲。 徐醉切。

慉 xù 起也。从心畜聲。《詩》曰：“能不我慉。” 許六切。

𢡃 yì 滿也。从心䇂聲。一曰十萬曰𢡃。 於力切。，籀文省。

悹 guàn 憂也。从心官聲。 古玩切。

憀 liáo 憀然也。从心翏聲。 洛蕭切。

愙 kè 敬也。从心客聲。《春秋傳》曰：“以陳備三愙。” 臣鉉等曰：今俗作恪。苦各切。

愯 sǒng 懼也。从心，雙省聲。《春秋傳》曰：“駟氏愯。” 息拱切。

懼 jù 恐也。从心瞿聲。 其遇切。，古文。

怙 hù 恃也。从心古聲。 矦古切。

恃 shì 賴也。从心寺聲。 時止切。

慒 cóng 慮也。从心曹聲。 藏宗切。

悟 wù 覺也。从心吾聲。 五故切。，古文悟。

憮 wǔ 愛也。韓鄭曰憮。一曰不動。从心無聲。 文甫切。

㤅 ài 惠也。从心先聲。 烏代切。，古文。

㥠 xǔ 知也。从心胥聲。 私呂切。

慰 wèi 安也。从心尉聲。一曰恚怒也。 於胃切。

𢡆 cuì 謹也。从心𣪊聲。讀若毳。 此芮切。

𢡚 chóu 𢡚箸也。从心𥫔聲。 直由切。

怞 chóu 朗也。从心由聲。《詩》曰：“憂心且怞。” 直又切。

煤 wǔ 煤撫也。从心某聲。讀若侮。 亡甫切。

忞 mín 彊也。从心文聲。《周書》曰：“在受德忞。”讀若旻。 武巾切。

慔 mù 勉也。从心莫聲。 莫故切。

愐 miǎn 勉也。从心面聲。弥殄切。

怈 yì 習也。从心曳聲。余制切。

懋 mào 勉也。从心楙聲。《虞書》曰：“時惟懋哉。”莫候切。愗，或省。

慕 mù 習也。从心莫聲。莫故切。

悛 quān 止也。从心夋聲。此緣切。

㥚 tuì 肆也。从心隶聲。他骨切。

懙 yǔ 趣步懙懙也。从心與聲。余呂切。

慆 tāo 說也。从心舀聲。土刀切。

懕 yān 安也。从心厭聲。《詩》曰：“懕懕夜飲。”於鹽切。

憺 dàn 安也。从心詹聲。徒敢切。

怕 bó 無爲也。从心白聲。匹白切。又，葩亞切。

恤 xù 憂也。收也。从心血聲。辛聿切。

忓 gān 極也。从心干聲。古寒切。

懽 guàn 喜歀也。从心雚聲。《爾雅》曰：“懽懽愮愮，憂無告也。”古玩切。

㥥 yú 懽也。琅邪朱虛有㥥亭。从心禺聲。噳俱切。

惄 nì 飢餓也。一曰憂也。从心叔聲。《詩》曰：“惄如朝飢。”奴歷切。

𢝊 jǐ 勞也。从心卻聲。其虐切。

憸 xiān 憸詖也。憸利於上，佞人也。从心僉聲。息廉切。

愒 qì 息也。从心曷聲。臣鉉等曰：今別作憩，非是。去例切。

𢡿 hū 精戇也。从心毳聲。千短切。

𢙢 xiān 疾利口也。从心从冊。《詩》曰：“相時𢙢民。”徐鍇曰：“冊，言衆也。”息廉切。

急 jí 褊也。从心及聲。居立切。

㦒 biǎn 憂也。从心辡聲。一曰急也。方沔切。

㥛 jí 疾也。从心亟聲。一曰謹重皃。己力切。

懁 juàn 急也。从心瞏聲。讀若絹。古縣切。

㤩 xìng 恨也。从心巠聲。胡頂切。

𢡓 xián 急也。从心从弦，弦亦聲。河南密縣有𢡓亭。胡田切。

慓 piào 疾也。从心票聲。敷沼切。

懦 nuò 駑弱者也。从心需聲。人朱切。

恁 rèn 下齎也。从心任聲。如甚切。

㤀 tè 失常也。从心代聲。他得切。

怚 jù 驕也。从心且聲。子去切。

悒 yì 不安也。从心邑聲。於汲切。

悆 yù 忘也。嘾也。从心余聲。《周書》曰：“有疾不悆。”悆，喜

也。羊茹切。

忒 tè 更也。从心弋聲。他得切。

憪 xián 愉也。从心閒聲。戶閒切。

愉 yú 薄也。从心俞聲。《論語》曰："私覿愉愉如也。"羊朱切。

懱 miè 輕易也。从心蔑聲。《商書》曰："以相陵懱。"莫結切。

愚 yú 戇也。从心从禺。禺，猴屬，獸之愚者。麌俱切。

戇 zhuàng 愚也。从心贛聲。陟絳切。

㥒 cǎi 姦也。从心采聲。倉宰切。

惷 chōng 愚也。从心舂聲。丑江切。

懝 ài 騃也。从心从疑，疑亦聲。一曰惶也。五漑切。

忮 zhì 很也。从心支聲。之義切。

悍 hàn 勇也。从心旱聲。侯旰切。

態 tài 意也。从心从能。徐鍇曰："心能其事，然後有態度也。"他代切。，或从人。

怪 guài 異也。从心圣聲。古壞切。

像 dàng 放也。从心象聲。徒朗切。

慢 màn 惰也。从心曼聲。一曰慢，不畏也。謀晏切。

怠 dài 慢也。从心台聲。徒亥切。

懈 xiè 怠也。从心解聲。古隘切。

憜 duò 不敬也。从心，嫷省。《春秋傳》曰："執玉憜。"徒果切。，憜或省𠤏。，古文。

愯 sǒng 驚也。从心從聲。讀若悚。息拱切。

怫 fú 鬱也。从心弗聲。符弗切。

忦 xiè 忽也。从心介聲。《孟子》曰："孝子之心不若是忦。"呼介切。

忽 hū 忘也。从心勿聲。呼骨切。

忘 wàng 不識也。从心从亡，亡亦聲。武方切。

懣 mán 忘也。懣兜也。从心㒼聲。毋官切。

恣 zì 縱也。从心次聲。資四切。

愓 dàng 放也。从心昜聲。一曰平也。徒朗切。

憧 chōng 意不定也。从心童聲。尺容切。

悝 kuī 啁也。从心里聲。《春秋傳》有孔悝。一曰病也。苦回切。

憰 jué 權詐也。从心矞聲。古穴切。

怳 guàng 誤也。从心狂聲。居況切。

怳 huǎng 狂之皃。从心，況省聲。許往切。

恑 guǐ 變也。从心危聲。過委切。

懏	xié	有二心也。从心巂聲。戶圭切。
悸	jì	心動也。从心季聲。其季切。
憿	jiāo	幸也。从心敫聲。古堯切。
懖	kuò	善自用之意也。从心銽聲。《商書》曰：“今汝懖懖。”古活切。□，古文从耳。
忨	wán	貪也。从心元聲。《春秋傳》曰：“忨歲而潵日。”五換切。
惏	lán	河内之北謂貪曰惏。从心林聲。盧含切。
懜	mèng	不明也。从心夢聲。武亘切。
愆	qiān	過也。从心衍聲。去虔切。□，或从寒省。□，籒文。
慊	xián	疑也。从心兼聲。戶兼切。
惑	huò	亂也。从心或聲。胡國切。
怋	mín	怓也。从心民聲。呼昆切。
怓	náo	亂也。从心奴聲。《詩》曰：“以謹惽怓。”女交切。
惷	chǔn	亂也。从心舂聲。《春秋傳》曰：“王室日惷惷焉。”一曰厚也。尺允切。
惽	hūn	不憭也。从心昏聲。呼昆切。
忥	xì	癡皃。从心气聲。許既切。
憒	wèi	寱言不慧也。从心衛聲。于歲切。
憒	kuì	亂也。从心貴聲。胡對切。
忌	jì	憎惡也。从心己聲。渠記切。
忿	fèn	悁也。从心分聲。敷粉切。
悁	yuān	忿也。从心肙聲。一曰憂也。於緣切。□，籒文。
黎	lí	恨也。从心黎聲。一曰怠也。郎尸切。
恚	huì	恨也。从心圭聲。於避切。
怨	yuàn	恚也。从心夗聲。於願切。□，古文。
怒	nù	恚也。从心奴聲。乃故切。
憝	duì	怨也。从心敦聲。《周書》曰：“凡民罔不憝。”徒對切。
慍	yùn	怒也。从心昷聲。於問切。
惡	è	過也。从心亞聲。烏各切。
憎	zēng	惡也。从心曾聲。作滕切。
怖	pèi	恨怒也。从心市聲。《詩》曰：“視我怖怖。”蒲昧切。
忍	yì	怒也。从心刀聲。讀若顡。李陽冰曰：“刀非聲，當从刈省。”魚既切。
愫	xié	怨恨也。从心彖聲。讀若膎。臣鉉等曰：彖非聲，未詳。戶佳切。
恨	hèn	怨也。从心艮聲。胡艮切。
懟	duì	怨也。从心對聲。丈淚切。

悔 huǐ 悔恨也。从心每聲。荒内切。

憘 chì 小怒也。从心喜聲。充世切。

怏 yàng 不服，懟也。从心央聲。於亮切。

懣 mèn 煩也。从心从滿。莫困切。

憤 fèn 懣也。从心賁聲。房吻切。

悶 mèn 懣也。从心門聲。莫困切。

惆 chóu 失意也。从心周聲。敕鳩切。

悵 chàng 望恨也。从心長聲。丑亮切。

愾 xì 大息也。从心从氣，氣亦聲。《詩》曰："愾我寤歎。"許旣切。

懆 cǎo 愁不安也。从心喿聲。《詩》曰："念子懆懆。"七早切。

愴 chuàng 傷也。从心倉聲。初亮切。

怛 dá 憯也。从心旦聲。得案切。又，當割切。，或从心在旦下。《詩》曰："信誓悬悬。"

憯 cǎn 痛也。从心朁聲。七感切。

慘 cǎn 毒也。从心參聲。七感切。

悽 qī 痛也。从心妻聲。七稽切。

恫 tōng 痛也。一曰呻吟也。从心同聲。他紅切。

悲 bēi 痛也。从心非聲。府眉切。

惻 cè 痛也。从心則聲。初力切。

惜 xī 痛也。从心昔聲。思積切。

愍 mǐn 痛也。从心敃聲。眉殞切。

慇 yīn 痛也。从心殷聲。於巾切。

㤅 yī 痛聲也。从心依聲。《孝經》曰："哭不㤅。"於豈切。

簡 jiǎn 簡存也。从心，簡省聲。讀若簡。古限切。

慅 sāo 動也。从心蚤聲。一曰起也。穌遭切。

感 gǎn 動人心也。从心咸聲。古禫切。

怮 yòu 不動也。从心尤聲。讀若祐。于救切。

惢 qiú 怨仇也。从心咎聲。其久切。

愪 yún 憂皃。从心員聲。王分切。

怮 yōu 憂皃。从心幼聲。於虯切。

忦 jiá 憂也。从心介聲。五介切。

恙 yàng 憂也。从心羊聲。余亮切。

惴 zhuì 憂懼也。从心耑聲。《詩》曰："惴惴其慄。"之瑞切。

惸 qióng 憂也。从心鈞聲。常倫切。

怲 bǐng 憂也。从心丙聲。《詩》曰："憂心怲怲。"兵永切。

惔 tán 憂也。从心炎聲。《詩》曰："憂心如惔。" 徒甘切。

惙 chuò 憂也。从心叕聲。《詩》曰："憂心惙惙。"一曰意不定也。 陟劣切。

慯 shāng 憂也。从心，殤省聲。 式亮切。

愁 chóu 憂也。从心秋聲。 士尤切。

愵 nì 憂皃。从心弱聲。讀與惄同。 奴歷切。

惂 kǎn 憂困也。从心臽聲。 苦感切。

悠 yōu 憂也。从心攸聲。 以周切。

悴 cuì 憂也。从心卒聲。讀與《易》萃卦同。 秦醉切。

慁 hùn 憂也。从心圂聲。一曰擾也。 胡困切。

愸 lí 楚潁之閒謂憂曰愸。从心𥝢聲。 力至切。

忓 xū 憂也。从心于聲。讀若吁。 况于切。

忡 chōng 憂也。从心中聲。《詩》曰："憂心忡忡。" 敕中切。

悄 qiǎo 憂也。从心肖聲。《詩》曰："憂心悄悄。" 親小切。

慽 qī 憂也。从心戚聲。 倉歷切。

𢝊 yōu 愁也。从心从頁。 徐鍇曰："𢝊形於顏面，故从頁。"於求切。

患 huàn 憂也。从心上貫吅，吅亦聲。 胡丱切。 ，古文从關省。 ，亦古文患。

恇 kuāng 怯也。从心、匡，匡亦聲。 去王切。

悏 qiè 思皃。从心夾聲。 苦叶切。

懾 shè 失气也。从心聶聲。一曰服也。 之涉切。

憚 dàn 忌難也。从心單聲。一曰難也。 徒案切。

悼 dào 懼也。陳楚謂懼曰悼。从心卓聲。 臣鉉等曰：卓非聲，當从罩省。徒到切。

恐 kǒng 懼也。从心巩聲。 丘隴切。 ，古文。

慴 zhé 懼也。从心習聲。讀若疊。 之涉切。

怵 chù 恐也。从心术聲。 丑律切。

惕 tì 敬也。从心易聲。 他歷切。 ，或从狄。

供 gǒng 戰慄也。从心共聲。 戶工切。又，工恐切。

核 hài 苦也。从心亥聲。 胡槩切。

惶 huáng 恐也。从心皇聲。 胡光切。

悑 bù 惶也。从心甫聲。 普故切。 ，或从布聲。

慹 zhí 悑也。从心執聲。 之入切。

𢡓 qì 悑也。从心𣪠聲。 苦計切。

𢟮 bèi 𢡓也。从心葡聲。 蒲拜切。 ，或从疒。

惎 jì 毒也。从心其聲。《周書》曰："來就惎惎。" 渠記切。

恥 chǐ 辱也。从心耳聲。 敕里切。

㥏 tiǎn 青徐謂慙曰㥏。从心典聲。 他典切。

忝 tiǎn 辱也。从心天聲。 他點切。

慙 cán 媿也。从心斬聲。 昨甘切。

恧 nǜ 慙也。从心而聲。 女六切。

怍 zuò 慙也。从心，作省聲。 在各切。

憐 lián 哀也。从心粦聲。 落賢切。

㦁 lián 泣下也。从心連聲。《易》曰："泣涕㦁如。" 力延切。

忍 rěn 能也。从心刃聲。 而軫切。

㥍 mǐ 厲也。一曰止也。从心弭聲。讀若沔。 弥兗切。

忞 yì 懲也。从心乂聲。 魚肺切。

懲 chéng 忞也。从心徵聲。 直陵切。

憬 jǐng 覺寤也。从心景聲。《詩》曰："憬彼淮夷。" 俱永切。

文二百六十三　重二十二

慵 yōng 嬾也。从心庸聲。蜀容切。

悱 fěi 口悱悱也。从心非聲。敷尾切。

怩 ní 忸怩，慙也。从心尼聲。女夷切。

惉 zhān 惉懘，煩聲也。从心沾聲。尺詹切。

懘 chì 惉懘也。从心滯聲。尺制切。

懇 kěn 悃也。从心貇聲。康很切。

忖 cǔn 度也。从心寸聲。倉本切。

怊 chāo 悲也。从心召聲。敕宵切。

慟 tòng 大哭也。从心動聲。徒弄切。

惹 rě 亂也。从心若聲。人者切。

恰 qià 用心也。从心合聲。苦狹切。

悌 tì 善兄弟也。从心弟聲。經典通用弟。特計切。

懌 yì 說也。从心睪聲。經典通用釋。羊益切。

文十三　新附

惢部

惢 suǒ 心疑也。从三心。凡惢之屬皆从惢。讀若《易》"旅瑣瑣"。 又，才規、才累二切。

𥿫 ruǐ 垂也。从惢糸聲。 如壘切。

文二

說文解字第十一

二十一部　六百八十五文　重六十二
凡九千七百六十九字
文三十一　新附

水　部

水 shuǐ　準也。北方之行。象衆水並流，中有微陽之气也。凡水之屬皆从水。式軌切。

汃 bīn　西極之水也。从水八聲。《爾雅》曰：“西至汃國，謂四極。”府巾切。

河 hé　水。出焞煌塞外昆侖山，發原注海。从水可聲。乎哥切。

泑 yōu　澤。在昆侖下。从水幼聲。讀與妳同。於糾切。

涷 dōng　水。出發鳩山，入於河。从水東聲。德紅切。

涪 fú　水。出廣漢剛邑道徼外，南入漢。从水音聲。縛牟切。

潼 tóng　水。出廣漢梓潼北界，南入墊江。从水童聲。徒紅切。

江 jiāng　水。出蜀湔氐徼外崏山，入海。从水工聲。古雙切。

沱 tuó　江別流也。出崏山東，別爲沱。从水它聲。臣鉉等曰：沱沼之沱，通用此字。今別作池，非是。徒何切。

浙 zhè　江水東至會稽山陰爲浙江。从水折聲。旨熱切。

涐 é　水。出蜀汶江徼外，東南入江。从水我聲。五何切。

湔 jiān　水。出蜀郡緜虒玉壘山，東南入江。从水前聲。一曰手瀞之。子仙切。

沬 mò　水。出蜀西徼外，東南入江。从水末聲。莫割切。

溫 wēn　水。出犍爲涪，南入黔水。从水𥁕聲。烏魂切。

灊 qián　水。出巴郡宕渠，西南入江。从水鬵聲。昨鹽切。

沮 jū　水。出漢中房陵，東入江。从水且聲。子余切。

滇 diān　益州池名。从水眞聲。都年切。

涂 tú　水。出益州牧靡南山，西北入澠。从水余聲。同都切。

沅 yuán 水。出牂牁故且蘭，東北入江。从水元聲。愚袁切。

淹 yān 水。出越嶲徼外，東入若水。从水奄聲。英廉切。

溺 ruò 水。自張掖刪丹西，至酒泉合黎，餘波入于流沙。从水弱聲。桑欽所説。而灼切。

洮 táo 水。出隴西臨洮，東北入河。从水兆聲。土刀切。

涇 jīng 水。出安定涇陽幵頭山，東南入渭。雝州之川也。从水巠聲。古靈切。

渭 wèi 水。出隴西首陽渭首亭南谷，東入河。从水胃聲。杜林説。《夏書》以爲出鳥鼠山。雝州浸也。云貴切。

漾 yàng 水。出隴西相道，東至武都爲漢。从水羕聲。余亮切。瀁，古文从養。

漢 hàn 漾也。東爲滄浪水。从水，難省聲。臣鉉等曰：从難省，當作堇。而前作相承去土从大，疑兼从古文省。呼旰切。𣵀，古文。

浪 làng 滄浪水也。南入江。从水良聲。來宕切。

沔 miǎn 水。出武都沮縣東狼谷，東南入江。或曰入夏水。从水丏聲。彌兖切。

湟 huáng 水。出金城臨羌塞外，東入河。从水皇聲。乎光切。

汧 qiān 水。出扶風汧縣西北，入渭。从水幵聲。苦堅切。

澇 láo 水。出扶風鄠，北入渭。从水勞聲。魯刀切。

漆 qī 水。出右扶風杜陵岐山，東入渭。一曰入洛。从水桼聲。親吉切。

滻 chǎn 水。出京兆藍田谷，入霸。从水產聲。所簡切。

洛 luò 水。出左馮翊歸德北夷界中，東南入渭。从水各聲。盧各切。

淯 yù 水。出弘農盧氏山，東南入海。从水育聲。或曰出酈山西。余六切。

汝 rǔ 水。出弘農盧氏還歸山，東入淮。从水女聲。人渚切。

潩 yì 水。出河南密縣大隗山，南入潁。从水異聲。与職切。

汾 fén 水。出太原晉陽山，西南入河。从水分聲。或曰出汾陽北山，冀州浸。符分切。

澮 guì 水。出霍山，西南入汾。从水會聲。古外切。

沁 qìn 水。出上黨羊頭山，東南入河。从水心聲。七鴆切。

沾 zhān 水。出壺關，東入淇。一曰沾，益也。从水占聲。臣鉉等曰：今別作添，非是。他兼切。

潞 lù 冀州浸也。上黨有潞縣。从水路聲。洛故切。

漳 zhāng 濁漳，出上黨長子鹿谷山，東入清漳。清漳，出沾山大要谷，北入河。南漳，出南郡臨沮。从水章聲。諸良切。

淇 qí 水。出河内共北山，東入河。或曰出隆慮西山。从水其聲。渠之切。

蕩 dàng 水。出河内蕩陰，東入黄澤。从水蕩聲。徒朗切。

沇 yǎn 水。出河東東垣王屋山，東爲泲。从水允聲。以轉切。𣲝，古文沇。臣鉉等曰：口部已有，此重出。

泲 jǐ 沇也。東入于海。从水𠂔聲。子礼切。

洈 wéi 水。出南郡高城洈山，東入繇。从水危聲。過委切。

溠 zhā 水。在漢南。从水差聲。荆州浸也。《春秋傳》曰："脩涂梁溠。"側駕切。

洭 kuāng 水。出桂陽縣盧聚，山洭浦關爲桂水。从水匡聲。去王切。

潓 huì 水。出廬江，入淮。从水惠聲。胡計切。

灌 guàn 水。出廬江雩婁，北入淮。从水雚聲。古玩切。

漸 jiàn 水。出丹陽黟南蠻中，東入海。从水斬聲。慈冉切。

泠 líng 水。出丹陽宛陵，西北入江。从水令聲。郎丁切。

滹 pài 水。在丹陽。从水箄聲。匹卦切。

溧 lì 水。出丹陽溧陽縣。从水栗聲。力質切。

湘 xiāng 水。出零陵陽海山，北入江。从水相聲。息良切。

汨 mì 長沙汨羅淵，屈原所沈之水。从水，冥省聲。莫狄切。

溱 zhēn 水。出桂陽臨武，入匯。从水秦聲。側詵切。

深 shēn 水。出桂陽南平，西入營道。从水罙聲。式針切。

潭 tán 水。出武陵鐔成玉山，東入鬱林。从水覃聲。徒含切。

油 yóu 水。出武陵孱陵西，東南入江。从水由聲。以周切。

潤 mì 水。出豫章艾縣，西入湘。从水買聲。莫蟹切。

湞 zhēn 水。出南海龍川，西入溱。从水貞聲。陟盈切。

溜 liù 水。出鬱林郡。从水畱聲。力救切。

瀷 yì 水。出河南密縣，東入潁。从水翼聲。與職切。

潕 wǔ 水。出南陽舞陽，東入潁。从水無聲。文甫切。

滶 áo 水。出南陽魯陽，入城父。从水敖聲。五勞切。

瀙 qìn 水。出南陽舞陽中陽山，入潁。从水親聲。七吝切。

淮 huái 水。出南陽平氏桐柏大復山，東南入海。从水隹聲。戶乖切。

滍 zhì 水。出南陽魯陽堯山，東北入汝。从水蚩聲。直几切。

澧 lǐ 水。出南陽雉衡山，東入汝。从水豊聲。盧啓切。

溳 yún 水。出南陽蔡陽，東入夏水。从水員聲。王分切。

淠 pèi 水。出汝南弋陽垂山，東入淮。从水畀聲。匹備切。又，匹制切。

澺 yì 水。出汝南上蔡黑閭澗，入汝。从水意聲。於力切。

洇 xì 水。出汝南新郪，入潁。从水囟聲。穌計切。

灈 qú 水。出汝南吳房，入瀙。从水瞿聲。其俱切。

潁 yǐng 水。出潁川陽城乾山，東入淮。从水頃聲。豫州浸。余頃切。

洧 wěi 水。出潁川陽城山，東南入潁。从水有聲。榮美切。

濦 yīn 水。出潁川陽城少室山，東入潁。从水㥯聲。於謹切。

濄 guō 水。受淮陽扶溝浪湯渠，東入淮。从水過聲。古禾切。

泄 yì 水。受九江博安洵波，北入氐。从水丗聲。余制切。

汳 biàn 水。受陳畱浚儀陰溝，至蒙爲雝水，東入于泗。从水反聲。臣鉉等曰：今作汴，非是。皮變切。

潧 zhēn 水。出鄭國。从水曾聲。《詩》曰："潧與洧，方渙渙兮。"側詵切。

淩 líng 水。在臨淮。从水夌聲。力膺切。

濮 pú 水。出東郡濮陽，南入鉅野。从水僕聲。博木切。

濼 luò 齊魯閒水也。从水樂聲。《春秋傳》曰："公會齊侯于濼。"盧谷切。

漷 kuò 水。在魯。从水郭聲。苦郭切。

淨 chéng 魯北城門池也。从水爭聲。士耕切。又，才性切。

濕 tà 水。出東郡東武陽，入海。从水㬎聲。桑欽云：出平原高唐。他合切。

泡 pāo 水。出山陽平樂，東北入泗。从水包聲。匹交切。

菏 gē 菏澤水。在山陽胡陵。《禹貢》："浮于淮泗，達于菏。"从水苛聲。古俄切。

泗 sì 受泲水，東入淮。从水四聲。息利切。

洹 huán 水。在齊魯閒。从水亘聲。羽元切。

灉 yōng 河灉水。在宋。从水雝聲。於容切。

澶 chán 澶淵水。在宋。从水亶聲。市連切。

洙 shū 水。出泰山蓋臨樂山，北入泗。从水朱聲。市朱切。

沭 shù 水。出青州浸。从水术聲。食聿切。

沂 yí 水。出東海費東，西入泗。从水斤聲。一曰沂水，出泰山蓋，青州浸。魚衣切。

洋 xiáng 水。出齊臨朐高山，東北入鉅定。从水羊聲。似羊切。

濁 zhuó 水。出齊郡厲嬀山，東北入鉅定。从水蜀聲。直角切。

漑 gài 水。出東海桑瀆覆甑山，東北入海。一曰灌注也。从水既聲。古代切。

濰 wéi 水。出琅邪箕屋山，東入海。徐州浸。《夏書》曰："濰、淄其

道。”从水維聲。以追切。

浯 wú 水。出琅邪靈門壺山，東北入濰。从水吾聲。五乎切。

汶 wèn 水。出琅邪朱虛東泰山，東入濰。从水文聲。桑欽說：汶水出泰山萊蕪，西南入泲。亡運切。

治 chí 水。出東萊曲城陽丘山，南入海。从水台聲。直之切。

㵆 jìn 水。出魏郡武安，東北入呼沱水。从水㝱聲。㝱，籒文寑字。子鴆切。

渪 yú 水。出趙國襄國之西山，東北入㵆。从水禺聲。噳俱切。

虒 sī 水。出趙國襄國，東入渪。从水虒聲。息移切。

渚 zhǔ 水。在常山中丘逢山，東入渪。从水者聲。《爾雅》曰：“小洲曰渚。”章与切。

洨 xiáo 水。出常山石邑井陘，東南入于泜。从水交聲。祁國有洨縣。下交反。

濟 jǐ 水。出常山房子贊皇山，東入泜。从水齊聲。子礼切。

泜 chí 水。在常山。从水氐聲。直尼切。

濡 rú 水。出涿郡故安，東入漆涑。从水需聲。人朱切。

灅 lěi 水。出右北平浚靡，東南入庚。从水壘聲。力軌切。

沽 gū 水。出漁陽塞外，東入海。从水古聲。古胡切。

沛 pèi 水。出遼東番汗塞外，西南入海。从水市聲。普蓋切。

浿 pèi 水。出樂浪鏤方，東入海。从水貝聲。一曰出浿水縣。普拜切。

瀤 huái 北方水也。从水褢聲。戶乖切。

㶟 lěi 水。出鴈門陰館累頭山，東入海。或曰治水也。从水纍聲。力追切。

滬 jū 水。出北地直路西，東入洛。从水虘聲。側加切。

泒 gū 水。起鴈門葰人戍夫山，東北入海。从水瓜聲。古胡切。

滱 kòu 水。起北地靈丘，東入河。从水寇聲。滱水即漚夷水，并州川也。苦候切。

淶 lái 水。起北地廣昌，東入河。从水來聲。并州浸。洛哀切。

泥 ní 水。出北地郁郅北蠻中。从水尼聲。奴低切。

湳 nǎn 西河美稷保東北水。从水南聲。乃感切。

漹 yān 水。出西河中陽北沙，南入河。从水焉聲。乙乾切。

涶 tuō 河津也。在西河西。从水垂聲。土禾切。

旟 yú 水也。从水旟聲。以諸切。

洵 xún 過水中也。从水旬聲。相倫切。

涻 shè 水。出北囂山，入邙澤。从水舍聲。始夜切。

汈	niàn	水也。从水刃聲。	乃見切。
淔	chì	水也。从水直聲。	恥力切。
淁	qiè	水也。从水妾聲。	七接切。
涺	jū	水也。从水居聲。	九魚切。
𣸣	jì	水也。从水臮聲。	其冀切。
沋	yóu	水也。从水尤聲。	羽求切。
洇	yīn	水也。从水因聲。	於眞切。
淉	guǒ	水也。从水果聲。	古火切。
溑	suǒ	水也。从水肖聲。讀若瑣。	穌果切。
浝	máng	水也。从水尨聲。	莫江切。
𣳚	nǒu	水也。从水乳聲。	乃后切。
汷	zhōng	水也。从水夂聲。夂，古文終。	職戎切。
洦	pò	淺水也。从水百聲。	匹白切。
汘	qiān	水也。从水千聲。	倉先切。
洍	sì	水也。从水𦣝聲。《詩》曰："江有洍。"	詳里切。
澥	xiè	郣澥，海之別也。从水解聲。一説澥即澥谷也。	胡買切。
漠	mò	北方流沙也。一曰清也。从水莫聲。	慕各切。
海	hǎi	天池也。以納百川者。从水每聲。	呼改切。
溥	pǔ	大也。从水尃聲。	滂古切。
𤁹	ǎn	水大至也。从水闇聲。	乙感切。
洪	hóng	洚水也。从水共聲。	戶工切。
洚	jiàng	水不遵道。一曰下也。从水夅聲。	戶工切。又，下江切。
衍	yǎn	水朝宗于海也。从水从行。	以淺切。
淖	cháo	水朝宗于海。从水，朝省。	臣鉉等曰：隸書不省。直遙切。
濥	yǐn	水脈行地中濥濥也。从水夤聲。	弋刃切。
滔	tāo	水漫漫大皃。从水舀聲。	土刀切。
涓	juān	小流也。从水肙聲。《爾雅》曰："汝爲涓。"	古玄切。
混	hùn	豐流也。从水昆聲。	胡本切。
潒	dàng	水潒瀁也。从水象聲。讀若蕩。	徒朗切。
漦	chí	順流也。一曰水名。从水𠩺聲。	俟甾切。
汭	ruì	水相入也。从水从内，内亦聲。	而銳切。
潚	sù	深清也。从水肅聲。	子叔切。
演	yǎn	長流也。一曰水名。从水寅聲。	以淺切。
渙	huàn	流散也。从水奐聲。	呼貫切。
泌	bì	俠流也。从水必聲。	兵媚切。

活 guō 水流聲。从水𠯑聲。古活切。，活或从聒。

湝 jiē 水流湝湝也。从水皆聲。一曰湝湝，寒也。《詩》曰："風雨湝湝。"古諧切。

泫 xuàn 湝流也。从水玄聲。上黨有泫氏縣。胡畎切。

淲 biāo 水流皃。从水，彪省聲。《詩》曰："淲沱北流。"皮彪切。

淢 yù 疾流也。从水或聲。于逼切。

瀏 liú 流清皃。从水劉聲。《詩》曰："瀏其清矣。"力久切。

濊 huò 礙流也。从水薉聲。《詩》云："施罛濊濊。"呼括切。

滂 pāng 沛也。从水旁聲。臣鉉等曰：今俗別作雱霈，非是。普郎切。

汪 wāng 深廣也。从水㞷聲。一曰汪，池也。烏光切。

漻 liáo 清深也。从水翏聲。洛蕭切。

泚 cǐ 清也。从水此聲。千礼切。

況 kuàng 寒水也。从水兄聲。許訪切。

沖 chōng 涌搖也。从水、中。讀若動。直弓切。

汎 fàn 浮皃。从水凡聲。孚梵切。

沄 yún 轉流也。从水云聲。讀若混。王分切。

浩 hào 澆也。从水告聲。《虞書》曰："洪水浩浩。"胡老切。

沆 hàng 莽沆，大水也。从水亢聲。一曰大澤皃。胡朗切。

泬 jué 水从孔穴疾出也。从水从穴，穴亦聲。呼穴切。

濞 pì 水暴至聲。从水鼻聲。匹備切。

灂 zhuó 水小聲。从水爵聲。士角切。

潝 xī 水疾聲。从水翕聲。許及切。

滕 téng 水超涌也。从水朕聲。徒登切。

潏 jué 涌出也。一曰水中坻，人所爲，爲潏。一曰潏，水名，在京兆杜陵。从水矞聲。古穴切。

洸 guāng 水涌光也。从水从光，光亦聲。《詩》曰："有洸有潰。"古黄切。

波 bō 水涌流也。从水皮聲。博禾切。

澐 yún 江水大波謂之澐。从水雲聲。王分切。

瀾 lán 大波爲瀾。从水闌聲。洛干切。，瀾或从連。臣鉉等曰：今俗音力延切。

淪 lún 小波爲淪。从水侖聲。《詩》曰："河水清且淪漪。"一曰没也。力迍切。

漂 piāo 浮也。从水票聲。匹消切。又，匹妙切。

浮 fú 氾也。从水孚聲。縛牟切。

濫 làn 氾也。从水監聲。一曰濡上及下也。《詩》曰："觱沸濫泉。"一

曰清也。盧瞰切。

氾 fàn 濫也。从水㔾聲。孚梵切。

泓 hóng 下深皃。从水弘聲。烏宏切。

湋 wéi 回也。从水韋聲。羽非切。

測 cè 深所至也。从水則聲。初側切。

湍 tuān 疾瀨也。从水耑聲。他耑切。

淙 cóng 水聲也。从水宗聲。藏宗切。

激 jī 水礙衺疾波也。从水敫聲。一曰半遮也。古歷切。

洞 dòng 疾流也。从水同聲。徒弄切。

潘 fān 大波也。从水旛聲。孚袁切。

洶 xiōng 涌也。从水匈聲。許拱切。

涌 yǒng 滕也。从水甬聲。一曰涌水，在楚國。余隴切。

湁 chì 湁湒，鬻也。从水拾聲。丑入切。

涳 kōng 直流也。从水空聲。苦江切。又，哭工切。

汋 zhuó 激水聲也。从水勺聲。井一有水一無水，謂之瀱汋。市若切。

瀱 jì 井一有水一無水，謂之瀱汋。从水罽聲。居例切。

渾 hún 混流聲也。从水軍聲。一曰洿下皃。戶昆切。

洌 liè 水清也。从水列聲。《易》曰：“井洌寒泉，食。”良辥切。

淑 shū 清湛也。从水叔聲。殊六切。

溶 yǒng 水盛也。从水容聲。余隴切。又音容。

澂 chéng 清也。从水，徵省聲。臣鉉等曰：今俗作澄，非是。直陵切。

清 qīng 腺也。澂水之皃。从水青聲。七情切。

湜 shí 水清底見也。从水是聲。《詩》曰：“湜湜其止。”常職切。

潣 mǐn 水流浼浼皃。从水閔聲。眉殞切。

滲 shèn 下漉也。从水參聲。所禁切。

潿 wéi 不流濁也。从水圍聲。羽非切。

溷 hùn 亂也。一曰水濁皃。从水圂聲。胡困切。

淈 gǔ 濁也。从水屈聲。一曰滒泥。一曰水出皃。古忽切。

漩 xuán 回泉也。从水，旋省聲。似沿切。

漼 cuǐ 深也。从水崔聲。《詩》曰：“有漼者淵。”七罪切。

淵 yuān 回水也。从水，象形。左右，岸也。中象水皃。烏玄切。[seal script]，淵或省水。[seal script]，古文从口、水。

瀰 mǐ 滿也。从水爾聲。奴礼切。

澹 dàn 水搖也。从水詹聲。徒濫切。

潯 xún 旁深也。从水尋聲。徐林切。

泙 píng 谷也。从水平聲。符兵切。

泏 zhú 水皃。从水出聲。讀若窋。竹律切。又，口兀切。

瀳 jiàn 水至也。从水薦聲。讀若尊。又，在甸切。

𣸧 zhí 土得水沮也。从水𥐻聲。讀若麱。竹隻切。

滿 mǎn 盈溢也。从水㒼聲。莫旱切。

滑 huá 利也。从水骨聲。戶八切。

濇 sè 不滑也。从水嗇聲。色立切。

澤 zé 光潤也。从水睪聲。丈伯切。

淫 yín 侵淫隨理也。从水㸒聲。一曰久雨爲淫。余箴切。

瀸 jiān 漬也。从水韱聲。《爾雅》曰："泉一見一否爲瀸。"子廉切。

泆 yì 水所蕩泆也。从水失聲。夷質切。

潰 kuì 漏也。从水貴聲。胡對切。

沴 lì 水不利也。从水㐱聲。《五行傳》曰："若其沴作。"郎計切。

淺 qiǎn 不深也。从水戔聲。七衍切。

洔 zhǐ 水暫益且止，未減也。从水寺聲。直里切。

渻 shěng 少減也。一曰水門。又，水出丘前謂之渻丘。从水省聲。息井切。

淖 nào 泥也。从水卓聲。奴教切。

濢 zuǐ 小溼也。从水翠聲。遵誄切。

溽 rù 溼暑也。从水辱聲。而蜀切。

涅 niè 黑土在水中也。从水从土，日聲。奴結切。

滋 zī 益也。从水兹聲。一曰滋水，出牛飲山白陘谷，東入呼沱。子之切。

㴚 hū 青黑色。从水曶聲。呼骨切。

浥 yì 溼也。从水邑聲。於及切。

沙 shā 水散石也。从水从少。水少沙見。楚東有沙水。所加切。，譚長說：沙或从尐。尐，子結切。

瀨 lài 水流沙上也。从水賴聲。洛帶切。

濆 fén 水厓也。从水賁聲。《詩》曰："敦彼淮濆。"符分切。

涘 sì 水厓也。从水矣聲。《周書》曰："王出涘。"牀史切。

汻 hǔ 水厓也。从水午聲。臣鉉等曰：今作滸，非是。呼古切。

氿 guǐ 水厓枯土也。从水九聲。《爾雅》曰："水醮曰氿。"居洧切。

漘 chún 水厓也。从水脣聲。《詩》曰："寘河之漘。"常倫切。

浦 pǔ 瀕也。从水甫聲。滂古切。

沚 zhǐ 小渚曰沚。从水止聲。《詩》曰："于沼于沚。"諸市切。

沸 fèi 澤沸，濫泉。从水弗聲。分勿切。又，方未切。

潨 cóng 小水入大水曰潨。从水从眾。《詩》曰：“鳧鷖在潨。” 徂紅切。

派 pài 別水也。从水从𠂢，𠂢亦聲。 匹賣切。

汜 sì 水別復入水也。一曰汜，窮瀆也。从水巳聲。《詩》曰：“江有汜。” 詳里切。臣鉉等案：前洍字音義同，蓋或體也。

湀 guǐ 湀辟，深水處也。从水癸聲。 求癸切。

濘 nìng 滎濘也。从水寧聲。 乃定切。

滎 xíng 絕小水也。从水，熒省聲。 戶扃切。

洼 wā 深池也。从水圭聲。 一佳切。又，於瓜切。

漥 yǐng 清水也。一曰窊也。从水窐聲。 一穎切。又，屋瓜切。

潢 huáng 積水池。从水黃聲。 乎光切。

沼 zhǎo 池水。从水召聲。 之少切。

湖 hú 大陂也。从水胡聲。揚州浸，有五湖。浸，川澤所仰以灌溉也。 戶吳切。

汥 zhī 水都也。从水支聲。 章移切。

洫 xù 十里爲成。成閒廣八尺、深八尺謂之洫。从水血聲。《論語》曰：“盡力于溝洫。” 況逼切。

溝 gōu 水瀆。廣四尺、深四尺。从水冓聲。 古侯切。

瀆 dú 溝也。从水賣聲。一曰邑中溝。 徒谷切。

渠 qú 水所居。从水，榘省聲。 彊魚切。

瀶 lín 谷也。从水臨聲。讀若林。一曰寒也。 力尋切。

湄 méi 水艸交爲湄。从水眉聲。 武悲切。

洐 xíng 溝水行也。从水从行。 戶庚切。

澗 jiàn 山夾水也。从水閒聲。一曰澗水，出弘農新安，東南入洛。 古莧切。

澳 yù 隈，厓也。其内曰澳，其外曰隈。从水奧聲。 於六切。

澩 xué 夏有水，冬無水，曰澩。从水，學省聲。讀若學。 胡角切。⿰氵學，澩或不省。

⿰氵鷬 tān 水濡而乾也。从水鷬聲。《詩》曰：“⿰氵鷬其乾矣。” 呼旰切。又，他干切。灘，俗⿰氵鷬从隹。

汕 shàn 魚游水皃。从水山聲。《詩》曰：“蒸然汕汕。” 所晏切。

決 jué 行流也。从水从夬。廬江有決水，出於大別山。 古穴切。

灓 luán 漏流也。从水䜌聲。 洛官切。

滴 dī 水注也。从水啻聲。 都歷切。

注 zhù 灌也。从水主聲。 之戍切。

沃 wò 溉灌也。从水芺聲。 烏鵠切。

⿰氵昔 zé 所以攤水也。从水昔聲。《漢律》曰：“及其門首洒⿰氵昔。” 所責切。

澨 shì 埤增水邊土，人所止者。从水筮聲。《夏書》曰：“過三澨。” 時制切。

津 jīn 水渡也。从水𦘔聲。將鄰切。𦨯，古文津从舟从淮。

淜 píng 無舟渡河也。从水朋聲。皮冰切。

潢 héng 小津也。从水横聲。一曰以船渡也。戶孟切。

泭 fū 編木以渡也。从水付聲。芳無切。

渡 dù 濟也。从水度聲。徒故切。

沿 yán 緣水而下也。从水㕣聲。《春秋傳》曰：“王沿夏。” 与專切。

泝 sù 逆流而上曰泝洄。泝，向也。水欲下違之而上也。从水㡿聲。桑故切。溯，泝或从朔。

洄 huí 泝洄也。从水从回。戶灰切。

泳 yǒng 潛行水中也。从水永聲。爲命切。

潛 qián 涉水也。一曰藏也。一曰漢水爲潛。从水朁聲。昨鹽切。

淦 gàn 水入船中也。一曰泥也。从水金聲。古暗切。汵，淦或从今。

泛 fàn 浮也。从水乏聲。孚梵切。

汓 qiú 浮行水上也。从水从子。古或以汓爲没。似由切。泅，汓或从囚聲。

砅 lì 履石渡水也。从水从石。《詩》曰：“深則砅。” 力制切。濿，砅或从厲。

湊 còu 水上人所會也。从水奏聲。倉奏切。

湛 chén 没也。从水甚聲。一曰湛水，豫章浸。宅減切。，古文。

湮 yīn 没也。从水垔聲。於眞切。

㲻 nì 没也。从水从人。奴歷切。

没 mò 沈也。从水从𠬛。莫勃切。

渨 wēi 没也。从水畏聲。烏恢切。

滃 wěng 雲气起也。从水翁聲。烏孔切。

泱 yāng 滃也。从水央聲。於良切。

淒 qī 雲雨起也。从水妻聲。《詩》曰：“有渰淒淒。” 七稽切。

渰 yǎn 雲雨皃。从水弇聲。衣檢切。

溟 míng 小雨溟溟也。从水冥聲。莫經切。

涑 sè 小雨零皃。从水束聲。所責切。

瀑 bào 疾雨也。一曰沫也。一曰瀑，資也。从水暴聲。《詩》曰：“終風且瀑。” 平到切。

澍 shù 時雨，澍生萬物。从水尌聲。常句切。

湒 jí 雨下也。从水咠聲。一曰沸涌皃。 姊入切。

澬 cí 久雨涔資也。一曰水名。从水資聲。 才私切。又，卽夷切。

潦 lǎo 雨水大皃。从水尞聲。 盧皓切。

濩 huò 雨流霤下。从水蒦聲。 胡郭切。

涿 zhuó 流下滴也。从水豖聲。上谷有涿縣。 竹角切。 ⿰日乙，奇字涿从日、乙。

瀧 lóng 雨瀧瀧皃。从水龍聲。 力公切。

渿 nài 沛之也。从水柰聲。 奴帶切。

滈 hào 久雨也。从水高聲。 乎老切。

漊 lǚ 雨漊漊也。从水婁聲。一曰汝南謂飲酒習之不醉爲漊。 力主切。

溦 wēi 小雨也。从水，微省聲。 無非切。

濛 méng 微雨也。从水蒙聲。 莫紅切。

沈 chén 陵上滈水也。从水冘聲。一曰濁黕也。 臣鉉等曰：今俗别作沉，冗不成字，非是。直深切。又，尸甚切。

溨 zài 雷震溨溨也。从水再聲。 作代切。

淊 hàn 泥水淊淊也。一曰繅絲湯也。从水臽聲。 胡感切。

涵 hán 水澤多也。从水函聲。《詩》曰："僭始既涵。" 胡男切。

𣿅 rù 漸溼也。从水挐聲。 人庶切。

瀀 yōu 澤多也。从水憂聲。《詩》曰："既瀀既渥。" 於求切。

涔 cén 潰也。一曰涔陽渚，在郢中。从水岑聲。 鉏箴切。

漬 zì 漚也。从水責聲。 前智切。

漚 òu 久漬也。从水區聲。 烏候切。

浞 zhuó 濡也。从水足聲。 士角切。

渥 wò 霑也。从水屋聲。 於角切。

潅 què 灌也。从水隺聲。 口角切。又，公沃切。

洽 qià 霑也。从水合聲。 矦夾切。

濃 nóng 露多也。从水農聲。《詩》曰："零露濃濃。" 女容切。

瀌 biāo 雨雪瀌瀌。从水麃聲。 甫嬌切。

溓 lián 薄水也。一曰中絶小水。从水兼聲。 力鹽切。

泐 lè 水石之理也。从水从阞。《周禮》曰："石有時而泐。" 徐鍇曰："言石因其脈理而解裂也。"盧則切。

滯 zhì 凝也。从水帶聲。 直例切。

汦 zhǐ 著止也。从水氏聲。 直尼切。

滮 guó 水裂去也。从水虢聲。 古伯切。

澌 sī 水索也。从水斯聲。 息移切。

汔 qì 水涸也。或曰泣下。从水气聲。《詩》曰："汔可小康。" 許訖切。

涸 hé 渴也。从水固聲。讀若狐貈之貈。下各切。，涸亦从水、鹵、舟。

消 xiāo 盡也。从水肖聲。相幺切。

潐 jiào 盡也。从水焦聲。子肖切。

渴 kě 盡也。从水曷聲。苦葛切。

漮 kāng 水虛也。从水康聲。苦岡切。

溼 shī 幽溼也。从水；一，所以覆也，覆而有土，故溼也。㬎省聲。失入切。

湆 qì 幽溼也。从水音聲。去急切。

洿 wū 濁水不流也。一曰窳下也。从水夸聲。哀都切。

浼 měi 汙也。从水免聲。《詩》曰："河水浼浼。"《孟子》曰："汝安能浼我？"武辠切。

汙 wū 薉也。一曰小池爲汙。一曰涂也。从水于聲。烏故切。

湫 jiǎo 隘。下也。一曰有湫水，在周地。《春秋傳》曰："晏子之宅秋隘。"安定朝那有湫泉。从水秋聲。子了切。又，即由切。

潤 rùn 水曰潤下。从水閏聲。如順切。

準 zhǔn 平也。从水隼聲。之允切。

汀 tīng 平也。从水丁聲。他丁切。，汀或从平。

沑 nǜ 水吏也。又，溫也。从水丑聲。人九切。

瀵 fèn 水浸也。从水糞聲。《爾雅》曰："瀵，大出尾下。"方問切。

濢 cuǐ 新也。从水辠聲。七辠切。

瀞 jìng 無垢薉也。从水靜聲。疾正切。

瀎 mò 拭滅皃。从水蔑聲。莫達切。

泧 sà 瀎泧也。从水戉聲。讀若椒椴之椴。又，火活切。

洎 jì 灌釜也。从水自聲。其冀切。

湯 tāng 熱水也。从水昜聲。土郎切。

渜 nuǎn 湯也。从水耎聲。乃管切。

洝 àn 渜水也。从水安聲。烏旰切。

洏 ér 洝也。一曰煑孰也。从水而聲。如之切。

涚 shuì 財溫水也。从水兌聲。《周禮》曰："以涚漚其絲。"輸芮切。

涫 guàn 鬻也。从水官聲。酒泉有樂涫縣。古丸切。

涾 tà 涫溢也。今河朔方言謂沸溢爲涾。从水沓聲。徒合切。

汏 tài 淅瀾也。从水大聲。代何切。又，徒蓋切。

瀾 jiǎn 淅也。从水簡聲。古限切。

淅 xī 汏米也。从水析聲。先擊切。

滰 jiàng 浚乾漬米也。从水竟聲。《孟子》曰："夫子去齊，滰淅而行。"其兩切。

溲 sǒu 浸渓也。从水叜聲。疏有切。

浚 jùn 杼也。从水夋聲。私閏切。

瀝 lì 浚也。从水歷聲。一曰水下滴瀝。郎擊切。

漉 lù 浚也。从水鹿聲。盧谷切。淥，漉或从录。

潘 pān 淅米汁也。一曰水名，在河南滎陽。从水番聲。普官切。

瀾 lán 潘也。从水蘭聲。洛干切。

泔 gān 周謂潘曰泔。从水甘聲。古三切。

滫 xiū 久泔也。从水脩聲。息流切。又，思酒切。

澱 diàn 滓滋也。从水殿聲。堂練切。

淤 yū 澱滓，濁泥。从水於聲。依據切。

滓 zǐ 澱也。从水宰聲。阻史切。

淰 niǎn 濁也。从水念聲。乃忝切。

瀹 yuè 漬也。从水龠聲。以灼切。

⿱罒潐 jiǎo 釃酒也。一曰浚也。从网从水，焦聲。讀若《夏書》"天用勦絶"。臣鉉等曰：以縑帛漉酒，故从网。子小切。

⿱殸水 qǐng 側出泉也。从水殸聲。殸，籒文磬字。去挺切。

湑 xǔ 莤酒也。一曰浚也。一曰露皃。从水胥聲。《詩》曰："有酒湑我。"又曰："零露湑兮。"私呂切。

湎 miǎn 沈於酒也。从水面聲。《周書》曰："罔敢湎于酒。"彌兗切。

漿 jiāng 酢漿也。从水，將省聲。即良切。𣲓，古文漿省。

涼 liáng 薄也。从水京聲。呂張切。

淡 dàn 薄味也。从水炎聲。徒敢切。

涒 tūn 食已而復吐之。从水君聲。《爾雅》曰："太歲在申曰涒灘。"他昆切。

澆 jiāo 渓也。从水堯聲。古堯切。

液 yè 盡也。从水夜聲。羊益切。

汁 zhī 液也。从水十聲。之入切。

滒 gē 多汁也。从水哥聲。讀若哥。古俄切。

灝 hào 豆汁也。从水顥聲。乎老切。

溢 yì 器滿也。从水益聲。夷質切。

洒 xǐ 滌也。从水西聲。古文爲灑埽字。先禮切。

滌 dí 洒也。从水條聲。徒歷切。

濈 jí 和也。从水戢聲。阻立切。

瀋	shěn	汁也。从水審聲。《春秋傳》曰：“猶拾瀋。” 昌枕切。
渳	mǐ	飲也。从水弭聲。 緜婢切。
潠	shà	飲歃也。一曰吮也。从水算聲。 衫洽切。又，先活切。
漱	shù	盪口也。从水敕聲。 所右切。
泂	jiǒng	滄也。从水冋聲。 戶褧切。
滄	cāng	寒也。从水倉聲。 七岡切。
瀞	qìng	冷寒也。从水靚聲。 七定切。
淬	cuì	滅火器也。从水卒聲。 七内切。
沐	mù	濯髮也。从水木聲。 莫卜切。
沬	huì	洒面也。从水未聲。 荒内切。，古文沬从頁。
浴	yù	洒身也。从水谷聲。 余蜀切。
澡	zǎo	洒手也。从水喿聲。 子皓切。
洗	xiǎn	洒足也。从水先聲。 穌典切。
汲	jí	引水於井也。从水从及，及亦聲。 居立切。
淳	chún	渌也。从水䭿聲。 常倫切。
淋	lín	以水漢也。从水林聲。一曰淋淋，山下水皃。 力尋切。
渫	xiè	除去也。从水枼聲。 私列切。
澣	huàn	濯衣垢也。从水榦聲。 胡玩切。，澣或从完。
濯	zhuó	澣也。从水翟聲。 直角切。
涑	sōu	澣也。从水束聲。河東有涑水。 速矦切。
潎	pì	於水中擊絮也。从水敝聲。 匹蔽切。
瀧	lǒng	涂也。从水从土，尨聲。讀若隴。 又，亡江切。
灑	sǎ	汛也。从水麗聲。 山豉切。
汛	xùn	灑也。从水卂聲。 息晉切。
染	rǎn	以繒染爲色。从水杂聲。 徐鍇曰：“《說文》無杂字。裴光遠云：‘从木，木者所以染，梔、茜之屬也；从九，九者染之數也。’未知其審。”而琰切。
泰	tài	滑也。从廾从水，大聲。 他蓋切。臣鉉等曰：本音他達切。今《左氏傳》作汏輈，非是。，古文泰。
潤	yán	海岱之閒謂相汙曰潤。从水閻聲。 余廉切。
濽	zàn	汙灑也。一曰水中人。从水贊聲。 則旰切。
湫	chóu	腹中有水气也。从水从愁，愁亦聲。 士尤切。
湩	dòng	乳汁也。从水重聲。 多貢切。
洟	tì	鼻液也。从水夷聲。 他計切。
潸	shān	涕流皃。从水，散省聲。《詩》曰：“潸焉出涕。” 所姦切。
汗	hàn	人液也。从水干聲。 矦旰切。

泣 qì 無聲出涕曰泣。从水立聲。 去急切。

涕 tì 泣也。从水弟聲。 他禮切。

湅 liàn 瀾也。从水柬聲。 郎甸切。

瀱 niè 議辠也。从水、獻。與法同意。 魚列切。

渝 yū 變汙也。从水俞聲。一曰渝水，在遼西臨俞，東出塞。 羊朱切。

減 jiǎn 損也。从水咸聲。 古斬切。

滅 miè 盡也。从水威聲。 亡列切。

漕 cáo 水轉轂也。一曰人之所乘及船也。从水曹聲。 在到切。

泮 pàn 諸矦鄉射之宮，西南爲水，東北爲牆。从水从半，半亦聲。 普半切。

漏 lòu 以銅受水，刻節，晝夜百刻。从水屚聲。 盧后切。

澒 hòng 丹沙所化，爲水銀也。从水項聲。 呼孔切。

萍 píng 苹也。水艸也。从水、苹，苹亦聲。 薄經切。

濊 huì 水多皃。从水歲聲。 呼會切。

汩 gǔ 治水也。从水曰聲。 于筆切。

文四百六十八　重二十二（當作文四百六十四　重二十五）

瀼 ráng 露濃皃。从水襄聲。汝羊切。

漙 tuán 露皃。从水專聲。度官切。

汍 wán 泣淚皃。从水丸聲。胡官切。

泯 mǐn 滅也。从水民聲。武盡切。

瀣 xiè 沆瀣，气也。从水，韰省聲。胡介切。

瀘 lú 水名。从水盧聲。洛乎切。

瀟 xiāo 水名。从水蕭聲。相邀切。

瀛 yíng 水名。从水嬴聲。以成切。

滁 chú 水名。从水除聲。直魚切。

洺 míng 水名。从水名聲。武幷切。

潺 chán 水聲。从水孱聲。昨閑切。

湲 yuán 潺湲，水聲。从水爰聲。王權切。

濤 tāo 大波也。从水壽聲。徒刀切。

漵 xù 水浦也。从水敘聲。徐吕切。

港 gǎng 水派也。从水巷聲。古項切。

瀦 zhū 水所亭也。从水豬聲。陟魚切。

瀰 mí 大水也。从水瓕聲。武移切。

淼 miǎo 大水也。从三水。或作渺。亡沼切。

潔 jié 瀞也。从水絜聲。古屑切。

浹 jiā 洽也。从也。从水夾聲。子協切。

溘 kè 奄忽也。从水盍聲。口荅切。

潠 xùn 含水噴也。从水巽聲。穌困切。

涯 yá 水邊也。从水从厓，厓亦聲。魚羈切。

文二十三　新附

沝部

沝 zhuǐ 二水也。闕。凡沝之屬皆从沝。之壘切。

𣴭 liú 水行也。从沝、㐬。㐬，突忽也。力求切。流，篆文从水。

𣻏 shè 徒行厲水也。从沝从步。時攝切。涉，篆文从水。

文三　重二

瀕部

瀕 pín 水厓。人所賓附，頻蹙不前而止。从頁从涉。凡頻之屬皆从頻。臣鉉等曰：今俗別作水賓，非是。符眞切。

顰 pín 涉水顰蹙。从頻卑聲。符眞切。

文二

〈部

〈 quǎn 水小流也。《周禮》："匠人爲溝洫，相廣五寸，二相爲耦；一耦之伐，廣尺、深尺，謂之〈。"倍〈謂之遂；倍遂曰溝；倍溝曰洫；倍洫曰巜。凡〈之屬皆从〈。姑泫切。𤰝，古文〈从田从川。畎，篆文〈从田犬聲。六畎爲一畝。

文一　重二

巜部

巜 kuài 水流澮澮也。方百里爲巜，廣二尋，深二仞。凡巜之屬皆从巜。古外切。

粼 lín 水生厓石閒粼粼也。从巜粦聲。力珍切。

文二

川　部

川 chuān 貫穿通流水也。《虞書》曰："濬く巜距川。"言深く巜之水會爲川也。凡川之屬皆从川。昌緣切。

巠 jīng 水脈也。从川在一下。一，地也。壬省聲。一曰水冥巠也。古靈切。，古文巠不省。

巟 huāng 水廣也。从川亡聲。《易》曰："包巟用馮河。"呼光切。

𡿧 huò 水流也。从川或聲。于逼切。

𡿯 yù 水流也。从川曰聲。于筆切。

巤 liè 水流巤巤也。从川，列省聲。臣鉉等曰：列字从巤，此疑誤，當从歺省。良辥切。

邕 yōng 四方有水，自邕城池者。从川从邑。於容切。，籀文邕。

𡿧 zāi 害也。从一雝川。《春秋傳》曰："川雝爲澤，凶。"祖才切。

侃 kǎn 剛直也。从㐰，㐰，古文信；从川，取其不舍晝夜。《論語》曰："子路侃侃如也。"空旱切。

州 zhōu 水中可居曰州，周遶其旁，从重川。昔堯遭洪水，民居水中高土，或曰九州。《詩》曰："在河之州。"一曰州，疇也。各疇其土而生之。臣鉉等曰：今別作洲，非是。職流切。，古文州。

文十　重三

泉　部

泉 quán 水原也。象水流出成川形。凡泉之屬皆从泉。疾緣切。

𩙾 fàn 泉水也。从泉緐聲。讀若飯。符萬切。

文二

灥　部

灥 xún 三泉也。闕。凡灥之屬皆从灥。詳遵切。

厵 yuán 水泉夲也。从灥出厂下。愚袁切。，篆文从泉。臣鉉等曰：今別作源，非是。

文二　重一

永　部

永 yǒng 長也。象水巠理之長。《詩》曰："江之永矣。"凡永之屬皆从

永。于憬切。

羕 yàng 水長也。从永羊聲。《詩》曰："江之羕矣。"余亮切。

文二

𠂢 部

𠂢 pài 水之衺流別也。从反永。凡𠂢之屬皆从𠂢。讀若稗縣。徐鍇曰："永，長流也。反即分𠂢也。"匹卦切。

衇 mài 血理分衺行體者。从𠂢从血。莫獲切。脈，衇或从肉。𧖴，籀文。

覛 mì 衺視也。从𠂢从見。莫狄切。[illegible]，籀文。

文三　重三

谷 部

谷 gǔ 泉出通川爲谷。从水半見，出於口。凡谷之屬皆从谷。古祿切。

谿 xī 山瀆无所通者。从谷奚聲。苦兮切。

𧮫 huò 通谷也。从谷害聲。呼括切。

豂 liáo 空谷也。从谷翏聲。洛蕭切。

豅 lóng 大長谷也。从谷龍聲。讀若聾。盧紅切。

谹 hóng 谷中響也。从谷厷聲。戶萌切。

睿 jùn 深通川也。从谷从𣦵。𣦵，殘地；阬坎意也。《虞書》曰："睿畎澮距川。"私閏切。濬，睿或从水。[illegible]，古文睿。

䜫 qiān 望山谷䜫䜫青也。从谷千聲。倉絢切。

文八　重二

仌 部

仌 bīng 凍也。象水凝之形。凡仌之屬皆从仌。筆陵切。

冰 níng 水堅也。从仌从水。魚陵切。臣鉉等曰：今作筆陵切，以爲冰凍之冰。凝，俗冰从疑。

凜 lǐn 寒也。从仌㐭聲。力稔切。

凊 qìng 寒也。从仌青聲。七正切。

凍 dòng 仌也。从仌東聲。多貢切。

腾 líng 仌出也。从仌朕聲。《詩》曰："納于腾陰。"力膺切。凌，腾或从夌。

凘	sī	流仌也。从仌斯聲。息移切。
凋	diāo	半傷也。从仌周聲。都僚切。
冬	dōng	四時盡也。从仌从夂。夂，古文終字。都宗切。，古文冬从日。
冶	yě	銷也。从仌台聲。羊者切。
滄	cāng	寒也。从仌倉聲。初亮切。
冷	lěng	寒也。从仌令聲。魯打切。
涵	hán	寒也。从仌圅聲。胡男切。
滭	bì	風寒也。从仌畢聲。卑吉切。
冹	fú	一之日滭冹。从仌犮聲。分勿切。
溧	lì	寒也。从仌栗聲。力質切。
瀨	lài	寒也。从仌賴聲。洛帶切。
		文十七　重三

雨　部

雨	yǔ	水从雲下也。一象天，冂象雲，水霝其閒也。凡雨之屬皆从雨。王矩切。，古文。
靁	léi	陰陽薄動靁雨生物者也。从雨，畾象回轉形。魯回切。，古文靁。，古文靁。，籀文。靁閒有回；回，靁聲也。
實	yǔn	雨也。齊人謂靁爲實。从雨員聲。一曰雲轉起也。于敏切。，古文實。
霆	tíng	雷餘聲也鈴鈴。所以挺出萬物。从雨廷聲。特丁切。
䨻	zhá	䨻䨻，震電皃。一曰眾言也。从雨，䛐省聲。丈甲切。
電	diàn	陰陽激燿也。从雨从申。堂練切。，古文電。
震	zhèn	劈歷振物者。从雨辰聲。《春秋傳》曰："震夷伯之廟。"臣鉉等曰：今俗別作霹靂，非是。章刃切。，籀文震。
雪	xuě	凝雨，說物者。从雨彗聲。相絕切。
霄	xiāo	雨霓爲霄。从雨肖聲。齊語也。相邀切。
霰	xiàn	稷雪也。从雨散聲。穌甸切。，霰或从見。
雹	báo	雨冰也。从雨包聲。蒲角切。，古文雹。
霝	líng	雨零也。从雨，䎆象零形。《詩》曰："霝雨其濛。"郎丁切。
零	luò	雨零也。从雨各聲。盧各切。
零	líng	餘雨也。从雨令聲。郎丁切。
霹	sī	小雨財零也。从雨鮮聲。讀若斯。息移切。
霢	mài	霢霂，小雨也。从雨脈聲。莫獲切。

霂	mù	霢霂也。从雨沐聲。莫卜切。
䨘	suān	小雨也。从雨酸聲。素官切。
䨜	jiān	微雨也。从雨𢦔聲。又讀若芟。子廉切。
䨢	zhōng	小雨也。从雨眾聲。《明堂月令》曰：“䨢雨。”職戎切。
霃	chén	久陰也。从雨沈聲。直深切。
䨴	lián	久雨也。从雨兼聲。力鹽切。
𩃟	hán	久雨也。从雨圅聲。胡男切。
霖	lín	雨三日已往。从雨林聲。力尋切。
𩃵	yín	霖雨也。南陽謂霖𩃵。从雨㐺聲。銀箴切。
𩃬	zī	雨聲。从雨眞聲。讀若資。即夷切。
𩃝	yǔ	雨皃。方語也。从雨禹聲。讀若禹。王矩切。
𩅰	jiān	小雨也。从雨僉聲。子廉切。
霑	zhān	雨𩅵也。从雨沾聲。張廉切。
𩅵	rǎn	濡也。从雨染聲。而琰切。
霤	liù	屋水流也。从雨畱聲。力救切。
屚	lòu	屋穿水下也。从雨在尸下。尸者，屋也。盧后切。
𩂟	gé	雨濡革也。从雨从革。讀若膊。匹各切。
霽	jì	雨止也。从雨齊聲。子計切。
霋	qī	霽謂之霋。从雨妻聲。七稽切。
霩	kuò	雨止雲罷皃。从雨郭聲。臣鉉等曰：今俗別作廓，非是。苦郭切。
露	lù	潤澤也。从雨路聲。洛故切。
霜	shuāng	喪也。成物者。从雨相聲。所莊切。
霚	wù	地气發，天不應。从雨敄聲。臣鉉等曰：今俗从務。亡遇切。雺，籀文省。
霾	mái	風雨土也。从雨貍聲。《詩》曰：“終風且霾。”莫皆切。
霿	méng	天气下，地不應，曰霿。霿，晦也。从雨瞀聲。莫弄切。
霓	ní	屈虹，青赤，或白色，陰气也。从雨兒聲。五雞切。
𩅸	diàn	寒也。从雨執聲。或曰早霜。讀若《春秋傳》“墊阨”。都念切。
雩	yú	夏祭，樂于赤帝，以祈甘雨也。从雨于聲。羽俱切。䨒，或从羽。雩，羽舞也。
需	xū	䇓也。遇雨不進止䇓也。从雨而聲。《易》曰：“雲上於天，需。”臣鉉等案：李陽冰據《易》“雲上於天”云：“當从天”，然諸本及前作所書皆从而，無有从天者。相俞切。
䨒	yù	水音也。从雨羽聲。王矩切。

文四十七（當作文四十六）　重十一

霞 xiá 赤雲气也。从雨叚聲。胡加切。

霏 fēi 雨雲皃。从雨非聲。芳非切。

霎 shà 小雨也。从雨妾聲。山洽切。

䨴 duì 黮䨴，雲黑皃。从雨對聲。徒對切。

靄 ǎi 雲皃。从雨，藹省聲。於蓋切。

文五　新附

雲　部

雲 yún 山川气也。从雨，云象雲回轉形。凡雲之屬皆从雲。王分切。[illegible]，古文省雨。[illegible]，亦古文雲。

霒 yīn 雲覆日也。从雲今聲。於今切。[illegible]，古文或省。[illegible]，亦古文霒。

文二　重四

魚　部

魚 yú 水蟲也。象形。魚尾與燕尾相似。凡魚之屬皆从魚。語居切。

鰖 duò 魚子已生者。从魚，憜省聲。徒果切。[illegible]，籀文。

鮞 ér 魚子也。一曰魚之美者，東海之鮞。从魚而聲。讀若而。如之切。

魼 qū 魚也。从魚去聲。去魚切。

魶 nà 魚。似鼈，無甲，有尾，無足，口在腹下。从魚納聲。奴荅切。

鰨 tǎ 虛鰨也。从魚㬎聲。土盍切。

鱒 zùn 赤目魚。从魚尊聲。慈損切。

鱗 lín 魚也。从魚粦聲。力珍切。

鰫 yóng 魚也。从魚容聲。余封切。

鰅 xū 魚也。从魚胥聲。相居切。

鮪 wěi 鮥也。《周禮》：“春獻王鮪。”从魚有聲。榮美切。

䱍 gèng 鯍也。《周禮》謂之䱍。从魚恆聲。古恆切。

鯍 méng 䱍鯍也。从魚巟聲。武登切。

鮥 luò 叔鮪也。从魚各聲。盧各切。

鯀 gǔn 魚也。从魚系聲。臣鉉等曰：系非聲，疑从孫省。古本切。

鰥 guān 魚也。从魚眔聲。李陽冰曰：“當从罤省。”古頑切。

鯉 lǐ 鱣也。从魚里聲。良止切。

鱣 zhān 鯉也。从魚亶聲。張連切。[illegible]，籀文鱣。

䲝 zhuǎn 魚也。从魚專聲。旨兗切。

鮦	tóng	魚名。从魚同聲。一曰⿰魚蠡也。讀若絝襱。直隴切。
⿰魚蠡	lǐ	鮦也。从魚蠡聲。盧啓切。
⿰魚婁	lóu	魚名。一名鯉，一名鰜。从魚婁聲。洛侯切。
鰜	qiàn	魚名。从魚兼聲。古甜切。
鯈	chóu	魚名。从魚攸聲。直由切。
⿰魚豆	tǒu	魚名。从魚豆聲。天口切。
鯾	biān	魚名。从魚便聲。房連切。鯿，鯾又从扁。
魴	fáng	赤尾魚。从魚方聲。符方切。鰟，魴或从旁。
鱮	xù	魚名。从魚與聲。徐吕切。
鰱	lián	魚名。从魚連聲。力延切。
鮍	pī	魚名。从魚皮聲。敷羈切。
⿰魚幼	yǒu	魚名。从魚幼聲。讀若幽。於糾切。
鮒	fù	魚名。从魚付聲。符遇切。
⿰魚巠	qíng	魚名。从魚巠聲。仇成切。
鰿	jì	魚名。从魚脊聲。資昔切。
鱺	lí	魚名。从魚麗聲。郎兮切。
鰻	mán	魚名。从魚曼聲。母官切。
鱯	huà	魚名。从魚蒦聲。胡化切。
魾	pī	大鱯也。其小者名鮡。从魚丕聲。敷悲切。
鱧	lǐ	鱯也。从魚豊聲。盧啓切。
⿰魚果	huà	鱧也。从魚果聲。胡瓦切。
鱨	cháng	揚也。从魚嘗聲。市羊切。
鱏	xún	魚名。从魚覃聲。傳曰：“伯牙鼓琴，鱏魚出聽。”余箴切。
鯢	ní	刺魚也。从魚兒聲。五雞切。
鰼	xí	鰌也。从魚習聲。似入切。
鰌	qiū	鰼也。从魚酋聲。七由切。
鯇	huàn	魚名。从魚完聲。戶版切。
魠	tuō	哆口魚也。从魚乇聲。他各切。
鮆	jì	飲而不食，刀魚也。九江有之。从魚此聲。徂礼切。
鮀	tuó	鮎也。从魚它聲。徒何切。
鮎	nián	⿰魚妟也。从魚占聲。奴兼切。
⿰魚妟	yǎn	鮀也。从魚妟聲。於幰切。鰋，⿰魚妟或从匽。
鮷	tí	大鮎也。从魚弟聲。杜兮切。
鱱	lài	魚名。从魚賴聲。洛帶切。
⿰魚朁	cén	魚名。从魚朁聲。鉏箴切。

鰯 wēng 魚名。从魚翁聲。 烏紅切。

鮥 xiàn 魚名。从魚臽聲。 尸賺切。

鱖 guì 魚名。从魚厥聲。 居衛切。

鯫 zōu 白魚也。从魚取聲。 士垢切。

鱓 shàn 魚名。皮可爲鼓。从魚單聲。 常演切。

鮸 miǎn 魚名。出薉邪頭國。从魚免聲。 亾辨切。

魵 fén 魚名。出薉邪頭國。从魚分聲。 符分切。

鱸 lǔ 魚名。出樂浪潘國。从魚虜聲。 郎古切。

鰸 qū 魚名。狀似蝦，無足，長寸，大如叉股，出遼東。从魚區聲。 豈俱切。

鯜 qiè 魚名。出樂浪潘國。从魚妾聲。 七接切。

魳 bèi 魚名。出樂浪潘國。从魚市聲。 博蓋切。

鮈 jú 魚名。出樂浪潘國。从魚匊聲。一曰鮈魚出江東，有兩乳。 居六切。

魦 shā 魚名。出樂浪潘國。从魚，沙省聲。 所加切。

鱳 lì 魚名。出樂浪潘國。从魚樂聲。 盧谷切。

鮮 xiān 魚名。出貉國。从魚，羴省聲。 相然切。

鰅 yóng 魚名。皮有文，出樂浪東暆。神爵四年，初捕收輸考工。周成王時，揚州獻鰅。从魚禺聲。 魚容切。

鱅 yōng 魚名。从魚庸聲。 蜀容切。

鰂 zéi 烏鰂，魚名。从魚則聲。 昨則切。 ，鰂或从即。

鮐 tái 海魚名。从魚台聲。 徒哀切。

鮊 bà 海魚名。从魚白聲。 旁陌切。

鰒 fù 海魚名。从魚复聲。 蒲角切。

鮫 jiāo 海魚，皮可飾刀。从魚交聲。 古肴切。

鱷 jīng 海大魚也。从魚畺聲。《春秋傳》曰：“取其鱷鯢。” 渠京切。 ，鱷或从京。

鯁 gěng 魚骨也。从魚更聲。 古杏切。

鱗 lín 魚甲也。从魚粦聲。 力珍切。

鮏 xīng 魚臭也。从魚生聲。 臣鉉等曰：今俗作鯹。桑經切。

鱢 sāo 鮏臭也。从魚喿聲。《周禮》曰：“膳膏鱢。” 穌遭切。

鮨 qí 魚䏿醬也。出蜀中。从魚旨聲。一曰鮪魚名。 旨夷切。

鮺 zhǎ 藏魚也。南方謂之魿，北方謂之鮺。从魚，差省聲。 側下切。

魿 qín 鮺也。一曰大魚爲鮺，小魚爲魿。从魚今聲。 徂慘切。

鮑 bào 饐魚也。从魚包聲。 薄巧切。

鯪 líng 蟲連行紆行者。从魚令聲。 郎丁切。

鰕 xiā 魵也。从魚叚聲。乎加切。

鰝 hào 大鰕也。从魚高聲。胡到切。

鮨 jiù 當互也。从魚咎聲。其久切。

魧 háng 大貝也。一曰魚膏。从魚亢聲。讀若岡。古郎切。

鮩 bǐng 蚌也。从魚丙聲。兵永切。

鮚 jí 蚌也。从魚吉聲。漢律：會稽郡獻鮚醬。巨乙切。

鮅 bì 魚名。从魚必聲。毗必切。

鱹 qú 魚名。从魚瞿聲。九遇切。

鯸 hóu 魚名。从魚侯聲。乎鉤切。

鯛 diāo 骨耑脃也。从魚周聲。都僚切。

鵫 zhuó 烝然鵫鵫。从魚卓聲。都教切。

鮁 bō 鱣鮪鮁鮁。从魚犮聲。北末切。

鮇 fū 鯕魚。出東萊。从魚夫聲。甫無切。

鯕 qí 魚名。从魚其聲。渠之切。

鮡 zhào 魚名。从魚兆聲。治小切。

魤 huà 魚名。从魚匕聲。呼跨切。

鱻 xiān 新魚精也。从三魚。不變魚。徐鍇曰："三，眾也。眾而不變，是鱻也。"相然切。

文一百三　重七

鰈 tà 比目魚也。从魚枼聲。土盍切。

魮 bǐ 文魮，魚名。从魚比聲。房脂切。

鰩 yáo 文鰩，魚名。从魚䍃聲。余招切。

文三　新附

𩺰部

𩺰 yú 二魚也。凡𩺰之屬皆从𩺰。語居切。

瀺 yú 捕魚也。从𩺰从水。語居切。，篆文瀺从魚。

文二　重一

燕部

燕 yàn 玄鳥也。籋口，布翄，枝尾。象形。凡燕之屬皆从燕。於甸切。

文一

龍部

龍 lóng 鱗蟲之長。能幽，能明，能細，能巨，能短，能長；春分而登天，秋分而潛淵。从肉，飛之形，童省聲。臣鉉等曰：象宛轉飛動之皃。凡龍之屬皆从龍。力鍾切。

龗 líng 龍也。从龍霝聲。郎丁切。

龕 kān 龍皃。从龍合聲。口含切。

䶬 jiān 龍耆脊上䶬䶬。从龍幵聲。古賢切。

龖 tà 飛龍也。从二龍。讀若沓。徒合切。

文五

飛部

飛 fēi 鳥翥也。象形。凡飛之屬皆从飛。甫微切。

𩙪 yì 翄也。从飛異聲。與職切。翼，篆文𩙪从羽。

文二　重一

非部

非 fēi 違也。从飛下翄，取其相背。凡非之屬皆从非。甫微切。

𩇕 fěi 別也。从非己聲。非尾切。

靡 mǐ 披靡也。从非麻聲。文彼切。

靠 kào 相違也。从非告聲。苦到切。

䧗 bī 牢也。所以拘非也。从非，陛省聲。邊兮切。

文五

卂部

卂 xùn 疾飛也。从飛而羽不見。凡卂之屬皆从卂。息晉切。

煢 qióng 回疾也。从卂，營省聲。渠營切。

文二

說文解字弟十二

三十六部　七百七十九文　重八十四

凡九千二百三字

文三十　新附

乚　部

乚 yǐ　玄鳥也。齊魯謂之乚。取其鳴自呼。象形。凡乚之屬皆从乚。徐鍇曰："此與甲乙之乙相類，其形舉，首下曲，與甲乙字少異。"烏轄切。鳦，乙或从鳥。

孔 kǒng　通也。从乚从子。乚，請子之候鳥也。乚至而得子，嘉美之也。古人名嘉字子孔。康董切。

乳 rǔ　人及鳥生子曰乳，獸曰産。从孚从乚。乚者，玄鳥也。《明堂月令》："玄鳥至之日，祠于高禖，以請子。"故乳从乚。請子必以乚至之日者，乚，春分來，秋分去，開生之候鳥，帝少昊司分之官也。而主切。

文三　重一

不　部

不 fǒu　鳥飛上翔不下來也。从一，一猶天也。象形。凡不之屬皆从不。方久切。

否 fǒu　不也。从口从不，不亦聲。徐鍇曰："不可之意見於言，故从口。"方久切。

文二

至　部

至 zhì　鳥飛从高下至地也。从一，一猶地也。象形。不，上去；而至，下來也。凡至之屬皆从至。脂利切。𡉀，古文至。

到 dào 至也。从至刀聲。都悼切。

臻 zhēn 至也。从至秦聲。側詵切。

𡫯 chì 忿戾也。从至，至而復遜。遜，遁也。《周書》曰：“有夏氏之民叨𡫯。”𡫯，讀若摯。丑利切。

臺 tái 觀四方而高者。从至从之，从高省。與室屋同意。徒哀切。

臸 rì 到也。从二至。人質切。

文六　重一

西 部

西 xī 鳥在巢上。象形。日在西方而鳥棲，故因以爲東西之西。凡西之屬皆从西。先稽切。棲，西或从木、妻。卥，古文西。𠧧，籀文西。

𨛜 xī 姓也。从西圭聲。戶圭切。

文二　重三

鹵 部

鹵 lǔ 西方鹹地也。从西省，象鹽形。安定有鹵縣。東方謂之㡿，西方謂之鹵。凡鹵之屬皆从鹵。郎古切。

𪉖 cuó 鹹也。从鹵，差省聲。河内謂之𪉖，沛人言若虘。昨河切。

鹹 xián 銜也。北方味也。从鹵咸聲。胡毚切。

文三

鹽 部

鹽 yán 鹹也。从鹵監聲。古者，宿沙初作煮海鹽。凡鹽之屬皆从鹽。余廉切。

盬 gǔ 河東鹽池，袤五十一里，廣七里，周百十六里。从鹽省，古聲。公戶切。

鹼 jiǎn 鹵也。从鹽省，僉聲。魚欠切。

文三

戶 部

戶 hù 護也。半門曰戶。象形。凡戶之屬皆从戶。矦古切。㦿，古文戶从木。

扉 fēi 戶扇也。从戶非聲。甫微切。

扇	shàn	扇	扉也。从戶，从翄聲。式戰切。
房	fáng	房	室在旁也。从戶方聲。符方切。
戻	tì	戻	輜車旁推戶也。从戶大聲。讀與釱同。徒蓋切。
戹	è	戹	隘也。从戶乙聲。於革切。
肁	zhào	肁	始開也。从戶从聿。臣鉉等曰：聿者，始也。治矯切。
扆	yǐ	扆	戶牖之間謂之扆。从戶衣聲。於豈切。
㞐	qù	㞐	閉也。从戶，劫省聲。口盍切。
扃	jiōng	扃	外閉之關也。从戶冋聲。古熒切。

文十　重一

門部

門	mén	門	聞也。从二戶。象形。凡門之屬皆从門。莫奔切。
閶	chāng	閶	天門也。从門昌聲。楚人名門曰閶闔。尺量切。
闈	wéi	闈	宮中之門也。从門韋聲。羽非切。
[illegible]	yán	[illegible]	[illegible]謂之樀。樀，廟門也。从門詹聲。余廉切。
閎	hóng	閎	巷門也。从門厷聲。戶萌切。
閨	guī	閨	特立之戶，上圜下方，有似圭。从門圭聲。古攜切。
閤	gé	閤	門旁戶也。从門合聲。古沓切。
闒	tà	闒	樓上戶也。从門㒍聲。徒盍切。
閈	hàn	閈	門也。从門干聲。汝南平輿里門曰閈。侯旰切。
閭	lǘ	閭	里門也。从門呂聲。《周禮》："五家爲比，五比爲閭。"閭，侶也，二十五家相羣侶也。力居切。
閻	yán	閻	里中門也。从門臽聲。余廉切。壛，閻或从土。
闠	huì	闠	市外門也。从門貴聲。胡對切。
闉	yīn	闉	城內重門也。从門垔聲。《詩》曰："出其闉闍。"於眞切。
闍	dū	闍	闉闍也。从門者聲。當孤切。
闕	què	闕	門觀也。从門欮聲。去月切。
閞	biàn	閞	門欂櫨也。从門弁聲。皮變切。
[illegible]	xiè	[illegible]	門扇也。从門介聲。胡介切。
闔	hé	闔	門扇也。一曰閉也。从門盍聲。胡臘切。
闑	niè	闑	門梱也。从門臬聲。魚列切。
閾	yù	閾	門榍也。从門或聲。《論語》曰："行不履閾。"于逼切。[illegible]，古文閾从洫。
閬	làng	閬	門高也。从門良聲。巴郡有閬中縣。來宕切。

闢 pì 開也。从門辟聲。房益切。闢，《虞書》曰："闢四門。"从門从𠬞。

闖 wěi 闢門也。从門爲聲。《國語》曰："闖門而與之言。"韋委切。

闡 chǎn 開也。从門單聲。《易》曰："闡幽。"昌善切。

開 kāi 張也。从門从幵。苦哀切。開，古文。

闓 kǎi 開也。从門豈聲。苦亥切。

閜 xiǎ 大開也。从門可聲。大杯亦爲閜。火下切。

閘 yā 開閉門也。从門甲聲。烏甲切。

閟 bì 閉門也。从門必聲。《春秋傳》曰："閟門而與之言。"兵媚切。

閣 gé 所以止扉也。从門各聲。古洛切。

閒 jiàn 隙也。从門从月。徐鍇曰："夫門夜閉，閉而見月光，是有閒隙也。"古閑切。閒，古文閒。

闁 ě 門傾也。从門阿聲。烏可切。

閼 è 遮攤也。从門於聲。烏割切。

闟 zhuǎn 開閉門利也。从門繇聲。一曰縷十紘也。臣鉉等曰：繇非聲，未詳。旨沇切。

闒 yà 門聲也。从門曷聲。乙鎋切。

闀 xiàng 門響也。从門鄉聲。許亮切。

闌 lán 門遮也。从門柬聲。洛干切。

閑 xián 闌也。从門中有木。戶閒切。

閉 bì 闔門也。从門；才，所以歫門也。博計切。

閡 ài 外閉也。从門亥聲。五漑切。

闇 àn 閉門也。从門音聲。烏紺切。

關 guān 以木横持門戶也。从門丱聲。古還切。

闟 yuè 關下牡也。从門龠聲。以灼切。

闐 tián 盛皃。从門眞聲。待秊切。

闛 táng 闛闛，盛皃。从門堂聲。徒郎切。

閹 yān 豎也。宮中奄閽閉門者。从門奄聲。英廉切。

閽 hūn 常以昏閉門隸也。从門从昏，昏亦聲。呼昆切。

闚 kuī 閃也。从門規聲。去隓切。

闌 lán 妄入宮掖也。从門䜌聲。讀若闌。洛干切。

𨳏 zhèn 登也。从門、二。二，古文下字。讀若軍敶之敶。臣鉉等曰：下言自下而登上也。故从下。《商書》曰："若升高，必自下。"直刃切。

閃 shǎn 闚頭門中也。从人在門中。失冉切。

閱 yuè 具數於門中也。从門，說省聲。弋雪切。

闋 què 事已，閉門也。从門癸聲。倾雪切。

闞 kàn 望也。从門敢聲。苦濫切。

闊 kuò 䟽也。从門活聲。苦括切。

閔 mǐn 弔者在門也。从門文聲。臣鉉等曰：今別作憫，非是。眉殞切。𢧵，古文閔。

闖 chèn 馬出門皃。从馬在門中。讀若郴。丑禁切。

文五十七　重六

闤 huán 市垣也。从門睘聲。戶關切。

闥 tà 門也。从門達聲。他達切。

閌 kāng 閌閬，高門也。从門亢聲。苦浪切。

閥 fá 閥閱，自序也。从門伐聲。義當通用伐。房越切。

闃 qù 靜也。从門狊聲。臣鉉等案：《易》：窺其戶，闃其無人。窺，小視也。狊，大張目也。言始小視之，雖大張目亦不見人也。義當只用狊字。苦狊切。

文五　新附

耳　部

耳 ěr 主聽也。象形。凡耳之屬皆从耳。而止切。

耴 zhé 耳垂也。从耳下垂。象形。《春秋傳》曰“秦公子輒”者，其耳下垂，故以爲名。陟葉切。

䀡 diān 小垂耳也。从耳占聲。丁兼切。

耽 dān 耳大垂也。从耳冘聲。《詩》曰：“士之耽兮。”丁含切。

聃 dān 耳曼也。从耳冄聲。他甘切。𦕌，聃或从甘。

瞻 dān 垂耳也。从耳詹聲。南方瞻耳之國。都甘切。

耿 gěng 耳箸頰也。从耳，烓省聲。杜林說：耿，光也。从光，聖省。凡字皆左形右聲。杜林非也。徐鍇曰：“凡字多右形左聲，此說或後人所加，或傳寫之誤。”古杏切。

聯 lián 連也。从耳，耳連於頰也；从絲，絲連不絕也。力延切。

聊 liáo 耳鳴也。从耳卯聲。洛蕭切。

聖 shèng 通也。从耳呈聲。式正切。

聰 cōng 察也。从耳悤聲。倉紅切。

聽 tīng 聆也。从耳、𢛳，壬聲。他定切。

聆 líng 聽也。从耳令聲。郎丁切。

職 zhí 記微也。从耳戠聲。之弋切。

聒 guō 讙語也。从耳昏聲。古活切。

聥 jǔ 張耳有所聞也。从耳禹聲。王矩切。

聲 shēng 音也。从耳殸聲。殸，籒文磬。書盈切。

聞 wén 知聞也。从耳門聲。無分切。，古文从昏。

聘 pìn 訪也。从耳甹聲。匹正切。

聾 lóng 無聞也。从耳龍聲。盧紅切。

聳 sǒng 生而聾曰聳。从耳，從省聲。息拱切。

聹 zǎi 益梁之州謂聾爲聹。秦晉聽而不聞，聞而不達謂之聹。从耳宰聲。作亥切。

聵 kuì 聾也。从耳貴聲。五怪切。，聵或从叡。臣鉉等曰：當从蔽省，義見蔽字注。

聉 wà 無知意也。从耳出聲。讀若孽。五滑切。

聦 wà 吴楚之外，凡無耳者謂之聦。言若斷耳爲盟。从耳闋聲。五滑切。

聅 chè 軍法以矢貫耳也。从耳从矢。《司馬法》曰："小罪聅，中罪刖，大罪剄。"恥列切。

聝 guó 軍戰斷耳也。《春秋傳》曰："以爲俘聝。"从耳或聲。古獲切。，聝或从首。

聈 wà 墒耳也。从耳月聲。魚厥切。

䏺 mǐ 乘輿金馬耳也。从耳麻聲。讀若渳水。一曰若《月令》靡草之靡。亡彼切。

聆 qín 《國語》曰："回祿信於聆遂。"闕。巨今切。

耵 tiē 安也。从二耳。丁帖切。

聶 niè 附耳私小語也。从三耳。尼輒切。

文三十二　重四

聱 áo 不聽也。从耳敖聲。五交切。

文一　新附

臣 部

臣 yí 顄也。象形。凡臣之屬皆从臣。與之切。，篆文臣。，籒文从首。

巸 yí 廣臣也。从臣巳聲。與之切。，古文巸从戶。臣鉉等曰：今俗作牀史切。以爲階戺之戺。

文二　重三

手部

手 shǒu 拳也。象形。凡手之屬皆从手。書九切。，古文手。

掌 zhǎng 手中也。从手尚聲。諸兩切。

拇 mǔ 將指也。从手母聲。莫厚切。

指 zhǐ 手指也。从手旨聲。職雉切。

拳 quán 手也。从手𢍏聲。巨員切。

掔 wàn 手掔也。楊雄曰："掔，握也。"从手臤聲。烏貫切。

攕 xiān 好手皃。《詩》曰："攕攕女手。"从手韱聲。所咸切。

𢷎 shuò 人臂皃。从手削聲。《周禮》曰："輻欲其𢷎。"徐鍇曰："人臂梢長，纖好也。"所角切。

摳 kōu 繑也。一曰摳衣升堂。从手區聲。口侯切。

攐 qiān 摳衣也。从手褰聲。去虔切。

撎 yì 舉手下手也。从手壹聲。於計切。

揖 yī 攘也。从手咠聲。一曰手箸胷曰揖。伊入切。

攘 ràng 推也。从手襄聲。汝羊切。

拱 gǒng 斂手也。从手共聲。居竦切。

撿 liǎn 拱也。从手僉聲。良冉切。

𢷎 bài 首至地也。从手、𠦪。𠦪音忽。徐鍇曰："𠦪進趣之，疾也，故拜从之。"博怪切。，楊雄說：拜从兩手下。，古文拜。

捾 wò 搯捾也。从手官聲。一曰援也。烏括切。

搯 tāo 捾也。从手舀聲。《周書》曰："師乃搯。"搯者，拔兵刃以習擊刺。《詩》曰："左旋右搯。"土刀切。

𢭏 gǒng 攤也。从手巩聲。居竦切。臣鉉等案：巩部有𢭏，與巩同，此重出。

推 tuī 排也。从手隹聲。他回切。

捘 zùn 推也。从手夋聲。《春秋傳》曰："捘衞侯之手。"子寸切。

排 pái 擠也。从手非聲。步皆切。

擠 jǐ 排也。从手齊聲。子計切。

抵 dǐ 擠也。从手氐聲。丁礼切。

摧 cuī 擠也。从手崔聲。一曰挏也，一曰折也。昨回切。

拉 lā 摧也。从手立聲。盧合切。

挫 cuò 摧也。从手坐聲。則臥切。

扶 fú 左也。从手夫聲。防無切。，古文扶。

𢫬 jiāng 扶也。从手爿聲。七良切。

持 chí 握也。从手寺聲。直之切。

挈 qiè 縣持也。从手㓞聲。苦結切。

拑 qián 脅持也。从手甘聲。巨淹切。

揲 shé 閱持也。从手枼聲。今（當爲食）折切。

摯 zhì 握持也。从手从執。脂利切。

操 cāo 把持也。从手喿聲。七刀切。

擢 jú 爪持也。从手瞿聲。臣鉉等曰：今俗別作掬，非是。居玉切。

捦 qín 急持衣裣也。从手金聲。巨今切。㩒，捦或从禁。

搏 bó 索持也。一曰至也。从手尃聲。補各切。

據 jù 杖持也。从手豦聲。居御切。

攝 shè 引持也。从手聶聲。書涉切。

抩 nán 并持也。从手冄聲。他含切。

抪 bù 捫持也。从手布聲。普胡切。

挾 xié 俾持也。从手夾聲。胡頰切。

捫 mén 撫持也。从手門聲。《詩》曰："莫捫朕舌。"莫奔切。

擥 lǎn 撮持也。从手監聲。盧敢切。

擸 liè 理持也。从手巤聲。良涉切。

握 wò 搤持也。从手屋聲。於角切。[illegible]，古文握。

撣 dàn 提持也。从手單聲。讀若行遟驒驒。徒旱切。

把 bǎ 握也。从手巴聲。搏下切。

搹 è 把也。从手鬲聲。於革切。扼，搹或从戹。

拏 ná 牽引也。从手奴聲。女加切。

攜 xié 提也。从手巂聲。戶圭切。

提 tí 挈也。从手是聲。杜兮切。

掫 zhé 拈也。从手耴聲。丁愜切。

拈 niān 掫也。从手占聲。奴兼切。

摛 chī 舒也。从手离聲。丑知切。

捨 shě 釋也。从手舍聲。書冶切。

擪 yè 一指按也。从手厭聲。於協切。

按 àn 下也。从手安聲。烏旰切。

控 kòng 引也。从手空聲。《詩》曰："控于大邦。"匈奴名引弓控弦。苦貢切。

揗 shǔn 摩也。从手盾聲。食尹切。

掾 yuàn 緣也。从手彖聲。以絹切。

拍 pāi 拊也。从手百聲。普百切。

拊 fǔ 揗也。从手付聲。芳武切。

掊 póu 𢲾 把也。今鹽官入水取鹽爲掊。从手咅聲。父溝切。
捋 luō 𢭃 取易也。从手寽聲。郎括切。
撩 liáo 𢶻 理也。从手尞聲。洛蕭切。
措 cuò 𢯱 置也。从手昔聲。倉故切。
插 chā 𢶿 刺肉也。从手从臿。楚洽切。
掄 lún 𢳦 擇也。从手侖聲。盧昆切。
擇 zé 𢷄 柬選也。从手睪聲。丈伯切。
捉 zhuō 𢪛 搤也。从手足聲。一曰握也。側角切。
搤 è 𢱭 捉也。从手益聲。於革切。
挻 shān 𢫾 長也。从手从延，延亦聲。式連切。
揃 jiǎn 𢲼 搣也。从手前聲。即淺切。
搣 miè 𢴳 批也。从手威聲。亡列切。
批 zǐ 𢪻 捽也。从手此聲。側氏切。
揤 jí 𢱑 捽也。从手即聲。魏郡有揤裴侯國。子力切。
捽 zuó 𢯀 持頭髮也。从手卒聲。昨没切。
撮 cuō 𢴤 四圭也。一曰兩指撮也。从手最聲。倉括切。
𢴿 jú 𢴿 撮也。从手，𥬨省聲。居六切。
擿 dì 𢴿 撮取也。从手帶聲。讀若《詩》曰“螮蝀在東”。都計切。𢮹，擿或从折从示。兩手急持人也。
捊 póu 𢫦 引取也。从手孚聲。步侯切。抱，捊或从包。臣鉉等曰：今作薄報切，以爲褱袌字，非是。
揜 yǎn 𢰅 自關以東謂取曰揜。一曰覆也。从手弇聲。衣檢切。
授 shòu 𢭏 予也。从手从受，受亦聲。殖酉切。
承 chéng 𠄞 奉也。受也。从手从卩从収。臣鉉等曰：謹節其事，承奉之義也，故从卩。署陵切。
挋 zhèn 𢪑 給也。从手臣聲。一曰約也。章刃切。
㨷 jìn 𢶍 拭也。从手堇聲。居焮切。
攩 dǎng 𢸍 朋羣也。从手黨聲。多朗切。
接 jiē 𢮆 交也。从手妾聲。子葉切。
抪 pō 𢬦 㨷也。从手巿聲。普活切。
挏 dòng 𢯢 攤引也。漢有挏馬官，作馬酒。从手同聲。徒總切。
招 zhāo 𢪒 手呼也。从手、召。止搖切。
撫 fǔ 𢷤 安也。从手無聲。一曰循也。芳武切。𢓜，古文从辵、亡。
捪 mín 𢱟 撫也。从手昏聲。一曰摹也。武巾切。
揣 chuǎi 𢳀 量也。从手耑聲。度高曰揣。一曰捶之。徐鍇曰：“此字與耑聲不相近，

如喘、遄之類，皆當从瑞省。”初委切。

抧 zhǐ 開也。从手只聲。讀若抵掌之抵。諸氏切。

摜 guàn 習也。从手貫聲。《春秋傳》曰：“摜瀆鬼神。”古患切。

投 tóu 擿也。从手从殳。度侯切。

擿 zhì 搔也。从手適聲。一曰投也。直隻切。

搔 sāo 括也。从手蚤聲。穌遭切。

扴 jiá 刮也。从手介聲。古黠切。

摽 piāo 擊也。从手票聲。一曰挈門壯也。符少切。

挑 tiāo 撓也。从手兆聲。一曰摷也。《國語》曰：“卻至挑天。”土凋切。

抉 jué 挑也。从手夬聲。於說切。

撓 náo 擾也。从手堯聲。一曰捄也。奴巧切。

擾 rǎo 煩也。从手夒聲。而沼切。

挶 jū 戟持也。从手局聲。居玉切。

据 jū 戟挶也。从手居聲。九魚切。

擖 qià 刮也。从手葛聲。一曰撻也。口八切。

摘 zhāi 拓果樹實也。从手啻聲。一曰指近之也。臣鉉等曰：當从適省乃得聲。他歷切。又，竹戹切。

搳 xiá 擖也。从手害聲。胡秸切。

摲 cán 暫也。从手斬聲。昨甘切。

拹 xié 摺也。从手劦聲。一曰拉也。虛業切。

摺 zhé 敗也。从手習聲。之涉切。

揫 jiū 束也。从手秋聲。《詩》曰：“百祿是揫。”即由切。

摟 lōu 曳、聚也。从手婁聲。洛侯切。

抎 yǔn 有所失也。《春秋傳》曰：“抎子，辱矣。”从手云聲。于敏切。

披 pī 从旁持曰披。从手皮聲。敷羈切。

𢴲 chì 引縱曰𢴲。从手，瘛省聲。尺制切。

𢱧 zì 積也。《詩》曰：“助我舉𢱧。”搣頰旁也。从手此聲。前智切。

掉 diào 搖也。从手卓聲。《春秋傳》曰：“尾大不掉。”徒弔切。

搖 yáo 動也。从手䍃聲。余招切。

搈 róng 動搈也。从手容聲。余隴切。

𢸹 zhì 當也。从手貳聲。直異切。

揂 jiū 聚也。从手酋聲。即由切。

掔 qiān 固也。从手臤聲。讀若《詩》“赤舄掔掔”。臣鉉等曰：今別作慳。非是。苦閑切。

捀 féng 奉也。从手夆聲。敷容切。

舉 yú 對舉也。从手輿聲。以諸切。

揚 yáng 飛舉也。从手昜聲。與章切。，古文。

舉 jǔ 對舉也。从手與聲。居許切。

掀 xiān 舉出也。从手欣聲。《春秋傳》曰："掀公出於淖。" 虛言切。

揭 qì 高舉也。从手曷聲。去例切。又，基竭切。

抍 zhěng 上舉也。从手升聲。《易》曰："抍馬壯吉。" 蒸上聲。，抍或从登。臣鉉等曰：今俗別作拯，非是。

振 zhèn 舉救也。从手辰聲。一曰奮也。章刃切。

扛 gāng 橫關對舉也。从手工聲。古雙切。

扮 fěn 握也。从手分聲。讀若粉。房吻切。

撟 jiǎo 舉手也。从手喬聲。一曰撟，擅也。居少切。

捎 shāo 自關巳西，凡取物之上者爲撟捎。从手肖聲。所交切。

擁 yǒng 抱也。从手雝聲。於隴切。

擩 rǔ 染也。从手需聲。《周禮》："六曰擩祭。" 而主切。

揄 yú 引也。从手俞聲。羊朱切。

搫 pán 搫擭，不正也。从手般聲。薄官切。

擭 wò 搫擭也。一曰布擭也，一曰握也。从手蒦聲。一虢切。

拚 biàn 拊手也。从手弁聲。皮變切。

擅 shàn 專也。从手亶聲。時戰切。

揆 kuí 葵也。从手癸聲。求癸切。

擬 nǐ 度也。从手疑聲。魚巳切。

損 sǔn 減也。从手員聲。穌本切。

失 shī 縱也。从手乙聲。式質切。

捝 tuō 解捝也。从手兌聲。他括切。

撥 bō 治也。从手發聲。北末切。

挹 yì 抒也。从手邑聲。於汲切。

抒 shū 挹也。从手予聲。神與切。

抯 zhā 挹也。从手且聲。讀若樝棃之樝。側加切。

攫 jué 扟也。从手矍聲。居縛切。

扟 shēn 从上挹也。从手卂聲。讀若莘。所臻切。

拓 zhí 拾也。陳、宋語。从手石聲。之石切。，拓或从庶。

攈 jùn 拾也。从手麇聲。居運切。

拾 shí 掇也。从手合聲。是執切。

掇 duó 拾取也。从手叕聲。都括切。

擐 huàn 貫也。从手睘聲。《春秋傳》曰："擐甲執兵。" 胡慣切。

搄 gēng 引急也。从手恆聲。古恆切。

摍 suō 蹴引也。从手宿聲。所六切。

⿰扌虔 qián 相援也。从手虔聲。巨言切。

援 yuán 引也。从手爰聲。雨元切。

⿰扌留 chōu 引也。从手留聲。敕鳩切。抽，⿰扌留或从由。⿰扌秀，⿰扌留或从秀。

擢 zhuó 引也。从手翟聲。直角切。

拔 bá 擢也。从手犮聲。蒲八切。

揠 yà 拔也。从手匽聲。烏黠切。

擣 dǎo 手推也。一曰築也。从手𠷎聲。都皓切。

攣 luán 係也。从手䜌聲。呂員切。

挺 tǐng 拔也。从手廷聲。徒鼎切。

⿰扌寒 qiān 拔取也。南楚語。从手寒聲。《楚詞》曰："朝⿰扌寒批之木蘭。"九輦切。

探 tān 遠取之也。从手罙聲。他含切。

撢 tàn 探也。从手覃聲。他紺切。

捼 ruó 推也。从手委聲。一曰兩手相切摩也。臣鉉等曰：今俗作挼，非是。奴禾切。

撆 piē 別也。一曰擊也。从手敝聲。芳滅切。

揻 hàn 搖也。从手咸聲。臣鉉等曰：今別作撼，非是。胡感切。

搦 nuò 按也。从手弱聲。尼革切。

掎 jǐ 偏引也。从手奇聲。居綺切。

揮 huī 奮也。从手軍聲。許歸切。

摩 mó 研也。从手麻聲。莫婆切。

⿰扌毘 pī 反手擊也。从手毘聲。匹齊切。

攪 jiǎo 亂也。从手覺聲。《詩》曰："祇攪我心。"古巧切。

搑 rǒng 推擣也。从手茸聲。而隴切。

撞 zhuàng 丮擣也。从手童聲。宅江切。

⿰扌因 yīn 就也。从手因聲。於眞切。

扔 rēng 因也。从手乃聲。如乘切。

括 kuò 絜也。从手𠯑聲。古活切。

抲 hē 抲撝也。从手可聲。《周書》曰："盡執，抲。"虎何切。

擘 bò 撝也。从手辟聲。博戹切。

撝 huī 裂也。从手爲聲。一曰手指也。許歸切。

捇 huò 裂也。从手赤聲。呼麥切。

扐 lè 《易》筮，再扐而後卦。从手力聲。盧則切。

技 jì 巧也。从手支聲。渠綺切。

摹 mó 規也。从手莫聲。莫胡切。

拙 zhuō 不巧也。从手出聲。職說切。

揩 tà 縫指揩也。一曰韜也。从手沓聲。讀若眔。徒合切。

摶 tuán 圜也。从手專聲。度官切。

掴 hú 手推之也。从手圂聲。戶骨切。

捄 jū 盛土於梩中也。一曰擾也。《詩》曰："捄之陾陾。"从手求聲。舉朱切。

拮 jié 手口共有所作也。从手吉聲。《詩》曰："予手拮据。"古屑切。

搰 hú 掘也。从手骨聲。戶骨切。

掘 jué 搰也。从手屈聲。衢勿切。

掩 yǎn 斂也。小上曰掩。从手奄聲。衣檢切。

摡 gài 滌也。从手既聲。《詩》曰："摡之釜鬵。"古代切。

揟 xū 取水沮也。从手胥聲。武威有揟次縣。相居切。

播 bō 穜也。一曰布也。从手番聲。補過切。，古文播。

挃 zhì 穫禾聲也。从手至聲。《詩》曰："穫之挃挃。"陟栗切。

摯 zhì 刺也。从手致聲。一曰刺之財至也。陟利切。

扤 wù 動也。从手兀聲。五忽切。

抈 yuè 折也。从手月聲。魚厥切。

摎 jiū 縛殺也。从手翏聲。居求切。

撻 tà 鄉飲酒，罰不敬，撻其背。从手達聲。他達切。，古文撻。《周書》曰："遽以記之。"

掕 líng 止馬也。从手夌聲。里甑切。

抨 pēng 撣也。从手平聲。普耕切。

捲 quán 气勢也。从手卷聲。《國語》曰："有捲勇。"一曰捲，收也。臣鉉等曰：今俗作居轉切，以爲捲舒之捲。巨員切。

扱 xī 收也。从手及聲。楚洽切。

摷 jiǎo 拘擊也。从手巢聲。子小切。

挨 āi 擊背也。从手矣聲。於駭切。

撲 pū 挨也。从手菐聲。蒲角切。

擊 qiào 旁擊也。从手敫聲。苦弔切。

扚 diǎo 疾擊也。从手勺聲。都了切。

抶 chì 笞擊也。从手失聲。敕栗切。

抵 zhǐ 側擊也。从手氏聲。諸氏切。

抰 yǎng 以車鞅擊也。从手央聲。於兩切。

捰 bǔ 衣上擊也。从手保聲。方苟切。
捭 bǎi 兩手擊也。从手卑聲。北買切。
捶 chuí 以杖擊也。从手垂聲。之壘切。
搉 què 敲擊也。从手寉聲。苦角切。
擿 yǐng 中擊也。从手竟聲。一敬切。
拂 fú 過擊也。从手弗聲。徐鍇曰："擊而過之也。"敷物切。
摼 kēng 擣頭也。从手堅聲。讀若"鏗尔舍瑟而作"。口莖切。
抌 dǎn 深擊也。从手冘聲。讀若告言不正曰抌。竹甚切。
擊 huǐ 傷擊也。从手、毀，毀亦聲。許委切。
擊 jī 攴也。从手毄聲。古歷切。
扞 hàn 忮也。从手干聲。矦旰切。
抗 kàng 扞也。从手亢聲。苦浪切。杭，抗或从木。臣鉉等曰：今俗作胡郎切。
捕 bǔ 取也。从手甫聲。薄故切。
簎 cè 刺也。从手，籍省聲。《周禮》曰："簎魚鼈。"士革切。
撚 niǎn 執也。从手然聲。一曰蹂也。乃殄切。
挂 guà 畫也。从手圭聲。古賣切。
拕 tuō 曳也。从手它聲。託何切。
捈 tú 臥引也。从手余聲。同都切。
抴 yè 捈也。从手世聲。余制切。
揙 biàn 撫也。从手扁聲。婢沔切。
撅 juē 从手有所把也。从手厥聲。居月切。
攎 lú 挐持也。从手盧聲。洛乎切。
挐 ná 持也。从手如聲。女加切。
搵 wèn 没也。从手𥁕聲。烏困切。
搒 péng 掩也。从手旁聲。北孟切。
挌 gé 擊也。从手各聲。古覈切。
拲 gǒng 兩手同械也。从手从共，共亦聲。《周禮》："上皋，梏拲而桎。"居竦切。𣙙，拲或从木。
掫 zōu 夜戒守，有所擊。从手取聲。《春秋傳》曰："賓將掫。"子侯切。
捐 juān 棄也。从手肙聲。與專切。
掤 bīng 所以覆矢也。从手朋聲。《詩》曰："抑釋掤忌。"筆陵切。
扜 yū 指麾也。从手亏聲。億俱切。
撝 huī 旌旗，所以指麾也。从手靡聲。許爲切。
捷 jié 獵也。軍獲得也。从手疌聲。《春秋傳》曰："齊人來獻戎捷。"疾葉切。

扣 kòu 牽馬也。从手口聲。 丘后切。

掍 hùn 同也。从手昆聲。 古本切。

捜 sōu 眾意也。一曰求也。从手叜聲。《詩》曰：“束矢其捜。” 所鳩切。

換 huàn 易也。从手奐聲。 胡玩切。

掖 yè 以手持人臂投地也。从手夜聲。一曰臂下也。 羊益切。

文二百六十五　重十九

摦 huà 横大也。从手瓠聲。胡化切。

攙 chān 刺也。从手毚聲。楚銜切。

搢 jìn 插也。从手晉聲。搢紳，前史皆作薦紳。即刃切。

掠 lüè 奪取也。从手京聲。本音亮。《唐韻》或作擽。離灼切。

掐 qiā 爪刺也。从手臽聲。苦洽切。

捻 niē 指捻也。从手念聲。奴協切。

拗 ǎo 手拉也。从手幼聲。於絞切。

摵 shè 捎也。从手戚聲。沙劃切。

捌 bā 方言云：無齒杷。从手別聲。百轄切。

攤 tān 開也。从手難聲。他干切。

抛 pāo 棄也。从手从尤从力，或从手尥聲。案：《左氏傳》通用摽。《詩》：“摽有梅。”摽，落也。義亦同。匹交切。

摴 chū 舒也。又摴蒱，戲也。从手雩聲。丑居切。

打 dǎ 擊也。从手丁聲。都挺切。

文十三　新附

𠦬部

𠦬 guāi 背呂也。象脅肋也。凡𠦬之屬皆从𠦬。 古懷切。

脊 jǐ 背呂也。从𠦬从肉。 資昔切。

文二

女部

女 nǚ 婦人也。象形。王育說。凡女之屬皆从女。 尼呂切。

姓 xìng 人所生也。古之神聖母，感天而生子，故稱天子。从女从生，生亦聲。《春秋傳》曰：“天子因生以賜姓。” 息正切。

姜 jiāng 神農居姜水，以爲姓。从女羊聲。 居良切。

姬 jī 黃帝居姬水，以爲姓。从女臣聲。居之切。

姞 jí 黃帝之後百鯈姓，后稷妃家也。从女吉聲。巨乙切。

嬴 yíng 少昊氏之姓也。从女，羸省聲。以成切。

姚 yáo 虞舜居姚虛，因以爲姓。从女兆聲。或爲姚，嬈也。《史篇》以爲：姚，易也。余招切。

嬀 guī 虞舜居嬀汭，因以爲氏。从女爲聲。居爲切。

妘 yún 祝融之後姓也。从女云聲。王分切。，籀文妘从員。

姺 shēn 殷諸侯爲亂，疑姓也。从女先聲。《春秋傳》曰："商有姺邳。"所臻切。

㜣 niàn 人姓也。从女然聲。奴見切。

𡚾 hào 人姓也。从女丑聲。《商書》曰："無有作𡚾。"呼到切。

娸 qī 人姓也。从女其聲。杜林說：娸，醜也。去其切。

奼 chà 少女也。从女乇聲。坼下切。

媒 méi 謀也，謀合二姓。从女某聲。莫桮切。

妁 shuò 酌也，斟酌二姓也。从女勺聲。市勺切。

嫁 jià 女適人也。从女家聲。古訝切。

娶 qǔ 取婦也。从女从取，取亦聲。七句切。

婚 hūn 婦家也。《禮》：娶婦以昏時，婦人陰也，故曰婚。从女从昏，昏亦聲。呼昆切。，籀文婚。

姻 yīn 壻家也。女之所因，故曰姻。从女从因，因亦聲。於眞切。，籀文姻从㟪。

妻 qī 婦與夫齊者也。从女从中从又。又，持事，妻職也。臣鉉等曰：中者，進也，齊之義也，故从中。七稽切。，古文妻从肖、女。肖，古文貴字。

婦 fù 服也。从女持帚灑掃也。房九切。

妃 fēi 匹也。从女己聲。芳非切。

媲 pì 妃也。从女毘聲。匹計切。

妊 rèn 孕也。从女从壬，壬亦聲。如甚切。

娠 shēn 女妊身動也。从女辰聲。《春秋傳》曰："后緡方娠。"一曰宮婢女隸謂之娠。失人切。

媰 chú 婦人妊身也。从女芻聲。《周書》曰："至于媰婦。"側鳩切。

嬔 fàn 生子齊均也。从女从生，免聲。芳萬切。

嫛 yī 婗也。从女殹聲。烏雞切。

婗 ní 嫛婗也。从女兒聲。一曰婦人惡皃。五雞切。

母 mǔ 牧也。从女，象褢子形。一曰象乳子也。莫后切。

嫗 yù 母也。从女區聲。衣遇切。

媼 ǎo 女老偁也。从女𥁕聲。讀若奥。烏皓切。

姁 xǔ 嫗也。从女句聲。况羽切。

姐 jiě 蜀謂母曰姐，淮南謂之社。从女且聲。兹也切。

姑 gū 夫母也。从女古聲。古胡切。

威 wēi 姑也。从女从戌。漢律曰：“婦告威姑。”徐鍇曰：“土盛於戌，土陰之主也，故从戌。”於非切。

妣 bǐ 殁母也。从女比聲。卑履切。，籀文妣省。

姊 zǐ 女兄也。从女𠂔聲。將几切。

妹 mèi 女弟也。从女未聲。莫佩切。

娣 dì 女弟也。从女从弟，弟亦聲。徒禮切。

媦 wèi 楚人謂女弟曰媦。从女胃聲。《公羊傳》曰：“楚王之妻媦。”云貴切。

嫂 sǎo 兄妻也。从女叜聲。穌老切。

姪 zhí 兄之女也。从女至聲。徒結切。

姨 yí 妻之女弟同出爲姨。从女夷聲。以脂切。

妿 ē 女師也。从女加聲。杜林說：加教於女也。讀若阿。烏何切。

㛅 mǔ 女師也。从女每聲。讀若母。莫后切。

媾 gòu 重婚也。从女冓聲。《易》曰：“匪寇，婚媾。”古候切。

㛂 chǐ 美女也。从女多聲。尺氏切。，㛂或从氏。

妭 bá 婦人美也。从女犮聲。蒲撥切。

㜎 xī 女隸也。从女奚聲。胡雞切。

婢 bì 女之卑者也。从女从卑，卑亦聲。便俾切。

奴 nú 奴、婢，皆古之辠人也。《周禮》曰：“其奴，男子入于辠隸，女子入于舂藁。”从女从又。臣鉉等曰：又，手也。持事者也。乃都切。，古文奴从人。

妏 yì 婦官也。从女弋聲。與職切。

媊 qián 甘氏《星經》曰：“太白上公，妻曰女媊。女媊居南斗，食厲，天下祭之。曰明星。”从女前聲。昨先切。

媧 wā 古之神聖女，化萬物者也。从女咼聲。古蛙切。，籀文媧从㒳。

娀 sōng 帝高辛之妃，偰母號也。从女戎聲。《詩》曰：“有娀方將。”息弓切。

娥 é 帝堯之女，舜妻娥皇字也。秦晉謂好曰娙娥。从女我聲。五何切。

嫄 yuán 台國之女，周棄母字也。从女原聲。愚袁切。

嬿 yàn 女字也。从女燕聲。於甸切。

妸 ē 女字也。从女可聲。讀若阿。烏何切。

嬃 xū 女字也。《楚詞》曰："女嬃之嬋媛。"賈侍中說：楚人謂姊爲嬃。从女須聲。相俞切。

婕 jié 女字也。从女疌聲。子葉切。

嬩 yú 女字也。从女與聲。讀若余。以諸切。

孁 líng 女字也。从女霝聲。郎丁切。

嫽 liáo 女字也。从女尞聲。洛蕭切。

㛄 yī 女字也。从女衣聲。讀若衣。於稀切。

婤 zhōu 女字也。从女周聲。職流切。

姶 è 女字也。从女合聲。《春秋傳》曰："嬖人婤姶。"一曰無聲。烏合切。

妀 jǐ 女字也。从女己聲。居擬切。

妵 tǒu 女字也。从女主聲。天口切。

㚴 jiǔ 女字也。从女久聲。舉友切。

㚷 èr 女號也。从女耳聲。仍吏切。

始 shǐ 女之初也。从女台聲。詩止切。

媚 mèi 說也。从女眉聲。美祕切。

嫵 wǔ 媚也。从女無聲。文甫切。

媄 měi 色好也。从女从美，美亦聲。無鄙切。

𡡾 xù 媚也。从女畜聲。丑六切。

嫷 duò 南楚之外謂好曰嫷。从女隋聲。臣鉉等曰：今俗省作媠。《唐韻》作妥，非是。徒果切。

姝 shū 好也。从女朱聲。昌朱切。

好 hǎo 美也。从女、子。徐鍇曰："子者，男子之美偁。會意。"呼皓切。

嬹 xìng 說也。从女興聲。許應切。

嬮 yān 好也。从女厭聲。於鹽切。

㚸 shū 好也。从女殳聲。《詩》曰："靜女其㚸。"昌朱切。

姣 jiǎo 好也。从女交聲。胡茅切。

嬛 yuān 好也。从女睘聲。讀若蜀郡布名。委員切。

娧 tuì 好也。从女兌聲。杜外切。

媌 miáo 目裏好也。从女苗聲。莫交切。

嫿 huà 靜好也。从女畫聲。呼麥切。

婠 wān 體德好也。从女官聲。讀若楚卻宛。一完切。

娙 xíng 長好也。从女巠聲。五莖切。

𡤻 zàn 白好也。从女贊聲。則旰切。

㜻 luǎn 順也。从女𤔔聲。《詩》曰：“婉兮㜻兮。” 力沇切。 ，籒文㜻。

㛄 wǎn 婉也。从女夗聲。於阮切。

婉 wǎn 順也。从女宛聲。《春秋傳》曰：“太子痤婉。” 於阮切。

㛚 dòng 直項皃。从女同聲。他孔切。

嫣 yān 長皃。从女焉聲。於建切。

姌 rǎn 弱長皃。从女冄聲。而琰切。

嫋 niǎo 姌也。从女从弱。奴鳥切。

孅 xiān 銳細也。从女韱聲。息廉切。

嫇 míng 嬰嫇也。从女冥聲。一曰嫇嫇，小人皃。莫經切。

媱 yáo 曲肩行皃。从女䍃聲。余招切。

嬛 xuān 材緊也。从女瞏聲。《春秋傳》曰：“嬛嬛在疚。” 許緣切。

姽 guǐ 閑體，行姽姽也。从女危聲。過委切。

委 wěi 委隨也。从女从禾。臣鉉等曰：委，曲也。取其禾穀垂穗委曲之皃。故从禾。於詭切。

婐 wǒ 妸也。一曰女侍曰婐。讀若騧，或若委。从女果聲。孟軻曰：“舜爲天子，二女婐。” 烏果切。

妸 nuǒ 婐妸也。一曰弱也。从女厄聲。五果切。

𡛷 chān 小弱也。一曰女輕薄善走也。一曰多技藝也。从女占聲。或讀若占。齒懾切。

𡝩 chān 妗也。从女沾聲。丑廉切。

妗 xiān 𡝩妗也。一曰善笑皃。从女今聲。火占切。

𡣍 jiǎo 竦身也。从女簋聲。讀若《詩》“糾糾葛屨”。居夭切。

婧 jìng 竦立也。从女青聲。一曰有才也。讀若韭菁。七正切。

妌 jìng 靜也。从女井聲。疾正切。

姂 fá 婦人皃。从女乏聲。房法切。

嫙 xuán 好也。从女旋聲。似沿切。

𪗈 qí 材也。从女齊聲。祖雞切。

姡 huá 面醜也。从女昏聲。古活切。

嬥 tiǎo 直好皃。一曰嬈也。从女翟聲。徒了切。

嫢 guī 媞也。从女規聲。讀若癸。秦晉謂細爲嫢。居隨切。

媞 shì 諦也。一曰妍黠也。一曰江淮之閒謂母曰媞。从女是聲。承旨切。

婺 wù 不繇也。从女敄聲。亡遇切。

嫺 xián 雅也。从女閒聲。戶閒切。

𡟎 yí 說樂也。从女巸聲。許其切。

婜 qiān 美也。从女臤聲。苦閑切。

娛 yú 樂也。从女吳聲。噳俱切。

娭 xī 戲也。从女矣聲。一曰卑賤名也。遏在切。

媅 dān 樂也。从女甚聲。丁含切。

娓 wěi 順也。从女尾聲。讀若媁。無匪切。

嫡 dí 孎也。从女啻聲。都歷切。

孎 zhú 謹也。从女屬聲。讀若人不孫爲孎。之欲切。

婉 wǎn 宴婉也。从女冤聲。於願切。

媕 yǎn 女有心媕媕也。从女弇聲。衣檢切。

媣 rǎn 諟也。从女染聲。而琰切。

嫥 zhuān 壹也。从女專聲。一曰嫥嫥。職緣切。

如 rú 从隨也。从女从口。徐鍇曰："女子从父之教，从夫之命，故从口。會意。"人諸切。

嫧 zé 齊也。从女責聲。側革切。

娕 chuò 謹也。从女束聲。讀若謹敕數數。測角切。

嬐 xiān 敏疾也。一曰莊敬皃。从女僉聲。息廉切。

嬪 pín 服也。从女賓聲。符眞切。

嫢 zhì 至也。从女執聲。《周書》曰："大命不嫢。"讀若摯同。一曰《虞書》雉嫢。脂利切。

婚 tà 俛伏也。从女沓聲。一曰伏意。他合切。

妟 yàn 安也。从女、日。《詩》曰："以妟父母。"烏諫切。

嬗 shàn 緩也。从女亶聲。一曰傳也。時戰切。

嫴 gū 保任也。从女辜聲。古胡切。

媻 pó 奢也。从女般聲。臣鉉等曰：今俗作婆，非是。薄波切。

娑 suō 舞也。从女沙聲。《詩》曰："市也媻娑。"素何切。

姷 yòu 耦也。从女有聲。讀若祐。于救切。侑，姷或从人。

姰 jūn 鈞適也。男女併也。从女旬聲。居匀切。

婺 zī 婦人小物也。从女此聲。《詩》曰："屢舞婺婺。"即移切。

妓 jì 婦人小物也。从女支聲。讀若跂行。渠綺切。

嬰 yīng 頸飾也。从女、賏。賏，其連也。於盈切。

妏 càn 三女爲妏。妏，美也。从女，奴省聲。倉案切。

媛 yuàn 美女也。人所援也。从女从爰。爰，引也。《詩》曰："邦之媛兮。"玉眷切。

娉 pìn 問也。从女甹聲。匹正切。

娽 lù 隨從也。从女录聲。力玉切。

妝 zhuāng 飾也。从女，牀省聲。側羊切。

孌 liàn 慕也。从女䜌聲。力沇切。

媟 xiè 嬻也。从女枼聲。私列切。

嬻 dú 媟嬻也。从女賣聲。徒谷切。

嬺 zhuó 短面也。从女竅聲。丁滑切。

嬖 bì 便嬖，愛也。从女辟聲。博計切。

嫛 qì 難也。从女毄聲。苦賣切。

妎 hài 妒也。从女介聲。胡蓋切。

妒 dù 婦妒夫也。从女戶聲。當故切。

娼 mào 夫妒婦也。从女冒聲。一曰相視也。莫報切。

媄 yāo 巧也。一曰女子笑皃。《詩》曰：“桃之媄媄。”从女芺聲。於喬切。

佞 nìng 巧讇高材也。从女，信省。臣鉉等曰：女子之信近於佞也。乃定切。

嫈 yīng 小心態也。从女，熒省聲。烏莖切。

嫪 lào 婟也。从女翏聲。郎到切。

婟 hù 嫪也。从女固聲。胡誤切。

姿 zī 態也。从女次聲。即夷切。

嫭 jù 嬌也。从女虘聲。將預切。

妨 fáng 害也。从女方聲。敷方切。

妄 wàng 亂也。从女亡聲。巫放切。

媮 tōu 巧黠也。从女俞聲。託侯切。

婬 hù 婬鹵，貪也。从女污聲。胡古切。

娋 shào 小小侵也。从女肖聲。息約切。

媣 duò 量也。从女朵聲。丁果切。

妯 chōu 動也。从女由聲。徐鍇曰：“當从胄省。”徒歷切。

嫌 xián 不平於心也。一曰疑也。从女兼聲。戶兼切。

媘 shěng 減也。从女省聲。所景切。

婼 chuò 不順也。从女若聲。《春秋傳》曰：“叔孫婼。”丑略切。

婞 xìng 很也。从女幸聲。《楚詞》曰：“鯀婞直。”胡頂切。

嫳 piè 易使怒也。从女敝聲。讀若擊擎。匹滅切。

嫸 zhǎn 好枝格人語也。一曰靳也。从女善聲。旨善切。

娺 zhuó 疾悍也。从女叕聲。讀若唾。丁滑切。

媕 ǎn 含怒也。一曰難知也。从女酓聲。《詩》曰：“碩大且媕。”五感切。

婀 ē 媕婀也。从女阿聲。烏何切。

姸 yán 技也。一曰不省録事，一曰難侵也，一曰惠也，一曰安也。从女幵聲。讀若研。五堅切。

娃 wā 圜深目皃。或曰吳楚之閒謂好曰娃。从女圭聲。於佳切。

⿰阝婡 shǎn 不媘前却⿰阝婡⿰阝婡也。从女陜聲。失冉切。

妜 yuè 鼻目閒皃。讀若煙火炔炔。从女，決省聲。於說切。

孈 huì 愚戇多態也。从女巂聲。讀若隓。式吹切。

⿰女恚 huì 不說也。从女恚聲。於避切。

嫼 mò 怒皃。从女黑聲。呼北切。

娍 yuè 輕也。从女戉聲。王伐切。

嫖 piào 輕也。从女𤐫聲。匹招切。

⿰女垩 qiē 訬疾也。从女垩聲。昨禾切。

姎 yāng 女人自偁，我也。从女央聲。烏浪切。

媁 wéi 不說皃。从女韋聲。羽非切。

婎 huī 姿婎，姿也。从女隹聲。一曰醜也。許惟切。

⿰女弦 xián 有守也。从女弦聲。胡田切。

媥 piān 輕皃。从女扁聲。芳連切。

嫚 màn 侮易也。从女曼聲。謀患切。

⿰女臿 chā 疾言失次也。从女臿聲。讀若懾。丑聶切。

嬬 rú 弱也。一曰下妻也。从女需聲。相俞切。

娝 pōu 不肖也。从女否聲。讀若竹皮箁。匹才切。

嬯 tái 遟鈍也。从女臺聲。闒嬯亦如之。徒哀切。

⿰女覃 niǎn 下志貪頑也。从女覃聲。讀若深。乃忝切。

⿰女參 cǎn 婪也。从女參聲。七感切。

婪 lán 貪也。从女林聲。杜林說：卜者黨相詐驗爲婪。讀若潭。盧含切。

嬾 lǎn 懈也，怠也。一曰臥也。从女賴聲。洛旱切。

婁 lóu 空也。从母、中、女，空之意也。一曰婁，務也。洛侯切。□，古文。

娎 xiè 娎婡也。从女折聲。許列切。

婡 qiè 得志婡婡。一曰婡息也，一曰少气也。从女夾聲。呼帖切。

嬈 niǎo 苛也。一曰擾，戲弄也，一曰嬥也。从女堯聲。奴鳥切。

⿱毀女 huǐ 惡也。一曰人皃。从女毀聲。許委切。

姍 shān 誹也。一曰翼便也。从女，删省聲。所晏切。

⿰酋攵 cù 醜也。一曰老嫗也。从女酋聲。讀若蹴。七宿切。

嫫 mó 嫫母，都醜也。从女莫聲。莫胡切。

婓 fēi 往來婓婓也。一曰醜皃。从女非聲。芳非切。

孃 ráng 煩擾也。一曰肥大也。从女襄聲。女良切。

嬒 huì 女黑色也。从女會聲。《詩》曰：“嬒兮蔚兮。”古外切。

媆 ruǎn 好皃。从女耎聲。而沇切。臣鉉等案：《切韻》又音奴困切，今俗作嫩。非是。

婑 yàn 誣挐也。从女奄聲。依劒切。

嚂 làn 過差也。从女監聲。《論語》曰：“小人窮斯嚂矣。”盧瞰切。

嫯 ào 侮易也。从女敖聲。五到切。

婬 yín 私逸也。从女㸒聲。余箴切。

姘 pīn 除也。漢律曰：“齊人予妻婢姦曰姘。”从女幷聲。普耕切。

奸 jiān 犯婬也。从女从干，干亦聲。古寒切。

姅 bàn 婦人污也。从女半聲。漢律曰：“見姅變，不得侍祠。”博幔切。

娗 tǐng 女出病也。从女廷聲。徒鼎切。

婥 nào 女病也。从女卓聲。奴教切。

娷 zhuì 諉也。从女垂聲。竹恚切。

嫍 nǎo 有所恨也。从女𡿺聲。今汝南人有所恨曰嫍。臣鉉等曰：𡿺，古囟字。非聲，當从㚼省。奴皓切。

媿 kuì 慙也。从女鬼聲。俱位切。愧，媿或从恥省。

奻 nuán 訟也。从二女。女還切。

姦 jiān 私也。从三女。古顏切。𢙆，古文姦从心旱聲。

文二百三十八　重十三

嬙 qiáng 婦官也。从女，牆省聲。才良切。

妲 dá 女字。妲己，紂妃。从女旦聲。當割切。

嬌 jiāo 姿也。从女喬聲。舉喬切。

嬋 chán 嬋娟，態也。从女單聲。市連切。

娟 juān 嬋娟也。从女肙聲。於緣切。

嫠 lí 無夫也。从女𠻤聲。里之切。

姤 gòu 偶也。从女后聲。古候切。

文七　新附

毋部

毋 wú 止之也。从女，有奸之者。凡毋之屬皆从毋。武扶切。

毐 ǎi 人無行也。从士从毋。賈侍中說：秦始皇母與嫪毐淫，坐誅，故世罵淫曰嫪毐。讀若娭。遏在切。

文二

民部

民 mín 民 眾萌也。从古文之象。凡民之屬皆从民。彌鄰切。，古文民。

氓 méng 氓 民也。从民亡聲。讀若盲。武庚切。

文二　重一

丿部

丿 piě 丿 右戾也。象左引之形。凡丿之屬皆从丿。徐鍇曰：“其爲文舉首而申體也。”房密切。

乂 yì 乂 芟艸也。从丿从乀相交。魚廢切。刈，乂或从刀。

弗 fú 弗 撟也。从丿从乀，从韋省。分勿切。臣鉉等曰：韋所以束枉戾也。

乀 fú 乀 左戾也。从反丿。讀與弗同。分勿切。

文四　重一

厂部

厂 yì 厂 抴也，明也。象抴引之形。凡厂之屬皆从厂。虒字从此。徐鍇曰：“象丿而不舉首。”余制切。

弋 yì 弋 橜也。象折木衺鋭著形。从厂，象物挂之也。與職切。

文二

乁部

乁 yí 乁 流也。从反厂。讀若移。凡乁之屬皆从乁。弋支切。

也 yě 也 女陰也。象形。羊者切。，秦刻石也字。

文二　重一

氏部

氏 shì 氏 巴蜀山名岸脅之旁箸欲落墮者曰氏，氏崩，聞數百里。象形。乀聲。凡氏之屬皆从氏。楊雄賦：響若氏隤。承旨切。

氒 jué 氒 木本。从氏。大於末。讀若厥。居月切。

文二

氏　部

氏　dǐ　至也。从氏下箸一。一，地也。凡氏之屬皆从氏。丁礼切。

⿰氏垔　yìn　臥也。从氏垔聲。於進切。

⿰氏失　dié　觸也。从氏失聲。徒結切。

⿱臼氏　xiào　闕。臣鉉等案：今《篇韻》音皓，又音效。注云：誤也。

文四

戈　部

戈　gē　平頭戟也。从弋，一横之。象形。凡戈之屬皆从戈。古禾切。

肈　zhào　上諱。臣鉉等曰：後漢和帝名也。案：李舟《切韻》云：擊也。从戈肁聲。直小切。

戎　róng　兵也。从戈从甲。如融切。

戣　kuí　《周禮》：侍臣執戣，立于東垂。兵也。从戈癸聲。渠追切。

𢧀　gān　盾也。从戈旱聲。矦旰切。

戟　jǐ　有枝兵也。从戈、倝。《周禮》："戟，長丈六尺。"讀若棘。臣鉉等曰：倝非聲，義當从幹省。幹，枝也。紀逆切。

戛　jiá　戟也。从戈从百。讀若棘。古黠切。

賊　zéi　敗也。从戈則聲。昨則切。

戍　shù　守邊也。从人持戈。傷遇切。

戰　zhàn　鬬也。从戈單聲。之扇切。

戲　xì　三軍之偏也。一曰兵也。从戈䖒聲。香義切。

戜　dié　利也。一曰剔也。从戈呈聲。徒結切。

或　yù　邦也。从囗从戈，以守一。一，地也。于逼切。臣鉉等曰：今俗作胡國切。以爲疑或不定之意。，或又从土。臣鉉等曰：今無復或音。

截　jié　斷也。从戈雀聲。昨結切。

𢦟　kān　殺也。从戈今聲。《商書》曰："西伯既𢦟黎。"口含切。

戕　qiāng　搶也。他國臣來弒君曰戕。从戈爿聲。士良切。

戮　lù　殺也。从戈翏聲。力六切。

戡　kān　刺也。从戈甚聲。竹甚、口含二切。

戭　yǎn　長搶也。从戈寅聲。《春秋傳》有擣戭。弋刃、以淺二切。

𢦏　zāi　傷也。从戈才聲。祖才切。

戩　jiǎn　滅也。从戈晉聲。《詩》曰："實始戩商。"即淺切。

戔　jiān　絶也。一曰田器。从从持戈。古文讀若咸。讀若《詩》云"攕

攕女手"。臣鉉等曰：𢦏，銳意也。故从从。子廉切。

武 wǔ 楚莊王曰："夫武，定功戢兵。故止戈爲武。"文甫切。

戢 jí 藏兵也。从戈咠聲。《詩》曰："載戢干戈。"阻立切。

戠 zhī 闕。从戈从音。之弋切。

戔 cán 賊也。从二戈。《周書》曰："戔戔巧言。"徐鍇曰："兵多則殘也，故从二戈。"昨干切。

文二十六　重一

戉　部

戉 yuè 斧也。从戈レ聲。《司馬法》曰："夏執玄戉，殷執白戚，周左杖黄戉，右秉白髦。"凡戉之屬皆从戉。"臣鉉等曰：今俗別作鉞，非是。王伐切。

戚 qī 戉也。从戉尗聲。倉歷切。

文二

我　部

我 wǒ 施身自謂也。或説我，頃頓也。从戈从𠦃。𠦃，或説古垂字。一曰古殺字。凡我之屬皆从我。徐鍇曰："从戈者，取戈自持也。"五可切。𢦐，古文我。

義 yí 己之威儀也。從我、羊。臣鉉等曰：此與善同意，故从羊。宜寄切。羛，《墨翟書》義从弗。魏郡有羛陽鄉，讀若錡。今屬鄴，本内黄北二十里。

文二　重二

亅　部

亅 jué 鉤逆者謂之亅。象形。凡亅之屬皆从亅。讀若橜。衢月切。

レ jué 鉤識也。从反亅。讀若捕鳥罬。居月切。

文二

琴　部

琴 qín 禁也。神農所作。洞越。練朱五弦，周加二弦。象形。凡珡之屬

皆从珡。巨今切。，古文珡从金。

瑟 sè 庖犧所作弦樂也。从珡必聲。所櫛切。，古文瑟。

文二 重二

琵 pí 琵琶，樂器。从珡比聲。房脂切。

琶 pá 琵琶也。从珡巴聲。義當用枇杷。蒲巴切。

文二 新附

乚 部

乚 yǐn 匿也，象迟曲隱蔽形。凡乚之屬皆从乚。讀若隱。於謹切。

直 zhí 正見也。从乚从十从目。徐鍇曰："乚，隱也。今十目所見是直也。"除力切。，古文直。

文二 重一

亾 部

亾 wáng 逃也。从入从乚。凡亡之屬皆从亡。武方切。

乍 zhà 止也，一曰亡也。从亡从一。徐鍇曰："出亡得一則止，暫止也。"鉏駕切。

望 wàng 出亡在外，望其還也。从亡，朢省聲。巫放切。

無 wú 亡也。从亡無聲。武扶切。无，奇字无，通於元者。王育說：天屈西北爲无。

匃 gài 气也。逯安說：亡人爲匄。古代切。

文五 重一

匸 部

匸 xì 衺徯，有所俠藏也。从乚，上有一覆之。凡匸之屬皆从匸。讀與傒同。胡礼切。

區 qū 踦區，藏匿也。从品在匸中。品，眾也。豈俱切。

匿 nì 亡也。从匸若聲。讀如羊騶箠。女力切。

匧 lòu 側逃也。从匸丙聲。一曰箕屬。臣鉉等曰：丙非聲。義當从内。會意。疑傳寫之誤。盧候切。

匽 yǎn 匿也。从匸晏聲。於蹇切。

医 yì 盛弓弩矢器也。从匸从矢。《國語》曰："兵不解医。"於計切。

匹 pǐ 四丈也。从八、匚。八揲一匹，八亦聲。普吉切。

文七

匚部

匚 fāng 受物之器。象形。凡匚之屬皆从匚。讀若方。府良切。，籀文匚。

匠 jiàng 木工也。从匚从斤。斤，所以作器也。疾亮切。

匧 qiè 藏也。从匚夾聲。苦叶切。，匧或从竹。

匡 kuāng 飲器，筥也。从匚㞷聲。去王切。，匡或从竹。

匜 yí 似羹魁，柄中有道，可以注水。从匚也聲。移尔切。

匴 suǎn 淥米籔也。从匚算聲。穌管切。

匶 gòng 小桮也。从匚贛聲。古送切。，匶或从木。

匪 fěi 器，似竹筐。从匚非聲。《逸周書》曰："實玄黃于匪。"非尾切。

匚倉 cāng 古器也。从匚倉聲。七岡切。

匚攸 tiáo 田器也。从匚攸聲。徒聊切。

匚異 yì 田器也。从匚異聲。與職切。

匫 hū 古器也。从匚㫚聲。呼骨切。

匬 yǔ 甌，器也。从匚俞聲。度侯切。

匱 guì 匣也。从匚貴聲。求位切。

匵 dú 匱也。从匚賣聲。徒谷切。

匣 xiá 匱也。从匚甲聲。胡甲切。

匯 huì 器也。从匚淮聲。胡罪切。

柩 jiù 棺也。从匚从木，久聲。日（當爲巨）救切。，籀文柩。

匰 dān 宗廟盛主器也。《周禮》曰："祭祀共匰主。"从匚單聲。都寒切。

文十九　重五

曲部

曲 qū 象器曲受物之形。或說曲，蠶薄也。凡曲之屬皆从曲。丘玉切。，古文曲。

𠚕 qū 骫曲也。从曲玉聲。丘玉切。

𠙺 tāo 古器也。从曲舀聲。土刀切。

文三　重一

甾部

甾 zī 東楚名缶曰甾。象形。凡甾之屬皆从甾。側詞切。 ，古文。

疀 chā 𣂁也，古田器也。从甾疌聲。楚洽切。

畚 běn 𤳳屬，蒲器也，所以盛種。从甾弁聲。布忖切。

𤳳 píng 𢃇也。从甾并聲。杜林以爲竹筥，楊雄以爲蒲器。讀若軿。薄經切。

𠧤 lú [illegible]也。从甾虍聲。讀若盧同。洛乎切。 ，篆文𠧤。 ，籒文𠧤。

文五　重三

瓦部

瓦 wǎ 土器已燒之總名。象形。凡瓦之屬皆从瓦。五寡切。

瓬 fǎng 周家搏埴之工也。从瓦方聲。讀若抵破之抵。臣鉉等曰：抵音瓦，非聲，未詳。分兩切。

甄 zhēn 匋也。从瓦垔聲。居延切。

甍 méng 屋棟也。从瓦，夢省聲。徐鍇曰："所以承瓦，故从瓦。" 莫耕切。

甑 zèng 甗也。从瓦曾聲。子孕切。 ，籒文甑从䰜。

甗 yǎn 甑也。一曰穿也。从瓦鬳聲。讀若言。魚蹇切。

瓵 yí 甌瓿謂之瓵。从瓦台聲。與之切。

瓽 dàng 大盆也。从瓦尚聲。丁浪切。

甌 ōu 小盆也。从瓦區聲。烏侯切。

瓮 wèng 罌也。从瓦公聲。烏貢切。

瓨 xiáng 似罌，長頸，受十升。讀若洪。从瓦工聲。古雙切。

㼝 wǎn 小盂也。从瓦夗聲。臣鉉等曰：今俗別作椀，非是。烏管切。

瓴 líng 瓮，似瓶也。从瓦令聲。郎丁切。

㼰 pí 罌謂之㼰。从瓦卑聲。部迷切。

甂 biān 似小瓿。大口而卑。用食。从瓦扁聲。芳連切。

瓿 bù 甂也。从瓦音聲。蒲口切。

𤮶 róng 器也。从瓦容聲。與封切。

甓 pì 瓴甓也。从瓦辟聲。《詩》曰："中唐有甓。" 扶歷切。

甃 zhòu 井壁也。从瓦秋聲。側救切。

甈 qì 康瓠，破罌。从瓦臬聲。魚例切。 ，甈或从埶。

㼽 chuǎng 瑳垢瓦石。从瓦爽聲。初兩切。

𤮐 liè 蹈瓦聲。从瓦耎聲。零帖切。

瓴 hán 治橐榦也。从瓦今聲。胡男切。
䂳 suì 破也。从瓦卒聲。穌對切。
瓪 bǎn 敗也。从瓦反聲。布綰切。

文二十五　重二

瓷 cí 瓦器。从瓦次聲。疾資切。
瓻 chī 酒器。从瓦，稀省聲。丑脂切。

文二　新附

弓　部

弓 gōng 以近窮遠。象形。古者揮作弓。《周禮》六弓：王弓、弧弓以射甲革甚質；夾弓、庾弓以射干矦鳥獸；唐弓、大弓以授學射者。凡弓之屬皆从弓。居戎切。
弴 dūn 畫弓也。从弓𦎧聲。都昆切。
弭 mǐ 弓無緣，可以解轡紛者。从弓耳聲。緜婢切。𢏺，弭或从兒。
弲 xuān 角弓也，洛陽名弩曰弲。从弓肙聲。烏玄切。
弧 hú 木弓也。从弓瓜聲。一曰往體寡，來體多曰弧。戶吳切。
弨 chāo 弓反也。从弓召聲。《詩》曰："彤弓弨兮。" 尺招切。
彏 quán 弓曲也。从弓雚聲。九院切。
彄 kōu 弓弩耑，弦所居也。从弓區聲。恪矦切。
𢑚 yáo 弓便利也。从弓繇聲。讀若燒。火招切。
張 zhāng 施弓弦也。从弓長聲。陟良切。
彏 jué 弓急張也。从弓矍聲。許縛切。
弸 péng 弓彊皃。从弓朋聲。父耕切。
彊 qiáng 弓有力也。从弓畺聲。巨良切。
彎 wān 持弓關矢也。从弓䜌聲。烏關切。
引 yǐn 開弓也。从弓、丨。臣鉉等曰：象引弓之形。余忍切。
弙 wū 滿弓有所鄉也。从弓于聲。哀都切。
弘 hóng 弓聲也。从弓厶聲。厶，古文肱字。胡肱切。
𢐗 mí 弛弓也。从弓璽聲。斯氏切。
弛 chí 弓解也。从弓从也。施氏切。𢐅，弛或从虒。
弢 tāo 弓衣也。从弓从𠬛。𠬛，垂飾，與鼓同意。土刀切。
弩 nǔ 弓有臂者。《周禮》四弩：夾弩、庾弩、唐弩、大弩。从弓奴聲。奴古切。

彀 gòu 張弩也。从弓𣪊聲。古候切。

彉 guō 弩滿也。从弓黃聲。讀若郭。苦郭切。

彃 bì 䠶也。从弓畢聲。《楚詞》曰："芎焉彃日。"卑吉切。

彈 dàn 行丸也。从弓單聲。徒案切。□，彈或从弓持丸。

發 fā 䠶發也。从弓癹聲。方伐切。

芎 yì 帝嚳䠶官，夏少康滅之。从弓开聲。《論語》曰："芎善䠶。"五計切。

文二十七　重三

弜　部

弜 jiàng 彊也。从二弓。凡弜之屬皆从弜。其兩切。

弼 bì 輔也。重也。从弜丙聲。徐鍇曰："丙，舌也，非聲。舌柔而弜剛，以柔从剛，輔弼之意。"房密切。□，弼或如此。□、□，並古文弼。

文二　重三

弦　部

弦 xián 弓弦也。从弓，象絲軫之形。凡弦之屬皆从弦。臣鉉等曰：今别作絃，非是。胡田切。

盭 lì 弼戾也。从弦省，从盩。讀若戾。臣鉉等曰：盩者，擊罪人見血也，弼戾之意。郎計切。

玅 yāo 急戾也。从弦省，少聲。於霄切。

竭 yì 不成，遂急戾也。从弦省，曷聲。讀若瘞葬。於罽切。

文四

系　部

系 xì 繫也。从糸丿聲。凡系之屬皆从系。胡計切。□，系或从毄、處。□，籀文系从爪、絲。

孫 sūn 子之子曰孫。从子从系。系，續也。思魂切。

緜 mián 聯微也。从系从帛。武延切。

繇 yáo 隨從也。从系䍃聲。臣鉉等曰：今俗从䍃。余招切。

文四　重二

說文解字弟十三

二十三部　六百九十九文　重一百二十三

凡八千三百九十八字

文三十七　新附

糸　部

糸　mì　細絲也。象束絲之形。凡糸之屬皆从糸。讀若硯。　徐鍇曰："一蠶所吐爲忽，十忽爲絲。糸，五忽也。"莫狄切。　，古文糸。

繭　jiǎn　蠶衣也。从糸从虫，芇省。　古典切。　，古文繭从糸、見。

繅　sāo　繹繭爲絲也。从糸巢聲。　穌遭切。

繹　yì　抽絲也。从糸睪聲。　羊益切。

緒　xù　絲耑也。从糸者聲。　徐吕切。

緬　miǎn　微絲也。从糸面聲。　弭沇切。

純　chún　絲也。从糸屯聲。《論語》曰："今也純儉。"　常倫切。

綃　xiāo　生絲也。从糸肖聲。　相幺切。

緒　kāi　大絲也。从糸皆聲。　口皆切。

統　huāng　絲曼延也。从糸巟聲。　呼光切。

紇　hé　絲下也。从糸气聲。《春秋傳》有臧孫紇。　下没切。

紙　dī　絲滓也。从糸氐聲。　都兮切。

絓　huà　繭滓絓頭也。一曰以囊絮練也。从糸圭聲。　胡卦切。

纅　yào　絲色也。从糸樂聲。　以灼切。

繀　suì　著絲於筟車也。从糸崔聲。　穌對切。

經　jīng　織也。从糸巠聲。　九丁切。

織　zhī　作布帛之總名也。从糸戠聲。　之弋切。

紅　zhì　樂浪挈令織。从糸从式。　臣鉉等曰：挈令，蓋律令之書也。

紝　rèn　機縷也。从糸壬聲。　如甚切。　，紝或从任。

綜　zòng　機縷也。从糸宗聲。　子宋切。

綹　liǔ　緯十縷爲綹。从糸咎聲。讀若柳。　力久切。

緯	wěi	織橫絲也。从糸韋聲。云貴切。
緷	yùn	緯也。从糸軍聲。王問切。
繢	huì	織餘也。从糸貴聲。胡對切。
統	tǒng	紀也。从糸充聲。他綜切。
紀	jì	絲別也。从糸己聲。居擬切。
繈	qiǎng	觕纇也。从糸强聲。居兩切。
纇	lèi	絲節也。从糸頪聲。盧對切。
紿	dài	絲勞即紿。从糸台聲。徒亥切。
納	nà	絲溼納納也。从糸内聲。奴荅切。
紡	fǎng	網絲也。从糸方聲。妃兩切。
絶	jué	斷絲也。从糸从刀从卩。情雪切。𢇍，古文絶。象不連體，絶二絲。
繼	jì	續也。从糸、㡭。一曰反㡭爲繼。古詣切。
續	xù	連也。从糸賣聲。似足切。賡，古文續从庚、貝。臣鉉等曰：今俗作 古行切。
纘	zuǎn	繼也。从糸贊聲。作管切。
紹	shào	繼也。从糸召聲。一曰紹，緊糾也。市沼切。[illegible]，古文紹从邵。
繟	chǎn	偏緩也。从糸羨聲。昌善切。
綎	tīng	緩也。从糸盈聲。讀與聽同。他丁切。[illegible]，綎或从呈。
縱	zòng	緩也。一曰舍也。从糸從聲。足用切。
紓	shū	緩也。从糸予聲。傷魚切。
繎	rán	絲勞也。从糸然聲。如延切。
紆	yū	詘也。从糸于聲。一曰縈也。億俱切。
緈	xìng	直也。从糸幸聲。讀若陘。胡頂切。
纖	xiān	細也。从糸韱聲。息廉切。
細	xì	微也。从糸囟聲。穌計切。
緢	miáo	旄絲也。从糸苗聲。《周書》曰："惟緢有稽。"武儦切。
縒	cī	參縒也。从糸差聲。楚宜切。
繙	fán	冕也。从糸番聲。附袁切。
縮	suō	亂也。从糸宿聲。一曰蹴也。所六切。
紊	wèn	亂也。从糸文聲。《商書》曰："有條而不紊。"亡運切。
級	jí	絲次弟也。从糸及聲。居立切。
總	zǒng	聚束也。从糸悤聲。臣鉉等曰：今俗作摠，非是。作孔切。
繜	jú	約也。从糸具聲。居玉切。
約	yuē	纏束也。从糸勺聲。於略切。

繚 liǎo 纏也。从糸尞聲。盧鳥切。

纏 chán 繞也。从糸廛聲。直連切。

繞 rǎo 纏也。从糸堯聲。而沼切。

紾 zhěn 轉也。从糸㐱聲。之忍切。

繯 xuàn 落也。从糸睘聲。胡畎切。

辮 biàn 交也。从糸辡聲。頻犬切。

結 jié 締也。从糸吉聲。古屑切。

縎 gǔ 結也。从糸骨聲。古忽切。

締 dì 結不解也。从糸帝聲。特計切。

縛 fù 束也。从糸尃聲。符钁切。

繃 bēng 束也。从糸崩聲。《墨子》曰：“禹葬會稽，桐棺三寸，葛以繃之。”補盲切。

絿 qiú 急也。从糸求聲。《詩》曰：“不競不絿。”巨鳩切。

絅 jiōng 急引也。从糸冋聲。古熒切。

⿰糸𠂢 pài 散絲也。从糸𠂢聲。匹卦切。

⿰糸羸 luò 不均也。从糸羸聲。力臥切。

給 jǐ 相足也。从糸合聲。居立切。

綝 chēn 止也。从糸林聲。讀若郴。丑林切。

縪 bì 止也。从糸畢聲。卑吉切。

紈 wán 素也。从糸丸聲。胡官切。

終 zhōng 絿絲也。从糸冬聲。職戎切。夂，古文終。

⿰糸集 jié 合也。从糸从集。讀若捷。姊入切。

繒 zēng 帛也。从糸曾聲。疾陵切。縡，籀文繒从宰省。楊雄以爲漢律祠宗廟丹書告。

緭 wèi 繒也。从糸胃聲。云貴切。

絩 tiào 綺絲之數也。《漢律》曰：“綺絲數謂之絩，布謂之總，綬組謂之首。”从糸兆聲。治小切。

綺 qǐ 文繒也。从糸奇聲。袪彼切。

縠 hú 細縛也。从糸㱿聲。胡谷切。

縳 juàn 白鮮色也。从糸專聲。持沇切。

縑 jiān 幷絲繒也。从糸兼聲。古甜切。

綈 tí 厚繒也。从糸弟聲。杜兮切。

練 liàn 湅繒也。从糸柬聲。郎甸切。

縞 gǎo 鮮色也。从糸高聲。古老切。

⿰糸璽 shī 粗緒也。从糸璽聲。臣鉉等曰：今俗別作絁，非是。式支切。

紬 chóu 大絲繒也。从糸由聲。直由切。

綮 qǐ 𢻋繒也。一曰徼幟信也，有齒。从糸𢼄聲。康礼切。

綾 líng 東齊謂布帛之細曰綾。从糸夌聲。力膺切。

縵 màn 繒無文也。从糸曼聲。《漢律》曰："賜衣者縵表白裏。" 莫半切。

繡 xiù 五采備也。从糸肅聲。息救切。

絢 xuàn 《詩》云："素以爲絢兮。"从糸旬聲。臣鉉等案：《論語》注："絢，文皃。"許掾切。

繪 huì 會五采繡也。《虞書》曰："山龍華蟲作繪。"《論語》曰："繪事後素。"从糸會聲。黄外切。

緀 qī 白文皃。《詩》曰："緀兮斐兮，成是貝錦。"从糸妻聲。七稽切。

䋛 mǐ 繡文如聚細米也。从糸从米，米亦聲。莫礼切。

絹 juàn 繒如麦䅌。从糸肙聲。吉掾切。

綠 lǜ 帛青黄色也。从糸彔聲。力玉切。

縹 piǎo 帛青白色也。从糸票聲。敷沼切。

緕 yù 帛青經縹緯。一曰育陽染也。从糸育聲。余六切。

絑 zhū 純赤也。《虞書》"丹朱"如此。从糸朱聲。章俱切。

纁 xūn 淺絳也。从糸熏聲。許云切。

絀 chù 絳也。从糸出聲。丑律切。

絳 jiàng 大赤也。从糸夅聲。古巷切。

綰 wǎn 惡也，絳也。从糸官聲。一曰綃也。讀若雞卵。烏版切。

縉 jìn 帛赤色也。《春秋傳》"縉雲氏"，《禮》有"縉緣"。从糸晉聲。即刃切。

綪 qiàn 赤繒也。从茜染，故謂之綪。从糸青聲。倉絢切。

緹 tǐ 帛丹黄色。从糸是聲。他禮切。紙，緹或从氏。

縓 quàn 帛赤黄色。一染謂之縓，再染謂之䞓，三染謂之纁。从糸原聲。七絹切。

紫 zǐ 帛青赤色。从糸此聲。將此切。

紅 hóng 帛赤白色。从糸工聲。戶公切。

繱 cōng 帛青色。从糸蔥聲。倉紅切。

紺 gàn 帛深青揚赤色。从糸甘聲。古暗切。

綥 qí 帛蒼艾色。从糸畁聲。《詩》："縞衣綥巾。"未嫁女所服。一曰不借綥。渠之切。綦，綥或从其。

繰 zǎo 帛如紺色。或曰深繒。从糸喿聲。讀若喿。親小切。

緇 zī 帛黑色也。从糸甾聲。側持切。

纔 shān 帛雀頭色。一曰微黑色，如紺。纔，淺也。讀若讒。从糸毚

聲。七咸切。

緂 tǎn 帛騅色也。从糸剡聲。《詩》曰：“毳衣如緂。” 臣鉉等曰：今俗別作毯，非是。土敢切。

綟 lì 帛戾艸染色。从糸戾聲。郎計切。

紑 fóu 白鮮衣皃。从糸不聲。《詩》曰：“素衣其紑。” 匹丘切。

緂 tān 白鮮衣皃。从糸炎聲。謂衣采色鮮也。充三切。

繻 xū 繒采色。从糸需聲。讀若《易》“繻有衣”。臣鉉等曰：《漢書傳》：符帛也。相俞切。

縟 rù 繁采色也。从糸辱聲。而蜀切。

纚 xǐ 冠織也。从糸麗聲。所綺切。

紘 hóng 冠卷也。从糸厷聲。戶萌切。紭，紘或从弘。

紞 dǎn 冕冠塞耳者。从糸冘聲。臣鉉等曰：今俗別作髧，非是。都感切。

纓 yīng 冠系也。从糸嬰聲。於盈切。

紻 yǎng 纓卷也。从糸央聲。於兩切。

緌 ruí 系冠纓也。从糸委聲。儒隹切。

緄 gǔn 織帶也。从系昆聲。古本切。

紳 shēn 大帶也。从糸申聲。失人切。

繟 chǎn 帶緩也。从糸單聲。昌善切。

綬 shòu 韍維也。从糸受聲。植酉切。

組 zǔ 綬屬。其小者以爲冕纓。从糸且聲。則古切。

緺 guā 綬紫青也。从糸咼聲。古蛙切。

縌 nì 綬維也。从糸逆聲。宜戟切。

纂 zuǎn 似組而赤。从糸算聲。作管切。

紐 niǔ 系也。一曰結而可解。从糸丑聲。女久切。

綸 lún 青絲綬也。从糸侖聲。古還切。

綎 tīng 系綬也。从糸廷聲。他丁切。

縆 huán 緩也。从糸亘聲。胡官切。

繐 suì 細疏布也。从糸惠聲。私銳切。

纀 bó 頸連也。从糸，暴省聲。補各切。

紟 jīn 衣系也。从糸今聲。居音切。䋝，籀文从金。

緣 yuàn 衣純也。从糸彖聲。以絹切。

纀 pú 裳削幅謂之纀。从糸僕聲。博木切。

絝 kù 脛衣也。从糸夸聲。苦故切。

繑 qiāo 絝紐也。从糸喬聲。牽搖切。

緥 bǎo 小兒衣也。从糸保聲。臣鉉等曰：今俗作褓，非是。博抱切。

繜	zūn	薉貉中，女子無絝，以帛爲脛空，用絮補核，名曰繜衣，狀如襜褕。从糸尊聲。子昆切。
紴	bō	絛屬。从糸皮聲。讀若被，或讀若水波之波。博禾切。
絛	tāo	扁緒也。从糸攸聲。土刀切。
䋐	yuè	采彰也。一曰車馬飾。从糸戉聲。王伐切。
縱	zōng	䋐屬。从糸，从從省聲。足容切。
紃	xún	圜采也。从糸川聲。詳遵切。
緟	chóng	增益也。从糸重聲。直容切。
纕	rǎng	援臂也。从糸襄聲。汝羊切。
纗	zuī	維綱中繩。从糸巂聲。讀若畫，或讀若維。戶圭切。
綱	gāng	維紘繩也。从糸岡聲。古郎切。，古文綱。
縜	yún	持綱紐也。从糸員聲。《周禮》曰："縜寸。" 臣鉉等曰：縜，長寸也。爲贇切。
綅	qīn	絳綫也。从糸，侵省聲。《詩》曰："貝冑朱綅。" 子林切。
縷	lǚ	綫也。从糸婁聲。力主切。
綫	xiàn	縷也。从糸戔聲。私箭切。，古文綫。
⿰糸穴	xué	縷一枚也。从糸穴聲。乎決切。
縫	féng	以鍼紩衣也。从糸逢聲。符容切。
緁	qiè	緶衣也。从糸疌聲。七接切。，緁或从習。
紩	zhì	縫也。从糸失聲。直質切。
緛	ruǎn	衣戚也。从糸耎聲。而沇切。
⿰糸旦	zhàn	補縫也。从糸旦聲。丈莧切。
繕	shàn	補也。从糸善聲。時戰切。
絬	xiè	《論語》曰："絬衣長，短右袂。"从糸舌聲。私列切。
纍	léi	綴得理也。一曰大索也。从糸畾聲。力追切。
縭	lí	以絲介履也。从糸离聲。力知切。
緱	gōu	刀劍緱也。从糸侯聲。古侯切。
繄	yī	戟衣也。从糸殹聲。一曰赤黑色繒。烏雞切。
縿	shān	旌旗之斿也。从糸參聲。所銜切。
徽	huī	衺幅也。一曰三糾繩也。从糸，微省聲。許歸切。
⿱折糸	biē	扁緒也。一曰弩罥鉤帶。从糸折聲。并列切。
紉	rèn	繟繩也。从糸刃聲。女鄰切。
繩	shéng	索也。从糸，蠅省聲。食陵切。
⿰糸爭	zhēng	紆未縈繩。一曰急弦之聲。从糸爭聲。讀若旌。側莖切。
縈	yíng	收韏也。从糸，熒省聲。於營切。

絇 qú 纑繩絇也。从糸句聲。讀若鳩。其俱切。

縋 zhuì 以繩有所縣也。《春秋傳》曰："夜縋納師。"从糸追聲。持僞切。

絭 quàn 攘臂繩也。从糸𠔉聲。居願切。

緘 jiān 束篋也。从糸咸聲。古咸切。

縢 téng 緘也。从糸朕聲。徒登切。

編 biān 次簡也。从糸扁聲。布玄切。

維 wéi 車蓋維也。从糸隹聲。以追切。

絥 bèi 車絥也。从糸伏聲。平祕切。茯，絥或从艸。鞴，絥或从革葡聲。

𥿮 zhēng 乘輿馬飾也。从糸正聲。諸盈切。

綊 xié 𥿮綊也。从糸夾聲。胡頰切。

緐 fán 馬髦飾也。从糸每聲。《春秋傳》曰："可以稱旌緐乎？"附袁切。䋣，緐或从㚔。㚔，籀文弁。

繮 jiāng 馬紲也。从糸畺聲。居良切。

紛 fēn 馬尾韜也。从糸分聲。撫文切。

紂 zhòu 馬緧也。从糸，肘省聲。除柳切。

緧 qiū 馬紂也。从糸酋聲。七由切。

絆 bàn 馬縶也。从糸半聲。博幔切。

𦅈 xǔ 絆前兩足也。从糸須聲。《漢令》：蠻夷卒有𦅈。相主切。

紖 zhèn 牛系也。从糸引聲。讀若矤。直引切。

縼 xuàn 以長繩繫牛也。从糸旋聲。辭戀切。

縻 mí 牛轡也。从糸麻聲。靡爲切。𦀚，縻或从多。

紲 xiè 系也。从糸世聲。《春秋傳》曰："臣負羈紲。"私列切。緤，紲或从枼。

纆 mò 索也。从糸黑聲。莫北切。

緪 gēng 大索也。一曰急也。从糸恆聲。古恆切。

繘 yù 綆也。从糸矞聲。余聿切。𦃇，古文从絲。𦇧，籀文繘。

綆 gěng 汲井綆也。从糸更聲。古杏切。

絠 ǎi 彈彄也。从糸有聲。弋宰切。又，古亥切。

繳 zhuó 生絲縷也。从糸敫聲。之若切。

繴 bì 繴謂之罿，罿謂之罬，罬謂之罦。捕鳥覆車也。从糸辟聲。博戹切。

緍 mín 釣魚繁也。从糸昏聲。吳人解衣相被，謂之緍。武巾切。

絮 xù 敝緜也。从糸如聲。息據切。

絡 luò 絮也。一曰麻未漚也。从糸各聲。盧各切。

纊 kuàng 絮也。从糸廣聲。《春秋傳》曰："皆如挾纊。"苦謗切。絖，纊

			或从光。
紙	zhǐ	紙	絮一苫也。从糸氏聲。諸氏切。
紑	fǔ	紑	治敝絮也。从糸音聲。芳武切。
絮	rú	絮	絜緼也。一曰敝絮。从糸奴聲。《易》曰："需有衣絮。"女余切。
繫	jì	繫	繫褫也。一曰惡絮。从糸毄聲。古詣切。
褫	lí	褫	繫褫也。一曰維也。从糸虒聲。郎兮切。
緝	jī	緝	績也。从糸咠聲。七入切。
絘	cì	絘	績所緝也。从糸次聲。七四切。
績	jī	績	緝也。从糸責聲。則歷切。
纑	lú	纑	布縷也。从糸盧聲。洛乎切。
紨	fū	紨	布也。一曰粗紬。从糸付聲。防無切。
繐	suì	繐	蜀細布也。从糸彗聲。祥歲切。
絺	chī	絺	細葛也。从糸希聲。丑脂切。
綌	xì	綌	粗葛也。从糸谷聲。綺戟切。帢，綌或从巾。
縐	zhòu	縐	絺之細也。《詩》曰："蒙彼縐絺。"一曰蹴也。从糸芻聲。側救切。
絟	quán	絟	細布也。从糸全聲。此緣切。
紵	zhù	紵	檾屬。細者爲絟，粗者爲紵。从糸宁聲。直呂切。𦁲，紵或从緒省。
緦	sī	緦	十五升布也。一曰兩麻一絲布也。从糸思聲。息兹切。𢇁，古文緦从糸省。
緆	xī	緆	細布也。从糸易聲。先擊切。𪎌，緆或从麻。
緰	tóu	緰	緰貲，布也。从糸俞聲。度侯切。
縗	cuī	縗	服衣。長六寸，博四寸，直心。从糸衰聲。倉回切。
絰	dié	絰	喪首戴也。从糸至聲。臣鉉等曰：當从姪省乃得聲。徒結切。
緶	biàn	緶	交枲也。一曰緁衣也。从糸便聲。房連切。
絗	huà	絗	履也。一曰青絲頭履也。讀若阡陌之陌。从糸戶聲。亡百切。
綳	běng	綳	枲履也。从糸封聲。博蠓切。
緉	liǎng	緉	履兩枚也。一曰絞也。从糸从兩，兩亦聲。力讓切。
絜	jié	絜	麻一耑也。从糸㓞聲。古屑切。
繆	móu	繆	枲之十絜也。一曰綢繆。从糸翏聲。武彪切。
綢	chóu	綢	繆也。从糸周聲。直由切。
緼	yùn	緼	紼也。从糸昷聲。於云切。
紼	fú	紼	亂系也。从糸弗聲。分勿切。
絣	bēng	絣	氐人殊縷布也。从糸并聲。北萌切。

紕 bǐ 氐人𦋺也。讀若《禹貢》玭珠。从糸比聲。卑履切。

𦋺 jì 西胡毳布也。从糸罽聲。居例切。

縊 yì 經也。从糸益聲。《春秋傳》曰："夷姜縊。"於賜切。

綏 suī 車中把也。从糸从妥。徐鍇曰："禮：升車必正立執綏。所以安也。當从爪从安省。《說文》無妥字。"息遺切。

彝 yí 宗廟常器也。从糸；糸，綦也。廾持米，器中寶也。彑聲。此與爵相似。《周禮》："六彝：雞彝、鳥彝、黃彝、虎彝、蟲彝、斝彝。以待祼將之禮。"以脂切。、，皆古文彝。

緻 zhì 密也。从糸致聲。直利切。

文二百四十八（當作文二百五十）　重三十一

緗 xiāng 帛淺黃色也。从糸相聲。息良切。

緋 fēi 帛赤色也。从糸非聲。甫微切。

緅 zōu 帛青赤色也。从糸取聲。子侯切。

繖 sǎn 蓋也。从糸散聲。穌旱切。

練 shū 布屬。从糸束聲。所菹切。

縡 zǎi 事也。从糸宰聲。子代切。

繾 qiǎn 繾綣，不相離也。从糸遣聲。去演切。

綣 quǎn 繾綣也。从糸卷聲。去阮切。

文九（當作文八）　新附

素部

素 sù 白緻繒也。从糸、𠂹，取其澤也。凡素之屬皆从素。桑故切。

𦃃 jú 素屬。从素𠬤聲。居玉切。

䋤 yuè 白約，縞也。从素勺聲。以灼切。

𦆑 lǜ 素屬。从素率聲。所律切。

䋿 chuò 𦅺也。从素卓聲。昌約切。，䋿或省。

𦅺 huǎn 䋿也。从素爰聲。胡玩切。，𦅺或省。

文六　重二

絲部

絲 sī 蠶所吐也。从二糸。凡絲之屬皆从絲。息兹切。

轡 pèi 馬轡也。从絲从叀。與連同意。《詩》曰：“六轡如絲。” 兵媚切。

𢇇 guān 織絹从糸貫杼也。从絲省，卝聲。 古還切。臣鉉等曰：卝，古磺字。

文三

率 部

率 shuài 捕鳥畢也。象絲罔，上下其竿柄也。凡率之屬皆从率。 所律切。

文一

虫 部

虫 huǐ 一名蝮，博三寸，首大如擘指。象其臥形。物之微細，或行，或毛，或蠃，或介，或鱗，以虫爲象。凡虫之屬皆从虫。 許偉切。

蝮 fù 虫也。从虫复聲。 芳目切。

螣 téng 神蛇也。从虫朕聲。 徒登切。

蚦 rán 大蛇。可食。从虫冄聲。 人占切。

螼 qǐn 螾也。从虫堇聲。 弃忍切。

螾 yǐn 側行者。从虫寅聲。 余忍切。 蚓，螾或从引。

蝓 wēng 蟲，在牛馬皮者。从虫翁聲。 烏紅切。

蠑 zōng 蝓蠑也。从虫從聲。 子紅切。

蠁 xiǎng 知聲蟲也。从虫鄉聲。 許兩切。 ⿰虫向，司馬相如：蠁从向。

蛁 diāo 蟲也。从虫召聲。 都僚切。

蠿 cuì 蟲也。从虫毇聲。 祖外切。

蛹 yǒng 繭蟲也。从虫甬聲。 余隴切。

蜺 guī 蛹也。从虫鬼聲。讀若潰。 胡罪切。

蛕 huí 腹中長蟲也。从虫有聲。 戶恢切。

蟯 náo 腹中短蟲也。从虫堯聲。 如招切。

雖 suī 似蜥蜴而大。从虫唯聲。 息遺切。

虺 huǐ 虺以注鳴。《詩》曰：“胡爲虺蜥。” 从虫兀聲。 臣鉉等曰：兀非聲，未詳。許偉切。

蜥 xī 蜥易也。从虫析聲。 先擊切。

蝘 yǎn 在壁曰蝘蜓，在艸曰蜥易。从虫匽聲。 於殄切。 ⿱匽䖵，蝘或从䖵。

蜓 diàn 蝘蜓也。从虫廷聲。一曰螾蜓。 徒典切。

蚖 yuán 榮蚖，蛇醫，以注鳴者。从虫元聲。 愚袁切。

蠸 quán 蟲也。一曰大螫也。讀若蜀都布名。从虫雚聲。 巨員切。

螟 míng 蟲，食穀葉者。吏冥冥犯法卽生螟。从虫从冥，冥亦聲。 莫經切。

蟦 tè 蟲食苗葉者。吏乞貸則生蟦。从虫从貸，貸亦聲。《詩》曰：“去其螟蟦。” 臣鉉等曰：今俗作蚮，非是。徒得切。

蟣 jǐ 蝨子也。一曰齊謂蛭曰蟣。从虫幾聲。 居狶切。

蛭 zhì 蟣也。从虫至聲。 之日切。

蝚 róu 蛭蝚，至掌也。从虫柔聲。 耳由切。

蛣 jié 蛣蚰，蝎也。从虫吉聲。 去吉切。

蚰 qū 蛣蚰也。从虫出聲。 區勿切。

蟫 yín 白魚也。从虫覃聲。 余箴切。

蛵 xīng 丁蛵，負勞也。从虫巠聲。 戶經切。

蜭 hàn 毛蠹也。从虫臽聲。 乎感切。

蟜 jiǎo 蟲也。从虫喬聲。 居夭切。

𧉮 cì 毛蟲也。从虫𢦏聲。 千志切。

蠆 kuí 蠆也。从虫圭聲。 烏蝸切。

蚔 qí 蠆也。从虫氏聲。 巨支切。

蠆 chài 毒蟲也。象形。 丑芥切。，蠆或从䖵。

蝤 qiú 蝤蠀也。从虫酋聲。 字秋切。

蠀 qí 蠀蠹也。从虫齊聲。 徂兮切。

蝎 hé 蝤蠀也。从虫曷聲。 胡葛切。

強 qiáng 蚚也。从虫弘聲。 徐鍇曰：“弘與强聲不相近，秦刻石文从口。疑从籀文省。” 巨良切。，籀文强从䖵从彊。

蚚 qí 强也。从虫斤聲。 巨衣切。

蜀 shǔ 葵中蠶也。从虫，上目象蜀頭形，中象其身蜎蜎。《詩》曰：“蜎蜎者蜀。” 市玉切。

蠲 juān 馬蠲也。从虫、目，益聲。了，象形。《明堂月令》曰：“腐艸爲蠲。” 古玄切。

螕 bī 齧牛蟲也。从虫𣬉聲。 邊兮切。

蠖 huò 尺蠖，屈申蟲。从虫蒦聲。 烏郭切。

蝝 yuán 復陶也。劉歆說：蝝，蚍蜉子。董仲舒說：蝗子也。从虫彖聲。 與專切。

螻 lóu 螻蛄也。从虫婁聲。一曰螜天螻。 洛侯切。

蛄 gū 螻蛄也。从虫古聲。 古乎切。

蠪 lóng 丁螘也。从虫龍聲。 盧紅切。

蛾 yǐ 羅也。从虫我聲。 臣鉉等案：《爾雅》：蛾羅，蠶蛾也。䖵部已有蝨。或作螘。此重出。五何切。

螘 yǐ 蚍蜉也。从虫豈聲。魚綺切。

蚳 chí 螘子也。从虫氐聲。《周禮》有蚳醢。讀若祁。直尼切。，籀文蚳从蚰。，古文蚳从辰、土。

蠜 fán 𠂤蠜也。从虫樊聲。附袁切。

蟀 shuài 悉蟀也。从虫帥聲。臣鉉等曰：今俗作蟀，非是。所律切。

蝒 mián 馬蜩也。从虫面聲。武延切。

蟷 dāng 蟷蠰，不過也。从虫當聲。都郎切。

蠰 náng 蟷蠰也。从虫襄聲。汝羊切。

蜋 láng 堂蜋也。从虫良聲。一名斫父。魯當切。

蛸 xiāo 蟲蛸，堂蜋子。从虫肖聲。相邀切。

蛢 píng 蟜蟥，以翼鳴者。从虫并聲。薄經切。

蟜 yù 蟜蟥也。从虫矞聲。余律切。

蟥 huáng 蟜蟥也。从虫黄聲。乎光切。

䗐 shī 蛄䗐，强芈也。从虫施聲。式支切。

蛄 zhān 蛄斯，墨也。从虫占聲。職廉切。

蜆 xiàn 縊女也。从虫見聲。胡典切。

蜰 féi 盧蜰也。从虫肥聲。符非切。

蜬 jué 渠蜬。一曰天社。从虫却聲。其虐切。

蠣 guǒ 蠣蠃，蒲盧，細要土蠭也。天地之性，細要純雄無子。《詩》曰："螟蠕有子，蠣蠃負之。"从虫㝁聲。古火切。，蠣或从果。

蠃 luǒ 蜾蠃也。从虫𣎆聲。一曰虒蝓。郎果切。

蠕 líng 螟蠕，桑蟲也。从虫霝聲。卽（當爲郎）丁切。

蛺 jiá 蛺蜨也。从虫夾聲。兼叶切。

蜨 dié 蛺蜨也。从虫疌聲。臣鉉等曰：今俗作蝶，非是。徒叶切。

蚩 chī 蟲也。从虫之聲。赤之切。

蝥 bān 螌蝥，毒蟲也。从虫般聲。布還切。

蝥 máo 螌蝥也。从虫敄聲。臣鉉等曰：今俗作蟊，非是。蟊卽䵹。蟊，蜘蛛之別名也。莫交切。

蟠 fán 鼠婦也。从虫番聲。附袁切。

蛜 yī 蛜威，委黍。委黍，鼠婦也。从虫，伊省聲。於脂切。

蜙 sōng 蜙蝑，以股鳴者。从虫松聲。息恭切。，蜙或省。臣鉉等曰：今俗作古紅切，以爲蜈蜙，蟲名。

蝑 xū 蜙蝑也。从虫胥聲。相居切。

蟅 zhè 蟲也。从虫庶聲。之夜切。

蝗 huáng 螽也。从虫皇聲。乎光切。

蜩 tiáo 蟬也。从虫周聲。《詩》曰：“五月鳴蜩。”徒聊切。，蜩或从舟。

蟬 chán 以旁鳴者。从虫單聲。市連切。

蜺 ní 寒蜩也。从虫兒聲。五雞切。

螇 xī 螇鹿，蛁蟟也。从虫奚聲。胡雞切。

蚗 jué 蛁蚗，蛁蟟也。从虫夬聲。於悅切。

蝒 mián 蛁蚗，蟬屬。讀若周天子赧。从虫丏聲。武延切。

蛚 liè 蜻蛚也。从虫列聲。良薛切。

蜻 jīng 蜻蛚也。从虫青聲。子盈切。

蛉 líng 蜻蛉也。从虫令聲。一名桑根。郎丁切。

蠓 měng 蠛蠓也。从虫蒙聲。莫孔切。

蟘 lüè 蟲蟘也。一曰蜉游。朝生莫死者。从虫㝃聲。离灼切。

蜹 ruì 秦晉謂之蜹，楚謂之蚊。从虫芮聲。而銳切。

蟰 xiāo 蟰蛸，長股者。从虫肅聲。穌彫切。

蝔 shěng 蟲也。从虫省聲。息正切。

蛶 liè 商何也。从虫寽聲。力輟切。

蜡 qù 蠅胆也。《周禮》：“蜡氏掌除骴。”从虫昔聲。鉏駕切。

蝡 ruǎn 動也。从虫耎聲。而沇切。

蚑 qí 行也。从虫支聲。巨支切。

蠉 xuān 蟲行也。从虫睘聲。香沇切。

蚩 chǎn 蟲曳行也。从虫中聲。讀若騁。丑善切。

螸 yú 螽醜螸，垂腴也。从虫欲聲。余足切。

蝙 shàn 蠅醜蝙，搖翼也。从虫扇聲。式戰切。

蛻 tuì 蛇蟬所解皮也。从虫，挩省。輸芮切。

蠚 hē 螫也。从虫，若省聲。呼各切。

螫 shì 蟲行毒也。从虫赦聲。施隻切。

蝁 è 蝮也。从虫亞聲。烏各切。

蛘 yǎng 搔蛘也。从虫羊聲。余兩切。

蝕 shí 敗創也。从虫、人、食，食亦聲。乘力切。

蛟 jiāo 龍之屬也。池魚滿三千六百，蛟來爲之長，能率魚飛。置笱水中，即蛟去。从虫交聲。古肴切。

螭 chī 若龍而黃，北方謂之地螻。从虫离聲。或云無角曰螭。丑知切。

虯 qiú 龍子有角者。从虫丩聲。渠幽切。

蜦 lún 蛇屬。黑色，潛于神淵，能興風雨。从虫侖聲。讀若戾艸。力屯

切。，蜦或从戾。

蠊 lián 海蟲也。長寸而白，可食。从虫兼聲。讀若嗛。力鹽切。

蜃 shèn 雉入海，化爲蜃。从虫辰聲。時忍切。

蛤 gé 蜃屬。有三，皆生於海。千歲化爲蛤，秦謂之牡厲。又云百歲燕所化。魁蛤，一名復累，老服翼所化。从虫合聲。古沓切。

螷 pí 階也。脩爲螷，圜爲蠇。从虫、庳。臣鉉等曰：今俗作蚲，或作蠯，非是。蒲猛切。

蝸 wō 蝸蠃也。从虫咼聲。亡華切。

蚌 bàng 蜃屬。从虫丰聲。步項切。

蠇 lì 蚌屬。似螊，微大，出海中，今民食之。从虫萬聲。讀若賴。力制切。

蝓 yú 虒蝓也。从虫俞聲。羊朱切。

蜎 yuān 蜎也。从虫肙聲。在（當爲汪）沇切。

蟺 shàn 夗蟺也。从虫亶聲。常演切。

蚴 yōu 蚴蟉也。从虫幽聲。於虯切。

蟉 liú 蚴蟉也。从虫翏聲。力幽切。

蟄 zhé 藏也。从虫執聲。直立切。

蚨 fú 青蚨，水蟲，可還錢。从虫夫聲。房無切。

蝌 jú 蝌黿，詹諸，以脰鳴者。从虫匊聲。居六切。

蝦 há 蝦蟆也。从虫叚聲。乎加切。

蟆 má 蝦蟆也。从虫莫聲。莫遐切。

蠵 xī 大龜也。以胃鳴者。从虫巂聲。戶圭切。，司馬相如說：蠵从夐。

螹 jiàn 螹離也。从虫，漸省聲。慈染切。

蠏 xiè 有二敖八足，旁行，非蛇鮮之穴無所庇。从虫解聲。胡買切。，蟹或从魚。

蛫 guǐ 蟹也。从虫危聲。過委切。

蜮 yù 短狐也。似鼈，三足，以气射害人。从虫或聲。于逼切。，蜮又从國。臣鉉等曰：今俗作古獲切，以爲蝦蟆之別名。

蚗 è 似蜥易，長一丈，水潛，吞人卽浮，出日南。从虫屰聲。吾各切。

蛧 wǎng 蛧蜽，山川之精物也。淮南王說：蛧蜽，狀如三歲小兒，赤黑色，赤目，長耳，美髮。从虫网聲。《國語》曰：木石之怪夔、蛧蜽。文兩切。

蜽 liǎng 蛧蜽也。从虫兩聲。臣鉉等曰：今俗別作魍魎，非是。良奬切。

蝯 yuán 善援，禺屬。从虫爰聲。臣鉉等曰：今俗別作猨，非是。雨元切。

蠗 zhuó 禺屬。从虫翟聲。首（當爲直）角切。

蜼 wèi 如母猴，卬鼻，長尾。从虫隹聲。余季切。

蚼 gǒu 北方肓蚼犬，食人。从虫句聲。古厚切。

蛩 qióng 蛩蛩，獸也。一曰秦謂蟬蛻曰蛩。从虫巩聲。渠容切。

蟨 jué 鼠也。一曰西方有獸，前足短，與蛩蛩、巨虛比，其名謂之蟨。从虫厥聲。居月切。

蝙 biān 蝙蝠也。从虫扁聲。布玄切。

蝠 fú 蝙蝠，服翼也。从虫畐聲。方六切。

蠻 mán 南蠻，蛇穜。从虫䜌聲。莫還切。

閩 mǐn 東南越，蛇穜。从虫門聲。武巾切。

虹 hóng 螮蝀也。狀似蟲。从虫工聲。《明堂月令》曰："虹始見。"戶工切。，籀文虹从申。申，電也。

螮 dì 螮蝀，虹也。从虫帶聲。都計切。

蝀 dòng 螮蝀也。从虫東聲。多貢切。

蠥 niè 衣服、歌謠、艸木之怪，謂之祥。禽獸、蟲蝗之怪，謂之蠥。从虫辥聲。魚列切。

文一百五十三 重十五

蜑 dàn 南方夷也。从虫延聲。徒旱切。

蟪 huì 蟪蛄，蟬也。从虫惠聲。胡桂切。

蠛 miè 蠛蠓，細蟲也。从虫蔑聲。亡結切。

虴 zhé 虴蜢，艸上蟲也。从虫乇聲。陟格切。

蜢 měng 虴蜢也。从虫孟聲。莫杏切。

蟋 xī 蟋蟀也。从虫悉聲。息七切。

螳 táng 螳蜋也。从虫堂聲。徒郎切。

文七 新附

䖵 部

䖵 kūn 蟲之總名也。从二虫。凡䖵之屬皆从䖵。讀若昆。古魂切。

蠶 cán 任絲也。从䖵朁聲。昨含切。

蝨 é 蠶化飛蟲。从䖵我聲。五何切。，或从虫。

蚤 zǎo 齧人跳蟲。从䖵叉聲。叉，古爪字。子皓切。，蚤或從虫。

蝨 shī 齧人蟲。从䖵卂聲。所櫛切。

螽 zhōng 蝗也。从䖵夂聲。夂，古文終字。職戎切。，螽或从虫眾聲。

蟁 zhǎn 蟲也。从䖵，展省聲。知衍切。

蠽 jié 小蟬蜩也。从蚰截聲。子列切。

蠿 zhuō 蠿蟊，作罔蛛蟊也。从蚰𢇍聲。𢇍，古絶字。側八切。

蟊 máo 蠿蟊也。从蚰矛聲。莫交切。

𧓍 níng 蟲也。从蚰寍聲。奴丁切。

蠤 cáo 齏蠤也。从蚰曹聲。財牢切。

𧒂 xiá 螻蛄也。从蚰𡪢聲。胡葛切。

蠯 pí 蠯蛸也。从蚰卑聲。匹標切。，蠯或从虫。

蠭 fēng 飛蟲螫人者。从蚰逢聲。敷容切。，古文省。

蠠 mì 蠭甘飴也。一曰螟子。从蚰鼏聲。彌必切。，蠠或从宓。

𧒭 qú 𧒭蝚也。从蚰巨聲。强魚切。

蟁 wén 齧人飛蟲。从蚰民聲。無分切。，蟁或从昬，以昬時出也。，俗蟁从虫从文。

蝱 méng 齧人飛蟲。从蚰亡聲。武庚切。

蠹 dù 木中蟲。从蚰橐聲。當故切。，蠹或从木，象蟲在木中形，譚長說。

蠡 lǐ 蟲齧木中也。从蚰彖聲。盧啓切。，古文。

𧒹 qiú 多足蟲也。从蚰求聲。巨鳩切。，𧒹或从虫。

𧕦 fú 蚍𧕦也。从蚰𣝣聲。縛牟切。，𧕦或从虫从孚。

𧔺 juǎn 蟲食也。从蚰雋聲。子兖切。

蠢 chǔn 蟲動也。从蚰春聲。尺尹切。，古文蠢从𢦏。《周書》曰：“我有𢧵于西。”

文二十五　重十三

蟲 部

蟲 chóng 有足謂之蟲，無足謂之豸。从三虫。凡蟲之屬皆从蟲。直弓切。

蟊 máo 蟲食艸根者。从蟲，象其形。吏抵冒取民財則生。徐鍇曰：“唯此一字象蟲形，不从矛，書者多誤。”莫浮切。，蟊或从敄。臣鉉等按：虫部已有，莫交切。作螌蝥蟲。此重出。，古文蟊从虫从牟。

𧖑 pí 蚍蜉，大螘也。从蟲𣬉聲。房脂切。，𧖑或从虫比聲。

𧗊 lìn 蟁也。从蟲㒼聲。武巾切。

𧕿 fěi 臭蟲，負蠜也。从蟲非聲。房未切。，𧕿或从虫。

蠱 gǔ 腹中蟲也。《春秋傳》曰：“皿蟲爲蠱。”晦淫之所生也。梟桀死之鬼亦爲蠱。从蟲从皿。皿，物之用也。公戶切。

文六　重四

風部

風 fēng 八風也。東方曰明庶風，東南曰清明風，南方曰景風，西南曰涼風，西方曰閶闔風，西北曰不周風，北方曰廣莫風，東北曰融風。風動蟲生。故蟲八日而化。从虫凡聲。凡風之屬皆从風。方戎切。，古文風。

䬆 liáng 北風謂之䬆。从風，涼省聲。呂張切。

䬕 xuè 小風也。从風朮聲。翾聿切。

飆 biāo 扶搖風也。从風猋聲。甫遙切。，飆或从包。

飄 piāo 回風也。从風票聲。撫招切。

颯 sà 翔風也。从風立聲。穌合切。

飂 liú 高風也。从風翏聲。力求切。

䬍 hū 疾風也。从風从忽，忽亦聲。呼骨切。

䬁 wèi 大風也。从風胃聲。王勿切。

䬀 yù 大風也。从風日聲。于筆切。

颺 yáng 風所飛揚也。从風昜聲。與章切。

𩗬 lì 風雨暴疾也。从風利聲。讀若栗。力質切。

颲 liè 烈風也。从風𠛱聲。讀若𠛱。良薛切。

文十三　重二

颸 sī 涼風也。从風思聲。息茲切。

颼 sōu 颼飂也。从風叜聲。所鳩切。

颭 zhǎn 風吹浪動也。从風占聲。隻冉切。

文三　新附

它部

它 tā 虫也。从虫而長，象冤曲垂尾形。上古艸居患它，故相問無它乎。凡它之屬皆从它。託何切。，它或从虫。臣鉉等曰：今俗作食遮切。

文一　重一

龜部

龜 guī 舊也。外骨內肉者也。从它，龜頭與它頭同。天地之性，廣肩無

雄；龜鼈之類，以它爲雄。象足甲尾之形。凡龜之屬皆从龜。居追切。，古文龜。

䶮 tóng　龜名。从龜夂聲。夂，古文終字。徒冬切。

龘 rán　龜甲邊也。从龜冄聲。天子巨龘，尺有二寸，諸矦尺，大夫八寸，士六寸。没（當爲汝）閻切。

文三　重一

黽　部

黽 měng　鼃黽也。从它，象形。黽頭與它頭同。臣鉉等曰：色，其腹也。凡黽之屬皆从黽。莫杏切。，籒文黽。

鼈 biē　甲蟲也。从黽敝聲。并列切。

黿 yuán　大鼈也。从黽元聲。愚袁切。

鼃 wā　蝦蟇也。从黽圭聲。烏媧切。

鼀 cù　圥鼀，詹諸也。其鳴詹諸，其皮鼀鼀，其行圥圥。从黽从圥，圥亦聲。七宿切。，鼀或从酋。

䵹 shī　䶊䵹，詹諸也。《詩》曰：“得此䶊䵹。”言其行䵹䵹。从黽爾聲。式支切。

鼉 tuó　水蟲。似蜥易，長大。从黽單聲。徒何切。

鼷 xí　水蟲也。薉貉之民食之。从黽奚聲。胡雞切。

鼩 qú　鼷屬，頭有兩角，出遼東。从黽句聲。其俱切。

蠅 yíng　營營青蠅。蟲之大腹者。从黽从虫。余陵切。

鼅 zhī　鼅鼄，鼄也。从黽，𣋼省聲。陟离切。，或从虫。

鼄 zhū　鼅鼄也。从黽朱聲。陟輸切。，鼄或从虫。

鼂 cháo　匽鼂也。讀若朝。楊雄說：匽鼂，蟲名。杜林以爲朝旦，非是。从黽从旦。臣鉉等曰：今俗作晁。直遥切。，篆文从皀。

文十三　重五

鼇 áo　海大鼈也。从黽敖聲。五牢切。

文一　新附

卵　部

卵 luǎn　凡物無乳者卵生。象形。凡卵之屬皆从卵。盧管切。

毈 duàn　卵不孚也。从卵段聲。徒玩切。

文二

二 部

二 èr 二 地之數也。从偶一。凡二之屬皆从二。 而至切。 弍，古文。

亟 jí 亟 敏疾也。从人从口，从又从二。二，天地也。 徐鍇曰："承天之時，因地之利，口謀之，手執之，時不可失，疾也。"紀力切。又，去吏切。

恆 héng 恆 常也。从心从舟，在二之閒上下。心以舟施，恆也。 胡登切。 死，古文恆从月。《詩》曰："如月之恆。"

亘 xuān 亘 求亘也。从二从回。回，古文回，象亘回形。上下，所求物也。 徐鍇曰："回，風回轉，所以宣陰陽也。"須緣切。

竺 dǔ 竺 厚也。从二竹聲。 冬毒切。

凡 fán 凡 最括也。从二，二，偶也。从乃，乃，古文及。 浮芝切。

文六 重二

土 部

土 tǔ 土 地之吐生物者也。二象地之下、地之中，物出形也。凡土之屬皆从土。 它魯切。

地 dì 地 元气初分，輕清陽爲天，重濁陰爲地。萬物所陳列也。从土也聲。 徒内（當爲四）切。 墬，籀文地从隊。

坤 kūn 坤 地也。《易》之卦也。从土从申。土位在申。 苦昆切。

垓 gāi 垓 兼垓八極地也。《國語》曰："天子居九垓之田。"从土亥聲。 古哀切。

墺 ào 墺 四方土可居也。从土奥聲。 於六切。 坶，古文墺。

堣 yú 堣 堣夷，在冀州陽谷。立春日，日值之而出。从土禺聲。《尚書》曰："宅堣夷。" 噳俱切。

坶 mù 坶 朝歌南七十里地。《周書》："武王與紂戰于坶野。"从土母聲。 莫六切。

坡 pō 坡 阪也。从土皮聲。 滂禾切。

坪 píng 坪 地平也。从土从平，平亦聲。 皮命切。

均 jūn 均 平徧也。从土从勻，勻亦聲。 居勻切。

壤 rǎng 壤 柔土也。从土襄聲。 如兩切。

塙 què 塙 堅不可拔也。从土高聲。 苦角切。

墽 qiāo 墽 磽也。从土敫聲。 口交切。

壚 lú 壚 剛土也。从土盧聲。 洛乎切。

垟 xīng 垟 赤剛土也。从土，鮮省聲。 息營切。

埴 zhí 埴 黏土也。从土直聲。常職切。

坴 lù 坴 土塊坴坴也。从土圥聲。讀若逐。一曰坴梁。力竹切。

堚 hún 堚 土也。洛陽有大堚里。从土軍聲。戶昆切。

墣 pú 墣 塊也。从土菐聲。匹角切。圤，墣或从卜。

凷 kuài 凷 墣也。从土，一屈象形。苦對切。塊，凷或从鬼。

堛 bì 堛 凷也。从土畐聲。芳逼切。

堫 zōng 堫 穜也。一曰内其中也。从土㚇聲。子紅切。

塍 chéng 塍 稻中畦也。从土朕聲。食陵切。

坺 bá 坺 治也。一曰臿土謂之坺。《詩》曰："武王載坺。"一曰塵皃。从土犮聲。蒲撥切。

坄 yì 坄 陶竈窻也。从土，役省聲。營隻切。

基 jī 基 牆始也。从土其聲。居之切。

垣 yuán 垣 牆也。从土亘聲。雨元切。𩫨，籀文垣从𩫖。

圪 yì 圪 牆高也。《詩》曰："崇墉圪圪。"从土气聲。魚迄切。

堵 dǔ 堵 垣也。五版爲一堵。从土者聲。當古切。𩫵，籀文从𩫖。

壁 bì 壁 垣也。从土辟聲。比激切。

㙩 liáo 㙩 周垣也。从土尞聲。力沼切。

堨 yè 堨 壁間隙也。从土曷聲。讀若謁。魚列切。

埒 liè 埒 卑垣也。从土寽聲。力輟切。

堪 kān 堪 地突也。从土甚聲。口含切。

堀 kū 堀 突也。《詩》曰："蜉蝣堀閱。"从土，屈省聲。苦骨切。

堂 táng 堂 殿也。从土尚聲。徒郎切。坣，古文堂。𩫞，籀文堂从高省。

垛 duǒ 垛 堂塾也。从土朵聲。丁果切。

坫 diàn 坫 屏也。从土占聲。都念切。

㙙 lǒng 㙙 涂也。从土浝聲。臣鉉等案：水部已有，此重出。力湩切。

垷 xiàn 垷 涂也。从土見聲。胡典切。

墐 jìn 墐 涂也。从土堇聲。渠吝切。

墍 xì 墍 仰涂也。从土既聲。其冀切。

堊 è 堊 白涂也。从土亞聲。烏各切。

墀 chí 墀 涂地也。从土犀聲。《禮》："天子赤墀。"直泥切。

墼 jī 墼 瓴適也。一曰未燒也。从土毄聲。古歷切。

坌 fèn 坌 埽除也。从土弁聲。讀若糞。方問切。

埽 sǎo 埽 棄也。从土从帚。穌老切。

在 zài 在 存也。从土才聲。昨代切。

坐 zuò 坐 止也。从土，从畱省。土，所止也。此與畱同意。徂臥切。𡋾，

古文坐。

坁 zhǐ 箸也。从土氏聲。諸氏切。

塡 tián 塞也。从土眞聲。陟鄰切。今待季切。

坦 tǎn 安也。从土旦聲。他但切。

坒 bì 地相次比也。衞大夫貞子名坒。从土比聲。毗至切。

堤 dǐ 滯也。从土是聲。丁礼切。

壎 xūn 樂器也。以土爲之，六孔。从土熏聲。況袁切。

封 fēng 爵諸侯之土也。从之从土从寸，守其制度也。公侯，百里；伯，七十里；子男，五十里。徐鍇曰："各之其土也。會意。"府容切。𡉚，古文封省。𡊜，籒文从丰。

璽 xǐ 王者印也。所以主土。从土爾聲。斯氏切。璽，籒文从玉。

墨 mò 書墨也。从土从黑，黑亦聲。莫北切。

垸 huán 以桼和灰而髤也。从土完聲。一曰補垸。胡玩切。

型 xíng 鑄器之法也。从土刑聲。戶經切。

埻 zhǔn 射臬也。从土𦎫聲。讀若準。之允切。

塒 shí 雞棲垣爲塒。从土時聲。市之切。

城 chéng 以盛民也。从土从成，成亦聲。氏征切。𩫨，籒文城从𩫏。

墉 yōng 城垣也。从土庸聲。余封切。𩫖，古文墉。

堞 dié 城上女垣也。从土葉聲。徒叶切。

坎 kǎn 陷也。从土欠聲。苦感切。

墊 diàn 下也。《春秋傳》曰："墊隘。"从土執聲。都念切。

坻 chí 小渚也。《詩》曰："宛在水中坻。"从土氏聲。直尼切。汷，坻或从水从夊。渚，坻或从水从耆。

㙷 zhí 下入也。从土㬎聲。敕立切。

垎 hè 水乾也。一曰堅也。从土各聲。胡格切。

垐 cí 以土增大道上。从土次聲。疾資切。堲，古文垐从土、即。《虞書》曰："龍，朕堲讒說殄行。"堲，疾惡也。

增 zēng 益也。从土曾聲。作滕切。

埤 pí 增也。从土卑聲。符支切。

坿 fù 益也。从土付聲。符遇切。

塞 sài 隔也。从土从寒。先代切。

圣 kū 汝潁之閒謂致力於地曰圣。从土从又。讀若兔窟。苦骨切。

垍 jì 堅土也。从土自聲。讀若臮。其冀切。

埱 chù 气出土也。一曰始也。从土叔聲。昌六切。

埵 duǒ 堅土也。从土埀聲。讀若朵。丁果切。

埐	jīn	地也。从土㑴聲。子林切。
堅	jù	土積也。从土，从聚省。才句切。
壔	dǎo	保也。高土也。从土𠷎聲。讀若毒。都皓切。
培	péi	培敦。土田山川也。从土咅聲。薄回切。
埩	zhēng	治也。从土爭聲。疾郢切。
墇	zhàng	擁也。从土章聲。之亮切。
堋	cè	遏遮也。从土則聲。初力切。
垠	yín	地垠也。一曰岸也。从土艮聲。語斤切。圻，垠或从斤。
墠	shàn	野土也。从土單聲。常衍切。
垑	chǐ	恃也。从土多聲。尺氏切。
壘	lěi	軍壁也。从土畾聲。力委切。
垝	guǐ	毀垣也。从土危聲。《詩》曰：“乘彼垝垣。”過委切。陒，垝或从𨸏。
圮	pǐ	毀也。《虞書》曰：“方命圮族。”从土己聲。符鄙切。𢳆，圮或从手从非，配省聲。
垔	yīn	塞也。《尚書》曰：“鯀垔洪水。”从土西聲。於真切。𡋯，古文垔。
壍	qiàn	阬也。一曰大也。从土斬聲。七豔切。
埂	gěng	秦謂阬爲埂。从土更聲。讀若井汲綆。古杏切。
壙	kuàng	塹穴也。一曰大也。从土廣聲。苦謗切。
塏	kǎi	高燥也。从土豈聲。苦亥切。
毀	huǐ	缺也。从土，㲉省聲。許委切。𣪍，古文毀从壬。
壓	yā	壞也。一曰塞補。从土厭聲。烏狎切。
壞	huài	敗也。从土褱聲。下怪切。𡊮，古文壞省。[illegible]，籒文壞。臣鉉等按：攴部有敦，此重出。
坷	kě	坎坷也。梁國甯陵有坷亭。从土可聲。康我切。
墟	xià	㙐也。从土虖聲。呼訝切。罅，墟或从自。
㙐	chè	裂也。《詩》曰：“不㙐不疈。”从土㡿聲。丑格切。
坱	yǎng	塵埃也。从土央聲。於亮切。
塺	méi	塵也。从土麻聲。亡果切。
塿	lǒu	塺土也。从土婁聲。洛侯切。
坋	fèn	塵也。从土分聲。一曰大防也。房吻切。
埲	fèi	塵也。从土非聲。房未切。
埃	āi	塵也。从土矣聲。烏開切。
堅	yī	塵埃也。从土殹聲。烏雞切。

垽 yìn 澱也。从土沂聲。魚僅切。

垢 gòu 濁也。从土后聲。古厚切。

㙪 yì 天陰塵也。《詩》曰："㙪㙪其陰。"从土壹聲。於計切。

坏 pī 丘再成者也。一曰瓦未燒。从土不聲。芳桮切。

垤 dié 螘封也。《詩》曰："鸛鳴于垤。"从土至聲。徒結切。

坥 qū 益州部謂蟥場曰坥。从土且聲。七余切。

埍 juǎn 徒隸所居也。一曰女牢。一曰亭部。从土肙聲。古泫切。

壡 kū 囚突出也。从土叡聲。胡八切。

瘞 yì 幽薶也。从土㾜聲。於罽切。

堋 bèng 喪葬下土也。从土朋聲。《春秋傳》曰："朝而堋。"《禮》謂之封，《周官》謂之窆。《虞書》曰："堋淫于家。"方鄧切。

垗 zhào 畔也。爲四時界，祭其中。《周禮》曰："垗五帝於四郊。"从土兆聲。治小切。

塋 yíng 墓也。从土，熒省聲。余傾切。

墓 mù 丘也。从土莫聲。莫故切。

墳 fén 墓也。从土賁聲。符分切。

壟 lǒng 丘壠也。从土龍聲。力踵切。

壇 tán 祭場也。从土亶聲。徒干切。

場 cháng 祭神道也。一曰田不耕。一曰治穀田也。从土昜聲。直良切。

圭 guī 瑞玉也。上圜下方。公執桓圭，九寸；矦執信圭，伯執躬圭，皆七寸；子執穀璧，男執蒲璧，皆五寸。以封諸矦。从重土。楚爵有執圭。古畦切。珪，古文圭从玉。

圯 yí 東楚謂橋爲圯。从土巳聲。與之切。

垂 chuí 遠邊也。从土𠂹聲。是爲切。

堀 kū 兔堀也。从土屈聲。苦骨切。

文一百三十一　重二十六

塗 tú 泥也。从土涂聲。同都切。

塓 mì 塗也。从土冥聲。莫狄切。

埏 yán 八方之地也。从土延聲。以然切。

埸 yì 疆也。从土易聲。羊益切。

境 jìng 疆也。从土竟聲。經典通用竟。居領切。

塾 shú 門側堂也。从土孰聲。殊六切。

墾 kěn 耕也。从土豤聲。康很切。

塘 táng 隄也。从土唐聲。徒郎切。

坳 āo 坳 地不平也。从土幼聲。於交切。

壒 ài 壒 塵也。从土蓋聲。於蓋切。

墜 zhuì 墜 陊也。从土隊聲。古通用磙。直類切。

塔 tǎ 塔 西域浮屠也。从土荅聲。土盍切。

坊 fāng 坊 邑里之名。从土方聲。古通用埅。府良切。

文十三 新附

垚 部

垚 yáo 垚 土高也。从三土。凡垚之屬皆从垚。吾聊切。

堯 yáo 堯 高也。从垚在兀上，高遠也。吾聊切。㚁，古文堯。

文二 重一

堇 部

堇 qín 堇 黏土也。从土，从黄省。凡堇之屬皆从堇。巨斤切。𡋬、𡎸，皆古文堇。

艱 jiān 艱 土難治也。从堇艮聲。古閑切。囏，籀文艱从喜。

文二 重三

里 部

里 lǐ 里 居也。从田从土。凡里之屬皆从里。良止切。

釐 lí 釐 家福也。从里𠩺聲。里之切。

野 yě 野 郊外也。从里予聲。羊者切。壄，古文野从里省，从林。

文三 重一

田 部

田 tián 田 陳也。樹穀曰田。象四口。十，阡陌之制也。凡田之屬皆从田。待秊切。

町 tīng 町 田踐處曰町。从田丁聲。他頂切。

畮 ruán 畮 城下田也。一曰畮，郤也。从田耎聲。而緣切。

疇 chóu 疇 耕治之田也。从田，象耕屈之形。直由切。𠃬，疁或省。

疁 liú 疁 燒穜也。《漢律》曰："疁田茠艸。"从田翏聲。力求切。

畬 yú 三歲治田也。《易》曰：“不菑畬田。”从田余聲。以諸切。

睬 róu 和田也。从田柔聲。耳由切。

畸 jī 殘田也。从田奇聲。居宜切。

𤰞 cuó 殘田也。《詩》曰：“天方薦嗟。”从田差聲。昨何切。

畮 mǔ 六尺爲步，步百爲畮。从田每聲。莫厚切。畞，畮或从田、十、久。臣鉉等曰：十，四方也。久聲。

甸 diàn 天子五百里地。从田，包省。堂練切。

畿 jī 天子千里地。以遠近言之，則言畿也。从田，幾省聲。巨衣切。

畦 qí 田五十畝曰畦。从田圭聲。戶圭切。

畹 wǎn 田三十畝也。从田宛聲。於阮切。

畔 pàn 田界也。从田半聲。薄半切。

畍 jiè 境也。从田介聲。古拜切。

甿 gǎng 境也。一曰陌也。趙魏謂陌爲甿。从田亢聲。古郎切。

畷 zhuì 兩陌閒道也，廣六尺。从田叕聲。陟劣切。

畛 zhěn 井田閒陌也。从田㐱聲。之忍切。

畤 zhì 天地五帝所基址祭地。从田寺聲。右扶風有五畤。好畤、鄜畤皆黄帝時祭。或曰秦文公立也。周市切。

略 lüè 經略土地也。从田各聲。离約切。

當 dāng 田相值也。从田尚聲。都郎切。

畯 jùn 農夫也。从田夋聲。子峻切。

甿 méng 田民也。从田亡聲。武庚切。

疄 lìn 轢田也。从田粦聲。良刃切。

留 liú 止也。从田丣聲。力求切。

畜 chù 田畜也。《淮南子》曰：“玄田爲畜。”丑六切。𤲸，《魯郊禮》畜从田从兹。兹，益也。

疃 tuǎn 禽獸所踐處也。《詩》曰：“町疃鹿場。”从田童聲。土短切。

暢 chàng 不生也。从田昜聲。臣鉉等曰：借爲通暘之暘。今俗別作暢，非是。丑亮切。

文二十九　重三

畕部

畕 jiāng 比田也。从二田。凡畕之屬皆从畕。居良切。

畺 jiāng 界也。从畕；三，其界畫也。居良切。疆，畺或从彊、土。

文二　重一

黃部

黃 huáng 地之色也。从田从炗，炗亦聲。炗，古文光。凡黃之屬皆从黃。乎光切。𡕛，古文黃。

𪎭 xiān 赤黃也。一曰輕易人𪎭姁也。从黃夾聲。許兼切。

黇 tuān 黃黑色也。从黃耑聲。他耑切。

䵋 wěi 青黃色也。从黃有聲。呼辠切。

黇 tiān 白黃色也。从黃占聲。他兼切。

黊 huà 鮮明黃也。从黃圭聲。戶圭切。

文六　重一

男部

男 nán 丈夫也。从田从力。言男用力於田也。凡男之屬皆从男。那含切。

舅 jiù 母之兄弟爲甥，妻之父爲外甥。从男臼聲。其久切。

甥 shēng 謂我甥者，吾謂之甥也。从男生聲。所更切。

文三

力部

力 lì 筋也。象人筋之形。治功曰力，能圉大災。凡力之屬皆从力。林直切。

勳 xūn 能成王功也。从力熏聲。許云切。勛，古文勳从員。

功 gōng 以勞定國也。从力从工，工亦聲。古紅切。

助 zhù 左也。从力且聲。牀倨切。

勴 lǜ 助也。从力从非，慮聲。良倨切。

勑 lài 勞也。从力來聲。洛代切。

劼 jié 慎也。从力吉聲。《周書》曰："汝劼毖殷獻臣。"巨乙切。

務 wù 趣也。从力敄聲。亡遇切。

勥 qiǎng 迫也。从力强聲。巨良切。𢐋，古文从彊。

勱 mài 勉力也。《周書》曰："用勱相我邦家。"讀若萬。从力萬聲。莫話切。

劂 jué 勥也。从力厥聲。瞿月切。

勍 qíng 彊也。《春秋傳》曰："勍敵之人。"从力京聲。渠京切。

勁 jìng 彊也。从力巠聲。吉正切。

勉 miǎn 彊也。从力免聲。亡辨切。

劭 shào 勉也。从力召聲。讀若舜樂《韶》。寔照切。

勖 xù 勉也。《周書》曰："勖哉，夫子！"从力冒聲。許玉切。

勸 quàn 勉也。从力雚聲。去願切。

勝 shēng 任也。从力朕聲。識蒸切。

勶 chè 發也。从力从徹，徹亦聲。臣鉉等曰：今俗作撤，非是。丑列切。

勠 lù 并力也。从力翏聲。力竹切。

勨 xiàng 緐緩也。从力象聲。余兩切。

動 dòng 作也。从力重聲。徒總切。，古文動从辵。

𠠲 lèi 推也。从力畾聲。盧對切。

劣 liè 弱也。从力少聲。力輟切。

勞 láo 劇也。从力，熒省。熒，火燒冂，用力者勞。魯刀切。，古文勞从悉。

勮 jù 務也。从力豦聲。其據切。

勀 kè 尤極也。从力克聲。苦得切。

勩 yì 勞也。《詩》曰："莫知我勩。"从力貰聲。余制切。

勦 jiǎo 勞也。《春秋傳》曰："安用勦民？"从力巢聲。小子（當爲子小）切。又，楚交切。

券 juàn 勞也。从力，卷省聲。臣鉉等曰：今俗作倦，義同。渠卷切。

勤 qín 勞也。从力堇聲。巨巾切。

加 jiā 語相增加也。从力从口。古牙切。

𠢕 háo 健也。从力敖聲。讀若豪。五牢切。

勇 yǒng 气也。从力甬聲。余隴切。，勇或从戈、用。，古文勇从心。

勃 bó 排也。从力孛聲。蒲没切。

勡 piào 劫也。从力票聲。匹眇切。

劫 jié 人欲去，以力脅止曰劫。或曰以力止去曰劫。居怯切。

飭 chì 致堅也。从人从力，食聲。讀若敕。恥力切。

劾 hé 法有辠也。从力亥聲。胡槩切。

募 mù 廣求也。从力莫聲。莫故切。

文四十　重六

劬 qú 勞也。从力句聲。其俱切。

勢 shì 盛力，權也。从力埶聲。經典通用埶。舒制切。

勘 kàn 校也。从力甚聲。苦紺切。

辦 bàn 辦 致力也。从力辡聲。蒲莧切。

文四 新附

劦部

劦 xié 劦 同力也。从三力。《山海經》曰："惟號之山，其風若劦。"凡劦之屬皆从劦。胡頰切。

恊 xié 恊 同心之和。从劦从心。胡頰切。

勰 xié 勰 同思之和。从劦从思。胡頰切。

協 xié 協 眾之同和也。从劦从十。臣鉉等曰：十，眾也。胡頰切。旪，古文協从日、十。叶，或从口。

文一 重五（當作文四重二）

說文解字第十四

五十一部　六百三文　重七十四

凡八千七百一十七字

文十八　新附

金　部

金	jīn	金	五色金也。黄爲之長。久薶不生衣，百鍊不輕，从革不違。西方之行。生於土，从土；左右注，象金在土中形；今聲。凡金之屬皆从金。居音切。金，古文金。
銀	yín	銀	白金也。从金艮聲。語巾切。
鐐	liáo	鐐	白金也。从金尞聲。洛蕭切。
鋈	wù	鋈	白金也。从金，䒩省聲。烏酷切。
鉛	qiān	鉛	青金也。从金㕣聲。與專切。
錫	xī	錫	銀鉛之閒也。从金易聲。先擊切。
釿	yǐn	釿	錫也。从金引聲。羊晉切。
銅	tóng	銅	赤金也。从金同聲。徒紅切。
鏈	lián	鏈	銅屬。从金連聲。力延切。
鐵	tiě	鐵	黑金也。从金𢧜聲。天結切。鐡，鐵或省。銕，古文鐵从夷。
鍇	kǎi	鍇	九江謂鐵曰鍇。从金皆聲。苦駭切。
鋚	tiáo	鋚	鐵也。一曰轡首銅。从金攸聲。以周切。
鏤	lòu	鏤	剛鐵，可以刻鏤。从金婁聲。《夏書》曰："梁州貢鏤。"一曰鏤，釜也。盧候切。
鐼	fén	鐼	鐵屬。从金賁聲。讀若熏。火運切。
銑	xiǎn	銑	金之澤者。一曰小鑿。一曰鐘兩角謂之銑。从金先聲。穌典切。
鋻	jiàn	鋻	剛也。从金臤聲。古甸切。
鑗	lí	鑗	金屬。一曰剥也。从金黎聲。郎兮切。
録	lù	録	金色也。从金录聲。力玉切。
鑄	zhù	鑄	銷金也。从金壽聲。之戍切。

銷 xiāo 鑠金也。从金肖聲。相邀切。

鑠 shuò 銷金也。从金樂聲。書藥切。

鍊 liàn 冶金也。从金柬聲。郎甸切。

釘 dīng 鍊鉼黄金。从金丁聲。當經切。

錮 gù 鑄塞也。从金固聲。古慕切。

鑲 ráng 作型中腸也。从金襄聲。汝羊切。

鎔 róng 冶器法也。从金容聲。金（當爲余）封切。

鋏 jiá 可以持冶器鑄鎔者。从金夾聲。讀若漁人莢魚之莢。一曰若挾持。古叶切。

鍛 duàn 小冶也。从金段聲。丁貫切。

鋌 dìng 銅鐵樸也。从金廷聲。徒鼎切。

鐃 xiǎo 鐵文也。从金曉聲。呼鳥切。

鏡 jìng 景也。从金竟聲。居慶切。

鉹 chǐ 曲鉹也。从金多聲。一曰鬵鼎，讀若攡。一曰《詩》云“侈兮哆兮”。尺氏切。

鈃 xíng 似鍾而頸長。从金幵聲。戶經切。

鍾 zhōng 酒器也。从金重聲。職容切。

鑑 jiàn 大盆也。一曰監諸，可以取明水於月。从金監聲。革懺切。

鐈 qiáo 似鼎而長足。从金喬聲。巨嬌切。

鐆 suì 陽鐆也。从金隊聲。徐醉切。

鋞 xíng 温器也。圜直上。从金巠聲。戶經切。

鑴 xī 甇也。从金巂聲。戶圭切。

鑊 huò 鑴也。从金蒦聲。胡郭切。

鍑 fù 釜大口者。从金复聲。方副切。

鍪 móu 鍑屬。从金敄聲。莫浮切。

錪 tiǎn 朝鮮謂釜曰錪。从金典聲。他典切。

銼 cuò 鍑也。从金坐聲。昨禾切。

鏍 luó 銼鏍也。从金羸聲。魯戈切。

鉶 xíng 器也。从金荆聲。戶經切。

鎬 hào 温器也。从金高聲。武王所都，在長安西上林苑中，字亦如此。乎老切。

鏖 āo 温器也。一曰金器。从金麀聲。於刀切。

銚 yáo 温器也。一曰田器。从金兆聲。以招切。

鋀 dòu 酒器也。从金，𧯛象器形。大口切。𧯛，𧯛或省金。

鐎 jiāo 鐎斗也。从金焦聲。即消切。

鋗 xuān 小盆也。从金肙聲。火玄切。

鏏 wèi 鼎也。从金彗聲。讀若彗。于歲切。

鍵 jiàn 鉉也。一曰車轄。从金建聲。渠偃切。

鉉 xuàn 舉鼎也。《易》謂之鉉，《禮》謂之鼏。从金玄聲。胡犬切。

鋊 yù 可以句鼎耳及鑪炭。从金谷聲。一曰銅屑。讀若浴。余足切。

鎣 yìng 器也。从金，熒省聲。讀若銑。烏定切。

鑯 jiān 鐵器也。一曰鐫也。从金韱聲。臣鉉等曰：今俗作尖，非是。子廉切。

錠 dìng 鐙也。从金定聲。丁定切。

鐙 dēng 錠也。从金登聲。臣鉉等曰：錠中置燭，故謂之鐙。今俗別作燈，非是。都滕切。

鏶 jí 鍱也。从金集聲。秦入切。鍓，鏶或从咠。

鍱 yè 鏶也。从金葉聲。齊謂之鍱。與涉切。

鏟 chǎn 鏶也。一曰平鐵。从金產聲。初限切。

鑪 lú 方鑪也。从金盧聲。臣鉉等曰：今俗別作爐，非是。洛胡切。

鏇 xuàn 圜鑪也。从金旋聲。辭戀切。

⿰金虒 tí 器也。从金虒聲。杜兮切。

⿰金虜 lǔ 煎膠器也。从金虜聲。郎古切。

釦 kòu 金飾器口。从金从口，口亦聲。苦厚切。

錯 cuò 金涂也。从金昔聲。倉各切。

⿰金御 yǔ 鉏⿰金御也。从金御聲。魚舉切。鋙，⿰金御或从吾。

錡 yǐ 鉏⿰金御也。从金奇聲。江淮之閒謂釜曰錡。魚綺切。

鍤 chā 郭衣鍼也。从金臿聲。楚洽切。

鉥 shù 綦鍼也。从金术聲。食聿切。

鍼 zhēn 所以縫也。从金咸聲。臣鉉等曰：今俗作針，非是。職深切。

鈹 pī 大鍼也。一曰劒如刀裝者。从金皮聲。敷羈切。

鎩 shā 鈹有鐔也。从金殺聲。所拜切。

鈕 niǔ 印鼻也。从金丑聲。女久切。⿰王丑，古文鈕从玉。

銎 qiōng 斤釜穿也。从金巩聲。曲恭切。

鈭 zī 鈭錍，釜也。从金此聲。即移切。

錍 bēi 鈭錍也。从金卑聲。府移切。

鏨 zàn 小鑿也。从金从斬，斬亦聲。藏濫切。

鐫 juān 穿木鐫也。从金雋聲。一曰琢石也。讀若瀸。子全切。

鑿 záo 穿木也。从金，糳省聲。在各切。

銛 xiān 鍤屬。从金舌聲。讀若棪。桑欽讀若鎌。息廉切。

鈂 chén 臿屬。从金冘聲。直深切。

鮠 guǐ 鮠 臿屬。从金危聲。一曰瑩鐵也。讀若跛行。過委切。
鐅 piě 鐅 河内謂臿頭金也。从金敝聲。芳滅切。
錢 jiǎn 錢 銚也。古田器。从金戔聲。《詩》曰："庤乃錢鎛。"即淺切。又，昨先切。
钁 jué 钁 大鉏也。从金矍聲。居縛切。
鈐 qián 鈐 鈐𨰜，大犂也。一曰類枱。从金今聲。巨淹切。
𨰜 duò 𨰜 鈐𨰜也。从金隋聲。徒果切。
鏺 pō 鏺 兩刃，木柄，可以刈艸。从金發聲。讀若撥。普活切。
鉵 tóng 鉵 枱屬。从金，蟲省聲。讀若同。徒冬切。
鉏 chú 鉏 立薅所用也。从金且聲。士魚切。
鑼 bēi 鑼 枱屬。从金罷聲。讀若嫣。彼爲切。
鎌 lián 鎌 鍥也。从金兼聲。力鹽切。
鍥 qiè 鍥 鎌也。从金契聲。苦結切。
鉊 zhāo 鉊 大鐵也。从金召聲。鎌謂之鉊，張徹說。止搖切。
銍 zhì 銍 穫禾短鎌也。从金至聲。陟栗切。
鎮 zhèn 鎮 博壓也。从金眞聲。陟刃切。
鉆 chān 鉆 鐵銸也。从金占聲。一曰膏車鐵鉆。敕淹切。
銸 zhé 銸 鉆也。从金耴聲。陟葉切。
鉗 qián 鉗 以鐵有所劫束也。从金甘聲。巨淹切。
鈦 dì 鈦 鐵鉗也。从金大聲。特計切。
鋸 jù 鋸 槍唐也。从金居聲。居御切。
鐕 zān 鐕 可以綴著物者。从金朁聲。則参切。
錐 zhuī 錐 銳也。从金隹聲。藏追切。
鑱 chán 鑱 銳也。从金毚聲。士銜切。
銳 ruì 銳 芒也。从金兌聲。以芮切。⿸厂剡，籀文銳从厂、剡。
鏝 màn 鏝 鐵杇也。从金曼聲。母官切。槾，鏝或从木。臣鉉等案：木部已有，此重出。
鑽 zuàn 鑽 所以穿也。从金贊聲。借官切。
鑢 lǜ 鑢 錯銅鐵也。从金慮聲。良據切。
銓 quán 銓 衡也。从金全聲。此緣切。
銖 zhū 銖 權十分黍之重也。从金朱聲。市朱切。
鋝 lüè 鋝 十銖二十五分之十三也。从金寽聲。《周禮》曰："重三鋝。"北方以二十兩爲鋝。力輟切。
鍰 huán 鍰 鋝也。从金爰聲。《罰書》曰："列百鍰。"戶關切。
錙 zī 錙 六銖也。从金甾聲。側持切。

鍾 chuí 八銖也。从金垂聲。直垂切。

鈞 jūn 三十斤也。从金勻聲。居勻切。，古文鈞从旬。

鈀 bā 兵車也。一曰鐵也。《司馬法》："晨夜内鈀車。"从金巴聲。伯加切。

鐲 zhuó 鉦也。从金蜀聲。軍法：司馬執鐲。直角切。

鈴 líng 令丁也。从金从令，令亦聲。郎丁切。

鉦 zhēng 鐃也。似鈴，柄中，上下通。从金正聲。諸盈切。

鐃 náo 小鉦也。軍法：卒長執鐃。从金堯聲。女交切。

鐸 duó 大鈴也。軍法：五人爲伍，五伍爲兩，兩司馬執鐸。从金睪聲。徒洛切。

鑮 bó 大鐘，淳于之屬，所以應鐘磬也。堵以二，金樂則鼓鑮應之。从金薄聲。匹各切。

鏞 yōng 大鐘謂之鏞。从金庸聲。余封切。

鐘 zhōng 樂鐘也。秋分之音，物穜成。从金童聲。古者垂作鐘。職茸切。，鐘或从甬。

鈁 fāng 方鐘也。从金方聲。府良切。

鎛 bó 鎛鱗也。鐘上横木上金華也。一曰田器。从金尃聲。《詩》曰："庤乃錢鎛。"補各切。

鍠 huáng 鐘聲也。从金皇聲。《詩》曰："鐘鼓鍠鍠。"乎光切。

鎗 chēng 鐘聲也。从金倉聲。楚庚切。

鏓 cōng 鎗鏓也。一曰大鑿平木者。从金悤聲。倉紅切。

錚 zhēng 金聲也。从金爭聲。側莖切。

鏜 tāng 鐘鼓之聲。从金堂聲。《詩》曰："擊鼓其鏜。"土郎切。

鑋 qìng 金聲也。从金輕聲。讀若《春秋傳》曰"䡖而乘它車"。苦定切。

鐔 xín 劍鼻也。从金覃聲。徐鍇曰："劍鼻，人握處之下也。"徐林切。

鏌 mò 鏌釾也。从金莫聲。慕各切。

釾 yé 鏌釾也。从金牙聲。以遮切。

鏢 biāo 刀削末銅也。从金𤐫聲。撫招切。

鈒 sà 鋋也。从金及聲。穌合切。

鋋 chán 小矛也。从金延聲。市連切。

鈗 yǔn 侍臣所執兵也。从金允聲。《周書》曰："一人冕，執鈗。"讀若允。余準切。

鉈 shī 短矛也。从金它聲。食遮切。

鏦 cōng 矛也。从金從聲。七恭切。臣鉉等曰：今音楚江切。，鏦或从彖。

錟 tán 長矛也。从金炎聲。讀若老聃。徒甘切。

鏠 fēng 兵耑也。从金逢聲。 敷容切。

錞 duì 矛戟柲下銅鐏也。从金𦎫聲。《詩》曰：“厹矛沃錞。” 徒對切。

鐏 zùn 柲下銅也。从金尊聲。 徂寸切。

鏐 liú 弩眉也。一曰黃金之美者。从金翏聲。 力幽切。

鍭 hóu 矢。金鏃翦羽謂之鍭。从金矦聲。 乎鉤切。

鏑 dí 矢鏠也。从金啻聲。 都歷切。

鎧 kǎi 甲也。从金豈聲。 苦亥切。

釬 hàn 臂鎧也。从金干聲。 矦旰切。

錏 yā 錏鍜，頸鎧也。从金亞聲。 烏牙切。

鍜 xiá 錏鍜也。从金叚聲。 乎加切。

鐗 jiàn 車軸鐵也。从金閒聲。 古莧切。

釭 gāng 車轂中鐵也。从金工聲。 古雙切。

銴 shì 車樘結也。一曰銅生五色也。从金折聲。讀若誓。 時制切。

鈘 xì 乘輿馬頭上防鈘。插以翟尾、鐵翮、象角。所以防網羅鈘去之。从金气聲。 許訖切。

鑾 luán 人君乘車，四馬鑣，八鑾鈴，象鸞鳥聲，和則敬也。从金，从鸞省。 洛官切。

鉞 huì 車鑾聲也。从金戉聲。《詩》曰：“鑾聲鉞鉞。” 臣鉉等曰：今俗作鐬，以鉞作斧戉之戉，非是。呼會切。

鐊 yáng 馬頭飾也。从金陽聲。《詩》曰：“鉤膺鏤鐊。” 一曰鍱，車輪鐵。 臣鉉等曰：今經典作錫。與章切。

銜 xián 馬勒口中。从金从行。銜，行馬者也。 戶監切。

鑣 biāo 馬銜也。从金麃聲。 補嬌切。 𧤗，鑣或从角。

鉣 jié 組帶鐵也。从金，劫省聲。讀若劫。 居怯切。

鈇 fū 莝斫刀也。从金夫聲。 甫無切。

釣 diào 鉤魚也。从金勺聲。 多嘯切。

鏊 zhì 羊箠耑有鐵。从金執聲。讀若至。 脂利切。

鋃 láng 鋃鐺，瑣也。从金良聲。 魯當切。

鐺 dāng 鋃鐺也。从金當聲。 都郎切。

鋂 méi 大瑣也。一環貫二者。从金每聲。《詩》曰：“盧重鋂。” 莫桮切。

鍡 wěi 鍡鑸，不平也。从金畏聲。 烏賄切。

鑸 lěi 鍡鑸也。从金壘聲。 洛猥切。

鎎 xì 怒戰也。从金氣聲。《春秋傳》曰：“諸矦敵王所鎎。” 許既切。

鋪 pū 箸門鋪首也。从金甫聲。 普胡切。

鐉 quān 所以鉤門戶樞也。一曰治門戶器也。从金巽聲。 此緣切。

鈔 chāo 叉取也。从金少聲。 臣鉉等曰：今俗别作抄。楚交切。

錔 tà 以金有所冒也。从金沓聲。 他荅切。

銽 guā 斷也。从金昏聲。 古活切。

鉻 luò 鬄也。从金各聲。 盧各切。

⿰金亶 zhǎn 伐擊也。从金亶聲。 旨善切。

鏃 zú 利也。从金族聲。 作木切。

鈌 jué 刺也。从金夬聲。 於決切。

鏉 shòu 利也。从金欶聲。 所右切。

鐂 liú 殺也。 徐鍇曰：“《說文》無劉字，偏旁有之，此字又史傳所不見，疑此即劉字也。从金从丣，刀字屈曲，傳寫誤作田尔。”力求切。

錉 mín 業也。賈人占錉。从金昏聲。 武巾切。

鉅 jù 大剛也。从金巨聲。 其呂切。

鎕 táng 鎕銻，火齊。从金唐聲。 徒郎切。

銻 tí 鎕銻也。从金弟聲。 杜兮切。

鈋 é 吪圜也。从金化聲。 五禾切。

⿱敦金 duī 下垂也。一曰千斤椎。从金敦聲。 都回切。

鍒 róu 鐵之耎也。从金从柔，柔亦聲。 耳由切。

錭 táo 鈍也。从金周聲。 徒刀切。

鈍 dùn 錭也。从金屯聲。 徒困切。

⿰金𠂔 qí 利也。从金𠂔聲。讀若齊。 徂奚切。

錗 nèi 側意。从金委聲。 女恚切。

文一百九十七　重十三（當作重十二）

鑺 qú 兵器也。从金瞿聲。其俱切。

銘 míng 記也。从金名聲。莫經切。

鎻 suǒ 鐵鎻，門鍵也。从金𧴪聲。穌果切。

鈿 tián 金華也。从金田聲。待季切。

釧 chuàn 臂環也。从金川聲。尺絹切。

釵 chāi 笄屬。从金叉聲。本只作叉，此字後人所加。楚佳切。

釽 pī 裂也。从金、爪。普擊切。

文七　新附

幵部

幵 jiān 平也。象二干對構，上平也。凡幵之屬皆从幵。 徐鉉曰：“幵但象物

平，無音義也。”古賢切。

文一

勺部

勺 zhuó 挹取也。象形，中有實，與包同意。凡勺之屬皆从勺。之若切。

与 yǔ 賜予也。一勺爲与。此与與同。余呂切。

文二

几部

几 jǐ 踞几也。象形。《周禮》五几：玉几、雕几、彤几、髹几、素几。凡几之屬皆从几。居履切。

凭 píng 依几也。从几从任。《周書》：“凭玉几。”讀若馮。臣鉉等曰：人之依馮，几所勝載，故从任。皮冰切。

尻 jū 處也。从尸得几而止。《孝經》曰：“仲尼尻。”尻，謂閒居如此。九魚切。

処 chǔ 止也。得几而止。从几从夂。昌與切。處，処或从虍聲。

文四 重二

且部

且 jū 薦也。从几，足有二横，一其下地也。凡且之屬皆从且。子余切。又，千也切。

俎 zǔ 禮俎也。从半肉在且上。側呂切。

䣜 zù 且往也。从且豦聲。昨誤切。

文三

斤部

斤 jīn 斫木也。象形。凡斤之屬皆从斤。舉欣切。

斧 fǔ 斫也。从斤父聲。方矩切。

斨 qiāng 方銎斧也。从斤爿聲。《詩》曰：“又缺我斨。”七羊切。

斫 zhuó 擊也。从斤石聲。之若切。

斪 qú 斫也。从斤句聲。其俱切。

斸 zhú 斫也。从斤屬聲。陟玉切。

斲 zhuó 斫也。从斤、㽬。臣鉉等曰：㽬，器也。斤以斲之。竹角切。□，斲或从畫从丮。

釿 yǐn 劑斷也。从斤、金。宜引切。

所 suǒ 伐木聲也。从斤戶聲。《詩》曰："伐木所所。" 疏舉切。

斯 sī 析也。从斤其聲。《詩》曰："斧以斯之。" 息移切。

斮 zhuó 斬也。从斤昔聲。側略切。

斷 duàn 截也。从斤从㡭。㡭，古文絶。徒玩切。□，古文斷从㠯。㠯，古文叀字。《周書》曰："㡭㡭猗無他技。"□，亦古文。

斪 luǒ 柯擊也。从斤良聲。來可切。

新 xīn 取木也。从斤新聲。息鄰切。

斦 yín 二斤也。从二斤。語斤切。

文十五　重三

斗　部

斗 dǒu 十升也。象形，有柄。凡斗之屬皆从斗。當口切。

斛 hú 十斗也。从斗角聲。胡谷切。

斝 jiǎ 玉爵也。夏曰琖，殷曰斝，周曰爵。从吅从斗，冂象形。與爵同意。或說斝受六升。古雅切。

料 liào 量也。从斗，米在其中。讀若遼。洛蕭切。

斞 yǔ 量也。从斗臾聲。《周禮》曰："桼三斞。" 以主切。

斡 wò 蠡柄也。从斗倝聲。楊雄、杜林說：皆以爲軺車輪斡。烏括切。

魁 kuí 羹斗也。从斗鬼聲。苦回切。

斠 jiào 平斗斛也。从斗冓聲。古岳切。

斟 zhēn 勺也。从斗甚聲。職深切。

斜 xié 杼也。从斗余聲。讀若荼。似嗟切。

斞 jū 挹也。从斗奭聲。舉朱切。

料 bàn 量物分半也。从斗从半，半亦聲。博幔切。

斛 pāng 量溢也。从斗㫄聲。普郎切。

䜌 juàn 杼滿也。从斗䜌聲。俱願切。

斣 dòu 相易物，俱等爲斣。从斗蜀聲。昌六切。

斛 tiāo 斛㫄有斛。从斗厎聲。一曰突也。一曰利也。《尔疋》曰："斛謂之疀。"古田器也。臣鉉等曰：《說文》無厎字，疑厂象形，兆聲。今俗別作鍫，非是。土雕切。

升 shēng　十龠也。从斗，亦象形。識蒸切。

文十七

矛部

矛 máo　酋矛也。建於兵車，長二丈。象形。凡矛之屬皆从矛。莫浮切。𢦱，古文矛从戈。

⿰矛良 láng　矛屬。从矛良聲。魯當切。

⿰矛害 kài　矛屬。从矛害聲。苦蓋切。

矠 zé　矛屬。从矛昔聲。讀若笮。士革切。

矜 jīn　矛柄也。从矛今聲。居陵切。又，巨巾切。

⿰矛丑 niǔ　刺也。从矛丑聲。女久切。

文六　重一

車部

車 chē　輿輪之總名。夏后時奚仲所造。象形。凡車之屬皆从車。尺遮切。□，籀文車。

軒 xuān　曲輈藩車。从車干聲。虚言切。

輜 zī　軿車前，衣車後也。从車甾聲。側持切。

軿 píng　輜車也。从車并聲。薄丁切。

輼 wēn　臥車也。从車𥁕聲。烏魂切。

輬 liáng　臥車也。从車京聲。吕張切。

軺 yáo　小車也。从車召聲。以招切。

輕 qīng　輕車也。从車巠聲。去盈切。

輶 yóu　輕車也。从車酋聲。《詩》曰："輶車鑾鑣。"以周切。

輣 péng　兵車也。从車朋聲。薄庚切。

軘 tún　兵車也。从車屯聲。徒魂切。

⿰車童 chōng　陷敶車也。从車童聲。尺容切。

轈 cháo　兵高車加巢以望敵也。从車巢聲。《春秋傳》曰："楚子登轈車。"鉏交切。

輿 yú　車輿也。从車舁聲。以諸切。

輯 jí　車和輯也。从車咠聲。秦入切。

⿰車曼 màn　衣車蓋也。从車曼聲。莫半切。

軓 fàn　車軾前也。从車凡聲。《周禮》曰："立當前軓。"

軾 shì 軾 車前也。从車式聲。賞職切。

輅 lù 輅 車軨前横木也。从車各聲。臣鉉等曰：各，非聲，當从路省。洛故切。

較 jué 較 車騎上曲銅也。从車爻聲。古岳切。

軓 fǎn 軓 車耳反出也。从車从反，反亦聲。府遠切。

轛 zhuì 轛 車横軨也。从車對聲。《周禮》曰：“参分軹圍，去一以爲轛圍。”追萃切。

輢 yǐ 輢 車旁也。从車奇聲。於綺切。

輒 zhé 輒 車兩輢也。从車耴聲。陟葉切。

軘 chūn 軘 車約軘也。从車川聲。《周禮》曰：“孤乘夏軘。”一曰下棺車曰軘。敕倫切。

轖 sè 轖 車籍交錯也。从車嗇聲。所力切。

軨 líng 軨 車轖間横木。从車令聲。郎丁切。轜，軨或从靁，司馬相如説。

輑 yǐn 輑 軺車前横木也。从車君聲。讀若帬，又讀若褌。牛尹切。

軫 zhěn 軫 車後横木也。从車㐱聲。之忍切。

轐 bú 轐 車伏兔也。从車菐聲。《周禮》曰：“加軫與轐焉。”博木切。

轗 mǐn 轗 車伏兔下革也。从車䰜聲。䰜，古昏字。讀若閔。眉殞切。

軸 zhóu 軸 持輪也。从車由聲。徐鍇曰：“當从胄省。”直六切。

輹 fù 輹 車軸縛也。从車复聲。《易》曰：“輿脱輹。”芳六切。

軔 rèn 軔 礙車也。从車刃聲。而振切。

輮 róu 輮 車軔也。从車柔聲。人九切。

䡓 qióng 䡓 車輮規也。一曰一輪車。从車，熒省聲。讀若煢。渠營切。

轂 gǔ 轂 輻所湊也。从車殻聲。古禄切。

輥 gǔn 輥 轂齊等皃。从車昆聲。《周禮》曰：“望其轂，欲其輥。”古本切。

軝 qí 軝 長轂之軝也，以朱約之。从車氏聲。《詩》曰：“約軝錯衡。”渠支切。軝，軝或从革。

軹 zhǐ 軹 車輪小穿也。从車只聲。諸氏切。

軎 wèi 軎 車軸耑也。从車，象形。杜林説。徐鍇曰：“指事。”于濊切。轊，軎或从彗。

輻 fú 輻 輪轑也。从車畐聲。方六切。

轑 lǎo 轑 蓋弓也。一曰輻也。从車尞聲。盧皓切。

軑 dì 軑 車輨也。从車大聲。特計切。

輨 guǎn 輨 轂端沓也。从車官聲。古滿切。

轅 yuán 轅 輈也。从車袁聲。雨元切。

輈 zhōu 輈 轅也。从車舟聲。張流切。𨏥，籀文輈。

𨊠 jú 𨊠 直轅車轒也。从車具聲。居玉切。

軏 yuè 車轅耑持衡者。从車元聲。 魚厥切。

軶 è 轅前也。从車戹聲。 於革切。

軍 hún 軶軥也。从車軍聲。 乎昆切。

軥 qú 軶下曲者。从車句聲。 古候切。

轙 yǐ 車衡載轡者。从車義聲。 魚綺切。 钀，轙或从金从獻。

軜 nà 驂馬内轡繫軾前者。从車内聲。《詩》曰："洪以觼軜。" 奴荅切。

衛 juàn 車搖也。从車从行。一曰衍省聲。 古絢切。

𨊠 chéng 軺車後登也。从車丞聲。讀若《易》"抍馬"之抍。 署陵切。

載 zài 乘也。从車𢦏聲。 作代切。

軍 jūn 圜圍也。四千人爲軍。从車，从包省。軍，兵車也。 舉云切。

軷 bá 出將有事於道，必先告其神，立壇四通，樹茅以依神爲軷。既祭軷，轢於牲而行爲範軷。《詩》曰："取羝以軷。"从車犮聲。 蒲撥切。

範 fàn 範軷也。从車，笵省聲。讀與犯同。 音犯。

轞 niè 載高皃。从車，巘省聲。 五葛切。

轄 xiá 車聲也。从車害聲。一曰轄，鍵也。 胡八切。

轉 zhuǎn 運也。从車專聲。 知戀切。

輸 shū 委輸也。从車俞聲。 式朱切。

輖 zhōu 重也。从車周聲。 職流切。

輩 bèi 若軍發車百兩爲一輩。从車非聲。 補妹切。

軋 yà 報也。从車乙聲。 烏轄切。

輾 niǎn 轢也。从車反聲。 尼展切。

轢 lì 車所踐也。从車樂聲。 郎擊切。

軌 guǐ 車徹也。从車九聲。 居洧切。

蹤 zōng 車迹也。从車，從省聲。 臣鉉等曰：今俗别作蹤，非是。即容切。

軼 yì 車相出也。从車失聲。 夷質切。

轃 kēng 車轃鉉也。从車眞聲。讀若《論語》"鏗尔，舍瑟而作"。又讀若掔。 苦閑切。

輊 zhì 抵也。从車埶聲。 陟利切。

軭 kuáng 車戾也。从車匡聲。 巨王切。

輟 chuò 車小缺復合者。从車叕聲。 臣鉉等按：网部輟與罬同，此重出。陟劣切。

軫 qǐ 礙也。从車多聲。 康禮切。

轚 jí 車轄相擊也。从車从毄，毄亦聲。《周禮》曰："舟輿擊互者。" 古歷切。

䡛 shuàn 治車軸也。从車算聲。 所眷切。

軻 kě 軻 接軸車也。从車可聲。康我切。

轚 kēng 轚 車堅也。从車殸聲。口莖切。

軵 rǒng 軵 反推車，令有所付也。从車从付。讀若胥。而隴切。

輪 lún 輪 有輻曰輪，無輻曰輇。从車侖聲。力屯切。

輇 quán 輇 蕃車下庳輪也。一曰無輻也。从車全聲。讀若饌。市緣切。

輗 ní 輗 大車轅耑持衡者。从車兒聲。五雞切。𨋣，輗或从宐。棿，輗或从木。

軧 dǐ 軧 大車後也。从車氐聲。丁禮切。

轃 zhēn 轃 大車簣也。从車秦聲。讀若臻。側詵切。

轒 fén 轒 淮陽名車穹隆轒。从車賁聲。符分切。

䡝 yuān 䡝 大車後壓也。从車宛聲。於云切。

輂 jú 輂 大車駕馬也。从車共聲。居玉切。

䡨 chái 䡨 連車也。一曰却車抵堂爲䡨。从車，差省聲。讀若遲。士皆切。

輦 niǎn 輦 輓車也。从車，从扶在車前引之。力展切。

輓 wǎn 輓 引之也。从車免聲。無遠切。

軖 kuáng 軖 紡車也。一曰一輪車。从車㞷聲。讀若狂。巨王切。

轘 huàn 轘 車裂人也。从車睘聲。《春秋傳》曰："轘諸栗門。" 臣鉉等曰：睘，渠營切。非聲。當从還省。胡慣切。

斬 zhǎn 斬 截也。从車从斤。斬法車裂也。側減切。

輀 ér 輀 喪車也。从車而聲。如之切。

輔 fǔ 輔 人頰車也。从車甫聲。扶雨切。

轟 hōng 轟 羣車聲也。从三車。呼宏切。

文九十九　重八

轏 zhàn 轏 車名。从車孱聲。士限切。

轔 lín 轔 車聲。从車粦聲。力珍切。

轍 zhé 轍 車迹也。从車，徹省聲。本通用徹，後人所加。直列切。

文三　新附

𠂤部

𠂤 duī 𠂤 小𠂤也。象形。凡𠂤之屬皆从𠂤。臣鉉等曰：今俗作堆。都回切。

𡴫 niè 𡴫 危高也。从𠂤屮聲。讀若臬。魚列切。

官 guān 官 史，事君也。从宀从𠂤。𠂤猶眾也。此與師同意。古丸切。

文三

𨸏部

𨸏 fù 大陸，山無石者。象形。凡𨸏之屬皆从𨸏。房九切。𨸐，古文。

陵 líng 大𨸏也。从𨸏夌聲。力膺切。

𩨱 hùn 大𨸏也。从𨸏鯀聲。胡本切。

阞 lè 地理也。从𨸏力聲。盧則切。

陰 yīn 闇也。水之南、山之北也。从𨸏侌聲。於今切。

陽 yáng 高、明也。从𨸏昜聲。與章切。

陸 lù 高平地。从𨸏从坴，坴亦聲。力竹切。𨺅，籀文陸。

阿 ē 大陵也。一曰曲𨸏也。从𨸏可聲。烏何切。

陂 bēi 阪也。一曰沱也。从𨸏皮聲。彼爲切。

阪 bǎn 坡者曰阪。一曰澤障。一曰山脅也。从𨸏反聲。府遠切。

陬 zōu 阪隅也。从𨸏取聲。子侯切。

隅 yú 陬也。从𨸏禺聲。噳俱切。

險 xiǎn 阻，難也。从𨸏僉聲。虛檢切。

限 xiàn 阻也。一曰門榍。从𨸏艮聲。乎簡切。

阻 zǔ 險也。从𨸏且聲。側呂切。

隹 duì 隹隗，高也。从𨸏隹聲。都辠切。

隗 wěi 隹隗也。从𨸏鬼聲。五辠切。

阭 yǔn 高也。一曰石也。从𨸏允聲。余準切。

𨻳 lěi 磊也。从𨸏厽聲。洛猥切。

陗 qiào 陵也。从𨸏肖聲。七笑切。

陖 jùn 陗高也。从𨸏夋聲。私閏切。

隥 dèng 仰也。从𨸏登聲。都鄧切。

陋 lòu 阨陜也。从𨸏㔷聲。盧候切。

陜 xiá 隘也。从𨸏夾聲。臣鉉等曰：今俗从山，非是。矦夾切。

陟 zhì 登也。从𨸏从步。竹力切。𨸗，古文陟。

陷 xiàn 高下也。一曰陊也。从𨸏从臽，臽亦聲。戶猎切。

隰 xí 阪下溼也。从𨸏㬎聲。似入切。

隔 qū 敧也。从𨸏區聲。臣鉉等曰：今俗作崎嶇，非是。豈俱切。

隤 tuí 下隊也。从𨸏貴聲。杜回切。

隊 zhuì 從高隊也。从𨸏㒸聲。徒對切。

降 jiàng 下也。从𨸏夅聲。古巷切。

隕 yǔn 從高下也。从𨸏員聲。《易》曰："有隕自天。"于敏切。

隉 niè 危也。从𨸏，从毀省。徐巡以爲：隉，凶也。賈侍中說：隉，法

度也。班固說：不安也。《周書》曰：“邦之阢隉。”讀若虹蜺之蜺。五結切。

阤 zhì 小崩也。从𨸏也聲。丈尔切。

隓 huī 敗城𨸏曰隓。从𨸏𡋲聲。臣鉉等曰：《說文》無𡋲字，蓋二左也。眾力左之，故从二左。今俗作隳，非是。許規切。𡐦，篆文。

𨸪 qīng 仄也。从𨸏从頃，頃亦聲。去營切。

陊 duò 落也。从𨸏多聲。臣鉉等曰：今俗作墮，非是。徒果切。

阬 kēng 門也。从𨸏亢聲。客庚切。臣鉉等曰：今俗作坑，非是。

隫 dú 通溝也。从𨸏賣聲。讀若瀆。徒谷切。𧮯，古文隫从谷。

防 fáng 隄也。从𨸏方聲。符方切。埅，防或从土。

隄 dī 唐也。从𨸏是聲。都兮切。

阯 zhǐ 基也。从𨸏止聲。諸市切。址，阯或从土。

陘 xíng 山絕坎也。从𨸏巠聲。戶經切。

附 bù 附婁，小土山也。从𨸏付聲。《春秋傳》曰：“附婁無松柏。”符又切。

阺 dǐ 秦謂陵阪曰阺。从𨸏氐聲。丁禮切。

阢 wù 石山戴土也。从𨸏从兀，兀亦聲。五忽切。

隒 yǎn 崖也。从𨸏兼聲。讀若儼。魚檢切。

阸 è 塞也。从𨸏戹聲。於革切。

隔 gé 障也。从𨸏鬲聲。古覈切。

障 zhàng 隔也。从𨸏章聲。之亮切。

隱 yǐn 蔽也。从𨸏㥯聲。於謹切。

隩 ào 水隈，崖也。从𨸏奧聲。烏到切。

隈 wēi 水曲，隩也。从𨸏畏聲。烏恢切。

𨸘 qiǎn 𨸘商，小塊也。从𨸏从臾。臣鉉等曰：臾，古文蕢字。去衍切。

𨻶 xiè 水衡官谷也。从𨸏解聲。一曰小谿。胡買切。

隴 lǒng 天水大阪也。从𨸏龍聲。力鍾切。

阣 yī 酒泉天依阪也。从𨸏衣聲。於希切。

陝 shǎn 弘農陝也。古虢國，王季之子所封也。从𨸏夾聲。失冉切。

𨼖 wú 弘農陝東陬也。从𨸏無聲。武扶切。

𨺚 juǎn 河東安邑陬也。从𨸏卷聲。居遠切。

陭 yì 上黨陭氏阪也。从𨸏奇聲。於离切。

隃 shù 北陵西隃，鴈門是也。从𨸏俞聲。傷遇切。

阮 yuán 代郡五阮關也。从𨸏元聲。虞遠切。

浩 kū 大𨸏也。一曰右扶風郿有浩𨸏。从𨸏告聲。苦沃切。

陚 fù 丘名。从𨸏武聲。方遇切。

䧡 zhēng 丘名。从𨸏貞聲。陟盈切。

𨸐 dīng 丘名。从𨸏丁聲。讀若丁。當經切。

𨼒 huī 鄭地，阪。从𨸏爲聲。《春秋傳》曰："將會鄭伯于𨼒。"許爲切。

陼 zhǔ 如渚者。陼丘，水中高者也。从𨸏者聲。當古切。

陳 chén 宛丘，舜後嬀滿之所封。从𨸏从木，申聲。臣鉉等曰：陳者，大昊之虚，畫八卦之所，木德之始，故从木。直珍切。𨻳，古文陳。

陶 táo 再成丘也，在濟陰。从𨸏匋聲。《夏書》曰："東至于陶丘。"陶丘有堯城，堯嘗所居，故堯號陶唐氏。徒刀切。

𨹎 zhào 耕以臿浚出下壚土也。一曰耕休田也。从𨸏从土，召聲。之少切。

阽 yán 壁危也。从𨸏占聲。余廉切。

除 chú 殿陛也。从𨸏余聲。直魚切。

階 jiē 陛也。从𨸏皆聲。古諧切。

阼 zuò 主階也。从𨸏乍聲。昨誤切。

陛 bì 升高階也。从𨸏坒聲。旁禮切。

陔 gāi 階次也。从𨸏亥聲。古哀切。

際 jì 壁會也。从𨸏祭聲。子例切。

隙 xì 壁際孔也。从𨸏从𡭴，𡭴亦聲。綺戟切。

陪 péi 重土也。一曰滿也。从𨸏咅聲。薄回切。

𨼺 zhuàn 道邊庳垣也。从𨸏彖聲。徒玩切。

陾 réng 築牆聲也。从𨸏耎聲。《詩》云："捄之陾陾。"如乘切。

陴 pí 城上女牆俾倪也。从𨸏卑聲。符支切。𩫨，籀文陴从𩫏。

隍 huáng 城池也。有水曰池，無水曰隍。从𨸏皇聲。《易》曰："城復于隍。"乎光切。

阹 qū 依山谷爲牛馬圈也。从𨸏去聲。去魚切。

陲 chuí 危也。从𨸏垂聲。是爲切。

隖 wǔ 小障也。一曰庳城也。从𨸏烏聲。安古切。

院 yuàn 堅也。从𨸏完聲。臣鉉等校：宀部已有，此重出。王眷切。

陯 lún 山𨸏陷也。从𨸏侖聲。盧昆切。

陙 chún 水𨸏也。从𨸏辰聲。食倫切。

𨻵 jiàn 水𨸏也。从𨸏戔聲。慈衍切。

文九十二　重九

阠 shēn 陵名。从𨸏卂聲。所臻切。

阡 qiān 路東西爲陌，南北爲阡。从𨸏千聲。倉先切。

文二 新附

𨺅部

⿰𨺅夬 jué 𨸏突也。从𨺅，決省聲。於決切。

𨺅 fù 兩𨸏之閒也。从二𨸏。凡𨺅之屬皆从𨺅。房九切。

⿰𨺅𦳵 ài 陋也。从𨺅𦳵聲。𦳵，籀文嗌字。烏懈切。隘，籀文⿰𨺅𦳵从𨸏、益。

⿰𨺅⿰火遂 suì 塞上亭守𤐫火者。从𨺅从火，遂聲。徐醉切。 ，篆文省。

文四 重二

厽部

厽 lěi 絫坺土爲牆壁。象形。凡厽之屬皆从厽。力軌切。

絫 lěi 增也。从厽从糸。絫，十黍之重也。力軌切。

垒 lěi 絫墼也。从厽从土。力軌切。

文三

四部

四 sì 陰數也。象四分之形。凡四之屬皆从四。息利切。 ，古文四。亖，籀文四。

文一 重二

宁部

宁 zhù 辨積物也。象形。凡宁之屬皆从宁。直呂切。

⿰甾宁 zhǔ ⿰巾盾也。所以載盛米。从宁从甾。甾，缶也。陟呂切。

文二

叕部

叕 zhuó 綴聯也。象形。凡叕之屬皆从叕。陟劣切。

綴 zhuì 合箸也。从叕从糸。陟衛切。

文二

亞部

亞 yà 醜也。象人局背之形。賈侍中說：以爲次弟也。凡亞之屬皆从亞。衣駕切。

㝢 yà 闕。衣駕切。

文二

五部

五 wǔ 五行也。从二，陰陽在天地閒交午也。凡五之屬皆从五。臣鉉等曰：二，天天地也。疑古切。㐅，古文五省。

文一 重一

六部

六 liù 《易》之數，陰變於六，正於八。从入从八。凡六之屬皆从六。力竹切。

文一

七部

七 qī 陽之正也。从一，微陰从中衺出也。凡七之屬皆从七。親吉切。

文一

九部

九 jiǔ 陽之變也。象其屈曲究盡之形。凡九之屬皆从九。舉有切。

馗 kuí 九達道也。似龜背，故謂之馗。馗，高也。从九从首。渠追切。逵，馗或从辵从坴。

文二 重一

禸部

禸 róu 獸足蹂地也。象形，九聲。《尒疋》曰："狐貍貛貉醜，其足蹞，其迹厹。"凡厹之屬皆从厹。人九切。蹂，篆文从足柔聲。

禽 qín 走獸總名。从厹，象形，今聲。禽、离、兕頭相似。巨今切。

离 chī 山神獸也。从禽頭，从厹从屮。歐陽喬說：离，猛獸也。臣鉉等曰：从屮，義無所取，疑象形。吕支切。

萬 wàn 蟲也。从厹，象形。無販切。

禹 yǔ 蟲也。从厹，象形。王矩切。，古文禹。

䦈 fèi 周成王時，州靡國獻䦈。人身，反踵，自笑，笑即上脣掩其目。食人。北方謂之土螻。《尔疋》云：“䦈䦈，如人，被髮。”一名梟陽。从厹，象形。符未切。

禼 xiè 蟲也。从厹，象形。讀與偰同。私列切。，古文禼。

文七　重三

嘼　部

嘼 chù 犍也。象耳、頭、足厹地之形。古文嘼，下从厹。凡嘼之屬皆从嘼。許救切。

獸 shòu 守備者。从嘼从犬。舒救切。

文二

甲　部

甲 jiǎ 東方之孟，陽气萌動，从木戴孚甲之象。一曰人頭宐爲甲，甲象人頭。凡甲之屬皆从甲。古狎切。，古文甲，始於十、見於千、成於木之象。

文一　重一

乙　部

乙 yǐ 象春艸木冤曲而出，陰气尚彊，其出乙乙也。與丨同意。乙承甲，象人頸。凡乙之屬皆从乙。於筆切。

乾 qián 上出也。从乙，乙，物之達也；倝聲。渠焉切。又，古寒切。，籀文乾。

亂 luàn 治也。从乙，乙，治之也；从𤔔。郎段切。

尤 yóu 異也。从乙又聲。徐鍇曰：“乙欲出而見閡，見閡則顯其尤異也。”羽求切。

文四　重一

丙 部

丙 bǐng 丙 位南方，萬物成，炳然。陰气初起，陽气將虧。从一入冂。一者，陽也。丙承乙，象人肩。凡丙之屬皆从丙。 徐鍇曰：“陽功成，入於冂。冂，門也，天地陰陽之門也。”兵永切。

文一

丁 部

丁 dīng 丁 夏時萬物皆丁實。象形。丁承丙，象人心。凡丁之屬皆从丁。 當經切。

文一

戊 部

戊 wù 戊 中宮也。象六甲五龍相拘絞也。戊承丁，象人脅。凡戊之屬皆从戊。 莫候切。

成 chéng 成 就也。从戊丁聲。 氏征切。 㦳，古文成从午。 徐鍇曰：“戊中宮成於中也。”

文二　重一

己 部

己 jǐ 己 中宮也。象萬物辟藏詘形也。己承戊，象人腹。凡己之屬皆从己。 居擬切。 𢀒，古文己。

巹 jǐn 巹 謹身有所承也。从己、丞。讀若《詩》云“赤舄己己”。 居隱切。

曩 jì 曩 長踞也。从己其聲。讀若杞。 暨己切。

文三　重一

巴 部

巴 bā 巴 蟲也。或曰食象蛇。象形。凡巴之屬皆从巴。 徐鍇曰：“一，所吞也。指事。”伯加切。

𢎹 bǎ 𢎹 搹擊也。从巴、帚，闕。 博下切。

文二

庚部

庚 gēng 位西方，象秋時萬物庚庚有實也。庚承己，象人臍。凡庚之屬皆从庚。 古行切。

文一

辛部

辛 xīn 秋時萬物成而孰；金剛味辛，辛痛即泣出。从一从䇂。䇂，辠也。辛承庚，象人股。凡辛之屬皆从辛。 息鄰切。

辠 zuì 犯法也。从辛从自，言辠人蹙鼻苦辛之憂。秦以辠似皇字，改爲罪。 臣鉉等曰：言自古者以爲鼻字，故从自。徂賄切。

辜 gū 辠也。从辛古聲。 古乎切。 ，古文辜从死。

辥 xuē 辠也。从辛𡴆聲。 私列切。

辤 cí 不受也。从辛从受。受辛宜辤之。 似兹切。 ，籀文辤从台。

辭 cí 訟也。从𤔔，𤔔猶理辜也。𤔔，理也。 似兹切。 ，籀文辭从司。

文六　重三

辡部

辡 biǎn 辠人相與訟也。从二辛。凡辡之屬皆从辡。 方免切。

辯 biàn 治也。从言在辡之閒。 符蹇切。

文二

壬部

壬 rén 位北方也。陰極陽生，故《易》曰："龍戰于野。"戰者，接也。象人褱妊之形。承亥壬以子，生之敘也。與巫同意。壬承辛，象人脛。脛，任體也。凡壬之屬皆从壬。 如林切。

文一

癸部

癸 guǐ 冬時，水土平，可揆度也。象水從四方流入地中之形。癸承壬，象人足。凡癸之屬皆从癸。 居誄切。 ，籀文从癶从矢。

文一　重一

子　部

子 zǐ　十一月，陽气動，萬物滋，人以爲偁。象形。凡子之屬皆从子。李陽冰曰："子在襁緥中，足併也。"卽里切。，古文子从巛，象髮也。，籒文子囟有髮，臂脛在几上也。

孕 yùn　裹子也。从子从几。徐鍇曰："取象於裹妊也。"以證切。

挽 miǎn　生子免身也。从子从免。徐鍇曰："《說文》無免字，疑此字从𪇊省。以免身之義，通用爲解免之免。晚冕之類皆當从挽省。"芳萬切。臣鉉等曰：今俗作亡辯切。

字 zì　乳也。从子在宀下，子亦聲。疾置切。

穀 gòu　乳也。从子𣪊聲。一曰穀瞀也。古候切。

孿 luán　一乳兩子也。从子䜌聲。生患切。

孺 rú　乳子也。一曰輸也，輸尚小也。从子需聲。而遇切。

季 jì　少偁也。从子，从稚省，稚亦聲。居悸切。

孟 mèng　長也。从子皿聲。莫更切。，古文孟。

孼 niè　庶子也。从子辥聲。魚列切。

孳 zī　汲汲生也。从子兹聲。子之切。，籒文孳从絲。

孤 gū　無父也。从子瓜聲。古乎切。

存 cún　恤問也。从子才聲。徂尊切。

孝 jiào　放也。从子爻聲。古肴切。

疑 yí　惑也。从子、止、匕，矢聲。徐鍇曰："止，不通也。𠨿，古矢字。反匕之幼子多惑也。"語其切。

文十五　重四

了　部

了 liǎo　尥也。从子無臂。象形。凡了之屬皆从了。盧鳥切。

孑 jié　無右臂也。从了，乚象形。居桀切。

孓 jué　無左臂也。从了，丿象形。居月切。

文三

孨　部

孨 zhuǎn　謹也。从三子。凡孨之屬皆从孨。讀若翦。旨兖切。

孱 chán 迮也。一曰呻吟也。从孨在尸下。臣鉉等曰：尸者，屋也。七連切。

孴 nǐ 盛皃。从孨从日。讀若薿薿。一曰若存。魚紀切。，籀文孴从二子。一曰䂼即奇字䂼。

文三　重一

𠫓 部

𠫓 tū 不順忽出也。从到子。《易》曰：“突如其來如。”不孝子突出，不容於内也。凡𠫓之屬皆从𠫓。他骨切。，或从到古文子，即《易》突字。

育 yù 養子使作善也。从𠫓肉聲。《虞書》曰：“教育子。”徐鍇曰：“𠫓，不順子也。不順子亦教之，况順者乎？”余六切。，育或从每。

疏 shū 通也。从㐬从疋，疋亦聲。所菹切。

文三　重二

丑 部

丑 chǒu 紐也。十二月，萬物動，用事。象手之形。時加丑，亦舉手時也。凡丑之屬皆从丑。敕九切。

肚 niǔ 食肉也。从丑从肉。女久切。

羞 xiū 進獻也。从羊，羊，所進也；从丑，丑亦聲。息流切。

文三

寅 部

寅 yín 髕也。正月，陽气動，去黄泉欲上出，陰尚彊，象宀不達，髕寅於下也。凡寅之屬皆从寅。徐鍇曰：“髕斥之意，人陽气鋭而出，上閡於宀臼，所以擯之也。”弋眞切。，古文寅。

文一　重一

卯 部

卯 mǎo 冒也。二月，萬物冒地而出。象開門之形。故二月爲天門。凡卯之屬皆从卯。莫飽切。，古文卯。

文一　重一

辰部

辰 chén 震也。三月，陽气動，靁電振，民農時也。物皆生，从乙、匕，象芒達；厂，聲也。辰，房星，天時也。从二，二，古文上字。凡辰之屬皆从辰。 徐鍇曰：“匕音化。乙，艸木萌初出曲卷也。”臣鉉等曰：三月陽气成，艸木生上徹於土，故从匕。厂非聲。疑亦象物之出。植鄰切。 𠨎，古文辰。

辱 rǔ 恥也。从寸在辰下。失耕時，於封畺上戮之也。辰者，農之時也。故房星爲辰，田候也。 而蜀切。

文二　重一

巳部

巳 sì 巳也。四月，陽气巳出，陰气巳藏，萬物見，成文章，故巳爲蛇，象形。凡巳之屬皆从巳。 詳里切。

㠯 yǐ 用也。从反巳。賈侍中說：巳，意巳實也。象形。 羊止切。

文二

午部

午 wǔ 啎也。五月，陰气午逆陽。冒地而出。此予矢同意。凡午之屬皆从午。 疑古切。

啎 wǔ 逆也。从午吾聲。 五故切。

文二

未部

未 wèi 味也。六月，滋味也。五行，木老於未。象木重枝葉也。凡未之屬皆从未。 無沸切。

文一

申部

申 shēn 神也。七月，陰气成，體自申束。从臼，自持也。吏臣（段注“臣”作“以”）餔時聽事，申旦政也。凡申之屬皆从申。 失人

切。 ，古文申。 ，籒文申。

𤰈 yìn 擊小鼓，引樂聲也。从申柬聲。 羊晉切。

臾 yú 束縛捽抴爲臾。从申从乙。 臣鉉等曰：乙，屈也。羊朱切。

曳 yè 臾曳也。从申丿聲。 余制切。

文四　重二

酉 部

酉 yǒu 就也。八月黍成，可爲酎酒。象古文酉之形。凡酉之屬皆从酉。 與久切。 ，古文酉。从卯，卯爲春門，萬物已出。酉爲秋門，萬物已入。一，閉門象也。

酒 jiǔ 就也，所以就人性之善惡。从水从酉，酉亦聲。一曰造也，吉凶所造也。 古者儀狄作酒醪，禹嘗之而美，遂疏儀狄。杜康作秫酒。 子酉切。

⿰酉冡 méng 籟生衣也。从酉冡聲。 莫紅切。

⿰酉甚 yín 孰籟也。从酉甚聲。 余箴切。

釀 niàng 醖也。作酒曰釀。从酉襄聲。 女亮切。

醖 yùn 釀也。从酉昷聲。 於問切。

⿱弁酉 fàn 酒疾孰也。从酉弁聲。 芳萬切。

酴 tú 酒母也。从酉余聲。讀若廬。 同都切。

釃 shī 下酒也。一曰醇也。从酉麗聲。 所綺切。

⿰酉肙 juān 䤙酒也。从酉肙聲。 古玄切。

⿰酉鬲 lì ⿰酉肙也。从酉鬲聲。 郎擊切。

醴 lǐ 酒一宿孰也。从酉豊聲。 盧啓切。

醪 láo 汁滓酒也。从酉翏聲。 魯刀切。

醇 chún 不澆酒也。从酉䇹聲。 常倫切。

醹 rǔ 厚酒也。从酉需聲。《詩》曰：“酒醴惟醹。” 而主切。

酎 zhòu 三重醇酒也。从酉，从時省。《明堂月令》曰：“孟秋，天子飲酎。” 除柳切。

醠 àng 濁酒也。从酉盎聲。 烏浪切。

醲 nóng 厚酒也。从酉農聲。 女容切。

⿰酉茸 róng 酒也。从酉茸聲。 而容切。

酤 gū 一宿酒也。一曰買酒也。从酉古聲。 古乎切。

⿱⿰禾旨酉 zhī 酒也。从酉，⿰禾旨省。 陟离切。

醶 làn 泛齊，行酒也。从酉監聲。 盧瞰切。

⿱竷酉 gǎn 酒味淫也。从酉，竷省聲。讀若《春秋傳》曰“美而豔”。古禫切。

酷 kù 酒厚味也。从酉告聲。苦沃切。

醰 dàn 酒味苦也。从酉覃聲。徒紺切。

⿰酉市 pò 酒色也。从酉市聲。普活切。

配 pèi 酒色也。从酉己聲。臣鉉等曰：己非聲。當从妃省。滂佩切。

⿰酉弋 yì 酒色也。从酉弋聲。與職切。

醆 zhǎn 爵也。一曰酒濁而微清也。从酉戔聲。阻限切。

酌 zhuó 盛酒行觴也。从酉勺聲。之若切。

醮 jiào 冠娶禮祭。从酉焦聲。子肖切。⿰示焦，醮或从示。

⿰酉朁 jǐn 歃酒也。从酉朁聲。子朕切。

⿰酉匀 yìn 少少歓也。从酉匀聲。余刃切。

醻 chóu 主人進客也。从酉𠷎聲。市流切。⿰酉州，醻或从州。

醋 zuó 客酌主人也。从酉昔聲。在各切。臣鉉等曰: 今俗作倉故切。

⿰酉⿱宓皿 mì 歓酒俱盡也。从酉⿱宓皿聲。迷必切。

釂 jiào 歓酒盡也。从酉，嚼省聲。子肖切。

酣 hān 酒樂也。从酉从甘，甘亦聲。胡甘切。

酖 dān 樂酒也。从酉冘聲。丁含切。

醧 yù 私宴歓也。从酉區聲。依倨切。

醵 jù 會歓酒也。从酉豦聲。其虐切。⿰酉巨，醵或从巨。

酺 pú 王德布，大歓酒也。从酉甫聲。薄乎切。

醅 pēi 醉飽也。从酉咅聲。匹回切。

醉 zuì 卒也。卒其度量，不至於亂也。一曰潰也。从酉从卒。將遂切。

醺 xūn 醉也。从酉熏聲。《詩》曰：“公尸來燕醺醺。”許云切。

醟 yòng 酗也。从酉，熒省聲。爲命切。

⿰酉句 xù 醉醟也。从酉句聲。香遇切。

酲 chéng 病酒也。一曰醉而覺也。从酉呈聲。直貞切。

醫 yī 治病工也。殹，惡姿也，醫之性然。得酒而使。从酉。王育說。一曰殹，病聲。酒所以治病也。《周禮》有醫酒。古者巫彭初作醫。於其切。

莤 sù 禮祭，束茅，加于裸圭，而灌鬯酒，是爲莤。象神歆之也。一曰莤，榼上塞也。从酉从艸。《春秋傳》曰：“尔貢包茅不入，王祭不供，無以莤酒。”所六切。

醨 lí 薄酒也。从酉离聲。讀若離。呂支切。

⿰酉韱 chǎn 酢也。从酉韱聲。初減切。

酸 suān 酢也。从酉夋聲。關東謂酢曰酸。素官切。□，籀文酸从畯。

酨 zài 酢漿也。从酉𢦔聲。徒奈切。

醶 yàn 酢漿也。从酉僉聲。臣鉉等曰：今俗作釅，非是。魚窆切。

酢 cù 醶也。从酉乍聲。倉故切。臣鉉等曰：今俗作在各切。

酏 yǐ 黍酒也。从酉也聲。一曰甜也。賈侍中說：酏爲鬻清。移尔切。

醬 jiàng 醢也。从肉从酉，酒以和醬也；爿聲。即亮切。□，古文。□，籀文。

醢 hǎi 肉醬也。从酉、𥁓。臣鉉等曰：𥁓，甌器也。所以盛醢。呼改切。□，籀文。

醔 mú 醔⿰酉俞，榆醬也。从酉敄聲。莫候切。

⿰酉俞 tú 醔⿰酉俞也。从酉俞聲。田候切。

酹 lèi 餟祭也。从酉寽聲。郎外切。

⿰酉畢 bì 擣榆醬也。从酉畢聲。蒲計切。

⿰酉矞 jú 醬也。从酉矞聲。居律切。

䣼 liáng 雜味也。从酉京聲。力讓切。

⿱斬酉 jiàn 闕。慈冉切。

⿱冄酉 rǎn 闕。而琰切。

文六十七　重八

酪 lào 乳漿也。从酉各聲。盧各切。

醐 hú 醍醐，酪之精者也。从酉胡聲。戶吳切。

酩 mǐng 酩酊，醉也。从酉名聲。莫迥切。

酊 dǐng 酩酊也。从酉丁聲。都挺切。

醒 xǐng 醉解也。从酉星聲。按：酲字注云：一曰醉而覺也。則古酲，亦音醒也。桑經切。

醍 tǐ 清酒也。从酉是聲。它禮切。

文六　新附

酋部

酋 qiú 繹酒也。从酉，水半見於上。《禮》有“大酋”，掌酒官也。凡酋之屬皆从酋。字秋切。

尊 zūn 酒器也。从酋，廾以奉之。《周禮》六尊：犧尊、象尊、著尊、壺尊、太尊、山尊，以待祭祀賓客之禮。祖昆切。□，尊或从寸。臣鉉等曰：今俗以尊作尊卑之尊。別作罇。非是。

文二　重一

戌部

戌 xū 滅也。九月，陽气微，萬物畢成，陽下入地也。五行，土生於戊，盛於戌。从戊含一。凡戌之屬皆从戌。辛聿切。

文一

亥部

亥 hài 荄也。十月，微陽起，接盛陰。从二，二，古文上字。一人男，一人女也。从乙，象褱子咳咳之形。《春秋傳》曰："亥有二首六身。"凡亥之屬皆从亥。胡改切。𠀅，古文亥爲豕，與豕同。亥而生子，復從一起。

文一　重一

說文解字第十五

漢　太尉祭酒許慎記

宋　右散騎常侍　徐鉉等校定

古者庖犧氏之王天下也，仰則觀象於天，俯則觀法於地，視鳥獸之文與地之宜，近取諸身，遠取諸物，於是始作易八卦，以垂憲象。及神農氏結繩爲治而統其事，庶業其繁，飾僞萌生。黃帝之史倉頡，見鳥獸蹏迒之迹，知分理之可相別異也，初造書契。百工以乂，萬品以察，蓋取諸“夬”。“夬，揚于王庭。”言文者宣教明化於王者朝廷，君子所以施祿及下，居德則忌也。倉頡之初作書，蓋依類象形，故謂之文；其後形聲相益，即謂之字。字者，言孳乳而浸多也。著於竹帛謂之書。書者，如也。以迄五帝三王之世，改易殊體，封于泰山者，七十有二代，靡有同焉。

周禮八歲入小學，保氏教國子，先以六書。一曰指事。指事者，視而可識，察而可見，上下是也。二曰象形。象形者，畫成其物，隨體詰詘，日月是也。三曰形聲。形聲者，以事爲名，取譬相成，江河是也。四曰會意。會意者，比類合誼，以見指撝，武信是也。五曰轉注。轉注者，建類一首，同意相受，考老是也。六曰假借。假借者，本無其字，依聲託事，令長是也。

及宣王太史籀，箸大篆十五篇，與古文或異。至孔子書六經，左丘明述《春秋傳》，皆以古文，厥意可得而說。其後，諸侯力政，不統於王，惡禮樂之害己，而皆去其典籍，分爲七國，田疇異畮，車涂異軌，律令異法，衣冠異制，言語異聲，文字異形。

秦始皇帝初兼天下，丞相李斯乃奏同之，罷其不與秦文合者。斯作《倉頡篇》，中車府令趙高作《爰歷篇》，太史令胡母敬作《博學篇》，皆取史籀大篆，或頗省改，所謂小篆者也。是時，秦燒滅經書，滌除舊典，大發隸卒，興役戍，官獄職務繁，初有隸書，以趣約易，而古文由此絶矣。 徐鍇曰：“王僧虔云：‘秦獄吏程邈善大篆，得辠繫雲陽獄，增減大篆，去其繁複。始皇善之，出爲御史，名其書曰隸書。’班固云：‘謂施之於徒隸也。即今之隸書，而無點畫俯仰之勢。’”

自爾，秦書有八體：一曰大篆，二曰小篆，三曰刻符，四曰蟲書， 徐鍇曰：“案《漢書》注蟲書即鳥書。以書幡信，首象鳥形，即下云鳥蟲是也。” 五曰摹印， 蕭子良以刻符摹印，合爲一體。徐鍇以爲符者，竹而中剖之，字形半分，理應別爲一體。摹印屈曲填密，則秦璽文也。子良誤合之。 六曰署書， 蕭子良云：“署書，漢高六年蕭何所定。以題蒼龍、白虎二闕。”羊欣云：“何覃思累月，然後題

之。”七曰殳書，徐鍇曰：“書於殳也。殳體八觚，隨其勢而書之。”八曰隸書。

漢興，有艸書。徐鍇曰：“案：書傳多云張芝作艸，又云齊相杜探作，據《說文》，則張芝之前已有矣。”蕭子良云：“藁書者，董仲舒欲言災異，藁艸未上，即爲藁書。藁者，艸之初也。《史記》上官奪屈原藁艸。今云漢興有艸，知所言藁艸是創艸，非艸書也。”尉律：徐鍇曰：“尉律，漢律篇名。”學僮十七已上，始試，諷籒書九千字，乃得爲吏，又以八體試之。郡移太史并課，最者以爲尚書史。書或不正，輒舉劾之。今雖有尉律，不課；小學不修。莫達其說久矣。

孝宣時，召通倉頡讀者，張敞從受之。涼州刺史杜業，沛人爰禮，講學大夫秦近，亦能言之。孝平時，徵禮等百餘人，令說文字未央廷中，以禮爲小學元士。黃門侍郎楊雄采以作《訓纂篇》，凡《倉頡》已下十四篇，凡五千三百四十字，羣書所載，略存之矣。

及亡新居攝，使大司空甄豐等校文書之部，自以爲應制作，頗改定古文。時有六書：一曰古文，孔子壁中書也；二曰奇字，即古文而異者也；三曰篆書，即小篆，秦始皇帝使下杜人程邈所作也；徐鍇曰：“李斯雖改史篇爲秦篆，而程邈復同作也。”四曰佐書，即秦隸書；五曰繆篆，所以摹印也；六曰鳥蟲書，所以書幡信也。

壁中書者，魯恭王壞孔子宅，而得《禮記》、《尚書》、《春秋》、《論語》、《孝經》；又，北平矦張倉獻《春秋左氏傳》；郡國亦往往於山川得鼎彝，其銘即前代之古文：皆自相似。雖叵復見遠流，其詳可得略說也。而世人大共非訾，以爲好奇者也。故詭更正文，鄉壁虛造不可知之書，變亂常行，以燿於世。諸生競說字解經誼，稱秦之隸書爲倉頡時書，云父子相傳，何得改易。乃猥曰“馬頭人爲長”，“人持十爲斗”，“虫者，屈中也。”廷尉說律，至以字斷法：苛人受錢，苛之字，止句也。若此者甚眾，皆不合孔氏古文，謬於史籒。俗儒啚夫，翫其所習，蔽所希聞，不見通學，未嘗覩字例之條，怪舊埶而善野言，以其所知爲祕妙，究洞聖人之微恉。又見《倉頡篇》中“幼子承詔”，因號“古帝之所作也，其辭有神僊之術焉”。其迷誤不諭，豈不悖哉！

《書》曰：“予欲觀古人之象。”言必遵修舊文而不穿鑿。孔子曰：“吾猶及史之闕文，今亡也夫。”蓋非其不知而不問，人用己私，是非無正，巧說衺辭，使天下學者疑。

蓋文字者，經藝之本，王政之始。前人所以垂後，後人所以識古。故曰“本立而道生”，“知天下之至嘖而不可亂也。”

今敘篆文，合以古籒。博采通人，至于小大，信而有證。稽譔其說，將以理羣類，解謬誤，曉學者，達神恉。徐鍇曰：“恉即意旨字。旨者，美也。多通用。”分別部居，不相雜廁。徐鍇曰：“分部相從，自許始也。”萬物咸覩，靡不兼載。厥誼不昭，爰明以諭。其偁《易》，孟氏；《書》，孔氏；《詩》，毛氏；《禮》；《周官》；《春秋》，左氏；《論語》；《孝經》：皆古文也。其於所不知，蓋闕如也。

敘曰：此十四篇，五百四十部，九千三百五十三文，重一千一百六十三，解說凡十三萬三千四百四十一字。其建首也，立一爲耑。方以類聚，物以羣分。同牽條屬，共理相貫。雜而不越，據形系聯。引而申之，以究萬原。畢終於亥，知化窮冥。

于時大漢，聖德熙明，承天稽唐，敷崇殷中。遐邇被澤，渥衍沛滂。廣業甄微，學士知方。探嘖索隱，厥誼可傳。

粵在永元，困頓之季。徐鍇曰："漢和帝永元十二季，歲在庚子也。" 孟陬之月，朔日甲申。

曾曾小子，祖自炎神。縉雲相黃，共承高辛。太岳佐夏，呂叔作藩。俾侯于許，世祚遺靈。自彼徂召，宅此汝瀕。竊卬景行，敢涉聖門。其弘如何，節彼南山。欲罷不能，既竭愚才。惜道之味，聞疑載疑。演贊其志，次列微辭。知此者稀，儻昭所尤。庶有達者，理而董之。

召陵萬歲里公乘艸莽臣沖稽首再拜，上書皇帝陛下：

臣伏見陛下神明盛德，承遵聖業。上考度於天，下流化於民。先天而天不違，後天而奉天時。萬國咸寧，神人以和。猶復深惟五經之妙，皆爲漢制。博采幽遠，窮理盡性，以至於命。先帝詔侍中騎都尉賈逵，修理舊文，殊藝異術，王教一耑，苟有可以加於國者，靡不悉集。《易》曰："窮神知化，德之盛也。"《書》曰："人之有能有爲使羞其行，而國其昌。"臣父、故太尉南閣祭酒慎，本從逵受古學，蓋聖人不空作，皆有依據。今五經之道，昭炳光明，而文字者，其本所由生。自《周禮》、《漢律》，皆當學六書，貫通其意。恐巧說衺辭使學者疑，慎博問通人，考之於逵，作《說文解字》。六藝羣書之詁，皆訓其意，而天地鬼神、山川艸木、鳥獸蚰蟲、雜物奇怪、王制禮儀，世間人事，莫不畢載。凡十五卷，十三萬三千四百四十一字。慎前以詔書校東觀，教小黃門孟生、李喜等，以文字未定，未奏上。今慎已病，遣臣齎詣闕。慎又學《孝經》孔氏古文說。文古《孝經》者，孝昭帝時魯國三老所獻，建武時給事中議郎衛宏所校，皆口傳，官無其說，謹撰具一篇并上。

臣沖誠惶誠恐，頓首頓首，死辠死辠，臣䭫首再拜，以聞皇帝陛下。

建光元年九月己亥朔，二十日戊午上。徐鍇曰："建光元年，漢安帝之十五年，歲在辛酉。"

召上書者汝南許沖，詣左掖門。會令并齎所上書。

十月十九日，中黃門饒喜，㠯詔書賜召陵公乘許沖布四十匹，即日受詔朱雀掖門。敕勿謝。

銀青光祿大夫守右散騎常侍上柱國東海縣開國子食邑五百戶臣徐鉉，奉直郎守祕書省著作郎直史館臣句中正，翰林書學臣葛湍，臣王惟恭等，奉詔校定許慎《說文》

十四篇，并《序目》一篇，凡萬六百餘字。聖人之旨，蓋云備矣。

稽夫八卦既畫，萬象既分，則文字爲之大輅，載籍爲之六轡。先王教化，所以行於百代。及物之功，與造化均。不可忽也。雖復五帝之後，改易殊體；六國之世，文字異形；然猶存篆籀之迹，不失形類之本。及暴秦苛政，散隸聿興，便於末俗，人競師法。古文既絶，譌僞日滋。至漢宣帝時，始命諸儒修倉頡之法，亦不能復故。光武時，馬援上疏論文字之譌謬，其言詳矣。及和帝時，申命賈逵修理舊文，於是許慎采史籀、李斯、楊雄之書，博訪通人，考之於逵，作《說文解字》。至安帝十五年，始奏上之。而隸書行之已久，習之益工，加以行草八分，紛然閒出，返以篆籀爲奇怪之迹，不復經心。至於六籍舊文，相承傳寫，多求便俗，漸失本原。《爾雅》所載艸木魚鳥之名，肆意增益。不可觀矣。諸儒傳釋，亦非精究；小學之徒，莫能矯正。唐大麻中，李陽冰篆迹殊絶，獨冠古今。自云："斯翁之後，直至小生。"此言爲不妄矣。於是刊定《說文》，修正筆法。學者師慕，篆籀中興。然頗排斥許氏，自爲臆說。夫以師心之見，破先儒之祖述，豈聖人之意乎？今之爲字學者，亦多從陽冰之新義，所謂貴耳賤目也。自唐末喪亂，經籍道息。皇宋膺運，二聖繼明。人文國典，粲然光被。興崇學校，登進羣才。以爲文字者，六藝之本，固當率由古法。乃詔取許慎《說文解字》，精加詳校，垂憲百代。臣等愚陋，敢竭所聞。蓋篆書堙替，爲日已久。凡傳寫《說文》者，皆非其人。故錯亂遺脱，不可盡究。今以集書正副本及羣臣家藏者，備加詳考。有許慎注義序例中所載而諸部不見者，審知漏落，悉從補録。復有經典相承傳寫，及時俗要用而《說文》不載者，承詔皆附益之，以廣篆籀之路。亦皆形聲相從，不違六書之義者。其閒《說文》具有正體，而時俗譌變者，則具於注中；其有義理乖舛、違戾六書者，竝序列於後。俾夫學者，無或致疑。大抵此書務援古以正今，不徇今而違古。若乃高文大册，則宜以篆籀著之金石；至於常行簡牘，則艸隸足矣。又許慎注解，詞簡義奥，不可周知。陽冰之後，諸儒箋述有可取者，亦從附益；猶有未盡，則臣等粗爲訓釋，以成一家之書。《說文》之時，未有反切。後人附益，互有異同。孫愐《唐韻》，行之已久。今竝以孫愐音切爲定，庶夫學者有所適從。食時而成，既異《淮南》之敏；縣金於市，曾非吕氏之精。塵瀆聖明，若臨冰谷。謹上

新修字義。

左文一十九，《說文》闕載，注義及序例偏旁有之，今竝録於諸部：

詔 志 件 借 魋 綦 剔 㒚 醆 趄

顦 璵 瘮 櫯 緻 笑 迓 睆 峯

左文二十八，俗書譌謬，不合六書之體：

亹	字書所無，不知所从，無以下筆。《易》云："定天下之亹亹。"當作娓。
个	亦不見義，無以下筆。明堂左右个者，明堂旁室也。當作介。

暮　本作莫。日在茻中也。
熟　本作孰。享芽，以手進之。
捧　本作奉。从廾，从手，丰聲。經典皆如此。
遨　本作敖。从出，从放。
徘徊　本作裴回。寬衣也。取其裴回之狀。
迴　本作回。象回轉之形。
腰　本只作要。《說文》象形。借爲玄要之要。後人加肉。
嗚　本只作烏。烏，盱呼也。以其名自呼。故曰烏呼。後人加口。
慾　《說文》欲字注云："貪欲也。"此後人加心。
揀　本只作柬。《說文》从束八，八，柬之也。後人加手。
俸　本只作奉。古爲之奉禄，後人加人。
自"暮"已下一十二字，後人妄加偏傍，失六書之義。
鞦韆　案：詞人高無際作《鞦韆賦》序云："漢武帝後庭之戲也。"本云千秋，祝壽之詞也。語譌轉爲秋千。後人不本其意，乃造此字。非皮革所爲，非車馬之用，不合从革。
影　案：影者，光景之類也。合通用景。非毛髮藻飾之事，不當从彡。
斌　本作彬或份，文質備也。从文配武，過爲鄙淺。復有从斌从貝者，音頵。亦於義無取。
悅　經典只作說。
藝　本只作埶。後人加艸、云，義無所取。
著　本作箸。《說文》陟慮切，注云："飯攲也。"借爲住箸之箸。後人从艸。
墅　經典只用野。野亦音。常句切。
蓑　蓑字本作蘇禾切。从衣，象形。借爲衰朽之衰。
賾　《周易疏義》云："深也。"案：此亦假借之字，當通用嘖。
黌　學堂也。从學省，黄聲。《說文》無學部。
黈　充耳也。从纊省，主聲。《說文》無纊部。
矗　直皃。經史所無。《說文》無直部。
此三字皆無部類可附。
麌　《說文》噳字注云："麋鹿羣口相聚也。"《詩》"麀鹿麌麌"，當用噳字。
池　池沼之池。當用沱。沱，江之別流也。

篆文筆迹相承小異：

　本作𠄎。本从二，从古文及，左旁不當引筆下垂。蓋前作筆勢如

此，後代因而不改。

 《說文》不从人，直作。

 左旁亲从辛从木，《說文》不省。此二字李斯刻石文如此，後人因之。

 从辛，从口。中畫不當上曲，亦李斯刻石如此，上曲則字形茂美，人皆效之。

 《說文》作，象二屬之形。李斯筆迹小變，不言爲異。

 《說文》作，亦李斯小變其勢。李陽冰乃云："从開口形。"亦爲臆說。

 《說文》从中而垂下，於相出入也。从入。此字从中下垂，當只作，蓋相承多一畫。

 如六切。《說文》本作肉，後人相承作，與月字相類。

 《說文》作。止史籀筆迹小異，非別體。

 此本蕃廡之廡，李斯借爲有無之無。後人尚其簡便，故皆从之。有無字本从亡，李陽冰乃云不當加亡。且蕃廡字从大，从卌，數之積也。从林，亦蕃多之義。若不加亡，何以得爲有無之無？

 或作，亦止於筆迹小異。

 《說文》作。李斯筆迹小異。

銀青光禄大夫守右散騎常侍上柱國東海縣開國子食邑五百戶臣徐鉉等，伏奉聖旨，校定許慎《說文解字》一部。伏以振發人文，興崇古道。考遺編於魯壁，緝蠹簡於羽陵。載穆皇風，允符昌運。伏惟應運統天，睿文英武，大聖至明廣孝皇帝陛下，凝神繫表，降鑒機先。聖靡不通，思無不及。以爲經籍既正，憲章具明。非文字無以見聖人之心，非篆籀無以究文字之義。眷兹譌俗，深惻皇慈。爰命討論，以垂程式。將懲宿弊，宜屬通儒。臣等寔媿謏聞，猥承乏使，徒窮懵學，豈副宸謨，塵瀆冕旒。冰炭交集。其書十五卷，以編袟繁重，每卷各分上下，共三十卷。謹詣。

東上閤門進上，謹進。

雍熙三年十一月　日，翰林書學臣王惟恭、臣葛湍等狀進

奉直郎守祕書省著作郎直史館臣句中正

銀青光禄大夫守右散騎常侍上柱國東海縣開國子食邑五百戶臣徐鉉

中書門下　　牒徐鉉等

新校定《說文解字》

牒奉

敕許慎《說文》，起於東漢。歷代傳寫，譌謬實多。六書之蹤，無所取法。若不重加刊正，漸恐失其原流。爰命儒學之臣，共詳篆籀之跡。右散騎常侍徐鉉等，深

明舊史，多識前言。果能商搉是非，補正闕漏。書成上奏，克副朕心。宜遣雕鐫，用廣流布。自我朝之垂範，俾永世以作程。其書宜付史館，仍令國子監雕爲印版，依九經書例，許人納紙墨價錢收贖。兼委徐鉉等點檢書寫雕造，無令差錯，致誤後人。

牒至準

敕故牒

　　雍熙三年十一月　日牒

　　給事中叅知政事辛仲甫

　　給事中叅知政事呂蒙正

　　中書侍郎兼工部尚書平章事李昉

形聲字類檢

丕	pī	从一不聲。
帝	dì	从丄朿聲。
禧	xī	从示喜聲。
禛	zhēn	从示眞聲。
祿	lù	从示录聲。
禠	sī	从示虒聲。
禎	zhēn	从示貞聲。
祥	xiáng	从示羊聲。
祉	zhǐ	从示止聲。
福	fú	从示畐聲。
祐	yòu	从示右聲。
祺	qí	从示其聲。
祗	zhī	从示氐聲。
禔	zhī	从示是聲。
祇	qí	从示氏聲。
祕	mì	从示必聲。
禋	yīn	从示垔聲。
祀	sì	从示巳聲。
祡	chái	从示此聲。
禷	lèi	从示類聲。
祪	guǐ	从示危聲。
祔	fù	从示付聲。
祖	zǔ	从示且聲。
𥛱	bēng	从示彭聲。
祉	bǐ	从示比聲。
祠	cí	从示司聲。
礿	yuè	从示勺聲。
禘	dì	从示帝聲。
祼	guàn	从示果聲。
⿱毳示	cuì	从示毳聲。
⿰示畱	liù	从示畱聲。
祓	fú	从示犮聲。
祈	qí	从示斤聲。
禱	dǎo	从示壽聲。
禳	ráng	从示襄聲。
禪	shàn	从示單聲。
禦	yù	从示御聲。
⿰示舌	huó	从示昏聲。
禖	méi	从示某聲。
⿰示胥	xǔ	从示胥聲。
祳	shèn	从示辰聲。
祴	gāi	从示戒聲。
禡	mà	从示馬聲。
禂	dǎo	从示周聲。
禓	yáng	从示昜聲。
禍	huò	从示咼聲。
祅	yāo	从示芺聲。
禁	jìn	从示林聲。
禫	dàn	从示覃聲。
禰	nǐ	从示爾聲。
祧	tiāo	从示兆聲。
祆	xiān	从示天聲。
祚	zuò	从示乍聲。
璙	liáo	从玉尞聲。
瓘	guàn	从玉雚聲。
璥	jǐng	从玉敬聲。
琠	tiǎn	从玉典聲。
瓇	náo	从玉夒聲。
⿱毄玉	lì	从玉毄聲。
璠	fán	从玉番聲。
璵	yú	从玉與聲。
瑾	jǐn	从玉堇聲。
瑜	yú	从玉俞聲。
玒	hóng	从玉工聲。
⿱來玉	lái	从玉來聲。
瓊	qióng	从玉夐聲。
珦	xiàng	从玉向聲。
瑓	là	从玉剌聲。
珣	xún	从玉旬聲。
璐	lù	从玉路聲。
瓚	zàn	从玉贊聲。
瑛	yīng	从玉英聲。
璑	wú	从玉無聲。
珛	xiù	从玉有聲。
璿	xuán	从玉睿聲。
球	qiú	从玉求聲。
琳	lín	从玉林聲。
璧	bì	从玉辟聲。
瑗	yuàn	从玉爰聲。
環	huán	从玉睘聲。
璜	huáng	从玉黃聲。
琮	cóng	从玉宗聲。
琬	wǎn	从玉宛聲。
璋	zhāng	从玉章聲。
琰	yǎn	从玉炎聲。
玠	jiè	从玉介聲。
瑒	chàng	从玉昜聲。
瓛	huán	从玉獻聲。
珽	tǐng	从玉廷聲。
璬	jiǎo	从玉敫聲。
珩	héng	从玉行聲。
玦	jué	从玉夬聲。
瑱	tiàn	从玉眞聲。
琫	běng	从玉奉聲。
珌	bì	从玉必聲。
璏	zhì	从玉彘聲。
瑵	zhǎo	从玉蚤聲。
珇	zǔ	从玉且聲。
⿰王綦	qí	从玉綦聲。

璪	zǎo	从玉喿聲。
瑬	liú	从玉流聲。
璹	shú	从玉𠷎聲。
瓃	léi	从玉畾聲。
瑳	cuō	从玉差聲。
玼	cǐ	从玉此聲。
璱	sè	从玉瑟聲。
瑮	lì	从玉㮚聲。
璊	mén	从玉㒼聲。
瑕	xiá	从玉叚聲。
琢	zhuó	从玉豖聲。
琱	diāo	从玉周聲。
理	lǐ	从玉里聲。
珍	zhēn	从玉㐱聲。
玩	wán	从玉元聲。
玲	líng	从玉令聲。
瑲	qiāng	从玉倉聲。
玎	dīng	从玉丁聲。
琤	chēng	从玉爭聲。
瑣	suǒ	从玉𧴪聲。
瑝	huáng	从玉皇聲。
瑀	yǔ	从玉禹聲。
玤	bàng	从玉丰聲。
玪	jiān	从玉今聲。
⿱勒玉	lè	从玉勒聲。
琚	jū	从玉居聲。
琇	xiù	从玉莠聲。
玖	jiǔ	从玉久聲。
⿰王𦣞	yí	从玉𦣞聲。
珢	yín	从玉艮聲。
玴	yì	从玉曳聲。
璅	zǎo	从玉巢聲。
璡	jīn	从玉進聲。
⿰王朁	zēn	从玉朁聲。
璁	cōng	从玉悤聲。
⿰王號	hào	从玉號聲。
⿰王舝	xiá	从玉舝聲。
⿱臤玉	wàn	从玉臤聲。
⿰王燮	xiè	从玉燮聲。
玽	gǒu	从玉句聲。
琂	yán	从玉言聲。
璶	jìn	从玉盡聲。
琟	wéi	从玉隹聲。
瑦	wǔ	从玉烏聲。
瑂	méi	从玉眉聲。
璒	dēng	从玉登聲。
⿰王厶	sī	从玉厶聲。
玗	yú	从玉于聲。
⿰王殳	mò	从玉𡕥聲。
瑎	xié	从玉皆聲。
琨	kūn	从玉昆聲。
珉	mín	从玉民聲。
瑤	yáo	从玉䍃聲。
珠	zhū	从玉朱聲。
玓	dì	从玉勺聲。
瓅	lì	从玉樂聲。
玭	pín	从玉比聲。
珕	lì	从玉劦聲。
珧	yáo	从玉兆聲。
玟	méi	从玉文聲。
瑰	guī	从玉鬼聲。
璣	jī	从玉幾聲。
琅	láng	从玉良聲。
玕	gān	从玉干聲。
瑚	hú	从玉胡聲。
珋	liú	从玉丣聲。
⿱𣢾玉	yǒu	从玉𣢾聲。
璗	dàng	从玉湯聲。
⿱霝玉	líng	从玉霝聲。
珈	jiā	从玉加聲。
璩	qú	从玉豦聲。
琖	zhǎn	从玉戔聲。
璫	dāng	从玉當聲。
琲	bèi	从玉非聲。
珂	kē	从玉可聲。
玘	qǐ	从玉己聲。
珝	xǔ	从玉羽聲。
璀	cuǐ	从玉崔聲。
璨	càn	从玉粲聲。
琡	chù	从玉叔聲。
瑄	xuān	从玉宣聲。
珙	gǒng	从玉共聲。
氛	fēn	从气分聲。
壻	xù	从士胥聲。
壯	zhuàng	从士爿聲。
壿	cūn	从士尊聲。
每	měi	从屮母聲。
⿱屮六	lù	从屮六聲。
萐	shà	从艸疌聲。
莆	fǔ	从艸甫聲。
虋	mén	从艸釁聲。
荅	dá	从艸合聲。
萁	qí	从艸其聲。
藿	huò	从艸靃聲。
莥	niǔ	从艸狃聲。
蓈	láng	从艸郎聲。
莠	yǒu	从艸秀聲。
萉	fèi	从艸肥聲。
芓	zì	从艸子聲。
⿱艹異	yì	从艸異聲。
蘇	sū	从艸穌聲。
荏	rěn	从艸任聲。
苵	shǐ	从艸矢聲。
⿱艹豈	qǐ	从艸豈聲。
葵	kuí	从艸癸聲。
薑	jiāng	从艸彊聲。
蓼	liǎo	从艸翏聲。
蒩	zǔ	从艸祖聲。
⿱艹豦	qú	从艸豦聲。
薇	wēi	从艸微聲。
蓶	wéi	从艸唯聲。
菦	qín	从艸近聲。
⿱艹釀	niàng	从艸釀聲。
莧	xiàn	从艸見聲。
芋	yù	从艸亏聲。
莒	jǔ	从艸呂聲。
蘧	qú	从艸遽聲。
菊	jú	从艸匊聲。
葷	hūn	从艸軍聲。
蘘	ráng	从艸襄聲。
菁	jīng	从艸青聲。
蘆	lú	从艸盧聲。
菔	fú	从艸服聲。

苹 píng 从艸平聲。
茞 chén 从艸臣聲。
薲 pín 从艸賓聲。
藍 lán 从艸監聲。
藼 xuān 从艸憲聲。
营 qiōng 从艸宮聲。
藭 qióng 从艸窮聲。
蘭 lán 从艸闌聲。
葌 jiān 从艸姦聲。
葰 suī 从艸俊聲。
芄 wán 从艸丸聲。
虈 xiāo 从艸嚻聲。
蘺 lí 从艸離聲。
茝 chǎi 从艸𦣞聲。
蘪 méi 从艸麋聲。
薰 xūn 从艸熏聲。
萹 biān 从艸扁聲。
藒 qiè 从艸楬聲。
芞 qì 从艸气聲。
苺 měi 从艸母聲。
茖 gé 从艸各聲。
苧 zhù 从艸予聲。
藎 jìn 从艸盡聲。
蒁 shù 从艸述聲。
荵 rěn 从艸忍聲。
萇 cháng 从艸長聲。
薊 jì 从艸魝聲。
荲 lí 从艸里聲。
藋 diào 从艸翟聲。
芨 jī 从艸及聲。
葥 jiàn 从艸歬聲。
蘔 mòu 从艸婺聲。
蓩 mǎo 从艸務聲。
蓡 shēn 从艸濅聲。
虊 luán 从艸攣聲。
⿱艹戾 lì 从艸戾聲。
荍 qiáo 从艸收聲。
⿱艹毗 pí 从艸毗聲。
萭 yǔ 从艸禹聲。
荑 tí 从艸夷聲。
薛 xuē 从艸辥聲。

苦 kǔ 从艸古聲。
菩 bèi 从艸咅聲。
⿱艹啻 yì 从艸啻聲。
茅 máo 从艸矛聲。
菅 jiān 从艸官聲。
蘄 qí 从艸斳聲。
莞 guān 从艸完聲。
藺 lìn 从艸閵聲。
蒢 chú 从艸除聲。
蒲 pú 从艸浦聲。
蒻 ruò 从艸弱聲。
⿱艹深 shēn 从艸深聲。
蓷 tuī 从艸推聲。
萑 zhuī 从艸隹聲。
茥 guī 从艸圭聲。
莙 jùn 从艸君聲。
⿱艹睆 huán 从艸睆聲。
蒚 lì 从艸鬲聲。
苢 yǐ 从艸㠯聲。
蕁 tán 从艸尋聲。
⿱艹毄 jī 从艸毄聲。
蓲 qiū 从艸區聲。
⿱艹固 gù 从艸固聲。
⿱艹榦 gàn 从艸榦聲。
藷 zhū 从艸諸聲。
蔗 zhè 从艸庶聲。
⿱艹毁 níng 从艸毁聲。
⿱艹賜 sì 从艸賜聲。
⿱艹中 zhōng 从艸中聲。
萯 fù 从艸負聲。
芺 ǎo 从艸夭聲。
⿱艹弦 xián 从艸弦聲。
⿱艹圝 yòu 从艸圝聲。
莩 fú 从艸孚聲。
⿱艹寅 yín 从艸寅聲。
荓 píng 从艸并聲。
蕕 yóu 从艸猶聲。
荌 àn 从艸安聲。
藄 qí 从艸綦聲。
⿱艹夢 méng 从艸夢聲。
蕧 fù 从艸復聲。

苓 líng 从艸令聲。
⿱艹贛 gòng 从艸贛聲。
藑 qióng 从艸夐聲。
⿱艹富 fù 从艸富聲。
葍 fú 从艸畐聲。
蓨 tiáo 从艸脩聲。
苗 dí 从艸由聲。
⿱艹昜 tāng 从艸昜聲。
薁 yù 从艸奧聲。
葴 zhēn 从艸咸聲。
⿱艹魯 lǔ 从艸魯聲。
⿱艹㕯 kuǎi 从艸㕯聲。
蔞 lóu 从艸婁聲。
藟 lěi 从艸畾聲。
蒬 yuān 从艸冤聲。
茈 zǐ 从艸此聲。
⿱艹貇 mò 从艸貇聲。
萴 cè 从艸則聲。
茜 qiàn 从艸西聲。
薜 bì 从艸辟聲。
莣 wáng 从艸忘聲。
苞 bāo 从艸包聲。
艾 ài 从艸乂聲。
蔁 zhāng 从艸章聲。
芹 qín 从艸斤聲。
⿱艹甄 zhēn 从艸甄聲。
蔦 niǎo 从艸鳥聲。
芸 yún 从艸云聲。
⿱艹敕 cè 从艸敕聲。
葎 lǜ 从艸律聲。
茦 cì 从艸朿聲。
萿 guā 从艸昏聲。
葑 fēng 从艸封聲。
薺 cí 从艸齊聲。
莿 cì 从艸刺聲。
董 dǒng 从艸童聲。
蘻 jì 从艸繫聲。
⿱艹嫂 sǎo 从艸嫂聲。
苄 hù 从艸下聲。
薟 liǎn 从艸僉聲。
菳 qín 从艸金聲。

芩 qín 从艸今聲。
藨 biāo 从艸麃聲。
虉 yì 从艸鷊聲。
蔆 líng 从艸淩聲。
芰 jì 从艸支聲。
薢 xiè 从艸解聲。
茩 gòu 从艸后聲。
芡 qiàn 从艸欠聲。
蘥 yuè 从艸龠聲。
藗 sù 从艸遬聲。
⿱艹私 sī 从艸私聲。
蒹 jiān 从艸兼聲。
薍 wàn 从艸亂聲。
⿱艹剡 tǎn 从艸剡聲。
薕 lián 从艸廉聲。
薠 fán 从艸煩聲。
茚 áng 从艸印聲。
⿱艹邪 yé 从艸邪聲。
芀 tiáo 从艸刀聲。
茢 liè 从艸列聲。
菡 hàn 从艸函聲。
⿱艹閻 dàn 从艸閻聲。
蓮 lián 从艸連聲。
茄 jiā 从艸加聲。
荷 hé 从艸何聲。
蔤 mì 从艸密聲。
蘢 lóng 从艸龍聲。
蓍 shī 从艸耆聲。
菣 qìn 从艸臤聲。
莪 é 从艸我聲。
蘿 luó 从艸羅聲。
菻 lǐn 从艸林聲。
蔚 wèi 从艸尉聲。
蕭 xiāo 从艸肅聲。
萩 qiū 从艸秋聲。
芍 xiào 从艸勺聲。
⿱艹湔 jiǎn 从艸湔聲。
蔿 wěi 从艸爲聲。
⿱艹冘 chén 从艸冘聲。
蘜 jú 从艸鞠聲。
蘠 qiáng 从艸牆聲。

芪 qí 从艸氏聲。
菀 wǎn 从艸宛聲。
⿱艹术 zhú 从艸术聲。
蓂 mì 从艸冥聲。
菋 wèi 从艸味聲。
荎 chí 从艸至聲。
藸 chú 从艸豬聲。
葛 gé 从艸曷聲。
蔓 màn 从艸曼聲。
⿱艹皋 gāo 从艸皋聲。
莕 xìng 从艸杏聲。
⿱艹妾 jiē 从艸妾聲。
⿱艹罤 kūn 从艸罤聲。
芫 yuán 从艸元聲。
蘦 líng 从艸霝聲。
蕛 tí 从艸稊聲。
苵 dié 从艸失聲。
艼 tīng 从艸丁聲。
蔣 jiāng 从艸將聲。
苽 gū 从艸瓜聲。
⿱艹育 yù 从艸育聲。
⿱艹罷 bēi 从艸罷聲。
⿱艹難 rán 从艸難聲。
莨 láng 从艸良聲。
葽 yāo 从艸要聲。
薖 kē 从艸過聲。
菌 jùn 从艸囷聲。
蕈 xùn 从艸覃聲。
⿱艹耎 ruǎn 从艸耎聲。
葚 shèn 从艸甚聲。
蒟 jǔ 从艸竘聲。
芘 pí 从艸比聲。
蕣 shùn 从艸舜聲。
萸 yú 从艸臾聲。
茱 zhū 从艸朱聲。
茮 jiāo 从艸尗聲。
莍 qiú 从艸求聲。
荊 jīng 从艸刑聲。
菭 tái 从艸治聲。
芽 yá 从艸牙聲。
萌 méng 从艸明聲。

茁 zhuó 从艸出聲。
莖 jīng 从艸巠聲。
莛 tíng 从艸廷聲。
葉 yè 从艸枼聲。
薊 jì 从艸魝聲。
芣 fú 从艸不聲。
葩 pā 从艸皅聲。
芛 wěi 从艸尹聲。
蘳 huà 从艸黊聲。
蔈 biāo 从艸㶾聲。
英 yīng 从艸央聲。
薾 ěr 从艸爾聲。
萋 qī 从艸妻聲。
菶 běng 从艸奉聲。
薿 nǐ 从艸疑聲。
蕤 ruí 从艸甤聲。
葼 zōng 从艸嵏聲。
⿱艹移 yí 从艸移聲。
蒝 yuán 从艸原聲。
莢 jiá 从艸夾聲。
⿱艹亾 máng 从艸亾聲。
蔕 dì 从艸帶聲。
荄 gāi 从艸亥聲。
⿱艹均 yǔn 从艸均聲。
茇 bá 从艸犮聲。
芃 péng 从艸凡聲。
⿱艹傅 fū 从艸傅聲。
蓻 zí 从艸執聲。
⿱艹⿰犭斤 yín 从艸⿰犭斤聲。
茂 mào 从艸戊聲。
⿱艹暘 chàng 从艸暘聲。
蔭 yìn 从艸陰聲。
⿱艹造 chòu 从艸造聲。
⿱艹俶 dí 从艸俶聲。
⿱艹歊 xiāo 从艸歊聲。
蔇 jì 从艸既聲。
薋 cí 从艸資聲。
蓁 zhēn 从艸秦聲。
莦 shāo 从艸肖聲。
芮 ruì 从艸内聲。
茬 chí 从艸在聲。

薈 huì 从艸會聲。
䓮 mào 从艸敄聲。
芼 mào 从艸毛聲。
蒼 cāng 从艸倉聲。
萃 cuì 从艸卒聲。
蒔 shì 从艸時聲。
苛 kē 从艸可聲。
蕪 wú 从艸無聲。
薉 huì 从艸歲聲。
荒 huāng 从艸巟聲。
薴 níng 从艸寍聲。
䈴 zhēng 从艸爭聲。
落 luò 从艸洛聲。
蔽 bì 从艸敝聲。
蘀 tuò 从艸擇聲。
藴 yùn 从艸温聲。
蔫 yān 从艸焉聲。
菸 yū 从艸於聲。
藀 yíng 从艸榮聲。
蔡 cài 从艸祭聲。
茷 fá 从艸伐聲。
菜 cài 从艸采聲。
荋 ér 从艸而聲。
芝 fàn 从艸乏聲。
薄 bó 从艸溥聲。
苑 yuàn 从艸夗聲。
藪 sǒu 从艸數聲。
蘨 yáo 从艸繇聲。
薙 tì 从艸雉聲。
蓻 zhì 从艸致聲。
蔪 jiàn 从艸斬聲。
茀 fú 从艸弗聲。
苾 bì 从艸必聲。
蔎 shè 从艸設聲。
芳 fāng 从艸方聲。
蕡 fén 从艸賁聲。
藥 yào 从艸樂聲。
蘺 lí 从艸麗聲。
蓆 xí 从艸席聲。
荐 jiàn 从艸存聲。
藉 jiè 从艸耤聲。

蒩 zū 从艸租聲。
蕝 jué 从艸絕聲。
茨 cí 从艸次聲。
葺 qì 从艸咠聲。
蓋 gài 从艸盍聲。
苫 shān 从艸占聲。
藹 ài 从艸渴聲。
蓲 qū 从艸屈聲。
藩 fān 从艸潘聲。
菹 zū 从艸沮聲。
荃 quán 从艸全聲。
蔖 kù 从艸酤聲。
藍 lán 从艸監聲。
菧 zhī 从艸泜聲。
䕩 lǎo 从艸橑聲。
蘔 yì 从艸穎聲。
䔃 zǐ 从艸宰聲。
蓴 tuán 从艸專聲。
茜 zhì 从艸西聲。
䔿 zǔn 从艸尊聲。
萆 pì 从艸卑聲。
䓭 chí 从艸是聲。
苴 jū 从艸且聲。
䕵 cū 从艸麤聲。
蕢 kuì 从艸貴聲。
茵 yīn 从艸因聲。
茭 jiāo 从艸交聲。
荹 bù 从艸步聲。
茹 rú 从艸如聲。
莝 cuò 从艸坐聲。
萎 wèi 从艸委聲。
蓛 cè 从艸敕聲。
䒼 qū 从艸曲聲。
蔟 cù 从艸族聲。
苣 jù 从艸巨聲。
蕘 ráo 从艸堯聲。
薪 xīn 从艸新聲。
蒸 zhēng 从艸烝聲。
蕉 jiāo 从艸焦聲。
薶 mái 从艸貍聲。
葠 shān 从艸侵聲。

艽 qiú 从艸九聲。
蒜 suàn 从艸祘聲。
芥 jiè 从艸介聲。
蔥 cōng 从艸悤聲。
蒮 yù 从艸隺聲。
蕇 diǎn 从艸單聲。
苟 gǒu 从艸句聲。
蕨 jué 从艸厥聲。
莎 suō 从艸沙聲。
蓱 píng 从艸洴聲。
蓳 jǐn 从艸堇聲。
菲 fěi 从艸非聲。
芴 wù 从艸勿聲。
䕿 hàn 从艸鶾聲。
萑 huán 从艸雈聲。
葦 wěi 从艸韋聲。
葭 jiā 从艸叚聲。
萊 lái 从艸來聲。
荔 lì 从艸劦聲。
蒙 méng 从艸冡聲。
菉 lù 从艸录聲。
蓸 cáo 从艸曹聲。
莤 yóu 从艸卣聲。
菬 qiáo 从艸沼聲。
䓊 wú 从艸吾聲。
范 fàn 从艸氾聲。
艿 réng 从艸乃聲。
𦬁 xuè 从艸血聲。
萄 táo 从艸匋聲。
芑 qǐ 从艸己聲。
藚 xù 从艸賣聲。
苳 dōng 从艸冬聲。
薔 sè 从艸嗇聲。
苕 tiáo 从艸召聲。
䔩 mào 从艸楙聲。
萺 mào 从艸冒聲。
茆 mǎo 从艸丣聲。
荼 tú 从艸余聲。
蘩 fán 从艸緐聲。
蒿 hāo 从艸高聲。
蓬 péng 从艸逢聲。

藜 lí 从艸黎聲。
蘬 kuī 从艸歸聲。
葆 bǎo 从艸保聲。
蕃 fán 从艸番聲。
葏 jiān 从艸津聲。
藂 cóng 从艸叢聲。
草 zào 从艸早聲。
菆 zōu 从艸取聲。
蓄 xù 从艸畜聲。
菰 gū 从艸狐聲。
菿 dào 从艸到聲。
芙 fú 从艸夫聲。
蓉 róng 从艸容聲。
薳 wěi 从艸遠聲。
荀 xún 从艸旬聲。
莋 zuó 从艸作聲。
蓀 sūn 从艸孫聲。
蔬 shū 从艸疏聲。
芊 qiān 从艸千聲。
茗 míng 从艸名聲。
薌 xiāng 从艸鄉聲。
蓐 rù 从艸辱聲。
少 shǎo 从小丿聲。
尐 jié 从小乀聲。
尚 shàng 从八向聲。
㒸 suì 从八豕聲。
叛 pàn 从半反聲。
牡 mǔ 从牛土聲。
犅 gāng 从牛岡聲。
特 tè 从牛寺聲。
牝 pìn 从牛匕聲。
犻 bèi 从牛市聲。
犙 sān 从牛参聲。
犗 jiè 从牛害聲。
牻 máng 从牛龙聲。
㹁 liáng 从牛京聲。
犡 lì 从牛厲聲。
⿰牜余 tú 从牛余聲。
⿰牜寽 liè 从牛寽聲。
⿰牜平 pēng 从牛平聲。
犥 piāo 从牛麃聲。
犉 rún 从牛𦎫聲。
⿰牜隺 yuè 从牛隺聲。
⿰牜畺 jiāng 从牛畺聲。
⿰牜叏 tāo 从牛叏聲。
犨 chōu 从牛雔聲。
⿰牜産 chǎn 从牛産聲。
牲 shēng 从牛生聲。
牷 quán 从牛全聲。
牽 qiān 从牛玄聲。
牿 gù 从牛告聲。
⿰牜夒 rǎo 从牛夒聲。
犕 bèi 从牛葡聲。
犂 lí 从牛黎聲。
⿱非牛 fèi 从牛非聲。
⿰牜𠷎 tāo 从牛𠷎聲。
牴 dǐ 从牛氐聲。
⿱衛牛 wèi 从牛衛聲。
牼 kēng 从牛巠聲。
⿰牜今 jìn 从牛今聲。
犀 xī 从牛尾聲。
牣 rèn 从牛刃聲。
物 wù 牛爲大物；天地之數，起於牽牛，故从牛。勿聲。
犧 xī 从牛羲聲。
犍 jiān 从牛建聲。
犝 tóng 从牛童聲。
犛 lí 从牛𠩺聲。
噭 jiào 从口敫聲。
噣 zhòu 从口蜀聲。
喙 huì 从口彖聲。
吻 wěn 从口勿聲。
嚨 lóng 从口龍聲。
喉 hóu 从口侯聲。
噲 kuài 从口會聲。
吞 tūn 从口天聲。
咽 yān 从口因聲。
嗌 yì 从口益聲。
喗 yǔn 从口軍聲。
哆 chǐ 从口多聲。
呱 gū 从口瓜聲。
啾 jiū 从口秋聲。
喤 huáng 从口皇聲。
唴 qiàng 从口羌聲。
咷 táo 从口兆聲。
喑 yīn 从口音聲。
⿰口疑 yì 从口疑聲。
咳 hái 从口亥聲。
嗛 xián 从口兼聲。
咀 jǔ 从口且聲。
啜 chuò 从口叕聲。
⿰口集 jí 从口集聲。
嚌 jì 从口齊聲。
噍 jiào 从口焦聲。
吮 shǔn 从口允聲。
⿰口率 shuì 从口率聲。
嚵 chán 从口毚聲。
噬 shì 从口筮聲。
啗 dàn 从口臽聲。
嘰 jī 从口幾聲。
⿰口尃 bó 从口尃聲。
含 hán 从口今聲。
哺 bǔ 从口甫聲。
味 wèi 从口未聲。
嚛 hù 从口樂聲。
⿱窡口 zhuó 从口窡聲。
噫 ǎi 从口意聲。
嘽 tān 从口單聲。
唾 tuò 从口垂聲。
咦 yí 从口夷聲。
呬 xì 从口四聲。
喘 chuǎn 从口耑聲。
呼 hū 从口乎聲。
吸 xī 从口及聲。
噓 xū 从口虛聲。
喟 kuì 从口胃聲。
啍 tūn 从口𦎫聲。
嚏 tì 从口疐聲。
⿰口質 zhì 从口質聲。
唫 jìn 从口金聲。
噤 jìn 从口禁聲。

吾	wú	从口五聲。
哲	zhé	从口折聲。
咨	zī	从口次聲。
召	zhào	从口刀聲。
問	wèn	从口門聲。
唯	wěi	从口隹聲。
唱	chàng	从口昌聲。
和	hè	从口禾聲。
咥	xì	从口至聲。
啞	è	从口亞聲。
噱	jué	从口豦聲。
听	yǐn	从口斤聲。
呭	yì	从口世聲。
嘄	jiāo	从口梟聲。
咄	duō	从口出聲。
唉	āi	从口矣聲。
哉	zāi	从口𢦏聲。
噂	zǔn	从口尊聲。
呷	xiā	从口甲聲。
嘒	huì	从口彗聲。
嘫	rán	从口然聲。
唪	běng	从口奉聲。
嗔	tián	从口眞聲。
嘌	piāo	从口㶾聲。
嘑	hū	从口虖聲。
喅	yù	从口昱聲。
嘯	xiào	从口肅聲。
台	yí	从口㠯聲。
嗂	yáo	从口䍃聲。
嗿	tǎn	从口貪聲。
呈	chéng	从口壬聲。
啻	chì	从口帝聲。
唐	táng	从口庚聲。
嘾	dàn	从口覃聲。
噎	yē	从口壹聲。
嗢	wà	从口𥁕聲。
哯	xiàn	从口見聲。
吐	tǔ	从口土聲。
噦	yuē	从口歲聲。
咈	fú	从口弗聲。
嚘	yōu	从口憂聲。
吃	jī	从口气聲。
嗜	shì	从口耆聲。
啖	dàn	从口炎聲。
哽	gěng	从口更聲。
嘐	xiāo	从口翏聲。
啁	zhāo	从口周聲。
哇	wā	从口圭聲。
呧	dǐ	从口氐聲。
呰	zǐ	从口此聲。
嗻	zhè	从口庶聲。
唊	jiá	从口夾聲。
嗑	kè	从口盍聲。
嗙	bēng	从口旁聲。
叴	qiú	从口九聲。
嘮	chāo	从口勞聲。
呶	náo	从口奴聲。
叱	chì	从口七聲。
噴	pēn	从口賁聲。
吒	zhà	从口乇聲。
噊	yù	从口矞聲。
啐	cuì	从口卒聲。
唇	zhēn	从口辰聲。
吁	xū	从口于聲。
嘵	xiāo	从口堯聲。
嘖	zé	从口責聲。
嗷	áo	从口敖聲。
唸	diàn	从口念聲。
𠯑	xī	从口尸聲。
嚴	yán	从口嚴聲。
呻	shēn	从口申聲。
吟	yín	从口今聲。
嗞	zī	从口兹聲。
哤	máng	从口尨聲。
叫	jiào	从口丩聲。
嘅	kài	从口既聲。
唌	xián	从口延聲。
喝	yè	从口曷聲。
哨	shào	从口肖聲。
吪	é	从口化聲。
噆	cǎn	从口朁聲。
吝	lìn	从口文聲。
唁	yàn	从口言聲。
哀	āi	从口衣聲。
嗁	tí	从口虒聲。
嗀	hù	从口𣪊聲。
咼	kuā	从口冎聲。
𠴲	jì	从口叔聲。
嗼	mò	从口莫聲。
嗾	sǒu	从口族聲。
咆	páo	从口包聲。
嗥	háo	从口皋聲。
喈	jiē	从口皆聲。
哮	xiāo	从口孝聲。
喔	wō	从口屋聲。
呝	è	从口戹聲。
咮	zhòu	从口朱聲。
嚶	yīng	从口嬰聲。
啄	zhuó	从口豖聲。
呦	yōu	从口幼聲。
噳	yǔ	从口虞聲。
喁	yóng	从口禺聲。
哦	é	从口我聲。
嗃	hè	从口高聲。
噞	yǎn	从口僉聲。
唳	lì	从口戾聲。
喫	chī	从口契聲。
喚	huàn	从口奐聲。
嘲	cháo	从口朝聲。
呀	xiā	从口牙聲。
嚴	yán	从吅厰聲。
咢	è	从吅屰聲。
喌	zhōu	从吅州聲。
趨	qū	从走芻聲。
趣	qù	从走取聲。
超	chāo	从走召聲。
趫	qiāo	从走喬聲。
赳	jiū	从走丩聲。
跂	qí	从走支聲。
趮	zào	从走喿聲。
趯	yuè	从走翟聲。
蹶	jué	从走厥聲。
越	yuè	从走戉聲。

趁	chèn	从走参聲。
䞨	zhān	从走亶聲。
趞	què	从走昔聲。
趬	qiāo	从走堯聲。
⿺走弦	xián	从走弦聲。
趀	cī	从走朿聲。
⿺走票	piāo	从走票聲。
⿺走㪲	qǐn	从走㪲聲。
趥	qiū	从走酋聲。
⿺走蜀	zhú	从走蜀聲。
⿺走匠	jiàng	从走匠聲。
⿺走叡	xún	从走叡聲。
⿺走薊	jié	从走薊聲。
⿺走困	yǔn	从走困聲。
趖	suō	从走坐聲。
⿺走憲	xiàn	从走憲聲。
⿺走臱	biān	从走臱聲。
⿺走戠	zhí	从走戠聲。
⿺走有	yòu	从走有聲。
⿺走烏	wǔ	从走烏聲。
⿺走瞿	qú	从走瞿聲。
⿺走才	cāi	从走才聲。
⿺走此	cǐ	从走此聲。
赹	qióng	从走勻聲。
⿺走與	yú	从走與聲。
起	qǐ	从走巳聲。
⿺走里	hái	从走里聲。
⿺走臭	xiòng	从走臭聲。
⿺走金	yǐn	从走金聲。
趌	jí	从走吉聲。
⿺走曷	jié	从走曷聲。
⿺走瞏	xuān	从走瞏聲。
⿺走气	jí	从走气聲。
⿺走翼	yì	从走翼聲。
趩	chì	从走異聲。
趆	dī	从走氐聲。
趍	chí	从走多聲。
趙	zhào	从走肖聲。
赾	qǐn	从走斤聲。
⿺走复	jú	从走复聲。
趠	chuò	从走卓聲。
⿺走龠	yuè	从走龠聲。
⿺走矍	jué	从走矍聲。
⿺走契	chì	从走契聲。
⿺走幾	jī	从走幾聲。
⿺走弗	fú	从走弗聲。
⿺走矞	jú	从走矞聲。
⿺走曼	mán	从走曼聲。
趉	jué	从走出聲。
趜	jú	从走匊聲。
趑	cī	从走次聲。
趄	jū	从走且聲。
⿺走虔	qiān	从走虔聲。
⿺走雚	quán	从走雚聲。
趢	lù	从走录聲。
⿺走夋	qūn	从走夋聲。
趚	qì	从走束聲。
⿺走圭	kuǐ	从走圭聲。
⿺走虒	chí	从走虒聲。
⿺走音	bó	从走音聲。
⿺走樂	lì	从走樂聲。
趡	cuǐ	从走隹聲。
⿺走亘	yuán	从走亘聲。
⿺走眞	diān	从走眞聲。
⿺走甬	yǒng	从走甬聲。
⿺走畢	bì	从走畢聲。
⿺走斬	jiàn	从走斬聲。
⿺走是	tí	从走是聲。
趒	tiáo	从走兆聲。
赶	qián	从走干聲。
歱	zhǒng	从止重聲。
⿱尚止	chēng	从止尚聲。
歭	chí	从止寺聲。
歫	jù	从止巨聲。
歷	lì	从止厤聲。
⿰止叔	chù	从止叔聲。
⿱辟止	bì	从止辟聲。
歲	suì	从步戌聲。
⿱此束	zuǐ	从此束聲。
韙	wěi	从是韋聲。
迹	jī	从辵亦聲。
⿺辶彗	huì	从辵彗聲。
⿺辶率	shuài	从辵率聲。
巡	xún	从辵川聲。
⿺辶𣪘	jiù	从辵𣪘聲。
辻	tú	从辵土聲。
⿺辶繇	yóu	从辵繇聲。
⿺辶正	zhēng	从辵正聲。
⿺辶市	bó	从辵市聲。
迋	wàng	从辵王聲。
逝	shì	从辵折聲。
⿺辶且	cú	从辵且聲。
述	shù	从辵术聲。
遵	zūn	从辵尊聲。
適	shì	从辵啻聲。
過	guò	从辵咼聲。
遦	guàn	从辵貫聲。
⿺辶賣	dú	从辵賣聲。
造	zào	从辵告聲。
逾	yú	从辵俞聲。
遝	tà	从辵眔聲。
⿺辶合	hé	从辵合聲。
逪	cuò	从辵昔聲。
遄	chuán	从辵耑聲。
速	sù	从辵束聲。
迅	xùn	从辵卂聲。
适	kuò	从辵昏聲。
逆	nì	从辵屰聲。
迎	yíng	从辵卬聲。
这	jiāo	从辵交聲。
遇	yù	从辵禺聲。
遭	zāo	从辵曹聲。
遘	gòu	从辵冓聲。
迪	dí	从辵由聲。
遞	dì	从辵虒聲。
通	tōng	从辵甬聲。
⿺辶止	xǐ	从辵止聲。
迻	yí	从辵多聲。
遷	qiān	从辵䙴聲。
運	yùn	从辵軍聲。
遁	dùn	从辵盾聲。
遜	xùn	从辵孫聲。
還	huán	从辵睘聲。

遣	qiǎn	从辵𠳋聲。
邐	lǐ	从辵麗聲。
逮	dài	从辵隶聲。
遲	chí	从辵犀聲。
邌	lí	从辵黎聲。
遰	dì	从辵帶聲。
䢭	yuān	从辵𡵂聲。
⿺辵馵	zhù	从辵馵聲。
逗	dòu	从辵豆聲。
迟	qì	从辵只聲。
逶	wēi	从辵委聲。
迆	yǐ	从辵也聲。
遹	yù	从辵矞聲。
避	bì	从辵辟聲。
違	wéi	从辵韋聲。
遴	lìn	从辵粦聲。
逡	qūn	从辵夋聲。
䢠	dǐ	从辵氐聲。
達	dá	从辵羍聲。
逯	lù	从辵录聲。
迵	dòng	从辵同聲。
迭	dié	从辵失聲。
迷	mí	从辵米聲。
逑	qiú	从辵求聲。
退	bài	从辵貝聲。
逭	huàn	从辵官聲。
逋	bū	从辵甫聲。
遺	yí	从辵貴聲。
遂	suì	从辵㒸聲。
逃	táo	从辵兆聲。
追	zhuī	从辵𠂤聲。
逎	qiú	从辵酉聲。
近	jìn	从辵斤聲。
邋	liè	从辵巤聲。
迫	pò	从辵白聲。
⿺辵𡊄	rì	从辵𡊄聲。
邇	ěr	从辵爾聲。
遏	è	从辵曷聲。
遮	zhē	从辵庶聲。
⿺辵羨	yàn	从辵羨聲。
迣	zhì	从辵世聲。
迾	liè	从辵列聲。
迁	gān	从辵干聲。
⿺辵侃	qiān	从辵侃聲。
遱	lóu	从辵婁聲。
迊	zhì	从辵市聲。
迦	jiā	从辵枷聲。
⿺辵戉	yuè	从辵戉聲。
逞	chěng	从辵呈聲。
遼	liáo	从辵尞聲。
遠	yuǎn	从辵袁聲。
逖	tì	从辵狄聲。
迥	jiǒng	从辵冋聲。
逴	chuò	从辵卓聲。
迂	yū	从辵于聲。
⿺辵聿	jiān	从辵聿聲。
遽	jù	从辵豦聲。
迒	háng	从辵亢聲。
⿺辵弟	dì	从辵弟聲。
邊	biān	从辵臱聲。
邂	xiè	从辵解聲。
逅	hòu	从辵后聲。
遑	huáng	从辵皇聲。
逼	bī	从辵畐聲。
邈	miǎo	从辵貌聲。
遐	xiá	从辵叚聲。
迄	qì	从辵气聲。
迸	bèng	从辵并聲。
透	tòu	从辵秀聲。
邏	luó	从辵羅聲。
迢	tiáo	从辵召聲。
逍	xiāo	从辵肖聲。
遙	yáo	从辵䍃聲。
德	dé	从彳㥁聲。
徑	jìng	从彳巠聲。
復	fù	从彳复聲。
徎	chěng	从彳呈聲。
往	wǎng	从彳㞷聲。
忂	qú	从彳瞿聲。
彼	bǐ	从彳皮聲。
徼	jiào	从彳敫聲。
循	xún	从彳盾聲。
彶	jí	从彳及聲。
⿰彳歰	sà	从彳歰聲。
微	wēi	从彳𢼸聲。
徥	shì	从彳是聲。
徐	xú	从彳余聲。
⿰彳夷	yí	从彳夷聲。
⿰彳𧭖	pīng	从彳𧭖聲。
⿰彳夆	fēng	从彳夆聲。
⿰彳戔	jiàn	从彳戔聲。
徬	bàng	从彳旁聲。
徯	xī	从彳奚聲。
待	dài	从彳寺聲。
⿰彳由	dí	从彳由聲。
徧	biàn	从彳扁聲。
徦	jiǎ	从彳叚聲。
徲	tí	从彳犀聲。
很	hěn	从彳皀聲。
⿰彳重	zhǒng	从彳重聲。
得	dé	从彳㝵聲。
徛	jì	从彳奇聲。
⿰彳匀	xùn	从彳匀聲。
律	lǜ	从彳聿聲。
廷	tíng	从廴壬聲。
⿺廴正	zhēng	从廴正聲。
延	yán	从㢟丿聲。
術	shù	从行术聲。
街	jiē	从行圭聲。
衢	qú	从行瞿聲。
衝	chōng	从行童聲。
衕	tóng	从行同聲。
⿴行戔	jiàn	从行戔聲。
衙	yú	从行吾聲。
衎	kàn	从行干聲。
⿴行率	shuài	从行率聲。
齗	yín	从齒斤聲。
⿰齒責	zé	从齒責聲。
齘	xiè	从齒介聲。
齞	yǎn	从齒只聲。
⿰齒兼	yàn	从齒兼聲。
齺	zōu	从齒芻聲。
齵	óu	从齒禺聲。

齇 zhā 从齒虘聲。
齱 zōu 从齒取聲。
齹 cī 从齒差聲。
𪘏 cuó 从齒佐聲。
齤 quán 从齒𢍏聲。
齳 yǔn 从齒軍聲。
齾 yà 从齒獻聲。
𪗊 jù 从齒巨聲。
齯 ní 从齒兒聲。
齮 yǐ 从齒奇聲。
齣 zhí 从齒出聲。
齰 zé 从齒㫺聲。
䶢 jiān 从齒咸聲。
齦 kěn 从齒皀聲。
𪗉 yǎn 从齒干聲。
䶜 zú 从齒卒聲。
𪙊 là 从齒刿聲。
齩 yǎo 从齒交聲。
𪙃 qiè 从齒屑聲。
𪗲 xiá 从齒吉聲。
𪙁 ái 从齒豈聲。
齝 chī 从齒台聲。
齕 hé 从齒气聲。
䶴 lián 从齒聯聲。
齧 niè 从齒㓞聲。
齭 chǔ 从齒所聲。
齬 yǔ 从齒吾聲。
齛 xiè 从齒世聲。
齸 yì 从齒益聲。
䶕 zhì 从齒至聲。
𪘿 kuò 从齒昏聲。
齡 líng 从齒令聲。
𤘍 qǔ 从牙禹聲。
蹏 tí 从足虒聲。
跟 gēn 从足皀聲。
踝 huái 从足果聲。
跖 zhí 从足石聲。
踦 qī 从足奇聲。
跪 guì 从足危聲。
跽 jì 从足忌聲。
踧 dí 从足叔聲。
躣 qú 从足瞿聲。
踖 jí 从足㫺聲。
踽 jǔ 从足禹聲。
蹡 qiāng 从足將聲。
𧿒 fù 从足卜聲。
踰 yú 从足俞聲。
𧿹 yuè 从足戉聲。
蹻 qiāo 从足喬聲。
跾 shū 从足攸聲。
蹌 qiāng 从足倉聲。
踊 yǒng 从足甬聲。
躋 jī 从足齊聲。
躍 yuè 从足翟聲。
跧 zhuān 从足全聲。
蹴 cù 从足就聲。
躡 niè 从足聶聲。
跨 kuà 从足夸聲。
蹋 tà 从足㒶聲。
踄 bó 从足步聲。
蹈 dǎo 从足舀聲。
躔 chán 从足廛聲。
踐 jiàn 从足戔聲。
踵 zhǒng 从足重聲。
踔 zhào 从足卓聲。
蹛 dài 从足帶聲。
蹩 bié 从足敝聲。
踶 dì 从足是聲。
躛 wèi 从足衛聲。
𨇁 dié 从足執聲。
䟗 shì 从足氏聲。
躅 zhú 从足蜀聲。
踤 zú 从足卒聲。
蹶 jué 从足厥聲。
跳 tiào 从足兆聲。
䟴 zhèn 从足辰聲。
躇 chú 从足屠聲。
𨀁 fú 从足弗聲。
蹠 zhí 从足庶聲。
踏 tà 从足荅聲。
𨃷 yáo 从足䍃聲。
趿 sà 从足及聲。
䟺 bèi 从足貝聲。
躓 zhì 从足質聲。
跲 jiá 从足合聲。
跇 yì 从足世聲。
蹎 diān 从足眞聲。
跋 bá 从足犮聲。
蹐 jí 从足脊聲。
跌 diē 从足失聲。
踼 táng 从足易聲。
蹲 dūn 从足尊聲。
踞 jù 从足居聲。
跨 kuà 从足夸聲。
躩 jué 从足矍聲。
踣 bó 从足咅聲。
跛 bǒ 从足皮聲。
蹁 pián 从足扁聲。
𨃩 kuí 从足癸聲。
踒 wō 从足委聲。
跣 xiǎn 从足先聲。
跔 jū 从足句聲。
踂 kǔn 从足困聲。
距 jù 从足巨聲。
躧 xǐ 从足麗聲。
蹍 xiā 从足叚聲。
蜚 fèi 从足非聲。
跀 yuè 从足月聲。
趽 fàng 从足方聲。
趼 yàn 从足幵聲。
蹸 lìn 从足粦聲。
跂 qí 从足支聲。
躚 xiān 从足䙴聲。
蹭 cèng 从足曾聲。
蹬 dèng 从足登聲。
蹉 cuō 从足差聲。
跎 tuó 从足它聲。
蹙 cù 从足戚聲。
踸 chěn 从足甚聲。
龡 chuī 从龠炊聲。
𪛖 chí 从龠虒聲。
龢 hé 从龠禾聲。
龤 xié 从龠皆聲。

嚚	yín	从㗊臣聲。
嘂	jiào	从㗊丩聲。
囂	huàn	从㗊莧聲。
誻	tà	从舌沓聲。
舓	shì	从舌易聲。
䚷	xīng	从只甹聲。
句	gōu	从口丩聲。
嘏	jiǎ	从古叚聲。
协	lè	从十力聲。
卙	jí	从十咠聲。
言	yán	从口䇂聲。
譻	yīng	从言賏聲。
謦	qǐng	从言殸聲。
語	yǔ	从言吾聲。
談	tán	从言炎聲。
謂	wèi	从言胃聲。
諒	liàng	从言京聲。
請	qǐng	从言青聲。
謁	yè	从言曷聲。
許	xǔ	从言午聲。
諾	nuò	从言若聲。
譍	yìng	从言雁聲。
讎	chóu	从言雔聲。
諸	zhū	从言者聲。
詩	shī	从言寺聲。
讖	chèn	从言韱聲。
諷	fěng	从言風聲。
誦	sòng	从言甬聲。
讀	dú	从言賣聲。
訓	xùn	从言川聲。
誨	huì	从言每聲。
譔	zhuàn	从言巽聲。
譬	pì	从言辟聲。
謜	yuán	从言原聲。
詇	yàng	从言央聲。
諭	yù	从言俞聲。
詖	bì	从言皮聲。
諄	zhūn	从言享聲。
謘	chí	从言屖聲。
詻	è	从言各聲。
誾	yín	从言門聲。
謀	móu	从言某聲。
謨	mó	从言莫聲。
訪	fǎng	从言方聲。
諏	jū	从言取聲。
論	lún	从言侖聲。
議	yì	从言義聲。
訂	dìng	从言丁聲。
詳	xiáng	从言羊聲。
諟	shì	从言是聲。
諦	dì	从言帝聲。
識	shí	从言戠聲。
訊	xùn	从言卂聲。
謹	jǐn	从言堇聲。
訒	réng	从言乃聲。
諶	chén	从言甚聲。
訦	chén	从言冘聲。
誠	chéng	从言成聲。
誡	jiè	从言戒聲。
諅	jì	从言忌聲。
諱	huì	从言韋聲。
誥	gào	从言告聲。
誓	shì	从言折聲。
譣	xiǎn	从言僉聲。
詁	gǔ	从言古聲。
藹	ǎi	从言葛聲。
誎	sù	从言束聲。
諝	xū	从言胥聲。
証	zhèng	从言正聲。
諫	jiàn	从言柬聲。
諗	shěn	从言念聲。
課	kè	从言果聲。
試	shì	从言式聲。
諴	xián	从言咸聲。
詮	quán	从言全聲。
訢	xīn	从言斤聲。
諧	xié	从言皆聲。
詥	hé	从言合聲。
調	tiáo	从言周聲。
話	huà	从言𠯑聲。
諈	zhuì	从言垂聲。
諉	wěi	从言委聲。
謐	mì	从言监聲。
謙	qiān	从言兼聲。
詡	xǔ	从言羽聲。
諓	jiàn	从言戔聲。
誐	é	从言我聲。
詷	tóng	从言同聲。
護	hù	从言蒦聲。
誧	bū	从言甫聲。
託	tuō	从言乇聲。
記	jì	从言己聲。
譽	yù	从言與聲。
譒	bò	从言番聲。
謝	xiè	从言躲聲。
謳	ōu	从言區聲。
詠	yǒng	从言永聲。
諍	zhèng	从言爭聲。
評	hū	从言乎聲。
謼	hū	从言虖聲。
訖	qì	从言气聲。
諺	yàn	从言彥聲。
訝	yà	从言牙聲。
詣	yì	从言旨聲。
講	jiǎng	从言冓聲。
謄	téng	从言朕聲。
訒	rèn	从言刃聲。
謯	jiē	从言虘聲。
㑶	xì	从言伿聲。
警	jiào	从言敫聲。
譊	náo	从言堯聲。
諎	zé	从言昔聲。
諛	yú	从言臾聲。
讇	chǎn	从言閻聲。
諼	xuān	从言爰聲。
謷	áo	从言敖聲。
訹	xù	从言术聲。
詑	tuó	从言它聲。
謾	mán	从言曼聲。
譇	zhā	从言奢聲。
詐	zhà	从言作聲。
讋	zhé	从言執聲。
謰	lián	从言連聲。

謱	lóu	从言婁聲。
詒	yí	从言台聲。
謲	càn	从言參聲。
誑	kuáng	从言狂聲。
譺	ài	从言疑聲。
⿰言⿱冎大	guà	从言⿱冎大聲。
訕	shàn	从言山聲。
譏	jī	从言幾聲。
誣	wū	从言巫聲。
誹	fěi	从言非聲。
謗	bàng	从言旁聲。
譸	zhōu	从言壽聲。
詶	chóu	从言州聲。
詛	zǔ	从言且聲。
⿰言由	zhòu	从言由聲。
誃	chǐ	从言多聲。
誖	bèi	从言孛聲。
誤	wù	从言吳聲。
詿	guà	从言圭聲。
誒	xī	从言矣聲。
譆	xī	从言喜聲。
詯	huì	从言自聲。
謧	lí	从言离聲。
詍	yì	从言丗聲。
訾	zǐ	从言此聲。
謟	táo	从言匋聲。
諵	nán	从言冄聲。
⿰言遝	tà	从言遝聲。
誻	tà	从言沓聲。
訮	yán	从言幵聲。
讗	xié	从言巂聲。
諞	piǎn	从言扁聲。
⿱頻言	pín	从言頻聲。
誽	nì	从言兒聲。
誂	tiǎo	从言兆聲。
詄	dié	从言失聲。
諅	jì	从言其聲。
譀	hàn	从言敢聲。
誇	kuā	从言夸聲。
誕	dàn	从言延聲。
⿰言萬	mài	从言萬聲。
謔	xuè	从言虐聲。
詪	hěn	从言艮聲。
訌	hòng	从言工聲。
⿰言貴	huì	从言貴聲。
⿰言歲	huì	从言歲聲。
⿰言咼	huà	从言咼聲。
⿰言魋	tuí	从言魋聲。
譟	zào	从言喿聲。
訆	jiào	从言丩聲。
讙	huān	从言雚聲。
譁	huā	从言華聲。
謣	yú	从言雩聲。
譌	é	从言爲聲。
誤	wù	从言吳聲。
謬	miù	从言翏聲。
謊	huǎng	从言巟聲。
訬	chāo	从言少聲。
諆	qī	从言其聲。
譎	jué	从言矞聲。
詐	zhà	从言乍聲。
訏	xū	从言于聲。
䜐	jiē	从言差聲。
謵	xí	从言習聲。
⿰言亞	wù	从言亞聲。
⿰言闒	tà	从言闒聲。
詾	xiōng	从言匈聲。
訟	sòng	从言公聲。
謓	chēn	从言眞聲。
讘	niè	从言聶聲。
訶	hē	从言可聲。
⿰言臣	zhǐ	从言臣聲。
訐	jié	从言干聲。
譖	zèn	从言朁聲。
讒	chán	从言毚聲。
譴	qiǎn	从言遣聲。
謫	zhé	从言啻聲。
諯	zhuān	从言耑聲。
讓	ràng	从言襄聲。
譙	qiào	从言焦聲。
誎	cì	从言朿聲。
誶	suì	从言卒聲。
詰	jié	从言吉聲。
⿰言望	wàng	从言望聲。
詭	guǐ	从言危聲。
證	zhèng	从言登聲。
詘	qū	从言出聲。
⿱夗言	yuǎn	从言夗聲。
詗	xiòng	从言冋聲。
讂	juàn	从言夐聲。
詆	dǐ	从言氐聲。
誰	shuí	从言隹聲。
諽	gé	从言革聲。
讕	lán	从言闌聲。
診	zhěn	从言㐱聲。
訧	yóu	从言尤聲。
誅	zhū	从言朱聲。
諳	ān	从言音聲。
誄	lěi	从言耒聲。
謑	xǐ	从言奚聲。
詬	gòu	从言后聲。
諜	dié	从言枼聲。
該	gāi	从言亥聲。
譯	yì	从言睪聲。
訄	qiú	从言九聲。
謚	yì	从言益聲。
詢	xún	从言旬聲。
讜	dǎng	从言黨聲。
譜	pǔ	从言普聲。
詎	jù	从言巨聲。
謏	xiǎo	从言叜聲。
誌	zhì	从言志聲。
讟	dú	从誩賣聲。
響	xiǎng	从音鄉聲。
韽	ān	从音酓聲。
韶	sháo	从音召聲。
韻	yùn	从音員聲。
叢	cóng	从丵取聲。
⿱睪廾	yì	从廾睪聲。
畁	qí	从廾由聲。
异	yì	从廾㠯聲。
⿱𡧍廾	yù	从廾𡧍聲。
⿱釆廾	juàn	从廾釆聲。

龏 gōng 从廾龍聲。
弈 yì 从廾亦聲。
奱 luán 从𠬜䜌聲。
龔 gōng 从共龍聲。
戴 dài 从異𢦏聲。
𦥑 qiān 从舁囟聲。
農 nóng 从晨囟聲。
鞹 kuò 从革郭聲。
靬 jiān 从革干聲。
䩋 luò 从革各聲。
鞄 páo 从革包聲。
韗 yùn 从革軍聲。
鞼 guì 从革貴聲。
鞶 pán 从革般聲。
鞏 gǒng 从革巩聲。
鞔 mán 从革免聲。
靸 sǎ 从革及聲。
䩕 áng 从革卬聲。
鞮 dī 从革是聲。
𩌦 xǐ 从革徙聲。
鞵 xié 从革奚聲。
靪 dīng 从革丁聲。
鞠 jū 从革匊聲。
鞀 táo 从革召聲。
𩍐 yuān 从革冤聲。
鞞 bǐng 从革卑聲。
鞎 hén 从革艮聲。
鞃 hóng 从革弘聲。
鞪 mù 从革敄聲。
䩛 bì 从革必聲。
𩏄 zuān 从革爨聲。
䩢 zhì 从革旨聲。
鞁 bèi 从革皮聲。
鞥 ēng 从革弇聲。
靶 bà 从革巴聲。
韅 xiǎn 从革顯聲。
靳 jìn 从革斤聲。
䩓 chěng 从革蚩聲。
靷 yǐn 从革引聲。
䩪 guǎn 从革官聲。
䩜 dòu 从革豆聲。
𩊚 yú 从革于聲。
䪁 bó 从革專聲。
䩍 è 从革奄聲。
䩣 zhuó 从革叕聲。
𩌈 róng 从革茸聲。
䩞 tié 从革占聲。
鞈 gé 从革合聲。
勒 lè 从革力聲。
鞙 xuàn 从革肙聲。
䩌 miǎn 从革面聲。
靲 qín 从革今聲。
鞬 jiān 从革建聲。
韇 dú 从革賣聲。
韢 suī 从革巂聲。
䩯 jí 从革亟聲。
鞭 biān 从革便聲。
鞅 yǎng 从革央聲。
韄 hù 从革蒦聲。
䩑 tuó 从革它聲。
𩋑 xié 从革見聲。
鞘 qiào 从革肖聲。
韉 jiān 从革薦聲。
鞾 xuē 从革華聲。
靮 dí 从革勺聲。
𩰫 yǐ 从鬲支聲。
鬹 guī 从鬲規聲。
鬷 zōng 从鬲㚇聲。
𩰲 guō 从鬲干聲。
鬵 qín 从鬲兓聲。
䰝 zèng 从鬲曾聲。
鬴 fǔ 从鬲甫聲。
鬳 yàn 从鬲虍聲。
𩱇 xiāo 从鬲嚻聲。
鬺 shāng 从鬲羊聲。
䰛 fèi 从鬲沸聲。
𩱛 zhān 从䰜侃聲。
鬻 zhōu 从䰜米聲。
𩱧 hú 从䰜古聲。
𩱾 sù 从䰜速聲。
𩱮 yù 从䰜毓聲。
𩱜 miè 从䰜蔑聲。
𩱨 ěr 从䰜耳聲。
𩱬 chǎo 从䰜芻聲。
𩱺 yuè 从䰜翟聲。
𩱖 zhǔ 从䰜者聲。
𩱭 bó 从䰜孛聲。
孰 shú 从丮𦎧聲。
巩 gǒng 从丮工聲。
谻 jué 从丮谷聲。
鬭 dòu 从鬥斲聲。
鬨 hòng 从鬥共聲。
𩰠 liú 从鬥翏聲。
鬮 jiū 从鬥龜聲。
𩰨 nǐ 从鬥爾聲。
𩰶 fēn 从鬥燹聲。
曼 màn 从又冒聲。
𠭥 shēn 从又𦣝聲。
𠭴 zhā 从又虘聲。
𠭯 lí 从又𠩺聲。
叔 shū 从又尗聲。
攲 jī 从支奇聲。
肄 yì 从聿𥏼聲。
聿 yù 从聿一聲。
書 shū 从聿者聲。
𨽿 dài 从隶枲聲。
隸 lì 从隶柰聲。
臤 qiān 从又臣聲。
豎 shù 从臤豆聲。
臧 zāng 从臣戕聲。
殳 shū 从又几聲。
祋 duì 从殳示聲。
𣪊 què 从殳青聲。
𣪠 zhěn 从殳㐱聲。
𣪕 tóu 从殳豆聲。
𣪘 chóu 从殳𠷎聲。
𣪔 dú 从殳豖聲。
毆 ōu 从殳區聲。
毃 qiāo 从殳高聲。
殿 diàn 从殳屍聲。
殹 yì 从殳医聲。
𣪏 tóng 从殳宮聲。
殽 xiáo 从殳肴聲。

毅	yì	从殳豙聲。
[illegible]	gāi	从殳亥聲。
殺	shā	从殳杀聲。
鳧	fú	从鳥几聲。
寺	sì	从寸之聲。
專	zhuān	从寸叀聲。
尃	fū	从寸甫聲。
導	dǎo	从寸道聲。
皰	pào	从皮包聲。
皯	gǎn	从皮干聲。
皸	jūn	从皮軍聲。
皴	cūn	从皮夋聲。
[illegible]	jùn	从[illegible]弅聲。
攴	pū	从又卜聲。
啟	qǐ	从攴启聲。
敏	mǐn	从攴每聲。
敃	mǐn	从攴民聲。
敄	wù	从攴矛聲。
敀	pò	从攴白聲。
效	xiào	从攴交聲。
故	gù	从攴古聲。
[illegible]	shī	从攴也聲。
敷	fū	从攴尃聲。
敟	diǎn	从攴典聲。
[illegible]	lǐ	从攴麗聲。
數	shǔ	从攴婁聲。
孜	zī	从攴子聲。
攽	bān	从攴分聲。
[illegible]	hàn	从攴旱聲。
敳	ái	从攴豈聲。
敞	chǎng	从攴尚聲。
[illegible]	shēn	从攴伸聲。
變	biàn	从攴䜌聲。
更	gēng	从攴丙聲。
敕	chì	从攴束聲。
斂	liǎn	从攴僉聲。
敹	liáo	从攴尞聲。
敿	jiǎo	从攴喬聲。
敶	chén	从攴陳聲。
敵	dí	从攴啻聲。
救	jiù	从攴求聲。
敚	duó	从攴兌聲。
斁	yì	从攴睪聲。
赦	shè	从攴赤聲。
[illegible]	fǔ	从攴亾聲。
敉	mǐ	从攴米聲。
[illegible]	wéi	从攴韋聲。
敦	dūn	从攴𦎫聲。
[illegible]	zhǐ	从攴蚩聲。
[illegible]	dù	从攴度聲。
敜	niè	从攴念聲。
[illegible]	bì	从攴畢聲。
收	shōu	从攴丩聲。
攷	kǎo	从攴丂聲。
敂	kòu	从攴句聲。
攻	gōng	从攴工聲。
敲	qiāo	从攴高聲。
[illegible]	zhuó	从攴豖聲。
[illegible]	wǎng	从攴㞷聲。
斀	zhuó	从攴蜀聲。
敯	mǐn	从攴昏聲。
敔	yǔ	从攴吾聲。
敤	kě	从攴果聲。
鈙	qín	从攴金聲。
[illegible]	chóu	从攴𠷎聲。
改	gǎi	从攴巳聲。
敘	xù	从攴余聲。
[illegible]	bǐ	从攴卑聲。
[illegible]	ní	从攴兒聲。
敇	cè	从攴束聲。
[illegible]	chuàn	从攴算聲。
[illegible]	qiāo	从攴堯聲。
卦	guà	从卜圭聲。
[illegible]	huì	从卜每聲。
[illegible]	shào	从卜召聲。
閿	wén	从夏門聲。
眼	yǎn	从目皀聲。
[illegible]	biǎn	从目[illegible]聲。
眩	xuàn	从目玄聲。
眥	zì	从目此聲。
䀹	jié	从目夾聲。
[illegible]	xuàn	从目縣聲。
瞦	xī	从目喜聲。
矈	mián	从目臱聲。
[illegible]	fēi	从目非聲。
[illegible]	xiàn	从目臤聲。
睅	hàn	从目旱聲。
[illegible]	xuān	从目爰聲。
瞞	mán	从目㒼聲。
睴	gùn	从目軍聲。
矕	mǎn	从目䜌聲。
盼	pàn	从目分聲。
盰	gàn	从目干聲。
眅	pān	从目反聲。
睍	xiàn	从目見聲。
矔	guàn	从目雚聲。
瞵	lín	从目粦聲。
眊	mào	从目毛聲。
矘	tǎng	从目黨聲。
睒	shǎn	从目炎聲。
眮	dòng	从目同聲。
[illegible]	bì	从目必聲。
瞴	móu	从目無聲。
[illegible]	xié	从目幵聲。
睌	mǎn	从目免聲。
眂	shì	从目氏聲。
睨	nì	从目兒聲。
[illegible]	mào	从目冒聲。
[illegible]	huò	从目戉聲。
眈	dān	从目冘聲。
盱	xū	从目于聲。
睘	qióng	从目袁聲。
[illegible]	zhǎn	从目亶聲。
[illegible]	mèi	从目勿聲。
眕	zhěn	从目㐱聲。
瞟	piǎo	从目𤐫聲。
[illegible]	qì	从目祭聲。
睹	dǔ	从目者聲。
睽	kuí	从目癸聲。
眛	mò	从目末聲。
[illegible]	pán	从目般聲。
[illegible]	pàn	从目辡聲。
[illegible]	mò	从目𠂢聲。

𥋝	tì	从目脩聲。
睶	zhùn	从目𦎫聲。
瞤	rún	从目閏聲。
矉	pín	从目賓聲。
眢	yuān	从目夗聲。
睢	huī	从目隹聲。
矆	huò	从目蒦聲。
睦	mù	从目坴聲。
瞻	zhān	从目詹聲。
瞀	mào	从目敄聲。
䁲	mái	从目買聲。
䁠	jiān	从目監聲。
瞋	chēn	从目眞聲。
𥉟	diāo	从目鳥聲。
睗	shì	从目易聲。
睊	juàn	从目肙聲。
睼	tiàn	从目是聲。
䁙	yǎn	从目晏聲。
𥈛	wò	从目𣦼聲。
眷	juàn	从目𠔉聲。
督	dū	从目叔聲。
瞫	shěn	从目覃聲。
眚	shěng	从目生聲。
瞥	piē	从目敝聲。
眵	chī	从目多聲。
䀗	jué	从目夬聲。
䀶	liàng	从目良聲。
眛	mèi	从目未聲。
瞯	xián	从目閒聲。
眯	mǐ	从目米聲。
眺	tiào	从目兆聲。
睞	lài	从目來聲。
睩	lù	从目彔聲。
𥅡	chōu	从目攸聲。
眣	dié	从目失聲。
矇	méng	从目蒙聲。
眄	miǎn	从目丏聲。
䀩	luò	从目各聲。
盲	máng	从目亡聲。
䁍	qià	从目咸聲。
瞽	gǔ	从目鼓聲。
瞍	sǒu	从目叜聲。
睉	cuó	从目坐聲。
睇	dì	从目弟聲。
瞚	shùn	从目寅聲。
眙	chì	从目台聲。
眝	zhù	从目宁聲。
盻	xì	从目兮聲。
𥆝	fèi	从目弗聲。
瞼	jiǎn	从目僉聲。
眨	zhǎ	从目乏聲。
眭	huī	从目圭聲。
眹	zhèn	从目𠔉聲。
眸	móu	从目牟聲。
瞂	fá	从盾犮聲。
𥎄	kuī	从盾圭聲。
者	zhě	从白𣥐聲。
𣟭	chóu	从白𠷎聲。
鼾	hān	从鼻干聲。
鼽	qiú	从鼻九聲。
齂	xiè	从鼻隶聲。
翫	wàn	从習元聲。
翨	chì	从羽是聲。
翰	hàn	从羽倝聲。
翡	fěi	从羽非聲。
翠	cuì	从羽卒聲。
翦	jiǎn	从羽前聲。
翁	wēng	从羽公聲。
翄	chì	从羽支聲。
䩖	gé	从羽革聲。
翹	qiáo	从羽堯聲。
翭	hóu	从羽侯聲。
翮	hé	从羽鬲聲。
翑	qú	从羽句聲。
羿	yì	从羽幵聲。
翥	zhù	从羽者聲。
翕	xī	从羽合聲。
翾	xuān	从羽睘聲。
翬	huī	从羽軍聲。
翩	piān	从羽扁聲。
翜	shà	从羽夾聲。
翊	yì	从羽立聲。
𦐇	chī	从羽之聲。
翱	áo	从羽皋聲。
翔	xiáng	从羽羊聲。
翽	huì	从羽歲聲。
翯	xué	从羽高聲。
𦐖	huáng	从羽王聲。
翇	fú	从羽犮聲。
翿	dào	从羽𣪊聲。
翳	yì	从羽殹聲。
翣	shà	从羽妾聲。
翻	fān	从羽番聲。
翎	líng	从羽令聲。
𦏹	hóng	从羽工聲。
雅	yǎ	从隹牙聲。
雒	luò	从隹各聲。
𨾛	fāng	从隹方聲。
𨿅	yá	从隹犬聲。
雗	hàn	从隹倝聲。
雉	zhì	从隹矢聲。
雞	jī	从隹奚聲。
雛	chú	从隹芻聲。
雡	liù	从隹翏聲。
離	lí	从隹离聲。
雕	diāo	从隹周聲。
𨾅	chī	从隹氏聲。
𨿔	shuì	从隹垂聲。
雃	qiān	从隹幵聲。
雝	yōng	从隹邕聲。
雂	qián	从隹今聲。
𩀵	lí	从隹黎聲。
雐	hū	从隹虍聲。
𨾊	rú	从隹奴聲。
雇	hù	从隹戶聲。
𩀌	chún	从隹𦎫聲。
𩀎	ān	从隹酓聲。
𨾴	zhī	从隹支聲。
𨾏	hóng	从隹工聲。
𩁠	sàn	从隹𢻎聲。
隿	yì	从隹弋聲。
雄	xióng	从隹厷聲。
雌	cī	从隹此聲。

䧡 wéi 从隹陸聲。
雚 guàn 从雈吅聲。
舊 jiù 从雈臼聲。
羜 zhù 从羊宁聲。
𦍩 yù 从羊敄聲。
羍 dá 从羊大聲。
𦍷 zhào 从羊兆聲。
羝 dī 从羊氏聲。
羒 fén 从羊分聲。
牂 zāng 从羊爿聲。
羭 yú 从羊俞聲。
羖 gǔ 从羊殳聲。
羯 jié 从羊曷聲。
羠 yí 从羊夷聲。
羳 fán 从羊番聲。
羥 qiān 从羊巠聲。
𦏁 jìn 从羊執聲。
羸 léi 从羊𣎆聲。
䍴 wèi 从羊委聲。
䍸 zì 从羊責聲。
羣 qún 从羊君聲。
𦎟 yān 从羊垔聲。
𦍿 cī 从羊此聲。
羑 yǒu 从羊久聲。
𨿜 yuān 从雔肙聲。
鳳 fèng 从鳥凡聲。
鸞 luán 从鳥䜌聲。
鸑 yuè 从鳥獄聲。
鷟 zhuó 从鳥族聲。
鷫 sù 从鳥肅聲。
鷞 shuāng 从鳥爽聲。
鳩 jiū 从鳥九聲。
鶌 jué 从鳥屈聲。
鵻 zhuī 从鳥隹聲。
鶻 gǔ 从鳥骨聲。
鵃 zhōu 从鳥舟聲。
𪇆 jú 从鳥𥷚聲。
鴿 gē 从鳥合聲。
鴠 dàn 从鳥旦聲。
鶪 jú 从鳥狊聲。
鷚 liù 从鳥翏聲。
鸒 yù 从鳥與聲。
鷲 jiù 从鳥就聲。
鴞 xiāo 从鳥号聲。
鴂 jué 从鳥夬聲。
𪀉 xù 从鳥祟聲。
鴋 fǎng 从鳥方聲。
𪇣 jié 从鳥截聲。
𪄉 qī 从鳥桼聲。
鴃 dié 从鳥失聲。
鶤 kūn 从鳥軍聲。
𩿧 ǎo 从鳥芺聲。
𪀒 jú 从鳥臼聲。
鷦 jiāo 从鳥焦聲。
𪂃 miǎo 从鳥眇聲。
鶹 liú 从鳥畱聲。
𪆙 nán 从鳥堇聲。
鶨 chuàn 从鳥彖聲。
鴸 tǒu 从鳥主聲。
鴖 mín 从鳥昏聲。
鷯 liáo 从鳥尞聲。
鶠 yǎn 从鳥匽聲。
鴲 zhī 从鳥旨聲。
鵅 luò 从鳥各聲。
鸔 bǔ 从鳥暴聲。
鶴 hè 从鳥隺聲。
鷺 lù 从鳥路聲。
鵠 hú 从鳥告聲。
鴻 hóng 从鳥江聲。
䳕 qiū 从鳥尗聲。
鴛 yuān 从鳥夗聲。
鴦 yāng 从鳥央聲。
鵽 duò 从鳥叕聲。
鵱 lù 从鳥坴聲。
鴚 gē 从鳥可聲。
鵝 é 从鳥我聲。
鶩 wù 从鳥敄聲。
鷖 yī 从鳥殹聲。
䳜 jié 从鳥契聲。
𪇞 jiá 从鳥辪聲。
鸏 méng 从鳥蒙聲。
鷸 yù 从鳥矞聲。
鸊 pì 从鳥辟聲。
鷉 tī 从鳥虒聲。
鸕 lú 从鳥盧聲。
鷀 cí 从鳥兹聲。
鷧 yì 从鳥壹聲。
鴔 fú 从鳥乏聲。
鵖 bí 从鳥皀聲。
鴇 bǎo 从鳥𠂎聲。
鸈 qú 从鳥渠聲。
鷗 ōu 从鳥區聲。
𪁪 bó 从鳥犮聲。
鷛 yóng 从鳥庸聲。
鶂 yì 从鳥兒聲。
鴺 tí 从鳥夷聲。
鴗 lì 从鳥立聲。
鶬 cāng 从鳥倉聲。
鴰 guā 从鳥𠯑聲。
鵁 jiāo 从鳥交聲。
鶄 jīng 从鳥青聲。
鳽 jiān 从鳥开聲。
𪆟 zhēn 从鳥箴聲。
鴜 cí 从鳥此聲。
鷻 tuán 从鳥敦聲。
鳶 yuān 从鳥屰聲。
鷳 xián 从鳥閒聲。
鷂 yào 从鳥䍃聲。
鷢 jué 从鳥厥聲。
鴡 jū 从鳥且聲。
鸛 huān 从鳥雚聲。
鸇 zhān 从鳥亶聲。
鷐 chén 从鳥晨聲。
鷙 zhì 从鳥執聲。
鴥 yù 从鳥穴聲。
鴝 qú 从鳥句聲。
鵒 yù 从鳥谷聲。
鷩 biē 从鳥敝聲。
鵔 jùn 从鳥夋聲。
鸃 yí 从鳥義聲。
鶡 hé 从鳥曷聲。
鴧 jiè 从鳥介聲。
鸚 yīng 从鳥嬰聲。

鵡 wǔ 从鳥母聲。
鷮 jiāo 从鳥喬聲。
鷕 yǎo 从鳥唯聲。
鸓 lěi 从鳥畾聲。
鶾 hàn 从鳥倝聲。
鴳 yàn 从鳥安聲。
鴆 zhèn 从鳥冘聲。
鷇 kòu 从鳥㱿聲。
鳻 fēn 从鳥分聲。
鷓 zhè 从鳥庶聲。
鴣 gū 从鳥古聲。
鴨 yā 从鳥甲聲。
鳾 shì 从鳥式聲。
畢 bì 从華，象畢形。微也。或曰：由聲。
麼 mǒ 从幺麻聲。
放 fàng 从攴方聲。
寽 lǜ 从𠬪一聲。
敢 gǎn 从𠬪古聲。
𣨙 wěi 从歺委聲。
殙 hūn 从歺昏聲。
殰 dú 从歺賣聲。
歾 mò 从歺勿聲。
𣨛 zú 从歺卒聲。
殊 shū 从歺朱聲。
殟 wēn 从歺昷聲。
殂 cú 从歺且聲。
殛 jí 从歺亟聲。
殪 yì 从歺壹聲。
𣨷 mò 从歺莫聲。
殔 yì 从歺隶聲。
殣 jìn 从歺堇聲。
殠 chòu 从歺臭聲。
殨 kuì 从歺貴聲。
㱙 xiǔ 从歺丂聲。
殆 dài 从歺台聲。
殃 yāng 从歺央聲。
殘 cán 从歺戔聲。
殄 tiǎn 从歺㐱聲。
殲 jiān 从歺韱聲。

殫 dān 从歺單聲。
殬 dù 从歺睪聲。
𣩃 ái 从歺豈聲。
殖 zhí 从歺直聲。
𣧖 kū 从歺古聲。
𣨶 qī 从歺奇聲。
㱦 zì 从死次聲。
𠕺 bēi 从冎卑聲。
髑 dú 从骨蜀聲。
髏 lóu 从骨婁聲。
髆 bó 从骨尃聲。
髃 ǒu 从骨禺聲。
骿 pián 从骨并聲。
髀 bǐ 从骨卑聲。
髁 kē 从骨果聲。
𩪘 jué 从骨厥聲。
髖 kuān 从骨寬聲。
髕 bìn 从骨賓聲。
𩩍 guā 从骨昏聲。
𩪓 kuì 从骨貴聲。
骹 qiāo 从骨交聲。
骭 gàn 从骨干聲。
骸 hái 从骨亥聲。
髓 suǐ 从骨隓聲。
𩨳 tì 从骨易聲。
體 tǐ 从骨豊聲。
髍 mó 从骨麻聲。
骾 gěng 从骨㪅聲。
骼 gé 从骨各聲。
骴 cī 从骨此聲。
骫 wěi 从骨丸聲。
𩩰 kuài 从骨會聲。
腜 méi 从肉某聲。
肧 pēi 从肉不聲。
胎 tāi 从肉台聲。
肌 jī 从肉几聲。
臚 lú 从肉盧聲。
肫 zhūn 从肉屯聲。
𦞅 jī 从肉幾聲。
脣 chún 从肉辰聲。
脰 dòu 从肉豆聲。

肓 huāng 从肉亡聲。
腎 shèn 从肉臤聲。
肺 fèi 从肉巿聲。
脾 pí 从肉卑聲。
肝 gān 从肉干聲。
膽 dǎn 从肉詹聲。
脬 pāo 从肉孚聲。
腸 cháng 从肉昜聲。
膏 gāo 从肉高聲。
肪 fáng 从肉方聲。
膺 yīng 从肉痽聲。
肊 yì 从肉乙聲。
背 bèi 从肉北聲。
脅 xié 从肉劦聲。
膀 páng 从肉旁聲。
脟 liè 从肉寽聲。
肋 lèi 从肉力聲。
胂 shēn 从肉申聲。
脢 méi 从肉每聲。
胳 gē 从肉各聲。
胠 qū 从肉去聲。
臂 bì 从肉辟聲。
臑 nào 从肉需聲。
臍 qí 从肉齊聲。
腹 fù 从肉复聲。
腴 yú 从肉臾聲。
脽 shuí 从肉隹聲。
胯 kuà 从肉夸聲。
股 gǔ 从肉殳聲。
腳 jiǎo 从肉卻聲。
脛 jìng 从肉巠聲。
胻 héng 从肉行聲。
腓 féi 从肉非聲。
腨 shuàn 从肉耑聲。
胑 zhī 从肉只聲。
胲 gāi 从肉亥聲。
肖 xiào 从肉小聲。
胄 zhòu 从肉由聲。
𦘭 qì 从肉八聲。
膻 dàn 从肉亶聲。
𦟝 rǎng 从肉襄聲。

䐑 jiē 从肉皆聲。
臞 qú 从肉瞿聲。
脫 tuō 从肉兌聲。
脙 qiú 从肉求聲。
臠 luán 从肉䜌聲。
膌 jí 从肉脊聲。
脀 chéng 从肉丞聲。
胗 zhěn 从肉㐱聲。
腄 zhuī 从肉垂聲。
胝 zhī 从肉氏聲。
肬 yóu 从肉尤聲。
肒 huàn 从肉丸聲。
腫 zhǒng 从肉重聲。
胅 dié 从肉失聲。
脪 xìn 从肉希聲。
𦙍 zhèn 从肉引聲。
臘 là 从肉巤聲。
膢 lǘ 从肉婁聲。
朓 tiǎo 从肉兆聲。
胙 zuò 从肉乍聲。
膳 shàn 从肉善聲。
腬 róu 从肉柔聲。
肴 yáo 从肉爻聲。
腆 tiǎn 从肉典聲。
腯 tú 从肉盾聲。
䏟 bié 从肉必聲。
胡 hú 从肉古聲。
膍 pí 从肉毘聲。
胵 chī 从肉至聲。
膘 piǎo 从肉㶾聲。
膟 lǜ 从肉帥聲。
膫 liáo 从肉尞聲。
脯 fǔ 从肉甫聲。
脩 xiū 从肉攸聲。
膎 xié 从肉奚聲。
脼 liǎng 从肉兩聲。
膊 pò 从肉尃聲。
脘 wǎn 从肉完聲。
朐 qú 从肉句聲。
膴 hū 从肉無聲。
胥 xū 从肉疋聲。

腒 jū 从肉居聲。
肍 qiú 从肉九聲。
䐹 sōu 从肉肅聲。
腝 ní 从肉耎聲。
脠 shān 从肉延聲。
脴 bù 从肉否聲。
胹 ér 从肉而聲。
䐣 sǔn 从肉員聲。
胜 xīng 从肉生聲。
臊 sāo 从肉喿聲。
膮 xiāo 从肉堯聲。
脂 zhī 从肉旨聲。
䏜 suò 从肉肖聲。
膩 nì 从肉貳聲。
膜 mó 从肉莫聲。
䐞 ruò 从肉弱聲。
膗 hè 从肉隺聲。
膹 fèn 从肉賁聲。
臇 juǎn 从肉雋聲。
胾 zì 从肉𢦏聲。
𦟄 zhé 从肉枼聲。
膾 kuài 从肉會聲。
腌 yān 从肉奄聲。
膬 cuì 从肉毳聲。
散 sàn 从肉㪔聲。
膞 zhuǎn 从肉專聲。
腏 chuò 从肉叕聲。
𦙃 zǐ 从肉仕聲。
䐄 xiàn 从肉臽聲。
䐜 chēn 从肉眞聲。
䏙 tǎn 从肉冘聲。
膠 jiāo 从肉翏聲。
胆 qū 从肉且聲。
肙 yuàn 从肉口聲。
腐 fǔ 从肉府聲。
朘 zuī 从肉夋聲。
䏛 rùn 从肉旬聲。
𦛔 chǔn 从肉忍聲。
𠛁 fǒu 从刀缶聲。
㓵 è 从刀㖾聲。
削 xuē 从刀肖聲。

𠛎 gōu 从刀句聲。
剴 gāi 从刀豈聲。
剞 jī 从刀奇聲。
𠞏 jué 从刀屈聲。
剡 yǎn 从刀炎聲。
剪 jiǎn 从刀歬聲。
剛 gāng 从刀岡聲。
剬 duān 从刀耑聲。
劊 guì 从刀會聲。
切 qiē 从刀七聲。
刌 cǔn 从刀寸聲。
𠠲 xiè 从刀辥聲。
刏 jī 从刀气聲。
劌 guì 从刀歲聲。
刻 kè 从刀亥聲。
副 pì 从刀畐聲。
剖 pōu 从刀咅聲。
辧 biàn 从刀辡聲。
判 pàn 从刀半聲。
剫 duó 从刀度聲。
刳 kū 从刀夸聲。
列 liè 从刀𣦼聲。
刊 kān 从刀干聲。
剟 zhuō 从刀叕聲。
劈 pì 从刀辟聲。
割 gē 从刀害聲。
剺 lí 从刀𠩺聲。
剈 yuān 从刀肙聲。
劀 guā 从刀矞聲。
刮 guā 从刀𠯑聲。
剽 piào 从刀㶾聲。
刲 kuī 从刀圭聲。
剉 cuò 从刀坐聲。
劋 jiǎo 从刀喿聲。
刖 yuè 从刀月聲。
刜 fú 从刀弗聲。
𠞩 chì 从刀桼聲。
劖 chán 从刀毚聲。
刓 wán 从刀元聲。
㓠 diàn 从刀占聲。
劓 yì 从刀臬聲。

刑	xíng	从刀幵聲。
剄	jǐng	从刀巠聲。
⿰尊刂	zǔn	从刀尊聲。
券	quàn	从刀𠔉聲。
剔	tī	从刀易聲。
刎	wěn	从刀勿聲。
剜	wān	从刀宛聲。
劇	jí	从刀。未詳。豦聲。
劒	jiàn	从刃僉聲。
㓞	qià	从刀丯聲。
㓷	jiá	从㓞夬聲。
⿰丯各	gé	从丯各聲。
耕	gēng	从耒井聲。
耦	ǒu	从耒禺聲。
耤	jí	从耒昔聲。
⿰耒圭	guī	从耒圭聲。
⿰耒員	yún	从耒員聲。
耡	chú	从耒助聲。
⿰角雚	xuān	从角雚聲。
觻	lù	从角樂聲。
䚡	sāi	从角思聲。
觠	quán	从角𠔉聲。
觬	ní	从角兒聲。
觢	shì	从角㓞聲。
⿰角虒	zhì	从角虒聲。
觭	qī	从角奇聲。
觓	qiú	从角丩聲。
⿰角畏	wēi	从角畏聲。
⿰爿角	zhuó	从角爿聲。
⿰角厥	jué	从角厥聲。
觸	chù	从角蜀聲。
⿰角公	gāng	从角公聲。
⿰角耑	duān	从角耑聲。
觰	zhā	从角者聲。
觤	guǐ	从角危聲。
觟	huà	从角圭聲。
觡	gé	从角各聲。
觜	zuǐ	从角此聲。
觿	xī	从角巂聲。
觵	gōng	从角黃聲。
觶	zhì	从角單聲。
觛	dàn	从角旦聲。
觚	gū	从角瓜聲。
⿰角亘	xuān	从角亘聲。
⿱敫角	xí	从角敫聲。
觼	jué	从角夐聲。
⿰角發	fèi	从角發聲。
⿰角酋	qiú	从角酋聲。
觳	hú	从角㱿聲。
觱	bì	从角𤎩聲。
箭	jiàn	从竹前聲。
箘	jùn	从竹囷聲。
簬	lù	从竹路聲。
筱	xiǎo	从竹攸聲。
簜	dàng	从竹湯聲。
⿱竹微	wéi	从竹微聲。
筍	sǔn	从竹旬聲。
⿱竹怠	tái	从竹怠聲。
箁	póu	从竹咅聲。
箬	ruò	从竹若聲。
節	jié	从竹即聲。
筡	tú	从竹余聲。
䉊	mí	从竹㒹聲。
笢	mǐn	从竹民聲。
笨	bèn	从竹本聲。
⿱竹翁	wēng	从竹翁聲。
篸	chēn	从竹參聲。
篆	zhuàn	从竹彖聲。
籒	zhòu	从竹㩳聲。
篇	piān	从竹扁聲。
籍	jí	从竹耤聲。
篁	huáng	从竹皇聲。
⿰竹將	jiǎng	从竹將聲。
⿱竹枼	yè	从竹枼聲。
籥	yuè	从竹龠聲。
⿱竹劉	liú	从竹劉聲。
簡	jiǎn	从竹閒聲。
笐	gāng	从竹亢聲。
篰	bù	从竹部聲。
笵	fàn	从竹，竹，簡書也；氾聲。
箋	jiān	从竹戔聲。
符	fú	从竹付聲。
笄	jī	从竹幵聲。
⿱竹匠	jī	从竹匠聲。
籆	yuè	从竹蒦聲。
筳	tíng	从竹廷聲。
筦	guǎn	从竹完聲。
筟	fū	从竹孚聲。
笮	zé	从竹乍聲。
簾	lián	从竹廉聲。
簀	zé	从竹責聲。
笫	zǐ	从竹𠂔聲。
筵	yán	从竹延聲。
簟	diàn	从竹覃聲。
籧	qú	从竹遽聲。
篨	chú	从竹除聲。
籭	shāi	从竹麗聲。
籓	fān	从竹潘聲。
⿱竹奧	yù	从竹奧聲。
籔	sǒu	从竹數聲。
箅	bì	从竹畀聲。
⿰竹稍	shāo	从竹稍聲。
⿰竹捎	shāo	从竹捎聲。
筥	jǔ	从竹呂聲。
笥	sì	从竹司聲。
簞	dān	从竹單聲。
簁	shāi	从竹徙聲。
箄	bǐ	从竹卑聲。
篿	tuán	从竹專聲。
箸	zhù	从竹者聲。
簍	lǒu	从竹婁聲。
筤	láng	从竹良聲。
籃	lán	从竹監聲。
篝	gōu	从竹冓聲。
笿	luò	从竹各聲。
⿱竹夅	gòng	从竹夅聲。
籢	lián	从竹斂聲。
籫	zuǎn	从竹贊聲。
籯	yíng	从竹贏聲。
⿱竹删	sān	从竹删聲。
籩	biān	从竹邊聲。

⿱竹屯	dùn	从竹屯聲。
篅	chuán	从竹耑聲。
簏	lù	从竹鹿聲。
簜	dàng	从竹昜聲。
筩	tóng	从竹甬聲。
箯	biān	从竹便聲。
笯	nú	从竹奴聲。
竿	gān	从竹干聲。
籗	zhuó	从竹靃聲。
箇	gè	从竹固聲。
筊	jiǎo	从竹交聲。
筰	zuó	从竹作聲。
⿱竹沾	qián	从竹沾聲。
箑	shà	从竹疌聲。
籠	lóng	从竹龍聲。
⿱竹襄	ráng	从竹襄聲。
簝	liáo	从竹尞聲。
⿱竹豦	jǔ	从竹豦聲。
篼	dōu	从竹兜聲。
籚	lú	从竹盧聲。
箝	qián	从竹拑聲。
籋	niè	从竹爾聲。
簦	dēng	从竹登聲。
笠	lì	从竹立聲。
箱	xiāng	从竹相聲。
篚	fěi	从竹匪聲。
笭	líng	从竹令聲。
⿱竹剡	tán	从竹剡聲。
策	cè	从竹朿聲。
箠	chuí	从竹垂聲。
⿱竹朵	zhuā	从竹朵聲。
笍	zhuì	从竹内聲。
籣	lán	从竹闌聲。
箙	fú	从竹服聲。
⿱竹朱	zhū	从竹朱聲。
笘	shān	从竹占聲。
笪	dá	从竹旦聲。
笞	chī	从竹台聲。
籤	qiān	从竹韱聲。
⿱竹殿	tún	从竹殿聲。
箴	zhēn	从竹咸聲。
箾	shuò	从竹削聲。
竽	yú	从竹亏聲。
笙	shēng	从竹生聲。
簧	huáng	从竹黃聲。
⿱竹是	shí	从竹是聲。
簫	xiāo	从竹肅聲。
筒	dòng	从竹同聲。
籟	lài	从竹賴聲。
箹	yuè	从竹約聲。
管	guǎn	从竹官聲。
篎	miǎo	从竹眇聲。
笛	dí	从竹由聲。
箏	zhēng	从竹爭聲。
箛	gū	从竹孤聲。
篍	qiū	从竹秋聲。
籌	chóu	从竹𠷎聲。
簙	bó	从竹博聲。
篳	bì	从竹畢聲。
⿱竹愛	ài	从竹愛聲。
⿱竹嚴	yán	从竹嚴聲。
篽	yǔ	从竹御聲。
簃	yí	从竹移聲。
筠	yún	从竹均聲。
笏	hù	从竹勿聲。
篦	bì	从竹毘聲。
篙	gāo	从竹高聲。
簸	bǒ	从箕皮聲。
畀	bì	从丌由聲。
巽	xùn	从丌𢁉聲。
式	shì	从工弋聲。
巧	qiǎo	从工丂聲。
曰	yuè	从口乙聲。
曷	hé	从曰匃聲。
朁	cǎn	从曰兓聲。
𠧴	yóu	从乃鹵聲。
寧	níng	从丂寍聲。
哿	gě	从可加聲。
⿱旬兮	sǔn	从兮旬聲。
羲	xī	从兮義聲。
虧	kuī	从亏雐聲。
旨	zhǐ	从甘匕聲。
嘗	cháng	从旨尚聲。
嚭	pǐ	从喜否聲。
⿰壴蚤	qì	从壴蚤聲。
彭	péng	从壴彡聲。
嘉	jiā	从壴加聲。
鼛	gāo	从鼓咎聲。
鼙	pí	从鼓卑聲。
⿰鼓隆	lóng	从鼓隆聲。
鼘	yuān	从鼓𣶒聲。
鼞	tāng	从鼓堂聲。
⿱合鼓	tà	从鼓合聲。
⿱咠鼓	qì	从鼓咠聲。
⿰鼓缶	tà	从鼓缶聲。
⿰豈幾	qí	从豈幾聲。
⿱𢍏豆	juàn	从豆𢍏聲。
⿱夗豆	wān	从豆夗聲。
豔	yàn	从豐。豐，大也。盇聲。
⿸虍豆	xī	从豆虍聲。
⿰⿸虍豆号	hào	从䖒号聲。
虞	yú	从虍吳聲。
虙	fú	从虍必聲。
虔	qián	从虍文聲。
虘	cuó	从虍且聲。
虖	hū	从虍乎聲。
虨	bīn	从虍彬聲。
⿰㱿虎	gé	从虎㱿聲。
⿰去虎	kǎn	从虎去聲。
虪	shù	从虎儵聲。
虦	zhàn	从虎戔聲。
⿰乂虎	yì	从虎乂聲。
⿰气虎	yì	从虎气聲。
虓	xiāo	从虎九聲。
⿰斤虎	yín	从虎斤聲。
虩	xì	从虎𡭴聲。
虢	guó	从虎寽聲。
虒	sī	从虎厂聲。
⿰騰虎	téng	从虎騰聲。
⿰兔虎	tú	从虎兔聲。
盂	yú	从皿亏聲。
盌	wǎn	从皿夗聲。

盛	chéng	从皿成聲。
齍	zī	从皿齊聲。
𥁃	yòu	从皿有聲。
盧	lú	从皿𠧪聲。
盄	zhāo	从皿弔聲。
盎	àng	从皿央聲。
盆	pén	从皿分聲。
𥁋	zhù	从皿宁聲。
盨	xǔ	从皿須聲。
𥂴	jiǎo	从皿漻聲。
𥁑	mì	从皿必聲。
盉	hé	从皿禾聲。
盡	jìn	从皿㶳聲。
盅	chōng	从皿中聲。
盦	ān	从皿酓聲。
盪	dàng	从皿湯聲。
盋	bō	从皿犮聲。
去	qù	从大𠙴聲。
朅	qiè	从去曷聲。
𡋝	líng	从去夌聲。
衁	huāng	从血亡聲。
衃	pēi	从血不聲。
𧖧	jīn	从血聿聲。
衄	nǜ	从血丑聲。
𧖴	tǎn	从血肬聲。
𧗅	zú	从血菹聲。
𧗁	jī	从血幾聲。
卹	xù	从血卩聲。
衉	kàn	从血臽聲。
衊	miè	从血蔑聲。
臒	wò	从丹蒦聲。
靜	jìng	从青爭聲。
刱	chuàng	从井刅聲。
即	jí	从皀卩聲。
既	jì	从皀旡聲。
冟	shì	从皀冂聲。
𩰪	jù	从鬯矩聲。
䰩	shǐ	从鬯吏聲。
食	shí	从皀亼聲。
饙	fēn	从食奔聲。
餾	liù	从食畱聲。
飪	rèn	从食壬聲。
饔	yōng	从食雝聲。
飴	yí	从食台聲。
餳	xíng	从食易聲。
饊	sǎn	从食散聲。
餅	bǐng	从食并聲。
餈	cí	从食次聲。
饘	zhān	从食亶聲。
餱	hóu	从食矦聲。
餥	fěi	从食非聲。
饎	chì	从食喜聲。
籑	zhuàn	从食算聲。
養	yǎng	从食羊聲。
飯	fàn	从食反聲。
𩚵	niù	从食丑聲。
饡	zàn	从食贊聲。
𩝧	shǎng	从食象聲。
餔	bū	从食甫聲。
餐	cān	从食𣦼聲。
䭑	lián	从食兼聲。
饁	yè	从食盇聲。
饟	xiǎng	从食襄聲。
餉	xiǎng	从食向聲。
饋	kuì	从食貴聲。
饛	méng	从食蒙聲。
飵	zuò	从食乍聲。
䬯	nián	从食占聲。
𩞦	wèn	从食𢙼聲。
䭡	wèn	从食豈聲。
餬	hú	从食胡聲。
飶	bì	从食必聲。
䬸	yù	从食芺聲。
飽	bǎo	从食包聲。
䬼	yuàn	从食肙聲。
饒	ráo	从食堯聲。
餘	yú	从食余聲。
餀	hài	从食艾聲。
餞	jiàn	从食戔聲。
餫	yùn	从食軍聲。
館	guǎn	从食官聲。
饕	tāo	从食號聲。
饖	wèi	从食歲聲。
饐	yì	从食壹聲。
餲	ài	从食曷聲。
饑	jī	从食幾聲。
饉	jǐn	从食堇聲。
𩚥	è	从食戹聲。
餧	něi	从食委聲。
飢	jī	从食几聲。
餓	è	从食我聲。
餟	zhuì	从食叕聲。
䬽	shuì	从食兌聲。
䬬	líng	从食夌聲。
䬴	mò	从食末聲。
餕	jùn	从食夋聲。
餻	gāo	从食羔聲。
朇	pí	从會卑聲。
牄	qiāng	从倉爿聲。
𦉢	kòu	从缶㱿聲。
罌	yīng	从缶賏聲。
𦈢	chuí	从缶𠂹聲。
䍌	bù	从缶咅聲。
缾	píng	从缶并聲。
罋	wèng	从缶雝聲。
䍇	tà	从缶乏聲。
缸	gāng	从缶工聲。
䍞	yù	从缶或聲。
𦉥	cùn	从缶薦聲。
䍃	yóu	从缶肉聲。
𦉰	líng	从缶霝聲。
𦈡	diǎn	从缶占聲。
罅	xià	从缶虖聲。
罄	qìng	从缶殸聲。
罊	qì	从缶毄聲。
缿	xiàng	从缶后聲。
罐	guàn	从缶雚聲。
矯	jiǎo	从矢喬聲。
矰	zēng	从矢曾聲。
𥏢	shāng	从矢昜聲。
短	duǎn	从矢豆聲。
矣	yǐ	从矢以聲。
矮	ǎi	从矢委聲。

䈞	dǔ	从亯竹聲。
亶	dǎn	从㐭旦聲。
牆	qiáng	从嗇爿聲。
𥞫	sì	从來矣聲。
麰	móu	从麥牟聲。
麧	hé	从麥气聲。
䴛	suǒ	从麥肖聲。
䴾	cuó	从麥𡍬聲。
麩	fū	从麥夫聲。
麪	miàn	从麥丏聲。
𪍴	zhí	从麥啻聲。
麷	fēng	从麥豐聲。
麮	qù	从麥去聲。
𪎭	kū	从麥㱿聲。
䴳	huá	从麥穴聲。
𪌾	cái	从麥才聲。
夋	qūn	从夊允聲。
憂	yōu	从夊𢚧聲。
愛	ài	从夊㤅聲。
㚇	zōng	从夊兇聲。
夎	cuò	从夊坐聲。
舞	wǔ	从舛無聲。
䑞	huáng	从舜生聲。
韋	wéi	从舛囗聲。
韠	bì	从韋畢聲。
韎	mèi	从韋末聲。
韢	suì	从韋惠聲。
韜	tāo	从韋舀聲。
韝	gōu	从韋冓聲。
韘	shè	从韋枼聲。
韣	zhú	从韋蜀聲。
韔	chàng	从韋長聲。
𩏂	xiá	从韋叚聲。
𩏗	duàn	从韋段聲。
韤	wà	从韋蔑聲。
𩏄	pò	从韋尃聲。
韏	quàn	从韋𢍏聲。
𩏠	jiū	从韋糕聲。
韓	hán	从韋，取其帀也。倝聲。
韌	rèn	从韋刃聲。
𡕥	hài	从夊丯聲。
夆	fēng	从夊丰聲。
磔	zhé	从桀石聲。
橘	jú	从木矞聲。
橙	chéng	从木登聲。
柚	yòu	从木由聲。
樝	zhā	从木虘聲。
棃	lí	从木𥝢聲。
梬	yǐng	从木甹聲。
柿	shì	从木市聲。
枏	nán	从木冄聲。
梅	méi	从木每聲。
柰	nài	从木示聲。
李	lǐ	从木子聲。
桃	táo	从木兆聲。
楙	mào	从木敄聲。
亲	zhēn	从木辛聲。
楷	jiē	从木皆聲。
桂	guì	从木圭聲。
棠	táng	从木尚聲。
杜	dù	从木土聲。
槢	xí	从木習聲。
樿	zhǎn	从木單聲。
椲	wěi	从木韋聲。
楢	yóu	从木酋聲。
桏	qióng	从木邛聲。
棆	lún	从木侖聲。
楈	xū	从木胥聲。
柍	yǎng	从木央聲。
楑	kuí	从木癸聲。
㭫	gǎo	从木咎聲。
椆	chóu	从木周聲。
樕	sù	从木欶聲。
𣞞	yí	从木彝聲。
梣	cén	从木岑聲。
棳	zhuō	从木叕聲。
棪	yǎn	从木炎聲。
𣙑	chuán	从木遄聲。
椋	liáng	从木京聲。
檍	yì	从木意聲。
𣞢	fèi	从木費聲。
樗	chū	从木虖聲。
楀	yǔ	从木禹聲。
蘽	lěi	从木藟聲。
桋	yí	从木夷聲。
栟	bīng	从木并聲。
椶	zōng	从木㚇聲。
檟	jiǎ	从木賈聲。
椅	yī	从木奇聲。
楸	qiū	从木秋聲。
𣞣	yì	从木啻聲。
柀	bǐ	从木皮聲。
檆	shān	从木黏聲。
榛	zhēn	从木秦聲。
𣏩	kǎo	从木尻聲。
杶	chūn	从木屯聲。
櫄	chūn	从木筍聲。
桵	ruí	从木妥聲。
棫	yù	从木或聲。
㮩	xī	从木息聲。
椐	jū	从木居聲。
樻	kuì	从木貴聲。
栩	xǔ	从木羽聲。
柔	zhù	从木予聲。
樣	xiàng	从木羕聲。
杙	yì	从木弋聲。
枇	pí	从木比聲。
桔	jié	从木吉聲。
柞	zuò	从木乍聲。
𣏢	lú	从木乎聲。
榗	jiàn	从木晉聲。
㯈	suì	从木㒸聲。
椵	jiǎ	从木叚聲。
橞	huì	从木惠聲。
楛	hù	从木苦聲。
櫅	jī	从木齊聲。
㭁	réng	从木乃聲。
櫇	pín	从木顮聲。
樲	èr	从木貳聲。
樸	pú	从木僕聲。
橪	rǎn	从木然聲。
柅	nǐ	从木尼聲。

梢 shāo 从木肖聲。
𣟴 lì 从木隸聲。
𣐌 liè 从木寽聲。
梭 xùn 从木夋聲。
㮿 bì 从木畢聲。
楋 là 从木剌聲。
枸 jǔ 从木句聲。
樜 zhè 从木庶聲。
枋 fāng 从木方聲。
橿 jiāng 从木畺聲。
樗 huà 从木雩聲。
檗 bò 从木辟聲。
梤 fēn 从木芬聲。
樧 shā 从木殺聲。
槭 zú 从木戚聲。
楊 yáng 从木昜聲。
檉 chēng 从木聖聲。
桺 liǔ 从木丣聲。
樳 xún 从木㝷聲。
欒 luán 从木䜌聲。
栘 yí 从木多聲。
棣 dì 从木隶聲。
枳 zhǐ 从木只聲。
楓 fēng 从木風聲。
權 quán 从木雚聲。
柜 jǔ 从木巨聲。
槐 huái 从木鬼聲。
榖 gǔ 从木㱿聲。
楮 chǔ 从木者聲。
杞 qǐ 从木己聲。
枒 yá 从木牙聲。
檀 tán 从木亶聲。
櫟 lì 从木樂聲。
梂 qiú 从木求聲。
楝 liàn 从木柬聲。
檿 yǎn 从木厭聲。
柘 zhè 从木石聲。
㯃 qī 从木厀聲。
檈 xuán 从木還聲。
梧 wú 从木吾聲。
桐 tóng 从木同聲。

橎 fán 从木番聲。
榆 yú 从木俞聲。
枌 fén 从木分聲。
梗 gěng 从木更聲。
樵 qiáo 从木焦聲。
松 sōng 从木公聲。
樠 mán 从木㒼聲。
檜 guì 从木會聲。
樅 cōng 从木從聲。
柏 bǎi 从木白聲。
机 jī 从木几聲。
枮 xiān 从木占聲。
梇 lòng 从木弄聲。
楰 yú 从木臾聲。
桅 guǐ 从木危聲。
杒 rèn 从木刃聲。
𣘍 tà 从木遝聲。
榙 tā 从木荅聲。
櫾 yóu 从木䌛聲。
樹 shù 从木尌聲。
柢 dǐ 从木氐聲。
根 gēn 从木艮聲。
株 zhū 从木朱聲。
㮺 jì 从木畟聲。
樏 léi 从木絫聲。
杈 chā 从木叉聲。
枝 zhī 从木支聲。
朴 pò 从木卜聲。
條 tiáo 从木攸聲。
𣡌 zhé 从木聶聲。
栠 rěn 从木任聲。
枖 yāo 从木夭聲。
槙 diān 从木眞聲。
梃 tǐng 从木廷聲。
𣠮 shēn 从木驫聲。
標 biāo 从木㶾聲。
杪 miǎo 从木少聲。
桹 láng 从木良聲。
橌 jiàn 从木閒聲。
枵 xiāo 从木号聲。
柖 sháo 从木召聲。

榣 yáo 从木䍃聲。
樛 jiū 从木翏聲。
朻 jiū 从木丩聲。
枉 wǎng 从木㞷聲。
橈 nào 从木堯聲。
枎 fú 从木夫聲。
檹 yī 从木旖聲。
𣏚 jiǎo 从木小聲。
𣘛 hū 从木曶聲。
槮 shēn 从木參聲。
梴 chān 从木延聲。
橚 sù 从木肅聲。
杕 dì 从木大聲。
𣏾 tuò 从木𡿪聲。
格 gé 从木各聲。
槷 yì 从木埶聲。
枯 kū 从木古聲。
槀 gǎo 从木高聲。
樸 pǔ 从木菐聲。
楨 zhēn 从木貞聲。
柔 róu 从木矛聲。
㯰 tuò 从木㡿聲。
朸 lè 从木力聲。
材 cái 从木才聲。
柴 chái 从木此聲。
榑 fú 从木尃聲。
㮫 hé 从木卻聲。
栽 zài 从木𢦏聲。
築 zhù 从木筑聲。
榦 gàn 从木倝聲。
檥 yǐ 从木義聲。
構 gòu 从木冓聲。
模 mú 从木莫聲。
桴 fú 从木孚聲。
棟 dòng 从木東聲。
極 jí 从木亟聲。
柱 zhù 从木主聲。
楹 yíng 从木盈聲。
樘 chēng 从木堂聲。
榰 zhī 从木耆聲。
楶 jié 从木咨聲。

櫨 lú 从木盧聲。
枅 jī 从木开聲。
栵 liè 从木𠛱聲。
栭 ér 从木而聲。
櫽 yìn 从木㥯聲。
橑 lǎo 从木尞聲。
桷 jué 从木角聲。
椽 chuán 从木彖聲。
榱 cuī 从木衰聲。
楣 méi 从木眉聲。
梠 lǚ 从木吕聲。
榌 pí 从木毘聲。
檐 yán 从木詹聲。
橝 tán 从木覃聲。
樀 dí 从木啇聲。
植 zhí 从木直聲。
樞 shū 从木區聲。
槏 qiǎn 从木兼聲。
樓 lóu 从木婁聲。
⿱龍木 lóng 从木龍聲。
楯 shǔn 从木盾聲。
櫺 líng 从木霝聲。
杗 máng 从木亡聲。
梀 cù 从木朿聲。
杇 wū 从木亏聲。
槾 màn 从木曼聲。
椳 wēi 从木畏聲。
⿰木冒 mào 从木冒聲。
梱 kǔn 从木困聲。
榍 xiè 从木屑聲。
柤 zhā 从木且聲。
槍 qiāng 从木倉聲。
楗 jiàn 从木建聲。
櫼 jiān 从木韱聲。
楔 xiè 从木契聲。
杝 lí 从木也聲。
欜 tuò 从木橐聲。
桓 huán 从木亘聲。
楃 wò 从木屋聲。
橦 chuáng 从木童聲。
杠 gāng 从木工聲。
桯 tīng 从木呈聲。
桱 jīng 从木巠聲。
牀 chuáng 从木爿聲。
枕 zhěn 从木冘聲。
楲 wēi 从木威聲。
櫝 dú 从木賣聲。
櫛 zhì 从木節聲。
⿰木合 gé 从木合聲。
槈 nòu 从木辱聲。
相 sì 从木目聲。
枱 yí 从木台聲。
楎 hún 从木軍聲。
櫌 yōu 从木憂聲。
欘 zhú 从木屬聲。
櫡 zhuó 从木箸聲。
杷 pá 从木巴聲。
⿰木役 yì 从木役聲。
柃 líng 从木令聲。
柫 fú 从木弗聲。
枷 jiā 从木加聲。
杵 chǔ 从木午聲。
槩 gài 从木既聲。
杚 gài 从木气聲。
⿰木省 shěng 从木省聲。
柶 sì 从木四聲。
桮 bēi 从木否聲。
槃 pán 从木般聲。
榹 sī 从木虒聲。
案 àn 从木安聲。
檈 xuán 从木睘聲。
椷 jiān 从木咸聲。
櫑 léi 从木畾聲。
椑 pí 从木卑聲。
榼 kē 从木盍聲。
橢 tuǒ 从木隋聲。
槌 zhuì 从木追聲。
栚 zhèn 从木灷聲。
槤 liǎn 从木連聲。
櫎 huǎng 从木廣聲。
⿱具木 jú 从木具聲。
檕 jì 从木毄聲。
檷 nǐ 从木爾聲。
機 jī 从木幾聲。
榺 shèng 从木朕聲。
杼 zhù 从木予聲。
椱 fù 从木复聲。
楥 xuàn 从木爰聲。
核 gāi 从木亥聲。
棚 péng 从木朋聲。
棧 zhàn 从木戔聲。
栫 jiàn 从木存聲。
槶 guì 从木國聲。
梯 tī 从木弟聲。
棖 chéng 从木長聲。
桊 juàn 从木𢍏聲。
椯 duǒ 从木耑聲。
橜 jué 从木厥聲。
樴 zhí 从木戠聲。
杖 zhàng 从木丈聲。
柭 bā 从木犮聲。
棓 bàng 从木咅聲。
椎 chuí 从木隹聲。
柯 kē 从木可聲。
棁 tuō 从木兑聲。
柄 bǐng 从木丙聲。
柲 bì 从木必聲。
欑 cuán 从木贊聲。
杘 chì 从木尸聲。
榜 bēng 从木旁聲。
⿰木敬 qíng 从木敬聲。
桰 kuò 从木𠯑聲。
棊 qí 从木其聲。
椄 jiē 从木妾聲。
栙 xiáng 从木夅聲。
栝 tiǎn 从木舌聲。
槽 cáo 从木曹聲。
桶 tǒng 从木甬聲。
櫓 lǔ 从木魯聲。
柎 fū 从木付聲。
枹 fú 从木包聲。
椌 qiāng 从木空聲。
槧 qiàn 从木斬聲。

札	zhá	从木乙聲。
檢	jiǎn	从木僉聲。
檄	xí	从木敫聲。
楘	mù	从木敄聲。
枑	hù	从木互聲。
极	jí	从木及聲。
⿰木去	qū	从木去聲。
槅	gé	从木鬲聲。
橾	shū	从木喿聲。
楇	huò	从木咼聲。
枊	àng	从木卬聲。
棝	gù	从木固聲。
欙	léi	从木纍聲。
榷	què	从木隺聲。
橋	qiáo	从木喬聲。
⿰木叜	sōu	从木叜聲。
橃	fá	从木發聲。
楫	jí	从木咠聲。
欚	lǐ	从木蠡聲。
校	jiào	从木交聲。
樔	cháo	从木巢聲。
柿	fèi	从木市聲。
橫	héng	从木黃聲。
梜	jiā	从木夾聲。
桄	guàng	从木光聲。
檇	zuì	从木雋聲。
椓	zhuó	从木豖聲。
朾	chéng	从木丁聲。
柧	gū	从木瓜聲。
棱	léng	从木夌聲。
⿰木獻	niè	从木獻聲。
柆	lā	从木立聲。
槎	chá	从木差聲。
柮	duò	从木出聲。
檮	táo	从木𠷎聲。
棷	zōu	从木取聲。
梡	hùn	从木完聲。
棞	hún	从木圂聲。
楄	pián	从木扁聲。
楅	bī	从木畐聲。
枼	yè	从木世聲。
栕	gèn	从木恆聲。
械	xiè	从木戒聲。
桎	zhì	从木至聲。
梏	gù	从木告聲。
櫪	lì	从木歷聲。
⿰木斯	xī	从木斯聲。
檻	jiàn	从木監聲。
櫳	lóng	从木龍聲。
柙	xiá	从木甲聲。
棺	guān	从木官聲。
櫬	chèn	从木親聲。
槥	huì	从木彗聲。
椁	guǒ	从木𩫏聲。
楬	jié	从木曷聲。
棐	fěi	从木非聲。
梔	zhī	从木卮聲。
榭	xiè	从木䠶聲。
槊	shuò	从木朔聲。
椸	yí	从木施聲。
榻	tà	从木㬊聲。
櫍	zhì	从木質聲。
櫂	zhào	从木翟聲。
槔	gāo	从木皋聲。
椿	zhuāng	从木舂聲。
櫻	yīng	从木嬰聲。
楚	chǔ	从林疋聲。
棽	chēn	从林今聲。
楙	mào	从林矛聲。
麓	lù	从林鹿聲。
棼	fén	从林分聲。
𣅚	niè	从出臬聲。
⿱𣎵畀	wèi	从𣎵畀聲。
南	nán	从𣎵羊聲。
隆	lóng	从生降聲。
⿱𠂹亏	huā	从𠂹亏聲。
韡	wěi	从⿱𠂹亏韋聲。
髤	xiū	从桼髟聲。
⿰桼包	pào	从桼包聲。
⿱幵束	jiǎn	从束幵聲。
⿴束圂	gǔn	从束圂聲。
圜	yuán	从囗睘聲。
團	tuán	从囗專聲。
圎	xuán	从囗肙聲。
囩	yún	从囗云聲。
圓	yuán	从囗員聲。
圛	yì	从囗睪聲。
圈	juàn	从囗卷聲。
囿	yòu	从囗有聲。
園	yuán	从囗袁聲。
圃	pǔ	从囗甫聲。
囹	líng	从囗令聲。
圄	yǔ	从囗吾聲。
固	gù	从囗古聲。
圍	wéi	从囗韋聲。
員	yuán	从貝囗聲。
䞫	yún	从員云聲。
賄	huì	从貝有聲。
財	cái	从貝才聲。
貨	huò	从貝化聲。
⿰貝爲	guì	从貝爲聲。
資	zī	从貝次聲。
贎	wàn	从貝萬聲。
賑	zhèn	从貝辰聲。
賢	xián	从貝臤聲。
賁	bì	从貝卉聲。
賀	hè	从貝加聲。
貢	gòng	从貝工聲。
賮	jìn	从貝𦘔聲。
齎	jī	从貝齊聲。
貸	dài	从貝代聲。
貣	tè	从貝弋聲。
賂	lù	从貝各聲。
賸	shèng	从貝朕聲。
贈	zèng	从貝曾聲。
貱	bì	从貝皮聲。
賚	lài	从貝來聲。
賞	shǎng	从貝尚聲。
賜	cì	从貝易聲。
貤	yì	从貝也聲。
贏	yíng	从貝𣎆聲。
賴	lài	从貝剌聲。
貯	zhù	从貝宁聲。

貳	èr	从貝弍聲。
賓	bīn	从貝丏聲。
賖	shē	从貝余聲。
貰	shì	从貝世聲。
貿	mào	从貝卯聲。
贖	shú	从貝賣聲。
費	fèi	从貝弗聲。
責	zé	从貝朿聲。
賈	gǔ	从貝襾聲。
販	fàn	从貝反聲。
賤	jiàn	从貝戔聲。
賦	fù	从貝武聲。
貪	tān	从貝今聲。
賃	lìn	从貝任聲。
賕	qiú	从貝求聲。
購	gòu	从貝冓聲。
⿰貝疋	shǔ	从貝疋聲。
貲	zī	从貝此聲。
賨	cóng	从貝宗聲。
賣	yù	从貝𡏳聲。
貴	guì	从貝臾聲。
貺	kuàng	从貝兄聲。
賭	dǔ	从貝者聲。
貼	tiē	从貝占聲。
貽	yí	从貝台聲。
賺	zhuàn	从貝廉聲。
賻	fù	从貝尃聲。
贍	shàn	从貝詹聲。
邦	bāng	从邑丰聲。
郡	jùn	从邑君聲。
都	dū	从邑者聲。
鄰	lín	从邑粦聲。
酇	zuǎn	从邑贊聲。
鄙	bǐ	从邑啚聲。
郊	jiāo	从邑交聲。
邸	dǐ	从邑氐聲。
郛	fú	从邑孚聲。
⿰肖阝	shào	从邑肖聲。
⿰契阝	jì	从邑契聲。
邰	tái	从邑台聲。
郂	qí	从邑支聲。
邠	bīn	从邑分聲。
郿	méi	从邑眉聲。
郁	yù	从邑有聲。
鄠	hù	从邑雩聲。
扈	hù	从邑戶聲。
⿰崩阝	péi	从邑崩聲。
⿰且阝	jū	从邑且聲。
郝	hǎo	从邑赤聲。
酆	fēng	从邑豐聲。
鄭	zhèng	从邑奠聲。
郃	hé	从邑合聲。
⿰口阝	kǒu	从邑口聲。
⿱樊邑	fán	从邑樊聲。
鄜	fū	从邑麃聲。
⿰屠阝	tú	从邑屠聲。
邮	yóu	从邑由聲。
⿰秊阝	nián	从邑秊聲。
邽	guī	从邑圭聲。
部	bù	从邑咅聲。
郖	dòu	从邑豆聲。
鄏	rǔ	从邑辱聲。
⿰輦阝	liǎn	从邑輦聲。
⿰祭阝	zhài	从邑祭聲。
邙	máng	从邑亡聲。
鄩	xún	从邑尋聲。
郗	chī	从邑希聲。
鄆	yùn	从邑軍聲。
邶	bèi	从邑北聲。
邘	yú	从邑于聲。
⿱𥝢邑	lí	从邑𥝢聲。
邵	shào	从邑召聲。
鄍	míng	从邑冥聲。
鄐	chù	从邑畜聲。
郈	hòu	从邑侯聲。
邲	bì	从邑必聲。
郤	xì	从邑谷聲。
⿱非邑	péi	从邑非聲。
⿰虔阝	qián	从邑虔聲。
邼	kuāng	从邑匡聲。
⿰癸阝	kuí	从邑癸聲。
郉	xíng	从邑开聲。
鄔	wū	从邑烏聲。
祁	qí	从邑示聲。
鄴	yè	从邑業聲。
郱	jǐng	从邑井聲。
邯	hán	从邑甘聲。
鄲	dān	从邑單聲。
郇	xún	从邑旬聲。
鄃	shū	从邑兪聲。
鄗	hào	从邑高聲。
鄡	qiāo	从邑梟聲。
鄚	mò	从邑莫聲。
郅	zhì	从邑至聲。
鄋	sōu	从邑叜聲。
鄦	xǔ	从邑無聲。
邟	kàng	从邑亢聲。
郾	yǎn	从邑匽聲。
郟	jiá	从邑夾聲。
郪	qī	从邑妻聲。
鄎	xī	从邑息聲。
郋	xí	从邑自聲。
⿰旁阝	páng	从邑旁聲。
郹	jú	从邑狊聲。
鄧	dèng	从邑登聲。
鄾	yōu	从邑憂聲。
⿰号阝	háo	从邑号聲。
鄛	cháo	从邑巢聲。
⿰襄阝	ráng	从邑襄聲。
⿰婁阝	lú	从邑婁聲。
⿰里阝	lǐ	从邑里聲。
⿰羽阝	yǔ	从邑羽聲。
郢	yǐng	从邑呈聲。
鄢	yān	从邑焉聲。
鄳	méng	从邑黽聲。
⿰葛阝	gé	从邑葛聲。
鄂	è	从邑咢聲。
邔	qǐ	从邑己聲。
邾	zhū	从邑朱聲。
鄖	yún	从邑員聲。
鄘	yōng	从邑庸聲。
郫	pí	从邑卑聲。
⿰壽阝	chóu	从邑壽聲。

𨟙	jí	从邑耤聲。
鄤	wàn	从邑蔓聲。
邡	fāng	从邑方聲。
䣕	mà	从邑馬聲。
鄨	bì	从邑敝聲。
𨚔	bāo	从邑包聲。
那	nuó	从邑冄聲。
鄱	pó	从邑番聲。
酃	líng	从邑霝聲。
郴	chēn	从邑林聲。
𨛁	lèi	从邑耒聲。
鄮	mào	从邑貿聲。
鄞	yín	从邑堇聲。
𨛫	pèi	从邑市聲。
邴	bǐng	从邑丙聲。
𨞃	cuó	从邑虘聲。
𨚓	shǎo	从邑少聲。
𨙹	chén	从邑臣聲。
酁	chán	从邑毚聲。
鄑	zī	从邑晉聲。
郜	gào	从邑告聲。
鄄	juàn	从邑垔聲。
邛	qióng	从邑工聲。
鄶	kuài	从邑會聲。
邧	yuán	从邑元聲。
郔	yán	从邑延聲。
郠	gěng	从邑更聲。
鄅	yǔ	从邑禹聲。
鄒	zōu	从邑芻聲。
𨛬	tú	从邑余聲。
邿	shī	从邑寺聲。
郰	zōu	从邑取聲。
郕	chéng	从邑成聲。
𨛾	yǎn	从邑奄聲。
酄	huān	从邑雚聲。
郎	láng	从邑良聲。
邳	pī	从邑丕聲。
鄣	zhāng	从邑章聲。
邗	hán	从邑干聲。
𨟻	yí	从邑義聲。
郈	hòu	从邑后聲。
郯	tán	从邑炎聲。
郚	wú	从邑吾聲。
酅	xī	从邑巂聲。
鄫	céng	从邑曾聲。
邪	yé	从邑牙聲。
邞	fū	从邑夫聲。
𨛹	qī	从邑桼聲。
郭	guō	从邑𩫏聲。
郳	ní	从邑兒聲。
郣	bó	从邑孛聲。
䣝	tán	从邑覃聲。
邭	qú	从邑句聲。
郂	gāi	从邑亥聲。
䢷	zài	从邑𢦏聲。
𨞮	yān	从邑燕聲。
邱	qiū	从邑丘聲。
𨛄	rú	从邑如聲。
𨚍	niǔ	从邑丑聲。
𨙫	jǐ	从邑几聲。
𨝬	xì	从邑翕聲。
𨛖	qiú	从邑求聲。
䣐	yīng	从邑嬰聲。
𨜒	dǎng	从邑尚聲。
郱	píng	从邑并聲。
䣘	hǔ	从邑虖聲。
邩	huǒ	从邑火聲。
鄝	liǎo	从邑翏聲。
鄬	guī	从邑爲聲。
邨	cūn	从邑屯聲。
𨚳	shū	从邑舍聲。
𨜳	hé	从邑盇聲。
𨝞	gān	从邑乾聲。
𨟁	yín	从邑酓聲。
邖	shān	从邑山聲。
𨞬	táng	从邑臺聲。
𨟚	féng	从邑馮聲。
郙	fǔ	从邑甫聲。
酈	lì	从邑麗聲。
𨟠	qiān	从邑䙴聲。
鄉	xiāng	从𨛜皀聲。
旻	mín	从日文聲。
時	shí	从日寺聲。
昒	hū	从日勿聲。
昧	mèi	从日未聲。
暏	dǔ	从日者聲。
晢	zhé	从日折聲。
昭	zhāo	从日召聲。
晤	wù	从日吾聲。
旳	dì	从日勺聲。
晄	huǎng	从日光聲。
曠	kuàng	从日廣聲。
旭	xù	从日九聲。
暘	yáng	从日昜聲。
晹	yì	从日易聲。
昫	xū	从日句聲。
晏	yàn	从日安聲。
曣	yàn	从日燕聲。
景	jǐng	从日京聲。
晧	hào	从日告聲。
暤	hào	从日皋聲。
暉	huī	从日軍聲。
旰	gàn	从日干聲。
暆	yí	从日施聲。
晷	guǐ	从日咎聲。
昃	zè	从日仄聲。
晚	wǎn	从日免聲。
曫	luán	从日䜌聲。
晻	àn	从日奄聲。
暗	àn	从日音聲。
晦	huì	从日每聲。
𣈶	nài	从日能聲。
曀	yì	从日壹聲。
旱	hàn	从日干聲。
昴	mǎo	从日卯聲。
曏	xiàng	从日鄉聲。
曩	nǎng	从日襄聲。
昨	zuó	从日乍聲。
暇	xiá	从日叚聲。
暫	zàn	从日斬聲。
昪	biàn	从日弁聲。
暀	wàng	从日往聲。
昄	bǎn	从日反聲。

昱	yù	从日立聲。
暍	yē	从日曷聲。
暑	shǔ	从日者聲。
㬮	nàn	从日難聲。
曬	shài	从日麗聲。
暵	hàn	从日堇聲。
晞	xī	从日希聲。
暱	nì	从日匿聲。
暬	xiè	从日執聲。
晐	gāi	从日亥聲。
曉	xiǎo	从日堯聲。
昕	xīn	从日斤聲。
曈	tóng	从日童聲。
曨	lóng	从日龍聲。
昈	hù	从日戶聲。
昉	fǎng	从日方聲。
晙	jùn	从日夋聲。
晟	shèng	从日成聲。
暈	yùn	从日軍聲。
映	yìng	从日央聲。
曙	shǔ	从日署聲。
昳	dié	从日失聲。
曆	lì	从日厤聲。
昂	áng	从日卬聲。
昇	shēng	从日升聲。
暨	jì	从旦既聲。
倝	gàn	从旦㫃聲。
⿰倝舟	zhāo	从倝舟聲。
旐	zhào	从㫃兆聲。
旗	qí	从㫃其聲。
旆	pèi	从㫃宋聲。
旌	jīng	从㫃生聲。
旟	yú	从㫃與聲。
旂	qí	从㫃斤聲。
旞	suì	从㫃遂聲。
旝	kuài	从㫃會聲。
旃	zhān	从㫃丹聲。
⿸㫃攸	yóu	从㫃攸聲。
⿸㫃要	yǎo	从㫃要聲。
施	shī	从㫃也聲。
旖	yǐ	从㫃奇聲。
旚	piāo	从㫃㶡聲。
⿸㫃猋	biāo	从㫃猋聲。
游	yóu	从㫃汓聲。
旇	pī	从㫃皮聲。
旛	fān	从㫃番聲。
鼆	méng	从冥黽聲。
曐	xīng	从晶生聲。
曑	shēn	从晶㐱聲。
曟	chén	从晶辰聲。
朔	shuò	从月屰聲。
霸	pò	从月䨣聲。
朗	lǎng	从月良聲。
朓	tiǎo	从月兆聲。
肭	nǜ	从月内聲。
期	qī	从月其聲。
朦	méng	从月蒙聲。
朧	lóng	从月龍聲。
有	yǒu	从月又聲。
⿰有戜	yù	从有戜聲。
龓	lóng	从有龍聲。
朚	huāng	从明亡聲。
夤	yín	从夕寅聲。
⿰夕生	qíng	从夕生聲。
⿱莫夕	mò	从夕莫聲。
夥	huǒ	从多果聲。
⿰多圣	guài	从多圣聲。
𢎘	yóu	从马由聲。
甬	yǒng	从马用聲。
韡	wéi	从東韋聲。
⿱𠫯妻	qí	从𠫯妻聲。
版	bǎn	从片反聲。
⿰片畐	bì	从片畐聲。
牘	dú	从片𧶠聲。
牒	dié	从片枼聲。
牑	biān	从片扁聲。
牏	tóu	从片俞聲。
鼒	zī	从鼎才聲。
鼐	nài	从鼎乃聲。
鼏	mì	从鼎冂聲。
稼	jià	从禾家聲。
穡	sè	从禾嗇聲。
穜	zhòng	从禾童聲。
稙	zhí	从禾直聲。
種	chóng	从禾重聲。
稑	lù	从禾坴聲。
稺	zhì	从禾屖聲。
稹	zhěn	从禾眞聲。
稠	chóu	从禾周聲。
穊	jì	从禾既聲。
稀	xī	从禾希聲。
⿰禾蔑	miè	从禾蔑聲。
穆	mù	从禾㣎聲。
私	sī	从禾厶聲。
⿰禾糞	fèi	从禾糞聲。
稷	jì	从禾畟聲。
⿱𠫯禾	zī	从禾𠫯聲。
穄	jì	从禾祭聲。
稻	dào	从禾舀聲。
稌	tú	从禾余聲。
稬	nuò	从禾耎聲。
稴	xián	从禾兼聲。
秔	jīng	从禾亢聲。
秏	hào	从禾毛聲。
穬	kuàng	从禾廣聲。
秜	lí	从禾尼聲。
稗	bài	从禾卑聲。
移	yí	从禾多聲。
穎	yǐng	从禾頃聲。
䅘	lái	从禾來聲。
䄪	diǎo	从禾勺聲。
穟	suì	从禾遂聲。
⿰禾耑	duān	从禾耑聲。
⿰禾曷	jié	从禾曷聲。
秒	miǎo	从禾少聲。
穖	jǐ	从禾幾聲。
秠	pī	从禾丕聲。
秨	zuó	从禾乍聲。
穮	biāo	从禾麃聲。
⿱安禾	àn	从禾安聲。
秄	zǐ	从禾子聲。
穧	jì	从禾齊聲。
穫	huò	从禾蒦聲。

穧	zī	从禾資聲。
積	jī	从禾責聲。
秩	zhì	从禾失聲。
稇	kǔn	从禾困聲。
稞	huà	从禾果聲。
秳	huó	从禾𠯑聲。
𥝌	hé	从禾气聲。
稃	fū	从禾孚聲。
𥢷	kuài	从禾會聲。
穛	zhuó	从禾羔聲。
稭	jiá	从禾皆聲。
稈	gǎn	从禾旱聲。
稾	gǎo	从禾高聲。
秕	bǐ	从禾比聲。
稩	juān	从禾肙聲。
𥝦	liè	从禾𠛱聲。
穰	ráng	从禾襄聲。
秧	yāng	从禾央聲。
䅊	páng	从禾㫄聲。
䅣	huáng	从禾皇聲。
秊	nián	从禾千聲。
穀	gǔ	从禾㱿聲。
稔	rěn	从禾念聲。
租	zū	从禾且聲。
稅	shuì	从禾兌聲。
䆃	dào	从禾道聲。
䅿	huāng	从禾荒聲。
穌	sū	从禾魚聲。
稍	shāo	从禾肖聲。
稱	chēng	从禾爯聲。
程	chéng	从禾呈聲。
稯	zōng	从禾㚇聲。
秭	zǐ	从禾𠂔聲。
秅	chá	从禾乇聲。
䄷	shí	从禾石聲。
稘	jī	从禾其聲。
稕	zhùn	从禾𦎧聲。
䵕	méi	从黍麻聲。
䵗	bǐ	从黍卑聲。
黏	nián	从黍占聲。
𪏻	hú	从黍古聲。
䵑	nì	从黍日聲。
䵒	bó	从黍畐聲。
馨	xīn	从香殸聲。
馥	fù	从香复聲。
𥻗	zhuō	从米焦聲。
粲	càn	从米𣦼聲。
糲	lì	从米萬聲。
精	jīng	从米青聲。
粺	bài	从米卑聲。
粗	cū	从米且聲。
𥹉	bì	从米北聲。
糱	niè	从米辥聲。
粒	lì	从米立聲。
䊩	shì	从米睪聲。
糂	sǎn	从米甚聲。
糪	bò	从米辟聲。
糜	mí	从米麻聲。
䊤	tán	从米覃聲。
𥹂	mí	从米尼聲。
糟	zāo	从米曹聲。
糒	bèi	从米𤰇聲。
糗	qiǔ	从米臭聲。
糈	xǔ	从米胥聲。
糧	liáng	从米量聲。
粈	róu	从米丑聲。
糴	dí	从米翟聲。
䊃	mò	从米蔑聲。
粹	cuì	从米卒聲。
氣	xì	从米气聲。
𥸥	hóng	从米工聲。
粉	fěn	从米分聲。
䊎	quǎn	从米卷聲。
䊝	xiè	从米悉聲。
𥻨	sà	从米殺聲。
䊳	mí	从米靡聲。
粻	zhāng	从米長聲。
粕	pò	从米白聲。
粔	jù	从米巨聲。
籹	nǚ	从米女聲。
糉	zòng	从米㚇聲。
糖	táng	从米唐聲。
𣫷	zuò	从毇丵聲。
𦥸	pò	从臼屰聲。
枲	xǐ	从朩台聲。
𪎊	kù	从麻後聲。
𪎌	zōu	从麻取聲。
𪎎	tóu	从麻俞聲。
𣐈	chǐ	从朩支聲。
䪢	duì	从韭隊聲。
䪥	xiè	从韭㪅聲。
韱	xiān	从韭𢦏聲。
䪛	fán	从韭番聲。
㼎	bó	从瓜交聲。
瓞	dié	从瓜失聲。
瓣	bàn	从瓜辡聲。
瓠	hù	从瓜夸聲。
宅	zhái	从宀乇聲。
宣	xuān	从宀亘聲。
宧	yí	从宀𦣞聲。
㝔	yǎo	从宀皀聲。
奧	ào	从宀𢍜聲。
宛	wǎn	从宀夗聲。
宸	chén	从宀辰聲。
宇	yǔ	从宀于聲。
寷	fēng	从宀豐聲。
寏	huán	从宀奐聲。
宏	hóng	从宀厷聲。
宖	hóng	从宀弘聲。
寪	wěi	从宀爲聲。
㝩	kāng	从宀康聲。
㝗	láng	从宀良聲。
宬	chéng	从宀成聲。
寔	shí	从宀是聲。
宓	mì	从宀必聲。
㝞	yì	从宀契聲。
宴	yàn	从宀妟聲。
㝐	jì	从宀尗聲。
寴	qīn	从宀親聲。
完	wán	从宀元聲。
富	fù	从宀畐聲。
宲	bǎo	从宀𥝢聲。
𡫶	mián	从宀臱聲。

宭 qún 从宀君聲。
寵 chǒng 从宀龍聲。
宥 yòu 从宀有聲。
寫 xiě 从宀舄聲。
宿 sù 从宀佰聲。
寑 qǐn 从宀㑴聲。
丏 miàn 从宀丏聲。
寬 kuān 从宀萈聲。
寤 wù 从宀吾聲。
寁 zǎn 从宀疌聲。
客 kè 从宀各聲。
寄 jì 从宀奇聲。
寓 yù 从宀禺聲。
寠 jù 从宀婁聲。
灾 jiù 从宀久聲。
索 suǒ 从宀索聲。
窾 jū 从宀𥳑聲。
宄 guǐ 从宀九聲。
竅 cuì 从宀𣪠聲。
𡪢 diàn 从宀執聲。
宔 zhǔ 从宀主聲。
宙 zhòu 从宀由聲。
寘 zhì 从宀眞聲。
寰 huán 从宀睘聲。
寀 cǎi 从宀采聲。
穴 xué 从宀八聲。
盓 mǐng 从穴皿聲。
窨 yìn 从穴音聲。
窯 yáo 从穴羔聲。
寝 fù 从穴復聲。
窐 wā 从穴圭聲。
寮 liáo 从穴尞聲。
窩 xuè 从穴矞聲。
窠 kē 从穴果聲。
窻 chuāng 从穴怱聲。
窊 wā 从穴瓜聲。
竅 qiào 从穴敫聲。
空 kōng 从穴工聲。
窒 qìng 从穴巠聲。
窫 yà 从穴乙聲。

窳 yǔ 从穴㼌聲。
窌 jiào 从穴卯聲。
窖 jiào 从穴告聲。
窬 yú 从穴俞聲。
寫 diào 从穴鳥聲。
窺 kuī 从穴規聲。
窡 zhuó 从穴叕聲。
窴 tián 从穴眞聲。
窒 zhì 从穴至聲。
窘 jiǒng 从穴君聲。
窕 tiǎo 从穴兆聲。
穹 qióng 从穴弓聲。
究 jiù 从穴九聲。
竆 qióng 从穴躳聲。
窅 yǎo 从穴㫐聲。
窔 yào 从穴交聲。
邃 suì 从穴遂聲。
窈 yǎo 从穴幼聲。
窱 tiǎo 从穴條聲。
竁 cuì 从穴毳聲。
窆 biǎn 从穴乏聲。
窀 zhūn 从穴屯聲。
穸 xī 从穴夕聲。
窜 yā 从穴甲聲。
疾 jí 从疒矢聲。
痛 tòng 从疒甬聲。
病 bìng 从疒丙聲。
瘣 huì 从疒鬼聲。
疴 kē 从疒可聲。
痡 pū 从疒甫聲。
瘽 qín 从疒堇聲。
瘵 zhài 从疒祭聲。
瘨 diān 从疒眞聲。
瘼 mò 从疒莫聲。
疝 jiǎo 从疒丩聲。
瘨 yùn 从疒員聲。
癇 xián 从疒閒聲。
疷 wù 从疒出聲。
疵 cī 从疒此聲。
癈 fèi 从疒發聲。
瘏 tú 从疒者聲。

瘲 zòng 从疒從聲。
瘁 shěn 从疒辛聲。
瘦 xù 从疒或聲。
痟 xiāo 从疒肖聲。
疕 bǐ 从疒匕聲。
瘍 yáng 从疒昜聲。
痒 yáng 从疒羊聲。
瘍 mà 从疒馬聲。
𤺊 xī 从疒斯聲。
瘍 wěi 从疒爲聲。
瘖 yīn 从疒音聲。
癭 yǐng 从疒嬰聲。
瘻 lòu 从疒婁聲。
疚 yòu 从疒又聲。
瘀 yū 从疒於聲。
疝 shàn 从疒山聲。
癖 pì 从疒㬥聲。
府 fù 从疒付聲。
痀 jū 从疒句聲。
痵 jì 从疒季聲。
痱 féi 从疒非聲。
瘤 liú 从疒畱聲。
痤 cuó 从疒坐聲。
疽 jū 从疒且聲。
癧 lì 从疒麗聲。
癰 yōng 从疒雝聲。
瘜 xī 从疒息聲。
癬 xuǎn 从疒鮮聲。
疥 jiè 从疒介聲。
痂 jiā 从疒加聲。
瘕 xiá 从疒叚聲。
痁 shān 从疒占聲。
痎 jiē 从疒亥聲。
痳 lín 从疒林聲。
痔 zhì 从疒寺聲。
痿 wěi 从疒委聲。
痹 bì 从疒畀聲。
痺 bì 从疒畢聲。
瘃 zhú 从疒豖聲。
瘺 piān 从疒扁聲。
瘇 zhǒng 从疒童聲。

㿍	è	从疒盍聲。
疻	zhǐ	从疒只聲。
痏	wěi	从疒有聲。
𤻇	wěi	从疒嶲聲。
𤵸	chān	从疒冄聲。
癑	nòng	从疒農聲。
痍	yí	从疒夷聲。
瘢	bān	从疒般聲。
痕	hén	从疒艮聲。
痙	jìng	从疒巠聲。
瘦	shòu	从疒叜聲。
癉	dàn	从疒單聲。
疸	dǎn	从疒旦聲。
㾜	qiè	从疒夾聲。
痞	pǐ	从疒否聲。
𤸛	yì	从疒易聲。
㾁	shù	从疒术聲。
疲	pí	从疒皮聲。
㾅	zǐ	从疒𠂔聲。
疧	qí	从疒氏聲。
㽺	jí	从疒及聲。
𤸷	ài	从疒殹聲。
癃	lóng	从疒隆聲。
瘛	chì	从疒恝聲。
痑	duò	从疒多聲。
痥	duó	从疒兊聲。
𤼤	liáo	从疒樂聲。
𤵥	gù	从疒古聲。
瘌	là	从疒剌聲。
癆	lào	从疒勞聲。
瘥	chài	从疒差聲。
𤺗	shuāi	从疒衰聲。
瘉	yù	从疒俞聲。
瘳	chōu	从疒翏聲。
癡	chī	从疒疑聲。
𠕿	dù	从冂託聲。
冕	miǎn	从冃免聲。
冑	zhòu	从冃由聲。
罨	yǎn	从网奄聲。
罕	hǎn	从网干聲。
䍙	méi	从网每聲。
𦋺	xuǎn	从网巽聲。
𦊃	mí	从网米聲。
罩	zhào	从网卓聲。
罾	zēng	从网曾聲。
罽	jì	从网𠝹聲。
罛	gū	从网瓜聲。
罟	gǔ	从网古聲。
罜	zhǔ	从网主聲。
䍡	lù	从网鹿聲。
罧	shèn	从网林聲。
罠	mín	从网民聲。
罬	zhuó	从网叕聲。
罿	chōng	从网童聲。
罦	fú	从网包聲。
罻	wèi	从网尉聲。
罘	fú	从网否聲。
𦉼	hù	从网互聲。
罝	jiē	从网且聲。
𦍁	wǔ	从网舞聲。
署	shǔ	从网者聲。
罯	ǎn	从网音聲。
罵	mà	从网馬聲。
罭	yù	从网、或，或聲。
罳	sī	从网思聲。
覂	fěng	从襾乏聲。
覈	hé	从襾敫聲。
覆	fù	从襾復聲。
帉	fēn	从巾分聲。
帗	bō	从巾犮聲。
㠴	rèn	从巾刃聲。
幋	pán	从巾般聲。
帤	rú	从巾如聲。
幣	bì	从巾敝聲。
幅	fú	从巾畐聲。
㠵	huāng	从巾巟聲。
幘	zé	从巾責聲。
㡒	xún	从巾旬聲。
帔	pèi	从巾皮聲。
常	cháng	从巾尚聲。
帬	qún	从巾君聲。
帴	sàn	从巾戔聲。
𢄔	kūn	从巾軍聲。
幒	zhōng	从巾悤聲。
𢅢	lán	从巾監聲。
幎	mì	从巾冥聲。
幔	màn	从巾曼聲。
幬	chóu	从巾𠷎聲。
𢄣	lián	从巾兼聲。
帷	wéi	从巾隹聲。
帳	zhàng	从巾長聲。
幕	mù	从巾莫聲。
𢁾	bǐ	从巾匕聲。
㡜	xiè	从巾祭聲。
㡏	shū	从巾俞聲。
帖	tiè	从巾占聲。
帙	zhí	从巾失聲。
𢄆	jiān	从巾前聲。
幖	biāo	从巾𤐫聲。
帵	yuān	从巾夗聲。
幡	fān	从巾番聲。
㡂	là	从巾剌聲。
㡨	jiān	从巾韱聲。
幝	chǎn	从巾單聲。
𢅒	méng	从巾冡聲。
幭	miè	从巾蔑聲。
幠	hū	从巾無聲。
幃	wéi	从巾韋聲。
帣	juàn	从巾𢍏聲。
幐	téng	从巾朕聲。
𢅻	fèn	从巾奮聲。
𢄙	zhūn	从巾盾聲。
㠲	gé	从巾及聲。
幩	fén	从巾賁聲。
𢅰	néi	从巾嬃聲。
帑	tǎng	从巾奴聲。
布	bù	从巾父聲。
幏	jià	从巾家聲。
㡘	xián	从巾弦聲。
𢃉	mù	从巾敄聲。
幦	mì	从巾辟聲。
㡇	zhé	从巾耴聲。
幢	chuáng	从巾童聲。

幟 zhì 从巾戠聲。
帟 yì 从巾亦聲。
幗 guó 从巾國聲。
幧 qiāo 从巾喿聲。
帒 dài 从巾代聲。
帊 pà 从巾巴聲。
幞 fú 从巾菐聲。
幰 xiǎn 从巾憲聲。
帢 jiá 从市合聲。
帛 bó 从巾白聲。
錦 jǐn 从帛金聲。
皎 jiǎo 从白交聲。
皢 xiǎo 从白堯聲。
皙 xī 从白析聲。
皤 pó 从白番聲。
皬 hé 从白隺聲。
皚 ái 从白豈聲。
皅 pā 从白巴聲。
皦 jiǎo 从白敫聲。
⿰黹虘 chǔ 从黹虘聲。
黼 fǔ 从黹甫聲。
黻 fú 从黹犮聲。
僮 tóng 从人童聲。
企 qì 从人止聲。
仞 rèn 从人刃聲。
僎 zhuàn 从人巽聲。
俅 qiú 从人求聲。
儒 rú 从人需聲。
俊 jùn 从人夋聲。
傑 jié 从人桀聲。
⿰亻軍 wén 从人軍聲。
伋 jí 从人及聲。
伉 kàng 从人亢聲。
伯 bó 从人白聲。
偰 xiè 从人契聲。
倩 qiàn 从人青聲。
伃 yú 从人予聲。
伀 zhōng 从人公聲。
儇 xuān 从人睘聲。
倓 tán 从人炎聲。
侚 xùn 从人旬聲。

傛 yǒng 从人容聲。
僷 yè 从人葉聲。
佳 jiā 从人圭聲。
侅 gāi 从人亥聲。
傀 guī 从人鬼聲。
偉 wěi 从人韋聲。
份 bīn 从人分聲。
僚 liǎo 从人尞聲。
佖 bì 从人必聲。
⿰亻孨 zhuàn 从人孨聲。
儠 liè 从人巤聲。
儦 biāo 从人麃聲。
儺 nuó 从人難聲。
倭 wēi 从人委聲。
僓 tuǐ 从人貴聲。
僑 qiáo 从人喬聲。
俟 sì 从人矣聲。
侗 tōng 从人同聲。
佶 jí 从人吉聲。
俁 yǔ 从人吳聲。
仜 hóng 从人工聲。
僤 dàn 从人單聲。
健 jiàn 从人建聲。
倞 jìng 从人京聲。
傲 ào 从人敖聲。
仡 yì 从人气聲。
倨 jù 从人居聲。
儼 yǎn 从人嚴聲。
傪 cān 从人參聲。
俚 lǐ 从人里聲。
伴 bàn 从人半聲。
俺 yàn 从人奄聲。
僩 xiàn 从人閒聲。
伾 pī 从人丕聲。
偲 cāi 从人思聲。
倬 zhuō 从人卓聲。
侹 tǐng 从人廷聲。
倗 péng 从人朋聲。
傓 shàn 从人扇聲。
儆 jǐng 从人敬聲。
俶 chù 从人叔聲。

傭 chōng 从人庸聲。
僾 ài 从人愛聲。
仿 fǎng 从人方聲。
佛 fú 从人弗聲。
㒁 xiè 从人悉聲。
僟 jī 从人幾聲。
佗 tuó 从人它聲。
何 hè 从人可聲。
儋 dān 从人詹聲。
供 gòng 从人共聲。
儲 chǔ 从人諸聲。
備 bèi 从人葡聲。
儐 bìn 从人賓聲。
偓 wò 从人屋聲。
佺 quán 从人全聲。
㒦 chè 从人聶聲。
伄 dí 从人勺聲。
儕 chái 从人齊聲。
倫 lún 从人侖聲。
侔 móu 从人牟聲。
偕 xié 从人皆聲。
俱 jū 从人具聲。
儹 zǎn 从人贊聲。
併 bìng 从人并聲。
傅 fù 从人尃聲。
侙 chì 从人式聲。
俌 fǔ 从人甫聲。
倚 yǐ 从人奇聲。
依 yī 从人衣聲。
仍 réng 从人乃聲。
佽 cì 从人次聲。
佴 èr 从人耳聲。
倢 jié 从人疌聲。
侍 shì 从人寺聲。
側 cè 从人則聲。
侒 ān 从人安聲。
侐 xù 从人血聲。
俜 pīng 从人甹聲。
俠 xiá 从人夾聲。
儃 chán 从人亶聲。
侁 shēn 从人先聲。

侸	shù	从人豆聲。
儽	lěi	从人纍聲。
侳	zuò	从人坐聲。
偁	chēng	从人爯聲。
佸	huó	从人昏聲。
佮	gé	从人合聲。
傆	yuàn	从人原聲。
假	jiǎ	从人叚聲。
借	jiè	从人昔聲。
儥	yù	从人賣聲。
候	hòu	从人矦聲。
償	cháng	从人賞聲。
僅	jǐn	从人堇聲。
代	dài	从人弋聲。
儀	yí	从人義聲。
傍	bàng	从人旁聲。
佀	sì	从人㠯聲。
任	rén	从人壬聲。
優	yōu	从人憂聲。
僖	xī	从人喜聲。
偆	chǔn	从人春聲。
儉	jiǎn	从人僉聲。
偭	miǎn	从人面聲。
俗	sú	从人谷聲。
俾	bǐ	从人卑聲。
倪	ní	从人兒聲。
億	yì	从人意聲。
使	shǐ	从人吏聲。
⿰亻癸	kuí	从人癸聲。
伶	líng	从人令聲。
儷	lí	从人麗聲。
傳	zhuàn	从人專聲。
价	jiè	从人介聲。
仔	zī	从人子聲。
併	yìng	从人幷聲。
俆	xú	从人余聲。
偋	bìng	从人屏聲。
伸	shēn	从人申聲。
伹	qū	从人且聲。
⿰亻然	rǎn	从人然聲。
倍	bèi	从人咅聲。
傿	yàn	从人焉聲。
僭	jiàn	从人朁聲。
偏	piān	从人扁聲。
倀	chāng	从人長聲。
⿰亻薨	hōng	从人薨聲。
儔	dào	从人壽聲。
侜	zhōu	从人舟聲。
俴	jiàn	从人戔聲。
佃	diàn	从人田聲。
⿰亻囟	cǐ	从人囟聲。
侊	guāng	从人光聲。
佻	tiāo	从人兆聲。
僻	pì	从人辟聲。
伎	jì	从人支聲。
侈	chǐ	从人多聲。
佁	ǎi	从人台聲。
⿰亻蚤	sāo	从人蚤聲。
僞	wěi	从人爲聲。
伿	yì	从人只聲。
佝	kòu	从人句聲。
僄	piào	从人票聲。
倡	chāng	从人昌聲。
俳	pái	从人非聲。
僐	shàn	从人善聲。
儳	chán	从人毚聲。
佚	yì	从人失聲。
俄	é	从人我聲。
傜	yáo	从人䍃聲。
⿰亻卻	jué	从人卻聲。
傞	suō	从人差聲。
⿰亻欺	qī	从人欺聲。
侮	wǔ	从人每聲。
⿰亻疾	jí	从人疾聲。
偒	yì	从人易聲。
俙	xī	从人希聲。
僨	fèn	从人賁聲。
僵	jiāng	从人畺聲。
仆	pū	从人卜聲。
偃	yǎn	从人匽聲。
倄	yáo	从人肴聲。
侉	kuā	从人夸聲。
催	cuī	从人崔聲。
俑	yǒng	从人甬聲。
促	cù	从人足聲。
例	lì	从人𠛱聲。
俘	fū	从人孚聲。
但	dàn	从人旦聲。
傴	yǔ	从人區聲。
僂	lóu	从人婁聲。
僇	lù	从人翏聲。
仇	qiú	从人九聲。
儡	léi	从人畾聲。
仳	pǐ	从人比聲。
倃	jiù	从人咎聲。
倠	suī	从人隹聲。
值	zhí	从人直聲。
侂	tuō	从人厇聲。
僔	zǔn	从人尊聲。
倦	juàn	从人卷聲。
傮	zāo	从人曹聲。
偶	ǒu	从人禺聲。
佋	zhāo	从人召聲。
⿰亻身	shēn	从人身聲。
僰	bó	从人棘聲。
僥	yáo	从人堯聲。
⿰亻對	duì	从人對聲。
⿰亻狂	guàng	从人狂聲。
侣	lǚ	从人吕聲。
侲	zhèn	从人辰聲。
倅	cuì	从人卒聲。
傔	qiàn	从人兼聲。
儻	tǎng	从人黨聲。
佾	yì	从人⿱八月聲。
倒	dǎo	从人到聲。
停	tíng	从人亭聲。
伺	sì	从人司聲。
僧	sēng	从人曾聲。
偵	zhēn	从人貞聲。
⿰吴匕	yí	从七吴聲。
匙	chí	从匕是聲。
⿰支匕	qì	从匕支聲。
毖	bì	从比必聲。

冀 jì 从北異聲。
虛 xū 从丘虍聲。
聚 jù 从乑取聲。
臮 jì 从乑自聲。
重 zhòng 从壬東聲。
臨 lín 从臥品聲。
身 shēn 从人厂聲。
軀 qū 从身區聲。
裁 cái 从衣𢦏聲。
衮 gǔn 从衣公聲。
𧝓 zhàn 从衣㠭聲。
褕 yú 从衣俞聲。
袗 zhěn 从衣㐱聲。
裏 lǐ 从衣里聲。
襁 qiǎng 从衣强聲。
䙕 jí 从衣棘聲。
襮 bó 从衣㬥聲。
衽 rèn 从衣壬聲。
褸 lǚ 从衣婁聲。
褽 wèi 从衣尉聲。
䙚 qì 从衣疌聲。
衿 jīn 从衣金聲。
褘 huī 从衣韋聲。
袪 fū 从衣夫聲。
袍 páo 从衣包聲。
襺 jiǎn 从衣繭聲。
褋 dié 从衣枼聲。
袤 mào 从衣矛聲。
襘 guì 从衣會聲。
褧 jiǒng 从衣耿聲。
衹 dī 从衣氏聲。
裯 dāo 从衣周聲。
襤 lán 从衣監聲。
裻 dú 从衣毒聲。
袪 qū 从衣去聲。
褎 xiù 从衣采聲。
袂 mèi 从衣夬聲。
褢 huái 从衣鬼聲。
褱 huái 从衣眔聲。
褒 bào 从衣包聲。
襜 chān 从衣詹聲。
袥 tuō 从衣石聲。
衸 xiè 从衣介聲。
襗 duó 从衣睪聲。
袉 tuó 从衣它聲。
裾 jū 从衣居聲。
衧 yú 从衣于聲。
襱 lóng 从衣龍聲。
袑 shào 从衣召聲。
襑 tǎn 从衣尋聲。
褅 tì 从衣啻聲。
褍 duān 从衣耑聲。
褌 wéi 从衣圍聲。
複 fù 从衣复聲。
褆 tí 从衣是聲。
襛 nóng 从衣農聲。
裻 dú 从衣叔聲。
袳 chǐ 从衣多聲。
裔 yì 从衣㕯聲。
衯 fēn 从衣分聲。
袑 diāo 从衣鳥聲。
褺 dié 从衣執聲。
裴 péi 从衣非聲。
襡 shǔ 从衣蜀聲。
䙝 zhuó 从衣斲聲。
襦 rú 从衣需聲。
褊 biǎn 从衣扁聲。
袷 jiā 从衣合聲。
襌 dān 从衣單聲。
襄 xiāng 从衣㐮聲。
被 bèi 从衣皮聲。
衾 qīn 从衣今聲。
襐 xiàng 从衣象聲。
褻 xiè 从衣埶聲。
衷 zhōng 从衣中聲。
袾 zhū 从衣朱聲。
袓 jù 从衣且聲。
裨 bì 从衣卑聲。
袢 fán 从衣半聲。
雜 zá 从衣集聲。
裕 yù 从衣谷聲。
襞 bì 从衣辟聲。
衦 gǎn 从衣干聲。
裂 liè 从衣𠛱聲。
袈 ná 从衣奴聲。
袒 zhàn 从衣旦聲。
補 bǔ 从衣甫聲。
褫 chǐ 从衣虒聲。
嬴 luǒ 从衣𣎆聲。
裎 chéng 从衣呈聲。
裼 xī 从衣易聲。
衺 xié 从衣牙聲。
襭 xié 从衣頡聲。
袺 jié 从衣吉聲。
褿 cáo 从衣曹聲。
裝 zhuāng 从衣壯聲。
裹 guǒ 从衣果聲。
裛 yè 从衣邑聲。
齎 zī 从衣齊聲。
裋 shù 从衣豆聲。
褔 yǔ 从衣區聲。
褐 hè 从衣曷聲。
褗 yǎn 从衣匽聲。
裺 yǎn 从衣奄聲。
褚 chǔ 从衣者聲。
袚 bō 从衣犮聲。
襚 suì 从衣遂聲。
裞 shuì 从衣兑聲。
裢 shān 从衣延聲。
袨 xuàn 从衣玄聲。
衫 shān 从衣彡聲。
襖 ǎo 从衣奧聲。
裘 qiú 从衣求聲。
䶑 kè 从裘鬲聲。
毪 rǔn 从毛隼聲。
𣯒 hàn 从毛倝聲。
毨 xiǎn 从毛先聲。
𣰌 mén 从毛㒼聲。
氈 zhān 从毛亶聲。
毦 ěr 从毛耳聲。
氍 qú 从毛瞿聲。
毹 yú 从毛俞聲。
毾 tà 从毛㝹聲。

氃	dēng	从毛登聲。
毬	qiú	从毛求聲。
氅	chǎng	从毛敞聲。
𣰎	fēi	从毳非聲。
㞟	diàn	从尸奠聲。
屑	xiè	从尸肖聲。
屆	jiè	从尸凷聲。
尻	kāo	从尸九聲。
𡱂	qì	从尸旨聲。
尼	ní	从尸匕聲。
𡰪	zhé	从尸乏聲。
屒	zhěn	从尸辰聲。
屖	xī	从尸辛聲。
屝	fèi	从尸非聲。
屠	tú	从尸者聲。
屟	xiè	从尸枼聲。
屏	píng	从尸并聲。
層	céng	从尸曾聲。
咫	zhǐ	从尺只聲。
屬	zhǔ	从尾蜀聲。
屈	qū	从尾出聲。
彤	chēn	从舟彡聲。
舳	zhú	从舟由聲。
艫	lú	从舟盧聲。
艐	zōng	从舟嵏聲。
舫	fǎng	从舟方聲。
服	fú	从舟𠬝聲。
舸	gě	从舟可聲。
艇	tǐng	从舟廷聲。
艅	yú	从舟余聲。
艎	huáng	从舟皇聲。
斻	háng	从方亢聲。
允	yǔn	从儿㠯聲。
兌	duì	从儿㕣聲。
穨	tuí	从秃貴聲。
䚕	lì	从見麗聲。
覣	wēi	从見委聲。
𧡪	nì	从見兒聲。
覶	luó	从見𤔔聲。
䚄	lù	从見录聲。
𧡊	xuǎn	从見爰聲。
覝	lián	从見㶊聲。
䚋	yùn	从見員聲。
觀	guān	从見雚聲。
䚅	lài	从見來聲。
𧡹	tí	从見是聲。
䚦	piǎo	从見票聲。
𧡍	cī	从見朿聲。
覰	qù	从見䖒聲。
覭	míng	从見冥聲。
䚟	dān	从見甚聲。
覯	gòu	从見冓聲。
䙸	kuī	从見歸聲。
覘	chān	从見占聲。
覹	wéi	从見微聲。
䚲	shǎn	从見炎聲。
覕	bìn	从見賓聲。
𧢍	fán	从見樊聲。
䙿	mí	从見氐聲。
覰	yóu	从見𠧪聲。
𧡐	chēn	从見㐱聲。
覬	jì	从見豈聲。
覦	yú	从見俞聲。
䚠	chuāng	从見舂聲。
𧢂	yào	从見龠聲。
靚	jìng	从見青聲。
親	qīn	从見亲聲。
覲	jìn	从見堇聲。
覜	tiào	从見兆聲。
覒	máo	从見毛聲。
覕	miè	从見必聲。
䙺	shī	从見它聲。
𧢢	dōu	从見䀠聲。
覿	dí	从見賣聲。
䙹	qiān	从覞肩聲。
欽	qīn	从欠金聲。
欒	luán	从欠䜌聲。
欯	xì	从欠吉聲。
欨	xū	从欠句聲。
歑	hū	从欠虖聲。
㱮	yù	从欠或聲。
歟	yú	从欠與聲。
歡	xié	从欠脅聲。
歕	pēn	从欠賁聲。
歇	xiē	从欠曷聲。
歡	huān	从欠雚聲。
欣	xīn	从欠斤聲。
欯	jì	从欠气聲。
欲	yù	从欠谷聲。
歌	gē	从欠哥聲。
歂	chuǎn	从欠耑聲。
歍	wū	从欠烏聲。
𣢡	zú	从欠鼀聲。
𣢕	zú	从欠赤聲。
欦	qiān	从欠今聲。
𣣼	yí	从欠虒聲。
欻	xū	从欠炎聲。
㰻	xī	从欠之聲。
歙	yáo	从欠䍃聲。
歗	xiào	从欠肅聲。
欸	xiè	从欠矣聲。
㰣	zì	从欠此聲。
歐	ǒu	从欠區聲。
歔	xū	从欠虛聲。
歜	chù	从欠蜀聲。
渴	kě	从欠渴聲。
歖	xì	从欠嗇聲。
㿥	jiào	从欠糕聲。
歼	jiān	从欠鹹聲。
㰮	shèn	从欠辰聲。
歟	kūn	从欠鰥聲。
歃	shà	从欠臿聲。
欶	shuò	从欠束聲。
歁	kǎn	从欠甚聲。
欿	kǎn	从欠臽聲。
欱	hē	从欠合聲。
歉	qiàn	从欠兼聲。
歄	wā	从欠骨聲。
欭	yì	从欠因聲。
欬	kài	从欠亥聲。
歖	xì	从欠殸聲。
歙	xī	从欠翕聲。
㰶	yǒu	从欠咎聲。

⿰幼欠	yǒu	从欠幼聲。
欪	chù	从欠出聲。
次	cì	从欠二聲。
㰠	kāng	从欠康聲。
欺	qī	从欠其聲。
歆	xīn	从欠音聲。
歈	yú	从欠俞聲。
㱃	yǐn	从欠酓聲。
⿸厂次	yí	从次厂聲。
⿰旡咼	huò	从旡咼聲。
⿰旡京	liàng	从旡京聲。
頭	tóu	从頁豆聲。
顏	yán	从頁彥聲。
頌	róng	从頁公聲。
⿰乇頁	duó	从頁乇聲。
顱	lú	从頁盧聲。
⿸厂⿰⿱䀠大頁	yuàn	从頁⿱䀠大聲。
顛	diān	从頁眞聲。
頂	dǐng	从頁丁聲。
顙	sǎng	从頁桑聲。
題	tí	从頁是聲。
頟	é	从頁各聲。
頞	è	从頁安聲。
頯	kuí	从頁⿱夂廾聲。
頰	jiá	从頁夾聲。
⿰𥃩頁	gěn	从頁𥃩聲。
頜	hàn	从頁合聲。
顄	hán	从頁函聲。
頸	jǐng	从頁巠聲。
領	lǐng	从頁令聲。
項	xiàng	从頁工聲。
⿰冘頁	zhěn	从頁冘聲。
顀	chuí	从頁隹聲。
⿰不頁	péi	从頁不聲。
顩	yǎn	从頁僉聲。
⿰尹頁	yǔn	从頁尹聲。
頵	yūn	从頁君聲。
⿰員頁	hùn	从頁員聲。
⿰兼頁	yán	从頁兼聲。
碩	shuò	从頁石聲。
頒	bān	从頁分聲。
顒	yóng	从頁禺聲。
⿰羔頁	qiāo	从頁羔聲。
顝	kuī	从頁骨聲。
願	yuàn	从頁原聲。
顤	yáo	从頁堯聲。
⿱敖頁	ào	从頁敖聲。
⿰岳頁	yuè	从頁岳聲。
⿰㬅頁	mèi	从頁㬅聲。
⿰霝頁	líng	从頁霝聲。
⿰家頁	wài	从頁家聲。
頑	wán	从頁元聲。
⿰枝頁	guī	从頁枝聲。
顆	kě	从頁果聲。
頢	kuò	从頁𠯑聲。
頲	tǐng	从頁廷聲。
頠	wěi	从頁危聲。
頷	hàn	从頁含聲。
⿰爰頁	yuǎn	从頁爰聲。
頍	kuǐ	从頁支聲。
顧	gù	从頁雇聲。
⿰㐱頁	zhěn	从頁㐱聲。
⿰粦頁	lǐn	从頁粦聲。
顓	zhuān	从頁耑聲。
頊	xū	从頁玉聲。
顉	ǎn	从頁金聲。
頓	dùn	从頁屯聲。
頣	shěn	从頁臣聲。
⿰善頁	zhǎn	从頁善聲。
頡	xié	从頁吉聲。
⿰出頁	zhuō	从頁出聲。
⿰樊頁	fán	从頁樊聲。
⿰爭頁	jìng	从頁爭聲。
顗	yǐ	从頁豈聲。
顅	qiān	从頁肩聲。
⿰困頁	kūn	从頁困聲。
⿰气頁	kū	从頁气聲。
⿰卑頁	pǐ	从頁卑聲。
⿰契頁	qì	从頁契聲。
⿰鬼頁	kuǐ	从頁鬼聲。
頗	pō	从頁皮聲。
⿰尤頁	yòu	从頁尤聲。
顫	chàn	从頁亶聲。
顑	kǎn	从頁咸聲。
顲	lǎn	从頁㐭聲。
顡	wài	从頁豙聲。
顦	qiáo	从頁焦聲。
顇	cuì	从頁卒聲。
⿰昏頁	mén	从頁昏聲。
頦	hái	从頁亥聲。
⿰其頁	qī	从頁其聲。
龥	yù	从頁籥聲。
顯	xiǎn	从頁㬎聲。
⿰面甫	fǔ	从面甫聲。
靨	yè	从面厭聲。
⿰𩠐旨	qǐ	从𩠐旨聲。
⿰此須	zī	从須此聲。
⿰卑須	bēi	从須卑聲。
⿰否須	pī	从須否聲。
形	xíng	从彡幵聲。
修	xiū	从彡攸聲。
彫	diāo	从彡周聲。
⿰青彡	jìng	从彡青聲。
彩	cǎi	从彡采聲。
彦	yàn	从彣厂聲。
斐	fěi	从文非聲。
辬	bān	从文辡聲。
⿱𠩺文	lí	从文𠩺聲。
髮	fà	从髟犮聲。
鬢	bìn	从髟賓聲。
⿱髟㒼	mán	从髟㒼聲。
⿱髟監	lán	从髟監聲。
鬈	quán	从髟卷聲。
⿱髟臱	mián	从髟臱聲。
⿱髟周	tiáo	从髟周聲。
⿱髟爾	nǐ	从髟爾聲。
⿱髟咅	póu	从髟咅聲。
⿱髟敄	máo	从髟敄聲。
鬋	jiǎn	从髟前聲。
鬑	lián	从髟兼聲。
⿱髟截	jié	从髟截聲。
鬄	xī	从髟易聲。
髲	bì	从髟皮聲。

𩬻 cì 从髟次聲。
髺 kuò 从髟昏聲。
鬆 pán 从髟般聲。
𩬅 fù 从髟付聲。
鬕 mà 从髟莫聲。
𩮨 kuì 从髟貴聲。
𩬎 jiè 从髟介聲。
鬣 liè 从髟巤聲。
𩯭 lú 从髟盧聲。
髴 fú 从髟弗聲。
鬊 shùn 从髟春聲。
鬜 qiān 从髟閒聲。
髡 kūn 从髟兀聲。
鬀 tì 从髟弟聲。
𩬸 bàng 从髟竝聲。
𩭳 fèi 从髟彔聲。
髽 zhuā 从髟坐聲。
鬐 qí 从髟耆聲。
髫 tiáo 从髟召聲。
髻 jì 从髟吉聲。
鬟 huán 从髟睘聲。
𦓪 shuàn 从卮專聲。
𦓥 zhuǎn 从卮耑聲。
𠨍 bì 从卩比聲。
卶 chǐ 从卩多聲。
𠨘 bì 从卩必聲。
卲 shào 从卩召聲。
厄 è 从卩厂聲。
厀 xī 从卩桼聲。
卷 juǎn 从卩𢍏聲。
卻 què 从卩谷聲。
艴 bó 从色弗聲。
艵 pīng 从色并聲。
卿 qīng 从卯皀聲。
𨐨 yì 从辟乂聲。
匍 pú 从勹甫聲。
匐 fú 从勹畐聲。
勼 jiū 从勹九聲。
匈 xiōng 从勹凶聲。
𠣔 zhōu 从勹舟聲。
匓 jiù 从勹𣪘聲。

𠣾 fù 从勹復聲。
冢 zhǒng 从勹豖聲。
䰠 shén 从鬼申聲。
魂 hún 从鬼云聲。
魄 pò 从鬼白聲。
𩲡 chì 从鬼失聲。
魖 xū 从鬼虛聲。
魃 bá 从鬼犮聲。
鬾 jì 从鬼支聲。
䰧 hū 从鬼虎聲。
𩴊 qí 从鬼幾聲。
𩴸 rú 从鬼需聲。
𩲸 huà 从鬼化聲。
𩵈 pín 从鬼賓聲。
醜 chǒu 从鬼酉聲。
魋 tuí 从鬼隹聲。
魔 mó 从鬼麻聲。
魘 yǎn 从鬼厭聲。
篡 cuàn 从厶算聲。
嵬 wéi 从山鬼聲。
巍 wēi 从嵬委聲。
嶽 yuè 从山獄聲。
岱 dài 从山代聲。
島 dǎo 从山鳥聲。
峱 náo 从山狃聲。
嶧 yì 从山睪聲。
嵎 yú 从山禺聲。
嶷 yí 从山疑聲。
㟩 mín 从山敃聲。
𡵓 jǐ 从山几聲。
巀 jié 从山截聲。
嶭 niè 从山辥聲。
崞 guō 从山𩫏聲。
崵 yáng 从山昜聲。
岵 hù 从山古聲。
屺 qǐ 从山己聲。
嶅 áo 从山敖聲。
岨 qū 从山且聲。
岡 gāng 从山网聲。
岑 cén 从山今聲。
崟 yín 从山金聲。

崒 zú 从山卒聲。
巒 luán 从山䜌聲。
密 mì 从山宓聲。
岫 xiù 从山由聲。
陖 jùn 从山陖聲。
嶘 zhàn 从山棧聲。
崛 jué 从山屈聲。
巁 lì 从山蠆聲。
峯 fēng 从山夆聲。
巖 yán 从山嚴聲。
𡽀 lěi 从山絫聲。
嶵 zuì 从山辠聲。
峼 gào 从山告聲。
嶞 duò 从山隓聲。
嵯 cuó 从山𢀩聲。
峨 é 从山我聲。
崝 zhēng 从山青聲。
嶸 róng 从山熒聲。
𡸍 kēng 从山巠聲。
崩 bēng 从山朋聲。
岪 fú 从山弗聲。
嵍 wù 从山敄聲。
嶢 yáo 从山堯聲。
𡸀 qiáng 从山戕聲。
嵏 zōng 从山㚇聲。
崇 chóng 从山宗聲。
崔 cuī 从山隹聲。
嶙 lín 从山粦聲。
峋 xún 从山旬聲。
岌 jí 从山及聲。
嶠 jiào 从山喬聲。
嶼 yǔ 从山與聲。
嶺 lǐng 从山領聲。
崑 kūn 从山昆聲。
崙 lún 从山侖聲。
嵞 tú 从屾余聲。
岸 àn 从屵干聲。
崖 yá 从屵圭聲。
𡶒 duī 从屵隹聲。
𡹊 pǐ 从屵肥聲。
𡻞 pèi 从屵配聲。

府 fǔ 从广付聲。
廱 yōng 从广雝聲。
庠 xiáng 从广羊聲。
廬 lú 从广盧聲。
庭 tíng 从广廷聲。
廇 liù 从广畱聲。
庉 dùn 从广屯聲。
庌 yǎ 从广牙聲。
廡 wǔ 从广無聲。
⿸广虜 lǔ 从广虜聲。
庖 páo 从广包聲。
廚 chú 从广尌聲。
廏 jiù 从广𣪘聲。
序 xù 从广予聲。
廦 bì 从广辟聲。
廣 guǎng 从广黃聲。
廥 kuài 从广會聲。
庾 yǔ 从广臾聲。
庰 bìng 从广幷聲。
廁 cì 从广則聲。
⿸广悤 cōng 从广悤聲。
⿸广侈 chǐ 从广侈聲。
廉 lián 从广兼聲。
⿸广秅 chá 从广秅聲。
龐 páng 从广龍聲。
底 dǐ 从广氏聲。
庢 zhì 从广至聲。
廮 yǐng 从广嬰聲。
废 bá 从广犮聲。
庳 bì 从广卑聲。
庇 bì 从广比聲。
庤 zhì 从广寺聲。
廙 yì 从广異聲。
廔 lóu 从广婁聲。
⿸广隹 tuí 从广隹聲。
廢 fèi 从广發聲。
庮 yǒu 从广酉聲。
廑 jǐn 从广堇聲。
廟 miào 从广朝聲。
⿸广且 jū 从广且聲。
⿸广曷 yè 从广曷聲。

㡿 chì 从广屰聲。
廞 xīn 从广欽聲。
廫 liáo 从广膠聲。
廈 xià 从广夏聲。
廊 láng 从广郎聲。
廂 xiāng 从广相聲。
庪 guǐ 从广技聲。
厓 yá 从厂圭聲。
厜 zuī 从厂垂聲。
㕒 wēi 从厂義聲。
⿸厂敢 yín 从厂敢聲。
厬 guǐ 从厂晷聲。
厎 dǐ 从厂氏聲。
厥 jué 从厂欮聲。
厱 lán 从厂僉聲。
厤 lì 从厂秝聲。
⿸厂異 xǐ 从厂異聲。
⿸厂古 hù 从厂古聲。
⿸厂立 lā 从厂立聲。
⿸厂兒 yì 从厂兒聲。
⿸厂金 qín 从厂金聲。
⿸厂甫 fū 从厂甫聲。
厝 cuò 从厂昔聲。
厖 máng 从厂尨聲。
⿸厂夾 xiá 从厂夾聲。
⿸厂辟 pì 从厂辟聲。
厞 fèi 从厂非聲。
厭 yā 从厂猒聲。
⿺丸咼 wěi 从丸咼聲。
⿺丸而 nuó 从丸而聲。
⿰危支 qī 从危支聲。
磺 kuàng 从石黃聲。
碭 dàng 从石昜聲。
碝 ruǎn 从石耎聲。
砮 nú 从石奴聲。
礜 yù 从石與聲。
碣 jié 从石曷聲。
磏 lián 从石兼聲。
碬 xiá 从石叚聲。
礫 lì 从石樂聲。
⿱巩石 gǒng 从石巩聲。

磧 qì 从石責聲。
碑 bēi 从石卑聲。
䃍 zhuì 从石豙聲。
磒 yǔn 从石員聲。
⿰石炙 suǒ 从石炙聲。
硞 què 从石告聲。
硠 láng 从石良聲。
硈 qià 从石吉聲。
磕 kài 从石盍聲。
磿 lì 从石厤聲。
磛 chán 从石斬聲。
礹 yán 从石嚴聲。
⿱㱿石 kè 从石㱿聲。
确 què 从石角聲。
磽 qiāo 从石堯聲。
硪 é 从石我聲。
礙 ài 从石疑聲。
硩 chè 从石折聲。
⿰石延 chàn 从石延聲。
碎 suì 从石卒聲。
破 pò 从石皮聲。
礱 lóng 从石龍聲。
研 yán 从石幵聲。
⿰石靡 mò 从石靡聲。
磑 wèi 从石豈聲。
碓 duì 从石隹聲。
⿰石沓 tà 从石沓聲。
磻 bō 从石番聲。
⿰石箸 zhuó 从石箸聲。
硯 yàn 从石見聲。
砭 biān 从石乏聲。
⿰石鬲 hé 从石鬲聲。
砢 luǒ 从石可聲。
礪 lì 从石厲聲。
碏 què 从石，未詳。
昔聲。
磯 jī 从石幾聲。
碌 lù 从石录聲。
砧 zhēn 从石占聲。
砌 qì 从石切聲。
礩 zhì 从石質聲。

礎	chǔ	从石楚聲。
硾	zhuì	从石垂聲。
肆	sì	从長隶聲。
镾	mí	从長爾聲。
镻	dié	从長失聲。
豬	zhū	从豕者聲。
豰	bó	从豕㱿聲。
豯	xī	从豕奚聲。
豵	zōng	从豕從聲。
豝	bā	从豕巴聲。
豜	jiān	从豕幵聲。
豶	fén	从豕賁聲。
豭	jiā	从豕叚聲。
䝐	wéi	从豕隋聲。
豤	kěn	从豕皀聲。
豷	yì	从豕壹聲。
豧	fū	从豕甫聲。
豢	huàn	从豕𢍏聲。
豠	chú	从豕且聲。
豲	huán	从豕原聲。
豨	xī	从豕希聲。
⿱曶希	hū	从希曶聲。
豪	háo	从希高聲。
彘	zhì	从彑矢聲。
䘑	wèi	从豚衛聲。
豹	bào	从豸勺聲。
貙	chū	从豸區聲。
貚	tán	从豸單聲。
貔	pí	从豸毘聲。
豺	chái	从豸才聲。
貐	yǔ	从豸俞聲。
貘	mò	从豸莫聲。
⿰豸庸	yōng	从豸庸聲。
貜	jué	从豸矍聲。
貀	nà	从豸出聲。
貈	hé	从豸舟聲。
豻	àn	从豸干聲。
貂	diāo	从豸召聲。
貉	mò	从豸各聲。
貆	huán	从豸亘聲。
貍	lí	从豸里聲。

貒	tuān	从豸耑聲。
貛	huān	从豸雚聲。
貁	yòu	从豸穴聲。
貓	māo	从豸苗聲。
豫	yù	从象予聲。
騭	zhì	从馬陟聲。
駒	jū	从馬句聲。
⿰馬閒	xián	从馬閒聲。
騏	qí	从馬其聲。
驪	lí	从馬麗聲。
駽	xuān	从馬肙聲。
騩	guī	从馬鬼聲。
騮	liú	从馬畱聲。
騢	xiá	从馬叚聲。
騅	zhuī	从馬隹聲。
駱	luò	从馬各聲。
駰	yīn	从馬因聲。
驄	cōng	从馬悤聲。
驈	yù	从馬矞聲。
駹	máng	从馬尨聲。
騧	guā	从馬咼聲。
驃	piào	从馬㶾聲。
駓	pī	从馬丕聲。
驖	tiě	从馬戴聲。
⿰馬岸	àn	从馬岸聲。
駁	bó	从馬爻聲。
驔	diàn	从馬覃聲。
驠	yàn	从馬燕聲。
騽	xí	从馬習聲。
⿰倝馬	hàn	从馬倝聲。
驁	ào	从馬敖聲。
驥	jì	从馬冀聲。
駿	jùn	从馬夋聲。
驍	xiāo	从馬堯聲。
⿰馬垂	zuī	从馬垂聲。
驕	jiāo	从馬喬聲。
騋	lái	从馬來聲。
驩	huān	从馬雚聲。
驗	yàn	从馬僉聲。
⿰山馬	cǐ	从馬此聲。
⿰亻馬	xiū	从馬休聲。

馶	zhī	从馬支聲。
駜	bì	从馬必聲。
駫	jiōng	从馬光聲。
騯	péng	从馬旁聲。
⿰馬卬	àng	从馬印聲。
驤	xiāng	从馬襄聲。
驀	mò	从馬莫聲。
騎	qí	从馬奇聲。
駕	jià	从馬加聲。
騑	fēi	从馬非聲。
駢	pián	从馬并聲。
驂	cān	从馬參聲。
駟	sì	从馬四聲。
駙	fù	从馬付聲。
⿰馬皆	xié	从馬皆聲。
騀	ě	从馬我聲。
駊	pǒ	从馬皮聲。
⿰馬舀	tāo	从馬舀聲。
篤	dǔ	从馬竹聲。
騤	kuí	从馬癸聲。
馮	píng	从馬冫聲。
⿰馬耴	niè	从馬耴聲。
騃	sì	从馬矣聲。
驟	zhòu	从馬聚聲。
⿰馬匃	gě	从馬匃聲。
颿	fān	从馬風聲。
驅	qū	从馬區聲。
馳	chí	从馬也聲。
騖	wù	从馬敄聲。
⿱列馬	liè	从馬列聲。
騁	chěng	从馬甹聲。
駾	tuì	从馬兌聲。
⿰馬失	yì	从馬失聲。
駻	hàn	从馬旱聲。
駧	dòng	从馬同聲。
驚	jīng	从馬敬聲。
駭	hài	从馬亥聲。
⿰馬巟	huāng	从馬巟聲。
駐	zhù	从馬主聲。
馴	xún	从馬川聲。
駗	zhēn	从馬㐱聲。

驙 zhān 从馬亶聲。
騺 zhì 从馬執聲。
驧 jú 从馬鞠聲。
騬 chéng 从馬乘聲。
⿰馬介 jiè 从馬介聲。
騷 sāo 从馬蚤聲。
駘 tái 从馬台聲。
駔 zǎng 从馬且聲。
騶 zōu 从馬芻聲。
驛 yì 从馬睪聲。
馹 rì 从馬日聲。
騰 téng 从馬朕聲。
⿰馬隺 hé 从馬隺聲。
駉 jiōng 从馬冋聲。
駪 shēn 从馬先聲。
駮 bó 从馬交聲。
駃 jué 从馬夬聲。
騠 tí 从馬是聲。
驘 luó 从馬𣎆聲。
驢 lǘ 从馬盧聲。
⿰馬冡 méng 从馬冡聲。
驒 tuó 从馬單聲。
騱 xī 从馬奚聲。
騊 táo 从馬匋聲。
駼 tú 从馬余聲。
駛 shì 从馬吏聲。
駥 róng 从馬戎聲。
騣 zōng 从馬㚇聲。
馱 duò 从馬大聲。
⿰孝虒 xiào 从虒孝聲。
麚 jiā 从鹿叚聲。
麟 lín 从鹿粦聲。
⿸鹿耎 nuàn 从鹿耎聲。
⿸鹿速 sù 从鹿速聲。
麛 mí 从鹿弭聲。
麉 jiān 从鹿幵聲。
麒 qí 从鹿其聲。
麐 lín 从鹿吝聲。
麋 mí 从鹿米聲。
麎 chén 从鹿辰聲。
⿸鹿旨 jǐ 从鹿旨聲。
麞 zhāng 从鹿章聲。
麔 jiù 从鹿咎聲。
麠 jīng 从鹿畺聲。
麈 zhǔ 从鹿主聲。
麑 ní 从鹿兒聲。
麙 xián 从鹿咸聲。
麢 líng 从鹿霝聲。
⿸鹿圭 guī 从鹿圭聲。
麝 shè 从鹿䠶聲。
⿸鹿與 yù 从鹿與聲。
麗 lì 从鹿丽聲。
⿱㲋吾 xiě 从㲋吾聲。
⿱㲋夬 jué 从㲋夬聲。
⿰夋兔 jùn 从兔夋聲。
狗 gǒu 从犬句聲。
獀 sōu 从犬叜聲。
狡 jiǎo 从犬交聲。
獪 kuài 从犬會聲。
⿰犭農 nóng 从犬農聲。
猲 xiē 从犬曷聲。
獢 xiāo 从犬喬聲。
獫 xiǎn 从犬僉聲。
⿰犭主 zhù 从犬主聲。
猈 bài 从犬卑聲。
猗 yī 从犬奇聲。
默 mò 从犬黑聲。
猝 cù 从犬卒聲。
猩 xīng 从犬星聲。
⿰犭兼 xiàn 从犬兼聲。
⿰犭敢 hǎn 从犬敢聲。
猥 wěi 从犬畏聲。
⿰犭翏 xiāo 从犬翏聲。
⿰犭參 shǎn 从犬參聲。
⿰犭戔 chǎn 从犬戔聲。
狠 yán 从犬艮聲。
⿰犭番 fán 从犬番聲。
狋 yí 从犬示聲。
⿰犭斤 yín 从犬斤聲。
獡 shuò 从犬舄聲。
獷 guǎng 从犬廣聲。
狀 zhuàng 从犬爿聲。
獒 áo 从犬敖聲。
獳 nóu 从犬需聲。
狎 xiá 从犬甲聲。
狃 niǔ 从犬丑聲。
犯 fàn 从犬巳聲。
猜 cāi 从犬青聲。
猛 měng 从犬孟聲。
犺 kàng 从犬亢聲。
⿰犭去 qiè 从犬去聲。
獜 lín 从犬粦聲。
獧 juàn 从犬瞏聲。
倏 shū 从犬攸聲。
狟 huán 从犬亘聲。
⿰犭巿 bó 从犬巿聲。
⿰犭易 zhé 从犬易聲。
猌 yìn 从犬來聲。
獨 dú 从犬蜀聲。
⿰犭谷 yù 从犬谷聲。
⿰犭璽 xiǎn 从犬璽聲。
獵 liè 从犬巤聲。
獠 liáo 从犬尞聲。
狩 shòu 从犬守聲。
獲 huò 从犬蒦聲。
獘 bì 从犬敝聲。
獻 xiàn 从犬鬳聲。
⿰犭幵 yàn 从犬幵聲。
獟 yào 从犬堯聲。
狾 zhì 从犬折聲。
狂 kuáng 从犬㞷聲。
類 lèi 从犬頪聲。
狻 suān 从犬夋聲。
玃 jué 从犬矍聲。
猶 yóu 从犬酋聲。
狙 jū 从犬且聲。
猴 hóu 从犬矦聲。
⿱㱿犬 hù 从犬㱿聲。
狼 láng 从犬良聲。
狛 bó 从犬白聲。
獌 màn 从犬曼聲。
狐 hú 从犬瓜聲。
獺 tǎ 从犬賴聲。

犏	biān	从犬扁聲。
狘	xuè	从犬戉聲。
⿰犭軍	huī	从犬軍聲。
狷	juàn	从犬肙聲。
猰	yà	从犬契聲。
⿲犭臣犬	sī	从犾臣聲。
⿰鼠番	fán	从鼠番聲。
⿰鼠各	hé	从鼠各聲。
鼢	fén	从鼠分聲。
⿰鼠平	píng	从鼠平聲。
鼶	sī	从鼠虒聲。
鼫	shí	从鼠石聲。
鼨	zhōng	从鼠冬聲。
⿰鼠益	è	从鼠益聲。
鼷	xī	从鼠奚聲。
鼩	qú	从鼠句聲。
鼸	xiàn	从鼠兼聲。
⿰鼠今	hán	从鼠今聲。
鼬	yòu	从鼠由聲。
⿰鼠勺	zhuó	从鼠勺聲。
⿰鼠宂	rǒng	从鼠宂聲。
⿱此鼠	zī	从鼠此聲。
鼲	hún	从鼠軍聲。
⿰胡鼠	hú	从鼠胡聲。
能	néng	从肉㠯聲。
⿰火尾	huǐ	从火尾聲。
燬	huǐ	从火毀聲。
燹	xiǎn	从火豩聲。
焌	jùn	从火夋聲。
然	rán	从火肰聲。
爇	ruò	从火蓺聲。
燔	fán	从火番聲。
燒	shāo	从火堯聲。
烈	liè	从火列聲。
炪	zhuō	从火出聲。
熚	bì	从火畢聲。
⿱畐鬲火	fú	从火⿱畐鬲聲。
烝	zhēng	从火丞聲。
烰	fú	从火孚聲。
煦	xù	从火昫聲。
炥	fú	从火弗聲。
熮	liáo	从火翏聲。
⿸厂⿰火隹	yàn	从火雁聲。
熲	jiǒng	从火頃聲。
爚	yuè	从火龠聲。
熛	biāo	从火𤐫聲。
熇	hè	从火高聲。
烄	jiǎo	从火交聲。
⿱干火	chán	从火干聲。
燋	jiāo	从火焦聲。
炦	bá	从火犮聲。
炱	tái	从火台聲。
煨	wēi	从火畏聲。
熄	xī	从火息聲。
烓	wēi	从火圭聲。
煁	chén	从火甚聲。
燀	chǎn	从火單聲。
烘	hōng	从火共聲。
齌	jì	从火齊聲。
熹	xī	从火喜聲。
煎	jiān	从火前聲。
熬	áo	从火敖聲。
炮	páo	从火包聲。
⿱衣火	ēn	从火衣聲。
⿱曾火	zēng	从火曾聲。
⿱畐火	bì	从火畐聲。
爆	bào	从火暴聲。
煬	yàng	从火昜聲。
⿰火隺	hú	从火隺聲。
爤	làn	从火蘭聲。
爢	mí	从火靡聲。
灸	jiǔ	从火久聲。
灼	zhuó	从火勺聲。
煉	liàn	从火柬聲。
燭	zhú	从火蜀聲。
熜	zǒng	从火悤聲。
灺	xiè	从火也聲。
⿱聿火	jìn	从火聿聲。
焠	cuì	从火卒聲。
熑	lián	从火兼聲。
燎	liǎo	从火尞聲。
⿰火曹	zāo	从火曹聲。
⿱雥火	jiāo	从火雥聲。
烖	zāi	从火𢦏聲。
煙	yān	从火垔聲。
焆	yè	从火肙聲。
熅	yūn	从火𥁕聲。
⿰火皀	dí	从火皀聲。
燂	tán	从火覃聲。
焞	tūn	从火𦎫聲。
炳	bǐng	从火丙聲。
焯	zhuó	从火卓聲。
照	zhào	从火昭聲。
煒	wěi	从火韋聲。
熠	yì	从火習聲。
煜	yù	从火昱聲。
燿	yào	从火翟聲。
煇	huī	从火軍聲。
煌	huáng	从火皇聲。
焜	kūn	从火昆聲。
炯	jiǒng	从火同聲。
爗	yè	从火曅聲。
爓	yàn	从火閻聲。
炫	xuàn	从火玄聲。
熱	rè	从火埶聲。
熾	chì	从火戠聲。
燠	ào	从火奧聲。
煖	xuān	从火爰聲。
煗	nuǎn	从火耎聲。
炕	kàng	从火亢聲。
燥	zào	从火喿聲。
焅	kù	从火告聲。
燾	dào	从火壽聲。
爟	guàn	从火雚聲。
⿱逢火	fēng	从火逢聲。
爝	jiào	从火爵聲。
熭	wèi	从火彗聲。
熙	xī	从火巸聲。
爞	chóng	从火蟲聲。
煽	shàn	从火扇聲。
烙	luò	从火各聲。
爍	shuò	从火樂聲。
燦	càn	从火粲聲。

煥 huàn 从火奐聲。
燄 yàn 从炎臽聲。
㷸 yǎn 从炎舌聲。
𤑍 lǐn 从炎㐭聲。
煔 shǎn 从炎占聲。
黸 lú 从黑盧聲。
𪒠 wèi 从黑會聲。
黯 àn 从黑音聲。
黶 yǎn 从黑厭聲。
黳 yī 从黑殹聲。
𪐴 dá 从黑旦聲。
𪓊 jiān 从黑箴聲。
𪑿 yàng 从黑昜聲。
黲 cǎn 从黑參聲。
黭 yǎn 从黑奄聲。
黝 yǒu 从黑幼聲。
黗 tūn 从黑屯聲。
點 diǎn 从黑占聲。
黚 qián 从黑甘聲。
黅 jiān 从黑金聲。
𪑹 yuè 从黑冤聲。
䵵 chuā 从黑算聲。
䵡 jiǎn 从黑幵聲。
黠 xiá 从黑吉聲。
黔 qián 从黑今聲。
黕 dǎn 从黑冘聲。
黨 dǎng 从黑尚聲。
黷 dú 从黑賣聲。
黵 dǎn 从黑詹聲。
黜 chù 从黑出聲。
𪒁 pán 从黑般聲。
黱 dài 从黑朕聲。
儵 shū 从黑攸聲。
黬 yù 从黑或聲。
黮 dǎn 从黑甚聲。
𪑾 yǎn 从黑弇聲。
黥 qíng 从黑京聲。
黤 yǎn 从黑敢聲。
黟 yī 从黑多聲。
𤓢 fán 从炙番聲。
𤏶 liǎo 从炙尞聲。

赧 nǎn 从赤𠬪聲。
䞓 chēng 从赤巠聲。
赭 zhě 从赤者聲。
𧹞 gàn 从赤倝聲。
赮 xiá 从赤叚聲。
奎 kuí 从大圭聲。
夸 kuā 从大于聲。
査 huán 从大亘聲。
𡗷 gū 从大瓜聲。
奯 huò 从大歲聲。
𡙇 zhì 从大𢧁聲。
奅 pào 从大卯聲。
夽 yǔn 从大云聲。
奃 dī 从大氐聲。
𡘙 jiè 从大介聲。
𡘜 xiè 从大此聲。
𡚁 bì 从大弗聲。
𡗺 chún 从大屯聲。
㚗 jié 从夨吉聲。
奊 xié 从夨圭聲。
𩏊 wéi 从交韋聲。
𡯌 bǒ 从尣皮聲。
𡯏 zuǒ 从尣左聲。
𡯛 yào 从尣良聲。
尲 gān 从尣兼聲。
尬 jiè 从尣介聲。
尥 liào 从尣勺聲。
𡯂 yū 从尣于聲。
壹 yī 从壺吉聲。
奢 shē 从大者聲。
奲 duǒ 从奢單聲。
𡚾 hū 从夲卉聲。
奕 yì 从大亦聲。
耎 ruǎn 从大而聲。
奰 yàn 从大㬎聲。
竨 duì 从立辜聲。
端 duān 从立耑聲。
竱 zhuǎn 从立專聲。
竫 jìng 从立爭聲。
靖 jìng 从立青聲。
竢 sì 从立矣聲。

竘 qǔ 从立句聲。
竵 huā 从立㒳聲。
竭 jié 从立曷聲。
䇓 xū 从立須聲。
䇔 luò 从立羸聲。
竣 jùn 从立夋聲。
䇎 què 从立昔聲。
𥪁 bà 从立卑聲。
竲 céng 从立曾聲。
普 tì 从竝白聲。
思 sī 从心囟聲。
慮 lǜ 从思虍聲。
情 qíng 从心青聲。
性 xìng 从心生聲。
志 zhì 从心之聲。
恉 zhǐ 从心旨聲。
應 yīng 从心㸒聲。
愼 shèn 从心眞聲。
忠 zhōng 从心中聲。
愨 què 从心殻聲。
𢡱 miǎo 从心䫉聲。
快 kuài 从心夬聲。
愷 kǎi 从心豈聲。
㥦 qiè 从心匧聲。
念 niàn 从心今聲。
怤 fū 从心付聲。
憕 chéng 从心登聲。
戁 nǎn 从心難聲。
忻 xīn 从心斤聲。
𢘽 zhòng 从心重聲。
惲 yùn 从心軍聲。
惇 dūn 从心享聲。
忼 kàng 从心亢聲。
慨 kǎi 从心既聲。
悃 kǔn 从心困聲。
愊 bì 从心畐聲。
愿 yuàn 从心原聲。
慧 huì 从心彗聲。
憭 liǎo 从心尞聲。
恔 xiáo 从心交聲。
瘱 yì 从心㾜聲。

悊 zhé 从心折聲。
悰 cóng 从心宗聲。
恢 huī 从心灰聲。
恭 gōng 从心共聲。
恕 shù 从心如聲。
怡 yí 从心台聲。
慈 cí 从心兹聲。
忯 qí 从心氏聲。
㥜 yǐ 从心虒聲。
恮 quān 从心全聲。
恩 ēn 从心因聲。
慸 dì 从心帶聲。
憖 yìn 从心猌聲。
悈 jiè 从心戒聲。
㥯 yǐn 从心㐆聲。
愃 xuǎn 从心宣聲。
愻 xùn 从心孫聲。
恂 xún 从心旬聲。
忱 chén 从心冘聲。
惟 wéi 从心隹聲。
懷 huái 从心褱聲。
惀 lún 从心侖聲。
想 xiǎng 从心相聲。
㥞 suì 从心㒸聲。
慉 xù 从心畜聲。
𢡃 yì 从心啻聲。
悹 guàn 从心官聲。
憀 liáo 从心翏聲。
愙 kè 从心客聲。
懼 jù 从心瞿聲。
怙 hù 从心古聲。
恃 shì 从心寺聲。
慒 cóng 从心曹聲。
悟 wù 从心吾聲。
憮 wǔ 从心無聲。
㤅 ài 从心旡聲。
㥠 xǔ 从心胥聲。
慰 wèi 从心尉聲。
𢡦 cuì 从心敹聲。
𢡧 chóu 从心𥳑聲。
怞 chóu 从心由聲。

𢜺 wǔ 从心某聲。
忞 mín 从心文聲。
慔 mù 从心莫聲。
愐 miǎn 从心面聲。
㥏 yì 从心曳聲。
懋 mào 从心楙聲。
慕 mù 从心莫聲。
悛 quān 从心夋聲。
㥆 tuì 从心隶聲。
懙 yǔ 从心與聲。
慆 tāo 从心舀聲。
懕 yān 从心厭聲。
憺 dàn 从心詹聲。
怕 bó 从心白聲。
恤 xù 从心血聲。
忓 gān 从心干聲。
懽 guàn 从心雚聲。
㥚 yú 从心禺聲。
惄 nì 从心叔聲。
㤎 jǐ 从心卻聲。
憸 xiān 从心僉聲。
愒 qì 从心曷聲。
𢡔 hū 从心毳聲。
急 jí 从心及聲。
𢤱 biǎn 从心辡聲。
㥛 jí 从心亟聲。
懁 juàn 从心睘聲。
㤩 xìng 从心巠聲。
慓 piào 从心票聲。
懦 nuò 从心需聲。
恁 rèn 从心任聲。
㤫 tè 从心代聲。
怚 jù 从心且聲。
悒 yì 从心邑聲。
悆 yù 从心余聲。
忒 tè 从心弋聲。
憪 xián 从心閒聲。
愉 yú 从心俞聲。
懱 miè 从心蔑聲。
戇 zhuàng 从心贛聲。
㥒 cǎi 从心采聲。

惷 chōng 从心舂聲。
忮 zhì 从心支聲。
悍 hàn 从心旱聲。
怪 guài 从心圣聲。
𢡤 dàng 从心象聲。
慢 màn 从心曼聲。
怠 dài 从心台聲。
懈 xiè 从心解聲。
慫 sǒng 从心從聲。
怫 fú 从心弗聲。
忦 xiè 从心介聲。
忽 hū 从心勿聲。
慲 mán 从心㒼聲。
恣 zì 从心次聲。
愓 dàng 从心昜聲。
憧 chōng 从心童聲。
悝 kuī 从心里聲。
憰 jué 从心矞聲。
𢘒 guàng 从心狂聲。
恑 guǐ 从心危聲。
𢣷 xié 从心巂聲。
悸 jì 从心季聲。
憿 jiǎo 从心敫聲。
𢡎 kuò 从心銽聲。
忨 wán 从心元聲。
惏 lán 从心林聲。
懜 mèng 从心夢聲。
愆 qiān 从心衍聲。
慊 xián 从心兼聲。
惑 huò 从心或聲。
怋 mín 从心民聲。
怓 náo 从心奴聲。
惷 chǔn 从心春聲。
惽 hūn 从心昏聲。
忥 xì 从心气聲。
𢤏 wèi 从心衛聲。
憒 kuì 从心貴聲。
忌 jì 从心己聲。
忿 fèn 从心分聲。
悁 yuān 从心肙聲。
𢢎 lí 从心𪏰聲。

恚 huì 从心圭聲。
怨 yuàn 从心夗聲。
怒 nù 从心奴聲。
憝 duì 从心敦聲。
慍 yùn 从心昷聲。
惡 è 从心亞聲。
憎 zēng 从心曾聲。
怖 pèi 从心市聲。
忍 yì 从心刀聲。
愫 xié 从心彖聲。
恨 hèn 从心艮聲。
懟 duì 从心對聲。
悔 huǐ 从心每聲。
憘 chì 从心喜聲。
怏 yàng 从心央聲。
憤 fèn 从心賁聲。
悶 mèn 从心門聲。
惆 chóu 从心周聲。
悵 chàng 从心長聲。
懆 cǎo 从心喿聲。
愴 chuàng 从心倉聲。
怛 dá 从心旦聲。
憯 cǎn 从心朁聲。
慘 cǎn 从心參聲。
悽 qī 从心妻聲。
恫 tōng 从心同聲。
悲 bēi 从心非聲。
惻 cè 从心則聲。
惜 xī 从心昔聲。
愍 mǐn 从心敃聲。
慇 yīn 从心殷聲。
憖 yī 从心依聲。
慅 sāo 从心蚤聲。
感 gǎn 从心咸聲。
忧 yòu 从心尤聲。
惢 qiú 从心咎聲。
愪 yún 从心員聲。
怮 yōu 从心幼聲。
忦 jiá 从心介聲。
恙 yàng 从心羊聲。
惴 zhuì 从心耑聲。

惸 qióng 从心鈞聲。
怲 bǐng 从心丙聲。
惔 tán 从心炎聲。
惙 chuò 从心叕聲。
愁 chóu 从心秋聲。
愵 nì 从心弱聲。
惂 kǎn 从心臽聲。
悠 yōu 从心攸聲。
悴 cuì 从心卒聲。
慁 hùn 从心圂聲。
慈 lí 从心𠩺聲。
忏 xū 从心于聲。
忡 chōng 从心中聲。
悄 qiǎo 从心肖聲。
慽 qī 从心戚聲。
悏 qiè 从心夾聲。
懾 shè 从心聶聲。
憚 dàn 从心單聲。
悼 dào 从心卓聲。
恐 kǒng 从心巩聲。
慴 zhé 从心習聲。
怵 chù 从心术聲。
惕 tì 从心易聲。
供 gǒng 从心共聲。
悈 hài 从心亥聲。
惶 huáng 从心皇聲。
怖 bù 从心甫聲。
慹 zhí 从心執聲。
慇 qì 从心毄聲。
憊 bèi 从心葡聲。
惎 jì 从心其聲。
恥 chǐ 从心耳聲。
怏 tiǎn 从心典聲。
忝 tiǎn 从心天聲。
慙 cán 从心斬聲。
恧 nǜ 从心而聲。
憐 lián 从心粦聲。
慩 lián 从心連聲。
忍 rěn 从心刃聲。
㥝 mǐ 从心弭聲。
忞 yì 从心乂聲。

懲 chéng 从心徵聲。
憬 jǐng 从心景聲。
慵 yōng 从心庸聲。
悱 fěi 从心非聲。
怩 ní 从心尼聲。
惉 zhān 从心沾聲。
懘 chì 从心滯聲。
懇 kěn 从心貇聲。
忖 cǔn 从心寸聲。
怊 chāo 从心召聲。
慟 tòng 从心動聲。
惹 rě 从心若聲。
恰 qià 从心合聲。
悌 tì 从心弟聲。
懌 yì 从心睪聲。
繠 ruǐ 从惢糸聲。
汃 bīn 从水八聲。
河 hé 从水可聲。
泑 yōu 从水幼聲。
涷 dōng 从水東聲。
涪 fú 从水咅聲。
潼 tóng 从水童聲。
江 jiāng 从水工聲。
沱 tuó 从水它聲。
浙 zhè 从水折聲。
涐 é 从水我聲。
湔 jiān 从水前聲。
沫 mò 从水末聲。
溫 wēn 从水昷聲。
灊 qián 从水鬵聲。
沮 jū 从水且聲。
滇 diān 从水眞聲。
涂 tú 从水余聲。
沅 yuán 从水元聲。
淹 yān 从水奄聲。
溺 ruò 从水弱聲。
洮 táo 从水兆聲。
涇 jīng 从水巠聲。
渭 wèi 从水胃聲。
漾 yàng 从水羕聲。
浪 làng 从水良聲。

沔 miǎn 从水丏聲。
湟 huáng 从水皇聲。
汧 qiān 从水幵聲。
澇 láo 从水勞聲。
漆 qī 从水桼聲。
滻 chǎn 从水產聲。
洛 luò 从水各聲。
淯 yù 从水育聲。
汝 rǔ 从水女聲。
潩 yì 从水異聲。
汾 fén 从水分聲。
澮 guì 从水會聲。
沁 qìn 从水心聲。
沾 zhān 从水占聲。
潞 lù 从水路聲。
漳 zhāng 从水章聲。
淇 qí 从水其聲。
蕩 dàng 从水𦽔聲。
沇 yǎn 从水允聲。
泲 jǐ 从水𠂔聲。
洈 wéi 从水危聲。
溠 zhā 从水差聲。
洭 kuāng 从水匡聲。
潓 huì 从水惠聲。
灌 guàn 从水雚聲。
漸 jiàn 从水斬聲。
泠 líng 从水令聲。
𣸣 pài 从水萆聲。
溧 lì 从水栗聲。
湘 xiāng 从水相聲。
溱 zhēn 从水秦聲。
深 shēn 从水罙聲。
潭 tán 从水覃聲。
油 yóu 从水由聲。
潤 mì 从水買聲。
湞 zhēn 从水貞聲。
溜 liù 从水畱聲。
瀷 yì 从水翼聲。
潕 wǔ 从水無聲。
滶 áo 从水敖聲。
瀙 qìn 从水親聲。
淮 huái 从水隹聲。
滍 zhì 从水蚩聲。
澧 lǐ 从水豊聲。
溳 yún 从水員聲。
淠 pèi 从水畀聲。
澺 yì 从水意聲。
洶 xì 从水囟聲。
灈 qú 从水瞿聲。
潁 yǐng 从水頃聲。
洧 wěi 从水有聲。
濦 yīn 从水㥯聲。
渦 guō 从水過聲。
泄 yì 从水世聲。
汳 biàn 从水反聲。
潧 zhēn 从水曾聲。
淩 líng 从水夌聲。
濮 pú 从水僕聲。
濼 luò 从水樂聲。
漷 kuò 从水郭聲。
淨 chéng 从水爭聲。
濕 tà 从水㬎聲。
泡 pāo 从水包聲。
菏 gē 从水苛聲。
泗 sì 从水四聲。
洹 huán 从水亘聲。
灉 yōng 从水雝聲。
澶 chán 从水亶聲。
洙 shū 从水朱聲。
沭 shù 从水术聲。
沂 yí 从水斤聲。
洋 xiáng 从水羊聲。
濁 zhuó 从水蜀聲。
溉 gài 从水既聲。
濰 wéi 从水維聲。
浯 wú 从水吾聲。
汶 wèn 从水文聲。
治 chí 从水台聲。
浸 jìn 从水㝳聲。
湡 yú 从水禺聲。
㴲 sī 从水虒聲。
渚 zhǔ 从水者聲。
洨 xiáo 从水交聲。
濟 jǐ 从水齊聲。
泜 chí 从水氐聲。
濡 rú 从水需聲。
灅 lěi 从水壘聲。
沽 gū 从水古聲。
沛 pèi 从水市聲。
浿 pèi 从水貝聲。
瀤 huái 从水褱聲。
㶟 lěi 从水纍聲。
澽 jū 从水豦聲。
泒 gū 从水瓜聲。
滱 kòu 从水寇聲。
淶 lái 从水來聲。
泥 ní 从水尼聲。
湳 nǎn 从水南聲。
漹 yān 从水焉聲。
涶 tuō 从水𠂹聲。
旟 yú 从水旟聲。
洵 xún 从水旬聲。
涻 shè 从水舍聲。
沏 niàn 从水刃聲。
淔 chì 从水直聲。
淁 qiè 从水妾聲。
涺 jū 从水居聲。
濞 jì 从水臮聲。
沋 yóu 从水尤聲。
洇 yīn 从水因聲。
淉 guǒ 从水果聲。
溑 suǒ 从水𧴪聲。
浝 máng 从水龙聲。
㳶 nǒu 从水乳聲。
汷 zhōng 从水夂聲。
洦 pò 从水百聲。
汘 qiān 从水千聲。
洍 sì 从水𢀜聲。
澥 xiè 从水解聲。
漠 mò 从水莫聲。
海 hǎi 从水每聲。
溥 pǔ 从水尃聲。
灡 ǎn 从水闇聲。

洪 hóng 从水共聲。
洚 jiàng 从水夅聲。
濥 yǐn 从水夤聲。
滔 tāo 从水舀聲。
涓 juān 从水肙聲。
混 hùn 从水昆聲。
潒 dàng 从水象聲。
漦 chí 从水𠩺聲。
潚 sù 从水肅聲。
演 yǎn 从水寅聲。
渙 huàn 从水奐聲。
泌 bì 从水必聲。
活 guō 从水𠯑聲。
湝 jiē 从水皆聲。
泫 xuàn 从水玄聲。
淢 yù 从水或聲。
瀏 liú 从水劉聲。
濊 huò 从水薉聲。
滂 pāng 从水旁聲。
汪 wāng 从水㞷聲。
漻 liáo 从水翏聲。
泚 cǐ 从水此聲。
況 kuàng 从水兄聲。
汎 fàn 从水凡聲。
沄 yún 从水云聲。
浩 hào 从水告聲。
沆 hàng 从水亢聲。
濞 pì 从水鼻聲。
灂 zhuó 从水爵聲。
潝 xī 从水翕聲。
滕 téng 从水朕聲。
潏 jué 从水矞聲。
波 bō 从水皮聲。
澐 yún 从水雲聲。
瀾 lán 从水闌聲。
淪 lún 从水侖聲。
漂 piāo 从水票聲。
浮 fú 从水孚聲。
濫 làn 从水監聲。
氾 fàn 从水巳聲。
泓 hóng 从水弘聲。
湋 wéi 从水韋聲。
測 cè 从水則聲。
湍 tuān 从水耑聲。
淙 cóng 从水宗聲。
激 jī 从水敫聲。
洞 dòng 从水同聲。
⿰氵旛 fān 从水旛聲。
洶 xiōng 从水匈聲。
涌 yǒng 从水甬聲。
湁 chì 从水拾聲。
涳 kōng 从水空聲。
汋 zhuó 从水勺聲。
瀱 jì 从水罽聲。
渾 hún 从水軍聲。
洌 liè 从水列聲。
淑 shū 从水叔聲。
溶 yǒng 从水容聲。
清 qīng 从水青聲。
湜 shí 从水是聲。
潣 mǐn 从水閔聲。
滲 shèn 从水參聲。
潿 wéi 从水圍聲。
溷 hùn 从水圂聲。
淈 gǔ 从水屈聲。
漼 cuǐ 从水崔聲。
瀰 mǐ 从水爾聲。
澹 dàn 从水詹聲。
潯 xún 从水尋聲。
泙 píng 从水平聲。
泏 zhú 从水出聲。
瀳 jiàn 从水薦聲。
[illegible] zhí 从水[illegible]聲。
滿 mǎn 从水㒼聲。
滑 huá 从水骨聲。
濇 sè 从水嗇聲。
澤 zé 从水睪聲。
淫 yín 从水㸒聲。
瀸 jiān 从水韱聲。
泆 yì 从水失聲。
潰 kuì 从水貴聲。
沴 lì 从水㐱聲。
淺 qiǎn 从水戔聲。
洔 zhǐ 从水寺聲。
渻 shěng 从水省聲。
淖 nào 从水卓聲。
濢 zuǐ 从水翠聲。
溽 rù 从水辱聲。
滋 zī 从水兹聲。
⿰氵曶 hū 从水曶聲。
浥 yì 从水邑聲。
瀨 lài 从水賴聲。
濆 fén 从水賁聲。
涘 sì 从水矣聲。
汻 hǔ 从水午聲。
氿 guǐ 从水九聲。
漘 chún 从水脣聲。
浦 pǔ 从水甫聲。
沚 zhǐ 从水止聲。
沸 fèi 从水弗聲。
汜 sì 从水巳聲。
湀 guǐ 从水癸聲。
濘 nìng 从水寍聲。
洼 wā 从水圭聲。
⿰氵窐 yǐng 从水窐聲。
潢 huáng 从水黃聲。
沼 zhǎo 从水召聲。
湖 hú 从水胡聲。
汥 zhī 从水支聲。
洫 xù 从水血聲。
溝 gōu 从水冓聲。
瀆 dú 从水賣聲。
瀶 lín 从水臨聲。
湄 méi 从水眉聲。
澗 jiàn 从水間聲。
澳 yù 从水奧聲。
𤅩 tān 从水𪂹聲。
汕 shàn 从水山聲。
灓 luán 从水䜌聲。
滴 dī 从水啻聲。
注 zhù 从水主聲。
⿰氵芺 wò 从水芺聲。
⿰氵昔 zé 从水昔聲。

澨 shì 从水筮聲。
津 jīn 从水𦘒聲。
淜 píng 从水朋聲。
潢 héng 从水横聲。
泭 fū 从水付聲。
渡 dù 从水度聲。
沿 yán 从水㕣聲。
泝 sù 从水㡿聲。
泳 yǒng 从水永聲。
潛 qián 从水朁聲。
淦 gàn 从水金聲。
泛 fàn 从水乏聲。
湊 còu 从水奏聲。
湛 chén 从水甚聲。
湮 yīn 从水垔聲。
渨 wēi 从水畏聲。
滃 wěng 从水翁聲。
泱 yāng 从水央聲。
淒 qī 从水妻聲。
渰 yǎn 从水弇聲。
溟 míng 从水冥聲。
涑 sè 从水朿聲。
瀑 bào 从水暴聲。
澍 shù 从水尌聲。
湒 jí 从水咠聲。
澬 cí 从水資聲。
潦 lǎo 从水尞聲。
濩 huò 从水蒦聲。
涿 zhuó 从水豖聲。
瀧 lóng 从水龍聲。
渿 nài 从水柰聲。
滈 hào 从水高聲。
漊 lǚ 从水婁聲。
濛 méng 从水蒙聲。
沈 chén 从水冘聲。
溨 zài 从水再聲。
淊 hàn 从水臽聲。
涵 hán 从水圅聲。
洳 rù 从水挐聲。
瀀 yōu 从水憂聲。
涔 cén 从水岑聲。

漬 zì 从水責聲。
漚 òu 从水區聲。
浞 zhuó 从水足聲。
渥 wò 从水屋聲。
漼 què 从水隺聲。
洽 qià 从水合聲。
濃 nóng 从水農聲。
瀌 biāo 从水麃聲。
溓 lián 从水兼聲。
滯 zhì 从水帶聲。
汦 zhǐ 从水氏聲。
㶁 guó 从水虢聲。
澌 sī 从水斯聲。
汔 qì 从水气聲。
涸 hé 从水固聲。
消 xiāo 从水肖聲。
潐 jiào 从水焦聲。
渴 kě 从水曷聲。
漮 kāng 从水康聲。
湆 qì 从水音聲。
洿 wū 从水夸聲。
浼 měi 从水免聲。
汙 wū 从水于聲。
湫 jiǎo 从水秋聲。
潤 rùn 从水閏聲。
準 zhǔn 从水隼聲。
汀 tīng 从水丁聲。
沑 nǜ 从水丑聲。
瀵 fèn 从水糞聲。
滜 cuǐ 从水辠聲。
瀞 jìng 从水靜聲。
瀎 mò 从水蔑聲。
泧 sà 从水戉聲。
洎 jì 从水自聲。
湯 tāng 从水昜聲。
渜 nuǎn 从水耎聲。
洝 àn 从水安聲。
洏 ér 从水而聲。
涚 shuì 从水兌聲。
涫 guàn 从水官聲。
涾 tà 从水沓聲。

汏 tài 从水大聲。
𤃬 jiǎn 从水簡聲。
淅 xī 从水析聲。
滰 jiàng 从水竟聲。
溲 sǒu 从水叜聲。
浚 jùn 从水夋聲。
瀝 lì 从水歷聲。
漉 lù 从水鹿聲。
潘 pān 从水番聲。
灡 lán 从水蘭聲。
泔 gān 从水甘聲。
滫 xiū 从水脩聲。
澱 diàn 从水殿聲。
淤 yū 从水於聲。
滓 zǐ 从水宰聲。
淰 niǎn 从水念聲。
瀹 yuè 从水龠聲。
漀 qǐng 从水殸聲。
湑 xǔ 从水胥聲。
湎 miǎn 从水面聲。
涼 liáng 从水京聲。
淡 dàn 从水炎聲。
涒 tūn 从水君聲。
澆 jiāo 从水堯聲。
液 yè 从水夜聲。
汁 zhī 从水十聲。
滒 gē 从水哥聲。
灝 hào 从水顥聲。
溢 yì 从水益聲。
洒 xǐ 从水西聲。
滌 dí 从水條聲。
濈 jí 从水戢聲。
瀋 shěn 从水審聲。
渳 mǐ 从水弭聲。
潠 shà 从水算聲。
漱 shù 从水欶聲。
泂 jiǒng 从水冋聲。
滄 cāng 从水倉聲。
瀞 qìng 从水靚聲。
淬 cuì 从水卒聲。
沐 mù 从水木聲。

沬	huì	从水未聲。
浴	yù	从水谷聲。
澡	zǎo	从水喿聲。
洗	xiǎn	从水先聲。
淳	chún	从水𦎫聲。
淋	lín	从水林聲。
渫	xiè	从水枼聲。
澣	huàn	从水榦聲。
濯	zhuó	从水翟聲。
涑	sōu	从水束聲。
潎	pì	从水敝聲。
灑	sǎ	从水麗聲。
汛	xùn	从水卂聲。
染	rǎn	从水杂聲。
[illegible]	yán	从水閻聲。
灒	zàn	从水贊聲。
湩	dòng	从水重聲。
洟	tì	从水夷聲。
汗	hàn	从水干聲。
泣	qì	从水立聲。
涕	tì	从水弟聲。
湅	liàn	从水柬聲。
渝	yū	从水兪聲。
減	jiǎn	从水咸聲。
滅	miè	从水威聲。
漕	cáo	从水曹聲。
漏	lòu	从水屚聲。
澒	hòng	从水項聲。
濊	huì	从水歲聲。
汩	gǔ	从水曰聲。
瀼	ráng	从水襄聲。
漙	tuán	从水專聲。
汍	wán	从水丸聲。
泯	mǐn	从水民聲。
瀘	lú	从水盧聲。
瀟	xiāo	从水蕭聲。
瀛	yíng	从水嬴聲。
滁	chú	从水除聲。
洺	míng	从水名聲。
潺	chán	从水孱聲。
湲	yuán	从水爰聲。
濤	tāo	从水壽聲。
漵	xù	从水敘聲。
港	gǎng	从水巷聲。
瀦	zhū	从水豬聲。
瀰	mí	从水彌聲。
潔	jié	从水絜聲。
浹	jiā	从水夾聲。
溘	kè	从水盍聲。
潠	xùn	从水巽聲。
顰	pín	从頻卑聲。
粼	lín	从巜粦聲。
巟	huāng	从川亡聲。
𡿧	huò	从川或聲。
𡿨	yù	从川曰聲。
[illegible]	fàn	从泉緐聲。
羕	yàng	从永羊聲。
谿	xī	从谷奚聲。
豁	huò	从谷害聲。
豂	liáo	从谷翏聲。
豅	lóng	从谷龍聲。
谹	hóng	从谷厷聲。
谸	qiān	从谷千聲。
凜	lǐn	从仌廩聲。
凊	qìng	从仌青聲。
凍	dòng	从仌東聲。
𠗚	líng	从仌朕聲。
凘	sī	从仌斯聲。
凋	diāo	从仌周聲。
冶	yě	从仌台聲。
凔	cāng	从仌倉聲。
冷	lěng	从仌令聲。
𠗨	hán	从仌函聲。
滭	bì	从仌畢聲。
冹	fú	从仌犮聲。
凓	lì	从仌栗聲。
瀨	lài	从仌賴聲。
霣	yǔn	从雨員聲。
霆	tíng	从雨廷聲。
震	zhèn	从雨辰聲。
雪	xuě	从雨彗聲。
霄	xiāo	从雨肖聲。
霰	xiàn	从雨散聲。
雹	báo	从雨包聲。
䨶	luò	从雨各聲。
零	líng	从雨令聲。
䨤	sī	从雨鮮聲。
霢	mài	从雨脈聲。
霂	mù	从雨沐聲。
䨘	suān	从雨酸聲。
𩂢	jiān	从雨戋聲。
𩅧	zhōng	从雨眾聲。
霃	chén	从雨沈聲。
䨱	lián	从雨兼聲。
𩃓	hán	从雨函聲。
霖	lín	从雨林聲。
𩂈	yín	从雨㐺聲。
䨙	zī	从雨眞聲。
䨞	yǔ	从雨禹聲。
䨜	jiān	从雨僉聲。
霑	zhān	从雨沾聲。
𩃳	rǎn	从雨染聲。
霤	liù	从雨畱聲。
霽	jì	从雨齊聲。
霋	qī	从雨妻聲。
霩	kuò	从雨郭聲。
露	lù	从雨路聲。
霜	shuāng	从雨相聲。
霚	wù	从雨敄聲。
霾	mái	从雨貍聲。
霿	méng	从雨瞀聲。
霓	ní	从雨兒聲。
𩃢	diàn	从雨執聲。
雩	yú	从雨于聲。
需	xū	从雨而聲。
䨒	yù	从雨羽聲。
霞	xiá	从雨叚聲。
霏	fēi	从雨非聲。
霎	shà	从雨妾聲。
𩆐	duì	从雨對聲。
霒	yīn	从雲今聲。
鮞	ér	从魚而聲。
魼	qū	从魚去聲。

魶	nà	从魚納聲。
鰨	tǎ	从魚𦐇聲。
鱒	zùn	从魚尊聲。
⿱粦魚	lín	从魚粦聲。
鰫	yóng	从魚容聲。
鰖	xū	从魚胥聲。
鮪	wěi	从魚有聲。
䱍	gèng	从魚恆聲。
鯍	méng	从魚巟聲。
鮥	luò	从魚各聲。
鯀	gǔn	从魚系聲。
鰥	guān	从魚眔聲。
鯉	lǐ	从魚里聲。
鱣	zhān	从魚亶聲。
鱄	zhuǎn	从魚專聲。
鮦	tóng	从魚同聲。
鱱	lǐ	从魚蠡聲。
⿰魚婁	lóu	从魚婁聲。
鰜	qiàn	从魚兼聲。
鯈	chóu	从魚攸聲。
⿰魚豆	tǒu	从魚豆聲。
鯾	biān	从魚便聲。
魴	fáng	从魚方聲。
鱮	xù	从魚與聲。
鰱	lián	从魚連聲。
鮍	pī	从魚皮聲。
⿰魚幼	yǒu	从魚幼聲。
鮒	fù	从魚付聲。
⿰魚巠	qíng	从魚巠聲。
⿰魚脊	jì	从魚脊聲。
鱺	lí	从魚麗聲。
鰻	mán	从魚曼聲。
鱯	huà	从魚蒦聲。
魾	pī	从魚丕聲。
鱧	lǐ	从魚豊聲。
⿰魚果	huà	从魚果聲。
鱨	cháng	从魚嘗聲。
鱏	xún	从魚覃聲。
鯢	ní	从魚兒聲。
鰼	xí	从魚習聲。
鰌	qiū	从魚酋聲。
鯇	huàn	从魚完聲。
魠	tuō	从魚乇聲。
鮆	jì	从魚此聲。
鮀	tuó	从魚它聲。
鮎	nián	从魚占聲。
⿰魚妟	yǎn	从魚妟聲。
鮷	tí	从魚弟聲。
⿰魚賴	lài	从魚賴聲。
⿰魚朁	cén	从魚朁聲。
⿰魚翁	wēng	从魚翁聲。
⿰魚臽	xiàn	从魚臽聲。
鱖	guì	从魚厥聲。
鯫	zōu	从魚取聲。
鱓	shàn	从魚單聲。
鮸	miǎn	从魚免聲。
魵	fén	从魚分聲。
⿰魚虜	lǔ	从魚虜聲。
鰸	qū	从魚區聲。
鯜	qiè	从魚妾聲。
⿰魚巿	bèi	从魚巿聲。
⿰魚匊	jú	从魚匊聲。
鱳	lì	从魚樂聲。
鰅	yóng	从魚禺聲。
鱅	yōng	从魚庸聲。
鰂	zéi	从魚則聲。
鮐	tái	从魚台聲。
鮊	bà	从魚白聲。
鰒	fù	从魚复聲。
鮫	jiāo	从魚交聲。
⿰魚畺	jīng	从魚畺聲。
鯁	gěng	从魚更聲。
鱗	lín	从魚粦聲。
鮏	xīng	从魚生聲。
鱢	sāo	从魚喿聲。
鮨	qí	从魚旨聲。
⿰魚今	qín	从魚今聲。
鮑	bào	从魚包聲。
魿	líng	从魚令聲。
鰕	xiā	从魚叚聲。
鰝	hào	从魚高聲。
⿰魚咎	jiù	从魚咎聲。
魧	háng	从魚亢聲。
鮩	bǐng	从魚丙聲。
鮚	jí	从魚吉聲。
鮅	bì	从魚必聲。
⿰魚瞿	qú	从魚瞿聲。
鯸	hóu	从魚侯聲。
鯛	diāo	从魚周聲。
⿰魚卓	zhuó	从魚卓聲。
鮁	bō	从魚犮聲。
⿰魚夫	fū	从魚夫聲。
鯕	qí	从魚其聲。
鮡	zhào	从魚兆聲。
魤	huà	从魚匕聲。
鰈	tà	从魚枼聲。
魮	bǐ	从魚比聲。
鰩	yáo	从魚䍃聲。
龗	líng	从龍霝聲。
龕	kān	从龍合聲。
⿱幵龍	jiān	从龍幵聲。
⿱飛異	yì	从飛異聲。
⿱非己	fěi	从非己聲。
靡	mǐ	从非麻聲。
靠	kào	从非告聲。
到	dào	从至刀聲。
臻	zhēn	从至秦聲。
⿱西圭	xī	从西圭聲。
鹹	xián	从鹵咸聲。
鹽	yán	从鹵監聲。
扉	fēi	从戶非聲。
房	fáng	从戶方聲。
⿸戶大	tì	从戶大聲。
戹	è	从戶乙聲。
扆	yǐ	从戶衣聲。
扃	jiōng	从戶冋聲。
閶	chāng	从門昌聲。
闈	wéi	从門韋聲。
⿵門詹	yán	从門詹聲。
閎	hóng	从門厷聲。
閨	guī	从門圭聲。
閤	gé	从門合聲。
闒	tà	从門𦐇聲。

閈 hàn 从門干聲。
閭 lǘ 从門呂聲。
閻 yán 从門臽聲。
闠 huì 从門貴聲。
闉 yīn 从門垔聲。
闍 dū 从門者聲。
闕 què 从門欮聲。
閞 biàn 从門弁聲。
⿵門介 xiè 从門介聲。
闔 hé 从門盍聲。
闑 niè 从門臬聲。
閾 yù 从門或聲。
閬 làng 从門良聲。
闢 pì 从門辟聲。
⿵門爲 wěi 从門爲聲。
闡 chǎn 从門單聲。
闓 kǎi 从門豈聲。
閜 xiǎ 从門可聲。
閘 yā 从門甲聲。
閟 bì 从門必聲。
閣 gé 从門各聲。
⿵門阿 ě 从門阿聲。
閼 è 从門於聲。
⿵門繇 zhuǎn 从門繇聲。
⿵門曷 yà 从門曷聲。
⿵門鄉 xiàng 从門鄉聲。
闌 lán 从門柬聲。
閡 ài 从門亥聲。
闇 àn 从門音聲。
關 guān 从門𢇇聲。
⿵門龠 yuè 从門龠聲。
闐 tián 从門眞聲。
闛 táng 从門堂聲。
閹 yān 从門奄聲。
闚 kuī 从門規聲。
⿵門䜌 lán 从門䜌聲。
闋 què 从門癸聲。
闞 kàn 从門敢聲。
闊 kuò 从門活聲。
閔 mǐn 从門文聲。
闤 huán 从門睘聲。
闥 tà 从門達聲。
閌 kāng 从門亢聲。
閥 fá 从門伐聲。
闃 qù 从門狊聲。
⿰耳占 diān 从耳占聲。
耽 dān 从耳冘聲。
聃 dān 从耳冉聲。
聸 dān 从耳詹聲。
聊 liáo 从耳卯聲。
聖 shèng 从耳呈聲。
聰 cōng 从耳悤聲。
聆 líng 从耳令聲。
職 zhí 从耳戠聲。
聒 guō 从耳昏聲。
聥 jǔ 从耳禹聲。
聲 shēng 从耳殸聲。
聞 wén 从耳門聲。
聘 pìn 从耳甹聲。
聾 lóng 从耳龍聲。
⿰耳宰 zǎi 从耳宰聲。
聵 kuì 从耳貴聲。
聉 wà 从耳出聲。
⿰耳闋 wà 从耳闋聲。
聝 guó 从耳或聲。
⿰耳月 wà 从耳月聲。
⿸麻耳 mǐ 从耳麻聲。
聱 áo 从耳敖聲。
巸 yí 从𦣞巳聲。
掌 zhǎng 从手尚聲。
拇 mǔ 从手母聲。
指 zhǐ 从手旨聲。
拳 quán 从手𢍏聲。
掔 wàn 从手臤聲。
攕 xiān 从手韱聲。
⿱削手 shuò 从手削聲。
摳 kōu 从手區聲。
攐 qiān 从手褰聲。
撎 yì 从手壹聲。
揖 yī 从手咠聲。
攘 ràng 从手襄聲。
拱 gǒng 从手共聲。
撿 liǎn 从手僉聲。
捾 wò 从手官聲。
搯 tāo 从手舀聲。
⿱巩手 gǒng 从手巩聲。
推 tuī 从手隹聲。
捘 zùn 从手夋聲。
排 pái 从手非聲。
擠 jǐ 从手齊聲。
抵 dǐ 从手氐聲。
摧 cuī 从手崔聲。
拉 lā 从手立聲。
挫 cuò 从手坐聲。
扶 fú 从手夫聲。
⿰爿手 jiāng 从手爿聲。
持 chí 从手寺聲。
挈 qiè 从手㓞聲。
拑 qián 从手甘聲。
揲 shé 从手枼聲。
操 cāo 从手喿聲。
⿰扌瞿 jú 从手瞿聲。
捦 qín 从手金聲。
搏 bó 从手尃聲。
據 jù 从手豦聲。
攝 shè 从手聶聲。
⿰扌冄 nán 从手冄聲。
抪 bù 从手布聲。
挾 xié 从手夾聲。
捫 mén 从手門聲。
⿰扌監 lǎn 从手監聲。
擸 liè 从手巤聲。
握 wò 从手屋聲。
撣 dàn 从手單聲。
把 bǎ 从手巴聲。
搹 è 从手鬲聲。
拏 ná 从手奴聲。
攜 xié 从手巂聲。
提 tí 从手是聲。
⿰扌耴 zhé 从手耴聲。
拈 niān 从手占聲。
摛 chī 从手离聲。
捨 shě 从手舍聲。

擪 yè 从手厭聲。
按 àn 从手安聲。
控 kòng 从手空聲。
揗 shǔn 从手盾聲。
掾 yuàn 从手彖聲。
⿰扌百 pāi 从手百聲。
拊 fǔ 从手付聲。
掊 póu 从手咅聲。
捋 luō 从手寽聲。
撩 liáo 从手尞聲。
措 cuò 从手昔聲。
掄 lún 从手侖聲。
擇 zé 从手睪聲。
捉 zhuō 从手足聲。
搤 è 从手益聲。
揃 jiǎn 从手前聲。
搣 miè 从手烕聲。
⿰扌此 zǐ 从手此聲。
揤 jí 从手卽聲。
捽 zuó 从手卒聲。
撮 cuō 从手最聲。
摕 dì 从手帶聲。
捊 póu 从手孚聲。
揜 yǎn 从手弇聲。
挋 zhèn 从手臣聲。
⿰扌堇 jìn 从手堇聲。
攩 dǎng 从手黨聲。
接 jiē 从手妾聲。
抪 pō 从手巿聲。
挏 dòng 从手同聲。
撫 fǔ 从手無聲。
捪 mín 从手昏聲。
揣 chuǎi 从手耑聲。
抧 zhǐ 从手只聲。
摜 guàn 从手貫聲。
擿 zhì 从手適聲。
搔 sāo 从手蚤聲。
扴 jiá 从手介聲。
摽 piāo 从手票聲。
挑 tiāo 从手兆聲。
抉 jué 从手夬聲。

撓 náo 从手堯聲。
擾 rǎo 从手夒聲。
挶 jū 从手局聲。
据 jū 从手居聲。
擖 qià 从手葛聲。
摘 zhāi 从手啻聲。
搳 xiá 从手害聲。
摲 cán 从手斬聲。
拹 xié 从手劦聲。
摺 zhé 从手習聲。
揫 jiū 从手秋聲。
摟 lōu 从手婁聲。
抎 yǔn 从手云聲。
披 pī 从手皮聲。
⿱此手 zì 从手此聲。
掉 diào 从手卓聲。
搖 yáo 从手䍃聲。
搈 róng 从手容聲。
摭 zhì 从手貳聲。
揂 jiū 从手酋聲。
掔 qiān 从手臤聲。
摓 féng 从手夆聲。
⿱輿手 yú 从手輿聲。
揚 yáng 从手昜聲。
舉 jǔ 从手與聲。
掀 xiān 从手欣聲。
揭 qì 从手曷聲。
抍 zhěng 从手升聲。
振 zhèn 从手辰聲。
扛 gāng 从手工聲。
扮 fěn 从手分聲。
撟 jiǎo 从手喬聲。
捎 shāo 从手肖聲。
⿰扌雝 yǒng 从手雝聲。
擩 rǔ 从手需聲。
揄 yú 从手俞聲。
搫 pán 从手般聲。
擭 wò 从手蒦聲。
拚 biàn 从手弁聲。
擅 shàn 从手亶聲。
揆 kuí 从手癸聲。

擬 nǐ 从手疑聲。
損 sǔn 从手員聲。
失 shī 从手乙聲。
捝 tuō 从手兌聲。
撥 bō 从手發聲。
挹 yì 从手邑聲。
抒 shū 从手予聲。
抯 zhā 从手且聲。
攫 jué 从手矍聲。
扟 shēn 从手卂聲。
拓 zhí 从手石聲。
攈 jùn 从手麇聲。
拾 shí 从手合聲。
掇 duó 从手叕聲。
擐 huàn 从手睘聲。
揯 gēng 从手恆聲。
摍 suō 从手宿聲。
⿰扌虔 qián 从手虔聲。
援 yuán 从手爰聲。
⿰扌畱 chōu 从手畱聲。
擢 zhuó 从手翟聲。
拔 bá 从手犮聲。
揠 yà 从手匽聲。
擣 dǎo 从手𠷎聲。
攣 luán 从手䜌聲。
挺 tǐng 从手廷聲。
⿰扌寒 qiān 从手寒聲。
探 tān 从手罙聲。
撢 tàn 从手覃聲。
捼 ruó 从手委聲。
撆 piē 从手敝聲。
⿰扌咸 hàn 从手咸聲。
搦 nuò 从手弱聲。
掎 jǐ 从手奇聲。
揮 huī 从手軍聲。
摩 mó 从手麻聲。
⿰扌毘 pī 从手毘聲。
攪 jiǎo 从手覺聲。
搑 rǒng 从手茸聲。
撞 zhuàng 从手童聲。
⿰扌因 yīn 从手因聲。

扔	rēng	从手乃聲。
括	kuò	从手昏聲。
抲	hē	从手可聲。
擘	bò	从手辟聲。
撝	huī	从手爲聲。
捇	huò	从手赤聲。
扐	lè	从手力聲。
技	jì	从手支聲。
摹	mó	从手莫聲。
拙	zhuō	从手出聲。
撘	tà	从手沓聲。
摶	tuán	从手專聲。
㨡	hú	从手圂聲。
捄	jū	从手求聲。
拮	jié	从手吉聲。
搰	hú	从手骨聲。
掘	jué	从手屈聲。
掩	yǎn	从手奄聲。
摡	gài	从手既聲。
揟	xū	从手胥聲。
播	bō	从手番聲。
挃	zhì	从手至聲。
㨖	zhì	从手致聲。
扤	wù	从手兀聲。
抈	yuè	从手月聲。
摎	jiū	从手翏聲。
撻	tà	从手達聲。
掕	líng	从手夌聲。
抨	pēng	从手平聲。
捲	quán	从手卷聲。
扱	xī	从手及聲。
摷	jiǎo	从手巢聲。
挨	āi	从手矣聲。
撲	pū	从手菐聲。
㩌	qiào	从手敫聲。
扚	diǎo	从手勺聲。
抶	chì	从手失聲。
扺	zhǐ	从手氏聲。
抰	yǎng	从手央聲。
[扌+保]	bǔ	从手保聲。
捭	bǎi	从手卑聲。
捶	chuí	从手垂聲。
搉	què	从手隺聲。
摬	yǐng	从手竟聲。
拂	fú	从手弗聲。
摼	kēng	从手堅聲。
抌	dǎn	从手冘聲。
擊	jī	从手毄聲。
扞	hàn	从手干聲。
抗	kàng	从手亢聲。
捕	bǔ	从手甫聲。
撚	niǎn	从手然聲。
挂	guà	从手圭聲。
拕	tuō	从手它聲。
捈	tú	从手余聲。
抴	yè	从手世聲。
揙	biàn	从手扁聲。
撅	juē	从手厥聲。
攎	lú	从手盧聲。
挐	ná	从手如聲。
揾	wèn	从手昷聲。
搒	péng	从手旁聲。
挌	gé	从手各聲。
掫	zōu	从手取聲。
捐	juān	从手肙聲。
掤	bīng	从手朋聲。
扜	yū	从手亏聲。
[麻+手]	huī	从手靡聲。
捷	jié	从手疌聲。
扣	kòu	从手口聲。
掍	hùn	从手昆聲。
搜	sōu	从手叜聲。
換	huàn	从手奐聲。
掖	yè	从手夜聲。
摦	huà	从手瓠聲。
攙	chān	从手毚聲。
搢	jìn	从手晉聲。
掠	lüè	从手京聲。
掐	qiā	从手臽聲。
捻	niē	从手念聲。
拗	ǎo	从手幼聲。
摵	shè	从手戚聲。
捌	bā	从手別聲。
攤	tān	从手難聲。
摴	chū	从手雩聲。
打	dǎ	从手丁聲。
姜	jiāng	从女羊聲。
姬	jī	从女臣聲。
姞	jí	从女吉聲。
姚	yáo	从女兆聲。
嬀	guī	从女爲聲。
妘	yún	从女云聲。
姺	shēn	从女先聲。
[女+然]	niàn	从女然聲。
[丑+女]	hào	从女丑聲。
娸	qī	从女其聲。
[女+毛]	chà	从女毛聲。
媒	méi	从女某聲。
妁	shuò	从女勺聲。
嫁	jià	从女家聲。
妃	fēi	从女己聲。
媲	pì	从女毘聲。
娠	shēn	从女辰聲。
媰	chú	从女芻聲。
嫛	yī	从女殹聲。
婗	ní	从女兒聲。
嫗	yù	从女區聲。
媪	ǎo	从女昷聲。
姁	xǔ	从女句聲。
姐	jiě	从女且聲。
姑	gū	从女古聲。
妣	bǐ	从女比聲。
姊	zǐ	从女𠂔聲。
妹	mèi	从女未聲。
媦	wèi	从女胃聲。
嫂	sǎo	从女叜聲。
姪	zhí	从女至聲。
姨	yí	从女夷聲。
妿	ē	从女加聲。
娒	mǔ	从女每聲。
媾	gòu	从女冓聲。
姼	chǐ	从女多聲。
妭	bá	从女犮聲。

㜎 xī 从女奚聲。
㚤 yì 从女弋聲。
媊 qián 从女前聲。
媧 wā 从女咼聲。
娀 sōng 从女戎聲。
娥 é 从女我聲。
嫄 yuán 从女原聲。
嬿 yàn 从女燕聲。
妸 ē 从女可聲。
嬃 xū 从女須聲。
婕 jié 从女疌聲。
嬩 yú 从女與聲。
孁 líng 从女霝聲。
嫽 liáo 从女尞聲。
㛄 yī 从女衣聲。
婤 zhōu 从女周聲。
姶 è 从女合聲。
妀 jǐ 从女己聲。
妵 tǒu 从女主聲。
㚢 jiǔ 从女久聲。
㚷 èr 从女耳聲。
始 shǐ 从女台聲。
媚 mèi 从女眉聲。
嫵 wǔ 从女無聲。
嬆 xù 从女畜聲。
嫷 duò 从女隋聲。
姝 shū 从女朱聲。
嬹 xìng 从女興聲。
嬮 yān 从女厭聲。
㚾 shū 从女殳聲。
姣 jiǎo 从女交聲。
嬽 yuān 从女䍐聲。
娧 tuì 从女兌聲。
媌 miáo 从女苗聲。
嫿 huà 从女畫聲。
婠 wān 从女官聲。
娙 xíng 从女巠聲。
𡤓 zàn 从女贊聲。
𡤔 luǎn 从女𤔔聲。
妴 wǎn 从女夗聲。
婉 wǎn 从女宛聲。

姛 dòng 从女同聲。
嫣 yān 从女焉聲。
姌 rǎn 从女冄聲。
孅 xiān 从女韱聲。
嫇 míng 从女冥聲。
媱 yáo 从女䍃聲。
嬛 xuān 从女睘聲。
姽 guǐ 从女危聲。
婐 wǒ 从女果聲。
㛂 nuǒ 从女厄聲。
㚲 chān 从女占聲。
𡜟 chān 从女沾聲。
妗 xiān 从女今聲。
嬌 jiǎo 从女簋聲。
婧 jìng 从女青聲。
妌 jìng 从女井聲。
姂 fá 从女乏聲。
嫙 xuán 从女旋聲。
𪗇 qí 从女齊聲。
姡 huá 从女昏聲。
嬥 tiǎo 从女翟聲。
嫢 guī 从女規聲。
媞 shì 从女是聲。
婺 wù 从女敄聲。
嫺 xián 从女閒聲。
嫛 yí 从女𦣝聲。
婜 qiān 从女臤聲。
娛 yú 从女吳聲。
娭 xī 从女矣聲。
媅 dān 从女甚聲。
娓 wěi 从女尾聲。
嫡 dí 从女啻聲。
孎 zhú 从女屬聲。
㜲 wǎn 从女冤聲。
𡞞 yǎn 从女弇聲。
㜵 rǎn 从女染聲。
嫥 zhuān 从女專聲。
嫧 zé 从女責聲。
娕 chuò 从女束聲。
嬐 xiān 从女僉聲。
嬪 pín 从女賓聲。

𡤆 zhì 从女執聲。
㜛 tà 从女沓聲。
嬗 shàn 从女亶聲。
嫴 gū 从女辜聲。
媻 pó 从女般聲。
娑 suō 从女沙聲。
姷 yòu 从女有聲。
姰 jūn 从女旬聲。
𡝗 zī 从女此聲。
妓 jì 从女支聲。
娉 pìn 从女甹聲。
娽 lù 从女彔聲。
孌 liàn 从女䜌聲。
媟 xiè 从女枼聲。
嬻 dú 从女賣聲。
𡤼 zhuó 从女窡聲。
嬖 bì 从女辟聲。
𡣺 qì 从女毄聲。
妎 hài 从女介聲。
妒 dù 从女戶聲。
媢 mào 从女冒聲。
𡝩 yāo 从女芺聲。
嫪 lào 从女翏聲。
婟 hù 从女固聲。
姿 zī 从女次聲。
㜘 jù 从女虘聲。
妨 fáng 从女方聲。
妄 wàng 从女亡聲。
媮 tōu 从女俞聲。
𡛗 hù 从女污聲。
娋 shào 从女肖聲。
𡜢 duò 从女朵聲。
妯 chōu 从女由聲。
嫌 xián 从女兼聲。
媘 shěng 从女省聲。
婼 chuò 从女若聲。
婞 xìng 从女幸聲。
嫳 piè 从女敝聲。
嫸 zhǎn 从女善聲。
娺 zhuó 从女叕聲。
嬒 ǎn 从女會聲。

娿 ē 从女阿聲。
妍 yán 从女幵聲。
娃 wā 从女圭聲。
[illegible] shǎn 从女陝聲。
孈 huì 从女巂聲。
[illegible] huì 从女恚聲。
嫼 mò 从女黑聲。
[illegible] yuè 从女戉聲。
嫖 piào 从女𤐫聲。
[illegible] qiē 从女亜聲。
姎 yāng 从女央聲。
媁 wéi 从女韋聲。
㜣 xián 从女弦聲。
媥 piān 从女扁聲。
嫚 màn 从女曼聲。
[illegible] chā 从女臿聲。
嬬 rú 从女需聲。
娝 pōu 从女否聲。
嬯 tái 从女臺聲。
[illegible] niǎn 从女覃聲。
[illegible] cǎn 从女參聲。
婪 lán 从女林聲。
嬾 lǎn 从女賴聲。
娎 xiè 从女折聲。
[illegible] qiè 从女夾聲。
嬈 niǎo 从女堯聲。
[illegible] huǐ 从女毀聲。
[illegible] cù 从女酋聲。
嫫 mó 从女莫聲。
婓 fēi 从女非聲。
孃 ráng 从女襄聲。
嬒 huì 从女會聲。
媆 ruǎn 从女耎聲。
[illegible] yàn 从女奄聲。
[illegible] làn 从女監聲。
嫯 ào 从女敖聲。
婬 yín 从女㸒聲。
姘 pīn 从女幷聲。
姅 bàn 从女半聲。
娗 tǐng 从女廷聲。
婥 nào 从女卓聲。

娷 zhuì 从女垂聲。
[illegible] nǎo 从女𡿺聲。
媿 kuì 从女鬼聲。
妲 dá 从女旦聲。
嬌 jiāo 从女喬聲。
嬋 chán 从女單聲。
娟 juān 从女肙聲。
嫠 lí 从女𠩺聲。
姤 gòu 从女后聲。
氓 méng 从民亡聲。
[illegible] yìn 从氏垔聲。
[illegible] dié 从氏失聲。
肈 zhào 从戈肁聲。
戣 kuí 从戈癸聲。
[illegible] gān 从戈旱聲。
賊 zéi 从戈則聲。
戰 zhàn 从戈單聲。
戲 xì 从戈虘聲。
戜 dié 从戈呈聲。
截 jié 从戈雀聲。
[illegible] kān 从戈今聲。
戕 qiāng 从戈爿聲。
戮 lù 从戈翏聲。
戡 kān 从戈甚聲。
戭 yǎn 从戈寅聲。
𢦏 zāi 从戈才聲。
戩 jiǎn 从戈晉聲。
戢 jí 从戈咠聲。
戉 yuè 从戈乚聲。
戚 qī 从戉尗聲。
瑟 sè 从珡必聲。
琵 pí 从珡比聲。
琶 pá 从珡巴聲。
無 wú 从亡無聲。
匿 nì 从匸若聲。
[illegible] lòu 从匸丙聲。
匽 yǎn 从匸妟聲。
匧 qiè 从匸夾聲。
匡 kuāng 从匸㞷聲。
匜 yí 从匸也聲。
匴 suǎn 从匸算聲。

[illegible] gòng 从匸贛聲。
匪 fěi 从匸非聲。
[illegible] cāng 从匸倉聲。
[illegible] tiáo 从匸攸聲。
[illegible] yì 从匸異聲。
匫 hū 从匸曶聲。
匬 yǔ 从匸兪聲。
匱 guì 从匸貴聲。
匵 dú 从匸賣聲。
匣 xiá 从匸甲聲。
匯 huì 从匸淮聲。
匰 dān 从匸單聲。
[illegible] qū 从曲玉聲。
[illegible] tāo 从曲舀聲。
[illegible] chā 从甾疌聲。
畚 běn 从甾弁聲。
[illegible] píng 从甾幷聲。
[illegible] lú 从甾虍聲。
瓬 fǎng 从瓦方聲。
甄 zhēn 从瓦垔聲。
甑 zèng 从瓦曾聲。
甗 yǎn 从瓦鬳聲。
瓵 yí 从瓦台聲。
[illegible] dàng 从瓦尚聲。
甌 ōu 从瓦區聲。
瓮 wèng 从瓦公聲。
瓨 xiáng 从瓦工聲。
[illegible] wǎn 从瓦夗聲。
瓴 líng 从瓦令聲。
[illegible] pí 从瓦卑聲。
甂 biān 从瓦扁聲。
瓿 bù 从瓦音聲。
[illegible] róng 从瓦容聲。
甓 pì 从瓦辟聲。
甃 zhòu 从瓦秋聲。
甈 qì 从瓦臬聲。
[illegible] chuǎng 从瓦爽聲。
[illegible] liè 从瓦耎聲。
[illegible] hán 从瓦今聲。
[illegible] suì 从瓦卒聲。
瓪 bǎn 从瓦反聲。

瓷	cí	瓷从瓦次聲。
弴	dūn	弴从弓𦎧聲。
弭	mǐ	弭从弓耳聲。
弲	xuān	弲从弓肙聲。
弧	hú	弧从弓瓜聲。
弨	chāo	弨从弓召聲。
⿰弓雚	quán	⿰弓雚从弓雚聲。
彄	kōu	彄从弓區聲。
⿰弓繇	yáo	⿰弓繇从弓繇聲。
張	zhāng	張从弓長聲。
彏	jué	彏从弓矍聲。
弸	péng	弸从弓朋聲。
彊	qiáng	彊从弓畺聲。
彎	wān	彎从弓䜌聲。
弙	wū	弙从弓于聲。
弘	hóng	弘从弓厶聲。
⿰弓璽	mí	⿰弓璽从弓璽聲。
弩	nǔ	弩从弓奴聲。
彀	gòu	彀从弓𣪊聲。
⿰弓黄	guō	⿰弓黄从弓黄聲。
彃	bì	彃从弓畢聲。
彈	dàn	彈从弓單聲。
發	fā	發从弓癹聲。
⿱幵弓	yì	⿱幵弓从弓幵聲。
弼	bì	弼从弜丙聲。
系	xì	系从糸丿聲。
繇	yáo	繇从系䍃聲。
繅	sāo	繅从糸巢聲。
繹	yì	繹从糸睪聲。
緒	xù	緒从糸者聲。
緬	miǎn	緬从糸面聲。
純	chún	純从糸屯聲。
綃	xiāo	綃从糸肖聲。
⿰糸皆	kāi	⿰糸皆从糸皆聲。
⿰糸巟	huāng	⿰糸巟从糸巟聲。
紇	hé	紇从糸气聲。
紙	dī	紙从糸氏聲。
絓	huà	絓从糸圭聲。
纅	yào	纅从糸樂聲。
繀	suì	繀从糸崔聲。
經	jīng	經从糸巠聲。
織	zhī	織从糸戠聲。
紝	rèn	紝从糸壬聲。
綜	zòng	綜从糸宗聲。
綹	liǔ	綹从糸咎聲。
緯	wěi	緯从糸韋聲。
緷	yùn	緷从糸軍聲。
繢	huì	繢从糸貴聲。
統	tǒng	統从糸充聲。
紀	jì	紀从糸己聲。
繈	qiǎng	繈从糸强聲。
纇	lèi	纇从糸頪聲。
紿	dài	紿从糸台聲。
納	nà	納从糸内聲。
紡	fǎng	紡从糸方聲。
續	xù	續从糸賣聲。
纘	zuǎn	纘从糸贊聲。
紹	shào	紹从糸召聲。
⿰糸羨	chǎn	⿰糸羨从糸羨聲。
⿰糸盈	tīng	⿰糸盈从糸盈聲。
縱	zòng	縱从糸從聲。
紓	shū	紓从糸予聲。
繎	rán	繎从糸然聲。
紆	yū	紆从糸于聲。
緈	xìng	緈从糸㚔聲。
纖	xiān	纖从糸韱聲。
細	xì	細从糸囟聲。
緢	miáo	緢从糸苗聲。
縒	cī	縒从糸差聲。
繙	fán	繙从糸番聲。
縮	suō	縮从糸宿聲。
紊	wèn	紊从糸文聲。
級	jí	級从糸及聲。
總	zǒng	總从糸悤聲。
⿱具糸	jú	⿱具糸从糸具聲。
約	yuē	約从糸勺聲。
繚	liǎo	繚从糸尞聲。
纏	chán	纏从糸廛聲。
繞	rǎo	繞从糸堯聲。
紾	zhěn	紾从糸㐱聲。
繯	xuàn	繯从糸睘聲。
辮	biàn	辮从糸辡聲。
結	jié	結从糸吉聲。
縎	gǔ	縎从糸骨聲。
締	dì	締从糸帝聲。
縛	fù	縛从糸尃聲。
繃	bēng	繃从糸崩聲。
絿	qiú	絿从糸求聲。
絅	jiōng	絅从糸同聲。
⿰糸𠂢	pài	⿰糸𠂢从糸𠂢聲。
⿰糸羸	luò	⿰糸羸从糸羸聲。
給	jǐ	給从糸合聲。
綝	chēn	綝从糸林聲。
縪	bì	縪从糸畢聲。
紈	wán	紈从糸丸聲。
終	zhōng	終从糸冬聲。
繒	zēng	繒从糸曾聲。
緭	wèi	緭从糸胃聲。
絩	tiào	絩从糸兆聲。
綺	qǐ	綺从糸奇聲。
縠	hú	縠从糸𣪊聲。
縳	juàn	縳从糸專聲。
縑	jiān	縑从糸兼聲。
綈	tí	綈从糸弟聲。
練	liàn	練从糸柬聲。
縞	gǎo	縞从糸高聲。
⿰糸璽	shī	⿰糸璽从糸璽聲。
紬	chóu	紬从糸由聲。
綮	qǐ	綮从糸𢼄聲。
綾	líng	綾从糸夌聲。
縵	màn	縵从糸曼聲。
繡	xiù	繡从糸肅聲。
絢	xuàn	絢从糸旬聲。
繪	huì	繪从糸會聲。
緀	qī	緀从糸妻聲。
絹	juàn	絹从糸肙聲。
綠	lǜ	綠从糸彔聲。
縹	piǎo	縹从糸票聲。
⿰糸育	yù	⿰糸育从糸育聲。
絑	zhū	絑从糸朱聲。
纁	xūn	纁从糸熏聲。
絀	chù	絀从糸出聲。
絳	jiàng	絳从糸夅聲。

綰 wǎn 从糸官聲。
縉 jìn 从糸晉聲。
綪 qiàn 从糸青聲。
緹 tǐ 从糸是聲。
縓 quàn 从糸原聲。
紫 zǐ 从糸此聲。
紅 hóng 从糸工聲。
繱 cōng 从糸蔥聲。
紺 gàn 从糸甘聲。
綥 qí 从糸畀聲。
繰 zǎo 从糸喿聲。
緇 zī 从糸甾聲。
纔 shān 从糸毚聲。
⿰糸剡 tǎn 从糸剡聲。
綟 lì 从糸戾聲。
紑 fóu 从糸不聲。
緂 tān 从糸炎聲。
繻 xū 从糸需聲。
縟 rù 从糸辱聲。
纚 xǐ 从糸麗聲。
紘 hóng 从糸厷聲。
紞 dǎn 从糸冘聲。
纓 yīng 从糸嬰聲。
紻 yǎng 从糸央聲。
緌 ruí 从糸委聲。
緄 gǔn 从系昆聲。
紳 shēn 从糸申聲。
繟 chǎn 从糸單聲。
綬 shòu 从糸受聲。
組 zǔ 从糸且聲。
緺 guā 从糸咼聲。
縌 nì 从糸逆聲。
纂 zuǎn 从糸算聲。
紐 niǔ 从糸丑聲。
綸 lún 从糸侖聲。
綎 tīng 从糸廷聲。
絙 huán 从糸亘聲。
繐 suì 从糸惠聲。
紟 jīn 从糸今聲。
緣 yuàn 从糸彖聲。
纀 pú 从糸僕聲。

絝 kù 从糸夸聲。
繑 qiāo 从糸喬聲。
緥 bǎo 从糸保聲。
繜 zūn 从糸尊聲。
紴 bō 从糸皮聲。
絛 tāo 从糸攸聲。
絾 yuè 从糸戉聲。
紃 xún 从糸川聲。
緟 chóng 从糸重聲。
纕 rǎng 从糸襄聲。
纗 zuī 从糸巂聲。
綱 gāng 从糸岡聲。
縜 yún 从糸員聲。
縷 lǚ 从糸婁聲。
綫 xiàn 从糸戔聲。
⿰糸穴 xué 从糸穴聲。
縫 féng 从糸逢聲。
緁 qiè 从糸疌聲。
紩 zhì 从糸失聲。
緛 ruǎn 从糸耎聲。
⿰糸旦 zhàn 从糸旦聲。
繕 shàn 从糸善聲。
絬 xiè 从糸舌聲。
纍 léi 从糸畾聲。
縭 lí 从糸离聲。
緱 gōu 从糸侯聲。
繄 yī 从糸殹聲。
縿 shān 从糸参聲。
⿱折糸 biē 从糸折聲。
紉 rèn 从糸刃聲。
⿰糸争 zhēng 从糸争聲。
絇 qú 从糸句聲。
縋 zhuì 从糸追聲。
絭 quàn 从糸类聲。
緘 jiān 从糸咸聲。
縢 téng 从糸朕聲。
編 biān 从糸扁聲。
維 wéi 从糸隹聲。
絥 bèi 从糸伏聲。
⿰糸正 zhēng 从糸正聲。
綊 xié 从糸夾聲。

緐 fán 从糸每聲。
繮 jiāng 从糸畺聲。
紛 fēn 从糸分聲。
緧 qiū 从糸酋聲。
絆 bàn 从糸半聲。
⿰糸須 xǔ 从糸須聲。
紖 zhèn 从糸引聲。
縼 xuàn 从糸旋聲。
縻 mí 从糸麻聲。
紲 xiè 从糸世聲。
纆 mò 从糸黑聲。
緪 gēng 从糸恆聲。
繘 yù 从糸矞聲。
綆 gěng 从糸更聲。
絠 ǎi 从糸有聲。
⿱敫糸 zhuó 从糸敫聲。
繴 bì 从糸辟聲。
緡 mín 从糸昏聲。
絮 xù 从糸如聲。
絡 luò 从糸各聲。
纊 kuàng 从糸廣聲。
紙 zhǐ 从糸氏聲。
⿰糸咅 fǔ 从糸咅聲。
⿱奴糸 rú 从糸奴聲。
繫 jì 从糸毄聲。
⿰糸虒 lí 从糸虒聲。
緝 jī 从糸咠聲。
絘 cì 从糸次聲。
績 jī 从糸責聲。
纑 lú 从糸盧聲。
紨 fū 从糸付聲。
⿰糸彗 suì 从糸彗聲。
絺 chī 从糸希聲。
綌 xì 从糸谷聲。
縐 zhòu 从糸芻聲。
絟 quán 从糸全聲。
紵 zhù 从糸宁聲。
緦 sī 从糸思聲。
緆 xī 从糸易聲。
緰 tóu 从糸俞聲。
縗 cuī 从糸衰聲。

絰 dié 从糸至聲。
緶 biàn 从糸便聲。
𥿮 huà 从糸戶聲。
緥 běng 从糸封聲。
絜 jié 从糸㓞聲。
繆 móu 从糸翏聲。
綢 chóu 从糸周聲。
緼 yùn 从糸𥁕聲。
紼 fú 从糸弗聲。
絣 bēng 从糸并聲。
紕 bǐ 从糸比聲。
𦆝 jì 从糸罽聲。
縊 yì 从糸益聲。
緻 zhì 从糸致聲。
緗 xiāng 从糸相聲。
緋 fēi 从糸非聲。
緅 zōu 从糸取聲。
繖 sǎn 从糸散聲。
𦂶 shū 从糸束聲。
縡 zǎi 从糸宰聲。
繾 qiǎn 从糸遣聲。
綣 quǎn 从糸卷聲。
𦃇 jú 从素収聲。
𦂏 yuè 从素勺聲。
䋛 lǜ 从素率聲。
繛 chuò 从素卓聲。
蝮 fù 从虫复聲。
螣 téng 从虫朕聲。
蚦 rán 从虫冄聲。
螼 qǐn 从虫堇聲。
螾 yǐn 从虫寅聲。
螉 wēng 从虫翁聲。
蝬 zōng 从虫從聲。
蠁 xiǎng 从虫鄉聲。
蛁 diāo 从虫召聲。
𧌩 cuì 从虫𣪠聲。
蛹 yǒng 从虫甬聲。
螝 guī 从虫鬼聲。
蛕 huí 从虫有聲。
蟯 náo 从虫堯聲。
雖 suī 从虫唯聲。
虺 huǐ 从虫兀聲。
蜥 xī 从虫析聲。
蝘 yǎn 从虫匽聲。
蜓 diàn 从虫廷聲。
蚖 yuán 从虫元聲。
蠸 quán 从虫雚聲。
蟣 jǐ 从虫幾聲。
蛭 zhì 从虫至聲。
蝚 róu 从虫柔聲。
蛣 jié 从虫吉聲。
蚍 qū 从虫出聲。
蟫 yín 从虫覃聲。
蛵 xīng 从虫巠聲。
蜭 hàn 从虫臽聲。
蟜 jiǎo 从虫喬聲。
蛓 cì 从虫𢦏聲。
蛙 kuí 从虫圭聲。
蚔 qí 从虫氏聲。
蝤 qiú 从虫酋聲。
蠐 qí 从虫齊聲。
蝎 hé 从虫曷聲。
強 qiáng 从虫弘聲。
蚚 qí 从虫斤聲。
螕 bī 从虫𣬉聲。
蠖 huò 从虫蒦聲。
蝝 yuán 从虫彖聲。
螻 lóu 从虫婁聲。
蛄 gū 从虫古聲。
蠪 lóng 从虫龍聲。
蛾 yǐ 从虫我聲。
螘 yǐ 从虫豈聲。
蚳 chí 从虫氐聲。
蠜 fán 从虫樊聲。
𧍧 shuài 从虫帥聲。
蝒 mián 从虫面聲。
蟷 dāng 从虫當聲。
蠰 náng 从虫襄聲。
蜋 láng 从虫良聲。
蛸 xiāo 从虫肖聲。
蛢 píng 从虫并聲。
蟠 yù 从虫矞聲。
蟥 huáng 从虫黃聲。
䗐 shī 从虫施聲。
蛅 zhān 从虫占聲。
蜆 xiàn 从虫見聲。
蜰 féi 从虫肥聲。
蝍 jué 从虫却聲。
螎 guǒ 从虫鬲聲。
蠃 luǒ 从虫𣎆聲。
𧕋 líng 从虫霝聲。
蛺 jiá 从虫夾聲。
蜨 dié 从虫疌聲。
蚩 chī 从虫之聲。
螌 bān 从虫般聲。
蟊 máo 从虫敄聲。
蟠 fán 从虫番聲。
蜙 sōng 从虫松聲。
蝑 xū 从虫胥聲。
蟅 zhè 从虫庶聲。
蝗 huáng 从虫皇聲。
蜩 tiáo 从虫周聲。
蟬 chán 从虫單聲。
蜺 ní 从虫兒聲。
螇 xī 从虫奚聲。
蚗 jué 从虫夬聲。
蚵 mián 从虫丏聲。
蛚 liè 从虫列聲。
蜻 jīng 从虫青聲。
蛉 líng 从虫令聲。
蠓 měng 从虫蒙聲。
𧍘 lüè 从虫京聲。
蜹 ruì 从虫芮聲。
蟰 xiāo 从虫肅聲。
蝔 shěng 从虫省聲。
蛶 liè 从虫寽聲。
蜡 qù 从虫昔聲。
蝡 ruǎn 从虫耎聲。
蚑 qí 从虫支聲。
蠉 xuān 从虫睘聲。
䖝 chǎn 从虫中聲。
螸 yú 从虫欲聲。
蟮 shàn 从虫扇聲。

螫	shì	从虫赦聲。
蝁	è	从虫亞聲。
蛘	yǎng	从虫羊聲。
蛟	jiāo	从虫交聲。
螭	chī	从虫离聲。
虯	qiú	从虫丩聲。
蜦	lún	从虫侖聲。
蠊	lián	从虫兼聲。
蜃	shèn	从虫辰聲。
蛤	gé	从虫合聲。
蝸	wō	从虫咼聲。
蚌	bàng	从虫丰聲。
蠇	lì	从虫萬聲。
蝓	yú	从虫俞聲。
蜎	yuān	从虫肙聲。
蟺	shàn	从虫亶聲。
蚴	yōu	从虫幽聲。
蟉	liú	从虫翏聲。
蟄	zhé	从虫執聲。
蚨	fú	从虫夫聲。
⿰虫匊	jú	从虫匊聲。
蝦	há	从虫叚聲。
蟆	má	从虫莫聲。
蠵	xī	从虫巂聲。
蠏	xiè	从虫解聲。
蛫	guǐ	从虫危聲。
蜮	yù	从虫或聲。
⿰虫屰	è	从虫屰聲。
蛧	wǎng	从虫网聲。
蜽	liǎng	从虫兩聲。
蝯	yuán	从虫爰聲。
蠗	zhuó	从虫翟聲。
蜼	wèi	从虫隹聲。
蚼	gǒu	从虫句聲。
蛩	qióng	从虫巩聲。
蟨	jué	从虫厥聲。
蝙	biān	从虫扁聲。
蝠	fú	从虫畐聲。
蠻	mán	从虫䜌聲。
閩	mǐn	从虫門聲。
虹	hóng	从虫工聲。
螮	dì	从虫帶聲。
蝀	dòng	从虫東聲。
蠥	niè	从虫辥聲。
蜑	dàn	从虫延聲。
蟪	huì	从虫惠聲。
蠛	miè	从虫蔑聲。
虴	zhé	从虫乇聲。
蜢	měng	从虫孟聲。
蟋	xī	从虫悉聲。
螳	táng	从虫堂聲。
蠶	cán	从䖵朁聲。
䖸	é	从䖵我聲。
⿱叉䖵	zǎo	从䖵叉聲。
蝨	shī	从䖵卂聲。
螽	zhōng	从䖵夂聲。
蠽	jié	从䖵截聲。
蠿	zhuō	从䖵𢇍聲。
蟊	máo	从䖵矛聲。
⿱寍䖵	níng	从䖵寍聲。
蠤	cáo	从䖵曹聲。
⿱舝䖵	xiá	从䖵舝聲。
⿱卑䖵	pí	从䖵卑聲。
蠭	fēng	从䖵逢聲。
⿱鼏䖵	mì	从䖵鼏聲。
⿱巨䖵	qú	从䖵巨聲。
蟁	wén	从䖵民聲。
蝱	méng	从䖵亡聲。
蠹	dù	从䖵橐聲。
蠡	lǐ	从䖵彖聲。
⿱求䖵	qiú	从䖵求聲。
⿱橐䖵	fú	从䖵橐聲。
⿱雋䖵	juǎn	从䖵雋聲。
蠢	chǔn	从䖵春聲。
⿱𣬉蟲	pí	从蟲𣬉聲。
⿱亃蟲	lìn	从蟲亃聲。
⿱非蟲	fěi	从蟲非聲。
風	fēng	从虫凡聲。
颫	xuè	从風朮聲。
飆	biāo	从風猋聲。
飄	piāo	从風票聲。
颯	sà	从風立聲。
飂	liú	从風翏聲。
颵	wèi	从風胃聲。
䬆	yù	从風日聲。
颺	yáng	从風昜聲。
⿰風利	lì	从風利聲。
颲	liè	从風列聲。
颸	sī	从風思聲。
颼	sōu	从風叜聲。
颭	zhǎn	从風占聲。
⿰冬龜	tóng	从龜夂聲。
⿰冄龜	rán	从龜冄聲。
鼈	biē	从黽敝聲。
黿	yuán	从黽元聲。
鼃	wā	从黽圭聲。
⿱爾黽	shī	从黽爾聲。
鼉	tuó	从黽單聲。
⿰奚黽	xí	从黽奚聲。
⿰句黽	qú	从黽句聲。
鼄	zhū	从黽朱聲。
鼇	áo	从黽敖聲。
毈	duàn	从卵段聲。
竺	dǔ	从二竹聲。
地	dì	从土也聲。
垓	gāi	从土亥聲。
墺	ào	从土奧聲。
堣	yú	从土禺聲。
坶	mù	从土母聲。
坡	pō	从土皮聲。
壤	rǎng	从土襄聲。
塙	què	从土高聲。
墽	qiāo	从土敫聲。
壚	lú	从土盧聲。
埴	zhí	从土直聲。
坴	lù	从土圥聲。
⿱軍土	hún	从土軍聲。
墣	pú	从土菐聲。
堛	bì	从土畐聲。
堫	zōng	从土㚇聲。
塍	chéng	从土朕聲。
坺	bá	从土犮聲。
基	jī	从土其聲。

垣	yuán	垣从土亘聲。
圪	yì	圪从土气聲。
堵	dǔ	堵从土者聲。
壁	bì	壁从土辟聲。
⿰土尞	liáo	⿰土尞从土尞聲。
堨	yè	堨从土曷聲。
埒	liè	埒从土寽聲。
堪	kān	堪从土甚聲。
堂	táng	堂从土尚聲。
垛	duǒ	垛从土朵聲。
坫	diàn	坫从土占聲。
⿸瀧土	lǒng	⿸瀧土从土瀧聲。
垷	xiàn	垷从土見聲。
墐	jìn	墐从土堇聲。
墍	xì	墍从土既聲。
垩	è	垩从土亞聲。
墀	chí	墀从土犀聲。
墼	jī	墼从土毄聲。
坌	fèn	坌从土弅聲。
在	zài	在从土才聲。
坻	zhǐ	坻从土氏聲。
填	tián	填从土真聲。
坦	tǎn	坦从土旦聲。
坒	bì	坒从土比聲。
堤	dǐ	堤从土是聲。
壎	xūn	壎从土熏聲。
壐	xǐ	壐从土爾聲。
垸	huán	垸从土完聲。
型	xíng	型从土刑聲。
埻	zhǔn	埻从土𦎧聲。
塒	shí	塒从土時聲。
墉	yōng	墉从土庸聲。
⿰土葉	dié	⿰土葉从土葉聲。
坎	kǎn	坎从土欠聲。
墊	diàn	墊从土執聲。
坻	chí	坻从土氏聲。
㙷	zhí	㙷从土㬎聲。
垎	hè	垎从土各聲。
垐	cí	垐从土次聲。
增	zēng	增从土曾聲。
埤	pí	埤从土卑聲。
坿	fù	坿从土付聲。
垍	jì	垍从土自聲。
埱	chù	埱从土叔聲。
埵	duǒ	埵从土𡍮聲。
⿰土㚸	jīn	⿰土㚸从土㚸聲。
壔	dǎo	壔从土𠷎聲。
培	péi	培从土咅聲。
埩	zhēng	埩从土爭聲。
墇	zhàng	墇从土章聲。
⿰土則	cè	⿰土則从土則聲。
垠	yín	垠从土艮聲。
墠	shàn	墠从土單聲。
垑	chǐ	垑从土多聲。
壘	lěi	壘从土畾聲。
垝	guǐ	垝从土危聲。
圮	pǐ	圮从土己聲。
垔	yīn	垔从土西聲。
塹	qiàn	塹从土斬聲。
埂	gěng	埂从土更聲。
壙	kuàng	壙从土廣聲。
塏	kǎi	塏从土豈聲。
壓	yā	壓从土厭聲。
壞	huài	壞从土褱聲。
坷	kě	坷从土可聲。
⿰土虖	xià	⿰土虖从土虖聲。
⿰土㡿	chè	⿰土㡿从土㡿聲。
坱	yǎng	坱从土央聲。
塺	méi	塺从土麻聲。
塿	lǒu	塿从土婁聲。
坋	fèn	坋从土分聲。
⿱非土	fèi	⿱非土从土非聲。
埃	āi	埃从土矣聲。
⿱殹土	yī	⿱殹土从土殹聲。
垽	yìn	垽从土沂聲。
垢	gòu	垢从土后聲。
⿰土壹	yì	⿰土壹从土壹聲。
坏	pī	坏从土不聲。
垤	dié	垤从土至聲。
坥	qū	坥从土且聲。
埍	juǎn	埍从土肙聲。
⿱㱿土	kū	⿱㱿土从土㱿聲。
瘞	yì	瘞从土㾈聲。
堋	bèng	堋从土朋聲。
垗	zhào	垗从土兆聲。
墓	mù	墓从土莫聲。
墳	fén	墳从土賁聲。
壟	lǒng	壟从土龍聲。
壇	tán	壇从土亶聲。
場	cháng	場从土昜聲。
圯	yí	圯从土巳聲。
垂	chuí	垂从土𠂹聲。
堀	kū	堀从土屈聲。
塗	tú	塗从土涂聲。
塓	mì	塓从土冥聲。
埏	yán	埏从土延聲。
埸	yì	埸从土易聲。
境	jìng	境从土竟聲。
塾	shú	塾从土孰聲。
墾	kěn	墾从土豤聲。
塘	táng	塘从土唐聲。
坳	āo	坳从土幼聲。
壒	ài	壒从土蓋聲。
墜	zhuì	墜从土隊聲。
塔	tǎ	塔从土荅聲。
坊	fāng	坊从土方聲。
艱	jiān	艱从堇艮聲。
釐	lí	釐从里𠩺聲。
野	yě	野从里予聲。
町	tīng	町从田丁聲。
㽭	ruán	㽭从田耎聲。
畱	liú	畱从田丣聲。
畬	yú	畬从田余聲。
𤳉	róu	𤳉从田柔聲。
畸	jī	畸从田奇聲。
瘥	cuó	⿰田差从田差聲。
畮	mǔ	畮从田每聲。
畦	qí	畦从田圭聲。
畹	wǎn	畹从田宛聲。
畔	pàn	畔从田半聲。
畍	jiè	畍从田介聲。
畎	gǎng	㽘从田亢聲。
畷	zhuì	畷从田叕聲。

畛 zhěn 从田㐱聲。
畤 zhì 从田寺聲。
略 lüè 从田各聲。
當 dāng 从田尚聲。
畯 jùn 从田夋聲。
甿 méng 从田亡聲。
疄 lìn 从田粦聲。
畱 liú 从田丣聲。
疃 tuǎn 从田童聲。
畼 chàng 从田昜聲。
黬 xiān 从黃夾聲。
䵎 tuān 从黃耑聲。
⿰黃有 wěi 从黃有聲。
黇 tiān 从黃占聲。
黊 huà 从黃圭聲。
舅 jiù 从男臼聲。
甥 shēng 从男生聲。
勳 xūn 从力熏聲。
助 zhù 从力且聲。
勑 lài 从力來聲。
劼 jié 从力吉聲。
務 wù 从力敄聲。
勥 qiǎng 从力强聲。
勱 mài 从力萬聲。
⿱厥力 jué 从力厥聲。
勍 qíng 从力京聲。
勁 jìng 从力巠聲。
勉 miǎn 从力免聲。
劭 shào 从力召聲。
勖 xù 从力冒聲。
勸 quàn 从力雚聲。
勝 shēng 从力朕聲。
勠 lù 从力翏聲。
勨 xiàng 从力象聲。
動 dòng 从力重聲。
⿰畾力 lèi 从力畾聲。
劣 liè 从力少聲。
勮 jù 从力豦聲。
勀 kè 从力克聲。
勩 yì 从力貰聲。
勦 jiǎo 从力巢聲。

勤 qín 从力堇聲。
𠢕 háo 从力敖聲。
勇 yǒng 从力甬聲。
勃 bó 从力孛聲。
勡 piào 从力票聲。
劾 hé 从力亥聲。
募 mù 从力莫聲。
劬 qú 从力句聲。
勢 shì 从力埶聲。
勘 kàn 从力甚聲。
辦 bàn 从力辡聲。
金 jīn 生於土，从土；左右注，象金在土中形；今聲。
銀 yín 从金艮聲。
鐐 liáo 从金尞聲。
鉛 qiān 从金㕣聲。
錫 xī 从金易聲。
鈏 yǐn 从金引聲。
銅 tóng 从金同聲。
鏈 lián 从金連聲。
鐵 tiě 从金𢧜聲。
鍇 kǎi 从金皆聲。
鋚 tiáo 从金攸聲。
鏤 lòu 从金婁聲。
鐼 fén 从金賁聲。
銑 xiǎn 从金先聲。
鋻 jiàn 从金臤聲。
鏫 lí 从金黎聲。
録 lù 从金录聲。
鑄 zhù 从金壽聲。
銷 xiāo 从金肖聲。
鑠 shuò 从金樂聲。
鍊 liàn 从金柬聲。
釘 dīng 从金丁聲。
錮 gù 从金固聲。
鑲 ráng 从金襄聲。
鎔 róng 从金容聲。
鋏 jiá 从金夾聲。
鍛 duàn 从金段聲。

鋌 dìng 从金廷聲。
⿰金曉 xiǎo 从金曉聲。
鏡 jìng 从金竟聲。
鉹 chǐ 从金多聲。
銒 xíng 从金开聲。
鍾 zhōng 从金重聲。
鑑 jiàn 从金監聲。
鐈 qiáo 从金喬聲。
鐆 suì 从金隊聲。
鋞 xíng 从金巠聲。
鑴 xī 从金巂聲。
鑊 huò 从金蒦聲。
鍑 fù 从金复聲。
鍪 móu 从金敄聲。
錪 tiǎn 从金典聲。
銼 cuò 从金坐聲。
⿰金羸 luó 从金羸聲。
鉶 xíng 从金荆聲。
鎬 hào 从金高聲。
鏖 āo 从金麀聲。
銚 yáo 从金兆聲。
鐎 jiāo 从金焦聲。
鋗 xuān 从金肙聲。
鏏 wèi 从金彗聲。
鍵 jiàn 从金建聲。
鉉 xuàn 从金玄聲。
鋊 yù 从金谷聲。
鑯 jiān 从金韱聲。
錠 dìng 从金定聲。
鐙 dēng 从金登聲。
鏶 jí 从金集聲。
鍱 yè 从金葉聲。
鏟 chǎn 从金産聲。
鑪 lú 从金盧聲。
鏇 xuàn 从金旋聲。
鍗 tí 从金虒聲。
鐪 lǔ 从金虜聲。
錯 cuò 从金昔聲。
⿰金御 yǔ 从金御聲。
錡 yǐ 从金奇聲。
鍤 chā 从金臿聲。

鉥 shù 从金术聲。
鍼 zhēn 从金咸聲。
鈹 pī 从金皮聲。
鎩 shā 从金殺聲。
鈕 niǔ 从金丑聲。
銎 qiōng 从金巩聲。
鈭 zī 从金此聲。
錍 bēi 从金卑聲。
鐫 juān 从金雋聲。
銛 xiān 从金舌聲。
鈂 chén 从金冘聲。
[illegible] guǐ 从金危聲。
鐅 piě 从金敝聲。
錢 jiǎn 从金戔聲。
钁 jué 从金矍聲。
鈐 qián 从金今聲。
[illegible] duò 从金隋聲。
鏺 pō 从金發聲。
鉏 chú 从金且聲。
[illegible] bēi 从金罷聲。
鎌 lián 从金兼聲。
鍥 qiè 从金契聲。
鉊 zhāo 从金召聲。
銍 zhì 从金至聲。
鎮 zhèn 从金眞聲。
鉆 chān 从金占聲。
銸 zhé 从金耴聲。
鉗 qián 从金甘聲。
釱 dì 从金大聲。
鋸 jù 从金居聲。
鐕 zān 从金朁聲。
錐 zhuī 从金隹聲。
鑱 chán 从金毚聲。
銳 ruì 从金兑聲。
鏝 màn 从金曼聲。
鑽 zuàn 从金贊聲。
鑢 lǜ 从金慮聲。
銓 quán 从金全聲。
銖 zhū 从金朱聲。
鋝 lüè 从金寽聲。
鍰 huán 从金爰聲。

錙 zī 从金甾聲。
錘 chuí 从金垂聲。
鈞 jūn 从金勻聲。
鈀 bā 从金巴聲。
鐲 zhuó 从金蜀聲。
鉦 zhēng 从金正聲。
鐃 náo 从金堯聲。
鐸 duó 从金睪聲。
鑮 bó 从金薄聲。
鏞 yōng 从金庸聲。
鐘 zhōng 从金童聲。
鈁 fāng 从金方聲。
鎛 bó 从金尃聲。
鍠 huáng 从金皇聲。
鎗 chēng 从金倉聲。
鏓 cōng 从金悤聲。
錚 zhēng 从金爭聲。
鏜 tāng 从金堂聲。
[illegible] qìng 从金輕聲。
鐔 xín 从金覃聲。
鏌 mò 从金莫聲。
釾 yé 从金牙聲。
鏢 biāo 从金票聲。
鈒 sà 从金及聲。
鋋 chán 从金延聲。
鈗 yǔn 从金允聲。
鉈 shī 从金它聲。
鏦 cōng 从金從聲。
錟 tán 从金炎聲。
鏠 fēng 从金逢聲。
錞 duì 从金𦎫聲。
鐏 zùn 从金尊聲。
鏐 liú 从金翏聲。
鍭 hóu 从金矦聲。
鏑 dí 从金啻聲。
鎧 kǎi 从金豈聲。
釬 hàn 从金干聲。
錏 yā 从金亞聲。
鍜 xiá 从金叚聲。
鐗 jiàn 从金閒聲。
釭 gāng 从金工聲。

銴 shì 从金折聲。
釳 xì 从金气聲。
鉞 huì 从金戉聲。
鍚 yáng 从金陽聲。
鑣 biāo 从金麃聲。
鈇 fū 从金夫聲。
釣 diào 从金勺聲。
[illegible] zhì 从金埶聲。
鋃 láng 从金良聲。
鐺 dāng 从金當聲。
鋂 méi 从金每聲。
鍡 wěi 从金畏聲。
鑸 lěi 从金壘聲。
鎎 xì 从金氣聲。
鋪 pū 从金甫聲。
鐉 quān 从金巽聲。
鈔 chāo 从金少聲。
錔 tà 从金沓聲。
銽 guā 从金昏聲。
鉻 luò 从金各聲。
[illegible] zhǎn 从金亶聲。
鏃 zú 从金族聲。
鈌 jué 从金夬聲。
鏉 shòu 从金欶聲。
錉 mín 从金昏聲。
鉅 jù 从金巨聲。
鎕 táng 从金唐聲。
銻 tí 从金弟聲。
鈋 é 从金化聲。
鐜 duī 从金敦聲。
錭 táo 从金周聲。
鈍 dùn 从金屯聲。
鈽 qí 从金朩聲。
錗 nèi 从金委聲。
鑺 qú 从金瞿聲。
銘 míng 从金名聲。
鎖 suǒ 从金肖聲。
鈿 tián 从金田聲。
釧 chuàn 从金川聲。
釵 chāi 从金叉聲。
[illegible] zù 从且虘聲。

斧 fǔ 从斤父聲。
斨 qiāng 从斤爿聲。
斫 zhuó 从斤石聲。
斪 qú 从斤句聲。
斸 zhú 从斤屬聲。
所 suǒ 从斤戶聲。
斯 sī 从斤其聲。
斮 zhuó 从斤昔聲。
⿰良斤 luǒ 从斤良聲。
新 xīn 从斤新聲。
斛 hú 从斗角聲。
斞 yǔ 从斗臾聲。
斡 wò 从斗倝聲。
魁 kuí 从斗鬼聲。
斠 jiào 从斗冓聲。
斟 zhēn 从斗甚聲。
斜 xié 从斗余聲。
⿰奭斗 jū 从斗奭聲。
⿰㫄斗 pāng 从斗㫄聲。
⿰䜌斗 juàn 从斗䜌聲。
斣 dòu 从斗蜀聲。
⿰庣斗 tiāo 从斗庣聲。
⿰矛良 láng 从矛良聲。
⿰矛害 kài 从矛害聲。
矠 zé 从矛昔聲。
矜 jīn 从矛今聲。
⿰矛丑 niǔ 从矛丑聲。
軒 xuān 从車干聲。
輜 zī 从車甾聲。
軿 píng 从車并聲。
轀 wēn 从車𥁕聲。
輬 liáng 从車京聲。
軺 yáo 从車召聲。
輕 qīng 从車巠聲。
輶 yóu 从車酋聲。
輣 péng 从車朋聲。
軘 tún 从車屯聲。
⿰車童 chōng 从車童聲。
轈 cháo 从車巢聲。
輿 yú 从車舁聲。
輯 jí 从車咠聲。

⿰車曼 màn 从車曼聲。
軓 fàn 从車凡聲。
軾 shì 从車式聲。
輅 lù 从車各聲。
較 jué 从車交聲。
轛 zhuì 从車對聲。
輢 yǐ 从車奇聲。
輒 zhé 从車耴聲。
⿰車川 chūn 从車川聲。
轖 sè 从車嗇聲。
軨 líng 从車令聲。
輑 yǐn 从車君聲。
軫 zhěn 从車㐱聲。
轐 bú 从車菐聲。
⿰車憂 mǐn 从車憂聲。
軸 zhóu 从車由聲。
輹 fù 从車复聲。
軔 rèn 从車刃聲。
輮 róu 从車柔聲。
轂 gǔ 从車𣪊聲。
輥 gǔn 从車昆聲。
軝 qí 从車氏聲。
軹 zhǐ 从車只聲。
輻 fú 从車畐聲。
轑 lǎo 从車尞聲。
軑 dì 从車大聲。
輨 guǎn 从車官聲。
轅 yuán 从車袁聲。
輈 zhōu 从車舟聲。
⿱具車 jú 从車具聲。
軏 yuè 从車元聲。
軶 è 从車戹聲。
⿰車軍 hún 从車軍聲。
軥 qú 从車句聲。
轙 yǐ 从車義聲。
軜 nà 从車内聲。
⿱丞車 chéng 从車丞聲。
載 zài 从車𢦏聲。
軷 bá 从車犮聲。
轄 xiá 从車害聲。
轉 zhuǎn 从車專聲。

輸 shū 从車俞聲。
輖 zhōu 从車周聲。
輩 bèi 从車非聲。
軋 yà 从車乙聲。
⿰車反 niǎn 从車反聲。
轢 lì 从車樂聲。
軌 guǐ 从車九聲。
軼 yì 从車失聲。
⿰車眞 kēng 从車眞聲。
⿱埶車 zhì 从車埶聲。
軭 kuáng 从車匡聲。
輟 chuò 从車叕聲。
⿰車多 qǐ 从車多聲。
⿱算車 shuàn 从車算聲。
軻 kě 从車可聲。
⿱殸車 kēng 从車殸聲。
輪 lún 从車侖聲。
輇 quán 从車全聲。
輗 ní 从車兒聲。
軧 dǐ 从車氐聲。
轃 zhēn 从車秦聲。
轒 fén 从車賁聲。
⿰車宛 yuān 从車宛聲。
輂 jú 从車共聲。
輓 wǎn 从車免聲。
軖 kuáng 从車㞷聲。
轘 huàn 从車瞏聲。
輀 ér 从車而聲。
輔 fǔ 从車甫聲。
轏 zhàn 从車孱聲。
轔 lín 从車粦聲。
⿱屮𠂤 niè 从𠂤中聲。
陵 líng 从𨸏夌聲。
⿰阝䌛 hùn 从𨸏䌛聲。
阞 lè 从𨸏力聲。
陰 yīn 从𨸏侌聲。
陽 yáng 从𨸏昜聲。
阿 ē 从𨸏可聲。
陂 bēi 从𨸏皮聲。
阪 bǎn 从𨸏反聲。
陬 zōu 从𨸏取聲。

隅	yú	从𨸏禺聲。
險	xiǎn	从𨸏僉聲。
限	xiàn	从𨸏艮聲。
阻	zǔ	从𨸏且聲。
陮	duì	从𨸏隹聲。
隗	wěi	从𨸏鬼聲。
阭	yǔn	从𨸏允聲。
⿰阝絫	lěi	从𨸏絫聲。
陗	qiào	从𨸏肖聲。
陖	jùn	从𨸏夋聲。
隥	dèng	从𨸏登聲。
陋	lòu	从𨸏㔷聲。
陜	xiá	从𨸏夾聲。
隰	xí	从𨸏㬎聲。
陭	qū	从𨸏區聲。
隤	tuí	从𨸏貴聲。
隊	zhuì	从𨸏㒸聲。
降	jiàng	从𨸏夅聲。
隕	yǔn	从𨸏員聲。
阤	zhì	从𨸏也聲。
隓	huī	从𨸏𡍮聲。
陊	duò	从𨸏多聲。
阬	kēng	从𨸏亢聲。
隫	dú	从𨸏𧶠聲。
防	fáng	从𨸏方聲。
隄	dī	从𨸏是聲。
阯	zhǐ	从𨸏止聲。
陘	xíng	从𨸏巠聲。
附	bù	从𨸏付聲。
阺	dǐ	从𨸏氐聲。
隒	yǎn	从𨸏兼聲。
阸	è	从𨸏戹聲。
隔	gé	从𨸏鬲聲。
障	zhàng	从𨸏章聲。
隱	yǐn	从𨸏㥯聲。
隩	ào	从𨸏奧聲。
隈	wēi	从𨸏畏聲。
⿰阝解	xiè	从𨸏解聲。
隴	lǒng	从𨸏龍聲。
⿰阝衣	yī	从𨸏衣聲。
陝	shǎn	从𨸏夾聲。
⿰阝無	wú	从𨸏無聲。
⿰阝卷	juǎn	从𨸏卷聲。
陭	yì	从𨸏奇聲。
隃	shù	从𨸏俞聲。
阮	yuán	从𨸏元聲。
⿰阝告	kū	从𨸏告聲。
陚	fù	从𨸏武聲。
⿰阝貞	zhēng	从𨸏貞聲。
阝丁	dīng	从𨸏丁聲。
⿰阝爲	huī	从𨸏爲聲。
陼	zhǔ	从𨸏者聲。
陶	táo	从𨸏匋聲。
阽	yán	从𨸏占聲。
除	chú	从𨸏余聲。
階	jiē	从𨸏皆聲。
阼	zuò	从𨸏乍聲。
陛	bì	从𨸏坒聲。
陔	gāi	从𨸏亥聲。
際	jì	从𨸏祭聲。
陪	péi	从𨸏咅聲。
⿰阝彖	zhuàn	从𨸏彖聲。
陾	réng	从𨸏耎聲。
陴	pí	从𨸏卑聲。
隍	huáng	从𨸏皇聲。
阹	qū	从𨸏去聲。
陲	chuí	从𨸏垂聲。
隖	wǔ	从𨸏烏聲。
院	yuàn	从𨸏完聲。
陯	lún	从𨸏侖聲。
陙	chún	从𨸏辰聲。
⿰阝戔	jiàn	从𨸏戔聲。
阠	shēn	从𨸏卂聲。
阡	qiān	从𨸏千聲。
𨼸	ài	从𨺅𦬉聲。
禽	qín	从厹，象形，今聲。
乾	qián	从乙倝聲。
尢	yóu	从乙，乙，物之達也。倝聲。
成	chéng	从戊丁聲。
㠱	jì	从己其聲。
辜	gū	从辛古聲。
辥	xuē	从辛𡴎聲。
㝅	gòu	从子𣪊聲。
孿	luán	从子䜌聲。
孺	rú	从子需聲。
孟	mèng	从子皿聲。
孼	niè	从子辥聲。
孳	zī	从子兹聲。
孤	gū	从子瓜聲。
存	cún	从子才聲。
斈	jiào	从子爻聲。
育	yù	从𠫓肉聲。
啎	wǔ	从午吾聲。
䡝	yìn	从申柬聲。
曳	yè	从申丿聲。
⿰酉冡	méng	从酉冡聲。
⿰酉甚	yín	从酉甚聲。
釀	niàng	从酉襄聲。
醞	yùn	从酉𥁕聲。
⿱弁酉	fàn	从酉弁聲。
酴	tú	从酉余聲。
釃	shī	从酉麗聲。
⿰酉肙	juān	从酉肙聲。
⿰酉鬲	lì	从酉鬲聲。
醴	lǐ	从酉豊聲。
醪	láo	从酉翏聲。
醇	chún	从酉𦎫聲。
醹	rǔ	从酉需聲。
醠	àng	从酉盎聲。
醲	nóng	从酉農聲。
⿰酉茸	róng	从酉茸聲。
酤	gū	从酉古聲。
⿰酉監	làn	从酉監聲。
酷	kù	从酉告聲。
醰	dàn	从酉覃聲。
⿰酉市	pò	从酉市聲。
配	pèi	从酉己聲。
⿰酉弋	yì	从酉弋聲。
醆	zhǎn	从酉戔聲。
酌	zhuó	从酉勺聲。

醮	jiào	从西焦聲。
⿰酉晉	jǐn	从西晉聲。
⿰酉匀	yìn	从西匀聲。
醻	chóu	从西𠷎聲。
醋	zuó	从西昔聲。
⿰酉监	mì	从西监聲。
酖	dān	从西冘聲。
醧	yù	从西區聲。
醵	jù	从西豦聲。
酺	pú	从西甫聲。
醅	pēi	从西咅聲。
醺	xūn	从西熏聲。
⿰酉句	xù	从西句聲。
酲	chéng	从西呈聲。
醨	lí	从西离聲。
⿰酉韱	chǎn	从西韱聲。
酸	suān	从西夋聲。
酨	zài	从西𢦏聲。
醶	yàn	从西僉聲。
酢	cù	从西乍聲。
酏	yǐ	从西也聲。
⿱敄酉	mú	从西敄聲。
⿰酉俞	tú	从西俞聲。
酹	lèi	从西寽聲。
⿰酉畢	bì	从西畢聲。
⿰酉矞	jú	从西矞聲。
⿰酉京	liáng	从西京聲。
酪	lào	从西各聲。
醐	hú	从西胡聲。
酩	mǐng	从西名聲。
酊	dǐng	从西丁聲。
醒	xǐng	从西星聲。
醍	tǐ	从西是聲。

亦聲類檢

吏 lì 从一从史，史亦聲。
禮 lǐ 从示从豊，豊亦聲。
祏 shí 从示从石，石亦聲。
禬 guì 从示从會，會亦聲。
琥 hǔ 从玉从虎，虎亦聲。
瓏 lóng 从玉从龍，龍亦聲。
瑁 mào 从玉、冒，冒亦聲。
珥 ěr 从玉、耳，耳亦聲。
琀 hán 从玉从含，含亦聲。
芬 fēn 从屮从分，分亦聲。
莱 lèi 从艸、耒，耒亦聲。
莽 mǎng 从犬从茻，茻亦聲。
𠔁 bié 从重八。八，別也。亦聲。
必 bì 从八、弋，弋亦聲。
胖 pàn 从半从肉，半亦聲。
牭 sì 从牛从四，四亦聲。
犓 chú 从牛、芻，芻亦聲。
𤚩 qiǎn 从牛从臤，臤亦聲。
單 dān 从吅、甲，吅亦聲。
喪 sàng 从哭从亾。會意。亾亦聲。
返 fǎn 从辵从反，反亦聲。
選 xuǎn 从辵、巽，巽遣之；巽亦聲。
𢓜 rǒu 从彳从柔，柔亦聲。
齨 jiù 从齒从臼，臼亦聲。
䶤 huá 从齒从骨，骨亦聲。
𤘫 qī 从牙从奇，奇亦聲。
䟽 shū 从疋，疋亦聲。
𤕟 shū 从爻从疋，疋亦聲。
舌 shé 从干从口，干亦聲。
拘 jū 从句从手，句亦聲。
笱 gǒu 从竹从句，句亦聲。
鉤 gōu 从金从句，句亦聲。
𦱳 jiū 从茻从丩，丩亦聲。
詵 shēn 从言从先，先亦聲。
詔 zhào 从言从召，召亦聲。
警 jǐng 从言从敬，敬亦聲。
誼 yì 从言从宜，宜亦聲。
𧥣 kòu 从言从口，口亦聲。
謎 mí 从言、迷，迷亦聲。
菐 pú 从丵从廾，廾亦聲。
僕 pú 从人从菐，菐亦聲。
𢍏 bān 从菐从八。八，分之也。八亦聲。
樊 fán 从𠬜从棥，棥亦聲。
晨 chén 从臼从辰，辰亦聲。
釁 xìn 从爨省，从酉。从分，分亦聲。
鞣 róu 从革从柔，柔亦聲。
𩊄 jiá 从革从夾，夾亦聲。
𣪠 zhuì 从又持祟，祟亦聲。
整 zhěng 从攴从束从正，正亦聲。
政 zhèng 从攴从正，正亦聲。
敆 hé 从攴从合，合亦聲。
敡 yì 从攴从易，易亦聲。
𢿣 qún 从攴从羣，羣亦聲。
鼓 gǔ 从攴从壴，壴亦聲。
甫 fǔ 从用、父，父亦聲。
瞑 míng 从目、冥，冥亦聲。
眇 miǎo 从目从少，少亦聲。
齅 xiù 从鼻从臭，臭亦聲。
奭 shì 从大从皕，皕亦聲。
雊 gòu 从隹从句，句亦聲。
𥈆 miè 从苜从火，苜亦聲。
羌 qiāng 从人从羊，羊亦聲。
幽 yōu 从山中丝，丝亦聲。
叀 zhuān 从幺省；屮，財見也；屮亦聲。

舒	shū	从舍从予，予亦聲。
穽	jǐng	从奴从井，井亦聲。
殯	bìn	从歺从賓，賓亦聲。
腥	xìng	从肉从星，星亦聲。
腔	qiāng	从肉从空，空亦聲。
剝	bō	从刀从录。录，刻割也。录亦聲。
劃	huá	从刀从畫，畫亦聲。
劑	jì	从刀从齊，齊亦聲。
刺	cì	从刀从朿，朿亦聲。
筑	zhú	从竹从巩。巩，持之也。竹亦聲。
簺	sài	从竹从塞，塞亦聲。
迈	jì	从辵从丌，丌亦聲。
磨	gān	从甘从麻。麻，調也。甘亦聲。
曹	cè	从曰从冊，冊亦聲。
可	kě	从口己，己亦聲。
号	xū	从口从亏，亏亦聲。
憙	xǐ	从心从喜，喜亦聲。
愷	kǎi	从心、豈，豈亦聲。
鑑	zhù	从虘、宔，宔亦聲。
主	zhǔ	从𡈼，象形。从丶，丶亦聲。
咅	pǒu	从丶从否，否亦聲。
丼	jǐng	从𠂤从井，井亦聲。
刑	xíng	从井从刀。《易》曰：“井，法也。”井亦聲。
饗	xiǎng	从食从鄉，鄉亦聲。
餽	guì	从食从鬼，鬼亦聲。
䢅	chén	从會从辰，辰亦聲。
舜	shùn	从舛，舛亦聲。
柵	zhà	从木从冊，冊亦聲。
枰	píng	从木从平，平亦聲。
杽	chǒu	从木从手，手亦聲。
貧	pín	从貝从分，分亦聲。
鄯	shàn	从邑从善，善亦聲。
晛	xiàn	从日从見，見亦聲。
晬	zuì	从日、卒，卒亦聲。
旄	máo	从㫃从毛，毛亦聲。
東	hàn	从木、马，马亦聲。
窞	dàn	从穴从臽，臽亦聲。
竀	chēng	从穴中正見也，正亦聲。
瘧	nüè	从疒从虐，虐亦聲。
冠	guān	从冂从元，元亦聲。
冣	jù	从冂从取，取亦聲。
兩	liǎng	从一；㒳，平分，亦聲。
羂	juàn	从网、絹，絹亦聲。
罶	liǔ	从网、留，留亦聲。
仲	zhòng	从人从中，中亦聲。
傾	qīng	从人从頃，頃亦聲。
係	xì	从人从系，系亦聲。
像	xiàng	从人从象，象亦聲。
儈	guì	从人、會，會亦聲。
低	dī	从人、氐，氐亦聲。
債	zhài	从人、責，責亦聲。
價	jià	从人、賈，賈亦聲。
僦	jiù	从人、就，就亦聲。
化	huà	从匕从人，匕亦聲。
從	cóng	从辵、从，从亦聲。
衵	yì	从衣从日，日亦聲。
襹	zhǐ	从衣、黹，黹亦聲。
覽	lǎn	从見、監，監亦聲。
歊	xiāo	从欠、高，高亦聲。
欥	yù	从欠从曰，曰亦聲。
頞	mò	从頁、㝵，㝵亦聲。
靦	tiǎn	从面、見，見亦聲。
顏	rán	从須从冄，冄亦聲。
彰	zhāng	从彡从章，章亦聲。
呴	hǒu	从口、后，后亦聲。
匌	gé	从勹从合，合亦聲。
魑	chī	从鬼从离，离亦聲。
屵	è	从山、厂，厂亦聲。
駮	wén	从馬从文，文亦聲。
猪	yān	从犬从音，音亦聲。
奘	zàng	从犬从壯，壯亦聲。
煣	rǒu	从火、柔，柔亦聲。
焚	fán	从火、棥，棥亦聲。
悤	cōng	从心、囪，囪亦聲。
赩	xì	从赤、色，色亦聲。
尳	hú	从尣从骨，骨亦聲。
執	zhí	从丮从卒，卒亦聲。

𡕒 gǎng 从亢从夋。夋，倨也。亢亦聲。
奡 ào 从百从夰，夰亦聲。
昦 hào 从日、夰，夰亦聲。
臩 guǎng 从夰、臦。臦亦聲。
奘 zàng 从大从壯，壯亦聲。
息 xī 从心从自，自亦聲。
憼 jǐng 从心从敬，敬亦聲。
懬 kuàng 从心从廣，廣亦聲。
⿱弦心 xián 从心从弦，弦亦聲。
懝 ài 从心从疑，疑亦聲。
忘 wàng 从心从亡，亡亦聲。
愾 xì 从心从氣，氣亦聲。
患 huàn 从心上貫吅，吅亦聲。
恇 kuāng 从心、匡，匡亦聲。
汭 ruì 从水从内，内亦聲。
泬 jué 从水从穴，穴亦聲。
洸 guāng 从水从光，光亦聲。
汲 jí 从水从及，及亦聲。
⿰氵愁 chóu 从水从愁，愁亦聲。
泮 pàn 从水从半，半亦聲。
萍 píng 从水、苹，苹亦聲。
涯 yá 从水从厓，厓亦聲。
否 fǒu 从口从不，不亦聲。
閽 hūn 从門从昏，昏亦聲。
挻 shān 从手从延，延亦聲。
授 shòu 从手从受，受亦聲。
⿱毁手 huǐ 从手、毁，毁亦聲。
拲 gǒng 从手从共，共亦聲。
姓 xìng 从女从生，生亦聲。
娶 qǔ 从女从取，取亦聲。
婚 hūn 从女从昏，昏亦聲。
姻 yīn 从女从因，因亦聲。
妊 rèn 从女从壬，壬亦聲。
娣 dì 从女从弟，弟亦聲。
婢 bì 从女从卑，卑亦聲。
媄 měi 从女从美，美亦聲。
奸 jiān 从女从干，干亦聲。
匹 pǐ 从八、匸。八揲一匹，八亦聲。
⿰糸米 mǐ 从系从米，米亦聲。
緉 liǎng 从系从兩，兩亦聲。
螟 míng 从虫从冥，冥亦聲。
蟘 tè 从虫从貸，貸亦聲。
蝕 shí 从虫、人、食，食亦聲。
⿰風忽 hū 从風从忽，忽亦聲。
鼀 cù 从黽从圥，圥亦聲。
坪 píng 从土从平，平亦聲。
均 jūn 从土从勻，勻亦聲。
墨 mò 从土从黑，黑亦聲。
城 chéng 从土从成，成亦聲。
黃 huáng 从田从炗，炗亦聲。
功 gōng 从力从工，工亦聲。
勶 chè 从力从徹，徹亦聲。
釦 kòu 从金从口，口亦聲。
鏨 zàn 从金从斬，斬亦聲。
鈴 líng 从金从令，令亦聲。
鍒 róu 从金从柔，柔亦聲。
⿰半斗 bàn 从斗从半，半亦聲。
軓 fǎn 从車从反，反亦聲。
陸 lù 从𨸏从坴，坴亦聲。
陷 xiàn 从𨸏从臽，臽亦聲。
⿰阝頃 qīng 从𨸏从頃，頃亦聲。
阢 wù 从𨸏从兀，兀亦聲。
字 zì 从子在宀下，子亦聲。
季 jì 从子，从稚省，稚亦聲。
疏 shū 从㐬从疋，疋亦聲。
羞 xiū 从羊，羊，所進也；从丑，丑亦聲。
酒 jiǔ 从水从酉，酉亦聲。
酣 hān 从酉从甘，甘亦聲。

省聲類檢

齋	zhāi	从示，齊省聲。
禜	yǒng	从示，榮省聲。
祲	jìn	从示，侵省聲。
瑑	zhuàn	从玉，篆省聲。
瑩	yíng	从玉，熒省聲。
珊	shān	从玉，刪省聲。
琛	chēn	从玉，深省聲。
茿	zhú	从艸，筑省聲。
莃	xī	从艸，稀省聲。
蘜	jú	从艸，鞠省聲。
莔	méng	从艸，明省聲。
蓨	wéi	从艸，隨省聲。
茲	zī	从艸，茲省聲。
莜	diào	从艸，條省聲。
蔓	qǐn	从艸，侵省聲。
茸	róng	从艸，聰省聲。
蓐	hāo	从蓐，好省聲。
余	yú	从八，舍省聲。
犢	dú	从牛，瀆省聲。
犖	luò	从牛，勞省聲。
嚳	kù	从告，學省聲。
咺	xuǎn	从口，宣省聲。
唏	xī	从口，稀省聲。
哾	dōu	从口，投省聲。
噧	xiè	从口，蠆省聲。
嘆	tàn	从口，歎省聲。
昏	guā	从口，氒省聲。
售	shòu	从口，雔省聲。
哭	kū	从吅，獄省聲。
赴	fù	从走，仆省聲。
搴	qiān	从走，寋省聲。
赽	jué	从走，決省聲。
趆	chě	从走，㡿省聲。
邁	mài	从辵，蠆省聲。
隨	suí	从辵，墮省聲。
進	jìn	从辵，閵省聲。
迮	zé	从辵，作省聲。
逢	féng	从辵，夆省聲。
齜	chái	从齒，柴省聲。
䶈	bó	从齒，博省聲。
躖	duàn	从足，斷省聲。
蹢	zhí	从足，適省聲。
蹇	jiǎn	从足，寒省聲。
趹	jué	从足，決省聲。
商	shāng	从㕯，章省聲。
詧	chá	从言，察省聲。
譞	xuān	从言，圜省聲。
謍	yíng	从言，熒省聲。
訇	hōng	从言，勻省聲。
詿	guà	从言，佳省聲。
譽	bó	从言，暴省聲。
讋	zhé	从言，讘省聲。
譓	huī	从言，隨省聲。
訴	sù	从言，厈省聲。
誓	xī	从言，斯省聲。
讄	lěi	从言，纍省聲。
訣	jué	从言，決省聲。
童	tóng	从辛，重省聲。
要	yāo	从臼，交省聲。
融	róng	从鬲，蟲省聲。
闠	pīn	从門，賓省聲。
度	dù	从又，庶省聲。
事	shì	从史，之省聲。
段	duàn	从殳，耑省聲。
將	jiàng	从寸，𨟻省聲。
皮	pí	从又，爲省聲。

肈 zhào 从攴，肈省聲。
敢 xiè 从攴，耴省聲。
貞 zhēn 从卜，貝以爲贄。一曰鼎省聲。
甯 nìng 从用，寍省聲。
旬 xuàn 从目，勻省聲。
晵 qì 从目，啓省聲。
睎 xī 从目，稀省聲。
瞢 miè 从目，蔑省聲。
瑩 yíng 从目，滎省聲。
魯 lǔ 从绝，羴省聲。
藺 lìn 从隹，両省聲。
雁 yīng 从隹，瘖省聲。
羔 gāo 从羊，照省聲。
鷽 xué 从鳥，學省聲。
鵲 yuè 从鳥，說省聲。
鶯 yīng 从鳥，滎省聲。
鸐 dí 从鳥，適省聲。
騫 xiān 从鳥，寒省聲。
兹 lú 从玄，旅省聲。
受 shòu 从𠬪，舟省聲。
殤 shāng 从歺，傷省聲。
薨 hōng 从死，瞢省聲。
薧 hāo 从死，蒿省聲。
肤 jué 从肉，決省聲。
胘 xián 从肉，弦省聲。
䏿 qǐ 从肉，啓省聲。
刷 shuā 从刀，㕞省聲。
刹 chà 从刀，未詳。殺省聲。
觷 xué 从角，學省聲。
觴 shāng 从角，煬省聲。
觮 nuò 从角，弱省聲。
鼖 fén 从鼓，賁省聲。
豈 qǐ 从豆，微省聲。
𧯠 jǐn 从豆，蒸省聲。
虩 mì 从虎，昔省聲。
甹 tíng 从血，甹省聲。
盥 nóng 从血，農省聲。
棐 yǐng 从井，瑩省聲。
餮 tiè 从食，殄省聲。
匋 táo 从缶，包省聲。
罃 yīng 从缶，熒省聲。
缺 quē 从缶，決省聲。

矤 shěn 从矢，引省聲。
市 shì 从冂从㇇，㇇，古文及，象物相及也。之省聲。
覃 tán 从㫗，鹹省聲。
复 fú 从夊，畐省聲。
舝 xiá 从舛，萬省聲。
杏 xìng 从木，可省聲。
梫 qǐn 从木，侵省聲。
榹 háo 从木，號省聲。
梓 zǐ 从木，宰省聲。
檵 jì 从木，繼省聲。
榮 róng 从木，熒省聲。
欂 bì 从木，薄省聲。
櫋 mián 从木，邊省聲。
梳 shū 从木，疏省聲。
梼 zhé 从木，特省聲。
檃 yǐn 从木，隱省聲。
柷 zhù 从木，祝省聲。
棨 qǐ 从木，啟省聲。
梐 bì 从木，陛省聲。
楝 sè 从木，策省聲。
鬱 yù 从林，鬱省聲。
產 chǎn 从生，彥省聲。
甤 ruí 从生，豨省聲。
囊 náng 从㯻省，襄省聲。
橐 pāo 从㯻省，匋省聲。
贛 gòng 从貝，竷省聲。
賫 shāng 从貝，商省聲。
賽 sài 从貝，塞省聲。
竆 qióng 从邑，窮省聲。
鄶 kuài 从邑，蔽省聲。
晵 qǐ 从日，啓省聲。
㬉 nǎn 从日，赧省聲。
否 mì 从日，否省聲。
夜 yè 从夕，亦省聲。
夢 méng 从夕，瞢省聲。
秋 qiū 从禾，龝省聲。
黍 shǔ 从禾，雨省聲。
黎 lí 从黍，秎省聲。
粱 liáng 从米，梁省聲。
䊭 qū 从米，籟省聲。
縈 xíng 从瓜，熒省聲。

𤬪 yáo 从瓜，繇省聲。
家 jiā 从宀，豭省聲。
宜 yí 从宀之下，一之上，多省聲。
宕 dàng 从宀，碭省聲。
宮 gōng 从宀，躳省聲。
營 yíng 从宮，熒省聲。
竈 zào 从穴，鼀省聲。
𥥍 yuè 从穴，决省聲。
竇 dòu 从穴，瀆省聲。
寢 qǐn 从㝱省，𡨦省聲。
疦 jué 从疒，决省聲。
疛 zhǒu 从疒，肘省聲。
癘 lì 从疒，蠆省聲。
痋 tóng 从疒，蟲省聲。
疫 yì 从疒，役省聲。
徽 huī 从巾，微省聲。
𪓐 zuì 从黹，綷省聲。
㣲 wéi 从人从攴，豈省聲。
伭 xián 从人，弦省聲。
傷 shāng 从人，𥏫省聲。
屔 ní 从丘，泥省聲。
量 liáng 从重省，曏省聲。
監 jiān 从臥，衉省聲。
襲 xí 从衣，𧕿省聲。
𧛔 duò 从衣，惰省聲。
褰 qiān 从衣，寒省聲。
褒 bāo 从衣，保省聲。
袁 yuán 从衣，叀省聲。
褮 yíng 从衣，熒省聲。
展 zhǎn 从尸，襄省聲。
船 chuán 从舟，鉛省聲。
充 chōng 从儿，育省聲。
覺 jué 从見，學省聲。
𧢝 jí 从見，𦦡省聲。
弞 shěn 从欠，引省聲。
歎 tàn 从欠，鷬省聲。
欷 xī 从欠，稀省聲。
㰶 jiào 从欠，噭省聲。
頨 yǔ 从頁，翩省聲。
煩 fán 从頁从火。一曰焚省聲。
㣎 mù 从彡，㝮省聲。
髶 róng 从髟，茸省聲。
匊 jū 从勹，䈮省聲。
䰙 nuó 从鬼，難省聲。
崋 huà 从山，華省聲。
嶨 xué 从山，學省聲。
嵌 qiān 从山，歁省聲。
嵐 lán 从山，葻省聲。
嵇 xí 从山，稽省聲。
㡪 huán 从广，閔省聲。
厲 lì 从厂，蠆省聲。
厗 tí 从厂，屖省聲。
礐 què 从石，學省聲。
豛 yì 从豕，役省聲。
彙 wèi 从㣇，胃省聲。
馰 dí 从馬，的省聲。
𩨍 wò 从馬，學省聲。
駸 qīn 从馬，侵省聲。
騫 qiān 从馬，寒省聲。
騂 xīng 从馬，觲省聲。
麇 jūn 从鹿，囷省聲。
麃 páo 从鹿，票省聲。
獎 jiǎng 从犬，將省聲。
狦 shàn 从犬，刪省聲。
狄 dí 从犬，亦省聲。
䶉 liú 从鼠，畱省聲。
熊 xióng 从能，炎省聲。
羆 pí 从熊，罷省聲。
熯 hàn 从火，漢省聲。
𤇣 lìn 从火，㒼省聲。
炭 tàn 从火，岸省聲。
𤉛 zhǎ 从火，差省聲。
𤓽 jiǎo 从火，教省聲。
炊 chuī 从火，吹省聲。
黴 méi 从黑，微省聲。
黰 diàn 从黑，殿省聲。
赨 tóng 从赤，蟲省聲。
𧹞 hù 从赤，㱿省聲。
奔 bēn 从夭，賁省聲。
奚 xī 从大，𦃃省聲。
憲 xiàn 从心从目，害省聲。
恬 tián 从心，甛省聲。
𡫳 sè 从心，塞省聲。
愯 sǒng 从心，雙省聲。

怳	huǎng	从心，況省聲。
憪	jiǎn	从心，簡省聲。
慯	shāng	从心，殤省聲。
怍	zuò	从心，作省聲。
漢	hàn	从水，難省聲。
汨	mì	从水，冥省聲。
滮	biāo	从水，彪省聲。
澂	chéng	从水，徵省聲。
淀	xuán	从水，旋省聲。
滎	xíng	从水，熒省聲。
渠	qú	从水，榘省聲。
澩	xué	从水，學省聲。
溦	wēi	从水，微省聲。
溼	shī	从水；一，所以覆也，覆而有土，故溼也。㬎省聲。
漿	jiāng	从水，將省聲。
潸	shān	从水，散省聲。
瀣	xiè	从水，韰省聲。
巠	jīng	从川在一下。一，地也。壬省聲。
𡿪	liè	从川，列省聲。
霅	zhá	从雨，譶省聲。
靄	ǎi	从雨，藹省聲。
鰖	duò	从魚，憜省聲。
魦	shā	从魚，沙省聲。
鮮	xiān	从魚，羴省聲。
鮺	zhǎ	从魚，差省聲。
龍	lóng	从肉，飛之形，童省聲。
陛	bī	从非，陛省聲。
煢	qióng	从卂，營省聲。
鹺	cuó	从鹵，差省聲。
𢨋	qù	从戶，劫省聲。
閱	yuè	从門，說省聲。
耿	gěng	从耳，烓省聲。
聳	sǒng	从耳，從省聲。
𢯾	jú	从手，䈝省聲。
瘳	chì	从手，瘛省聲。
𢳆	cè	从手，籍省聲。
嬴	yíng	从女，贏省聲。
㛑	càn	从女，奴省聲。
妝	zhuāng	从女，牀省聲。
嫈	yīng	从女，熒省聲。
妜	yuè	从女，決省聲。
姍	shān	从女，刪省聲。
嬙	qiáng	从女，牆省聲。
望	wàng	从亡，朢省聲。
甍	méng	从瓦，夢省聲。
瓻	chī	从瓦，稀省聲。
𦃃	bó	从糸，暴省聲。
綅	qīn	从糸，侵省聲。
徽	huī	从糸，微省聲。
繩	shéng	从糸，蠅省聲。
縈	yíng	从糸，熒省聲。
紂	zhòu	从糸，肘省聲。
蛜	yī	从虫，伊省聲。
蠚	hē	从虫，若省聲。
螹	jiàn	从虫，漸省聲。
𧓉	zhǎn	从䖵，展省聲。
䬻	liáng	从風，涼省聲。
鼅	zhī	从黽，𥏻省聲。
垶	xīng	从土，觲省聲。
坄	yì	从土，役省聲。
堀	kū	从土，屈省聲。
毀	huǐ	从土，毇省聲。
塋	yíng	从土，熒省聲。
畿	jī	从田，幾省聲。
券	juàn	从力，卷省聲。
鋈	wù	从金，茯省聲。
鎣	yìng	从金，熒省聲。
鑿	záo	从金，糳省聲。
鉵	tóng	从金，蟲省聲。
鉣	jié	从金，劫省聲。
𨍭	qióng	从車，熒省聲。
𨍲	juàn	从車从行。一曰衍省聲。
範	fàn	从車，笵省聲。
𨏲	niè	从車，櫱省聲。
𨎘	zōng	从車，從省聲。
𨋳	chái	从車，差省聲。
轍	zhé	从車，徹省聲。
𨹟	jué	从𨸏，決省聲。
𨢿	gǎn	从酉，贛省聲。
釂	jiào	从酉，嚼省聲。
醟	yòng	从酉，熒省聲。

讀若類檢

禶	cuì	數祭也。从示毳聲。讀若春麥爲桑之桑。
皇	huáng	大也。从自。自，始也。始皇者，三皇，大君也。自，讀若鼻，今俗以始生子爲鼻子。
瓇	náo	玉也。从玉夒聲。讀若柔。
𤪌	lì	玉也。从玉毄聲。讀若鬲。
珣	xún	醫無閭珣玗琪，《周書》所謂夷玉也。从玉旬聲。一曰器，讀若宣。
琷	xiù	朽玉也。从玉有聲。讀若畜牧之畜。
璹	shú	玉器也。从玉𠷎聲。讀若淑。
玤	bàng	石之次玉者。以爲系璧。从玉丰聲。讀若《詩》曰"瓜瓞菶菶"。一曰若盒蚌。
玖	jiǔ	石之次玉黑色者。从玉久聲。《詩》曰："貽我佩玖。"讀若芑。或曰若人句脊之句。
㺿	yí	石之似玉者。从玉𦣞聲。讀若貽。
璡	jīn	石之似玉者。从玉進聲。讀若津。
璁	cōng	石之似玉者。从玉悤聲。讀若蔥。
琥	hào	石之似玉者。从玉號聲。讀若鎬。
璓	xiá	石之似玉者。从玉舝聲。讀若曷。
玽	gǒu	石之次玉者。从玉句聲。讀若苟。
琟	wéi	石之似玉者。从玉隹聲。讀若維。
瑂	méi	石之似玉者。从玉眉聲。讀若眉。
珉	mò	玉屬。从玉叟聲。讀若沒。
瑎	xié	黑石似玉者。从玉皆聲。讀若諧。
丨	gǔn	上下通也。引而上行讀若囟，引而下行讀若逻。凡丨之屬皆从丨。
屮	chè	艸木初生也。象丨出形，有枝莖也。古文或以爲艸字。讀若徹。凡屮之屬皆从屮。尹彤說。
莠	yǒu	禾粟下生莠。从艸秀聲。讀若酉。
薵	dú	水萹茿。从艸从水，毒聲。讀若督。
莛	lí	艸也。从艸里聲。讀若釐。
芨	jī	堇艸也。从艸及聲。讀若急。
莙	jùn	井藻也。从艸君聲。讀若威。
夢	méng	灌渝。从艸夢聲。讀若萌。
藨	biāo	鹿藿也。从艸麃聲。讀若剽。一曰蔽屬。
蒯	jì	艸之小者。从艸劂聲。劂，古文銳字。讀若芮。

蘳 huà 黄華。从艸黊聲。讀若壞。
蒪 fū 華葉布。从艸傅聲。讀若傅。
芮 ruì 芮芮，艸生皃。从艸内聲。讀若汭。
葻 lán 艸得風皃。从艸、風。讀若婪。
萃 cuì 艸皃。从艸卒聲。讀若瘁。
苪 zhì 以艸補缺。从艸丙聲。讀若陸。或以爲綴。一曰約空也。
尐 jié 少也。从小乀聲。讀若輟。
釆 biàn 辨别也。象獸指爪分别也。凡釆之屬皆从釆。讀若辨。
牬 tú 黄牛虎文。从牛余聲。讀若塗。
牰 tāo 牛徐行也。从牛攴聲。讀若滔。
犻 fèi 兩壁耕也。从牛非聲。一曰覆耕穜也。讀若匪。
犞 tāo 牛羊無子也。从牛㝵聲。讀若糗糧之糗。
掔 qiǎn 牛很不從引也。从牛从臤，臤亦聲。一曰大皃。讀若賢。
噲 kuài 咽也。从口會聲。讀若快。一曰嚵，噲也。
嗺 jí 嗺也。从口集聲。讀若集。
啐 shuì 小歙也。从口率聲。讀若㕞。
唉 āi 膺也。从口矣聲。讀若埃。
唪 běng 大笑也。从口奉聲。讀若《詩》曰“瓜瓞菶菶”。
啻 chì 語時不啻也。从口帝聲。一曰啻，諟也。讀若鞮。
哽 gěng 語爲舌所介也。从口更聲。讀若井級綆。
哇 wā 諂聲也。从口圭聲。讀若醫。
咢 è 語相訶歫也。从口歫辛。辛，惡聲也。讀若櫱。
唊 jiá 妄語也。从口夾聲。讀若莢。
嗑 kè 多言也。从口盍聲。讀若甲。
哤 máng 哤異之言。从口尨聲。一曰雜語。讀若尨。
唬 xiāo 嗁聲也。一曰虎聲。从口从虎。讀若暠。
㕣 yǎn 山閒陷泥地。从口，从水敗皃。讀若沇州之沇。九州之渥地也，故以沇名焉。
吅 xuān 驚嘑也。从二口。凡吅之屬皆从吅。讀若讙。
嚴 níng 亂也。从爻、工、交、吅。一曰窒嚴。讀若禳。
㖞 zhōu 呼雞重言之。从吅州聲。讀若祝。
趫 qiāo 善緣木走之才。从走喬聲。讀若王子蹻。
赳 jiū 輕勁有才力也。从走丩聲。讀若鐈。
趁 chèn 𧼯也。从走㐱聲。讀若塵。
趀 cī 蒼卒也。从走𠂹聲。讀若資。
趣 qǐn 行皃。从走臤聲。讀若菣。
趨 zhú 行皃。从走蜀聲。讀若燭。
趚 jiàng 行皃。从走匠聲。讀若匠。
趣 xún 走皃。从走叡聲。讀若紃。
趌 jié 走意。从走薊聲。讀若髽結之結。
趪 zhí 走也。从走戴聲。讀若《詩》“威儀秩秩”。
趙 yòu 走也。从走有聲。讀若又。

趨	wǔ	走輕也。从走烏聲。讀若鄔。
趯	qú	走顧皃。从走瞿聲。讀若劬。
趜	qióng	獨行也。从走勻聲。讀若煢。
趕	hái	留意也。从走里聲。讀若小兒孩。
趯	xuān	疾也。从走睘聲。讀若讙。
趩	chì	行聲也。一曰不行皃。从走異聲。讀若敕。
赾	qǐn	行難也。从走斤聲。讀若菫。
趜	jú	走意也。从走夐聲。讀若繘。
趉	jué	走也。从走出聲。讀若無尾之屈。
越	qiān	蹇行越越也。从走虔聲。讀若愆。
趌	kuǐ	半步也。从走圭聲。讀若跬同。
趍	chí	趍驚，輕薄也。从走虒聲。讀若池。
趋	bó	僵也。从走咅聲。讀若匐。
趮	lì	動也。从走樂聲。讀若《春秋傳》曰“輔趮”。
趙	diān	走頓也。从走真聲。讀若顛。
少	tà	蹈也。从反止。讀若撻。
癶	bō	足剌癶也。从止、少。凡癶之屬皆从癶。讀若撥。
辵	chuò	乍行乍止也。从彳从止。凡辵之屬皆从辵。讀若《春秋公羊傳》曰“辵階而走”。
達	huì	無違也。从辵舝聲。讀若害。
逊	jiù	恭謹行也。从辵𣪘聲。讀若九。
逝	shì	往也。从辵折聲。讀若誓。
邁	zhù	不行也。从辵䡅聲。讀若住。
遏	è	微止也。从辵曷聲。讀若桑蟲之蝎。
迣	zhì	迾也。晉趙曰迣。从辵世聲。讀若寘。
迁	gān	進也。从辵干聲。讀若干。
迹	zhì	前頡也。从辵市聲。賈侍中說：一讀若拾，又若郅。
逴	chuò	遠也。从辵卓聲。一曰蹇也。讀若棹苕之棹。
夆	fēng	使也。从彳夆聲。讀若螽。
徲	tí	久也。从彳犀聲。讀若遲。
亍	chù	步止也。从反彳。讀若畜。
齜	chái	齒相齗也。一曰開口見齒之皃。从齒，柴省聲。讀若柴。
齤	quán	缺齒也。一曰曲齒。从齒类聲。讀若權。
齘	là	齒分骨聲。从齒列聲。讀若剌。
齘	qiè	齒差也。从齒屑聲。讀若切。
齭	chǔ	齒傷酢也。从齒所聲。讀若楚。
蹶	jué	僵也。从足厥聲。一曰跳也。亦讀若橜。
跛	bǒ	行不正也。从足皮聲。一曰足排之。讀若彼。
蹁	pián	足不正也。从足扁聲。一曰拖後足馬。讀若苹。或曰徧。
踦	kuí	脛肉也。一曰曲脛也。从足奔聲。讀若逵。
跳	fèi	跀也。从足非聲。讀若匪。

䟽	shū	門戶疏窻也。从疋，疋亦聲。囱象䟽形。讀若疏。
㗊	jí	眾口也。从四口。凡㗊之屬皆从㗊。讀若戢。又讀若呶。
𡅻	huàn	呼也。从㗊莧聲。讀若讙。
𢆉	rěn	𢆉撖也。从干。入一爲干，入二爲𢆉。讀若能。言稍甚也。
䎙	xīng	聲也。从只甹聲。讀若聲。
諄	zhūn	告曉之孰也。从言𦎫聲。讀若庉。
誧	bū	大也。一曰人相助也。从言甫聲。讀若逋。
𧦝	xì	待也。从言伿聲。讀若饕。
諎	zé	大聲也。从言昔聲。讀若笮。
譸	zhōu	訓也。从言壽聲。讀若醻。《周書》曰：“無或譸張爲幻。”
誃	chǐ	離別也。从言多聲。讀若《論語》“跢予之足”。周景王作洛陽誃臺。
詯	huì	膽气滿，聲在人上。从言自聲。讀若反目相睞。
讗	xié	言壯皃。一曰數相怒也。从言巂聲。讀若畫。
訇	hōng	駭言聲。从言，勻省聲。漢中西城有訇鄉。又讀若玄。
訬	chāo	訬擾也。一曰訬，獪。从言少聲。讀若毚。
讋	zhé	失气言。一曰不止也。从言，龖省聲。傅毅讀若慴。
謓	chēn	恚也。从言眞聲。賈侍中說：謓，笑。一曰讀若振。
𧥷	zhǐ	訐也。从言臣聲。讀若指。
諯	zhuān	數也。一曰相讓也。从言耑聲。讀若專。
譙	qiào	嬈譊也。从言焦聲。讀若嚼。
諽	gé	飾也。一曰更也。从言革聲。讀若戒。
該	gāi	軍中約也。从言亥聲。讀若心中滿該。
訄	qiú	迫也。从言九聲。讀若求。
譶	tà	疾言也。从三言。讀若沓。
誩	jìng	競言也。从二言。凡誩之屬皆从誩。讀若競。
䇂	qiān	辠也。从干、二。二，古文上字。凡䇂之屬皆从䇂。讀若愆。張林說。
丵	zhuó	叢生艸也。象丵嶽相竝出也。凡丵之屬皆从丵。讀若浞。
𢍏	bān	賦事也。从业从八。八，分之也。八亦聲。讀若頒。一曰讀若非。
𢍭	juàn	摶飯也。从廾釆聲。釆，古文辨字。讀若書卷。
𢍬	kuí	持弩拊。从廾、肉。讀若逵。
舁	yú	共舉也。从臼从廾。凡舁之屬皆从舁。讀若余。
鞄	páo	柔革工也。从革包聲。讀若朴。《周禮》曰：“柔皮之工鮑氏。”鞄卽鮑也。
韗	yùn	攻皮治鼓工也。从革軍聲。讀若運。
𩊱	sǎ	小兒履也。从革及聲。讀若沓。
鞃	hóng	車軾也。从革弘聲。《詩》曰：“鞹鞃淺幭。”讀若穹。
𩏂	zuān	車衡三束也。曲轅鞼縛，直轅𨏓縛。从革爨聲。讀若《論語》“鑽燧”之“鑽”。
鞥	ēng	譻鞥。从革弇聲。讀若譍。一曰龍頭繞者。
䩨	chěng	驂具也。从革蚩聲。讀若騁蜃。
鬹	guī	三足釜也。有柄喙。讀若嬀。从鬲規聲。
䰛	guō	秦名土釜曰䰛。从鬲屮聲。讀若過。
鬵	qín	大釜也。一曰鼎大上小下若甑曰鬵。从鬲兓聲。讀若岑。

丮 jí 持也。象手有所丮據也。凡丮之屬皆从丮。讀若戟。

𩟿 zài 設飪也。从丮从食，才聲。讀若載。

𢦒 huà 擊踝也。从丮从戈。讀若踝。

鬮 jiū 鬭取也。从鬥龜聲。讀若三合繩糾。

𩰫 pīn 鬭也。从鬥，賓省聲。讀若賓。

𩰲 xuàn 試力士錘也。从鬥从戈，或从戰省。讀若縣。

燮 xiè 和也。从言从又、炎。籒文燮从羊。羊，音飪。讀若溼。

𠭊 zhuì 楚人謂卜問吉凶曰𠭊。从又持祟，祟亦聲。讀若贅。

𠬛 mò 入水有所取也。从又在囘下。囘，古文回。回，淵水也。讀若沫。

𦘔 jīn 聿飾也。从聿从彡。俗語以書好爲𦘔。讀若津。

臤 qiān 堅也。从又臣聲。凡臤之屬皆从臤。讀若鏗鏘之鏗。古文以爲賢字。

𦣞 guàng 乖也。从二臣相違。讀若誑。

几 shū 鳥之短羽飛几几也。象形。凡几之屬皆从几。讀若殊。

𤿺 ruǎn 柔韋也。从北，从皮省，从夐省。凡𤿺之屬皆从𤿺。讀若耎。一曰若儁。

敳 ái 有所治也。从攴豈聲。讀若豤。

敿 jiǎo 繫連也。从攴喬聲。《周書》曰："敿乃干。"讀若矯。

敉 mǐ 撫也。从攴米聲。《周書》曰："亦未克敉公功。"讀若弭。

𢾒 dù 閉也。从攴度聲。讀若杜。

敂 kòu 擊也。从攴句聲。讀若扣。

鈙 qín 持也。从攴金聲。讀若琴。

攺 gǎi 毅攺，大剛卯，以逐鬼鬽也。从攴巳聲。讀若巳。

𥄎 xuè 舉目使人也。从攴从目。凡𥄎之屬皆从𥄎。讀若颰。

𡙁 quán 大視也。从大、𥄎。讀若齤。

瞦 xī 目童子精也。从目喜聲。讀若禧。

睒 shǎn 暫視皃。从目炎聲。讀若白蓋謂之苫相似。

䀣 bì 直視也。从目必聲。讀若《詩》云"泌彼泉水"。

䀎 xié 蔽人視也。从目开聲。讀若攜手。一曰直視也。

眓 huò 視高皃。从目戉聲。讀若《詩》曰"施罛濊濊"。

䳂 diāo 目孰視也。从目鳥聲。讀若雕。

𥉂 yuè 目深皃。从目、窅。讀若《易》曰"勿卹"之"卹"。

睼 tiàn 迎視也。从目是聲。讀若珥瑱之瑱。

睩 lù 目睞謹也。从目彔聲。讀若鹿。

䀠 jù 左右視也。从二目。凡䀠之屬皆从䀠。讀若拘。又若良士瞿瞿。

𥄕 juàn 目圍也。从䀠、纾。讀若書卷之卷。古文以爲醜字。

齅 xiù 以鼻就臭也。从鼻从臭，臭亦聲。讀若畜牲之畜。

鼾 hān 臥息也。从鼻干聲。讀若汗。

𪖰 xiè 臥息也。从鼻隶聲。讀若虺。

皕 bì 二百也。凡皕之屬皆从皕。讀若祕。

奭 shì 盛也。从大从皕，皕亦聲。此燕召公名。讀若郝。《史篇》名醜。

翜 shà 捷也。飛之疾也。从羽夾聲。讀若瀒。一曰俠也。

𦐔 huáng 樂舞。以羽翿自翳其首，以祀星辰也。从羽王聲。讀若皇。

翇	fú	樂舞。執全羽以祀社稷也。从羽犮聲。讀若紱。
旊	fāng	鳥也。从隹方聲。讀若方。
雁	yàn	鳥也。从隹从人，厂聲。讀若鴈。
罩	zhào	覆鳥令不飛走也。从网、隹。讀若到。
奞	suī	鳥張毛羽自奮也。从大从隹。凡奞之屬皆从奞。讀若睢。
雈	huán	鴟屬。从隹从𦫳，有毛角。所鳴，其民有旤。凡雈之屬皆从雈。讀若和。
𦫳	guǎ	羊角也。象形。凡𦫳之屬皆从𦫳。讀若菲。
芇	mián	相當也。闕。讀若宀。
苜	mò	目不正也。从𦫳从目。凡苜之屬皆从苜。莧从此。讀若末。
羜	zhù	五月生羔也。从羊宁聲。讀若煑。
𦍩	yù	六月生羔也。从羊孜聲。讀若霧。
羍	dá	小羊也。从羊大聲。讀若達。
挑	zhào	羊未卒歲也。从羊兆聲。或曰：夷羊百斤左右爲挑。讀若《春秋》"盟于洮"。
𦏧	jìn	羊名。从羊執聲。汝南平輿有𦏧亭。讀若晉。
瞿	jù	鷹隼之視也。从隹从䀠，䀠亦聲。凡瞿之屬皆从瞿。讀若章句之句。
矍	jué	隹欲逸走也。从又持之，矍矍也。讀若《詩》云"穬彼淮夷"之"穬"。一曰視遽皃。
雔	chóu	雙鳥也。从二隹。凡雔之屬皆从雔。讀若醻。
鶤	kūn	鶤雞也。从鳥軍聲。讀若運。
鵔	bó	鳥也。从鳥犮聲。讀若撥。
敫	yuè	光景流也。从白从放。讀若龠。
𠬪	biào	物落；上下相付也。从爪从又。凡𠬪之屬皆从𠬪。讀若《詩》"摽有梅"。
𤔔	luàn	治也。幺子相亂，𠬪治之也。讀若亂同。一曰理也。
寽	lǜ	五指持也。从𠬪一聲。讀若律。
𣦼	cán	殘穿也。从又从歺。凡𣦼之屬皆从𣦼。讀若殘。
叡	hè	溝也。从𣦼从谷。讀若郝。
𣪠	gài	𣦼探堅意也。从𣦼从貝。貝，堅寶也。讀若概。
歺	è	列骨之殘也。从半冎。凡歺之屬皆从歺。讀若櫱岸之櫱。
髀	bēi	别也。从冎卑聲。讀若罷。
䯜	tì	骨間黃汁也。从骨易聲。讀若《易》曰"夕惕若厲"。
膌	jī	頰肉也。从肉幾聲。讀若畿。
臑	nào	臂羊矢也。从肉需聲。讀若襦。
肤	jué	孔也。从肉，決省聲。讀若決水之決。
脙	qiú	齊人謂臞脙也。从肉求聲。讀若休止。
脀	chéng	騃也。从肉丞聲。讀若丞。
膘	piǎo	牛脅後髀前合革肉也。从肉㶾聲。讀若繇。
脘	wǎn	胃府也。从肉完聲。讀若患。舊云脯。
膴	hū	無骨腊也。楊雄說：鳥腊也。从肉無聲。《周禮》有膴判。讀若謨。
肍	qiú	孰肉醬也。从肉九聲。讀若舊。
䐣	sǔn	切孰肉，内於血中和也。从肉員聲。讀若遜。
臇	juǎn	脏也。从肉雋聲。讀若纂。

腏 chuò 挑取骨閒肉也。从肉叕聲。讀若《詩》曰“啜其泣矣”。
脂 xiàn 食肉不猒也。从肉臽聲。讀若陷。
肰 rán 犬肉也。从犬、肉。讀若然。
刉 jī 劃傷也。从刀气聲。一曰斷也。又讀若殪。一曰刀不利，於瓦石上刉之。
魝 jié 楚人謂治魚也。从刀从魚。讀若鍥。
丯 jiè 艸蔡也。象艸生之散亂也。凡丯之屬皆从丯。讀若介。
觼 xuān 揮角皃。从角雚聲。梁隱縣有觼亭，又讀若繟。
觛 xuān 角匕也。从角亘聲。讀若讙。
觩 qiú 惟射收繳具。从角酋聲。讀若鰌。
觳 hú 盛觵卮也。一曰射具。从角殻聲。讀若斛。
筡 tú 折竹笢也。从竹余聲。讀若絮。
竽 fū 筳也。从竹孚聲。讀若《春秋》魯公子彄。
籫 zuǎn 竹器也。从竹贊聲。讀若纂。一曰叢。
箝 qián 蔽絮簣也。从竹沾聲。讀若錢。
算 suàn 數也。从竹从具。讀若筭。
丌 jī 下基也。薦物之丌。象形。凡丌之屬皆从丌。讀若箕同。
磿 gān 和也。从甘从麻。麻，調也。甘亦聲。讀若函。
鹵 réng 驚聲也。从乃省，西聲。籀文鹵不省。或曰：鹵，往也。讀若仍。
逌 yóu 气行皃。从乃卤聲。讀若攸。
丂 hē 反丂也。讀若呵。
尌 shù 立也。从壴从寸，持之也。讀若駐。
鼜 qì 夜戒守鼓也。从壴蚤聲。《禮》：昏鼓四通爲大鼓，夜半三通爲戒晨，旦明五通爲發明。讀若戚。
豋 dēng 禮器也。从廾持肉在豆上。讀若鐙同。
號 hào 土鍪也。从虛号聲。讀若鎬。
虔 qián 虎行皃。从虍文聲。讀若矜。
虘 cuó 虎不柔不信也。从虍且聲。讀若鄌縣。
虩 gé 虎聲也。从虎毄聲。讀若隔。
䖘 mì 白虎也。从虎，昔省聲。讀若鼏。
䖵 yín 兩虎爭聲。从虤从曰。讀若慭。
贙 xuàn 分別也。从虤對爭貝。讀若迴。
皿 mǐn 飯食之用器也。象形。與豆同意。凡皿之屬皆从皿。讀若猛。
盍 yòu 小甌也。从皿有聲。讀若灰。一曰若賄。
夌 líng 去也。从去夌聲。讀若陵。
甹 tíng 定息也。从血，甹省聲。讀若亭。
雘 wò 善丹也。从丹蒦聲。《周書》曰：“惟其敷丹雘。”讀若隺。
刱 chuàng 造法刱業也。从井刅聲。讀若創。
皀 bī 穀之馨香也。象嘉穀在裹中之形。匕，所以扱之。或說皀，一粒也。凡皀之屬皆从皀。又讀若香。
冟 shì 飯剛柔不調相著。从皀冂聲。讀若適。
鬯吏 shǐ 列也。从鬯吏聲。讀若迅。

䭑 lián 嘰也。从食兼聲。讀若風溓溓。一曰廉潔也。
餩 è 飢也。从食戹聲。讀若楚人言恚人。
亼 jí 三合也。从入、一，象三合之形。凡亼之屬皆从亼。讀若集。
𦉪 kòu 未燒瓦器也。从缶㱿聲。讀若筩莩。
𦈢 tà 下平缶也。从缶乏聲。讀若𦐇。
𩫏 quē 缺也。古者城闕其南方謂之𩫏。从𩫏，缺省。讀若拔物爲決引也。
𦎫 chún 孰也。从亯从羊。讀若純。一曰鬻也。
䈞 dǔ 厚也。从亯竹聲。讀若篤。
𩫖 yōng 用也。从亯从自。自知臭香所食也。讀若庸。
畐 fú 滿也。从高省，象高厚之形。凡畐之屬皆从畐。讀若伏。
麷 fēng 煑麥也。从麥豐聲。讀若馮。
𪌂 kū 餅𪌭也。从麥㱿聲。讀若庫。
𡕥 pú 行𡕥𡕥也。从夊，闕。讀若僕。
𡕒 wǎn 瑙蓋也。象皮包覆瑙，下有兩臂，而夊在下。讀若范。
䑟 huáng 華榮也。从舜生聲。讀若皇。《爾雅》曰："䑟，華也。"
𩏓 jiū 收束也。从韋糕聲。讀若酋。
夂 zhǐ 从後至也。象人兩脛後有致之者。凡夂之屬皆从夂。讀若黹。
夆 fēng 啎也。从夂丯聲。讀若縫。
楘 mào 冬桃。从木敄聲。讀若髦。
楢 yóu 柔木也。工官以爲耎輪。从木酋聲。讀若糗。
棆 lún 毋杶也。从木侖聲。讀若《易》卦屯。
楈 xū 木也。从木胥聲。讀若芟刈之芟。
𣘲 gǎo 木也。从木咎聲。讀若皓。
椆 chóu 木也。从木周聲。讀若丩。
棪 yǎn 遫其也。从木炎聲。讀若三年導服之導。
杼 zhù 栩也。从木予聲。讀若杼。
椵 jiǎ 木。可作牀几。从木叚聲。讀若賈。
杒 réng 木也。从木乃聲。讀若仍。
樗 huà 木也。以其皮裹松脂。从木雩聲。讀若華。
橎 fán 木也。从木番聲。讀若樊。
榙 tā 榙㮷。果似李。从木荅聲。讀若嚃。
栞 kān 槎識也。从木、㸚。闕。《夏書》曰："隨山栞木。"讀若刊。
𣡌 tuò 木葉陊也。从木𣎼聲。讀若薄。
模 mú 法也。从木莫聲。讀若嫫母之嫫。
榌 pí 梠也。从木毘聲。讀若枇杷之枇。
樀 dí 戶樀也。从木啇聲。《爾雅》曰："檐謂之樀。"讀若滴。
杝 lí 落也。从木也聲。讀若他。
楎 hún 六叉犂。一曰犂上曲木，犂轅。从木軍聲。讀若渾天之渾。
㮐 shěng 木參交以枝炊䉛者也。从木省聲。讀若驪駕。
檷 nǐ 絡絲檷。从木爾聲。讀若柅。
楥 xuàn 履法也。从木爰聲。讀若指撝。

桻 xiáng 𣝗桻雙也。从木夅聲。讀若鴻。
极 jí 𣏒驢上負也。从木及聲。或讀若急。
橾 shū 𣚎車轂中空也。从木喿聲。讀若藪。
楇 huò 𣕶盛膏器。从木咼聲。讀若過。
柮 duò 𣏔斷也。从木出聲。讀若《爾雅》“貀無前足”之“貀”。
森 sēn 𣡕木多皃。从林从木。讀若曾參之參。
𡉚 huáng 𡉚艸木妄生也。从之在土上。讀若皇。
𣎳 pò 𣎳艸木盛𣎳𣎳然。象形，八聲。凡𣎳之屬皆从𣎳。讀若輩。
甤 ruí 甤草木實甤甤也。从生，豨省聲。讀若綏。
𥠄 gǎo 𥠄𥠄稾而止也。从稽省，咎聲。讀若皓。賈侍中說：稽、𥠄、𥠄三字皆木名。
柬 jiǎn 𣒠小束也。从束幵聲。讀若繭。
圓 yuán 圓圜全也。从囗員聲。讀若員。
圛 yì 圛回行也。从囗睪聲。《尚書》曰圛。圛，升雲半有半無。讀若驛。
囡 nà 囡下取物縮藏之。从囗从又。讀若聶。
囮 é 囮譯也。从囗、化。率鳥者繫生鳥以來之，名曰囮。讀若譌。又音由。
䞫 yún 䞫物數紛䞫亂也。从員云聲。讀若《春秋傳》曰“宋皇鄖”。
賰 guì 賰資也。从貝爲聲。或曰：此古貨字。讀若貴。
貾 shǔ 貾齎財卜問爲貾。从貝疋聲。讀若所。
賣 yù 賣衒也。从貝𧶠聲。𧶠，古文睦。讀若育。
鄈 jì 鄈周封黄帝之後於鄈也。从邑契聲。讀若薊。上谷有鄈縣。
郙 péi 郙右扶風鄠鄉。从邑崩聲。沛城父有郙鄉。讀若陪。
䣆 nián 䣆左馮翊谷口鄉。从邑季聲。讀若寧。
邘 yú 邘周武王子所封，在河内野王是也。从邑于聲。又讀若區。
郇 xún 郇周武王子所封國，在晉地。从邑旬聲。讀若泓。
鄦 xǔ 鄦炎帝太嶽之胤，甫侯所封，在潁川。从邑無聲。讀若許。
郋 xí 郋汝南邵陵里。从邑自聲。讀若奚。
鄤 wàn 鄤蜀廣漢鄉也。从邑蔓聲。讀若蔓。
𨜵 bì 𨜵牂牁縣。从邑敝聲。讀若鷩雉之鷩。
𨞪 chán 𨞪宋地也。从邑㲋聲。讀若讒。
郙 yǔ 郙妘姓之國。从邑禹聲。《春秋傳》曰：“郙人籍稻。”讀若規榘之榘。
郐 tú 郐邾下邑地。从邑余聲。魯東有郐城。讀若塗。
𨟊 yín 𨟊地名。从邑𩇨聲。讀若淫。
暆 yí 暆日行暆暆也。从日施聲。樂浪有東暆縣。讀若酏。
曫 luán 曫日旦昏時。从日䜌聲。讀若新城䜌中。
𣅀 yǎo 𣅀望遠合也。从日、匕。匕，合也。讀若窈窕之窈。
㬎 xiǎn 㬎衆微杪也。从日中視絲。古文以爲顯字。或曰衆口皃。讀若唫唫。或以爲繭。繭者，絮中往往有小繭也。
昕 xīn 昕旦明，日將出也。从日斤聲。讀若希。
㫃 yǎn 㫃旌旗之游，㫃蹇之皃。从屮曲而下，垂㫃，相出入也。讀若偃。古人名㫃，字子游。凡㫃之屬皆从㫃。
鼆 méng 鼆冥也。从冥黽聲。讀若黽蛙之黽。

龓 lóng 兼有也。从有龍聲。讀若聾。
囧 jiǒng 窻牖麗廔闓明。象形。凡囧之屬皆从囧。讀若獷。賈侍中說：讀與明同。
毌 guàn 穿物持之也。从一横貫，象寶貨之形。凡毌之屬皆从毌。讀若冠。
马 hàn 嘾也。艸木之華未發圅然。象形。凡马之屬皆从马。讀若含。
卤 tiáo 艸木實垂卤卤然。象形。凡卤之屬皆从卤。讀若調。
朿 cì 木芒也。象形。凡朿之屬皆从朿。讀若刺。
牑 biān 牀版也。从片扁聲。讀若邊。
牏 tóu 築牆短版也。从片俞聲。讀若俞。一曰若紐。
䆏 fèi 稻紫莖不黏也。从禾糞聲。讀若靡。
稴 xián 稻不黏者。从禾兼聲。讀若風廉之廉。
䅌 duān 禾垂皃。从禾耑聲。讀若端。
秨 zuó 禾搖皃。从禾乍聲。讀若昨。
秝 lì 稀疏適也。从二禾。凡秝之屬皆从秝。讀若歷。
䊤 tán 糜和也。从米覃聲。讀若鄿。
䑹 pò 齊謂舂曰䑹。从臼屰聲。讀若膊。
朩 pìn 分枲莖皮也。从屮，八象枲之皮莖也。凡朩之屬皆从朩。讀若髕。
㼌 yǔ 本不勝末，微弱也。从二瓜。讀若庾。
𡧏 miàn 冥合也。从宀丏聲。讀若《周書》"若藥不眄眩"。
宄 guǐ 姦也。外爲盜，内爲宄。从宀九聲。讀若軌。
𡫯 cuì 塞也。从宀𣪠聲。讀若《虞書》曰"𡫯三苗"之"𡫯"。
宋 sòng 居也。从宀从木。讀若送。
𥧽 mǐng 北方謂地空，因以爲土穴，爲𥧽戶。从穴皿聲。讀若猛。
窕 tiǎo 深肆極也。从穴兆聲。讀若挑。
𡪃 jì 孰寐也。从㝱省，水聲。讀若悸。
𤶈 xù 頭痛也。从疒或聲。讀若溝洫之洫。
𤻤 lì 瘻也。从疒麗聲。一曰瘦黑。讀若隸。
𤷒 è 跛病也。从疒盇聲。讀若脅，又讀若掩。
㽳 shù 狂走也。从疒术聲。讀若欻。
冃 mǎo 重覆也。从冂、一。凡冃之屬皆从冃。讀若艸苺苺。
㒼 mán 平也。从廿，五行之數，二十分爲一辰。㒳，㒼平也。讀若蠻。
襾 yà 覆也。从冂，上下覆之。凡襾之屬皆从襾。讀若晋。
帗 bō 一幅巾也。从巾犮聲。讀若撥。
㡆 huāng 設色之工，治絲練者。从巾巟聲。一曰㡆，隔。讀若荒。
帴 sàn 帬也。一曰帗也。一曰婦人脅衣。从巾戔聲。讀若末殺之殺。
飾 shì 㕞也。从巾从人，食聲。讀若式。一曰襐飾。
㡒 zhūn 載米䉛也。从巾盾聲。讀若《易》屯卦之屯。
𢂋 gé 蒲席䉛也。从巾及聲。讀若蛤。
㡪 nái 墀地，以巾撋之。从巾夒聲。讀若水溫㬎也。一曰箸也。
㡟 mù 髮布也。一曰車上衡衣。从巾敄聲。讀若頊。
皛 xiào 顯也。从三白。讀若皎。
倓 tán 安也。从人炎聲。讀若談。

僎 zhuàn 具也。从人孨聲。讀若汝南潺水。《虞書》曰："旁救僎功。"

仜 hóng 大腹也。从人工聲。讀若紅。

倗 péng 輔也。从人朋聲。讀若陪位。

僁 xiè 聲也。从人悉聲。讀若屑。

俌 fǔ 輔也。从人甫聲。讀若撫。

侸 shù 立也。从人豆聲。讀若樹。

佁 ǎi 癡皃。从人台聲。讀若騃。

僇 lù 癡行僇僇也。从人翏聲。讀若雡。一曰且也。

儡 léi 相敗也。从人畾聲。讀若雷。

像 xiàng 象也。从人从象，象亦聲。讀若養。

㐺 yín 眾立也。从三人。凡㐺之屬皆从㐺。讀若欽崟。

襩 dú 衣躬縫。从衣毒聲。讀若督。

襡 shǔ 短衣也。从衣蜀聲。讀若蜀。

袢 fán 無色也。从衣半聲。一曰《詩》曰："是紲袢也。"讀若普。

褫 chǐ 奪衣也。从衣虒聲。讀若池。

裯 diāo 棺中縑裏。从衣、弔。讀若雕。

褮 yíng 鬼衣。从衣，熒省聲。讀若《詩》曰"葛藟縈之"。一曰若"靜女其袾"之袾。

䘸 kè 裘裏也。从裘鬲聲。讀若擊。

耇 diàn 老人面如點也。从老省，占聲。讀若耿介之耿。

耇 shù 老人行才相逮。从老省，易省，行象。讀若樹。

毨 xiǎn 仲秋，鳥獸毛盛，可選取以爲器用。从毛先聲。讀若選。

舠 wù 船行不安也。从舟，从刖省。讀若兀。

艐 zōng 船著不行也。从舟㚇聲。讀若莘。

兀 wù 高而上平也。从一在人上。讀若夐。茂陵有兀桑里。

兢 jīng 競也。从二兄。二兄，競意。从丰聲。讀若矜。一曰兢，敬也。

兜 gǔ 廱蔽也。从人，象左右皆蔽形。凡兜之屬皆从兜。讀若瞽。

覼 lì 求也。从見麗聲。讀若池。

覝 lián 察視也。从見炎聲。讀若鐮。

䙵 yùn 外博眾多視也。从見員聲。讀若運。

覣 fán 觀覣也。从見樊聲。讀若幡。

覛 mí 病人視也。从見氐聲。讀若迷。

覰 yóu 下視深也。从見卤聲。讀若攸。

覘 chēn 私出頭視也。从見彡聲。讀若郴。

覒 máo 擇也。从見毛聲。讀若苗。

覗 shī 司人也。从見它聲。讀若馳。

覴 dōu 目蔽垢也。从見㔾聲。讀若兜。

覤 xì 見雨而比息。从覞从雨。讀若欷。

歂 chuǎn 口气引也。从欠耑聲。讀若車輇。

欻 xū 有所吹起。从欠炎聲。讀若忽。

歔 yǒu 言意也。从欠从卤，卤亦聲。讀若酉。

𣤜 jiào 所，謌也。从欠，噭省聲。讀若叫呼之叫。

㰮 shèn 指而笑也。从欠辰聲。讀若蜃。

㰹 kǎn 食不滿也。从欠甚聲。讀若坎。

欿 kǎn 欲得也。从欠臽聲。讀若貪。

㰾 yǒu 蹴鼻也。从欠咎聲。讀若《爾雅》曰“麐豭短脰”。

欪 chù 咄欪，無慙。一曰無腸意。从欠出聲。讀若卉。

㕲 yí 歠也。从次厂聲。讀若移。

𣄴 huò 屰惡驚詞也。从旡咼聲。讀若楚人名多夥。

䪏 hùn 面色顚䪏皃。从頁員聲。讀若隕。

顝 kuī 大頭也。从頁骨聲。讀若魁。

顯 mèi 昧前也。从頁㬎聲。讀若昧。

𩓡 guī 小頭𩓡𩓡也。从頁枝聲。讀若規。

𩕶 yǔ 頭妍也。从頁，翩省聲。讀若翩。

䫔 qì 司人也。一曰恐也。从頁契聲。讀若褉。

顑 kǎn 飯不飽，面黃起行也。从頁咸聲。讀若戇。

脜 róu 面和也。从百从肉。讀若柔。

鬗 mán 髮長也。从髟㒼聲。讀若蔓。

鬖 lán 髮長也。从髟監聲。讀若《春秋》“黑肱以濫來奔”。

鬄 mián 髮皃。从髟𣇄聲。讀若宀。

鬡 nǐ 髮皃。从髟爾聲。讀若江南謂酢母爲鬡。

鬑 lián 鬋也。一曰長皃。从髟兼聲。讀若慊。

鬆 pán 臥結也。从髟般聲。讀若槃。

𡰥 zhuǎn 小卮也。从卮耑聲。讀若捶擊之捶。

𢀋 chǐ 有大度也。从卩多聲。讀若侈。

卸 xiè 舍車解馬也。从卩、止、午。讀若汝南人寫書之寫。

勼 jiū 聚也。从勹九聲。讀若鳩。

魌 nuó 見鬼驚詞。从鬼，難省聲。讀若《詩》“受福不儺”。

島 dǎo 海中往往有山可依止，曰島。从山鳥聲。讀若《詩》曰“蔦與女蘿”。

隓 duò 山之墮墮者。从山，从憜省聲。讀若相推落之憜。

𡾋 lì 巍高也。从山蠆聲。讀若厲。

嵒 yán 山巖也。从山、品。讀若吟。

㟝 pèi 崩聲。从屵配聲。讀若費。

广 yǎn 因广爲屋，象對刺高屋之形。凡广之屬皆从广。讀若儼然之儼。

廬 lǔ 廡也。从广虜聲。讀若鹵。

㡯 huán 屋牝瓦下。一曰維綱也。从广，閔省聲。讀若環。

庳 bì 中伏舍。从广卑聲。一曰屋庳。或讀若逋。

廞 xīn 陳輿服於庭也。从广欽聲。讀若歆。

厬 guǐ 仄出泉也。从厂晷聲。讀若軌。

厱 lán 厱諸，治玉石也。从厂僉聲。讀若藍。

𠪚 xǐ 石利也。从厂異聲。讀若枲。

厱 qín 石地也。从厂金聲。讀若紟。

庯 fū 石閒見。从厂甫聲。讀若敷。

屵 yuè 岸上見也。从厂，从之省。讀若躍。

𡰪 wěi 鷙鳥食已，吐其皮毛如丸。从丸咼聲。讀若骫。

磺 kuàng 銅鐵樸石也。从石黃聲。讀若穬。

磏 lián 厲石也。一曰赤色。从石兼聲。讀若鎌。

豲 huán 逸也。从豕原聲。《周書》曰："豲有爪而不敢以撅。"讀若桓。

豦 qú 鬭相丮不解也。从豕、虍。豕、虍之鬭，不解也。讀若蘮蒘草之蘮。司馬相如說：豦，封豕之屬。一曰虎兩足舉。

㣇 yì 脩豪獸。一曰河内名豕也。从彑，下象毛足。凡㣇之屬皆从㣇。讀若弟。

彑 jì 豕之頭。象其鋭，而上見也。凡彑之屬皆从彑。讀若罽。

彖 chǐ 豕也。从彑从豕。讀若弛。

㣿 xiá 豕也。从彑，下象其足。讀若瑕。

𧱅 wèi 豚屬。从豚衛聲。讀若罽。

豸 zhì 獸長脊，行豸豸然，欲有所司殺形。凡豸之屬皆从豸。(司殺讀若伺候之伺。)

貒 tuān 獸也。从豸耑聲。讀若湍。

騭 zhì 牡馬也。从馬陟聲。讀若郅。

馵 huán 馬一歲也。从馬；一，絆其足。讀若弦。一曰若環。

馵 zhù 馬後左足白也。从馬，二其足。讀若注。

驔 diàn 驪馬黃脊。从馬覃聲。讀若簟。

騹 zuī 馬小皃。从馬垂聲。讀若箠。

馺 sà 馬行相及也。从馬从及。讀若《爾雅》"小山馺，大山峘"。

馽 zhí 絆馬也。从馬，囗其足。《春秋傳》曰："韓厥執馽前。"讀若輒。

麇 nuàn 鹿麛也。从鹿耎聲。讀若偄弱之偄。

魯 xiě 獸名。从㲋吾聲。讀若寫。

莧 huán 山羊細角者。从兔足，苜聲。凡莧之屬皆从莧。讀若丸。寬字从此。

狂 zhù 黃犬黑頭。从犬主聲。讀若注。

默 mò 犬暫逐人也。从犬黑聲。讀若墨。

㺌 xiàn 犬吠不止也。从犬兼聲。讀若檻。一曰兩犬爭也。

獡 shuò 犬獡獡不附人也。从犬舄聲。南楚謂相驚曰獡。讀若愬。

獳 nóu 怒犬皃。从犬需聲。讀若槈。

狧 tà 犬食也。从犬从舌。讀若比目魚鰈之鰈。

倏 shū 走也。从犬攸聲。讀若叔。

犻 bó 過弗取也。从犬市聲。讀若孛。

㹼 hù 犬屬。脣已上黃，脣已下黑，食母猴。从犬㱿聲。讀若構。或曰㹼似牂羊，出蜀北囂山中，犬首而馬尾。

狛 bó 如狼，善驅羊。从犬白聲。讀若蘖。甯嚴讀之若淺泊。

鱕 fán 鼠也。从鼠番聲。讀若樊。或曰鼠婦。

鼢 hán 鼠屬。从鼠今聲。讀若含。

炪 zhuō 火光也。从火出聲。《商書》曰："予亦炪謀。"讀若巧拙之拙。

焛 lìn 火皃。从火，𠭥省聲。讀若粦。

爓 yàn 火色也。从火雁聲。讀若鴈。

熛 biāo 火飛也。从火𤋲聲。讀若摽。

㸈 zhǎ 束炭也。从火，差省聲。讀若䞈。

烄 jiǎo 交灼木也。从火，教省聲。讀若狡。

烓 wēi 行竈也。从火圭聲。讀若冋。

爝 jiāo 灼龜不兆也。从火从龜。《春秋傳》曰："龜爝不兆。"讀若焦。

焯 dí 望火皃。从火皀聲。讀若馰顙之馰。

燅 lǐn 侵火也。从炎亩聲。讀若桑葚之葚。

黭 yàng 赤黑也。从黑昜聲。讀若煬。

黚 qián 淺黃黑也。从黑甘聲。讀若染繒中束緅黚。

黦 yuè 黑有文也。从黑冤聲。讀若飴𥹳字。

黗 chuā 黃黑而白也。从黑算聲。一曰短黑。讀若以芥爲齏，名曰芥荃也。

㷋 shēn 盛皃。从焱在木上。讀若《詩》"莘莘征夫"。一曰伇也。

𤒟 liǎo 炙也。从炙尞聲。讀若䶊燎。

赨 gàn 赤色也。从赤倝聲。讀若浣。

奯 huò 空大也。从大歲聲。讀若《詩》"施罛濊濊"。

𡚁 zhì 大也。从大𢦏聲。讀若《詩》"𡚁𡚁大猷"。

㚖 dī 大也。从大氐聲。讀若氐。

㚎 jiè 大也。从大介聲。讀若蓋。

奰 bì 大也。从大弗聲。讀若"予違汝弼"。

奄 chún 大也。从大屯聲。讀若鶉。

㚕 jié 頭傾也。从夨吉聲。讀若孑。

𡯁 yào 行不正也。从尣艮聲。讀若耀。

幸 niè 所以驚人也。从大从羊。一曰大聲也。凡㚔之屬皆从㚔。一曰讀若瓠。一曰俗語以盜不止爲㚔，㚔讀若籋。

夲 tāo 進趣也。从大从十。大十，猶兼十人也。凡夲之屬皆从夲。讀若滔。

奡 ào 嫚也。从百从夰，夰亦聲。《虞書》曰："若丹朱奡。"讀若傲。《論語》："奡湯舟。"

耎 ruǎn 稍前大也。从大而聲。讀若畏偄。

奰 yàn 大皃。从大𥃩聲。或曰拳勇字。一曰讀若傿。

奰 bì 壯大也。从三大三目。二目爲𥃩，三目爲奰，益大也。一曰迫也。讀若《易》虙羲氏。《詩》曰："不醉而怒謂之奰。"

㚘 bàn 竝行也。从二夫。輦字从此。讀若伴侶之伴。

竘 qǔ 健也。一曰匠也。从立句聲。讀若齲。《逸周書》有竘匠。

竦 fú 見鬼魅皃。从立从录。录，籀文魅字。讀若虙羲氏之虙。

㢊 yǐ 怟㢊，不憂事也。从心虒聲。讀若移。

慹 cuì 謹也。从心㲋聲。讀若毳。

㭊 wǔ 煤撫也。从心某聲。讀若侮。

忞 mín 彊也。从心文聲。《周書》曰："在受德忞。"讀若旻。

懁 juàn 急也。从心瞏聲。讀若絹。

憁 sǒng 驚也。从心從聲。讀若悚。

忍 yì 怒也。从心刀聲。讀若顡。李陽冰曰："刀非聲，當从刈省。"

憏 xié 怨恨也。从心彖聲。讀若膎。
憪 jiǎn 憪存也。从心，簡省聲。讀若簡。
忧 yòu 不動也。从心尤聲。讀若祐。
忬 xū 憂也。从心于聲。讀若吁。
慴 zhé 懼也。从心習聲。讀若疊。
㥝 mǐ 厲也。一曰止也。从心弭聲。讀若沔。
惢 suǒ 心疑也。从三心。凡惢之屬皆从惢。讀若《易》“旅瑣瑣”。
消 suǒ 水也。从水肖聲。讀若瑣。
潒 dàng 水潒瀁也。从水象聲。讀若蕩。
沖 chōng 涌搖也。从水、中。讀若動。
沄 yún 轉流也。从水云聲。讀若混。
泏 zhú 水皃。从水出聲。讀若窋。
瀳 jiàn 水至也。从水薦聲。讀若尊。
滍 zhí 土得水沮也。从水㧗聲。讀若麷。
瀶 lín 谷也。从水臨聲。讀若林。一曰寒也。
澩 xué 夏有水，冬無水，曰澩。从水，學省聲。讀若學。
涸 hé 渴也。从水固聲。讀若狐貈之貈。
泧 sà 濊泧也。从水戉聲。讀若椒樧之樧。
灂 jiǎo 釃酒也。一曰浚也。从网从水，焦聲。讀若《夏書》“天用勦絶”。
滒 gē 多汁也。从水哥聲。讀若哥。
瀧 lǒng 涂也。从水从土，尨聲。讀若隴。
𤄃 fàn 泉水也。从泉緐聲。讀若飯。
𠂢 pài 水之衺流別也。从反永。凡𠂢之屬皆从𠂢。讀若稗縣。
豅 lóng 大長谷也。从谷龍聲。讀若聾。
䨮 sī 小雨財霑也。从雨鮮聲。讀若斯。
霰 jiān 微雨也。从雨𢦏聲。又讀若芟。
霣 zī 雨聲。从雨眞聲。讀若資。
䨞 yǔ 雨皃。方語也。从雨禹聲。讀若禹。
䨣 gé 雨濡革也。从雨从革。讀若膊。
𩅰 diàn 寒也。从雨執聲。或曰：早霜。讀若《春秋傳》“墊阨”。
鮞 ér 魚子也。一曰魚之美者，東海之鮞。从魚而聲。讀若而。
鮦 tóng 魚名。从魚同聲。一曰鱶也。讀若絝襱。
鰐 yǒu 魚名。从魚幼聲。讀若幽。
魧 háng 大貝也。一曰魚膏。从魚亢聲。讀若岡。
龖 tà 飛龍也。从二龍。讀若沓。
臸 chì 忿戾也。从至，至而復遜。遜，遁也。《周書》曰：“有夏氏之民叨臸。”臸，讀若摯。
闌 lán 妄入宮掖也。从門緣聲。讀若闌。
闁 zhèn 登也。从門、二。二，古文下字。讀若軍敶之敶。
闖 chèn 馬出門皃。从馬在門中。讀若郴。
聉 wà 無知意也。从耳出聲。讀若孽。

𦖋 mǐ 乘輿金馬耳也。从耳麻聲。讀若渳水。一曰若《月令》靡草之靡。

撣 dàn 提持也。从手單聲。讀若行遅驒驒。

揥 dì 撮取也。从手帶聲。讀若《詩》曰“螮蝀在東”。

抧 zhǐ 開也。从手只聲。讀若抵掌之抵。

掔 qiān 固也。从手臤聲。讀若《詩》“赤舄掔掔”。

扮 fěn 握也。从手分聲。讀若粉。

担 zhā 挹也。从手且聲。讀若樝棃之樝。

抐 shēn 从上挹也。从手卂聲。讀若莘。

揩 tà 縫指揩也。一曰韜也。从手沓聲。讀若眔。

摼 kēng 擣頭也。从手堅聲。讀若“鏗尔舍瑟而作”。

抌 dǎn 深擊也。从手冘聲。讀若告言不正曰抌。

媪 ǎo 女老偁也。从女𥁕聲。讀若奧。

妿 ē 女師也。从女加聲。杜林說：加教於女也。讀若阿。

娒 mǔ 女師也。从女每聲。讀若母。

婀 ē 女字也。从女可聲。讀若阿。

嬩 yú 女字也。从女與聲。讀若余。

㛄 yī 女字也。从女衣聲。讀若衣。

嬛 yuān 好也。从女瞏聲。讀若蜀郡布名。

婠 wān 體德好也。从女官聲。讀若楚郤宛。

婐 wǒ 姬也。一曰女侍曰婐。讀若騧，或若委。从女果聲。孟軻曰：“舜爲天子，二女婐。”

姑 chān 小弱也。一曰女輕薄善走也。一曰多技藝也。从女占聲。或讀若占。

嬌 jiǎo 竦身也。从女簋聲。讀若《詩》“糾糾葛屨”。

婧 jìng 竦立也。从女青聲。一曰有才也。讀若韭菁。

嫢 guī 媞也。从女規聲。讀若癸。秦晉謂細爲嫢。

娓 wěi 順也。从女尾聲。讀若媁。

孎 zhú 謹也。从女屬聲。讀若人不孫爲孎。

娕 chuò 謹也。从女束聲。讀若謹敕數數。

婺 zhì 至也。从女執聲。《周書》曰：“大命不婺。”讀若摯同。一曰《虞書》雉婺。

姷 yòu 耦也。从女有聲。讀若祐。

妓 jì 婦人小物也。从女支聲。讀若跂行。

嫳 piè 易使怒也。从女敝聲。讀若擊擎。

娺 zhuó 疾悍也。从女叕聲。讀若唾。

姸 yán 技也。一曰不省録事。一曰難侵也。一曰惠也。一曰安也。从女幵聲。讀若研。

妜 yuè 鼻目閒皃。讀若煙火炔炔。从女，决省聲。

嬀 huì 恚戇多態也。从女巂聲。讀若隓。

婛 chā 疾言失次也。从女臿聲。讀若懾。

娝 pōu 不肖也。从女否聲。讀若竹皮箁。

嫸 niǎn 下志貪頑也。从女覃聲。讀若深。

婪 lán 貪也。从女林聲。杜林說：卜者黨相詐驗爲婪。讀若潭。

媨 cù 醜也。一曰老嫗也。从女酋聲。讀若蹴。

毐 ǎi 人無行也。从士从毋。賈侍中說：秦始皇母與嫪毐淫，坐誅，故世罵淫曰嫪毐。讀若娭。

氓 méng 民也。从民亡聲。讀若盲。

乁 yí 流也。从反厂。讀若移。凡乁之屬皆从乁。

氒 jué 木本。从氏。大於末。讀若厥。

㦸 jǐ 有枝兵也。从戈、倝。《周禮》："㦸，長丈六尺。"讀若棘。

戛 jiá 㦸也。从戈从百。讀若棘。

𢦔 jiān 絶也。一曰田器。从从持戈。古文讀若咸。讀若《詩》云"攕攕女手"。

𠄌 jué 鉤識也。从反亅。讀若捕鳥罬。

乚 yǐn 匿也，象迟曲隱蔽形。凡乚之屬皆从乚。讀若隱。

匚 fāng 受物之器。象形。凡匚之屬皆从匚。讀若方。

𤱿 píng 𤭛也。从甾并聲。杜林以爲竹筥，楊雄以爲蒲器。讀若軿。

𤮏 lú 𤭛也。从甾虍聲。讀若盧同。

瓬 fǎng 周家搏埴之工也。从瓦方聲。讀若抵破之抵。

甗 yǎn 甑也。一曰穿也。从瓦鬳聲。讀若言。

瓨 xiáng 似罌，長頸，受十升。讀若洪。从瓦工聲。

𢐀 yáo 弓便利也。从弓繇聲。讀若燒。

彉 guō 弩滿也。从弓黃聲。讀若郭。

盭 lì 弼戾也。从弦省，从盩。讀若戾。

𢑏 yì 不成，遂急戾也。从弦省，曷聲。讀若瘞葬。

糸 mì 細絲也。象束絲之形。凡糸之屬皆从糸。讀若覛。

綹 liǔ 緯十縷爲綹。从糸咎聲。讀若柳。

緈 xìng 直也。从糸幸聲。讀若陘。

綝 chēn 止也。从糸林聲。讀若郴。

𦆚 jié 合也。从糸从集。讀若捷。

綰 wǎn 惡也，絳也。从糸官聲。一曰絹也。讀若雞卵。

繰 zǎo 帛如紺色。或曰深繒。从糸喿聲。讀若喿。

纔 shān 帛雀頭色。一曰微黑色，如紺。纔，淺也。讀若讒。从糸毚聲。

繻 xū 繒采色。从糸需聲。讀若《易》"繻有衣"。

紴 bō 絛屬。从糸皮聲。讀若被，或讀若水波之波。

纗 zuī 維綱中繩。从糸巂聲。讀若畫，或讀若維。

𥿮 zhēng 紆未縈繩。一曰急弦之聲。从糸爭聲。讀若旌。

絇 qú 纑繩絇也。从糸句聲。讀若鳩。

紖 zhèn 牛系也。从糸引聲。讀若矤。

𥾈 huà 履也。一曰青絲頭履也。讀若阡陌之陌。从糸戶聲。

紕 bǐ 氐人繝也。讀若《禹貢》玭珠。从糸比聲。

螝 guī 蛹也。从虫鬼聲。讀若潰。

蠸 quán 蟲也。一曰大螫也。讀若蜀都布名。从虫雚聲。

蚳 chí 螘子也。从虫氐聲。《周禮》有蚳醢。讀若祁。

蚵 mián 蚼蚗，蟬屬。讀若周天子赧。从虫丏聲。

蚩 chǎn 蟲曳行也。从虫中聲。讀若騁。

蜦 lún 蛇屬。黑色，潛于神淵，能興風雨。从虫侖聲。讀若戾艸。

蠊 lián 海蟲也。長寸而白，可食。从虫兼聲。讀若嗛。

蠇 lì 蚌屬。似蠊，微大，出海中，今民食之。从虫萬聲。讀若賴。

蚰 kūn 蟲之總名也。从二虫。凡蚰之屬皆从蚰。讀若昆。

颲 lì 風雨暴疾也。从風利聲。讀若栗。

颲 liè 烈風也。从風列聲。讀若列。

鼂 cháo 匽鼂也。讀若朝。楊雄說：匽鼂，蟲名。杜林以爲朝旦，非是。从黽从旦。

坴 lù 土塊坴坴也。从土圥聲。讀若逐。一曰坴梁。

堨 yè 壁間隙也。从土曷聲。讀若謁。

坌 fèn 埽除也。从土弁聲。讀若糞。

埻 zhǔn 射臬也。从土𦎧聲。讀若準。

圣 kū 汝潁之閒謂致力於地曰圣。从土从又。讀若兔窟。

垍 jì 堅土也。从土自聲。讀若息。

垛 duǒ 堅土也。从土垂聲。讀若朵。

壔 dǎo 保也。高土也。从土𠷎聲。讀若毒。

埂 gěng 秦謂阬爲埂。从土更聲。讀若井汲綆。

勱 mài 勉力也。《周書》曰："用勱相我邦家。"讀若萬。从力萬聲。

劭 shào 勉也。从力召聲。讀若舜樂《韶》。

勢 háo 健也。从力敖聲。讀若豪。

飭 chì 致堅也。从人从力，食聲。讀若敕。

鐼 fén 鐵屬。从金賁聲。讀若熏。

鋏 jiá 可以持冶器鑄鎔者。从金夾聲。讀若漁人莢魚之莢。一曰若挾持。

鉹 chǐ 曲鉹也。从金多聲。一曰鬵鼎，讀若擠。一曰《詩》云"侈兮哆兮"。

鏏 wèi 鼎也。从金彗聲。讀若彗。

鋊 yù 可以句鼎耳及鑪炭。从金谷聲。一曰銅屑。讀若浴。

鎣 yìng 器也。从金，熒省聲。讀若銑。

鐫 juān 穿木鐫也。从金雋聲。一曰琢石也。讀若瀸。

銛 xiān 鍤屬。从金舌聲。讀若棪。桑欽讀若鐮。

鐀 guǐ 臿屬。从金危聲。一曰瑩鐵也。讀若跛行。

鏺 pō 兩刃，木柄，可以刈艸。从金發聲。讀若撥。

銿 tóng 相屬。从金，蟲省聲。讀若同。

鑼 bēi 相屬。从金罷聲。讀若嫣。

鏨 qìng 金聲也。从金輕聲。讀若《春秋傳》曰"蹔而乘它車"。

鈗 yǔn 侍臣所執兵也。从金允聲。《周書》曰："一人冕，執鈗。"讀若允。

錟 tán 長矛也。从金炎聲。讀若老耼。

銴 shì 車樘結也。一曰銅生五色也。从金折聲。讀若誓。

鉣 jié 組帶鐵也。从金，劫省聲。讀若劫。

鏊 zhì 羊箠耑有鐵。从金埶聲。讀若至。

鉓 qí 利也。从金𠂔聲。讀若齊。

凭 píng 依几也。从几从任。《周書》："凭玉几。"讀若馮。

料 liào 量也。从斗，米在其中。讀若遼。

斜 xié 杼也。从斗余聲。讀若茶。

矠 zé 矛屬。从矛昔聲。讀若笮。

輑 yǐn 軺車前横木也。从車君聲。讀若帬，又讀若褌。

轗 mǐn 車伏兔下革也。从車㥄聲。㥄，古昏字。讀若閔。

輂 qióng 車輮規也。一曰一輪車。从車，熒省聲。讀若煢。

䡫 chéng 軺車後登也。从車丞聲。讀若《易》“抍馬”之“抍”。

輷 kēng 車輷鉉也。从車眞聲。讀若《論語》“鏗尔，舍瑟而作”。又讀若掔。

軵 rǒng 反推車，令有所付也。从車从付。讀若胥。

輇 quán 蕃車下庳輪也。一曰無輻也。从車全聲。讀若饌。

轃 zhēn 大車簣也。从車秦聲。讀若臻。

䡵 chái 連車也。一曰却車抵堂爲䡵。从車，差省聲。讀若遟。

軖 kuáng 紡車也。一曰一輪車。从車㞷聲。讀若狂。

㠯 niè 危高也。从𠂤屮聲。讀若臬。

陧 niè 危也。从𨸏，从毁省。徐巡以爲：陧，凶也。賈侍中說：陧，法度也。班固說：不安也。《周書》曰：“邦之阢陧。”讀若虹蜺之蜺。

隫 dú 通溝也。从𨸏賣聲。讀若瀆。

隒 yǎn 崖也。从𨸏兼聲。讀若儼。

阠 dīng 丘名。从𨸏丁聲。讀若丁。

巹 jǐn 謹身有所承也。从己、丞。讀若《詩》云“赤舄己己”。

曩 jì 長踞也。从己其聲。讀若杞。

孨 zhuǎn 謹也。从三子。凡孨之屬皆从孨。讀若翦。

孴 nǐ 盛皃。从孨从曰。讀若薿薿。一曰若存。

酴 tú 酒母也。从酉余聲。讀若廬。

醰 gǎn 酒味淫也。从酉，竷省聲。讀若《春秋傳》曰“美而豔”。

醨 lí 薄酒也。从酉离聲。讀若離。

讀與某同類檢

玜	sī	石之似玉者。从玉厶聲。讀與私同。
琟	fú	車笭閒皮篋。古者使奉玉以藏之。从車、珏。讀與服同。
壻	xù	夫也。从士胥聲。《詩》曰：“女也不爽，士貳其行。”士者，夫也。讀與細同。
茻	mǎng	眾艸也。从四屮。凡茻之屬皆从茻。讀與冈同。
啗	dàn	食也。从口臽聲。讀與含同。
适	kuò	疾也。从辵昏聲。讀與括同。
趽	fàng	曲脛馬也。从足方聲。讀與彭同。
喦	niè	多言也。从品相連。《春秋傳》曰：“次于喦北。”讀與聶同。
龢	hé	調也。从龠禾聲。讀與和同。
㢮	shī	敷也。从支也聲。讀與施同。
攽	bān	分也。从支分聲。《周書》曰：“乃惟孺子攽。”亦讀與彬同。
攺	fǔ	撫也。从支亾聲。讀與撫同。
卟	jī	卜以問疑也。从口、卜。讀與稽同。《書》云“卟疑”。
雀	què	依人小鳥也。从小、隹。讀與爵同。
蔑	miè	火不明也。从苜从火，苜亦聲。《周書》曰：“布重蔑席。”纖蒻席也。讀與蔑同。
㥯	yǐn	所依據也。从𠬪、工。讀與隱同。
胅	dié	骨差也。从肉失聲。讀與跌同。
迈	jì	古之遒人，以木鐸記詩言。从辵从丌，丌亦聲。讀與記同。
豊	lǐ	行禮之器也。从豆，象形。凡豊之屬皆从豊。讀與禮同。
匋	táo	瓦器也。从缶，包省聲。古者昆吾作匋。案：《史篇》讀與缶同。
㬎	nǎn	溫溼也。从日，赧省聲。讀與赧同。
囧	jiǒng	窻牖麗廔闓明。象形。凡囧之屬皆从囧。讀若獷。賈侍中說：讀與明同。
裾	jū	衣袍也。从衣居聲。讀與居同。
顲	yù	呼也。从頁籥聲。讀與籥同。《商書》曰：“率顲眾戚。”
嵒	yán	磛嵒也。从石、品。《周書》曰：“畏于民嵒。”讀與巖同。
豕	shǐ	彘也。竭其尾，故謂之豕。象毛足而後有尾。讀與豨同。(桉：今世字，誤以豕爲彘，以彘爲豕。何以明之？爲啄琢从豕，蠡从彘。皆取其聲，以是明之。)凡豕之屬皆从豕。
愵	nì	憂皃。从心弱聲。讀與惄同。
悴	cuì	憂也。从心卒聲。讀與《易》萃卦同。
泑	yōu	澤，在昆侖下。从水幼聲。讀與嫰同。
戾	tì	輜車旁推戶也。从戶大聲。讀與釱同。

乀 fú 乀左戾也。从反丿。讀與弗同。

匸 xì 匸衺徯，有所俠藏也。从乚，上有一覆之。凡匸之屬皆从匸。讀與傒同。

䋼 tīng 䋼緩也。从糸盈聲。讀與聽同。

範 fàn 範範軷也。从車，笵省聲。讀與犯同。

禼 xiè 禼蟲也。从厹，象形。讀與偰同。

一曰類檢

禋	yīn	潔祀也。一曰精意以享爲禋。从示垔聲。
祏	shí	宗廟主也。《周禮》有郊宗石室。一曰大夫以石爲主。从示从石，石亦聲。
祝	zhù	祭主贊詞者。从示从人、口。一曰从兑省。《易》曰："兑爲口爲巫。"
禜	yǒng	設緜蕝爲營，以禳風雨、雪霜、水旱、癘疫於日月星辰山川也。从示，榮省聲。一曰禜、衞，使灾不生。《禮記》曰："雩，禜。祭水旱。"
珣	xún	醫無閭珣玗琪，《周書》所謂夷玉也。从玉旬聲。一曰器。讀若宣。
瑩	yíng	玉色。从玉，熒省聲。一曰石之次玉者。《逸論語》曰："如玉之瑩。"
琱	diāo	治玉也。一曰石似玉。从玉周聲。
玤	bàng	石之次玉者。以爲系璧。从玉丰聲。讀若《詩》曰"瓜瓞菶菶"。一曰若盒蚌。
玟	méi	火齊，玫瑰也。一曰石之美者。从玉文聲。
瑰	guī	玫瑰。从玉鬼聲。一曰圜好。
芓	zì	麻母也。从艸子聲。一曰芓卽枲也。
蘆	lú	蘆菔也。一曰薺根。从艸盧聲。
藋	diào	釐艸也。一曰拜商藋。从艸翟聲。
蓄	yì	薏苢。从艸啻聲。一曰蓄英。
蘏	gòng	艸也。从艸贛聲。一曰薏苢。
藟	lěi	艸也。从艸畾聲。《詩》曰："莫莫葛藟。"一曰秬鬯也。
藨	biāo	鹿藿也。从艸麃聲。讀若剽。一曰蔽屬。
菿	tǎn	雚之初生。一曰薍。一曰騅。从艸剡聲。
萸	ruǎn	木耳也。从艸耎聲。一曰萮茈。
芘	pí	艸也。一曰芘茮木。从艸比聲。
芣	fú	華盛。从艸不聲。一曰芣苢。
蔈	biāo	苕之黃華也。从艸㶾聲。一曰末也。
英	yīng	艸榮而不實者。一曰黃英。从艸央聲。
茇	bá	艸根也。从艸犮聲。春艸根枯，引之而發土爲撥，故謂之茇。一曰艸之白華爲茇。
蓺	zí	艸木不生也。一曰茅芽。从艸執聲。
荒	huāng	蕪也。从艸巟聲。一曰艸淹地也。
菸	yū	鬱也。从艸於聲。一曰矮也。
薄	bó	林薄也。一曰蠶薄。从艸溥聲。
藉	jiè	祭藉也。一曰艸不編，狼藉。从艸耤聲。
若	ruò	擇菜也。从艸、右。右，手也。一曰杜若，香艸。
茵	zhì	以艸補缺。从艸丙聲。讀若陸。或以爲綴。一曰約空也。

萆 pì 雨衣。一曰衰衣。从艸卑聲。一曰萆藨，似烏韭。

茭 jiāo 乾芻。从艸交聲。一曰牛蘄艸。

草 zào 草斗，櫟實也。一曰象斗子。从艸早聲。

菆 zōu 麻蒸也。从艸取聲。一曰蓐也。

蓐 rù 陳艸復生也。从艸辱聲。一曰蔟也。凡蓐之屬皆从蓐。

胖 pàn 半體肉也。一曰廣肉。从半从肉，半亦聲。

犨 chōu 牛息聲。从牛雔聲。一曰牛名。

犕 fèi 兩壁耕也。从牛非聲。一曰覆耕穜也。讀若匪。

掔 qiǎn 牛很不從引也。从牛从臤，臤亦聲。一曰大皃。讀若賢。

噭 jiào 吼也。从口敫聲。一曰噭，呼也。

噲 kuài 咽也。从口會聲。讀若快。一曰嚵，噲也。

啜 chuò 嘗也。从口叕聲。一曰喙也。

嚵 chán 小啐也。从口毚聲。一曰喙也。

嘽 tān 喘息也。一曰喜也。从口單聲。《詩》曰："嘽嘽駱馬。"

唏 xī 笑也。从口，稀省聲。一曰哀痛不泣曰唏。

啻 chì 語時不啻也。从口帝聲。一曰啻，諟也。讀若鞮。

啖 dàn 噍啖也。从口炎聲。一曰噉。

噴 pēn 吒也。从口賁聲。一曰鼓鼻。

哤 máng 哤異之言。从口尨聲。一曰雜語。讀若尨。

嘆 tàn 吞歎也。从口，歎省聲。一曰太息也。

喈 jiē 鳥鳴聲。从口皆聲。一曰鳳皇鳴聲喈喈。

唬 xiāo 嗁聲也。一曰虎聲。从口从虎。讀若暠。

局 jú 促也。从口在尺下，復局之。一曰博，所以行棊。象形。

㲋 níng 亂也。从爻、工、交、吅。一曰窒㲋。讀若禳。

趌 qí 緣大木也。一曰行皃。从走支聲。

趞 què 趞趞也。一曰行皃。从走昔聲。

趬 qiāo 行輕皃。一曰趬，舉足也。从走堯聲。

趩 chì 行聲也。一曰不行皃。从走異聲。讀若敕。

趯 quán 行趯趢也。一曰行曲脊皃。从走雚聲。

趩 bì 止行也。一曰竈上祭名。从走畢聲。

歫 jù 止也。从止巨聲。一曰搶也。一曰超歫。

紫 zuǐ 識也。从此朿聲。一曰藏也。

遭 zāo 遇也。从辵曹聲。一曰邐行。

遁 dùn 遷也。一曰逃也。从辵盾聲。

選 xuǎn 遣也。从辵、巽，巽遣之；巽亦聲。一曰選，擇也。

迭 dié 更迭也。从辵失聲。一曰达。

逴 chuò 遠也。从辵卓聲。一曰蹇也。讀若棹苕之棹。

遽 jù 傳也。一曰窘也。从辵豦聲。

䟹 sà 行皃。从彳歰聲。一曰此與馺同。

復 tuì 卻也。一曰行遲也。从彳从日从夊。

很 hěn 不聽从也。一曰行難也。一曰盭也。从彳皀聲。

齰 zé 齒相值也。一曰齧也。从齒責聲。《春秋傳》曰："皙齰。"
齜 chái 齒相齗也。一曰開口見齒之皃。从齒，柴省聲。讀若柴。
齺 zōu 齒搚也。一曰齰也。一曰馬口中糜也。从齒芻聲。
齤 quán 缺齒也。一曰曲齒。从齒类聲。讀若權。
齨 jiù 老人齒如臼也。一曰馬八歲齒臼也。从齒从臼，臼亦聲。
踖 jí 長脛行也。从足昝聲。一曰踧踖。
跧 zhuān 蹴也。一曰卑也，絭也。从足全聲。
踵 zhǒng 追也。从足重聲。一曰往來皃。
蹩 bié 蹎也。从足敝聲。一曰跛也。
踤 zú 觸也。从足卒聲。一曰駭也。一曰蒼踤。
蹶 jué 僵也。从足厥聲。一曰跳也。亦讀若橜。
跳 tiào 蹶也。从足兆聲。一曰躍也。
跌 diē 踢也。从足失聲。一曰越也。
踢 táng 跌踢也。从足易聲。一曰搶也。
跛 bǒ 行不正也。从足皮聲。一曰足排之。讀若彼。
蹁 pián 足不正也。从足扁聲。一曰拖後足馬。讀若苹。或曰徧。
踦 kuí 脛肉也。一曰曲脛也。从足夅聲。讀若逵。
疋 shū 足也。上象腓腸，下从止。《弟子職》曰："問疋何止。"古文以爲《詩·大疋》字。亦以爲足字。或曰胥字。一曰疋，記也。凡疋之屬皆从疋。
䶫 jiào 高聲也。一曰大呼也。从㗊丩聲。《春秋公羊傳》曰："魯昭公叫然而哭。"
矞 yù 以錐有所穿也。从矛从冏。一曰滿有所出也。
丩 jiū 相糾繚也。一曰瓜瓠結丩起。象形。凡丩之屬皆从丩。
識 shí 常也。一曰知也。从言戠聲。
說 shuō 說釋也。从言、兑。一曰談說。
謐 mì 靜語也。从言盜聲。一曰無聲也。
諓 jiàn 善言也。从言戔聲。一曰謔也。
詷 tóng 共也。一曰譀也。从言同聲。《周書》曰："在夏后之詷。"
誧 bū 大也。一曰人相助也。从言甫聲。讀若逋。
謷 áo 不肖人也。从言敖聲。一曰哭不止，悲聲謷謷。
詒 yí 相欺詒也。一曰遺也。从言台聲。
䜌 luán 亂也。一曰治也。一曰不絕也。从言、絲。
誒 xī 可惡之辭。从言矣聲。一曰誒然。《春秋傳》曰："誒誒出出。"
詾 táo 往來言也。一曰小兒未能正言也。一曰祝也。从言匋聲。
讗 xié 言壯皃。一曰數相怒也。从言巂聲。讀若畫。
訬 chāo 訬擾也。一曰訬獪。从言少聲。讀若毚。
訏 xū 詭譌也。从言于聲。一曰訏，蓍。齊、楚謂信曰訏。
謎 jiē 咨也。一曰痛惜也。从言差聲。
讋 zhé 失气言。一曰不止也。从言，龖省聲。傅毅讀若慴。
誣 wù 相毀也。从言亞聲。一曰畏亞。
謓 chēn 恚也。从言眞聲。賈侍中說：謓，笑。一曰讀若振。
諯 zhuān 數也。一曰相讓也。从言耑聲。讀若專。

詘 qū 詰詘也。一曰屈襞。从言出聲。

詆 dǐ 苛也。一曰訶也。从言氐聲。

諽 gé 飾也。一曰更也。从言革聲。讀若戒。

訣 jué 訣别也。一曰法也。从言，決省聲。

競 jìng 彊語也。一曰逐也。从誩从二人。

粪 bān 賦事也。从丵从八。八，分之也。八亦聲。讀若頒。一曰讀若非。

奐 huàn 取奐也。一曰大也。从廾，敻省。

鞔 yuān 量物之鞔。一曰抒井鞔。古以革。从革冤聲。

鞥 ēng 轡鞥。从革弇聲。讀若譍。一曰龍頭繞者。

融 yǐ 三足鍑也。一曰滫米器也。从鬲支聲。

鬵 qín 大釜也。一曰鼎大上小下若甑曰鬵。从鬲兓聲。讀若岑。

孚 fú 卵孚也。从爪从子。一曰信也。

叏 tāo 滑也。《詩》云："叏兮達兮。"从又、中。一曰取也。

㱿 què 从上擊下也。一曰素也。从殳青聲。青，苦江切。

毅 yì 妄怒也。一曰有決也。从殳豙聲。

專 zhuān 六寸簿也。从寸叀聲。一曰專，紡專。

甍 ruǎn 柔韋也。从北，从皮省，从敻省。凡甍之屬皆从甍。讀若耎。一曰若儁。

斁 yì 解也。从攴睪聲。《詩》云："服之無斁。"斁，猒也。一曰終也。

敦 dūn 怒也，詆也。一曰誰何也。从攴𦎧聲。

敔 yǔ 禁也。一曰樂器，椌楬也，形如木虎。从攴吾聲。

卜 bǔ 灼剥龜也，象灸龜之形。一曰象龜兆之從横也。凡卜之屬皆从卜。

貞 zhēn 卜問也。从卜，貝以爲贄。一曰鼎省聲。京房所說。

盰 gàn 目多白也。一曰張目也。从目干聲。

瞬 xié 蔽人視也。从目幵聲。讀若攜手。一曰直視也。

盱 xū 張目也。从目于聲。一曰朝鮮謂盧童子曰盱。

昒 mèi 目冥遠視也。从目勿聲。一曰久也。一曰旦明也。

睦 mù 目順也。从目坴聲。一曰敬和也。

督 dū 察也。一曰目痛也。从目叔聲。

瞫 shěn 深視也。一曰下視也。又竊見也。从目覃聲。

瞥 piē 過目也。又目翳也。从目敝聲。一曰財見也。

眵 chī 目傷眥也。从目多聲。一曰瞢兜。

矇 méng 童矇也。一曰不明也。从目蒙聲。

眄 miǎn 目偏合也。一曰衺視也。秦語。从目丏聲。

眝 zhù 長眙也。一曰張目也。从目宁聲。

翦 jiǎn 羽生也。一曰矢羽。从羽前聲。

翭 hóu 羽本也。一曰羽初生皃。从羽侯聲。

羿 yì 羽之羿風。亦古諸侯也。一曰射師。从羽幵聲。

翬 huī 大飛也。从羽軍聲。一曰伊、雒而南，雉五采皆備曰翬。《詩》曰："如翬斯飛。"

翜 shà 捷也。飛之疾也。从羽夾聲。讀若濇。一曰俠也。

巂 guī 周燕也。从隹，中象其冠也。冏聲。一曰蜀王望帝，婬其相妻，慙亡去，爲子

巂鳥。故蜀人聞子巂鳴，皆起云“望帝”。

雡 liù 鳥大雛也。从隹翏聲。一曰雉之莫子爲雡。

雃 qiān 石鳥。一名雝𪆂。一曰精㓺。从隹幵聲。《春秋傳》：“秦有士雃。”

黎隹 lí 䊍黃也。从隹黎聲。一曰楚雀也。其色黎黑而黃。

雄 zhī 鳥也。从隹支聲。一曰雄度。

䨲 sàn 繳䨲也。从隹㪔聲。一曰飛䨲也。

蒦 huò 規蒦，商也。从又持萑。一曰視遽皃。一曰蒦，度也。

羥 yān 羣羊相積也。一曰黑羊。从羊垔聲。

羼 chàn 羊相厠也。从羴在尸下。尸，屋也。一曰相出前也。

矍 jué 隹欲逸走也。从又持之，矍矍也。讀若《詩》云“穬彼淮夷”之“穬”。一曰視遽皃。

鶠 yǎn 鳥也。其雌皇。从鳥匽聲。一曰鳳皇也。

鵁 jiāo 鵁鶄也。从鳥交聲。一曰鵁鸕也。

鳻 fēn 鳥聚皃。一曰飛皃。从鳥分聲。

舒 shū 伸也。从舍从予，予亦聲。一曰舒，緩也。

𤔔 luàn 治也。幺子相亂，𠬪治之也。讀若亂同。一曰理也。

脟 liè 脅肉也。从肉寽聲。一曰脟，腸閒肥也。一曰膫也。

臠 luán 臞也。从肉䜌聲。一曰切肉，臠也。《詩》曰：“棘人臠臠兮。”

胤 zhèn 瘢也。从肉引聲。一曰遽也。

膢 lǘ 楚俗以二月祭飲食也。从肉婁聲。一曰祈穀食新曰離膢。

膍 pí 牛百葉也。从肉𣬈聲。一曰鳥膍胵。

胵 chī 鳥胃也。从肉至聲。一曰胵，五藏緫名也。

胜 xīng 犬膏臭也。从肉生聲。一曰不孰也。

肙 yuàn 小蟲也。从肉口聲。一曰空也。

肎 kěn 骨閒肉肎肎箸也。从肉，从冎省。一曰骨無肉也。

削 xuē 鞞也。一曰析也。从刀肖聲。

剴 gāi 大鐮也。一曰摩也。从刀豈聲。

刉 jī 劃傷也。从刀气聲。一曰斷也。又讀若殪。一曰刀不利，於瓦石上刉之。

剈 yuān 挑取也。从刀肙聲。一曰窐也。

剽 piào 砭刺也。从刀㶾聲。一曰剽，劫人也。

劖 chán 斷也。从刀毚聲。一曰剽也，釗也。

刓 wán 剸也。从刀元聲。一曰齊也。

制 zhì 裁也。从刀从未。未，物成有滋味，可裁斷。一曰止也。

㓞 jiá 齘㓞，刮也。从㓞夬聲。一曰㓞，畫堅也。

耕 gēng 犁也。从耒井聲。一曰古者井田。

觰 zhā 觰拏，獸也。从角者聲。一曰下大者也。

觜 zuǐ 鴟舊頭上角觜也。一曰觜觿也。从角此聲。

解 jiě 判也。从刀判牛角。一曰解廌，獸也。

觚 gū 鄉飲酒之爵也。一曰觴受三升者謂之觚。从角瓜聲。

觳 hú 盛觵卮也。一曰射具。从角㱿聲。讀若斛。

箘 jùn 箘簬也。从竹囷聲。一曰博棊也。

篇 piān 書也。一曰關西謂榜曰篇。从竹扁聲。

籓 fān 大箕也。从竹潘聲。一曰蔽也。

箾 shāo 陳畱謂飯帚曰箾。从竹捎聲。一曰飯器，容五升。一曰宋魏謂箸筩爲箾。

籫 zuǎn 竹器也。从竹贊聲。讀若纂。一曰叢。

籠 lóng 舉土器也。一曰笭也。从竹龍聲。

笭 líng 車笭也。从竹令聲。一曰笭，籯也。

籤 qiān 驗也。一曰銳也，貫也。从竹韱聲。

奇 qí 異也。一曰不耦。从大从可。

豈 qǐ 還師振旅樂也。一曰欲也，登也。从豆，微省聲。凡豈之屬皆从豈。

豐 fēng 豆之豐滿者也。从豆，象形。一曰《鄉飲酒》有豐侯者。凡豐之屬皆从豐。

虓 xiāo 虎鳴也。一曰師子。从虎九聲。

虩 xì 《易》："履虎尾虩虩。"恐懼。一曰蠅虎也。从虎𡰪聲。

盍 yòu 小甌也。从皿有聲。讀若灰。一曰若賄。

卹 xù 憂也。从血卩聲。一曰鮮少也。

鬱 yù 芳艸也。十葉爲貫，百廾貫築以煑之爲鬱。从臼、冖、缶、鬯；彡，其飾也。
一曰鬱鬯，百艸之華，遠方鬱人所貢芳艸，合釀之以降神。鬱，今鬱林郡也。

䭠 lián 嘰也。从食兼聲。讀若風溓溓。一曰廉潔也。

餧 něi 飢也。从食委聲。一曰魚敗曰餧。

央 yāng 中央也。从大在冂之内。大，人也。央旁同意。一曰久也。

𦎧 chún 孰也。从亯从羊。讀若純。一曰鬻也。

䴾 cuó 䃺麦也。从麦𡍮聲。一曰擣也。

夋 qūn 行夋夋也。一曰倨也。从夊允聲。

夌 líng 越也。从夊从𡴆。𡴆，高也。一曰夌徲也。

夒 náo 貪獸也。一曰母猴，似人。从頁，巳、止、夊，其手足。

韢 suì 櫜紐也。从韋惠聲。一曰盛虜頭櫜也。

柍 yǎng 梅也。从木央聲。一曰江南橦材，其實謂之柍。

柀 bǐ 檆也。从木皮聲。一曰折也。

榛 zhēn 木也。从木秦聲。一曰菆也。

栩 xǔ 柔也。从木羽聲。其阜，一曰樣。

桔 jié 桔梗，藥名。从木吉聲。一曰直木。

橪 rǎn 酸小棗。从木然聲。一曰染也。

橿 jiāng 枋也。从木畺聲。一曰鉏柄名。

權 quán 黄華木。从木雚聲。一曰反常。

檵 jì 枸杞也。从木，繼省聲。一曰監木也。

枒 yá 木也。从木牙聲。一曰車輞會也。

梂 qiú 櫟實。一曰鑿首。从木求聲。

榮 róng 桐木也。从木，熒省聲。一曰屋梠之兩頭起者爲榮。

槇 diān 木頂也。从木眞聲。一曰仆木也。

𣐼 hé 角械也。从木卻聲。一曰木下白也。

櫨 lú 柱上柎也。从木盧聲。伊尹曰："果之美者，箕山之東，青鳧之所，有櫨橘焉。
夏孰也。"一曰宅櫨，木，出弘農山也。

橝 tán 屋梠前也。从木覃聲。一曰蠶槌。

槍 qiāng 歫也。从木倉聲。一曰槍，欀也。

櫝 dú 匱也。从木賣聲。一曰木名。又曰：大梡也。

梠 sì 臿也。从木目聲。一曰徙土𠀤，齊人語也。

楎 hún 六叉犂。一曰犂上曲木，犂轅。从木軍聲。讀若渾天之渾。

欘 zhú 斫也，齊謂之鎡錤。一曰斤柄，性自曲者。从木屬聲。

杸 yì 穜樓也。一曰燒麥柃杸。从木役聲。

橫 huǎng 所以几器。从木廣聲。一曰帷屏風之屬。

棖 chéng 杖也。从木長聲。一曰法也。

椯 duǒ 箠也。从木耑聲。一曰椯度也。一曰剟也。

橜 jué 弋也。从木厥聲。一曰門梱也。

欑 cuán 積竹杖也。从木贊聲。一曰穿也。一曰叢木。

桰 kuò 隱也。从木昏聲。一曰矢桰，築弦處。

枊 àng 馬柱。从木印聲。一曰堅也。

析 xī 破木也。一曰折也。从木从斤。

械 xiè 桎梏也。从木戒聲。一曰器之總名。一曰持也。一曰有盛爲械，無盛爲器。

檻 jiàn 櫳也。从木監聲。一曰圈。

麓 lù 守山林吏也。从林鹿聲。一曰林屬於山爲麓。《春秋傳》曰："沙麓崩。"

稘 zhǐ 多小意而止也。从禾从支，只聲。一曰木也。

𥡴 jǔ 積𥡴也。从禾从又，句聲。又者，从丑省。一曰木名。

囿 yòu 苑有垣也。从囗有聲。一曰禽獸曰囿。

賸 shèng 物相增加也。从貝朕聲。一曰送也，副也。

負 fù 恃也。从人守貝，有所恃也。一曰受貸不償。

賈 gǔ 賈市也。从貝襾聲。一曰坐賣售也。

賕 qiú 以財物枉法相謝也。从貝求聲。一曰戴質也。

邗 hán 國也，今屬臨淮。从邑干聲。一曰邗本屬吳。

郣 bó 郣海地。从邑孛聲。一曰地之起者曰郣。

昧 mèi 爽，旦明也。从日未聲。一曰闇也。

旭 xù 日旦出皃。从日九聲。若勖。一曰明也。

昏 hūn 日冥也。从日氐省。氐者，下也。一曰民聲。

昌 chāng 美言也。从日从曰。一曰日光也。《詩》曰："東方昌矣。"

曐 xīng 萬物之精，上爲列星。从晶生聲。一曰象形。从口，古口復注中，故與日同。

牏 tóu 築牆短版也。从片俞聲。讀若俞。一曰若紐。

稼 jià 禾之秀實爲稼，莖節爲禾。从禾家聲。一曰稼，家事也。一曰在野曰稼。

移 yí 禾相倚移也。从禾多聲。一曰禾名。

穧 jì 穫刈也。一曰撮也。从禾齊聲。

稞 huà 穀之善者。从禾果聲。一曰無皮穀。

秦 qín 伯益之後所封國，地宜禾。从禾，舂省。一曰秦，禾名。

秭 zǐ 五稯爲秭。从禾𠂔聲。一曰數億至萬曰秭。

穩 wěn 蹂穀聚也。一曰安也。从禾，隱省。古通用安隱。

穛 zhuō 早取穀也。从米焦聲。一曰小。

糂 sǎn 糂以米和羹也。一曰粒也。从米甚聲。
富 fù 富備也。一曰厚也。从宀畐聲。
寡 mián 寡寡寡，不見也。一曰寡寡，不見省人。从宀寡聲。
宕 dàng 宕過也。一曰洞屋。从宀，碭省聲。汝南項有宕鄉。
突 shēn 突深也。一曰竈突。从穴从火，从求省。
窞 dàn 窞坎中小坎也。从穴从臽，臽亦聲。《易》曰："入于坎窞。"一曰䆽入也。
窬 yú 窬穿木戶也。从穴俞聲。一曰空中也。
突 tū 突犬从穴中暫出也。从犬在穴中。一曰滑也。
竁 cuì 竁穿地也。从穴毳聲。一曰小鼠。《周禮》曰："大喪，甫竁。"
寤 wù 寤寐覺而有信曰寤。从㝱省，吾聲。一曰晝見而夜㝱也。
寣 hū 寣臥驚也。一曰小兒號寣寣。一曰河內相評也。从㝱省，从言。
瘣 huì 瘣病也。从疒鬼聲。《詩》曰："譬彼瘣木。"一曰腫䆽出也。
瘨 diān 瘨病也。从疒眞聲。一曰腹張。
瘍 mà 瘍目病。一曰惡气箸身也。一曰蝕創。从疒馬聲。
痤 cuó 痤小腫也。从疒坐聲。一曰族絫。
癘 lì 癘癰也。从疒麗聲。一曰瘦黑。讀若隸。
𤺊 wěi 𤺊創裂也。一曰疾𤺊。从疒巂聲。
痥 duó 痥馬脛瘍也。从疒兌聲。一曰將傷。
𤸷 shuāi 𤸷減也。从疒衰聲。一曰耗也。
罥 juàn 罥网也。从网、繯，繯亦聲。一曰綰也。
覆 fù 覆覂也。一曰蓋也。从襾復聲。
帤 rú 帤巾帤也。从巾如聲。一曰幣巾。
㡃 huāng 㡃設色之工，治絲練者。从巾㠩聲。一曰㡃，隔。讀若荒。
帴 sàn 帴帬也。一曰帗也。一曰婦人脅衣。从巾戔聲。讀若末殺之殺。
幒 zhōng 幒幝也。从巾怱聲。一曰帙。
幭 miè 幭蓋幭也。从巾蔑聲。一曰禪被。
飾 shì 飾㕞也。从巾从人，食聲。讀若式。一曰襐飾。
幔 néi 幔墀地，以巾㧓之。从巾夒聲。讀若水溫䕥也。一曰箸也。
帑 mù 帑髼布也。一曰車上衡衣。从巾敄聲。讀若項。
敝 bì 敝帗也。一曰敗衣。从攴从㡀，㡀亦聲。
傛 yǒng 傛不安也。从人容聲。一曰華。
儥 tuǐ 儥嫺也。从人貴聲。一曰長皃。
儼 yǎn 儼昂頭也。从人嚴聲。一曰好皃。
侹 tǐng 侹長皃。一曰箸地。一曰代也。从人廷聲。
俶 chù 俶善也。从人叔聲。《詩》曰："令終有俶。"一曰始也。
供 gòng 供設也。从人共聲。一曰供給。
倫 lún 倫輩也。从人侖聲。一曰道也。
偕 xié 偕彊也。从人皆聲。《詩》曰："偕偕士子。"一曰俱也。
佽 cì 佽便利也。从人次聲。《詩》曰："决拾既佽。"一曰遞也。
儽 lěi 儽垂皃。从人纍聲。一曰嬾解。
佸 huó 佸會也。从人𠯑聲。《詩》曰："曷其有佸？"一曰佸佸，力皃。

假 jiǎ 非眞也。从人叚聲。一曰至也。《虞書》曰：“假于上下。”

俔 qiàn 譬諭也。一曰間見。从人从見。《詩》曰：“俔天之妹。”

優 yōu 饒也。从人憂聲。一曰倡也。

俾 bǐ 益也。从人卑聲。一曰俾，門侍人。

儗 nǐ 僭也。一曰相疑。从人从疑。

倀 chāng 狂也。从人長聲。一曰什也。

僻 pì 避也。从人辟聲。《詩》曰：“宛如左僻。”一曰从旁牽也。

侈 chǐ 掩脅也。从人多聲。一曰奢也。

佚 yì 佚民也。从人失聲。一曰佚，忽也。

㑵 jí 妎也。从人疾聲。一曰毒也。

偒 yì 輕也。从人易聲。一曰交偒。

倄 yáo 刺也。从人肴聲。一曰痛聲。

伐 fá 擊也。从人持戈。一曰敗也。

僇 lù 癡行僇僇也。从人翏聲。讀若雡。一曰且也。

幷 bìng 相從也。从从幵聲。一曰从持二爲幷。

丘 qiū 土之高也，非人所爲也。从北从一。一，地也。人居在丠南，故从北。中邦之居，在崐崘東南。一曰四方高，中央下爲丠。象形。凡丠之屬皆从丠。(今隸變作丘。)

壬 tǐng 善也。从人、士。士，事也。一曰象物出地挺生也。凡壬之屬皆从壬。

褕 yú 翟，羽飾衣。从衣俞聲。一曰直裾謂之襜褕。

袤 mào 衣帶以上。从衣矛聲。一曰南北曰袤，東西曰廣。

袪 qū 衣袂也。从衣去聲。一曰袪，褱也。褱者，袌也。袪，尺二寸。《春秋傳》曰：“披斬其袪。”

褢 huái 袖也。一曰藏也。从衣鬼聲。

褱 huái 俠也。从衣眔聲。一曰橐。

複 fù 重衣皃。从衣复聲。一曰褚衣。

裻 dú 新衣聲。一曰背縫。从衣叔聲。

襦 rú 短衣也。从衣需聲。一曰䰧衣。

袢 fán 無色也。从衣半聲。一曰《詩》曰：“是紲袢也。”讀若普。

褔 yǔ 編枲衣。从衣區聲。一曰頭褔。一曰次裹衣。

褐 hè 編枲韤。一曰粗衣。从衣曷聲。

褚 chǔ 卒也。从衣者聲。一曰製衣。

袚 bō 蠻夷衣。从衣犮聲。一曰蔽厀。

褮 yíng 鬼衣。从衣，熒省聲。讀若《詩》曰“葛藟縈之”。一曰若“靜女其袾”之袾。

裘 qiú 皮衣也。从衣求聲。一曰象形，與衰同意。凡裘之屬皆从裘。

屆 jiè 行不便也。一曰極也。从尸凷聲。

屒 zhěn 伏皃。从尸辰聲。一曰屋宇。

屋 wū 居也。从尸。尸，所主也。一曰尸，象屋形。从至。至，所至止。室、屋皆从至。

履 lǚ 足所依也。从尸从彳从夊，舟象履形。一曰尸聲。凡履之屬皆从履。

屨 jù 履也。从履省，婁聲。一曰鞮也。

舳 zhú 艫也。从舟由聲。漢律名船方長爲舳艫。一曰舟尾。

艫 lú 舳艫也。一曰船頭。从舟盧聲。

服 fú 用也。一曰車右騑，所以舟旋。从舟𠬝聲。

兢 jīng 競也。从二兄。二兄，競意。从丰聲。讀若矜。一曰兢，敬也。

䚎 chuāng 視不明也。一曰直視。从見春聲。

覺 jué 寤也。从見，學省聲。一曰發也。

欨 xū 吹也。一曰笑意。从欠句聲。

歇 xiē 息也。一曰气越泄。从欠曷聲。

⿰气欠 jì ⿱夭女也。从欠气聲。一曰口不便言。

歍 wū 心有所惡，若吐也。从欠烏聲。一曰口相就。

歔 xū 欷也。从欠虛聲。一曰出气也。

⿰毄欠 xì 且唾聲。一曰小笑。从欠毄聲。

欪 chù 咄欪，無慙。一曰無腸意。从欠出聲。讀若卉。

頒 bān 大頭也。从頁分聲。一曰鬢也。《詩》曰："有頒其首。"

⿰粦頁 lǐn ⿰彡頁⿰粦頁也。从頁粦聲。一曰頭少髮。

⿰困頁 kūn 無髮也。一曰耳門也。从頁困聲。

⿰契頁 qì 司人也。一曰恐也。从頁契聲。讀若褉。

煩 fán 熱頭痛也。从頁从火。一曰焚省聲。

頪 lèi 難曉也。从頁、米。一曰鮮白皃。从粉省。

鬑 lián 鬋也。一曰長皃。从髟兼聲。讀若慊。

厄 ě 科厄，木節也。从卪厂聲。賈侍中說以爲厄，裹也。一曰厄，蓋也。

鬾 jì 鬼服也。一曰小兒鬼。从鬼支聲。《韓詩傳》曰："鄭交甫逢二女，鬾服。"

崵 yáng 崵山，在遼西。从山昜聲。一曰嵎鐵崵谷也。

峼 gào 山皃。一曰山名。从山告聲。

嵞 tú 會稽山。一曰九江當嵞也。民以辛壬癸甲之日嫁娶。从屾余聲。《虞書》曰："予娶嵞山。"

庾 yǔ 水槽倉也。从广臾聲。一曰倉無屋者。

⿸广戊 huán 屋牝瓦下。一曰維綱也。从广，閔省聲。讀若環。

底 dǐ 山居也。一曰下也。从广氐聲。

庳 bì 中伏舍。从广卑聲。一曰屋庳。或讀若逋。

廔 lóu 屋麗廔也。从广婁聲。一曰穜也。

⿸厂敢 yín 崟也。一曰地名。从厂敢聲。

厭 yā 笮也。从厂猒聲。一曰合也。

厃 wěi 仰也。从人在厂上。一曰屋梠也，秦謂之桷，齊謂之厃。

磏 lián 厲石也。一曰赤色。从石兼聲。讀若鎌。

硈 qià 石堅也。从石吉聲。一曰突也。

昜 yáng 開也。从日、一、勿。一曰飛揚。一曰長也。一曰彊者眾皃。

豵 zōng 生六月豚。从豕從聲。一曰一歲豵，尚叢聚也。

豝 bā 牝豕也。从豕巴聲。一曰一歲能相把拏也。《詩》曰："一發五豝。"

豦 qú 鬭相丮不解也。从豕、虍。豕、虍之鬭，不解也。讀若蘮蒘草之蘮。司馬相如說：豦，封豕之屬。一曰虎兩足舉。

豙 yì 豕怒毛豎。一曰殘艾也。从豕、辛。

㣇 yì 脩豪獸。一曰河內名豕也。从彑，下象毛足。凡㣇之屬皆从㣇。讀若弟。

易 yì 蜥易，蝘蜓，守宮也。象形。《祕書》說：日月爲易，象陰陽也。一曰从勿。凡易之屬皆从易。

馬 huán 馬一歲也。从馬；一，絆其足。讀若弦。一曰若環。

驃 piào 黃馬發白色。一曰白髦尾也。从馬㶾聲。

馰 dí 馬白頟也。从馬，的省聲。一曰駿也。《易》曰："爲的顙。"

驕 jiāo 馬高六尺爲驕。从馬喬聲。《詩》曰："我馬唯驕。"一曰野馬。

駙 fù 副馬也。从馬付聲。一曰近也。一曰疾也。

騷 sāo 擾也。一曰摩馬。从馬蚤聲。

駔 zǎng 牡馬也。从馬且聲。一曰馬蹲駔也。

騰 téng 傳也。从馬朕聲。一曰騰，犗馬也。

騅 hé 苑名。一曰馬白頟。从馬隺聲。

驒 tuó 驒騱，野馬也。从馬單聲。一曰青驪白鱗，文如鼉魚。

獫 xiǎn 長喙犬。一曰黑犬黃頭。从犬僉聲。

㺌 xiàn 犬吠不止也。从犬兼聲。讀若檻。一曰兩犬爭也。

㺑 shǎn 犬容頭進也。从犬參聲。一曰賊疾也。

狋 yí 犬怒皃。从犬示聲。一曰犬難得。代郡有狋氏縣。讀又若銀。

獧 juàn 疾跳也。一曰急也。从犬瞏聲。

獨 dú 犬相得而鬭也。从犬蜀聲。羊爲羣，犬爲獨也。一曰北嚻山有獨㳛獸，如虎，白身，豕鬣，尾如馬。

犴 yàn 獟犬也。从犬幵聲。一曰逐虎犬也。

猶 yóu 玃屬。从犬酋聲。一曰隴西謂犬子爲猷。

狙 jū 玃屬。从犬且聲。一曰狙，犬也，暫齧人者。一曰犬不齧人也。

鼢 fén 地行鼠，伯勞所作也。一曰偃鼠。从鼠分聲。

煦 xù 烝也。一曰赤皃。一曰溫潤也。从火昫聲。

爚 yuè 火飛也。从火龠聲。一曰爇也。

㶳 jìn 火餘也。从火聿聲。一曰薪也。

黂 chuā 黃黑而白也。从黑算聲。一曰短黑。讀若以芥爲齏，名曰芥荃也。

燊 shēn 盛皃。从焱在木上。讀若《詩》"莘莘征夫"。一曰役也。

吳 wú 姓也。亦郡也。一曰吳，大言也。从夨、口。

幸 niè 所以驚人也。从大从羊。一曰大聲也。凡㚔之屬皆从㚔。一曰讀若瓠。一曰俗語以盜不止爲㚔，㚔讀若籋。

圉 yǔ 囹圄，所以拘罪人。从㚔从囗。一曰圉，垂也。一曰圉人，掌馬者。

臩 guǎng 驚走也。一曰往來也。从夰、臦。《周書》曰："伯臩。"古文臦，古文囧字。

𡚁 yàn 大皃。从大㗊聲。或曰拳勇字。一曰讀若傿。

奰 bì 壯大也。从三大三目。二目爲㗊，三目爲奰，益大也。一曰迫也。讀若《易》虙羲氏。《詩》曰："不醉而怒謂之奰。"

竫 jìng 立竫也。从立青聲。一曰細皃。

竘 qǔ 健也。一曰匠也。从立句聲。讀若齲。《逸周書》有竘匠。

忼 kàng 慨也。从心亢聲。一曰《易》"忼龍有悔"。

慸 dì 高也。一曰極也。一曰困劣也。从心帶聲。

憖 yìn 問也。謹敬也。从心猌聲。一曰說也。一曰甘也。《春秋傳》曰："昊天不

愸。”又曰：“兩君之士皆未愸。”

懬 kuàng 闊也。一曰廣也，大也。一曰寬也。从心从廣，廣亦聲。

𢡃 yì 滿也。从心啻聲。一曰十萬曰𢡃。

憮 wǔ 愛也。韓鄭曰憮。一曰不動。从心無聲。

慰 wèi 安也。从心尉聲。一曰恚怒也。

惄 nì 飢餓也。一曰憂也。从心叔聲。《詩》曰：“惄如朝飢。”

㦓 biǎn 憂也。从心辡聲。一曰急也。

恆 jí 疾也。从心亟聲。一曰謹重皃。

懝 ài 騃也。从心从疑，疑亦聲。一曰惶也。

慢 màn 惰也。从心曼聲。一曰慢，不畏也。

愓 dàng 放也。从心昜聲。一曰平也。

悝 kuī 啁也。从心里聲。《春秋傳》有孔悝。一曰病也。

惷 chǔn 亂也。从心春聲。《春秋傳》曰：“王室日惷惷焉。”一曰厚也。

悁 yuān 忿也。从心肙聲。一曰憂也。

黎 lí 恨也。从心𥝩聲。一曰怠也。

恫 tōng 痛也。一曰呻吟也。从心同聲。

慅 sāo 動也。从心蚤聲。一曰起也。

惙 chuò 憂也。从心叕聲。《詩》曰：“憂心惙惙。”一曰意不定也。

慁 hùn 憂也。从心圂聲。一曰擾也。

懾 shè 失气也。从心聶聲。一曰服也。

憚 dàn 忌難也。从心單聲。一曰難也。

㥝 mǐ 厲也。一曰止也。从心弭聲。讀若沔。

湔 jiān 水。出蜀郡緜虒玉壘山，東南入江。从水前聲。一曰手瀚之。

漆 qī 水。出右扶風杜陵岐山，東入渭。一曰入洛。从水桼聲。

沾 zhān 水。出壺關，東入淇。一曰沾，益也。从水占聲。

沂 yí 水。出東海費東，西入泗。从水斤聲。一曰沂水，出泰山蓋，青州浸。

溉 gài 水。出東海桑瀆覆甑山，東北入海。一曰灌注也。从水既聲。

浿 pèi 水。出樂浪鏤方，東入海。从水貝聲。一曰出浿水縣。

漠 mò 北方流沙也。一曰清也。从水莫聲。

洚 jiàng 水不遵道。一曰下也。从水夅聲。

漦 chí 順流也。一曰水名。从水𠭚聲。

演 yǎn 長流也。一曰水名。从水寅聲。

湝 jiē 水流湝湝也。从水皆聲。一曰湝湝，寒也。《詩》曰：“風雨湝湝。”

汪 wāng 深廣也。从水𡈼聲。一曰汪，池也。

沆 hàng 莽沆，大水也。从水亢聲。一曰大澤皃。

潏 jué 涌出也。一曰水中坻，人所爲，爲潏。一曰潏，水名，在京兆杜陵。从水矞聲。

淪 lún 小波爲淪。从水侖聲。《詩》曰：“河水清且淪漪。”一曰没也。

濫 làn 氾也。从水監聲。一曰濡上及下也。《詩》曰：“觱沸濫泉。”一曰清也。

激 jī 水礙衺疾波也。从水敫聲。一曰半遮也。

涌 yǒng 滕也。从水甬聲。一曰涌水，在楚國。

渾 hún 混流聲也。从水軍聲。一曰洿下皃。

溷 hùn 亂也。一曰水濁皃。从水圂聲。
淈 gǔ 濁也。从水屈聲。一曰滒泥。一曰水出皃。
淫 yín 侵淫隨理也。从水㸒聲。一曰久雨爲淫。
渻 shěng 少減也。一曰水門。又，水出丘前謂之渻丘。从水省聲。
滋 zī 益也。从水兹聲。一曰滋水，出牛飲山白陘谷，東入呼沱。
汜 sì 水別復入水也。一曰汜，窮瀆也。从水巳聲。《詩》曰："江有汜。"
濙 yǐng 清水也。一曰窊也。从水熒聲。
瀆 dú 溝也。从水賣聲。一曰邑中溝。
瀶 lín 谷也。从水臨聲。讀若林。一曰寒也。
澗 jiàn 山夾水也。从水閒聲。一曰澗水，出弘農新安，東南入洛。
潢 héng 小津也。从水横聲。一曰以船渡也。
潛 qián 涉水也。一曰藏也。一曰漢水爲潛。从水朁聲。
淦 gàn 水入船中也。一曰泥也。从水金聲。
湛 chén 没也。从水甚聲。一曰湛水，豫章浸。
瀑 bào 疾雨也。一曰沫也。一曰瀑，資也。从水暴聲。《詩》曰："終風且瀑。"
湒 jí 雨下也。从水咠聲。一曰沸涌皃。
澬 cí 久雨涔資也。一曰水名。从水資聲。
漊 lǚ 雨漊漊也。从水婁聲。一曰汝南謂飲酒習之不醉爲漊。
沈 chén 陵上滈水也。从水冘聲。一曰濁黕也。
淊 hàn 泥水淊淊也。一曰繅絲湯也。从水臽聲。
涔 cén 潰也。一曰涔陽渚，在郢中。从水岑聲。
溓 lián 薄水也。一曰中絶小水。从水兼聲。
洿 wū 濁水不流也。一曰窳下也。从水夸聲。
汙 wū 薉也。一曰小池爲汙。一曰涂也。从水于聲。
湫 jiǎo 隘。下也。一曰有湫水，在周地。《春秋傳》曰："晏子之宅秋隘。"安定朝那有湫泉。从水秋聲。
洏 ér 洝也。一曰煑孰也。从水而聲。
瀝 lì 浚也。从水歷聲。一曰水下滴瀝。
潘 pān 淅米汁也。一曰水名，在河南滎陽。从水番聲。
灂 jiǎo 釃酒也。一曰浚也。从网从水，焦聲。讀若《夏書》"天用勦絶"。
湑 xǔ 莤酒也。一曰浚也。一曰露皃。从水胥聲。《詩》曰："有酒湑我。"又曰："零露湑兮。"
潠 shà 飲歃也。一曰吮也。从水算聲。
淋 lín 以水沃也。从水林聲。一曰淋淋，山下水皃。
灒 zàn 汙灑也。一曰水中人。从水贊聲。
渝 yū 變汙也。从水俞聲。一曰渝水，在遼西臨俞，東出塞。
漕 cáo 水轉轂也。一曰人之所乘及船也。从水曹聲。
巠 jīng 水脈也。从川在一下。一，地也。壬省聲。一曰水冥巠也。
州 zhōu 水中可居曰州，周遶其旁，从重川。昔堯遭洪水，民居水中高土，或曰九州。《詩》曰："在河之州。"一曰州，疇也。各疇其土而生之。
霣 yǔn 雨也。齊人謂靁爲霣。从雨員聲。一曰雲轉起也。

霅	zhá	霅霅，震電皃。一曰衆言也。从雨，嚞省聲。
鮞	ér	魚子也。一曰魚之美者，東海之鮞。从魚而聲。讀若而。
鮦	tóng	魚名。从魚同聲。一曰鱶也。讀若絝襱。
鮈	jú	魚名。出樂浪潘國。从魚匊聲。一曰鮈魚出江東，有兩乳。
鮨	qí	魚脂醬也。出蜀中。从魚旨聲。一曰鮪魚名。
魿	qín	鮺也。一曰大魚爲鮺，小魚爲魿。从魚今聲。
魧	háng	大貝也。一曰魚膏。从魚亢聲。讀若岡。
闔	hé	門扇也。一曰閉也。从門盍聲。
𨷏	zhuǎn	開閉門利也。从門繇聲。一曰縷十紘也。
𦖻	mǐ	乘輿金馬耳也。从耳麻聲。讀若渳水。一曰若《月令》靡草之靡。
摳	kōu	繑也。一曰摳衣升堂。从手區聲。
揖	yī	攘也。从手咠聲。一曰手箸胷曰揖。
捾	wò	搯捾也。从手官聲。一曰援也。
摧	cuī	擠也。从手崔聲。一曰挏也，一曰折也。
搏	bó	索持也。一曰至也。从手尃聲。
捉	zhuō	搤也。从手足聲。一曰握也。
撮	cuō	四圭也。一曰兩指撮也。从手最聲。
揜	yǎn	自關以東謂取曰揜。一曰覆也。从手弇聲。
挋	zhèn	給也。从手臣聲。一曰約也。
撫	fǔ	安也。从手無聲。一曰循也。
捪	mín	撫也。从手昏聲。一曰摹也。
揣	chuǎi	量也。从手耑聲。度高曰揣。一曰捶之。
擿	zhì	搔也。从手適聲。一曰投也。
摽	piāo	擊也。从手票聲。一曰挈門壯也。
挑	tiāo	撓也。从手兆聲。一曰摷也。《國語》曰："郤至挑天。"
撓	náo	擾也。从手堯聲。一曰捄也。
擖	qià	刮也。从手葛聲。一曰撻也。
摘	zhāi	拓果樹實也。从手啻聲。一曰指近之也。
拹	xié	摺也。从手劦聲。一曰拉也。
振	zhèn	舉救也。从手辰聲。一曰奮也。
撟	jiǎo	舉手也。从手喬聲。一曰撟，擅也。
擭	wò	擊擭也。一曰布擭也，一曰握也。从手蒦聲。
擣	dǎo	手推也。一曰築也。从手𠷎聲。
捼	ruó	推也。从手委聲。一曰兩手相切摩也。
撆	piē	別也。一曰擊也。从手敝聲。
撝	huī	裂也。从手爲聲。一曰手指也。
撘	tà	縫指撘也。一曰韜也。从手沓聲。讀若眔。
捄	jū	盛土於梩中也。一曰擾也。《詩》曰："捄之陾陾。"从手求聲。
播	bō	種也。一曰布也。从手番聲。
𢵨	zhì	刺也。从手致聲。一曰刺之財至也。
捲	quán	气勢也。从手卷聲。《國語》曰："有捲勇"。一曰捲，收也。

撚 niǎn 執也。从手然聲。一曰蹂也。

搜 sōu 衆意也。一曰求也。从手叜聲。《詩》曰："束矢其搜。"

掖 yè 以手持人臂投地也。从手夜聲。一曰臂下也。

娠 shēn 女妊身動也。从女辰聲。《春秋傳》曰："后緍方娠。"一曰宫婢女隸謂之娠。

婗 ní 嫛婗也。从女兒聲。一曰婦人惡皃。

母 mǔ 牧也。从女，象褱子形。一曰象乳子也。

姶 è 女字也。从女合聲。《春秋傳》曰："嬖人婤姶。"一曰無聲。

嫇 míng 嬰嫇也。从女冥聲。一曰嫇嫇，小人皃。

婐 wǒ 㛂也。一曰女侍曰婐。讀若騧，或若委。从女果聲。孟軻曰："舜爲天子，二女婐。"

㛂 nuǒ 婐㛂也。一曰弱也。从女戹聲。

𡜊 chān 小弱也。一曰女輕薄善走也。一曰多技藝也。从女占聲。或讀若占。

妗 xiān 㛤妗也。一曰善笑皃。从女今聲。

婧 jìng 竦立也。从女青聲。一曰有才也。讀若韭菁。

嬥 tiǎo 直好皃。一曰嬈也。从女翟聲。

媞 shì 諦也。一曰妍黠也。一曰江淮之閒謂母曰媞。从女是聲。

娭 xī 戲也。从女矣聲。一曰卑賤名也。

嫥 zhuān 壹也。从女專聲。一曰嫥嫥。

嬐 xiān 敏疾也。一曰莊敬皃。从女僉聲。

𡠗 zhì 至也。从女執聲。《周書》曰："大命不𡠗。"讀若摯同。一曰《虞書》雉𡠗。

𡞲 tà 俛伏也。从女沓聲。一曰伏意。

嬗 shàn 緩也。从女亶聲。一曰傳也。

媢 mào 夫妒婦也。从女冒聲。一曰相視也。

𡝗 yāo 巧也。一曰女子笑皃。《詩》曰："桃之𡝗𡝗。"从女芺聲。

嫌 xián 不平於心也。一曰疑也。从女兼聲。

嫸 zhǎn 好枝格人語也。一曰靳也。从女善聲。

𡢁 ǎn 含怒也。一曰難知也。从女酓聲。《詩》曰："碩大且𡢁。"

姸 yán 技也。一曰不省録事，一曰難侵也，一曰惠也，一曰安也。从女幵聲。讀若研。

婎 huī 姿婎，姿也。从女隹聲。一曰醜也。

嬬 rú 弱也。一曰下妻也。从女需聲。

嬾 lǎn 懈也，怠也。一曰臥也。从女賴聲。

婁 lóu 空也。从母、中、女，空之意也。一曰婁，務也。

㛍 qiè 得志㛍㛍。一曰㛍息也，一曰少气也。从女夾聲。

嬈 niǎo 苛也。一曰擾，戲弄也，一曰嬥也。从女堯聲。

𡠹 huǐ 惡也。一曰人皃。从女毀聲。

姍 shān 誹也。一曰翼便也。从女，删省聲。

㜫 cù 醜也。一曰老嫗也。从女酋聲。讀若蹴。

婓 fēi 往來婓婓也。一曰醜皃。从女非聲。

孃 ráng 煩擾也。一曰肥大也。从女襄聲。

戲 xì 三軍之偏也。一曰兵也。从戈䖒聲。

戜 dié 利也。一曰剔也。从戈呈聲。

戔 jiān 絶也。一曰田器。从从持戈。古文讀若咸。讀若《詩》云“攕攕女手”。

我 wǒ 施身自謂也。或說我，頃頓也。从戈从𠂒。𠂒，或說古垂字。一曰古殺字。凡我之屬皆从我。

乍 zhà 止也，一曰亡也。从亡从一。

陋 lòu 側逃也。从匸丙聲。一曰箕屬。

甗 yǎn 甑也。一曰穿也。从瓦鬳聲。讀若言。

弧 hú 木弓也。从弓瓜聲。一曰往體寡，來體多曰弧。

絓 huà 繭滓絓頭也。一曰以囊絮練也。从糸圭聲。

繼 jì 續也。从糸、㡭。一曰反㡭爲繼。

紹 shào 繼也。从糸召聲。一曰紹，緊糾也。

縱 zòng 緩也。一曰舍也。从糸從聲。

紆 yū 詘也。从糸于聲。一曰縈也。

縮 suō 亂也。从糸宿聲。一曰蹴也。

綮 qǐ 撥繒也。一曰微幟信也，有齒。从糸𢼄聲。

繡 yù 帛青經縹緯。一曰育陽染也。从糸育聲。

綰 wǎn 惡也，絳也。从糸官聲。一曰綃也。讀若雞卵。

綥 qí 帛蒼艾色。从糸畀聲。《詩》：“縞衣綥巾。”未嫁女所服。一曰不借綥。

纔 shān 帛雀頭色。一曰微黑色，如紺。纔，淺也。讀若讒。从糸毚聲。

紐 niǔ 系也。一曰結而可解。从糸丑聲。

絾 yuè 采彰也。一曰車馬飾。从糸戉聲。

纍 léi 綴得理也。一曰大索也。从糸畾聲。

繄 yī 戟衣也。从糸殹聲。一曰赤黑色繒。

徽 huī 衺幅也。一曰三糾繩也。从糸，微省聲。

䋞 biē 扁緒也。一曰弩罥鉤帶。从糸折聲。

綪 zhēng 紆未縈繩。一曰急弦之聲。从糸爭聲。讀若旌。

緪 gēng 大索也。一曰急也。从糸恆聲。

絡 luò 絮也。一曰麻未漚也。从糸各聲。

絮 rú 絜緼也。一曰敝絮。从糸奴聲。《易》曰：“需有衣絮。”

繫 jì 繫褫也。一曰惡絮。从糸毄聲。

褫 lí 繫褫也。一曰維也。从糸虒聲。

紨 fū 布也。一曰粗紬。从糸付聲。

縐 zhòu 絺之細也。《詩》曰：“蒙彼縐絺。”一曰蹴也。从糸芻聲。

緦 sī 十五升布也。一曰兩麻一絲布也。从糸思聲。

緶 biàn 交枲也。一曰緁衣也。从糸便聲。

絽 huà 履也。一曰青絲頭履也。讀若阡陌之陌。从糸戶聲。

緉 liǎng 履兩枚也。一曰絞也。从糸从兩，兩亦聲。

繆 móu 枲之十絜也。一曰綢繆。从糸翏聲。

蜓 diàn 蝘蜓也。从虫廷聲。一曰螾蜓。

蠸 quán 蟲也。一曰大螫也。讀若蜀都布名。从虫雚聲。

蟣 jǐ 蝨子也。一曰齊謂蛭曰蟣。从虫幾聲。

螻 lóu 螻蛄也。从虫婁聲。一曰螜天螻。

蜐 jué 渠蜐。一曰天社。从虫却聲。
蠃 luǒ 蜾蠃也。从虫𣎆聲。一曰虒蝓。
蛶 lüè 螶蛶也。一曰蜉游。朝生莫死者。从虫寽聲。
蛩 qióng 蛩蛩，獸也。一曰秦謂蟬蛻曰蛩。从虫巩聲。
蟨 jué 鼠也。一曰西方有獸，前足短，與蛩蛩、巨虛比，其名謂之蟨。从虫厥聲。
蠠 mì 蠭甘飴也。一曰螟子。从蚰鼏聲。
坴 lù 土塊坴坴也。从土圥聲。讀若逐。一曰坴梁。
堫 zōng 穜也。一曰内其中也。从土㚇聲。
坺 bá 治也。一曰臿土謂之坺。《詩》曰："武王載坺。"一曰塵皃。从土犮聲。
墼 jī 瓴適也。一曰未燒也。从土毄聲。
垸 huán 以桼和灰而鬃也。从土完聲。一曰補垸。
垎 hè 水乾也。一曰堅也。从土各聲。
埱 chù 气出土也。一曰始也。从土叔聲。
垠 yín 地垠也。一曰岸也。从土艮聲。
壍 qiàn 阬也。一曰大也。从土斬聲。
壙 kuàng 壍穴也。一曰大也。从土廣聲。
壓 yā 壞也。一曰塞補。从土厭聲。
坋 fèn 塵也。从土分聲。一曰大防也。
坏 pī 丘再成者也。一曰瓦未燒。从土不聲。
埍 juǎn 徒隸所居也。一曰女牢。一曰亭部。从土肙聲。
場 cháng 祭神道也。一曰田不耕。一曰治穀田也。从土昜聲。
㽭 ruán 城下田也。一曰㽭，郤也。从田耎聲。
㽘 gǎng 境也。一曰陌也。趙魏謂陌爲㽘。从田亢聲。
䵡 xiān 赤黃也。一曰輕易人䵡姁也。从黃夾聲。
鋚 tiáo 鐵也。一曰轡首銅。从金攸聲。
鏤 lòu 剛鐵，可以刻鏤。从金婁聲。《夏書》曰："梁州貢鏤。"一曰鏤，釜也。
銑 xiǎn 金之澤者。一曰小鑿。一曰鐘兩角謂之銑。从金先聲。
鑗 lí 金屬。一曰剝也。从金黎聲。
鋏 jiá 可以持冶器鑄鎔者。从金夾聲。讀若漁人莢魚之莢。一曰若挾持。
鉹 chǐ 曲鉹也。从金多聲。一曰鬵鼎，讀若擠。一曰《詩》云"侈兮哆兮"。
鑑 jiàn 大盆也。一曰監諸，可以取明水於月。从金監聲。
鏖 āo 温器也。一曰金器。从金麀聲。
銚 yáo 温器也。一曰田器。从金兆聲。
鍵 jiàn 鉉也。一曰車轄。从金建聲。
鋊 yù 可以句鼎耳及鑪炭。从金谷聲。一曰銅屑。讀若浴。
鑯 jiān 鐵器也。一曰鐫也。从金韱聲。
鏟 chǎn 鏶也。一曰平鐵。从金産聲。
鈹 pī 大鍼也。一曰劒如刀裝者。从金皮聲。
鐫 juān 穿木鐫也。从金雋聲。一曰琢石也。讀若瀸。
𨦻 guǐ 臿屬。从金危聲。一曰瑩鐵也。讀若跛行。
鈐 qián 鈐鏞，大犂也。一曰類枱。从金今聲。

鉆 chān 鐵銸也。从金占聲。一曰膏車鐵鉆。

鈀 bā 兵車也。一曰鐵也。《司馬法》:“晨夜内鈀車。”从金巴聲。

鎛 bó 鎛鱗也。鐘上橫木上金華也。一曰田器。从金尃聲。《詩》曰:“庤乃錢鎛。”

鍯 cōng 鎗鍯也。一曰大鑿平木者。从金悤聲。

鏐 liú 弩眉也。一曰黃金之美者。从金翏聲。

銴 shì 車樘結也。一曰銅生五色也。从金折聲。讀若誓。

鐊 yáng 馬頭飾也。从金陽聲。《詩》曰:“鉤膺鏤鐊。”一曰鍱，車輪鐵。

鐉 quān 所以鉤門戶樞也。一曰治門戶器也。从金巽聲。

鐓 duī 下垂也。一曰千斤椎。从金敦聲。

斛 tiāo 斛旁有斛。从斗厎聲。一曰突也。一曰利也。《尔疋》曰:“斛謂之疀。”古田器也。

軕 chūn 車約軕也。从車川聲。《周禮》曰:“孤乘夏軕。”一曰下棺車曰軕。

𨊧 qióng 車䡏規也。一曰一輪車。从車，熒省聲。讀若煢。

轑 lǎo 蓋弓也。一曰輻也。从車尞聲。

衛 juàn 車搖也。从車从行。一曰衍省聲。

轄 xiá 車聲也。从車害聲。一曰轄，鍵也。

輇 quán 蕃車下庳輪也。一曰無輻也。从車全聲。讀若饌。

䡨 chái 連車也。一曰却車抵堂爲䡨。从車，差省聲。讀若遲。

軖 kuáng 紡車也。一曰一輪車。从車㞷聲。讀若狂。

阿 ē 大陵也。一曰曲𨸏也。从𨸏可聲。

陂 bēi 阪也。一曰沱也。从𨸏皮聲。

阪 bǎn 坡者曰阪。一曰澤障。一曰山脅也。从𨸏反聲。

限 xiàn 阻也。一曰門榍。从𨸏艮聲。

阭 yǔn 高也。一曰石也。从𨸏允聲。

陷 xiàn 高下也。一曰陊也。从𨸏从臽，臽亦聲。

隦 xiè 水衡官谷也。从𨸏解聲。一曰小谿。

陪 kū 大𨸏也。一曰右扶風郿有陪𨸏。从𨸏告聲。

陧 zhào 耕以臿浚出下壚土也。一曰耕休田也。从𨸏从土，召聲。

陪 péi 重土也。一曰滿也。从𨸏咅聲。

隖 wǔ 小障也。一曰庳城也。从𨸏烏聲。

甲 jiǎ 東方之孟，陽气萌動，从木戴孚甲之象。一曰人頭宐爲甲，甲象人頭。凡甲之屬皆从甲。

穀 gòu 乳也。从子㱿聲。一曰穀瞀也。

孺 rú 乳子也。一曰輸也，輸尚小也。从子需聲。

孱 chán 迮也。一曰呻吟也。从孨在尸下。

孴 nǐ 盛皃。从孨从曰。讀若薿薿。一曰若存。

酒 jiǔ 就也，所以就人性之善惡。从水从酉，酉亦聲。一曰造也，吉凶所造也。古者儀狄作酒醪，禹嘗之而美，遂疏儀狄。杜康作秫酒。

釃 shī 下酒也。一曰醇也。从酉麗聲。

酤 gū 一宿酒也。一曰買酒也。从酉古聲。

醆 zhǎn 爵也。一曰酒濁而微清也。从酉戔聲。

醉　zuì　卒也。卒其度量，不至於亂也。一曰潰也。从酉从卒。

酲　chéng　病酒也。一曰醉而覺也。从酉呈聲。

醫　yī　治病工也。殹，惡姿也，醫之性然。得酒而使。从酉。王育說。一曰殹，病聲。酒所以治病也。《周禮》有醫酒。古者巫彭初作醫。

莤　sù　禮祭，束茅，加于祼圭，而灌鬯酒，是爲莤。象神歆之也。一曰莤，榼上塞也。从酉从艸。《春秋傳》曰："尔貢包茅不入，王祭不供，無以莤酒。"

酏　yǐ　黍酒也。从酉也聲。一曰甜也。賈侍中說：酏爲鬻清。

醒　xǐng　醉解也。从酉星聲。按：酲字注云：一曰醉而覺也。則古酲，亦音醒也。

重文類檢

或 體

祀 sì 祭無已也。从示巳聲。，祀或从異。
鬃 bēng 門内祭，先祖所以徬徨。从示彭聲。《詩》曰："祝祭于鬃。"，鬃或从方。
禱 dǎo 告事求福也。从示壽聲。，禱或省。
禂 dǎo 禱牲馬祭也。从示周聲。《詩》曰："既禡既禂。"，或从馬，壽省聲。
瓊 qióng 赤玉也。从玉夐聲。，瓊或从旋省。
瓊 qióng 赤玉也。从玉夐聲。，瓊或从巂。
瓊 qióng 赤玉也。从玉夐聲。，瓊或从矞。
球 qiú 玉聲也。从玉求聲。，球或从翏。
瑱 tiàn 以玉充耳也。从玉眞聲。《詩》曰："玉之瑱兮。"，瑱或从耳。
璂 qí 弁飾，往往冒玉也。从玉綦聲。，璂或从基。
璊 mén 玉經色也。从玉㒼聲。禾之赤苗謂之𧇊，言璊，玉色如之。，璊或从允。
玩 wán 弄也。从玉元聲。，玩或从貝。
琨 kūn 石之美者。从玉昆聲。《虞書》曰："楊州貢瑤琨。"，琨或从貫。
靈 líng 靈巫。以玉事神。从玉霝聲。，靈或从巫。
玨 jué 二玉相合爲一玨。凡玨之屬皆从玨。，玨或从㱿。
氛 fēn 祥气也。从气分聲。，氛或从雨。
壻 xù 夫也。从士胥聲。《詩》曰："女也不爽，士貳其行。"士者，夫也。讀與細同。，壻或从女。
芬 fēn 屮初生，其香分布。从中从分，分亦聲。，芬或从艸。
蓈 láng 禾粟之采，生而不成者，謂之蕫蓈。从艸郎聲。，蓈或从禾。
萉 fèi 枲實也。从艸肥聲。，萉或从麻、賁。
藼 xuān 令人忘憂艸也。从艸憲聲。《詩》曰："安得藼艸？"，或从煖。
藼 xuān 令人忘憂艸也。从艸憲聲。《詩》曰："安得藼艸？"，或从宣。
蕁 tán 芜藩也。从艸尋聲。，蕁或从爻。
蓾 lǔ 艸也。可以束。从艸魯聲。，蓾或从鹵。
蔦 niǎo 寄生也。从艸鳥聲。《詩》曰："蔦與女蘿。"，蔦或从木。
蘞 liǎn 白蘞也。从艸僉聲。，蘞或从斂。
蘜 jú 日精也。以秋華。从艸，𥷚省聲。居六切。，蘜或省。
菿 tǎn 雚之初生。一曰薍。一曰騅。从艸剡聲。，菿或从炎。
菣 qìn 香蒿也。从艸臤聲。，菣或从堅。

莕 xìng 菨餘也。从艸杏聲。，莕或从行，同。

菑 zī 不耕田也。从艸、甾。《易》曰："不菑畬。"，菑或省艸。

蔪 jiàn 艸相蔪苞也。从艸斬聲。《書》曰："艸木蔪苞。"，蔪或从槧。

菹 zū 酢菜也。从艸沮聲。，或从缶。

菹 zū 酢菜也。从艸沮聲。，或从皿。

菧 zhī 菹也。从艸泜聲。，菧或从皿。皿，器也。

䕩 lǎo 乾梅之屬。从艸橑聲。《周禮》曰："饋食之籩，其實乾䕩。"後漢長沙王始煑艸爲䕩。，䕩或从潦。

蒸 zhēng 折麻中榦也。从艸烝聲。，蒸或省火。

薻 zǎo 水艸也。从艸从水，巢聲。《詩》曰："于以采薻？"，薻或从澡。

薅 hāo 拔去田艸也。从蓐，好省聲。，薅或从休。《詩》曰："既茠荼蓼。"

余 yú 語之舒也。从八，舍省聲。，二余也。讀與余同。

番 fán 獸足謂之番。从釆；田，象其掌。，番或从足从煩。

吻 wěn 口邊也。从口勿聲。，吻或从肉从昏。

噍 jiào 齧也。从口焦聲。，噍或从爵。

唾 tuò 口液也。从口垂聲。，唾或从水。

喟 kuì 大息也。从口胃聲。，喟或从貴。

哲 zhé 知也。从口折聲。，哲或从心。

嘒 huì 小聲也。从口彗聲。《詩》曰："嘒彼小星。"，或从慧。

嘖 zé 大呼也。从口責聲。，嘖或从言。

吟 yín 呻也。从口今聲。，吟或从音。

吟 yín 呻也。从口今聲。，或从言。

呦 yōu 鹿鳴聲也。从口幼聲。，呦或从欠。

迹 jī 步處也。从辵亦聲。，或从足、責。

邁 mài 遠行也。从辵，蠆省聲。，邁或不省。

延 zhēng 正行也。从辵正聲。，延或从彳。

𨑡 cú 往也。从辵且聲。𨑡，齊語。，𨑡或从彳。

徙 xǐ 迻也。从辵止聲。，徙或从彳。

遲 chí 徐行也。从辵犀聲。《詩》曰："行道遲遲。"，遲或从𡰥。

逶 wēi 逶迆，衺去之皃。从辵委聲。，或从虫、爲。

遴 lìn 行難也。从辵粦聲。《易》曰："以往遴。"，或从人。

達 dá 行不相遇也。从辵羍聲。《詩》曰："挑兮達兮。"，達或从大。或曰迭。

逭 huàn 逃也。从辵官聲。，逭或从雚从兆。

逎 qiú 迫也。从辵酉聲。，逎或从酋。

迒 háng 獸迹也。从辵亢聲。，迒或从足从更。

徯 xī 待也。从彳奚聲。，徯或从足。

復 tuì 卻也。一曰行遲也。从彳从日从夊。，復或从内。

衒 xuàn 行且賣也。从行从言。，衒或从玄。

齰 zé 齧也。从齒昔聲。，齰或从乍。

𤘍 qǔ 齒蠹也。从牙禹聲。，𤘍或从齒。

跟 gēn 足踵也。从足艮聲。，跟或从止。

蹶 jué 僵也。从足厥聲。一曰跳也。亦讀若橜。，蹶或从闕。

躧 xǐ 舞履也。从足麗聲。，或从革。

跀 yuè 斷足也。从足月聲。，跀或从兀。

篪 chí 管樂也。从龠虒聲。，篪或从竹。

囂 xiāo 聲也。气出頭上。从䀠从頁。頁，首也。，囂或省。

舓 shì 以舌取食也。从舌易聲。，舓或从也。

㕁 jué 口上阿也。从口，上象其理。凡㕁之屬皆从㕁。，㕁或如此。

㕁 jué 口上阿也。从口，上象其理。凡㕁之屬皆从㕁。，或从肉从豦。

詠 yǒng 歌也。从言永聲。，詠或从口。

訝 yà 相迎也。从言牙聲。《周禮》曰：“諸侯有卿訝發。”，訝或从辵。

諎 zé 大聲也。从言昔聲。讀若笮。，諎或从口。

讇 chǎn 諛也。从言閻聲。，讇或省。

誖 bèi 亂也。从言孛聲。，誖或从心。

詾 táo 往來言也。一曰小兒未能正言也。一曰祝也。从言匋聲。，詾或从包。

謣 yú 妄言也。从言雩聲。，謣或从荂。

訩 xiōng 說也。从言匈聲。，訩或从兇。

訩 xiōng 說也。从言匈聲。，或省。

訴 sù 告也。从言，厈省聲。《論語》曰：“訴子路於季孫。”，訴或从言、朔。

訴 sù 告也。从言，厈省聲。《論語》曰：“訴子路於季孫。”，訴或从朔、心。

詘 qū 詰詘也。一曰屈襞。从言出聲。，詘或从屈。

讕 lán 怟讕也。从言闌聲。，讕或从閒。

讄 lěi 禱也。累功德以求福。《論語》云：“讄曰：‘禱尔于上下神祇。’”从言，纍省聲。，或不省。

謑 xǐ 恥也。从言奚聲。，謑或从奊。

詬 gòu 謑詬，恥也。从言后聲。，詬或从句。

對 duì 譍無方也。从丵从口从寸。，對或从士。漢文帝以爲責對而爲言，多非誠對，故去其口以从士也。

𠬜 pān 引也。从反廾。凡𠬜之屬皆从𠬜。，𠬜或从手从樊。

𢍎 qiān 升高也。从舁囟聲。，𢍎或从卩。

韗 yùn 攻皮治鼓工也。从革軍聲。讀若運。，韗或从韋。

鞠 jū 蹋鞠也。从革匊聲。，鞠或从𥫨。

鞀 táo 鞀遼也。从革召聲。，鞀或从鼓从兆。

鞀 táo 鞀遼也。从革召聲。，鞀或从兆。

鞔 yuān 量物之鞔。一曰抒井鞔。古以革。从革冤聲。，鞔或从宛。

鞻 zuān 車衡三束也。曲轅韉縛，直轅𥶛縛。从革爨聲。讀若《論語》“鑽燧”之“鑽”。，鞻或从革、贊。

鬲 lì 鼎屬。實五觳。斗二升曰觳。象腹交文，三足。凡鬲之屬皆从鬲。，鬲或从瓦。

鬴 fǔ 鍑屬。从鬲甫聲。，鬴或从金父聲。

鬻 zhān 鬻也。从䰜侃聲。，或从建聲。

鬻 zhān 鬻也。从䰜侃聲。，或从干聲。

鬻 zhān 鬻也。从䰜侃聲。，鬻或从食衍聲。

鬻	gēng	五味盉羹也。从䰜从羔。《詩》曰：“亦有和鬻。”，鬻或省。
鬻	gēng	五味盉羹也。从䰜从羔。《詩》曰：“亦有和鬻。”，或从美，鬻省。
鬻	sù	鼎實。惟葦及蒲。陳畱謂健爲鬻。从䰜速聲。，鬻或从食束聲。
鬻	yù	鬻也。从䰜毓聲。，鬻或省从米。
鬻	miè	涼州謂鬻爲䰕。从䰜櫗聲。，䰕或省从末。
鬻	ěr	粉餅也。从䰜耳聲。，鬻或从食耳聲。
鬻	zhǔ	孚也。从䰜者聲。，鬻或从水在其中。
鬻	zhǔ	孚也。从䰜者聲。，鬻或从火。
巩	gǒng	褢也。从丮工聲。，巩或加手。
厷	gōng	臂上也。从又，从古文。，厷或从肉。
叜	sǒu	老也。从又从灾。闕。，叜或从人。
叔	shū	拾也。从又尗聲。汝南名收芌爲叔。，叔或从寸。
彗	huì	掃竹也。从又持甡。，彗或从竹。
䩴	jùn	羽獵韋絝。从𦊱灷聲。，或从衣从朕。《虞書》曰：“鳥獸褎毛。”
赦	shè	置也。从攴赤聲。，赦或从亦。
敉	mǐ	撫也。从攴米聲。《周書》曰：“亦未克敉公功。”讀若弭。，敉或从人。
敷	dù	閉也。从攴度聲。讀若杜。，敷或从刀。
睅	hàn	大目也。从目旱聲。，睅或从完。
矨	xié	蔽人視也。从目幵聲。讀若攜手。一曰直視也。，矨目或在下。
旬	xuàn	目搖也。从目，勻省聲。，旬或从旬。
看	kān	睎也。从手下目。，看或从倝。
䀴	chōu	眣也。从目攸聲。，䀴或从丩。
翄	chì	翼也。从羽支聲。，翄或从氏。
雃	rú	牟母也。从隹奴聲。，雃或从鳥。
雇	hù	九雇。農桑候鳥，扈民不婬者也。从隹戶聲。春雇，鳻盾；夏雇，竊玄；秋雇，竊藍；冬雇，竊黃；棘雇，竊丹；行雇，唶唶；宵雇，嘖嘖；桑雇，竊脂；老雇，鷃也。，雇或从雩。
琟	hóng	鳥肥大琟琟也。从隹工聲。，琟或从鳥。
蒦	huò	規蒦，商也。从又持萑。一曰視遽皃。一曰蒦，度也。，蒦或从尋。尋亦度也。《楚詞》曰：“求矩彠之所同。”
舊	jiù	雖舊，舊畱也。从萑臼聲。，舊或从鳥休聲。
羍	dá	小羊也。从羊大聲。讀若達。，羍或省。
羴	shān	羊臭也。从三羊。凡羴之屬皆从羴。，羴或从亶。
雧	jí	羣鳥在木上也。从雥从木。，雧或省。
鵻	zhuī	祝鳩也。从鳥隹聲。，鵻或从隹、一。一曰鶉字。
鶪	jú	伯勞也。从鳥狊聲。，鶪或从隹。
鷽	xué	雗鷽，山鵲，知來事鳥也。从鳥，學省聲。，鷽或从隹。
鷬	nán	鳥也。从鳥堇聲。，鷬或从隹。
鶖	qiū	秃鶖也。从鳥尗聲。，鶖或从秋。
鷸	yù	知天將雨鳥也。从鳥矞聲。《禮記》曰：“知天文者冠鷸。”，鷸或从遹。
鴇	bǎo	鳥也。肉出尺胾。从鳥𠂤聲。，鴇或从包。

鶃 yì 鳥也。从鳥兒聲。《春秋傳》曰："六鶃退飛。"，鶃或从鬲。
鶗 tí 鶗胡，污澤也。从鳥夷聲。，鶗或从弟。
鶬 cāng 麋鴰也。从鳥倉聲。，鶬或从隹。
鵒 yù 鴝鵒也。从鳥谷聲。古者鴝鵒不踰泲。，鵒或从隹从臾。
叡 hè 溝也。从𣦼从谷。讀若郝。，叡或从土。
歾 mò 終也。从歺勿聲。，歾或从㱱。
㱙 xiǔ 腐也。从歺丂聲。，㱙或从木。
肊 yì 胷骨也。从肉乙聲。，肊或从意。
膀 páng 脅也。从肉旁聲。，膀或从骨。
胑 zhī 體四胑也。从肉只聲。，胑或从支。
膍 pí 牛百葉也。从肉𣬉聲。一曰鳥膍胵。，膍或从比。
膟 lǜ 血祭肉也。从肉帥聲。，膟或从率。
膫 liáo 牛腸脂也。从肉尞聲。《詩》曰："取其血膫。"，膫或从勞省聲。
腝 ní 有骨醢也。从肉耎聲。，腝或从難。
臇 juǎn 臛也。从肉雋聲。讀若纂。，臇或从火巽。
笏 jiàn 筋之本也。从筋，从夗省聲。，笏或从肉、建。
筋 bó 手足指節鳴也。从筋省，勺聲。，筋或省竹。
剝 bō 裂也。从刀从录。录，刻割也。录亦聲。，剝或从卜。
劓 yì 刑鼻也。从刀臬聲。《易》曰："天且劓。"，臬或从鼻。
刅 chuāng 傷也。从刃从一。，或从刀倉聲。
䅻 yún 除苗間穢也。从耒員聲。，䅻或从芸。
觶 zhì 鄉飲酒角也。《禮》曰："一人洗，舉觶。"觶受四升。从角單聲。，觶或从辰。
觼 jué 環之有舌者。从角夐聲。，觼或从金、矞。
篗 yuè 收絲者也。从竹蒦聲。，篗（当作篗）或从角从閒。
簏 lù 竹高篋也。从竹鹿聲。，簏或从录。
籗 zhuó 罩魚者也。从竹靃聲。，籗或省。
箑 shà 扇也。从竹疌聲。，箑或从妾。
笠 hù 可以收繩也。从竹，象形，中象人手所推握也。互，笠或省。
篽 yǔ 禁苑也。从竹御聲。《春秋傳》曰："澤之目篽。"，篽或从又魚聲。
巨 jù 規巨也。从工，象手持之。，巨或从木、矢。矢者，其中正也。
猒 yān 飽也。从甘从肰。，猒或从吕。
㝕 sǔn 驚辭也。从兮旬聲。，㝕或从心。
虧 kuī 气損也。从亏雐聲。，虧或从兮。
鼖 fén 大鼓謂之鼖。鼖八尺而兩面，以鼓軍事。从鼓，賁省聲。，鼖或从革，賁不省。
虡 jù 鐘鼓之柎也。飾爲猛獸，从虍、異，象其下足。，虡或从金豦聲。
盍 yòu 小甌也。从皿有聲。讀若灰。一曰若賄。，盍或从右。
盎 àng 盆也。从皿央聲。，盎或从瓦。
𠙴 qū 𠙴盧，飯器，以柳爲之。象形。凡𠙴之屬皆从𠙴。，凵或从竹去聲。
䖣 zú 醢也。从血菹聲。，䖣或从缶。
䘓 kàn 羊凝血也。从血臽聲。，䘓或从贛。

音 pǒu 相與語，唾而不受也。从丶从否，否亦聲。，音或从豆从欠。

阱 jǐng 陷也。从𨸏从井，井亦聲。，阱或从穴。

秬 jù 黑黍也。一稃二米，以釀也。从鬯矩聲。，秬或从禾。

饙 fēn 滫飯也。从食𠦒聲。，饙或从賁。

饙 fēn 滫飯也。从食𠦒聲。，饙或从奔。

餈 cí 稻餅也。从食次聲。，餈或从米。

餈 cí 稻餅也。从食次聲。，餈或从齊。

饎 chì 酒食也。从食喜聲。《詩》曰："可以饙饎。"，饎或从米。

饎 chì 酒食也。从食喜聲。《詩》曰："可以饙饎。"，饎或从配。

籑 zhuàn 具食也。从食算聲。，籑或从巽。

餳 shǎng 晝食也。从食象聲。，餳或从傷省聲。

餐 cān 吞也。从食𣦼聲。，餐或从水。

饕 tāo 貪也。从食號聲。，饕或从口刀聲。

缾 píng 甖也。从缶并聲。，缾或从瓦。

高 qǐng 小堂也。从高省，冋聲。，高或从广頃聲。

冂 jiōng 邑外謂之郊，郊外謂之野，野外謂之林，林外謂之冂。象遠界也。凡冂之屬皆从冂。，冋或从土（當作土）。

㐭 lǐn 穀所振入。宗廟粢盛，倉黄㐭而取之，故謂之㐭。从入，回象屋形，中有戶牖。凡㐭之屬皆从㐭。，㐭或从广从禾。

竢 sì 《詩》曰："不竢不來。"从來矣聲。，竢或从彳。

麰 móu 來麰，麥也。从麥牟聲。，麰或从艸。

麩 fū 小麥屑皮也。从麥夫聲。，麩或从甫。

雞 huáng 華榮也。从舜生聲。讀若皇。《爾雅》曰："雞，華也。"，雞或从艸、皇。

韘 shè 射決也。所以拘弦，以象骨，韋系，著右巨指。从韋枼聲。《詩》曰："童子佩韘。"，韘或从弓。

緞 duàn 履後帖也。从韋段聲。，緞或从糸。

韢 jiū 收束也。从韋糕聲。讀若酋。，韢或从秋、手。

韢 jiū 收束也。从韋糕聲。讀若酋。，韢或从要。

梅 méi 枏也。可食。从木每聲。，或从某。

梣 cén 青皮木。从木岑聲。，或从𡩜省。𡩜，籀文寑。

梓 zǐ 楸也。从木，宰省聲。，或不省。

杶 chūn 木也。从木屯聲。《夏書》曰："杶榦栝柏。"，或从熏。

槬 huà 木也。以其皮裹松脂。从木雩聲。讀若華。，或从蒦。

楮 chǔ 穀也。从木者聲。，楮或从宁。

松 sōng 木也。从木公聲。，松或从容。

槸 yì 木相摩也。从木埶聲。，槸或从艸。

植 zhí 戶植也。从木直聲。，或从置。

槈 nòu 薅器也。从木辱聲。，或从金。

芣 huá 兩刃臿也。从木；丫，象形。宋魏曰芣也。，或从金从于。

枱 sì 臿也。从木㠯聲。一曰徙土纪，齊人語也。，或从里。

柗 yí 耒耑也。从木台聲。，或从金。

櫑 léi 龜目酒尊，刻木作雲雷象。象施不窮也。从木畾聲。，櫑或从缶。

櫑 léi 龜目酒尊，刻木作雲雷象。象施不窮也。从木畾聲。，櫑或从皿。

柄 bǐng 柯也。从木丙聲。，或从秉。

柅 chì 籆柄也。从木尸聲。，柅或从木尼聲。

櫓 lǔ 大盾也。从木魯聲。，或从鹵。

櫱 niè 伐木餘也。从木獻聲。《商書》曰：“若顛木之有㽕櫱。”，櫱或从木辥聲。

槱 yǒu 積火燎之也。从木从火，酉聲。《詩》曰：“薪之槱之。”《周禮》：“以槱燎祠司中、司命。”，柴祭天神，或从示。

休 xiū 息止也。从人依木。，休或从广。

雩 huā 艸木華也。从𠂹亏聲。凡雩之屬皆从雩。，雩或从艸从夸。

囮 é 譯也。从囗、化。率鳥者繫生鳥以來之，名曰囮。讀若譌。又音由。，囮或从繇。

郊 qí 周文王所封。在右扶風美陽中水鄉。从邑支聲。，郊或从山支聲。因岐山以名之也。

邠 bīn 周太王國。在右扶風美陽。从邑分聲。，美陽亭，即豳也。民俗以夜市，有豳山。从山从豩。闕。

郢 yǐng 故楚都。在南郡江陵北十里。从邑呈聲。，郢或省。

暱 nì 日近也。从日匿聲。《春秋傳》曰：“私降暱燕。”，暱或从尼。

旞 suì 導車所以載。全羽以爲允。允，進也。从㫃遂聲。，旞或从遺。

旃 zhān 旗曲柄也。所以旃表士眾。从㫃丹聲。《周禮》曰：“通帛爲旃。”，旃或从亶。

曐 xīng 萬物之精，上爲列星。从晶生聲。一曰象形。从口，古口復注中，故與日同。，曐或省。

曑 shēn 商星也。从晶㐱聲。，曑或省。

曟 chén 房星；爲民田時者。从晶辰聲。，曟或省。

稑 lù 疾孰也。从禾坴聲。《詩》曰：“黍稷種稑。”，稑或从翏。

穧 zī 稷也。从禾𠫤聲。，穧或从次。

秫 shú 稷之黏者。从禾；术，象形。，秫或省禾。

秔 jīng 稻屬。从禾亢聲。，秔或从更聲。

采 suì 禾成秀也，人所以收。从爪、禾。，采或从禾惠聲。

穟 suì 禾采之皃。从禾遂聲。《詩》曰：“禾穎穟穟。”，穟或从艸。

稃 fū 穭也。从禾孚聲。，稃或从米付聲。

穅 kāng 穀皮也。从禾从米，庚聲。，穅或省。

稈 gǎn 禾莖也。从禾旱聲。《春秋傳》曰：“或投一秉稈。”，稈或从干。

黏 hú 黏也。从黍古聲。，黏或从米。

䵒 nì 黏也。从黍日聲。《春秋傳》曰：“不義不䵒。”，䵒或从刃。

籟 qū 酒母也。从米，籟省聲。，籟或从麥，鞠省聲。

氣 xì 饋客芻米也。从米气聲。《春秋傳》曰：“齊人來氣諸侯。”，氣或从食。

氣 xì 饋客芻米也。从米气聲。《春秋傳》曰：“齊人來氣諸侯。”，氣或从既。

舀 yǎo 抒臼也。从爪、臼。《詩》曰：“或簸或舀。”，舀或从手从穴。

舀 yǎo 抒臼也。从爪、臼。《詩》曰："或簸或舀。"，舀或从臼、宂。

䪢 jī 墜也。从韭，次、𠂔皆聲。，䪢或从齊。

瓞 dié 瓝也。从瓜失聲。《詩》曰："緜緜瓜瓞。"，瓞或从弗。

宛 wǎn 屈草自覆也。从宀夗聲。，宛或从心。

寏 huán 周垣也。从宀奐聲。，寏或从自。

𡧍 jì 無人聲。从宀尗聲。，寂或从言。

寓 yù 寄也。从宀禺聲。，寓或从广。

𡫸 jū 窮也。从宀𥷚聲。𥷚與籟同。，𡫸或从穴。

躳 gōng 身也。从身从呂。，躳或从弓。

竈 zào 炊竈也。从穴，鼀省聲。，竈或不省。

瘚 jué 屰气也。从疒从屰从欠。，瘚或省疒。

𤻲 liáo 治也。从疒樂聲。，或从尞。

冕 miǎn 大夫以上冠也。邃延、垂瑬、紞纊。从冃免聲。古者黃帝初作冕。，冕或从糸。

网 wǎng 庖犧所結繩以漁。从冂，下象网交文。凡网之屬皆从网。(今經典變隸作罒。)，网或从糸。

网 wǎng 庖犧所結繩以漁。从冂，下象网交文。凡网之屬皆从网。(今經典變隸作罒。)，网或从亡。

冞 mí 周行也。从网米聲。《詩》曰："冞入其阻。"，冞或从冂。

罶 liǔ 曲梁寡婦之笱。魚所畱也。从网、畱，畱亦聲。，罶或从婁。《春秋國語》曰："溝罛䍡。"

罬 zhuó 捕鳥覆車也。从网叕聲。，罬或从車。

𦉼 fú 覆車也。从网包聲。《詩》曰："雉離于𦉼。"，𦉼或从孚。

罝 jiē 兔网也。从网且聲。，罝或从糸。

䍚 jī 馬絡頭也。从网从馽。馽，馬絆也。，䍚或从革。

覈 hé 實也。考事，襾笮邀遮，其辤得實曰覈。从襾敫聲。，覈或从雨。

帥 shuài 佩巾也。从巾、自。，帥或从兌。又音稅。

常 cháng 下帬也。从巾尚聲。，常或从衣。

帬 qún 下裳也。从巾君聲。，帬或从衣。

惲 kūn 幒也。从巾軍聲。，幝或从衣。

幒 zhōng 幝也。从巾忩聲。一曰帙。，幒或从松。

帙 zhí 書衣也。从巾失聲。，帙或从衣。

帢 jiá 士無市有帢。制如榼，缺四角。爵弁服，其色韎。賤不得與裳同。司農曰：裳，纁色。从市合聲。，帢或从韋。

皤 pó 老人白也。从白番聲。《易》曰："賁如皤如。"，皤或从頁。

倓 tán 安也。从人炎聲。讀若談。，倓或从剡。

傀 guī 偉也。从人鬼聲。《周禮》曰："大傀異。"，傀或从玉褱聲。

儐 bìn 導也。从人賓聲。，儐或从手。

㑵 jí 妎也。从人疾聲。一曰毒也。，㑵或从女。

袗 zhěn 玄服。从衣㐱聲。，袗或从辰。

襱 lóng 絝踦也。从衣龍聲。，襱或从賣。

臝　luǒ　袒也。从衣𣎆聲。，臝或从果。
襭　xié　以衣衽扱物謂之襭。从衣頡聲。，襭或从手。
𡰪　tún　髀也。从尸下丌居几。，𡰪或从肉、隼。
𡰪　tún　髀也。从尸下丌居几。，𡰪或从骨殿聲。
方　fāng　併船也。象兩舟省、總頭形。凡方之屬皆从方。，方或从水。
皃　mào　頌儀也。从人，白象人面形。凡皃之屬皆从皃。，皃或从頁，豹省聲。
覍　biàn　冕也。周曰覍，殷曰吁，夏曰收。从皃，象形。，或覍字。
款　kuǎn　意有所欲也。从欠，窾省。，歀或从柰。
歌　gē　詠也。从欠哥聲。，謌或从言。
歠　chuò　歓也。从歓省，叕聲。，歠或从口从夬。
㳄　xián　慕欲口液也。从欠从水。凡㳄之屬皆从㳄。，㳄或从侃。
頂　dǐng　顛也。从頁丁聲。，或从𩑋作。
頞　è　鼻莖也。从頁安聲。，或从鼻、曷。
頫　fǔ　低頭也。从頁，逃省。太史卜書，頫仰字如此。楊雄曰：人面頫。，頫或从人、免。
𩑶　yòu　顫也。从頁尤聲。，𩑶或从疒。
靦　tiǎn　面見也。从面、見，見亦聲。《詩》曰："有靦面目。"，或从旦。
𣃔　tuán　截也。从首从斷。，或从刀專聲。
㐱　zhěn　稠髮也。从彡从人。《詩》曰："㐱髮如雲。"，㐱或从髟真聲。
髮　fà　根也。从髟犮聲。，髮或从首。
髳　máo　髮至眉也。从髟敄聲。《詩》曰："紞彼兩髳。"，髳或省。《漢令》有髳長。
鬄　xī　髮也。从髟易聲。，鬄或从也聲。
鬣　liè　髮鬣鬣也。从髟巤聲。，鬣或从毛。
鬣　liè　髮鬣鬣也。从髟巤聲。，或从豕。
髡　kūn　鬄髮也。从髟兀聲。，或从元。
匈　xiōng　聲也。从勹凶聲。，匈或从肉。
𠣞　fù　重也。从勹復聲。，或省彳。
鬽　mèi　老精物也。从鬼、彡。彡，鬼毛。，或从未聲。
𠃨　yòu　相訹呼也。从厶从羑。，或如此。
𠃨　yòu　相訹呼也。从厶从羑。，或从言、秀。
陖　jùn　高也。从山陖聲。，陖或省。
厎　dǐ　柔石也。从厂氐聲。，厎或从石。
厲　lì　旱石也。从厂，蠆省聲。，或不省。
确　què　磬石也。从石角聲。，确或从殼。
肆　sì　極、陳也。从長隶聲。，或从髟。
勿　wù　州里所建旗。象其柄，有三游。雜帛，幅半異。所以趣民，故遽，稱勿勿。凡勿之屬皆从勿。，勿或从於。
耏　nài　罪不至髡也。从而从彡。，或从寸。諸法度字从寸。
彙　wèi　蟲，似豪豬者。从㣇，胃省聲。，或从虫。
貔　pí　豹屬，出貉國。从豸㿺聲。《詩》曰："獻其貔皮。"《周書》曰："如虎如貔。"貔，猛獸。，或从比。

豻 àn 胡地野狗。从豸干聲。，豻或从犬。《詩》曰：“宜犴宜獄。”

馽 zhí 絆馬也。从馬，囗其足。《春秋傳》曰：“韓厥執馽前。”讀若輒。，馽或从糸執聲。

蠃 luó 驢父馬母。从馬𣎆聲。，或从蠃。

麐 jǐ 大麇也。狗足。从鹿旨聲。，或从几。

麠 jīng 大鹿也。牛尾一角。从鹿畺聲。，或从京。

麀 yōu 牝鹿也。从鹿，从牝省。，或从幽聲。

獮 xiǎn 秋田也。从犬璽聲。，獮或从豕。宗廟之田也，故从豕、示。

獘 bì 頓仆也。从犬敝聲。《春秋傳》曰：“與犬，犬獘。”，獘或从死。

猵 biān 獺屬。从犬扁聲。，或从賓。

鼢 fén 地行鼠，伯勞所作也。一曰偃鼠。从鼠分聲。，或从虫、分。

鼶 è 鼠屬。从鼠益聲。，或从豸。

然 rán 燒也。从火肰聲。，或从艸、難。

熬 áo 乾煎也。从火敖聲。，熬或从麥。

爤 làn 孰也。从火蘭聲。，或从閒。

爑 jiāo 火所傷也。从火雥聲。，或省。

烖 zāi 天火曰烖。从火𢦏聲。，或从宀、火。

煙 yān 火气也。从火垔聲。，或从因。

爟 guàn 取火於日官名，舉火曰爟。《周禮》曰：“司爟，掌行火之政令。”从火雚聲。，或从亘。

𤎖 xián 於湯中爚肉。从炎，从熱省。，或从炙。

黥 qíng 墨刑在面也。从黑京聲。，黥或从刀。

囪 chuāng 在牆曰牖，在屋曰囪。象形。凡囪之屬皆从囪。，或从穴。

赬 chēng 赤色也。从赤巠聲。《詩》曰：“魴魚赬尾。”，赬或从貞。

赬 chēng 赤色也。从赤巠聲。《詩》曰：“魴魚赬尾。”，或从丁。

浾 chēng 赬，棠棗之汁，或从水。，浾或从正。

簐 jū 窮理罪人也。从㚔从人从言，竹聲。，或省言。

亢 gāng 人頸也。从大省，象頸脈形。凡亢之屬皆从亢。，亢或从頁。

竢 sì 待也。从立矣聲。，或从巳。

𥏻 xū 待也。从立須聲。，或从芻聲。

𡖈 tì 廢，一偏下也。从竝白聲。，或从兟从曰。

𡖈 tì 廢，一偏下也。从竝白聲。，或从曰。

囟 xìn 頭會，匘蓋也。象形。凡囟之屬皆从囟。，或从肉、宰。

懋 mào 勉也。从心楙聲。《虞書》曰：“時惟懋哉。”，或省。

態 tài 意也。从心从能。，或从人。

憜 duò 不敬也。从心，𡐦省。《春秋傳》曰：“執玉憜。”，憜或省𠂤。

愆 qiān 過也。从心衍聲。，或从寒省。

怛 dá 憯也。从心旦聲。，或从心在旦下。《詩》曰：“信誓悬悬。”

惕 tì 敬也。从心易聲。，或从狄。

悑 bù 惶也。从心甫聲。，或从布聲。

憊 bèi 㦋也。从心葡聲。，或从疒。

活 guō 水流聲。从水𠯑聲。，活或从聒。

瀾 lán 大波爲瀾。从水闌聲。，瀾或从連。

淵 yuān 回水也。从水，象形。左右，岸也。中象水皃。，淵或省水。

澩 xué 夏有水，冬無水，曰澩。从水，學省聲。讀若學。，澩或不省。

泝 sù 逆流而上曰泝洄。泝，向也。水欲下違之而上也。从水㡿聲。，泝或从朔。

淦 gàn 水入船中也。一曰泥也。从水金聲。，淦或从今。

汓 qiú 浮行水上也。从水从子。古或以汓爲没。，汓或从囚聲。

砅 lì 履石渡水也。从水从石。《詩》曰："深則砅。"，砅或从厲。

涸 hé 渴也。从水固聲。讀若狐貈之貈。，涸亦从水、鹵、舟。

汀 tīng 平也。从水丁聲。，汀或从平。

漉 lù 浚也。从水鹿聲。，漉或从录。

澣 huàn 濯衣垢也。从水榦聲。，澣或从完。

衇 mài 血理分衺行體者。从𠂢从血。，衇或从肉。

㕡 jùn 深通川也。从谷从歺。歺，殘地；阬坎意也。《虞書》曰："㕡畎澮距川。"
，㕡或从水。

𠗲 líng 仌出也。从仌朕聲。《詩》曰："納于𠗲陰。"，𠗲或从夌。

霰 xiàn 稷雪也。从雨散聲。，霰或从見。

雩 yú 夏祭，樂于赤帝，以祈甘雨也。从雨于聲。，或从羽。雩，羽舞也。

鯾 biān 魚名。从魚便聲。，鯾又从扁。

魴 fáng 赤尾魚。从魚方聲。，魴或从旁。

鰋 yǎn 鮀也。从魚妟聲。，鰋或从匽。

鰂 zéi 烏鰂，魚名。从魚則聲。，鰂或从即。

鱷 jīng 海大魚也。从魚畺聲。《春秋傳》曰："取其鱷鯢。"，鱷或从京。

乚 yǐ 玄鳥也。齊魯謂之乚。取其鳴自呼。象形。凡乚之屬皆从乚。，乙或从鳥。

西 xī 鳥在巢上。象形。日在西方而鳥棲，故因以爲東西之西。凡西之屬皆从西。
，西或从木、妻。

閻 yán 里中門也。从門臽聲。，閻或从土。

耼 dān 耳曼也。从耳冉聲。，耼或从甘。

聵 kuì 聾也。从耳貴聲。，聵或从叔。

聝 guó 軍戰斷耳也。《春秋傳》曰："以爲俘聝。"从耳或聲。，聝或从首。

捦 qín 急持衣裣也。从手金聲。，捦或从禁。

搹 è 把也。从手鬲聲。，搹或从戹。

摕 dì 撮取也。从手帶聲。讀若《詩》曰"螮蝀在東"。，摕或从折从示。兩手急持人也。

捊 póu 引取也。从手孚聲。，捊或从包。

抍 zhěng 上舉也。从手升聲。《易》曰："抍馬壯吉。"，抍或从登。

拓 zhí 拾也。陳、宋語。从手石聲。，拓或从庶。

㩅 chōu 引也。从手畱聲。，㩅或从由。

㩅 chōu 引也。从手畱聲。，㩅或从秀。

抗 kàng 扞也。从手亢聲。，抗或从木。

拲 gǒng 兩手同械也。从手从共，共亦聲。《周禮》："上辠，梏拲而桎。"，拲或

从木。

姼 chǐ 美女也。从女多聲。，姼或从氏。

姷 yòu 耦也。从女有聲。讀若祐。，姷或从人。

媿 kuì 慙也。从女鬼聲。，媿或从恥省。

乂 yì 芟艸也。从丿从乀相交。，乂或从刀。

或 yù 邦也。从囗从戈，以守一。一，地也。，或又从土。

匧 qiè 藏也。从匚夾聲。，匧或从竹。

匡 kuāng 飲器，筥也。从匚㞷聲。，匡或从竹。

⿷匚贛 gòng 小桮也。从匚贛聲。，⿷匚贛或从木。

甈 qì 康瓠，破罌。从瓦臬聲。，甈或从埶。

弭 mǐ 弓無緣，可以解轡紛者。从弓耳聲。，弭或从兒。

弛 chí 弓解也。从弓从也。，弛或从虒。

彈 dàn 行丸也。从弓單聲。，彈或从弓持丸。

弼 bì 輔也。重也。从㢸西聲。，弼或如此。

系 xì 繫也。从糸丿聲。凡系之屬皆从系。，系或从毄、處。

紝 rèn 機縷也。从糸壬聲。，紝或从任。

⿰糸盈 tīng 緩也。从糸盈聲。讀與聽同。，⿰糸盈或从呈。

緹 tǐ 帛丹黃色。从糸是聲。，緹或从氏。

綥 qí 帛蒼艾色。从糸畀聲。《詩》："縞衣綥巾。"未嫁女所服。一曰不借綥。，綥或从其。

紘 hóng 冠卷也。从糸厷聲。，紘或从弘。

緁 qiè 緶衣也。从糸疌聲。，緁或从習。

絥 bèi 車絥也。从糸伏聲。，絥或从革葡聲。

絥 bèi 車絥也。从糸伏聲。，絥或从艸。

緐 fán 馬髦飾也。从糸每聲。《春秋傳》曰："可以稱旌緐乎？"，緐或从𢍏。𢍏，籀文弁。

縻 mí 牛轡也。从糸麻聲。，縻或从多。

紲 xiè 系也。从糸世聲。《春秋傳》曰："臣負羈紲。"，紲或从枼。

纊 kuàng 絮也。从糸廣聲。《春秋傳》曰："皆如挾纊。"，纊或从光。

綌 xì 粗葛也。从糸谷聲。，綌或从巾。

紵 zhù 絭屬。細者爲絟，粗者爲紵。从糸宁聲。，紵或从緒省。

緆 xī 細布也。从糸易聲。，緆或从麻。

䊷 chuò 𦅺也。从素卓聲。，䊷或省。

𦅺 huǎn 䊷也。从素爰聲。，𦅺或省。

螾 yǐn 側行者。从虫寅聲。，螾或从引。

蝘 yǎn 在壁曰蝘蜓，在艸曰蜥易。从虫匽聲。，蝘或从蚰。

蠆 chài 毒蟲也。象形。，蠆或从蚰。

⿰虫鬲 guǒ ⿰虫鬲蠃，蒲盧，細要土蠭也。天地之性，細要，純雄，無子。《詩》曰："螟蠕有子，⿰虫鬲蠃負之。"从虫鬲聲。，⿰虫鬲或从果。

蜙 sōng 蜙蝑，以股鳴者。从虫松聲。，蜙或省。

蜩 tiáo 蟬也。从虫周聲。《詩》曰："五月鳴蜩。"，蜩或从舟。

蜦 lún 蛇屬。黑色，潛于神淵，能興風雨。从虫侖聲。讀若戾艸。，蜦或从戾。

蠏 xiè 有二敖八足，旁行，非蛇鮮之穴無所庇。从虫解聲。，蟹或从魚。

蜮 yù 短狐也。似鼈，三足，以气䠶害人。从虫或聲。，蜮又从國。

䖸 é 蠶化飛蟲。从䖵我聲。，或从虫。

蚤 zǎo 齧人跳蟲。从䖵叉聲。叉，古爪字。，蚤或從（當作从）虫。

螽 zhōng 蝗也。从䖵夂聲。夂，古文終字。，螽或从虫眾聲。

蠯 pí 蠯蛸也。从䖵卑聲。，蠯或从虫。

蠠 mì 蠭甘飴也。一曰螟子。从䖵鼏聲。，蠠或从宓。

蟁 wén 齧人飛蟲。从䖵民聲。，蟁或从昏，以昏時出也。

蠹 dù 木中蟲。从䖵橐聲。，蠹或从木，象蟲在木中形，譚長說。

蠤 qiú 多足蟲也。从䖵求聲。，蠤或从虫。

蠹 fú 蚍蠹也。从䖵橐聲。，蠹或从虫从孚。

蟊 máo 蟲食艸根者。从蟲，象其形。吏抵冒取民財則生。，蟊或从敄。

蠶 pí 蚍蜉，大螘也。从蟲䖊聲。，蠶或从虫比聲。

蜚 fěi 臭蟲，負蠜也。从蟲非聲。，蜚或从虫。

飆 biāo 扶搖風也。从風猋聲。，飆或从包。

它 tā 虫也。从虫而長，象冤曲垂尾形。上古艸居患它，故相問無它乎。凡它之屬皆从它。，它或从虫。

鼀 cù 圥鼀，詹諸也。其鳴詹諸，其皮鼀鼀，其行圥圥。从黽从圥，圥亦聲。，鼀或从酋。

鼅 zhī 鼅鼄，蟊也。从黽，簎省聲。，或从虫。

鼄 zhū 鼅鼄也。从黽朱聲。，鼄或从虫。

墣 pú 塊也。从土菐聲。，墣或从卜。

凷 kuài 墣也。从土，一屈象形。，凷或从鬼。

坻 chí 小渚也。《詩》曰："宛在水中坻。"从土氐聲。，坻或从水从夂。

坻 chí 小渚也。《詩》曰："宛在水中坻。"从土氐聲。，坻或从水从者。

垠 yín 地垠也。一曰岸也。从土艮聲。，垠或从斤。

垝 guǐ 毀垣也。从土危聲。《詩》曰："乘彼垝垣。"，垝或从𠂤。

圮 pǐ 毀也。《虞書》曰："方命圮族。"从土己聲。，圮或从手从非，配省聲。

𡑞 xià 塝也。从土虖聲。，𡑞或从𠂤。

疇 chóu 耕治之田也。从田，象耕屈之形。，疇或省。

畮 mǔ 六尺爲步，步百爲畮。从田每聲。，畮或从田、十、久。

畺 jiāng 界也。从畕；三，其界畫也。，畺或从彊、土。

勇 yǒng 气也。从力甬聲。，勇或从戈、用。

協 xié 眾之同和也。从劦从十。，或从口。

鐵 tiě 黑金也。从金𢧜聲。，鐵或省。

鋀 dòu 酒器也。从金，𠀠象器形。，𠀠或省金。

鏶 jí 鍱也。从金集聲。，鏶或从咠。

䥏 yǔ 鉏䥏也。从金御聲。，䥏或从吾。

鏝 màn 鐵杇也。从金曼聲。，鏝或从木。

鐘 zhōng 樂鐘也。秋分之音，物穜成。从金童聲。古者垂作鐘。，鐘或从甬。

鏦 cōng 矛也。从金從聲。，鏦或从彖。

鑣 biāo 馬銜也。从金麃聲。，鑣或从角。

処 chǔ 止也。得几而止。从几从夂。，処或从虍聲。

斲 zhuó 斫也。从斤、𧰼。，斲或从畫从丮。

軨 líng 車轖閒横木。从車令聲。，軨或从靁，司馬相如說。

軝 qí 長轂之軝也，以朱約之。从車氏聲。《詩》曰："約軝錯衡。"，軝或从革。

軎 wèi 車軸耑也。从車，象形。杜林說。，軎或从彗。

轙 yǐ 車衡載轡者。从車義聲。，轙或从金从獻。

輗 ní 大車轅耑持衡者。从車兒聲。，輗或从宐。

輗 ní 大車轅耑持衡者。从車兒聲。，輗或从木。

防 fáng 隄也。从𨸏方聲。，防或从土。

阯 zhǐ 基也。从𨸏止聲。，阯或从土。

馗 kuí 九達道也。似龜背，故謂之馗。馗，高也。从九从首。，馗或从辵从坴。

𠫓 tū 不順忽出也。从到子。《易》曰："突如其來如。"不孝子突出，不容於內也。凡𠫓之屬皆从𠫓。，或从到古文子，即《易》突字。

育 yù 養子使作善也。从𠫓肉聲。《虞書》曰："教育子。"，育或从每。

醮 jiào 冠娶禮祭。从酉焦聲。，醮或从示。

醻 chóu 主人進客也。从酉𠷎聲。，醻或从州。

醵 jù 會歓酒也。从酉豦聲。，醵或从巨。

䧟 zūn 酒器也。从酋，廾以奉之。《周禮》六尊：犧尊、象尊、著尊、壺尊、太尊、山尊，以待祭祀賓客之禮。，尊或从寸。

古文

一 yī 惟初太始，道立於一，造分天地，化成萬物。凡一之屬皆从一。，古文一。

帝 dì 諦也。王天下之號也。从丄朿聲。，古文帝。古文諸丄字皆从一，篆文皆从二。二，古文上字。辛、示、辰、龍、童、音、章，皆从古文丄。

旁 páng 溥也。从二，闕；方聲。，亦古文㫄。

旁 páng 溥也。从二，闕；方聲。，古文㫄。

示 shì 天垂象，見吉凶，所以示人也。从二。三垂，日月星也。觀乎天文，以察時變。示，神事也。凡示之屬皆从示。，古文示。

禮 lǐ 履也。所以事神致福也。从示从豊，豊亦聲。，古文禮。

祡 chái 燒祡焚燎以祭天神。从示此聲。《虞書》曰："至于岱宗，祡。"，古文祡从隋省。

社 shè 地主也。从示、土。《春秋傳》曰："共工之子句龍爲社神。"《周禮》："二十五家爲社，各樹其土所宜之木。"，古文社。

三 sān 天地人之道也。从三數。凡三之屬皆从三。，古文三从弋。

王 wáng 天下所歸往也。董仲舒曰："古之造文者，三畫而連其中謂之王。三者，天、地、人也，而參通之者王也。"孔子曰："一貫三爲王。"凡王之屬皆从王。李陽

冰曰：“中畫近上。王者，則天之義。”，古文王。

玉　yù　王石之美。有五德：潤澤以溫，仁之方也；䚡理自外，可以知中，義之方也；其聲舒揚，尃以遠聞，智之方也；不橈而折，勇之方也；銳廉而不技，絜之方也。象三玉之連。丨，其貫也。凡玉之屬皆从玉。[陽冰曰：“三畫正均如貫玉也。”]，古文玉。

璿　xuán　美玉也。从玉睿聲。《春秋傳》曰：“璿弁玉纓。”，古文璿。

瑁　mào　諸侯執圭朝天子，天子執玉以冒之，似犂冠。《周禮》曰：“天子執瑁四寸。”从玉、冒，冒亦聲。，古文省。

玕　gān　琅玕也。从玉干聲。《禹貢》：“雝州球琳琅玕。”，古文玕。

中　zhōng　内也。从口。丨，上下通。，古文中。

毒　dú　厚也。害人之艸，往往而生。从中从毒。，古文毒从刀、莒。

莊　zhuāng　上諱。，古文莊。

荊　jīng　楚木也。从艸刑聲。，古文荊。

蕢　kuì　艸器也。从艸貴聲。，古文蕢，象形。《論語》曰：“有荷臾而過孔氏之門。”

釆　biàn　辨别也。象獸指爪分别也。凡釆之屬皆从釆。讀若辨。，古文釆。

番　fán　獸足謂之番。从釆；田，象其掌。，古文番。

悉　xī　詳盡也。从心从釆。，古文悉。

斄　lái　彊曲毛，可以箸起衣。从犛省，來聲。，古文斄省。

咳　hái　小兒笑也。从口亥聲。，古文咳从子。

哲　zhé　知也。从口折聲。，古文哲从三吉。

君　jūn　尊也。从尹。發號，故从口。，古文象君坐形。

周　zhōu　密也。从用、口。，古文周字从古文及。

唐　táng　大言也。从口庚聲。，古文唐从口、昜。

吝　lìn　恨惜也。从口文聲。《易》曰：“以往吝。”，古文吝从彣。

舌　guā　塞口也。从口，氒省聲。(氒，音厥。)，古文从甘。

㕣　yǎn　山閒陷泥地。从口，从水敗皃。讀若沇州之沇。九州之渥地也，故以沇名焉。，古文㕣。

嚴　yán　教命急也。从吅厰聲。，古文。

起　qǐ　能立也。从走巳聲。，古文起从辵。

正　zhèng　是也。从止，一以止。凡正之屬皆从正。，古文正从一、足。足者，亦止也。

正　zhèng　是也。从止，一以止。凡正之屬皆从正。，古文正从二。二，古上字。

造　zào　就也。从辵告聲。譚長說：造，上士也。，古文造从舟。

速　sù　疾也。从辵束聲。，古文从欶从言。

辿　xǐ　迻也。从辵止聲。，古文徙。

遷　qiān　登也。从辵䙴聲。，古文遷从手、西。

遂　suì　亾也。从辵㒸聲。，古文遂。

近　jìn　附也。从辵斤聲。，古文近。

邇　ěr　近也。从辵爾聲。，古文邇。

遠　yuǎn　遼也。从辵袁聲。，古文遠。

逖　tì　遠也。从辵狄聲。，古文逖。

道　dào　所行道也。从辵从𩠐。一達謂之道。，古文道从𩠐、寸。

往 wǎng 之也。从彳㞷聲。，古文从辵。

復 tuì 卻也。一曰行遲也。从彳从日从夊。，古文从辵。

後 hòu 遲也。从彳、幺、夊者，後也。，古文後从辵。

得 dé 行有所得也。从彳㝵聲。，古文省彳。

御 yù 使馬也。从彳从卸。，古文御从又从馬。

齒 chǐ 口齗骨也。象口齒之形，止聲。凡齒之屬皆从齒。，古文齒字。

牙 yá 牡齒也。象上下相錯之形。凡牙之屬皆从牙。，古文牙。

冊 cè 符命也。諸矦進受於王也。象其札一長一短，中有二編之形。凡冊之屬皆从冊。，古文冊从竹。

嗣 sì 諸侯嗣國也。从冊从口，司聲。，古文嗣从子。

嚚 yín 語聲也。从㗊臣聲。，古文嚚。

㐁 tiàn 舌皃。从谷省。象形。，古文㐁。讀若三年導服之導。一曰竹上皮。讀若沾。一曰讀若誓。弼字从此。

商 shāng 从外知内也。从㕯，章省聲。，亦古文商。

商 shāng 从外知内也。从㕯，章省聲。，古文商。

古 gǔ 故也。从十、口。識前言者也。凡古之屬皆从古。，古文古。

詩 shī 志也。从言寺聲。，古文詩省。

謀 móu 慮難曰謀。从言某聲。，亦古文。

謀 móu 慮難曰謀。从言某聲。，古文謀。

謨 mó 議謀也。从言莫聲。《虞書》曰："咎繇謨。"，古文謨从口。

訊 xùn 問也。从言卂聲。，古文訊从鹵。

信 xìn 誠也。从人从言。會意。，古文从言省。

信 xìn 誠也。从人从言。會意。，古文信。

誥 gào 告也。从言告聲。，古文誥。

䜌 luán 亂也。一曰治也。一曰不絶也。从言、絲。，古文䜌。

訟 sòng 爭也。从言公聲。曰：謌訟。，古文訟。

譙 qiào 嬈譊也。从言焦聲。讀若嚼。，古文譙从肖。《周書》曰："亦未敢誚公。"

業 yè 大版也。所以飾縣鍾鼓。捷業如鋸齒，以白畫之。象其鉏鋙相承也。从丵从巾。巾象版。《詩》曰："巨業維樅。"，古文業。

僕 pú 給事者。从人从菐，菐亦聲。，古文从臣。

弇 yǎn 蓋也。从廾从合。，古文弇。

兵 bīng 械也。从廾持斤，并力之皃。，古文兵，从人、廾、干。

共 gòng 同也。从廿、廾。凡共之屬皆从共。，古文共。

䙴 qiān 升高也。从舁囟聲。，古文䙴。

與 yǔ 黨與也。从舁从与。，古文與。

要 yāo 身中也。象人要自臼之形。从臼，交省聲。，古文要。

農 nóng 耕也。从晨囟聲。，古文農。

農 nóng 耕也。从晨囟聲。，亦古文農。

革 gé 獸皮治去其毛，革更之。象古文革之形。凡革之屬皆从革。，古文革从三十。三十年爲一世，而道更也。臼聲。

鞄 dá 柔革也。从革从旦聲。，古文鞄从亶。

鞭 biān 驅也。从革㥯聲。，古文鞭。

孚 fú 卵孚也。从爪从子。一曰信也。，古文孚从𥝢。𥝢，古文保。

爲 wéi 母猴也。其爲禽好爪。爪，母猴象也。下腹爲母猴形。王育曰："爪，象形也。"，古文爲象兩母猴相對形。

厷 gōng 臂上也。从又，从古文。，古文厷，象形。

尹 yǐn 治也。从又、丿，握事者也。，古文尹。

及 jí 逮也。从又从人。，古文及。《秦刻石》及如此。

及 jí 逮也。从又从人。，亦古文及。

及 jí 逮也。从又从人。，亦古文及。

反 fǎn 覆也。从又，厂反形。，古文。

彗 huì 掃竹也。从又持甡。，古文彗从竹从習。

叚 jiǎ 借也。闕。，古文叚。

友 yǒu 同志爲友。从二又。相交友也。，亦古文友。

友 yǒu 同志爲友。从二又。相交友也。，古文友。

事 shì 職也。从史，之省聲。，古文事。

支 zhī 去竹之枝也。从手持半竹。凡支之屬皆从支。，古文支。

肅 sù 持事振敬也。从聿在𣶒上，戰戰兢兢也。，古文肅从心从卪。

畫 huà 界也。象田四界。聿，所以畫之。凡畫之屬皆从畫。，古文畫省。

畫 huà 界也。象田四界。聿，所以畫之。凡畫之屬皆从畫。，亦古文畫。

役 yì 戍邊也。从殳从彳。，古文役从人。

殺 shā 戮也。从殳杀聲。凡殺之屬皆从殺。，古文殺。

殺 shā 戮也。从殳杀聲。凡殺之屬皆从殺。，古文殺。

殺 shā 戮也。从殳杀聲。凡殺之屬皆从殺。，古文殺。

皮 pí 剥取獸革者謂之皮。从又，爲省聲。凡皮之屬皆从皮。，古文皮。

㼱 ruǎn 柔韋也。从北，从皮省，从夐省。凡㼱之屬皆从㼱。讀若耎。一曰若儁。，古文㼱。

徹 chè 通也。从彳从攴从育。，古文徹。

教 jiào 上所施下所效也。从攴从孝。凡教之屬皆从教。，古文教。

教 jiào 上所施下所效也。从攴从孝。凡教之屬皆从教。，亦古文教。

卜 bǔ 灼剥龜也，象灸龜之形。一曰象龜兆之從横也。凡卜之屬皆从卜。，古文卜。

𠧞 zhào 灼龜坼也。从卜；兆，象形。，古文兆省。

用 yòng 可施行也。从卜从中。衛宏説。凡用之屬皆从用。，古文用。

目 mù 人眼。象形。重童子也。凡目之屬皆从目。，古文目。

睹 dǔ 見也。从目者聲。，古文从見。

睦 mù 目順也。从目坴聲。一曰敬和也。，古文睦。

省 xǐng 視也。从眉省，从屮。，古文从少从囧。

自 zì 鼻也。象鼻形。凡自之屬皆从自。，古文自。

𥏼 zhì 識詞也。从白从亏从知。，古文𥏼。

百 bǎi 十十也。从一、白。數，十百爲一貫。相章也。，古文百从自。

奭 shì 盛也。从大从皕，皕亦聲。此燕召公名。讀若郝。《史篇》名醜。，古文奭。

雉 zhì 有十四種：盧諸雉，喬雉，鳪雉，鷩雉，秩秩海雉，翟山雉，翰雉，卓雉，伊

洛而南曰翬，江淮而南曰摇，南方曰𩿧，東方曰甾，北方曰稀，西方曰蹲。从隹矢聲。，古文雉从弟。

羌 qiāng 西戎牧羊人也。从人从羊，羊亦聲。南方蠻閩从虫，北方狄从犬，東方貉从豸，西方羌从羊：此六種也。西南僰人、僬僥，从人；蓋在坤地，頗有順理之性。唯東夷从大。大，人也。夷俗仁，仁者壽，有君子不死之國。孔子曰："道不行，欲之九夷，乘桴浮於海。"有以也。，古文羌如此。

鳳 fèng 神鳥也。天老曰：鳳之象也，鴻前麐後，蛇頸魚尾，鸛顙鴛思，龍文虎背，燕頷雞喙，五色備舉。出於東方君子之國，翱翔四海之外，過崐崘，飲砥柱，濯羽弱水，莫宿風穴。見則天下大安寧。从鳥凡聲。，古文鳳，象形。鳳飛，羣鳥從以萬數，故以爲朋黨字。

鳳 fèng 神鳥也。天老曰：鳳之象也，鴻前麐後，蛇頸魚尾，鸛顙鴛思，龍文虎背，燕頷雞喙，五色備舉。出於東方君子之國，翱翔四海之外，過崐崘，飲砥柱，濯羽弱水，莫宿風穴。見則天下大安寧。从鳥凡聲。，亦古文鳳。

鶔 nán 鳥也。从鳥堇聲。，古文鶔。

鶔 nán 鳥也。从鳥堇聲。，古文鶔。

鶔 nán 鳥也。从鳥堇聲。，古文鶔。

烏 wū 孝鳥也。象形。孔子曰：烏，盱呼也。取其助气，故以爲烏呼。凡烏之屬皆从烏。，古文烏，象形。

烏 wū 孝鳥也。象形。孔子曰：烏，盱呼也。取其助气，故以爲烏呼。凡烏之屬皆从烏。，象古文烏省。

棄 qì 捐也。从廾推華棄之，从𠫓。𠫓，逆子也。，古文棄。

叀 zhuān 專小謹也。从幺省；屮，財見也；屮亦聲。凡叀之屬皆从叀。，古文叀。

叀 zhuān 專小謹也。从幺省；屮，財見也；屮亦聲。凡叀之屬皆从叀。，亦古文叀。

惠 huì 仁也。从心从叀。，古文惠从芔。

玄 xuán 幽遠也。黑而有赤色者爲玄。象幽而入覆之也。凡玄之屬皆从玄。，古文玄。

𤔔 luàn 治也。幺子相亂，受治之也。讀若亂同。一曰理也。，古文𤔔。

𢽊 gǎn 進取也。从受古聲。，古文𢽊。

叡 ruì 深明也。通也。从𣦼从目，从谷省。，古文叡。

歺 è 列骨之殘也。从半冎。凡歺之屬皆从歺。讀若櫱岸之櫱。，古文歺。

殂 cú 往、死也。从歺且聲。《虞書》曰："勛乃殂。"，古文殂从歺从作。

殪 yì 死也。从歺壹聲。，古文殪从死。

殄 tiǎn 盡也。从歺㐱聲。，古文殄如此。

死 sǐ 澌也。人所離也。从歺从人。凡死之屬皆从死。，古文死如此。

髀 bǐ 股也。从骨卑聲。，古文髀。

脣 chún 口耑也。从肉辰聲。，古文脣从頁。

胤 yìn 子孫相承續也。从肉；从八，象其長也；从幺，象重累也。，古文胤。

膌 jí 瘦也。从肉脊聲。，古文膌从疒从朿，朿亦聲。

腆 tiǎn 設膳腆腆多也。从肉典聲。，古文腆。

肰 rán 犬肉也。从犬、肉。讀若然。，古文肰。

肰 rán 犬肉也。从犬、肉。讀若然。，亦古文肰。

肎 kěn 骨閒肉肎肎箸也。从肉，从冎省。一曰骨無肉也。，古文肎。

利 lì 銛也。从刀。和然後利，从和省。《易》曰：“利者，義之和也。”，古文利。

則 zé 等畫物也。从刀从貝。貝，古之物貨也。，亦古文則。

則 zé 等畫物也。从刀从貝。貝，古之物貨也。，古文則。

剛 gāng 彊斷也。从刀岡聲。，古文剛如此。

制 zhì 裁也。从刀从未。未，物成有滋味，可裁斷。一曰止也。，古文制如此。

衡 héng 牛觸，横大木其角。从角从大，行聲。《詩》曰：“設其楅衡。”，古文衡如此。

簬 lù 箘簬也。从竹路聲。《夏書》曰：“惟箘簬楛。”，古文簬从輅。

籃 lán 大篝也。从竹監聲。，古文籃如此。

簋 guǐ 黍稷方器也。从竹从皿从皀。，亦古文簋。

簋 guǐ 黍稷方器也。从竹从皿从皀。，古文簋或从軌。

簋 guǐ 黍稷方器也。从竹从皿从皀。，古文簋从匚、飢。

簠 fǔ 黍稷圜器也。从竹从皿，甫聲。，古文簠从匚从夫。

管 guǎn 如篪，六孔。十二月之音。物開地牙，故謂之管。从竹官聲。，古者玉琯以玉。舜之時，西王母來獻其白琯。前零陵文學姓奚，於伶道舜祠下得笙玉琯。夫以玉作音，故神人以和，鳳皇來儀也。从玉官聲。

箕 jī 簸也。从竹；𠀠，象形；下其丌也。凡箕之屬皆从箕。，亦古文箕。

箕 jī 簸也。从竹；𠀠，象形；下其丌也。凡箕之屬皆从箕。，亦古文箕。

箕 jī 簸也。从竹；𠀠，象形；下其丌也。凡箕之屬皆从箕。，古文箕省。

典 diǎn 五帝之書也。从冊在丌上，尊閣之也。莊都說，典，大冊也。，古文典从竹。

巽 xùn 具也。从丌𢁉聲。，古文巽。

工 gōng 巧飾也。象人有規榘也。與巫同意。凡工之屬皆从工。，古文工从彡。

巨 jù 規巨也。从工，象手持之。，古文巨。

巫 wū 祝也。女能事無形，以舞降神者也。象人兩褎舞形。與工同意。古者巫咸初作巫。凡巫之屬皆从巫。，古文巫。

甚 shèn 尤安樂也。从甘，从匹耦也。，古文甚。

乃 nǎi 曳詞之難也。象气之出難。凡乃之屬皆从乃。，古文乃。

卤 réng 驚聲也。从乃省，西聲。籀文卤不省。或曰：卤，往也。讀若仍。，古文卤。

平 píng 語平舒也。从亏从八。八，分也。爰禮說。，古文平如此。

旨 zhǐ 美也。从甘匕聲。凡旨之屬皆从旨。，古文旨。

喜 xǐ 樂也。从壴从口。凡喜之屬皆从喜。，古文喜从欠，與歡同。

鼛 tà 鼓聲也。从鼓合聲。，古文鼛从革。

豆 dòu 古食肉器也。从口，象形。凡豆之屬皆从豆。，古文豆。

豐 fēng 豆之豐滿者也。从豆，象形。一曰《鄉飲酒》有豐侯者。凡豐之屬皆从豐。，古文豐。

虐 nüè 殘也。从虍，虎足反爪人也。，古文虐如此。

虎 hǔ 山獸之君。从虍，虎足象人足。象形。凡虎之屬皆从虎。，亦古文虎。

虎 hǔ 山獸之君。从虍，虎足象人足。象形。凡虎之屬皆从虎。，古文虎。

丹 dān 巴越之赤石也。象采丹井，一象丹形。凡丹之屬皆从丹。，亦古文丹。

丹 dān 巴越之赤石也。象采丹井，一象丹形。凡丹之屬皆从丹。，古文丹。

青 qīng 東方色也。木生火，从生、丹。丹青之信言象然。凡青之屬皆从青。，古文青。

阱 jǐng 陷也。从𨸏从井，井亦聲。，古文阱从水。

爵 jué 禮器也。象爵之形，中有鬯酒，又持之也。所以飲。器象爵者，取其鳴節節足足也。，古文爵，象形。

飪 rèn 大孰也。从食壬聲。，古文飪。

飪 rèn 大孰也。从食壬聲。，亦古文飪。

養 yǎng 供養也。从食羊聲。，古文養。

飽 bǎo 猒也。从食包聲。，亦古文飽，从卯聲。

飽 bǎo 猒也。从食包聲。，古文飽，从孚。

會 huì 合也。从亼，从曾省。曾，益也。凡會之屬皆从會。，古文會如此。

仝 quán 完也。从入从工。，古文仝。

矦 hóu 春饗所䠶矦也。从人，从厂，象張布，矢在其下。天子䠶熊虎豹，服猛也；諸矦䠶熊豕虎；大夫射麋，麋，惑也；士射鹿豕，爲田除害也。其祝曰："毋若不寧矦，不朝于王所，故伉而䠶汝也。"，古文矦。

冂 jiōng 邑外謂之郊，郊外謂之野，野外謂之林，林外謂之冂。象遠界也。凡冂之屬皆从冂。，古文冂从囗，象國邑。

覃 tán 長味也。从𣆪，鹹省聲。《詩》曰："實覃實吁。"，古文覃。

厚 hòu 山陵之厚也。从𣆪从厂。，古文厚从后土。

良 liáng 善也。从畗省，亡聲。，亦古文良。

良 liáng 善也。从畗省，亡聲。，古文良。

良 liáng 善也。从畗省，亡聲。，亦古文良。

啚 bǐ 嗇也。从口、㐭。㐭，受也。，古文啚如此。

嗇 sè 愛濇也。从來从㐭。來者，㐭而藏之。故田夫謂之嗇夫。凡嗇之屬皆从嗇。，古文嗇从田。

夏 xià 中國之人也。从夊从頁从臼。臼，兩手；夊，兩足也。，古文夏。

舞 wǔ 樂也。用足相背。从舛無聲。，古文舞从羽、亡。

舜 shùn 艸也。楚謂之葍，秦謂之藑。蔓地連華。象形。从舛，舛亦聲。凡舜之屬皆从舜。(今隸變作舜。)，古文舜。

韋 wéi 相背也。从舛囗聲。獸皮之韋，可以束枉戾相韋背，故借以爲皮韋。凡韋之屬皆从韋。，古文韋。

弟 dì 韋束之次弟也。从古字之象。凡弟之屬皆从弟。，古文弟从古文韋省，丿聲。

椉 chéng 覆也。从入、桀。桀，黠也。軍法曰乘。，古文乘从几。

李 lǐ 果也。从木子聲。，古文。

杶 chūn 木也。从木屯聲。《夏書》曰："杶榦栝柏。"，古文杶。

某 méi 酸果也。从木从甘。闕。，古文某从口。

本 běn 木下曰本。从木，一在其下。，古文。

築 zhù 擣也。从木筑聲。，古文。

槃 pán 承槃也。从木般聲。，古文从金。

梁 liáng 水橋也。从木从水，刅聲。，古文。

櫱 niè 伐木餘也。从木獻聲。《商書》曰："若顚木之有㽕櫱。"，亦古文櫱。

櫱 niè 伐木餘也。从木獻聲。《商書》曰：“若顛木之有𡿺櫱。”，古文櫱从木，無頭。

梱 gèn 竟也。从木恆聲。，古文梱。

柙 xiá 檻也。以藏虎兕。从木甲聲。，古文柙。

麓 lù 守山林吏也。从林鹿聲。一曰林屬於山爲麓。《春秋傳》曰：“沙麓崩。”，古文从录。

師 shī 二千五百人爲師。从帀从𠂤。𠂤，四帀，眾意也。，古文師。

南 nán 艸木至南方，有枝任也。从𣎵羊聲。，古文。

𠂹 chuí 艸木華葉𠂹。象形。凡𠂹之屬皆从𠂹。，古文。

回 huí 轉也。从囗，中象回轉形。，古文。

困 kùn 故廬也。从木在囗中。，古文困。

賓 bīn 所敬也。从貝宀聲。，古文。

貧 pín 財分少也。从貝从分，分亦聲。，古文从宀、分。

邦 bāng 國也。从邑丰聲。，古文。

郊 qí 周文王所封。在右扶風美陽中水鄉。从邑支聲。，古文郊从枝从山。

扈 hù 夏后同姓所封，戰於甘者。在鄠，有扈谷、甘亭。从邑戶聲。，古文扈从山、马。

日 rì 實也。太陽之精不虧。从囗一。象形。凡日之屬皆从日。，古文，象形。

時 shí 四時也。从日寺聲。，古文時从之、日。

暴 pù 晞也。从日从出，从廾从米。，古文暴从日麃聲。

㫃 yǎn 旌旗之游，㫃蹇之皃。从中曲而下，垂㫃，相出入也。讀若偃。古人名㫃，字子游。凡㫃之屬皆从㫃。，古文㫃字。象形。及象旌旗之游。

游 yóu 旌旗之流也。从㫃汓聲。，古文游。

旅 lǚ 軍之五百人爲旅。从㫃从从。从，俱也。，古文旅。古文以爲魯衞之魯。

曐 xīng 萬物之精，上爲列星。从晶生聲。一曰象形。从口，古口復注中，故與日同。，古文星。

霸 pò 月始生，霸然也。承大月，二日；承小月，三日。从月䨣聲。《周書》曰：“哉生霸。”，古文霸。

期 qī 會也。从月其聲。，古文期从日、丌。

朙 míng 照也。从月从囧。凡朙之屬皆从朙。，古文朙从日。

盟 méng 《周禮》曰：“國有疑則盟。”諸侯再相與會，十二歲一盟。北面詔天之司慎司命。盟，殺牲歃血，朱盤玉敦，以立牛耳。从囧从血。，古文从明。

外 wài 遠也。卜尚平旦，今夕卜，於事外矣。，古文外。

夙 sù 早敬也。从丮，持事；雖夕不休：早敬者也。，亦古文夙，从人、西。宿从此。

夙 sù 早敬也。从丮，持事；雖夕不休：早敬者也。，古文夙从人、㐭。

多 duō 重也。从重夕。夕者，相繹也，故爲多。重夕爲多，重日爲曡。凡多之屬皆从多。，古文多。

桌 lì 木也。从木，其實下垂，故从卤。，古文桌从西从二卤。徐巡說：木至西方戰桌。

克 kè 肩也。象屋下刻木之形。凡克之屬皆从克。，古文克。

克 kè 肩也。象屋下刻木之形。凡克之屬皆从克。，亦古文克。

稷 jì 齋也。五穀之長。从禾畟聲。，古文稷省。

粒 lì 糂也。从米立聲。，古文粒。

糂 sǎn 以米和羹也。一曰粒也。从米甚聲。，古文糂从參。

家 jiā 居也。从宀，豭省聲。，古文家。

宅 zhái 所託也。从宀乇聲。，古文宅。

宅 zhái 所託也。从宀乇聲。，亦古文宅。

容 róng 盛也。从宀、谷。，古文容从公。

寶 bǎo 珍也。从宀从王从貝，缶聲。，古文寶省貝。

宜 yí 所安也。从宀之下，一之上，多省聲。，亦古文宜。

宜 yí 所安也。从宀之下，一之上，多省聲。，古文宜。

宄 guǐ 姦也。外爲盜，内爲宄。从宀九聲。讀若軌。，古文宄。

宄 guǐ 姦也。外爲盜，内爲宄。从宀九聲。讀若軌。，亦古文宄。

疾 jí 病也。从疒矢聲。，古文疾。

冒 mào 冡而前也。从冃从目。，古文冒。

网 wǎng 庖犧所結繩以漁。从冂，下象网交文。凡网之屬皆从网。(今經典變隸作网。)，古文网。

帷 wéi 在旁曰帷。从巾隹聲。，古文帷。

席 xí 籍也。《禮》：天子、諸侯席，有黼繡純飾。从巾，庶省。，古文席从石省。

白 bái 西方色也。陰用事，物色白。从入合二。二，陰數。凡白之屬皆从白。，古文白。

保 bǎo 養也。从人，从孚省。孚，古文孚。，古文保。

保 bǎo 養也。从人，从孚省。孚，古文孚。，古文保不省。

仁 rén 親也。从人从二。，古文仁从千、心。

仁 rén 親也。从人从二。，古文仁或从尸。

企 qì 舉踵也。从人止聲。，古文企从足。

伊 yī 殷聖人阿衡，尹治天下者。从人从尹。，古文伊从古文死。

份 bīn 文質僣也。从人分聲。《論語》曰："文質份份。"，古文份从彡、林。林者，从焚省聲。

備 bèi 慎也。从人𤰈聲。，古文備。

侮 wǔ 傷也。从人每聲。，古文从母。

眞 zhēn 僊人變形而登天也。从匕从目从乚；(音隱。)八，所乘載也。，古文眞。

卓 zhuō 高也。早匕爲皁，匕卪爲卬，皆同義。，古文皁。

比 bǐ 密也。二人爲从，反从爲比。凡比之屬皆从比。，古文比。

丘 qiū 土之高也，非人所爲也。从北从一。一，地也，人居在丘南，故从北。中邦之居，在崐崘東南。一曰四方高，中央下爲丘。象形。凡丘之屬皆从丘。(今隸變作丘。)，古文从土。

臮 jì 眾詞與也。从乑自聲。《虞書》曰："臮咎繇。"，古文臮。

徵 zhēng 召也。从微省，王爲徵。行於微而文達者，即徵之。，古文徵。

朢 wàng 月滿與日相朢，以朝君也。从月从臣从王。王，朝廷也。，古文朢省。

量 liáng 稱輕重也。从重省，曏省聲。，古文量。

監 jiān 臨下也。从臥，衉省聲。，古文監从言。
表 biǎo 上衣也。从衣从毛。古者衣裘，以毛爲表。，古文表从麃。
裔 yì 衣裾也。从衣㕯聲。，古文裔。
襄 xiāng 《漢令》：解衣耕謂之襄。从衣㲻聲。，古文襄。
衰 suō 艸雨衣。秦謂之萆。从衣。象形。，古文衰。
裘 qiú 皮衣也。从衣求聲。一曰象形，與衰同意。凡裘之屬皆从裘。，古文省衣。
屋 wū 居也。从尸。尸，所主也。一曰尸，象屋形。从至。至，所至止。室、屋皆从至。，古文屋。
履 lǚ 足所依也。从尸从彳从夊，舟象履形。一曰尸聲。凡履之屬皆从履。，古文履从頁从足。
般 pán 辟也。象舟之旋，从舟。从殳，殳，所以旋也。，古文般从支。
服 fú 用也。一曰車右騑，所以舟旋。从舟𠬝聲。，古文服从人。
視 shì 瞻也。从見、示。，古文視。
視 shì 瞻也。从見、示。，亦古文視。
觀 guān 諦視也。从見雚聲。，古文觀从囧。
次 cì 不前，不精也。从欠二聲。，古文次。
歓 yǐn 歠也。从欠酓聲。凡歓之屬皆从歓。，古文歓从今、食。
歓 yǐn 歠也。从欠酓聲。凡歓之屬皆从歓。，古文歓从今、水。
旡 jì 歓食气屰不得息曰旡。从反欠。凡旡之屬皆从旡。(今變隸作无。)，古文旡。
髮 fà 根也。从髟犮聲。，古文。
色 sè 顔气也。从人从卪。凡色之屬皆从色。，古文。
旬 xún 徧也。十日爲旬。从勹、日。，古文。
茍 jì 自急敕也。从羊省，从包省。从口，口猶慎言也。从羊，羊與義、善、美同意。凡茍之屬皆从茍。，古文羊不省。
鬼 guǐ 人所歸爲鬼。从人，象鬼頭。鬼陰气賊害，从厶。凡鬼之屬皆从鬼。，古文从示。
鬽 mèi 老精物也。从鬼、彡。彡，鬼毛。，古文。
畏 wèi 惡也。从由，虎省。鬼頭而虎爪，可畏也。，古文省。
羑 yòu 相訹呼也。从厶从羑。，古文。
嶽 yuè 東，岱；南，靃；西，華；北，恆；中，泰室。王者之所以巡狩所至。从山獄聲。，古文象高形。
崩 bēng 山壞也。从山朋聲。，古文从自。
廄 jiù 馬舍也。从广㲃聲。《周禮》曰："馬有二百十四匹爲廄，廄有僕夫。"，古文从九。
廟 miào 尊先祖皃也。从广朝聲。，古文。
磺 kuàng 銅鐵樸石也。从石黃聲。讀若穬。𠀠，古文磺。《周禮》有𠀠人。
碣 jié 特立之石。東海有碣石山。从石曷聲。，古文。
磬 qìng 樂石也。从石、殸。象縣虡之形。殳，擊之也。古者毋句氏作磬。，古文从巠。
長 cháng 久遠也。从兀从匕。兀者，高遠意也。久則變化。亾聲。𠂆者，倒亾也。凡長之屬皆从長。，古文長。
長 cháng 久遠也。从兀从匕。兀者，高遠意也。久則變化。亾聲。𠂆者，倒亾也。凡長

之屬皆从長。，亦古文長。

豕 shǐ 彘也。竭其尾，故謂之豕。象毛足而後有尾。讀與豨同。(桉：今世字，誤以豕爲彘，以彘爲豕。何以明之？爲啄琢从豕，蠡从彘。皆取其聲，以是明之。)凡豕之屬皆从豕。，古文。

㣇 yì 脩豪獸。一曰河内名豕也。从彑，下象毛足。凡㣇之屬皆从㣇。讀若弟。，古文。

𧰼 sì 㣇屬。从二㣇。，古文𧰼。《虞書》曰："𧰼類于上帝。"

兕 sì 如野牛而青。象形。與禽、离頭同。凡兕之屬皆从兕。，古文从几。

豫 yù 象之大者。賈侍中說：不害於物。从象予聲。，古文。

馬 mǎ 怒也。武也。象馬頭髦尾四足之形。凡馬之屬皆从馬。，古文。

驅 qū 馬馳也。从馬區聲。，古文驅从攴。

灋 fǎ 刑也。平之如水，从水；廌，所以觸不直者；去之，从去。，古文。

麗 lì 旅行也。鹿之性，見食急則必旅行。从鹿丽聲。《禮》：麗皮納聘。蓋鹿皮也。，古文。

狂 kuáng 狾犬也。从犬㞷聲。，古文从心。

羆 pí 如熊，黄白文。从熊，罷省聲。，古文从皮。

烖 zāi 天火曰烖。从火𢦏聲。，古文从才。

煙 yān 火气也。从火垔聲。，古文。

光 guāng 明也。从火在人上，光明意也。，古文。

光 guāng 明也。从火在人上，光明意也。，古文。

熾 chì 盛也。从火戠聲。，古文熾。

囪 chuāng 在牆曰牖，在屋曰囪。象形。凡囪之屬皆从囪。，古文。

赤 chì 南方色也。从大从火。凡赤之屬皆从赤。，古文从炎、土。

吳 wú 姓也。亦郡也。一曰吳，大言也。从夨、口。，古文如此。

尣 wāng 㝯，曲脛也。从大，象偏曲之形。凡尣之屬皆从尣。，古文从㞷。

奏 zòu 奏進也。从夲从廾从屮。屮，上進之義。，古文。

奏 zòu 奏進也。从夲从廾从屮。屮，上進之義。，亦古文。

囟 xìn 頭會，匘蓋也。象形。凡囟之屬皆从囟。，古文囟字。

悳 dé 外得於人，内得於己也。从直从心。，古文。

慎 shèn 謹也。从心眞聲。，古文。

恕 shù 仁也。从心如聲。，古文省。

懼 jù 恐也。从心瞿聲。，古文。

悟 wù 覺也。从心吾聲。，古文悟。

㤅 ài 惠也。从心旡聲。，古文。

憜 duò 不敬也。从心，㨖省。《春秋傳》曰："執玉憜。"，古文。

𢡃 kuò 善自用之意也。从心銛聲。《商書》曰："今汝𢡃𢡃。"，古文从耳。

怨 yuàn 恚也。从心夗聲。，古文。

患 huàn 憂也。从心上貫吅，吅亦聲。，亦古文患。

患 huàn 憂也。从心上貫吅，吅亦聲。，古文从關省。

恐 kǒng 懼也。从心巩聲。，古文。

漾 yàng 水。出隴西相道，東至武都爲漢。从水羕聲。，古文从養。

漢 hàn 漾也。東爲滄浪水。从水，難省聲。，古文。

沇 yǎn 水。出河東東垣王屋山，東爲泲。从水允聲。，古文沇。

淵 yuān 回水也。从水，象形。左右，岸也。中象水皃。，古文从囗、水。

津 jīn 水渡也。从水𦘔聲。，古文津从舟从淮。

湛 chén 没也。从水甚聲。一曰湛水，豫章浸。，古文。

漿 jiāng 酢漿也。从水，將省聲。，古文漿省。

沬 huì 洒面也。从水未聲。，古文沬从頁。

泰 tài 滑也。从廾从水，大聲。，古文泰。

く quǎn 水小流也。《周禮》："匠人爲溝洫，梠廣五寸，二梠爲耦；一耦之伐，廣尺、深尺，謂之く。"倍く謂之遂；倍遂曰溝；倍溝曰洫；倍洫曰巜。凡く之屬皆从く。，古文く从田从川。

巠 jīng 水脈也。从川在一下。一，地也。壬省聲。一曰水冥巠也。，古文巠不省。

州 zhōu 水中可居曰州，周遶其旁，从重川。昔堯遭洪水，民居水中高土，或曰九州。《詩》曰："在河之州。"一曰州，疇也。各疇其土而生之。，古文州。

容 jùn 深通川也。从谷从𣦵。𣦵，殘地；阬坎意也。《虞書》曰："容畎澮距川。"，古文容。

冬 dōng 四時盡也。从仌从夂。夂，古文終字。，古文冬从日。

雨 yǔ 水从雲下也。一象天，冂象雲，水霝其閒也。凡雨之屬皆从雨。，古文。

靁 léi 陰陽薄動靁雨生物者也。从雨，畾象回轉形。，古文靁。

靁 léi 陰陽薄動靁雨生物者也。从雨，畾象回轉形。，古文靁。

霣 yǔn 雨也。齊人謂靁爲霣。从雨員聲。一曰雲轉起也。，古文霣。

電 diàn 陰陽激燿也。从雨从申。，古文電。

雹 báo 雨冰也。从雨包聲。，古文雹。

雲 yún 山川气也。从雨，云象雲回轉形。凡雲之屬皆从雲。，亦古文雲。

雲 yún 山川气也。从雨，云象雲回轉形。凡雲之屬皆从雲。，古文省雨。

霒 yīn 雲覆日也。从雲今聲。，古文或省。

霒 yīn 雲覆日也。从雲今聲。，亦古文霒。

至 zhì 鳥飛从高下至地也。从一，一猶地也。象形。不，上去；而至，下來也。凡至之屬皆从至。，古文至。

西 xī 鳥在巢上。象形。日在西方而鳥棲，故因以爲東西之西。凡西之屬皆从西。，古文西。

戶 hù 護也。半門曰戶。象形。凡戶之屬皆从戶。，古文戶从木。

閾 yù 門榍也。从門或聲。《論語》曰："行不履閾。"，古文閾从洫。

開 kāi 張也。从門从幵。，古文。

閒 jiàn 隙也。从門从月。，古文閒。

閔 mǐn 弔者在門也。从門文聲。，古文閔。

聞 wén 知聞也。从耳門聲。，古文从昏。

配 yí 廣臣也。从臣巳聲。，古文配从戶。

手 shǒu 拳也。象形。凡手之屬皆从手。，古文手。

𢷎 bài 首至地也。从手、𠦪。𠦪音忽。，古文拜。

扶 fú 左也。从手夫聲。，古文扶。

握 wò 搤持也。从手屋聲。，古文握。

撫 fǔ 安也。从手無聲。一曰循也。，古文从辵、亡。

揚 yáng 飛舉也。从手昜聲。，古文。

播 bō 穜也。一曰布也。从手番聲。，古文播。

撻 tà 鄉飲酒，罰不敬，撻其背。从手達聲。，古文撻。《周書》曰："遽以記之。"

妻 qī 婦與夫齊者也。从女从屮从又。又，持事，妻職也。，古文妻从肖、女。肖，古文貴字。

奴 nú 奴、婢，皆古之辠人也。《周禮》曰："其奴，男子入于辠隸，女子入于舂藁。"从女从又。，古文奴从人。

婁 lóu 空也。从毋、中、女，空之意也。一曰婁，務也。，古文。

姦 jiān 私也。从三女。，古文姦从心旱聲。

民 mín 眾萌也。从古文之象。凡民之屬皆从民。，古文民。

我 wǒ 施身自謂也。或說我，頃頓也。从戈从𠂇。𠂇，或說古垂字。一曰古殺字。凡我之屬皆从我。，古文我。

琴 qín 禁也。神農所作。洞越。練朱五弦，周加二弦。象形。凡珡之屬皆从珡。，古文珡从金。

瑟 sè 庖犧所作弦樂也。从珡必聲。，古文瑟。

直 zhí 正見也。从乚从十从目。，古文直。

曲 qū 象器曲受物之形。或說曲，蠶薄也。凡曲之屬皆从曲。，古文曲。

甾 zī 東楚名缶曰甾。象形。凡甾之屬皆从甾。，古文。

弼 bì 輔也。重也。从弜丙聲。，並古文弼。

弼 bì 輔也。重也。从弜丙聲。，並古文弼。

糸 mì 細絲也。象束絲之形。凡糸之屬皆从糸。讀若覛。，古文糸。

繭 jiǎn 蠶衣也。从糸从虫，黹省。，古文繭从糸、見。

絶 jué 斷絲也。从糸从刀从卩。，古文絶。象不連體，絶二絲。

續 xù 連也。从糸賣聲。，古文續从庚、貝。

紹 shào 繼也。从糸召聲。一曰紹，緊糾也。，古文紹从邵。

終 zhōng 絿絲也。从糸冬聲。，古文終。

綱 gāng 維紘繩也。从糸岡聲。，古文綱。

綫 xiàn 縷也。从糸戔聲。，古文綫。

繘 yù 綆也。从糸矞聲。，古文从絲。

緦 sī 十五升布也。一曰兩麻一絲布也。从糸思聲。，古文緦从糸省。

彝 yí 宗廟常器也。从糸；糸，綦也。廾持米，器中寶也。彑聲。此與爵相似。《周禮》："六彝：雞彝、鳥彝、黄彝、虎彝、蟲彝、斝彝。以待祼將之禮。"，皆古文彝。

彝 yí 宗廟常器也。从糸；糸，綦也。廾持米，器中寶也。彑聲。此與爵相似。《周禮》："六彝：雞彝、鳥彝、黄彝、虎彝、蟲彝、斝彝。以待祼將之禮。"，皆古文彝。

蚳 chí 螘子也。从虫氐聲。《周禮》有蚳醢。讀若祁。，古文蚳从辰、土。

蠭 fēng 飛蟲螫人者。从䖵逢聲。，古文省。

蠡 lǐ 蟲齧木中也。从䖵彖聲。，古文。

蠢 chǔn 蟲動也。从䖵春聲。，古文蠢从𢦔。《周書》曰："我有𢦔于西。"

𧕢 máo 蟲食艸根者。从䖵，象其形。吏抵冒取民財則生。，古文蟊从虫从牟。

風 fēng 八風也。東方曰明庶風，東南曰清明風，南方曰景風，西南曰涼風，西方曰閶闔風，西北曰不周風，北方曰廣莫風，東北曰融風。風動蟲生。故蟲八日而化。从虫凡聲。凡風之屬皆从風。，古文風。

龜 guī 舊也。外骨内肉者也。从它，龜頭與它頭同。天地之性，廣肩無雄；龜鼈之類，以它爲雄。象足甲尾之形。凡龜之屬皆从龜。，古文龜。

二 èr 地之數也。从偶一。凡二之屬皆从二。，古文。

恆 héng 常也。从心从舟，在二之閒上下。心以舟施，恆也。，古文恆从月。《詩》曰："如月之恆。"

墺 ào 四方土可居也。从土奥聲。，古文墺。

堂 táng 殿也。从土尚聲。，古文堂。

坐 zuò 止也。从土，从畱省。土，所止也。此與畱同意。，古文坐。

封 fēng 爵諸侯之土也。从之从土从寸，守其制度也。公侯，百里；伯，七十里；子男，五十里。，古文封省。

墉 yōng 城垣也。从土庸聲。，古文墉。

垐 cí 以土增大道上。从土次聲。，古文垐从土、即。《虞書》曰："龍，朕堲讒説殄行。"堲，疾惡也。

垔 yīn 塞也。《尚書》曰："鯀垔洪水。"从土西聲。，古文垔。

毁 huǐ 缺也。从土，榖省聲。，古文毁从壬。

壞 huài 敗也。从土褱聲。，古文壞省。

圭 guī 瑞玉也。上圜下方。公執桓圭，九寸；矦執信圭，伯執躬圭，皆七寸；子執穀璧，男執蒲璧，皆五寸。以封諸矦。从重土。楚爵有執圭。珪，古文圭从玉。

堯 yáo 高也。从垚在兀上，高遠也。，古文堯。

堇 qín 黏土也。从土，从黄省。凡堇之屬皆从堇。，皆古文堇。

堇 qín 黏土也。从土，从黄省。凡堇之屬皆从堇。，皆古文堇。

野 yě 郊外也。从里予聲。，古文野从里省，从林。

黄 huáng 地之色也。从田从炗，炗亦聲。炗，古文光。凡黄之屬皆从黄。，古文黄。

勳 xūn 能成王功也。从力熏聲。，古文勳从員。

勥 qiǎng 迫也。从力强聲。，古文从彊。

動 dòng 作也。从力重聲。，古文動从辵。

勞 láo 劇也。从力，熒省。熒，火燒冂，用力者勞。，古文勞从悉。

勇 yǒng 气也。从力甬聲。，古文勇从心。

協 xié 眾之同和也。从劦从十。，古文協从日、十。

金 jīn 五色金也。黄爲之長。久薶不生衣，百鍊不輕，从革不違。西方之行。生於土，从土；左右注，象金在土中形；今聲。凡金之屬皆从金。，古文金。

鐵 tiě 黑金也。从金戴聲。，古文鐵从夷。

鈕 niǔ 印鼻也。从金丑聲。，古文鈕从玉。

鈞 jūn 三十斤也。从金匀聲。，古文鈞从旬。

斷 duàn 截也。从斤从䜌。䜌，古文絶。，亦古文。

斷 duàn 截也。从斤从䜌。䜌，古文絶。，古文斷从㠯。㠯，古文叀字。《周書》曰："留留猗無他技。"

矛 máo 酋矛也。建於兵車，長二丈形。凡矛之屬皆从矛。，古文矛从戈。

自 fù 大陸，山無石者。象形。凡𨸏之屬皆从𨸏。，古文。

陟 zhì 登也。从𨸏从步。，古文陟。

隫 dú 通溝也。从𨸏賣聲。讀若瀆。，古文隫从谷。

陳 chén 宛丘，舜後嬀滿之所封。从𨸏从木，申聲。，古文陳。

四 sì 陰數也。象四分之形。凡四之屬皆从四。，古文四。

五 wǔ 五行也。从二，陰陽在天地閒交午也。凡五之屬皆从五。，古文五省。

禹 yǔ 蟲也。从厹，象形。，古文禹。

禼 xiè 蟲也。从厹，象形。讀與偰同。，古文禼。

甲 jiǎ 東方之孟，陽气萌動，从木戴孚甲之象。一曰人頭宜爲甲，甲象人頭。凡甲之屬皆从甲。，古文甲，始於十、見於千、成於木之象。

成 chéng 就也。从戊丁聲。，古文成从午。

己 jǐ 中宮也。象萬物辟藏詘形也。己承戊，象人腹。凡己之屬皆从己。，古文己。

辜 gū 辠也。从辛古聲。，古文辜从死。

子 zǐ 十一月，陽气動，萬物滋，人以爲偁。象形。凡子之屬皆从子。李陽冰曰："子在襁緥中，足併也。"，古文子从巛，象髮也。

孟 mèng 長也。从子皿聲。，古文孟。

寅 yín 髕也。正月，陽气動，去黃泉欲上出，陰尚彊，象宀不達，髕寅於下也。凡寅之屬皆从寅。，古文寅。

卯 mǎo 冒也。二月，萬物冒地而出。象開門之形。故二月爲天門。凡卯之屬皆从卯。，古文卯。

辰 chén 震也。三月，陽气動，靁電振，民農時也。物皆生，从乙、匕，象芒達；厂，聲也。辰，房星，天時也。从二，二，古文上字。凡辰之屬皆从辰。，古文辰。

申 shēn 神也。七月，陰气成，體自申束。从臼，自持也。吏臣（段注"臣"作"以"）餔時聽事，申旦政也。凡申之屬皆从申。，古文申。

酉 yǒu 就也。八月黍成，可爲酎酒。象古文酉之形。凡酉之屬皆从酉。，古文酉。从卯，卯爲春門，萬物已出。酉爲秋門，萬物已入。一，閉門象也。

醬 jiàng 醢也。从肉从酉，酒以和醬也；爿聲。，古文。

亥 hài 荄也。十月，微陽起，接盛陰。从二，二，古文上字。一人男，一人女也。从乙，象裹子咳咳之形。《春秋傳》曰："亥有二首六身。"凡亥之屬皆从亥。，古文亥爲豕，與豕同。亥而生子，復從一起。

籀 文

旁 páng 溥也。从二，闕；方聲。，籀文。

祺 qí 吉也。从示其聲。，籀文从基。

齋 zhāi 戒，潔也。从示，齊省聲。，籀文齋从襲省。襲音禱。

禋 yīn 潔祀也。一曰精意以享爲禋。从示垔聲。，籀文从宀。

禱 dǎo 告事求福也。从示壽聲。，籀文禱。

祟 suì 神禍也。从示从出。，籀文祟从䙴省。

璿 xuán 美玉也。从玉睿聲。《春秋傳》曰："璿弁玉纓。"，籀文璿。

中 zhōng 内也。从口。丨，上下通。，籀文中。

𡿪 lù 菌𡿪，地蕈。叢生田中。从中六聲。，籀文𡿪从三𡿪　　。

薇 wēi 菜也。似藿。从艸微聲。，籀文薇省。

𣂺 shé 斷也。从斤斷艸。譚長說。，籀文折从艸在仌中，仌寒故折。

蓬 péng 蒿也。从艸逢聲。，籀文蓬省。

蓐 rù 陳艸復生也。从艸辱聲。一曰蔟也。凡蓐之屬皆从蓐。，籀文蓐从茻。

薅 hāo 拔去田艸也。从蓐，好省聲。，籀文薅省。

牭 sì 四歲牛。从牛从四，四亦聲。，籀文牭从貳。

嗌 yì 咽也。从口益聲。，籀文嗌上象口，下象頸脈理也。

嘯 xiào 吹聲也。从口肅聲。，籀文嘯从欠。

𡨄 níng 亂也。从爻、工、交、吅。一曰窒𡨄。讀若禳。，籀文𡨄。

歸 guī 女嫁也。从止从婦省，𠂤聲。，籀文省。

登 dēng 上車也。从癶、豆。象登車形。，籀文登从収。

是 shì 直也。从日、正。凡是之屬皆从是。，籀文是从古文正。

韙 wěi 是也。从是韋聲。《春秋傳》曰："犯五不韙。"，籀文韙从心。

迹 jī 步處也。从辵亦聲。，籀文迹从朿。

退 cú 往也。从辵且聲。退，齊語。，籀文从虘。

述 shù 循也。从辵术聲。，籀文从秫。

速 sù 疾也。从辵束聲。，籀文从敕。

送 sòng 遣也。从辵，倂省。，籀文不省。

遲 chí 徐行也。从辵犀聲。《詩》曰："行道遲遲。"，籀文遲从屖。

逋 bū 亾也。从辵甫聲。，籀文逋从捕。

商 shāng 从外知内也。从㕯，章省聲。，籀文商。

話 huà 合會善言也。从言𠯑聲。《傳》曰："告之話言。"，籀文譮从會。

誖 bèi 亂也。从言孛聲。，籀文誖从二或。

訇 hōng 騃言聲。从言，匀省聲。漢中西城有訇鄉。又讀若玄。，籀文不省。

誕 dàn 詞誕也。从言延聲。，籀文誕省正。

讋 zhé 失气言。一曰不止也。从言，䶴省聲。傅毅讀若慴。，籀文讋不省。

童 tóng 男有辠曰奴，奴曰童，女曰妾。从䇂，重省聲。，籀文童，中與竊中同从廿。廿，以爲古文疾字。

兵 bīng 械也。从廾持斤，并力之皃。，籀文。

戴 dài 分物得增益曰戴。从異𢦏聲。，籀文戴。

農 nóng 耕也。从晨囟聲。，籀文農从林。

爨 cuàn 齊謂之炊爨。𦥑象持甑，冂爲竈口，廾推林内火。凡爨之屬皆从爨。，籀文爨省。

鞀 táo 鞀遼也。从革召聲。，籀文鞀从殸、召。

靷 yǐn 引軸也。从革引聲。，籀文靷。

鬵 qín 大釜也。一曰鼎大上小下若甑曰鬵。从鬲兓聲。讀若岑。，籀文鬵。

融 róng 炊气上出也。从鬲，蟲省聲。，籀文融不省。

叜 sǒu 老也。从又从灾。闕。，籀文从寸。

隸 yì 習也。从聿希聲。，籀文𦘔。

晝 zhòu 日之出入，與夜爲界。从畫省，从日。，籀文晝。

豎 shù 豎立也。从臤豆聲。，籀文豎从殳。

臧 zāng 善也。从臣戕聲。，籀文。

皮 pí 剥取獸革者謂之皮。从又，爲省聲。凡皮之屬皆从皮。，籀文皮。

甍 ruǎn 柔韋也。从北，从皮省，从敻省。凡甍之屬皆从甍。讀若耎。一曰若儁。，籀文甍从敻省。

敗 bài 毁也。从攴、貝。敗、賊皆从貝。會意。，籀文敗从賏。

藺 lìn 今藺。似雊鵒而黄。从隹，㒼省聲。，籀文不省。

雞 jī 知時畜也。从隹奚聲。，籀文雞从鳥。

雛 chú 雞子也。从隹芻聲。，籀文雛从鳥。

雕 diāo 鷻也。从隹周聲。，籀文雕从鳥。

雁 yīng 鳥也。从隹，瘖省聲。或从人，人亦聲。，籀文雁从鳥。

雖 chī 雖也。从隹氏聲。，籀文雖从鳥。

雇 hù 九雇。農桑候鳥，扈民不婬者也。从隹戶聲。春雇，鳻盾；夏雇，竊玄；秋雇，竊藍；冬雇，竊黄；棘雇，竊丹；行雇，唶唶；宵雇，嘖嘖；桑雇，竊脂；老雇，鷃也。，籀文雇从鳥。

雒 ān 雗屬。从隹酓聲。，籀文雒从鳥。

鸇 zhān 鷐風也。从鳥亶聲。，籀文鸇从廛。

鸓 lěi 鼠形。飛走且乳之鳥也。从鳥畾聲。，籀文鸓。

棄 qì 捐也。从廾推華棄之，从𠫓。𠫓，逆子也。，籀文棄。

敢 gǎn 進取也。从𠬪古聲。，籀文敢。

叡 ruì 深明也。通也。从𣦼从目，从谷省。，籀文叡从土。

臚 lú 皮也。从肉盧聲。，籀文臚。

胗 zhěn 脣瘍也。从肉㐱聲。，籀文胗从疒。

肬 yóu 贅也。从肉尤聲。，籀文肬从黑。

㓙 è 刀劍刃也。从刀咢聲。，籀文㓙从㓞从各。

則 zé 等畫物也。从刀从貝。貝，古之物貨也。，籀文則从鼎。

副 pì 判也。从刀畐聲。《周禮》曰："副辜祭。"，籀文副。

劒 jiàn 人所帶兵也。从刃僉聲。，籀文劒从刀。

觴 shāng 觶實曰觴，虚曰觶。从角，𥏻省聲。，籀文觴从爵省。

薇 wéi 竹也。从竹微聲。，籀文从微省。

籩 biān 竹豆也。从竹邊聲。，籀文籩。

箕 jī 簸也。从竹；𠀠，象形；下其丌也。凡箕之屬皆从箕。，籀文箕。

箕 jī 簸也。从竹；𠀠，象形；下其丌也。凡箕之屬皆从箕。，籀文箕。

差 chā 貳也。差不相值也。从左从𠂹。，籀文𢀩从二。

曶 hū 出气詞也。从曰，象气出形。《春秋傳》曰："鄭太子曶。"，籀文曶。一曰佩也。象形。

乃 nǎi 曳詞之難也。象气之出難。凡乃之屬皆从乃。，籀文乃。

鼓 gǔ 郭也。春分之音，萬物郭皮甲而出，故謂之鼓。从壴，支象其手擊之也。《周

禮》六鼓：靁鼓八面，靈鼓六面，路鼓四面，鼖鼓、臯鼓、晉鼓皆兩面。凡鼓之屬皆从鼓。，籀文鼓从古聲。

盧 lú 飯器也。从皿𧆓聲。，籀文盧。

飴 yí 米糱煎也。从食台聲。，籀文飴从異省。

餔 bū 日加申時食也。从食甫聲。，籀文餔从皿浦聲。

饕 tāo 貪也。从食號聲。，籀文饕从號省。

侖 lún 思也。从亼从冊。，籀文侖。

就 jiù 就，高也。从京从尤。尤，異於凡也。，籀文就。

牆 qiáng 垣蔽也。从嗇爿聲。，籀文亦从二來。

牆 qiáng 垣蔽也。从嗇爿聲。，籀文从二禾。

櫐 lěi 木也。从木畾聲。，籀文。

樹 shù 生植之總名。从木尌聲。，籀文。

枱 yí 耒耑也。从木台聲。，籀文从辝。

桮 bēi 䀀也。从木否聲。，籀文桮。

槃 pán 承槃也。从木般聲。，籀文从皿。

櫑 léi 龜目酒尊，刻木作雲雷象。象施不窮也。从木畾聲。，籀文櫑。

叒 ruò 日初出東方湯谷，所登榑桑，叒木也。象形。凡叒之屬皆从叒。，籀文。

囿 yòu 苑有垣也。从囗有聲。一曰禽獸曰囿。，籀文囿。

員 yuán 物數也。从貝囗聲。凡員之屬皆从員。，籀文从鼎。

贛 gòng 賜也。从貝，竷省聲。，籀文贛。

昌 chāng 美言也。从日从曰。一曰日光也。《詩》曰："東方昌矣。"，籀文昌。

昔 xī 乾肉也。从殘肉，日以晞之。與俎同意。，籀文从肉。

夤 yín 敬惕也。从夕寅聲。《易》曰："夕惕若夤。"，籀文夤。

卣 tiáo 艸木實垂卣卣然。象形。凡卣之屬皆从卣。讀若調。，籀文三卣爲卣。

㮚 sù 嘉穀實也。从卣从米。孔子曰："㮚之爲言續也。"，籀文㮚。

秋 qiū 禾穀孰也。从禾，𤐫省聲。，籀文不省。

秦 qín 伯益之後所封國，地宜禾。从禾，舂省。一曰秦，禾名。，籀文秦从秝。

稯 zōng 布之八十縷爲稯。从禾㚇聲。，籀文稯省。

糂 sǎn 以米和羹也。一曰粒也。从米甚聲。，籀文糂从朁。

糟 zāo 酒滓也。从米曹聲。，籀文从酉。

枲 xǐ 麻也。从𣏟台聲。，籀文枲从𣏟从辝。

宇 yǔ 屋邊也。从宀于聲。《易》曰："上棟下宇。"，籀文宇从禹。

寑 qǐn 臥也。从宀𠬶聲亥。，籀文寑省。

寤 wù 寐覺而有信曰寤。从㝱省，吾聲。一曰晝見而夜㝱也。，籀文寤。

疾 jí 病也。从疒矢聲。，籀文疾。

瘇 zhǒng 脛气足腫。从疒童聲。《詩》曰："既微且瘇。"，籀文从尢。

㾙 chān 皮剥也。从疒丹聲。，籀文从叚。

癃 lóng 罷病也。从疒隆聲。，籀文癃省。

网 wǎng 庖犧所結繩以漁。从冂，下象网交文。凡网之屬皆从网。(今經典變隸作罒。)，籀文网。

罝 jiē 兔网也。从网且聲。，籀文从虘。

仿　fǎng　相似也。从人方聲。，籀文仿从丙。

襲　xí　左衽袍。从衣，讋省聲。，籀文襲不省。

袤　mào　衣帶以上。从衣矛聲。一曰南北曰袤，東西曰廣。，籀文袤从楙。

屋　wū　居也。从尸。尸，所主也。一曰尸，象屋形。从至。至，所至止。室、屋皆从至。，籀文屋从厂。

皃　mào　頌儀也。从人，白象人面形。凡皃之屬皆从皃。，籀文皃从豹省。

覍　biàn　冕也。周曰覍，殷曰吁，夏曰收。从皃，象形。，籀文覍从廾，上象形。

歎　tàn　吟也。从欠，鷬省聲。，籀文歎不省。

次　xián　慕欲口液也。从欠从水。凡次之屬皆从次。，籀文次。

顏　yán　眉目之閒也。从頁彥聲。，籀文。

頌　róng　皃也。从頁公聲。，籀文。

頂　dǐng　顛也。从頁丁聲。，籀文从鼎。

頰　jiá　面旁也。从頁夾聲。，籀文頰。

鬽　mèi　老精物也。从鬼、彡。彡，鬼毛。，籀文从彖首，从尾省聲。

岫　xiù　山穴也。从山由聲。，籀文从穴。

廡　wǔ　堂下周屋。从广無聲。，籀文从舞。

厂　hǎn　山石之厓巖，人可居。象形。凡厂之屬皆从厂。，籀文从干。

仄　zè　側傾也。从人在厂下。，籀文从夨，夨亦聲。

磬　qìng　樂石也。从石、殸。象縣虡之形。殳，擊之也。古者母句氏作磬。，籀文省。

㣇　yì　脩豪獸。一曰河内名豕也。从彑，下象毛足。凡㣇之屬皆从㣇。讀若弟。，籀文。

㣇　háo　豕，鬣如筆管者。出南郡。从㣇高聲。，籀文从豕。

馬　mǎ　怒也。武也。象馬頭髦尾四足之形。凡馬之屬皆从馬。，籀文馬與影同，有髦。

騧　guā　黃馬，黑喙。从馬咼聲。，籀文騧。

騒　zuī　馬小皃。从馬垂聲。讀若箠。，籀文从𠂹。

駕　jià　馬在軛中。从馬加聲。，籀文駕。

麇　jūn　麞也。从鹿，囷省聲。，籀文不省。

麤　chén　鹿行揚土也。从麤从土。，籀文。

鼨　zhōng　豹文鼠也。从鼠冬聲。，籀文省。

㷶　bì　以火乾肉。从火稫聲。，籀文不省。

裁　zāi　天火曰烖。从火𢦏聲。，籀文从巛。

煙　yān　火气也。从火垔聲。，籀文从宀。

炙　zhì　炮肉也。从肉在火上。凡炙之屬皆从炙。，籀文。

奢　shē　張也。从大者聲。凡奢之屬皆从奢。，籀文。

意　yì　滿也。从心啻聲。一曰十萬曰意。，籀文省。

愆　qiān　過也。从心衍聲。，籀文。

悁　yuān　忿也。从心肙聲。一曰憂也。，籀文。

邕　yōng　四方有水，自邕城池者。从川从邑。，籀文邕。

衇　mài　血理分衺行體者。从𠂢从血。，籀文。

覛　mì　衺視也。从𠂢从見。，籀文。

靁　léi　陰陽薄動靁雨生物者也。从雨，畾象回轉形。，籀文。靁閒有回；回，靁聲也。

震　zhèn　劈歷振物者。从雨辰聲。《春秋傳》曰："震夷伯之廟。"，籀文震。

霚 wù 地气發，天不應。从雨敄聲。，籀文省。

鮇 duò 魚子已生者。从魚，憜省聲。，籀文。

鱣 zhān 鯉也。从魚亶聲。，籀文鱣。

西 xī 鳥在巢上。象形。日在西方而鳥棲，故因以爲東西之西。凡西之屬皆从西。，籀文西。

𦣝 yí 顄也。象形。凡𦣝之屬皆从𦣝。，籀文从首。

妘 yún 祝融之後姓也。从女云聲。，籀文妘从員。

婚 hūn 婦家也。《禮》：娶婦以昏時，婦人陰也，故曰婚。从女从昏，昏亦聲。，籀文婚。

姻 yīn 壻家也。女之所因，故曰姻。从女从因，因亦聲。，籀文姻从𣶒。

妣 bǐ 殁母也。从女比聲。，籀文妣省。

媧 wā 古之神聖女，化萬物者也。从女咼聲。，籀文媧从㻊。

嬪 luǎn 順也。从女𤔔聲。《詩》曰："婉兮嬪兮。"，籀文嬪。

匚 fāng 受物之器。象形。凡匚之屬皆从匚。讀若方。，籀文匚。

柩 jiù 棺也。从匚从木，久聲。，籀文柩。

𠙺 lú 䍃也。从甾虍聲。讀若盧同。，籀文𠙺。

甑 zèng 甗也。从瓦曾聲。，籀文甑从𩰫。

系 xì 繫也。从糸丿聲。凡系之屬皆从系。，籀文系从爪、絲。

繒 zēng 帛也。从糸曾聲。，籀文繒从宰省。楊雄以爲漢律祠宗廟丹書告。

紟 jīn 衣系也。从糸今聲。，籀文从金。

繘 yù 綆也。从糸矞聲。，籀文繘。

強 qiáng 蚚也。从虫弘聲。，籀文强从蚰从彊。

蚳 chí 螘子也。从虫氐聲。《周禮》有蚳醢。讀若祁。，籀文蚳从蚰。

虹 hóng 螮蝀也。狀似蟲。从虫工聲。《明堂月令》曰："虹始見。"，籀文虹从申。申，電也。

黽 měng 鼃黽也。从它，象形。黽頭與它頭同。凡黽之屬皆从黽。，籀文黽。

地 dì 元气初分，輕清陽爲天，重濁陰爲地。萬物所陳剡也。从土也聲。，籀文地从㒸。

垣 yuán 牆也。从土亘聲。，籀文垣从𩫏。

堵 dǔ 垣也。五版爲一堵。从土者聲。，籀文从𩫏。

堂 táng 殿也。从土尚聲。，籀文堂从高省。

封 fēng 爵諸侯之土也。从之从土从寸，守其制度也。公侯，百里；伯，七十里；子男，五十里。，籀文从丯。

璽 xǐ 王者印也。所以主土。从土爾聲。，籀文从玉。

城 chéng 以盛民也。从土从成，成亦聲。，籀文城从𩫏。

壞 huài 敗也。从土褱聲。，籀文壞。

艱 jiān 土難治也。从堇艮聲。，籀文艱从喜。

鋭 ruì 芒也。从金兑聲。，籀文鋭从厂、剡。

車 chē 輿輪之緫名。夏后時奚仲所造。象形。凡車之屬皆从車。，籀文車。

輈 zhōu 轅也。从車舟聲。，籀文輈。

陸 lù 高平地。从𨸏从坴，坴亦聲。，籀文陸。

陴 pí 城上女牆俾倪也。从𨸏卑聲。，籀文陴从𩫏。

𨽹　ài　陋也。从𨺅，𦐇聲。𦐇，籀文嗌字。，籀文𨽹从𨸏、益。

四　sì　陰數也。象四分之形。凡四之屬皆从四。≡，籀文四。

乾　qián　上出也。从乙，乙，物之達也；倝聲。，籀文乾。

辤　cí　不受也。从辛从受。受辛宜辤之。，籀文辤从台。

辭　cí　訟也。从𤔔，𤔔猶理辜也。𤔔，理也。，籀文辭从司。

癸　guǐ　冬時，水土平，可揆度也。象水從四方流入地中之形。癸承壬，象人足。凡癸之屬皆从癸。，籀文从癶从矢。

子　zǐ　十一月，陽气動，萬物滋，人以爲偁。象形。凡子之屬皆从子。李陽冰曰："子在襁緥中，足併也。"，籀文子囟有髮，臂脛在几上也。

孳　zī　汲汲生也。从子茲聲。，籀文孳从絲。

孴　nǐ　盛皃。从孨从曰。讀若薿薿。一曰若存。，籀文孴从二子。一曰䇣即奇字𣌭。

申　shēn　神也。七月，陰气成，體自申束。从臼，自持也。吏臣餔時聽事，申旦政也。凡申之屬皆从申。，籀文申。

酸　suān　酢也。从酉夋聲。關東謂酢曰酸。，籀文酸从畯。

醬　jiàng　醢也。从肉从酉，酒以和醬也；爿聲。，籀文。

醢　hǎi　肉醬也。从酉、𥁑。，籀文。

篆　文

丄　shàng　高也。此古文上，指事也。凡丄之屬皆从丄。，篆文丄。

丅　xià　底也。指事。，篆文丅。

斲　shé　斷也。从斤斷艸。譚長說。，篆文折从手。

宷　shěn　悉也。知宷諦也。从宀从釆。徐鍇曰："宀，覆也。釆，別也。包覆而深別之。宷，悉也。"，篆文宷从番。

譱　shàn　吉也。从誩从羊。此與義美同意。，篆文善从言。

鬻　gēng　五味盉羹也。从䰜从羔。《詩》曰："亦有和鬻。"，小篆从羔从美。

𦘔　yì　習也。从聿𢑚聲。，篆文𦘔。

隸　lì　附箸也。从隶柰聲。，篆文隸从古文之體。

斆　xué　覺悟也。从教从冂。冂，尚矇也。臼聲。，篆文斆省。

爽　shuǎng　明也。从㸚从大。，篆文爽。

舄　què　䧿也。象形。，篆文舄从隹、㫺。

巽　xùn　具也。从丌𠛱聲。，篆文巽。

虡　jù　鐘鼓之柎也。飾爲猛獸，从虍、異，象其下足。，篆文虡省。

仝　quán　完也。从入从工。，篆文仝从玉，純玉曰全。

䠶　shè　弓弩發於身而中於遠也。从矢从身。，篆文䠶从寸。寸，法度也，亦手也。

亯　xiǎng　獻也。从高省，曰象進孰物形。《孝經》曰："祭則鬼亯之。"凡亯之屬皆从亯。，篆文亯。

𦎫　chún　孰也。从亯从羊。讀若純。一曰鬻也。，篆文𦎫。

𩫖　tán　長味也。从㫗，鹹省聲。《詩》曰："實覃實吁。"，篆文覃省。

栞 kān 槎識也。从木、㚘。闕。《夏書》曰：“隨山栞木。”讀若刊。，篆文从幵。

䢽 xiàng 里中道。从𨛜从共。皆在邑中所共也。，篆文从𨛜省。

盟 méng 《周禮》曰：“國有疑則盟。”諸侯再相與會，十二歲一盟。北面詔天之司愼司命。盟，殺牲歃血，朱盤玉敦，以立牛耳。从囧从血。，篆文从朙。

吕 lǚ 脊骨也。象形。昔太嶽爲禹心吕之臣，故封吕矦。凡吕之屬皆从吕。，篆文吕从肉从旅。

市 fú 韠也。上古衣蔽前而已，市以象之。天子朱市，諸矦赤市，大夫葱衡。从巾，象連帶之形。凡市之屬皆从市。，篆文市从韋从犮。

豚 tún 小豕也。从彖省。象形。从又持肉，以給祠祀。凡豚之屬皆从豚。，篆文从肉、豕。

麗 lì 旅行也。鹿之性，見食急則必旅行。从鹿丽聲。《禮》：麗皮納聘。蓋鹿皮也。，篆文麗字。

㲋 chuò 獸也。似兔，青色而大。象形。頭與兔同，足與鹿同。凡㲋之屬皆从㲋。，篆文。

𣵠 liú 水行也。从沝、㐬。㐬，突忽也。，篆文从水。

𣳫 shè 徒行厲水也。从沝从步。，篆文从水。

𡿨 quǎn 水小流也。《周禮》：“匠人爲溝洫，相廣五寸，二枱爲耦；一耦之伐，廣尺、深尺，謂之𡿨。”倍𡿨謂之遂；倍遂曰溝；倍溝曰洫；倍洫曰巜。凡𡿨之屬皆从𡿨。，篆文𡿨从田犬聲。六甽爲一畝。

厵 yuán 水泉夲也。从灥出厂下。，篆文从泉。

瀊 yú 捕魚也。从鱻从水。，篆文瀊从魚。

䆒 yì 翄也。从飛異聲。，篆文䆒从羽。

𦣝 yí 顄也。象形。凡𦣝之屬皆从𦣝。，篆文𦣝。

𠧄 lú 𦥛也。从甾虍聲。讀若盧同。，篆文𠧄。

鼂 cháo 匽鼂也。讀若朝。楊雄說：匽鼂，蟲名。杜林以爲朝旦，非是。从黽从旦。，篆文从皀。

𨻶 huī 敗城𨸏曰𨻶。从𨸏差聲。，篆文。

𨽌 suì 塞上亭守湊火者。从𨸏从火，遂聲。，篆文省。

禸 róu 獸足蹂地也。象形，九聲。《尔疋》曰：“狐貍貛貉醜，其足蹞，其迹厹。”凡厹之屬皆从厹。，篆文从足柔聲。

俗體

譀 hàn 誕也。从言敢聲。，俗譀从忘。

肩 jiān 髆也。从肉，象形。，俗肩从戶。

觵 gōng 兕牛角可以飲者也。从角黃聲。其狀觵觵，故謂之觵。，俗觵从光。

盥 nóng 腫血也。从血，農省聲。，俗盥从肉農聲。

圅 hán 舌也。象形。舌體𢎘𢎘。从𢎘，𢎘亦聲。，俗圅从肉、今。

鼒 zī 鼎之圜掩上者。从鼎才聲。《詩》曰：“鼐鼎及鼒。”，俗鼒从金从兹。

敊 chǐ 配鹽幽尗也。从尗支聲。，俗敊从豆。

褎　xiù　袂也。从衣采聲。，俗褎从由。
居　jū　蹲也。从尸古者，居从古。，俗居从足。
兂　zēn　首笄也。从人，匕象簪形。凡兂之屬皆从兂。，俗兂从竹从朁。
歒　zú　歍歒也。从欠鼀聲。，俗歒从口从就。
归　yì　按也。从反印。，俗从手。
灘　tān　水濡而乾也。从水鷬聲。《詩》曰："灘其乾矣。"，俗灘从隹。
冰　níng　水堅也。从仌从水。，俗冰从疑。
蟁　wén　齧人飛蟲。从䖵民聲。，俗蟁从虫从文。

引通人說

营　qiōng　营藭，香艸也。从艸宮聲。，司馬相如說：营或从弓。
蔆　líng　芰也。从艸淩聲。楚謂之芰，秦謂之薢茩。，司馬相如說：蔆从遴。
芰　jì　蔆也。从艸支聲。，杜林說：芰从多。
茵　yīn　車重席。从艸因聲。，司馬相如說：茵从革。
嗥　háo　咆也。从口皋聲。，譚長說：嗥从犬。
収　gǒng　竦手也。从𠂇从又。凡廾之屬皆从廾。(今變隸作廾。)，楊雄說：廾从兩手。
叚　jiǎ　借也。闕。，譚長說：叚如此。
鷫　sù　鷫鷞也。五方神鳥也。東方發明，南方焦明，西方鷫鷞，北方幽昌，中央鳳皇。从鳥肅聲。，司馬相如說：从安聲。
鶂　yì　鳥也。从鳥兒聲。《春秋傳》曰："六鶂退飛。"，司馬相如說：鶂从赤。
胾　zǐ　食所遺也。从肉仕聲。《易》曰："噬乾胾。"，楊雄說：胾从㐬。
舛　chuǎn　對卧也。从夊㐄相背。凡舛之屬皆从舛。，楊雄說：舛从足、春。
狌　qiè　多畏也。从犬去聲。，杜林說：狌从心。
沙　shā　水散石也。从水从少。水少沙見。楚東有沙水。，譚長說：沙或从尐。尐，子結切。
捧　bài　首至地也。从手、𠦪。𠦪音忽。，楊雄說：拜从兩手下。
蠁　xiǎng　知聲蟲也。从虫鄉聲。，司馬相如：蠁从向。
蠵　xī　大龜也。以胃鳴者。从虫巂聲。，司馬相如說：蠵从敻。

奇　字

倉　cāng　穀藏也。倉黃取而藏之，故謂之倉。从食省，口象倉形。凡倉之屬皆从倉。，奇字倉。
涿　zhuó　流下滴也。从水豖聲。上谷有涿縣。，奇字涿从日、乙。
無　wú　亡也。从亡無聲。，奇字无，通於元者。王育說：天屈西北爲无。
孴　nǐ　盛皃。从孨从曰。讀若薿薿。一曰若存。，籀文孴从二子。一曰孴即奇

字辟。

引　書

玭　pín　珠也。从玉比聲。宋弘云：“淮水中出玭珠。”玭，珠之有聲。，《夏書》玭从虫、賓。

返　fǎn　還也。从辵从反，反亦聲。《商書》曰：“祖甲返。”，《春秋傳》返从彳。

鬲　lì　鼎屬。實五觳。斗二升曰觳。象腹交文，三足。凡鬲之屬皆从鬲。，《漢令》鬲从瓦厤聲。

觶　zhì　鄉飲酒角也。《禮》曰：“一人洗，舉觶。”觶受四升。从角單聲。，《禮經》觶。

冑　zhòu　兜鍪也。从冃由聲。，《司馬法》冑从革。

罥　xuǎn　网也。从网巽聲。，《逸周書》曰：“不卵不䟫，以成鳥獸。”罥者，䍡獸足也。故或从足。

闢　pì　開也。从門辟聲。，《虞書》曰：“闢四門。”从門从𢪒。

義　yí　己之威儀也。從我、羊。，《墨翟書》義从弗。魏郡有羛陽鄉，讀若錡。今屬鄴，本内黄北二十里。

畜　chù　田畜也。《淮南子》曰：“玄田爲畜。”，《魯郊禮》畜从田从兹。兹，益也。

秦刻石

攸　yōu　行水也。从攴从人，水省。，秦刻石繹山文攸字如此。

也　yě　女陰也。象形。，秦刻石也字。

今　文

灋　fǎ　刑也。平之如水，从水；廌，所以觸不直者；去之，从去。，今文省。

引文獻類檢

禔 zhī 安福也。从示是聲。《易》曰："禔既平。"

祡 chái 燒祡樊燎以祭天神。从示此聲。《虞書》曰："至于岱宗，祡。"

鬃 bēng 門内祭，先祖所以徬徨。从示彭聲。《詩》曰："祝祭于鬃。"

祏 shí 宗廟主也。《周禮》有郊宗石室。一曰大夫以石爲主。从示从石，石亦聲。

禘 dì 諦祭也。从示帝聲。《周禮》曰："五歲一禘。"

祫 xiá 大合祭先祖親疏遠近也。从示、合。《周禮》曰："三歲一祫。"

祝 zhù 祭主贊詞者。从示从人、口。一曰从兑省。《易》曰："兑爲口爲巫。"。

禜 yǒng 設緜蕝爲營，以禳風雨雪霜水旱癘疫於日月星辰山川也。从示，榮省聲。一曰禜，衛使灾不生。《禮記》曰："雩禜祭水旱。"

禬 guì 會福祭也。从示从會，會亦聲。《周禮》曰："禬之祝號。"

祳 shèn 社肉，盛以蜃，故謂之祳。天子所以親遺同姓。从示辰聲。《春秋傳》曰："石尚來歸祳。"

禡 mà 師行所止，恐有慢其神，下而祀之曰禡。从示馬聲。《周禮》曰："禡於所征之地。"

禂 dǎo 禱牲馬祭也。从示周聲。《詩》曰："既禡既禂。"

社 shè 地主也。从示、土。《春秋傳》曰："共工之子句龍爲社神。"《周禮》："二十五家爲社，各樹其土所宜之木。"

祲 jìn 精氣感祥。从示，侵省聲。《春秋傳》曰："見赤黑之祲。"

祘 suàn 明視以筭之。从二示。《逸周書》曰："士分民之祘。均分以祘之也。"讀若筭。

閏 rùn 餘分之月，五歲再閏，告朔之禮，天子居宗廟，閏月居門中。从王在門中。《周禮》曰："閏月，王居門中，終月也。"

瓘 guàn 玉也。从玉雚聲。《春秋傳》曰："瓘斝。"

珣 xún 醫無閭珣玗琪，《周書》所謂夷玉也。从玉旬聲。一曰器，讀若宣。

瓚 zàn 三玉二石也。从玉贊聲。《禮》："天子用全，純玉也；上公用駹，四玉一石；侯用瓚；伯用埒，玉石半相埒也。"

璿 xuán 美玉也。从玉睿聲。《春秋傳》曰："璿弁玉纓。"

瑗 yuàn 大孔璧。人君上除陛以相引。从玉爰聲。《爾雅》曰："好倍肉謂之瑗，肉倍好謂之璧。"

琥 hǔ 發兵瑞玉，爲虎文。从玉从虎，虎亦聲。《春秋傳》曰："賜子家雙琥。"

璋 zhāng 剡上爲圭，半圭爲璋。从玉章聲。《禮》六幣：圭以馬，璋以皮，璧以帛，琮以錦，琥以繡，璜以黼。

玠 jiè 大圭也。从玉介聲。《周書》曰："稱奉介圭。"

瑁 mào 諸侯執圭朝天子，天子執玉以冒之，似犂冠。《周禮》曰："天子執瑁四寸。"

从玉、冒，冒亦聲。

瑱 tiàn 以玉充耳也。从玉眞聲。《詩》曰："玉之瑱兮。"

瑑 zhuàn 圭璧上起兆瑑也。从玉，篆省聲。《周禮》曰："瑑圭璧。"

璪 zǎo 玉飾。如水藻之文。从玉喿聲。《虞書》曰："璪火黺米。"

玼 cǐ 玉色鮮也。从玉此聲。《詩》曰："新臺有玼。"

瑟 sè 玉英華相帶如瑟弦。从玉瑟聲。《詩》曰："瑟彼玉瓚。"

瑮 lì 玉英華羅列秩秩。从玉㮚聲。《逸論語》曰："玉粲之璱兮。其瑮猛也。"

瑩 yíng 玉色。从玉，熒省聲。一曰石之次玉者。《逸論語》曰："如玉之瑩。"

瑲 qiāng 玉聲也。从玉倉聲。《詩》曰："鞗革有瑲。"

玤 bàng 石之次玉者。以爲系璧。从玉丰聲。讀若《詩》曰"瓜瓞菶菶"。一曰若盒蚌。

琚 jū 瓊琚。从玉居聲。《詩》曰："報之以瓊琚。"

琇 xiù 石之次玉者。从玉莠聲。《詩》曰："充耳琇瑩。"

玖 jiǔ 石之次玉黑色者。从玉久聲。《詩》曰："貽我佩玖。"讀若芑。或曰若人句脊之句。

琨 kūn 石之美者。从玉昆聲。《虞書》曰："楊州貢瑤琨。"

瑤 yáo 玉之美者。从玉䍃聲。《詩》曰："報之以瓊瑤。"

珠 zhū 蚌之陰精。从玉朱聲。《春秋國語》曰"珠以禦火灾"，是也。

玏 lì 蜃屬。从玉劦聲。《禮》："佩刀，士珕琫而珧珌。"

珧 yáo 蜃甲也。所以飾物也。从玉兆聲。《禮》云："佩刀，天子玉琫而珧珌。"

玕 gān 琅玕也。从玉干聲。《禹貢》："雝州球琳琅玕。"

璗 dàng 金之美者。與玉同色。从玉湯聲。《禮》："佩刀，諸侯璗琫而璆珌。"

珈 jiā 婦人首飾。从玉加聲。《詩》曰："副笄六珈。"

璩 qú 環屬。从玉豦聲。見《山海經》。

壻 xù 夫也。从士胥聲。《詩》曰："女也不爽，士貳其行。"士者，夫也。讀與細同。

壿 cūn 舞也。从士尊聲。《詩》曰："壿壿舞我。"

屯 zhūn 難也。象艸木之初生。屯然而難。从屮貫一。一，地也。尾曲。《易》曰："屯，剛柔始交而難生。"

芹 qín 菜，類蒿。从艸近聲。《周禮》有"芹菹"。

藼 xuān 令人忘憂艸也。从艸憲聲。《詩》曰："安得藼艸？"

芄 wán 芄蘭，莞也。从艸丸聲。《詩》曰："芄蘭之枝。"

蓷 tuī 萑也。从艸推聲。《詩》曰："中谷有蓷。"

苢 yǐ 芣苢。一名馬舄。其實如李，令人宜子。从艸目聲。《周書》所說。

藟 lěi 艸也。从艸畾聲。《詩》曰："莫莫葛藟。"一曰秬鬯也。

蔦 niǎo 寄生也。从艸鳥聲。《詩》曰："蔦與女蘿。"

芸 yún 艸也。似目宿。从艸云聲。《淮南子》說："芸艸可以死復生。"

薺 cí 蒺棃也。从艸齊聲。《詩》曰："牆有薺。"

苄 hù 地黃也。从艸下聲。《禮記》："鈃毛：牛、藿；羊、苄；豕、薇。"是。

芩 qín 艸也。从艸今聲。《詩》曰："食野之芩。"

虉 yì 綬也。从艸鷊聲。《詩》曰："邛有旨虉。"是。

蓍 shī 蒿屬。生十歲，百莖。《易》以爲數。天子蓍九尺，諸侯七尺，大夫五尺，士三尺。从艸耆聲。

葽 yāo 艸也。从艸要聲。《詩》曰：“四月秀葽。”劉向說：此味苦，苦葽也。

蕣 shùn 木堇，朝華暮落者。从艸舜聲。《詩》曰：“顔如蕣華。”

茁 zhuó 艸初生出地皃。从艸出聲。《詩》曰：“彼茁者葭。”

薾 ěr 華盛。从艸爾聲。《詩》曰：“彼薾惟何？”

萋 qī 艸盛。从艸妻聲。《詩》曰：“蓁蓁萋萋。”

薿 nǐ 茂也。从艸疑聲。《詩》曰：“黍稷薿薿。”

芃 péng 艸盛也。从艸凡聲。《詩》曰：“芃芃黍苗。”

蔋 dí 艸旱盡也。从艸俶聲。《詩》曰：“蔋蔋山川。”

藃 xiāo 艸皃。从艸歊聲。《周禮》曰：“轂獘不藃。”

薈 huì 艸多皃。从艸會聲。《詩》曰：“薈兮蔚兮。”

芼 mào 艸覆蔓。从艸毛聲。《詩》曰：“左右芼之。”

蘀 tuò 艸木凡皮葉落陊地爲蘀。从艸擇聲。《詩》曰：“十月隕蘀。”

蕰 yùn 積也。从艸温聲。《春秋傳》曰：“蕰利生孽。”

藀 yíng 艸旋皃也。从艸榮聲。《詩》曰：“葛藟藀之。”

茷 fá 艸葉多。从艸伐聲。《春秋傳》曰：“晉糴茷。”

菑 zī 不耕田也。从艸、绛。《易》曰：“不菑畬。”

蘨 yáo 艸盛皃。从艸繇聲。《夏書》曰：“厥艸惟蘨。”

薙 tì 除艸也。《明堂月令》曰：“季夏燒薙。”从艸雉聲。

蔪 jiàn 艸相蔪苞也。从艸斬聲。《書》曰：“艸木蔪苞。”

䕻 lí 艸木相附䕻土而生。从艸麗聲。《易》曰：“百穀艸木䕻於地。”

蒩 zū 茅藉也。从艸租聲。《禮》曰：“封諸侯以土，蒩以白茅。”

蕝 jué 朝會束茅表位曰蕝。从艸絕聲。《春秋國語》曰：“致茅蕝，表坐。”

藔 lǎo 乾梅之屬。从艸橑聲。《周禮》曰：“饋食之籩，其實乾藔。”後漢長沙王始煑艸爲藔。

莜 diào 艸田器。从艸，條省聲。《論語》曰：“以杖荷莜。”今作蓧。

艽 qiú 遠荒也。从艸九聲。《詩》曰：“至于艽野。”

蒮 yù 艸也。从艸隺聲。《詩》曰：“食鬱及蒮。”

薻 zǎo 水艸也。从艸从水，巢聲。《詩》曰：“于以采薻？”

菉 lù 王芻也。从艸录聲。《詩》曰：“菉竹猗猗。”

䓊 wú 艸也。从艸吾聲。《楚詞》有䓊蕭艸。

藚 xù 水舄也。从艸賣聲。《詩》曰：“言采其藚。”

茆 mǎo 鳧葵也。从艸丣聲。《詩》曰：“言采其茆。”

薳 wěi 艸也。《左氏傳》：“楚大夫薳子馮。”从艸遠聲。

莋 zuó 越嶲縣名，見《史記》。从艸作聲。

蕆 chǎn 《左氏傳》：“以蕆陳事。”杜預注云：蕆，敕也。从艸，未詳。

葬 zàng 藏也。从死在茻中；一其中，所以薦之。《易》曰：“古之葬者，厚衣之以薪。”

𠔁 bié 分也。从重八。八，別也。亦聲。《孝經說》曰：“故上下有別。”

牝 pìn 畜母也。从牛匕聲。《易》曰：“畜牝牛，吉。”

㹁 liáng 牻牛也。从牛京聲。《春秋傳》曰：“牻㹁。”

犉 rún 黃牛黑脣也。从牛𦎧聲。《詩》曰：“九十其犉。”

牿 gù 牿牛馬牢也。从牛告聲。《周書》曰："今惟牿牛馬。"

犓 chú 以芻莖養牛也。从牛、芻，芻亦聲。《春秋國語》曰："犓豢幾何？"

犕 bèi 《易》曰："犕牛乘馬。"从牛葡聲。

牼 kēng 牛厀下骨也。从牛巠聲。《春秋傳》曰："宋司馬牼字牛。"

牣 rèn 牣，滿也。从牛刃聲。《詩》曰："於牣魚躍。"

告 gào 牛觸人，角箸橫木，所以告人也。从口从牛。《易》曰："僮牛之告。"凡告之屬皆从告。

呱 gū 小兒嗁聲。从口瓜聲。《詩》曰："后稷呱矣。"

喤 huáng 小兒聲。从口皇聲。《詩》曰："其泣喤喤。"

嶷 yì 小兒有知也。从口疑聲。《詩》曰："克岐克嶷。"

嚌 jì 嘗也。从口齊聲。《周書》曰："大保受同祭嚌。"

嘽 tān 喘息也。一曰喜也。从口單聲。《詩》曰："嘽嘽駱馬。"

呬 xì 東夷謂息爲呬。从口四聲。《詩》曰："犬夷呬矣。"

哼 tūn 口气也。从口𦎫聲。《詩》曰："大車哼哼。"

嚏 tì 悟解气也。从口疐聲。《詩》曰："願言則嚏。"

咥 xì 大笑也。从口至聲。《詩》曰："咥其笑矣。"

啞 è 笑也。从口亞聲。《易》曰："笑言啞啞。"

呭 yì 多言也。从口世聲。《詩》曰："無然呭呭。"

噂 zǔn 聚語也。从口尊聲。《詩》曰："噂沓背憎。"

咠 qì 聶語也。从口从耳。《詩》曰："咠咠幡幡。"

嘒 huì 小聲也。从口彗聲。《詩》曰："嘒彼小星。"

唪 běng 大笑也。从口奉聲。讀若《詩》曰"瓜瓞菶菶"。

嗔 tián 盛气也。从口眞聲。《詩》曰："振旅嗔嗔。"

嘌 piāo 疾也。从口㶾聲。《詩》曰："匪車嘌兮。"

嗿 tǎn 聲也。从口貪聲。《詩》曰："有嗿其饁。"

咈 fú 違也。从口弗聲。《周書》曰："咈其耇長。"

嚚 xiè 高气多言也。从口，蠆省聲。《春秋傳》曰："嚚言。"

呶 náo 讙聲也。从口奴聲。《詩》曰："載號載呶。"

嘵 xiāo 懼也。从口堯聲。《詩》曰："唯予音之嘵嘵。"

嗷 áo 衆口愁也。从口敖聲。《詩》曰："哀鳴嗷嗷。"

唸 diàn 吚也。从口念聲。《詩》曰："民之方唸吚。"

嘅 kài 嘆也。从口既聲。《詩》曰："嘅其嘆矣。"

吪 é 動也。从口化聲。《詩》曰："尚寐無吪。"

吝 lìn 恨惜也。从口文聲。《易》曰："以往吝。"

唁 yàn 弔生也。从口言聲。《詩》曰："歸唁衛侯。"

嗀 hù 歐皃。从口㱿聲。《春秋傳》曰："君將嗀之。"

嗾 sǒu 使犬聲。从口族聲。《春秋傳》曰："公嗾夫獒。"

噳 yǔ 麋鹿羣口相聚皃。从口虞聲。《詩》曰："麀鹿噳噳。"

售 shòu 賣去手也。从口，雔省聲。《詩》曰："賈用不售。"

嘲 cháo 謔也。从口朝聲。《漢書》通用啁。

䞇 zhí 走也。从走戴聲。讀若《詩》"威儀秩秩"。

趚 qì 側行也。从走束聲。《詩》曰：“謂地蓋厚，不敢不趚。”
趀 chě 距也。从走，㡿省聲。《漢令》曰：“趀張百人。”
𧼪 lì 動也。从走樂聲。讀若《春秋傳》曰“輔𧼪”。
趡 cuǐ 動也。从走隹聲。《春秋傳》曰：“盟于趡。”趡，地名。
癹 bá 以足蹋夷艸。从癶从殳。《春秋傳》曰：“癹夷蘊崇之。”
些 suò 語辭也。見《楚辭》。从此从二。其義未詳。
乏 fá 《春秋傳》曰：“反正爲乏。”
韙 wěi 是也。从是韋聲。《春秋傳》曰：“犯五不韙。”
辵 chuò 乍行乍止也。从彳从止。凡辵之屬皆从辵。讀若《春秋公羊傳》曰“辵階而走”。
迋 wàng 往也。从辵王聲。《春秋傳》曰：“子無我迋。”
逾 yú 越進也。从辵俞聲。《周書》曰：“無敢昬逾。”
遄 chuán 往來數也。从辵耑聲。《易》曰：“目事遄往。”
返 fǎn 還也。从辵从反，反亦聲。《商書》曰：“祖甲返。”
遲 chí 徐行也。从辵犀聲。《詩》曰：“行道遲遲。”
迆 yǐ 衺行也。从辵也聲。《夏書》曰：“東迆北，會于匯。”
遴 lìn 行難也。从辵粦聲。《易》曰：“以往遴。”
達 dá 行不相遇也。从辵羍聲。《詩》曰：“挑兮達兮。”
逑 qiú 斂聚也。从辵求聲。《虞書》曰：“旁逑孱功。”又曰：“怨匹曰逑。”
退 bài 數也。从辵貝聲。《周書》曰：“我興受其退。”
越 yuè 踰也。从辵戉聲。《易》曰：“雜而不越。”
逞 chěng 通也。从辵呈聲。楚謂疾行爲逞。《春秋傳》曰：“何所不逞欲。”
微 wēi 隱行也。从彳散聲。《春秋傳》曰：“白公其徒微之。”
徥 shì 徥徥，行皃。从彳是聲。《爾雅》曰：“徥，則也。”
徇 xùn 行示也。从彳匀聲。《司馬法》：“斬以徇。”
衝 chōng 通道也。从行童聲。《春秋傳》曰：“及衝，以戈擊之。”
齰 zé 齒相值也。一曰齧也。从齒責聲。《春秋傳》曰：“晳齰。”
齹 cuó 齒差跌皃。从齒佐聲。《春秋傳》曰：“鄭有子齹。”
齝 chī 吐而噍也。从齒台聲。《爾雅》曰：“牛曰齝。”
踧 dí 行平易也。从足叔聲。《詩》曰：“踧踧周道。”
踽 jǔ 疏行皃。从足禹聲。《詩》曰：“獨行踽踽。”
蹡 qiāng 行皃。从足將聲。《詩》曰：“管磬蹡蹡。”
蹻 qiāo 舉足行高也。从足喬聲。《詩》曰：“小子蹻蹻。”
躋 jī 登也。从足齊聲。《商書》曰：“予顛躋。”
趿 sà 進足有所擷取也。从足及聲。《爾雅》曰：“趿謂之擷。”
躓 zhì 跲也。从足質聲。《詩》曰：“載躓其尾。”
蹐 jí 小步也。从足脊聲。《詩》曰：“不敢不蹐。”
踣 bó 僵也。从足音聲。《春秋傳》曰：“晉人踣之。”
蹙 cù 迫也。从足戚聲。臣鉉等案：李善《文選注》通蹴字。
疋 shū 足也。上象腓腸，下从止。《弟子職》曰：“問疋何止。”古文以爲《詩·大疋》字。亦以爲足字。或曰胥字。一曰疋，記也。凡疋之屬皆从疋。
嵒 niè 多言也。从品相連。《春秋傳》曰：“次于嵒北。”讀與聶同。

龤 xié 樂和龤也。从龠皆聲。《虞書》曰："八音克龤。"

嘂 jiào 高聲也。一曰大呼也。从㗊丩聲。《春秋公羊傳》曰："魯昭公嘂然而哭。"

詵 shēn 致言也。从言从先，先亦聲。《詩》曰："螽斯羽詵詵兮。"

謜 yuán 徐語也。从言原聲。《孟子》曰："故謜謜而來。"

詻 è 論訟也。《傳》曰："詻詻孔子容。"从言各聲。

謨 mó 議謀也。从言莫聲。《虞書》曰："咎繇謨。"

諶 chén 誠諦也。从言甚聲。《詩》曰："天難諶斯。"

譣 xiǎn 問也。从言僉聲。《周書》曰："勿以譣人。"

詁 gǔ 訓故言也。从言古聲。《詩》曰：詁訓。

藹 ǎi 臣盡力之美。从言葛聲。《詩》曰："藹藹王多吉士。"

諗 shěn 深諫也。从言念聲。《春秋傳》曰："辛伯諗周桓公。"

試 shì 用也。从言式聲。《虞書》曰："明試以功。"

諴 xián 和也。从言咸聲。《周書》曰："不能諴于小民。"

話 huà 合會善言也。从言𠯑聲。《傳》曰："告之話言。"

誐 é 嘉善也。从言我聲。《詩》曰："誐以溢我。"

詷 tóng 共也。一曰譀也。从言同聲。《周書》曰："在夏后之詷。"

譒 bò 敷也。从言番聲。《商書》曰："王譒告之。"

訝 yà 相迎也。从言牙聲。《周禮》曰："諸侯有卿訝發。"

訒 rèn 頓也。从言刃聲。《論語》曰："其言也訒。"

謍 yíng 小聲也。从言，熒省聲。《詩》曰："謍謍青蠅。"

譸 zhōu 訓也。从言壽聲。讀若醻。《周書》曰："無或譸張爲幻。"

誃 chǐ 離别也。从言多聲。讀若《論語》"跢予之足"。周景王作洛陽誃臺。

誒 xī 可惡之辭。从言矣聲。一曰誒然。《春秋傳》曰："誒誒出出。"

詍 yì 多言也。从言世聲。《詩》曰："無然詍詍。"

訾 zǐ 不思稱意也。从言此聲。《詩》曰："翕翕訿訿。"

諞 piǎn 便巧言也。从言扁聲。《周書》曰："截截善諞言。"《論語》曰："友諞佞。"

諅 jì 忌也。从言其聲。《周書》曰："上不諅于凶德。"

謔 xuè 戲也。从言虐聲。《詩》曰："善戲謔兮。"

訌 hòng 讃也。从言工聲。《詩》曰："蟊賊内訌。"

讃 huì 中止也。从言貴聲。《司馬法》曰："師多則人讃。"讃，止也。

譿 huì 聲也。从言歲聲。《詩》曰："有譿其聲。"

訆 jiào 大呼也。从言丩聲。《春秋傳》曰："或訆于宋大廟。"

譌 é 譌言也。从言爲聲。《詩》曰："民之譌言。"

訴 sù 告也。从言，㡿省聲。《論語》曰："訴子路於季孫。"

誶 suì 讓也。从言卒聲。《國語》曰："誶申胥。"

訧 yóu 罪也。从言尤聲。《周書》曰："報以庶訧。"

讄 lěi 禱也。累功德以求福。《論語》云："讄曰：'禱尔于上下神祇。'"从言，纍省聲。

譜 pǔ 籍録也。从言普聲。《史記》从並。

謏 xiǎo 小也。誘也。从言叜聲。《禮記》曰："足以謏聞。"

讟 dú 痛怨也。从誩𧶠聲。《春秋傳》曰："民無怨讟。"

韶 sháo 虞舜樂也。《書》曰：“《簫韶》九成，鳳皇來儀。”从音召聲。

妾 qiè 有辠女子，給事之得接於君者。从䇂从女。《春秋》云：“女爲人妾。”妾，不娉也。

業 yè 大版也。所以飾縣鍾鼓。捷業如鋸齒，以白畫之。象其鉏鋙相承也。从丵从巾。巾象版。《詩》曰：“巨業維樅。”

畁 qí 舉也。从廾由聲。《春秋傳》曰：“晉人或以廣墜，楚人畁之。”黃顥說：廣車陷，楚人爲舉之。杜林以爲騏麟字。

异 yì 舉也。从廾㠯聲。《虞書》曰：“岳曰：异哉！”

弈 yì 圍棊也。从廾亦聲。《論語》曰：“不有博弈者乎！”

鞹 kuò 去毛皮也。《論語》曰：“虎豹之鞹。”从革郭聲。

鞄 páo 柔革工也。从革包聲。讀若朴。《周禮》曰：“柔皮之工鮑氏。”鞄卽鮑也。

鞶 pán 大帶也。《易》曰：“或錫之鞶帶。”男子帶鞶，婦人帶絲。从革般聲。

鞏 gǒng 以韋束也。《易》曰：“鞏用黃牛之革。”从革巩聲。

鞃 hóng 車軾也。从革弘聲。《詩》曰：“鞹鞃淺幭。”讀若穹。

鑚 zuān 車衡三束也。曲轅鑚縛，直轅暈縛。从革爨聲。讀若《論語》“鑽燧”之“鑽”。

鬻 gēng 五味盉羹也。从䰜从羔。《詩》曰：“亦有和鬻。”

埶 yì 種也。从坴、丮。持亟種之。《書》曰：“我埶黍稷。”

䎬 shú 食飪也。从丮𦎫聲。《易》曰：“孰飪。”

鬨 hòng 鬭也。从鬥共聲。《孟子》曰：“鄒與魯鬨。”

鬩 xì 恆訟也。《詩》云：“兄弟鬩于牆。”从鬥从兒。兒，善訟者也。

㕦 tāo 滑也。《詩》云：“㕦兮達兮。”从又、屮。一曰取也。

取 qǔ 捕取也。从又从耳。《周禮》：“獲者取左耳。”《司馬法》曰：“載獻聝。”聝者，耳也。

隸 dài 及也。从隶枲聲。《詩》曰：“隸天之未陰雨。”

殳 shū 以杸殊人也。《禮》：“殳以積竹，八觚，長丈二尺，建於兵車，車旅賁以先驅。”从又几聲。凡殳之屬皆从殳。

祋 duì 殳也。从殳示聲。或說城郭市里，高縣羊皮，有不當入而欲入者，暫下以驚牛馬曰祋。故从示、殳。《詩》曰：“何戈與祋。”

杸 shū 軍中士所持殳也。从木从殳。《司馬法》曰：“執羽从杸。”

弒 shì 臣殺君也。《易》曰：“臣弒其君。”从殺省，式聲。

啟 qǐ 教也。从攴启聲。《論語》曰：“不憤不啓。”

敀 pò 迮也。从攴白聲。《周書》曰：“常敀常任。”

敷 fū 㪂也。从攴尃聲。《周書》曰：“用敷遺後人。”

孜 zī 汲汲也。从攴子聲。《周書》曰：“孜孜無怠。”

攽 bān 分也。从攴分聲。《周書》曰：“乃惟孺子攽。”亦讀與彬同。

敦 hàn 止也。从攴旱聲。《周書》曰：“敦我于艱。”

敹 liáo 擇也。从攴寮聲。《周書》曰：“敹乃甲胄。”

敿 jiǎo 繫連也。从攴喬聲。《周書》曰：“敿乃干。”讀若矯。

敓 duó 彊取也。《周書》曰：“敓攘矯虔。”从攴兌聲。

斁 yì 解也。从攴睪聲。《詩》云：“服之無斁。”斁，猒也。一曰終也。

敉 mǐ 撫也。从攴米聲。《周書》曰：“亦未克敉公功。”讀若弭。

敜 niè 塞也。从攴念聲。《周書》曰："敜乃穽。"

斀 zhuó 去陰之刑也。从攴蜀聲。《周書》曰："刖劓斀黥。"

敯 mǐn 冒也。从攴昏聲。《周書》曰："敯不畏死。"

斁 chóu 棄也。从攴𠷎聲。《周書》以爲討。《詩》云："無我斁兮。"

畋 tián 平田也。从攴、田。《周書》曰："畋尒田。"

牧 mù 養牛人也。从攴从牛。《詩》曰："牧人乃夢。"

卟 jī 卜以問疑也。从口、卜。讀與稽同。《書》云"卟疑"。

𠧞 huì 《易》卦之上體也。《商書》曰："貞曰𠧞。"从卜每聲。

庸 yōng 用也。从用从庚。庚，更事也。《易》曰："先庚三日。"

爻 yáo 交也。象《易》六爻頭交也。凡爻之屬皆从爻。

棥 fán 藩也。从爻从林。《詩》曰："營營青蠅，止于棥。"

敻 xuàn 營求也。从夐，从人在穴上。《商書》曰："高宗夢得說，使百工敻求，得之傅巖。"巖，穴也。

睔 gùn 目大也。从目、侖。《春秋傳》有鄭伯睔。

盼 pàn 《詩》曰："美目盼兮。"从目分聲。

眅 pān 多白眼也。从目反聲。《春秋傳》曰："鄭游眅，字子明。"

眊 mào 目少精也。从目毛聲。《虞書》耄字从此。

䀣 bì 直視也。从目必聲。讀若《詩》云"泌彼泉水"。

瞐 mào 低目視也。从目冒聲。《周書》曰："武王惟瞐。"

䁥 huò 視高皃。从目戉聲。讀若《詩》曰"施罛濊濊"。

眈 dān 視近而志遠。从目冘聲。《易》曰："虎視眈眈。"

睘 qióng 目驚視也。从目袁聲。《詩》曰："獨行睘睘。"

矉 pín 恨張目也。从目賓聲。《詩》曰："國步斯矉。"

相 xiāng 省視也。从目从木。《易》曰："地可觀者，莫可觀於木。"《詩》曰："相鼠有皮。"

䁝 yuè 目深皃。从目、窅。讀若《易》曰"勿䘏"之"䘏"。

䁙 yǎn 目相戲也。从目晏聲。《詩》曰："䁙婉之求。"

眷 juàn 顧也。从目关聲。《詩》曰："乃眷西顧。"

眸 móu 目童子也。从目牟聲。《說文》直作牟。

魯 lǔ 鈍詞也。从白，魚省聲。《論語》曰："參也魯。"

𠷎 chóu 詞也。从白𠷎聲。𠷎與疇同。《虞書》："帝曰：𠷎咨。"

奭 shì 盛也。从大从皕，皕亦聲。此燕召公名。讀若郝。《史篇》名醜。

翫 wàn 習猒也。从習元聲。《春秋傳》曰："翫歲而愒日。"

翰 hàn 天雞赤羽也。从羽倝聲。《逸周書》曰："大翰，若翬雉，一名鷐風。周成王時蜀人獻之。"

翬 huī 大飛也。从羽軍聲。一曰伊、雒而南，雉五采皆備曰翬。《詩》曰："如翬斯飛。"

翽 huì 飛聲也。从羽歲聲。《詩》曰："鳳皇于飛，翽翽其羽。"

翯 xué 鳥白肥澤皃。从羽高聲。《詩》云："白鳥翯翯。"

翿 dào 翳也，所以舞也。从羽㱿聲。《詩》曰："左執翿。"

雃 qiān 石鳥。一名雝鶏。一曰精列。从隹幵聲。《春秋傳》："秦有士雃。"

雂 qián 鳥也。从隹今聲。《春秋傳》有公子苦雂。

奮 fèn 翬也。从奞在田上。《詩》曰："不能奮飛。"

雚 guàn 小爵也。从萑吅聲。《詩》曰："雚鳴于垤。"

莧 miè 火不明也。从苜从火，苜亦聲。《周書》曰："布重莧席。"織蒻席也。讀與蔑同。

羋 zhào 羊未卒歲也。从羊兆聲。或曰：夷羊百斤左右爲羋。讀若《春秋》"盟于洮"。

瞿 jué 隹欲逸走也。从又持之，瞿瞿也。讀若《詩》云"穬彼淮夷"之"穬"。一曰視遽皃。

鸑 yuè 鸑鷟，鳳屬，神鳥也。从鳥獄聲。《春秋國語》曰："周之興也，鸑鷟鳴於岐山。"江中有鸑鷟，似鳧而大，赤目。

鷖 yī 鳧屬。从鳥殹聲。《詩》曰："鳧鷖在梁。"

鷸 yù 知天將雨鳥也。从鳥矞聲。《禮記》曰："知天文者冠鷸。"

鶂 yì 鳥也。从鳥兒聲。《春秋傳》曰："六鶂退飛。"

鷻 tuán 雕也。从鳥敦聲。《詩》曰："匪鷻匪鳶。"

鴥 yù 鸇飛皃。从鳥穴聲。《詩》曰："鴥彼晨風。"

鶯 yīng 鳥也。从鳥，榮省聲。《詩》曰："有鶯其羽。"

鷩 biē 赤雉也。从鳥敝聲。《周禮》曰："孤服鷩冕。"

鷕 yǎo 雌雉鳴也。从鳥唯聲。《詩》曰"有鷕雉鳴。"

玆 zī 黑也。从二玄。《春秋傳》曰："何故使吾水玆？"

幻 huàn 相詐惑也。从反予。《周書》曰："無或譸張爲幻。"

受 biào 物落；上下相付也。从爪从又。凡受之屬皆从受。讀若《詩》"摽有梅"。

殂 cú 往、死也。从歺且聲。《虞書》曰："勛乃殂。"

殛 jí 殊也。从歺亟聲。《虞書》曰："殛鯀于羽山。"

殣 jìn 道中死人，人所覆也。从歺堇聲。《詩》曰："行有死人，尚或殣之。"

殲 jiān 微盡也。从歺韱聲。《春秋傳》曰："齊人殲于遂。"

殬 dù 敗也。从歺睪聲。《商書》曰："彝倫攸殬。"

䯨 tì 骨間黄汁也。从骨易聲。讀若《易》曰"夕惕若厲"。

骴 cī 鳥獸殘骨曰骴。骴，可惡也。从骨此聲。《明堂月令》曰："掩骼薶骴。"骴或从肉。

膾 kuài 骨擿之可會髮者。从骨會聲。《詩》曰："膾弁如星。"

肓 huāng 心上鬲下也。从肉亡聲。《春秋傳》曰："病在肓之下。"

脢 méi 背肉也。从肉每聲。《易》曰："咸其脢。"

膻 dàn 肉膻也。从肉亶聲。《詩》曰："膻裼暴虎。"

臠 luán 臞也。从肉䜌聲。一曰切肉，臠也。《詩》曰："棘人臠臠兮。"

膫 liáo 牛腸脂也。从肉尞聲。《詩》曰："取其血膫。"

膴 hū 無骨腊也。楊雄説：鳥腊也。从肉無聲。《周禮》有膴判。讀若謨。

鱐 sōu 乾魚尾鱐鱐也。从肉肅聲。《周禮》有"腒鱐"。

腏 chuò 挑取骨間肉也。从肉叕聲。讀若《詩》曰"啜其泣矣"。

胾 zǐ 食所遺也。从肉仕聲。《易》曰："噬乾胾。"

利 lì 銛也。从刀。和然後利，从和省。《易》曰："利者，義之和也。"

副 pì 判也。从刀畐聲。《周禮》曰："副辜祭。"

劀 guā 刮去惡創肉也。从刀矞聲。《周禮》曰："劀殺之齊。"

刷 shuā 刮也。从刀，㕞省聲。《禮》："布刷巾。"

刲 kuī 刺也。从刀圭聲。《易》曰："士刲羊。"

剿 jiǎo 絕也。从刀喿聲。《周書》曰："天用剿絕其命。"

刮 diàn 缺也。从刀占聲。《詩》曰："白圭之刮。"

劓 yì 刑鼻也。从刀臬聲。《易》曰："天且劓。"

耡 chú 商人七十而耡。耡，耤稅也。从耒助聲。《周禮》曰："以興耡利萌。"

觢 shì 一角仰也。从角㓞聲。《易》曰："其牛觢。"

觓 qiú 角皃。从角丩聲。《詩》曰："兕觵其觓。"

觲 xīng 用角低仰便也。从羊、牛、角。《詩》曰："觲觲角弓。"

衡 héng 牛觸，横大木其角。从角从大，行聲。《詩》曰："設其楅衡。"

觿 xī 佩角，鋭耑可以解結。从角巂聲。《詩》曰："童子佩觿。"

觶 zhì 鄉飲酒角也。《禮》曰："一人洗，舉觶。"觶受四升。从角單聲。

簬 lù 箘簬也。从竹路聲。《夏書》曰："惟箘簬楛。"

簜 dàng 大竹也。从竹湯聲。《夏書》曰："瑤琨筱簜。"簜可爲幹，筱可爲矢。

籒 zhòu 讀書也。从竹擂聲。《春秋傳》曰"卜籒"云。

筮 shì 《易》卦用蓍也。从竹从𢍏。𢍏，古文巫字。

筟 fū 筳也。从竹孚聲。讀若《春秋》魯公子彄。

筵 yán 竹席也。从竹延聲。《周禮》曰："度堂以筵。"筵一丈。

簞 dān 笥也。从竹單聲。漢津令：簞，小筐也。《傳》曰："簞食壺漿。"

簝 liáo 宗廟盛肉竹器也。从竹尞聲。《周禮》："供盆簝以待事。"

籚 lú 積竹矛戟矜也。从竹盧聲。《春秋國語》曰："朱儒扶籚。"

箙 fú 弩矢箙也。从竹服聲。《周禮》："仲秋獻矢箙。"

篳 bì 藩落也。从竹畢聲。《春秋傳》曰："篳門圭窬。"

篽 yǔ 禁苑也。从竹御聲。《春秋傳》曰："澤之目篽。"

簃 yí 閣邊小屋也。从竹移聲。《說文》通用誃。

顨 xùn 巽也。从丌从頭。此《易》顨卦"爲長女，爲風"者。

奠 diàn 置祭也。从酋。酋，酒也。下其丌也。《禮》有奠祭者。

曶 hū 出气詞也。从曰，象气出形。《春秋傳》曰："鄭太子曶。"

朁 cǎn 曾也。从曰兓聲。《詩》曰："朁不畏明。"

哿 gě 可也。从可加聲。《詩》曰："哿矣富人。"

粵 yuè 亏也。審慎之詞者。从亏从宷。《周書》曰：粵三日丁亥。

嚭 pǐ 大也。从喜否聲。《春秋傳》："吳有太宰嚭。"

𧯛 qì 夜戒守鼓也。从壴蚤聲。《禮》：昏鼓四通爲大鼓，夜半三通爲戒晨，旦明五通爲發明。讀若戚。

鼓 gǔ 郭也。春分之音，萬物郭皮甲而出，故謂之鼓。从壴，支象其手擊之也。《周禮》六鼓：靁鼓八面，靈鼓六面，路鼓四面，鼖鼓、皋鼓、晉鼓皆兩面。凡鼓之屬皆从鼓。

鼛 gāo 大鼓也。从鼓咎聲。《詩》曰："鼛鼓不勝。"

鼘 yuān 鼓聲也。从鼓𣶒聲。《詩》曰："鼗鼓鼘鼘。"

鼞 tāng 鼓聲也。从鼓堂聲。《詩》曰："擊鼓其鼞。"

豑 zhì 爵之次弟也。从豊从弟。《虞書》曰："平豑東作。"

豐 fēng 豆之豐滿者也。从豆，象形。一曰《鄉飲酒》有豐侯者。凡豐之屬皆从豐。

豔 yàn 好而長也。从豐。豐，大也。盇聲。《春秋傳》曰："美而豔。"

虞 yú 騶虞也。白虎黑文，尾長於身。仁獸，食自死之肉。从虍吳聲。《詩》曰："于嗟乎騶虞。"

虩 xì 《易》："履虎尾虩虩。"恐懼。一曰蠅虎也。从虎㝁聲。

虣 bào 虐也。急也。从虎从武。見《周禮》。

盅 chōng 器虛也。从皿中聲。《老子》曰："道盅而用之。"

盥 guàn 澡手也。从臼水臨皿。《春秋傳》曰："奉匜沃盥。"

衁 huāng 血也。从血亡聲。《春秋傳》曰："士刲羊，亦無衁也。"

䏙 tǎn 血醢也。从血肬聲。《禮記》有䏙醢，以牛乾脯、粱、䕯、鹽、酒也。

衋 xì 傷痛也。从血、聿，皕聲。《周書》曰："民罔不衋傷心。"

雘 wò 善丹也。从丹蒦聲。《周書》曰："惟其敷丹雘。"讀若隺。

井 xíng 罰辠也。从井从刀。《易》曰："井，法也。"井亦聲。

既 jì 小食也。从皀旡聲。《論語》曰："不使勝食既。"

鬯 chàng 以秬釀鬱艸，芬芳攸服，以降神也。从凵，凵，器也；中象米；匕，所以扱之。《易》曰："不喪匕鬯。"凡鬯之屬皆从鬯。

餱 hóu 乾食也。从食矦聲。《周書》曰："峙乃餱粻。"

饎 chì 酒食也。从食喜聲。《詩》曰："可以饙饎。"

饁 yè 餉田也。从食盍聲。《詩》曰："饁彼南畝。"

饛 méng 盛器滿皃。从食蒙聲。《詩》曰："有饛簋飧。"

飶 bì 食之香也。从食必聲。《詩》曰："有飶其香。"

饫 yù 燕食也。从食芺聲。《詩》曰："飲酒之饫。"

餀 hài 食臭也。从食艾聲。《爾雅》曰："餀謂之喙。"

餞 jiàn 送去也。从食戔聲。《詩》曰："顯父餞之。"

館 guǎn 客舍也。从食官聲。《周禮》：五十里有市，市有館，館有積，以待朝聘之客。

飻 tiè 貪也。从食，殄省聲。《春秋傳》曰："謂之饕飻。"

餲 ài 飯餲也。从食曷聲。《論語》曰："食饐而餲。"

僉 qiān 皆也。从亼从吅从从。《虞書》曰："僉曰伯夷。"

牄 qiāng 鳥獸來食聲也。从倉爿聲。《虞書》曰："鳥獸牄牄。"

匋 táo 瓦器也。从缶，包省聲。古者昆吾作匋。案：《史篇》讀與缶同。

罄 qìng 器中空也。从缶殸聲。殸，古文磬字。《詩》云："缾之罄矣。"

隺 hú 高至也。从隹上欲出冂。《易》曰："夫乾隺然。"

亯 xiǎng 獻也。从高省，曰象進孰物形。《孝經》曰："祭則鬼亯之。"凡亯之屬皆从亯。

覃 tán 長味也。从㫗，鹹省聲。《詩》曰："實覃實吁。"

來 lái 周所受瑞麥來麰。一來二縫，象芒朿之形。天所來也，故爲行來之來。《詩》曰："詒我來麰。"凡來之屬皆从來。

竢 sì 《詩》曰："不竢不來。"从來矣聲。

憂 yōu 和之行也。从夊㥑聲。《詩》曰："布政憂憂。"

竷 kǎn 繇也舞也。樂有章。从章从夅从夊。《詩》曰："竷竷舞我。"

畟 cè 治稼畟畟進也。从田、人，从夊。《詩》曰："畟畟良耜。"

𩇯 huáng 華榮也。从舜生聲。讀若皇。《爾雅》曰："𩇯，華也。"

韘 shè 射決也。所以拘弦，以象骨，韋系，著右巨指。从韋枼聲。《詩》曰："童子佩韘。"

韔 chàng 弓衣也。从韋長聲。《詩》曰："交韔二弓。"

夃 gǔ 秦以市買多得爲夃。从乛从夂，益至也。从乃。《詩》曰："我夃酌彼金罍。"

久 jiǔ 以後灸之，象人兩脛後有距也。《周禮》曰："久諸牆以觀其橈。"凡久之屬皆从久。

柚 yòu 條也。似橙而酢。从木由聲。《夏書》曰："厥包橘柚。"

亲 zhēn 果，實如小栗。从木辛聲。《春秋傳》曰："女摯不過亲栗。"

棆 lún 毋杶也。从木侖聲。讀若《易》卦屯。

桋 yí 赤楝也。从木夷聲。《詩》曰："隰有杞桋。"

檟 jiǎ 楸也。从木賈聲。《春秋傳》曰："樹六檟於蒲圃。"

杶 chūn 木也。从木屯聲。《夏書》曰："杶榦栝柏。"

榗 jiàn 木也。从木晉聲。《書》曰：竹箭如榗。

樣 suì 羅也。从木豙聲。《詩》曰："隰有樹樣。"

楛 hù 木也。从木苦聲。《詩》曰："榛楛濟濟。"

欒 luán 木。似欄。从木䜌聲。《禮》：天子樹松，諸侯柏，大夫欒，士楊。

檿 yǎn 山桑也。从木厭聲。《詩》曰："其檿其柘。"

楰 yú 鼠梓木。从木臾聲。《詩》曰："北山有楰。"

枚 méi 榦也。可爲杖。从木从攴。《詩》曰："施于條枚。"

栞 kān 槎識也。从木、Ⲱ。闕。《夏書》曰："隨山栞木。"讀若刊。

枖 yāo 木少盛皃。从木夭聲。《詩》曰："桃之枖枖。"

槮 shēn 衆盛也。从木驫聲。《逸周書》曰："疑沮事。"闕。

枵 xiāo 木根也。从木号聲。《春秋傳》曰："歲在玄枵。"玄枵，虛也。

槮 shēn 木長皃。从木參聲。《詩》曰："槮差荇菜。"

梴 chān 長木也。从木延聲。《詩》曰："松桷有梴。"

杕 dì 樹皃。从木大聲。《詩》曰："有杕之杜。"

枯 kū 槀也。从木古聲。《夏書》曰："唯箘輅枯。"木名也。

榜 tuò 判也。从木㡿聲。《易》曰："重門擊榜。"

栽 zài 築牆長版也。从木𢦏聲。《春秋傳》曰："楚圍蔡，里而栽。"

楹 yíng 柱也。从木盈聲。《春秋傳》曰："丹桓宮楹。"

榰 zhī 柱砥。古用木，今以石。从木耆聲。《易》："榰恆凶。"

栵 liè 栭也。从木㓮聲。《詩》曰："其灌其栵。"

栭 ér 屋枅上標。从木而聲。《爾雅》曰："栭謂之格。"

桷 jué 榱也。椽方曰桷。从木角聲。《春秋傳》曰："刻桓宮之桷。"

樀 dí 戶樀也。从木啇聲。《爾雅》曰："檐謂之樀。"讀若滴。

杗 máng 棟也。从木亡聲。《爾雅》曰："杗廇謂之梁。"

櫜 tuò 夜行所擊者。从木櫜聲。《易》曰："重門擊櫜。"

櫌 yōu 摩田器。从木憂聲。《論語》曰："櫌而不輟。"

柶 sì 《禮》有柶。柶，匕也。从木四聲。

楘 mù 車歷録束文也。从木敄聲。《詩》曰："五楘梁輈。"

梐 hù 行馬也。从木互聲。《周禮》曰："設梐枑再重。"

欙 léi 山行所乘者。从木纍聲。《虞書》曰："予乘四載。"水行乘舟，陸行乘車，山行乘欙，澤行乘䡉。

槜 zuì 以木有所擣也。从木雋聲。《春秋傳》曰："越敗吳於槜李。"

櫱 niè 伐木餘也。从木獻聲。《商書》曰："若顛木之有甹櫱。"

槎 chá 衺斫也。从木差聲。《春秋傳》曰："山不槎。"

柮 duò 斷也。从木出聲。讀若《爾雅》"貀無前足"之"貀"。

檮 táo 斷木也。从木𠷎聲。《春秋傳》曰："檮柮。"

楄 pián 楄部，方木也。从木扁聲。《春秋傳》曰："楄部薦榦。"

楅 bī 以木有所逼束也。从木畐聲。《詩》曰："夏而楅衡。"

槱 yǒu 積火燎之也。从木从火，酉聲。《詩》曰："薪之槱之。"《周禮》："以槱燎祠司中、司命。"

櫬 chèn 棺也。从木親聲。《春秋傳》曰："士輿櫬。"

楬 jié 楬桀也。从木曷聲。《春秋傳》曰："楬而書之。"

櫂 zhào 所以進船也。从木翟聲。或从卓。《史記》通用濯。

𣡡 wú 豐也。从林、奭。或說規模字。从大；卌，數之積也；林者，木之多也。卌與庶同意。《商書》曰："庶草繁無。"

麓 lù 守山林吏也。从林鹿聲。一曰林屬於山爲麓。《春秋傳》曰："沙麓崩。"

槷 niè 槷𡾯，不安也。从出臬聲。《易》曰："槷𡾯。"

孛 bèi 䴡也，从𣎵；人色也，从子。《論語》曰："色孛如也。"

甡 shēn 眾生並立之皃。从二生。《詩》曰："甡甡其鹿。"

韡 wěi 盛也。从𠌶韋聲。《詩》曰："萼不韡韡。"

櫜 gāo 車上大櫜。从㯻省，咎聲。《詩》曰："載櫜弓矢。"

圛 yì 回行也。从囗睪聲。《尚書》："曰圛"。圛，升雲半有半無。讀若驛。

壼 kǔn 宮中道。从囗，象宮垣、道上之形。《詩》曰："室家之壼。"

䆬 yún 物數紛䆬亂也。从員云聲。讀若《春秋傳》曰"宋皇鄖"。

賚 lài 賜也。从貝來聲。《周書》曰："賚尒秬鬯。"

買 mǎi 市也。从网、貝。《孟子》曰："登壟斷而网市利。"

郡 jùn 周制：天子地方千里，分爲百縣，縣有四郡。故《春秋傳》曰"上大夫受郡"是也。至秦初置三十六郡，以監其縣。从邑君聲。

郩 shào 國甸，大夫稍。稍，所食邑。从邑肖聲。《周禮》曰："任郩地。"在天子三百里之内。

邰 tái 炎帝之後，姜姓所封，周棄外家國。从邑台聲。右扶風斄縣是也。《詩》曰："有邰家室。"

郃 hé 左馮翊郃陽縣。从邑合聲。《詩》曰："在郃之陽。"

鄏 rǔ 河南縣直城門官陌地也。从邑辱聲。《春秋傳》曰："成王定鼎于郟鄏。"

𨛦 lí 殷諸侯國。在上黨東北。从邑𥝢聲。𥝢，古文利。《商書》："西伯戡𨛦。"

鄍 míng 晉邑也。从邑冥聲。《春秋傳》曰："伐鄍三門。"

郈 hòu 晉之溫地。从邑侯聲。《春秋傳》曰："爭郈田。"

邲 bì 晉邑也。从邑必聲。《春秋傳》曰："晉楚戰于邲。"

郰 sōu 北方長狄國也。在夏爲防風氏，在殷爲汪茫氏。从邑叜聲。《春秋傳》曰："郰瞞侵齊。"

郹 jú 蔡邑也。从邑狊聲。《春秋傳》曰："郹陽封人之女奔之。"

鄾 yōu 鄧國地也。从邑憂聲。《春秋傳》曰："鄧南鄙鄾人攻之。"

郠 gěng 琅邪莒邑。从邑更聲。《春秋傳》曰："取郠。"

鄅 yǔ 妘姓之國。从邑禹聲。《春秋傳》曰："鄅人籍稻。"讀若規榘之榘。

邿 shī 附庸國。在東平亢父邿亭。从邑寺聲。《春秋傳》曰："取邿。"

鄻 huān 魯下邑。从邑雚聲。《春秋傳》曰："齊人來歸鄻。"

鄬 yí 臨淮徐地。从邑義聲。《春秋傳》曰："徐鄬楚。"

郳 ní 齊地。从邑兒聲。《春秋傳》曰："齊高厚定郳田。"

旻 mín 秋天也。从日文聲。《虞書》曰："仁閔覆下，則稱旻天。"

晢 zhé 昭晣，明也。从日折聲。《禮》曰："晣明行事。"

晤 wù 明也。从日吾聲。《詩》曰："晤辟有摽。"

的 dì 明也。从日勺聲。《易》曰："爲的顙。"

晉 jìn 進也。日出萬物進。从日从臸。《易》曰："明出地上，晉。"

暘 yáng 日出也。从日昜聲。《虞書》曰："暘谷。"

晛 xiàn 日見也。从日从見，見亦聲。《詩》曰："見晛曰消。"

旰 gàn 晚也。从日干聲。《春秋傳》曰："日旰君勞。"

昃 zè 日在西方時。側也。从日仄聲。《易》曰："日厢之離。"

曀 yì 陰而風也。从日壹聲。《詩》曰："終風且曀。"

曏 xiàng 不久也。从日鄉聲。《春秋傳》曰："曏役之三月。"

昌 chāng 美言也。从日从曰。一曰日光也。《詩》曰："東方昌矣。"

暵 hàn 乾也。耕暴田曰暵。从日堇聲。《易》曰："燥萬物者莫暵于離。"

暱 nì 日近也。从日匿聲。《春秋傳》曰："私降暱燕。"

曆 lì 厤象也。从日厤聲。《史記》通用歷。

旐 zhào 龜蛇四游，以象營室，游游而長。从㫃兆聲。《周禮》曰："縣鄙建旐。"

旗 qí 熊旗五游，以象罰星，士卒以爲期。从㫃其聲。《周禮》曰："率都建旗。"

旟 yú 錯革畫鳥其上，所以進士眾。旟旟，眾也。从㫃與聲。《周禮》曰："州里建旟。"

旝 kuài 建大木，置石其上，發以機，以追敵也。从㫃會聲。《春秋傳》曰："旝動而鼓。"《詩》曰："其旝如林。"

旃 zhān 旗曲柄也。所以旃表士眾。从㫃丹聲。《周禮》曰："通帛爲旃。"

朏 pěi 月未盛之明。从月、出。《周書》曰："丙午朏。"

霸 pò 月始生，霸然也。承大月，二日；承小月，三日。从月䨣聲。《周書》曰："哉生霸。"

有 yǒu 不宜有也。《春秋傳》曰："日月有食之。"从月又聲。凡有之屬皆从有。

盟 méng 《周禮》曰："國有疑則盟。"諸侯再相與會，十二歲一盟。北面詔天之司慎司命。盟，殺牲歃血，朱盤玉敦，以立牛耳。从囧从血。

夤 yín 敬惕也。从夕寅聲。《易》曰："夕惕若夤。"

甹 yóu 木生條也。从马由聲。《商書》曰："若顛木之有甹、枿。"古文言由枿。

鼎 dǐng 三足兩耳，和五味之寶器也。昔禹收九牧之金，鑄鼎荊山之下，入山林川澤，螭魅蝄蜽，莫能逢之，以協承天休。《易》卦：巽木於下者爲鼎，象析木以炊也。籀文以鼎爲貞字。凡鼎之屬皆从鼎。

鼒 zī 鼎之圜掩上者。从鼎才聲。《詩》曰："鼐鼎及鼒。"

鼐　nài　鼎之絕大者。从鼎乃聲。《魯詩》說：鼐，小鼎。

鼏　mì　以木横貫鼎耳而舉之。从鼎冂聲。《周禮》："廟門容大鼏七箇。"即《易》"玉鉉大吉"也。

稙　zhí　早穜也。从禾直聲。《詩》曰："稙稚尗麥。"

稑　lù　疾孰也。从禾坴聲。《詩》曰："黍稷穜稑。"

稹　zhěn　穜穊也。从禾眞聲。《周禮》曰："稹理而堅。"

稌　tú　稻也。从禾余聲。《周禮》曰："牛宜稌。"

穎　yǐng　禾末也。从禾頃聲。《詩》曰："禾穎穟穟。"

穟　suì　禾采之皃。从禾遂聲。《詩》曰："禾穎穟穟。"

秠　pī　一稃二米。从禾丕聲。《詩》曰："誕降嘉穀，惟秬惟秠。"天賜后稷之嘉穀也。

穮　biāo　耕禾閒也。从禾麃聲。《春秋傳》曰："是穮是衮。"

穦　zī　積禾也。从禾資聲。《詩》曰："穦之秩秩。"

秩　zhì　積也。从禾失聲。《詩》曰："穦之秩秩。"

稈　gǎn　禾莖也。从禾旱聲。《春秋傳》曰："或投一秉稈。"

秊　nián　穀孰也。从禾千聲。《春秋傳》曰："大有秊。"

稔　rěn　穀孰也。从禾念聲。《春秋傳》曰："鮮不五稔。"

秅　chá　二秭爲秅。从禾乇聲。《周禮》曰："二百四十斤爲秉。四秉曰筥，十筥曰稯，十稯曰秅，四百秉爲一秅。"

稘　jī　復其時也。从禾其聲。《虞書》曰："稘三百有六旬。"

黏　nì　黏也。从黍日聲。《春秋傳》曰："不義不黏。"

香　xiāng　芳也。从黍从甘。《春秋傳》曰："黍稷馨香。"凡香之屬皆从香。

粊　bì　惡米也。从米北聲。《周書》有《粊誓》。

氣　xì　饋客芻米也。从米气聲。《春秋傳》曰："齊人來氣諸矦。"

舀　yǎo　抒臼也。从爪、臼。《詩》曰："或簸或舀。"

兇　xiōng　擾恐也。从人在凶下。《春秋傳》曰："曹人兇懼。"

檾　qǐng　枲屬。从林，熒省。《詩》曰："衣錦檾衣。"

瓞　dié　㼉也。从瓜失聲。《詩》曰："緜緜瓜瓞。"

向　xiàng　北出牖也。从宀从口。《詩》曰："塞向墐戶。"

宇　yǔ　屋邊也。从宀于聲。《易》曰："上棟下宇。"

寷　fēng　大屋也。从宀豐聲。《易》曰："寷其屋。"

宲　bǎo　藏也。从宀禾聲。禾，古文保。《周書》曰："陳宲赤刀。"

宂　rǒng　椒也。从宀，人在屋下，無田事。《周書》曰："宮中之宂食。"

寅　miàn　冥合也。从宀丏聲。讀若《周書》"若藥不眄眩"。

疚　jiù　貧病也。从宀久聲。《詩》曰："煢煢在疚。"

竅　cuì　塞也。从宀㪇聲。讀若《虞書》曰"竅三苗"之"竅"。

窫　fù　地室也。从穴復聲。《詩》曰："陶窫陶穴。"

寮　liáo　穿也。从穴尞聲。《論語》有公伯寮。

窒　qìng　空也。从穴巠聲。《詩》曰："瓶之窒矣。"

窞　dàn　坎中小坎也。从穴从臽，臽亦聲。《易》曰："入于坎窞。"一曰㓺入也。

竁　cuì　穿地也。从穴毳聲。一曰小鼠。《周禮》曰："大喪甫竁。"

窆　biǎn　葬下棺也。从穴乏聲。《周禮》曰："及窆執斧。"

窀 zhūn 葬之厚夕。从穴屯聲。《春秋傳》曰：“窀穸从先君於地下。”
寢 mèng 寐而有覺也。从宀从疒，夢聲。《周禮》：“以日月星辰占六寢之吉凶：一曰正寢，二曰罗寢，三曰思寢，四曰悟寢，五曰喜寢，六曰懼寢。”凡寢之屬皆从寢。
瘣 huì 病也。从疒鬼聲。《詩》曰：“譬彼瘣木。”一曰腫旁出也。
疴 kē 病也。从疒可聲。《五行傳》曰：“時即有口痾。”
痡 pū 病也。从疒甫聲。《詩》曰：“我僕痡矣。”
瘏 tú 病也。从疒者聲。《詩》曰：“我馬瘏矣。”
痟 xiāo 酸痟，頭痛。从疒肖聲。《周禮》曰：“春時有痟首疾。”
痁 shān 有熱瘧。从疒占聲。《春秋傳》曰：“齊侯疥，遂痁。”
瘇 zhǒng 脛气足腫。从疒童聲。《詩》曰：“既微且瘇。”
痑 duò 馬病也。从疒多聲。《詩》曰：“痑痑駱馬。”
託 dù 奠爵酒也。从冂託聲。《周書》曰：“王三宿三祭三託。”
网 liǎng 再也。从冂，闕。《易》曰：“参天网地。”凡网之屬皆从网。
罙 mí 周行也。从网米聲。《詩》曰：“罙入其阻。”
罛 gū 魚罟也。从网瓜聲。《詩》曰：“施罛濊濊。”
罦 fú 覆車也。从网包聲。《詩》曰：“雉離于罦。”
罷 bà 遣有辠也。从网、能。言有賢能而入网，而貫遣之。《周禮》曰：“議能之辟。”
幎 mì 幔也。从巾冥聲。《周禮》有“幎人”。
微 huī 幟也，以絳徽帛，箸於背。从巾，微省聲。《春秋傳》曰：“揚微者公徒。”
幝 chǎn 車弊皃。从巾單聲。《詩》曰：“檀車幝幝。”
席 xí 籍也。《禮》：天子、諸侯席，有黼繡純飾。从巾，庶省。
帽 zhūn 載米齡也。从巾盾聲。讀若《易》屯卦之屯。
幩 fén 馬纏鑣扇汗也。从巾賁聲。《詩》曰：“朱幩鑣鑣。”
幦 mì 鬃布也。从巾辟聲。《周禮》曰：“駹車大幦。”
皎 jiǎo 月之白也。从白交聲。《詩》曰：“月出皎兮。”
皤 pó 老人白也。从白番聲。《易》曰：“賁如皤如。”
黼 chǔ 合五采鮮色。从黹虘聲。《詩》曰：“衣裳黼黼。”
俅 qiú 冠飾皃。从人求聲。《詩》曰：“弁服俅俅。”
伉 kàng 人名。从人亢聲。《論語》有陳伉。
傀 guī 偉也。从人鬼聲。《周禮》曰：“大傀異。”
份 bīn 文質僣也。从人分聲。《論語》曰：“文質份份。”
佖 bì 威儀也。从人必聲。《詩》曰：“威儀佖佖。”
僝 zhuàn 具也。从人孨聲。讀若汝南潺水。《虞書》曰：“旁救僝功。”
儠 liè 長壯儠鬣也。从人巤聲。《春秋傳》曰：“長儠者相之。”
儦 biāo 行皃。从人麃聲。《詩》曰：“行人儦儦。”
儺 nuó 行人節也。从人難聲。《詩》曰：“佩玉之儺。”
倭 wēi 順皃。从人委聲。《詩》曰：“周道倭遟。”
俟 sì 大也。从人矣聲。《詩》曰：“伾伾俟俟。”
侗 tōng 大皃。从人同聲。《詩》曰：“神罔時侗。”
佶 jí 正也。从人吉聲。《詩》曰：“既佶且閑。”
俁 yǔ 大也。从人吳聲。《詩》曰：“碩人俁俁。”

僤 dàn 疾也。从人單聲。《周禮》曰：“句兵欲無僤。”

仡 yì 勇壯也。从人气聲。《周書》曰：“仡仡勇夫。”

僩 xiàn 武皃。从人閒聲。《詩》曰：“瑟兮僩兮。”

伾 pī 有力也。从人丕聲。《詩》曰：“以車伾伾。”

偲 cāi 彊力也。从人思聲。《詩》曰：“其人美且偲。”

倬 zhuō 箸大也。从人卓聲。《詩》曰：“倬彼雲漢。”

傓 shàn 熾盛也。从人扇聲。《詩》曰：“豔妻傓方處。”

儆 jǐng 戒也。从人敬聲。《春秋傳》曰：“儆宮。”

俶 chù 善也。从人叔聲。《詩》曰：“令終有俶。”一曰始也。

僾 ài 仿佛也。从人愛聲。《詩》曰：“僾而不見。”

僟 jī 精謹也。从人幾聲。《明堂月令》：“數將僟終。”

儕 chái 等輩也。从人齊聲。《春秋傳》曰：“吾儕小人。”

偕 xié 彊也。从人皆聲。《詩》曰：“偕偕士子。”一曰俱也。

侙 chì 惕也。从人式聲。《春秋國語》曰：“於其心侙然。”

佽 cì 便利也。从人次聲。《詩》曰：“決拾既佽。”一曰遞也。

侐 xù 靜也。从人血聲。《詩》曰：“閟宮有侐。”

佸 huó 會也。从人昏聲。《詩》曰：“曷其有佸？”一曰佸佸，力皃。

假 jiǎ 非眞也。从人叚聲。一曰至也。《虞書》曰：“假于上下。”

俔 qiàn 譬諭也。一曰間見。从人从見。《詩》曰：“俔天之妹。”

俒 hùn 完也。《逸周書》曰：“朕實不明，以俒伯父。”从人从完。

偭 miǎn 鄉也。从人面聲。《少儀》曰：“尊壺者偭其鼻。”

倌 guān 小臣也。从人从官。《詩》曰：“命彼倌人。”

价 jiè 善也。从人介聲。《詩》曰：“价人惟藩。”

侜 zhōu 有廱蔽也。从人舟聲。《詩》曰：“誰侜予美？”

佃 diàn 中也。从人田聲。《春秋傳》曰：“乘中佃。”一轅車。

㑌 cǐ 小皃。从人囟聲。《詩》曰：“㑌㑌彼有屋。”

侊 guāng 小皃。从人光聲。《春秋國語》曰：“侊飯不及一食。”

佻 tiāo 愉也。从人兆聲。《詩》曰：“視民不佻。”

僻 pì 避也。从人辟聲。《詩》曰：“宛如左僻。”一曰从旁牽也。

伎 jì 與也。从人支聲。《詩》曰：“籥人伎忒。”

俄 é 行頃也。从人我聲。《詩》曰：“仄弁之俄。”

傞 suō 醉舞皃。从人差聲。《詩》曰：“屢舞傞傞。”

僛 qī 醉舞皃。从人欺聲。《詩》曰：“屢舞僛僛。”

催 cuī 相儔也。从人崔聲。《詩》曰：“室人交徧催我。”

俘 fū 軍所獲也。从人孚聲。《春秋傳》曰：“以爲俘聝。”

伿 pǐ 別也。从人比聲。《詩》曰：“有女伿離。”

僔 zǔn 聚也。从人尊聲。《詩》曰：“僔沓背僧。”

跂 qì 頃也。从匕支聲。匕，頭頃也。《詩》曰：“跂彼織女。”

卬 yǎng 望欲有所庶及也。从匕从卪。《詩》曰：“高山卬止。”

艮 gèn 很也。从匕、目。匕目，猶目相匕，不相下也。《易》曰：“目其限，匕目爲目，七目爲眞也。”

毖　bì　慎也。从比必聲。《周書》曰：“無毖于卹。”

臮　jì　衆詞與也。从乑自聲。《虞書》曰：“臮咎繇。”

殷　yīn　作樂之盛稱殷。从㐆从殳。《易》曰：“殷薦之上帝。”

襋　jí　衣領也。从衣棘聲。《詩》曰：“要之襋之。”

襮　bó　黼領也。从衣㬥聲。《詩》曰：“素衣朱襮。”

褘　huī　蔽厀也。从衣韋聲。《周禮》曰：“王后之服褘衣。”謂畫袍。

袍　páo　襺也。从衣包聲。《論語》曰：“衣弊緼袍。”

襺　jiǎn　袍衣也。从衣繭聲。以絮曰襺，以緼曰袍。《春秋傳》曰：“盛夏重襺。”

襘　guì　帶所結也。从衣會聲。《春秋傳》曰：“衣有襘。”

褧　jiǒng　檾也。《詩》曰：“衣錦褧衣。”示反古。从衣耿聲。

袪　qū　衣袂也。从衣去聲。一曰袪，褱也。褱者，袌也。袪，尺二寸。《春秋傳》曰：“披斬其袪。”

袉　tuó　裾也。从衣它聲。《論語》曰：“朝服袉紳。”

褰　qiān　絝也。从衣，寒省聲。《春秋傳》曰：“徵褰與襦。”

褅　tì　緥也。从衣啻聲。《詩》曰：“載衣之褅。”

襛　wéi　重衣皃。从衣圍聲。《爾雅》曰：“襛襛褃褃。”

襛　nóng　衣厚皃。从衣農聲。《詩》曰：“何彼襛矣。”

袳　chǐ　衣張也。从衣多聲。《春秋傳》曰：“公會齊侯于袳。”

裯　diāo　短衣也。从衣鳥聲。《春秋傳》曰：“有空裯。”

褻　xiè　私服。从衣埶聲。《詩》曰：“是褻袢也。”

衷　zhōng　裏褻衣。从衣中聲。《春秋傳》曰：“皆衷其衵服。”

袾　zhū　好佳也。从衣朱聲。《詩》曰：“靜女其袾。”

袢　fán　無色也。从衣半聲。一曰《詩》曰：“是紲袢也。”讀若普。

裕　yù　衣物饒也。从衣谷聲。《易》曰：“有孚，裕無咎。”

襚　suì　衣死人也。从衣遂聲。《春秋傳》曰：“楚使公親襚。”

褮　yíng　鬼衣。从衣，熒省聲。讀若《詩》曰“葛藟縈之”。一曰若“靜女其袾”之“袾”。

毪　rǔn　毛盛也。从毛隼聲。《虞書》曰：“鳥獸毪毛。”

𣯌　mén　以毳爲瀱，色如虋，故謂之𣯌。虋，禾之赤苗也。从毛㒼聲。《詩》曰：“毳衣如𣯌。”

舫　fǎng　船師也。《明堂月令》曰“舫人”。習水者。从舟方聲。

斻　háng　方舟也。从方亢聲。《禮》：天子造舟，諸侯維舟，大夫方舟，士特舟。

覭　míng　小見也。从見冥聲。《爾雅》曰：“覭髳，弗離。”

覘　chān　窺也。从見占聲。《春秋傳》曰：“公使覘之，信。”

覢　shǎn　暫見也。从見炎聲。《春秋公羊傳》曰：“覢然公子陽生。”

䞪　zú　怒然也。从欠尗聲。《孟子》曰：“曾西䞪然。”

歗　xiào　吟也。从欠肅聲。《詩》曰：“其歗也謌。”

歃　shà　歠也。从欠臿聲。《春秋傳》曰：“歃而忘。”

欲　yǒu　蹴鼻也。从欠咎聲。讀若《爾雅》曰“麐豭短脰”。

欥　yù　詮詞也。从欠从曰，曰亦聲。《詩》曰：“欥求厥寧。”

歈　yú　歌也。从欠兪聲。《切韻》云：“巴歈，歌也。”案：《史記》：渝水之人善歌舞，漢高祖采其聲。後人因加此字。

䛷 liàng 事有不善，言䛷也。《爾雅》："䛷，薄也。"从兂京聲。

頒 bān 大頭也。从頁分聲。一曰鬢也。《詩》曰："有頒其首。"

顒 yóng 大頭也。从頁禺聲。《詩》曰："其大有顒。"

頍 kuǐ 舉頭也。从頁支聲。《詩》曰："有頍者弁。"

顉 ǎn 低頭也。从頁金聲。《春秋傳》曰："迎于門，顉之而已。"

顥 hào 白皃。从頁从景。《楚詞》曰："天白顥顥。"南山四顥，白首人也。

䫆 jìng 好皃。从頁爭聲。《詩》所謂"䫆首"。

顅 qiān 頭鬢少髮也。从頁肩聲。《周禮》："數目顅脰。"

頛 lèi 頭不正也。从頁从耒。耒，頭傾也。讀又若《春秋》陳夏齧之齧。

顲 yù 呼也。从頁籥聲。讀與籥同。《商書》曰："率顲眾戚。"

靦 tiǎn 面見也。从面、見，見亦聲。《詩》曰："有靦面目。"

㐱 zhěn 稠髮也。从彡从人。《詩》曰："㐱髮如雲。"

斐 fěi 分別文也。从文非聲。《易》曰："君子豹變，其文斐也。"

䰐 lán 髮長也。从髟監聲。讀若《春秋》"黑肱以濫來奔"。

鬈 quán 髮好也。从髟卷聲。《詩》曰："其人美且鬈。"

髳 máo 髮至眉也。从髟敄聲。《詩》曰："紞彼兩髳。"

髽 zhuā 喪結。《禮》：女子髽衰，弔則不髽。魯臧武仲與齊戰于狐鮐，魯人迎喪者，始髽。从髟坐聲。

卮 zhī 圜器也。一名觛。所以節飲食。象人，卩在其下也。《易》曰："君子節飲食。"凡卮之屬皆从卮。

𠨘 bì 輔信也。从卩比聲。《虞書》曰："𠨘成五服。"

艴 bó 色艴如也。从色弗聲。《論語》曰："色艴如也。"

𨐨 bì 治也。从辟从井。《周書》曰："我之不𨐨。"

嬖 yì 治也。从辟乂聲。《虞書》曰："有能俾嬖。"

魃 bá 旱鬼也。从鬼犮聲。《周禮》有赤魃氏，除牆屋之物也。《詩》曰："旱魃爲虐。"

鬾 jì 鬼服也。一曰小兒鬼。从鬼支聲。《韓詩傳》曰："鄭交甫逢二女，鬾服。"

𩴾 qí 鬼俗也。从鬼幾聲。《淮南傳》曰："吳人鬼，越人𩴾。"

魌 nuó 見鬼驚詞。从鬼，難省聲。讀若《詩》"受福不儺"。

島 dǎo 海中往往有山可依止，曰島。从山鳥聲。讀若《詩》曰"蔦與女蘿"。

峱 náo 山，在齊地。从山狃聲。《詩》曰："遭我于峱之間兮。"

嶧 yì 葛嶧山，在東海下邳。从山睪聲。《夏書》曰："嶧陽孤桐。"

岵 hù 山有草木也。从山古聲。《詩》曰："陟彼岵兮。"

屺 qǐ 山無草木也。从山己聲。《詩》曰："陟彼屺兮。"

岨 qū 石戴土也。从山且聲。《詩》曰："陟彼岨矣。"

嵩 sōng 中岳，嵩高山也。从山从高，亦从松。韋昭《國語》注云："古通用崇字。"

崑 kūn 崑崙，山名。从山昆聲。《漢書》楊雄文通用昆侖。

嵞 tú 會稽山。一曰九江當嵞也。民以辛壬癸甲之日嫁娶。从屾余聲。《虞書》曰："予娶嵞山。"

庌 yǎ 廡也。从广牙聲。《周禮》曰："夏庌馬。"

廏 jiù 馬舍也。从广㲃聲。《周禮》曰："馬有二百十四匹爲廏，廏有僕夫。"

㢋 chǐ 廣也。从广侈聲。《春秋國語》曰："俠溝而㢋我。"

废 bá 舍也。从广犮聲。《詩》曰："召伯所废。"

庮 yǒu 久屋朽木。从广酉聲。《周禮》曰："牛夜鳴則庮。"臭如朽木。

廊 láng 東西序也。从广郎聲。《漢書》通用郎。

厝 cuò 厲石也。从厂昔聲。《詩》曰："他山之石，可以爲厝。"

砮 nú 石，可以爲矢鏃。从石奴聲。《夏書》曰："梁州貢砮丹。"《春秋國語》曰："肅慎氏貢楛矢石砮。"

碬 xiá 厲石也。从石叚聲。《春秋傳》曰："鄭公孫碬字子石。"

䂬 gǒng 水邊石。从石巩聲。《春秋傳》曰："闕䂬之甲。"

磒 yǔn 落也。从石員聲。《春秋傳》曰："磒石于宋五。"

碞 yán 磛嵒也。从石、品。《周書》曰："畏于民碞。"讀與巖同。

硩 chè 上摘巖空青、珊瑚墮之。从石折聲。《周禮》有硩蔟氏。

碏 què 《左氏傳》："衛大夫石碏。"《唐韻》云：敬也。从石，未詳。昔聲。

而 ér 頰毛也。象毛之形。《周禮》曰："作其鱗之而。"凡而之屬皆从而。

豝 bā 牝豕也。从豕巴聲。一曰一歲能相把拏也。《詩》曰："一發五豝。"

豣 jiān 三歲豕，肩相及者。从豕幵聲。《詩》曰："並驅从兩豣兮。"

豷 yì 豕息也。从豕壹聲。《春秋傳》曰："生敖及豷。"

豲 huán 逸也。从豕原聲。《周書》曰："豲有爪而不敢以撅。"讀若桓。

貔 pí 豹屬，出貉國。从豸㮘聲。《詩》曰："獻其貔皮。"《周書》曰："如虎如貔。"貔，猛獸。

貀 nà 獸，無前足。从豸出聲。《漢律》："能捕豺貀，購百錢。"

貈 hé 似狐，善睡獸。从豸舟聲。《論語》曰："狐貈之厚以居。"

易 yì 蜥易，蝘蜓，守宮也。象形。《祕書》說：日月爲易，象陰陽也。一曰从勿。凡易之屬皆从易。

駽 xuān 青驪馬。从馬肙聲。《詩》曰："駜彼乘駽。"

駰 yīn 馬陰白雜毛。黑。从馬因聲。《詩》曰："有駰有騢。"

驈 yù 驪馬白胯也。从馬矞聲。《詩》曰："有驈有騜。"

驖 tiě 馬赤黑色。从馬戴聲。《詩》曰："四驖孔阜。"

馰 dí 馬白頟也。从馬，的省聲。一曰駿也。《易》曰："爲的顙。"

騛 fēi 馬逸足也。从馬从飛。《司馬法》曰："飛衛斯輿。"

驕 jiāo 馬高六尺爲驕。从馬喬聲。《詩》曰："我馬唯驕。"一曰野馬。

騋 lái 馬七尺爲騋，八尺爲龍。从馬來聲。《詩》曰："騋牝驪牡。"

駇 wén 馬赤鬣縞身，目若黃金，名曰媽。吉皇之乘，周文王時，犬戎獻之。从馬从文，文亦聲。《春秋傳》曰："媽馬百駟。"畫馬也。西伯獻紂，以全其身。

駜 bì 馬飽也。从馬必聲。《詩》云："有駜有駜。"

駫 jiōng 馬盛肥也。从馬光聲。《詩》曰："四牡駫駫。"

騯 péng 馬盛也。从馬旁聲。《詩》曰："四牡騯騯。"

騤 kuí 馬行威儀也。从馬癸聲。《詩》曰："四牡騤騤。"

駸 qīn 馬行疾也。从馬，侵省聲。《詩》曰："載驟駸駸。"

馺 sà 馬行相及也。从馬从及。讀若《爾雅》"小山馺，大山峘"。

駾 tuì 馬行疾來皃。从馬兌聲。《詩》曰："昆夷駾矣。"

驙 zhān 駗驙也。从馬亶聲。《易》曰：“乘馬驙如。”

馽 zhí 絆馬也。从馬，囗其足。《春秋傳》曰：“韓厥執馽前。”讀若輒。

駉 jiōng 牧馬苑也。从馬冋聲。《詩》曰：“在駉之野。”

麗 lì 旅行也。鹿之性，見食急則必旅行。从鹿丽聲。《禮》：麗皮納聘。蓋鹿皮也。

尨 máng 犬之多毛者。从犬从彡。《詩》曰：“無使尨也吠。”

猲 xiē 短喙犬也。从犬曷聲。《詩》曰：“載獫猲獢。”《爾雅》曰：“短喙犬謂之猲獢。”

獒 áo 犬如人心可使者。从犬敖聲。《春秋傳》曰：“公嗾夫獒。”

獜 lín 健也。从犬粦聲。《詩》曰：“盧獜獜。”

狟 huán 犬行也。从犬亘聲。《周書》曰：“尚狟狟。”

狩 shòu 犬田也。从犬守聲。《易》曰：“明夷于南狩。”

獘 bì 頓仆也。从犬敝聲。《春秋傳》曰：“與犬，犬獘。”

狾 zhì 狂犬也。从犬折聲。《春秋傳》曰：“狾犬入華臣氏之門。”

狻 suān 狻麑，如虦貓，食虎豹者。从犬夋聲。見《爾雅》。

玃 jué 母猴也。从犬矍聲。《爾雅》云：“玃父善顧。”攫持人也。

獌 màn 狼屬。从犬曼聲。《爾雅》曰：“貙獌，似貍。”

焜 huǐ 火也。从火尾聲。《詩》曰：“王室如焜。”

燬 huǐ 火也。从火毀聲。《春秋傳》曰：“衛侯燬。”

焌 jùn 然火也。从火夋聲。《周禮》曰：“遂籥其焌。”焌火在前，以焞焯龜。

爇 ruò 燒也。从火蓺聲。《春秋傳》曰：“爇僖負羈。”

炪 zhuō 火光也。从火出聲。《商書》曰：“予亦炪謀。”讀若巧拙之拙。

烰 fú 烝也。从火孚聲。《詩》曰：“烝之烰烰。”

熯 hàn 乾皃。从火，漢省聲。《詩》曰：“我孔熯矣。”

熮 liáo 火皃。从火翏聲。《逸周書》曰：“味辛而不熮。”

熇 hè 火熱也。从火高聲。《詩》曰：“多將熇熇。”

炗 chán 小熱也。从火干聲。《詩》曰：“憂心炗炗。”

燋 jiāo 所以然持火也。从火焦聲。《周禮》曰：“以明火爇燋也。”

燀 chǎn 炊也。从火單聲。《春秋傳》曰：“燀之以薪。”

烘 hōng 尞也。从火共聲。《詩》曰：“卬烘于煁。”

爂 jiāo 灼龜不兆也。从火从龜。《春秋傳》曰：“龜爂不兆。”讀若焦。

熑 lián 火煣車網絕也。从火兼聲。《周禮》曰：“煣牙，外不熑。”

焞 tūn 明也。从火䇹聲。《春秋傳》曰：“焞燿天地。”

焯 zhuó 明也。从火卓聲。《周書》曰：“焯見三有俊心。”

煒 wěi 盛赤也。从火韋聲。《詩》曰：“彤管有煒。”

熠 yì 盛光也。从火習聲。《詩》曰：“熠熠宵行。”

爗 yè 盛也。从火曅聲。《詩》曰：“爗爗震電。”

威 miè 滅也。从火、戌。火死於戌，陽氣至戌而盡。《詩》曰：“赫赫宗周，褒似威之。”

爟 guàn 取火於日。官名。舉火曰爟。《周禮》曰：“司爟掌行火之政令。”从火雚聲。

黝 yǒu 微青黑色。从黑幼聲。《爾雅》曰：“地謂之黝。”

黔 qián 黎也。从黑今聲。秦謂民爲黔首，謂黑色也。周謂之黎民。《易》曰：“爲黔喙。”

黷 dú 握持垢也。从黑賣聲。《易》曰："再三黷。"

㮊 shēn 盛皃。从焱在木上。讀若《詩》"莘莘征夫"。一曰役也。

燔 fán 宗廟火孰肉。从炙番聲。《春秋傳》曰："天子有事燔焉，以饋同姓諸侯。"

赬 chēng 赤色也。从赤巠聲。《詩》曰："魴魚赬尾。"

奯 huò 空大也。从大歲聲。讀若《詩》"施罟濊濊"。

戴 zhì 大也。从大𢦏聲。讀若《詩》"戴戴大猷"。

契 qì 大約也。从大从㓞。《易》曰："後代聖人易之以書契。"

喬 qiáo 高而曲也。从夭，从高省。《詩》曰："南有喬木。"

壹 yūn 壹壹也。从凶从壺。不得泄凶也。《易》曰："天地壹壹。"

𠃨 yǔn 進也。从夲从屮，允聲。《易》曰："𠃨升大吉。"

皋 gāo 气皋白之進也。从夲从白。《禮》：祝曰皋，登謌曰奏。故皋奏皆从夲。《周禮》曰："詔來鼓皋舞。"皋，告之也。

奡 ào 嫚也。从百从夰，夰亦聲。《虞書》曰："若丹朱奡。"讀若傲。《論語》："奡湯舟。"

臩 guǎng 驚走也。一曰往來也。从夰、㗊。《周書》曰："伯臩。"古文㗊，古文冏字。

奕 yì 大也。从大亦聲。《詩》曰："奕奕梁山。"

奰 bì 壯大也。从三大三目。二目爲䀠，三目爲奰，益大也。一曰迫也。讀若《易》虙羲氏。《詩》曰："不醉而怒謂之奰。"

竱 zhuǎn 等也。从立專聲。《春秋國語》曰："竱本肇末。"

竘 qǔ 健也。一曰匠也。从立句聲。讀若齲。《逸周書》有竘匠。

竣 jùn 偓竣也。从立夋聲。《國語》曰："有司巳事而竣。"

忻 xīn 闓也。从心斤聲。《司馬法》曰："善者，忻民之善，閉民之惡。"

忼 kàng 慨也。从心亢聲。一曰《易》"忼龍有悔"。

憖 yìn 問也。謹敬也。从心猌聲。一曰說也。一曰甘也。《春秋傳》曰："昊天不憖。"又曰："兩君之士皆未憖。"

悈 jiè 飾也。从心戒聲。《司馬法》曰："有虞氏悈於中國。"

愃 xuǎn 寬嫺心腹皃。从心宣聲。《詩》曰："赫兮愃兮。"

愻 xùn 順也。从心孫聲。《唐書》曰："五品不愻。"

寋 sè 實也。从心，塞省聲。《虞書》曰："剛而寋。"

忱 chén 誠也。从心冘聲。《詩》曰："天命匪忱。"

慉 xù 起也。从心畜聲。《詩》曰："能不我慉。"

愙 kè 敬也。从心客聲。《春秋傳》曰："以陳備三愙。"

㦝 sǒng 懼也。从心，雙省聲。《春秋傳》曰："駟氏㦝。"

怞 chóu 朗也。从心由聲。《詩》曰："憂心且怞。"

忞 mín 彊也。从心文聲。《周書》曰："在受德忞。"讀若旻。

懋 mào 勉也。从心楙聲。《虞書》曰："時惟懋哉。"

懕 yān 安也。从心厭聲。《詩》曰："懕懕夜飲。"

懽 guàn 喜款也。从心雚聲。《爾雅》曰："懽懽愮愮，憂無告也。"

惄 nì 飢餓也。一曰憂也。从心叔聲。《詩》曰："惄如朝飢。"

㤪 xiān 疾利口也。从心从冊。《詩》曰："相時㤪民。"

悆 yù 忘也。嘾也。从心余聲。《周書》曰："有疾不悆。"悆，喜也。

愉 yú 薄也。从心俞聲。《論語》曰：“私覿愉愉如也。”

懱 miè 輕易也。从心蔑聲。《商書》曰：“以相陵懱。”

憜 duò 不敬也。从心，㢞省。《春秋傳》曰：“執玉憜。”

忦 xiè 忽也。从心介聲。《孟子》曰：“孝子之心不若是忦。”

悝 kuī 啁也。从心里聲。《春秋傳》有孔悝。一曰病也。

憩 kuò 善自用之意也。从心銛聲。《商書》曰：“今汝憩憩。”

忨 wán 貪也。从心元聲。《春秋傳》曰：“忨歲而漱日。”

怓 náo 亂也。从心奴聲。《詩》曰：“以謹惛怓。”

惷 chǔn 亂也。从心春聲。《春秋傳》曰：“王室日惷惷焉。”一曰厚也。

憝 duì 怨也。从心敦聲。《周書》曰：“凡民罔不憝。”

怫 pèi 恨怒也。从心市聲。《詩》曰：“視我怫怫。”

愾 xì 大息也。从心从氣，氣亦聲。《詩》曰：“愾我寤歎。”

懆 cǎo 愁不安也。从心喿聲。《詩》曰：“念子懆懆。”

㥋 yī 痛聲也。从心依聲。《孝經》曰：“哭不㥋。”

惴 zhuì 憂懼也。从心耑聲。《詩》曰：“惴惴其慄。”

怲 bǐng 憂也。从心丙聲。《詩》曰：“憂心怲怲。”

惔 tán 憂也。从心炎聲。《詩》曰：“憂心如惔。”

惙 chuò 憂也。从心叕聲。《詩》曰：“憂心惙惙。”一曰意不定也。

悴 cuì 憂也。从心卒聲。讀與《易》萃卦同。

忡 chōng 憂也。从心中聲。《詩》曰：“憂心忡忡。”

悄 qiǎo 憂也。从心肖聲。《詩》曰：“憂心悄悄。”

惎 jì 毒也。从心其聲。《周書》曰：“來就惎惎。”

憐 lián 泣下也。从心連聲。《易》曰：“泣涕㦁如。”

憬 jǐng 覺寤也。从心景聲。《詩》曰：“憬彼淮夷。”

惢 suǒ 心疑也。从三心。凡惢之屬皆从惢。讀若《易》“旅瑣瑣”。

汃 bīn 西極之水也。从水八聲。《爾雅》曰：“西至汃國，謂四極。”

渭 wèi 水。出隴西首陽渭首亭南谷，東入河。从水胃聲。杜林說。《夏書》以爲出鳥鼠山。雝州浸也。

溠 zhā 水。在漢南。从水差聲。荆州浸也。《春秋傳》曰：“脩涂梁溠。”

潧 zhēn 水。出鄭國。从水曾聲。《詩》曰：“潧與洧，方渙渙兮。”

濼 luò 齊魯閒水也。从水樂聲。《春秋傳》曰：“公會齊侯于濼。”

菏 gē 菏澤水。在山陽胡陵。《禹貢》：“浮于淮泗，達于菏。”从水苛聲。

濰 wéi 水。出琅邪箕屋山，東入海。徐州浸。《夏書》曰：“濰、淄其道。”从水維聲。

渚 zhǔ 水。在常山中丘逢山，東入湡。从水者聲。《爾雅》曰：“小洲曰渚。”

洍 sì 水也。从水㠯聲。《詩》曰：“江有洍。”

涓 juān 小流也。从水肙聲。《爾雅》曰：“汝爲涓。”

湝 jiē 水流湝湝也。从水皆聲。一曰湝湝，寒也。《詩》曰：“風雨湝湝。”

滮 biāo 水流皃。从水，彪省聲。《詩》曰：“滮沱北流。”

瀏 liú 流清皃。从水劉聲。《詩》曰：“瀏其清矣。”

濊 huò 礙流也。从水薉聲。《詩》云：“施罟濊濊。”

浩 hào 澆也。从水告聲。《虞書》曰：“洪水浩浩。”

洸 guāng 水涌光也。从水从光，光亦聲。《詩》曰：“有洸有潰。”

淪 lún 小波爲淪。从水侖聲。《詩》曰：“河水清且淪漪。”一曰没也。

濫 làn 氾也。从水監聲。一曰濡上及下也。《詩》曰：“觱沸濫泉。”一曰清也。

洌 liè 水清也。从水列聲。《易》曰：“井洌寒泉，食。”

湜 shí 水清底見也。从水是聲。《詩》曰：“湜湜其止。”

漼 cuǐ 深也。从水崔聲。《詩》曰：“有漼者淵。”

瀸 jiān 漬也。从水韱聲。《爾雅》曰：“泉一見一否爲瀸。”

沴 lì 水不利也。从水㐱聲。《五行傳》曰：“若其沴作。”

濆 fén 水厓也。从水賁聲。《詩》曰：“敦彼淮濆。”

涘 sì 水厓也。从水矣聲。《周書》曰：“王出涘。”

氿 guǐ 水厓枯土也。从水九聲。《爾雅》曰：“水醮曰氿。”

漘 chún 水厓也。从水脣聲。《詩》曰：“寘河之漘。”

沚 zhǐ 小渚曰沚。从水止聲。《詩》曰：“于沼于沚。”

潨 cóng 小水入大水曰潨。从水从眾。《詩》曰：“鳧鷖在潨。”

汜 sì 水別復入水也。一曰汜，窮瀆也。从水巳聲。《詩》曰：“江有汜。”

洫 xù 十里爲成。成閒廣八尺、深八尺謂之洫。从水血聲。《論語》曰：“盡力于溝洫。”

灘 tān 水濡而乾也。从水鷬聲。《詩》曰：“灘其乾矣。”

汕 shàn 魚游水皃。从水山聲。《詩》曰：“蒸然汕汕。”

濇 zé 所以攤水也。从水昔聲。《漢律》曰：“及其門首洒濇。”

澨 shì 埤增水邊土，人所止者。从水筮聲。《夏書》曰：“過三澨。”

沿 yán 緣水而下也。从水㕣聲。《春秋傳》曰：“王沿夏。”

砅 lì 履石渡水也。从水从石。《詩》曰：“深則砅。”

淒 qī 雲雨起也。从水妻聲。《詩》曰：“有渰淒淒。”

瀑 bào 疾雨也。一曰沫也。一曰瀑，資也。从水暴聲。《詩》曰：“終風且瀑。”

涵 hán 水澤多也。从水圅聲。《詩》曰：“僭始既涵。”

瀀 yōu 澤多也。从水憂聲。《詩》曰：“既瀀既渥。”

濃 nóng 露多也。从水農聲。《詩》曰：“零露濃濃。”

泐 lè 水石之理也。从水从阞。《周禮》曰：“石有時而泐。”

汔 qì 水涸也。或曰泣下。从水气聲。《詩》曰：“汔可小康。”

浼 měi 汙也。从水免聲。《詩》曰：“河水浼浼。”《孟子》曰：“汝安能浼我？”

湫 jiǎo 隘。下也。一曰有湫水，在周地。《春秋傳》曰：“晏子之宅秋隘。”安定朝那有湫泉。从水秋聲。

瀵 fèn 水浸也。从水糞聲。《爾雅》曰：“瀵，大出尾下。”

涗 shuì 財温水也。从水兑聲。《周禮》曰：“以涗漚其絲。”

滰 jiàng 浚乾漬米也。从水竟聲。《孟子》曰：“夫子去齊，滰淅而行。”

釃 jiǎo 釃酒也。一曰浚也。从网从水，焦聲。讀若《夏書》“天用勦絶”。

湑 xǔ 莤酒也。一曰浚也。一曰露皃。从水胥聲。《詩》曰：“有酒湑我。”又曰：“零露湑兮。”

湎 miǎn 沈於酒也。从水面聲。《周書》曰：“罔敢湎于酒。”

涒 tūn 食已而復吐之。从水君聲。《爾雅》曰：“太歲在申曰涒灘。”

瀋 shěn 汁也。从水審聲。《春秋傳》曰：“猶拾瀋。”

潸　shān　涕流皃。从水，散省聲。《詩》曰："潸焉出涕。"

く　quǎn　水小流也。《周禮》："匠人爲溝洫，相廣五寸，二相爲耦；一耦之伐，廣尺、深尺，謂之く。"倍く謂之遂；倍遂曰溝；倍溝曰洫；倍洫曰巜。凡く之屬皆从く。

川　chuān　貫穿通流水也。《虞書》曰："濬く巜距川。"言深く巜之水會爲川也。凡川之屬皆从川。

巟　huāng　水廣也。从川亡聲。《易》曰："包巟用馮河。"

巛　zāi　害也。从一雝川。《春秋傳》曰："川雝爲澤，凶。"

侃　kǎn　剛直也。从㐰，㐰，古文信；从川，取其不舍晝夜。《論語》曰："子路侃侃如也。"

州　zhōu　水中可居曰州，周遶其旁，从重川。昔堯遭洪水，民居水中高土，或曰九州。《詩》曰："在河之州。"一曰州，疇也。各疇其土而生之。

永　yǒng　長也。象水巠理之長。《詩》曰："江之永矣。"凡永之屬皆从永。

羕　yàng　水長也。从永羊聲。《詩》曰："江之羕矣。"

睿　jùn　深通川也。从谷从㱳。㱳，殘地；阬坎意也。《虞書》曰："睿畎澮距川。"

勝　líng　仌出也。从仌朕聲。《詩》曰："納于勝陰。"

震　zhèn　劈歷振物者。从雨辰聲。《春秋傳》曰："震夷伯之廟。"

霝　líng　雨零也。从雨，皿象零形。《詩》曰："霝雨其濛。"

霥　zhōng　小雨也。从雨眾聲。《明堂月令》曰："霥雨。"

霾　mái　風雨土也。从雨貍聲。《詩》曰："終風且霾。"

霸　diàn　寒也。从雨執聲。或曰：早霜。讀若《春秋傳》"墊阨"。

需　xū　䇓也。遇雨不進止䇓也。从雨而聲。《易》曰："雲上於天，需。"

鮪　wěi　鮥也。《周禮》："春獻王鮪。"从魚有聲。

鮔　gèng　魧也。《周禮》謂之鮔。从魚恆聲。

鱷　jīng　海大魚也。从魚畺聲。《春秋傳》曰："取其鱷鯢。"

鱢　sāo　鮏臭也。从魚喿聲。《周禮》曰："膳膏鱢。"

乳　rǔ　人及鳥生子曰乳，獸曰産。从孚从乚。乚者，玄鳥也。《明堂月令》："玄鳥至之日，祠于高禖，以請子。"故乳从乚。請子必以乚至之日者，乚，春分來，秋分去，開生之候鳥，帝少昊司分之官也。

臸　chì　忿戾也。从至，至而復遜。遜，遁也。《周書》曰："有夏氏之民叨臸。"臸，讀若摯。

閭　lǘ　里門也。从門呂聲。《周禮》："五家爲比，五比爲閭。"閭，侶也，二十五家相羣侶也。

闉　yīn　城内重門也。从門垔聲。《詩》曰："出其闉闍。"

閾　yù　門榍也。从門或聲。《論語》曰："行不履閾。"

闖　wěi　闢門也。从門爲聲。《國語》曰："闖門而與之言。"

闡　chǎn　開也。从門單聲。《易》曰："闡幽。"

閟　bì　閉門也。从門必聲。《春秋傳》曰："閟門而與之言。"

耴　zhé　耳垂也。从耳下垂。象形。《春秋傳》曰"秦公子輒"者，其耳下垂，故以爲名。

耽　dān　耳大垂也。从耳冘聲。《詩》曰："士之耽兮。"

聅　chè　軍法以矢貫耳也。从耳从矢。《司馬法》曰："小罪聅，中罪刖，大罪剄。"

聝　guó　軍戰斷耳也。《春秋傳》曰："以爲俘聝。"从耳或聲。

䍘 mǐ 乘輿金馬耳也。从耳麻聲。讀若渳水。一曰若《月令》靡草之靡。

聆 qín 《國語》曰："回祿信於聆遂。"闕。

攕 xiān 好手皃。《詩》曰："攕攕女手。"从手韱聲。

㧻 shuò 人臂皃。从手削聲。《周禮》曰："輻欲其㧻。"

搯 tāo 捾也。从手舀聲。《周書》曰："師乃搯。"搯者，拔兵刃以習擊刺。《詩》曰："左旋右搯。"

捘 zùn 推也。从手夋聲。《春秋傳》曰："捘衛侯之手。"

捫 mén 撫持也。从手門聲。《詩》曰："莫捫朕舌。"

控 kòng 引也。从手空聲。《詩》曰："控于大邦。"匈奴名引弓控弦。

摕 dì 撮取也。从手帶聲。讀若《詩》曰"螮蝀在東"。

摜 guàn 習也。从手貫聲。《春秋傳》曰："摜瀆鬼神。"

挑 tiāo 撓也。从手兆聲。一曰摷也。《國語》曰："卻至挑天。"

揫 jiū 束也。从手秋聲。《詩》曰："百祿是揫。"

抎 yǔn 有所失也。《春秋傳》曰："抎子，辱矣。"从手云聲。

掌 zì 積也。《詩》曰："助我舉掌。"摵頰旁也。从手此聲。

掉 diào 搖也。从手卓聲。《春秋傳》曰："尾大不掉。"

掔 qiān 固也。从手臤聲。讀若《詩》"赤舄掔掔"。

掀 xiān 舉出也。从手欣聲。《春秋傳》曰："掀公出於淖。"

抍 zhěng 上舉也。从手升聲。《易》曰："抍馬壯吉。"

擩 rǔ 染也。从手需聲。《周禮》："六曰擩祭。"

擐 huàn 貫也。从手瞏聲。《春秋傳》曰："擐甲執兵。"

搴 qiān 拔取也。南楚語。从手寒聲。《楚詞》曰："朝搴批之木蘭。"

攪 jiǎo 亂也。从手覺聲。《詩》曰："祇攪我心。"

抲 hē 抲撝也。从手可聲。《周書》曰："盡執，抲。"

扐 lè 《易》筮，再扐而後卦。从手力聲。

捄 jū 盛土於梩中也。一曰擾也。《詩》曰："捄之陾陾。"从手求聲。

拮 jié 手口共有所作也。从手吉聲。《詩》曰："予手拮据。"

摡 gài 滌也。从手既聲。《詩》曰："摡之釜鬵。"

挃 zhì 穫禾聲也。从手至聲。《詩》曰："穫之挃挃。"

捲 quán 气勢也。从手卷聲。《國語》曰："有捲勇"。一曰捲，收也。

䇲 cè 刺也。从手，籍省聲。《周禮》曰："䇲魚鼈。"

拲 gǒng 兩手同械也。从手从共，共亦聲。《周禮》："上辠，梏拲而桎。"

掫 zōu 夜戒守，有所擊。从手取聲。《春秋傳》曰："賓將掫。"

掤 bīng 所以覆矢也。从手朋聲。《詩》曰："抑釋掤忌。"

捷 jié 獵也。軍獲得也。从手疌聲。《春秋傳》曰："齊人來獻戎捷。"

捜 sōu 眾意也。一曰求也。从手叜聲。《詩》曰："束矢其捜。"

掠 lüè 奪取也。从手京聲。本音亮。《唐韻》或作擽。

抛 pāo 棄也。从手从尤从力，或从手尥聲。案：《左氏傳》通用摽。《詩》："摽有梅。"摽，落也。義亦同。

姓 xìng 人所生也。古之神聖母，感天而生子，故稱天子。从女从生，生亦聲。《春秋傳》曰："天子因生以賜姓。"

姚 yáo 虞舜居姚虛，因以爲姓。从女兆聲。或爲姚，嬈也。《史篇》以爲：姚，易也。
姺 shēn 殷諸侯爲亂，疑姓也。从女先聲。《春秋傳》曰："商有姺邳。"
丑女 hào 人姓也。从女丑聲。《商書》曰："無有作政。"
婚 hūn 婦家也。《禮》：娶婦以昏時，婦人陰也，故曰婚。从女从昏，昏亦聲。
娠 shēn 女妊身動也。从女辰聲。《春秋傳》曰："后緡方娠。"一曰宮婢女隸謂之娠。
媰 chú 婦人妊身也。从女芻聲。《周書》曰："至于媰婦。"
媦 wèi 楚人謂女弟曰媦。从女胃聲。《公羊傳》曰："楚王之妻媦。"
媾 gòu 重婚也。从女冓聲。《易》曰："匪寇，婚媾。"
奴 nú 奴、婢，皆古之辠人也。《周禮》曰："其奴，男子入于辠隸，女子入于舂藁。"从女从又。
媊 qián 甘氏《星經》曰："太白上公，妻曰女媊。女媊居南斗，食厲，天下祭之。曰明星。"从女前聲。
娀 sōng 帝高辛之妃，偰母號也。从女戎聲。《詩》曰："有娀方將。"
嬃 xū 女字也。《楚詞》曰："女嬃之嬋媛。"賈侍中說：楚人謂姊爲嬃。从女須聲。
姶 è 女字也。从女合聲。《春秋傳》曰："嬖人婤姶。"一曰無聲。
殳女 shū 好也。从女殳聲。《詩》曰："靜女其殳女。"
嫋 luǎn 順也。从女𤔔聲。《詩》曰："婉兮嫋兮。"
婉 wǎn 順也。从女宛聲。《春秋傳》曰："太子痤婉。"
嬛 xuān 材緊也。从女睘聲。《春秋傳》曰："嬛嬛在疚。"
嬓 jiǎo 竦身也。从女篕聲。讀若《詩》"糾糾葛屨"。
摯 zhì 至也。从女執聲。《周書》曰："大命不摯。"讀若摯同。一曰《虞書》雉摯。
晏 yàn 安也。从女、日。《詩》曰："以晏父母。"
娑 suō 舞也。从女沙聲。《詩》曰："市也婆娑。"
㜽 zī 婦人小物也。从女此聲。《詩》曰："屢舞㜽㜽。"
媛 yuàn 美女也。人所援也。从女从爰。爰，引也。《詩》曰："邦之媛兮。"
娱 yāo 巧也。一曰女子笑皃。《詩》曰："桃之娱娱。"从女芺聲。
婼 chuò 不順也。从女若聲。《春秋傳》曰："叔孫婼。"
婞 xìng 很也。从女幸聲。《楚詞》曰："鯀婞直。"
媕 ǎn 含怒也。一曰難知也。从女酓聲。《詩》曰："碩大且媕。"
嬒 huì 女黑色也。从女會聲。《詩》曰："嬒兮蔚兮。"
爁 làn 過差也。从女監聲。《論語》曰："小人窮斯爁矣。"
戣 kuí 《周禮》：侍臣執戣，立于東垂。兵也。从戈癸聲。
戟 jǐ 有枝兵也。从戈、倝。《周禮》："戟，長丈六尺。"讀若棘。
戡 kān 殺也。从戈今聲。《商書》曰："西伯既戡黎。"
戭 yǎn 長槍也。从戈寅聲。《春秋傳》有擣戭。
戩 jiǎn 滅也。从戈晉聲。《詩》曰："實始戩商。"
𢦏 jiān 絶也。一曰田器。从从持戈。古文讀若咸。讀若《詩》云"攕攕女手"。
戢 jí 藏兵也。从戈咠聲。《詩》曰："載戢干戈。"
戔 cán 賊也。从二戈。《周書》曰："戔戔巧言。"
戉 yuè 斧也。从戈乚聲。《司馬法》曰："夏執玄戉，殷執白戚，周左杖黃戉，右秉白髦。"凡戉之屬皆从戉。"

医 yì 盛弓弩矢器也。从匸从矢。《國語》曰："兵不解医。"

匪 fěi 器，似竹筐。从匸非聲。《逸周書》曰："實玄黄于匪。"

匰 dān 宗廟盛主器也。《周禮》曰："祭祀共匰主。"从匸單聲。

甓 pì 瓴甓也。从瓦辟聲。《詩》曰："中唐有甓。"

弓 gōng 以近窮遠。象形。古者揮作弓。《周禮》六弓：王弓、弧弓以射甲革甚質；夾弓、庾弓以射干矦鳥獸；唐弓、大弓以授學射者。凡弓之屬皆从弓。

弨 chāo 弓反也。从弓召聲。《詩》曰："彤弓弨兮。"

弩 nǔ 弓有臂者。《周禮》四弩：夾弩、庾弩、唐弩、大弩。从弓奴聲。

彃 bì 䠶也。从弓畢聲。《楚詞》曰："芎焉彃日。"

芎 yì 帝嚳䠶官，夏少康滅之。从弓开聲。《論語》曰："芎善䠶。"

純 chún 絲也。从糸屯聲。《論語》曰："今也純儉。"

紇 hé 絲下也。从糸气聲。《春秋傳》有臧孫紇。

緢 miáo 旄絲也。从糸苗聲。《周書》曰："惟緢有稽。"

紊 wèn 亂也。从糸文聲。《商書》曰："有條而不紊。"

繃 bēng 束也。从糸崩聲。《墨子》曰："禹葬會稽，桐棺三寸，葛以繃之。"

絿 qiú 急也。从糸求聲。《詩》曰："不競不絿。"

絩 tiào 綺絲之數也。《漢律》曰："綺絲數謂之絩，布謂之總，綬組謂之首。"从糸兆聲。

縵 màn 繒無文也。从糸曼聲。《漢律》曰："賜衣者縵表白裏。"

絢 xuàn 《詩》云："素以爲絢兮。"从糸旬聲。

繪 huì 會五采繡也。《虞書》曰："山龍華蟲作繪。"《論語》曰："繪事後素。"从糸會聲。

緀 qī 白文皃。《詩》曰："緀兮斐兮，成是貝錦。"从糸妻聲。

絑 zhū 純赤也。《虞書》"丹朱"如此。从糸朱聲。

縉 jìn 帛赤色也。《春秋傳》"縉雲氏"，《禮》有"縉緣"。从糸晉聲。

綥 qí 帛蒼艾色。从糸畀聲。《詩》："縞衣綥巾。"未嫁女所服。一曰不借綥。

緂 tǎn 帛騅色也。从糸剡聲。《詩》曰："毳衣如緂。"

紑 fóu 白鮮衣皃。从糸不聲。《詩》曰："素衣其紑。"

繻 xū 繒采色。从糸需聲。讀若《易》"繻有衣"。

縜 yún 持綱紐也。从糸員聲。《周禮》曰："縜寸"。

綅 qīn 絳綫也。从糸，侵省聲。《詩》曰："貝胄朱綅。"

絬 xiè 《論語》曰："絬衣長，短右袂。"从糸舌聲。

縋 zhuì 以繩有所縣也。《春秋傳》曰："夜縋納師。"从糸追聲。

緐 fán 馬髦飾也。从糸每聲。《春秋傳》曰："可以稱旍緐乎？"

紲 xiè 系也。从糸世聲。《春秋傳》曰："臣負羈紲。"

纊 kuàng 絮也。从糸廣聲。《春秋傳》曰："皆如挾纊。"

絮 rú 絜緼也。一曰敝絮。从糸奴聲。《易》曰："需有衣絮。"

縐 zhòu 絺之細也。《詩》曰："蒙彼縐絺。"一曰蹴也。从糸芻聲。

紕 bǐ 氐人纈也。讀若《禹貢》玭珠。从糸比聲。

縊 yì 經也。从糸益聲。《春秋傳》曰："夷姜縊。"

彝 yí 宗廟常器也。从糸；糸，綦也。廾持米，器中寶也。彑聲。此與爵相似。《周禮》："六彝：雞彝、鳥彝、黄彝、虎彝、蟲彝、斝彝。以待祼將之禮。"

轡 pèi 馬轡也。从絲从叀。與連同意。《詩》曰：“六轡如絲。”

虺 huǐ 虺以注鳴。《詩》曰：“胡爲虺蜥。”从虫兀聲。

蟘 tè 蟲，食苗葉者。吏乞貸則生蟘。从虫从貸，貸亦聲。《詩》曰：“去其螟蟘。”

蜀 shǔ 葵中蠶也。从虫，上目象蜀頭形，中象其身蜎蜎。《詩》曰：“蜎蜎者蜀。”

蠲 juān 馬蠲也。从虫、目，益聲。了，象形。《明堂月令》曰：“腐艸爲蠲。”

蚳 chí 螘子也。从虫氐聲。《周禮》有蚳醢。讀若祁。

蠣 guǒ 蠣蠃，蒲盧，細要土蠭也。天地之性，細要純雄無子。《詩》曰：“螟蠕有子，蠣蠃負之。”从虫㒼聲。

蜩 tiáo 蟬也。从虫周聲。《詩》曰：“五月鳴蜩。”

蜡 qù 蠅胆也。《周禮》：“蜡氏掌除骴。”从虫昔聲。

蛧 wǎng 蛧蜽，山川之精物也。淮南王說：蛧蜽，狀如三歲小兒，赤黑色，赤目，長耳，美髮。从虫网聲。《國語》曰：木石之怪夔、蛧蜽。

虹 hóng 螮蝀也。狀似蟲。从虫工聲。《明堂月令》曰：“虹始見。”

蠱 gǔ 腹中蟲也。《春秋傳》曰：“皿蟲爲蠱。”晦淫之所生也。梟桀死之鬼亦爲蠱。从蟲从皿。皿，物之用也。

鼅 shī 䵹鼅，詹諸也。《詩》曰：“得此䵹鼅。”言其行鼅鼅。从黽爾聲。

坤 kūn 地也。《易》之卦也。从土从申。土位在申。

垓 gāi 兼垓八極地也。《國語》曰：“天子居九垓之田。”从土亥聲。

堣 yú 堣夷，在冀州陽谷。立春日，日值之而出。从土禺聲。《尚書》曰：“宅堣夷。”

坶 mù 朝歌南七十里地。《周書》：“武王與紂戰于坶野。”从土母聲。

坺 bá 治也。一曰臿土謂之坺。《詩》曰：“武王載坺。”一曰塵皃。从土犮聲。

圪 yì 牆高也。《詩》曰：“崇墉圪圪。”从土乞聲。

堀 kū 突也。《詩》曰：“蜉蝣堀閱。”从土，屈省聲。

墀 chí 涂地也。从土犀聲。《禮》：“天子赤墀。”

墊 diàn 下也。《春秋傳》曰：“墊隘。”从土執聲。

坻 chí 小渚也。《詩》曰：“宛在水中坻。”从土氐聲。

垝 guǐ 毁垣也。从土危聲。《詩》曰：“乘彼垝垣。”

圮 pǐ 毁也。《虞書》曰：“方命圮族。”从土己聲。

垔 yīn 塞也。《尚書》曰：“鯀垔洪水。”从土西聲。

㙷 chè 裂也。《詩》曰：“不㙷不疈。”从土㡿聲。

壇 yì 天陰塵也。《詩》曰：“壇壇其陰。”从土壹聲。

垤 dié 螘封也。《詩》曰：“鸛鳴于垤。”从土至聲。

堋 bèng 喪葬下土也。从土朋聲。《春秋傳》曰：“朝而堋。”《禮》謂之封，《周官》謂之窆。《虞書》曰：“堋淫于家。”

垗 zhào 畔也。爲四畤界，祭其中。《周禮》曰：“垗五帝於四郊。”从土兆聲。

畱 liú 燒穜也。《漢律》曰：“畱田茠艸。”从田翏聲。

畬 yú 三歲治田也。《易》曰：“不菑畬田。”从田余聲。

䣜 cuó 殘田也。《詩》曰：“天方薦䣜。”从田差聲。

畜 chù 田畜也。《淮南子》曰：“玄田爲畜。”

疃 tuǎn 禽獸所踐處也。《詩》曰：“町疃鹿場。”从田童聲。

劼 jié 慎也。从力吉聲。《周書》曰：“汝劼毖殷獻臣。”

勱 mài 勉力也。《周書》曰："用勱相我邦家。"讀若萬。从力萬聲。
勍 qíng 彊也。《春秋傳》曰："勍敵之人。"从力京聲。
劭 shào 勉也。从力召聲。讀若舜樂《韶》。
勖 xù 勉也。《周書》曰："勖哉，夫子！"从力冒聲。
勩 yì 勞也。《詩》曰："莫知我勩。"从力貰聲。
勦 jiǎo 勞也。《春秋傳》曰："安用勦民？"从力巢聲。
劦 xié 同力也。从三力。《山海經》曰："惟號之山，其風若劦。"凡劦之屬皆从劦。
鏤 lòu 剛鐵，可以刻鏤。从金婁聲。《夏書》曰："梁州貢鏤。"一曰鏤，釜也。
鉹 chǐ 曲鉹也。从金多聲。一曰鬵鼎，讀若摘。一曰《詩》云"侈兮哆兮"。
鉉 xuàn 舉鼎也。《易》謂之鉉，《禮》謂之鼏。从金玄聲。
錢 jiǎn 銚也。古田器。从金戔聲。《詩》曰："庤乃錢鎛。"
鋝 lüè 十銖二十五分之十三也。从金寽聲。《周禮》曰："重三鋝。"北方以二十兩爲鋝。
鍰 huán 鋝也。从金爰聲。《罰書》曰："列百鍰。"
鈀 bā 兵車也。一曰鐵也。《司馬法》："晨夜内鈀車。"从金巴聲。
鎛 bó 鎛鱗也。鐘上橫木上金華也。一曰田器。从金尃聲。《詩》曰："庤乃錢鎛。"
鍠 huáng 鐘聲也。从金皇聲。《詩》曰："鐘鼓鍠鍠。"
鏜 tāng 鐘鼓之聲。从金堂聲。《詩》曰："擊鼓其鏜。"
鑋 qìng 金聲也。从金輕聲。讀若《春秋傳》曰"轚而乘它車"。
鈗 yǔn 侍臣所執兵也。从金允聲。《周書》曰："一人冕，執鈗。"讀若允。
錞 duì 矛戟柲下銅鐏也。从金𦎫聲。《詩》曰："厹矛沃錞。"
鉞 huì 車鑾聲也。从金戉聲。《詩》曰："鑾聲鉞鉞。"
鍚 yáng 馬頭飾也。从金陽聲。《詩》曰："鉤膺鏤鍚。"一曰鍱，車輪鐵。
鋂 méi 大瑣也。一環貫二者。从金每聲。《詩》曰："盧重鋂。"
鎎 xì 怒戰也。从金氣聲。《春秋傳》曰："諸侯敵王所鎎。"
几 jǐ 踞几也。象形。《周禮》五几：玉几、雕几、彤几、鬃几、素几。凡几之屬皆从几。
凭 píng 依几也。从几从任。《周書》："凭玉几。"讀若馮。
凥 jū 處也。从尸得几而止。《孝經》曰："仲尼凥。"凥，謂閒居如此。
斨 qiāng 方銎斧也。从斤爿聲。《詩》曰："又缺我斨。"
所 suǒ 伐木聲也。从斤戶聲。《詩》曰："伐木所所。"
斯 sī 析也。从斤其聲。《詩》曰："斧以斯之。"
斞 yǔ 量也。从斗臾聲。《周禮》曰："桼三斞。"
𣂆 tiāo 斛旁有𣂆。从斗庣聲。一曰突也。一曰利也。《尒疋》曰："𣂆謂之疀。"古田器也。
輶 yóu 輕車也。从車酋聲。《詩》曰："輶車鑾鑣。"
轈 cháo 兵高車加巢以望敵也。从車巢聲。《春秋傳》曰："楚子登轈車。"
軓 fàn 車軾前也。从車凡聲。《周禮》曰："立當前軓。"
轛 zhuì 車橫軨也。从車對聲。《周禮》曰："參分軹圍，去一以爲轛圍。"
𨊴 chūn 車約𨊴也。从車川聲。《周禮》曰："孤乘夏𨊴。"一曰下棺車曰𨊴。
轐 bú 車伏兔也。从車菐聲。《周禮》曰："加軫與轐焉。"
輹 fù 車軸縛也。从車复聲。《易》曰："輿脫輹。"
輥 gǔn 轂齊等皃。从車昆聲。《周禮》曰："望其轂，欲其輥。"
軝 qí 長轂之軝也，以朱約之。从車氏聲。《詩》曰："約軝錯衡。"

軜　nà　驂馬内轡繫軾前者。从車内聲。《詩》曰：“洪以觼軜。”

䡐　chéng　軺車後登也。从車丞聲。讀若《易》“抍馬”之“抍”。

軷　bá　出將有事於道，必先告其神，立壇四通，樹茅以依神爲軷。既祭軷，轢於牲而行爲範軷。《詩》曰：“取羝以軷。”从車犮聲。

輴　kēng　車輴鉊也。从車眞聲。讀若《論語》“鏗尔，舍瑟而作”。又讀若掔。

𨏥　jí　車轄相擊也。从車从毄，毄亦聲。《周禮》曰：“舟輿擊互者。”

轘　huàn　車裂人也。从車睘聲。《春秋傳》曰：“轘諸栗門。”

隕　yǔn　從高下也。从𨸏員聲。《易》曰：“有隕自天。”

隉　niè　危也。从𨸏，从毀省。徐巡以爲：隉，凶也。賈侍中說：隉，法度也。班固說：不安也。《周書》曰：“邦之阢隉。”讀若虹蜺之蜺。

附　bù　附婁，小土山也。从𨸏付聲。《春秋傳》曰：“附婁無松柏。”

隖　huī　鄭地，阪。从𨸏爲聲。《春秋傳》曰：“將會鄭伯于隖。”

陶　táo　再成丘也，在濟陰。从𨸏匋聲。《夏書》曰：“東至于陶丘。”陶丘有堯城，堯嘗所居，故堯號陶唐氏。

陾　réng　築牆聲也。从𨸏耎聲。《詩》云：“捄之陾陾。”

隍　huáng　城池也。有水曰池，無水曰隍。从𨸏皇聲。《易》曰：“城復于隍。”

六　liù　《易》之數，陰變於六，正於八。从入从八。凡六之屬皆从六。

内　róu　獸足蹂地也。象形，九聲。《尔疋》曰：“狐貍貛貉醜，其足蹞，其迹厹。”凡厹之屬皆从厹。

禺　fèi　周成王時，州靡國獻禺。人身，反踵，自笑，笑即上脣掩其目。食人。北方謂之土螻。《尔疋》云：“禺禺，如人，被髮。”一名梟陽。从厹，象形。

丞　jǐn　謹身有所承也。从已、丞。讀若《詩》云“赤舄已已”。

壬　rén　位北方也。陰極陽生，故《易》曰：“龍戰于野。”戰者，接也。象人褱妊之形。承亥壬以子，生之敘也。與巫同意。壬承辛，象人脛。脛，任體也。凡壬之屬皆从壬。

𠫓　tū　不順忽出也。从到子。《易》曰：“突如其來如。”不孝子突出，不容於内也。凡𠫓之屬皆从𠫓。

育　yù　養子使作善也。从𠫓肉聲。《虞書》曰：“教育子。”

醹　rǔ　厚酒也。从酉需聲。《詩》曰：“酒醴惟醹。”

酎　zhòu　三重醇酒也。从酉，从時省。《明堂月令》曰：“孟秋，天子飲酎。”

醰　gǎn　酒味淫也。从酉，竷省聲。讀若《春秋傳》曰“美而豔”。

醺　xūn　醉也。从酉熏聲。《詩》曰：“公尸來燕醺醺。”

醫　yī　治病工也。殹，惡姿也，醫之性然。得酒而使。从酉。王育說。一曰殹，病聲。酒所以治病也。《周禮》有醫酒。古者巫彭初作醫。

莤　sù　禮祭，束茅，加于裸圭，而灌鬯酒，是爲莤。象神歆之也。一曰莤，榼上塞也。从酉从艸。《春秋傳》曰：“尔貢包茅不入，王祭不供，無以莤酒。”

酋　qiú　繹酒也。从酉，水半見於上。《禮》有“大酋”，掌酒官也。凡酋之屬皆从酋。

尊　zūn　酒器也。从酋，廾以奉之。《周禮》六尊：犧尊、象尊、著尊、壺尊、太尊、山尊，以待祭祀賓客之禮。

亥　hài　荄也。十月，微陽起，接盛陰。从二，二，古文上字。一人男，一人女也。从乙，象褱子咳咳之形。《春秋傳》曰：“亥有二首六身。”凡亥之屬皆从亥。

闕類檢

旁	páng	溥也。从二，闕；方聲。
單	dān	大也。从吅、甲，吅亦聲。闕。
𡿭	zǐ	窳也。闕。
邍	yuán	高平之野，人所登。从辵、备、录。闕。
謚	shì	行之迹也。从言、兮、皿。闕。
爪	zhǎng	亦丮也。从反爪。闕。
𠬪	jú	拖持也。从反丮。闕。
叜	sǒu	老也。从又从灾。闕。
叚	jiǎ	借也。闕。
𦥑	mián	宮不見也。闕。
𠂔	mián	相當也。闕。讀若宀。
𣎆	luó	或曰：嘼名。象形。闕。
笑	xiào	此字本闕。
䇡	zhù	器也。从𧆨、宔，宔亦聲。闕。
𡴎	cén	入山之深也。从山从入。闕。
㒳	liǎng	从二入也。兩从此。闕。
𡕣	pú	行𡕣𡕣也。从夊，闕。讀若僕。
某	méi	酸果也。从木从甘。闕。
栞	kān	槎識也。从木、幵。闕。《夏書》曰："隨山栞木。"讀若刊。
𣡌	shēn	眾盛也。从木驫聲。《逸周書》曰："疑沮事。"闕。
棘	cáo	二東。曹从此。闕。
質	zhì	以物相贅。从貝从所。闕。
𨛜	yì	从反邑。𨛜字从此。闕。
䣈	xiàng	鄰道也。从邑从𨛜。凡䣈之屬皆从䣈。闕。
𠦝	gàn	闕。
㒳	liǎng	再也。从冂，闕。《易》曰："参天㒳地。"凡㒳之屬皆从㒳。
㑞	zhèn	我也。闕。
兟	shēn	進也。从二先。贊从此。闕。
㔾	zhuàn	二卪也。巽从此。闕。
𠬝	zòu	卪也。闕。
卯	qīng	事之制也。从卪、𠬝。凡卯之屬皆从卯。闕。
㽹	fàn	闕。
豩	huān	二豕也。豳从此。闕。

䳡 xiào 解鳥屬。从鳥孝聲。闕。

㲋 fù 疾也。从三兔。闕。

沝 zhuǐ 二水也。闕。凡沝之屬皆从沝。

灥 xún 三泉也。闕。凡灥之屬皆从灥。

耹 qín 《國語》曰：“回祿信於耹遂。”闕。

嚻 xiào 闕。

戠 zhī 闕。从戈从音。

㕧 yà 闕。

㮊 bǎ 搶擊也。从巴、帚，闕。

朁 jiàn 闕。

㣼 rǎn 闕。

徐鉉反切類檢

一 yī 於悉切。	祪 guǐ 過委切。	禍 huò 胡果切。
元 yuán 愚袁切。	祔 fù 符遇切。	祟 suì 雖遂切。
天 tiān 他前切。	祖 zǔ 則古切。	祅 yāo 於喬切。
丕 pī 敷悲切。	⿱彭示 bēng 補盲切。	祘 suàn 蘇貫切。
吏 lì 力置切。	祰 kǎo 苦浩切。	禁 jìn 居蔭切。
丄 shàng 時掌切。	祏 shí 常隻切。	禫 dàn 徒感切。
帝 dì 都計切。	⿰礻比 bǐ 卑履切。	禰 nǐ 泥米切。
旁 páng 步光切。	祠 cí 似兹切。	祧 tiāo 他彫切。
丅 xià 胡雅切。	礿 yuè 以灼切。	祆 xiān 火千切。
示 shì 神至切。	禘 dì 特計切。	祚 zuò 徂故切。
祜 hù 侯古切。	祫 xiá 侯夾切。	三 sān 穌甘切。
禮 lǐ 靈啓切。	祼 guàn 古玩切。	王 wáng 雨方切。
禧 xī 許其切。	⿱毳示 cuì 此芮切。	閏 rùn 如順切。
禛 zhēn 側鄰切。	祝 zhù 之六切。	皇 huáng 胡光切。
祿 lù 盧谷切。	⿰礻畱 liù 力救切。	玉 yù 魚欲切。
禠 sī 息移切。	祓 fú 敷勿切。	璙 liáo 洛簫切。
禎 zhēn 陟盈切。	祈 qí 渠稀切。	瓘 guàn 工玩切。
祥 xiáng 似羊切。	禱 dǎo 都浩切。	璥 jǐng 居領切。
祉 zhǐ 敕里切。	禜 yǒng 爲命切。	琠 tiǎn 多殄切。
福 fú 方六切。	禳 ráng 汝羊切。	瓇 náo 耳由切。
祐 yòu 于救切。	禬 guì 古外切。	⿱毄玉 lì 郎擊切。
祺 qí 渠之切。	禪 shàn 時戰切。	璠 fán 附袁切。
祗 zhī 旨移切。	禦 yù 魚舉切。	璵 yú 以諸切。
禔 zhī 市支切。	祮 huó 古末切。	瑾 jǐn 居隱切。
神 shén 食鄰切。	禖 méi 莫桮切。	瑜 yú 羊朱切。
祇 qí 巨支切。	⿰礻胥 xǔ 私呂切。	玒 hóng 戶工切。
祕 mì 兵媚切。	祳 shèn 時忍切。	⿱來玉 lái 落哀切。
齋 zhāi 側皆切。	祴 gāi 古哀切。	瓊 qióng 渠營切。
禋 yīn 於眞切。	禡 mà 莫駕切。	珦 xiàng 許亮切。
祭 jì 子例切。	禂 dǎo 都皓切。	⿰王剌 là 盧達切。
祀 sì 詳里切。	社 shè 常者切。	珣 xún 相倫切。
祡 chái 仕皆切。	禓 yáng 與章切。	璐 lù 洛故切。
禷 lèi 力遂切。	祲 jìn 子林切。	瓚 zàn 徂贊切。

瑛	yīng	於京切。
璑	wú	武扶切。
琇	xiù	許救切。
璿	xuán	似沿切。
球	qiú	巨鳩切。
琳	lín	力尋切。
璧	bì	比激切。
瑗	yuàn	王眷切。
環	huán	戶關切。
璜	huáng	戶光切。
琮	cóng	藏宗切。
琥	hǔ	呼古切。
瓏	lóng	力鍾切。
琬	wǎn	於阮切。
璋	zhāng	諸良切。
琰	yǎn	以冉切。
玠	jiè	古拜切。
瑒	chàng	丑亮切。
瓛	huán	胡官切。
珽	tǐng	他鼎切。
瑁	mào	莫報切。
璬	jiǎo	古了切。
珩	héng	戶庚切。
玦	jué	古穴切。
瑞	ruì	是僞切。
珥	ěr	仍吏切。
瑱	tiàn	他甸切。
琫	běng	邊孔切。
珌	bì	卑吉切。
璏	zhì	直例切。
瑵	zhǎo	側絞切。
瑑	zhuàn	直戀切。
珇	zǔ	則古切。
璂	qí	渠之切。
璪	zǎo	子皓切。
瑬	liú	力求切。
璹	shú	殊六切。
瓃	léi	魯回切。
瑳	cuō	七何切。
玼	cǐ	千禮切。
璱	sè	所櫛切。
瑮	lì	力質切。
瑩	yíng	烏定切。
璊	mén	莫奔切。
瑕	xiá	乎加切。
琢	zhuó	竹角切。
琱	diāo	都寮切。
理	lǐ	良止切。
珍	zhēn	陟鄰切。
玩	wán	五換切。
玲	líng	郎丁切。
瑲	qiāng	七羊切。
玎	dīng	當經切。
琤	chēng	楚耕切。
瑣	suǒ	蘇果切。
瑝	huáng	乎光切。
瑀	yǔ	王矩切。
玤	bàng	補蠓切。
玪	jiān	古函切。
[illegible]	lè	盧則切。
琚	jū	九魚切。
璓	xiù	息救切。
玖	jiǔ	舉友切。
[illegible]	yí	與之切。
珢	yín	語巾切。
玴	yì	余制切。
璅	zǎo	子浩切。
璡	jīn	將鄰切。
瑨	zēn	側岑切。
璁	cōng	倉紅切。
[illegible]	hào	乎到切。
[illegible]	xiá	胡捌切。
[illegible]	wàn	烏貫切。
[illegible]	xiè	穌叶切。
玽	gǒu	古厚切。
琂	yán	語軒切。
璶	jìn	徐刃切。
琟	wéi	以追切。
瑦	wǔ	安古切。
瑂	méi	武悲切。
璒	dēng	都騰切。
[illegible]	sī	息夷切。
玗	yú	羽俱切。
[illegible]	mò	莫悖切。
瑎	xié	戶皆切。
碧	bì	兵尺切。
琨	kūn	古渾切。
珉	mín	武巾切。
瑤	yáo	余招切。
珠	zhū	章俱切。
玓	dì	都歷切。
瓅	lì	郎擊切。
玭	pín	步因切。
珕	lì	郎計切。
珧	yáo	余昭切。
玫	méi	莫桮切。
瑰	guī	公回切。
璣	jī	居衣切。
琅	láng	魯當切。
玕	gān	古寒切。
珊	shān	穌干切。
瑚	hú	戶吳切。
珋	liú	力求切。
琀	hán	胡紺切。
[illegible]	yǒu	以周切。
璗	dàng	徒朗切。
靈	líng	郎丁切。
珈	jiā	古牙切。
璩	qú	彊魚切。
琖	zhǎn	阻限切。
琛	chēn	丑林切。
璫	dāng	都郎切。
琲	bèi	普乃切。
珂	kē	苦何切。
玘	qǐ	去里切。
珝	xǔ	況主切。
璀	cuǐ	七罪切。
璨	càn	倉案切。
琡	chù	昌六切。
瑄	xuān	須緣切。
珙	gǒng	拘竦切。
玨	jué	古岳切。
班	bān	布還切。

𤤴	fú	房六切。
气	qì	去既切。
氛	fēn	符分切。
士	shì	鉏里切。
壻	xù	穌計切。
壯	zhuàng	側亮切。
壿	cūn	慈損切。
丨	gǔn	古本切。
中	zhōng	陟弓切。
於	chǎn	丑善切。
屮	chè	丑列切。
屯	zhūn	陟倫切。
每	měi	武罪切。
毒	dú	徒沃切。
⿱屮分	fēn	撫文切。
⿱屮六	lù	力竹切。
熏	xūn	許云切。
艸	cǎo	倉老切。
莊	zhuāng	側羊切。
蓏	luǒ	郎果切。
芝	zhī	止而切。
萐	shà	士洽切。
莆	fǔ	方矩切。
虋	mén	莫奔切。
荅	dá	都合切。
萁	qí	渠之切。
藿	huò	虛郭切。
莥	niǔ	敕久切。
蓈	láng	魯當切。
莠	yǒu	与久切。
萉	fèi	房未切。
芓	zì	疾吏切。
⿱艹異	yì	羊吏切。
蘇	sū	素孤切。
荏	rěn	如甚切。
苵	shǐ	失匕切。
⿱艹豈	qǐ	驅喜切。
葵	kuí	彊惟切。
薑	jiāng	居良切。
蓼	liǎo	盧鳥切。
蒩	zǔ	則古切。
⿱艹豦	qú	彊魚切。
薇	wēi	無非切。
蓶	wéi	以水切。
菦	qín	巨巾切。
⿱艹釀	niàng	女亮切。
莧	xiàn	矦澗切。
芋	yù	王遇切。
莒	jǔ	居許切。
蘧	qú	彊魚切。
菊	jú	居六切。
葷	hūn	許云切。
蘘	ráng	汝羊切。
菁	jīng	子盈切。
蘆	lú	落乎切。
菔	fú	蒲北切。
苹	píng	符兵切。
茞	chén	稹鄰切。
蘋	pín	符眞切。
藍	lán	魯甘切。
藼	xuān	況袁切。
营	qiōng	去弓切。
藭	qióng	渠弓切。
蘭	lán	落干切。
葌	jiān	古顏切。
葰	suī	息遺切。
芄	wán	胡官切。
虈	xiāo	許嬌切。
蘺	lí	呂之切。
茝	chǎi	昌改切。
蘪	méi	靡爲切。
薰	xūn	許云切。
䓯	dú	徒沃切。
萹	biān	方沔切。
茿	zhú	陟玉切。
藒	qiè	去謁切。
芞	qì	去訖切。
苺	měi	武辠切。
茖	gé	古額切。
苷	gān	古三切。
芧	zhù	直呂切。
藎	jìn	徐刃切。
蒁	shù	食聿切。
荵	rěn	而軫切。
萇	cháng	直良切。
薊	jì	古詣切。
荲	lí	里之切。
藋	diào	徒弔切。
芨	jī	居立切。
葥	jiàn	子賤切。
蔞	mòu	莫候切。
蓩	mǎo	亡考切。
蓡	shēn	山林切。
虊	luán	洛官切。
⿱艹戾	lì	郎計切。
荍	qiáo	渠遙切。
⿱艹毗	pí	房脂切。
萭	yǔ	王矩切。
荑	tí	杜兮切。
薛	xuē	私列切。
苦	kǔ	康杜切。
菩	bèi	步乃切。
蔷	yì	於力切。
茅	máo	莫交切。
菅	jiān	古顏切。
蘄	qí	渠支切。
莞	guān	胡官切。
藺	lìn	良刃切。
蒢	chú	直魚切。
蒲	pú	薄胡切。
蒻	ruò	而灼切。
⿱艹滲	shēn	式箴切。
蓷	tuī	他回切。
萑	zhuī	職追切。
茥	guī	苦圭切。
莙	jùn	渠殞切。
萈	huán	胡官切。
蒚	lì	力的切。
苢	yǐ	羊止切。
蕁	tán	徒含切。
⿱艹毄	jī	古歷切。
蓲	qiū	去鳩切。
⿱艹固	gù	古慕切。

[illegible] gàn 古案切。
藷 zhū 章魚切。
蔗 zhè 之夜切。
薴 níng 女庚切。
[illegible] sì 斯義切。
[illegible] zhōng 陟宮切。
萯 fù 房九切。
芺 ǎo 烏皓切。
[illegible] xián 胡田切。
[illegible] yòu 于救切。
莩 fú 芳無切。
蔩 yín 翼眞切。
荓 píng 薄經切。
蕕 yóu 以周切。
荌 àn 烏旰切。
藄 qí 渠之切。
莃 xī 香衣切。
[illegible] méng 莫中切。
蕧 fù 房六切。
苓 líng 郎丁切。
[illegible] gòng 古送切。
又古禫切。
藑 qióng 渠營切。
蔔 fù 方布切。
葍 fú 方六切。
蓨 tiáo 徒聊切。
又湯彫切。
苖 dí 徒歷切。
又他六切。
[illegible] tāng 楮羊切。
薁 yù 於六切。
葴 zhēn 職深切。
[illegible] lǔ 郎古切。
[illegible] kuǎi 苦怪切。
蔞 lóu 力朱切。
藟 lěi 力軌切。
蒬 yuān 於元切。
茈 zǐ 將此切。
藐 mò 莫覺切。
萴 cè 阻力切。
蒐 sōu 所鳩切。

茜 qiàn 倉見切。
蕼 sì 息利切。
薜 bì 蒲計切。
莣 wáng 武方切。
苞 bāo 布交切。
艾 ài 五蓋切。
蔁 zhāng 諸良切。
芹 qín 巨巾切。
薽 zhēn 側鄰切。
蔦 niǎo 都了切。
芸 yún 王分切。
[illegible] cè 麤最切。
葎 lǜ 呂戌切。
茦 cì 楚革切。
萿 guā 古活切。
葑 fēng 府容切。
薺 cí 疾咨切。
又徂礼切。
莿 cì 七賜切。
董 dǒng 多動切。
蘻 jì 古詣切。
[illegible] sǎo 蘇老切。
苄 hù 侯古切。
薟 liǎn 良冉切。
菳 qín 具今切。
芩 qín 巨今切。
藨 biāo 平表切。
虉 yì 五狄切。
蔆 líng 力膺切。
芰 jì 奇記切。
薢 xiè 胡買切。
茩 gòu 胡口切。
芡 qiàn 巨險切。
蘜 jú 居六切。
蘥 yuè 以勺切。
藗 sù 桑谷切。
[illegible] sī 息夷切。
蒹 jiān 古恬切。
薍 wàn 五患切。
[illegible] tǎn 土敢切。
薕 lián 力鹽切。

薠 fán 附袁切。
茚 áng 五剛切。
[illegible] yé 以遮切。
芀 tiáo 徒聊切。
茢 liè 良辥切。
菡 hàn 胡感切。
[illegible] dàn 徒感切。
蓮 lián 洛賢切。
茄 jiā 古牙切。
荷 hé 胡哥切。
蔤 mì 美必切。
蕅 ǒu 五厚切。
蘢 lóng 盧紅切。
蓍 shī 式脂切。
菣 qìn 去刃切。
莪 é 五何切。
蘿 luó 魯何切。
菻 lǐn 力稔切。
蔚 wèi 於胃切。
蕭 xiāo 蘇彫切。
萩 qiū 七由切。
芍 xiào 胡了切。
蔪 jiǎn 昨先切。
蔿 wěi 于鬼切。
[illegible] chén 直深切。
蘜 jú 居六切。
蘠 qiáng 賤羊切。
芪 qí 常之切。
菀 wǎn 於阮切。
莔 méng 武庚切。
[illegible] zhú 直律切。
蓂 mì 莫歷切。
菋 wèi 无沸切。
荎 chí 直尼切。
藸 chú 直魚切。
葛 gé 古達切。
蔓 màn 無販切。
[illegible] gāo 古勞切。
莕 xìng 何梗切。
菨 jiē 子葉切。
[illegible] kūn 古渾切。

芫 yuán 愚袁切。
蘦 líng 郎丁切。
蕛 tí 大兮切。
苵 dié 徒結切。
艼 tīng 天經切。
蔣 jiāng 子良切。
又即兩切。
苽 gū 古胡切。
蒍 yù 余六切。
蘢 bēi 符羈切。
蘸 rán 如延切。
莨 láng 魯當切。
葽 yāo 於消切。
薖 kē 苦禾切。
菌 jùn 渠殞切。
蕈 xùn 慈衽切。
萸 ruǎn 而兖切。
葚 shèn 常衽切。
蒟 jǔ 俱羽切。
芘 pí 房脂切。
蕣 shùn 舒閏切。
萸 yú 羊朱切。
茱 zhū 市朱切。
茮 jiāo 子寮切。
莍 qiú 巨鳩切。
荆 jīng 舉卿切。
菭 tái 徒哀切。
芽 yá 五加切。
萌 méng 武庚切。
茁 zhuó 鄒滑切。
莖 jīng 戶耕切。
莛 tíng 特丁切。
葉 yè 与涉切。
蔮 jì 居例切。
芣 fú 縛牟切。
葩 pā 普巴切。
芛 wěi 羊捶切。
蘳 huà 乎瓦切。
蔈 biāo 方小切。
英 yīng 於京切。
薾 ěr 兒氏切。
萋 qī 七稽切。
菶 běng 補蠓切。
薿 nǐ 魚己切。
蕤 ruí 儒隹切。
葼 zōng 子紅切。
荶 yí 弋支切。
蒝 yuán 愚袁切。
莢 jiá 古叶切。
芒 máng 武方切。
蔿 wéi 羊捶切。
蔕 dì 都計切。
荄 gāi 古哀切。
又古諧切。
苭 yǔn 于敏切。
茇 bá 北末切。
芃 péng 房戎切。
蕧 fū 方遇切。
蓻 zí 姊入切。
莃 yín 語斤切。
茂 mào 莫候切。
蘛 chàng 丑亮切。
蔭 yìn 於禁切。
蒧 chòu 初救切。
茲 zī 子之切。
蔋 dí 徒歷切。
蔚 xiāo 許嬌切。
蔇 jì 居味切。
薋 cí 疾茲切。
蓁 zhēn 側詵切。
莦 shāo 所交切。
芮 ruì 而銳切。
茬 chí 仕甾切。
薈 huì 烏外切。
萩 mào 莫候切。
芼 mào 莫抱切。
蒼 cāng 七岡切。
葻 lán 盧含切。
萃 cuì 秦醉切。
蒔 shì 時吏切。
苗 miáo 武鑣切。
苛 kē 乎哥切。
蕪 wú 武扶切。
薉 huì 於廢切。
荒 huāng 呼光切。
蕽 níng 女庚切。
䔩 zhēng 側莖切。
落 luò 盧各切。
蔽 bì 必袂切。
蘀 tuò 它各切。
薀 yùn 於粉切。
蔫 yān 於乾切。
菸 yū 央居切。
藀 yíng 於營切。
蔡 cài 蒼大切。
茷 fá 符發切。
菜 cài 蒼代切。
茻 ér 如之切。
芝 fàn 匹凡切。
薄 bó 旁各切。
苑 yuàn 於阮切。
藪 sǒu 蘇后切。
菑 zī 側詞切。
蘨 yáo 余招切。
薙 tì 他計切。
莱 lèi 盧對切。
蔌 zhì 陟利切。
蘄 jiàn 慈冉切。
茀 fú 分勿切。
苾 bì 毗必切。
蔎 shè 識列切。
芳 fāng 敷方切。
蕡 fén 浮分切。
藥 yào 以勺切。
麗 lí 呂支切。
蓆 xí 祥易切。
芟 shān 所銜切。
荐 jiàn 在甸切。
藉 jiè 慈夜切。
又秦昔切。
蒩 zū 子余切。
蕝 jué 子說切。
茨 cí 疾茲切。

葺 qì 七入切。
蓋 gài 古太切。
苫 shān 失廉切。
藹 ài 於蓋切。
蓲 qū 區勿切。
藩 fān 甫煩切。
菹 zū 側魚切。
荃 quán 此緣切。
蔬 kù 苦步切。
䕡 lán 魯甘切。
菧 zhī 直宜切。
蓩 lǎo 盧皓切。
藙 yì 魚既切。
莘 zǐ 阻史切。
若 ruò 而灼切。
蓴 tuán 常倫切。
茵 zhì 直例切。
蕁 zǔn 慈損切。
莜 diào 徒弔切。
萆 pì 扶歷切。
蓵 chí 是支切。
苴 jū 子余切。
蘆 cū 倉胡切。
蕢 kuì 求位切。
蔓 qǐn 七朕切。
茵 yīn 於眞切。
芻 chú 叉愚切。
茭 jiāo 古肴切。
荹 bù 薄故切。
茹 rú 人庶切。
莝 cuò 麤臥切。
萎 wèi 於僞切。
蔌 cè 楚革切。
莔 qū 丘玉切。
蔟 cù 千木切。
苣 jù 其呂切。
蕘 ráo 如昭切。
薪 xīn 息鄰切。
蒸 zhēng 煑仍切。
蕉 jiāo 即消切。
菌 shǐ 式視切。

薶 mái 莫皆切。
蔆 shān 失廉切。
菥 shé 食列切。
卉 huì 許偉切。
艽 qiú 巨鳩切。
蒜 suàn 蘇貫切。
芥 jiè 古拜切。
蔥 cōng 倉紅切。
藿 yù 余六切。
蕇 diǎn 多殄切。
苟 gǒu 古厚切。
蕨 jué 居月切。
莎 suō 蘇禾切。
蓱 píng 薄經切。
堇 jǐn 居隱切。
菲 fěi 芳尾切。
芴 wù 文弗切。
虉 hàn 呼旰切。
萑 huán 胡官切。
葦 wěi 于鬼切。
葭 jiā 古牙切。
萊 lái 洛哀切。
荔 lì 郎計切。
蒙 méng 莫紅切。
藻 zǎo 子皓切。
菉 lù 力玉切。
曹 cáo 昨牢切。
菡 yóu 以周切。
蕉 qiáo 昨焦切。
菩 wú 吾乎切。
范 fàn 房㕮切。
艿 réng 如乘切。
茻 xuè 呼決切。
萄 táo 徒刀切。
芑 qǐ 驅里切。
蕒 xù 似足切。
苳 dōng 都宗切。
薔 sè 所力切。
苕 tiáo 徒聊切。
楙 mào 莫厚切。
萺 mào 莫報切。

茆 mǎo 力久切。
荼 tú 同都切。
蘩 fán 附袁切。
蒿 hāo 呼毛切。
蓬 péng 薄紅切。
藜 lí 郎奚切。
蘬 kuī 驅歸切。
葆 bǎo 博褒切。
蕃 fán 甫煩切。
茸 róng 而容切。
葏 jiān 子僊切。
叢 cóng 徂紅切。
草 zào 自保切。
菆 zōu 側鳩切。
蓄 xù 丑六切。
萅 chūn 昌純切。
菰 gū 古狐切。
菿 dào 都盜切。
芙 fú 方無切。
蓉 róng 余封切。
薳 wěi 韋委切。
荀 xún 相倫切。
莋 zuó 在各切。
蓀 sūn 思渾切。
蔬 shū 所菹切。
芊 qiān 倉先切。
茗 míng 莫迥切。
薌 xiāng 許良切。
藏 cáng 昨郎切。
蕆 chǎn 丑善切。
蘸 zhàn 斬陷切。
蓐 rù 而蜀切。
薅 hāo 呼毛切。
茻 mǎng 模朗切。
莫 mù 莫故切。
又慕各切。
莽 mǎng 謀朗切。
葬 zàng 則浪切。
小 xiǎo 私兆切。
少 shǎo 書沼切。
八 jié 子結切。

八	bā	博拔切。
分	fēn	甫文切。
尒	ěr	兒氏切。
曾	zēng	昨棱切。
尚	shàng	時亮切。
㒸	suì	徐醉切。
詹	zhān	職廉切。
介	jiè	古拜切。
㓁	bié	兵列切。
公	gōng	古紅切。
必	bì	卑吉切。
余	yú	以諸切。
釆	biàn	蒲莧切。
番	fán	附袁切。
宷	shěn	式荏切。
悉	xī	息七切。
釋	shì	賞職切。
半	bàn	博幔切。
胖	pàn	普半切。
叛	pàn	薄半切。
牛	niú	語求切。
牡	mǔ	莫厚切。
犅	gāng	古郎切。
特	tè	徒得切。
牝	pìn	毗忍切。
犢	dú	徒谷切。
牬	bèi	博蓋切。
犙	sān	穌含切。
牭	sì	息利切。
犗	jiè	古拜切。
牻	máng	莫江切。
⿰牜京	liáng	呂張切。
犡	lì	洛帶切。
⿰牜余	tú	同都切。
犖	luò	呂角切。
⿰牜寽	liè	力輟切。
⿰牜平	pēng	普耕切。
犥	piāo	補嬌切。
犉	rún	如均切。
⿰牜隺	yuè	五角切。
⿰牜畺	jiāng	居良切。

⿰牜攴	tāo	土刀切。
犨	chōu	赤周切。
牟	móu	莫浮切。
⿰牜產	chǎn	所簡切。
牲	shēng	所庚切。
牷	quán	疾緣切。
牽	qiān	苦堅切。
牿	gù	古屋切。
牢	láo	魯刀切。
犓	chú	測愚切。
犪	rǎo	而沼切。
犕	bèi	平祕切。
犂	lí	郎奚切。
⿱非牛	fèi	非尾切。
⿰牜壽	tāo	徒刀切。
牴	dǐ	都禮切。
⿱衛牛	wèi	于歲切。
⿱臤牛	qiǎn	喫善切。
牼	kēng	口莖切。
⿰牜今	jìn	巨禁切。
犀	xī	先稽切。
牣	rèn	而震切。
物	wù	文弗切。
犧	xī	許羈切。
犍	jiān	居言切。
犝	tóng	徒紅切。
犛	lí	莫交切。
氂	máo	里之切。
斄	lái	洛哀切。
告	gào	古奧切。
嚳	kù	苦沃切。
口	kǒu	苦后切。
噭	jiào	古弔切。
噣	zhòu	陟救切。
喙	huì	許穢切。
吻	wěn	武粉切。
嚨	lóng	盧紅切。
喉	hóu	乎鉤切。
噲	kuài	苦夬切。
吞	tūn	土根切。
咽	yān	烏前切。

嗌	yì	伊昔切。
喗	yǔn	牛殞切。
哆	chǐ	丁可切。
呱	gū	古乎切。
啾	jiū	卽由切。
喤	huáng	乎光切。
咺	xuǎn	況晚切。
唴	qiàng	丘尚切。
咷	táo	徒刀切。
喑	yīn	於今切。
⿰口疑	yì	魚力切。
咳	hái	戶來切。
嗛	xián	戶監切。
咀	jǔ	慈呂切。
啜	chuò	昌說切。
⿰口集	jí	子入切。
嚌	jì	在詣切。
噍	jiào	才肖切。 又才爵切。
吮	shǔn	徂沇切。
⿰口率	shuì	所劣切。
嚵	chán	士咸切。
噬	shì	時制切。
啗	dàn	徒濫切。
嘰	jī	居衣切。
⿰口尃	bó	補各切。
含	hán	胡男切。
哺	bǔ	薄故切。
味	wèi	無沸切。
嚛	hù	火沃切。
⿱叕口	zhuó	丁滑切。
噫	ǎi	於介切。
嘽	tān	他干切。
唾	tuò	湯臥切。
咦	yí	以之切。
呬	xì	虛器切。
喘	chuǎn	昌沇切。
呼	hū	荒烏切。
吸	xī	許及切。
嘘	xū	朽居切。
吹	chuī	昌垂切。

喟 kuì 丘貴切。
啍 tūn 他昆切。
嚏 tì 都計切。
嗴 zhì 之日切。
唫 jìn 巨錦切。又牛音切。
噤 jìn 巨禁切。
名 míng 武并切。
吾 wú 五乎切。
哲 zhé 陟列切。
君 jūn 舉云切。
命 mìng 眉病切。
咨 zī 即夷切。
召 zhào 直少切。
問 wèn 亡運切。
唯 wěi 以水切。
唱 chàng 尺亮切。
和 hè 戶戈切。
咥 xì 許既切。又直結切。
啞 è 於革切。
噱 jué 其虐切。
唏 xī 虛豈切。
听 yǐn 宜引切。
呭 yì 余制切。
嘄 jiāo 古堯切。
咄 duō 當沒切。
唉 āi 烏開切。
哉 zāi 祖才切。
噂 zǔn 子損切。
咠 qì 七入切。
呷 xiā 呼甲切。
嘒 huì 呼惠切。
嘫 rán 如延切。
唪 běng 方蠓切。
嗔 tián 待年切。
嘌 piāo 撫招切。
嘑 hū 荒烏切。
喅 yù 余六切。
嘯 xiào 穌弔切。
台 yí 與之切。
嗂 yáo 余招切。
启 qǐ 康禮切。
嗿 tǎn 他感切。
咸 xián 胡監切。
呈 chéng 直貞切。
右 yòu 于救切。
啻 chì 施智切。
吉 jí 居質切。
周 zhōu 職畱切。
唐 táng 徒郎切。
𠷎 chóu 直由切。
嘾 dàn 徒感切。
噎 yē 烏結切。
嗢 wà 烏沒切。
哯 xiàn 胡典切。
吐 tǔ 他魯切。
噦 yuē 於月切。
咈 fú 符弗切。
嚘 yōu 於求切。
吃 jī 居乙切。
嗜 shì 常利切。
啖 dàn 徒敢切。
哽 gěng 古杏切。
嘐 xiāo 古肴切。
啁 zhāo 陟交切。
哇 wā 於佳切。
咅 è 五葛切。
吺 dōu 當侯切。
呧 dǐ 都禮切。
呰 zǐ 將此切。
嗻 zhè 之夜切。
唊 jiá 古叶切。
嗑 kè 候榼切。
嗙 bēng 補盲切。
噧 xiè 訶介切。
叴 qiú 巨鳩切。
嘮 chāo 敕交切。
呶 náo 女交切。
叱 chì 昌栗切。
噴 pēn 普魂切。
吒 zhà 陟駕切。
噊 yù 余律切。
啐 cuì 七外切。
唇 zhēn 側鄰切。
吁 xū 況于切。
嘵 xiāo 許么切。
嘖 zé 士革切。
嗷 áo 五牢切。
唸 diàn 都見切。
吚 xī 馨伊切。
嚴 yán 五銜切。
呻 shēn 失人切。
吟 yín 魚音切。
嗞 zī 子之切。
哤 máng 莫江切。
叫 jiào 古弔切。
嘅 kài 苦蓋切。
唌 xián 夕連切。
嘆 tàn 他案切。
喝 yè 於介切。
哨 shào 才肖切。
吪 é 五禾切。
噆 cǎn 子荅切。
吝 lìn 良刃切。
各 gè 古洛切。
否 fǒu 方九切。
唁 yàn 魚變切。
哀 āi 烏開切。
嗁 tí 杜兮切。
嗀 hù 許角切。
咼 kuā 苦媧切。
𠻫 jì 前歷切。
嗼 mò 莫各切。
𠯑 guā 古活切。
嗾 sǒu 穌奏切。
吠 fèi 符廢切。
咆 páo 薄交切。
嗥 háo 乎刀切。
喈 jiē 古諧切。
哮 xiāo 許交切。
喔 wō 於角切。
呝 è 烏格切。

咮	zhòu	章俱切。
嚶	yīng	烏莖切。
啄	zhuó	竹角切。
唬	xiāo	呼訏切。
呦	yōu	伊虯切。
噳	yǔ	魚矩切。
喁	yóng	魚容切。
局	jú	渠綠切。
㕣	yǎn	以轉切。
哦	é	五何切。
嗃	hè	呼各切。
售	shòu	承臭切。
噞	yǎn	魚檢切。
唳	lì	郎計切。
喫	chī	苦擊切。
喚	huàn	呼貫切。
咍	hāi	呼來切。
嘲	cháo	陟交切。
呀	xiā	許加切。
凵	kǎn	口犯切。
吅	xuān	況袁切。
𢿌	níng	女庚切。
嚴	yán	語杴切。
咢	è	五各切。
單	dān	都寒切。
㖊	zhōu	之六切。
哭	kū	苦屋切。
喪	sàng	息郎切。
走	zǒu	子苟切。
趨	qū	七逾切。
赴	fù	芳遇切。
趣	qù	七句切。
超	chāo	敕宵切。
趫	qiāo	去囂切。
赳	jiū	居黝切。
越	qí	巨之切。
趮	zào	則到切。
趯	yuè	以灼切。
蹶	jué	居月切。
越	yuè	王伐切。
趁	chèn	丑刃切。
邅	zhān	張連切。
趞	què	七雀切。
趬	qiāo	牽遙切。
趑	xián	胡田切。
趀	cī	取私切。
趮	piāo	撫招切。
趣	qǐn	弃忍切。
趙	qiū	千牛切。
趨	zhú	之欲切。
趣	jiàng	疾亮切。
趨	xún	祥遵切。
趨	jié	古屑切。
趣	yǔn	丘忿切。
趖	suō	蘇和切。
趨	xiàn	許建切。
趨	biān	布賢切。
趨	zhí	直質切。
趙	yòu	于救切。
趨	wǔ	安古切。
趯	qú	其俱切。
蹇	qiān	九輦切。
趀	cāi	倉才切。
越	cǐ	雌氏切。
趵	qióng	渠營切。
趨	yú	余呂切。
起	qǐ	墟里切。
趕	hái	戶來切。
趨	xiòng	香仲切。
趁	yǐn	牛錦切。
趌	jí	去吉切。
趨	jié	居謁切。
趯	xuān	況袁切。
趌	jí	魚訖切。
趯	yì	與職切。
趹	jué	古穴切。
趯	chì	丑亦切。
趆	dī	都禮切。
趍	chí	直离切。
趙	zhào	治小切。
赾	qǐn	丘堇切。
趨	jú	居聿切。
趠	chuò	敕角切。
趨	yuè	以灼切。
趯	jué	丘縛切。
趨	chì	丑例切。
趨	jī	居衣切。
趨	fú	敷勿切。
趨	jú	余律切。
趨	mán	莫還切。
趉	jué	瞿勿切。
趨	jú	居六切。
趀	cī	取私切。
趄	jū	七余切。
趨	qiān	去虔切。
趯	quán	巨員切。
趨	lù	力玉切。
趨	qūn	七倫切。
趚	qì	資昔切。
趌	kuǐ	丘弭切。
趨	chí	直离切。
趨	bó	朋北切。
趄	chě	車者切。
趯	lì	郎擊切。
趡	cuǐ	千水切。
趄	yuán	羽元切。
趨	diān	都年切。
趨	yǒng	余隴切。
趕	bì	卑吉切。
趨	jiàn	藏監切。
趧	tí	都兮切。
趒	tiáo	徒遼切。
赶	qián	巨言切。
止	zhǐ	諸市切。
歱	zhǒng	之隴切。
堂	chēng	丑庚切。
峙	chí	直离切。
歫	jù	其呂切。
前	qián	昨先切。
歷	lì	郎擊切。
歜	chù	昌六切。
壁	bì	必益切。
歸	guī	舉韋切。

疌	jié	疾葉切。
𡳿	niè	尼輒切。
少	tà	他達切。
歰	sè	色立切。
癶	bō	北末切。
登	dēng	都滕切。
𤼵	bá	普活切。
步	bù	薄故切。
歲	suì	相鋭切。
此	cǐ	雌氏切。
啙	zǐ	將此切。
㭰	zuǐ	遵誄切。
些	suò	蘇箇切。
正	zhèng	之盛切。
乏	fá	房法切。
是	shì	承旨切。
韙	wěi	于鬼切。
尟	xiǎn	酥典切。
辵	chuò	丑略切。
迹	jī	資昔切。
䢩	huì	胡蓋切。
⿺辶率	shuài	疏密切。
邁	mài	莫話切。
巡	xún	詳遵切。
⿺辶殷	jiù	居又切。
辻	tú	同都切。
邎	yóu	以周切。
延	zhēng	諸盈切。
隨	suí	旬爲切。
⿺辶巿	bó	蒲撥切。
迋	wàng	于放切。
逝	shì	時制切。
⿺辶且	cú	全徒切。
述	shù	食聿切。
遵	zūn	將倫切。
適	shì	施隻切。
過	guò	古禾切。
遦	guàn	工患切。
⿺辶賣	dú	徒谷切。
進	jìn	卽刃切。
造	zào	七到切。
逾	yú	羊朱切。
遝	tà	徒合切。
⿺辶合	hé	侯閤切。
迮	zé	阻革切。
逪	cuò	倉各切。
遄	chuán	市緣切。
速	sù	桑谷切。
迅	xùn	息進切。
适	kuò	古活切。
逆	nì	宜戟切。
迎	yíng	語京切。
这	jiāo	古肴切。
遇	yù	牛具切。
遭	zāo	作曹切。
遘	gòu	古候切。
逢	féng	符容切。
遌	è	五各切。
迪	dí	徒歷切。
遞	dì	特計切。
通	tōng	他紅切。
⿺辶止	xǐ	斯氏切。
迻	yí	弋支切。
遷	qiān	七然切。
運	yùn	王問切。
遁	dùn	徒困切。
遜	xùn	蘇困切。
返	fǎn	扶版切。
還	huán	戶關切。
選	xuǎn	思沇切。
送	sòng	蘇弄切。
遣	qiǎn	去衍切。
邐	lǐ	力紙切。
逮	dài	徒耐切。
遲	chí	直尼切。
邌	lí	郎奚切。
遰	dì	特計切。
⿺辶肙	yuān	烏玄切。
⿺辶尌	zhù	中句切。
逗	dòu	田候切。
迟	qì	綺戟切。
逶	wēi	於爲切。
迆	yǐ	移尔切。
遹	yù	余律切。
避	bì	毗義切。
違	wéi	羽非切。
遴	lìn	良刃切。
逡	qūn	七倫切。
⿺辶氐	dǐ	都禮切。
達	dá	徒葛切。
逯	lù	盧谷切。
迵	dòng	徒弄切。
迭	dié	徒結切。
迷	mí	莫兮切。
連	lián	力延切。
逑	qiú	巨鳩切。
⿺辶貝	bài	薄邁切。
逭	huàn	胡玩切。
遯	dùn	徒困切。
逋	bū	博孤切。
遺	yí	以追切。
遂	suì	徐醉切。
逃	táo	徒刀切。
追	zhuī	陟隹切。
逐	zhú	直六切。
逎	qiú	字秋切。
近	jìn	渠遴切。
邋	liè	良涉切。
迫	pò	博陌切。
⿺辶臸	rì	人質切。
邇	ěr	兒氏切。
遏	è	烏割切。
遮	zhē	止車切。
⿺辶羨	yàn	于線切。
迣	zhì	征例切。
迾	liè	良辥切。
迀	gān	古寒切。
⿺辶侃	qiān	去虔切。
遱	lóu	洛侯切。
⿺辶巿	zhì	北末切。
⿺辶枷	jiā	古牙切。
⿺辶戉	yuè	王伐切。
逞	chěng	丑郢切。

遼	liáo	洛蕭切。
遠	yuǎn	雲阮切。
逖	tì	他歷切。
迥	jiǒng	戶穎切。
逴	chuò	敕角切。
迂	yū	憶俱切。
⿺辶聿	jiān	子僊切。
邍	yuán	愚袁切。
道	dào	徒皓切。
遽	jù	其倨切。
迒	háng	胡郎切。
⿺辶弔	dì	都歷切。
邊	biān	布賢切。
邂	xiè	胡懈切。
逅	hòu	胡遘切。
遑	huáng	胡光切。
逼	bī	彼力切。
邈	miǎo	莫角切。
遐	xiá	胡加切。
迄	qì	許訖切。
迸	bèng	北諍切。
透	tòu	他候切。
邏	luó	郎左切。
迢	tiáo	徒聊切。
逍	xiāo	相邀切。
遙	yáo	余招切。
彳	chì	丑亦切。
德	dé	多則切。
徑	jìng	居正切。
復	fù	房六切。
⿰彳柔	rǒu	人九切。
徎	chěng	丑郢切。
往	wǎng	于兩切。
忂	qú	其俱切。
彼	bǐ	補委切。
徼	jiào	古堯切。
循	xún	詳遵切。
彶	jí	居立切。
⿰彳歰	sà	穌合切。
微	wēi	無非切。
徥	shì	是支切。
徐	xú	似魚切。
⿰彳夷	yí	以脂切。
⿰彳甹	pīng	普丁切。
⿰彳夆	fēng	敷容切。
⿰彳戔	jiàn	慈衍切。
徬	bàng	蒲浪切。
徯	xī	胡計切。
待	dài	徒在切。
⿰彳由	dí	徒歷切。
徧	biàn	比薦切。
徦	jiǎ	古雅切。
⿰彳⿱日夂	tuì	他内切。
後	hòu	胡口切。
徲	tí	杜兮切。
很	hěn	胡懇切。
徸	zhǒng	之隴切。
得	dé	多則切。
徛	jì	去奇切。
⿰彳勻	xùn	詞閏切。
律	lǜ	呂戌切。
御	yù	牛據切。
亍	chù	丑玉切。
廴	yǐn	余忍切。
廷	tíng	特丁切。
⿺廴正	zhēng	諸盈切。
建	jiàn	居萬切。
㢟	chān	丑連切。
延	yán	以然切。
行	xíng	戶庚切。
術	shù	食聿切。
街	jiē	古膎切。
衢	qú	其俱切。
衝	chōng	昌容切。
衕	tóng	徒弄切。
⿴行戔	jiàn	才綫切。
衙	yú	魚舉切。
衎	kàn	空旱切。
衒	xuàn	黃絢切。
⿴行率	shuài	所律切。
衞	wèi	于歲切。
齒	chǐ	昌里切。
齗	yín	語斤切。
齔	chèn	初堇切。
⿰齒責	zé	士革切。
齜	chái	仕街切。
齘	xiè	胡介切。
⿰齒只	yǎn	研繭切。
⿰齒兼	yàn	五銜切。
齺	zōu	側鳩切。
齵	óu	五婁切。
齇	zhā	側加切。
齱	zōu	側鳩切。
齹	cī	楚宜切。
⿱坐齒	cuó	昨何切。
齤	quán	巨員切。
齳	yǔn	魚吻切。
齾	yà	五鎋切。
⿰齒巨	jù	區主切。
齯	ní	五雞切。
齮	yǐ	魚綺切。
⿰齒出	zhí	仕乙切。
齰	zé	側革切。
⿰齒咸	jiān	工咸切。
齦	kěn	康很切。
⿰齒干	yǎn	五版切。
⿰齒卒	zú	昨沒切。
⿰齒剌	là	盧達切。
齩	yǎo	五巧切。
⿰骨齒	qiè	千結切。
⿰齒吉	xiá	赫鎋切。
⿰齒豈	ái	五來切。
齝	chī	丑之切。
齕	hé	戶骨切。
⿱䜌齒	lián	力延切。
齧	niè	五結切。
齭	chǔ	創舉切。
齨	jiù	其久切。
齬	yǔ	魚舉切。
齛	xiè	私列切。
齸	yì	伊昔切。
⿰齒至	zhì	陟栗切。
⿰齒骨	huá	戶八切。

⿰齒舌	kuò	古活切。
⿰齒尃	bó	補莫切。
齡	líng	郎丁切。
牙	yá	五加切。
𤘀	qī	去奇切。
𤘁	qǔ	區禹切。
足	zú	即玉切。
蹏	tí	杜兮切。
跟	gēn	古痕切。
踝	huái	胡瓦切。
跖	zhí	之石切。
踦	qī	去奇切。
跪	guì	去委切。
跽	jì	渠几切。
踧	dí	子六切。
躣	qú	其俱切。
踖	jí	資昔切。
踽	jǔ	區主切。
蹡	qiāng	七羊切。
躖	duàn	徒管切。
⿰𧾷卜	fù	芳遇切。
踰	yú	羊朱切。
⿰𧾷戉	yuè	王伐切。
蹻	qiāo	居勺切。
跾	shū	式竹切。
蹌	qiāng	七羊切。
踊	yǒng	余隴切。
躋	jī	祖雞切。
躍	yuè	以灼切。
跧	zhuān	莊緣切。
蹴	cù	七宿切。
躡	niè	尼輒切。
跨	kuà	苦化切。
蹋	tà	徒盍切。
踄	bó	旁各切。
蹈	dǎo	徒到切。
躔	chán	直連切。
踐	jiàn	慈衍切。
踵	zhǒng	之隴切。
踔	zhào	知教切。
蹛	dài	當蓋切。
蹩	bié	蒲結切。
踶	dì	特計切。
躛	wèi	于歲切。
⿱疊足	dié	徒叶切。
⿰𧾷氏	shì	承旨切。
蹢	zhí	直隻切。
躅	zhú	直録切。
踤	zú	昨沒切。
蹶	jué	居月切。
跳	tiào	徒遼切。
⿰𧾷辰	zhèn	側鄰切。
躇	chú	直魚切。
⿰𧾷弗	fú	敷勿切。
蹠	zhí	之石切。
踏	tà	他合切。
⿰𧾷䍃	yáo	余招切。
趿	sà	穌合切。
⿰𧾷貝	bèi	博蓋切。
躓	zhì	陟利切。
跲	jiá	居怯切。
跇	yì	丑例切。
蹎	diān	都年切。
跋	bá	北末切。
蹐	jí	資昔切。
跌	diē	徒結切。
踼	táng	徒郎切。
蹲	dūn	徂尊切。
踞	jù	居御切。
跨	kuà	苦化切。
躩	jué	丘縛切。
踣	bó	蒲北切。
跛	bǒ	布火切。
蹇	jiǎn	九輦切。
蹁	pián	部田切。
⿰𧾷癸	kuí	渠追切。
踒	wō	烏過切。
跣	xiǎn	穌典切。
跔	jū	其俱切。
⿰𧾷困	kǔn	苦本切。
距	jù	其呂切。
躧	xǐ	所綺切。
⿰𧾷叚	xiā	乎加切。
⿰𧾷非	fèi	扶味切。
跀	yuè	魚厥切。
趽	fàng	薄庚切。
趹	jué	古穴切。
趼	yàn	五甸切。
路	lù	洛故切。
蹸	lìn	良忍切。
跂	qí	巨支切。
躚	xiān	穌前切。
蹭	cèng	七鄧切。
蹬	dèng	徒亘切。
蹉	cuō	七何切。
跎	tuó	徒何切。
蹵	cù	子六切。
踸	chěn	丑甚切。
疋	shū	所菹切。
⿺疋𠫓	shū	所菹切。
⿺疋爻	shū	所菹切。
品	pǐn	丕飲切。
嵒	niè	尼輒切。
喿	zào	穌到切。
龠	yuè	以灼切。
龡	chuī	昌垂切。
⿰龠虒	chí	直离切。
龢	hé	戶戈切。
龤	xié	戶皆切。
冊	cè	楚革切。
嗣	sì	祥吏切。
扁	biǎn	方沔切。
㗊	jí	阻立切。
嚚	yín	語巾切。
囂	xiāo	許嬌切。
嘂	jiào	古弔切。
⿳吅雈吅	huàn	呼官切。
器	qì	去冀切。
舌	shé	食列切。
䑙	tà	他合切。
⿰舌易	shì	神旨切。
干	gān	古寒切。
𢆉	rěn	如審切。

屰	nì	魚戟切。
谷	jué	其虐切。
㐁	tiàn	他念切。
只	zhǐ	諸氏切。
䚷	xīng	呼形切。
㕯	nè	女滑切。
矞	yù	余律切。
商	shāng	式陽切。
句	gōu	古侯切。又九遇切。
拘	jū	舉朱切。
笱	gǒu	古厚切。
鉤	gōu	古侯切。
丩	jiū	居虯切。
𦊆	jiū	居虯切。
糾	jiū	居黝切。
古	gǔ	公戶切。
嘏	jiǎ	古雅切。
十	shí	是執切。
丈	zhàng	直兩切。
千	qiān	此先切。
肸	xì	羲乙切。
卙	jí	子入切。
博	bó	補各切。
㔹	lè	盧則切。
廿	niàn	人汁切。
𠦃	jí	秦入切。
卅	sà	蘇沓切。
世	shì	舒制切。
言	yán	語軒切。
譻	yīng	烏莖切。
謦	qǐng	去挺切。
語	yǔ	魚舉切。
談	tán	徒甘切。
謂	wèi	于貴切。
諒	liàng	力讓切。
詵	shēn	所臻切。
請	qǐng	七井切。
謁	yè	於歇切。
許	xǔ	虛呂切。
諾	nuò	奴各切。
譍	yìng	於證切。
讎	chóu	市流切。
諸	zhū	章魚切。
詩	shī	書之切。
讖	chèn	楚蔭切。
諷	fěng	芳奉切。
誦	sòng	似用切。
讀	dú	徒谷切。
𧥣	yì	於力切。
訓	xùn	許運切。
誨	huì	荒内切。
譔	zhuàn	此緣切。
譬	pì	匹至切。
謜	yuán	魚怨切。
詇	yàng	於亮切。
諭	yù	羊戍切。
詖	bì	彼義切。
諄	zhūn	章倫切。
謘	chí	直离切。
詻	è	五陌切。
誾	yín	語巾切。
謀	móu	莫浮切。
謨	mó	莫胡切。
訪	fǎng	敷亮切。
諏	jū	子于切。
論	lún	盧昆切。
議	yì	宜寄切。
訂	dìng	他頂切。
詳	xiáng	似羊切。
諟	shì	承旨切。
諦	dì	都計切。
識	shí	賞職切。
訊	xùn	思晉切。
詧	chá	楚八切。
謹	jǐn	居隱切。
訒	réng	如乘切。
諶	chén	是吟切。
信	xìn	息晉切。
訦	chén	是吟切。
誠	chéng	氏征切。
誡	jiè	古拜切。
誋	jì	渠記切。
諱	huì	許貴切。
誥	gào	古到切。
詔	zhào	之紹切。
誓	shì	時制切。
譣	xiǎn	息廉切。
詁	gǔ	公戶切。
藹	ǎi	於害切。
誎	sù	桑谷切。
諝	xū	私呂切。
証	zhèng	之盛切。
諫	jiàn	古晏切。
諗	shěn	式荏切。
課	kè	苦臥切。
試	shì	式吏切。
諴	xián	胡毚切。
䛂	yáo	余招切。
詮	quán	此緣切。
訢	xīn	許斤切。
說	shuō	失爇切。又弋雪切。
計	jì	古詣切。
諧	xié	戶皆切。
詥	hé	候閤切。
調	tiáo	徒遼切。
話	huà	胡快切。
諈	zhuì	竹寘切。
諉	wěi	女恚切。
警	jǐng	居影切。
謐	mì	彌必切。
謙	qiān	苦兼切。
誼	yì	儀寄切。
詡	xǔ	況羽切。
諓	jiàn	慈衍切。
誐	é	五何切。
詷	tóng	徒紅切。
設	shè	識列切。
護	hù	胡故切。
譞	xuān	許緣切。
誧	bū	博孤切。
諰	xǐ	胥里切。

託	tuō	他各切。
記	jì	居吏切。
譽	yù	羊茹切。
譒	bò	補過切。
謝	xiè	辝夜切。
謳	ōu	烏侯切。
詠	yǒng	爲命切。
諍	zhèng	側迸切。
⿰言乎	hū	荒烏切。
謼	hū	荒故切。
訖	qì	居迄切。
諺	yàn	魚變切。
訝	yà	吾駕切。
詣	yì	五計切。
講	jiǎng	古項切。
謄	téng	徒登切。
訒	rèn	而振切。
訥	nè	内骨切。
謯	jiē	側加切。
僖	xì	胡禮切。
譥	jiào	古弔切。
譊	náo	女交切。
謍	yíng	余傾切。
諎	zé	壯革切。
諛	yú	羊朱切。
讇	chǎn	丑琰切。
諼	xuān	況袁切。
謷	áo	五牢切。
訹	xù	思律切。
詑	tuó	託何切。
謾	mán	母官切。
譇	zhā	陟加切。
詐	zhà	鉏駕切。
謺	zhé	之涉切。
謰	lián	力延切。
謱	lóu	洛侯切。
詒	yí	與之切。
謲	càn	倉南切。
誑	kuáng	居況切。
譺	ài	五介切。
課	guà	古罵切。
訕	shàn	所晏切。
譏	jī	居衣切。
誣	wū	武扶切。
誹	fěi	敷尾切。
謗	bàng	補浪切。
譸	zhōu	張流切。
詶	chóu	市流切。
詛	zǔ	莊助切。
⿰言由	zhòu	直又切。
誃	chǐ	尺氏切。
誖	bèi	蒲沒切。
䜌	luán	呂員切。
誤	wù	五故切。
詿	guà	古賣切。
誒	xī	許其切。
譆	xī	火衣切。
⿰言自	huì	荒内切。
謧	lí	呂之切。
詍	yì	余制切。
訾	zǐ	將此切。
⿰言匋	táo	大牢切。
⿰言冄	nán	汝閻切。
⿰言遝	tà	他合切。
誻	tà	徒合切。
詽	yán	呼堅切。
讗	xié	呼麥切。
訇	hōng	虎横切。
諞	piǎn	部田切。
⿱頻言	pín	符眞切。
⿰言口	kòu	苦后切。
誽	nì	女家切。
誂	tiǎo	徒了切。
譄	zēng	作滕切。
詄	dié	徒結切。
諅	jì	渠記切。
譀	hàn	下闞切。
誇	kuā	苦瓜切。
誕	dàn	徒旱切。
⿰言萬	mài	莫話切。
謔	xuè	虚約切。
詪	hěn	乎懇切。
訌	hòng	戶工切。
⿰言賁	huì	胡對切。
⿰言歲	huì	呼會切。
諣	huà	呼卦切。
⿰言魋	tuí	杜回切。
譟	zào	蘇到切。
訆	jiào	古弔切。
號	háo	乎刀切。
讙	huān	呼官切。
譁	huā	呼瓜切。
謣	yú	羽俱切。
譌	é	五禾切。
詿	guà	古賣切。
誤	wù	五故切。
謬	miù	靡幼切。
謊	huǎng	呼光切。
⿱暴言	bó	蒲角切。
訬	chāo	楚交切。
諆	qī	去其切。
譎	jué	古穴切。
詐	zhà	側駕切。
訏	xū	況于切。
⿱差言	jiē	子邪切。
讋	zhé	之涉切。
謵	xí	秦入切。
⿰言亞	wù	宛古切。
⿱隋言	huī	雖遂切。
⿰言闒	tà	徒盍切。
詾	xiōng	許容切。
訟	sòng	似用切。
謓	chēn	昌眞切。
讘	niè	之涉切。
訶	hē	虎何切。
⿰言𦣞	zhǐ	職雉切。
訐	jié	居謁切。
訴	sù	桑故切。
譖	zèn	莊蔭切。
讒	chán	士咸切。
譴	qiǎn	去戰切。
謫	zhé	陟革切。
諯	zhuān	尺絹切。

讓 ràng 人漾切。
譙 qiào 才肖切。
誎 cì 七賜切。
誶 suì 雖遂切。
詰 jié 去吉切。
謹 wàng 巫放切。
詭 guǐ 過委切。
證 zhèng 諸應切。
詘 qū 區勿切。
䛄 yuǎn 於願切。
詗 xiòng 朽正切。
讂 juàn 火縣切。
詆 dǐ 都禮切。
誰 shuí 示隹切。
諽 gé 古覈切。
讕 lán 洛干切。
診 zhěn 直刃切。
又之忍切。
[illegible] xī 先稽切。
訧 yóu 羽求切。
誅 zhū 陟輸切。
討 tǎo 他皓切。
諳 ān 烏含切。
讄 lěi 力軌切。
諡 shì 神至切。
誄 lěi 力軌切。
謑 xǐ 胡禮切。
詬 gòu 呼寇切。
諜 dié 徒叶切。
該 gāi 古哀切。
譯 yì 羊昔切。
訄 qiú 巨鳩切。
謚 yì 伊昔切。
又呼狄切。
譶 tà 徒合切。
詢 xún 相倫切。
讜 dǎng 多朖切。
譜 pǔ 博古切。
詎 jù 其呂切。
謏 xiǎo 先鳥切。
謎 mí 莫計切。

誌 zhì 職吏切。
訣 jué 古穴切。
誩 jìng 渠慶切。
譱 shàn 常衍切。
競 jìng 渠慶切。
讟 dú 徒谷切。
音 yīn 於今切。
響 xiǎng 許兩切。
韽 ān 恩甘切。
韶 sháo 市招切。
章 zhāng 諸良切。
竟 jìng 居慶切。
韻 yùn 王問切。
䇂 qiān 去虔切。
童 tóng 徒紅切。
妾 qiè 七接切。
丵 zhuó 士角切。
業 yè 魚怯切。
叢 cóng 徂紅切。
對 duì 都隊切。
菐 pú 蒲沃切。
僕 pú 蒲沃切。
𠔋 bān 布還切。
廾 gǒng 居竦切。
奉 fèng 扶隴切。
丞 chéng 署陵切。
奐 huàn 呼貫切。
弇 yǎn 古南切。
又一儉切。
𢍰 yì 羊益切。
畁 qí 渠記切。
异 yì 羊吏切。
弄 lòng 盧貢切。
𢍏 yù 余六切。
弮 juàn 居券切。
𢍁 kuí 渠追切。
戒 jiè 居拜切。
兵 bīng 補明切。
龏 gōng 紀庸切。
弈 yì 羊益切。
具 jù 其遇切。

𠬜 pān 普班切。
樊 fán 附袁切。
奱 luán 呂員切。
共 gòng 渠用切。
龔 gōng 俱容切。
異 yì 羊吏切。
戴 dài 都代切。
舁 yú 以諸切。
䙴 qiān 七然切。
與 yǔ 余呂切。
興 xīng 虛陵切。
𦥑 jū 居玉切。
要 yāo 於消切。
又於笑切。
晨 chén 食鄰切。
農 nóng 奴冬切。
爨 cuàn 七亂切。
𦥔 qióng 渠容切。
釁 xìn 虛振切。
革 gé 古覈切。
鞹 kuò 苦郭切。
靬 jiān 苦旰切。
䩣 luò 盧各切。
鞄 páo 蒲角切。
韗 yùn 王問切。
鞣 róu 耳由切。
靼 dá 旨熱切。
鞼 guì 求位切。
鞶 pán 薄官切。
鞏 gǒng 居竦切。
鞔 mán 母官切。
靸 sǎ 穌合切。
䩕 áng 五岡切。
鞮 dī 都兮切。
䩡 jiá 古洽切。
韆 xǐ 所綺切。
鞵 xié 戶佳切。
靪 dīng 當經切。
鞠 jū 居六切。
鞀 táo 徒刀切。
𩌂 yuān 於袁切。

鞞 bǐng 并頂切。
鞎 hén 戶恩切。
鞃 hóng 丘弘切。
鞪 mù 莫卜切。
鞑 bì 毗必切。
𩏂 zuān 借官切。
䩞 zhì 脂利切。
鞁 bèi 平祕切。
鞥 ēng 烏合切。
靶 bà 必駕切。
韅 xiǎn 呼典切。
靳 jìn 居近切。
鞓 chěng 丑郢切。
靷 yǐn 余忍切。
䩪 guǎn 古滿切。
䩜 dòu 田候切。
䩒 yú 羽俱切。
䪁 bó 補各切。
䩎 è 烏合切。
䪖 zhuó 陟劣切。
鞌 ān 烏寒切。
䩸 róng 而隴切。
鞊 tié 他叶切。
鞈 gé 古洽切。
勒 lè 盧則切。
鞙 xuàn 狂沇切。
䩛 miǎn 弥沇切。
靲 qín 巨今切。
鞬 jiān 居言切。
韇 dú 徒谷切。
䪎 suī 山垂切。
䩯 jí 紀力切。
鞭 biān 卑連切。
鞅 yǎng 於兩切。
韄 hù 乙白切。
䩲 tuó 徒何切。
䩳 xié 已彳切。
鞘 qiào 私妙切。
韉 jiān 則前切。
鞾 xuē 許臙切。
靮 dí 都歷切。

鬲 lì 郎激切。
䰙 yǐ 魚綺切。
鬹 guī 居隨切。
鬷 zōng 子紅切。
䰛 guō 古禾切。
鬵 qín 才林切。
䰝 zèng 子孕切。
鬴 fǔ 扶雨切。
鬳 yàn 牛建切。
融 róng 以戎切。
䰞 xiāo 許嬌切。
鬺 shāng 式羊切。
䰶 fèi 芳未切。
䰜 lì 郎激切。
䰰 zhān 諸延切。
䰲 zhōu 武悲切。
䰺 hú 戶吳切。
䰵 gēng 古行切。
䰽 sù 桑谷切。
鬻 yù 余六切。
䰸 miè 莫結切。
䰯 ěr 仍吏切。
䰷 chǎo 尺沼切。
䰻 yuè 以勺切。
䰼 zhǔ 章與切。
䰾 bó 蒲沒切。
爪 zhǎo 側狡切。
孚 fú 芳無切。
爲 wéi 薳支切。
𠬤 zhǎng 諸兩切。
丮 jí 几劇切。
埶 yì 魚祭切。
𦏧 shú 殊六切。
𢦔 zài 作代切。
巩 gǒng 居悚切。
谻 jué 其虐切。
𡚁 huà 胡瓦切。
𡰥 jú 居玉切。
鬥 dòu 都豆切。
鬭 dòu 都豆切。
鬨 hòng 下降切。

𩰬 liú 力求切。
鬮 jiū 古矦切。
𩰠 nǐ 奴礼切。
𩰗 fēn 撫文切。
𩰿 pīn 匹賓切。
鬩 xì 許激切。
𩰭 xuàn 胡畎切。
鬧 nào 奴教切。
又 yòu 于救切。
右 yòu 于救切。
厷 gōng 古薨切。
叉 chā 初牙切。
𠬜 zhǎo 側狡切。
父 fù 扶雨切。
叜 sǒu 穌后切。
燮 xiè 穌叶切。
曼 màn 無販切。
𠬢 shēn 失人切。
夬 guài 古賣切。
尹 yǐn 余準切。
𠭥 zhā 側加切。
𠭯 lí 里之切。
㕞 shuā 所劣切。
及 jí 巨立切。
秉 bǐng 兵永切。
反 fǎn 府遠切。
𠬝 fú 房六切。
𠬶 tāo 土刀切。
𠭱 zhuì 之芮切。
叔 shū 式竹切。
𠬛 mò 莫勃切。
取 qǔ 七庾切。
彗 huì 祥歲切。
叚 jiǎ 古雅切。
友 yǒu 云久切。
度 dù 徒故切。
𠂇 zuǒ 臧可切。
卑 bēi 補移切。
史 shǐ 疏士切。
事 shì 鉏史切。
支 zhī 章移切。

攲 jī 去奇切。
肀 niè 尼輒切。
肄 yì 羊至切。
肅 sù 息逐切。
聿 yù 余律切。
筆 bǐ 鄙密切。
𦘔 jīn 將鄰切。
書 shū 商魚切。
畫 huà 胡麥切。
晝 zhòu 陟救切。
隶 dài 徒耐切。
𨽸 dài 徒耐切。
隸 lì 郎計切。
臤 qiān 苦閑切。
緊 jǐn 糾忍切。
堅 jiān 古賢切。
豎 shù 臣庾切。
臣 chén 植鄰切。
臦 guàng 居況切。
臧 zāng 則郎切。
殳 shū 市朱切。
祋 duì 丁外切。
杸 shū 市朱切。
毄 jī 古歷切。
㱿 què 苦角切。
炈 zhěn 知朕切。
𣪞 tóu 度矦切。
𣫆 chóu 市流切。
豛 dú 冬毒切。
毆 ōu 烏后切。
毃 qiāo 口卓切。
殿 diàn 堂練切。
殹 yì 於計切。
段 duàn 徒玩切。
𣪍 tóng 徒冬切。
又火宮切。
殽 xiáo 胡茅切。
毅 yì 魚既切。
𣪘 jiù 居又切。
役 yì 營隻切。
𣪗 gāi 古哀切。
殺 shā 所八切。
弒 shì 式吏切。
几 shū 市朱切。
㐱 zhěn 之忍切。
鳧 fú 房無切。
寸 cùn 倉困切。
寺 sì 祥吏切。
將 jiàng 即諒切。
㝷 xún 徐林切。
專 zhuān 職緣切。
尃 fū 芳無切。
導 dǎo 徒皓切。
皮 pí 符羈切。
皰 pào 匇教切。
皯 gǎn 古旱切。
皸 jūn 矩云切。
皴 cūn 七倫切。
𤿺 ruǎn 而兗切。
㼲 jùn 而隴切。
攴 pū 普木切。
啟 qǐ 康礼切。
徹 chè 丑列切。
肇 zhào 治小切。
敏 mǐn 眉殞切。
敃 mǐn 眉殞切。
敄 wù 亾遇切。
敀 pò 博陌切。
整 zhěng 之郢切。
效 xiào 胡教切。
故 gù 古慕切。
政 zhèng 之盛切。
𢻫 shī 式支切。
敷 fū 芳无切。
敟 diǎn 多殄切。
𢿡 lǐ 力米切。
數 shǔ 所矩切。
𢿦 liàn 郎電切。
孜 zī 子之切。
攽 bān 布還切。
𢼛 hàn 侯旰切。
敳 ái 五來切。
敞 chǎng 昌兩切。
敒 shēn 直刃切。
改 gǎi 古亥切。
變 biàn 祕戀切。
更 gēng 古孟切。
又古行切。
敕 chì 恥力切。
𢼄 xiè 而涉切。
斂 liǎn 良冉切。
敹 liáo 洛簫切。
敿 jiǎo 居夭切。
敆 hé 古沓切。
敶 chén 直刃切。
敵 dí 徒歷切。
救 jiù 居又切。
敓 duó 徒活切。
斁 yì 羊益切。
赦 shè 始夜切。
攸 yōu 以周切。
𢼂 fǔ 芳武切。
敉 mǐ 緜婢切。
𢼍 yì 以豉切。
𢿃 wéi 羽非切。
敦 dūn 都昆切。
又丁回切。
𢿌 qún 渠云切。
敗 bài 薄邁切。
𢿚 luàn 郎段切。
寇 kòu 苦候切。
𢻯 zhǐ 豬几切。
𢾦 dù 徒古切。
敜 niè 奴叶切。
𢿢 bì 卑吉切。
收 shōu 式州切。
鼓 gǔ 公戶切。
攷 kǎo 苦浩切。
𢻮 kòu 苦候切。
攻 gōng 古洪切。
敲 qiāo 口交切。
𢽨 zhuó 竹角切。
𢼒 wǎng 迂往切。

𢼸	xī	許其切。
斀	zhuó	竹角切。
敃	mǐn	眉殞切。
敔	yǔ	魚舉切。
敤	kě	苦果切。
鈙	qín	巨今切。
𣀓	chóu	市流切。
畋	tián	待年切。
攺	gǎi	古亥切。
敘	xù	徐吕切。
𢾊	bǐ	辟米切。
𢿣	ní	五計切。
牧	mù	莫卜切。
敇	cè	楚革切。
𢿱	chuàn	初絭切。
𢾦	qiāo	牽遙切。
教	jiào	古孝切。
斆	xué	胡覺切。
卜	bǔ	博木切。
卦	guà	古壞切。
卟	jī	古兮切。
貞	zhēn	陟盈切。
𠧞	huì	荒内切。
占	zhān	職廉切。
𠰷	shào	市沼切。
𠧪	zhào	治小切。
用	yòng	余訟切。
甫	fǔ	方矩切。
庸	yōng	余封切。
葡	bèi	平祕切。
甯	nìng	乃定切。
爻	yáo	胡茅切。
棥	fán	附袁切。
㸚	lǐ	力几切。
爾	ěr	兒氏切。
爽	shuǎng	疏兩切。
𥄎	xuè	火劣切。
夐	xuàn	朽正切。
閺	wén	無分切。
𡕮	quán	況晚切。
目	mù	莫六切。

眼	yǎn	五限切。
𥉷	biǎn	邦免切。
眩	xuàn	黄絇切。
眥	zì	在詣切。
䀹	jié	子葉切。
𥌭	xuàn	胡畎切。
𥈼	xī	許其切。
矈	mián	武延切。
𥅽	fēi	芳微切。
𥈵	xiàn	矦簡切。
睅	hàn	戶版切。
䁔	xuān	況晚切。
瞞	mán	母官切。
睴	gùn	古鈍切。
矕	mǎn	武版切。
睔	gùn	古本切。
盼	pàn	匹莧切。
盰	gàn	古旱切。
眅	pān	普班切。
睍	xiàn	胡典切。
矔	guàn	古玩切。
瞵	lín	力珍切。
窅	yǎo	烏皎切。
眊	mào	亡報切。
矘	tǎng	他朗切。
睒	shǎn	失冉切。
眮	dòng	徒弄切。
䀣	bì	兵媚切。
瞴	móu	莫浮切。
䀍	xié	苦兮切。
睌	mǎn	武限切。
眂	shì	承旨切。
睨	nì	研計切。
𥈆	mào	亡保切。
眓	huò	呼哲切。
眈	dān	丁含切。
𥈣	yàn	于線切。
盱	xū	況于切。
瞏	qióng	渠營切。
䁪	zhǎn	旨善切。
𥃳	mèi	莫佩切。
眕	zhěn	之忍切。

瞟	piǎo	敷沼切。
𥉻	qì	戚細切。
睹	dǔ	當古切。
眔	dà	徒合切。
睽	kuí	苦圭切。
眜	mò	莫撥切。
䀽	pán	薄官切。
𥋇	pàn	蒲莧切。
眽	mò	莫獲切。
𥊟	tì	他歷切。
䁥	zhùn	之閏切。
瞤	rún	如勻切。
矉	pín	符眞切。
眢	yuān	一丸切。
睢	huī	許惟切。
眴	xuàn	黄絇切。
矆	huò	許縛切。
睦	mù	莫卜切。
瞻	zhān	職廉切。
瞀	mào	莫候切。
䁹	mái	莫佳切。
䁬	jiān	古銜切。
𥇻	qì	苦系切。
相	xiāng	息良切。
瞋	chēn	昌眞切。
𥊲	diāo	都僚切。
睗	shì	施隻切。
睊	juàn	於絢切。
𥈤	yuè	於悅切。
睼	tiàn	他計切。
䁙	yǎn	於殄切。
𥇒	wò	烏括切。
𥆷	juàn	居倦切。
督	dū	冬毒切。
睎	xī	香衣切。
看	kān	苦寒切。
瞫	shěn	式荏切。
睡	shuì	是僞切。
瞑	míng	武延切。
眚	shěng	所景切。
瞥	piē	普滅切。

眵 chī 叱支切。
瞢 miè 莫結切。
眏 jué 古穴切。
眼 liàng 力讓切。
眛 mèi 莫佩切。
瞯 xián 戶閒切。
眯 mǐ 莫禮切。
眺 tiào 他弔切。
睞 lài 洛代切。
睩 lù 盧谷切。
瞀 chōu 敕鳩切。
眣 dié 丑栗切。
矇 méng 莫中切。
眇 miǎo 亡沼切。
眄 miǎn 莫甸切。
略 luò 盧各切。
盲 máng 武庚切。
䀹 qià 苦夾切。
瞽 gǔ 公戶切。
瞍 sǒu 穌后切。
𥌭 yíng 戶扃切。
睉 cuó 昨禾切。
眓 wò 烏括切。
睇 dì 特計切。
瞚 shùn 舒問切。
眙 chì 丑吏切。
眝 zhù 陟呂切。
盻 xì 胡計切。
費 fèi 普未切。
瞼 jiǎn 居奄切。
眨 zhǎ 側洽切。
眭 huī 許規切。
眹 zhèn 直引切。
眸 móu 莫浮切。
睚 yá 五隘切。
䀠 jù 九遇切。
睊 juàn 居倦切。
𥄎 jū 舉朱切。
眉 méi 武悲切。
省 xǐng 所景切。
盾 dùn 食問切。

瞂 fá 扶發切。
𥈠 kuī 苦圭切。
自 zì 疾二切。
臱 mián 武延切。
𦣹 zì 疾二切。
皆 jiē 古諧切。
魯 lǔ 郎古切。
者 zhě 之也切。
𠷎 chóu 直由切。
𥏫 zhì 知義切。
百 bǎi 博陌切。
鼻 bí 父二切。
齅 xiù 許救切。
鼾 hān 矦幹切。
鼽 qiú 巨鳩切。
齂 xiè 許介切。
皕 bì 彼力切。
奭 shì 詩亦切。
習 xí 似入切。
翫 wàn 五換切。
羽 yǔ 王矩切。
翨 chì 俱豉切。
翰 hàn 矦幹切。
翟 dí 徒歷切。
翡 fěi 房味切。
翠 cuì 七醉切。
翦 jiǎn 卽淺切。
翁 wēng 烏紅切。
翄 chì 施智切。
䎀 gé 古覈切。
翹 qiáo 渠遙切。
翭 hóu 乎溝切。
翮 hé 下革切。
翑 qú 其俱切。
羿 yì 五計切。
翥 zhù 章庶切。
翕 xī 許及切。
翾 xuān 許緣切。
翬 huī 許歸切。
翏 liù 力救切。
翩 piān 芳連切。

翜 shà 山洽切。
翊 yì 與職切。
𦐇 tà 土盍切。
𦐖 chī 侍之切。
翱 áo 五牢切。
翔 xiáng 似羊切。
翽 huì 呼會切。
翯 xué 胡角切。
𦒒 huáng 胡光切。
翇 fú 分勿切。
翿 dào 徒到切。
翳 yì 於計切。
翣 shà 山洽切。
翻 fān 孚袁切。
翎 líng 郎丁切。
翃 hóng 戶公切。
隹 zhuī 職追切。
雅 yǎ 五下切。又烏加切。
隻 zhī 之石切。
雒 luò 盧各切。
閵 lìn 良刃切。
巂 guī 戶圭切。
雃 fāng 府良切。
雀 què 卽略切。
雅 yá 五加切。
雗 hàn 矦幹切。
雉 zhì 直几切。
雊 gòu 古候切。
雞 jī 古兮切。
雛 chú 士于切。
雡 liù 力救切。
離 lí 呂支切。
雕 diāo 都僚切。
䧹 yīng 於凌切。
𨿡 chī 處脂切。
䧳 shuì 是僞切。
雃 qiān 苦堅切。
雝 yōng 於容切。
雂 qián 巨淹切。
雁 yàn 五晏切。

⿰黎隹	lí	郎兮切。
雐	hū	荒烏切。
雓	rú	人諸切。
雇	hù	矦古切。
䧼	chún	常倫切。
⿰音隹	ān	恩含切。
⿰支隹	zhī	章移切。
琟	hóng	戶工切。
⿰散隹	sàn	穌旰切。
隿	yì	與職切。
雄	xióng	羽弓切。
雌	cī	此移切。
⿱罒隹	zhào	都校切。
雋	juàn	徂沇切。
⿰阝巂	wéi	山垂切。
奞	suī	息遺切。
奪	duó	徒活切。
奮	fèn	方問切。
雈	huán	胡官切。
蒦	huò	乙虢切。
雚	guàn	工奐切。
舊	jiù	巨救切。
𦫳	guǎ	工瓦切。
乖	guāi	古懷切。
芇	mián	母官切。
苜	mò	徒結切。
瞢	méng	木空切。
⿱苜火	miè	莫結切。
蔑	miè	莫結切。
羊	yáng	與章切。
羋	mǐ	緜婢切。
羔	gāo	古牢切。
羜	zhù	直呂切。
⿱敄羊	yù	已遇切。
		又亡遇切。
羍	dá	他末切。
⿰羊兆	zhào	治小切。
羝	dī	都兮切。
羒	fén	符分切。
牂	zāng	則郎切。
羭	yú	羊朱切。
羖	gǔ	公戶切。
羯	jié	居謁切。
羠	yí	徐姊切。
羳	fán	附袁切。
羥	qiān	口莖切。
⿱執羊	jìn	即刃切。
羸	léi	力爲切。
⿰羊委	wèi	於僞切。
⿰羊責	zì	子賜切。
羣	qún	渠云切。
⿰羊垔	yān	烏閑切。
⿱此羊	cī	此思切。
美	měi	無鄙切。
羌	qiāng	去羊切。
羑	yǒu	與久切。
羴	shān	式連切。
羼	chàn	初限切。
瞿	jù	九遇切。
矍	jué	九縛切。
雔	chóu	市流切。
靃	huò	呼郭切。
雙	shuāng	所江切。
雥	zá	徂合切。
⿱雥肙	yuān	烏玄切。
雧	jí	秦入切。
鳥	niǎo	都了切。
鳳	fèng	馮貢切。
鸞	luán	洛官切。
鸑	yuè	五角切。
鷟	zhuó	士角切。
鷫	sù	息逐切。
鷞	shuāng	所莊切。
鳩	jiū	居求切。
鶌	jué	九勿切。
鵻	zhuī	思允切。
鶻	gǔ	古忽切。
鵃	zhōu	張流切。
⿰鞠鳥	jú	居六切。
鴿	gē	古沓切。
鴠	dàn	得案切。
鶪	jú	古闃切。
鷚	liù	力救切。
鸒	yù	羊茹切。
鷽	xué	胡角切。
鷲	jiù	疾僦切。
鴞	xiāo	于嬌切。
鴂	jué	古穴切。
⿰聿鳥	xù	辛聿切。
⿰鳥方	fǎng	分兩切。
⿰截鳥	jié	子結切。
⿰桼鳥	qī	親吉切。
鴩	dié	徒結切。
鶤	kūn	古渾切。
⿰芺鳥	ǎo	烏浩切。
⿱𦥑鳥	jú	居玉切。
鷦	jiāo	即消切。
⿰鳥眇	miǎo	亡沼切。
鶹	liú	力求切。
⿰堇鳥	nán	那干切。
鶨	chuàn	丑絹切。
⿰兑鳥	yuè	弋雪切。
⿰主鳥	tǒu	天口切。
⿰昏鳥	mín	武巾切。
鷯	liáo	洛簫切。
鶠	yǎn	於幰切。
鴲	zhī	旨夷切。
鵅	luò	盧各切。
鸔	bǔ	蒲木切。
鶴	hè	下各切。
鷺	lù	洛故切。
鵠	hú	胡沃切。
鴻	hóng	戶工切。
鶖	qiū	七由切。
鴛	yuān	於袁切。
鴦	yāng	於良切。
鵽	duò	丁刮切。
鵱	lù	力竹切。
鴚	gē	古俄切。
鵝	é	五何切。
鴈	yàn	五晏切。
鶩	wù	莫卜切。
鷖	yī	烏雞切。

鴶 jié 古節切。
䴧 jiá 魚列切。
鸏 méng 莫紅切。
鷸 yù 余律切。
鸊 pì 普擊切。
鷉 tī 土雞切。
鸕 lú 洛乎切。
鷀 cí 疾之切。
鷧 yì 乙冀切。
鴔 fú 平立切。
鵖 bí 彼及切。
鴇 bǎo 博好切。
鸈 qú 强魚切。
鷗 ōu 烏侯切。
䳊 bó 蒲達切。
鷛 yóng 余封切。
鶂 yì 五歷切。
鶗 tí 杜兮切。
鴗 lì 力入切。
鶬 cāng 七岡切。
鴰 guā 古活切。
鵁 jiāo 古肴切。
鶄 jīng 子盈切。
鳽 jiān 古賢切。
𪈂 zhēn 職深切。
鴜 cí 即夷切。
鷻 tuán 度官切。
鳶 yuān 與專切。
鷴 xián 戶閒切。
鷂 yào 弋笑切。
鷢 jué 居月切。
鴡 jū 七余切。
鸛 huān 呼官切。
鸇 zhān 諸延切。
鷐 chén 植鄰切。
鷙 zhì 脂利切。
鴥 yù 余律切。
鶯 yīng 烏莖切。
鴝 qú 其俱切。
鵒 yù 余蜀切。
鷩 biē 并列切。

鵔 jùn 私閏切。
鸃 yí 魚羈切。
鸐 dí 都歷切。
鶡 hé 胡割切。
鴧 jiè 古拜切。
鸚 yīng 烏莖切。
鵡 wǔ 文甫切。
鷮 jiāo 巨嬌切。
鷕 yǎo 以沼切。
鸓 lěi 力軌切。
鶾 hàn 侯幹切。
鴳 yàn 烏諫切。
鴆 zhèn 直禁切。
鷇 kòu 口豆切。
鳴 míng 武兵切。
鶱 xiān 虛言切。
鳻 fēn 府文切。
鷓 zhè 之夜切。
鴣 gū 古乎切。
鴨 yā 烏狎切。
鷘 shì 恥力切。
烏 wū 哀都切。
舄 què 七雀切。
焉 yān 有乾切。
𠦒 bān 北潘切。
畢 bì 卑吉切。
糞 fèn 方問切。
棄 qì 詰利切。
冓 gòu 古候切。
再 zài 作代切。
爯 chēng 處陵切。
幺 yāo 於堯切。
幼 yòu 伊謬切。
麼 mǒ 亡果切。
𢆶 yōu 於虯切。
幽 yōu 於虯切。
幾 jī 居衣切。
叀 zhuān 職緣切。
惠 huì 胡桂切。
疐 zhì 陟利切。
玄 xuán 胡涓切。

玆 zī 子之切。
玈 lú 洛乎切。
予 yǔ 余呂切。
舒 shū 傷魚切。
幻 huàn 胡辦切。
放 fàng 甫妄切。
敖 áo 五牢切。
敫 yuè 以灼切。
𠬪 biào 平小切。
爰 yuán 羽元切。
𤔔 luàn 郎段切。
受 shòu 殖酉切。
𤔕 liè 力輟切。
爭 zhēng 側莖切。
𤔌 yǐn 於謹切。
寽 lǜ 呂戌切。
𠭥 gǎn 古覽切。
𣦼 cán 昨干切。
𣦻 hè 呼各切。
𣪊 gài 古代切。
𣦸 jǐng 疾正切。
叡 ruì 以芮切。
歺 è 五割切。
㱍 wěi 於爲切。
殙 hūn 呼昆切。
殰 dú 徒谷切。
歾 mò 莫勃切。
𣨛 zú 子聿切。
殊 shū 市朱切。
殟 wēn 烏沒切。
殤 shāng 式陽切。
殂 cú 昨胡切。
殛 jí 巳力切。
殪 yì 於計切。
𣩱 mò 莫各切。
殯 bìn 必刃切。
殔 yì 羊至切。
殣 jìn 渠吝切。
殠 chòu 尺救切。
殨 kuì 胡對切。
㱙 xiǔ 許久切。

殆 dài 徒亥切。
殃 yāng 於良切。
殘 cán 昨干切。
殄 tiǎn 徒典切。
殲 jiān 子廉切。
殫 dān 都寒切。
殬 dù 當故切。
𣨻 luò 郎果切。
𣩉 ái 五來切。
㱚 cán 昨干切。
殖 zhí 常職切。
㱠 kū 苦孤切。
殆 qī 去其切。
死 sǐ 息姊切。
薨 hōng 呼肱切。
薧 hāo 呼毛切。
𣨋 zì 咨四切。
冎 guǎ 古瓦切。
𠛯 bié 憑列切。
䯗 bēi 府移切。
骨 gǔ 古忽切。
髑 dú 徒谷切。
髏 lóu 洛侯切。
髆 bó 補各切。
髃 ǒu 午口切。
骿 pián 部田切。
髀 bǐ 并弭切。
髁 kē 苦臥切。
𩪁 jué 居月切。
髖 kuān 苦官切。
髕 bìn 毗忍切。
䯏 guā 古活切。
䯣 kuì 丘媿切。
骹 qiāo 口交切。
骭 gàn 古案切。
骸 hái 戶皆切。
髓 suǐ 息委切。
𩨞 tì 他歷切。
體 tǐ 他禮切。
髍 mó 莫鄱切。
骾 gěng 古杏切。

骼 gé 古覈切。
骴 cī 資四切。
骫 wěi 於詭切。
䯤 kuài 古外切。
肉 ròu 如六切。
腜 méi 莫桮切。
肧 pēi 匹桮切。
胎 tāi 土來切。
肌 jī 居夷切。
臚 lú 力居切。
肫 zhūn 章倫切。
䐈 jī 居衣切。
脣 chún 食倫切。
脰 dòu 徒候切。
肓 huāng 呼光切。
腎 shèn 時忍切。
肺 fèi 芳吠切。
脾 pí 符支切。
肝 gān 古寒切。
膽 dǎn 都敢切。
胃 wèi 云貴切。
脬 pāo 匹交切。
腸 cháng 直良切。
膏 gāo 古勞切。
肪 fáng 甫良切。
膺 yīng 於陵切。
肊 yì 於力切。
背 bèi 補妹切。
脅 xié 虛業切。
膀 páng 步光切。
脟 liè 力輟切。
肋 lèi 盧則切。
胂 shēn 矢人切。
脢 méi 莫桮切。
肩 jiān 古賢切。
胳 gē 古洛切。
胠 qū 去劫切。
臂 bì 卑義切。
臑 nào 那到切。
肘 zhǒu 陟柳切。
𪗋 qí 徂兮切。

腹 fù 方六切。
腴 yú 羊朱切。
脽 shuí 示隹切。
𦙶 jué 古穴切。
胯 kuà 苦故切。
股 gǔ 公戶切。
腳 jiǎo 居勺切。
脛 jìng 胡定切。
胻 héng 戶更切。
腓 féi 符飛切。
腨 shuàn 市沇切。
胑 zhī 章移切。
胲 gāi 古哀切。
肖 xiào 私妙切。
胤 yìn 羊晉切。
胄 zhòu 直又切。
肸 qì 許訖切。
膻 dàn 徒旱切。
䑋 rǎng 如兩切。
䏙 jiē 古諧切。
臞 qú 其俱切。
脫 tuō 徒活切。
脙 qiú 巨鳩切。
臠 luán 力沇切。
膌 jí 資昔切。
脀 chéng 署陵切。
胗 zhěn 之忍切。
腄 zhuī 竹垂切。
胝 zhī 竹尼切。
肬 yóu 羽求切。
肒 huàn 胡岸切。
腫 zhǒng 之隴切。
胅 dié 徒結切。
脪 xìn 香近切。
𦙍 zhèn 羊晉切。
臘 là 盧盍切。
膢 lǘ 力俱切。
朓 tiǎo 土了切。
胙 zuò 昨誤切。
隋 duò 徒果切。
膳 shàn 常衍切。

腬 róu 耳由切。
肴 yáo 胡茅切。
腆 tiǎn 他典切。
腯 tú 他骨切。
䏟 bié 蒲結切。
胡 hú 戶孤切。
胘 xián 胡田切。
膍 pí 房脂切。
胵 chī 處脂切。
膘 piǎo 敷紹切。
膟 lǜ 呂戌切。
膫 liáo 洛蕭切。
脯 fǔ 方武切。
脩 xiū 息流切。
膎 xié 戶皆切。
脼 liǎng 良奬切。
膊 pò 匹各切。
脘 wǎn 古卵切。
朐 qú 其俱切。
膴 hū 荒烏切。
胥 xū 相居切。
腒 jū 九魚切。
肍 qiú 巨鳩切。
䐹 sōu 所鳩切。
腝 ní 人移切。
脠 shān 丑連切。
䏽 bù 薄口切。
胹 ér 如之切。
䐣 sǔn 穌本切。
胜 xīng 桑經切。
臊 sāo 穌遭切。
膮 xiāo 許幺切。
腥 xìng 穌佞切。
脂 zhī 旨夷切。
䐝 suò 穌果切。
膩 nì 女利切。
膜 mó 慕各切。
䐞 ruò 而勺切。
䐿 hè 呼各切。
膹 fèn 房吻切。
臇 juǎn 子沇切。

胾 zì 側吏切。
䐑 zhé 直葉切。
膾 kuài 古外切。
腌 yān 於業切。
脃 cuì 此芮切。
膬 cuì 七絕切。
散 sàn 穌旰切。
膞 zhuǎn 市沇切。
腏 chuò 陟劣切。
胏 zǐ 阻史切。
䐄 xiàn 戶猎切。
肰 rán 如延切。
䐜 chēn 昌眞切。
䏙 tǎn 他感切。
膠 jiāo 古肴切。
臝 luó 郎果切。
胆 qū 七余切。
肙 yuàn 烏玄切。
腐 fǔ 扶雨切。
肎 kěn 苦等切。
肥 féi 符非切。
𦞤 qǐ 康禮切。
脧 zuī 子回切。
腔 qiāng 苦江切。
䏰 rùn 如順切。
䐇 chǔn 尺尹切。
筋 jīn 居銀切。
𥳑 jiàn 渠建切。
䈠 bó 北角切。
刀 dāo 都牢切。
𠛩 fǒu 方九切。
㓵 è 五各切。
削 xuē 息約切。
𠛎 gōu 古矦切。
剴 gāi 五來切。
剞 jī 居綺切。
𠠐 jué 九勿切。
利 lì 力至切。
剡 yǎn 以冉切。
初 chū 楚居切。
剪 jiǎn 子善切。

則 zé 子德切。
剛 gāng 古郎切。
剬 duān 旨兖切。
劊 guì 古外切。
切 qiē 千結切。
刌 cǔn 倉本切。
㓒 xiè 私刿切。
刉 jī 古外切。
劌 guì 居衛切。
刻 kè 苦得切。
副 pì 芳逼切。
剖 pōu 浦后切。
辨 biàn 蒲莧切。
判 pàn 普半切。
剫 duó 徒洛切。
刳 kū 苦孤切。
列 liè 良薛切。
刊 kān 苦寒切。
剟 zhuō 陟劣切。
刪 shān 所姦切。
劈 pì 普擊切。
剝 bō 北角切。
割 gē 古達切。
剺 lí 里之切。
劃 huá 呼麥切。
𠜸 yuān 烏玄切。
劀 guā 古鎋切。
劑 jì 在詣切。
刷 shuā 所劣切。
刮 guā 古八切。
剽 piào 匹妙切。
刲 kuī 苦圭切。
剉 cuò 麤臥切。
劋 jiǎo 子小切。
刖 yuè 魚厥切。
刜 fú 分勿切。
㓭 chì 親結切。
劖 chán 鉏銜切。
刓 wán 五丸切。
釗 zhāo 止遙切。
制 zhì 征例切。

㓠	diàn	㓠丁念切。
罰	fá	罰房越切。
刵	èr	刵仍吏切。
劓	yì	劓魚器切。
刑	xíng	刑戶經切。
剄	jǐng	剄古零切。
𠟃	zǔn	𠟃茲損切。
魝	jié	魝古屑切。
券	quàn	券去願切。
刺	cì	刺七賜切。
剔	tī	剔他歷切。
刎	wěn	刎武粉切。
剜	wān	剜一丸切。
劇	jí	劇渠力切。
剎	chà	剎初轄切。
刃	rèn	刃而振切。
刅	chuāng	刅楚良切。
劒	jiàn	劒居欠切。
㓞	qià	㓞恪八切。
契	jiá	契古黠切。
栔	qì	栔苦計切。
丯	jiè	丯古拜切。
⿰丯各	gé	⿰丯各古百切。
耒	lěi	耒盧對切。
耕	gēng	耕古莖切。
耦	ǒu	耦五口切。
耤	jí	耤秦昔切。
⿰耒圭	guī	⿰耒圭古攜切。
⿰耒員	yún	⿰耒員羽文切。
耡	chú	耡牀倨切。
角	jiǎo	角古岳切。
⿰角雚	xuān	⿰角雚況袁切。
觻	lù	觻盧谷切。
䚡	sāi	䚡穌來切。
觠	quán	觠巨員切。
觬	ní	觬研啓切。
觢	shì	觢尺制切。
⿰角虒	zhì	⿰角虒敕豕切。
觭	qī	觭去奇切。
觓	qiú	觓渠幽切。
⿰角畏	wēi	⿰角畏烏賄切。
⿰爿角	zhuó	⿰爿角士角切。
⿰角厥	jué	⿰角厥居月切。
觸	chù	觸尺玉切。
觲	xīng	觲息營切。
⿰角公	gāng	⿰角公古雙切。
觷	xué	觷胡角切。
衡	héng	衡戶庚切。
⿰角耑	duān	⿰角耑多官切。
觰	zhā	觰陟加切。
觤	guǐ	觤過委切。
觟	huà	觟下瓦切。
觡	gé	觡古百切。
觜	zuǐ	觜遵爲切。
解	jiě	解佳買切。
解	jiě	解戶賣切。
觿	xī	觿戶圭切。
觵	gōng	觵古橫切。
觶	zhì	觶之義切。
觛	dàn	觛徒旱切。
觴	shāng	觴式陽切。
觚	gū	觚古乎切。
⿰角亘	xuān	⿰角亘況袁切。
⿱敫角	xí	⿱敫角胡狄切。
觼	jué	觼古穴切。
⿰角弱	nuò	⿰角弱於角切。
⿰角發	fèi	⿰角發方肺切。
⿰角酋	qiú	⿰角酋字秋切。
觳	hú	觳胡谷切。
觱	bì	觱卑吉切。
竹	zhú	竹陟玉切。
箭	jiàn	箭子賤切。
箘	jùn	箘渠隕切。
簬	lù	簬洛故切。
筱	xiǎo	筱先杳切。
簜	dàng	簜徒朗切。
⿱竹微	wéi	⿱竹微無非切。
筍	sǔn	筍思允切。
⿱竹怠	tái	⿱竹怠徒哀切。
箁	póu	箁薄侯切。
箬	ruò	箬而勺切。
節	jié	節子結切。
筡	tú	筡同都切。
⿱竹彌	mí	⿱竹彌武移切。
笢	mǐn	笢武盡切。
笨	bèn	笨布忖切。
⿱竹翁	wēng	⿱竹翁烏紅切。
篸	chēn	篸所今切。
篆	zhuàn	篆持兗切。
籀	zhòu	籀直又切。
篇	piān	篇芳連切。
籍	jí	籍秦昔切。
篁	huáng	篁戶光切。
⿱竹將	jiǎng	⿱竹將即兩切。
⿱竹枼	yè	⿱竹枼與接切。
籥	yuè	籥以灼切。
⿱竹劉	liú	⿱竹劉力求切。
簡	jiǎn	簡古限切。
笐	gāng	笐古郎切。
篰	bù	篰薄口切。
等	děng	等多肯切。
笵	fàn	笵防𤇈切。
箋	jiān	箋則前切。
符	fú	符防無切。
筮	shì	筮時制切。
笄	jī	笄古兮切。
⿱竹⿷匚丌	jī	⿱竹⿷匚丌居之切。
籆	yuè	籆王縛切。
筳	tíng	筳特丁切。
筦	guǎn	筦古滿切。
筟	fū	筟芳無切。
笮	zé	笮阻厄切。
簾	lián	簾力鹽切。
簀	zé	簀阻厄切。
笫	zǐ	笫阻史切。
筵	yán	筵以然切。
簟	diàn	簟徒念切。
籧	qú	籧彊魚切。
篨	chú	篨直魚切。
籭	shāi	籭所宜切。
籓	fān	籓甫煩切。
⿱竹奧	yù	⿱竹奧於六切。
籔	sǒu	籔蘇后切。

箅 bì 必至切。
䈰 shāo 山樞切。
𥱼 shāo 所交切。
筥 jǔ 居許切。
笥 sì 相吏切。
簞 dān 都寒切。
簁 shāi 所綺切。
箄 bǐ 并弭切。
篿 tuán 度官切。
箸 zhù 陟慮切。
又遲倨切。
簍 lǒu 洛侯切。
筤 láng 盧黨切。
籃 lán 魯甘切。
篝 gōu 古侯切。
笿 luò 盧各切。
篢 gòng 古送切。
籢 lián 力鹽切。
籫 zuǎn 作管切。
籯 yíng 以成切。
𥳑 sān 蘇旰切。
簋 guǐ 居洧切。
簠 fǔ 方矩切。
籩 biān 布玄切。
笹 dùn 徒損切。
篅 chuán 市緣切。
簏 lù 盧谷切。
簜 dàng 徒朗切。
筩 tóng 徒紅切。
箯 biān 旁連切。
笯 nú 乃故切。
竿 gān 古寒切。
籗 zhuó 竹角切。
箇 gè 古賀切。
筊 jiǎo 胡茅切。
筰 zuó 在各切。
箝 qián 昨鹽切。
箑 shà 山洽切。
籠 lóng 盧紅切。
䉴 ráng 如兩切。
䇘 hù 胡誤切。

簝 liáo 洛蕭切。
簴 jǔ 居許切。
篼 dōu 當侯切。
籚 lú 洛乎切。
箝 qián 巨淹切。
籋 niè 尼輒切。
簦 dēng 都滕切。
笠 lì 力入切。
箱 xiāng 息良切。
篚 fěi 敷尾切。
笭 líng 郎丁切。
𥳍 tán 丑廉切。
策 cè 楚革切。
箠 chuí 之壘切。
簻 zhuā 陟瓜切。
笍 zhuì 陟衛切。
籣 lán 洛干切。
箙 fú 房六切。
𥬲 zhū 陟輸切。
笘 shān 失廉切。
笪 dá 當割切。
笞 chī 丑之切。
籤 qiān 七廉切。
𥷝 tún 徒魂切。
箴 zhēn 職深切。
箾 shuò 所角切。
竽 yú 羽俱切。
笙 shēng 所庚切。
簧 huáng 戶光切。
𥱩 shí 是支切。
簫 xiāo 穌彫切。
筒 dòng 徒弄切。
籟 lài 洛帶切。
箹 yuè 於角切。
管 guǎn 古滿切。
篎 miǎo 亡沼切。
笛 dí 徒歷切。
筑 zhú 張六切。
箏 zhēng 側莖切。
箛 gū 古乎切。
篍 qiū 七肖切。

籌 chóu 直由切。
簺 sài 先代切。
簙 bó 補各切。
篳 bì 卑吉切。
𥷔 ài 烏代切。
𥸑 yán 語杴切。
篽 yǔ 魚舉切。
筭 suàn 蘇貫切。
算 suàn 蘇管切。
笑 xiào 私妙切。
簃 yí 弋支切。
筠 yún 王春切。
笏 hù 呼骨切。
篦 bì 邊兮切。
篙 gāo 古牢切。
箕 jī 居之切。
簸 bǒ 布火切。
丌 jī 居之切。
䢋 jì 居吏切。
典 diǎn 多殄切。
顨 xùn 蘇困切。
畀 bì 必至切。
巽 xùn 蘇困切。
奠 diàn 堂練切。
左 zuǒ 則箇切。
差 chā 初牙切。
又楚佳切。
工 gōng 古紅切。
式 shì 賞職切。
巧 qiǎo 苦絞切。
巨 jù 其呂切。
㠭 zhǎn 知衍切。
𡨄 sè 穌則切。
巫 wū 武扶切。
覡 xí 胡狄切。
甘 gān 古三切。
甛 tián 徒兼切。
㽍 gān 古三切。
猒 yān 於鹽切。
甚 shèn 常枕切。
曰 yuè 王伐切。

𣍘 cè 楚革切。
曷 hé 胡葛切。
曶 hū 呼骨切。
朁 cǎn 七感切。
沓 tà 徒合切。
曹 cáo 昨牢切。
乃 nǎi 奴亥切。
𠄎 réng 如乘切。
𠧒 yóu 以周切。
丂 kǎo 苦浩切。
甹 pīng 普丁切。
寧 níng 奴丁切。
𠀀 hē 虎何切。
可 kě 肯我切。
奇 qí 渠羈切。
哿 gě 古我切。
哥 gē 古俄切。
叵 pǒ 普火切。
兮 xī 胡雞切。
𠧟 sǔn 思允切。
羲 xī 許羈切。
乎 hū 戶吳切。
号 háo 胡到切。
號 háo 乎刀切。
亏 yú 羽俱切。
虧 kuī 去爲切。
粵 yuè 王伐切。
吁 xū 況于切。
平 píng 符兵切。
旨 zhǐ 職雉切。
嘗 cháng 市羊切。
喜 xǐ 虛里切。
憙 xǐ 許記切。
嚭 pǐ 匹鄙切。
壴 zhù 中句切。
尌 shù 常句切。
𡔷 qì 倉歷切。
彭 péng 薄庚切。
嘉 jiā 古牙切。
鼓 gǔ 工戶切。
鼛 gāo 古勞切。

鼖 fén 符分切。
鼙 pí 部迷切。
𪔵 lóng 徒冬切。
鼝 yuān 烏玄切。
鼞 tāng 土郎切。
𪔭 tà 徒合切。
𪔳 qì 他叶切。
𪔟 tà 土盍切。
豈 qǐ 墟喜切。
愷 kǎi 苦亥切。
𧯞 qí 渠稀切。
豆 dòu 徒候切。
梪 dòu 徒候切。
𧯠 jǐn 居隱切。
𧯤 juàn 居倦切。
𧯸 wān 一丸切。
𢍺 dēng 都滕切。
豊 lǐ 盧啓切。
豑 zhì 直質切。
豐 fēng 敷戎切。
豔 yàn 以贍切。
䖒 xī 許羈切。
𧇂 hào 胡到切。
𧇾 zhù 直呂切。
虍 hū 荒烏切。
虞 yú 五俱切。
虙 fú 房六切。
虔 qián 渠焉切。
虘 cuó 昨何切。
虖 hū 荒烏切。
虐 nüè 魚約切。
虨 bīn 布還切。
虡 jù 其呂切。
虎 hǔ 呼古切。
𧇿 gé 古覈切。
䖑 mì 莫狄切。
䖔 kǎn 呼濫切。
虪 shù 式竹切。
虦 zhàn 昨閑切。
彪 biāo 甫州切。
𧆥 yì 魚廢切。

𧆿 yì 魚迄切。
虓 xiāo 許交切。
𧆲 yín 語斤切。
虩 xì 許隙切。
虢 guó 古伯切。
虒 sī 息移切。
䲍 téng 徒登切。
虣 bào 薄報切。
䖘 tú 同都切。
虤 yán 五閑切。
𧈅 yín 語巾切。
贙 xuàn 胡畎切。
皿 mǐn 武永切。
盂 yú 羽俱切。
盌 wǎn 烏管切。
盛 chéng 氏征切。
齍 zī 即夷切。
𥁕 yòu 于救切。
盧 lú 洛乎切。
盬 gǔ 公戶切。
盄 zhāo 止遙切。
盎 àng 烏浪切。
盆 pén 步奔切。
𥁋 zhù 直呂切。
盨 xǔ 相庾切。
𥂕 jiǎo 古巧切。
𥁑 mì 彌畢切。
醯 xī 呼雞切。
盉 hé 戶戈切。
益 yì 伊昔切。
盈 yíng 以成切。
盡 jìn 慈刃切。
盅 chōng 直弓切。
盦 ān 烏合切。
昷 wēn 烏渾切。
盥 guàn 古玩切。
盪 dàng 徒朗切。
盋 bō 北末切。
凵 qū 去魚切。
去 qù 丘據切。
朅 qiè 丘竭切。
𡘋 líng 力膺切。

血	xuè	呼決切。
衁	huāng	呼光切。
衃	pēi	芳桮切。
𧖧	jīn	將鄰切。
𧖵	tíng	特丁切。
衄	nǜ	女六切。
𧖱	nóng	奴冬切。
𧖹	tǎn	他感切。
蘁	zú	側余切。
𧗄	jī	渠稀切。
卹	xù	辛聿切。
衋	xì	許力切。
衉	kàn	苦紺切。
盇	hé	胡臘切。
衊	miè	莫結切。
丶	zhǔ	知庾切。
主	zhǔ	之庾切。
咅	pǒu	天口切。
丹	dān	都寒切。
雘	wò	烏郭切。
彤	tóng	徒冬切。
青	qīng	倉經切。
靜	jìng	疾郢切。
井	jǐng	子郢切。
𠓭	yǐng	烏迥切。
阱	jǐng	疾正切。
㓝	xíng	戶經切。
刱	chuàng	初亮切。
皀	bī	皮及切。
卽	jí	子力切。
旣	jì	居未切。
冟	shì	施隻切。
鬯	chàng	丑諒切。
鬱	yù	迂勿切。
爵	jué	即畧切。
𩰪	jù	其呂切。
䰻	shǐ	疏吏切。
食	shí	乘力切。
餴	fēn	府文切。
餾	liù	力救切。
飪	rèn	如甚切。

饔	yōng	於容切。
飴	yí	與之切。
餳	xíng	徐盈切。
饊	sǎn	穌旱切。
餅	bǐng	必郢切。
餈	cí	疾資切。
饘	zhān	諸延切。
餱	hóu	乎溝切。
餥	fěi	非尾切。
饎	chì	昌志切。
籑	zhuàn	士戀切。
養	yǎng	余兩切。
飯	fàn	符萬切。
𩚵	niù	女久切。
飤	sì	祥吏切。
饡	zàn	則榦切。
𩞄	shǎng	書兩切。
飧	sūn	思魂切。
餔	bū	博狐切。
餐	cān	七安切。
𩝺	lián	力鹽切。
饁	yè	筠輒切。
饟	xiǎng	人漾切。
餉	xiǎng	式亮切。
饋	kuì	求位切。
饗	xiǎng	許兩切。
饛	méng	莫紅切。
飵	zuò	在各切。
䬯	nián	奴兼切。
饂	wèn	烏困切。
𩜹	wèn	五困切。
餬	hú	戶吳切。
飶	bì	毗必切。
飫	yù	依據切。
飽	bǎo	博巧切。
𩛌	yuàn	烏玄切。
饒	ráo	如昭切。
餘	yú	以諸切。
餀	hài	呼艾切。
餞	jiàn	才線切。
餫	yùn	王問切。

館	guǎn	古玩切。
饕	tāo	土刀切。
飻	tiè	他結切。
饖	wèi	於廢切。
饐	yì	乙冀切。
餲	ài	乙例切。又烏介切。
饑	jī	居衣切。
饉	jǐn	渠吝切。
䬣	è	於革切。
餧	něi	奴罪切。
飢	jī	居夷切。
餓	è	五箇切。
餽	guì	俱位切。
餟	zhuì	陟衛切。
䬽	shuì	輸芮切。
䬬	líng	里甑切。
䬴	mò	莫撥切。
餕	jùn	子陖切。
餻	gāo	古牢切。
亼	jí	秦入切。
合	hé	候閤切。
僉	qiān	七廉切。
侖	lún	力屯切。
今	jīn	居音切。
舍	shè	始夜切。
會	huì	黃外切。
朇	pí	符支切。
㬄	chén	植鄰切。
倉	cāng	七岡切。
牄	qiāng	七羊切。
入	rù	人汁切。
內	nèi	奴對切。
兂	cén	鉏箴切。
糴	dí	徒歷切。
仝	quán	疾緣切。
㒳	liǎng	良奬切。
缶	fǒu	方九切。
㲄	kòu	苦候切。
匋	táo	徒刀切。
罌	yīng	烏莖切。
䍋	chuí	池僞切。

䍌 bù 蒲候切。
缾 píng 薄經切。
罋 wèng 烏貢切。
𦈣 tà 土盍切。
罃 yīng 烏莖切。
缸 gāng 下江切。
䍚 yù 于逼切。
𦉜 cùn 作甸切。
䍃 yóu 以周切。
䍅 líng 郎丁切。
䍄 diǎn 都念切。
缺 quē 傾雪切。
罅 xià 呼迓切。
罄 qìng 苦定切。
罊 qì 苦計切。
缿 xiàng 大口切。又胡講切。
罐 guàn 古玩切。
矢 shǐ 式視切。
䠶 shè 食夜切。
矯 jiǎo 居夭切。
矰 zēng 作滕切。
矦 hóu 乎溝切。
𥏫 shāng 式陽切。
短 duǎn 都管切。
矤 shěn 式忍切。
知 zhī 陟离切。
矣 yǐ 于已切。
矮 ǎi 烏蟹切。
高 gāo 古牢切。
𩫖 qǐng 去潁切。
亭 tíng 特丁切。
亳 bó 菊各切。
冂 jiōng 古熒切。
市 shì 時止切。
冘 yín 余箴切。
央 yāng 於良切。
隺 hú 胡沃切。
𩫏 guō 古博切。
𩫵 quē 傾雪切。
京 jīng 舉卿切。
就 jiù 疾僦切。
亯 xiǎng 許兩切。又許庚切。又普庚切。
𦎫 chún 常倫切。
䈞 dǔ 冬毒切。
𩫓 yōng 余封切。
𣆪 hòu 胡口切。
覃 tán 徒含切。
厚 hòu 胡口切。
畐 fú 芳逼切。
良 liáng 呂張切。
㐭 lǐn 力甚切。
稟 bǐng 筆錦切。
亶 dǎn 多旱切。
啚 bǐ 方美切。
嗇 sè 所力切。
牆 qiáng 才良切。
來 lái 洛哀切。
𥑷 sì 牀史切。
麥 mài 莫獲切。
麰 móu 莫浮切。
麧 hé 乎沒切。
𪌭 suǒ 穌果切。
䴾 cuó 昨何切。
麩 fū 甫無切。
麪 miàn 弥箭切。
𪍿 zhí 直隻切。
麷 fēng 敷戎切。
麮 qù 丘據切。
𪎊 kū 空谷切。
䴳 huá 戶八切。
𪌫 cái 昨哉切。
夊 suī 楚危切。
夋 qūn 七倫切。
复 fú 房六切。
夌 líng 力膺切。
致 zhì 陟利切。
憂 yōu 於求切。
愛 ài 烏代切。
𡕒 pú 又（當爲父）卜切。
竷 kǎn 苦感切。
𡕢 wǎn 亡范切。
夏 xià 胡雅切。
畟 cè 初力切。
㚇 zōng 子紅切。
夒 náo 奴刀切。
夔 kuí 渠追切。
夎 cuò 則臥切。
舛 chuǎn 昌兖切。
舞 wǔ 文撫切。
舝 xiá 胡戛切。
舜 shùn 舒閏切。
䑞 huáng 戶光切。
韋 wéi 宇非切。
韠 bì 卑吉切。
韎 mèi 莫佩切。
韢 suì 胡計切。
韜 tāo 土刀切。
韝 gōu 古矦切。
韘 shè 失涉切。
韣 zhú 之欲切。
韔 chàng 丑亮切。
𩏂 xiá 乎加切。
𩏄 duàn 徒玩切。
韤 wà 望發切。
𩏼 pò 匹各切。
韏 quàn 九萬切。
䪚 jiū 即由切。
韓 hán 胡安切。
韌 rèn 而進切。
弟 dì 特計切。
罤 kūn 古覍切。
夂 zhǐ 陟侈切。
𡕧 hài 乎蓋切。
夆 fēng 敷容切。
夅 xiáng 下江切。
夃 gǔ 古乎切。
㐄 kuǎ 苦瓦切。
久 jiǔ 舉友切。
桀 jié 渠列切。
磔 zhé 陟格切。

椉	chéng	食陵切。
木	mù	莫卜切。
橘	jú	居聿切。
橙	chéng	丈庚切。
柚	yòu	余救切。
樝	zhā	側加切。
棃	lí	力脂切。
梬	yǐng	以整切。
柹	shì	鉏里切。
枏	nán	汝閻切。
梅	méi	莫桮切。
杏	xìng	何梗切。
柰	nài	奴帶切。
李	lǐ	良止切。
桃	táo	徒刀切。
楙	mào	莫候切。
亲	zhēn	側詵切。
楷	jiē	苦駭切。
梫	qǐn	七荏切。
桂	guì	古惠切。
棠	táng	徒郎切。
杜	dù	徒古切。
槢	xí	似入切。
樿	zhǎn	旨善切。
椲	wěi	于鬼切。
楢	yóu	以周切。
桏	qióng	渠容切。
棆	lún	陟倫切。
楈	xū	私閭切。
柍	yǎng	於京切。
楑	kuí	求癸切。
槔	gǎo	古老切。
椆	chóu	職畱切。
樕	sù	桑谷切。
欙	yí	羊皮切。
梣	cén	子林切。
棳	zhuō	職說切。
椃	háo	乎刀切。
棪	yǎn	以冉切。
椯	chuán	市緣切。
椋	liáng	呂張切。

檍	yì	於力切。
櫠	fèi	房未切。
樗	chū	丑居切。
楀	yǔ	王矩切。
蘽	lěi	力軌切。
桋	yí	以脂切。
栟	bīng	府盈切。
椶	zōng	子紅切。
檟	jiǎ	古雅切。
椅	yī	於离切。
梓	zǐ	即里切。
楸	qiū	七由切。
檍	yì	於力切。
柀	bǐ	甫委切。
檆	shān	所銜切。
榛	zhēn	側詵切。
栲	kǎo	苦浩切。
杶	chūn	敕倫切。
橁	chūn	相倫切。
桵	ruí	儒隹切。
棫	yù	于逼切。
榽	xī	相即切。
椐	jū	九魚切。
樻	kuì	求位切。
栩	xǔ	況羽切。
柔	zhù	直呂切。
樣	xiàng	徐兩切。
杙	yì	与職切。
枇	pí	房脂切。
桔	jié	古屑切。
柞	zuò	在各切。
枰	lú	他乎切。
榗	jiàn	子善切。
檖	suì	徐醉切。
椵	jiǎ	古雅切。
橞	huì	胡計切。
楛	hù	矦古切。
櫅	jī	祖雞切。
杒	réng	如乘切。
櫇	pín	符眞切。
樲	èr	而至切。

樸	pú	博木切。
橪	rǎn	人善切。
柅	nǐ	女履切。
梢	shāo	所交切。
欐	lì	郎計切。
栵	liè	力輟切。
梭	xùn	私閏切。
椑	bì	卑吉切。
楋	là	盧達切。
枸	jǔ	俱羽切。
樜	zhè	之夜切。
枋	fāng	府良切。
橿	jiāng	居良切。
樗	huà	乎化切。
檗	bò	博戹切。
枌	fēn	撫文切。
榝	shā	所八切。
槭	zú	子六切。
楊	yáng	与章切。
檉	chēng	敕貞切。
桺	liǔ	力九切。
樳	xún	詳遵切。
欒	luán	洛官切。
栘	yí	弋支切。
棣	dì	特計切。
枳	zhǐ	諸氏切。
楓	fēng	方戎切。
權	quán	巨員切。
柜	jǔ	其呂切。
槐	huái	戶恢切。
榖	gǔ	古祿切。
楮	chǔ	丑呂切。
檵	jì	古詣切。
杞	qǐ	墟里切。
枒	yá	五加切。
檀	tán	徒乾切。
櫟	lì	郎擊切。
梂	qiú	巨鳩切。
楝	liàn	郎電切。
檿	yǎn	於琰切。
柘	zhè	之夜切。

㯃 qī 親吉切。
檈 xuán 似沿切。
梧 wú 五胡切。
榮 róng 永兵切。
桐 tóng 徒紅切。
橎 fán 附轅切。
楡 yú 羊朱切。
枌 fén 扶分切。
梗 gěng 古杏切。
樵 qiáo 昨焦切。
松 sōng 祥容切。
樠 mán 莫奔切。
檜 guì 古外切。
樅 cōng 七恭切。
柏 bǎi 博陌切。
机 jī 居履切。
枮 xiān 息廉切。
梇 lòng 盧貢切。
楰 yú 羊朱切。
桅 guǐ 過委切。
杒 rèn 而震切。
𣝗 tà 徒合切。
榙 tā 土合切。
某 méi 莫厚切。
櫾 yóu 以周切。
樹 shù 常句切。
本 běn 布忖切。
柢 dǐ 都禮切。
朱 zhū 章俱切。
根 gēn 古痕切。
株 zhū 陟輸切。
末 mò 莫撥切。
㮨 jì 子力切。
果 guǒ 古火切。
樏 léi 力追切。
杈 chā 初牙切。
枝 zhī 章移切。
朴 pò 匹角切。
條 tiáo 徒遼切。
枚 méi 莫桮切。
栞 kān 苦寒切。

欇 zhé 之涉切。
栠 rěn 如甚切。
枖 yāo 於喬切。
槙 diān 都季切。
梃 tǐng 徒頂切。
𣡌 shēn 所臻切。
標 biāo 敷沼切。
杪 miǎo 亡沼切。
朵 duǒ 丁果切。
桹 láng 魯當切。
橌 jiàn 古限切。
枵 xiāo 許嬌切。
柖 sháo 止搖切。
榣 yáo 余昭切。
樛 jiū 吉虯切。
朻 jiū 吉虯切。
枉 wǎng 迂往切。
橈 nào 女教切。
枎 fú 防無切。
檹 yī 於离切。
朴 jiǎo 私兆切。
榾 hū 呼骨切。
槮 shēn 所今切。
梴 chān 丑連切。
橚 sù 山巧切。
杕 dì 特計切。
橐 tuò 他各切。
格 gé 古百切。
槸 yì 魚祭切。
枯 kū 苦孤切。
槀 gǎo 苦浩切。
樸 pǔ 匹角切。
楨 zhēn 陟盈切。
柔 róu 耳由切。
柝 tuò 他各切。
朸 lè 盧則切。
材 cái 昨哉切。
柴 chái 士佳切。
榑 fú 防無切。
杲 gǎo 古老切。
杳 yǎo 烏皎切。

𣏗 hé 其逆切。
栽 zài 昨代切。
築 zhù 陟玉切。
榦 gàn 古案切。
檥 yǐ 魚羈切。
構 gòu 古后切。
模 mú 莫胡切。
桴 fú 附柔切。
棟 dòng 多貢切。
極 jí 渠力切。
柱 zhù 直主切。
楹 yíng 以成切。
樘 chēng 丑庚切。
榰 zhī 章移切。
楶 jié 子結切。
欂 bì 弼戟切。
櫨 lú 落胡切。
枅 jī 古兮切。
栵 liè 良辥切。
栭 ér 如之切。
檃 yìn 於靳切。
橑 lǎo 盧浩切。
桷 jué 古岳切。
椽 chuán 直專切。
榱 cuī 所追切。
楣 méi 武悲切。
梠 lǚ 力舉切。
𣖻 pí 房脂切。
櫋 mián 武延切。
檐 yán 余廉切。
橝 tán 徒含切。
樀 dí 都歷切。
植 zhí 常職切。
樞 shū 昌朱切。
槏 qiǎn 苦減切。
樓 lóu 洛侯切。
櫳 lóng 盧紅切。
楯 shǔn 食允切。
櫺 líng 郎丁切。
杗 máng 武方切。
梀 cù 丑録切。

杇 wū 哀都切。
槾 màn 母官切。
椳 wēi 烏恢切。
楣 mào 莫報切。
梱 kǔn 苦本切。
榍 xiè 先結切。
柤 zhā 側加切。
槍 qiāng 七羊切。
楗 jiàn 其獻切。
櫼 jiān 子廉切。
楔 xiè 先結切。
柵 zhà 楚革切。
杝 lí 池尒切。
欜 tuò 他各切。
桓 huán 胡官切。
楃 wò 於角切。
橦 chuáng 宅江切。
杠 gāng 古雙切。
桯 tīng 他丁切。
桱 jīng 古零切。
牀 chuáng 仕莊切。
枕 zhěn 章衽切。
椳 wēi 於非切。
櫝 dú 徒谷切。
櫛 zhì 阻瑟切。
梳 shū 所菹切。
梒 gé 胡甲切。
槈 nòu 奴豆切。
槱 xū 舉朱切。
苿 huá 互瓜切。
梠 sì 詳里切。
枱 yí 弋之切。
楎 hún 戶昆切。
櫌 yōu 於求切。
欘 zhú 陟玉切。
櫡 zhuó 張略切。
杷 pá 蒲巴切。
椴 yì 与辟切。
柃 líng 郎丁切。
柫 fú 敷勿切。
枷 jiā 古牙切。

杵 chǔ 昌與切。
槩 gài 工代切。
杚 gài 古没切。
楷 shěng 所綆切。
柶 sì 息利切。
桮 bēi 布回切。
槃 pán 薄官切。
榹 sī 息移切。
案 àn 烏旰切。
檈 xuán 似沿切。
椷 jiān 古咸切。
枓 zhǔ 之庾切。
杓 biāo 甫搖切。
櫑 léi 魯回切。
椑 pí 部迷切。
榼 kē 枯蹋切。
橢 tuǒ 徒果切。
槌 zhuì 直類切。
持 zhé 陟革切。
栚 zhèn 直衽切。
槤 liǎn 里典切。
櫎 huǎng 胡廣切。
梮 jú 俱燭切。
槃 jì 古詣切。
檷 nǐ 奴礼切。
機 jī 居衣切。
滕 shèng 詩證切。
杼 zhù 直呂切。
椱 fù 扶富切。
楥 xuàn 吁券切。
核 gāi 古哀切。
棚 péng 薄衡切。
棧 zhàn 士限切。
栫 jiàn 徂悶切。
槶 guì 古悔切。
梯 tī 土雞切。
棖 chéng 宅耕切。
桊 juàn 居倦切。
椯 duǒ 兜果切。
橜 jué 瞿月切。
樴 zhí 之弋切。

杖 zhàng 直兩切。
柭 bā 北末切。
棓 bàng 步項切。
椎 chuí 直追切。
柯 kē 古俄切。
棁 tuō 他活切。
又之說切。
柄 bǐng 陂病切。
柲 bì 兵媚切。
欑 cuán 在丸切。
屎 chì 女履切。
榜 bēng 補盲切。
檠 qíng 巨京切。
檃 yǐn 於謹切。
桰 kuò 古活切。
棊 qí 渠之切。
椄 jiē 子葉切。
栙 xiáng 下江切。
栝 tiǎn 他念切。
槽 cáo 昨牢切。
臬 niè 五結切。
桶 tǒng 他奉切。
櫓 lǔ 郎古切。
樂 yuè 玉角切。
柎 fū 甫無切。
枹 fú 甫無切。
椌 qiāng 苦江切。
柷 zhù 昌六切。
槧 qiàn 自琰切。
札 zhá 側八切。
檢 jiǎn 居奄切。
檄 xí 胡狄切。
棨 qǐ 康礼切。
楘 mù 莫卜切。
枑 hù 胡誤切。
梐 bì 邊兮切。
极 jí 其輒切。
柫 qū 去魚切。
槅 gé 古覈切。
樞 shū 山樞切。
楇 huò 乎臥切。

枊 àng 吾浪切。
槶 gù 古慕切。
欙 léi 力追切。
榷 què 江岳切。
橋 qiáo 巨驕切。
梁 liáng 呂張切。
㮴 sōu 穌遭切。
橃 fá 房越切。
楫 jí 子葉切。
欚 lǐ 盧啓切。
校 jiào 古孝切。
樔 cháo 鉏交切。
采 cǎi 倉宰切。
柿 fèi 芳吠切。
橫 héng 戶盲切。
梜 jiā 古洽切。
桄 guàng 古曠切。
檇 zuì 遵爲切。
椓 zhuó 竹角切。
朾 chéng 宅耕切。
柧 gū 古胡切。
棱 léng 魯登切。
櫱 niè 五葛切。
枰 píng 蒲兵切。
柆 lā 盧合切。
槎 chá 側下切。
柮 duò 女滑切。
檮 táo 徒刀切。
析 xī 先激切。
棷 zōu 側鳩切。
梡 hùn 胡本切。
棞 hún 胡昆切。
楄 pián 部田切。
楅 bī 彼即切。
枼 yè 与涉切。
槱 yǒu 余救切。
休 xiū 許尤切。
㮓 gèn 古鄧切。
械 xiè 胡戒切。
杽 chǒu 敕九切。
桎 zhì 之日切。
梏 gù 古沃切。
櫪 lì 郎擊切。
㯕 xī 先稽切。
檻 jiàn 胡黯切。
櫳 lóng 盧紅切。
柙 xiá 烏匣切。
棺 guān 古丸切。
櫬 chèn 初僅切。
槥 huì 祥歲切。
椁 guǒ 古博切。
楬 jié 其謁切。
梟 xiāo 古堯切。
棐 fěi 敷尾切。
梔 zhī 章移切。
榭 xiè 詞夜切。
槊 shuò 所角切。
椸 yí 以支切。
榻 tà 土盍切。
櫍 zhì 之日切。
櫂 zhào 直教切。
橰 gāo 古牢切。
椿 zhuāng 啄江切。
櫻 yīng 烏莖切。
㮷 sè 所厄切。
東 dōng 得紅切。
林 lín 力尋切。
橆 wú 文甫切。
鬱 yù 迂弗切。
楚 chǔ 創舉切。
棽 chēn 丑林切。
楙 mào 莫候切。
麓 lù 盧谷切。
棼 fén 符分切。
森 sēn 所今切。
梵 fàn 扶泛切。
才 cái 昨哉切。
叒 ruò 而灼切。
桑 sāng 息郎切。
之 zhī 止而切。
㞷 huáng 戶光切。
帀 zā 子荅切。
師 shī 疎夷切。
出 chū 尺律切。
敖 áo 五牢切。
賣 mài 莫邂切。
糶 tiào 他弔切。
𡴎 niè 五結切。
朩 pò 普活切。
𣐺 wèi 于貴切。
索 suǒ 蘇各切。
孛 bèi 蒲妹切。
𠂔 zǐ 即里切。
南 nán 那含切。
生 shēng 所庚切。
丰 fēng 敷容切。
產 chǎn 所簡切。
隆 lóng 力中切。
甤 ruí 儒隹切。
甡 shēn 所臻切。
乇 zhé 陟格切。
𠂹 chuí 是爲切。
𠌶 huā 況于切。
韡 wěi 于鬼切。
華 huā 戶瓜切。
皣 yè 筠輒切。
𥝌 jī 古兮切。
𥡴 zhǐ 職雉切。
𥠖 jǔ 俱羽切。
稽 jī 古兮切。
穛 zhuó 竹角切。
𥢔 gǎo 古老切。
巢 cháo 鉏交切。
𤰞 biǎn 方斂切。
桼 qī 親吉切。
髤 xiū 許由切。
𣠶 pào 匹皃切。
束 shù 書玉切。
柬 jiǎn 古限切。
𣝗 jiǎn 古典切。
剌 là 盧達切。
㯻 gǔn 胡本切。
橐 tuó 他各切。

囊 náng 奴當切。
櫜 gāo 古勞切。
橐 pāo 符宵切。
囗 wéi 羽非切。
圜 yuán 王權切。
團 tuán 度官切。
圓 xuán 似沿切。
圓 yún 羽巾切。
圓 yuán 王問切。
回 huí 戶恢切。
圖 tú 同都切。
圛 yì 羊益切。
國 guó 古惑切。
壼 kǔn 苦本切。
囷 qūn 去倫切。
圈 juàn 渠篆切。
囿 yòu 于救切。
園 yuán 羽元切。
圃 pǔ 博古切。
因 yīn 於眞切。
囡 nà 女洽切。
囹 líng 郎丁切。
圄 yǔ 魚舉切。
囚 qiú 似由切。
固 gù 古慕切。
圍 wéi 羽非切。
困 kùn 苦悶切。
圂 hùn 胡困切。
囮 é 五禾切。
員 yuán 王權切。
䞈 yún 羽文切。
貝 bèi 博蓋切。
貨 suǒ 酥果切。
賄 huì 呼罪切。
財 cái 昨哉切。
貨 huò 呼臥切。
䝿 guì 詭僞切。
資 zī 卽夷切。
贎 wàn 無販切。
賑 zhèn 之忍切。
賢 xián 胡田切。

賁 bì 彼義切。
賀 hè 胡箇切。
貢 gòng 古送切。
贊 zàn 則旰切。
賮 jìn 徐刃切。
齎 jī 祖雞切。
貸 dài 他代切。
貣 tè 他得切。
賂 lù 洛故切。
賸 shèng 以證切。
贈 zèng 昨鄧切。
貱 bì 彼義切。
贛 gòng 古送切。
賚 lài 洛帶切。
賞 shǎng 書兩切。
賜 cì 斯義切。
貤 yì 以豉切。
贏 yíng 以成切。
賴 lài 洛帶切。
負 fù 房九切。
貯 zhù 直呂切。
貳 èr 而至切。
賓 bīn 必鄰切。
賒 shē 式車切。
貰 shì 神夜切。
贅 zhuì 之芮切。
質 zhì 之日切。
貿 mào 莫候切。
贖 shú 殊六切。
費 fèi 房未切。
責 zé 側革切。
賈 gǔ 公戶切。
賫 shāng 式陽切。
販 fàn 方願切。
買 mǎi 莫蟹切。
賤 jiàn 才線切。
賦 fù 方遇切。
貪 tān 他含切。
貶 biǎn 方斂切。
貧 pín 符巾切。
賃 lìn 尼禁切。

賕 qiú 巨留切。
購 gòu 古候切。
貶 shǔ 疏舉切。
貲 zī 卽夷切。
賨 cóng 徂紅切。
賣 yù 余六切。
貴 guì 居胃切。
賏 yīng 烏莖切。
貺 kuàng 許訪切。
賵 fèng 撫鳳切。
賭 dǔ 當古切。
貼 tiē 他叶切。
貽 yí 與之切。
賺 zhuàn 佇陷切。
賽 sài 先代切。
賻 fù 符遇切。
贍 shàn 時豔切。
邑 yì 於汲切。
邦 bāng 博江切。
郡 jùn 渠運切。
都 dū 當孤切。
鄰 lín 力珍切。
酇 zuǎn 作管切。
又作旦切。
鄙 bǐ 兵美切。
郊 jiāo 古肴切。
邸 dǐ 都禮切。
郛 fú 甫無切。
郵 yóu 羽求切。
鄁 shào 所教切。
鄯 shàn 時戰切。
竆 qióng 渠弓切。
郪 jì 古詣切。
邰 tái 土來切。
郊 qí 巨支切。
邠 bīn 補巾切。
郿 méi 武悲切。
郁 yù 於六切。
鄠 hù 胡古切。
扈 hù 胡古切。
郿 péi 薄回切。

䢹 jū 子余切。
郝 hǎo 呼各切。
酆 fēng 敷戎切。
鄭 zhèng 直正切。
郃 hé 候閤切。
叩 kǒu 苦后切。
䣲 fán 附袁切。
鄜 fū 甫無切。
䣝 tú 同都切。
邮 yóu 徒歷切。
𨛫 nián 奴顛切。
邽 guī 古畦切。
部 bù 蒲口切。
郖 dòu 當侯切。
鄏 rǔ 而蜀切。
鄻 liǎn 力展切。
䣐 zhài 側介切。
邙 máng 莫郎切。
鄩 xún 徐林切。
郗 chī 丑脂切。
鄆 yùn 王問切。
邶 bèi 補妹切。
邘 yú 況于切。
䣓 lí 郎奚切。
邵 shào 寔照切。
鄍 míng 莫經切。
鄐 chù 丑六切。
鄇 hòu 胡遘切。
邲 bì 毗必切。
郤 xì 綺戟切。
䣈 péi 薄回切。
𨞹 qián 渠焉切。
邼 kuāng 去王切。
鄈 kuí 揆唯切。
邢 xíng 戶經切。
鄔 wū 安古切。
祁 qí 巨支切。
鄴 yè 魚怯切。
郉 jǐng 戶經切。
邯 hán 胡安切。
鄲 dān 都寒切。
郇 xún 相倫切。
鄃 shū 式朱切。
鄗 hào 呼各切。
鄡 qiāo 牽遙切。
鄚 mò 慕各切。
郅 zhì 之日切。
鄋 sōu 所鳩切。
鄦 xǔ 虛呂切。
邟 kàng 苦浪切。
郾 yǎn 於建切。
郟 jiá 工洽切。
郪 qī 七稽切。
鄎 xī 相卽切。
郋 xí 胡雞切。
𨝅 páng 步光切。
郹 jú 古闃切。
鄧 dèng 徒亘切。
鄾 yōu 於求切。
𨚔 háo 乎刀切。
鄛 cháo 鉏交切。
𨟝 ráng 汝羊切。
𨝚 lú 力朱切。
郒 lǐ 良止切。
䢳 yǔ 王榘切。
郢 yǐng 以整切。
鄢 yān 於乾切。
鄳 méng 莫杏切。
𨞺 gé 古達切。
鄂 è 五各切。
邔 qǐ 居擬切。
邾 zhū 陟輸切。
鄖 yún 羽文切。
鄘 yōng 余封切。
郫 pí 符支切。
𨞶 chóu 市流切。
𨟗 jí 秦昔切。
鄤 wàn 無販切。
邡 fāng 府良切。
䣕 mà 莫駕切。
鄨 bì 必袂切。
𨛜 bāo 布交切。
那 nuó 諾何切。
鄱 pó 薄波切。
䣼 líng 郎丁切。
郴 chēn 丑林切。
𨚓 lèi 盧對切。
鄮 mào 莫候切。
鄞 yín 語斤切。
𨙷 pèi 博蓋切。
邴 bǐng 兵永切。
䣜 cuó 昨何切。
𨚁 shǎo 書沼切。
𨙺 chén 植鄰切。
𨟻 chán 士咸切。
鄑 zī 卽移切。
郜 gào 古到切。
鄄 juàn 吉掾切。
邛 qióng 渠容切。
鄶 kuài 古外切。
邧 yuán 虞遠切。
郔 yán 以然切。
郠 gěng 古杏切。
鄅 yǔ 王榘切。
鄒 zōu 側鳩切。
𨛦 tú 同都切。
邿 shī 書之切。
郰 zōu 側鳩切。
郕 chéng 氏征切。
𨛏 yǎn 依檢切。
酄 huān 呼官切。
郎 láng 魯當切。
邳 pī 敷悲切。
鄣 zhāng 諸良切。
邗 hán 胡安切。
䣞 yí 魚羈切。
郈 hòu 胡口切。
郯 tán 徒甘切。
郚 wú 五乎切。
酅 xī 戶圭切。
鄫 céng 疾陵切。
邪 yé 以遮切。
郙 fū 甫無切。

郪	qī	親吉切。
郭	guō	古博切。
郳	ní	五雞切。
郣	bó	蒲没切。
鄿	tán	徒含切。
𨚔	qú	其俱切。
郂	gāi	古哀切。
𨛦	zài	作代切。
鄢	yān	烏前切。
邱	qiū	去鳩切。
郍	rú	人諸切。
𨚕	niǔ	女九切。
邔	jǐ	居履切。
郤	xì	希立切。
𨛬	qiú	巨鳩切。
𨟻	yīng	於郢切。
𨞺	dǎng	多朗切。
郱	píng	薄經切。
𨞜	hǔ	呼古切。
邩	huǒ	呼果切。
鄝	liǎo	盧鳥切。
鄬	guī	居爲切。
邨	cūn	此尊切。
𨛖	shū	式車切。
𨜏	hé	胡蠟切。
𨜒	gān	古寒切。
𨞔	yín	力荏切。
邖	shān	所閒切。
鄌	táng	徒郎切。
𨞰	féng	房戎切。
𨛭	kuài	苦怪切。
郙	fǔ	方矩切。
酈	lì	郎擊切。
𨟙	qiān	七然切。
𨙨	xiàng	胡絳切。
鄉	xiāng	許良切。
𨛜	xiàng	胡絳切。
日	rì	人質切。
旻	mín	武巾切。
時	shí	市之切。
早	zǎo	子浩切。
昒	hū	呼骨切。
昧	mèi	莫佩切。
暏	dǔ	當古切。
晢	zhé	旨熱切。
昭	zhāo	止遙切。
晤	wù	五故切。
旳	dì	都歷切。
晄	huǎng	胡廣切。
曠	kuàng	苦謗切。
旭	xù	許玉切。
晉	jìn	即刃切。
暘	yáng	與章切。
晵	qǐ	康禮切。
晹	yì	羊益切。
昫	xū	火于切。又火句切。
晛	xiàn	胡甸切。
晏	yàn	烏諫切。
曣	yàn	於甸切。
景	jǐng	居影切。
晧	hào	胡老切。
暤	hào	胡老切。
曄	yè	筠輒切。
暉	huī	許歸切。
旰	gàn	古案切。
暆	yí	弋支切。
晷	guǐ	居洧切。
昃	zè	阻力切。
晚	wǎn	無遠切。
昏	hūn	呼昆切。
曫	luán	洛官切。
晻	àn	烏感切。
暗	àn	烏紺切。
晦	huì	荒内切。
𣆳	nài	奴代切。
曀	yì	於計切。
旱	hàn	乎旰切。
㫐	yǎo	烏皎切。
昴	mǎo	莫飽切。
曏	xiàng	許兩切。
曩	nǎng	奴朗切。
昨	zuó	在各切。
暇	xiá	胡嫁切。
暫	zàn	藏濫切。
昪	biàn	皮變切。
昌	chāng	尺良切。
暀	wàng	于放切。
昄	bǎn	補綰切。
昱	yù	余六切。
㬉	nǎn	女版切。
暍	yē	於歇切。
暑	shǔ	舒呂切。
㬮	nàn	奴案切。
㬎	xiǎn	五合切。
㬥	pù	薄報切。
曬	shài	所智切。
暵	hàn	呼旰切。
晞	xī	香衣切。
昔	xī	思積切。
暱	nì	尼質切。
暬	xiè	私列切。
𣅟	mì	美畢切。
昆	kūn	古渾切。
晐	gāi	古哀切。
普	pǔ	滂古切。
曉	xiǎo	呼鳥切。
昕	xīn	許斤切。
曈	tóng	徒紅切。
曨	lóng	盧紅切。
昈	hù	矦古切。
昉	fǎng	分兩切。
晙	jùn	子峻切。
晟	shèng	承正切。
昶	chǎng	丑兩切。
暈	yùn	王問切。
晬	zuì	子内切。
映	yìng	於敬切。
曙	shǔ	常恕切。
昳	dié	徒結切。
曇	tán	徒含切。
曆	lì	郎擊切。
昂	áng	五岡切。

昇 shēng 識蒸切。
旦 dàn 得案切。
暨 jì 其異切。
倝 gàn 古案切。
𦩍 zhāo 陟遙切。
㫃 yǎn 於幰切。
旐 zhào 治小切。
旗 qí 渠之切。
旆 pèi 蒲蓋切。
旌 jīng 子盈切。
旟 yú 以諸切。
旂 qí 渠希切。
旞 suì 徐醉切。
旝 kuài 古外切。
旃 zhān 諸延切。
𣄴 yóu 以周切。
𣄻 yǎo 烏皎切。
施 shī 式支切。
旖 yǐ 於离切。
旚 piāo 匹招切。
𣄠 biāo 甫遙切。
游 yóu 以周切。
旇 pī 敷羈切。
旋 xuán 似沿切。
旄 máo 莫袍切。
旛 fān 孚袁切。
旅 lǚ 力舉切。
族 zú 昨木切。
冥 míng 莫經切。
鼆 méng 武庚切。
晶 jīng 子盈切。
曐 xīng 桑經切。
曑 shēn 所今切。
曟 chén 植鄰切。
曡 dié 徒叶切。
月 yuè 魚厥切。
朔 shuò 所角切。
朏 pěi 普乃切。
又芳尾切。
霸 pò 普伯切。
朗 lǎng 盧黨切。

朓 tiǎo 土了切。
肭 nǜ 女六切。
期 qī 渠之切。
朦 méng 莫工切。
朧 lóng 盧紅切。
有 yǒu 云九切。
戫 yù 於六切。
龓 lóng 盧紅切。
朙 míng 武兵切。
朚 huāng 呼光切。
囧 jiǒng 俱永切。
盟 méng 武兵切。
夕 xī 祥易切。
夜 yè 羊謝切。
夢 méng 莫忠切。
又亡貢切。
夗 yuàn 於阮切。
夤 yín 翼真切。
夝 qíng 疾盈切。
外 wài 五會切。
𡖊 sù 息逐切。
募 mò 莫白切。
多 duō 得何切。
夥 huǒ 乎果切。
𡖐 guài 苦回切。
𡖜 zhā 陟加切。
毌 guàn 古丸切。
貫 guàn 古玩切。
虜 lǔ 郎古切。
𢎘 hàn 乎感切。
函 hán 胡男切。
𠧪 yóu 以州切。
甬 yǒng 余隴切。
𢎗 xián 胡先切。
𣐺 hàn 胡感切。
韡 wéi 于非切。
卤 tiáo 徒遼切。
㮚 lì 力質切。
𠧚 sù 相玉切。
齊 qí 徂兮切。
𪗉 qí 徂兮切。

朿 cì 七賜切。
棗 zǎo 子皓切。
棘 jí 己力切。
片 piàn 匹見切。
版 bǎn 布綰切。
𤗚 bì 芳逼切。
牘 dú 徒谷切。
牒 dié 徒叶切。
牑 biān 方田切。
牖 yǒu 與久切。
牏 tóu 度矦切。
鼎 dǐng 都挺切。
鼒 zī 子之切。
鼐 nài 奴代切。
鼏 mì 莫狄切。
克 kè 苦得切。
录 lù 盧谷切。
禾 hé 戶戈切。
秀 xiù 息救切。
稼 jià 古訝切。
穡 sè 所力切。
穜 zhòng 之用切。
稙 zhí 常職切。
種 chóng 直容切。
稑 lù 力竹切。
稺 zhì 直利切。
稹 zhěn 之忍切。
稠 chóu 直由切。
穊 jì 几利切。
稀 xī 香依切。
𥢔 miè 莫結切。
穆 mù 莫卜切。
私 sī 息夷切。
𥣬 fèi 扶沸切。
稷 jì 子力切。
齍 zī 即夷切。
秫 shú 食聿切。
穄 jì 子例切。
稻 dào 徒皓切。
稌 tú 徒古切。
稬 nuò 奴亂切。

稴 xián 力兼切。
秔 jīng 古行切。
秏 hào 呼到切。
穬 kuàng 百（當爲古）猛切。
秜 lí 里之切。
稗 bài 旁卦切。
移 yí 弋支切。
穎 yǐng 余頃切。
䅘 lái 洛哀切。
采 suì 徐醉切。
䄶 diǎo 都了切。
穟 suì 徐醉切。
𥟖 duān 丁果切。
𥢑 jié 居謁切。
秒 miǎo 亡沼切。
穖 jǐ 居豨切。
秠 pī 敷悲切。
秨 zuó 在各切。
穮 biāo 甫嬌切。
案 àn 烏旰切。
秄 zǐ 即里切。
穧 jì 在詣切。
穫 huò 胡郭切。
秶 zī 即夷切。
積 jī 則歷切。
秩 zhì 直質切。
稛 kǔn 苦本切。
稞 huà 胡瓦切。
秳 huó 戶括切。
䅂 hé 居气切。
稃 fū 芳無切。
𥢶 kuài 苦會切。
穅 kāng 苦岡切。
穛 zhuó 之若切。
稭 jiá 古黠切。
稈 gǎn 古旱切。
稾 gǎo 古老切。
秕 bǐ 卑履切。
稩 juān 古玄切。
𥝐 liè 良薛切。
穰 ráng 汝羊切。

秧 yāng 於良切。
䅭 páng 蒲庚切。
䅣 huáng 戶光切。
秊 nián 奴顛切。
穀 gǔ 古祿切。
稔 rěn 而甚切。
租 zū 則吾切。
稅 shuì 輸芮切。
䆃 dào 徒到切。
䆅 huāng 呼光切。
穌 sū 素孤切。
稍 shāo 所教切。
秋 qiū 七由切。
秦 qín 匠鄰切。
稱 chēng 處陵切。
科 kē 苦禾切。
程 chéng 直貞切。
稯 zōng 子紅切。
秭 zǐ 將几切。
秅 chá 宅加切。
䄷 shí 常隻切。
稘 jī 居之切。
穩 wěn 烏本切。
稕 zhùn 之閏切。
秝 lì 郎擊切。
兼 jiān 古甜切。
黍 shǔ 舒呂切。
穈 méi 靡爲切。
䵗 bǐ 并弭切。
黏 nián 女廉切。
䵚 hú 戶吳切。
䵒 nì 尼質切。
黎 lí 郎奚切。
䵝 bó 蒲北切。
香 xiāng 許良切。
馨 xīn 呼形切。
馥 fù 房六切。
米 mǐ 莫禮切。
粱 liáng 呂張切。
𥼶 zhuō 側角切。
粲 càn 倉案切。

糲 lì 洛帶切。
精 jīng 子盈切。
粺 bài 旁卦切。
粗 cū 徂古切。
粊 bì 兵媚切。
糱 niè 魚列切。
粒 lì 力入切。
𥼮 shì 施隻切。
糂 sǎn 桑感切。
糪 bò 博戹切。
糜 mí 靡爲切。
𥼞 tán 徒感切。
𥹂 mí 武夷切。
𥺊 qū 驅六切。
糟 zāo 作曹切。
糒 bèi 平祕切。
糗 qiǔ 去九切。
䊆 jiù 其九切。
糈 xǔ 私呂切。
糧 liáng 呂張切。
粈 róu 女久切。
糴 dí 他弔切。
䊳 mò 莫撥切。
粹 cuì 雖遂切。
氣 xì 許既切。
𥸨 hóng 戶工切。
粉 fěn 方吻切。
𥻾 quǎn 去阮切。
𥻪 xiè 私列切。
𥹓 sà 桑割切。
𥽦 mí 摸臥切。
竊 qiè 千結切。
粻 zhāng 陟良切。
粕 pò 匹各切。
粔 jù 其呂切。
籹 nǚ 人渚切。
糉 zòng 作弄切。
糖 táng 徒郎切。
毇 huǐ 許委切。
糳 zuò 則各切。
臼 jiù 其九切。

舂	chōng	書容切。
𦥯	pò	匹各切。
臿	chā	楚洽切。
舀	yǎo	以沼切。
臽	xiàn	戶猎切。
凶	xiōng	許容切。
兇	xiōng	許拱切。
朩	pìn	匹刃切。
枲	xǐ	胥里切。
𣏟	pài	匹卦切。
檾	qǐng	去穎切。
㪔	sàn	穌旰切。
麻	má	莫遐切。
𪎭	kù	空谷切。
䵕	zōu	側鳩切。
䵞	tóu	度侯切。
尗	shú	式竹切。
敊	chǐ	是義切。
耑	duān	多官切。
韭	jiǔ	舉友切。
䪯	duì	徒對切。
韲	jī	祖雞切。
韰	xiè	胡戒切。
韱	xiān	息廉切。
䪤	fán	附袁切。
瓜	guā	古華切。
瓝	bó	蒲角切。
瓞	dié	徒結切。
𤬪	xíng	戶扃切。
繇	yáo	余昭切。
瓣	bàn	蒲莧切。
㼌	yǔ	以主切。
瓠	hù	胡誤切。
瓢	piáo	符宵切。
宀	mián	武延切。
家	jiā	古牙切。
宅	zhái	場伯切。
室	shì	式質切。
宣	xuān	須緣切。
向	xiàng	許諒切。
宧	yí	與之切。
㝔	yǎo	烏皎切。
奧	ào	烏到切。
宛	wǎn	於阮切。
宸	chén	植鄰切。
宇	yǔ	王榘切。
寷	fēng	敷戎切。
寏	huán	胡官切。又爰眷切。
宏	hóng	戶萌切。
宖	hóng	戶萌切。
寪	wěi	韋委切。
㝩	kāng	苦岡切。
㝗	láng	力康切。
宬	chéng	氏征切。
寍	níng	奴丁切。
定	dìng	徒徑切。
寔	shí	常隻切。
安	ān	烏寒切。
宓	mì	美畢切。
㝞	yì	於計切。
宴	yàn	於甸切。
𡧍	jì	前歷切。
察	chá	初八切。
寴	qīn	初僅切。
完	wán	胡官切。
富	fù	方副切。
實	shí	神質切。
宲	bǎo	博褒切。
容	róng	余封切。
宂	rǒng	而隴切。
𡫞	mián	武延切。
寶	bǎo	博皓切。
宭	qún	渠云切。
宦	huàn	胡慣切。
宰	zǎi	作亥切。
守	shǒu	書九切。
寵	chǒng	丑壟切。
宥	yòu	于救切。
宐	yí	魚羈切。
寫	xiě	悉也切。
宵	xiāo	相邀切。
宿	sù	息逐切。
寑	qǐn	七荏切。
𡧊	miàn	莫甸切。
寬	kuān	苦官切。
㝅	wù	五故切。
寁	zǎn	子感切。
寡	guǎ	古瓦切。
客	kè	苦格切。
寄	jì	居義切。
寓	yù	牛具切。
寠	jù	其榘切。
㝌	jiù	居又切。
寒	hán	胡安切。
害	hài	胡蓋切。
索	suǒ	所責切。
𥤚	jū	居六切。
宄	guǐ	居洧切。
䆾	cuì	麤最切。
宕	dàng	徒浪切。
宋	sòng	蘇統切。
㝪	diàn	都念切。
宗	zōng	作冬切。
宔	zhǔ	之庾切。
宙	zhòu	直又切。
寘	zhì	支義切。
寰	huán	戶關切。
寀	cǎi	倉宰切。
宮	gōng	居戎切。
營	yíng	余傾切。
呂	lǚ	力舉切。
躳	gōng	居戎切。
穴	xué	胡決切。
𥥔	mǐng	武永切。
窨	yìn	於禁切。
窯	yáo	余招切。
𥨐	fù	芳福切。
竈	zào	則到切。
窐	wā	烏瓜切。
𥥍	shēn	式鍼切。
穿	chuān	昌緣切。
寮	liáo	洛蕭切。

窫	yuè	於決切。
窢	yuè	於決切。
竇	dòu	徒奏切。
窩	xuè	呼決切。
窠	kē	苦禾切。
窻	chuāng	楚江切。
窊	wā	烏瓜切。
竅	qiào	牽料切。
空	kōng	苦紅切。
窒	qìng	去徑切。
窫	yà	烏黠切。
窳	yǔ	以主切。
窞	dàn	徒感切。
窌	jiào	匹皃切。
窖	jiào	古孝切。
窬	yú	羊朱切。
窵	diào	多嘯切。
窺	kuī	去隓切。
竀	chēng	敕貞切。
窡	zhuó	丁滑切。
窋	zhuó	丁滑切。
窴	tián	待季切。
窒	zhì	陟栗切。
突	tū	徒骨切。
竄	cuàn	七亂切。
窣	sū	蘇骨切。
窘	jiǒng	渠隕切。
窕	tiǎo	徒了切。
穹	qióng	去弓切。
究	jiù	居又切。
窮	qióng	渠弓切。
窅	yǎo	烏皎切。
窔	yào	烏叫切。
邃	suì	雖遂切。
窈	yǎo	烏皎切。
窱	tiǎo	徒弔切。
竁	cuì	充芮切。
窆	biǎn	方驗切。
窀	zhūn	陟倫切。
穸	xī	詞亦切。
窜	yā	烏狎切。
寢	mèng	莫鳳切。
寑	qǐn	七荏切。
寐	mèi	蜜二切。
寤	wù	五故切。
寣	rǔ	依倨切。
寐	mǐ	莫禮切。
寱	jì	求癸切。
寎	bìng	皮命切。
寱	yì	牛例切。
寣	hū	火滑切。
疒	nè	女戹切。
疾	jí	秦悉切。
痛	tòng	他貢切。
病	bìng	皮命切。
瘣	huì	胡罪切。
疴	kē	烏何切。
痡	pū	普胡切。
瘽	qín	巨斤切。
瘵	zhài	側介切。
瘨	diān	都季切。
瘼	mò	慕各切。
疝	jiǎo	古巧切。
瘨	yùn	王問切。
癇	xián	戶閒切。
疕	wù	五忽切。
疵	cī	疾咨切。
癈	fèi	方肺切。
瘏	tú	同都切。
瘲	zòng	即容切。
瘁	shěn	所臻切。
瘋	xù	吁逼切。
痟	xiāo	相邀切。
疕	bǐ	卑履切。
瘍	yáng	與章切。
痒	yáng	似陽切。
瘍	mà	莫駕切。
瘶	xī	先稽切。
痿	wěi	韋委切。
瘚	jué	古穴切。
瘖	yīn	於今切。
癭	yǐng	於郢切。
瘻	lòu	力豆切。
疚	yòu	于救切。
瘀	yū	依倨切。
疝	shàn	所晏切。
疛	zhǒu	陟柳切。
癖	pì	平祕切。
府	fù	方榘切。
痀	jū	其俱切。
瘚	jué	居月切。
痵	jì	其季切。
痱	féi	蒲罪切。
瘤	liú	力求切。
痤	cuó	昨禾切。
疽	jū	七余切。
癧	lì	郎計切。
癰	yōng	於容切。
瘜	xī	相即切。
癬	xuǎn	息淺切。
疥	jiè	古拜切。
痂	jiā	古牙切。
瘕	xiá	乎加切。
癘	lì	洛帶切。
瘧	nüè	魚約切。
痁	shān	失廉切。
痎	jiē	古諧切。
痳	lín	力尋切。
痔	zhì	直里切。
痿	wěi	儒隹切。
痹	bì	必至切。
瘅	bì	毗至切。
瘃	zhú	陟玉切。
痛	piān	匹連切。
瘇	zhǒng	時重切。
瘟	è	烏盍切。
疷	zhǐ	諸氏切。
痏	wěi	榮美切。
瘍	wěi	以水切。
痱	chān	赤占切。
癑	nòng	奴動切。
痍	yí	以脂切。
瘢	bān	薄官切。

痕	hén	戶恩切。
痙	jìng	其頸切。
痋	tóng	徒冬切。
瘦	shòu	所又切。
疢	chèn	丑刃切。
癉	dàn	丁幹切。又丁賀切。
疸	dǎn	丁幹切。
㾜	qiè	苦叶切。
痞	pǐ	符鄙切。
瘍	yì	羊益切。
㾕	shù	食聿切。
疲	pí	符羈切。
⿸疒𠂔	zǐ	側史切。
疷	qí	渠支切。
⿸疒及	jí	呼合切。
⿸疒殹	ài	於賣切。
癃	lóng	力中切。
疫	yì	營隻切。
瘛	chì	尺制切。
⿸疒多	duò	丁可切。
痥	duó	徒活切。
⿸疒樂	liáo	力照切。
⿸疒古	gù	古慕切。
瘌	là	盧達切。
癆	lào	郎到切。
瘥	chài	楚懈切。又才他切。
⿸疒衰	shuāi	楚追切。
瘉	yù	以主切。
瘳	chōu	敕鳩切。
癡	chī	丑之切。
冖	mì	莫狄切。
冠	guān	古丸切。
冣	jù	才句切。
⿱冖託	dù	當故切。
冃	mǎo	莫保切。
同	tóng	徒紅切。
青	què	苦江切。
冡	méng	莫紅切。
冃	mào	莫報切。
冕	miǎn	亡辡切。
冑	zhòu	直又切。
冒	mào	莫報切。
最	zuì	祖外切。
㒳	liǎng	良奬切。
兩	liǎng	良奬切。
㒼	mán	母官切。
网	wǎng	文紡切。
罨	yǎn	於業切。
罕	hǎn	呼旱切。
⿱罒繯	juàn	古眩切。
⿱罒每	méi	莫桮切。
⿱罒巽	xuǎn	思沇切。
⿱罒米	mí	武移切。
罩	zhào	都教切。
罾	zēng	作騰切。
罪	zuì	徂賄切。
罽	jì	居例切。
罛	gū	古胡切。
罟	gǔ	公戶切。
罶	liǔ	力九切。
罜	zhǔ	之庾切。
䍡	lù	盧谷切。
罧	shèn	所今切。
罠	mín	武巾切。
羅	luó	魯何切。
罬	zhuó	陟劣切。
罿	chōng	尺容切。
罦	fú	縛牟切。
罻	wèi	於位切。
罘	fú	縛牟切。
⿱罒互	hù	胡誤切。
罝	jiē	子邪切。
⿱罒舞	wǔ	文甫切。
署	shǔ	常恕切。
罷	bà	薄蟹切。
置	zhì	陟吏切。
罯	ǎn	烏感切。
詈	lì	力智切。
罵	mà	莫駕切。
⿱罒馽	jī	居宜切。
罭	yù	于逼切。
罳	sī	息茲切。
罹	lí	呂支切。
襾	yà	呼訝切。
覂	fěng	方勇切。
覈	hé	下革切。
覆	fù	敷救切。
巾	jīn	居銀切。
⿱分巾	fēn	撫文切。
帥	shuài	所律切。
⿱埶巾	shuì	輸芮切。
帗	bō	北末切。
⿰巾刃	rèn	而振切。
幋	pán	薄官切。
帤	rú	女余切。
幣	bì	毗祭切。
幅	fú	方六切。
⿰巾巟	huāng	呼光切。
帶	dài	當蓋切。
幘	zé	側革切。
⿰巾旬	xún	相倫切。
帔	pèi	披義切。
常	cháng	市羊切。
帬	qún	渠云切。
帴	sàn	所八切。
⿰巾軍	kūn	古渾切。
幒	zhōng	職茸切。
⿰巾監	lán	魯甘切。
幎	mì	莫狄切。
幔	màn	莫半切。
幬	chóu	直由切。
⿰巾兼	lián	力鹽切。
帷	wéi	洧悲切。
帳	zhàng	知諒切。
幕	mù	慕各切。
⿰巾匕	bǐ	卑履切。
⿰巾祭	xiè	先列切。又所例切。
⿰巾俞	shū	山樞切。
帖	tiè	他叶切。
帙	zhí	直質切。

㡏 jiān 則前切。
徽 huī 許歸切。
幖 biāo 方招切。
帵 yuān 於袁切。
幡 fān 甫煩切。
㡀 là 盧達切。
㡨 jiān 精廉切。
幝 chǎn 昌善切。
幪 méng 莫紅切。
幭 miè 莫結切。
幠 hū 荒烏切。
飾 shì 賞隻切。
幃 wéi 許歸切。
帣 juàn 居倦切。
帚 zhǒu 支手切。
席 xí 祥易切。
幐 téng 徒登切。
㡦 fèn 方吻切。
㡒 zhūn 陟倫切。
𢁼 gé 古沓切。
幩 fén 符分切。
𢅸 néi 乃昆切。
帑 tǎng 乃都切。
布 bù 博故切。
幏 jià 古訝切。
㡉 xián 胡田切。
𢃑 mù 莫卜切。
幦 mì 莫狄切。
𢂔 zhé 陟葉切。
幢 chuáng 宅江切。
幟 zhì 昌志切。
帟 yì 羊益切。
幗 guó 古對切。
幧 qiāo 七搖切。
帒 dài 徒耐切。
帊 pà 普駕切。
幞 fú 房玉切。
幰 xiǎn 虛偃切。
巿 fú 分勿切。
帢 jiá 古洽切。
帛 bó 旁陌切。
錦 jǐn 居飲切。
白 bái 旁陌切。
皎 jiǎo 古了切。
皢 xiǎo 呼鳥切。
皙 xī 先擊切。
皤 pó 薄波切。
皠 hé 胡沃切。
皚 ái 五來切。
皅 pā 普巴切。
皦 jiǎo 古了切。
㿧 xì 起戟切。
皛 xiào 烏皎切。
㡀 bì 毗祭切。
敝 bì 毗祭切。
黹 zhǐ 陟几切。
𪓐 chǔ 創舉切。
黼 fǔ 方榘切。
黻 fú 分勿切。
䵲 zuì 子對切。
黺 fěn 方吻切。
人 rén 如鄰切。
僮 tóng 徒紅切。
保 bǎo 博褒切。
仁 rén 如鄰切。
企 qì 去智切。
仞 rèn 而震切。
仕 shì 鉏里切。
佼 jiāo 下巧切。
僎 zhuàn 士勉切。
俅 qiú 巨鳩切。
佩 pèi 蒲妹切。
儒 rú 人朱切。
俊 jùn 子峻切。
傑 jié 渠列切。
𠐊 wén 吾昆切。
伋 jí 居立切。
伉 kàng 苦浪切。
伯 bó 博陌切。
仲 zhòng 直眾切。
伊 yī 於脂切。
偰 xiè 私列切。
倩 qiàn 倉見切。
伃 yú 以諸切。
伀 zhōng 職茸切。
儇 xuān 許緣切。
倓 tán 徒甘切。
侚 xùn 辭閏切。
傛 yǒng 余隴切。
僷 yè 與涉切。
佳 jiā 古膎切。
侅 gāi 古哀切。
傀 guī 公回切。
偉 wěi 于鬼切。
份 bīn 府巾切。
僚 liǎo 力小切。
佖 bì 毗必切。
僝 zhuàn 士戀切。
儠 liè 良涉切。
儦 biāo 甫嬌切。
儺 nuó 諾何切。
倭 wēi 於爲切。
僓 tuǐ 吐猥切。又魚罪切。
僑 qiáo 巨嬌切。
俟 sì 牀史切。
侗 tōng 他紅切。
佶 jí 巨乙切。
俁 yǔ 魚禹切。
仜 hóng 戶工切。
僤 dàn 徒案切。
健 jiàn 渠建切。
倞 jìng 渠竟切。
傲 ào 五到切。
仡 yì 魚訖切。
倨 jù 居御切。
儼 yǎn 魚儉切。
傪 cān 倉含切。
俚 lǐ 良止切。
伴 bàn 薄滿切。
俺 yàn 於業切。
僩 xiàn 下簡切。
伾 pī 敷悲切。

偲	cāi	倉才切。
倬	zhuō	竹角切。
侹	tǐng	他鼎切。
倗	péng	步崩切。
傓	shàn	式戰切。
儆	jǐng	居影切。
俶	chù	昌六切。
傭	chōng	余封切。
僾	ài	烏代切。
仿	fǎng	妃罔切。
佛	fú	敷勿切。
僁	xiè	私列切。
僟	jī	巨衣切。
佗	tuó	徒何切。
何	hè	胡歌切。
儋	dān	都甘切。
供	gòng	俱容切。
偫	zhì	直里切。
儲	chǔ	直魚切。
備	bèi	平祕切。
位	wèi	于備切。
儐	bìn	必刃切。
偓	wò	於角切。
佺	quán	此緣切。
㒤	chè	齒涉切。
仢	dí	徒歷切。
儕	chái	仕皆切。
倫	lún	力屯切。
侔	móu	莫浮切。
偕	xié	古諧切。
俱	jū	舉朱切。
儹	zǎn	作管切。
併	bìng	卑正切。
傅	fù	方遇切。
侙	chì	恥力切。
俌	fǔ	芳武切。
倚	yǐ	於綺切。
依	yī	於稀切。
仍	réng	如乘切。
佽	cì	七四切。
佴	èr	仍吏切。
倢	jié	子葉切。
侍	shì	時吏切。
傾	qīng	去營切。
側	cè	阻力切。
侒	ān	烏寒切。
侐	xù	況逼切。
付	fù	方遇切。
俜	pīng	普丁切。
俠	xiá	胡頰切。
儃	chán	徒干切。
侁	shēn	所臻切。
仰	yǎng	魚兩切。
侸	shù	常句切。
儽	lěi	落猥切。
侳	zuò	則臥切。
偁	chēng	處陵切。
伍	wǔ	疑古切。
什	shí	是執切。
佰	bǎi	博陌切。
佸	huó	古活切。
佮	gé	古沓切。
𢼸	wéi	無非切。
傆	yuàn	魚怨切。
作	zuò	則洛切。
假	jiǎ	古疋切。又古頟切。
借	jiè	資昔切。
侵	qīn	七林切。
儥	yù	余六切。
候	hòu	胡遘切。
償	cháng	食章切。
僅	jǐn	渠吝切。
代	dài	徒耐切。
儀	yí	魚羈切。
傍	bàng	步光切。
佀	sì	詳里切。
便	pián	房連切。
任	rén	如林切。
俔	qiàn	苦甸切。
優	yōu	於求切。
僖	xī	許其切。
偆	chǔn	尺允切。
倱	hùn	胡困切。
儉	jiǎn	巨險切。
偭	miǎn	彌箭切。
俗	sú	似足切。
俾	bǐ	并弭切。
倪	ní	五雞切。
億	yì	於力切。
使	shǐ	疏士切。
⿰亻癸	kuí	其季切。
伶	líng	郎丁切。
儷	lí	呂支切。
傳	zhuàn	直戀切。
倌	guān	古患切。
价	jiè	古拜切。
仔	zī	子之切。
㑞	yìng	以證切。
俆	xú	似魚切。
偋	bìng	防正切。
伸	shēn	失人切。
伹	qū	似魚切。
⿰亻然	rǎn	人善切。
偄	ruǎn	奴亂切。
倍	bèi	薄亥切。
傿	yàn	於建切。
僭	jiàn	子念切。
儗	nǐ	魚已切。
偏	piān	芳連切。
倀	chāng	楮羊切。
⿰亻薨	hōng	呼肱切。
儔	dào	直由切。
侜	zhōu	張流切。
俴	jiàn	慈衍切。
佃	diàn	堂練切。
佌	cǐ	斯氏切。
侊	guāng	古橫切。
佻	tiāo	土彫切。
僻	pì	普擊切。
伭	xián	胡田切。
伎	jì	渠綺切。
侈	chǐ	尺氏切。

⿰亻蚤 sāo 鮮遭切。
佁 ǎi 夷在切。
僞 wěi 危睡切。
伿 yì 以豉切。
佝 kòu 苦候切。
僄 piào 匹妙切。
倡 chāng 尺亮切。
俳 pái 步皆切。
僐 shàn 堂（當爲常）演切。
儳 chán 士咸切。
佚 yì 夷質切。
俄 é 五何切。
傜 yáo 余招切。
⿰亻卻 jué 其虐切。
傞 suō 素何切。
僛 qī 去其切。
侮 wǔ 文甫切。
⿰亻疾 jí 秦悉切。
⿰亻易 yì 以豉切。
俙 xī 喜皆切。
僨 fèn 匹問切。
僵 jiāng 居良切。
仆 pū 芳遇切。
偃 yǎn 於幰切。
傷 shāng 少羊切。
倄 yáo 胡茅切。
侉 kuā 苦瓜切。
催 cuī 倉回切。
俑 yǒng 他紅切。又余隴切。
伏 fú 房六切。
促 cù 七玉切。
例 lì 力制切。
係 xì 胡計切。
伐 fá 房越切。
俘 fū 芳無切。
但 dàn 徒旱切。
傴 yǔ 於武切。
僂 lóu 力主切。
僇 lù 力救切。
仇 qiú 巨鳩切。

儡 léi 魯回切。
咎 jiù 其久切。
仳 pǐ 芳比切。
倃 jiù 其久切。
倠 suī 許惟切。
值 zhí 直吏切。
侂 tuō 他各切。
僔 zǔn 慈損切。
像 xiàng 徐兩切。
倦 juàn 渠眷切。
傮 zāo 作曹切。
偶 ǒu 五口切。
弔 diào 多嘯切。
佋 zhāo 市招切。
㑗 shēn 失人切。
僊 xiān 相然切。
僰 bó 蒲北切。
仚 xiān 呼堅切。
僥 yáo 五聊切。
⿰亻對 duì 都隊切。
俇 guàng 居況切。
件 jiàn 其輦切。
侶 lǚ 力舉切。
侲 zhèn 章刃切。
倅 cuì 七內切。
傔 qiàn 苦念切。
倜 tì 他歷切。
儻 tǎng 他朖切。
佾 yì 夷質切。
倒 dǎo 當老切。
儈 guì 古外切。
低 dī 都兮切。
債 zhài 側賣切。
價 jià 古訝切。
停 tíng 特丁切。
僦 jiù 即就切。
伺 sì 相吏切。
僧 sēng 穌曾切。
佇 zhù 直呂切。
偵 zhēn 丑鄭切。
𠤎 huà 呼跨切。

𠤕 yí 語期切。
眞 zhēn 側鄰切。
化 huà 呼跨切。
匕 bǐ 卑履切。
匙 chí 是支切。
⿱匕十 bǎo 博抱切。
⿰支匕 qì 去智切。
頃 qīng 去營切。
𡿺 nǎo 奴皓切。
卬 yǎng 伍岡切。
卓 zhuō 竹角切。
艮 gèn 古恨切。
从 cóng 疾容切。
從 cóng 慈用切。
并 bìng 府盈切。
比 bǐ 毗至切。
毖 bì 兵媚切。
北 bèi 博墨切。
冀 jì 几利切。
丘 qiū 去鳩切。
虛 xū 丘如切。又朽居切。
屔 ní 奴低切。
㐺 yín 魚音切。
眾 zhòng 之仲切。
聚 jù 才句切。
臮 jì 其冀切。
𡈼 tǐng 他鼎切。
徵 zhēng 陟陵切。
朢 wàng 無放切。
㸒 yín 余箴切。
重 zhòng 柱用切。
量 liáng 呂張切。
臥 wò 吾貨切。
監 jiān 古銜切。
臨 lín 力尋切。
⿱臥食 nè 尼見（當爲厄）切。
身 shēn 失人切。
軀 qū 豈俱切。
㐆 yī 於機切。

殷 yīn 於身切。
衣 yī 於稀切。
裁 cái 昨哉切。
衮 gǔn 古本切。
襢 zhàn 知扇切。
褕 yú 羊朱切。
袗 zhěn 之忍切。
表 biǎo 陂嬌切。
裏 lǐ 良止切。
襁 qiǎng 居兩切。
襋 jí 己力切。
襮 bó 蒲沃切。
衽 rèn 如甚切。
褸 lǚ 力主切。
褽 wèi 於胃切。
䙝 qì 七入切。
䘳 jīn 居音切。
褘 huī 許歸切。
衭 fū 甫無切。
襲 xí 似入切。
袍 páo 薄褒切。
襺 jiǎn 古典切。
褋 dié 徒叶切。
袤 mào 莫候切。
襘 guì 古外切。
褧 jiǒng 去穎切。
袛 dī 都兮切。
裯 dāo 都牢切。
襤 lán 魯甘切。
䙃 duò 徒臥切。
𧛹 dú 冬毒切。
袪 qū 去魚切。
褎 xiù 似又切。
袂 mèi 彌弊切。
褱 huái 戶乖切。
褢 huái 戶乖切。
袌 bào 薄保切。
襜 chān 處占切。
袥 tuō 他各切。
衸 xiè 胡介切。
襗 duó 徒各切。

袉 tuó 唐左切。
裾 jū 九魚切。
衧 yú 羽俱切。
褰 qiān 去虔切。
襱 lóng 丈冢切。
袑 shào 市沼切。
襑 tǎn 他感切。
褒 bāo 博毛切。
褅 tì 他計切。
褍 duān 多官切。
𧝐 wéi 羽非切。
複 fù 方六切。
褆 tí 杜兮切。
襛 nóng 汝容切。
裻 dú 冬毒切。
袳 chǐ 尺氏切。
裔 yì 余制切。
衯 fēn 撫文切。
袁 yuán 羽元切。
𧜏 diāo 都僚切。
褺 dié 徒叶切。
裴 péi 薄回切。
襡 shǔ 市玉切。
䙅 zhuó 竹角切。
襦 rú 人朱切。
褊 biǎn 方沔切。
袷 jiā 古洽切。
襌 dān 都寒切。
襄 xiāng 息良切。
被 bèi 平義切。
衾 qīn 去音切。
襐 xiàng 徐兩切。
衵 yì 人質切。
褻 xiè 私列切。
衷 zhōng 陟弓切。
袾 zhū 昌朱切。
袓 jù 才與切。
裨 bì 府移切。
袢 fán 博幔切。
雜 zá 徂合切。
裕 yù 羊孺切。

襞 bì 必益切。
衦 gǎn 古案切。
裂 liè 良辥切。
𧘲 ná 女加切。
袒 zhàn 丈莧切。
補 bǔ 博古切。
𧝬 zhǐ 豬几切。
褫 chǐ 直离切。
𧞤 luǒ 郎果切。
裎 chéng 丑郢切。
裼 xī 先擊切。
衺 xié 似嗟切。
襭 xié 胡結切。
袺 jié 格八切。
褿 cáo 昨牢切。又七刀切。
裝 zhuāng 側羊切。
裹 guǒ 古火切。
裛 yè 於業切。
齌 zī 即夷切。
裋 shù 常句切。
𧜽 yǔ 於武切。又於侯切。
褐 hè 胡葛切。
褗 yǎn 於幰切。
裺 yǎn 依檢切。
衰 suō 穌禾切。
卒 zú 臧沒切。
褚 chǔ 丑呂切。
製 zhì 征例切。
袚 bō 北末切。
襚 suì 徐醉切。
𧘱 diāo 都僚切。
裞 shuì 輸芮切。
褮 yíng 於營切。
䘰 shān 式連切。
褭 niǎo 奴鳥切。
袨 xuàn 黃絢切。
衫 shān 所銜切。
襖 ǎo 烏皓切。
裘 qiú 巨鳩切。

𧝟 kè 楷革切。
老 lǎo 盧皓切。
耋 dié 徒結切。
𦒱 mào 莫報切。
耆 qí 渠脂切。
耇 gǒu 古厚切。
𦒸 diàn 丁念切。
𦒷 shù 常句切。
壽 shòu 殖酉切。
考 kǎo 苦浩切。
孝 xiào 呼教切。
毛 máo 莫袍切。
氄 rǔn 而尹切。又人勇切。
𣯬 hàn 矦幹切。
毨 xiǎn 穌典切。
𣯽 mén 莫奔切。
氈 zhān 諸延切。
毦 ěr 仍吏切。
氍 qú 其俱切。
毹 yú 羊朱切。
毾 tà 土盍切。
𣰆 dēng 都滕切。
毬 qiú 巨鳩切。
氅 chǎng 昌兩切。
毳 cuì 此芮切。
𣯶 fēi 甫微切。
尸 shī 式脂切。
𡰥 diàn 堂練切。
居 jū 九魚切。
屓 xiè 許介切。
屑 xiè 私列切。
展 zhǎn 知衍切。
届 jiè 古拜切。
尻 kāo 苦刀切。
屍 tún 徒魂切。
𡰪 qì 詰利切。
尼 ní 女夷切。
𡰳 qì 楚洽切。
𡰻 zhé 直立切。
𡰥 niǎn 人善切。

屒 zhěn 珍忍切。
屖 xī 先稽切。
屝 fèi 扶沸切。
屍 shī 式脂切。
屠 tú 同都切。
屟 xiè 穌叶切。
屋 wū 烏谷切。
屏 píng 必郢切。
層 céng 昨稜切。
屢 lǚ 丘（當爲立）羽切。
尺 chǐ 昌石切。
咫 zhǐ 諸氏切。
尾 wěi 無斐切。
屬 zhǔ 之欲切。
屈 qū 九勿切。
尿 niào 奴弔切。
履 lǚ 良止切。
屨 jù 九遇切。
𡳝 lì 郎擊切。
𡳐 xù 徐呂切。
屩 juē 居勺切。
屐 jī 奇逆切。
舟 zhōu 職流切。
俞 yú 羊朱切。
船 chuán 食川切。
肜 chēn 丑林切。
舳 zhú 直六切。
艫 lú 洛乎切。
𠛐 wù 五忽切。
艐 zōng 子紅切。
朕 zhèn 直禁切。
舫 fǎng 甫妄切。
般 pán 北潘切。
服 fú 房六切。
舸 gě 古我切。
艇 tǐng 徒鼎切。
艅 yú 以諸切。
艎 huáng 胡光切。
方 fāng 府良切。
斻 háng 胡郎切。

儿 rén 如鄰切。
兀 wù 五忽切。
兒 ér 汝移切。
允 yǔn 余準切。
兌 duì 大外切。
充 chōng 昌終切。
兄 xiōng 許榮切。
兢 jīng 居陵切。
兂 zēn 側岑切。
兓 jīn 子林切。
皃 mào 莫教切。
覍 biàn 皮變切。
𠑹 gǔ 公戶切。
兜 dōu 當侯切。
先 xiān 穌前切。
兟 shēn 所臻切。
禿 tū 他谷切。
穨 tuí 杜回切。
見 jiàn 古甸切。
視 shì 神至切。
䚕 lì 郎計切。
覣 wēi 於爲切。
覞 nì 五計切。
覶 luó 洛戈切。
䙵 lù 力玉切。
𧢳 xuǎn 況晚切。
覝 lián 力鹽切。
䙯 yùn 王問切。
觀 guān 古玩切。
㝵 dé 多則切。
覽 lǎn 盧敢切。
覼 lài 洛代切。
𧠫 tí 杜兮切。
䚃 piǎo 方小切。
䚡 cī 七四切。
覰 qù 七句切。
覭 míng 莫經切。
𧡪 dān 丁含切。
覯 gòu 古后切。
𧡱 kuī 渠追切。
覘 chān 敕豔切。

覹	wéi	無非切。
覢	shǎn	失冉切。
覾	bìn	必刃切。
⿰樊見	fán	附袁切。
⿰氐見	mí	莫兮切。
䚃	yóu	以周切。
䚀	chēn	丑林切。
⿱冃見	mào	莫紅切。
		又亡㚇切。
覬	jì	几利切。
覦	yú	羊朱切。
䚒	chuāng	丑龙切。
⿰龠見	yào	弋笑切。
覺	jué	古岳切。
⿰寂見	jí	才的切。
靚	jìng	疾正切。
親	qīn	七人切。
覲	jìn	渠吝切。
覜	tiào	他弔切。
覒	máo	莫袍切。
覕	miè	莫結切。
⿰氏見	shī	式支切。
⿰兜見	dōu	當矦切。
覿	dí	徒歷切。
覞	yào	弋笑切。
⿰臤見	qiān	苦閑切。
⿱雨覞	xì	虛器切。
欠	qiàn	去劒切。
欽	qīn	去音切。
⿰䜌欠	luán	洛官切。
欯	xì	許吉切。
吹	chuī	昌垂切。
欨	xū	況于切。
歑	hū	虎烏切。
⿰彧欠	yù	於六切。
歟	yú	以諸切。
⿰脅欠	xié	虛業切。
歕	pēn	普魂切。
歇	xiē	許謁切。
歡	huān	呼官切。
欣	xīn	許斤切。
弞	shěn	式忍切。
款	kuǎn	苦管切。
⿰乞欠	jì	居气切。
欲	yù	余蜀切。
歌	gē	古俄切。
歂	chuǎn	市緣切。
歍	wū	哀都切。
⿰就欠	zú	才六切。
⿰尗欠	zú	才六切。
欦	qiān	丘嚴切。
歋	yí	以支切。
歊	xiāo	許嬌切。
欻	xū	許物切。
⿰虫欠	xī	許其切。
⿰䍃欠	yáo	余招切。
歗	xiào	穌弔切。
歎	tàn	池(當爲他)
		案切。
歖	xī	許其切。
欸	xiè	凶戒切。
		又烏開切。
⿰此欠	zì	前智切。
歐	ǒu	烏后切。
歔	xū	朽居切。
欷	xī	香衣切。
歜	chù	尺玉切。
⿰𠧪欠	yǒu	與久切。
⿰渴欠	kě	苦葛切。
⿰敫欠	jiào	古弔切。
⿰嗇欠	xì	火力切。
⿰糕欠	jiào	子肖切。
⿰緘欠	jiān	古咸切。
⿸厂欠	shèn	時忍切。
⿰鰥欠	kūn	古渾切。
歃	shà	山洽切。
欶	shuò	所角切。
歁	kǎn	苦感切。
⿰貪欠	kǎn	他含切。
欱	hē	呼合切。
歉	qiàn	苦簟切。
⿰咼欠	wā	烏八切。
欭	yì	乙冀切。
欬	kài	苦蓋切。
⿰毄欠	xì	許壁切。
歙	xī	許及切。
⿰幽欠	yǒu	於糾切。
⿰幼欠	yǒu	於虯切。
欪	chù	丑律切。
欥	yù	余律切。
次	cì	七四切。
⿰康欠	kāng	苦岡切。
欺	qī	去其切。
歆	xīn	許今切。
歈	yú	羊朱切。
㱃	yǐn	於錦切。
歠	chuò	昌說切。
㳄	xián	敘連切。
羨	xiàn	似面切。
⿸厂次	yí	以支切。
盜	dào	徒到切。
旡	jì	居未切。
⿰咼旡	huò	乎果切。
⿰京旡	liàng	力讓切。
頁	xié	胡結切。
頭	tóu	度矦切。
顏	yán	五姦切。
頌	róng	余封切。
		又似用切。
⿰毒頁	duó	徒谷切。
顱	lú	洛乎切。
願	yuàn	魚怨切。
顛	diān	都秊切。
頂	dǐng	都挺切。
顙	sǎng	蘇朗切。
題	tí	杜兮切。
頟	é	五陌切。
頞	è	烏割切。
頯	kuí	渠追切。
頰	jiá	古叶切。
⿰艮頁	gěn	古恨切。
頜	hàn	胡感切。
顄	hán	胡男切。

頸 jǐng 居郢切。
領 lǐng 良郢切。
項 xiàng 胡講切。
䪼 zhěn 章衽切。
顀 chuí 直追切。
𩒹 péi 薄回切。
顩 yǎn 魚檢切。
𩓕 yǔn 余準切。
頵 yūn 於倫切。
顐 hùn 于閔切。
𩔨 yán 五咸切。
碩 shuò 常隻切。
頒 bān 布還切。
顒 yóng 魚容切。
頝 qiāo 口幺切。
顝 kuī 苦骨切。
願 yuàn 魚怨切。
顤 yáo 五弔切。
䫜 ào 五到切。
𩑛 yuè 五角切。
𩔾 mèi 莫佩切。
𩕳 líng 郎丁切。
顡 wài 五怪切。
頑 wán 五還切。
𩔡 guī 巳恚切。
顆 kě 苦惰切。
頢 kuò 五活切。
又下括切。
頲 tǐng 他挺切。
頠 wěi 語委切。
顄 hàn 胡感切。
𩒸 yuǎn 于反切。
頍 kuǐ 丘弭切。
頞 mò 烏没切。
顧 gù 古慕切。
順 shùn 食閏切。
𩓊 zhěn 之忍切。
𩕒 lǐn 良忍切。
顓 zhuān 職緣切。
頊 xū 許玉切。
顉 ǎn 五感切。
頓 dùn 都困切。

頫 fǔ 方矩切。
頣 shěn 式忍切。
𩕏 zhǎn 旨善切。
頡 xié 胡結切。
𩑰 zhuō 之出切。
顥 hào 胡老切。
䪤 fán 附袁切。
䪫 jìng 疾正切。
𩓨 yǔ 王矩切。
顗 yǐ 魚豈切。
𩔇 qiān 苦閒切。
䫂 kūn 苦昆切。
頶 kū 苦骨切。
頛 lèi 盧對切。
䫌 pǐ 匹米切。
𩔸 qì 胡計切。
䫥 kuǐ 口猥切。
頗 pō 滂禾切。
頄 yòu 于救切。
顫 chàn 之繕切。
顑 kǎn 下感切。
又下坎切。
顲 lǎn 盧感切。
煩 fán 附袁切。
𩕊 wài 五怪切。
頪 lèi 盧對切。
顦 qiáo 昨焦切。
顇 cuì 秦醉切。
𩕐 mén 莫奔切。
頦 hái 戶來切。
䫏 qī 去其切。
籲 yù 羊戍切。
顯 xiǎn 呼典切。
顛 zhuàn 士戀切。
預 yù 羊洳切。
百 shǒu 書九切。
脜 róu 耳由切。
面 miàn 彌箭切。
靦 tiǎn 他典切。
䩉 fǔ 符遇切。
靧 jiāo 即消切。

𩑋 yè 於叶切。
丏 miǎn 彌兖切。
首 shǒu 書九切。
䭫 qǐ 康禮切。
𩠹 tuán 大丸切。
又旨沇切。
県 jiāo 古堯切。
縣 xuán 胡涓切。
須 xū 相俞切。
頾 zī 即移切。
䫇 rán 汝鹽切。
𩔁 bēi 府移切。
𩓸 pī 敷悲切。
彡 shān 所銜切。
形 xíng 戶經切。
㐱 zhěn 之忍切。
修 xiū 息流切。
彰 zhāng 諸良切。
彫 diāo 都僚切。
𢒆 jìng 疾郢切。
㣎 mù 莫卜切。
弱 ruò 而勺切。
彩 cǎi 倉宰切。
彣 wén 無分切。
彥 yàn 魚變切。
文 wén 無分切。
斐 fěi 敷尾切。
辬 bān 布還切。
嫠 lí 里之切。
髟 biāo 必凋切。
又所銜切。
髮 fà 方伐切。
鬢 bìn 必刃切。
鬗 mán 母官切。
鬛 lán 魯甘切。
鬠 cuǒ 千可切。
鬈 quán 衢員切。
髦 máo 莫袍切。
𩭞 mián 莫賢切。
𩭝 tiáo 直由切。
𩭸 nǐ 奴礼切。

𩬯 póu 步矛切。
髳 máo 亡牢切。
鬋 jiǎn 作踐切。
鬑 lián 力鹽切。
䰉 jié 子結切。
鬄 xī 先彳切。又大計切。
髲 bì 平義切。
𩬤 cì 七四切。
髺 kuò 古浯切。
𩮀 pán 薄官切。
𩬙 fù 方遇切。
𩭾 mà 莫駕切。
𩮵 kuì 丘媿切。
𩬳 jiè 古拜切。
鬣 liè 良涉切。
𩯨 lú 洛乎切。
髴 fú 敷勿切。
髶 róng 而容切。
𩭹 chuí 直追切。
鬊 shùn 舒閏切。
鬝 qiān 苦閑切。
鬄 tì 他歷切。
髡 kūn 苦昆切。
鬀 tì 他計切。
𩭋 bàng 蒲浪切。
𩮓 fèi 芳未切。
髽 zhuā 莊華切。
鬐 qí 渠脂切。
髫 tiáo 徒聊切。
髻 jì 古詣切。
鬟 huán 戶關切。
后 hòu 胡口切。
㖃 hǒu 呼后切。
司 sī 息兹切。
詞 cí 似兹切。
卮 zhī 章移切。
䏝 shuàn 市沇切。
腨 zhuǎn 旨沇切。
卩 jié 子結切。
令 lìng 力正切。

𠨘 bì 毗必切。
卶 chǐ 充豉切。
𠨬 bì 兵媚切。
卲 shào 寔照切。
厄 ě 五果切。
厀 xī 息七切。
卷 juǎn 居轉切。
卻 què 去約切。
卸 xiè 司夜切。
𠨍 zhuàn 士戀切。
𠬝 zòu 則候切。
印 yìn 於刃切。
归 yì 於棘切。
色 sè 所力切。
艴 bó 蒲没切。
艵 pīng 普丁切。
卯 qīng 去京切。
卿 qīng 去京切。
辟 bì 必益切。
𨐨 bì 必益切。
𡰪 yì 魚廢切。
勹 bāo 布交切。
𦤎 jū 巨六切。
匍 pú 簿乎切。
匐 fú 蒲北切。
匊 jū 居六切。
匀 yún 羊倫切。
勼 jiū 居求切。
旬 xún 詳遵切。
𠣍 bào 薄皓切。
匈 xiōng 許容切。
𠣘 zhōu 職流切。
匌 gé 矦閤切。
匓 jiù 巳又切。又乙庚切。
𠣞 fù 扶富切。
冢 zhǒng 知隴切。
包 bāo 布交切。
胞 bāo 匹交切。
匏 páo 薄交切。
茍 jì 己力切。

敬 jìng 居慶切。
鬼 guǐ 居偉切。
䰠 shén 食鄰切。
魂 hún 戶昆切。
魄 pò 普百切。
𩲃 chì 丑利切。
魖 xū 朽居切。
魃 bá 蒲撥切。
鬽 mèi 密袐切。
鬾 jì 奇寄切。
𩲡 hū 虎烏切。
𩴾 qí 居衣切。
𩴵 rú 奴豆切。
𩲸 huà 呼駕切。
𩵛 nuó 諾何切。
𩴺 pín 符眞切。
醜 chǒu 昌九切。
魋 tuí 杜回切。
魑 chī 丑知切。
魔 mó 莫波切。
魘 yǎn 於琰切。
甶 fú 敷勿切。
畏 wèi 於胃切。
禺 yù 牛具切。
厶 sī 息夷切。
篡 cuàn 初官切。
羑 yòu 與久切。
嵬 wéi 五灰切。
巍 wēi 牛威切。又語韋切。
山 shān 所閒切。
嶽 yuè 五角切。
岱 dài 徒耐切。
島 dǎo 都皓切。
峱 náo 奴刀切。
嶧 yì 羊益切。
嵎 yú 噳俱切。
嶷 yí 語其切。
㟩 mín 武巾切。
𡵐 jǐ 居履切。
嶻 jié 才葛切。

嶭	niè	五葛切。
崋	huà	胡化切。
崞	guō	古博切。
崵	yáng	與章切。
岵	hù	矦古切。
屺	qǐ	墟里切。
嶨	xué	胡角切。
嶅	áo	五交切。
岨	qū	七余切。
岡	gāng	古郎切。
岑	cén	鉏箴切。
崟	yín	魚音切。
崒	zú	醉綏切。
巒	luán	洛官切。
密	mì	美畢切。
岫	xiù	似又切。
陖	jùn	私閏切。
嶞	duò	徒果切。
嶘	zhàn	士限切。
崛	jué	衢勿切。
巁	lì	力制切。
峯	fēng	敷容切。
巖	yán	五緘切。
嵒	yán	五咸切。
㠥	lěi	落猥切。
嶵	zuì	徂賄切。
峼	gào	古到切。
嶞	duò	徒果切。
嵯	cuó	昨何切。
峨	é	五何切。
崝	zhēng	士耕切。
嶸	róng	戶萌切。
⿰山巠	kēng	戶經切。
⿰山朋	bēng	北縢切。
岪	fú	敷勿切。
嵍	wù	亡遇切。
嶢	yáo	古僚切。
⿱戕山	qiáng	慈良切。
嵏	zōng	子紅切。
岊	jié	子結切。
崇	chóng	鉏弓切。
崔	cuī	胙回切。
嶙	lín	力珍切。
峋	xún	相倫切。
岌	jí	魚汲切。
嶠	jiào	渠廟切。
嵌	qiān	口銜切。
嶼	yǔ	徐呂切。
嶺	lǐng	良郢切。
嵐	lán	盧含切。
嵩	sōng	息弓切。
崑	kūn	古渾切。
崙	lún	盧昆切。
嵇	xí	胡雞切。
屾	shēn	所臻切。
嵞	tú	同都切。
屵	è	五葛切。
岸	àn	五旰切。
崖	yá	五佳切。
嵟	duī	都回切。
嶏	pǐ	符鄙切。
⿸广⿰山配	pèi	蒲没切。
广	yǎn	魚儉切。
府	fǔ	方矩切。
廱	yōng	於容切。
庠	xiáng	似陽切。
廬	lú	力居切。
庭	tíng	特丁切。
廇	liù	力救切。
庉	dùn	徒損切。
庌	yǎ	五下切。
廡	wǔ	文甫切。
⿸广虜	lǔ	郎古切。
庖	páo	薄交切。
廚	chú	直株切。
庫	kù	苦故切。
廄	jiù	居又切。
序	xù	徐呂切。
廦	bì	比激切。
廣	guǎng	古晃切。
廥	kuài	古外切。
庾	yǔ	以主切。
庰	bìng	必郢切。
廁	cì	初吏切。
廛	chán	直連切。
⿸广戈	huán	戶關切。
⿸广悤	cōng	倉紅切。
⿸广侈	chǐ	尺氏切。
廉	lián	力兼切。
⿸广秅	chá	宅加切。
龐	páng	薄江切。
底	dǐ	都礼切。
庢	zhì	陟栗切。
廮	yǐng	於郢切。
废	bá	蒲撥切。
庳	bì	便俾切。
庇	bì	必至切。
庶	shù	商署切。
庤	zhì	直里切。
廙	yì	與職切。
廔	lóu	洛矦切。
⿸广隹	tuí	都回切。
廢	fèi	方肺切。
⿸广酉	yǒu	與久切。
廑	jǐn	巨斤切。
廟	miào	眉召切。
⿸广且	jū	子余切。
⿸广曷	yè	於歇切。
㡿	chì	昌石切。
廞	xīn	許今切。
廫	liáo	洛蕭切。
廈	xià	胡雅切。
廊	láng	魯當切。
廂	xiāng	息良切。
庪	guǐ	過委切。
庱	chěng	丑抍切。
廖	liào	力救切。
厂	hǎn	呼旱切。
厓	yá	五佳切。
厜	zuī	姉宜切。
㕒	wēi	魚爲切。
厰	yín	魚音切。
厬	guǐ	居洧切。

厎	dǐ	職雉切。
厥	jué	俱月切。
厲	lì	力制切。
厱	lán	魯甘切。
厤	lì	郎擊切。
𠪚	xǐ	胥里切。
𠩵	hù	侯古切。
厗	tí	杜兮切。
㕇	lā	盧荅切。
𠩾	yì	五歷切。
㕋	qín	巨今切。
𠪐	fū	芳無切。
厝	cuò	倉各切。
		又七互切。
厖	máng	莫江切。
屵	yuè	以灼切。
㕅	xiá	胡甲切。
仄	zè	阻力切。
𠪿	pì	普擊切。
厞	fèi	扶沸切。
厭	yā	於輒切。
		又一琰切。
厃	wěi	魚毀切。
丸	wán	胡官切。
𢁹	wěi	於跪切。
𢁬	nuó	奴禾切。
奿	fàn	芳萬切。
危	wēi	魚爲切。
𢻐	qī	去其切。
石	shí	常隻切。
磺	kuàng	古猛切。
碭	dàng	徒浪切。
碝	ruǎn	而沇切。
砮	nú	乃都切。
礜	yù	羊茹切。
碣	jié	渠列切。
磏	lián	力鹽切。
碬	xiá	乎加切。
礫	lì	郎擊切。
䂬	gǒng	居竦切。
磧	qì	七迹切。
碑	bēi	府眉切。
䃍	zhuì	徒對切。
磒	yǔn	于敏切。
䃉	suǒ	所責切。
硞	què	苦角切。
硠	láng	魯當切。
礐	què	胡角切。
硈	qià	格八切。
磕	kài	苦盍切。
		又若盍切。
硻	kēng	口莖切。
磿	lì	郎擊切。
磛	chán	鉏（當爲鉏）衔切。
礹	yán	五衔切。
礊	kè	楷革切。
确	què	胡角切。
磽	qiāo	口交切。
硪	é	五何切。
碞	yán	五衔切。
磬	qìng	苦定切。
礙	ài	五漑切。
硩	chè	丑列切。
硟	chàn	尺戰切。
碎	suì	蘇對切。
破	pò	普過切。
礱	lóng	盧紅切。
研	yán	五堅切。
䃺	mò	模臥切。
磑	wèi	五對切。
碓	duì	都隊切。
䃠	tà	徒合切。
磻	bō	博禾切。
䂪	zhuó	張略切。
硯	yàn	五甸切。
砭	biān	方彫切。
		又方驗切。
䃒	hé	下革切。
砢	luǒ	來可切。
磊	lěi	落猥切。
礪	lì	力制切。
䂱	què	七削切。
磯	jī	居衣切。
碌	lù	盧谷切。
砧	zhēn	知林切。
砌	qì	千計切。
礩	zhì	之日切。
礎	chǔ	創舉切。
硾	zhuì	直類切。
長	cháng	直良切。
肆	sì	息利切。
镾	mí	武夷切。
镻	dié	徒結切。
勿	wù	文弗切。
昜	yáng	與章切。
冄	rǎn	而琰切。
而	ér	如之切。
耏	nài	奴代切。
豕	shǐ	式視切。
豬	zhū	陟魚切。
豰	bó	步角切。
豯	xī	胡雞切。
豵	zōng	子紅切。
豝	bā	伯加切。
豜	jiān	古賢切。
豶	fén	符分切。
豭	jiā	古牙切。
豛	yì	營隻切。
䝐	wéi	以水切。
豤	kěn	康很切。
豷	yì	許利切。
豧	fū	芳無切。
豢	huàn	胡慣切。
豠	chú	疾余切。
豲	huán	胡官切。
豨	xī	虛豈切。
豖	chù	丑六切。
豦	qú	强魚切。
豙	yì	魚既切。
豩	huān	伯貧切。
		又呼關切。
㣇	yì	羊至切。

𢑚 hū 呼骨切。
𧰯 háo 乎刀切。
彙 wèi 于貴切。
𢑟 sì 息利切。
彑 jì 居例切。
彘 zhì 直例切。
𧰲 chǐ 式視切。
𢑓 xiá 乎加切。
彖 tuàn 通貫切。
豚 tún 徒魂切。
𧱏 wèi 于歲切。
豸 zhì 池爾切。
豹 bào 北教切。
貙 chū 敕俱切。
貚 tán 徒干切。
貔 pí 房脂切。
豺 chái 士皆切。
貐 yǔ 以主切。
貘 mò 莫白切。
𧳏 yōng 余封切。
貜 jué 王縛切。
貀 nà 女滑切。
貈 hé 下各切。
豻 àn 五旰切。
貂 diāo 都僚切。
貉 mò 莫白切。
貆 huán 胡官切。
貍 lí 里之切。
貒 tuān 他耑切。
貛 huān 呼官切。
貁 yòu 余救切。
貓 māo 莫交切。
𤉡 sì 徐姊切。
易 yì 羊益切。
象 xiàng 徐兩切。
豫 yù 羊茹切。
馬 mǎ 莫下切。
騭 zhì 之日切。
𩣡 huán 戶關切。
駒 jū 舉朱切。
𩡧 bā 博拔切。
𩧇 xián 戶閒切。
騏 qí 渠之切。
驪 lí 呂支切。
駽 xuān 火玄切。
騩 guī 俱位切。
騮 liú 力求切。
騢 xiá 乎加切。
騅 zhuī 職追切。
駱 luò 盧各切。
駰 yīn 於眞切。
驄 cōng 倉紅切。
驈 yù 食聿切。
駹 máng 莫江切。
騧 guā 古華切。
驃 piào 毗召切。
駓 pī 敷悲切。
驖 tiě 他結切。
𩣯 àn 五旰切。
馰 dí 都歷切。
駁 bó 北角切。
馵 zhù 之戍切。
驔 diàn 徒玷切。
驠 yàn 於甸切。
騽 xí 似入切。
𩦠 hàn 矦旰切。
騛 fēi 甫微切。
驁 ào 五到切。
驥 jì 几利切。
駿 jùn 子峻切。
驍 xiāo 古堯切。
䮔 zuī 之壘切。
驕 jiāo 舉喬切。
騋 lái 洛哀切。
驩 huān 呼官切。
驗 yàn 魚窆切。
𩢲 cǐ 雌氏切。
𩡦 xiū 許尤切。
馼 wén 無分切。
馶 zhī 章移切。
駜 bì 毗必切。
駉 jiōng 古熒切。
騯 péng 薄庚切。
駠 àng 吾浪切。
驤 xiāng 息良切。
驀 mò 莫白切。
騎 qí 渠羈切。
駕 jià 古訝切。
騑 fēi 甫微切。
駢 pián 部田切。
驂 cān 倉含切。
駟 sì 息利切。
駙 fù 符遇切。
𩤉 xié 戶皆切。
騀 ě 五可切。
駊 pǒ 普火切。
騊 tāo 土刀切。
篤 dǔ 冬毒切。
騤 kuí 渠追切。
𩦿 wò 於角切。
駸 qīn 子林切。
馺 sà 蘇荅切。
馮 píng 房戎切。
𩢒 niè 尼輒切。
騃 sì 五駭切。
驟 zhòu 鉏又切。
𩢹 gě 古達切。
颿 fān 符嚴切。
驅 qū 豈俱切。
馳 chí 直離切。
騖 wù 亡遇切。
𩢯 liè 力制切。
騁 chěng 丑郢切。
駾 tuì 他外切。
𩢷 yì 大結切。
駻 hàn 矦旰切。
駧 dòng 徒弄切。
驚 jīng 舉卿切。
駭 hài 矦楷切。
駫 huāng 呼光切。
騫 qiān 去虔切。
駐 zhù 中句切。
馴 xún 詳遵切。

駗 zhēn 張人切。
驙 zhān 張連切。
驇 zhì 陟利切。
驧 jú 巨六切。
騬 chéng 食陵切。
馻 jiè 古拜切。
騷 sāo 穌遭切。
馽 zhí 陟立切。
駘 tái 徒哀切。
駔 zǎng 子朗切。
騶 zōu 側鳩切。
驛 yì 羊益切。
馹 rì 人質切。
騰 téng 徒登切。
䮝 hé 下各切。
駉 jiōng 古熒切。
駪 shēn 所臻切。
駮 bó 北角切。
駃 jué 古穴切。
騠 tí 杜兮切。
驘 luó 洛戈切。
驢 lǘ 力居切。
⿰馬冡 méng 莫紅切。
驒 tuó 代何切。
騱 xī 胡雞切。
騊 táo 徒刀切。
駼 tú 同都切。
驫 biāo 甫虬切。
駛 shì 疏吏切。
駥 róng 如融切。
騣 zōng 子红切。
馱 duò 唐佐切。
騂 xīng 息營切。
廌 zhì 宅買切。
⿰解廌 xiào 古孝切。
薦 jiàn 作甸切。
灋 fǎ 方乏切。
鹿 lù 盧谷切。
麚 jiā 古牙切。
麟 lín 力珍切。
⿸鹿耎 nuàn 奴亂切。
⿸鹿速 sù 桑谷切。
麛 mí 莫兮切。
麉 jiān 古賢切。
麒 qí 渠之切。
麐 lín 力珍切。
麋 mí 武悲切。
麎 chén 植鄰切。
⿸鹿旨 jǐ 居履切。
麇 jūn 居筠切。
麞 zhāng 諸良切。
麔 jiù 其久切。
麠 jīng 舉卿切。
麃 páo 薄交切。
麈 zhǔ 之庾切。
麑 ní 五雞切。
麙 xián 胡毚切。
麢 líng 郎丁切。
⿸鹿圭 guī 古攜切。
麝 shè 神夜切。
⿸鹿與 yù 羊茹切。
麗 lì 郎計切。
麀 yōu 於虯切。
麤 cū 倉胡切。
⿱麤土 chén 直珍切。
㲋 chuò 丑略切。
毚 chán 士咸切。
⿱㲋吾 xiě 司夜切。
⿱㲋夬 jué 古穴切。
兔 tù 湯故切。
逸 yì 夷質切。
冤 yuān 於袁切。
嬔 fàn 芳萬切。
⿱兔⿰兔兔 fù 芳遇切。
⿰兔兔 jùn 七旬切。
萈 huán 胡官切。
犬 quǎn 苦泫切。
狗 gǒu 古厚切。
獀 sōu 所鳩切。
尨 máng 莫江切。
狡 jiǎo 古巧切。
獪 kuài 古外切。
⿰犭農 nóng 奴刀切。
猲 xiē 許謁切。
獢 xiāo 許喬切。
獫 xiǎn 虛檢切。
⿰犭主 zhù 之戍切。
猈 bài 薄蟹切。
猗 yī 於离切。
狊 jú 古闃切。
猎 yān 乙咸切。
默 mò 莫北切。
猝 cù 麤没切。
猩 xīng 桑經切。
⿰犭兼 xiàn 胡黯切。
⿰犭敢 hǎn 荒檻切。
猥 wěi 烏賄切。
獿 nǎo 女交切。
⿰犭翏 xiāo 火包切。
⿰犭參 shǎn 山檻切。
獎 jiǎng 即兩切。
⿰犭戔 chǎn 初版切。
狦 shàn 所晏切。
狠 yán 五還切。
⿰犭番 fán 附袁切。
狋 yí 語其切。
⿰犭斤 yín 語斤切。
獡 shuò 式略切。
獷 guǎng 古猛切。
狀 zhuàng 盈亮切。
奘 zàng 徂朗切。
獒 áo 五牢切。
獳 nóu 奴豆切。又乃侯切。
狧 tà 他合切。
狎 xiá 胡甲切。
狃 niǔ 女久切。
犯 fàn 防險切。
猜 cāi 倉才切。
猛 měng 莫杏切。
犺 kàng 苦浪切。
⿰犭去 qiè 去劫切。
獜 lín 力珍切。

獧	juàn	古縣切。
倏	shū	式竹切。
狟	huán	胡官切。
犻	bó	蒲没切。
⿰犭昜	zhé	陟革切。
猌	yìn	魚僅切。
犮	bá	蒲撥切。
戾	lì	郎計切。
獨	dú	徒谷切。
⿰犭谷	yù	余蜀切。
獮	xiǎn	息淺切。
獵	liè	良涉切。
獠	liáo	力昭切。
狩	shòu	書究切。
臭	xiù	尺救切。
獲	huò	胡伯切。
獘	bì	毗祭切。
獻	xiàn	許建切。
⿰犭幵	yàn	五甸切。
獟	yào	五弔切。
狾	zhì	征例切。
狂	kuáng	巨王切。
類	lèi	力遂切。
狄	dí	徒歷切。
狻	suān	素官切。
玃	jué	俱縛切。
猶	yóu	以周切。
狙	jū	親去切。
猴	hóu	乎溝切。
㱿	hù	火屋切。
狼	láng	魯當切。
狛	bó	匹各切。
獌	màn	舞販切。
狐	hú	戶吳切。
獺	tǎ	他達切。
猵	biān	布玄切。
猋	biāo	甫遙切。
狘	xuè	許月切。
⿰犭軍	huī	許韋切。
狷	juàn	古縣切。
猰	yà	烏黠切。
犾	yín	語斤切。
⿰犭斯	sī	息茲切。
獄	yù	魚欲切。
鼠	shǔ	書呂切。
⿰鼠番	fán	附袁切。
⿰鼠各	hé	下各切。
鼢	fén	芳吻切。
⿰鼠平	píng	薄經切。
鼶	sī	息移切。
⿰鼠丣	liú	力求切。
鼫	shí	常隻切。
鼨	zhōng	職戎切。
⿰鼠益	è	於革切。
鼷	xī	胡雞切。
鼩	qú	其俱切。
鼸	xiàn	丘檢切。
⿰鼠今	hán	胡男切。
鼬	yòu	余救切。
⿰鼠勺	zhuó	之若切。
⿰鼠冗	rǒng	而隴切。
⿱此鼠	zī	即移切。
鼲	hún	乎昆切。
⿰胡鼠	hú	戶吳切。
能	néng	奴登切。
熊	xióng	羽弓切。
羆	pí	彼爲切。
火	huǒ	呼果切。
炟	dá	當割切。
⿰火尾	huǐ	許偉切。
燬	huǐ	許偉切。
燹	xiǎn	穌典切。
焌	jùn	子寸切。
		又倉聿切。
尞	liào	力照切。
然	rán	如延切。
爇	ruò	如劣切。
燔	fán	附袁切。
燒	shāo	式昭切。
烈	liè	良辥切。
炪	zhuō	職悦切。
熚	bì	卑吉切。
⿱叕火	fú	敷勿切。
烝	zhēng	煑仍切。
烰	fú	縛牟切。
煦	xù	香句切。
熯	hàn	人善切。
炥	fú	普活切。
熮	liáo	洛蕭切。
焛	lìn	良刃切。
⿸厂焱	yàn	五晏切。
熲	jiǒng	古迥切。
爚	yuè	以灼切。
熛	biāo	甫遙切。
熇	hè	火屋切。
烄	jiǎo	古巧切。
⿱夭火	chán	直廉切。
燋	jiāo	即消切。
炭	tàn	他案切。
⿱𦍌火	zhǎ	楚宜切。
效	jiǎo	古巧切。
炦	bá	蒲撥切。
灰	huī	呼恢切。
炱	tái	徒哀切。
煨	wēi	烏灰切。
熄	xī	相即切。
烓	wēi	口迥切。
煁	chén	氏任切。
燀	chǎn	充善切。
炊	chuī	昌垂切。
烘	hōng	呼東切。
齌	jì	在詣切。
熹	xī	許其切。
煎	jiān	子仙切。
熬	áo	五牢切。
炮	páo	薄交切。
⿴衣火	ēn	烏痕切。
⿱曾火	zēng	作滕切。
⿱畐火	bì	符逼切。
爆	bào	蒲木切。
煬	yàng	余亮切。
⿰火隺	hú	胡沃切。
爛	làn	郎旰切。

爢 mí 靡爲切。
尉 wèi 於胃切。
爑 jiāo 即消切。
灸 jiǔ 舉友切。
灼 zhuó 之若切。
煉 liàn 郎電切。
燭 zhú 之欲切。
熜 zǒng 作孔切。
灺 xiè 徐野切。
㶳 jìn 徐刃切。
焠 cuì 七内切。
煣 rǒu 人久切。
焚 fán 附袁切。
熑 lián 力鹽切。
燎 liǎo 力小切。
熛 biāo 方昭切。
熷 zāo 作曹切。
𤓯 jiāo 即消切。
烖 zāi 祖才切。
煙 yān 烏前切。
焆 yè 因悅切。
熅 yūn 於云切。
焞 dí 都歷切。
燂 tán 火（當爲大）甘切。又徐鹽切。
焞 tūn 他昆切。
炳 bǐng 兵永切。
焯 zhuó 之若切。
照 zhào 之少切。
煒 wěi 于鬼切。
烙 chǐ 昌氏切。
熠 yì 羊入切。
煜 yù 余六切。
燿 yào 弋笑切。
煇 huī 況韋切。
煌 huáng 胡光切。
焜 kūn 孤本切。
炯 jiǒng 古迥切。
爗 yè 筠輒切。
爓 yàn 余廉切。

炫 xuàn 胡畎切。
光 guāng 古皇切。
熱 rè 如列切。
熾 chì 昌志切。
燠 ào 烏到切。
煖 xuān 況袁切。
煗 nuǎn 乃管切。
炅 jiǒng 古迥切。
炕 kàng 苦浪切。
燥 zào 穌到切。
威 miè 許劣切。
焅 kù 苦沃切。
燾 dào 徒到切。
爟 guàn 古玩切。
㷭 fēng 敷容切。
爝 jiào 子肖切。
熭 wèi 于歲切。
熙 xī 許其切。
爞 chóng 直弓切。
煽 shàn 式戰切。
烙 luò 盧各切。
爍 shuò 書藥切。
燦 càn 倉案切。
煥 huàn 呼貫切。
炎 yán 于廉切。
燄 yàn 以冉切。
𤒎 yǎn 以冉切。
粦 lǐn 力荏切。
𤆓 shǎn 舒贍切。
燅 xián 徐鹽切。
燮 xiè 蘇俠切。
粦 lín 良刃切。
黑 hēi 呼北切。
黸 lú 洛乎切。
黯 wèi 惡外切。
黯 àn 乙減切。
黶 yǎn 於琰切。
黳 yī 烏雞切。
黚 dá 當割切。
黬 jiān 古咸切。
黝 yàng 餘亮切。

黲 cǎn 七感切。
黤 yǎn 於檻切。
黝 yǒu 於糾切。
黗 tūn 他衮切。
點 diǎn 多忝切。
黚 qián 巨淹切。
黔 jiān 古咸切。
黦 yuè 於月切。
黫 chuā 初刮切。
黶 jiǎn 古典切。
黠 xiá 胡八切。
黔 qián 巨淹切。
黕 dǎn 都感切。
黨 dǎng 多朗切。
黷 dú 徒谷切。
黵 dǎn 當敢切。
黴 méi 武悲切。
黜 chù 丑律切。
𪒠 pán 薄官切。
黱 dài 徒耐切。
儵 shū 式竹切。
黬 yù 于逼切。
𪏁 diàn 堂練切。
黮 dǎn 他感切。
黭 yǎn 烏感切。
黥 qíng 渠京切。
黤 yǎn 於檻切。
黟 yī 烏雞切。
囪 chuāng 楚江切。
悤 cōng 倉紅切。
焱 yàn 以冄切。
熒 yíng 戶扃切。
燊 shēn 所臻切。
炙 zhì 之石切。
䆲 fán 附袁切。
繚 liǎo 力照切。
赤 chì 昌石切。
赨 tóng 徒冬切。
赫 hù 火沃切。
赧 nǎn 女版切。
赬 chēng 敕貞切。

赭	zhě	之也切。
𧹞	gàn	胡玩切。
赫	hè	呼格切。
赩	xì	許力切。
赮	xiá	乎加切。
大	dà	徒蓋切。
奎	kuí	苦圭切。
夾	jiā	古狎切。
奄	yǎn	依檢切。
夸	kuā	苦瓜切。
奆	huán	胡官切。
㚖	gū	烏瓜切。
奯	huò	呼括切。
𢧵	zhì	直質切。
奅	pào	匹貌切。
夽	yǔn	魚吻切。
奃	dī	都兮切。
㚎	jiè	古拜切。
㚔	xiè	火戒切。
𡚁	bì	房密切。
奄	chún	常倫切。
契	qì	苦計切。
夷	yí	以脂切。
亦	yì	羊益切。
㚒	shǎn	失冄切。
夨	zè	阻力切。
𡗜	jié	古屑切。
奊	xié	胡結切。
吳	wú	五乎切。
夭	yāo	於兆切。
喬	qiáo	巨嬌切。
幸	xìng	胡耿切。
奔	bēn	博昆切。
交	jiāo	古爻切。
𡗷	wéi	羽非切。
絞	jiǎo	古巧切。
尣	wāng	烏光切。
尳	hú	戶骨切。
𡯁	bǒ	布火切。
𡯂	zuǒ	則箇切。
𡯌	yào	弋笑切。
尲	gān	古咸切。
尬	jiè	公八切。
		又古拜切。
尥	liào	力弔切。
𡰂	dī	都兮切。
𡰝	xié	戶圭切。
𡯋	yū	乙于切。
𡱁	léi	郎果切。
壺	hú	戶吳切。
𡔷	yūn	於云切。
壹	yī	於悉切。
懿	yì	乙冀切。
㚔	niè	尼輒切。
睪	yì	羊益切。
執	zhí	之入切。
圉	yǔ	魚舉切。
盩	zhōu	張流切。
報	bào	博号切。
𥷚	jū	居六切。
奢	shē	式車切。
奲	duǒ	丁可切。
亢	gāng	古郎切。
𣁞	gǎng	岡朗切。
		又胡朗切。
夲	tāo	土刀切。
𠦪	hū	呼骨切。
暴	bào	薄報切。
𢍿	yǔn	余準切。
奏	zòu	則候切。
皋	gāo	古勞切。
夰	gǎo	古老切。
𡗢	jù	九遇切。
奡	ào	五到切。
昦	hào	胡老切。
臩	guǎng	具往切。
亣	dà	他達切。
奕	yì	羊益切。
奘	zàng	徂朗切。
臭	gǎo	古老切。
奚	xī	胡雞切。
耎	ruǎn	而沇切。
㬱	yàn	乙獻切。
奰	bì	平祕切。
夫	fū	甫無切。
規	guī	居隨切。
㚘	bàn	薄旱切。
立	lì	力入切。
䇐	lì	力至切。
𥪎	duì	丁罪切。
端	duān	多官切。
竱	zhuǎn	旨兖切。
竦	sǒng	息拱切。
竫	jìng	疾郢切。
靖	jìng	疾郢切。
竢	sì	牀史切。
竘	qǔ	丘羽切。
竵	huā	火鼃切。
竭	jié	渠列切。
𥪦	xū	相俞切。
𥫔	luò	力臥切。
竣	jùn	七倫切。
𥩿	fú	房六切。
䇌	què	七雀切。
䇑	bà	傍下切。
竲	céng	七耕切。
竝	bìng	蒲迥切。
替	tì	他計切。
囟	xìn	息進切。
巤	liè	良涉切。
毗	pí	房脂切。
思	sī	息兹切。
慮	lǜ	良據切。
心	xīn	息林切。
息	xī	相即切。
情	qíng	疾盈切。
性	xìng	息正切。
志	zhì	職吏切。
意	yì	於記切。
恉	zhǐ	職雉切。
悳	dé	多則切。
應	yīng	於陵切。
慎	shèn	時刃切。

忠 zhōng 陟弓切。
愨 què 苦角切。
⿱⿰豸頁心 miǎo 莫角切。
快 kuài 苦夬切。
愷 kǎi 苦亥切。
㥦 qiè 苦叶切。
念 niàn 奴店切。
怤 fū 甫無切。
憲 xiàn 許建切。
憕 chéng 直陵切。
戁 nǎn 女版切。
忻 xīn 許斤切。
⿰忄重 zhòng 直隴切。
惲 yùn 於粉切。
惇 dūn 都昆切。
忼 kàng 苦浪切。
又口朗切。
慨 kǎi 古溉切。
悃 kǔn 苦本切。
愊 bì 芳逼切。
愿 yuàn 魚怨切。
慧 huì 胡桂切。
憭 liǎo 力小切。
恔 xiáo 下交切。
又古了切。
瘱 yì 於計切。
悊 zhé 陟列切。
悰 cóng 藏宗切。
恬 tián 徒兼切。
恢 huī 苦回切。
恭 gōng 俱容切。
憼 jǐng 居影切。
恕 shù 商署切。
怡 yí 與之切。
慈 cí 疾之切。
忯 qí 巨支切。
⿰忄虒 yǐ 移尔切。
恮 quān 此緣切。
恩 ēn 烏痕切。
懘 dì 特計切。
憖 yìn 魚覲切。

懬 kuàng 苦謗切。
悈 jiè 古拜切。
㥯 yǐn 於靳切。
慶 qìng 丘竟切。
愃 xuǎn 況晚切。
愻 xùn 蘇困切。
𡨄 sè 先則切。
恂 xún 相倫切。
忱 chén 氏任切。
惟 wéi 以追切。
懷 huái 戶乖切。
惀 lún 盧昆切。
想 xiǎng 息兩切。
⿰忄㒸 suì 徐醉切。
慉 xù 許六切。
𢡃 yì 於力切。
悹 guàn 古玩切。
憀 liáo 洛蕭切。
愙 kè 苦各切。
愯 sǒng 息拱切。
懼 jù 其遇切。
怙 hù 矦古切。
恃 shì 時止切。
慒 cóng 藏宗切。
悟 wù 五故切。
憮 wǔ 文甫切。
㤅 ài 烏代切。
⿰忄胥 xǔ 私呂切。
慰 wèi 於胃切。
⿱毳心 cuì 此芮切。
懤 chóu 直由切。
怞 chóu 直又切。
⿰忄某 wǔ 亡甫切。
忞 mín 武巾切。
慔 mù 莫故切。
愐 miǎn 弥殄切。
⿰忄曳 yì 余制切。
懋 mào 莫候切。
慕 mù 莫故切。
悛 quān 此緣切。
⿰忄隶 tuì 他骨切。

⿱與心 yǔ 余呂切。
慆 tāo 土刀切。
懕 yān 於鹽切。
憺 dàn 徒敢切。
怕 bó 匹白切。
又葩亞切。
恤 xù 辛聿切。
忓 gān 古寒切。
懽 guàn 古玩切。
⿰忄禺 yú 噳俱切。
惄 nì 奴歷切。
⿰忄卻 jǐ 其虐切。
憸 xiān 息廉切。
愒 qì 去例切。
⿱虖心 hū 千短切。
⿱冊心 xiān 息廉切。
急 jí 居立切。
⿲辛心辛 biǎn 方沔切。
⿰忄亟 jí 已力切。
懁 juàn 古縣切。
⿰忄巠 xìng 胡頂切。
⿱玆心 xián 胡田切。
慓 piào 敷沼切。
懦 nuò 人朱切。
恁 rèn 如甚切。
⿱代心 tè 他得切。
怚 jù 子去切。
悒 yì 於汲切。
悆 yù 羊茹切。
忒 tè 他得切。
憪 xián 戶閒切。
愉 yú 羊朱切。
懱 miè 莫結切。
愚 yú 麌俱切。
戇 zhuàng 陟絳切。
⿰忄采 cǎi 倉宰切。
惷 chōng 丑江切。
懝 ài 五溉切。
忮 zhì 之義切。
悍 hàn 矦旰切。
態 tài 他代切。

怪	guài	古壞切。
𢡖	dàng	徒朗切。
慢	màn	謀晏切。
怠	dài	徒亥切。
懈	xiè	古隘切。
憜	duò	徒果切。
慫	sǒng	息拱切。
怫	fú	符弗切。
㤜	xiè	呼介切。
忽	hū	呼骨切。
忘	wàng	武方切。
慲	mán	毋官切。
恣	zì	資四切。
愓	dàng	徒朗切。
憧	chōng	尺容切。
悝	kuī	苦回切。
憰	jué	古穴切。
㤮	guàng	居況切。
怳	huǎng	許往切。
恑	guǐ	過委切。
𢤦	xié	戶圭切。
悸	jì	其季切。
憿	jiāo	古堯切。
𢡰	kuò	古活切。
忨	wán	五換切。
惏	lán	盧含切。
懜	mèng	武亘切。
愆	qiān	去虔切。
慊	xián	戶兼切。
惑	huò	胡國切。
怋	mín	呼昆切。
怓	náo	女交切。
惷	chǔn	尺允切。
惛	hūn	呼昆切。
忥	xì	許既切。
𢣀	wèi	于歲切。
憒	kuì	胡對切。
忌	jì	渠記切。
忿	fèn	敷粉切。
悁	yuān	於緣切。
𢡺	lí	郎尸切。
恚	huì	於避切。
怨	yuàn	於願切。
怒	nù	乃故切。
憝	duì	徒對切。
慍	yùn	於問切。
惡	è	烏各切。
憎	zēng	作滕切。
怖	pèi	蒲昧切。
忍	yì	魚既切。
慀	xié	戶佳切。
恨	hèn	胡艮切。
懟	duì	丈淚切。
悔	huǐ	荒內切。
懘	chì	充世切。
怏	yàng	於亮切。
懣	mèn	莫困切。
憤	fèn	房吻切。
悶	mèn	莫困切。
惆	chóu	敕鳩切。
悵	chàng	丑亮切。
愾	xì	許既切。
懆	cǎo	七早切。
愴	chuàng	初亮切。
怛	dá	得案切。又當割切。
憯	cǎn	七感切。
慘	cǎn	七感切。
悽	qī	七稽切。
恫	tōng	他紅切。
悲	bēi	府眉切。
惻	cè	初力切。
惜	xī	思積切。
愍	mǐn	眉殞切。
慇	yīn	於巾切。
㥋	yī	於豈切。
𢡲	jiǎn	古限切。
慅	sāo	穌遭切。
感	gǎn	古禫切。
忧	yòu	于救切。
𢙌	qiú	其久切。
愪	yún	王分切。
怮	yōu	於虯切。
忦	jiá	五介切。
恙	yàng	余亮切。
惴	zhuì	之瑞切。
憌	qióng	常倫切。
怲	bǐng	兵永切。
惔	tán	徒甘切。
惙	chuò	陟劣切。
慯	shāng	式亮切。
愁	chóu	士尤切。
愵	nì	奴歷切。
惂	kǎn	苦感切。
悠	yōu	以周切。
悴	cuì	秦醉切。
慁	hùn	胡困切。
𢤁	lí	力至切。
㤆	xū	況于切。
忡	chōng	敕中切。
悄	qiǎo	親小切。
慽	qī	倉歷切。
𢝊	yōu	於求切。
患	huàn	胡丱切。
恇	kuāng	去王切。
㤲	qiè	苦叶切。
懾	shè	之涉切。
憚	dàn	徒案切。
悼	dào	徒到切。
恐	kǒng	丘隴切。
慴	zhé	之涉切。
怵	chù	丑律切。
惕	tì	他歷切。
㤨	gǒng	戶工切。又工恐切。
㤥	hài	胡槩切。
惶	huáng	胡光切。
悑	bù	普故切。
慹	zhí	之入切。
𢥸	qì	苦計切。
㥔	bèi	蒲拜切。
惎	jì	渠記切。
恥	chǐ	敕里切。

㥏 tiǎn 他典切。
忝 tiǎn 他點切。
慙 cán 昨甘切。
恧 nǜ 女六切。
怍 zuò 在各切。
憐 lián 落賢切。
𢡟 lián 力延切。
忍 rěn 而軫切。
㥝 mǐ 弥兖切。
𢘉 yì 魚肺切。
懲 chéng 直陵切。
憬 jǐng 俱永切。
慵 yōng 蜀容切。
悱 fěi 敷尾切。
怩 ní 女夷切。
惉 zhān 尺詹切。
懘 chì 尺制切。
懇 kěn 康很切。
忖 cǔn 倉本切。
怊 chāo 敕宵切。
慟 tòng 徒弄切。
惹 rě 人者切。
恰 qià 苦狹切。
悌 tì 特計切。
懌 yì 羊益切。
惢 suǒ 才規切。
又才累切。
繠 ruǐ 如壘切。
水 shuǐ 式軌切。
汃 bīn 府巾切。
河 hé 乎哥切。
泑 yōu 於糾切。
涷 dōng 德紅切。
涪 fú 縛牟切。
潼 tóng 徒紅切。
江 jiāng 古雙切。
沱 tuó 徒何切。
浙 zhè 旨熱切。
涐 é 五何切。
湔 jiān 子仙切。
沫 mò 莫割切。
溫 wēn 烏魂切。
灊 qián 昨鹽切。
沮 jū 子余切。
滇 diān 都年切。
涂 tú 同都切。
沅 yuán 愚袁切。
淹 yān 英廉切。
溺 ruò 而灼切。
洮 táo 土刀切。
涇 jīng 古靈切。
渭 wèi 云貴切。
漾 yàng 余亮切。
漢 hàn 呼旰切。
浪 làng 來宕切。
沔 miǎn 彌兖切。
湟 huáng 乎光切。
汧 qiān 苦堅切。
澇 láo 魯刀切。
漆 qī 親吉切。
滻 chǎn 所簡切。
洛 luò 盧各切。
淯 yù 余六切。
汝 rǔ 人渚切。
潩 yì 与職切。
汾 fén 符分切。
澮 guì 古外切。
沁 qìn 七鴆切。
沾 zhān 他兼切。
潞 lù 洛故切。
漳 zhāng 諸良切。
淇 qí 渠之切。
蕩 dàng 徒朗切。
沇 yǎn 以轉切。
泲 jǐ 子礼切。
洈 wéi 過委切。
溠 zhā 側駕切。
洭 kuāng 去王切。
潓 huì 胡計切。
灌 guàn 古玩切。
漸 jiàn 慈冉切。
泠 líng 郎丁切。
𣸣 pài 匹卦切。
溧 lì 力質切。
湘 xiāng 息良切。
汨 mì 莫狄切。
溱 zhēn 側詵切。
深 shēn 式針切。
潭 tán 徒含切。
油 yóu 以周切。
𣾛 mì 莫蟹切。
湞 zhēn 陟盈切。
溜 liù 力救切。
瀷 yì 與職切。
潕 wǔ 文甫切。
滶 áo 五勞切。
瀙 qìn 七吝切。
淮 huái 戶乖切。
滍 zhì 直几切。
澧 lǐ 盧啓切。
溳 yún 王分切。
淠 pèi 匹備切。
又匹制切。
澺 yì 於力切。
𣲜 xì 穌計切。
灈 qú 其俱切。
潁 yǐng 余頃切。
洧 wěi 榮美切。
濦 yīn 於謹切。
濄 guō 古禾切。
泄 yì 余制切。
汳 biàn 皮變切。
潧 zhēn 側詵切。
淩 líng 力膺切。
濮 pú 博木切。
濼 luò 盧谷切。
漷 kuò 苦郭切。
淨 chéng 士耕切。
又才性切。
濕 tà 他合切。
泡 pāo 匹交切。
菏 gē 古俄切。
泗 sì 息利切。

洹 huán 羽元切。
灉 yōng 於容切。
澶 chán 市連切。
洙 shū 市朱切。
沭 shù 食聿切。
沂 yí 魚衣切。
洋 xiáng 似羊切。
濁 zhuó 直角切。
溉 gài 古代切。
濰 wéi 以追切。
浯 wú 五乎切。
汶 wèn 亡運切。
治 chí 直之切。
濅 jìn 子鴆切。
湡 yú 噳俱切。
㴲 sī 息移切。
渚 zhǔ 章与切。
洨 xiáo 下交切。
濟 jǐ 子礼切。
泜 chí 直尼切。
濡 rú 人朱切。
灅 lěi 力軌切。
沽 gū 古胡切。
沛 pèi 普蓋切。
浿 pèi 普拜切。
瀤 huái 戶乖切。
㶟 lěi 力追切。
溠 jū 側加切。
泒 gū 古胡切。
滱 kòu 苦候切。
淶 lái 洛哀切。
泥 ní 奴低切。
湳 nǎn 乃感切。
漹 yān 乙乾切。
涶 tuō 土禾切。
𣿅 yú 以諸切。
洵 xún 相倫切。
涻 shè 始夜切。
𣲌 niàn 乃見切。
淔 chì 恥力切。
淁 qiè 七接切。

涺 jū 九魚切。
洎 jì 其冀切。
沋 yóu 羽求切。
洇 yīn 於眞切。
淉 guǒ 古火切。
溑 suǒ 穌果切。
浝 máng 莫江切。
𣳚 nǒu 乃后切。
泈 zhōng 職戎切。
洦 pò 匹白切。
汘 qiān 倉先切。
洍 sì 詳里切。
澥 xiè 胡買切。
漠 mò 慕各切。
海 hǎi 呼改切。
溥 pǔ 滂古切。
㶗 ǎn 乙感切。
洪 hóng 戶工切。
洚 jiàng 戶工切。
又下江切。
衍 yǎn 以淺切。
淖 cháo 直遙切。
濥 yǐn 弋刃切。
滔 tāo 土刀切。
涓 juān 古玄切。
混 hùn 胡本切。
潒 dàng 徒朗切。
漦 chí 俟甾切。
汭 ruì 而銳切。
潚 sù 子叔切。
演 yǎn 以淺切。
渙 huàn 呼貫切。
泌 bì 兵媚切。
活 guō 古活切。
湝 jiē 古諧切。
泫 xuàn 胡畎切。
淲 biāo 皮彪切。
淢 yù 于逼切。
瀏 liú 力久切。
濊 huò 呼括切。
滂 pāng 普郎切。

汪 wāng 烏光切。
漻 liáo 洛蕭切。
泚 cǐ 千礼切。
況 kuàng 許訪切。
沖 chōng 直弓切。
汎 fàn 孚梵切。
沄 yún 王分切。
浩 hào 胡老切。
沆 hàng 胡朗切。
泬 jué 呼穴切。
濞 pì 匹備切。
灂 zhuó 士角切。
潝 xī 許及切。
滕 téng 徒登切。
潏 jué 古穴切。
洸 guāng 古黃切。
波 bō 博禾切。
澐 yún 王分切。
瀾 lán 洛干切。
淪 lún 力迍切。
漂 piāo 匹消切。
又匹妙切。
浮 fú 縛牟切。
濫 làn 盧瞰切。
氾 fàn 孚梵切。
泓 hóng 烏宏切。
湋 wéi 羽非切。
測 cè 初側切。
湍 tuān 他耑切。
淙 cóng 藏宗切。
激 jī 古歷切。
洞 dòng 徒弄切。
瀿 fān 孚袁切。
洶 xiōng 許拱切。
涌 yǒng 余隴切。
湁 chì 丑入切。
涳 kōng 苦江切。
又哭工切。
汋 zhuó 市若切。
瀱 jì 居例切。
渾 hún 戶昆切。

洌 liè 良辥切。
淑 shū 殊六切。
溶 yǒng 余隴切。
澂 chéng 直陵切。
清 qīng 七情切。
湜 shí 常職切。
潣 mǐn 眉殞切。
滲 shèn 所禁切。
潿 wéi 羽非切。
溷 hùn 胡困切。
淈 gǔ 古忽切。
淀 xuán 似沿切。
漼 cuǐ 七罪切。
淵 yuān 烏玄切。
濔 mǐ 奴礼切。
澹 dàn 徒濫切。
潯 xún 徐林切。
泙 píng 符兵切。
泏 zhú 竹律切。
又口兀切。
瀳 jiàn 在甸切。
潪 zhí 竹隻切。
滿 mǎn 莫旱切。
滑 huá 戶八切。
濇 sè 色立切。
澤 zé 丈伯切。
淫 yín 余箴切。
瀸 jiān 子廉切。
泆 yì 夷質切。
潰 kuì 胡對切。
沴 lì 郎計切。
淺 qiǎn 七衍切。
洔 zhǐ 直里切。
渻 shěng 息井切。
淖 nào 奴教切。
濢 zuǐ 遵誄切。
溽 rù 而蜀切。
涅 niè 奴結切。
滋 zī 子之切。
溜 hū 呼骨切。
浥 yì 於及切。
沙 shā 所加切。

瀨 lài 洛帶切。
濆 fén 符分切。
涘 sì 牀史切。
汻 hǔ 呼古切。
氿 guǐ 居洧切。
漘 chún 常倫切。
浦 pǔ 滂古切。
沚 zhǐ 諸市切。
沸 fèi 分勿切。
又方未切。
潨 cóng 徂紅切。
派 pài 匹賣切。
汜 sì 詳里切。
湀 guǐ 求癸切。
濘 nìng 乃定切。
滎 xíng 戶扃切。
洼 wā 一佳切。
又於瓜切。
漥 yǐng 一穎切。
又屋瓜切。
潢 huáng 乎光切。
沼 zhǎo 之少切。
湖 hú 戶吳切。
汥 zhī 章移切。
洫 xù 況逼切。
溝 gōu 古矦切。
瀆 dú 徒谷切。
渠 qú 彊魚切。
瀶 lín 力尋切。
湄 méi 武悲切。
洐 xíng 戶庚切。
澗 jiàn 古莧切。
澳 yù 於六切。
澩 xué 胡角切。
灘 tān 呼旰切。
又他干切。
汕 shàn 所晏切。
決 jué 古穴切。
灓 luán 洛官切。
滴 dī 都歷切。
注 zhù 之戍切。

浂 wò 烏鵠切。
湝 zé 所責切。
澨 shì 時制切。
津 jīn 將鄰切。
淜 píng 皮冰切。
潢 héng 戶孟切。
泭 fū 芳無切。
渡 dù 徒故切。
沿 yán 与專切。
泝 sù 桑故切。
洄 huí 戶灰切。
泳 yǒng 爲命切。
潛 qián 昨鹽切。
淦 gàn 古暗切。
泛 fàn 孚梵切。
泅 qiú 似由切。
砅 lì 力制切。
湊 còu 倉奏切。
湛 chén 宅減切。
湮 yīn 於眞切。
休 nì 奴歷切。
没 mò 莫勃切。
渨 wēi 烏恢切。
滃 wěng 烏孔切。
泱 yāng 於良切。
淒 qī 七稽切。
渰 yǎn 衣檢切。
溟 míng 莫經切。
涑 sè 所責切。
瀑 bào 平到切。
澍 shù 常句切。
湒 jí 姊入切。
濱 cí 才私切。
又卽夷切。
潦 lǎo 盧皓切。
濩 huò 胡郭切。
涿 zhuó 竹角切。
瀧 lóng 力公切。
渿 nài 奴帶切。
滈 hào 乎老切。
漊 lǚ 力主切。

溦 wēi 無非切。
濛 méng 莫紅切。
沈 chén 直深切。
又尸甚切。
洅 zài 作代切。
淊 hàn 胡感切。
涵 hán 胡男切。
澤 rù 人庶切。
瀀 yōu 於求切。
涔 cén 鉏箴切。
漬 zì 前智切。
漚 òu 烏候切。
浞 zhuó 士角切。
渥 wò 於角切。
潅 què 口角切。
又公沃切。
洽 qià 侯夾切。
濃 nóng 女容切。
瀌 biāo 甫嬌切。
溓 lián 力鹽切。
泐 lè 盧則切。
滯 zhì 直例切。
汦 zhǐ 直尼切。
漍 guó 古伯切。
澌 sī 息移切。
汔 qì 許訖切。
涸 hé 下各切。
消 xiāo 相幺切。
潐 jiào 子肖切。
渴 kě 苦葛切。
漮 kāng 苦岡切。
溼 shī 失入切。
湆 qì 去急切。
洿 wū 哀都切。
浼 měi 武辠切。
汙 wū 烏故切。
湫 jiǎo 子了切。
又即由切。
潤 rùn 如順切。
準 zhǔn 之允切。
汀 tīng 他丁切。

沑 nǜ 人九切。
瀵 fèn 方問切。
滜 cuǐ 七辠切。
瀞 jìng 疾正切。
瀎 mò 莫達切。
泧 sà 火活切。
洎 jì 其冀切。
湯 tāng 土郎切。
渜 nuǎn 乃管切。
洝 àn 烏旰切。
洏 ér 如之切。
涚 shuì 輸芮切。
涫 guàn 古丸切。
涾 tà 徒合切。
汏 tài 代何切。
又徒蓋切。
瀾 jiǎn 古限切。
淅 xī 先擊切。
滰 jiàng 其兩切。
溲 sǒu 疏有切。
浚 jùn 私閏切。
瀝 lì 郎擊切。
漉 lù 盧谷切。
潘 pān 普官切。
灡 lán 洛干切。
泔 gān 古三切。
滫 xiū 息流切。
又思酒切。
澱 diàn 堂練切。
淤 yū 依據切。
滓 zǐ 阻史切。
淰 niǎn 乃忝切。
瀹 yuè 以灼切。
灑 jiǎo 子小切。
漀 qǐng 去挺切。
湑 xǔ 私呂切。
湎 miǎn 彌兖切。
滌 jiāng 即良切。
涼 liáng 呂張切。
淡 dàn 徒敢切。
涒 tūn 他昆切。

澆 jiāo 古堯切。
液 yè 羊益切。
汁 zhī 之入切。
滒 gē 古俄切。
灝 hào 乎老切。
溢 yì 夷質切。
洒 xǐ 先禮切。
滌 dí 徒歷切。
濈 jí 阻立切。
瀋 shěn 昌枕切。
渳 mǐ 緜婢切。
潩 shà 衫洽切。
又先活切。
漱 shù 所右切。
泂 jiǒng 戶褧切。
滄 cāng 七岡切。
瀞 qìng 七定切。
淬 cuì 七內切。
沐 mù 莫卜切。
沬 huì 荒內切。
浴 yù 余蜀切。
澡 zǎo 子皓切。
洗 xiǎn 穌典切。
汲 jí 居立切。
淳 chún 常倫切。
淋 lín 力尋切。
渫 xiè 私列切。
澣 huàn 胡玩切。
濯 zhuó 直角切。
涑 sōu 速侯切。
潎 pì 匹蔽切。
浝 lǒng 亡江切。
灑 sǎ 山豉切。
汛 xùn 息晉切。
染 rǎn 而琰切。
泰 tài 他蓋切。
濶 yán 余廉切。
灒 zàn 則旰切。
濍 chóu 士尤切。
湩 dòng 多貢切。
洟 tì 他計切。
潸 shān 所姦切。

汗	hàn	侯旰切。
泣	qì	去急切。
涕	tì	他禮切。
湅	liàn	郎甸切。
[illegible]	niè	魚列切。
渝	yū	羊朱切。
減	jiǎn	古斬切。
滅	miè	亡列切。
漕	cáo	在到切。
泮	pàn	普半切。
漏	lòu	盧后切。
澒	hòng	呼孔切。
萍	píng	薄經切。
濊	huì	呼會切。
汩	gǔ	于筆切。
瀼	ráng	汝羊切。
漙	tuán	度官切。
汍	wán	胡官切。
泯	mǐn	武盡切。
瀣	xiè	胡介切。
瀘	lú	洛乎切。
瀟	xiāo	相邀切。
瀛	yíng	以成切。
滁	chú	直魚切。
洺	míng	武幷切。
潺	chán	昨閑切。
湲	yuán	王權切。
濤	tāo	徒刀切。
漵	xù	徐呂切。
港	gǎng	古項切。
瀦	zhū	陟魚切。
瀰	mí	武移切。
淼	miǎo	亡沼切。
潔	jié	古屑切。
浹	jiā	子協切。
溘	kè	口荅切。
潠	xùn	穌困切。
涯	yá	魚羈切。
沝	zhuǐ	之壘切。
[illegible]	liú	力求切。
[illegible]	shè	時攝切。
瀕	pín	符眞切。
顰	pín	符眞切。
く	quǎn	姑泫切。
巜	kuài	古外切。
粼	lín	力珍切。
川	chuān	昌緣切。
巠	jīng	古靈切。
巟	huāng	呼光切。
[illegible]	huò	于逼切。
[illegible]	yù	于筆切。
[illegible]	liè	良辥切。
邕	yōng	於容切。
[illegible]	zāi	祖才切。
侃	kǎn	空旱切。
州	zhōu	職流切。
泉	quán	疾緣切。
[illegible]	fàn	符萬切。
灥	xún	詳遵切。
厵	yuán	愚袁切。
永	yǒng	于憬切。
羕	yàng	余亮切。
𠂢	pài	匹卦切。
衇	mài	莫獲切。
覛	mì	莫狄切。
谷	gǔ	古祿切。
谿	xī	苦兮切。
𧮫	huò	呼括切。
豂	liáo	洛蕭切。
豅	lóng	盧紅切。
谹	hóng	戶萌切。
[illegible]	jùn	私閏切。
[illegible]	qiān	倉絢切。
仌	bīng	筆陵切。
冰	níng	魚陵切。
凜	lǐn	力稔切。
凊	qìng	七正切。
凍	dòng	多貢切。
[illegible]	líng	力膺切。
凘	sī	息移切。
凋	diāo	都僚切。
冬	dōng	都宗切。
冶	yě	羊者切。
凔	cāng	初亮切。
冷	lěng	魯打切。
[illegible]	hán	胡男切。
[illegible]	bì	卑吉切。
冹	fú	分勿切。
凓	lì	力質切。
[illegible]	lài	洛帶切。
雨	yǔ	王矩切。
靁	léi	魯回切。
霣	yǔn	于敏切。
霆	tíng	特丁切。
霅	zhá	丈甲切。
電	diàn	堂練切。
震	zhèn	章刃切。
[illegible]	xuě	相絶切。
霄	xiāo	相邀切。
霰	xiàn	穌甸切。
雹	báo	蒲角切。
霝	líng	郎丁切。
[illegible]	luò	盧各切。
零	líng	郎丁切。
霹	sī	息移切。
霢	mài	莫獲切。
霂	mù	莫卜切。
[illegible]	suān	素官切。
[illegible]	jiān	子廉切。
[illegible]	zhōng	職戎切。
霃	chén	直深切。
[illegible]	lián	力鹽切。
[illegible]	hán	胡男切。
霖	lín	力尋切。
[illegible]	yín	銀箴切。
[illegible]	zī	即夷切。
[illegible]	yǔ	王矩切。
[illegible]	jiān	子廉切。
霑	zhān	張廉切。
[illegible]	rǎn	而琰切。
霤	liù	力救切。
屚	lòu	盧后切。
[illegible]	gé	匹各切。

霽	jì	子計切。
霋	qī	七稽切。
霩	kuò	苦郭切。
露	lù	洛故切。
霜	shuāng	所莊切。
霚	wù	亡遇切。
霾	mái	莫皆切。
霿	méng	莫弄切。
霓	ní	五雞切。
䨮	diàn	都念切。
雩	yú	羽俱切。
需	xū	相俞切。
䨒	yù	王矩切。
霞	xiá	胡加切。
霏	fēi	芳非切。
霎	shà	山洽切。
䨺	duì	徒對切。
靄	ǎi	於蓋切。
雲	yún	王分切。
霒	yīn	於今切。
魚	yú	語居切。
鰖	duò	徒果切。
鮞	ér	如之切。
魼	qū	去魚切。
魶	nà	奴荅切。
鰨	tǎ	土盍切。
鱒	zùn	慈損切。
⿱粦魚	lín	力珍切。
鰫	yóng	余封切。
⿰魚胥	xū	相居切。
鮪	wěi	榮美切。
䱍	gèng	古恆切。
鯍	méng	武登切。
鮥	luò	盧各切。
鯀	gǔn	古本切。
鰥	guān	古頑切。
鯉	lǐ	良止切。
鱣	zhān	張連切。
鱄	zhuǎn	旨兖切。
鮦	tóng	直隴切。
⿱彖彖魚	lǐ	盧啓切。
⿰魚婁	lóu	洛侯切。
鰜	qiàn	古甜切。
鯈	chóu	直由切。
⿰魚豆	tǒu	天口切。
鯾	biān	房連切。
魴	fáng	符方切。
鱮	xù	徐呂切。
鰱	lián	力延切。
鮍	pī	敷羈切。
⿰魚幼	yǒu	於糾切。
鮒	fù	符遇切。
⿰魚巠	qíng	仇成切。
鰿	jì	資昔切。
鱺	lí	郎兮切。
鰻	mán	母官切。
鱯	huà	胡化切。
魾	pī	敷悲切。
鱧	lǐ	盧啓切。
⿰魚果	huà	胡瓦切。
鱨	cháng	市羊切。
鱏	xún	余箴切。
鯢	ní	五雞切。
鰼	xí	似入切。
鰌	qiū	七由切。
鯇	huàn	戶版切。
魠	tuō	他各切。
鮆	jì	徂礼切。
鮀	tuó	徒何切。
鮎	nián	奴兼切。
鰋	yǎn	於幰切。
鮷	tí	杜兮切。
鱱	lài	洛帶切。
⿰魚朁	cén	鉏箴切。
⿰魚翁	wēng	烏紅切。
⿰魚臽	xiàn	尸賺切。
鱖	guì	居衛切。
鯫	zōu	士垢切。
鱓	shàn	常演切。
鮸	miǎn	亾辨切。
魵	fén	符分切。
鱸	lǔ	郎古切。
鰸	qū	豈俱切。
鯜	qiè	七接切。
⿰魚巿	bèi	博蓋切。
⿰魚匊	jú	居六切。
魦	shā	所加切。
鱳	lì	盧谷切。
鮮	xiān	相然切。
鰅	yóng	魚容切。
鱅	yōng	蜀容切。
鰂	zéi	昨則切。
鮐	tái	徒哀切。
鮊	bà	旁陌切。
鰒	fù	蒲角切。
鮫	jiāo	古肴切。
⿰魚畺	jīng	渠京切。
鯁	gěng	古杏切。
鱗	lín	力珍切。
鮏	xīng	桑經切。
鱢	sāo	穌遭切。
鮨	qí	旨夷切。
鮺	zhǎ	側下切。
⿰魚今	qín	徂慘切。
鮑	bào	薄巧切。
魿	líng	郎丁切。
鰕	xiā	乎加切。
鰝	hào	胡到切。
⿰魚咎	jiù	其久切。
魧	háng	古郎切。
鮩	bǐng	兵永切。
鮚	jí	巨乙切。
鮅	bì	毗必切。
⿰魚瞿	qú	九遇切。
鯸	hóu	乎鉤切。
鯛	diāo	都僚切。
⿰魚卓	zhuó	都教切。
鮁	bō	北末切。
⿰魚夫	fū	甫無切。
鯕	qí	渠之切。
鮡	zhào	治小切。
魤	huà	呼跨切。
鱻	xiān	相然切。

鰈 tà 土盍切。
魮 bǐ 房脂切。
鰩 yáo 余招切。
𩺰 yú 語居切。
𤅩 yú 語居切。
燕 yàn 於甸切。
龍 lóng 力鍾切。
龗 líng 郎丁切。
龕 kān 口含切。
𪚏 jiān 古賢切。
龖 tà 徒合切。
飛 fēi 甫微切。
翼 yì 與職切。
非 fēi 甫微切。
𩇨 fěi 非尾切。
靡 mǐ 文彼切。
靠 kào 苦到切。
陛 bī 邊兮切。
卂 xùn 息晉切。
煢 qióng 渠營切。
乚 yǐ 烏轄切。
孔 kǒng 康董切。
乳 rǔ 而主切。
不 fǒu 方久切。
否 fǒu 方久切。
至 zhì 脂利切。
到 dào 都悼切。
臻 zhēn 側詵切。
𦤶 chì 丑利切。
臺 tái 徒哀切。
臸 rì 人質切。
西 xī 先稽切。
䙽 xī 戶圭切。
鹵 lǔ 郎古切。
鹺 cuó 昨河切。
鹹 xián 胡毚切。
鹽 yán 余廉切。
盬 gǔ 公戶切。
鹼 jiǎn 魚欠切。
戶 hù 侯古切。
扉 fēi 甫微切。

扇 shàn 式戰切。
房 fáng 符方切。
戾 tì 徒蓋切。
戹 è 於革切。
肁 zhào 治矯切。
扆 yǐ 於豈切。
𢩢 qù 口盍切。
扃 jiōng 古熒切。
門 mén 莫奔切。
閶 chāng 尺量切。
闈 wéi 羽非切。
閻 yán 余廉切。
閎 hóng 戶萌切。
閨 guī 古攜切。
閤 gé 古沓切。
闒 tà 徒盍切。
閈 hàn 侯旰切。
閭 lǘ 力居切。
閻 yán 余廉切。
闠 huì 胡對切。
闉 yīn 於眞切。
闍 dū 當孤切。
闕 què 去月切。
閞 biàn 皮變切。
𨴂 xiè 胡介切。
闔 hé 胡臘切。
闑 niè 魚列切。
閾 yù 于逼切。
閬 làng 來宕切。
闢 pì 房益切。
䦱 wěi 韋委切。
闡 chǎn 昌善切。
開 kāi 苦哀切。
闓 kǎi 苦亥切。
閜 xiǎ 火下切。
閘 yā 烏甲切。
閟 bì 兵媚切。
閣 gé 古洛切。
閒 jiàn 古閑切。
閜 ě 烏可切。
閼 è 烏割切。

𨷿 zhuǎn 旨沇切。
𨶹 yà 乙鎋切。
闀 xiàng 許亮切。
闌 lán 洛干切。
閑 xián 戶閒切。
閉 bì 博計切。
閡 ài 五溉切。
闇 àn 烏紺切。
關 guān 古還切。
䦾 yuè 以灼切。
闐 tián 待季切。
闛 táng 徒郎切。
閹 yān 英廉切。
閽 hūn 呼昆切。
闚 kuī 去隓切。
𨷰 lán 洛干切。
𨳇 zhèn 直刃切。
閃 shǎn 失冉切。
閱 yuè 弋雪切。
闋 què 倾雪切。
闞 kàn 苦濫切。
闊 kuò 苦括切。
閔 mǐn 眉殞切。
闖 chèn 丑禁切。
闤 huán 戶關切。
闥 tà 他達切。
閌 kāng 苦浪切。
閥 fá 房越切。
闃 qù 苦狊切。
耳 ěr 而止切。
耴 zhé 陟葉切。
䎗 diān 丁兼切。
耽 dān 丁含切。
耼 dān 他甘切。
聸 dān 都甘切。
耿 gěng 古杏切。
聯 lián 力延切。
聊 liáo 洛蕭切。
聖 shèng 式正切。
聰 cōng 倉紅切。
聽 tīng 他定切。

聆 líng 郎丁切。
職 zhí 之弋切。
聒 guō 古活切。
聥 jǔ 王矩切。
聲 shēng 書盈切。
聞 wén 無分切。
聘 pìn 匹正切。
聾 lóng 盧紅切。
聳 sǒng 息拱切。
聹 zǎi 作亥切。
聵 kuì 五怪切。
聉 wà 五滑切。
𦗻 wà 五滑切。
聅 chè 恥列切。
聝 guó 古獲切。
明 wà 魚厥切。
䏶 mǐ 亡彼切。
耹 qín 巨今切。
聑 tiē 丁帖切。
聶 niè 尼輒切。
聱 áo 五交切。
𦣝 yí 與之切。
巸 yí 與之切。
手 shǒu 書九切。
掌 zhǎng 諸兩切。
拇 mǔ 莫厚切。
指 zhǐ 職雉切。
拳 quán 巨員切。
掔 wàn 烏貫切。
攕 xiān 所咸切。
𢮁 shuò 所角切。
摳 kōu 口矦切。
攐 qiān 去虔切。
撎 yì 於計切。
揖 yī 伊入切。
攘 ràng 汝羊切。
拱 gǒng 居竦切。
撿 liǎn 良冉切。
𢷎 bài 博怪切。
捾 wò 烏括切。
搯 tāo 土刀切。

拲 gǒng 居竦切。
推 tuī 他回切。
捘 zùn 子寸切。
排 pái 步皆切。
擠 jǐ 子計切。
抵 dǐ 丁礼切。
摧 cuī 昨回切。
拉 lā 盧合切。
挫 cuò 則臥切。
扶 fú 防無切。
𢪏 jiāng 七良切。
持 chí 直之切。
挈 qiè 苦結切。
拑 qián 巨淹切。
揲 shé 今（當爲食）折切。
摯 zhì 脂利切。
操 cāo 七刀切。
㩴 jú 居玉切。
捦 qín 巨今切。
搏 bó 補各切。
據 jù 居御切。
攝 shè 書涉切。
抩 nán 他含切。
抪 bù 普胡切。
挾 xié 胡頰切。
捫 mén 莫奔切。
擥 lǎn 盧敢切。
擸 liè 良涉切。
握 wò 於角切。
撣 dàn 徒旱切。
把 bǎ 搏下切。
搹 è 於革切。
拏 ná 女加切。
攜 xié 戶圭切。
提 tí 杜兮切。
𢪐 zhé 丁愜切。
拈 niān 奴兼切。
摛 chī 丑知切。
捨 shě 書冶切。
擪 yè 於協切。

按 àn 烏旰切。
控 kòng 苦貢切。
揗 shǔn 食尹切。
掾 yuàn 以絹切。
拍 pāi 普百切。
拊 fǔ 芳武切。
掊 póu 父溝切。
捋 luō 郎括切。
撩 liáo 洛蕭切。
措 cuò 倉故切。
插 chā 楚洽切。
掄 lún 盧昆切。
擇 zé 丈伯切。
捉 zhuō 側角切。
搤 è 於革切。
挻 shān 式連切。
揃 jiǎn 即淺切。
搣 miè 亡列切。
批 zǐ 側氏切。
揤 jí 子力切。
捽 zuó 昨没切。
撮 cuō 倉括切。
𢬵 jú 居六切。
摕 dì 都計切。
捊 póu 步矦切。
揜 yǎn 衣檢切。
授 shòu 殖酉切。
承 chéng 署陵切。
挋 zhèn 章刃切。
𢵈 jìn 居焮切。
攩 dǎng 多朗切。
接 jiē 子葉切。
𢪔 pō 普活切。
挏 dòng 徒總切。
招 zhāo 止搖切。
撫 fǔ 芳武切。
捪 mín 武巾切。
揣 chuǎi 初委切。
抧 zhǐ 諸氏切。
摜 guàn 古患切。
投 tóu 度矦切。

擿 zhì 直隻切。
搔 sāo 穌遭切。
扴 jiá 古黠切。
摽 piāo 符少切。
挑 tiāo 土凋切。
抉 jué 於說切。
撓 náo 奴巧切。
擾 rǎo 而沼切。
挶 jū 居玉切。
据 jū 九魚切。
擖 qià 口八切。
摘 zhāi 他歷切。
又竹戹切。
搳 xiá 胡秸切。
摲 cán 昨甘切。
拹 xié 虛業切。
摺 zhé 之涉切。
揫 jiū 即由切。
摟 lōu 洛矦切。
抎 yǔn 于敏切。
披 pī 敷羈切。
摕 chì 尺制切。
㧗 zì 前智切。
掉 diào 徒弔切。
搖 yáo 余招切。
搈 róng 余隴切。
擿 zhì 直異切。
揂 jiū 即由切。
掔 qiān 苦閑切。
摓 féng 敷容切。
舁 yú 以諸切。
揚 yáng 與章切。
舉 jǔ 居許切。
掀 xiān 虛言切。
揭 qì 去例切。
又基竭切。
振 zhèn 章刃切。
扛 gāng 古雙切。
扮 fěn 房吻切。
撟 jiǎo 居少切。
捎 shāo 所交切。
攤 yǒng 於隴切。
擩 rǔ 而主切。
揄 yú 羊朱切。
搫 pán 薄官切。
擭 wò 一虢切。
拚 biàn 皮變切。
擅 shàn 時戰切。
揆 kuí 求癸切。
擬 nǐ 魚已切。
損 sǔn 穌本切。
失 shī 式質切。
挩 tuō 他括切。
撥 bō 北末切。
挹 yì 於汲切。
抒 shū 神與切。
抯 zhā 側加切。
攫 jué 居縛切。
扟 shēn 所臻切。
拓 zhí 之石切。
攈 jùn 居運切。
拾 shí 是執切。
掇 duó 都括切。
擐 huàn 胡慣切。
揯 gēng 古恆切。
摍 suō 所六切。
搴 qián 巨言切。
援 yuán 雨元切。
擂 chōu 敕鳩切。
擢 zhuó 直角切。
拔 bá 蒲八切。
揠 yà 烏黠切。
擣 dǎo 都晧切。
攣 luán 呂員切。
挺 tǐng 徒鼎切。
搴 qiān 九輦切。
探 tān 他含切。
撢 tàn 他紺切。
捼 ruó 奴禾切。
撆 piē 芳滅切。
撼 hàn 胡感切。
搦 nuò 尼革切。
掎 jǐ 居綺切。
揮 huī 許歸切。
摩 mó 莫婆切。
攙 pī 匹齊切。
攪 jiǎo 古巧切。
搑 rǒng 而隴切。
撞 zhuàng 宅江切。
捆 yīn 於真切。
扔 rēng 如乘切。
括 kuò 古活切。
抲 hē 虎何切。
擘 bò 博戹切。
撝 huī 許歸切。
捇 huò 呼麥切。
扐 lè 盧則切。
技 jì 渠綺切。
摹 mó 莫胡切。
拙 zhuō 職說切。
搨 tà 徒合切。
摶 tuán 度官切。
捆 hú 戶骨切。
捄 jū 舉朱切。
拮 jié 古屑切。
搰 hú 戶骨切。
掘 jué 衢勿切。
掩 yǎn 衣檢切。
摡 gài 古代切。
揟 xū 相居切。
播 bō 補過切。
挃 zhì 陟栗切。
摯 zhì 陟利切。
扤 wù 五忽切。
抈 yuè 魚厥切。
摎 jiū 居求切。
撻 tà 他達切。
掕 líng 里甑切。
抨 pēng 普耕切。
捲 quán 巨員切。
扱 xī 楚洽切。
摷 jiǎo 子小切。
挨 āi 於駭切。

撲	pū	蒲角切。
撽	qiào	苦弔切。
扚	diǎo	都了切。
抶	chì	勑栗切。
抵	zhǐ	諸氏切。
抰	yǎng	於兩切。
⿰扌保	bǔ	方苟切。
捭	bǎi	北買切。
捶	chuí	之壘切。
搉	què	苦角切。
摬	yǐng	一敬切。
拂	fú	敷物切。
摼	kēng	口莖切。
抌	dǎn	竹甚切。
㩓	huǐ	許委切。
擊	jī	古歷切。
扞	hàn	矦旰切。
抗	kàng	苦浪切。
捕	bǔ	薄故切。
⿱⺮措	cè	士革切。
撚	niǎn	乃殄切。
挂	guà	古賣切。
拕	tuō	託何切。
捈	tú	同都切。
抴	yè	余制切。
揙	biàn	婢沔切。
撅	juē	居月切。
攎	lú	洛乎切。
拏	ná	女加切。
搵	wèn	烏困切。
搒	péng	北孟切。
挌	gé	古覈切。
拲	gǒng	居竦切。
掫	zōu	子矦切。
捐	juān	與專切。
掤	bīng	筆陵切。
扜	yū	億俱切。
摩	huī	許爲切。
捷	jié	疾葉切。
扣	kòu	丘后切。
掍	hùn	古本切。
搜	sōu	所鳩切。
換	huàn	胡玩切。
掖	yè	羊益切。
摦	huà	胡化切。
攙	chān	楚銜切。
搢	jìn	即刃切。
掠	lüè	離灼切。
掐	qiā	苦洽切。
捻	niē	奴協切。
拗	ǎo	於絞切。
摵	shè	沙劃切。
捌	bā	百轄切。
攤	tān	他干切。
抛	pāo	匹交切。
摴	chū	丑居切。
打	dǎ	都挺切。
乖	guāi	古懷切。
脊	jǐ	資昔切。
女	nǚ	尼呂切。
姓	xìng	息正切。
姜	jiāng	居良切。
姬	jī	居之切。
姞	jí	巨乙切。
嬴	yíng	以成切。
姚	yáo	余招切。
嬀	guī	居爲切。
妘	yún	王分切。
姺	shēn	所臻切。
⿰女然	niàn	奴見切。
㚪	hào	呼到切。
娸	qī	去其切。
奼	chà	坼下切。
媒	méi	莫桮切。
妁	shuò	市勺切。
嫁	jià	古訝切。
娶	qǔ	七句切。
婚	hūn	呼昆切。
姻	yīn	於眞切。
妻	qī	七稽切。
婦	fù	房九切。
妃	fēi	芳非切。
媲	pì	匹計切。
妊	rèn	如甚切。
娠	shēn	失人切。
媰	chú	側鳩切。
嬔	fàn	芳萬切。
嫛	yī	烏雞切。
婗	ní	五雞切。
母	mǔ	莫后切。
嫗	yù	衣遇切。
媼	ǎo	烏皓切。
姁	xǔ	況羽切。
姐	jiě	兹也切。
姑	gū	古胡切。
威	wēi	於非切。
妣	bǐ	卑履切。
姊	zǐ	將几切。
妹	mèi	莫佩切。
娣	dì	徒禮切。
媦	wèi	云貴切。
嫂	sǎo	穌老切。
姪	zhí	徒結切。
姨	yí	以脂切。
娿	ē	烏何切。
娒	mǔ	莫后切。
媾	gòu	古候切。
姼	chǐ	尺氏切。
妭	bá	蒲撥切。
⿰女奚	xī	胡雞切。
婢	bì	便俾切。
奴	nú	乃都切。
㚤	yì	與職切。
媊	qián	昨先切。
媧	wā	古蛙切。
娀	sōng	息弓切。
娥	é	五何切。
嫄	yuán	愚袁切。
嬿	yàn	於甸切。
妸	ē	烏何切。
嬃	xū	相俞切。
婕	jié	子葉切。
嬩	yú	以諸切。

孁 líng 郎丁切。
嫽 liáo 洛蕭切。
㛄 yī 於稀切。
婤 zhōu 職流切。
姶 è 烏合切。
改 jǐ 居擬切。
妵 tǒu 天口切。
㚵 jiǔ 舉友切。
㚷 èr 仍吏切。
始 shǐ 詩止切。
媚 mèi 美祕切。
嫵 wǔ 文甫切。
媄 měi 無鄙切。
嫸 xù 丑六切。
嫷 duò 徒果切。
姝 shū 昌朱切。
好 hǎo 呼皓切。
嬹 xìng 許應切。
嬮 yān 於鹽切。
㚤 shū 昌朱切。
姣 jiǎo 胡茅切。
嬽 yuān 委員切。
娧 tuì 杜外切。
媌 miáo 莫交切。
嫿 huà 呼麥切。
婠 wān 一完切。
娙 xíng 五莖切。
𡤓 zàn 則旰切。
𡣸 luǎn 力沇切。
妴 wǎn 於阮切。
婉 wǎn 於阮切。
㛚 dòng 他孔切。
嫣 yān 於建切。
姌 rǎn 而琰切。
嫋 niǎo 奴鳥切。
孅 xiān 息廉切。
嫇 míng 莫經切。
媱 yáo 余招切。
嬛 xuān 許緣切。
姽 guǐ 過委切。
委 wěi 於詭切。

婐 wǒ 烏果切。
㛂 nuǒ 五果切。
㚲 chān 齒懾切。
𡞖 chān 丑廉切。
妗 xiān 火占切。
𡢃 jiǎo 居夭切。
婧 jìng 七正切。
姘 jìng 疾正切。
姂 fá 房法切。
嫙 xuán 似沿切。
𪗉 qí 祖雞切。
姡 huá 古活切。
嬥 tiǎo 徒了切。
嫢 guī 居隨切。
媞 shì 承旨切。
婺 wù 亡遇切。
嫺 xián 戶閒切。
嫛 yí 許其切。
婜 qiān 苦閑切。
娛 yú 噳俱切。
娭 xī 遏在切。
媅 dān 丁含切。
娓 wěi 無匪切。
嫡 dí 都歷切。
孎 zhú 之欲切。
嬔 wǎn 於願切。
媕 yǎn 衣檢切。
媣 rǎn 而琰切。
嫥 zhuān 職緣切。
如 rú 人諸切。
嫧 zé 側革切。
娕 chuò 測角切。
嬐 xiān 息廉切。
嬪 pín 符眞切。
𡠗 zhì 脂利切。
𡝐 tà 他合切。
妟 yàn 烏諫切。
嬗 shàn 時戰切。
嫴 gū 古胡切。
媻 pó 薄波切。
娑 suō 素何切。

姷 yòu 于救切。
姰 jūn 居匀切。
姕 zī 即移切。
妓 jì 渠綺切。
嬰 yīng 於盈切。
㛑 càn 倉案切。
媛 yuàn 玉眷切。
娉 pìn 匹正切。
娽 lù 力玉切。
妝 zhuāng 側羊切。
孌 liàn 力沇切。
媟 xiè 私列切。
嬻 dú 徒谷切。
𡤾 zhuó 丁滑切。
嬖 bì 博計切。
𡣜 qì 苦賣切。
妎 hài 胡蓋切。
妒 dù 當故切。
媢 mào 莫報切。
𡝫 yāo 於喬切。
佞 nìng 乃定切。
嫈 yīng 烏莖切。
嫪 lào 郎到切。
婟 hù 胡誤切。
姿 zī 即夷切。
𡡓 jù 將預切。
妨 fáng 敷方切。
妄 wàng 巫放切。
媮 tōu 託侯切。
𡜍 hù 胡古切。
娋 shào 息約切。
㛊 duò 丁果切。
妯 chōu 徒歷切。
嫌 xián 戶兼切。
㛈 shěng 所景切。
婼 chuò 丑略切。
婞 xìng 胡頂切。
嫳 piè 匹滅切。
𡢻 zhǎn 旨善切。
娺 zhuó 丁滑切。
𡟭 ǎn 五感切。

娿	ē	烏何切。
姸	yán	五堅切。
娃	wā	於佳切。
陜	shǎn	失冉切。
妜	yuè	於說切。
孈	huì	式吹切。
⿰女恚	huì	於避切。
嫼	mò	呼北切。
⿰女戉	yuè	王伐切。
嫖	piào	匹招切。
⿰女坐	qiē	昨禾切。
姎	yāng	烏浪切。
媁	wéi	羽非切。
婎	huī	許惟切。
⿰女弦	xián	胡田切。
媥	piān	芳連切。
嫚	màn	謀患切。
⿰女臿	chā	丑聶切。
嬬	rú	相俞切。
娝	pōu	匹才切。
嬯	tái	徒哀切。
⿰女覃	niǎn	乃忝切。
嫸	cǎn	七感切。
婪	lán	盧含切。
嬾	lǎn	洛旱切。
婁	lóu	洛侯切。
娎	xiè	許劣切。
婡	qiè	呼帖切。
嬈	niǎo	奴鳥切。
⿱毀女	huǐ	許委切。
姍	shān	所晏切。
⿰女欶	cù	七宿切。
嫫	mó	莫胡切。
婓	fēi	芳非切。
孃	ráng	女良切。
嬒	huì	古外切。
媆	ruǎn	而沇切。
媕	yàn	依劍切。
⿰女監	làn	盧瞰切。
嫯	ào	五到切。
婬	yín	余箴切。
姘	pīn	普耕切。
奸	jiān	古寒切。
姅	bàn	博幔切。
娗	tǐng	徒鼎切。
婥	nào	奴教切。
娷	zhuì	竹恚切。
嫍	nǎo	奴皓切。
媿	kuì	俱位切。
奻	nuán	女還切。
姦	jiān	古顏切。
嬙	qiáng	才良切。
妲	dá	當割切。
嬌	jiāo	舉喬切。
嬋	chán	市連切。
娟	juān	於緣切。
嫠	lí	里之切。
姤	gòu	古候切。
毋	wú	武扶切。
毐	ǎi	遏在切。
民	mín	彌鄰切。
氓	méng	武庚切。
丿	piě	房密切。
乂	yì	魚廢切。
弗	fú	分勿切。
乀	fú	分勿切。
厂	yì	余制切。
弋	yì	與職切。
乁	yí	弋支切。
也	yě	羊者切。
氏	shì	承旨切。
氒	jué	居月切。
氐	dǐ	丁礼切。
⿰氐垔	yìn	於進切。
⿰氐失	dié	徒結切。
戈	gē	古禾切。
肇	zhào	直小切。
戎	róng	如融切。
戣	kuí	渠追切。
𢧀	gān	侯旰切。
戟	jǐ	紀逆切。
戛	jiá	古黠切。
賊	zéi	昨則切。
戍	shù	傷遇切。
戰	zhàn	之扇切。
戲	xì	香義切。
戜	dié	徒結切。
或	yù	于逼切。
截	jié	昨結切。
𢦟	kān	口含切。
戕	qiāng	士良切。
戮	lù	力六切。
戡	kān	竹甚切。又口含切。
戭	yǎn	弋刃切。又以淺切。
𢦏	zāi	祖才切。
戩	jiǎn	即淺切。
𢦔	jiān	子廉切。
武	wǔ	文甫切。
戢	jí	阻立切。
戠	zhī	之弋切。
戔	cán	昨干切。
戉	yuè	王伐切。
戚	qī	倉歷切。
我	wǒ	五可切。
義	yí	宜寄切。
亅	jué	衢月切。
𠄌	jué	居月切。
琴	qín	巨今切。
瑟	sè	所櫛切。
琵	pí	房脂切。
琶	pá	蒲巴切。
乚	yǐn	於謹切。
直	zhí	除力切。
亾	wáng	武方切。
乍	zhà	鉏駕切。
望	wàng	巫放切。
無	wú	武扶切。
匃	gài	古代切。
匸	xì	胡礼切。
區	qū	豈俱切。
匿	nì	女力切。

𠥊	lòu	盧候切。
匽	yǎn	於蹇切。
医	yì	於計切。
匹	pǐ	普吉切。
匚	fāng	府良切。
匠	jiàng	疾亮切。
匧	qiè	苦叶切。
匡	kuāng	去王切。
匜	yí	移尔切。
匴	suǎn	穌管切。
𠥻	gòng	古送切。
匪	fěi	非尾切。
𠥂	cāng	七岡切。
𠥉	tiáo	徒聊切。
𠥛	yì	與職切。
𠥃	hū	呼骨切。
匬	yǔ	度侯切。
匱	guì	求位切。
匵	dú	徒谷切。
匣	xiá	胡甲切。
匯	huì	胡罪切。
柩	jiù	日（當爲巨）救切。
匰	dān	都寒切。
曲	qū	丘玉切。
𠚕	qū	丘玉切。
𠚒	tāo	土刀切。
甾	zī	側詞切。
疀	chā	楚洽切。
畚	běn	布忖切。
𤱑	píng	薄經切。
𠚤	lú	洛乎切。
瓦	wǎ	五寡切。
瓬	fǎng	分兩切。
甄	zhēn	居延切。
甍	méng	莫耕切。
甑	zèng	子孕切。
甗	yǎn	魚蹇切。
瓵	yí	與之切。
瓽	dàng	丁浪切。
甌	ōu	烏侯切。
瓮	wèng	烏貢切。
瓨	xiáng	古雙切。
㼝	wǎn	烏管切。
瓴	líng	郎丁切。
𤭱	pí	部迷切。
甂	biān	芳連切。
瓿	bù	蒲口切。
㼸	róng	與封切。
甓	pì	扶歷切。
甃	zhòu	側救切。
甈	qì	魚例切。
㼽	chuǎng	初兩切。
㼲	liè	零帖切。
㼨	hán	胡男切。
㼷	suì	穌對切。
瓪	bǎn	布綰切。
瓷	cí	疾資切。
瓻	chī	丑脂切。
弓	gōng	居戎切。
弴	dūn	都昆切。
弭	mǐ	緜婢切。
弲	xuān	烏玄切。
弧	hú	戶吳切。
弨	chāo	尺招切。
𢐗	quán	九院切。
彄	kōu	恪侯切。
𢑢	yáo	火招切。
張	zhāng	陟良切。
彏	jué	許縛切。
弸	péng	父耕切。
彊	qiáng	巨良切。
彎	wān	烏關切。
引	yǐn	余忍切。
弙	wū	哀都切。
弘	hóng	胡肱切。
㢸	mí	斯氏切。
弛	chí	施氏切。
弢	tāo	土刀切。
弩	nǔ	奴古切。
彀	gòu	古候切。
彉	guō	苦郭切。
彃	bì	卑吉切。
彈	dàn	徒案切。
發	fā	方伐切。
𢎘	yì	五計切。
弜	jiàng	其兩切。
弼	bì	房密切。
弦	xián	胡田切。
盭	lì	郎計切。
玅	yāo	於霄切。
𤣳	yì	於罽切。
系	xì	胡計切。
孫	sūn	思魂切。
緜	mián	武延切。
繇	yáo	余招切。
糸	mì	莫狄切。
繭	jiǎn	古典切。
繅	sāo	穌遭切。
繹	yì	羊益切。
緒	xù	徐呂切。
緬	miǎn	弭沇切。
純	chún	常倫切。
綃	xiāo	相幺切。
䋦	kāi	口皆切。
䌨	huāng	呼光切。
紇	hé	下没切。
紙	dī	都兮切。
絓	huà	胡卦切。
纅	yào	以灼切。
繸	suì	穌對切。
經	jīng	九丁切。
織	zhī	之弋切。
紝	rèn	如甚切。
綜	zòng	子宋切。
綹	liǔ	力久切。
緯	wěi	云貴切。
緷	yùn	王問切。
繢	huì	胡對切。
統	tǒng	他綜切。
紀	jì	居擬切。
繈	qiǎng	居兩切。
纇	lèi	盧對切。

紿	dài	徒亥切。
納	nà	奴荅切。
紡	fǎng	妃兩切。
絶	jué	情雪切。
繼	jì	古詣切。
續	xù	似足切。
纘	zuǎn	作管切。
紹	shào	市沼切。
[illegible]	chǎn	昌善切。
縕	tīng	他丁切。
縱	zòng	足用切。
紓	shū	傷魚切。
繎	rán	如延切。
紆	yū	億俱切。
緈	xìng	胡頂切。
纖	xiān	息廉切。
細	xì	穌計切。
緢	miáo	武儦切。
縒	cī	楚宜切。
繙	fán	附袁切。
縮	suō	所六切。
紊	wèn	亡運切。
級	jí	居立切。
總	zǒng	作孔切。
繴	jú	居玉切。
約	yuē	於略切。
繚	liǎo	盧鳥切。
纏	chán	直連切。
繞	rǎo	而沼切。
紾	zhěn	之忍切。
繯	xuàn	胡畎切。
辮	biàn	頻犬切。
結	jié	古屑切。
縎	gǔ	古忽切。
締	dì	特計切。
縛	fù	符钁切。
繃	bēng	補盲切。
絿	qiú	巨鳩切。
絅	jiōng	古熒切。
紙	pài	匹卦切。
纙	luò	力臥切。
給	jǐ	居立切。
綝	chēn	丑林切。
縪	bì	卑吉切。
紈	wán	胡官切。
終	zhōng	職戎切。
緁	jié	姊入切。
繒	zēng	疾陵切。
緭	wèi	云貴切。
絩	tiào	治小切。
綺	qǐ	祛彼切。
縠	hú	胡谷切。
縳	juàn	持沇切。
縑	jiān	古甛切。
綈	tí	杜兮切。
練	liàn	郎甸切。
縞	gǎo	古老切。
纚	shī	式支切。
紬	chóu	直由切。
綮	qǐ	康礼切。
綾	líng	力膺切。
縵	màn	莫半切。
繡	xiù	息救切。
絢	xuàn	許掾切。
繪	huì	黃外切。
緀	qī	七稽切。
絲	mǐ	莫礼切。
絹	juàn	吉掾切。
綠	lǜ	力玉切。
縹	piǎo	敷沼切。
緕	yù	余六切。
絑	zhū	章俱切。
纁	xūn	許云切。
絀	chù	丑律切。
絳	jiàng	古巷切。
綰	wǎn	烏版切。
縉	jìn	即刃切。
綪	qiàn	倉絢切。
緹	tǐ	他禮切。
縓	quàn	七絹切。
紫	zǐ	將此切。
紅	hóng	戶公切。
繱	cōng	倉紅切。
紺	gàn	古暗切。
綥	qí	渠之切。
繰	zǎo	親小切。
緇	zī	側持切。
纔	shān	士咸切。
緂	tǎn	土敢切。
線	lì	郎計切。
紑	fóu	匹丘切。
緂	tān	充三切。
繻	xū	相俞切。
縟	rù	而蜀切。
纚	xǐ	所綺切。
紘	hóng	戶萌切。
紞	dǎn	都感切。
纓	yīng	於盈切。
紻	yǎng	於兩切。
緌	ruí	儒隹切。
緄	gǔn	古本切。
紳	shēn	失人切。
繟	chǎn	昌善切。
綬	shòu	植酉切。
組	zǔ	則古切。
緺	guā	古蛙切。
縌	nì	宜戟切。
纂	zuǎn	作管切。
紐	niǔ	女久切。
綸	lún	古還切。
綎	tīng	他丁切。
絙	huán	胡官切。
繐	suì	私銳切。
纀	bó	補各切。
紟	jīn	居音切。
緣	yuàn	以絹切。
纀	pú	博木切。
絝	kù	苦故切。
繑	qiāo	牽搖切。
緥	bǎo	博抱切。
繜	zūn	子昆切。
紴	bō	博禾切。
絛	tāo	土刀切。

⿰糸戉 yuè 王伐切。
縱 zōng 足容切。
紃 xún 詳遵切。
緟 chóng 直容切。
纕 rǎng 汝羊切。
纗 zuī 戶圭切。
綱 gāng 古郎切。
縜 yún 爲贇切。
綅 qīn 子林切。
縷 lǚ 力主切。
綫 xiàn 私箭切。
⿰糸穴 xué 乎決切。
縫 féng 符容切。
緁 qiè 七接切。
紩 zhì 直質切。
緛 ruǎn 而沇切。
⿰糸旦 zhàn 丈莧切。
繕 shàn 時戰切。
絬 xiè 私列切。
纍 léi 力追切。
縭 lí 力知切。
緱 gōu 古矦切。
繄 yī 烏雞切。
縿 shān 所銜切。
徽 huī 許歸切。
⿱敝糸 biē 并列切。
紉 rèn 女鄰切。
繩 shéng 食陵切。
⿰糸争 zhēng 側莖切。
縈 yíng 於營切。
絇 qú 其俱切。
縋 zhuì 持僞切。
絭 quàn 居願切。
緘 jiān 古咸切。
縢 téng 徒登切。
編 biān 布玄切。
維 wéi 以追切。
絥 bèi 平祕切。
⿰糸正 zhēng 諸盈切。
綊 xié 胡頰切。
緐 fán 附袁切。

繮 jiāng 居良切。
紛 fēn 撫文切。
紂 zhòu 除柳切。
緧 qiū 七由切。
絆 bàn 博幔切。
⿰糸須 xǔ 相主切。
紖 zhèn 直引切。
縼 xuàn 辭戀切。
縻 mí 靡爲切。
紲 xiè 私列切。
⿰糸黑 mò 莫北切。
緪 gēng 古恆切。
繘 yù 余聿切。
綆 gěng 古杏切。
絠 ǎi 弋宰切。
又古亥切。
⿱敫糸 zhuó 之若切。
繴 bì 博戹切。
緍 mín 武巾切。
絮 xù 息據切。
絡 luò 盧各切。
纊 kuàng 苦謗切。
紙 zhǐ 諸氏切。
⿰糸咅 fǔ 芳武切。
䋈 rú 女余切。
繫 jì 古詣切。
⿰糸虒 lí 郎兮切。
緝 jī 七入切。
絘 cì 七四切。
績 jī 則歷切。
纑 lú 洛乎切。
紨 fū 防無切。
繐 suì 祥歲切。
絺 chī 丑脂切。
綌 xì 綺戟切。
縐 zhòu 側救切。
絟 quán 此緣切。
紵 zhù 直呂切。
緦 sī 息茲切。
緆 xī 先擊切。
緰 tóu 度侯切。

縗 cuī 倉回切。
絰 dié 徒結切。
緶 biàn 房連切。
⿸广糸 huà 亡百切。
⿰糸封 bĕng 博蠓切。
緉 liǎng 力讓切。
絜 jié 古屑切。
繆 móu 武彪切。
綢 chóu 直由切。
縕 yùn 於云切。
紼 fú 分勿切。
絣 bēng 北萌切。
紕 bǐ 卑履切。
⿰糸罽 jì 居例切。
縊 yì 於賜切。
綏 suī 息遺切。
彝 yí 以脂切。
緻 zhì 直利切。
緗 xiāng 息良切。
緋 fēi 甫微切。
緅 zōu 子矦切。
繖 sǎn 穌旱切。
綀 shū 所菹切。
縡 zǎi 子代切。
繾 qiǎn 去演切。
綣 quǎn 去阮切。
素 sù 桑故切。
⿱收素 jú 居玉切。
⿰素勺 yuè 以灼切。
⿰素率 lǜ 所律切。
繛 chuò 昌約切。
⿰素爰 huǎn 胡玩切。
絲 sī 息茲切。
轡 pèi 兵媚切。
⿰糸丱 guān 古還切。
率 shuài 所律切。
虫 huǐ 許偉切。
蝮 fù 芳目切。
螣 téng 徒登切。
蚺 rán 人占切。
螼 qǐn 弃忍切。

螾 yǐn 余忍切。
螉 wēng 烏紅切。
蜙 zōng 子紅切。
蠁 xiǎng 許兩切。
蛁 diāo 都僚切。
蟸 cuì 祖外切。
蛹 yǒng 余隴切。
螝 guī 胡罪切。
蛕 huí 戶恢切。
蟯 náo 如招切。
雖 suī 息遺切。
虺 huǐ 許偉切。
蜥 xī 先擊切。
蝘 yǎn 於殄切。
蜓 diàn 徒典切。
蚖 yuán 愚袁切。
蠸 quán 巨員切。
螟 míng 莫經切。
蟘 tè 徒得切。
蟣 jǐ 居狶切。
蛭 zhì 之日切。
蝚 róu 耳由切。
蛣 jié 去吉切。
蚍 qū 區勿切。
蟫 yín 余箴切。
蛵 xīng 戶經切。
蜭 hàn 乎感切。
蟜 jiǎo 居夭切。
蛓 cì 千志切。
䖯 kuí 烏蝸切。
蚔 qí 巨支切。
蠆 chài 丑芥切。
蝤 qiú 字秋切。
蠐 qí 徂兮切。
蝎 hé 胡葛切。
強 qiáng 巨良切。
蚚 qí 巨衣切。
蜀 shǔ 市玉切。
蠲 juān 古玄切。
螕 bī 邊兮切。
蠖 huò 烏郭切。

蝝 yuán 與專切。
螻 lóu 洛侯切。
蛄 gū 古乎切。
蠪 lóng 盧紅切。
蛾 yǐ 五何切。
螘 yǐ 魚綺切。
蚳 chí 直尼切。
蠜 fán 附袁切。
蟀 shuài 所律切。
蝒 mián 武延切。
蟷 dāng 都郎切。
蠰 náng 汝羊切。
蜋 láng 魯當切。
蛸 xiāo 相邀切。
蛢 píng 薄經切。
蟠 yù 余律切。
蟥 huáng 乎光切。
蟴 shī 式支切。
蛅 zhān 職廉切。
蜆 xiàn 胡典切。
蜰 féi 符非切。
蠼 jué 其虐切。
蜾 guǒ 古火切。
蠃 luǒ 郎果切。
蠕 líng 卽(當爲郎)丁切。
蛺 jiá 兼叶切。
蜨 dié 徒叶切。
蚩 chī 赤之切。
螌 bān 布還切。
蝥 máo 莫交切。
蟠 fán 附袁切。
蛜 yī 於脂切。
蜙 sōng 息恭切。
蝑 xū 相居切。
蟅 zhè 之夜切。
蝗 huáng 乎光切。
蜩 tiáo 徒聊切。
蟬 chán 市連切。
蜺 ní 五雞切。
螇 xī 胡雞切。

蚗 jué 於悅切。
蚵 mián 武延切。
蛚 liè 良薛切。
蜻 jīng 子盈切。
蛉 líng 郎丁切。
蠓 měng 莫孔切。
蜋 lüè 离灼切。
蜹 ruì 而銳切。
蟰 xiāo 穌彫切。
蝔 shěng 息正切。
蛶 liè 力輟切。
蜡 qù 鉏駕切。
蝡 ruǎn 而沇切。
蚑 qí 巨支切。
蠉 xuān 香沇切。
蚩 chǎn 丑善切。
螸 yú 余足切。
蟮 shàn 式戰切。
蛻 tuì 輸芮切。
蠚 hē 呼各切。
螫 shì 施隻切。
蝁 è 烏各切。
蛘 yǎng 余兩切。
蝕 shí 乘力切。
蛟 jiāo 古肴切。
螭 chī 丑知切。
虯 qiú 渠幽切。
蜦 lún 力屯切。
螊 lián 力鹽切。
蜃 shèn 時忍切。
蛤 gé 古沓切。
螷 pí 蒲猛切。
蝸 wō 亡華切。
蚌 bàng 步項切。
蠇 lì 力制切。
蝓 yú 羊朱切。
蜎 yuān 在(當爲汪)沇切。
蟺 shàn 常演切。
蚴 yōu 於虯切。
蟉 liú 力幽切。

蟄 zhé 直立切。
蚨 fú 房無切。
蝌 jú 居六切。
蝦 há 乎加切。
蟆 má 莫遐切。
蠵 xī 戶圭切。
蟖 jiàn 慈染切。
蟹 xiè 胡買切。
蛫 guǐ 過委切。
蜮 yù 于逼切。
蚅 è 吾各切。
蛧 wǎng 文兩切。
蜽 liǎng 良獎切。
蝯 yuán 雨元切。
蠗 zhuó 首（當爲直）角切。
蜼 wèi 余季切。
蚼 gǒu 古厚切。
蛩 qióng 渠容切。
蟨 jué 居月切。
蝙 biān 布玄切。
蝠 fú 方六切。
蠻 mán 莫還切。
閩 mǐn 武巾切。
虹 hóng 戶工切。
螮 dì 都計切。
蝀 dòng 多貢切。
蠥 niè 魚列切。
蜑 dàn 徒旱切。
蟪 huì 曰棫切。
蠛 miè 亡結切。
虴 zhé 陟格切。
蜢 měng 莫杏切。
蟋 xī 息七切。
螳 táng 徒郎切。
䖵 kūn 古魂切。
蠶 cán 昨含切。
䖸 é 五何切。
蚤 zǎo 子皓切。
蝨 shī 所櫛切。
螽 zhōng 職戎切。

蟨 zhǎn 知衍切。
蠽 jié 子列切。
蠿 zhuō 側八切。
蝥 máo 莫交切。
䗿 níng 奴丁切。
螬 cáo 財牢切。
蝎 xiá 胡葛切。
螵 pí 匹標切。
蠭 fēng 敷容切。
蠠 mì 彌必切。
蟝 qú 強魚切。
蟁 wén 無分切。
蝱 méng 武庚切。
蠹 dù 當故切。
蠡 lǐ 盧啓切。
蠤 qiú 巨鳩切。
蜉 fú 縛牟切。
蠸 juǎn 子兗切。
蠢 chǔn 尺尹切。
蟲 chóng 直弓切。
蟊 máo 莫浮切。
蠯 pí 房脂切。
蟁 lìn 武巾切。
蜚 fěi 房未切。
蠱 gǔ 公戶切。
風 fēng 方戎切。
䬝 liáng 呂張切。
䫻 xuè 翾聿切。
飆 biāo 甫遙切。
飄 piāo 撫招切。
颯 sà 穌合切。
飂 liú 力求切。
䬍 hū 呼骨切。
颹 wèi 王勿切。
䬁 yù 于筆切。
颺 yáng 與章切。
䬆 lì 力質切。
颲 liè 良薛切。
颸 sī 息茲切。
颼 sōu 所鳩切。
颭 zhǎn 隻冉切。

它 tā 託何切。
龜 guī 居追切。
䶲 tóng 徒冬切。
䶱 rán 汝（當爲汝）閻切。
黽 měng 莫杏切。
鼈 biē 并列切。
黿 yuán 愚袁切。
鼃 wā 烏媧切。
鼀 cù 七宿切。
䵹 shī 式支切。
鼉 tuó 徒何切。
鼷 xí 胡雞切。
鼩 qú 其俱切。
蠅 yíng 余陵切。
鼅 zhī 陟离切。
鼄 zhū 陟輸切。
鼂 cháo 直遙切。
鼇 áo 五牢切。
卵 luǎn 盧管切。
毈 duàn 徒玩切。
二 èr 而至切。
亟 jí 紀力切。又去吏切。
恆 héng 胡登切。
亘 xuān 須緣切。
竺 dǔ 冬毒切。
凡 fán 浮芝切。
土 tǔ 它魯切。
地 dì 徒內（當爲四）切。
坤 kūn 苦昆切。
垓 gāi 古哀切。
墺 ào 於六切。
堣 yú 噳俱切。
坶 mù 莫六切。
坡 pō 滂禾切。
坪 píng 皮命切。
均 jūn 居勻切。
壤 rǎng 如兩切。
塙 què 苦角切。

墽 qiāo 口交切。
壚 lú 洛乎切。
垶 xīng 息營切。
埴 zhí 常職切。
坴 lù 力竹切。
[illegible] hún 戶昆切。
墣 pú 匹角切。
凷 kuài 苦對切。
堛 bì 芳逼切。
堫 zōng 子紅切。
塍 chéng 食陵切。
坺 bá 蒲撥切。
坄 yì 營隻切。
基 jī 居之切。
垣 yuán 雨元切。
圪 yì 魚迄切。
堵 dǔ 當古切。
壁 bì 比激切。
墽 liáo 力沼切。
堨 yè 魚列切。
埒 liè 力輟切。
堪 kān 口含切。
堀 kū 苦骨切。
堂 táng 徒郎切。
垛 duǒ 丁果切。
坫 diàn 都念切。
[illegible] lǒng 力踵切。
垷 xiàn 胡典切。
墐 jìn 渠吝切。
墍 xì 其冀切。
堊 è 烏各切。
墀 chí 直泥切。
墼 jī 古歷切。
坌 fèn 方問切。
埽 sǎo 穌老切。
在 zài 昨代切。
坐 zuò 徂臥切。
坻 zhǐ 諸氏切。
填 tián 陟鄰切。
今待季切。
坦 tǎn 他但切。

坒 bì 毗至切。
堤 dǐ 丁礼切。
壎 xūn 況袁切。
封 fēng 府容切。
璽 xǐ 斯氏切。
墨 mò 莫北切。
垸 huán 胡玩切。
型 xíng 戶經切。
埻 zhǔn 之允切。
塒 shí 市之切。
城 chéng 氏征切。
墉 yōng 余封切。
堞 dié 徒叶切。
坎 kǎn 苦感切。
墊 diàn 都念切。
坻 chí 直尼切。
[illegible] zhí 敕立切。
垎 hè 胡格切。
垐 cí 疾資切。
增 zēng 作滕切。
埤 pí 符支切。
坿 fù 符遇切。
塞 sài 先代切。
圣 kū 苦骨切。
垍 jì 其冀切。
埱 chù 昌六切。
埵 duǒ 丁果切。
埐 jīn 子林切。
埾 jù 才句切。
壔 dǎo 都皓切。
培 péi 薄回切。
埩 zhēng 疾郢切。
墇 zhàng 之亮切。
[illegible] cè 初力切。
垠 yín 語斤切。
墠 shàn 常衍切。
垑 chǐ 尺氏切。
壘 lěi 力委切。
垝 guǐ 過委切。
圮 pǐ 符鄙切。
垔 yīn 於眞切。

塹 qiàn 七豔切。
埂 gěng 古杏切。
壙 kuàng 苦謗切。
塏 kǎi 苦亥切。
毀 huǐ 許委切。
壓 yā 烏狎切。
壞 huài 下怪切。
坷 kě 康我切。
[illegible] xià 呼訝切。
坼 chè 丑格切。
坱 yǎng 於亮切。
塺 méi 亡果切。
塿 lǒu 洛侯切。
坋 fèn 房吻切。
[illegible] fèi 房未切。
埃 āi 烏開切。
[illegible] yī 烏雞切。
垽 yìn 魚僅切。
垢 gòu 古厚切。
壒 yì 於計切。
坏 pī 芳桮切。
垤 dié 徒結切。
坥 qū 七余切。
埍 juǎn 古泫切。
[illegible] kū 胡八切。
瘞 yì 於罽切。
堋 bèng 方鄧切。
垗 zhào 治小切。
塋 yíng 余傾切。
墓 mù 莫故切。
墳 fén 符分切。
壟 lǒng 力踵切。
壇 tán 徒干切。
場 cháng 直良切。
圭 guī 古畦切。
圯 yí 與之切。
垂 chuí 是爲切。
堀 kū 苦骨切。
塗 tú 同都切。
塓 mì 莫狄切。
埏 yán 以然切。

埸	yì	羊益切。
境	jìng	居領切。
塾	shú	殊六切。
墾	kěn	康很切。
塘	táng	徒郎切。
坳	āo	於交切。
壒	ài	於蓋切。
墜	zhuì	直類切。
塔	tǎ	土盍切。
坊	fāng	府良切。
垚	yáo	吾聊切。
堯	yáo	吾聊切。
堇	qín	巨斤切。
艱	jiān	古閑切。
里	lǐ	良止切。
釐	lí	里之切。
野	yě	羊者切。
田	tián	待季切。
町	tīng	他頂切。
⿰田耎	ruán	而緣切。
疇	chóu	直由切。
⿰田翏	liú	力求切。
畬	yú	以諸切。
⿰田柔	róu	耳由切。
畸	jī	居宜切。
⿰田差	cuó	昨何切。
畮	mǔ	莫厚切。
甸	diàn	堂練切。
畿	jī	巨衣切。
畦	qí	戶圭切。
畹	wǎn	於阮切。
畔	pàn	薄半切。
畍	jiè	古拜切。
⿰田亢	gǎng	古郎切。
畷	zhuì	陟劣切。
畛	zhěn	之忍切。
畤	zhì	周市切。
略	lüè	离約切。
當	dāng	都郎切。
畯	jùn	子峻切。
甿	méng	武庚切。
疄	lìn	良刃切。
畱	liú	力求切。
畜	chù	丑六切。
疃	tuǎn	土短切。
畼	chàng	丑亮切。
畕	jiāng	居良切。
畺	jiāng	居良切。
黃	huáng	乎光切。
⿰黃夾	xiān	許兼切。
⿰黃耑	tuān	他耑切。
⿰黃有	wěi	呼辠切。
黇	tiān	他兼切。
黊	huà	戶圭切。
男	nán	那含切。
舅	jiù	其久切。
甥	shēng	所更切。
力	lì	林直切。
勳	xūn	許云切。
功	gōng	古紅切。
助	zhù	牀倨切。
勴	lǜ	良倨切。
勑	lài	洛代切。
劼	jié	巨乙切。
務	wù	亡遇切。
勥	qiǎng	巨良切。
勱	mài	莫話切。
⿸厥力	jué	瞿月切。
勍	qíng	渠京切。
勁	jìng	吉正切。
勉	miǎn	亡辨切。
劭	shào	寔照切。
勖	xù	許玉切。
勸	quàn	去願切。
勝	shēng	識蒸切。
勶	chè	丑列切。
勠	lù	力竹切。
勨	xiàng	余兩切。
動	dòng	徒總切。
⿰畾力	lèi	盧對切。
劣	liè	力輟切。
勞	láo	魯刀切。
勮	jù	其據切。
勀	kè	苦得切。
勩	yì	余制切。
勦	jiǎo	小子（當爲子小）切。又楚交切。
劵	juàn	渠卷切。
勤	qín	巨巾切。
加	jiā	古牙切。
⿱敖力	háo	五牢切。
勇	yǒng	余隴切。
勃	bó	蒲没切。
勡	piào	匹眇切。
劫	jié	居怯切。
飭	chì	恥力切。
劾	hé	胡槩切。
募	mù	莫故切。
劬	qú	其俱切。
勢	shì	舒制切。
勘	kàn	苦紺切。
辦	bàn	蒲莧切。
劦	xié	胡頰切。
恊	xié	胡頰切。
勰	xié	胡頰切。
協	xié	胡頰切。
金	jīn	居音切。
銀	yín	語巾切。
鐐	liáo	洛蕭切。
鋈	wù	烏酷切。
鉛	qiān	與專切。
錫	xī	先擊切。
鈏	yǐn	羊晉切。
銅	tóng	徒紅切。
鏈	lián	力延切。
鐵	tiě	天結切。
鍇	kǎi	苦駭切。
鋚	tiáo	以周切。
鏤	lòu	盧候切。
鐼	fén	火運切。
銑	xiǎn	穌典切。
鋻	jiàn	古甸切。

鑗	lí	郎兮切。
録	lù	力玉切。
鑄	zhù	之戍切。
銷	xiāo	相邀切。
鑠	shuò	書藥切。
鍊	liàn	郎甸切。
釘	dīng	當經切。
錮	gù	古慕切。
鑲	ráng	汝羊切。
鎔	róng	金（當爲余）封切。
鋏	jiá	古叶切。
鍛	duàn	丁貫切。
鋌	dìng	徒鼎切。
⿰金曉	xiǎo	呼鳥切。
鏡	jìng	居慶切。
鉹	chǐ	尺氏切。
鈃	xíng	戶經切。
鍾	zhōng	職容切。
鑑	jiàn	革懺切。
鐈	qiáo	巨嬌切。
鏭	suì	徐醉切。
鋞	xíng	戶經切。
鑴	xī	戶圭切。
鑊	huò	胡郭切。
鍑	fù	方副切。
鍪	móu	莫浮切。
錪	tiǎn	他典切。
銼	cuò	昨禾切。
⿰金羸	luó	魯戈切。
鉶	xíng	戶經切。
鎬	hào	乎老切。
鏖	āo	於刀切。
銚	yáo	以招切。
鋀	dòu	大口切。
鐎	jiāo	即消切。
鋗	xuān	火玄切。
鏏	wèi	于歲切。
鍵	jiàn	渠偃切。
鉉	xuàn	胡犬切。
鋊	yù	余足切。
鎣	yìng	烏定切。
鑯	jiān	子廉切。
錠	dìng	丁定切。
鐙	dēng	都滕切。
鏶	jí	秦入切。
鍱	yè	與涉切。
鏟	chǎn	初限切。
鑪	lú	洛胡切。
鏇	xuàn	辭戀切。
⿰金虒	tí	杜兮切。
鐪	lǔ	郎古切。
釦	kòu	苦厚切。
錯	cuò	倉各切。
⿰金御	yǔ	魚舉切。
錡	yǐ	魚綺切。
鍤	chā	楚洽切。
鉥	shù	食聿切。
鍼	zhēn	職深切。
鈹	pī	敷羈切。
鎩	shā	所拜切。
鈕	niǔ	女久切。
銎	qiōng	曲恭切。
鈭	zī	即移切。
錍	bēi	府移切。
鏨	zàn	藏濫切。
鐫	juān	子全切。
鑿	záo	在各切。
銛	xiān	息廉切。
鈂	chén	直深切。
⿰金危	guǐ	過委切。
鐅	piě	芳滅切。
錢	jiǎn	即淺切。又昨先切。
钁	jué	居縛切。
鈐	qián	巨淹切。
鐫	duò	徒果切。
鏺	pō	普活切。
鉵	tóng	徒冬切。
鉏	chú	士魚切。
⿰金罷	bēi	彼爲切。
鎌	lián	力鹽切。
鍥	qiè	苦結切。
鉊	zhāo	止搖切。
銍	zhì	陟栗切。
鎮	zhèn	陟刃切。
鉆	chān	敕淹切。
銸	zhé	陟葉切。
鉗	qián	巨淹切。
釱	dì	特計切。
鋸	jù	居御切。
鐕	zān	則參切。
錐	zhuī	藏追切。
鑱	chán	士銜切。
鋭	ruì	以芮切。
鏝	màn	母官切。
鑽	zuàn	借官切。
鑢	lǜ	良據切。
銓	quán	此緣切。
銖	zhū	市朱切。
鋝	lüè	力輟切。
鍰	huán	戶關切。
錙	zī	側持切。
錘	chuí	直垂切。
鈞	jūn	居勻切。
鈀	bā	伯加切。
鐲	zhuó	直角切。
鈴	líng	郎丁切。
鉦	zhēng	諸盈切。
鐃	náo	女交切。
鐸	duó	徒洛切。
鑮	bó	匹各切。
鏞	yōng	余封切。
鐘	zhōng	職茸切。
鈁	fāng	府良切。
鎛	bó	補各切。
鍠	huáng	乎光切。
鎗	chēng	楚庚切。
鏓	cōng	倉紅切。
錚	zhēng	側莖切。
鏜	tāng	土郎切。
鏧	qìng	苦定切。
鐔	xín	徐林切。

鏌 mò 鏌慕各切。
釾 yé 釾以遮切。
鏢 biāo 鏢撫招切。
鈒 sà 鈒穌合切。
鋋 chán 鋋市連切。
鈗 yǔn 鈗余準切。
鉈 shī 鉈食遮切。
鏦 cōng 鏦七恭切。
錟 tán 錟徒甘切。
鏠 fēng 鏠敷容切。
錞 duì 錞徒對切。
鐏 zùn 鐏徂寸切。
鏐 liú 鏐力幽切。
鍭 hóu 鍭乎鉤切。
鏑 dí 鏑都歷切。
鎧 kǎi 鎧苦亥切。
釬 hàn 釬矦旰切。
錏 yā 錏烏牙切。
鍜 xiá 鍜乎加切。
鐗 jiàn 鐗古莧切。
釭 gāng 釭古雙切。
銴 shì 銴時制切。
釳 xì 釳許訖切。
鑾 luán 鑾洛官切。
鉞 huì 鉞呼會切。
鐊 yáng 鐊與章切。
銜 xián 銜戶監切。
鑣 biāo 鑣補嬌切。
鉣 jié 鉣居怯切。
鈇 fū 鈇甫無切。
釣 diào 釣多嘯切。
鏊 zhì 鏊脂利切。
鋃 láng 鋃魯當切。
鐺 dāng 鐺都郎切。
鋂 méi 鋂莫桮切。
鍡 wěi 鍡烏賄切。
鑸 lěi 鑸洛猥切。
鎎 xì 鎎許旣切。
鋪 pū 鋪普胡切。
鐉 quān 鐉此緣切。
鈔 chāo 鈔楚交切。

鎝 tà 鎝他荅切。
銽 guā 銽古湉切。
鉻 luò 鉻盧各切。
鑇 zhǎn 鑇旨善切。
鏃 zú 鏃作木切。
鈌 jué 鈌於決切。
鏉 shòu 鏉所右切。
鎦 liú 鎦力求切。
錉 mín 錉武巾切。
鉅 jù 鉅其呂切。
鎕 táng 鎕徒郎切。
銻 tí 銻杜兮切。
鈋 é 鈋五禾切。
鐜 duī 鐜都回切。
鍒 róu 鍒耳由切。
錭 táo 錭徒刀切。
鈍 dùn 鈍徒困切。
錑 qí 錑徂奚切。
錗 nèi 錗女恚切。
鑺 qú 鑺其俱切。
銘 míng 銘莫經切。
鎖 suǒ 鎖穌果切。
鈿 tián 鈿待季切。
釧 chuàn 釧尺絹切。
釵 chāi 釵楚佳切。
釽 pī 釽普擊切。
幵 jiān 幵古賢切。
勺 zhuó 勺之若切。
与 yǔ 与余呂切。
几 jǐ 几居履切。
凭 píng 凭皮冰切。
凥 jū 凥九魚切。
処 chǔ 処昌與切。
且 jū 且子余切。
又千也切。
俎 zǔ 俎側呂切。
䖑 zù 䖑昨誤切。
斤 jīn 斤舉欣切。
斧 fǔ 斧方矩切。
斨 qiāng 斨七羊切。
斫 zhuó 斫之若切。

斪 qú 斪其俱切。
斸 zhú 斸陟玉切。
斲 zhuó 斲竹角切。
釿 yǐn 釿宜引切。
所 suǒ 所疏舉切。
斯 sī 斯息移切。
斮 zhuó 斮側略切。
斷 duàn 斷徒玩切。
斏 luǒ 斏來可切。
新 xīn 新息鄰切。
斦 yín 斦語斤切。
斗 dǒu 斗當口切。
斛 hú 斛胡谷切。
斝 jiǎ 斝古雅切。
料 liào 料洛蕭切。
斞 yǔ 斞以主切。
斡 wò 斡烏括切。
魁 kuí 魁苦回切。
斠 jiào 斠古岳切。
斟 zhēn 斟職深切。
斜 xié 斜似嗟切。
𣂂 jū 𣂂舉朱切。
𣁽 bàn 𣁽博幔切。
𣂈 pāng 𣂈普郎切。
𣄃 juàn 𣄃俱願切。
斣 dòu 斣昌六切。
𣂏 tiāo 𣂏土雕切。
升 shēng 升識蒸切。
矛 máo 矛莫浮切。
𥍯 láng 𥍯魯當切。
𥎊 kài 𥎊苦蓋切。
矠 zé 矠士革切。
矜 jīn 矜居陵切。
又巨巾切。
𥍂 niǔ 𥍂女久切。
車 chē 車尺遮切。
軒 xuān 軒虛言切。
輜 zī 輜側持切。
軿 píng 軿薄丁切。
轀 wēn 轀烏魂切。
輬 liáng 輬呂張切。

軺 yáo 以招切。
輕 qīng 去盈切。
輶 yóu 以周切。
輣 péng 薄庚切。
軘 tún 徒魂切。
䡴 chōng 尺容切。
轈 cháo 鉏交切。
輿 yú 以諸切。
輯 jí 秦入切。
𨎌 màn 莫半切。
軾 shì 賞職切。
輅 lù 洛故切。
較 jué 古岳切。
䡊 fǎn 府遠切。
轛 zhuì 追萃切。
輢 yǐ 於綺切。
輒 zhé 陟葉切。
輴 chūn 敕倫切。
轖 sè 所力切。
軨 líng 郎丁切。
輑 yǐn 牛尹切。
軫 zhěn 之忍切。
轐 bú 博木切。
𨏒 mǐn 眉殞切。
軸 zhóu 直六切。
輹 fù 芳六切。
軔 rèn 而振切。
輮 róu 人九切。
𨏥 qióng 張營切。
轂 gǔ 古禄切。
輥 gǔn 古本切。
軝 qí 渠支切。
軹 zhǐ 諸氏切。
軎 wèi 于濊切。
輻 fú 方六切。
轑 lǎo 盧皓切。
軑 dì 特計切。
輨 guǎn 古滿切。
轅 yuán 雨元切。
輈 zhōu 張流切。
𨏥 jú 居玉切。

軏 yuè 魚厥切。
軶 è 於革切。
𨍏 hún 乎昆切。
軥 qú 古候切。
轙 yǐ 魚綺切。
軜 nà 奴荅切。
𧗳 juàn 古絢切。
𨍗 chéng 署陵切。
載 zài 作代切。
軍 jūn 舉云切。
軷 bá 蒲撥切。
𨐨 niè 五葛切。
轄 xiá 胡八切。
轉 zhuǎn 知戀切。
輸 shū 式朱切。
輖 zhōu 職流切。
輩 bèi 補妹切。
軋 yà 烏轄切。
輾 niǎn 尼展切。
轢 lì 郎擊切。
軌 guǐ 居洧切。
𨏈 zōng 即容切。
軼 yì 夷質切。
𨍵 kēng 苦閑切。
𨏂 zhì 陟利切。
軭 kuáng 巨王切。
輟 chuò 陟劣切。
𨊠 qǐ 康禮切。
轚 jí 古歷切。
𨏡 shuàn 所眷切。
軻 kě 康我切。
𨐋 kēng 口莖切。
軵 rǒng 而隴切。
輪 lún 力屯切。
輇 quán 市緣切。
輗 ní 五雞切。
軧 dǐ 丁禮切。
轃 zhēn 側詵切。
轒 fén 符分切。
𨍽 yuān 於云切。
𦳩 jú 居玉切。

𨍭 chái 士皆切。
輦 niǎn 力展切。
輓 wǎn 無遠切。
軖 kuáng 巨王切。
轘 huàn 胡慣切。
斬 zhǎn 側減切。
輀 ér 如之切。
輔 fǔ 扶雨切。
轟 hōng 呼宏切。
轏 zhàn 士限切。
轔 lín 力珍切。
轍 zhé 直列切。
𠂤 duī 都回切。
𡴎 niè 魚列切。
官 guān 古丸切。
𨸏 fù 房九切。
陵 líng 力膺切。
䧢 hùn 胡本切。
阞 lè 盧則切。
陰 yīn 於今切。
陽 yáng 與章切。
陸 lù 力竹切。
阿 ē 烏何切。
陂 bēi 彼爲切。
阪 bǎn 府遠切。
陬 zōu 子侯切。
隅 yú 噳俱切。
險 xiǎn 虛檢切。
限 xiàn 乎簡切。
阻 zǔ 側呂切。
陮 duì 都辠切。
隗 wěi 五辠切。
阭 yǔn 余準切。
𨺅 lěi 洛猥切。
陗 qiào 七笑切。
陖 jùn 私閏切。
隥 dèng 都鄧切。
陋 lòu 盧候切。
陜 xiá 侯夾切。
陟 zhì 竹力切。
陷 xiàn 戶猎切。

隰	xí	似入切。
𨺙	qū	豈俱切。
隤	tuí	杜回切。
隊	zhuì	徒對切。
降	jiàng	古巷切。
隕	yǔn	于敏切。
隉	niè	五結切。
阤	zhì	丈尔切。
隓	huī	許規切。
𨻃	qīng	去營切。
陊	duò	徒果切。
阬	kēng	客庚切。
隫	dú	徒谷切。
防	fáng	符方切。
隄	dī	都兮切。
阯	zhǐ	諸市切。
陘	xíng	戶經切。
附	bù	符又切。
阺	dǐ	丁禮切。
阢	wù	五忽切。
隒	yǎn	魚檢切。
阸	è	於革切。
隔	gé	古覈切。
障	zhàng	之亮切。
隱	yǐn	於謹切。
隩	ào	烏到切。
隈	wēi	烏恢切。
𡸁	qiǎn	去衍切。
𨼥	xiè	胡買切。
隴	lǒng	力鍾切。
䧇	yī	於希切。
陝	shǎn	失冉切。
𨻶	wú	武扶切。
𨺪	juǎn	居遠切。
陭	yì	於离切。
隃	shù	傷遇切。
阮	yuán	虞遠切。
𨸶	kū	苦茯切。
𨸔	fù	方遇切。
𨻘	zhēng	陟盈切。
𨸚	dīng	當經切。
𨽁	huī	許爲切。
陼	zhǔ	當古切。
陳	chén	直珍切。
陶	táo	徒刀切。
𨸲	zhào	之少切。
阽	yán	余廉切。
除	chú	直魚切。
階	jiē	古諧切。
阼	zuò	昨誤切。
陛	bì	旁禮切。
陔	gāi	古哀切。
際	jì	子例切。
隙	xì	綺戟切。
陪	péi	薄回切。
𨻰	zhuàn	徒玩切。
陾	réng	如乘切。
陴	pí	符支切。
隍	huáng	乎光切。
阹	qū	去魚切。
陲	chuí	是爲切。
隖	wǔ	安古切。
院	yuàn	王眷切。
陯	lún	盧昆切。
陙	chún	食倫切。
䧖	jiàn	慈衍切。
阠	shēn	所臻切。
阡	qiān	倉先切。
𨸏	fù	房九切。
𨺅	jué	於決切。
𨹍	ài	烏懈切。
𨽻	suì	徐醉切。
厽	lěi	力軌切。
絫	lěi	力軌切。
垒	lěi	力軌切。
四	sì	息利切。
宁	zhù	直呂切。
𡦹	zhǔ	陟呂切。
叕	zhuó	陟劣切。
綴	zhuì	陟衛切。
亞	yà	衣駕切。
𠄰	yà	衣駕切。
五	wǔ	疑古切。
六	liù	力竹切。
七	qī	親吉切。
九	jiǔ	舉有切。
馗	kuí	渠追切。
禸	róu	人九切。
禽	qín	巨今切。
离	chī	呂支切。
萬	wàn	無販切。
禹	yǔ	王矩切。
𥜿	fèi	符未切。
禼	xiè	私列切。
嘼	chù	許救切。
獸	shòu	舒救切。
甲	jiǎ	古狎切。
乙	yǐ	於筆切。
乾	qián	渠焉切。又古寒切。
亂	luàn	郎段切。
尤	yóu	羽求切。
丙	bǐng	兵永切。
丁	dīng	當經切。
戊	wù	莫候切。
成	chéng	氏征切。
己	jǐ	居擬切。
巹	jǐn	居隱切。
㠱	jì	暨已切。
巴	bā	伯加切。
𢀳	bǎ	博下切。
庚	gēng	古行切。
辛	xīn	息鄰切。
辠	zuì	徂賄切。
辜	gū	古乎切。
辥	xuē	私列切。
辤	cí	似兹切。
辭	cí	似兹切。
辡	biǎn	方免切。
辯	biàn	符蹇切。
壬	rén	如林切。
癸	guǐ	居誄切。
子	zǐ	即里切。

孕 yùn 以證切。
㝃 miǎn 芳萬切。
字 zì 疾置切。
㝅 gòu 古候切。
孿 luán 生患切。
孺 rú 而遇切。
季 jì 居悸切。
孟 mèng 莫更切。
孼 niè 魚列切。
孳 zī 子之切。
孤 gū 古乎切。
存 cún 徂尊切。
𡥉 jiào 古肴切。
疑 yí 語其切。
了 liǎo 盧鳥切。
孑 jié 居桀切。
孓 jué 居月切。
孨 zhuǎn 旨兖切。
孱 chán 七連切。
孴 nǐ 魚紀切。
𠫓 tū 他骨切。
育 yù 余六切。
疏 shū 所葅切。
丑 chǒu 敕九切。
𦘴 niǔ 女久切。
羞 xiū 息流切。
寅 yín 弋真切。
卯 mǎo 莫飽切。
辰 chén 植鄰切。
辱 rǔ 而蜀切。
巳 sì 詳里切。
㠯 yǐ 羊止切。
午 wǔ 疑古切。
啎 wǔ 五故切。
未 wèi 無沸切。
申 shēn 失人切。
朄 yìn 羊晉切。
臾 yú 羊朱切。
曳 yè 余制切。

酉 yǒu 與久切。
酒 jiǔ 子酉切。
䤁 méng 莫紅切。
䣻 yín 余箴切。
釀 niàng 女亮切。
醞 yùn 於問切。
䣐 fàn 芳萬切。
酴 tú 同都切。
釃 shī 所綺切。
䣺 juān 古玄切。
𨣂 lì 郎擊切。
醴 lǐ 盧啓切。
醪 láo 魯刀切。
醇 chún 常倫切。
醹 rǔ 而主切。
酎 zhòu 除柳切。
醠 àng 烏浪切。
醲 nóng 女容切。
䤊 róng 而容切。
酤 gū 古乎切。
𨢊 zhī 陟离切。
𨣥 làn 盧瞰切。
䤗 gǎn 古禫切。
酷 kù 苦沃切。
醰 dàn 徒紺切。
䣪 pò 普活切。
配 pèi 滂佩切。
酏 yì 與職切。
醆 zhǎn 阻限切。
酌 zhuó 之若切。
醮 jiào 子肖切。
醑 jǐn 子朕切。
酳 yìn 余刃切。
醻 chóu 市流切。
醋 zuó 在各切。
醓 mì 迷必切。
釂 jiào 子肖切。
酣 hān 胡甘切。
酖 dān 丁含切。

醧 yù 依倨切。
醵 jù 其虐切。
酺 pú 薄乎切。
醅 pēi 匹回切。
醉 zuì 將遂切。
醺 xūn 許云切。
醟 yòng 爲命切。
酗 xù 香遇切。
酲 chéng 直貞切。
醫 yī 於其切。
莤 sù 所六切。
醨 lí 呂支切。
醶 chǎn 初減切。
酸 suān 素官切。
截 zài 徒奈切。
醶 yàn 魚窆切。
酢 cù 倉故切。
酏 yǐ 移尔切。
醬 jiàng 即亮切。
醢 hǎi 呼改切。
𨣸 mú 莫候切。
酴 tú 田候切。
酹 lèi 郎外切。
醳 bì 蒲計切。
醽 jú 居律切。
醇 liáng 力讓切。
䤔 jiàn 慈冉切。
䤖 rǎn 而琰切。
酪 lào 盧各切。
醐 hú 戶吳切。
酩 mǐng 莫迥切。
酊 dǐng 都挺切。
醒 xǐng 桑經切。
醍 tǐ 它禮切。
酋 qiú 字秋切。
尊 zūn 祖昆切。
戌 xū 辛聿切。
亥 hài 胡改切。

徐鉉新附字類檢

禰 nǐ 親廟也。从示爾聲。一本云古文禰也。
祧 tiāo 遷廟也。从示兆聲。
祆 xiān 胡神也。从示天聲。
祚 zuò 福也。从示乍聲。
珈 jiā 婦人首飾。从玉加聲。《詩》曰：“副笄六珈。”
璩 qú 環屬。从玉豦聲。見《山海經》。
琖 zhǎn 玉爵也。夏曰琖，殷曰斝，周曰爵。从玉戔聲。或从皿。
琛 chēn 寶也。从玉，深省聲。
璫 dāng 華飾也。从玉當聲。
琲 bèi 珠五百枚也。从玉非聲。
珂 kē 玉也。从玉可聲。
玘 qǐ 玉也。从玉己聲。
珝 xǔ 玉也。从玉羽聲。
璀 cuǐ 璀璨，玉光也。从玉崔聲。
璨 càn 玉光也。从玉粲聲。
琡 chù 玉也。从玉叔聲。
瑄 xuān 璧六寸也。从玉宣聲。
珙 gǒng 玉也。从玉共聲。
芙 fú 芙蓉也。从艸夫聲。
蓉 róng 芙蓉也。从艸容聲。
薳 wěi 艸也。《左氏傳》：“楚大夫薳子馮。”从艸遠聲。
荀 xún 艸也。从艸旬聲。
莋 zuó 越嶲縣名，見《史記》。从艸作聲。
蓀 sūn 香艸也。从艸孫聲。
蔬 shū 菜也。从艸疏聲。
芊 qiān 艸盛也。从艸千聲。
茗 míng 荼芽也。从艸名聲。
薌 xiāng 穀气也。从艸鄉聲。
藏 cáng 匿也。
蕆 chǎn 《左氏傳》：“以蕆陳事。”杜預注云：蕆，敕也。从艸，未詳。
蘸 zhàn 以物没水也。此蓋俗語。从艸，未詳。
犍 jiān 犗牛也。从牛建聲。亦郡名。
犝 tóng 無角牛也。从牛童聲。古通用僮。

哦	é	吟也。从口我聲。
嗃	hè	嗃嗃，嚴酷皃。从口高聲。
售	shòu	賣去手也。从口，雔省聲。《詩》曰："賈用不售。"
噞	yǎn	噞喁，魚口上見也。从口僉聲。
唳	lì	鶴鳴也。从口戾聲。
喫	chī	食也。从口契聲。
喚	huàn	評也。从口奐聲。古通用奐。
咍	hāi	蚩笑也。从口从台。
嘲	cháo	謔也。从口朝聲。《漢書》通用啁。
呀	xiā	張口皃。从口牙聲。
些	suò	語辭也。見《楚辭》。从此从二。其義未詳。
邂	xiè	邂逅，不期而遇也。从辵解聲。
逅	hòu	邂逅也。从辵后聲。
遑	huáng	急也。从辵皇聲。或从彳。
逼	bī	近也。从辵畐聲。
邈	miǎo	遠也。从辵貇聲。
遐	xiá	遠也。从辵叚聲。
迄	qì	至也。从辵气聲。
迸	bèng	散走也。从辵并聲。
透	tòu	跳也，過也。从辵秀聲。
邏	luó	巡也。从辵羅聲。
迢	tiáo	迢遰也。从辵召聲。
逍	xiāo	逍遥，猶翱翔也。从辵肖聲。
遥	yáo	逍遥也。又遠也。从辵䍃聲。
齡	líng	年也。从齒令聲。
躚	xiān	蹁躚，旋行。从足䙴聲。
蹭	cèng	蹭蹬，失道也。从足曾聲。
蹬	dèng	蹭蹬也。从足登聲。
蹉	cuō	蹉跎，失時也。从足差聲。
跎	tuó	蹉跎也。从足它聲。
蹙	cù	迫也。从足戚聲。臣鉉等案：李善《文選注》通蹴字。
踸	chěn	踸踔，行無常皃。从足甚聲。
詢	xún	謀也。从言旬聲。
讜	dǎng	直言也。从言黨聲。
譜	pǔ	籍録也。从言普聲。《史記》从並。
詎	jù	詎猶豈也。从言巨聲。
謏	xiǎo	小也，誘也。从言叜聲。《禮記》曰："足以謏聞。"
謎	mí	隱語也。从言、迷，迷亦聲。
誌	zhì	記誌也。从言志聲。
訣	jué	訣別也。一曰法也。从言，決省聲。
韻	yùn	和也。从音員聲。裴光遠云：古與均同。未知其審。

鞘　qiào　刀室也。从革肖聲。

韉　jiān　馬鞁具也。从革薦聲。

韡　xuē　鞮屬。从革華聲。

靮　dí　馬羈也。从革勺聲。

鬧　nào　不静也。从市、鬥。

皸　jūn　足坼也。从皮軍聲。

皴　cūn　皮細起也。从皮夋聲。

瞼　jiǎn　目上下瞼也。从目僉聲。

眨　zhǎ　動目也。从目乏聲。

眭　huī　深目也。亦人姓。从目圭聲。

眹　zhèn　目精也。从目弃聲。案：勝字賸，皆从眹聲。疑古以眹爲眹。

眸　móu　目童子也。从目牟聲。《説文》直作牟。

睚　yá　目際也。从目、厓。

翻　fān　飛也。从羽番聲。或从飛。

翎　líng　羽也。从羽令聲。

翃　hóng　飛聲。从羽工聲。

鷓　zhè　鷓鴣，鳥名。从鳥庶聲。

鴣　gū　鷓鴣也。从鳥古聲。

鴨　yā　鶩也。俗謂之鴨。从鳥甲聲。

鳾　shì　谿鳾，水鳥。从鳥式聲。

麼　mǒ　細也。从幺麻聲。

玈　lú　黑色也。从玄，旅省聲。義當用驢。

膂　qǐ　肥腸也。从肉，啓省聲。

脧　zuī　赤子陰也。从肉夋聲。或从血。

腔　qiāng　内空也。从肉从空，空亦聲。

朐　rùn　朐肕，蟲名。漢中有朐肕縣，地下多此蟲，因以爲名。从肉旬聲。考其義，當作潤蠢。

肕　chǔn　朐肕也。从肉忍聲。

刎　wěn　剄也。从刀勿聲。

剜　wān　削也。从刀宛聲。

劇　jí　尤甚也。从刀。未詳。豦聲。

刹　chà　柱也。从刀。未詳。殺省聲。

簃　yí　閣邊小屋也。从竹移聲。《説文》通用誃。

筠　yún　竹皮也。从竹均聲。

笏　hù　公及士所搢也。从竹勿聲。案：籀文作囘，象形。義云：佩也。古笏佩之。此字後人所加。

篦　bì　導也。今俗謂之篦。从竹毘聲。

篙　gāo　所以進船也。从竹高聲。

叵　pǒ　不可也。从反可。

虣　bào　虐也，急也。从虎从武。見《周禮》。

虪　tú　楚人謂虎爲烏虪。从虎兔聲。

盋 bō 盋器。盂屬。从皿犮聲。或从金从本。

餕 jùn 食之餘也。从食夋聲。

餻 gāo 餌屬。从食羔聲。

罐 guàn 器也。从缶雚聲。

矮 ǎi 短人也。从矢委聲。

夎 cuò 拜失容也。从夊坐聲。

韌 rèn 柔而固也。从韋刃聲。

梔 zhī 木，實可染。从木卮聲。

榭 xiè 臺有屋也。从木䠶聲。

槊 shuò 矛也。从木朔聲。

椸 yí 衣架也。从木施聲。

榻 tà 牀也。从木㬅聲。

櫍 zhì 柎也。从木質聲。

櫂 zhào 所以進船也。从木翟聲。或从卓。《史記》通用濯。

槔 gāo 桔槔，汲水器也。从木皐聲。

椿 zhuāng 橛杙也。从木春聲。

櫻 yīng 果也。从木嬰聲。

梀 sè 梀也。从木，策省聲。

梵 fàn 出自西域釋書，未詳意義。

貺 kuàng 賜也。从貝兄聲。

賵 fèng 贈死者。从貝从冒。冒者，衣衾覆冒之意。

賭 dǔ 博簺也。从貝者聲。

貼 tiē 以物爲質也。从貝占聲。

貽 yí 贈遺也。从貝台聲。經典通用詒。

賺 zhuàn 重買也，錯也。从貝廉聲。

賽 sài 報也。从貝，塞省聲。

賻 fù 助也。从貝尃聲。

贍 shàn 給也。从貝詹聲。

曈 tóng 曈曨，日欲明也。从日童聲。

曨 lóng 曈曨也。从日龍聲。

昈 hù 明也。从日戶聲。

昉 fǎng 明也。从日方聲。

晙 jùn 明也。从日夋聲。

晟 shèng 明也。从日成聲。

昶 chǎng 日長也。从日、永。會意。

暈 yùn 日月气也。从日軍聲。

晬 zuì 周年也。从日、卒，卒亦聲。

映 yìng 明也。隱也。从日央聲。

曙 shǔ 曉也。从日署聲。

昳 dié 日昃也。从日失聲。

曇 tán 雲布也。从日、雲。會意。

曆 lì 厤象也。从日厤聲。《史記》通用歷。

昂 áng 舉也。从日卬聲。

昇 shēng 日上也。从日升聲。古只用升。

朦 méng 月朦朧也。从月蒙聲。

朧 lóng 朦朧也。从月龍聲。

穩 wěn 蹂穀聚也。一曰安也。从禾，隱省。古通用安隱。

稕 zhùn 束稈也。从禾章聲。

馥 fù 香气芬馥也。从香复聲。

粻 zhāng 食米也。从米長聲。

粕 pò 糟粕，酒滓也。从米白聲。

粔 jù 粔籹，膏環也。从米巨聲。

籹 nǚ 粔籹也。从米女聲。

糉 zòng 蘆葉裹米也。从米㚇聲。

糖 táng 飴也。从米唐聲。

寘 zhì 置也。从宀眞聲。

寰 huán 王者封畿内縣也。从宀瞏聲。

寀 cǎi 同地爲寀。从宀采聲。

罭 yù 魚網也。从网、或，或聲。

罳 sī 罘罳，屏也。从网思聲。

罹 lí 心憂也。从网，未詳。古多通用離。

幢 chuáng 旌旗之屬。从巾童聲。

幟 zhì 旌旗之屬。从巾戠聲。

帟 yì 在上曰帟。从巾亦聲。

幗 guó 婦人首飾。从巾國聲。

幧 qiāo 斂髮也。从巾喿聲。

帒 dài 囊也。从巾代聲。或从衣。

帊 pà 帛三幅曰帊。从巾巴聲。

幞 fú 帊也。从巾菐聲。

幰 xiǎn 車幔也。从巾憲聲。

侶 lǚ 徒侶也。从人呂聲。

侲 zhèn 僮子也。从人辰聲。

倅 cuì 副也。从人卒聲。

傔 qiàn 從也。从人兼聲。

倜 tì 倜儻，不羈也。从人从周。未詳。

儻 tǎng 倜儻也。从人黨聲。

佾 yì 舞行列也。从人㑊聲。

倒 dǎo 仆也。从人到聲。

儈 guì 合市也。从人、會，會亦聲。

低 dī 下也。从人、氐，氐亦聲。

債 zhài 債負也。从人、責，責亦聲。

價 jià 物直也。从人、賈，賈亦聲。

停 tíng 㑋止也。从人亭聲。
僦 jiù 𠐩賃也。从人、就，就亦聲。
伺 sì 伺候望也。从人司聲。自低已下六字，从人，皆後人所加。
僧 sēng 僧浮屠道人也。从人曾聲。
佇 zhù 佇久立也。从人从宁。
偵 zhēn 偵問也。从人貞聲。
袨 xuàn 袨盛服也。从衣玄聲。
衫 shān 衫衣也。从衣彡聲。
襖 ǎo 襖裘屬。从衣奥聲。
毦 ěr 毦羽毛飾也。从毛耳聲。
氍 qú 氍氍毹、毾㲪皆氈緂之屬。蓋方言也。从毛瞿聲。
毹 yú 毹氍毹也。从毛俞聲。
毾 tà 毾毾㲪也。从毛㬰聲。
㲪 dēng 㲪毾㲪也。从毛登聲。
毬 qiú 毬鞠丸也。从毛求聲。
氅 chǎng 氅析鳥羽爲旗纛之屬。从毛敞聲。
屢 lǚ 屢數也。案：今之婁字本是屢空字，此字後人所加。从尸，未詳。
舸 gě 舸舟也。从舟可聲。
艇 tǐng 艇小舟也。从舟廷聲。
艅 yú 艅艅艎，舟名。从舟余聲。經典通用餘皇。
艎 huáng 艎艅艎也。从舟皇聲。
覿 dí 覿見也。从見賣聲。
歈 yú 歈歌也。从欠俞聲。《切韻》云："巴歈，歌也。"案：《史記》：渝水之人善歌舞，漢高祖采其聲。後人因加此字。
預 yù 預安也。案：經典通用豫。从頁，未詳。
靨 yè 靨姿也。从面厭聲。
彩 cǎi 彩文章也。从彡采聲。
鬐 qí 鬐馬鬣也。从髟耆聲。
髫 tiáo 髫小兒垂結也。从髟召聲。
髻 jì 髻總髮也。从髟吉聲。古通用結。
鬟 huán 鬟總髮也。从髟睘聲。案：古婦人首飾，琢玉爲兩環。此二字皆後人所加。
魑 chī 魑鬼屬。从鬼从离，离亦聲。
魔 mó 魔鬼也。从鬼麻聲。
魘 yǎn 魘寱驚也。从鬼厭聲。
嶙 lín 嶙嶙峋，深崖皃。从山粦聲。
峋 xún 峋嶙峋也。从山旬聲。
岌 jí 岌山高皃。从山及聲。
嶠 jiào 嶠山鋭而高也。从山喬聲。古通用喬。
嵌 qiān 嵌山深皃。从山，歁省聲。
嶼 yǔ 嶼島也。从山與聲。
嶺 lǐng 嶺山道也。从山領聲。

嵐 lán 山名。从山，葻省聲。

嵩 sōng 中岳，嵩高山也。从山从高，亦从松。韋昭《國語》注云："古通用崇字。"

崑 kūn 崑崙，山名。从山昆聲。《漢書》楊雄文通用昆侖。

崙 lún 崑崙也。从山侖聲。

嵇 xí 山名。从山，稽省聲。奚氏避難，特造此字，非古。

廈 xià 屋也。从广夏聲。

廊 láng 東西序也。从广郎聲。《漢書》通用郎。

廂 xiāng 廊也。从广相聲。

庋 guǐ 祭山曰庋縣。从广技聲。

庱 chěng 地名。从广，未詳。

廖 liào 人姓。从广，未詳。當是省廫字尔。

礪 lì 䃯也。从石厲聲。經典通用厲。

碏 què 《左氏傳》："衛大夫石碏。"《唐韻》云：敬也。从石，未詳。昔聲。

磯 jī 大石激水也。从石幾聲。

碌 lù 石皃。从石录聲。

砧 zhēn 石柎也。从石占聲。

砌 qì 階甃也。从石切聲。

礩 zhì 柱下石也。从石質聲。

礎 chǔ 礩也。从石楚聲。

硾 zhuì 擣也。从石垂聲。

貓 māo 貍屬。从豸苗聲。

駛 shì 疾也。从馬吏聲。

駥 róng 馬高八尺。从馬戎聲。

騣 zōng 馬鬣也。从馬㚇聲。

馱 duò 負物也。从馬大聲。此俗語也。

騂 xīng 馬赤色也。从馬，觲省聲。

䨲 jùn 狡兔也。从兔夋聲。

狘 xuè 獸走皃。从犬戉聲。

獐 huī 獸名。从犬軍聲。

狷 juàn 褊急也。从犬肙聲。

猰 yà 猰貐，獸名。从犬契聲。

爞 chóng 旱气也。从火蟲聲。

煽 shàn 熾盛也。从火扇聲。

烙 luò 灼也。从火各聲。

爍 shuò 灼爍，光也。从火樂聲。

燦 càn 燦爛，明瀞皃。从火粲聲。

煥 huàn 火光也。从火奐聲。

赩 xì 大赤也。从赤、色，色亦聲。

赮 xiá 赤色也。从赤叚聲。

慵 yōng 嬾也。从心庸聲。

悱 fěi 口悱悱也。从心非聲。

怩 ní 蚵怩，慙也。从心尼聲。

惉 zhān 惉懘，煩聲也。从心沾聲。

懘 chì 惉懘也。从心滯聲。

懇 kěn 悃也。从心貇聲。

忖 cǔn 度也。从心寸聲。

怊 chāo 悲也。从心召聲。

慟 tòng 大哭也。从心動聲。

惹 rě 亂也。从心若聲。

恰 qià 用心也。从心合聲。

悌 tì 善兄弟也。从心弟聲。經典通用弟。

懌 yì 說也。从心睪聲。經典通用釋。

瀼 ráng 露濃皃。从水襄聲。

漙 tuán 露皃。从水專聲。

汍 wán 泣淚皃。从水丸聲。

泯 mǐn 滅也。从水民聲。

瀣 xiè 沆瀣，气也。从水，䪥省聲。

瀘 lú 水名。从水盧聲。

瀟 xiāo 水名。从水蕭聲。

瀛 yíng 水名。从水嬴聲。

滁 chú 水名。从水除聲。

洺 míng 水名。从水名聲。

潺 chán 水聲。从水孱聲。

湲 yuán 潺湲，水聲。从水爰聲。

濤 tāo 大波也。从水壽聲。

漵 xù 水浦也。从水敘聲。

港 gǎng 水派也。从水巷聲。

瀦 zhū 水所亭也。从水豬聲。

瀰 mí 大水也。从水鏐聲。

淼 miǎo 大水也。从三水。或作渺。

潔 jié 瀞也。从水絜聲。

浹 jiā 洽也。从也。从水夾聲。

溘 kè 奄忽也。从水盍聲。

潠 xùn 含水噴也。从水巽聲。

涯 yá 水邊也。从水从厓，厓亦聲。

霞 xiá 赤雲气也。从雨叚聲。

霏 fēi 雨雲皃。从雨非聲。

霎 shà 小雨也。从雨妾聲。

霨 duì 黮霨，雲黑皃。从雨對聲。

靄 ǎi 雲皃。从雨，藹省聲。

鰈 tà 比目魚也。从魚枼聲。

魮 bǐ 文魮，魚名。从魚比聲。

鰩 yáo 文鰩，魚名。从魚䍃聲。
闤 huán 市垣也。从門睘聲。
闥 tà 門也。从門達聲。
閌 kāng 閌閬，高門也。从門亢聲。
閥 fá 閥閱，自序也。从門伐聲。義當通用伐。
闃 qù 靜也。从門狊聲。
聱 áo 不聽也。从耳敖聲。
摦 huà 橫大也。从手瓠聲。
攙 chān 刺也。从手毚聲。
搢 jìn 插也。从手晉聲。搢紳，前史皆作薦紳。
掠 lüè 奪取也。从手京聲。本音亮。《唐韻》或作擽。
掐 qiā 爪刺也。从手臽聲。
捻 niē 指捻也。从手念聲。
拗 ǎo 手拉也。从手幼聲。
摵 shè 捎也。从手戚聲。
捌 bā 方言云：無齒杷。从手別聲。
攤 tān 開也。从手難聲。
抛 pāo 棄也。从手从尤从力，或从手尥聲。案：《左氏傳》通用摽。《詩》："摽有梅。"摽，落也。義亦同。
摴 chū 舒也。又摴蒲，戲也。从手雩聲。
打 dǎ 擊也。从手丁聲。
嬙 qiáng 婦官也。从女，牆省聲。
妲 dá 女字。妲己，紂妃。从女旦聲。
嬌 jiāo 姿也。从女喬聲。
嬋 chán 嬋娟，態也。从女單聲。
娟 juān 嬋娟也。从女肙聲。
嫠 lí 無夫也。从女㸿聲。
姤 gòu 偶也。从女后聲。
琵 pí 琵琶，樂器。从珡比聲。
琶 pá 琵琶也。从珡巴聲。義當用枇杷。
瓷 cí 瓦器。从瓦次聲。
甈 chī 酒器。从瓦，稀省聲。
緗 xiāng 帛淺黃色也。从糸相聲。
緋 fēi 帛赤色也。从糸非聲。
緅 zōu 帛青赤色也。从糸取聲。
繖 sǎn 蓋也。从糸散聲。
練 shū 布屬。从糸束聲。
縡 zǎi 事也。从糸宰聲。
繾 qiǎn 繾綣，不相離也。从糸遣聲。
綣 quǎn 繾綣也。从糸卷聲。
蜑 dàn 南方夷也。从虫延聲。
蟪 huì 蟪蛄，蟬也。从虫惠聲。
蠛 miè 蠛蠓，細蟲也。从虫蔑聲。

虴	zhé	虴蜢，艸上蟲也。从虫乇聲。
蜢	měng	虴蜢也。从虫孟聲。
蟋	xī	蟋蟀也。从虫悉聲。
螳	táng	螳蜋也。从虫堂聲。
颸	sī	涼風也。从風思聲。
颼	sōu	颼飂也。从風叜聲。
颭	zhǎn	風吹浪動也。从風占聲。
鼇	áo	海大鼈也。从黽敖聲。
塗	tú	泥也。从土涂聲。
塓	mì	塗也。从土冥聲。
埏	yán	八方之地也。从土延聲。
場	yì	疆也。从土昜聲。
境	jìng	疆也。从土竟聲。經典通用竟。
塾	shú	門側堂也。从土孰聲。
垦	kěn	耕也。从土豤聲。
塘	táng	隄也。从土唐聲。
坳	āo	地不平也。从土幼聲。
壒	ài	塵也。从土蓋聲。
墜	zhuì	陊也。从土隊聲。古通用碊。
塔	tǎ	西域浮屠也。从土荅聲。
坊	fāng	邑里之名。从土方聲。古通用堃。
劬	qú	勞也。从力句聲。
勢	shì	盛力，權也。从力埶聲。經典通用埶。
勘	kàn	校也。从力甚聲。
辦	bàn	致力也。从力辡聲。
鑺	qú	兵器也。从金瞿聲。
銘	míng	記也。从金名聲。
鎖	suǒ	鐵鎖，門鍵也。从金肖聲。
鈿	tián	金華也。从金田聲。
釧	chuàn	臂環也。从金川聲。
釵	chāi	笄屬。从金叉聲。本只作叉，此字後人所加。
釽	pī	裂也。从金、爪。
轏	zhàn	車名。从車孱聲。
轔	lín	車聲。从車粦聲。
轍	zhé	車迹也。从車，徹省聲。本通用徹，後人所加。
阠	shēn	陵名。从𨸏卂聲。
阡	qiān	路東西爲陌，南北爲阡。从𨸏千聲。
酪	lào	乳滌也。从酉各聲。
醐	hú	醍醐，酪之精者也。从酉胡聲。
酩	mǐng	酩酊，醉也。从酉名聲。
酊	dǐng	酩酊也。从酉丁聲。
醒	xǐng	醉解也。从酉星聲。按：酲字注云：一曰醉而覺也。則古酲，亦音醒也。
醍	tǐ	清酒也。从酉是聲。

徐鉉注釋類檢

祜 hù 上諱。臣鉉等曰：此漢安帝名也。福也。當从示古聲。

𥜿 cuì 數祭也。从示毳聲。讀若春麥爲𥜿之𥜿。臣鉉等曰：春麥爲𥜿。今無此語，且非異文，所未詳也。

祚 zuò 福也。从示乍聲。臣鉉等曰：凡祭必受胙，胙卽福也。此字後人所加。

瓊 qióng 赤玉也。从玉夐聲。臣鉉等曰：今與璚同。

瑱 tiàn 以玉充耳也。从玉眞聲。《詩》曰：“玉之瑱兮。”臣鉉等曰：今充耳字更从玉旁充，非是。

瑠 léi 玉器也。从玉畾聲。臣鉉等案：靁字注象回轉之形，畾不成字，凡从畾者並當从靁省。

珕 lì 蜃屬。从玉劦聲。《禮》：“佩刀，士珕琫而珧珌。”臣鉉等曰：劦亦音麗，故以爲聲。

屮 chè 艸木初生也。象丨出形，有枝莖也。古文或以爲艸字。讀若徹。凡屮之屬皆从屮。尹彤說。臣鉉等曰：丨，上下通也，象艸木萌芽，通徹地上也。

每 měi 艸盛上出也。从屮母聲。臣鉉等案：《左傳》：“原田每每。”今別作莓，非是。

莊 zhuāng 上諱。臣鉉等曰：此漢明帝名也。从艸从壯，未詳。

蘄 qí 艸也。从艸纥聲。江夏有蘄春亭。臣鉉等案：《說文》無斳字，他字書亦無。此篇下有菥字，注云：江夏平春亭名。疑相承誤，重出一字。

蒯 kuǎi 艸也。从艸㕣聲。臣鉉等案：《說文》無㕣字，當是㲉字之省，而聲不相近。未詳。

苣 jù 束葦燒。从艸巨聲。臣鉉等曰：今俗別作炬，非是。

荼 tú 苦荼也。从艸余聲。臣鉉等曰：此卽今之茶字。

草 zào 草斗，櫟實也。一曰象斗子。从艸早聲。臣鉉等曰：今俗以此爲艸木之艸，別作皁字，爲黑色之皁。案：櫟實可以染帛，爲黑色，故曰草。通用爲草棧字。今俗書皁或从白从十，或从白从七，皆無意義，無以下筆。

荀 xún 艸也。从艸旬聲。臣鉉等案：今人姓荀氏，本郇侯之後，宜用郇字。

藏 cáng 匿也。臣鉉等案：《漢書》通用臧字。从艸，後人所加。

詹 zhān 多言也。从言从八从厃。臣鉉等曰：厃，高也；八，分也，多故可分也。

吝 lìn 恨惜也。从口文聲。《易》曰：“以往吝。”臣鉉等曰：今俗別作悋，非是。

吅 xuān 驚嘑也。从二口。凡吅之屬皆从吅。讀若讙。臣鉉等曰：或通用讙。今俗別作喧，非是。

赴 fù 趨也。从走，仆省聲。臣鉉等曰：《春秋傳》赴告用此字。今俗作訃，非是。

趮 zào 疾也。从走喿聲。臣鉉等曰：今俗別作躁，非是。

趣 xún 走皃。从走叡聲。讀若紃。臣鉉等以爲叡聲遠。疑从睿。

逮 dài 唐逮，及也。从辵隶聲。臣鉉等曰：或作迨。

逴 chuò 遠也。从辵卓聲。一曰蹇也。讀若棹苕之棹。臣鉉等案：棹苕，今無此語，未詳。

遐 xiá 遠也。从辵叚聲。臣鉉等曰：或通用假字。

逍 xiāo 逍遥，猶翱翔也。从辵肖聲。臣鉉等案：《詩》只用消搖。此二字《字林》所加。

建 jiàn 立朝律也。从聿从廴。臣鉉等曰：聿，律省也。

齹 cuó 齒差跌皃。从齒佐聲。《春秋傳》曰："鄭有子齹。"臣鉉等曰：《說文》無佐字。此字當从㸨，傳寫之誤。

齡 líng 年也。从齒令聲。臣鉉等案：《禮記》："夢帝與我九齡。"疑通用靈。武王初聞九齡之語，不達其義，乃云西方有九國。若當時有此齡字，則武王豈不達也？蓋後人所加。

蹇 jiǎn 跛也。从足，寒省聲。臣鉉等案：《易》："王臣蹇蹇。"今俗作謇，非。

路 lù 道也。从足从各。臣鉉等曰：言道路人各有適也。

蹉 cuō 蹉跎，失時也。从足差聲。臣鉉等案：經史通用差池，此亦後人所加。

古 gǔ 故也。从十、口。識前言者也。凡古之屬皆从古。臣鉉等曰：十口，所傳是前言也。

肸 xì 肸響，布也。从十从佾。臣鉉等曰：佾，振佾也。

訴 sù 告也。从言，厈省聲。《論語》曰："訴子路於季孫。"臣鉉等曰：厈非聲。蓋古之字音多與今異。如皀亦音香、釁亦音門、乃亦音仍，他皆放此。古今失傳，不可詳究。

菐 pú 瀆菐也。从丵从廾，廾亦聲。凡菐之屬皆从菐。臣鉉等曰：瀆，讀爲煩瀆之瀆。一本注云：丵，眾多也。兩手奉之，是煩瀆也。

奐 huàn 取奐也。一曰大也。从廾，敻省。臣鉉等曰：敻，營求也。取之義也。

弅 kuí 持弩拊。从廾、肉。讀若逵。臣鉉等曰：从肉，未詳。

釁 xìn 血祭也。象祭竈也。从爨省，从酉。酉，所以祭也。从分，分亦聲。臣鉉等曰：分，布也。

鬻 zhōu 鍵也。从䰜米聲。臣鉉等曰：今俗俗粥作粥，音之六切。

鬻 chǎo 熬也。从䰜芻聲。臣鉉等曰：今俗作煼，別作炒。非是。

鬨 fēn 鬭連結闠紛相牽也。从鬥燹聲。臣鉉等案：燹，今先典切。从豩聲。豩，呼還切。蓋燹亦有豩音，故得爲聲。一本从㸚。《說文》無㸚字。

右 yòu 手口相助也。从又从口。臣鉉等曰：今俗別作佑。

燮 xiè 和也。从言从又、炎。籒文燮从羊。羊，音飪。讀若溼。臣鉉等案：燮字義大孰也。从炎从又，即孰物可持也。此燮蓋从燮省。言語以和之也。二字義相出入故也。

隸 dài 及也。从隶枲聲。《詩》曰："隸天之未陰雨。"臣鉉等曰：枲非聲。未詳。

隸 lì 附箸也。从隶柰聲。臣鉉等未詳古文所出。

𣪘 jiù 揉屈也。从殳从皀。皀，古文叀字。廏字从此。臣鉉等曰：叀，小謹也。亦屈服之意。

役 yì 戍邊也。从殳从彳。臣鉉等曰：彳，步也。彳亦聲。

殺 shā 戮也。从殳杀聲。凡殺之屬皆从殺。臣鉉等曰：《說文》無杀字。相傳云音察。未知所出。

甍 ruǎn 柔韋也。从北，从皮省，从敻省。凡甍之屬皆从甍。讀若耎。一曰若雋。臣鉉

等曰：北者，反覆柔治之也。夐，營也。

卦 guà 筮也。从卜圭聲。臣鉉等曰：圭字聲不相近。當从挂省聲。

用 yòng 可施行也。从卜从中。衛宏說。凡用之屬皆从用。臣鉉等曰：卜中乃可用也。

葡 bèi 具也。从用，苟省。臣鉉等曰：苟，急敕也。會意。

瞑 míng 翕目也。从目、冥，冥亦聲。臣鉉等曰：今俗別作眠，非是。

映 jué 涓目也。从目夬聲。臣鉉等曰：當从決省。

睉 cuó 目小也。从目坐聲。臣鉉等曰：案《尚書》："元首叢睉哉！"叢睉，猶細碎也。今从肉，非是。

瞚 shùn 開闔目數搖也。从目寅聲。臣鉉等曰：今俗別作瞬，非是。

省 xǐng 視也。从眉省，从屮。臣鉉等曰：屮，通識也。

翬 huī 大飛也。从羽軍聲。一曰伊、雒而南，雉五采皆備曰翬。《詩》曰："如翬斯飛。"臣鉉等曰：當从揮省。

翜 tà 飛盛皃。从羽从冃。臣鉉等曰：犯冒而飛，是盛也。

雅 yǎ 楚烏也。一名鸒，一名卑居。秦謂之雅。从隹牙聲。臣鉉等曰：今俗別作鴉，非是。

雁 yàn 鳥也。从隹从人，厂聲。讀若鴈。臣鉉等曰：雁，知時鳥。大夫以爲摯，昏禮用之。故从人。

𩁹 sàn 繳𩁹也。从隹椒聲。一曰飛𩁹也。臣鉉等曰：繳，之若切。罾繳以取鳥也。

𦍋 guāi 戾也。从𦍌而兆。兆，古文別。臣鉉等曰：兆，兵列切。篆文分別字也。

𦍧 jìn 羊名。从羊執聲。汝南平輿有𦍧亭。讀若晉。臣鉉曰：執非聲，未詳。

羸 léi 瘦也。从羊羸聲。臣鉉等曰：羊主給膳，以瘦爲病，故从羊。

羣 qún 輩也。从羊君聲。臣鉉等曰：羊性好羣，故从羊。

美 měi 甘也。从羊从大。羊在六畜主給膳也。美與善同意。臣鉉等曰：羊大則美，故从大。

鵴 jú 秸鵴，尸鳩。从鳥簐聲。臣鉉等曰：簐，居六切。與𥷚同。

鴃 dié 鋪豉也。从鳥失聲。臣鉉等曰：鋪豉，鳥名。

鶖 qiū 秃鶖也。从鳥赤聲。臣鉉等曰：赤非聲，未詳。

鴈 yàn 鵝也。从鳥、人，厂聲。臣鉉等曰：从人从厂，義無所取。當从雁省聲。

鳶 yuān 鷙鳥也。从鳥屰聲。臣鉉等曰：屰非聲。一本从𦍌，疑从雈省。今俗別作鳶，非是。

烏 wū 孝鳥也。象形。孔子曰：烏，盱呼也。取其助气，故以爲烏呼。凡烏之屬皆从烏。臣鉉等曰：今俗作嗚，非是。

畢 bì 田罔也。从華，象畢形微也。或曰：由聲。臣鉉等曰：由，音弗。

棄 qì 捐也。从廾推華棄之，从𠫓。𠫓，逆子也。臣鉉等曰：𠫓，他忽切。

𤔔 liè 撮也。从受从己。臣鉉等曰：己者，物也；又爪掫取之。指事。

爭 zhēng 引也。从受、厂。 臣鉉等曰：厂，音曳。受，二手也。而曳之，爭之道也。

歺 è 列骨之殘也。从半冎。凡歺之屬皆从歺。讀若櫱岸之櫱。臣鉉等曰：義不應有中一。秦刻石文有之。

骿 pián 并脅也。从骨并聲。晉文公骿脅。臣鉉等曰：骿胝字同。今別作胼，非。

胙 zuò 祭福肉也。从肉乍聲。臣鉉等曰：今俗別作祚，非是。

肙 yuàn 小蟲也。从肉囗聲。一曰空也。臣鉉等曰：囗，音韋。

肥 féi 多肉也。从肉从卪。臣鉉等曰：肉不可過多，故从卪。

㓵 è 刀劒刃也。从刀咢聲。臣鉉等曰：今俗作鍔，非是。

刅 chuāng 傷也。从刃从一。臣鉉等曰：今俗別作瘡，非是也。

觢 shì 一角仰也。从角㓞聲。《易》曰："其牛觢。"臣鉉等曰：當从契省乃得聲。

觶 zhì 鄉飲酒角也。《禮》曰："一人洗，舉觶。"觶受四升。从角單聲。臣鉉等曰：當从戰省乃得聲。

觛 xuān 角匕也。从角亘聲。讀若讙。臣鉉等曰：亘，音宣。俗作古鄧切。篆文有異。

籋 niè 箝也。从竹爾聲。臣鉉等曰：爾非聲，未詳。

篆 tún 榪也。从竹殿聲。臣鉉等曰：當从臀省聲。

笑 xiào 此字本闕。臣鉉等案：孫愐《唐韻》引《說文》云："喜也。从竹从犬。"而不述其義。今俗皆从犬。又案：李陽冰刊定《說文》从竹从夭，義云：竹得風，其體夭屈如人之笑。未知其審。

顨 xùn 巽也。从丌从頭。此《易》顨卦"爲長女，爲風"者。臣鉉等曰：頭之義亦選具也。

巽 xùn 具也。从丌𢁉聲。臣鉉等曰：庶物皆具丌以薦之。

左 zuǒ 手相左助也。从𠂇、工。凡左之屬皆从左。臣鉉等曰：今俗別作佐。

朁 cǎn 曾也。从曰兓聲。《詩》曰："朁不畏明。"臣鉉等曰：今俗有䈴字，蓋朁之譌。

沓 tà 語多沓沓也。从水从曰。遼東有沓縣。臣鉉等曰：語多沓沓，若水之流。故从水會意。

乃 nǎi 曳詞之難也。象气之出難。凡乃之屬皆从乃。臣鉉等曰：今隸書作乃。

𠧪 réng 驚聲也。从乃省，西聲。籀文𠧪不省。或曰：𠧪，往也。讀若仍。臣鉉等曰：西非聲。未詳。

甹 pīng 亟詞也。从丂从由。或曰：甹，俠也。三輔謂輕財者爲甹。臣鉉等曰：由，用也。任俠用气也。

吁 xū 驚語也。从口从亏，亏亦聲。臣鉉等案：口部有吁，此重出。

彭 péng 鼓聲也。从壴彡聲。臣鉉等曰：當从形省乃得聲。

䰙 qí 𢆶也。訖事之樂也。从豈幾聲。臣鉉等曰：《說文》無𢆶字，从幾从气，義無所取。當是訖字之誤尔。

虔 qián 虎行皃。从虍文聲。讀若矜。臣鉉等曰：文非聲。未詳。

𧆛 kǎn 𧇖屬。从虎去聲。臣鉉等曰：去非聲。未詳。

䖈 yín 兩虎爭聲。从虤从曰。讀若憖。臣鉉等曰：曰，口气出也。

盈 yíng 滿器也。从皿、夃。臣鉉等曰：夃，古乎切。益多之義也。古者以買物多得爲夃。故从夃。

盦 ān 覆蓋也。从皿酓聲。臣鉉等曰：今俗別作署，非是。

盚 tǎn 血醢也。从血肬聲。《禮記》有盚醢，以牛乾脯、粱、䊹、鹽、酒也。臣鉉等曰：肬，肉汁滓也。故从肬，肬亦聲。

盇 hé 覆也。从血、大。臣鉉等曰：大，象蓋覆之形。

主 zhǔ 鐙中火主也。从𡈼，象形。从丶，丶亦聲。臣鉉等曰：今俗別作炷，非是。

餴 fēn 滫飯也。从食𠦌聲。臣鉉等曰：𠦌音忽，非聲。疑奔字之誤。

亼 jí 三合也。从入、一，象三合之形。凡亼之屬皆从亼。讀若集。臣鉉等曰：此疑只象形，非从入、一也。

䍃　yóu　瓦器也。从缶肉聲。臣鉉等曰：當从䍃省乃得聲。

麥　mài　芒穀，秋穜厚薶，故謂之麥。麥，金也。金王而生，火王而死。从來，有穗者；从夊。凡麥之屬皆从麥。臣鉉等曰：夊，足也。周受瑞麥來麰，如行來。故从夊。

夒　náo　貪獸也。一曰母猴，似人。从頁，巳、止、夊，其手足。臣鉉等曰：巳、止，皆象形也。

韤　wà　足衣也。从韋蔑聲。臣鉉等曰：今俗作韤，非是。

䵷　jiū　收束也。从韋樵聲。讀若酋。臣鉉等曰：樵，側角切。聲不相近。未詳。

罤　kūn　周人謂兄曰罤。从弟从眔。臣鉉等曰：眔，目相及也。兄弟親比之義。

夃　gǔ　秦以市買多得爲夃。从乛从夊，益至也。从乃。《詩》曰：“我夃酌彼金罍。”臣鉉等曰：乃，難意也。

檆　shān　木也。从木煔聲。臣鉉等曰：今俗作杉，非是。

桵　ruí　白桵，棫。从木妥聲。臣鉉等曰：當从綏省。

椶　xùn　木也。从木夋聲。臣鉉等曰：今人別音穌禾切，以爲機杼之屬。

柴　chái　小木散材。从木此聲。臣鉉等曰：師行野次，豎散木爲區落，名曰柴籬。後人語譌，轉入去聲。又別作寨字，非是。

榦　gàn　築牆耑木也。从木倝聲。臣鉉等曰：今別作幹，非是。矢榦亦同。

樘　chēng　衺柱也。从木堂聲。臣鉉等曰：今俗別作撐，非是。

櫩　yán　槐也。从木詹聲。臣鉉等曰：今俗作簷，非是。

梠　sì　臿也。从木㠯聲。一曰徙土纪，齊人語也。臣鉉等曰：今俗作耜。

棤　shěng　木参交以枝炊籅者也。从木省聲。讀若驪駕。臣鉉等曰：驪駕未詳。

杓　biāo　枓柄也。从木从勺。臣鉉等曰：今俗作市若切，以爲桮杓之杓。

栚　zhèn　槌之横者也。關西謂之㯰。从木灷聲。臣鉉等曰：當从朕省。

槤　liǎn　瑚槤也。从木連聲。臣鉉等曰：今俗作璉，非是。

橫　huǎng　所以几器。从木廣聲。一曰帷屏風之屬。臣鉉等曰：今別作幌，非是。

杖　zhàng　持也。从木丈聲。臣鉉等曰：今俗別作仗，非是。

柅　chì　簑柄也。从木尸聲。臣鉉等曰：柅，女氏切。木若棃。此重出。

榜　bēng　所以輔弓弩。从木旁聲。臣鉉等案：李舟《切韻》一音北孟切，進船也。又音北朗切，木片也。今俗作牓，非。

栝　tiǎn　炊竈木。从木舌聲。臣鉉等曰：當从甛省乃得聲。

棷　sōu　船總名。从木叜聲。臣鉉等曰：今俗別作艘，非是。

橃　fá　海中大船。从木發聲。臣鉉等曰：今俗別作筏，非是。

枼　yè　楄也。枼，薄也。从木世聲。臣鉉等曰：當从卅乃得聲。卅，穌合切。

贊　zàn　見也。从貝从兟。臣鉉等曰：兟，音詵。進也。執贄而進，有司贊相之。

賂　lù　遺也。从貝各聲。臣鉉等曰：當从路省乃得聲。

贛　gòng　賜也。从貝，竷省聲。臣鉉等曰：竷非聲，未詳。

贏　yíng　有餘、賈利也。从貝赢聲。臣鉉等曰：當从嬴省乃得聲。

郣　bó　郣海地。从邑孛聲。一曰地之起者曰郣。臣鉉等曰：今俗作渤，非是。

鄿　tán　國也。齊桓公之所滅。从邑覃聲。臣鉉等曰：今作譚，非是。《說文注義》有譚長疑後人傳寫之誤。

邨　cūn　地名。从邑屯聲。臣鉉等曰：今俗作村，非是。

旭 xù 日旦出皃。从日九聲。若勖。一曰明也。臣鉉等曰：九非聲。未詳。

晉 jìn 進也。日出萬物進。从日从臸。《易》曰：“明出地上，晉。”臣鉉等案：臸，到也。會意。

昃 zè 日在西方時。側也。从日仄聲。《易》曰：“日厢之離。”臣鉉等曰：今俗别作昊，非是。

昌 chāng 美言也。从日从曰。一曰日光也。《詩》曰：“東方昌矣。”臣鉉等曰：曰，亦言也。

暵 hàn 乾也。耕暴田曰暵。从日堇聲。《易》曰：“燥萬物者莫暵于離。”臣鉉等曰：當从漢省乃得聲。

旛 fān 幅胡也。从㫃番聲。臣鉉等曰：胡幅之下垂者也。

曑 shēn 商星也。从晶㐱聲。臣鉉等曰：㐱非聲，未詳。

霸 pò 月始生，霸然也。承大月，二日；承小月，三日。从月䨣聲。《周書》曰：“哉生霸。”臣鉉等曰：今俗作必駕切。以爲霸王字。

姓 qíng 雨而夜除星見也。从夕生聲。臣鉉等曰：今俗别作晴。非是。

夙 sù 早敬也。从丮，持事；雖夕不休：早敬者也。臣鉉等曰：今俗書作夙，譌。

甹 yóu 木生條也。从马由聲。《商書》曰：“若顛木之有𦬹、枿。”古文言由枿。臣鉉等案：孔安國注《尚書》直訓由作用也。用枿之語不通。

移 yí 禾相倚移也。从禾多聲。一曰禾名。臣鉉等曰：多與移聲不相近，蓋古有此音。

穛 zhuó 禾皮也。从禾羔聲。臣鉉等曰：羔聲不相近，未詳。

𪎭 kù 未練治纑也。从麻後聲。臣鉉等曰：後非聲，疑復字譌，當从復省乃得聲。

耑 duān 物初生之題也。上象生形，下象其根也。凡耑之屬皆从耑。臣鉉等曰：中一，地也。

瓝 bó 小瓜也。从瓜交聲。臣鉉等曰：交非聲。未詳。

奥 ào 宛也。室之西南隅。从宀𢍃聲。臣鉉等曰：𢍃非聲，未詳。

察 chá 覆也。从宀、祭。臣鉉等曰：祭祀必天質明。明，察也。故从祭。

容 róng 盛也。从宀、谷。臣鉉等曰：屋與谷皆所以盛受也。

宋 sòng 居也。从宀从木。讀若送。臣鉉等曰：木者所以成室以居人也。

痤 cuó 小腫也。从疒坐聲。一曰族絫。臣鉉等曰：今别作瘯蠡，非是。

疢 chèn 熱病也。从疒从火。臣鉉等曰：今俗别作疹，非是。

瘛 chì 小兒瘛瘲病也。从疒恝聲。臣鉉等曰：《説文》無恝字，疑从疒从心，契省聲。

瘉 yù 病瘳也。从疒俞聲。臣鉉等曰：今别作愈。非是。

冖 mì 覆也。从一下垂也。凡冂之屬皆从冂。臣鉉等曰：今俗作冪，同。

同 tóng 合會也。从冃从口。臣鉉等曰：同，爵名也。《周書》曰：“太保受同嚌，故从口。”史籀亦从口。李陽冰云：“从口。”非是。

罟 fú 兔罟也。从网否聲。臣鉉等曰：隸書作罘。

席 xí 籍也。《禮》：天子、諸侯席，有黼繡純飾。从巾，庶省。臣鉉等曰：席以待賓客之禮，賓客非一人，故从庶。

市 fú 韠也。上古衣蔽前而已，市以象之。天子朱市，諸矦赤市，大夫葱衡。从巾，象連帶之形。凡市之屬皆从市。臣鉉等曰：今俗作紱，非是。

黹 zhǐ 箴縷所紩衣。从㡀，丵省。凡黹之屬皆从黹。臣鉉等曰：丵，眾多也，言箴縷之工不一也。

仁 rén 親也。从人从二。臣鉉等曰：仁者兼愛，故从二。

佩 pèi 大帶佩也。从人从凡从巾。佩必有巾，巾謂之飾。臣鉉等曰：今俗別作珮，非是。

份 bīn 文質僣也。从人分聲。《論語》曰："文質份份。"臣鉉等曰：今俗作斌，非是。

佗 tuó 負何也。从人它聲。臣鉉等案：《史記》："匈奴奇畜有橐佗。"今俗譌誤謂之駱駝，非是。

何 hè 儋也。从人可聲。臣鉉等曰：儋何，即負何也。借爲誰何之何。今俗別作擔荷，非是。

付 fù 與也。从寸持物對人。臣鉉等曰：寸，手也。

敚 wéi 妙也。从人从攴，豈省聲。臣鉉等案：豈字从敚省。敚不應从豈省。蓋傳寫之誤，疑从耑省。耑，物初生之題尚敚也。

代 dài 更也。从人弋聲。臣鉉等曰：弋非聲。《説文》忒字與此義訓同，疑兼有忒音。

倂 yìng 送也。从人弅聲。呂不韋曰：有侁氏以伊尹倂女。古文以爲訓字。臣鉉等曰：弅不成字，當从朕省。案：勝字从朕聲，疑古者朕或音倂。

僁 rǎn 意膬也。从人然聲。臣鉉等曰：膬耎，易破也。

伏 fú 司也。从人从犬。臣鉉等曰：司，今人作伺。

頃 qīng 頭不正也。从匕从頁。臣鉉等曰：匕者，有所比附，不正也。

虛 xū 大丘也。崐崘丘謂之崐崘虛。古者九夫爲井，四井爲邑，四邑爲丘。丘謂之虛。从丘虍聲。臣鉉等曰：今俗別作墟，非是。

壬 tǐng 善也。从人、士。士，事也。一曰象物出地挺生也。凡壬之屬皆从壬。臣鉉等曰：人在土上，壬然而立也。

褱 huái 俠也。从衣眔聲。一曰橐。臣鉉等曰：眔非聲，未詳。

裛 bào 褱也。从衣包聲。臣鉉等曰：今俗作抱，非是。抱與捊同。

禘 tì 緥也。从衣啻聲。《詩》曰："載衣之禘。"臣鉉等曰：緥即襁緥也。今俗別作褓，非是。

襡 wéi 重衣皃。从衣圍聲。《爾雅》曰："襡襡禮禮。"臣鉉等曰：《説文》無禮字。《爾雅》亦無此語，疑後人所加。

裔 yì 衣裾也。从衣冏聲。臣鉉等曰：冏非聲，疑象衣裾之形。

裵 péi 長衣皃。从衣非聲。臣鉉等案：《漢書》"裵回"用此。今俗作徘徊，非是。

褻 xiè 私服。从衣埶聲。《詩》曰："是褻袢也。"臣鉉等曰：从熱省乃得聲。

襞 bì 韏衣也。从衣辟聲。臣鉉等曰：韏，革中辨也。衣襞積如辨也。

居 jū 蹲也。从尸古者，居从古。臣鉉等曰：居从古者，言法古也。

屓 xiè 臥息也。从尸、自。臣鉉等曰：自，古者以爲鼻字，故从自。

屍 tún 髀也。从尸下丌居几。臣鉉等曰：丌、几皆所以凥止也。

屐 niǎn 柔皮也。从申尸之後。尸或从又。臣鉉等曰：注似闕脱，未詳。

舳 zhú 艫也。从舟由聲。漢律名船方長爲舳艫。一曰舟尾。臣鉉等曰：當从冑省乃得聲。

斻 háng 方舟也。从方亢聲。《禮》：天子造舟，諸侯維舟，大夫方舟，士特舟。臣鉉等曰：今俗別作航，非是。

兑 duì 説也。从儿㕣聲。臣鉉等曰：㕣，古文兗字，非聲。當从口从八，象气之分散。《易》曰："兑，爲巫爲口。"

先 xiān 前進也。从儿从之。凡先之屬皆从先。臣鉉等曰：之人上，是先也。

㝵 dé 取也。从見从寸。寸，度之，亦手也。臣鉉等案：彳部作古文得字，此重出。

冒 mào 突前也。从見、冃。臣鉉等曰：冃，重覆也。犯冃而見，是突前也。

覞 jí 目赤也。从見，𧶠省聲。臣鉉等曰：𧶠非聲，未詳。

吹 chuī 出气也。从欠从口。臣鉉等案：口部已有吹、嘘，此重出。

款 kuǎn 意有所欲也。从欠，窾省。臣鉉等曰：窾，塞也。意有所欲而猶塞，款款然也。

歗 xiào 吟也。从欠肅聲。《詩》曰："其歗也謌。"臣鉉等案：口部，此籀文嘯字，此重出。

𣢾 yǒu 愁皃。从欠幼聲。臣鉉等案：口部，呦字或作𣢾，此重出。

𠑹 liàng 事有不善，言𠑹也。《爾雅》："𠑹，薄也。"从旡京聲。臣鉉等曰：今俗隸書作亮。

頟 é 顙也。从頁各聲。臣鉉等曰：今俗作額。

頫 fǔ 低頭也。从頁，逃省。太史卜書，頫仰字如此。楊雄曰：人面頫。臣鉉等曰：頫首者，逃亡之皃，故从逃省。今俗作俯，非是。

顥 hào 白皃。从頁从景。《楚詞》曰："天白顥顥。"南山四顥，白首人也。臣鉉等曰：景，日月之光明，白也。

頨 yǔ 頭妍也。从頁，翩省聲。讀若翩。臣鉉等曰：从翩聲，又讀若翩，則是古今異音也。

頪 lèi 難曉也。从頁、米。一曰鮮白皃。从粉省。臣鉉等曰：難曉，亦不聰之義。

顯 xiǎn 頭明飾也。从頁㬎聲。臣鉉等曰：㬎，古以爲顯字，故从㬎聲。

縣 xuán 繫也。从系持𥄉。臣鉉等曰：此本是縣挂之縣，借爲州縣之縣。今俗加心，別作懸，義無所取。

須 xū 面毛也。从頁从彡。凡須之屬皆从須。臣鉉等曰：此本須鬢之須。頁，首也。彡，毛飾也。借爲所須之須。俗書从水，非是。

頾 zī 口上須也。从須此聲。臣鉉等曰：今俗別作髭，非是。

䫇 rán 頰須也。从須从冄，冄亦聲。臣鉉等曰：今俗別作髯，非是。

鬀 tì 鬍髮也。从髟弟聲。大人曰髡，小人曰鬀，盡及身毛曰鬍。臣鉉等曰：今俗別作剃，非是。

厄 ě 科厄，木節也。从卩厂聲。賈侍中說：以爲厄，裹也。一曰厄，蓋也。臣鉉等曰：厂非聲，未詳。

厀 xī 脛頭卩也。从卩桼聲。臣鉉等曰：今俗作膝，非是。

卸 xiè 舍車解馬也。从卩、止、午。讀若汝南人寫書之寫。臣鉉等曰：午，馬也。故从午。

匊 jū 在手曰匊。从勹、米。臣鉉等曰：今俗作掬，非是。

羑 yòu 相訹呼也。从厶从羑。臣鉉等案：羊部有羑。羑，進善也。此古文重出。

巍 wēi 高也。从嵬委聲。臣鉉等曰：今人省山从爲魏國之魏。

嵒 yán 山巖也。从山、品。讀若吟。臣鉉等曰：从品，象巖厓連屬之形。

嶞 duò 山皃。从山陊聲。臣鉉等案：陊與墮同，墮今亦音徒果切，則是陊兼有此音。

崝 zhēng 嶸也。从山青聲。臣鉉等曰：今俗別作崢，非是。

府 fǔ 文書藏也。从广付聲。臣鉉等曰：今藏腑字俗書从肉，非是。

庶 shù 屋下眾也。从广、炗。炗，古文光字。臣鉉等曰：光亦眾盛也。

廖 liáo 空虛也。从广膠聲。臣鉉等曰：今別作寥，非是。

确 què 礊石也。从石角聲。臣鉉等曰：今俗作確，非是。

碞 yán 磛嵒也。从石、品。《周書》曰："畏于民碞。"讀與巖同。臣鉉等曰：从

品，與嵒同意。

長 cháng 久遠也。从兀从匕。兀者，高遠意也。久則變化。亾聲。𠑹者，倒亾也。凡長之屬皆从長。臣鉉等曰：倒亡，不亡也。長久之義也。

而 ér 頰毛也。象毛之形。《周禮》曰：“作其鱗之而。”凡而之屬皆从而。臣鉉等曰：今俗別作髵，非是。

豕 shǐ 彘也。竭其尾，故謂之豕。象毛足而後有尾。讀與豨同。(桉：今世字，誤以豕爲彘，以彘爲豕。何以明之？爲啄琢从豕，蠡从彘。皆取其聲，以是明之。)凡豕之屬皆从豕。臣鉉等曰：此語未詳，或後人所加。

豬 wéi 豶也。从豕隋聲。臣鉉等曰：當从隨省。

豙 yì 豕怒毛豎。一曰殘艾也。从豕、辛。臣鉉等曰：从辛，未詳。

豪 háo 豕鬣如筆管者。出南郡。从希高聲。臣鉉等曰：今俗別作毫，非是。

貈 hé 似狐，善睡獸。从豸舟聲。《論語》曰：“狐貈之厚以居。”臣鉉等曰：舟非聲，未詳。

駁 bó 馬色不純。从馬爻聲。臣鉉等曰：爻非聲，疑象駁文。

馮 píng 馬行疾也。从馬仌聲。臣鉉等曰：本音皮冰切。經典通用爲依馮之馮。今別作憑，非是。

颿 fān 馬疾步也。从馬風聲。臣鉉等曰：舟船之颿，本用此字。今別作帆，非是。

駃 jué 駃騠，馬父贏子也。从馬夬聲。臣鉉等曰：今俗與快同用。

莧 huán 山羊細角者。从兔足，苜聲。凡莧之屬皆从莧。讀若丸。寬字从此。臣鉉等曰：苜，徒結切，非聲。疑象形。

臭 xiù 禽走，臭而知其迹者，犬也。从犬从自。臣鉉等曰：自，古鼻字。犬走以鼻知臭，故从自。

能 néng 熊屬。足似鹿。从肉㠯聲。能獸堅中，故稱賢能；而彊壯，稱能傑也。凡能之屬皆从能。臣鉉等曰：㠯非聲。疑皆象形。

炟 dá 上諱。臣鉉等曰：漢章帝名也。《唐韻》曰：“火起也。从火旦聲”。

然 rán 燒也。从火肰聲。臣鉉等曰：今俗別作燃，蓋後人增加。臣鉉等案：艸部有蘸，注云艸也。此重出。

爇 ruò 燒也。从火蓺聲。《春秋傳》曰：“爇僖負羈。”臣鉉等曰：《說文》無蓺字，當从火从艸，熱省聲。

熇 hè 火熱也。从火高聲。《詩》曰：“多將熇熇。”臣鉉等曰：高非聲，當从嗃省。

炎 chán 小熱也。从火干聲。《詩》曰：“憂心炎炎。”臣鉉等曰：干非聲，未詳。

㷶 bì 以火乾肉。从火稫聲。臣鉉等案：《說文》無稫字，當从𥢶省，疑傳寫之誤。

爆 bào 灼也。从火暴聲。臣鉉等曰：今俗音豹，火裂也。

尉 wèi 从上案下也。从𡰥；又持火，以尉申繒也。臣鉉等曰：今俗別作熨，非是。

㶳 jìn 火餘也。从火聿聲。一曰薪也。臣鉉等曰：聿非聲，疑从𦘒省。今俗別作燼，非是。

䄘 yǎn 火光也。从炎舌聲。臣鉉等曰：舌非聲，當从甛省。

亦 yì 人之臂亦也。从大，象兩亦之形。凡亦之屬皆从亦。臣鉉等曰：今別作腋，非是。

奢 shē 張也。从大者聲。凡奢之屬皆从奢。臣鉉等曰：今俗作陟加切。以爲𡪽厚之𡪽，非是。

㚖 guǎng 驚走也。一曰往來也。从夰、㗊。《周書》曰：“伯㚖。”古文㗊，古文囧

字。臣鉉等曰：臦，居況切。臦猶乖也，臦亦聲。言古囧字，未詳。

立 lì 住也。从大立一之上。凡立之屬皆从立。臣鉉等曰：大，人也。一，地也。會意。

㬱 tì 廢，一偏下也。从竝白聲。臣鉉等曰：今俗作替，非是。

愷 kǎi 樂也。从心豈聲。臣鉉等曰：豈部已有，此重出。

忼 kàng 慨也。从心亢聲。一曰《易》“忼龍有悔”。臣鉉等曰：今俗別作慷，非是。

㾊 yì 靜也。从心疾聲。臣鉉等曰：疾非聲，未詳。

愙 kè 敬也。从心客聲。《春秋傳》曰：“以陳備三愙。”臣鉉等曰：今俗作恪。

愒 qì 息也。从心曷聲。臣鉉等曰：今別作憩，非是。

憏 xié 怨恨也。从心彖聲。讀若膎。臣鉉等曰：彖非聲，未詳。

悼 dào 懼也。陳楚謂懼曰悼。从心卓聲。臣鉉等曰：卓非聲，當从罩省。

沱 tuó 江別流也。出嶓山東，別爲沱。从水它聲。臣鉉等曰：沱沼之沱，通用此字。今別作池，非是。

漢 hàn 漾也。東爲滄浪水。从水，難省聲。臣鉉等曰：从難省，當作堇。而前作相承去土从大，疑兼从古文省。

沾 zhān 水。出壺關，東入淇。一曰沾，益也。从水占聲。臣鉉等曰：今別作添，非是。

沇 yǎn 水。出河東東垣王屋山，東爲泲。从水允聲。臣鉉等曰：口部已有，此重出。

汳 biàn 水。受陳留浚儀陰溝，至蒙爲雝水，東入于泗。从水反聲。臣鉉等曰：今作汴，非是。

淖 cháo 水朝宗于海。从水，朝省。臣鉉等曰：隸書不省。

滂 pāng 沛也。从水旁聲。臣鉉等曰：今俗別作霶霈，非是。

瀾 lán 大波爲瀾。从水闌聲。臣鉉等曰：今俗音力延切。

澂 chéng 清也。从水，徵省聲。臣鉉等曰：今俗作澄，非是。

汻 hǔ 水厓也。从水午聲。臣鉉等曰：今作滸，非是。

汜 sì 水別復入水也。一曰汜，窮瀆也。从水巳聲。《詩》曰：“江有汜。”臣鉉等案：前洍字音義同，蓋或體也。

沈 chén 陵上滈水也。从水冘聲。一曰濁黕也。臣鉉等曰：今俗別作沉，冗不成字，非是。

潐 jiǎo 釃酒也。一曰浚也。从网从水，焦聲。讀若《夏書》“天用勦絶”。臣鉉等曰：以縑帛漉酒，故从网。

泰 tài 滑也。从廾从水，大聲。臣鉉等曰：本音他達切。今《左氏傳》作汏輈，非是。

瀕 pín 水厓。人所賓附，頻蹙不前而止。从頁从涉。凡頻之屬皆从頻。臣鉉等曰：今俗別作水濱，非是。

㢶 liè 水流㢶㢶也。从川，列省聲。臣鉉等曰：㓟字从㢶，此疑誤，當从歺省。

州 zhōu 水中可居曰州，周遶其旁，从重川。昔堯遭洪水，民居水中高土，或曰九州。《詩》曰：“在河之州。”一曰州，疇也。各疇其土而生之。臣鉉等曰：今別作洲，非是。

灥 yuán 水泉本也。从灥出厂下。臣鉉等曰：今別作源，非是。

冰 níng 水堅也。从仌从水。臣鉉等曰：今作筆陵切，以爲冰凍之冰。

震 zhèn 劈歷振物者。从雨辰聲。《春秋傳》曰：“震夷伯之廟。”臣鉉等曰：今俗別作霹靂，非是。

霩 kuò 雨止雲罷皃。从雨郭聲。臣鉉等曰：今俗別作廓，非是。

霚 wù 地气發，天不應。从雨敄聲。臣鉉等曰：今俗从務。

需 xū 頿也。遇雨不進，止頿也。从雨而聲。《易》曰："雲上於天，需。"臣鉉等案：李陽冰據《易》"雲上於天"云："當从天"，然諸本及前作所書皆从而，無有从天者。

鯀 gǔn 魚也。从魚系聲。臣鉉等曰：系非聲，疑从孫省。

鮏 xīng 魚臭也。从魚生聲。臣鉉等曰：今俗作鯹。

龍 lóng 鱗蟲之長。能幽，能明，能細，能巨，能短，能長；春分而登天，秋分而潛淵。从肉，飛之形，童省聲。凡龍之屬皆从龍。臣鉉等曰：象宛轉飛動之皃。

肁 zhào 始開也。从戶从聿。臣鉉等曰：聿者，始也。

⿵門繇 zhuǎn 開閉門利也。从門繇聲。一曰縷十紘也。臣鉉等曰：繇非聲，未詳。

𨳇 zhèn 登也。从門、二。二，古文下字。讀若軍敶之敶。臣鉉等曰：下言自下而登上也。故从下。《商書》曰："若升高，必自下。"

閔 mǐn 弔者在門也。从門文聲。臣鉉等曰：今別作憫，非是。

闃 qù 靜也。从門狊聲。臣鉉等案：《易》：窺其戶，闃其無人。窺，小視也。狊，大張目也。言始小視之，雖大張目亦不見人也。義當只用狊字。

聵 kuì 聾也。从耳貴聲。臣鉉等曰：當从蔽省，義見蔽字注。

巸 yí 廣𦣞也。从𦣞巳聲。臣鉉等曰：今俗作牀史切。以爲階戺之戺。

拲 gǒng 攤也。从手巩聲。臣鉉等案：巩部有拲，與巩同，此重出。

攫 jú 爪持也。从手瞿聲。臣鉉等曰：今俗別作掬，非是。

捊 póu 引取也。从手孚聲。臣鉉等曰：今作薄報切，以爲襃袌字，非是。

承 chéng 奉也。受也。从手从卪从収。臣鉉等曰：謹節其事，承奉之義也，故从卪。

摘 zhāi 拓果樹實也。从手啻聲。一曰指近之也。臣鉉等曰：當从適省乃得聲。

掔 qiān 固也。从手臤聲。讀若《詩》"赤舄掔掔"。臣鉉等曰：今別作慳，非是。

抍 zhěng 上舉也。从手升聲。《易》曰："抍馬壯吉。"臣鉉等曰：今俗別作拯，非是。

捼 ruó 推也。从手委聲。一曰兩手相切摩也。臣鉉等曰：今俗作挼，非是。

揻 hàn 搖也。从手咸聲。臣鉉等曰：今別作撼，非是。

捲 quán 气勢也。从手卷聲。《國語》曰："有捲勇"。一曰捲，收也。臣鉉等曰：今俗作居轉切，以爲捲舒之捲。

抗 kàng 扞也。从手亢聲。臣鉉等曰：今俗作胡郎切。

妻 qī 婦與夫齊者也。从女从屮从又。又，持事，妻職也。臣鉉等曰：屮者，進也，齊之義也，故从屮。

奴 nú 奴、婢，皆古之辠人也。《周禮》曰："其奴，男子入于辠隸，女子入于舂藁。"从女从又。臣鉉等曰：又，手也。持事者也。

嫷 duò 南楚之外謂好曰嫷。从女隋聲。臣鉉等曰：今俗省作媠。《唐韻》作妥，非是。

委 wěi 委隨也。从女从禾。臣鉉等曰：委，曲也。取其禾穀垂穗委曲之皃。故从禾。

媻 pó 奢也。从女般聲。臣鉉等曰：今俗作婆，非是。

佞 nìng 巧讇高材也。从女，信省。臣鉉等曰：女子之信近於佞也。

媆 ruǎn 好皃。从女耎聲。臣鉉等案：《切韻》又音奴困切，今俗作嫩。非是。

㛴 nǎo 有所恨也。从女𡿺聲。今汝南人有所恨曰㛴。臣鉉等曰：𡿺，古囟字。非聲，當从匘省。

弗 fú 撟也。从丿从乀，从韋省。臣鉉等曰：韋所以束枉戾也。

𦥯 xiào 闕。臣鉉等案：今《篇韻》音皓，又音效。注云：誤也。

肈 zhào 上諱。臣鉉等曰：後漢和帝名也。案：李舟《切韻》云：擊也。从戈肁聲。

戟 jǐ 有枝兵也。从戈、倝。《周禮》：“戟，長丈六尺。”讀若棘。臣鉉等曰：倝非聲，義當从榦省。榦，枝也。

或 yù 邦也。从口从戈，以守一。一，地也。臣鉉等曰：今俗作胡國切。以爲疑或不定之意。臣鉉等曰：今無復或音。

𢦏 jiān 絶也。一曰田器。从从持戈。古文讀若咸。讀若《詩》云“攕攕女手”。臣鉉等曰：𢦏，銳意也。故从从。

戉 yuè 斧也。从戈𠄌聲。《司馬法》曰：“夏執玄戉，殷執白戚，周左杖黄戉，右秉白髦。”凡戉之屬皆从戉。”臣鉉等曰：今俗別作鉞，非是。

義 yí 己之威儀也。從我、羊。臣鉉等曰：此與善同意，故从羊。

㔷 lòu 側逃也。从匸丙聲。一曰箕屬。臣鉉等曰：丙非聲。義當从内。會意。疑傳寫之誤。

瓬 fǎng 周家搏埴之工也。从瓦方聲。讀若抵破之抵。臣鉉等曰：抵音瓦，非聲，未詳。

㼝 wǎn 小盂也。从瓦夗聲。臣鉉等曰：今俗別作椀，非是。

引 yǐn 開弓也。从弓、丨。臣鉉等曰：象引弓之形。

弦 xián 弓弦也。从弓，象絲軫之形。凡弦之屬皆从弦。臣鉉等曰：今別作絃，非是。

盭 lì 弼戾也。从弦省，从盩。讀若戾。臣鉉等曰：盩者，擊辠人見血也，弼戾之意。

䌛 yáo 隨從也。从系䍃聲。臣鉉等曰：今俗从䍃。

紩 zhì 樂浪挈令織。从糸从式。臣鉉等曰：挈令，蓋律令之書也。

續 xù 連也。从糸賣聲。臣鉉等曰：今俗作古行切。

總 zǒng 聚束也。从糸悤聲。臣鉉等曰：今俗作摠，非是。

繐 shī 粗緒也。从糸璽聲。臣鉉等曰：今俗別作絁，非是。

絢 xuàn 《詩》云：“素以爲絢兮。”从糸旬聲。臣鉉等案：《論語》注：“絢，文貌。”

緂 tǎn 帛騅色也。从糸剡聲。《詩》曰：“毳衣如緂。”臣鉉等曰：今俗別作毯，非是。

繻 xū 繒采色。从糸需聲。讀若《易》“繻有衣”。臣鉉等曰：《漢書傳》：符帛也。

紞 dǎn 冕冠塞耳者。从糸冘聲。臣鉉等曰：今俗別作髧，非是。

緥 bǎo 小兒衣也。从系保聲。臣鉉等曰：今俗作褓，非是。

縜 yún 持綱紐也。从糸員聲。《周禮》曰：“縜寸”。臣鉉等曰：縜，長寸也。

絰 dié 喪首戴也。从糸至聲。臣鉉等曰：當从姪省乃得聲。

絭 guān 織絹从糸貫杼也。从絲省，卝聲。臣鉉等曰：卝，古磺字。

虺 huǐ 虺以注鳴。《詩》曰：“胡爲纵蜥。”从虫兀聲。臣鉉等曰：兀非聲，未詳。

蟘 tè 蟲，食苗葉者。吏乞貸則生蟘。从虫从貸，貸亦聲。《詩》曰：“去其螟蟘。”臣鉉等曰：今俗作蟘，非是。

蛾 yǐ 羅也。从虫我聲。臣鉉等案：《爾雅》：蛾羅，蠶蛾也。䖵部已有䖸。或作蛾。此重出。

䗐 shuài 悉䗐也。从虫帥聲。臣鉉等曰：今俗作蟀，非是。

蜨 dié 蛺蜨也。从虫疌聲。臣鉉等曰：今俗作蝶，非是。

蝥 máo 盤蝥也。从虫敄聲。臣鉉等曰：今俗作蟊，非是。蟊即蠿。蟊，蜘蛛之別名也。

蜙 sōng 蜙蝑，以股鳴者。从虫松聲。臣鉉等曰：今俗作古紅切，以爲蜈蚣，蟲名。

蠯 pí 階也。脩爲蠯，圜爲蠇。从虫、庳。臣鉉等曰：今俗作蚍，或作𧕴，非是。

蜮 yù 短狐也。似鼈，三足，以气䠶害人。从虫或聲。臣鉉等曰：今俗作古獲切，以爲蝦蟆之別名。

蜽 liǎng 蛧蜽也。从虫兩聲。臣鉉等曰：今俗別作魍魎，非是。

蝯 yuán 善援，禺屬。从虫爰聲。臣鉉等曰：今俗別作猨，非是。

它 tā 虫也。从虫而長，象冤曲垂尾形。上古艸居患它，故相問無它乎。凡它之屬皆从它。臣鉉等曰：今俗作食遮切。

黽 měng 鼃黽也。从它，象形。黽頭與它頭同。凡黽之屬皆从黽。臣鉉等曰：色，其腹也。

鼂 cháo 匽鼂也。讀若朝。楊雄說：匽鼂，蟲名。杜林以爲朝旦，非是。从黽从旦。臣鉉等曰：今俗作鼌。

壟 lǒng 涂也。从土瀧聲。臣鉉等案：水部已有，此重出。

壞 huài 敗也。从土褱聲。臣鉉等按：攴部有敦，此重出。

畮 mǔ 六尺爲步，步百爲畮。从田每聲。臣鉉等曰：十，四方也。久聲。

暘 chàng 不生也。从田昜聲。臣鉉等曰：借爲通暘之暘。今俗別作暢，非是。

勶 chè 發也。从力从徹，徹亦聲。臣鉉等曰：今俗作撤，非是。

券 juàn 勞也。从力，卷省聲。臣鉉等曰：今俗作倦，義同。

協 xié 眾之同和也。从劦从十。臣鉉等曰：十，眾也。

鑯 jiān 鐵器也。一曰鐫也。从金韱聲。臣鉉等曰：今俗作尖，非是。

鐙 dēng 錠也。从金登聲。臣鉉等曰：錠中置燭，故謂之鐙。今俗別作燈，非是。

鑪 lú 方鑪也。从金盧聲。臣鉉等曰：今俗別作爐，非是。

鍼 zhēn 所以縫也。从金咸聲。臣鉉等曰：今俗作針，非是。

鏝 màn 鐵杇也。从金曼聲。臣鉉等案：木部已有，此重出。

鏦 cōng 矛也。从金從聲。臣鉉等曰：今音楚江切。

鉞 huì 車鑾聲也。从金戉聲。《詩》曰："鑾聲鉞鉞。"臣鉉等曰：今俗作鐬，以鉞作斧戉之戉，非是。

鐊 yáng 馬頭飾也。从金陽聲。《詩》曰："鉤膺鏤鐊。"一曰鍱，車輪鐵。臣鉉等曰：今經典作鍚。

鈔 chāo 叉取也。从金少聲。臣鉉等曰：今俗別作抄。

幵 jiān 平也。象二干對構，上平也。凡幵之屬皆从幵。徐鉉曰："幵但象物平，無音義也。"

凭 píng 依几也。从几从任。《周書》："凭玉几。"讀若馮。臣鉉等曰：人之依馮，几所勝載，故从任。

斲 zhuó 斫也。从斤、㽉。臣鉉等曰：㽉，器也。斤以斲之。

斛 tiāo 斛旁有斛。从斗厎聲。一曰突也。一曰利也。《尒疋》曰："斛謂之疀。"古田器也。臣鉉等曰：《說文》無厎字，疑厂象形，兆聲。今俗別作鍫，非是。

輅 lù 車軨前橫木也。从車各聲。臣鉉等曰：各，非聲，當从路省。

蹤 zōng 車迹也。从車，從省聲。臣鉉等曰：今俗別作蹤，非是。

輟 chuò 車小缺復合者。从車叕聲。臣鉉等按：网部輟與罬同，此重出。

轘 huàn 車裂人也。从車睘聲。《春秋傳》曰："轘諸栗門。"臣鉉等曰：睘，渠營切。非聲。當从還省。

𠂤 duī 小𨸏也。象形。凡𠂤之屬皆从𠂤。臣鉉等曰：今俗作堆。

陜 xiá 隘也。从𨸏夾聲。臣鉉等曰：今俗从山，非是。

阷 qū 敁也。从𨸏區聲。臣鉉等曰：今俗作崎嶇，非是。

隓 huī 敗城𨸏曰隓。从𨸏㭝聲。臣鉉等曰：《說文》無㭝字，蓋二左也。眾力左之，故从二左。今俗作隳，非是。

陊 duò 落也。从𨸏多聲。臣鉉等曰：今俗作墮，非是。

阬 kēng 閬也。从𨸏亢聲。臣鉉等曰：今俗作坑，非是。

𨸝 qiǎn 𨸝商，小塊也。从𨸏从臾。臣鉉等曰：臾，古文蕢字。

陳 chén 宛丘，舜後嬀滿之所封。从𨸏从木，申聲。臣鉉等曰：陳者，大昊之虛，畫八卦之所，木德之始，故从木。

院 yuàn 堅也。从𨸏完聲。臣鉉等桉：宀部已有，此重出。

五 wǔ 五行也。从二，陰陽在天地閒交午也。凡五之屬皆从五。臣鉉等曰：二，天天地也。

离 chī 山神獸也。从禽頭，从厹从屮。歐陽喬說：离，猛獸也。臣鉉等曰：从屮，義無所取，疑象形。

辠 zuì 犯法也。从辛从自，言辠人蹙鼻苦辛之憂。秦以辠似皇字，改爲罪。臣鉉等曰：言自古者以爲鼻字，故从自。

娩 miǎn 生子免身也。从子从免。臣鉉等曰：今俗作亡辯切。

孱 chán 迮也。一曰呻吟也。从孨在尸下。臣鉉等曰：尸者，屋也。

辰 chén 震也。三月，陽气動，靁電振，民農時也。物皆生，从乙、匕，象芒達；厂，聲也。辰，房星，天時也。从二，二，古文上字。凡辰之屬皆从辰。臣鉉等曰：三月陽气成，艸木生上徹於土，故从匕。厂非聲。疑亦象物之出。

臾 yú 束縛捽抴爲臾。从申从乙。臣鉉等曰：乙，屈也。

配 pèi 酒色也。从酉己聲。臣鉉等曰：己非聲。當从妃省。

醋 zuó 客酌主人也。从酉昔聲。臣鉉等曰：今俗作倉故切。

醶 yàn 酢漿也。从酉僉聲。臣鉉等曰：今俗作釅，非是。

酢 cù 醶也。从酉乍聲。臣鉉等曰：今俗作在各切。

醢 hǎi 肉醬也。从酉、𥁍。臣鉉等曰：𥁍，甌器也。所以盛醢。

尊 zūn 酒器也。从酋，廾以奉之。《周禮》六尊：犧尊、象尊、著尊、壺尊、太尊、山尊，以待祭祀賓客之禮。臣鉉等曰：今俗以尊作尊卑之尊。別作罇。非是。

徐鍇注釋類檢

元 yuán 始也。从一从兀。徐鍇曰："元者，善之長也，故从一。"

吏 lì 治人者也。从一从史，史亦聲。徐鍇曰："吏之治人，心主於一，故从一。"

瑞 ruì 以玉爲信也。从玉、耑。徐鍇曰："耑，諦也。會意。"

芋 yù 大葉實根，駭人，故謂之芌也。从艸亏聲。徐鍇曰："芌猶言吁。吁，驚辭，故曰駭人。"

菑 zī 不耕田也。从艸、绛。《易》曰："不菑畬。"徐鍇曰："當言从艸从巛从田，田不耕則艸塞之，故从巛，巛音灾。若从绛，則下有甾缶字相亂。

牛 niú 大牲也。牛件也；件，事理也。象角頭三、封尾之形。凡牛之屬皆从牛。徐鍇曰："件，若言物一件、二件也。封，高起也。"

右 yòu 助也。从口从又。徐鍇曰："言不足以左，復手助之。"

局 jú 促也。从口在尺下，復局之。一曰博，所以行棊。象形。徐鍇曰："人之無涯者唯口，故口在尺下則爲局。博局外有垠堮周限也。"

嚴 níng 亂也。从爻、工、交、吅。一曰窒嚴。讀若禳。徐鍇曰："二口噂沓也。爻，物相交質也。工，人所作也。己，象交構形。"

走 zǒu 趨也。从夭、止。夭止者，屈也。凡走之屬皆从走。徐鍇曰："走則足屈，故从夭。"

正 zhèng 是也。从止，一以止。凡正之屬皆从正。徐鍇曰："守一以止也。"

逐 zhú 追也。从辵从豚省。徐鍇曰："豚走而豕追之，會意。"

迦 jiā 迦互，令不得行也。从辵枷聲。徐鍇曰："迦互，猶犬牙左右相制也。"

徑 jìng 步道也。从彳巠聲。徐鍇曰："道不容車，故曰步道。"

後 hòu 遲也。从彳、幺、夊者，後也。徐鍇曰："幺，猶䌌躓之也。"

御 yù 使馬也。从彳从卸。徐鍇曰："卸，解車馬也。或彳或卸皆御者之職。"

足 zú 人之足也。在下。从止、口。凡足之屬皆从足。徐鍇曰："口象股脛之形。"

嗣 sì 諸侯嗣國也。从冊从口，司聲。徐鍇曰："冊必於廟。史讀其冊，故从口。"

舌 shé 在口，所以言也、別味也。从干从口，干亦聲。凡舌之屬皆从舌。徐鍇曰："凡物入口必干於舌，故从干。"

謚 shì 行之迹也。从言、兮、皿。闕。徐鍇曰："兮，聲也。"

異 yì 分也。从廾从畀。畀，予也。凡異之屬皆从異。徐鍇曰："將欲與物，先分異之也。《禮》曰：'賜君子小人不同日。'"

農 nóng 耕也。从晨囟聲。徐鍇曰："當从凶乃得聲。"

鞔 mán 履空也。从革免聲。徐鍇曰："履空，猶言履殼也。"

鞊 zhì 蓋杠絲也。从革旨聲。徐鍇曰："絲，其繫系也。"

孚 fú 卵孚也。从爪从子。一曰信也。徐鍇曰："鳥之孚卵皆如其期，不失信也。鳥

褱恆以爪反覆其卵也。"

埶 yì 種也。从坴、丮。持亟種之。《書》曰："我埶黍稷。"徐鍇曰："坴，土也。"

夬 guài 分決也。从又，㝴象決形。徐鍇曰："コ，物也。丨，所以決之。"

及 jí 逮也。从又从人。徐鍇曰："及前人也。"

卑 bēi 賤也。執事也。从𠂇、甲。徐鍇曰："右重而左卑，故在甲下。"

筆 bǐ 秦謂之筆。从聿从竹。徐鍇曰："筆尚便疌，故从聿。"

攸 yōu 行水也。从攴从人，水省。徐鍇曰："攴，入水所杖也。"

寇 kòu 暴也。从攴从完。徐鍇曰："當其完聚而欲寇之。"

斄 xī 坼也。从攴从厂。厂之性坼，果孰有味亦坼。故謂之斄，从未聲。徐鍇曰："厂，厓也。"

爽 shuǎng 明也。从㸚从大。徐鍇曰："大，其中隙縫光也。"

敻 xuàn 營求也。从夐，从人在穴上。《商書》曰："高宗夢得說，使百工敻求，得之傅巖。"巖，穴也。徐鍇曰："人與目隔穴經營而見之，然後指使以求之。攴，所指畫也。"

奭 shì 盛也。从大从皕，皕亦聲。此燕召公名。讀若郝。《史篇》名醜。徐鍇曰："《史篇》謂所作《倉頡》十五篇也。"

雁 yīng 鳥也。从隹，瘖省聲。或从人，人亦聲。徐鍇曰："鷹隨人所指蹤，故从人。"

蒦 huò 規蒦，商也。从又持萑。一曰視遽皃。一曰蒦，度也。徐鍇曰："商，度也。萑，善度人禍福也。"

苜 mò 目不正也。从𦫳从目。凡苜之屬皆从苜。莧从此。讀若末。徐鍇曰："𦫳，角戾也。"

惠 huì 仁也。从心从叀。徐鍇曰："爲惠者，心專也。"

𤔔 luàn 治也。幺子相亂，𠬪治之也。讀若亂同。一曰理也。徐鍇曰："冂冂，坰也，界也。"

歺 è 列骨之殘也。从半冎。凡歺之屬皆从歺。讀若櫱岸之櫱。徐鍇曰："冎，剔肉置骨也。歺，殘骨也。故从半冎。"

肴 yáo 啖也。从肉爻聲。徐鍇曰："謂已修庖之可食也。"

笛 dí 七孔筩也。从竹由聲。羌笛三孔。徐鍇曰："當从胄省乃得聲。"

辺 jì 古之遒人，以木鐸記詩言。从辵从丌，丌亦聲。讀與記同。徐鍇曰："遒人行而求之，故从辵。丌，薦而進之於上也。"

差 chā 貳也。差不相值也。从左从𠂹。徐鍇曰："左於事，是不當值也。"

工 gōng 巧飾也。象人有規榘也。與巫同意。凡工之屬皆从工。徐鍇曰："爲巧必遵規矩、法度，然後爲工。否則，目巧也。巫事無形，失在於詭，亦當遵規榘。故曰與巫同意。"

覡 xí 能齋肅事神明也。在男曰覡，在女曰巫。从巫从見。徐鍇曰："能見神也。"

曹 cáo 獄之兩曹也。在廷東。从㯥，治事者；从曰。徐鍇曰："以言詞治獄也。故从曰。"

鼓 gǔ 郭也。春分之音，萬物郭皮甲而出，故謂之鼓。从壴，支象其手擊之也。《周禮》六鼓：靁鼓八面，靈鼓六面，路鼓四面，鼖鼓、皐鼓、晉鼓皆兩面。凡鼓之屬皆从鼓。徐鍇曰："郭者，覆冒之意。"

虍 hū 虍虎文也。象形。凡虍之屬皆从虍。徐鍇曰：象其文章屈曲也。
䘏 xù 䘏憂也。从血卩聲。一曰鮮少也。徐鍇曰："皿者，言憂之切至也。"
靜 jìng 靜審也。从青爭聲。徐鍇曰："丹青，明審也。"
卽 jí 卽即食也。从皀卩聲。徐鍇曰："卽，就也。"
㫗 hòu 㫗厚也。从反亯。凡㫗之屬皆从㫗。徐鍇曰："亯者，進土也。以進上之具反之於下則厚也。"
良 liáng 良善也。从畗省，亡聲。徐鍇曰："良，甚也。故从畗。"
韢 suì 韢櫜紐也。从韋惠聲。一曰盛虜頭櫜也。徐鍇曰："謂戰伐以盛首級。"
木 mù 木冒也。冒地而生。東方之行。从屮，下象其根。凡木之屬皆从木。徐鍇曰："屮者，木始甲拆，萬物皆始於微。故木从屮。"
本 běn 本木下曰本。从木，一在其下。徐鍇曰："一，記其處也。本末朱皆同義。"
牀 chuáng 牀安身之坐者。从木爿聲。徐鍇曰："《左傳》薳子馮詐病，掘地下冰而牀焉。至於恭坐則席也。故从爿，爿則爿之省。象人衺身有所倚箸。至於牆、壯、戕、狀之屬，竝當从牀省聲。"李陽冰言："木右爲片，左爲爿，音牆。且《說文》無爿字，其書亦異，故知其妄。"
橆 wú 橆豐也。从林、奭。或說規模字。从大；卌，數之積也；林者，木之多也。卌與庶同意。《商書》曰："庶草繁無。"徐鍇曰："或說大卌爲規模之模，諸部無者，不審信也。"
才 cái 才艸木之初也。从丨上貫一，將生枝葉。一，地也。凡才之屬皆从才。徐鍇曰："上一，初生歧枝也。下一，地也。"
㞷 huáng 㞷艸木妄生也。从之在土上。讀若皇。徐鍇曰："妄生謂非所宜生。《傳》曰：'門上生莠。'从之，在土上。土上益高，非所宜也。"
䲀 niè 䲀槷䲀，不安也。从出臬聲。《易》曰："槷䲀。"徐鍇曰："物不安則出不在也。"
隆 lóng 隆豐大也。从生降聲。徐鍇曰："生而不已，益高大也。"
椈 jǔ 椈積椈也。从禾从又，句聲。又者，从丑省。一曰木名。徐鍇曰："丑者，束縛也。積椈，不伸之意。"
䅵 zhuó 䅵特止也。从稽省，卓聲。徐鍇曰："特止，卓立也。"
剌 là 剌戾也。从束从刀。刀者，剌之也。徐鍇曰："剌，乖違也。束而乖違者，莫若刀也。"
圖 tú 圖畫計難也。从囗从啚。啚，難意也。徐鍇曰："規畫之也。故从囗。"
因 yīn 因就也。从囗、大。徐鍇曰："《左傳》曰：植有禮，因重固。能大者，眾圍就之。"
員 yuán 員物數也。从貝囗聲。凡員之屬皆从員。徐鍇曰："古以貝爲貨，故數之。"
𣅀 yǎo 𣅀望遠合也。从日、匕。匕，合也。讀若窈窕之窈。徐鍇曰："比，相近也。故曰合也。"
昆 kūn 昆同也。从日从比。徐鍇曰："日日比之，是同也。"
普 pǔ 普日無色也。从日从竝。徐鍇曰："日無光則遠近皆同，故从竝。"
旋 xuán 旋周旋，旌旗之指麾也。从㫃从疋。疋，足也。徐鍇曰："人足隨旌旗以周旋也。"
㚋 zhā 㚋厚脣皃。从多从尚。徐鍇曰："多卽厚也。"

甹 yóu 木生條也。从马由聲。《商書》曰："若顛木之有甹、枿。"古文言由枿。徐鍇曰："《說文》無由字，今《尚書》只作由枿，蓋古文省马，而後人因省之。通用爲因、由等字。从马，上象枝條華圅之形。"

韡 wéi 束也。从東韋聲。徐鍇曰："言束之象木華實之相累也。"

齊 qí 禾麥吐穗上平也。象形。凡亝之屬皆从亝。徐鍇曰："生而齊者莫若禾麥。二，地也。兩傍在低處也。"

克 kè 肩也。象屋下刻木之形。凡克之屬皆从克。徐鍇曰："肩，任也。負何之名也。與人肩膊之義通，能勝此物謂之克。"

秀 xiù 上諱。漢光武帝名也。徐鍇曰："禾，實也。有實之象，下垂也。"

稀 xī 疏也。从禾希聲。徐鍇曰："當言从爻从巾，無聲字。爻者，稀疏之義，與爽同意。巾，象禾之根莖。至於莃、晞，皆當从稀省。何以知之？《說文》無希字故也。"

向 xiàng 北出牖也。从宀从口。《詩》曰："塞向墐戶。"徐鍇曰："牖所以通人气，故从口。"

冠 guān 絭也。所以絭髮，弁冕之總名也。从冂从元，元亦聲。冠有法制，从寸。徐鍇曰："取其在首，故从元。"

署 shǔ 部署，有所网屬。从网者聲。徐鍇曰："署置之，言羅絡之，若罘网也。"

置 zhì 赦也。从网、直。徐鍇曰："从直，與罷同意。"

重 zhòng 厚也。从壬東聲。凡重之屬皆从重。徐鍇曰："壬者，人在土上，故爲厚也。"

㐆 yī 歸也。从反身。凡㐆之屬皆从㐆。徐鍇曰："古人所謂反身修道，故曰歸也。"

令 lìng 發號也。从亼、卪。徐鍇曰："號令者，集而爲之。卪，制也。"

粦 lín 兵死及牛馬之血爲粦。粦，鬼火也。从炎、舛。徐鍇曰："案：《博物志》戰鬬死亡之處，有人馬血，積中爲粦，著地入艸木，如霜露不可見。有觸者，著人體後有光，拂拭即散無數，又有吒聲如鬻豆。舛者，人足也。言光行著人。"

吳 wú 姓也。亦郡也。一曰吳，大言也。从夨、口。徐鍇曰："大言，故夨口以出聲。《詩》曰：不吳不揚。今寫《詩》者改吳作吴，又音乎化切。其謬甚矣。"

思 xiān 疾利口也。从心从冊。《詩》曰："相時思民。"徐鍇曰："冊，言眾也。"

態 tài 意也。从心从能。徐鍇曰："心能其事，然後有態度也。"

惪 yōu 愁也。从心从頁。徐鍇曰："惪形於顏面，故从頁。"

泐 lè 水石之理也。从水从阞。《周禮》曰："石有時而泐。"徐鍇曰："言石因其脈理而解裂也。"

染 rǎn 以繒染爲色。从水杂聲。徐鍇曰："《說文》無杂字。裴光遠云：'从木，木者所以染，梔、茜之屬也；从九，九者染之數也。'未知其審。"

𠂢 pài 水之衺流，別也。从反永。凡𠂢之屬皆从𠂢。讀若稗縣。徐鍇曰："永，長流也。反即分𠂢也。"

鱻 xiān 新魚精也。从三魚。不變魚。徐鍇曰："三，眾也。眾而不變，是鱻也。"

乚 yǐ 玄鳥也。齊魯謂之乚。取其鳴自呼。象形。凡乚之屬皆从乚。徐鍇曰："此與甲乙之乙相類，其形舉，首下曲，與甲乙字少異。"

否 fǒu 不也。从口从不，不亦聲。徐鍇曰："不可之意見於言，故从口。"

閒 jiàn 隙也。从門从月。徐鍇曰："夫門夜閉，閉而見月光，是有閒隙也。"

耿 gěng 耳箸頰也。从耳，烓省聲。杜林說：耿，光也。从光，聖省。凡字皆左形右

聲。杜林非也。徐鍇曰："凡字多右形左聲，此說或後人所加，或傳寫之誤。"

擥 shuò 人臂皃。从手削聲。《周禮》曰："輻欲其擥。"徐鍇曰："人臂梢長，纖好也。"

捧 bài 首至地也。从手、𠦪。𠦪音忽。徐鍇曰："𠦪進趣之，疾也，故拜从之。"

揣 chuāi 量也。从手耑聲。度高曰揣。一曰捶之。徐鍇曰："此字與耑聲不相近，如喘、遄之類，皆當从瑞省。"

拂 fú 過擊也。从手弗聲。徐鍇曰："擊而過之也。"

威 wēi 姑也。从女从戌。漢律曰："婦告威姑。"徐鍇曰："土盛於戌，土陰之主也，故从戌。"

好 hǎo 美也。从女、子。徐鍇曰："子者，男子之美偁。會意。"

如 rú 从隨也。从女从口。徐鍇曰："女子从父之教，从夫之命，故从口。會意。"

妯 chōu 動也。从女由聲。徐鍇曰："當从胄省。"

丿 piě 右戾也。象左引之形。凡丿之屬皆从丿。徐鍇曰："其爲文舉首而申體也。"

𠂆 yì 抴也，明也。象抴引之形。凡𠂆之屬皆从𠂆。虒字从此。徐鍇曰："象丿而不舉首。"

戔 cán 賊也。从二戈。《周書》曰："戔戔巧言。"徐鍇曰："兵多則殘也，故从二戈。"

我 wǒ 施身自謂也。或說我，頃頓也。从戈从𢦏。𢦏，或說古垂字。一曰古殺字。凡我之屬皆从我。徐鍇曰："从戈者，取戈自持也。"

直 zhí 正見也。从乚从十从目。徐鍇曰："乚，隱也。今十目所見是直也。"

乍 zhà 止也，一曰亡也。从亡从一。徐鍇曰："出亡得一則止，暫止也。"

甍 méng 屋棟也。从瓦，夢省聲。徐鍇曰："所以承瓦，故从瓦。"

弼 bì 輔也。重也。从弜丙聲。徐鍇曰："丙，舌也，非聲。舌柔而弜剛，以柔从剛，輔弼之意。"

糸 mì 細絲也。象束絲之形。凡糸之屬皆从糸。讀若硯。徐鍇曰："一蠶所吐爲忽，十忽爲絲。糸，五忽也。"

綏 suī 車中把也。从糸从妥。徐鍇曰："禮：升車必正立執綏。所以安也。當从爪从安省。《說文》無妥字。"

強 qiáng 蚚也。从虫弘聲。徐鍇曰："弘與强聲不相近，秦刻石文从口。疑从籀文省。"

蟊 máo 蟲食艸根者。从䖵，象其形。吏抵冒取民財則生。徐鍇曰："唯此一字象蟲形，不从矛，書者多誤。"

亟 jí 敏疾也。从人从口，从又从二。二，天地也。徐鍇曰："承天之時，因地之利，口謀之，手執之，時不可失，疾也。"

亘 xuān 求亘也。从二从回。回，古文回，象亘回形。上下，所求物也。徐鍇曰："回，風回轉，所以宣陰陽也。"

封 fēng 爵諸侯之土也。从之从土从寸，守其制度也。公侯，百里；伯，七十里；子男，五十里。徐鍇曰："各之其土也。會意。"

鐔 xín 劍鼻也。从金覃聲。徐鍇曰："劍鼻，人握處之下也。"

鐂 liú 殺也。徐鍇曰："《說文》無劉字，偏旁有之，此字又史傳所不見，疑此即劉字也。从金从丣，刀字屈曲，傳寫誤作田尔。"

軸 zhóu 持輪也。从車由聲。徐鍇曰：“當从胄省。”

軎 wèi 車軸耑也。从車，象形。杜林說。徐鍇曰：“指事。”

尤 yóu 異也。从乙又聲。徐鍇曰：“乙欲出而見閡，見閡則顯其尤異也。”

丙 bǐng 位南方，萬物成，炳然。陰气初起，陽气將虧。从一入冂。一者，陽也。丙承乙，象人肩。凡丙之屬皆从丙。徐鍇曰：“陽功成，入於冂。冂，門也，天地陰陽之門也。

成 chéng 就也。从戊丁聲。徐鍇曰：“戊中宫成於中也。”

巴 bā 蟲也。或曰食象蛇。象形。凡巴之屬皆从巴。徐鍇曰：“一，所吞也。指事。”

孕 yùn 褢子也。从子从几。徐鍇曰：“取象於褢妊也。”

娩 miǎn 生子免身也。从子从免。徐鍇曰：“《說文》無免字，疑此字从𦨣省。以免身之義，通用爲解免之免。晚冕之類皆當从娩省。”

疑 yí 惑也。从子、止、匕，矢聲。徐鍇曰：“止，不通也。㚖，古矢字。反匕之幼子多惑也。”

育 yù 養子使作善也。从𠫓肉聲。《虞書》曰：“教育子。”徐鍇曰：“𠫓，不順子也。不順子亦教之，況順者乎？”

寅 yín 髕也。正月，陽气動，去黃泉欲上出，陰尚彊，象宀不達，髕寅於下也。凡寅之屬皆从寅。徐鍇曰：“髕斥之意，人陽气鋭而出，上閡於宀臼，所以擯之也。”

辰 chén 震也。三月，陽气動，靁電振，民農時也。物皆生，从乙、匕，象芒達；厂，聲也。辰，房星，天時也。从二，二，古文上字。凡辰之屬皆从辰。徐鍇曰：“匕音化。乙，艸木萌初出曲卷也。”

部首筆畫索引

【五畫】

【六畫】

單字音序索引

赤 267	幬 86	嬃 323	船 218	楯 141	齏 16
愶 279	錐 92	鉏 370	**chuǎn**	輴 377	薋 20
灪 281	籌 116	除 382	喘 30	**chún**	茨 21
渣 287	椆 140	**chǔ**	舛 136	雜 89	鶿 95
涾 289	䣘 163	齭 47	歂 223	脣 102	鷀 95
墍 309	稠 176	楮 142	**chuàn**	䑏 134	餈 128
瘴 317	幬 196	杵 148	剶 79	奄 268	詞 233
抶 320	簒 275	楚 153	𦝼 94	漘 290	慈 274
飭 365	怞 275	齼 199	釧 373	淳 296	濨 293
chōng	惆 279	儲 202	**chuāng**	純 339	瓷 337
衝 46	愁 280	褚 214	刅 109	陙 382	垐 359
蛊 125	瀮 296	礎 245	窻 187	醇 391	辤 387
舂 182	儵 304	処 374	靚 222	**chǔn**	辭 387
罿 194	紬 342	**chù**	囪 266	膞 106	**cǐ**
僠 202	綢 346	珿 9	**chuáng**	偆 204	玼 7
充 219	幬 362	俶 38	橦 147	惷 278	越 37
惷 277	醻 392	亍 45	牀 147	蠢 354	此 39
憧 277	**chǒu**	觸 110	幢 197	**chuò**	佌 205
忡 280	杽 151	䣍 162	**chuǎng**	啜 30	㧗 251
沖 288	醜 236	俶 202	瓺 336	趠 37	泚 288
幢 376	丑 389	歜 223	**chuàng**	辵 40	**cì**
chóng	**chòu**	欼 224	剙 127	逴 43	茦 16
種 176	遧 20	豖 247	愴 279	腏 106	莿 16
崇 239	殠 100	黜 266	**chuī**	歠 225	諫 62
爞 264	**chū**	怵 280	吹 31	毚 255	刺 109
緟 344	初 107	絀 342	222	惙 280	賜 159
蟲 354	樗 140	俶 359	龡 51	娖 327	朿 175
chǒng	出 154	畜 363	炊 262	婥 328	伙 203
寵 186	貙 248	罟 385	**chuí**	齪 347	次 224
chōu	摴 322	**chuā**	箠 115	輟 378	髭 232
雔 28	**chú**	篡 265	㻲 131	**cī**	廁 241
㕡 84	蒢 14	**chuǎi**	椎 149	趀 36	絘 346
瘳 192	藸 18	揣 316	巫 155	趑 37	載 349
搊 319	芻 22	**chuān**	傾 227	齹 47	**cōng**
妯 328	犓 28	穿 187	䰄 232	雌 89	璁 8
chóu	躇 49	川 299	捶 321	辈 91	蔥 23
詷 32	雛 88	**chuán**	垂 361	骴 102	樅 143
鑄 56	耡 110	遄 41	錘 371	疵 190	廖 241
訓 60	篨 113	篅 114	陲 382	覗 221	驄 250
𣪏 75	廚 240	櫋 140	**chūn**	縒 340	悤 266
畞 79	䝓 246	椽 146	萅 24	**cí**	恩 266
	滁 297		杶 141	祠 3

聰 312	催 206	撮 316	**dài**	**dàn**	愓 277
繱 342	崔 239	**cuó**	逮 41	襌 4	蕩 284
鏓 371	摧 314	籧 47	待 45	萏 17	潒 287
鍐 371	縗 346	睉 84	跢 49	啖 30	礑 336
cóng	**cuǐ**	虘 123	戴 66	嘾 32	**dāo**
琮 6	璀 9	齹 135	隶 74	啖 32	刀 107
藂 24	趡 38	鄌 164	棣 74	誕 61	裯 212
叢 64	漼 289	痤 190	殆 100	鴠 93	**dǎo**
賨 160	濢 294	嵯 238	貸 158	膻 103	禱 3
从 209	**cuì**	矬 309	帶 195	魧 111	祷 3
從 209	顇 3	瘥 363	紿 197	旦 170	蹈 49
悰 274	萃 20	**cuǒ**	代 204	窞 188	導 76
憕 275	啐 33	髮 231	岱 237	癉 191	島 237
淙 289	翠 87	**cuò**	螴 266	僤 201	搗 319
潀 291	脆 106	莝 22	怠 277	但 207	壔 360
còu	膬 106	剉 41	給 340	憺 276	**dào**
湊 292	粹 181	剉 108	**dān**	憚 280	菿 24
cū	寂 186	厞 136	單 35	澹 289	道 43
麤 22	竁 188	厝 242	眈 82	淡 295	翿 88
粗 180	倅 208	挫 314	殫 100	撣 315	稻 177
麁 255	毳 216	措 316	簞 114	彈 338	纛 178
cú	頰 229	銼 368	丹 127	蜑 353	儔 205
徂 40	焠 263	錯 369	鄲 162	醓 392	盜 225
殂 100	愻 275		儋 202	**dāng**	燾 264
cù	悴 280	**D**	襌 213	瓽 9	悼 280
蔟 22	淬 296	**dá**	觀 221	欓 350	到 309
蹴 49	繀 348	荅 11	耽 312	當 363	**dé**
蹙 51	**cūn**	達 42	聃 312	鐺 372	德 44
棟 146	墫 10	靼 67	瞻 312	**dǎng**	得 45
促 206	皴 77	耷 91	媅 327	讜 63	㝵 221
猝 256	邨 165	笪 115	匰 335	擋 165	惪 273
酨 329	**cún**	炟 260	酖 392	黨 265	**dēng**
竈 356	存 388	疸 265	**dǎn**	攩 316	鐙 8
酢 393	**cǔn**	怛 279	膽 102	**dàng**	登 39
cuán	刌 107	妲 330	亶 134	璗 9	簦 115
欑 149	忖 281	**dǎ**	疸 192	蕩 112	豋 122
cuàn	**cùn**	打 322	黕 265	簜 114	㲪 216
爨 67	寸 76	**dà**	黵 266	盪 125	鐙 369
竄 188	𡚼 132	眔 83	黮 266	宕 186	**dēng**
篡 237	**cuō**	大 267	抌 321	碭 243	等 113
cuī	瑳 7	亣 271	紞 343	愓 277	
榱 146	蹉 51

E

F

蠹 354	盾 85	妸 325	惡 278	**F**	鱕 259
duān	笰 114	婗 328	厃 310	**fā**	燔 261
剬 107	頓 228	阿 380	閼 311	發 338	樊 263
耑 111	庉 240	**é**	搹 315	**fá**	蹯 266
稴 177	鈍 373	莪 17	搤 316	茷 20	緐 340
耑 183	**duō**	吪 33	姶 325	乏 39	緐 345
褍 213	咄 31	哦 35	蠶 351	疺 85	蠜 350
端 272	多 173	誐 58	蝀 352	罰 108	蟠 350
duǎn	**duó**	譌 61	堊 358	橙 150	凡 357
短 132	敚 78	皒 94	軶 378	伐 207	**fǎn**
duàn	奪 90	囮 158	阸 381	閥 312	返 41
躖 48	剫 108	俄 206	**ēn**	妭 326	反 72
段 75	痥 192	額 226	袞 262	**fǎ**	軵 377
鍛 137	襗 212	峨 238	恩 274	灋 254	**fàn**
煅 356	碩 226	硪 244	**ēng**	**fà**	芝 21
鍛 368	掇 318	涐 282	鞥 68	髮 231	范 24
斷 375	鐸 371	娥 324	**ér**	**fān**	笵 113
duī	**duǒ**	蠚 353	荋 21	藩 22	飯 128
崔 240	朵 144	鈋 373	腝 105	翻 88	梵 135
鑒 373	椯 149	**ě**	栭 146	籓 113	販 159
自 379	軃 270	厄 233	兒 219	旛 171	奿 243
duì	埵 358	騀 252	而 246	幡 196	娩 256
對 65	埵 359	閜 311	洏 294	飜 252	犯 257
役 75	**duò**	**è**	鮞 303	瀿 289	汎 288
鐜 183	鵽 94	啞 31	輀 379	**fán**	氾 289
憝 207	隋 104	咢 32	**ěr**	璠 5	泛 292
兌 219	柮 151	呝 34	珥 6	蘋 17	纆 299
碓 244	痑 192	咢 35	薾 19	蘩 24	嬎 323
淳 272	褅 212	還 41	尒 26	蕃 24	軓 376
憞 278	墮 238	遏 43	邇 43	番 27	範 378
懟 278	嶞 238	詻 56	臑 70	樊 66	畚 391
霮 303	馱 254	鞥 68	爾 80	棥 80	**fāng**
鐜 372	惰 277	屵 99	毦 216	蹯 91	芳 21
陮 380	鱔 303	剫 107	耳 312	橎 143	雈 88
dūn	嫷 325	餩 130	**èr**	鐢 161	枋 142
蹲 50	娜 328	餓 130	刵 108	墦 184	邡 163
敦 78	鬌 370	鄂 163	樲 141	袢 214	方 219
惇 274	陊 381	瘶 191	貳 159	燔 221	匚 335
錞 337		頞 226	佴 203	颿 228	坊 362
dùn	**E**	屵 240	姩 325	煩 228	鈁 371
遁 41	**ē**	齃 260	二 357	獹 257	**fáng**
遯 42	娿 324				肪 102

鲂 304	芔 307	幩 197	酆 166	璵 10	烰 261
房 310	匪 335	獖 246	捀 317	蕧 12	㵒 261
妨 328	蠹 354	豶 259	縫 344	荂 14	淥 272
防 381	**fèi**	汾 283	**fēng**	䔰 15	怫 277
fǎng	芾 11	濆 290	諷 56	芣 19	涪 282
訪 56	𦮙 28	魵 305	覂 195	莆 21	浮 288
䰣 93	吠 34	墳 361	**fèng**	芙 25	泭 301
眆 169	跰 50	鐼 367	奉 65	咈 32	扶 314
仿 202	灣 70	轒 379	鳳 92	趡 37	拂 321
舫 218	曹 84	**fěn**	賵 160	踾 49	弗 331
瓬 336	肺 102	粉 181	**fóu**	孚 70	乀 331
紡 340	繜 111	黺 199	紑 343	𡂡 72	緋 346
fàng	櫠 140	扮 318	**fǒu**	鳧 76	蚨 352
趽 50	柿 150	**fèn**	否 34	翇 88	蝠 353
放 98	費 159	奮 90	缻 107	髴 95	蠹 354
fēi	穳 177	鼖 97	缶 131	刜 108	輻 377
暜 81	廢 190	膹 105	不 308	符 113	**fǔ**
䰱 216	扉 217	幡 197	否 308	箙 115	莆 11
騛 251	鬠 232	僨 206	**fū**	虙 123	䝵 70
騑 252	廢 241	忿 278	莩 19	富 134	攸 78
霏 303	厞 242	憤 279	尃 76	夏 136	甫 80
飛 307	沸 290	漢 294	敷 77	枎 144	脯 105
非 307	𦸹 360	坌 358	笌 113	榑 145	腐 106
扉 309	閼 385	坋 360	麩 135	栿 145	簠 114
妃 323	**fēn**	**fēng**	柎 150	枹 148	郙 166
斐 329	氛 10	封 16	郛 161	枹 150	黼 199
緋 347	芬 11	丰 45	邦 165	郛 160	俌 203
féi	分 26	豐 123	稃 178	罘 194	頫 228
腓 103	闅 71	酆 135	俘 207	罦 194	䩉 229
肥 106	鳻 96	夆 138	柎 212	幅 195	府 240
痱 190	饙 128	楓 142	庯 242	襆 197	拊 315
蜰 350	枌 142	丰 154	豧 246	市 197	撫 316
fěi	衯 195	鄷 161	夫 271	韍 199	綒 346
菲 23	衯 213	豐 185	怤 273	佛 202	斧 374
誹 59	紛 345	峯 238	泭 292	伏 206	輔 379
翡 87	**fén**	燹 264	鈇 306	服 218	**fù**
篚 115	黂 21	蠡 354	紨 346	髴 232	袝 2
餥 128	枌 91	風 355	鈇 372	萯 235	萯 14
棐 152	轒 122	封 359	**fú**	由 237	覆 15
斐 231	枌 143	鏠 372	福 2	弗 239	蕧 15
悱 281	棼 153	**féng**	祓 3	䰒 261	赴 36
		逢 41

復 44	郂 165	榦 145	臭 271	**gě**	宮 187
卧 48	欬 169	杆 168	縞 341	哿 120	躬 187
父 72	佡 201	軌 170	**gào**	舸 219	恭 274
腹 103	垓 357	軡 170	告 29	駒 252	弓 337
椱 148	隑 382	贛 267	誥 57	**gè**	功 364
負 159	**gǎi**	淦 292	郜 164	各 34	**gǒng**
賦 159	改 78	紺 342	祰 238	箇 114	珙 9
賻 160	敀 79	**gāng**	**gē**	**gēn**	収 65
馥 180	**gài**	犅 27	鴿 93	跟 48	鞏 68
富 185	葢 21	剛 107	䴚 94	根 143	巩 71
復 187	戤 99	舡 110	胳 103	**gěn**	汞 243
府 190	槩 148	笓 113	割 108	頤 226	栱 280
覆 195	扢 148	缸 132	哥 120	**gèn**	拱 314
傅 203	溉 285	杠 147	歌 223	楒 151	𢀎 314
付 203	摡 320	岡 238	菏 285	艮 209	㧬 321
複 213	匄 334	亢 270	滒 295	**gēng**	**gòng**
髻 232	**gān**	扛 318	戈 332	鬙 70	贛 15
䄍 235	玕 9	綱 344	**gé**	更 78	共 66
駙 252	苷 13	釭 372	茖 13	耕 110	箜 114
蠹 256	迁 43	**gǎng**	葛 18	揯 319	貢 158
鮒 304	干 53	崗 270	諽 62	緪 345	贛 159
鰒 305	肝 102	港 297	革 67	庚 387	供 202
婦 323	竿 114	岘 363	鞈 69	**gěng**	匼 335
縛 341	甘 118	**gāo**	翮 87	哽 32	**gōu**
蝮 348	麐 118	皋 18	骼 102	骾 102	句 54
坿 359	酐 166	羔 91	挌 109	梗 143	鉤 54
鍑 368	尲 269	膏 102	觡 111	郠 164	刣 107
輹 377	忓 276	篙 117	麚 124	鯁 305	篝 114
萯 380	泔 295	櫜 121	格 145	耿 312	韝 137
賦 382	戦 332	餻 130	槅 147	綆 345	溝 291
䶃 383	**gǎn**	高 133	槅 150	埂 360	緱 344
	旰 76	槔 152	鄐 163	**gèng**	**gǒu**
	敢 99	櫜 157	吸 197	鮯 303	玽 8
G	程 178	皋 271	佮 204	**gōng**	苟 23
gāi	衦 214	**gǎo**	匌 235	公 26	笱 54
絯 3	感 279	槁 140	鞷 302	龏 65	耇 215
荄 19	譥 392	槀 145	閣 310	龔 66	狗 256
該 63	**gàn**	杲 145	閣 311	厷 72	蚼 353
毅 75	蘚 14	鰝 156	搿 321	攻 79	**gòu**
胲 103	旰 82	稾 178	盒 352	觥 111	茩 16
剴 107	骭 101	乔 271	隔 381	工 118	遘 41
核 149

H

hān	悍 277	滈 293	劾 365	鴻 94	臞 89
舸 86	漢 283	灝 295	**hè**	粃 181	臞 105
酣 392	浛 293	鰝 306	和 31	宏 185	智 119
hán	汗 296	攱 323	嗃 35	𪔂 185	乎 120
玲 9	閈 310	鎬 368	鶴 94	仜 201	虍 123
含 30	撼 319	**hē**	叡 99	洪 287	虖 123
韓 137	扞 321	訶 62	臛 105	泓 289	楜 144
邯 162	蛤 349	亝 120	賀 158	峪 300	吻 167
邗 165	釬 372	欱 224	何 202	閎 310	寣 189
函 174	**háng**	抲 319	褐 214	弘 337	憮 196
寒 186	远 43	蓲 351	熇 261	紅 342	歔 223
顄 226	阬 219	**hé**	赫 267	紘 343	魖 236
齡 260	航 306	荷 17	垎 359	虹 353	幠 247
涵 293	**hàng**	迠 41	**hēi**	**hòng**	萃 270
涵 301	沆 288	麧 47	黑 265	訌 61	慁 276
雷 302	**hāo**	穌 51	**hén**	鬨 71	忽 277
砼 337	蒿 24	詥 58	報 68	澒 297	淴 290
hǎn	薅 25	敆 78	痕 191	**hóu**	匫 335
罕 193	藃 101	翮 87	**hěn**	喉 29	颭 355
厂 242	**háo**	鶴 96	很 45	猴 87	**hú**
玁 257	嗥 34	曷 119	詪 61	餱 128	瑚 9
hàn	譹 61	盉 125	**hèn**	矦 132	鸒 70
莔 17	号 120	盇 126	恨 278	猴 258	鵠 94
蘫 23	號 120	合 130	**héng**	鯸 306	胡 104
譀 61	獔 140	麨 135	珩 6	鍭 372	縠 111
敢 78	鄂 163	槲 145	胻 103	**hǒu**	餬 129
睅 82	蠔 247	郃 161	衡 110	吼 233	崔 133
翰 87	勢 365	郃 166	橫 150	**hòu**	黏 180
雗 88	**hǎo**	禾 176	灜 292	逅 44	狐 259
鶾 96	郝 161	秝 178	恆 357	後 45	瓳 260
旱 168	好 325	虆 195	**hōng**	垕 134	煳 262
暵 169	**hào**	罅 198	訇 60	厚 134	醐 269
马 174	璭 8	礉 245	薨 101	郈 162	壺 269
棘 174	號 123	貉 248	儚 205	㠶 165	湖 291
乾 216	鄗 162	驊 253	烘 262	候 204	擭 320
頷 226	晧 168	貉 259	轟 379	后 233	搰 320
頷 227	暤 168	河 282	**hóng**	**hū**	弧 337
輪 251	耗 177	涸 294	玒 5	呼 30	縠 341
驛 252	顥 228	閤 310	軯 68	嘑 32	斛 375
熯 261	昦 271	紇 339	翁 88	評 58	醐 393
	浩 288	蝎 349	堆 89	謼 58	**hǔ**
					琥 6

虎 123	話 58	萑 23	宖 126	禕 212	惠 98
廒 165	調 61	還 41	翃 173	獋 259	會 130
汻 290	靴 71	萑 90	穀 178	灰 262	橞 141
hù	畫 74	桓 147	帆 195	輝 263	槥 152
祜 2	艍 111	寏 185	駫 253	恢 274	賄 158
苄 16	樗 142	寰 187	宎 299	揮 319	晦 168
嚛 30	稞 178	鬟 233	縱 339	撝 319	瘣 189
觳 34	乚 208	戌 241	**huáng**	摩 321	慧 274
護 58	化 208	獂 247	皇 4	媁 329	恚 278
鞳 69	愧 236	狟 248	璜 6	徽 344	澮 284
雇 89	埀 238	䮝 250	瑝 7	陸 381	沫 296
笠 115	鰽 304	莧 256	喤 30	隔 382	濊 297
笏 117	鯢 304	狟 257	遑 44	**huí**	闠 310
楛 141	魤 306	查 267	坒 88	回 157	嬒 329
柜 150	挴 322	洹 285	篁 113	洄 292	媱 329
鄠 161	燸 325	闌 312	簧 116	蛔 348	嬒 330
扈 161	絓 339	組 343	雞 137	**huǐ**	匯 335
戽 169	緑 346	垸 359	坒 153	毇 182	繢 340
瓠 184	譁 364	鍰 370	程 178	烜 260	繪 342
昈 194	**huái**	**huǎn**	艎 219	煅 260	蟪 353
岵 238	踝 18	緩 347	煌 263	悔 279	鏏 372
居 242	槐 142	**huàn**	惶 280	撃 321	**hūn**
縠 258	褱 212	喚 35	湟 283	嫛 329	葷 12
穀 267	襄 212	逭 42	潢 291	虫 348	殙 99
怙 275	懷 275	矏 53	蟥 350	虺 348	昏 168
戶 309	淮 284	奐 65	蝗 351	毀 360	惛 278
婟 328	瀤 286	幻 98	黃 364	**huì**	閽 311
姱 328	**huài**	肒 104	鍠 371	薈 20	婚 323
huā	壞 360	宦 185	隍 382	薉 20	**hún**
譁 61	**huān**	豢 246	**huǎng**	卉 23	楎 147
荂 155	讙 61	煥 264	詤 61	喙 29	棞 151
華 155	驩 95	患 280	櫎 148	嘒 31	魂 236
蘤 272	酄 164	渙 287	晄 167	遳 40	顐 260
huá	歡 223	瀚 296	怳 277	誨 56	渾 289
鷨 47	豲 247	鯇 304	**huī**	諱 57	韗 358
劃 108	獾 248	擐 318	嚐 62	詯 60	輼 378
欻 135	驪 251	換 322	睢 83	讚 61	**hùn**
茦 147	**huán**	輚 379	眭 85	譓 61	棞 151
滑 290	環 6	**huāng**	鼆 87	彗 73	圂 158
姡 326	瓛 6	荒 20	暉 168	卟 80	倱 204
huà	蘐 14	肓 102	微 196	翽 87	
蘳 19

戛 332	監 210	錢 370	蔣 18	爝 262	警 59
蛺 350	歉 224	**jiàn**	犟 28	蠿 263	訐 61
鋏 368	豣 246	葥 13	橿 142	交 269	教 79
jiǎ	麗 254	蕲 21	僵 206	憢 278	校 150
假 45	煎 262	荐 21	江 282	澆 295	窌 188
斝 55	虦 265	趝 38	滰 295	鮫 305	窖 188
叚 73	黬 265	徤 45	肝 314	嬌 330	敫 224
檟 140	湔 282	建 45	姜 322	蛟 351	糫 224
椵 141	瀸 290	衑 46	韁 345	鐎 368	嶠 239
假 204	霗 302	踐 49	畕 363	**jiǎo**	爝 264
斝 375	霙 302	諫 57	畺 363	璬 6	燋 294
甲 385	鼶 307	諓 58	**jiǎng**	敫 78	斠 375
jià	奸 330	笅 107	講 59	腳 103	挍 388
稼 176	姦 330	劍 109	篢 113	剿 108	醮 392
嫁 197	戔 332	箭 112	漿 257	角 110	釂 392
價 208	縑 341	餞 129	**jiàng**	笅 114	**jiē**
駕 252	緘 345	楣 141	趌 36	灚 125	喈 18
嫁 323	艱 362	棺 144	將 76	矯 132	喈 34
jiān	鐵 369	楗 146	洚 287	朳 144	街 46
玪 7	开 373	栫 149	滰 295	疛 190	讁 59
菱 12	**jiǎn**	檻 151	匠 335	皎 198	礐 61
菅 14	蕑 17	賤 159	弜 338	徼 198	皆 86
蒹 16	蹇 50	健 202	絳 342	狡 256	腊 104
薕 24	瞼 85	僭 205	降 380	烄 261	楷 139
犍 29	翦 87	俴 205	醬 393	敎 261	榃 149
牋 43	剪 107	件 207	**jiāo**	絞 269	痎 191
鹹 47	簡 113	見 221	茮 18	湫 294	置 194
軒 67	檢 150	薦 254	茭 22	灚 295	湝 288
鞬 69	柬 156	漸 284	蕉 23	撟 318	接 316
韉 69	葉 156	瀳 290	噭 31	攪 319	揭 318
堅 74	儉 204	澗 291	交 41	撓 320	階 382
監 83	襇 212	閒 311	鷦 94	佼 325	**jié**
鳽 95	鬋 232	蜥 352	鮫 95	孂 326	尐 26
殲 100	蘮 265	豎 367	鷮 96	蟜 349	趌 36
肩 103	笕 279	鑑 368	膠 106	勦 365	趨 37
箋 113	湔 294	鍵 369	郊 160	**jiào**	疌 38
櫼 146	減 297	鐗 372	佼 200	嗷 29	訐 62
械 148	瀸 309	陵 382	醮 229	噍 30	詰 62
兼 179	揃 316	齏 393	県 230	叫 33	映 82
幜 196	戩 332	**jiāng**	驕 251	徼 44	羯 91
幰 196	繭 339	薑 12	燋 261	踃 53	鶡 93

摢 317	稆 155	酻 391	趰 37	絶 340	緒 339
据 317	聗 313	**juǎn**	蹶 49	蟨 350	**kǎi**
捄 320	舉 318	腃 105	躩 50	蚗 351	愷 122
尻 374	**jù**	卷 234	跌 50	蠜 353	愷 273
咮 375	苣 23	蠲 354	谷 54	劂 364	慨 274
jú	岠 38	睊 361	譎 61	钁 370	闓 311
菊 12	遽 43	陯 381	訣 63	鈌 373	塏 360
蓻 16	鉅 47	**juàn**	觼 71	較 377	鐰 367
蓻 17	踞 50	讂 62	映 84	鮙 383	鎧 372
局 34	距 50	帣 65	矍 92	孑 388	**kài**
趜 37	詎 63	睊 83	鶌 93	**jūn**	嘅 33
趜 37	具 66	眷 83	鳩 93	君 31	欬 224
趜 37	昍 85	罥 85	鷢 95	鞫 77	磕 244
匊 71	瞿 92	雋 89	蹶 101	麇 254	禒 376
鵴 93	巨 118	絭 122	胅 103	姁 327	**kǎn**
鶪 93	虞 123	羠 149	刷 107	均 357	看 83
鳥 93	醵 128	圏 157	鱖 110	鈞 371	刊 108
橘 139	柜 181	鄄 164	臄 111	軍 378	栞 144
暴 148	寠 186	羂 194	爵 128	**jùn**	龕 307
郹 163	取 192	帣 196	桷 146	莙 14	栽 332
驧 253	倨 202	倦 207	橜 149	菌 18	栽 332
臭 256	聚 210	獧 257	疾 190	麕 77	堪 358
鮑 305	祖 214	狷 259	瘚 190	駿 96	**Kǎn**
攫 315	屨 218	悁 276	御 206	箘 112	凵 35
翰 316	畀 271	縳 341	覺 222	餕 130	琥 124
暴 340	懼 275	絹 342	崛 238	郡 160	贛 136
絜 347	怚 276	券 365	厥 242	晙 169	欺 224
蜪 352	據 315	孿 375	玃 248	俊 200	歆 224
暈 377	歫 328	衒 378	駃 253	陵 238	顑 228
輂 379	堅 360	**juē**	臭 255	駿 251	惂 280
酈 393	勮 365	屩 218	玃 258	鵔 256	侃 299
jǔ	鋸 370	撅 321	憰 277	焌 260	坎 359
莒 12	鉅 373	**jué**	沉 288	竣 272	**kàn**
蒟 18	醵 392	玦 6	潏 288	浚 295	衎 46
咀 30	**juān**	玨 10	決 291	睿 300	嵁 126
踽 48	稍 178	蕝 21	抉 317	攇 318	闞 312
筥 114	涓 287	蕨 23	攫 318	畯 363	勘 365
簴 115	捐 321	噱 31	掘 320	陖 380	**kāng**
枸 142	娟 330	趹 36	氒 331	**K**	穅 178
柜 142	蠲 349	赽 37	亅 333	**kāi**	康 185
	鎸 369	趉 37	↙ 333	開 311	
			覤 337

L

鞔 376	萺 24	浼 294	霿 302	靡 307	悯 276
máng	眊 82	媄 325	鯍 303	靡 313	汅 283
芒 19	瞀 82	**mèi**	泯 331	弭 337	湎 295
牻 28	瞀 83	昒 82	薨 336	絖 342	鮸 305
哤 33	楙 139	眛 84	蝱 354	**mì**	緬 339
盲 84	楣 146	妹 137	甿 363	祕 2	勉 365
牤 146	楸 153	眛 167	醇 391	蔤 17	㝃 388
邙 162	貿 159	寐 189	**měng**	冪 17	**miàn**
厖 242	鄮 164	袂 212	猛 257	謐 58	麫 135
駹 250	冃 193	顯 227	懞 351	魆 124	宆 186
龙 256	冒 193	魅 236	蜢 353	塗 125	面 229
泷 287	袤 212	妹 324	黽 356	否 169	**miáo**
mǎng	薏 215	媚 325	**mèng**	冪 176	苗 20
蟒 25	兒 220	**mén**	懵 189	宓 185	喵 325
莽 25	覒 221	璊 7	懜 278	一 192	緢 340
mão	懋 276	虋 11	孟 388	幎 196	**miǎo**
貓 248	媢 328	穈 216	**mí**	幦 197	邈 44
máo	**méi**	顐 229	迷 42	密 238	眇 84
茅 13	禖 3	門 310	謎 63	汨 284	鹋 94
氂 29	珇 8	捫 315	篂 112	潷 284	篍 116
旄 171	玫 9	**mèn**	縻 181	覛 300	杪 141
毛 216	蘪 13	懣 279	卷 181	糸 339	秒 177
锚 222	眉 85	悶 279	糜 181	蠠 354	慜 273
髦 231	脄 102	**méng**	罙 194	塓 361	淼 297
髳 232	脢 103	夢 15	覛 221	醯 392	**miào**
蝥 350	梅 139	茴 17	䍥 245	**mián**	廟 241
蟊 354	某 143	萌 19	麛 254	矊 82	**miè**
蠹 354	枚 144	蒙 23	麋 254	㮟 86	蠛 70
矛 376	楣 146	朦 84	爢 262	芇 90	薎 84
mǎo	郿 161	甍 90	灖 297	檰 146	蔑 90
茆 13	瀖 179	礞 94	瓕 337	宀 184	蔑 90
茒 24	鹛 194	饛 129	縻 345	寯 185	巁 126
昴 168	徽 266	甿 163	**mǐ**	鬗 231	穖 177
冃 193	湄 291	罞 171	敉 78	緜 338	幭 196
卯 389	媒 323	朦 172	眯 84	蝒 350	覕 222
mào	座 360	盟 173	芈 91	蚸 351	威 264
瑁 6	鍸 372	夢 173	米 180	**miǎn**	懱 277
茂 19	**měi**	冡 193	寐 189	鞗 69	滅 297
萺 20	每 11	幪 196	怽 281	眄 84	搣 316
芼 20	莓 13	霂 253	灖 289	冕 193	蠛 353
蕄 24	美 91	濛 293	洣 296	偭 204	**mín**
				丏 229	珉 8

鷭 94	miù	鏌 371	**N**	譊 59	怩 281
旻 167	謬 61	móu	ná	夒 136	泥 286
罠 194	mó	牟 28	袰 214	獶 237	霓 302
暋 238	謨 56	謀 56	挐 315	恢 278	鯢 304
忞 275	髍 102	瞞 82	挐 321	撓 317	婗 323
怋 278	膜 105	眸 85	nà	蟯 348	蜺 351
揩 316	魔 236	麰 135	囡 157	鐃 371	輗 379
民 331	摩 319	侔 203	貀 248	nǎo	nǐ
緍 345	摹 320	繆 346	魶 303	匘 209	襺 4
鐎 373	蘑 329	蝥 368	納 340	獿 257	薿 19
mǐn	mǒ	mòu	靹 378	嫐 330	闟 71
敏 77	麽 97	麰 13	nǎi	nào	柅 141
敃 77	mò	mú	乃 119	鬧 72	檷 148
愍 79	玬 8	模 145	nài	臑 103	儗 205
笢 112	藦 15	醭 393	奈 139	橈 144	髯 231
皿 124	嘆 34	mǔ	鼐 168	淖 290	擬 318
愍 279	曼 72	牡 27	鼐 176	婥 330	脊 389
潣 289	眜 83	拇 314	肭 246	nè	nì
泯 297	眽 83	母 323	渿 293	肭 54	逆 41
閔 312	首 90	姆 324	nán	訥 59	屰 53
閩 353	歿 100	晦 363	詽 60	疒 189	誽 60
輯 377	募 100	mù	鷭 94	齇 211	睨 82
míng	餗 130	莫 25	枏 139	néi	膩 105
茗 25	末 143	鞪 68	南 154	㦸 197	暱 169
名 31	鄭 162	牧 79	抩 315	něi	䶂 180
瞑 84	寞 173	目 82	男 364	餒 130	覞 221
鳴 96	糢 181	睦 83	nàn	nèi	恧 276
鄳 162	瘼 190	木 139	儺 169	内 131	惄 280
冥 171	頝 227	楘 150	náng	錗 373	伙 292
詺 172	礳 244	穆 177	囊 157	néng	匿 334
覭 221	貘 248	幕 196	蠰 350	能 260	縊 343
溟 292	貉 248	幙 197	nǎng	ní	niān
洺 297	鬷 251	廖 231	曩 168	覭 47	拈 315
嫇 326	默 256	慔 275	náo	貱 79	nián
螟 349	沫 282	慕 276	瓔 5	腝 105	鮎 129
銘 373	漠 287	沐 296	呶 33	鯢 110	秊 161
mǐng	没 292	霂 302		郳 165	秊 178
奰 187	瀎 294	坶 357		倪 205	黏 180
酩 393	嫼 329	墓 361		蚭 210	鮎 304
mìng	繹 345	募 365		尼 217	niǎn
命 31	墨 359			麑 255	戁 217

痰 192	梫 139	**qióng**	梂 142	陜 382	蠟 351
狾 257	寑 186	瓊 5	囚 157	**qú**	**quān**
癋 273	癑 189	藭 12	賕 159	璩 9	悛 274
悿 280	螼 348	藑 15	邦 165	蘧 12	㕙 276
溁 287	**qìn**	趜 37	俅 200	蕖 12	鐉 372
鰺 305	菣 17	閮 67	仇 207	趜 37	**quán**
挈 315	沁 283	㡛 82	裘 215	瞿 44	荃 22
娊 329	濅 284	椣 140	毬 216	衢 46	牷 28
匧 335	**qīng**	竆 161	慫 279	躣 48	趬 38
緁 344	靑 127	邛 164	汓 292	翎 87	齤 47
鍥 370	傾 203	穹 188	絿 341	軆 95	詮 57
qīn	頃 208	窮 188	蝤 349	鴝 96	夐 82
窺 185	卯 234	憌 279	蚯 351	臞 104	牷 110
侵 204	卿 234	煢 307	盚 354	朐 105	全 131
衾 213	清 289	蛩 353	酋 393	籧 113	權 142
親 222	輕 376	肇 377	**qiǔ**	鄇 165	佺 203
欽 222	陻 381	**qiū**	糗 181	氍 216	鬈 231
駸 252	**qíng**	蓲 14	**qū**	臩 247	泉 299
綅 344	橾 149	萩 17	苗 22	鼩 260	拳 314
qín	姓 173	趥 36	苗 22	濯 285	捲 320
茞 12	黥 266	搝 94	趨 36	渠 291	瓘 337
芹 15	情 273	𥮒 116	詘 62	鸜 306	絟 346
荃 16	鯖 304	楸 140	胠 103	絇 345	蠸 348
芩 16	勍 364	邱 165	胆 106	蕖 354	銓 370
靲 69	**qǐng**	秋 179	凵 125	蘧 356	輇 379
鬵 69	謦 56	丘 209	袪 150	劬 365	**quǎn**
釱 79	請 56	鰌 304	麯 181	鑺 373	綣 181
秦 179	高 133	緧 345	佉 205	斪 374	犬 256
瘽 189	檾 183	**qiú**	軀 211	軥 378	く 298
盦 242	㯼 295	球 6	袪 212	**qǔ**	綣 347
鯩 305	**qìng**	𦬊 18	屈 218	殈 48	**quàn**
聆 313	馨 132	芁 23	岨 238	取 72	券 109
捦 315	窒 188	𠂹 33	驅 252	竘 272	叕 137
琴 333	磬 244	逑 42	魼 303	娶 323	縓 342
菫 362	慶 275	酋 42	軀 305	**qù**	綮 345
勤 365	瀞 296	尵 63	區 334	趣 36	勸 365
禽 385	清 300	盚 86	曲 335	去 125	**quē**
qǐn	鑒 371	脉 104	豐 335	麩 135	缺 132
蔓 22	**qiōng**	肍 105	蛆 349	覻 221	䂡 133
趣 36	营 12	舫 110	坥 361	厺 310	**què**
赾 37	銎 369	艄 111	匵 380	闃 312	趞 36

慘 27	瑟 334	潛 296	賷 159	shè	申 390
繖 114	轖 377	挻 316	傷 206	社 4	shén
sǎn	sēn	姍 329	慯 280	䚯 21	神 2
饊 128	森 153	纔 342	shǎng	設 58	魋 236
糤 180	sēng	繕 344	餉 129	赦 78	shěn
繖 347	僧 208	shǎn	賞 159	舍 130	宷 27
sàn	shā	睒 82	shàng	躺 132	讅 57
㪔 89	殺 76	覢 221	上 1	䠶 137	瞫 83
散 106	椴 142	㺍 257	尚 26	麝 255	弞 132
橵 183	沙 290	痁 264	shāo	慴 280	痒 190
帴 196	鯊 305	夾 268	莦 20	涉 286	弞 223
sāng	鍛 369	閃 311	籍 113	猷 298	頤 228
桑 153	shà	陝 329	筲 114	攝 315	瀋 296
sǎng	菨 11	陝 381	梢 141	摵 322	shèn
顙 226	翜 87	shàn	稍 179	shēn	祳 3
sàng	翣 88	禪 3	燒 261	濅 13	甚 18
喪 35	箑 115	訕 59	捎 318	葠 14	腎 102
sāo	歃 224	蕭 63	sháo	呻 33	甚 119
臊 105	濈 296	膳 104	韶 64	詵 56	罧 194
傁 206	霎 303	贍 160	招 144	晨 72	歆 224
騷 253	shāi	鄯 161	shǎo	做 78	慎 273
慅 279	籭 113	疝 190	少 26	胂 103	渗 289
鰒 305	篩 114	偏 202	邥 164	曑 144	蜃 352
搔 317	shài	僐 206	shào	襂 144	shēng
繅 339	曬 169	狦 257	哨 33	牲 155	牲 28
sǎo	shān	煽 264	劭 80	曑 172	笙 116
薆 16	珊 9	汕 291	陬 161	突 187	生 154
嫂 324	芟 21	鱓 305	邵 162	侁 203	昇 170
埽 358	苫 22	扇 310	袑 212	伸 205	聲 313
sè	葔 23	擅 318	邵 233	佀 207	甥 364
璱 7	羴 92	嬗 327	娋 328	身 211	勝 365
薔 24	脠 105	繕 344	紹 340	妽 220	升 376
澀 39	刪 108	蝙 351	劭 365	屾 239	shéng
竇 118	笘 115	蟺 352	shē	駪 253	繩 344
嗇 135	樿 141	墠 360	賒 159	燊 266	shěng
楝 152	邖 166	shāng	奢 270	深 284	告 84
穡 176	疝 191	商 54	shé	扟 318	㮹 148
色 234	挻 215	鬺 70	斯 23	姺 323	渻 290
塞 275	衫 215	殤 100	舌 53	娠 323	婧 328
濇 290	㐱 230	觴 111	摋 315	紳 343	蛹 351
涑 292	山 237	賜 132	shě	阠 382	shèng
			捨 315		滕 148

維 345

wěi
薳 17
芛 19
葦 23
蓮 25
唯 31
韙 39
諉 58
矮 99
骩 102
樟 140
轊 155
寪 185
瘍 190
痿 191
疛 191
癏 191
偉 201
僞 206
尾 217
頠 227
广 242
魆 243
猥 257
煒 263
洧 285
鮪 303
闈 311
委 326
娓 327
緯 340
蘤 364
鍏 372
隗 380

wèi
蔚 17
葳 17
萎 22
罋 28
味 30

衛 46
蘁 49
謂 56
羭 91
胃 102
餧 129
韑 154
尉 194
位 202
裛 211
畏 237
磑 244
㿝 247
籰 248
尉 262
熭 264
黸 265
慰 275
悳 278
渭 283
媦 324
絹 341
蜼 353
颶 355
錯 369
曹 377
未 390

wēn
殟 100
盈 125
溫 282
轀 376

wén
閿 82
偑 200
彣 231
文 231
馼 251
聞 313
蝨 354

wěn
吻 29
刎 109
穩 179

wèn
問 31
㥲 129
饂 129
汶 286
搵 321
紊 340

wēng
翁 87
箬 112
鰯 305
蓊 348

wěng
滃 292

wèng
罋 131
瓮 336

wō
喔 34
踒 50
蝸 352

wǒ
婐 326
我 333

wò
腤 83
䀛 84
臒 127
楃 147
偓 203
臥 210
鸑 252
渥 291
渥 293
掯 314
握 315
擭 318

幹 375

wū
誣 59
烏 96
巫 118
杇 146
鄔 162
屋 217
歍 223
洿 294
汙 294
弙 337

wú
珷 5
蕪 20
菩 24
吾 31
梧 143
蕪 152
鄁 165
吳 268
浯 286
毋 330
無 334
隬 381

wǔ
珷 8
趄 37
鶏 96
舞 136
舞 194
伍 204
侮 206
廡 240
憮 275
㤀 275
潕 284
嫵 325
武 333
隖 382
五 384

午 390
牾 390

wù
芴 23
物 28
誤 60
61
諩 61
敄 77
鶩 94
晤 167
害 186
寤 189
痡 190
削 218
兀 219
啻 239
勿 245
鶩 252
悟 275
霧 302
扤 320
婺 326
務 364
鋈 367
阢 381
戊 386

X

xī
禧 2
莃 15
悉 27
犀 28
犧 29
吸 31
唏 31
听 33
溪 45
誒 60
譆 60
嘶 63

㹑 79
瞎 82
睎 83
翁 87
觹 111
兮 120
羲 120
虛 123
醯 125
榽 141
析 151
㩻 151
鄎 163
鄎 165
睎 169
昔 169
夕 173
稀 177
夃 189
瘒 190
瘜 191
瘜 191
晳 198
僖 204
俙 206
褉 214
屖 217
欪 223
歙 223
欷 223
歙 224
鬄 232
卻 234
㹑 246
豨 247
驊 253
蹊 260
熄 262
熹 262
熙 264
奚 271
息 273

榹 152　螘 350　臚 95　殰 246　圪 358　佀 210
貽 160　錡 369　貎 95　豙 247　壇 361　坕 210
酅 165　輢 377　殪 100　希 247　瘗 361　崟 238
暆 168　轙 378　殔 100　易 249　場 361　厱 242
移 177　乙 385　肊 103　馹 252　勦 365　狋 257
宧 184　昌 390　劓 108　驛 253　軼 378　犾 259
互 186　酏 393　熪 124　逸 255　陭 381　淫 290
痍 191　　 yì　虒 124　熠 263　酨 392　霪 302
儀 204　瑿 8　益 125　亦 268　　 yīn　婬 330
㞹 208　冀 11　饐 129　懿 269　禋 2　蟫 349
歋 223　薏 13　檍 140　睪 270　茵 22　垠 360
灰 225　薾 16　榿 140　奕 271　喑 30　銀 367
巇 238　藙 22　杙 141　意 273　音 64　所 375
狋 257　嗌 29　枻 145　癔 274　因 157　寅 389
夷 268　嶷 30　椸 147　嫕 275　瘖 190　醽 391
怡 274　呭 31　圛 157　愧 276　殷 211　　 yǐn
沂 285　趯 37　肔 159　悒 276　駰 250　听 31
臣 313　齸 47　邑 160　忍 278　慇 279　趛 37
舭 313　跇 50　呂 166　忎 281　濦 285　乁 45
姨 324　啻 56　暘 167　懌 281　洇 287　靷 68
嫛 326　議 57　暟 168　漢 283　湮 292　尹 72
乁 331　誼 58　契 185　瀷 284　霒 303　㹞 99
義 333　詣 59　㰾 189　澺 284　闉 310　隱 149
匜 335　詍 60　瘞 192　泄 285　捆 319　歙 224
瓵 336　譯 63　疫 192　洙 290　姻 323　憗 275
彝 347　謚 63　帟 197　泡 290　亜 360　濥 287
圯 361　羿 65　仡 202　溢 295　陰 380　乚 334
疑 388　异 65　億 205　糞 307　　 yín　引 337
　 yǐ　弈 65　侐 206　擨 314　珢 8　蚓 348
苢 14　異 66　佚 206　把 318　黃 14　釿 367
迆 42　靾 71　傷 206　妷 324　荶 19　鈏 375
齮 47　肄 73　俋 208　乂 331　吟 33　輑 377
蔽 69　殹 75　裔 213　厂 331　齗 46　隱 381
矣 132　毅 75　衵 213　弋 331　嚚 53　　 yìn
旖 171　役 75　歔 224　医 334　誾 56　蔭 19
倚 203　敡 78　归 234　匽 335　猌 124　胤 103
顗 228　敠 78　壁 235　咢 338　讔 124　檃 146
懬 274　羿 87　嶧 237　竭 338　冘 133　窨 187
乚 308　翊 87　廙 241　繹 339　鄞 164　印 234
辰 310　瘱 88　庍 242　縊 347　鄙 166　猌 258
蛾 349　帷 89　殺 246　墿 358　賨 173　憖 274

宇 185	簗 113	蜎 350	嫄 324	朙 50	賱 158
窳 188	鬱 128	蜮 352	蚖 348	龠 51	䢵 163
俁 201	䭇 129	颶 355	螈 349	鸑 70	勻 235
偊 207	鍼 132	鉛 369	媛 352	暚 83	惲 279
褕 214	棫 141	育 389	黿 356	鷖 93	涓 284
瘐 228	鬱 153	醔 392	垣 358	鳿 94	沄 288
崳 239	賣 160	**yuān**	轅 377	敫 98	澐 288
庾 240	郁 161	菟 14	阮 381	刖 108	雲 303
貐 248	昱 169	遹 42	**yuǎn**	籥 113	妘 323
圄 270	醎 172	鞭 68	遠 43	籰 113	縜 344
愚 276	寓 186	眢 83	𧥮 62	箹 116	**yǔn**
雨 301	瘉 192	蠲 92	顈 227	曰 119	芛 19
霻 302	戫 195	鴛 94	**yuàn**	粵 120	喗 29
匬 335	債 204	鳶 95	瑗 6	樂 150	趚 36
鋙 369	裕 214	削 108	苑 21	月 172	齫 47
与 374	歌 223	鬮 122	盯 106	突 187	允 219
斞 375	欲 223	帑 196	餰 129	㝹 187	預 227
禹 385	歈 224	冤 256	妴 173	頥 227	磒 244
yù	籲 229	悁 278	傆 204	嶽 237	夽 268
禦 3	預 229	淵 289	顧 226	戉 242	靴 270
玉 5	禺 237	嬽 325	願 227	爚 261	賥 301
芋 12	礜 243	蜎 352	愿 274	瀹 265	抎 317
奭 15	豫 249	輐 379	怨 278	瀹 295	鈗 371
菸 18	驈 250	**yuán**	掾 315	閱 311	阭 380
蓶 23	龥 255	元 1	媛 327	閱 311	隕 380
嗌 32	狳 258	芫 18	緣 343	拀 320	**yùn**
噊 33	獄 259	蒝 19	院 382	妜 329	蕴 20
遇 41	煜 263	趄 38	**yuē**	妭 329	運 41
遹 42	黦 266	邍 43	喅 32	戉 333	韻 64
御 45	忩 276	諑 56	約 340	絨 344	韗 67
喬 54	淯 283	爰 99	**yuè**	礿 347	餫 129
諭 56	減 288	園 157	礿 3	軏 378	鄆 162
譽 58	澳 291	圓 157	蘥 16	**yūn**	暈 169
奔 65	浴 296	園 157	䧹 28	頵 227	殞 190
鸒 70	昱 299	員 158	趏 36	熅 263	覞 221
聿 74	霂 302	邧 164	越 36	壹 269	惲 274
𦘩 91	閾 310	袁 213	趰 37	**yún**	慍 278
鷸 93	嫗 324	沅 283	迀 43	芸 16	緷 340
鷸 94	或 332	湲 297	跀 48	蒷 110	縕 346
軗 95	緰 342	黿 299	躍 49	筼 117	孕 388
鴥 96	繘 345	援 319		囩 157	醞 391

Z	zàng	擇 316	zhǎ	顇 228	韒 170
zā	葬 25	嬪 327	眨 85	嬉 328	佋 207
帀 154	奘 257	耤 376	羨 261	屭 353	招 316
zá	奘 271	zè	鮺 305	颭 355	釗 370
儳 92	zāo	昃 168	zhà	鐟 373	zhǎo
雜 214	遭 41	仄 242	吒 33	斬 379	瑵 6
zāi	糟 181	矢 268	詐 59	酸 392	爪 70
哉 31	傮 207	zéi	詐 61	zhàn	叉 72
栽 263	熸 263	鰂 305	柵 147	蘸 25	沼 291
巛 299	záo	賊 332	乍 334	虦 124	zhào
弋 332	鑿 369	zēn	zhāi	棧 149	召 31
zǎi	zǎo	璿 8	齋 2	襄 211	趙 37
宰 185	璪 7	兂 220	摘 317	袒 214	踔 49
崪 313	璪 8	zèn	zhái	棧 238	詔 57
縡 347	藻 23	譖 62	宅 184	戰 332	肇 77
zài	早 167	zēng	zhài	組 344	垗 80
觟 71	棗 175	曾 26	鄒 162	輚 379	瞿 89
再 97	澡 296	譄 60	瘵 189	zhāng	羿 91
栽 145	繰 342	矰 132	債 208	璋 6	櫂 152
蔵 165	蚤 353	罾 194	zhān	葦 15	旐 170
洅 293	zào	覬 262	詹 26	章 64	罩 194
在 358	草 24	憎 278	趚 36	鄣 164	照 263
載 378	趮 36	繒 341	鱣 70	粻 181	鮡 306
蔵 393	造 41	增 359	占 80	彰 230	厔 310
zān	喿 51	zèng	瞻 83	麞 254	肇 332
鐕 370	譟 61	䚈 70	鸇 95	漳 283	垗 361
zǎn	竈 187	贈 159	饘 128	張 337	隌 382
寁 186	燥 264	甑 336	旃 171	zhǎng	zhē
儧 203	zé	zhā	氈 216	爪 71	遮 43
zàn	嘖 33	齇 46	驙 253	掌 314	zhé
瓚 5	连 41	譇 59	惉 281	zhàng	哲 31
儹 129	齰 46	戲 72	沾 283	丈 55	謷 59
贊 158	齰 47	鯺 111	霑 302	杖 149	讋 61
暫 168	諎 59	植 139	鱣 303	帳 196	讁 62
瓚 296	則 107	柤 146	蛅 350	墇 360	謪 105
孄 325	笮 113	蓡 173	zhǎn	障 381	磔 138
鏨 369	簀 113	溠 284	琖 9	zhāo	蠾 144
zāng	責 159	挓 318	瞳 82	啁 32	㩧 148
臧 75	幘 195	zhá	琵 118	釗 108	乇 155
牂 91	澤 290	札 150	樿 140	盄 125	晢 167
zǎng	灊 292	霅 301	展 216	昭 167	颭 197

苧 14	**zhǒu**	筑 116	狂 256	**zhuàng**	**zhùn**
幒 196	肘 103	鞠 137	注 291	壯 10	朜 83
仫 201	疛 190	櫡 147	紵 346	狀 257	稕 179
衷 213	帚 197	瘃 191	助 364	戇 277	**zhuō**
黳 259	**zhòu**	舳 218	鑄 367	撞 319	剢 108
忠 273	喌 29	燭 262	宁 383	**zhuī**	梲 140
汣 287	咮 34	泏 290	**zhuā**	隹 14	穛 180
靈 302	詷 60	斸 327	箣 115	追 42	倬 202
終 341	晝 74	斸 375	髽 232	佳 88	卓 209
蟲 353	胄 103	**zhǔ**	**zhuān**	雕 93	頔 228
鍾 368	籒 112	鸑 70	跧 49	腄 104	烵 261
鐘 371	宙 186	、 126	耑 62	騅 250	捉 316
zhǒng	胄 193	主 126	專 76	錐 370	拙 320
埵 38	驟 252	枓 148	叀 98	**zhuǐ**	蠿 354
徸 45	螯 336	宔 186	顓 227	氼 298	**zhuó**
踵 49	紂 345	㞍 194	嫥 327	**zhuì**	琢 7
腫 104	縐 346	屬 218	**zhuǎn**	諈 58	茁 19
瘇 191	酎 391	麈 255	膞 106	娷 72	窧 30
冢 235	**zhū**	渚 286	喘 233	笍 115	啄 34
zhòng	珠 8	陼 382	簿 273	餟 130	丵 64
穜 176	藷 14	貯 383	囀 303	槌 148	鞁 69
仲 201	茱 18	**zhù**	闚 311	贅 159	豖 79
眾 210	諸 56	祝 3	轉 378	磩 243	斲 79
重 210	誅 63	芋 13	孨 388	硾 245	驚 93
懂 274	箂 115	迻 42	**zhuàn**	惴 279	晫 110
zhōu	朱 143	眝 84	瑑 6	娷 330	籱 114
周 32	株 143	翥 87	譔 56	縋 345	櫡 147
酬 35	邾 163	羜 91	篆 112	墜 362	椓 151
譸 60	袾 213	箸 114	籑 128	畷 363	穛 156
鬻 70	豬 246	壴 121	賺 160	轛 377	糕 178
鵃 93	潴 297	籭 123	僎 200	隊 380	窡 188
侜 205	絑 342	宔 125	倬 201	綴 383	窅 188
舟 218	銖 370	柔 141	傳 205	**zhūn**	叕 194
賙 235	**zhú**	築 145	顜 229	屯 11	鷟 213
鼇 270	筑 13	柱 145	卩 234	諄 56	礴 244
州 299	茱 17	杼 148	隊 382	肫 102	斮 260
婤 325	趜 36	梘 150	**zhuāng**	窀 188	灼 262
輈 377	逐 42	貯 159	莊 11	啍 197	焯 263
輖 378	躅 49	佇 208	樁 252	**zhǔn**	濁 285
zhóu	竹 112	畀 251	裝 214	準 294	濯 288
軸 377		駐 253	妝 328	埻 359	汋 289

涿 293	霣 302	歔 101	鄒 164	組 343	鷷 393
泿 293	娑 327	哉 105	耶 164	俎 374	zǔn
濯 296	姿 328	嶔 223	廲 183	阻 380	尊 22
鯔 306	甾 336	恣 277	騶 253	zù	噂 31
擢 319	緇 342	漬 293	鯫 305	齟 374	劋 109
竇 328	鎡 369	挈 317	掫 321	zuān	僔 207
綴 328	錙 370	字 388	緅 347	攢 68	zùn
繁 345	輜 376	zōng	陬 380	zuǎn	鱒 303
蠅 352	摯 388	葼 19	zǒu	纂 114	捘 314
鐲 371	zí	禝 69	走 36	鄼 160	鐏 372
勺 374	藝 19	嵏 136	zòu	纘 340	zuó
斫 374	zǐ	椶 140	勺 234	纂 343	苲 25
斯 375	芘 15	稯 179	奏 270	zuàn	筰 115
斯 375	葷 22	宗 186	zū	鑽 370	昨 168
叕 383	呰 33	艐 218	菹 21	zuī	秨 178
酌 392	啙 39	嵕 239	菹 22	朘 106	捽 316
zī	訾 60	猣 246	租 178	厜 242	酢 392
茲 20	夽 106	騌 254	zú	騽 251	zuǒ
蓄 21	第 113	縱 344	薛 47	纗 344	ナ 73
咨 31	梓 140	蝬 348	足 48	zuǐ	左 117
嗞 33	秭 154	堫 358	踤 49	觜 39	尵 269
孜 77	秄 178	輟 378	瘁 100	觜 111	zuò
兹 98	秭 179	zǒng	蕝 126	澤 290	祚 4
盇 124	疕 192	熜 262	械 142	zuì	胙 104
資 158	滓 295	總 340	族 171	檇 151	飵 129
貲 160	批 316	zòng	卒 214	晬 169	柞 141
鄑 164	姊 324	糉 181	歠 223	最 193	鑿 182
齍 175	紫 342	瘲 190	欨 223	罪 194	侳 203
齋 177	子 388	綜 339	崒 238	辭 199	作 204
穧 178	zì	縱 340	鏃 373	辠 238	怍 281
仔 205	芓 11	zōu	zǔ	皋 387	坐 358
齋 214	呰 82	菆 24	祖 2	醉 392	阼 382
頿 230	自 85	齱 46	俎 7	zūn	
貲 260	自 86	齵 47	菹 12	遵 40	
滋 290	積 91	椒 151	詛 60	繜 344

單字筆畫索引

【七畫】

【八畫】

【十二畫】

【十三畫】

【十四畫】

【十五畫】

【十七畫】

【十八畫】

【十九畫】

【二十一畫】

【二十二畫】

【二十三畫】

圖書在版編目(CIP)數據

《説文解字》標點整理本：附分類檢索／王平，李建廷編著. —上海：上海書店出版社，2016.4
ISBN 978-7-5458-1248-0

Ⅰ.①説… Ⅱ.①王… ②李… Ⅲ.①《説文》
Ⅳ.①H161

中國版本圖書館 CIP 數據核字(2016)第 050411 號

《説文解字》標點整理本：附分類檢索

編　　著　王　平　李建廷
責任編輯　鄒　燁　曹勇慶
裝幀設計　酈書徑
技術編輯　吴　放
出　　版　上海世紀出版股份有限公司上海書店出版社
發　　行　上海世紀出版股份有限公司發行中心
地　　址　上海市福建中路 193 號　郵政編碼 200001
　　　　　www. ewen. co
印　　刷　蘇州市越洋印刷有限公司
開　　本　710×1000　1/16
印　　張　50
版　　次　2016 年 4 月第一版
印　　次　2017 年 1 月第二次印刷
書　　號　ISBN 978-7-5458-1248-0/H・22
定　　價　160.00 圓